中国证券期货统计年鉴

CHINA SECURITIES AND FUTURES STATISTICAL YEARBOOK

2011

中国证券监督管理委员会　编

Edited by

CHINA SECURITIES REGULATORY COMMISSION

学林出版社

图书在版编目(CIP)数据

中国证券期货统计年鉴.2011 / 中国证监会编. —上海:学林出版社,2011.9

ISBN 978-7-5486-0221-7

Ⅰ.①中… Ⅱ.①中… Ⅲ.①资本市场—统计资料—中国—2011—年鉴②期货交易—资本市场—中国—2011—年鉴 Ⅳ.①F832.5-66

中国版本图书馆 CIP 数据核字(2010)第 184139 号

中国证券期货统计年鉴(2011)

编　　者——中国证券监督管理委员会
责任编辑——严　梧
特约编辑——李　东
封面设计——周剑峰

出　　版——上海世纪出版股份有限公司
学林出版社(上海钦州南路 81 号 3 楼)
电话:64515005　传真:64515005
发　　行——上海世纪出版股份有限公司发行中心
(上海福建中路 193 号　www.ewen.cc)
照　　排——南京展望文化发展有限公司
印　　刷——上海展强印刷有限公司
开　　本——889×1194　1/16
印　　张——30.5
字　　数——104 万
版　　次——2011 年 9 月第 1 版
2011 年 9 月第 1 次印刷
书　　号——ISBN 978-7-5486-0221-7/Z·17
定　　价——238.00 元

编 者 说 明
Edit Directions

一、《中国证券期货统计年鉴(2011)》(中英文)收录了 2010 年证券期货市场的统计数据以及与证券期货市场相关的部分宏观经济指标。

二、年鉴分为证券市场概况、股票市场、债券市场、证券投资基金及衍生品、上市公司、投资者结构、期货市场、证券期货中介机构、大事记 9 个部分,另附 2010 年世界交易所排名,上海、深圳证券交易所收费标准,中国证监会派出机构通讯录。

三、年鉴资料主要来自于证监会各业务部门、交易所和登记结算公司的统计报表;宏观经济数据主要来自于国家统计局、中国人民银行、世界交易所联合会(WFE)。

四、年鉴部分数据合计数由于单位取舍不同而产生的计算误差均未作调整。

五、根据证券期货市场的发展需要,年鉴在内容上进行了扩充。

六、年鉴各表中,度量单位均在该表上方,对表中部分指标的注释、资料来源、汇率换算标准等在该表的下方。凡带续表的资料,对部分指标的注解一律在最后一张续表的下方。

中国证券监督管理委员会

2011 年 8 月

目　　录
CONTENTS

编者说明
Edit Directions

一、概况
Summary

二、股票
Stocks

三、债券
Bonds

四、证券投资基金及衍生品

Securities Investment Funds & Derivatives

五、上市公司

Listed Companies

六、登记结算
Securities Depository and Clearing

七、期货
Futures

八、证券期货中介机构
Securities and Futures Intermediate Institutions

证券期货市场统计管理办法

第60号

《证券期货市场统计管理办法》已经2008年10月28日中国证券监督管理委员会第243次主席办公会审议通过，现予公布，自2009年3月1日起施行。

中国证券监督管理委员会主席：尚福林

二〇〇九年一月八日

证券期货市场统计管理办法

第一章　总　　则

第一条　为了规范证券期货市场统计行为，发挥统计在反映证券期货市场基础信息和动态状况、加强证券期货市场监管中的作用，根据《中华人民共和国统计法》、《中华人民共和国证券法》、《中华人民共和国证券投资基金法》、《期货交易管理条例》、《证券公司监督管理条例》和《中华人民共和国统计法实施细则》等法律、行政法规，制定本办法。

第二条　证券期货市场统计的基本任务是对证券期货市场发展情况进行统计调查、统计分析，提供证券期货市场统计资料和统计咨询意见，实行统计监督。

第三条　证券期货市场统计调查对象（以下简称统计调查对象）应当如实提供证券期货统计资料，不得虚报、瞒报、拒报、迟报，不得伪造、篡改。

本办法所称的统计调查对象，包括证券公司、证券投资基金管理公司、期货公司及其分支机构，基金托管银行、基金销售机构、合格境外机构投资者托管银行，从事证券期货服务业务的投资咨询机构、财务顾问机构、资信评级机构、资产评估机构、会计师事务所、律师事务所，上市公司、非上市公众公司，证券期货交易所、证券登记结算机构、证券业协会、期货业协会、证券投资者保护基金公司、期货保证金监控中心等市场主体。

第四条　中国证券监督管理委员会（以下简称中国证监会）建立集中统一领导，分业务、分级负责的统计管理体制。

中国证监会负责全国证券期货市场（以下简称证券期货市场）的统计工作，中国证监会派出机构负责辖区内的证券期货统计工作。

第五条　中国证监会制定证券期货市场统计标准，发布证券期货市场统计资料或者可能影响证券期货市场稳定运行的其他统计资料。

第六条　统计资料的管理、使用和公布，应当遵守国家档案管理制度、保密制度和证券期货监督管理信息公开制度、证券期货市场诚信档案管理制度，保守统计调查对象的商业秘密，维护证券期货市场公开、公平、公正的原则。

第二章　统计机构和统计人员

第七条　中国证监会统计部门履行以下职责：

（一）组织证券期货市场统计调查工作，搜集、整理证券期货统计资料，管理、公布、汇编、对外提供证券期货市场统计资料；

（二）对证券期货市场运行、发展、风险等情况进行统计分析，编制证券期货市场统计报表，出具统计报告，提出有关的政策建议；

（三）建立健全证券期货统计制度，制定证券期货市场统计标准，完善证券期货统计指标体系，对统计法律、行政法规、本办法及中国证监会制定的统计制度的执行情况进行指导和检查监督，对中国证监会派出机构、统计调查对象的统计工作进行考核评估；

(四) 建设并管理证券期货统计信息自动化系统和统计数据库体系；

(五) 负责办理与会外单位之间的统计协调工作；

(六) 办理中国证监会派出机构统计调查项目和证券期货市场统计调查项目补充内容的备案；

(七) 组织开展证券期货市场统计人员的业务培训。

第八条　中国证监会履行监管职责的其他部门(以下简称中国证监会其他部门)对其职责范围内的统计调查对象进行统计调查，搜集、整理证券期货统计资料。

中国证监会其他部门应当配合中国证监会统计部门的工作。

第九条　中国证监会统计部门建立证券期货市场统计工作联席会议机制，其成员单位包括中国证监会统计部门、中国证监会其他部门、证券期货交易所、证券登记结算机构等。

除中国证监会统计部门之外的其他成员单位按照约定的格式与内容，定期或者不定期地向中国证监会统计部门报送本单位搜集、整理、管理的证券期货统计资料。证券期货市场统计工作联席会议机制确保成员之间实现信息互联共享，并承担以下职能：

(一) 分析评价证券期货统计标准，提出补充、修改的建议；

(二) 研究统计工作中遇到的新问题、新情况，加强各单位间的协调、配合；

(三) 讨论其他与证券期货统计工作有关的重大事项。

第十条　中国证监会派出机构应当指定或者设立专门处室履行统计职责，其统计职责包括：

(一) 配合中国证监会统计部门完成证券期货市场统计调查任务，搜集、整理、提供辖区内证券期货统计资料；

(二) 组织辖区内的证券期货统计调查工作，搜集、整理、管理、公布、对外提供证券期货统计资料；

(三) 对辖区内证券期货发展情况进行统计分析，出具统计报告，提出有关政策建议；

(四) 对辖区内统计调查对象执行统计法律、行政法规、本办法及中国证监会制定统计制度的情况进行检查监督。

第十一条　统计调查对象应当设立统计部门或者指定部门、人员负责统计工作。

第十二条　中国证监会其他部门、派出机构配置专职的统计人员。统计调查对象应当配备专职或者兼职的统计人员。

统计人员应当具备良好的职业道德，具备必要的证券期货市场基础知识、统计专业基础知识和必备的计算机操作技能。

第十三条　统计人员应当依法如实搜集、报送统计资料。

统计人员应当对其负责搜集、审核、录入的统计资料和调查对象报送的统计资料的真实性负责，不得伪造、篡改统计资料，不得以任何方式要求统计调查对象提供不真实的统计资料。

第十四条　统计人员依法履行统计职责，不受任何单位和个人非法干预。

第十五条　中国证监会统计部门组织对统计人员的专业培训，加强职业道德教育，提高统计工作水平。

第三章　统计调查和统计分析

第十六条　中国证监会统计部门负责制定证券期货市场统计调查项目。中国证监会派出机构在执行前述统计调查项目时，可以根据本辖区的实际情况和监管工作需要，对统计调查内容作出补充，并报中国证监会统计部门备案。

中国证监会派出机构负责制定辖区内证券期货统计调查项目，并报中国证监会统计部门备案。

第十七条　中国证监会统计部门制定证券期货市场统计标准，以保障统计调查中采用的指标涵义、计算方法、分类目录、调查表式等方面的标准化。

中国证监会其他部门、中国证监会派出机构开展统计调查的，应当适用中国证监会统计部门制定的统计标准。

第十八条　中国证监会及其派出机构在组织统计调查时，应当对统计调查内容、调查对象、统计资料的报送时间、格式及方式等内容作出明确规定。

中国证监会及其派出机构可以采用公文、传真、电话、电子邮件以及网络等统计调查方式。涉及保密内容的统计调查，应当遵循保密管理的相关规定。

第十九条　统计调查对象应当在规定时限内，按照规定的统计调查内容与格式，向中国证监会及其派出机构报送统计资料。统计资料还应当符合中国证监会统计部门制定的统计标准。

第二十条　统计调查对象应当做好基层统计报表的收集、审核和汇总工作，保证统计资料的真实、准确和完整。

统计调查对象应当向中国证监会及其派出机构报送经单位负责人审核、签署的统计数据，并在填报说明中，对基层数据的上报情况及本期数据的异常变动等情况作出说明。

第二十一条　统计调查对象发现报送的统计资料有误的，应当立即报告中国证监会及其派出机构，组织本单位的统计部门或者人员予以核实订正后，及时向中国证监会及其派出机构作出书面更正与说明。必要时，还应当依法及时公开披露。

第二十二条　统计调查应当以定期调查为基础，以抽样调查为补充，综合运用全面调查、重点调查、行政业务记录等方法，搜集、整理证券期货基本统计资料。

第二十三条　中国证监会统计部门应当定期分析、研究证券期货市场和宏观经济发展情况，并就其对证券期货业发展的影响等情况进行调查研究。

中国证监会统计部门可以根据证券期货监管工作的需要，对一些市场高度关注、关系证券期货市场发展大局的情况进行分析、研究。

第二十四条　地方各级人民政府或者国务院其他部门派出机构组织证券期货统计调查的，统计调查对象应当及时向中国证监会派出机构报告。

中国证监会派出机构应当及时了解统计调查内容及其进展情况；必要时，应当及时就统计资料的一致性等问题，与地方各级人民政府或者国务院其他部门派出机构协商。

统计调查属于证券期货市场统计调查一部分的，中国证监会派出机构应当及时报告中国证监会统计部门。中国证监会统计部门应当及时就统计资料的一致性等问题，与国务院其他部门协商。

第四章　统计资料管理和公布

第二十五条　中国证监会统计部门统一管理证券期货市场统计资料。

中国证监会其他部门、派出机构负责本部门或者单位统计资料的管理工作。

统计调查对象应当按照法律、行政法规的要求，加强统计资料的管理工作。

统计资料档案的保管、调用和移交，应当遵守国家有关档案管理的规定。

第二十六条　中国证监会及其派出机构应当建立健全统计资料的审核、整理、交接和存档等管理制度。

中国证监会统计部门应当建设统一的证券期货统计信息自动化系统，实现与中国证监会其他部门、中国证监会派出机构、证券期货交易所、证券登记结算机构等单位统计资料电子化管理系统、证券期货市场诚信档案系统的对接。

第二十七条　中国证监会及其派出机构应当建立健全统计资料提供和公布制度。

证券期货市场统计资料或者可能影响证券期货市场稳定运行的统计资料应当由中国证监会统计部门对外提供或者公布。

中国证监会派出机构可以对外提供或者公布本辖区证券期货统计资料。

第二十八条　统计调查对象或者其他单位公布统计资料应当遵守法律、行政法规和中国证监会的规定，不得编造、伪造统计资料，扰乱证券期货市场秩序。

第五章 监督管理与法律责任

第二十九条 中国证监会统计部门、中国证监会派出机构可以对统计调查对象的以下情况,实施定期或者不定期检查:

(一)统计部门或者指定负责统计工作的部门、人员的配置情况;

(二)统计工作的独立性;

(三)基层统计报表的收集、审核和汇总工作及其真实、准确、完整程度;

(四)有关统计法律、行政法规、中国证监会规定的其他要求的执行情况。

第三十条 检查分为现场检查与非现场检查。

现场检查时,检查人员不得少于两人,并应当出示合法证件和检查通知书。检查人员有权采取下列措施:

(一)询问统计调查对象的有关人员,要求其对检查事项作出说明;

(二)查阅、复制统计调查对象与检查事项有关的文件、资料、凭证等;

(三)要求统计调查对象及其有关人员提交与检查事项有关的自查报告。

非现场检查时,中国证监会统计部门、中国证监会派出机构可以要求统计调查对象提供备查资料及其说明或者自查报告。

第三十一条 统计调查对象应当配合中国证监会统计部门、中国证监会派出机构的检查工作。任何单位、个人不得干扰和妨碍检查工作。

第三十二条 对于违反本办法规定的统计调查对象,中国证监会可以对其采取以下监督管理措施:

(一)责令改正;

(二)监管谈话;

(三)出具警示函;

(四)责令参加培训。

第三十三条 统计调查对象有下列行为之一的,中国证监会可以给予警告,单处或者并处罚款:

(一)虚报、瞒报、漏报统计资料;

(二)伪造、篡改统计资料;

(三)拒报或者无故迟报统计资料;

(四)拒绝或者妨碍统计检查。

对前款行为负有直接责任的管理人员和其他直接责任人员,中国证监会可以给予警告,单处或者并处罚款。

第三十四条 统计调查对象或者其他单位违反本办法第二十八条规定,作出虚假陈述或者信息误导,扰乱证券期货市场的,中国证监会按照《证券法》第二百零七条、《期货交易管理条例》第七十一条的规定予以处罚。

第三十五条 统计调查对象报送的监管信息包含统计资料,其报送或者信息披露行为违反法律、行政法规、中国证监会规定的,按照相关规定处理。

第三十六条 中国证监会统计部门、中国证监会其他部门和中国证监会派出机构的工作人员违反国家有关保密规定,擅自公开证券期货统计资料的,中国证监会依照有关规定给予行政处分。

第六章 附 则

第三十七条 证券期货交易所、证券期货业协会、证券登记结算机构等自律组织组织统计调查的,应当适用中国证监会统计部门规定的统一的统计标准。

前款所称的自律组织可以制定本单位统计工作制度,并报中国证监会统计部门备案。

第三十八条 本办法自2009年3月1日起施行。

2010 年中国证券期货监管工作概述

Overview of China's Securities and Futures Regulatory Work in 2010

2010 年，中国证监会坚持以科学发展观为指导，坚决落实中央应对国际金融危机冲击的一揽子计划，牢牢把握市场发展大局，克服困难，抓住机遇，稳步推进改革创新，加强基础建设，培育和完善市场机制，强化监管效能，市场总体平稳健康运行，功能得到较好发挥，为促进国民经济平稳较快发展做出了应有贡献。

一、证券期货市场总体运行平稳

2010 年，世界经济从国际金融危机中艰难复苏，经济复苏进程的曲折性与复杂性超过预期，国内宏观经济调控力度加大，国内外诸多因素对我国资本市场运行构成一定影响，中国证监会加强系统性风险防范和市场监管力度，证券市场运行总体平稳。

一是市场规模显著增长。截至年底，上市公司 2063 家，比上年增加 345 家，上市公司总股本 2.70 万亿股，流通股本 1.94 万亿股，分别比上年增长 31.2%和 37.1%；总市值 26.54 万亿元，流通市值 19.31 万亿元，分别比上年增长 8.81%和 27.62%。沪深两市总市值在全球排名第二位。全年新增投资者开户数约 0.17亿户，投资者开户总数达 1.89 亿户，比上年增长 9.96%，其中机构投资者开户数 64.22 万户，个人投资者开户数 1.88 亿户，分别比上年增长 8.04%和 9.97%。

二是股指先抑后扬，交易规模小幅增长。2010 年以来，股指一季度平稳增长后出现单边下跌行情。进入下半年，投资者信心有所恢复，股指呈现逐渐趋稳态势。四季度受政策转向等因素影响，震荡整理。全年股市累计成交 54.56 万亿元，较 2009 年小幅增长 1.8%。

三是上市公司、证券经营机构等市场主体运行质量改善。上市公司净利润同比增长 34.74%，净资产收益率 14.87%，明显优于 2008 年和 2009 年情况。106 家证券公司总资产 1.97 万亿元，净资产 5664 亿元。63 家基金管理公司共管理各类资产 2.52 万亿元。

二、发挥资本市场功能，促进经济发展方式转变

中国证监会紧紧围绕党和国家经济工作大局，健全资本市场结构，适应多元化投融资需求，充分发挥市场功能，优化资源配置，落实国家宏观调控要求，促进经济发展方式转变和经济结构调整。

一是市场融资效率大幅提升。适应经济发展和市场融资需求，提高融资审核效率，不断扩大各层次市场规模。在融资政策上，支持战略性新兴产业发展，鼓励创新企业上市。按照国务院部署，限制产能过剩行业企业融资，支持农业银行等大型企业发行上市，妥善安排上市商业银行再融资。全年 531 家公司在 A 股市场融资 10275.2 亿元，其中首发 347 家，融资 4883 亿元。

二是积极推动并购重组。贯彻落实《国务院关于促进企业兼并重组的意见》，形成完善资本市场并购重组十项工作安排。优先支持符合产业政策、有利于行业整合与结构优化的并购重组。暂缓受理房地产企业并购重组申请。全年实施重大资产重组 47 项，交易金额 1338 亿元，市场化并购重组进一步活跃。

三是积极推进场外市场建设。深入调研论证形成了场外市场建设总体思路和安排。制定扩大中关村试点方案，拟定非上市公众公司股份公开转让试行办法等一系列规则，国家高新区非上市公司股份公开转让准备工作取得阶段性成果。

四是推进债券市场建设。与人民银行、银监会联合发布通知，上市商业银行参与交易所债券市场进入实质性操作阶段。研究确定公司债券发行监管改革思路。全年核准 25 家公司债券发行，融资 603 亿元。交易所债券市场交易规模和债券存量显著增长，成交 7.6 万亿元，同比增长 88.6%。

三、科学研判形势，抓住时机推进市场改革创新

顺应国内外经济金融形势的变化和市场发展的内在需求，抓住宏观经济总体回升向好、市场运行比较平稳的有利时机，推出一系列重大改革，丰富了市场功能，完善了市场运行机制。

一是成功推出股指期货。上市股指期货、引入做空机制是市场发展的迫切要求。证监会党委科学研判2009年市场运行形势,确立了"平稳推出、安全运行"的指导思想,抓住一季度比较有利的时间窗口,加强组织领导,在较短时间内完成了规则发布、宣传培训、启动上市等大量工作。股指期货上市后,坚持强势监管,落实跨市场监管机制,坚决遏制过度投机。全年累计开户6.1万户,成交0.46亿手、41.1万亿元,市场总体运行平稳,市场交投较为活跃,期现价格联动性较好,功能得到初步发挥。

二是顺利启动融资融券业务试点。按照"试点先行、逐步推开"的思路,稳妥启动了融资融券业务试点。发布试点工作指导意见及配套规则。加强试点公司现场检查,做好监测分析,分批次公开有序扩大试点范围。成立证券金融公司筹备组,研究论证转融通业务规则。全年25家证券公司获试点资格,累计开户4.2万户,成交金额1197.7亿元,证券市场的信用交易机制初步建立。

三是深化新股发行体制改革。全面总结第一阶段改革经验,推出了第二阶段改革措施。完善询价过程中报价和配售约束机制,提高单个机构获配股份数量,扩大询价范围,增强定价信息透明度,完善回拨和中止发行机制。各参与主体进一步归位尽责,市场约束明显增强,改革的市场化方向得到了广泛认同。

四、强化合规监管,推动市场主体规范发展

严格落实现有法规制度,着力提升市场主体合规运作水平,顺应市场发展要求,采取有力措施优化市场竞争环境,促进市场主体发展壮大。

一是加强上市公司监管。开展"解决同业竞争、减少关联交易"专项活动,确定136家重点公司,逐家制定解决方案,58家已基本解决。出台《上市公司现场检查办法》,将控股股东、实际控制人纳入检查范围。规范上市公司财务信息披露。强化创业板上市公司募集资金使用和高管减持等行为监管。

二是推动证券公司规范经营。强化证券公司合规管理和分类监管,督促证券公司建立信息隔离墙制度和压力测试制度,完善风险控制指标动态调整机制。加强证券保荐业务和经纪业务监管。营业网点、分支机构规范工作按期圆满完成。支持证券公司上市,鼓励设立直接投资、资产管理子公司。全面完成证券公司风险处置收尾工作。

三是促进基金业创新发展。实施基金产品分类审核,支持产品创新。稳步推进特定客户资产管理业务发展。推动基金销售机构专业化发展。第三方支付机构参与基金网上销售结算业务试点取得突破性进展。推动基金公司、证券公司的香港子公司境外募集资金投资境内证券的试点工作。

四是规范证券服务机构执业。制定《证券投资顾问业务暂行规定》和《发布证券研究报告暂行规定》。发布律师事务所证券法律业务执业规则。会同财政部核准12家会计师事务所从事H股企业审计业务试点。推进电子化信息披露技术应用。

五是强化期货市场监管。加强对市场运行的监管,对品种上市、监查、规则修改等环节进行全面规范,坚决遏制商品期货市场过度投机行为。完善期货公司分类监管指标体系,完成分类评价工作。严格净资本监管。规范期货营业部设立审批,组织开展营业部现场检查。

五、有序推进资本市场对外开放

积极参与国际经济金融治理改革,认真做好国际金融危机应对,拓宽资本市场对外开放领域,深化国际合作,不断提升我国资本市场的国际影响力。

一是完成金融部门评估规划项目。精心组织,密切配合国际评估小组,深入评估我国资本市场实施《国际证监会组织证券监管目标与原则》的情况。从评估结果看,我国资本市场基本达到国际证监会组织的监管标准,评估小组对我国资本市场监管有效性给予充分肯定。

二是稳步推动境外融资和国际板筹备。积极支持境内企业利用境外资本市场融资,全年境外筹资额超过353.8亿美元,达到历史第二高位。加强与有关部门的沟通协调,研究论证国际板建设总体方案,探索国际板建设的制度安排,筹备工作取得积极进展。

三是加强对外交流合作。积极参加中美、中英等双边对话。参与国际金融监管改革工作。深化国际证监会组织框架下的多边合作。与经合组织开展公司治理方面的合作。与美国证监会、公众公司会计监察委员会就双边监管合作、现场检查等事宜深入谈判。加强与港澳台资本市场合作。

2010年证券期货市场情况概述

Summary for Chinese Securities and Futures Market in 2010

一、股票市场情况

截至2010年12月31日，上市公司家数2063家，总市值26.54万亿元，流通市值19.31万亿元。

1. 一级市场情况

2010年共有531家公司发行A股股票、债券或权证，合计筹资10275.21亿元。其中，主板市场(含中小板)新股发行230家，筹资3919.24亿元；创业板市场新股发行117家，筹资963.34亿元。公开增发10家，筹资377.15亿元；定向增发116家，筹资2172.68亿元；配股18家，筹资1438.22亿元；认股权证7家，筹资84.28亿元；可转债8家，筹资717.30亿元；公司债25家，筹资603亿元。

2. 二级市场情况

2010年股指涨跌互现。沪深300指数开盘3592.47点，最高3597.75点，最低2462.20点，收盘3128.26点，较上年末下跌12.51%；上证综指开盘3289.75点，最高3306.75点，最低2319.74点，收盘2808.08点，较上年末下跌14.31%；深证综指开盘1207.33点，最高1256.42点，最低890.24点，收盘1290.87点，较上年末上涨7.45%。创业板指数收于1137.66点，与年初持平。沪深两市股票日均成交2255亿元，较上年日均量减少0.49%。

二、影响市场的主要因素及市场运行特点

2010年，世界经济从国际金融危机中艰难复苏，经济复苏进程的曲折性与复杂性超过预期，国内宏观经济调控力度加大，国内外诸多因素对我国资本市场运行构成一定影响，主要因素包括以下方面：

（一）国际经济走势相对复杂。一是发达经济体自主增长乏力，失业率处于较高水平，消费和投资活动仍处于低迷状态。二是欧洲主权债务危机、美国新一轮“量化宽松”货币政策、新兴经济体刺激政策逐步退出以及国际大宗商品价格波动加大等因素使投资者对经济复苏进程担忧。三是全球主要货币之间汇率波动加大，各国对汇率主动干预加强，人民币汇率升值的压力加大，投机资本流入风险持续上升。

（二）国内宏观经济调控力度加大。一是货币政策由“适度宽松”转向“稳健”，中央银行年内六次上调存款准备金率并两次加息。二是密集出台房地产调控政策，坚决抑制房地产价格及城市地价过快上涨趋势，固定资产投资规模受到明显影响。三是居民消费价格指数持续上涨，特别是以农产品为主的生活必需品价格上涨，通胀压力较大，相关部门加大了价格运行调节力度。

（三）上市公司业绩增速回落。从2010年三季度财务报表看，上市公司前三季度净利润总额为12866.66亿元，较2009年同期增长39.07%，增速逐季回落趋势明显，二季度和三季度分别比上季度回落17和7个百分点。房地产类公司、外贸类公司受宏观政策调整、外贸需求不振等因素影响，经营业绩下降明显；而消费、商贸类公司则受益于内需增长，净利润与2009年同期相比大幅增长，上市公司业绩景气度呈现分化现象。

2010年，股票市场运行呈现出以下主要特点：

一是首发融资规模居世界首位，再融资功能较好发挥。2010年全年，境内股市共有531家公司发行A股股票或债券，合计筹资10275.21亿元，达到上一年全年筹资额的2.28倍。其中，首次公开发行347家，融资4882.58亿元，是2009年首发筹资额的2.29倍，全年184家公司通过资本市场再融资5392.63亿元，是2009年再融资的2.28倍，其中商业银行累计再融资2441.7亿元，提高了银行资本充足率和抗风险能力。

二是股指先抑后扬，交易规模小幅增长。2010年以来，股指一季度平稳增长后出现单边下跌行情。进入下半年，投资者信心有所恢复，股指呈现逐渐趋稳态势。四季度受政策转向等因素影响，震荡整理。全年股市累计成交54万亿元，较2009年小幅增长1.8%。

三是市场走势呈现结构分化特点。房地产调控政策对银行、房地产板块走势产生了较大影响,全年两大板块跌幅均超过20%,而建材、钢铁等关联行业也低位运行。与此同时,新材料、物联网、低碳经济等板块表现强于大盘,与年初相比平均上涨30.92%、19.54%和18.65%。截至12月末,A股市盈率由年初的31倍下降到26倍,整体估值处于历史平均水平。

三、期货市场情况

1. 交易情况

2010年全年,我国期货市场共成交31.34亿手(双边),同比增长45.25%,成交金额309.12万亿元(双边),同比增长136.85%。其中,金融期货自上市之日起累计成交9174.66万手(双边),82.14万亿元(双边),分别占全市场的2.93%和26.57%。与2009年同期相比,早籼稻、棉花、锌、玉米和白糖期货合约的成交量增幅明显。

2. 主要品种价格变动及分析

2010年,国际大宗商品走势跌宕起伏,一季度中美两国经济延续强劲的复苏势头,大宗商品价格在经济前景向好的预期下维持着2009年以来的上升格局。进入二季度以后,欧洲债务危机的突然爆发,改变了投资者对后市的乐观预期,大宗商品价格掉头向下,呈现震荡回落的走势。此后,由于欧洲银行压力测试结果缓解了市场对欧洲经济前景的担忧,加之投资者对美国实施新一轮量化宽松政策的预期日益升温,全球市场流动性再度泛滥,美元走势持续疲弱,国际大宗商品期货价格自三季度开始总体呈现震荡上涨的格局,其中棉花、白糖、铜、黄金等多个品种期价表现强劲,连续创下历史新高。

随着国内经济的企稳回升,为有效防止经济过热、化解通胀压力,央行在今年上半年连续收紧流动性,加之受到国内产业结构调整、出口退税取消等因素的影响,国内大宗商品价格在上半年整体呈现震荡回落的走势。自第三季度开始,受国内经济整体向好、美元单边下跌、全球通胀预期升温以及现货市场供求关系紧张等因素的影响,国内大宗商品期货价格跟随国际期货价格大幅反弹,走出了一轮快速上涨的行情。随着国务院在第四季度连续出台多项措施稳定物价,央行先后采取加息、上调存款准备金率的货币政策组合拳回笼货币,以及中国证监会落实国家稳定消费价格总水平的要求,通过提高保证金水平,限制过度交易等措施,抑制农产品等期货交易过度投机,国内期货价格此前强劲的上涨势头得到了一定程度的遏制。

农产品方面,由于全球极端天气频发推动作物减产预期,大多数农产品期货价格涨势明显。截至2010年年末,郑州菜籽油期货主力合约收报10374元,较2009年末涨1858元。郑州强麦主力合约收报2734元,较2009年末涨462元。郑州棉花期货主力合约收报28365元,较2009年末涨11845元。郑州白糖期货主力合约收报7067元,比2009年末涨1306元。大连黄大豆系列期货价格全线上涨,其中黄大豆1号主力合约收报4505元,较2009年末涨467元;豆粕期货主力合约收报3440元,较2009年末涨420元;豆油期货主力合约收报10526元,较2009年末涨2558元。大连棕榈油期货主力合约报收9786元,较2009年末涨2510元。大连玉米期货主力合约收报2330元,较2009年末涨457元。上海期胶主力合约收报37190元,较2009年末涨12730元。

金属方面,上海期铜主力合约收报72380元,较2009年末涨12360元。上海期铝价格主力合约收报16840元,较2009年末跌550元。上海期锌价格主力合约收报19695元,较2009年末跌1680元。上海螺纹钢期货主力合约价格收报4812元,较2009年末涨301元。上海黄金期货价格在通胀预期的支撑下震荡攀升,并创下历史新高,主力合约收报309.11元/克,较2009年末涨61.6元。

能源化工方面,上海燃料油期货主力合约收于4735元,较2009年末涨219元。郑州PTA期货主力合约收报10328元,较2009年末涨2190元。大连LLDPE期货主力合约收报12370元,较2009年末跌125元。

国内金融期货方面,沪深300股指期货主力合约跟随现货市场呈现出先抑后扬的走势,2010年年末收报3157点,较4月16日上市首日下跌278.3点。

一、概　　况

Summary

1－1　证券市场概况统计表

	1992	1993	1994	1995	1996	1997	1998
境内上市公司数(A、B股)(家) Number of Listed Companies (A、B share)	53	183	291	323	530	745	851
境内上市外资股(B股)(家)Number of Listed Companies (B share)	18	41	58	70	85	101	106
境外上市公司数(H股)(家)Number of Listed Companies (H share)		6	15	18	25	42	43
股票总发行股本(亿股) Total Issued Capital	68.87	387.73	684.54	848.42	1219.54	1942.67	2526.79
其中：流通股本(亿股) Negotiable Shares	21.18	107.88	226.04	301.46	429.85	671.44	861.94
股票市价总值(亿元) Total Market	1048.15	3541.52	3690.62	3474.28	9842.39	17529.24	19521.81
其中：股票流通市值(亿元) Negotiable Market Capitalization	—	861.62	968.89	938.22	2867.03	5204.42	5745.59
股票成交量(百万股) Trading Volume	3689.78	22656.47	101333.91	70530.78	253314.43	256001.89	215246.10
股票成交金额(亿元) Total Turnover	683.04	3627.20	8127.63	4036.45	21332.17	30721.83	23527.31
上证综合指数(收盘) Shanghai Stock Exchange Composite index	780.39	833.80	647.87	555.29	917.01	1194.10	1146.70
深证综合指数(收盘)Shenzhen Stock Exchange Composite index	241.2	238.27	140.63	113.24	327.45	381.29	343.85
投资者帐户数(万户) Securities Accounts (10000)	216.65	835.17	1107.76	1294.19	2422.08	3480.26	4259.88
平均市盈率 PE Ratio							
上海 Shanghai	—	42.48	23.45	15.70	31.32	39.86	34.38
深圳 Shenzhen	—	42.69	10.28	9.46	35.42	41.24	32.31
平均换手率(%)Turnover Ratio							
上海 Shanghai			1134.65	528.72	913.43	701.81	453.63
深圳 Shenzhen			583.83	254.52	1350.35	817.43	406.56
国债发行额(亿元) Amount Issued of T-Bonds(100000000)	460.78	381.31	1137.55	1510.86	1847.77	2411.79	3808.77
企业债发行额(亿元) Amount Issued of Enterprise Bond(100000000)	683.71	235.84	161.75	300.80	268.92	255.23	147.89
债券成交量(万手) Bonds Transaction Volume(10000)				100660.50	174297.17	161732.38	203161.4
债券成交额(亿元) Bonds Turnover(100000000)				59367.61	18039.35	16476.89	21661.78
国债现货成交金额(亿元) Cash T-Bonds Turnover(100000000)	7.1276	61.02	468.37	775.20	5029.24	3582.75	6059.95
国债回购成交金额(亿元) Repurchase T-bonds Turnover(100000000)	0.00	0.42	75.78	1248.52	13008.64	12876.06	15540.84
证券投资基金只数(只) Number of Securities Investment Funds							6
证券投资基金规模(亿元) Amount Issued of Securities Investment Funds(100000000)							120
证券投资基金成交金额(亿元) Turnover of Securities Investment Funds(1000000000)							555.33
商品期货总成交量(万手) Futures Transaction Volume(10000)		890.69	12110.72	63612.07	34256.77	15876.32	10445.57
商品期货总成交额量(亿元)Futures Turnover(100000000)		5521.99	31601.41	100565	84119.16	61170.66	36967.24
金融期货总成交量(万手) Futures Transaction Volume(10000)							
金融期货总成交额量(亿元)Futures Turnover(100000000)							

数据来源：本书各章相关表
Source: Relative Tables followed

Summary for Securities Market

1999	2000	2001	2002	2003	2004	2005	2006	2007	2008	2009	2010
949	1088	1160	1224	1287	1377	1381	1434	1550	1625	1718	2063
108	114	112	111	111	110	109	109	109	109	108	108
46	52	60	75	93	111	122	143	148	153	159	165
3088.95	3791.71	5218.01	5875.45	6428.46	7149.43	7629.51	14926.35	22416.85	24522.85	26162.85	33184.35
1079.65	1354.26	1813.17	2036.90	2269.92	2577.18	2914.77	5637.78	10331.52	12578.91	19759.53	25642.03
26471.18	48090.94	43522.20	38329.13	42457.72	37055.57	32430.28	89403.89	327140.89	121366.44	243939.12	265422.59
8213.97	16087.52	14463.17	12484.55	13178.52	11688.64	10630.51	25003.64	93064.35	45213.90	151258.65	193110.41
293238.88	475838.21	315228.76	301619.49	416308.40	582773.29	662373.20	1614522.62	3640375.87	2413139.49	5110700.49	4215197.67
31319.60	60826.65	38305.18	27990.46	32115.27	42333.95	31664.78	90468.89	460556.22	267112.66	535986.76	545633.54
1366.58	2073.48	1645.97	1357.65	1497.04	1266.50	1161.06	2675.47	5261.56	1820.81	3277.14	2808.08
402.18	635.73	475.94	388.76	378.62	315.81	278.75	550.59	1447.02	553.30	1201.34	1290.86
4810.63	6123.24	6898.68	6841.84	6981.24	7215.74	7336.07	7854.00	13886.18	15198.01	17149.67	18858.28
38.13	58.22	37.71	34.43	36.54	24.23	16.33	33.30	59.24	14.86	28.73	21.61
37.56	56.03	39.79	36.97	36.19	24.63	16.36	32.72	69.74	16.72	46.01	44.69
471.46	492.87	269.33	214.00	250.75	288.71	274.37	541.12	927.19	392.52	499.41	198.47
424.52	509.10	227.89	198.79	214.18	288.29	316.43	609.38	987.42	469.11	793.27	557.44
4015.00	4657.00	4884.00	5934.30	6280.10	6923.90	7042.00	8883.30	23139.1	8558.20	17927.24	19778.30
158.20	83.00	147.00	325.00	358.00	327.00	2046.50	3938.30	5058.5	8435.40	15864.40	10043.38
170716.33	197979.00	204707.68	329252.26	620194.41	504218.50	283714.36	182454.42	205794.72	288911.87	405677.32	868250.50
18284.12	19119.16	20417.76	33249.53	62136.36	50323.50	28367.85	18279.32	20667.21	28884.94	40635.06	76206.03
5300.87	4157.49	4815.59	8708.68	5756.11	2966.46	2780.63	1540.71	1267.2801	2122.51	2085.71	1161.66
12890.53	14733.68	15487.63	24419.64	52999.85	44086.61	23621.17	15487.33	18345.08	24268.66	35929.25	70017.59
22	34	51	71	95	161	218	307	346	439	557	704
510	562	804.23	1318.85	1614.67	3308.79	4714.18	6220.67	22339.8	25741.79	26767.05	24228.35
1623.12	2465.79	2561.88	1166.58	682.65	479.47	773.15	2002.65	8620.09	5831.06	10249.58	8996.43
7363.91	5461.07	12046.35	13943.37	27992.43	30569.76	32287.41	44950.82	72846.0768	136395.97	215751.76	20515.45
22343.01	16082.29	30144.98	39490.28	108396.59	146935.32	134463.38	210063.37	409740.7733	719173.33	1305142.92	199017.91
											917.81
											88041.08

1－2 1986—2010年国内有价证券分类发行情况

		1981—1985年	1986年	1987年	1988年	1989年	1990年	1991年	1992年	1993年	1994年	1995年
一、国债 Treasury Bond	发行额 Amount Issued	237.21	62.51	116.87	188.77	223.91	197.23	281.25	460.78	381.31	1137.55	1510.86
	兑付额 Amount Repayed		6.65	18.41	21.66	13.22	76.22	111.60	238.05	123.29	391.89	496.96
	期末余额 Balance	237.21	293.07	391.53	558.64	769.33	890.34	1059.99	1282.72	1540.74	2286.40	3300.30
1. 国库券 Treasury Bill	发行额 Amount Issued	237.21	62.51	62.87	92.16	56.07	93.46	199.41	395.64	314.77	1117.93	1486.76
	兑付额 Amount Repayed		6.65	18.41	21.66	13.22	49.59	106.65	120.41	105.75	349.76	297.99
	期末余额 Balance	237.21	293.07	337.53	408.03	450.88	494.75	587.51	862.74	1071.76	1839.93	3028.70
2. 财政证券 Financial Bond	发行额 Amount Issued				66.07		71.09	64.63	65.14	66.54		
	兑付额 Amount Repayed								0.02	9.38	0.42	126.66
	期末余额 Balance				66.07	66.07	137.16	201.79	266.91	324.07	323.65	196.99
3. 国家建设债券 State Construction Bond	发行额 Amount Issued				30.54							
	兑付额 Amount Repayed						21.58	4.95	2.25	0.90	0.29	0.45
	期末余额 Balance				30.54	30.54	8.96	4.01	1.76	0.86	0.57	0.12
4. 国家重点建设债券 State Key construction Bond	发行额 Amount Issued			54.00								
	兑付额 Amount Repayed						5.05					41.13
	期末余额 Balance			54.00	54.00	54.00	48.95	48.95	48.95	48.95	48.95	7.82
5. 特种国债 Special Bond	发行额 Amount Issued					42.84	32.68	17.21				
	兑付额 Amount Repayed										39.81	30.02
	期末余额 Balance					42.84	75.52	92.73	92.73	92.73	52.92	22.90
6. 保值公债 Price Index Bond	发行额 Amount Issued					125.00						
	兑付额 Amount Repayed								115.37	7.26	1.61	0.71
	期末余额 Balance					125.00	125.00	125.00	9.63	2.37	0.76	0.05
7. 定向债券 Special Purchase Bond	发行额 Amount Issued										19.62	24.10
	兑付额 Amount Repayed											
	期末余额 Balance										19.62	43.72
二、政策性金融债 Policy Financial Bond	发行额 Amount Issued											
	兑付额 Amount Repayed											
	期末余额 Balance											1613.20
三、其他金融债券 Other Financial Bond	发行额 Amount Issued		30.00	60.00	65.00	60.66	64.40	66.91	55.00			
	兑付额 Amount Repayed		5.00	30.00	40.00	70.11	50.07	33.67	30.00	34.29	13.54	
	期末余额 Balance		25.00	55.00	80.00	70.55	84.88	118.12	143.12	108.83	95.29	95.29
四、企业债 Enterprise Bond	发行额 Amount Issued		100.00	30.00	75.41	75.26	126.37	249.96	683.71	235.84	161.75	300.80
	兑付额 Amount Repayed		16.23	27.42	46.72	43.94	77.29	114.31	192.76	255.48	282.04	336.30
	期末余额 Balance		83.77	86.35	115.04	146.36	195.44	331.09	822.04	802.40	682.11	646.61
1. 中央企业债券 Central Entreprise Bond	发行额 Amount Issued								74.10			77.50
	兑付额 Amount Repayed											
	期末余额 Balance								74.10	74.10	74.10	151.60

Issuing Summary of Domestic Securities by Category (1986—2010)

单位：亿元人民币 100000000 yuan

1996 年	1997 年	1998 年	1999 年	2000 年	2001 年	2002 年	2003 年	2004 年	2005 年	2006 年	2007 年	2008 年	2009 年	2010 年
1847.77	2411.79	3808.77	4015.00	4657.00	4884.00	5934.30	6280.10	6923.90	7042.00	8883.30	23139.10	8558.20	17927.24	19778.30
786.64	1264.29	1550.84	1238.70	2179.00	2286.00	2216.20	2755.80	3749.90	1045.50	6208.61	5846.80	7531.40	9745.06	10043.38
4361.43	5508.88	7765.70	10542.00	13020.00	15618.00	19336.10	22603.60	25777.60	28774.00	31448.69	48741.00	49767.80	57949.98	67684.90
1813.27	2382.44													
700.30	1192.23													
4141.67	5331.88													
65.05	65.40													
131.94	66.54													
0.09	0.03													
0.03	0.00													
3.92	3.63													
3.90	0.27													
17.23	3.00													
5.67	2.67													
0.05														
0.00	0.00													
34.50	29.35													
78.22	107.57													
1055.60	1431.50	1950.23	1800.89	1645.00	2590.00	3075.00	4561.40	4148.00	5851.70	8980.00	11090.20	10823.00	11678.10	13192.70
254.50	312.30	320.40	473.20	709.20	1438.80	1555.70	2505.30	1778.70	2053.00	3790.00	4133.60	4063.80	3745.33	5648.37
2399.70	3486.90	5121.13	6447.48	7383.28	8534.48	10054.10	11650.00	14019.30	17818.00	23008.00	29926.80	36686.00	44818.83	52363.16
14.60	32.00							945.30	1265.30	540.00	1000.80	1564.00	3580.90	
								0.00	29.00	0.00	50.90	399.00	1318.70	
109.89	141.90							945.30	1911.60	2721.60	3701.90	5044.60	7306.78	
268.92	255.23	147.89	158.00	83.00	147.00	325.00	358.00	327.00	2046.50	3938.30	5058.50	8435.4	15864.4	15491.45
317.80	219.81	105.25	56.50	0.00	0.00				37.00	1672.40	2880.90	3277.8	4309.12	5099.23
597.73	521.02	676.93	778.63	861.63	1008.63					5532.90	7683.30	12850.6	24405.9	34671.75
86.15	86.15													
	0.00													
237.75	238.00													

续表

		1981—1985 年	1986 年	1987 年	1988 年	1989 年	1990 年	1991 年	1992 年	1993 年	1994 年	1995 年
2. 地方企业债券 Local Enterprise Bond	发行额 Amount Issued		100.00	30.00	30.00	14.83	49.33	115.25	258.77	20.06	38.43	52.50
	兑付额 Amount Repayed		16.23	27.42	46.72	15.32	22.05	25.34	37.26	79.45	91.19	152.50
	期末余额 Balance		83.77	86.35	69.63	69.14	96.42	186.33	407.84	348.45	295.69	195.69
3. 短期融资券 Enterprise Short-term Bond	发行额 Amount Issued				11.72	29.72	50.15	104.44	228.53	215.78	123.32	170.80
	兑付额 Amount Repayed					14.74	32.73	60.03	111.27	176.03	190.85	173.00
	期末余额 Balance				11.72	26.70	44.12	88.53	205.79	245.54	178.01	175.81
4. 内部债券 Internal Bond	发行额 Amount Issued				33.69	30.71	26.89	30.27	111.51			
	兑付额 Amount Repayed					13.88	22.51	28.94	44.23			
	期末余额 Balance				33.69	50.52	54.90	56.23	123.51	123.51	123.51	123.51
5. 住宅建设债券 House Construction Bond	发行额 Amount Issued								6.43			
	兑付额 Amount Repayed											6.43
	期末余额 Balance								6.43	6.43	6.43	0.00
6. 地方投资公司债券 Local Investment Company Bond	发行额 Amount Issued								4.37			
	兑付额 Amount Repayed											4.37
	期末余额 Balance								4.37	4.37	4.37	0.00
7. 中期票据 Mid-term Bond	发行额 Amount Issued											
	兑付额 Amount Repayed											
	期末余额 Balance											
8. 公司债 Corporate Bond	发行额 Amount Issued											
	兑付额 Amount Repayed											
	期末余额 Balance											
五、国家投资债券 State Investment Bond	发行额 Amount Issued							95.00	60.00			
	兑付额 Amount Repayed									1.50	14.11	
	期末余额 Balance							95.00	155.00	153.50	139.39	139.39
六、国家投资公司债券 State Investment Company Bond	发行额 Amount Issued			30.00	90.00	22.53	6.15	2.29	8.01			
	兑付额 Amount Repayed							0.83	2.04	2.38	1.92	32.70
	期末余额 Balance			30.00	120.00	142.53	148.68	150.14	156.11	153.73	151.81	119.11
债券合计 Total of Bond	发行额 Amount Issued	237.21	192.51	236.87	419.18	382.36	394.15	695.41	1267.50	617.15	1299.30	1811.66
	兑付额 Amount Repayed	0.00	27.88	75.83	108.38	127.27	203.58	260.41	462.85	416.94	703.50	865.96
	期末余额 Balance	237.21	401.84	562.88	873.68	1128.77	1319.34	1754.34	2558.99	2759.20	3355.00	4300.70
七、股票(A 股) A Shares	发行量 Amount Issued			10.00	25.00	6.62	4.28	5.00	10.00	42.59	10.97	5.32
	筹资额 Raised Capital			10.00	25.00	6.62	4.28	5.00	50.00	194.83	49.62	22.68

注：1. 国债数据，企业债券和金融债券的数据由中国人民银行提供，股票数据由中国证监会提供；
2. 兑付额指还本金额；
3. 2004 年的其他金融债为次级债；
4. 1992 年以前的股票按面值发行，1992 年以后为溢价发行，其中 1992 年的筹资额为按照 5 倍溢价估算值；
5. 股票发行为首发 IPO。

数据来源：中国人民银行、中国证监会
Source：PBC and CSRC

Continued

1996 年	1997 年	1998 年	1999 年	2000 年	2001 年	2002 年	2003 年	2004 年	2005 年	2006 年	2007 年	2008 年	2009 年	2010 年
62.15 43.41 214.43	99.66 101.28 213.61													
120.62 150.88 145.55	69.42 118.53 69.41								1392.50 12.00 1380.50	2943.30 1657.40 2666.40	3349.10 2819.40 3168.90	4331.50 3277.84 4221.86	4612.05 4264.72 4571.84	6892.35 5097.43 6366.76
123.51 0.00														
0.00														
0.00														
												1737 1737	6987.37 8724.37	4924 13648.37
												288 400	734.9 1134.9	603 1737.9
139.39														
119.11														
3172.29 1358.94 6114.05														
38.29 224.45	105.65 655.06	86.30 409.09	98.11 497.88	145.68 812.37	93.00 534.29	134.20 516.96	83.64 453.51	54.88 353.42	13.80 56.74	351.11 1572.24	413.27 4590.62	114.91 1034.38	244.47 1879.00	561.33 4882.63

1-3 股票市值与GDP的比率

Ratio of Market Capitalization to GDP

Unit：100000000 yuan　　　　单位：亿元

年份 Year	GDP	市价总值 Market Capitalization	%	GDP	流通市值 Negotiable Market Capitalization	%
1992	26923.48	1048.13	3.89%	26923.48	—	—
1993	35333.92	3531.01	9.99%	35333.92	—	—
1994	48197.86	3690.62	7.66%	48197.86	964.82	2.00%
1995	60793.73	3474.00	5.71%	60793.73	937.94	1.54%
1996	71176.59	9842.37	13.83%	71176.59	2867.03	4.03%
1997	78973.03	17529.23	22.20%	78973.03	5204.43	6.59%
1998	84402.28	19505.64	23.11%	84402.28	5745.59	6.81%
1999	89677.05	26471.17	29.52%	89677.05	8213.97	9.16%
2000	99214.55	48090.94	48.47%	99214.55	16087.52	16.21%
2001	109655.17	43522.19	39.69%	109655.17	14463.16	13.19%
2002	120332.69	38329.12	31.85%	120332.69	12484.55	10.38%
2003	135822.76	42457.72	31.26%	135822.76	13178.52	9.70%
2004	159878.34	37055.57	23.18%	159878.34	11688.64	7.31%
2005	184937.37	32430.28	17.54%	184937.37	10630.51	5.75%
2006	216314.43	89403.89	41.33%	216314.43	25003.64	11.56%
2007	265810.31	327140.89	123.07%	265810.31	93064.35	35.01%
2008	314045.43	121366.44	38.65%	314045.43	45213.90	14.40%
2009	340506.90	243939.12	71.64%	340506.90	151258.65	44.42%
2010	397983.25	265422.59	66.69%	397983.25	193110.41	48.52%

注：历年GDP数据均按照经济普查资料进行了调整。
数据来源：国家统计局、中国证监会
Source：NBS and CSRC

市价总值与GDP的比率

Ratio of Market Capitalization to GDP

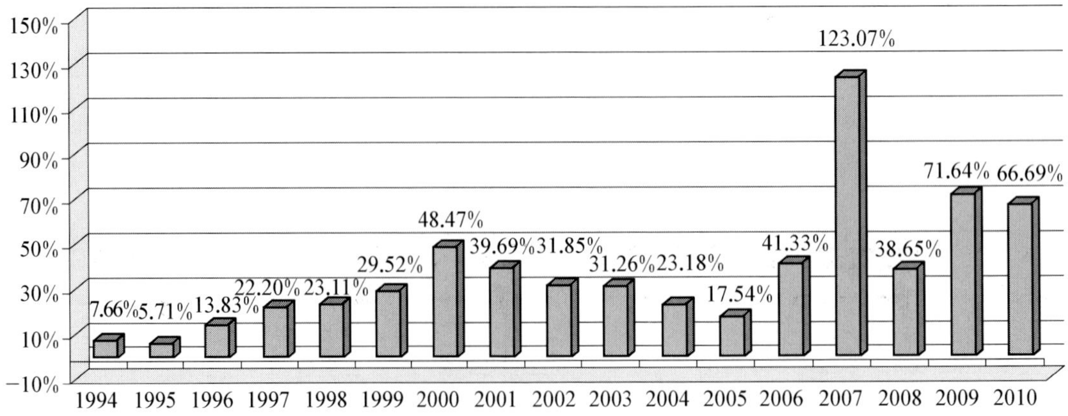

1-4　境内股票筹资与银行贷款增加额的比率

Ratio of Domestic Raised Capital in Stock Market to Amount of Loan of Bank

Unit：100000000 yuan　　　　单位：亿元

年份 Year	境内筹资额 Domestic Raised Capital	贷款增加额 Amount of Loan of Bank	%
1993	314.54	6335.40	4.96%
1994	138.05	7216.62	1.91%
1995	118.86	9339.82	1.27%
1996	341.52	10683.33	3.20%
1997	933.82	10712.47	8.72%
1998	803.57	11490.94	6.99%
1999	897.39	10846.36	8.27%
2000	1541.02	13346.61	11.55%
2001	1182.13	12439.41	9.50%
2002	779.75	18979.20	4.11%
2003	823.10	27702.30	2.97%
2004	862.67	19201.60	4.49%
2005	338.13	16492.60	2.05%
2006	2463.70	30594.90	8.05%
2007	7722.99	36405.60	21.21%
2008	3534.95	41703.70	8.48%
2009	5051.51	95940.00	5.27%
2010	9587.93	79510.73	12.06%

注：境内筹资额统计口径为股票筹资额加可转债筹资额(包括定向增发资产)。
数据来源：中国人民银行、中国证监会
Source：PBC NBS and CSRC

境内股票筹资和银行贷款增加额的比率

Ratio of Domestic Raised Capital in Stock Market to Amount of Loan of Bank

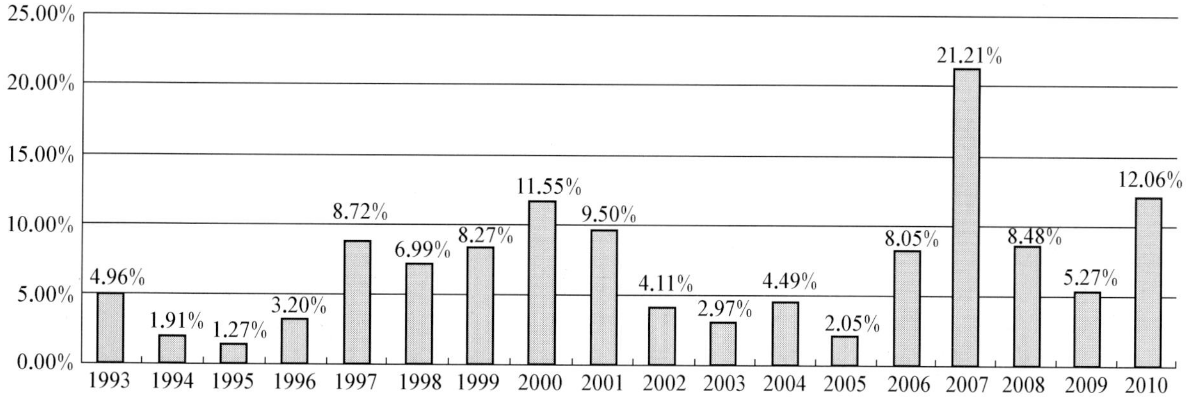

1-5 证券市场境外筹资与使用外资中的比率
Ratio of Foreign Raise Capital Through Stock Market to Utilization of Foreign Capital

Unit: 100000000 yuan　　单位：亿元

年份 Year	境外筹资 Foreign Raised Capital	实际利用外资额 Total Amount of Foreign Capital Actually Utilized	%
1993	60.93	1596.16	3.82%
1994	188.73	2856.94	6.61%
1995	31.46	3114.16	1.01%
1996	83.56	3463.59	2.41%
1997	360.00	3756.58	9.58%
1998	37.95	3773.18	1.01%
1999	47.17	3338.50	1.41%
2000	562.21	3370.79	16.68%
2001	70.21	3881.66	1.81%
2002	181.99	4366.87	4.17%
2003	534.65	4430.63	12.07%
2004	648.08	5014.10	12.93%
2005	1544.38	4674.84	33.04%
2006	3130.59	4483.17	69.83%
2007	957.18	6622.32	14.45%
2008	317.26	6434.54	4.93%
2009	1073.18	6146.10	17.46%
2010	2365.62	7002.84	33.78%

注：境外筹资仅指H股筹资；外商直接投资为实际使用额。
数据来源：国家统计局、中国证监会
Source: NBSC and CSRC

境外筹资与使用外资中的比率
Ratio of Foreign Raise Capital Through Stock Market to Utilization of Foreign Capital

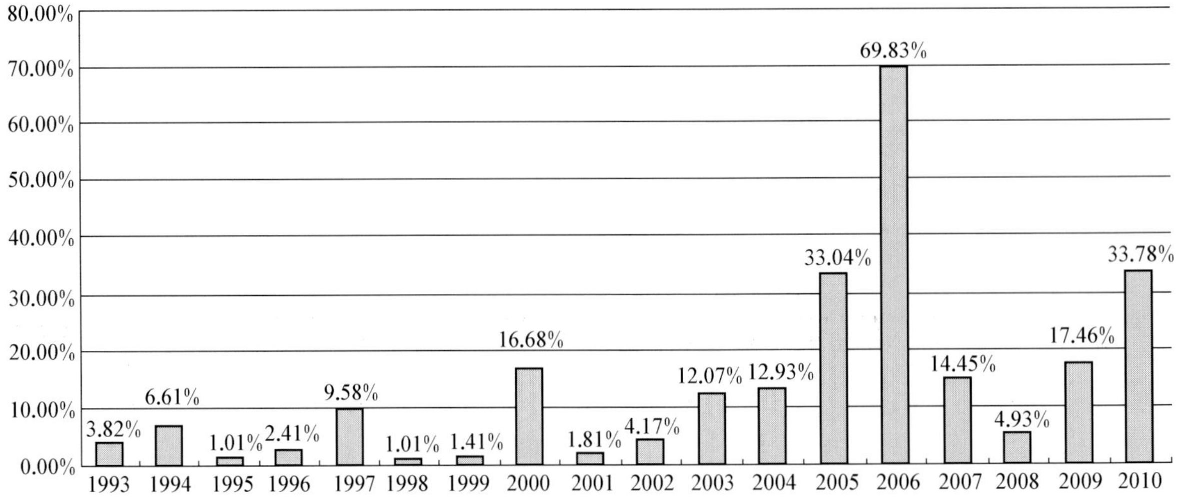

1-6 境内外股票筹资与固定资产投资额的比率

Ratio of Domestic & Foreign Raised Capital in Stock Market to Amount of Investment in Fixed-Assets

Unit：100000000 yuan　　单位：亿元

年份 Year	境内外筹资额 Domestic & Foreign Raised Capital	固定资产投资额 Amount of Investment in Fixed-Assets	%	境内筹资额 Domestic Raised Capital	固定资产投资 Investment in Fixed-Asset	%
1992	94.09	8080	1.16%	94.09	8080	1.16%
1993	375.47	13072	2.87%	314.54	13072	2.41%
1994	326.78	17042	1.92%	138.05	17042	0.81%
1995	150.32	20019	0.75%	118.86	20019	0.59%
1996	425.08	22914	1.86%	341.52	22914	1.49%
1997	1293.82	24941	5.19%	933.82	24941	3.74%
1998	841.52	28406	2.96%	803.57	28406	2.83%
1999	944.56	29475	3.16%	897.39	29475	3.04%
2000	2103.16	32918	8.68%	1541.02	32918	4.68%
2001	1252.28	27827	4.50%	1182.13	27827	4.25%
2002	961.75	32942	2.92%	779.75	32942	2.37%
2003	1357.75	55118	2.46%	823.10	55118	1.49%
2004	1519.94	70477	2.16%	862.67	70477	1.55%
2005	1882.51	88774	2.12%	338.13	88774	0.38%
2006	5594.29	109870	5.09%	2463.70	109870	2.24%
2007	8680.17	137239	6.32%	7722.99	137239	5.63%
2008	3852.21	172291	2.24%	3534.95	172291	2.05%
2009	6124.69	224846	2.72%	5051.51	224846	2.25%
2010	11977.39	278140	4.31%	9611.77	278140	3.46%

注：境内筹资额包括A、B股筹资。
数据来源：国家统计局、中国证监会
Source：NBSC and CSRC

境内外股票筹资与固定资产投资额的比率

Ratio of Domestic & Foreign Raised Capital in Stock Market to Amount of Investment in Fixed-Assets

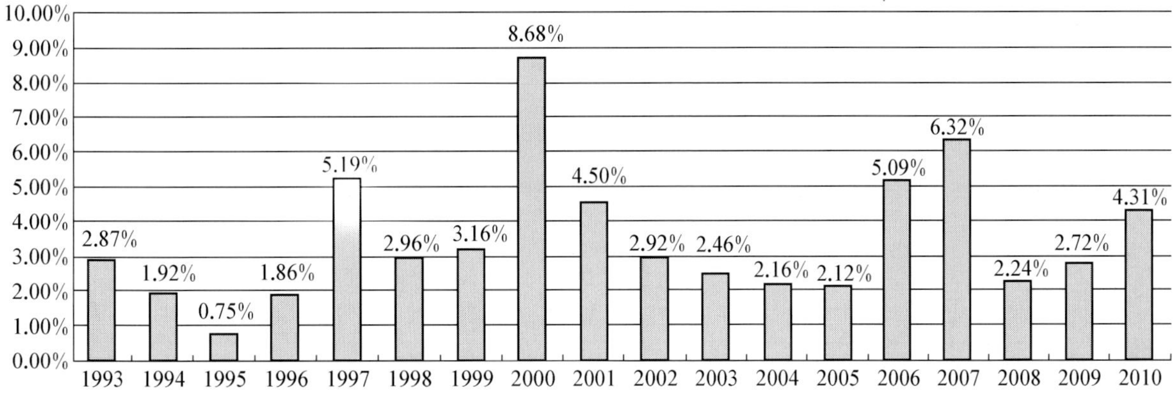

1－7 股票印花税在财政收入中的比重

Proportion of Stamp Duty In Revenue

Unit：100000000 yuan　　　　单位：亿元

年份 Year	财政收入 Revenue	股票印花税 Stamp Duty	%	中央财政收入 Central Revenue	股票印花税 Stamp Duty	%
1993	4349	22.00	0.51%	958	22.00	2.30%
1994	5248	48.77	0.93%	2907	48.77	1.68%
1995	6242	24.22	0.42%	3257	24.22	0.81%
1996	7408	127.99	1.73%	3661	127.99	3.50%
1997	8651	250.76	2.90%	4227	250.76	5.93%
1998	9853	225.75	2.29%	4885	225.75	4.62%
1999	11377	248.07	2.18%	5798	248.07	4.28%
2000	13380	485.89	3.63%	7584	485.89	6.41%
2001	16386	291.31	1.78%	8583	291.44	3.40%
2002	18914	111.95	0.59%	11020	111.95	1.02%
2003	21715	128.35	0.59%	11865	128.35	1.08%
2004	26397	169.08	0.64%	14503	169.08	1.17%
2005	31649	66.35	0.32%	16549	66.35	0.62%
2006	35423	180.94	0.51%	17272	180.94	1.05%
2007	51304.03	2062.00	4.02%	27739	2062.00	7.43%
2008	61316.9	927.68	1.51%	32671.99	927.68	2.84%
2009	68518.3	510.38	0.74%	35915.71	510.38	1.42%
2010	83080.32	545.64	0.66%	42470.52	545.64	1.28%

数据来源：财政部、中国证监会
Source：MOF and CSRC

股票印花税在财政收入中的比重

Proportion of Stamp Duty In Revenue

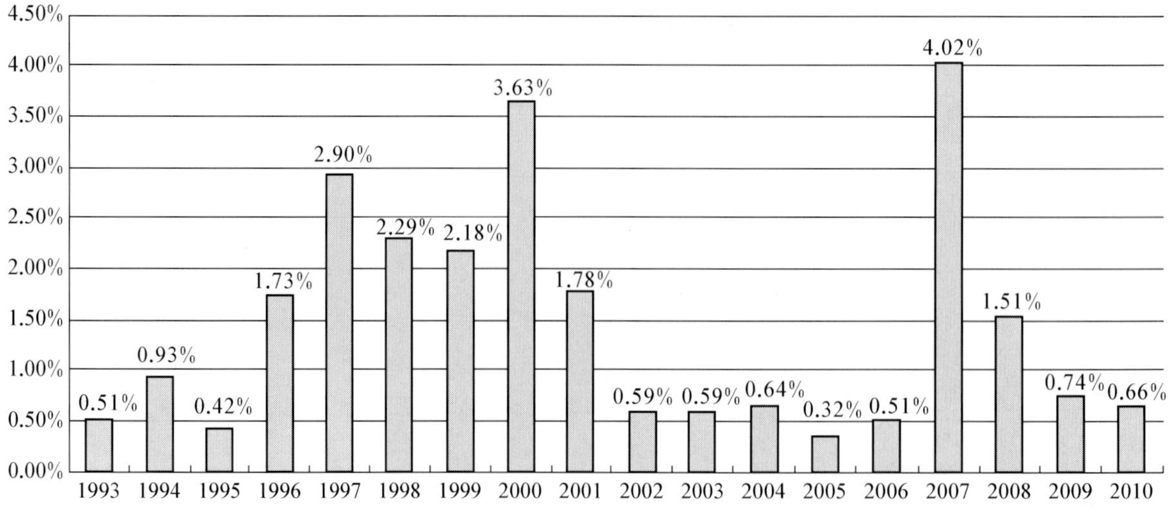

二、股　　票

Stocks

2010年上海证券交易所基本情况

Summary for Shanghai Stock Market in 2010

2010年底上海证券市场共有股票、国债、地方政府债、企业债、公司债、可转债、基金、权证、回购等九类品种,全年新增上市公司28家,新增企业债74只,公司债新增22只。

沪市共有894家上市公司。股票市价总值为17.9万亿元,与2009年底相比减少3.06%,相当于2010年GDP的44.98%。年底上交所在全球主要交易所市值排名列第6位,亚洲第2位。

股票筹资总额5532.14亿元,较上年同期增加63.12%。其中首次发行筹资1891.51亿元,较上年同期增加51.17%。再次发行筹资3640.62亿元,较上年同期增加70.11%。全年上交所在全球主要交易所筹资额排名列第4位,亚洲列第2位。

上证综指收盘报2808.08点,跌幅14.31%。上证50指数、上证180指数跌幅分别为22.57%、16.04%。按照最新四个季度财务报告,以12月31日收盘价格计算的真实市盈率,上证综指、上证50、上证180指数的市盈率分别为17.36倍、13.08倍、14.81倍。与上年相比分别下降33.88%、41.54%、38.30%。按照2009年年报,以12月31日收盘价格计算的市盈率,上证综指、上证50、上证180指数的市盈率分别为21.61倍、16.05倍、18.23倍。与2009年底相比,分别下降24.80%、34.25%、29.27%。

全年上海市场总成交金额398395.73亿元。其中,股票、国债分别占沪市总成交额的76.38%、0.40%。其中股票日均成交金额为1257.49亿元,同比减少11.45%。国债日均成交金额为6.57亿元,同比减少21.98%;公司债(含企业债)日均成交金额为8.29亿元,同比增加44.18%。ETF日均成交金额为17.36亿元,同比减少26.43%。权证日均成交金额为59.49亿元,同比减少70.38%。2010年按非限售流通股计算的年度股票换手率为198.46%。A股新增开户数746.41万户,日均3.08万户,较上年同期日均下降12.45%。截至年底,沪市A股已开户投资者总数为8001.44万户,持股账户数3201.93万户。

2010 年深圳证券交易所基本情况

Summary for Shenzhen Stock Market in 2010

截至 2010 年 12 月 31 日，深证成分指数收报于 12458.55 点，较 2009 年底下跌 9.06%；深证综合指数收报 1290.87 点，较 2009 年底上涨 7.45%；中小板指数和创业板指数分别收报于 6828.98 点和1137.66 点。

2010 年年末，深市上市公司总数为 1169 家，总股本 5044.98 亿股，总市值为 8.64 万亿元。其中中小板上市公司 531 家，总股本 1366.74 亿股，总市值 3.54 亿元；创业板上市公司 153 家，总股本 175.06 亿，总市值为 0.74 万亿元。股票平均市盈率为 44.69 倍，其中主板 35.43 倍，中小板 56.93 倍，创业板 78.53 倍。开户投资者总数为 9434 万户，本年新增 863 万户。

全年深市总成交金额为 24.74 万亿元。其中，股票成交金额 24.13 万亿元，同比增加 27.36%；基金成交金额 4224.73 亿元，同比增加 11.44%；债券成交金额 1291.60 亿元，同比增加 55.85%；权证成交金额 588.76 亿元，较 2009 年减少 87.31%。

2010 年，深市股票累计筹资 4100.60 亿元，较上年增加 145.92%。主板融资 787.14 亿元，同比减少 11.18%；中小板融资 2350.12 亿元，较 2009 年大幅增长，增幅达到 307.21%；创业板在 2010 年蓬勃发展，全年融资 963.34 亿元，同比增长 372.02%。

2－1 1992—2010年股票市场概况统计表

		1992	1993	1994	1995	1996	1997	1998
境内上市公司数(A、B股)(家)	Number of Listed Companies (A、B share)	53	183	291	323	530	745	851
其中：ST公司数(家)	Number of ST Listed Companies (A、B share)							29
中小板公司数(家)	Number of SME Board Listed Companies							
创业板公司数(家)	Number of ChiNext Board Listed Companies							
境内上市外资股(B股)(家)	Number of Listed Companies (B share)	18	41	58	70	85	101	106
其中：ST公司数(家)	Number of ST Listed Companies (B share)							4
发行股数(百万股)	Amount Issued (1000000)	7322.20	32867.50	63947.08	76563.11	111036.04	177123.19	234535.36
其中：中小板发行股数	SME Board Amount Issued							
创业板发行股数	ChiNext Board Amount Issued							
市价总值(百万元)	Market Capitalization(1000000)	104814.90	354152.07	369061.68	347427.64	984238.66	1752923.70	1952181.21
其中：中小板市价总值	SME Board Market Capitalization							
创业板市价总值	ChiNext Board Market Capitalization							
流通市值(百万元)	Negotiable Market Capitalization(1000000)		86162.97	96890.11	93821.91	286704.01	520442.39	574537.94
其中：中小板流通市值	SME Board Negotiable Market Capitalization							
创业板流通市值	ChiNext Board Negotiable Market Capitalization							
成交量(百万股) Transcation Volume(1000000)	合计 Sum	3689.78	22656.47	101333.91	70530.78	253314.43	256001.89	215246.10
	日平均 Daily Average	14.41	87.92	402.12	283.19	1025.57	1053.51	888.39
	中小板 SME Board							
	创业板 ChiNext Board							
成交金额(百万元) Turnover (1000000)	合计 Sum	68303.73	362720.32	812762.89	403645.27	2133217.43	3072183.20	2352731.48
	日平均 Daily Average	266.53	1407.49	3225.25	1618.56	8636.51	12642.73	9710.80
	中小板 SME Board							
	创业板 ChiNext Board							
平均换手率(%) Turnover Rate (%)	上海 Shanghai			1134.65	528.72	913.43	701.81	453.63
	深圳 Shenahen			583.83	254.52	1350.35	817.43	406.56
	中小板 SME Board							
	创业板 ChiNext Board							
平均市盈率 PE Ratio	上海 Shanghai		42.48	23.45	15.70	31.32	39.86	34.38
	深圳 Shenahen		42.69	10.37	9.35	35.42	39.86	30.59
	中小板 SME Board							
	创业板 ChiNext Board							
上证指数 Shanghai Stock Exchange Composite Index	开盘 Open	293.74	802.14	837.7	637.72	550.26	914.06	1200.95
	最高 High	1429.01	1558.95	1052.94	926.41	1258.69	1510.18	1422.98
	月日 YMD	19920526	19930216	19940913	19950522	19961211	19970512	19980604
	最低 Low	292.76	750.46	325.89	524.43	512.83	870.18	1043.02
	月日 YMD	19920102	19931220	19940729	19950207	19960119	19970220	19980818
	平均 Average	668.52	1013.39	674.1	657.80	764.65	1175.59	1261.04
	收盘 Close	780.39	833.8	647.87	555.29	917.02	1194.1	1146.7
深证指数 Shenzhen Stock Exchange Composite Index	开盘 Open	110.53	241.21	238.28	139.62	112.85	326.33	382.85
	最高 High	312.21	359.44	242.06	169.66	473.02	517.91	441.04
	月日 YMD	19920526	19930222	19940107	19950522.00	19961211	19970512	19980603
	最低 Low	107.08	203.91	96.56	112.63	105.34	305.81	317.1
	月日 YMD	19920116	19930721	19940729	19951228.00	19960122	19970106	19980818
	平均 Average	215.76	277.51	165.86	131.00	224.67	388.16	384.7
	收盘 Close	241.21	238.28	140.63	113.25	327.34	381.29	343.85

注：本表中的发行股数不含同时发AH股公司发行的H股部分

数据来源：上海、深圳证券交易所

Source: Shanghai Shenzhen Stock Exchange

Summary for Stock Market (1992—2010)

1999	2000	2001	2002	2003	2004	2005	2006	2007	2008	2009	2010
949	1088	1160	1224	1287	1377	1381	1434	1550	1625	1718	2063
56	61	47	89	99	135	115	139	154	153	139	153
					38	50	102	202	273	327	204
										36	117
108	114	112	111	111	110	109	109	109	109	108	108
11	11	7	13	14	20	15	15	19	15	14	14
290885.19	361339.05	483835.69	546299.21	599794.35	671473.31	716354.05	1268399.47	1700045.32	1890012.52	2060625.71	2698448.17
					3223.36	5614.41	14320.74	33964.15	59160.43	79412.75	136674.24
										3460.31	17506.29
2647117.52	4809094.43	4352220.39	3832912.86	4245771.60	3705556.82	3243028.14	8940389.44	32714088.89	12136643.60	24393912.39	26542259.25
					41343.14	48155.15	201529.59	1064683.65	626968.36	1687255.09	3536461.35
										161008.35	736521.89
821396.38	1608751.96	1446317.01	1248455.65	1317851.70	1168863.95	1063051.43	2500363.88	9306434.57	4521389.95	15125865.55	19311041.23
					11996.09	18529.34	72362.66	382365.60	267267.52	750356.5	1615032.26
										29897.03	200564.1
293238.88	475838.21	315228.76	301619.49	416308.40	582773.29	662373.20	1614522.62	3640375.87	2413139.49	5110700.49	4215197.67
1226.94	1990.96	1313.45	1272.66	1727.40	2398.25	2737.08	6699.26	15042.87	9809.51	20945.49	17418.17
					5915.87	13029.95	29677.53	81556.38	118925.54	328364.84	405534.78
										3854.5	40052.58
3131960.25	6082664.99	3830518.00	2799045.51	3211527.00	4233394.72	3166477.62	9046888.99	46055622.12	26711266.04	53598676.49	54563354.26
13104.44	25450.48	15960.00	11810.32	13325.80	17421.38	13084.62	37538.96	190312.50	108582.38	219666.71	225468.406
					82263.06	120392.27	307155.48	1617366.23	1663727.81	4827352.31	8583242.62
										182810.85	1571787.09
471.46	492.87	269.33	214.00	250.75	288.71	274.37	541.12	927.19	392.52	504.37	198.47
424.52	509.10	227.89	198.79	214.18	288.29	316.43	609.38	987.42	469.11	773.48	557.44
					617.75	999.70	997.12	1048.83	625.36	1084.83	775.06
										777.39	1762.22
38.13	58.217	37.71	34.43	36.54	24.231	16.33	33.301	59.24	14.85	28.73	21.61
36.30	56.04	39.79	36.97	36.19	24.63	16.36	32.72	69.74	16.72	46.01	44.69
					31.33	24.49	42.03	85.07	24.96	51.01	56.93
										105.38	78.53
1144.89	1368.69	2077.08	1643.49	1347.433	1492.724	1260.782	1163.878	2728.19	5265.00	1849.02	3289.75
1756.18	2125.72	2245	1748.89	1649.6	1783.01	1328.53	2698.9	6124.04	5522.778	3478.01	3306.75
19990630	20001123	20010613	20020625	20030416	20040407	20050225	20061229	20071016	20080114	20090804	20100111
1047.83	1361.21	1515	1339.2	1307.4	1259.43	998.23	1161.91	2541.53	1664.93	1844.09	2319.73
19990517	20000104	20011022	20020129	20040407	20040913	20050606	20060104	20070206	20081028	20090105	20100702
1377.33	1882	1956	1567.23	1467.75	1482.85	1153.55	1629.93	4237.69	3031.83	2765.43	2830.99
1366.58	2073.48	1645.97	1357.65	1497.044	1266.496	1161.057	2675.474	5261.56	1820.81	3277.13	2808.07
343.29	402.71	636.62	475.14	386.61	377.93	313.81	278.99	555.26	1450.33	560.09	1207.33
525.14	654.37	664.85	512.38	449.42	470.55	333.28	552.93	1567.74	1584.4	1240.64	1412.63
19990629	20001123	20010613	20020624	20030415	20040407	20050309	20061229	20071008	20080115	20091204	20101111
310.65	414.69	439.36	371.79	350.74	315.17	237.18	278.99	547.89	452.33	557.68	890.23
19990518	20000104	20011022	20020122	20031118	20040913	20050718	20060104	20070105	20081104	20090105	20100702
407.62	579.61	580.9	455.65	404.08	379.43	282.64	399.95	1134.56	896.83	938.61	1162.22
402.18	635.73	475.94	388.76	378.63	315.81	278.75	550.59	1447.02	553.3	1201.34	1290.86

2-2 1992—2010年A股市场概况统计表

		1992	1993	1994	1995	1996	1997	1998
境内上市A股公司数	Number of Listed Companies (A share)	54	177	287	311	514	720	825
其中:ST公司数(家)	Number of ST Listed Companies (A share)							25
发行A股数(百万股)	Amount Issued (1000000)	6101.20	30018.10	59263.27	70407.74	102501.93	164613.45	220396.92
市价总值(百万元)	Market Capitalization(1000000)	97808.98	332766.49	351603.46	331057.55	944855.53	1715419.29	1929929.76
流通市值(百万元)	Negotiable Market Capitalization(1000000)	15725.82	68302.71	81387.95	79093.97	251401.83	485608.17	555001.76
成交量(百万股)	合计 Sum	3287.77	20916.50	98802.40	68106.57	246492.91	247129.88	209250.08
Transcation Volume(1000000)	日平均 Daily Average	12.84	81.17	393.77	273.47	997.95	1016.99	850.61
成交金额(百万元)	合计 Sum	65181.02	352254.70	800307.94	395858.73	2105229.62	3029521.28	2341772.32
Turnover (1000000)	日平均 Daily Average	254.34	1366.85	3187.19	1587.59	8523.20	12467.16	9519.40
平均换手率(%)	上海 Shanghai			1471.48	630.32	1035.55	758.07	475.55
Turnover Rate (%)	深圳 Shenzhen	351.8	464.41	638.39	268.10	1295.32	813.95	396.09
平均市盈率	上海 Shanghai					32.65		
PE Ratio	深圳 Shenzhen	57.52	44.21	10.67	9.80	38.88	42.66	32.31
上证A股指数	开盘 Open	293.74	840.32	851.96	656.80	569.77	951.80	1265.86
Shanghai Stock Exchange	最高 High	1511.27	1640.71	1092.85	972.03	1313.92	1578.61	1508.41
Composite Index of A share	月日 YMD	19920526	19930216	19940913	19950522	19961211	19970512	19980604
	最低 Low	292.76	765.58	321.20	539.86	527.85	905.50	1108.91
	月日 YMD	19920102	19931220	19940729	19950207	19960119	19970220	19980818
	平均 Average	695.64	1052.82	690.90	681.91	798.37	1230.14	1337.31
	收盘 Close	815.80	847.75	667.77	575.19	954.98	1258.49	1219.64
深证A股指数	开盘 Open		255.05	245.69	142.63	116.57	340.7	408.15
Shenzhen Stock Exchange	最高 High	285.84	379.07	249.71	176.77	498.45	546.02	471.99
Composite Index A share	月日 YMD	19921004	19930222	19940110	19950522	19961211	19970512	19980603
	最低 Low	169.04	214.89	95.26	116.32	107.93	319.25	341
	月日 YMD	19921123	19930721	19940729	19951228	19960122	19970106	19980818
	平均 Average	234.21	293.37	169.96	134.85	236.72	409.42	412.42
	收盘 Close	255.05	245.69	143.73	117.02	341.81	406.45	370.12

数据来源:上海、深圳证券交易所
Source: Shanghai Shenzhen Stock Exchange

Summary for A share Stock Market (1992—2010)

1999	2000	2001	2002	2003	2004	2005	2006	2007	2008	2009	2010
922	1060	1140	1213	1277	1363	1358	1411	1527	1602	1696	2051
45	50	42	82	92	132	107	130	143	151	136	153
275788.28	343960.38	465045.49	528364.61	580832.35	650582.37	693607.63	1244565.12	1674662.04	1862977.75	2033276.87	2670151.53
2616762.88	4745574.96	4224555.53	3752655.97	4152050.18	1529582.09	3181054.94	8811395.95	32458773.85	12056655.54	24212701.06	26322054.34
793746.31	1552420.75	1334489.09	1171875.09	1230593.63	1099864.59	1002843.48	2373126.03	9052651.38	4441910.35	14945596.78	19091710.13
280974.70	455802.07	246340.74	285949.20	399230.05	567290.76	647087.49	1580861.88	3568392.58	2391277.76	5064891.36	4180642.14
1175.63	1907.12	1026.42	1206.54	1656.56	2334.54	2673.91	6559.60	14745.43	9720.64	20757.75	17275.38074
3104955.32	6027867.66	3324204.42	2714203.88	3126998.65	4181748.94	3109937.69	8921710.73	45477130.00	26589043.03	53388940.16	54346591.4
12991.45	25221.21	13850.85	11452.34	12977.09	17208.84	12850.99	37019.55	187922.02	108085.54	218807.13	224572.6917
483.73	506.33	216.67	208.74	268.58	288.71	290.70	564.50	953.16	401.60	511.46	199.27
399.09	493.58	190.30	194.37	219.74	311.78	350.64	671.34	1062.04	503.45	814.65	580.3
38.14	59.14	37.59	34.50	36.64	24.23	16.38	33.38	59.24	14.86	28.78	21.60
37.56	58.75	40.76	38.22	37.43	25.64	16.96	33.61	72.11	17.13	46.88	45.29
1217.69	1454.17	2196.23	1710.02	1408.27	1492.72	1324.13	1223.93	2870.87	5525.15	1941.45	3450.73
1860.86	2251.89	2341.02	1825.77	1725.71	1783.01	1394.58	2839.92	6429.68	5796.72	3651.20	3468.27
19990630	20001124	20010103	20020625	20030416	20040407	20050224	20061229	20071016	20080114	20090804	20100111
1113.16	1446.12	1579.63	1397.01	1366.75	1259.43	1046.65	1221.80	2668.33	1749.02	1936.24	2431.61
19990517	20000104	20011022	20020129	20031113	20040913	20050605	20060104	20070206	20081028	20090105	20100702
1463.83	1998.04	2046.31	1635.76	1536.19	1482.85	1211.60	1712.25	4448.40	3181.86	2902.37	2967.18
1451.90	2192.38	1712.54	1419.12	1569.13	1266.50	1220.93	2815.13	5521.49	1911.79	3437.46	2940.24
369.51	432.39	683.58	498.51	407.62	392.73	326.43	290.36	574.54	1524.53	588.74	1267.60
561.56	703.97	698.10	540.59	472.88	490.56	344.05	572.04	1646.80	1667.91	1302.85	1478.97
19990629	20001123	20010103	20020624	20030415	20040406	20050309	20061229	20071008	20080115	20091204	20101111
333.77	445.32	461.95	391.10	364.26	328.25	244.71	290.36	566.46	475.37	586.09	932.46
19990518	20000104	20011022	20020122	20031118	20040916	20050718	20060104	20070105	20081104	20090105	20100702
438.08	623.69	612.96	480.28	423.9	395.31	292.33	414.72	1187.35	942.12	986.49	1218.37
431.84	682.61	499.39	409.95	393.47	328.69	290.06	569.58	1520.99	581.51	1261.26	1351.14

2-3 1992—2010年B股市场概况统计表

		1992	1993	1994	1995	1996	1997	1998
境内上市外资股	Number of Listed Companies (B share)	18	41	58	70	85	101	106
其中：ST公司数(家)	Number of ST Listed Companies (B share)							4
发行B股数(百万股)	Amount Issued (1000000)	1221.00	2849.40	4683.81	6155.37	8534.11	12509.74	14138.44
市价总值(百万元)	Market Capitalization(1000000)	7005.92	21385.58	17458.22	16370.09	39383.13	37504.41	20635.62
流通市值(百万元)	Negotiable Market Capitalization(1000000)	5123.35	17860.26	15502.16	14727.94	35302.19	34834.21	19558.43
成交量(百万股)	合计 Sum	402.02	1739.97	2531.51	2424.20	6821.52	8872.02	6160.48
Transcation Volume(1000000)	日平均 Daily Average	1.86	6.86	10.09	9.79	28.24	37.06	25.30
成交金额(百万元)	合计 Sum	3122.71	10465.62	12454.97	7786.54	27987.82	42661.92	12653.13
Turnover (1000000)	日平均 Daily Average	14.53	41.30	49.69	31.48	116.15	178.55	52.05
平均换手率(%)	上海 Shanghai			88.04	58.34	74.57	122.62	57.23
Turnover Rate (%)	深圳 Shenahen	130.91	86.8	35.13	37.28	139.26	99.88	34.10
平均市盈率	上海 Shanghai					14.04		
PE Ratio	深圳 Shenahen	35.56	20.11	7.02	6.01	14.07	10.67	5.71
上证B股指数	开盘 Open	0	66.09	103.15	62.8	48	67.03	55.88
Shanghai Stock Exchange	最高 High	140.85	105.78	104.71	63.81	87	99.31	59.58
Composite Index of B share	月日 YMD	19920525	19931231	19940106	19950829	19961211	19970506	19980302
	最低 Low	0	51.01	59.81	47.03	45	51.93	26.17
	月日 YMD	19920102	19930727	19941215	19951225	19961111	19971224	19980812
	平均 Average	78.19	75.32	73.98	55.43	52	73.43	40.63
	收盘 Close	66.22	103.15	62.8	47.69	67	55.88	28.71
深证B股指数	开盘 Open		111.87	141.44	86.66	59	145.45	98.97
Shenzhen Stock Exchange	最高 High	142.03	185.45	142.85	86.59	198	184.19	98.97
Composite Index B share	月日 YMD	19921006	19930208	19940106	19950105	19961209	19970506	19980210
	最低 Low	105.72	80.63	85.07	59.4	59	92.79	49.88
	月日 YMD	19921224	19930806	19941229	19951222	19960102	19971223	19980813
	平均 Average	117.34	120.6	112.32	70.64	85	139.61	75.49
	收盘 Close	111.87	141.44	86.66	59.48	145	98.97	53.58

数据来源：上海、深圳证券交易所
Source: Shanghai Shenzhen Stock Exchange

Summary for B share Stock Market (1992—2010)

1999	2000	2001	2002	2003	2004	2005	2006	2007	2008	2009	2010
108	114	112	111	111	110	109	109	109	109	108	108
11	11	7	13	14	20	15	15	19	15	14	
15096.91	17378.67	18790.20	17934.60	18962.00	20890.94	22746.42	23834.35	25383.28	27034.77	27348.85	28296.63
30354.62	63519.48	127664.86	80256.89	93723.42	74622.12	61973.20	128993.49	255315.04	79988.06	181210.79	220204.91
27650.06	56331.22	111827.92	76580.56	87260.08	69017.34	60207.95	127237.85	253783.20	79479.60	180268.52	219331.1
12264.18	20036.13	68888.02	15670.29	17080.37	15482.53	15285.71	33660.76	71982.29	21861.73	45809.13	34555.53
51.95	84.89	294.39	66.12	70.87	63.71	63.17	139.67	297.44	88.87	187.75	142.79
27004.93	54797.34	506313.30	84841.63	84530.38	75775.34	56539.93	125178.26	578493.13	122223.01	209736.33	216762.87
114.64	232.23	2163.73	357.98	350.75	311.83	233.63	519.41	2390.46	496.85	859.58	895.71
116.19	145.13	452.26	95.99	64.26	58.29	58.49	149.81	351.60	87.88	165.79	118.97
86.63	115.30	423.47	83.55	138.17	110.04	88.21	154.65	280.12	84.35	177.18	131.85
10.05	25.23	43.39	30.61	30.32	20.15	12.40	23.97	59.30	11.70	21.58	23.91
10.38	13.06	25.3	17.51	20.92	12.9	9.11	21.01	26.71	7.30	21.83	23.10
28.71	37.91	89.55	170.99	113.40	104.87	75.56	61.99	130.84	365.45	112.21	252.70
62.56	89.9	241.61	171.72	131.41	122.94	84.22	130.44	394.21	373.77	267.76	322.44
19990629	20001226	20010601	37260	20030416	20040219	20050309	20061228	20071017	20080104	20091116	20101111
21.25	35.47	77.62	109.98	96.23	75.46	49.32	61.99	130.57	86.44	112.21	195.43
19990310	20000316	20010212	37587	20030820	20041231	20050720	20060104	20070105	20081028	20090105	20100521
37.08	56.85	165.09	141.86	113.54	97.66	68.67	96.09	278.32	206.76	187.58	255.54
37.91	89.55	171.53	113.51	104.94	75.65	62.02	130.12	365.93	110.92	252.41	304.35
53.58	84.96	137.63	265.74	186.92	271.74	221.26	195.29	434.83	709.94	272.31	627.39
125.42	137.69	435.57	262.31	281.78	315.81	276.84	435.45	803.61	730.95	650.79	888.38
19990629	20001229	20010525	20020705	20031106	20040407	20050309	20061229	20070515	20080110	20091116	20101111
41.56	75.92	124.6	185.52	184.89	212.02	186.53	195	434.34	215.82	272.31	510.56
19990310	20000316	20010213	20021126	20030102	20040823	20051028	20060104	20070105	20081028	20090105	20100521
75.28	106	282.61	222.27	228.76	257.39	225.93	299.57	658.22	454.21	460.18	672.06
84.66	137.69	265.67	186.98	272.05	219.8	195.61	433.32	709.69	271.28	625.95	824.82

2-4 1991—2010年股票发行情况统计表

	1991	1992	1993	1994	1995	1996	1997	1998	1999
股票发行量(亿股) Amount Issued	5	20.75	95.79	91.26	31.60	86.11	267.63	109.06	122.93
A股 A Shares	5	10.00	42.59	10.97	5.32	38.29	105.65	86.30	98.11
B股 B Shares		10.75	12.79	10.40	10.90	16.05	25.10	9.90	1.77
H股 H Shares			40.41	69.89	15.38	31.77	136.88	12.86	23.05
股票筹资额(亿元人民币)Raised Capital	5	94.09	375.47	326.78	150.32	425.08	1293.82	841.52	944.56
A股 A Shares	5	50.00	276.41	99.78	85.51	294.34	825.92	778.02	893.60
其中:首发 IPO	5	50.00	194.83	49.62	22.68	224.45	655.06	409.09	497.88
增发 Re-issue								30.46	59.75
配股 Right Issue			81.58	50.16	62.83	69.89	170.86	334.97	320.97
可转债 CB								3.50	15.00
B股 B Shares		44.09	38.13	38.27	33.35	47.18	107.90	25.55	3.79
H股 H Shares			60.93	188.73	31.46	83.56	360.00	37.95	47.17

注:1. 折算汇率1992年 1美元=5.75元人民币 1港元=0.74元人民币
1993年 1美元=5.80元人民币 1港元=0.75元人民币
1994年 1美元=8.46元人民币 1港元=1.09元人民币
1995年 1美元=8.30元人民币 1港元=1.07元人民币
1996年 1美元=8.30元人民币 1港元=1.07元人民币
1997年 1美元=8.30元人民币 1港元=1.07元人民币
1998年 1美元=8.30元人民币 1港元=1.07元人民币
1999—2004年 1美元=8.28元人民币 1港元=1.07元人民币
2005—2010年外资股折算汇率为股票发行月的月末汇率
2. A股发行量为IPO数量
3. H股发行量、筹资额为IPO与增发之和
4. 1991—2007年股票筹资额以发行日口径统计,2008年以来股票筹资额以上市日口径统计。

数据来源:中国证监会
Source: CSRC

Summary for Stock Issuance (1991—2010)

2000	2001	2002	2003	2004	2005	2006	2007	2008	2009	2010	合计 total
512.04	141.48	291.74	281.43	227.92	567.05	1287.77	637.24	180.29	415.96	928.37	6301.42
145.68	93.00	134.20	83.64	54.88	13.80	351.11	413.27	114.91	260.38	561.33	2628.43
7.10	0.00	0.00	1.00	1.53	0.00	0.00	0.00	0.00	0.00	0.00	107.29
359.26	48.48	157.54	196.79	171.51	553.25	936.66	223.97	65.38	155.58	367.04	3565.70
2103.24	1252.34	961.75	1357.75	1510.94	1882.51	5594.29	8680.17	3852.21	6124.69	11953.66	49730.19
1527.03	1182.13	779.75	819.56	835.71	338.13	2463.70	7722.99	3457.75	5004.90	8870.74	36310.97
812.37	534.29	516.96	453.51	353.42	56.74	1572.24	4590.62	1034.38	1879.00	4882.63	18794.77
166.70	217.21	164.68	110.66	168.72	278.77	847.10	2850.09	2271.8	3019.93	2549.83	12735.70
519.46	430.63	56.61	74.79	104.54	2.62	4.32	227.68	151.57	105.97	1438.28	4207.73
28.50	0.00	41.50	180.60	209.03	0.00	40.04	54.60	77.20	46.61	717.30	1413.88
13.99	0.00	0.00	3.54	27.16	0.00	0.00	0.00	0.00	0.00	0.00	382.95
562.21	70.21	181.99	534.65	648.08	1544.38	3130.59	957.18	317.26	1073.18	2365.62	12195.16

2-5 2010年A股新发行情况一览表

Summary for A Share Issuance in 2010

公司名称	行业分类 Industry	地区 Area	发行时间 Issue Date	发行方式 Issue Method	发行量(万元面值) Issue Volume	发行价(元) Issue Price	筹资总额(万元) Raised Capital	中签率% Ratio of Placement	主承销 Lead Underwriter	上市地点 Listing Spot
九州通	H	湖北	20101025	网下询价、网上定价	15000.00	13.000	195000.00	0.635800	国信证券股份有限公司	上海证券交易所
唐山港	F	河北	20100618	网下询价、网上定价	20000.00	8.200	164000.00	1.128500	申银万国证券股份有限公司	上海证券交易所
宁波港	F	浙江	20100914	网下询价、网上定价	200000.00	3.700	740000.00	1.711300	中银国际证券有限责任公司	上海证券交易所
中南传媒	L	湖南	20101020	网下询价、网上定价	39800.00	10.660	424268.00	0.880900	中银国际证券有限责任公司	上海证券交易所
昊华能源	B	北京	20100323	网下询价、网上定价	11000.00	29.800	327800.00	0.972700	中信证券股份有限公司	上海证券交易所
中国一重	C	黑龙江	20100201	网下询价、网上定价	200000.00	5.700	1140000.00	4.983900	中银国际证券有限责任公司	上海证券交易所
海南橡胶	C	海南	20101228	网下询价、网上定价	78600.00	5.990	470814.00	1.321500	中信证券股份有限公司	上海证券交易所
四方股份	C	北京	20101224	网下询价、网上定价	8200.00	23.000	188600.00	0.627700	广发证券股份有限公司	上海证券交易所
重庆水务	D	重庆	20100316	网下询价、网上定价	50000.00	6.980	349000.00	1.502500	中国银河证券股份有限公司	上海证券交易所
杭齿前进	C	浙江	20100927	网下询价、网上定价	10100.00	8.290	83729.00	0.668800	信达证券股份有限公司	上海证券交易所
中国西电	C	陕西	20100119	网下询价、网上定价	130700.00	7.900	1032530.00	2.079400	中国国际金融有限公司	上海证券交易所
二重重装	C	四川	20100122	网下询价、网上定价	30000.00	8.500	255000.00	0.505100	宏源证券股份有限公司	上海证券交易所
农业银行	I	北京	20100706	网下询价、网上定价	2223529.40	2.680	6852917.58	9.292600	中国国际金融有限公司	上海证券交易所
陕鼓动力	C	陕西	20100415	网下询价、网上定价	10925.13	15.500	169339.59	1.043600	中国国际金融有限公司	上海证券交易所
兴业证券	I	福建	20100927	网下询价、网上定价	26300.00	10.000	263000.00	2.428500	瑞银证券有限责任公司	上海证券交易所
滨化股份	M	山东	20100208	网下询价、网上定价	11000.00	19.000	209000.00	2.482600	国信证券股份有限公司	上海证券交易所
华泰证券	I	江苏	20100209	网下询价、网上定价	78456.13	20.000	1569122.55	14.434600	海通证券股份有限公司	上海证券交易所
郑煤机	C	河南	20100720	网下询价、网上定价	14000.00	20.000	280000.00	2.125200	中信证券股份有限公司	上海证券交易所
际华集团	M	北京	20100804	网下询价、网上定价	115700.00	3.500	404950.00	1.957300	瑞银证券有限责任公司	上海证券交易所
力帆股份	C	重庆	20101115	网下询价、网上定价	20000.00	14.500	290000.00	0.707900	国泰君安证券股份有限公司	上海证券交易所
皖新传媒	L	安徽	20100105	网下询价、网上定价	11000.00	11.800	129800.00	0.685400	国元证券股份有限公司	上海证券交易所
光大银行	I	北京	20100810	网下询价、网上定价	610000.00	3.100	2170000.00	3.625200	中国国际金融有限公司	上海证券交易所
正泰电器	C	浙江	20100111	网下询价、网上定价	10500.00	23.980	251790.00	1.245700	国泰君安证券股份有限公司	上海证券交易所
大连港	F	辽宁	20101123	网下询价、网上定价	76182.00	3.800	289491.60	1.470800	中信证券股份有限公司	上海证券交易所
亚星锚链	C	江苏	20101215	网下询价、网上定价	9000.00	22.500	202500.00	0.915300	国信证券股份有限公司	上海证券交易所
永辉超市	H	福建	20101207	网下询价、网上定价	11000.00	23.980	263780.00	0.847500	中信证券股份有限公司	上海证券交易所
皇氏乳业	C03	广西	20100106	上网定价发行,网下申	2700.00	20.100	54270.00	157.0696	光大证券股份有限公司	深圳
得利斯	C01	山东	20100106	上网定价发行,网下申	6300.00	13.180	83034.00	196.2314	民生证券有限责任公司	深圳
皖通科技	G87	安徽	20100106	上网定价发行,网下申	1400.00	27.000	37800.00	221.6421	国元证券股份有限公司	深圳
新宙邦	C43	深圳	20100108	上网定价发行,网下申	2700.00	28.990	78273.00	96.5237	华泰联合证券有限责任公司	深圳
梅泰诺	G81	北京	20100108	上网定价发行,网下申	2300.00	26.000	59800.00	141.6983	招商证券股份有限公司	深圳
上海凯宝	C81	上海	20100108	上网定价发行,网下申	2740.00	38.000	104120.00	99.3606	东吴证券有限责任公司	深圳
九洲电气	C76	黑龙江	20100108	上网定价发行,网下申	1800.00	33.000	59400.00	128.0256	中德证券有限责任公司	深圳
回天胶业	C43	湖北	20100108	上网定价发行,网下申	1700.00	36.400	61880.00	91.6135	海通证券股份有限公司	深圳
朗科科技	G87	深圳	20100108	上网定价发行,网下申	1680.00	39.000	65520.00	122.6786	平安证券有限责任公司	深圳

续表 1　Continued 1

公司名称	行业分类 Industry	地区 Area	发行时间 Issue Date	发行方式 Issue Method	发行量（万元面值） Issue Volume	发行价（元） Issue Price	筹资总额（万元） Raised Capital	中签率% Ratio of Placement	主承销 Lead Underwriter	上市地点 Listing Spot
广百股份	H11	广州	20100112	上网定价发行，网下申	888.33	20.720	18406.18	0.0000	广州证券有限责任公司	深圳
仙琚制药	C81	浙江	20100112	上网定价发行，网下申	8540.00	8.200	70028.00	256.4452	中信建投证券有限责任公司	深圳
罗普斯金	C67	江苏	20100112	上网定价发行，网下申	3920.00	22.000	86240.00	173.1151	德邦证券有限责任公司	深圳
英威腾	C76	深圳	20100113	上网定价发行，网下申	1600.00	48.000	76800.00	174.5250	国信证券股份有限公司	深圳
科华恒盛	C76	福建	20100113	上网定价发行，网下申	1950.00	27.350	53332.50	342.1472	东北证券股份有限公司	深圳
人人乐	H11	深圳	20100113	上网定价发行，网下申	10000.00	26.980	269800.00	139.5585	安信证券股份有限公司	深圳
赛象科技	C73	天津	20100115	上网定价发行，网下申	3000.00	31.000	93000.00	80.6463	渤海证券股份有限公司	深圳
奥普光电	C78	吉林	20100115	上网定价发行，网下申	2000.00	22.000	44000.00	165.0315	平安证券有限责任公司	深圳
星辉车模	C37	广东	20100120	上网定价发行，网下申	1320.00	43.980	58053.60	86.1500	广发证券股份有限公司	深圳
赛为智能	G87	深圳	20100120	上网定价发行，网下申	2000.00	22.000	44000.00	213.6060	招商证券股份有限公司	深圳
华力创通	G87	北京	20100120	上网定价发行，网下申	1700.00	30.700	52190.00	119.3047	宏源证券股份有限公司	深圳
台基股份	C51	湖北	20100120	上网定价发行，网下申	1500.00	41.300	61950.00	110.9440	金元证券股份有限公司	深圳
天源迪科	G87	深圳	20100120	上网定价发行，网下申	2700.00	30.000	81000.00	138.1959	招商证券股份有限公司	深圳
合康变频	C76	北京	20100120	上网定价发行，网下申	3000.00	34.160	102480.00	108.3280	中信证券股份有限公司	深圳
福瑞股份	C81	内蒙古	20100120	上网定价发行，网下申	1900.00	28.980	55062.00	127.2474	平安证券有限责任公司	深圳
世纪鼎利	G85	广东	20100120	上网定价发行，网下申	1400.00	88.000	123200.00	58.0864	平安证券有限责任公司	深圳
积成电子	G87	山东	20100122	上网定价发行，网下申	2200.00	25.000	55000.00	153.6595	海通证券股份有限公司	深圳
格林美	B07	深圳	20100122	上网定价发行，网下申	2333.00	32.000	74656.00	98.1976	中德证券有限责任公司	深圳
新纶科技	C43	深圳	20100122	上网定价发行，网下申	1900.00	23.000	43700.00	151.9068	招商证券股份有限公司	深圳
西安民生	H11	陕西	20100125	上网定价发行，网下申	3396.48	5.740	19495.77	0.0000	广发证券股份有限公司	深圳
巨力索具	C99	河北	20100126	上网定价发行，网下申	5000.00	24.000	120000.00	186.9564	国信证券股份有限公司	深圳
禾欣股份	C49	浙江	20100126	上网定价发行，网下申	2500.00	31.000	77500.00	189.7756	平安证券有限责任公司	深圳
海宁皮城	M	浙江	20100126	上网定价发行，网下申	7000.00	20.000	140000.00	150.7057	中信证券股份有限公司	深圳
潮宏基	C99	广东	20100128	上网定价发行，网下申	3000.00	33.000	99000.00	203.2470	广发证券股份有限公司	深圳
柘中建设	C61	上海	20100128	上网定价发行，网下申	3500.00	19.900	69650.00	224.3283	东方证券股份有限公司	深圳
泰尔重工	C71	安徽	20100128	上网定价发行，网下申	2600.00	22.500	58500.00	313.3227	华泰证券股份有限公司	深圳
高乐股份	C37	广东	20100203	上网定价发行，网下申	3800.00	21.980	83524.00	92.3108	平安证券有限责任公司	深圳
精华制药	C81	江苏	20100203	上网定价发行，网下申	2000.00	19.800	39600.00	141.1590	华泰证券股份有限公司	深圳
北京科锐	C76	北京	20100203	上网定价发行，网下申	2700.00	24.000	64800.00	129.0859	平安证券有限责任公司	深圳
川润股份	C73	四川	20100204	上网定价发行，网下申	1250.00	21.000	26250.00	0.0000	国金证券股份有限公司	深圳
漫步者	C55	深圳	20100205	上网定价发行，网下申	3700.00	33.500	123950.00	123.1816	招商证券股份有限公司	深圳
鼎泰新材	C69	安徽	20100205	上网定价发行，网下申	1950.00	32.000	62400.00	204.8892	国元证券股份有限公司	深圳
杰瑞股份	B50	山东	20100205	上网定价发行，网下申	2900.00	59.500	172550.00	88.7941	广发证券股份有限公司	深圳
中弘地产	J01	安徽	20100209	上网定价发行，网下申	43827.37	4.360	191087.32	0.0000	华泰联合证券有限责任公司	深圳
科冕木业	C21	辽宁	20100209	上网定价发行，网下申	2350.00	12.330	28975.50	314.5289	民生证券有限责任公司	深圳
兴民钢圈	C75	山东	20100209	上网定价发行，网下申	5260.00	14.500	76270.00	226.5475	国信证券股份有限公司	深圳
浩宁达	C78	深圳	20100209	上网定价发行，网下申	2000.00	36.500	73000.00	179.6355	招商证券股份有限公司	深圳

续表 2 Continued 2

公司名称	行业分类 Industry	地区 Area	发行时间 Issue Date	发行方式 Issue Method	发行量 (万元面值) Issue Volume	发行价 (元) Issue Price	筹资总额 (万元) Raised Capital	中签率% Ratio of Placement	主承销 Lead Underwriter	上市地点 Listing Spot
富临运业	F03	四川	20100210	上网定价发行,网下申	2100.00	14.970	31437.00	313.2205	东北证券股份有限公司	深圳
森源电气	C76	河南	20100210	上网定价发行,网下申	2200.00	26.000	57200.00	282.4468	华泰证券股份有限公司	深圳
齐星铁塔	C69	山东	20100210	上网定价发行,网下申	2750.00	16.980	46695.00	242.2276	东海证券有限责任公司	深圳
三五互联	G87	福建	20100211	上网定价发行,网下申	1350.00	34.000	45900.00	131.6274	招商证券股份有限公司	深圳
中青宝	G87	深圳	20100211	上网定价发行,网下申	2500.00	30.000	75000.00	63.6972	长江证券承销保荐有限公司	深圳
欧比特	C51	广东	20100211	上网定价发行,网下申	2500.00	17.000	42500.00	146.7672	西南证券股份有限公司	深圳
鼎龙股份	C43	湖北	20100211	上网定价发行,网下申	1500.00	30.550	45825.00	95.2573	国泰君安证券股份有限公司	深圳
中联重科	C71	湖南	20100212	上网定价发行,网下申	29795.47	18.700	557175.30	0.0000	中国国际金融有限公司	深圳
新 和 成	C43	浙江	20100224	上网定价发行,网下申	3022.00	38.050	114987.10	0.0000	平安证券有限责任公司	深圳
万邦达	K20	北京	20100226	上网定价发行,网下申	2200.00	65.690	144518.00	63.2750	华泰联合证券有限责任公司	深圳
三维丝	C73	福建	20100226	上网定价发行,网下申	1300.00	21.590	28067.00	116.4423	华泰联合证券有限责任公司	深圳
万顺股份	C31	广东	20100226	上网定价发行,网下申	5300.00	18.380	97414.00	97.9970	渤海证券股份有限公司	深圳
蓝色光标	L20	北京	20100226	上网定价发行,网下申	2000.00	33.860	67720.00	111.1885	华泰联合证券有限责任公司	深圳
同德化工	C43	山西	20100303	上网定价发行,网下申	1500.00	23.980	35970.00	127.6347	中德证券有限责任公司	深圳
神剑股份	C43	安徽	20100303	上网定价发行,网下申	2000.00	17.000	34000.00	142.2580	平安证券有限责任公司	深圳
汉王科技	G87	北京	20100303	上网定价发行,网下申	2700.00	41.900	113130.00	59.9278	中德证券有限责任公司	深圳
隆基机械	C75	山东	20100305	上网定价发行,网下申	3000.00	18.000	54000.00	247.5280	民生证券有限责任公司	深圳
中恒电气	C76	浙江	20100305	上网定价发行,网下申	1680.00	22.350	37548.00	301.8423	华泰联合证券有限责任公司	深圳
永安药业	C03	湖北	20100305	上网定价发行,网下申	2350.00	31.000	72850.00	215.2238	国信证券股份有限公司	深圳
福建三农	C43	福建	20100308	上网定价发行,网下申	78411.95	3.090	242292.91	0.0000	招商证券股份有限公司	深圳
桂林旅游	K34	广西	20100309	上网定价发行,网下申	10000.00	10.250	102500.00	0.0000	国海证券有限责任公司	深圳
丹甫股份	C71	四川	20100312	上网定价发行,网下申	3350.00	15.000	50250.00	293.2334	西南证券股份有限公司	深圳
康力电梯	C75	江苏	20100312	上网定价发行,网下申	3350.00	27.100	90785.00	110.2072	东吴证券有限责任公司	深圳
太极股份	G87	北京	20100312	上网定价发行,网下申	2500.00	29.000	72500.00	215.0240	招商证券股份有限公司	深圳
卓翼科技	C55	深圳	20100316	上网定价发行,网下申	2500.00	22.580	56450.00	155.6816	申银万国证券股份有限公司	深圳
亚太药业	C81	浙江	20100316	上网定价发行,网下申	3000.00	16.000	48000.00	217.3030	东方证券股份有限公司	深圳
七星电子	C57	北京	20100316	上网定价发行,网下申	1656.00	33.000	54648.00	165.2736	中信建投证券有限责任公司	深圳
闽闽东	C76	福建	20100317	上网定价发行,网下申	55583.27	4.360	242343.06	0.0000	广发证券股份有限公司	深圳
华神集团	C81	四川	20100317	上网定价发行,网下申	795.00	4.500	3577.50	0.0000		深圳
海特高新	F11	四川	20100317	上网定价发行,网下申	2270.00	15.520	35230.40	0.0000	兴业证券股份有限公司	深圳
诺 普 信	C43	深圳	20100318	上网定价发行,网下申	1850.00	31.000	57350.00	0.0000	平安证券有限责任公司	深圳
伟星新材	C49	浙江	20100318	上网定价发行,网下申	6340.00	17.970	113929.80	194.7030	东北证券股份有限公司	深圳
联信永益	G87	北京	20100318	上网定价发行,网下申	1750.00	28.000	49000.00	307.6743	华龙证券有限责任公司	深圳
丽鹏股份	C69	山东	20100318	上网定价发行,网下申	1350.00	23.800	32130.00	234.0481	宏源证券股份有限公司	深圳
东方财富	G87	上海	20100319	上网定价发行,网下申	3500.00	40.580	142030.00	94.3811	中国国际金融有限公司	深圳
康耐特	C99	上海	20100319	上网定价发行,网下申	1500.00	18.000	27000.00	162.1507	海际大和证券有限责任公司	深圳
中能电气	C76	福建	20100319	上网定价发行,网下申	2000.00	24.180	48360.00	120.6820	红塔证券股份有限公司	深圳

续表 3　Continued 3

公司名称	行业分类 Industry	地区 Area	发行时间 Issue Date	发行方式 Issue Method	发行量（万元面值） Issue Volume	发行价（元） Issue Price	筹资总额（万元） Raised Capital	中签率% Ratio of Placement	主承销 Lead Underwriter	上市地点 Listing Spot
亚厦股份	E05	浙江	20100323	上网定价发行，网下申	5300.00	31.860	168858.00	135.3736	财富里昂证券有限责任公司	深圳
新北洋	G83	山东	20100323	上网定价发行，网下申	3800.00	22.580	85804.00	290.5792	平安证券有限责任公司	深圳
国创高新	C41	湖北	20100323	上网定价发行，网下申	2700.00	19.800	53460.00	259.4081	新时代证券有限责任公司	深圳
天龙集团	C43	广东	20100326	上网定价发行，网下申	1700.00	28.800	48960.00	188.7094	东莞证券有限责任公司	深圳
豫金刚石	C61	河南	20100326	上网定价发行，网下申	3800.00	21.320	81016.00	180.2334	招商证券股份有限公司	深圳
海兰信	G87	北京	20100326	上网定价发行，网下申	1385.00	32.800	45428.00	212.1394	海通证券股份有限公司	深圳
三川股份	C78	江西	20100326	上网定价发行，网下申	1300.00	49.000	63700.00	193.2769	国信证券股份有限公司	深圳
正邦科技	C01	江西	20100331	上网定价发行，网下申	4352.00	10.500	45696.00	0.0000	国信证券股份有限公司	深圳
章源钨业	C67	江西	20100331	上网定价发行，网下申	4300.00	13.000	55900.00	226.5581	平安证券有限责任公司	深圳
鲁丰股份	C67	山东	20100331	上网定价发行，网下申	1950.00	33.000	64350.00	112.6600	国信证券股份有限公司	深圳
科远股份	C76	江苏	20100331	上网定价发行，网下申	1700.00	39.000	66300.00	153.4200	广发证券股份有限公司	深圳
顺络电子	C51	深圳	20100402	上网定价发行，网下申	735.15	4.780	3514.02	0.0000		深圳
双箭股份	C48	浙江	20100402	上网定价发行，网下申	2000.00	32.000	64000.00	231.5445	华泰联合证券有限责任公司	深圳
蓝帆股份	C49	山东	20100402	上网定价发行，网下申	2000.00	35.000	70000.00	175.3455	国元证券股份有限公司	深圳
合众思壮	G81	北京	20100402	上网定价发行，网下申	3000.00	37.000	111000.00	201.8497	招商证券股份有限公司	深圳
东山精密	C69	江苏	20100409	上网定价发行，网下申	4000.00	26.000	104000.00	165.1040	平安证券有限责任公司	深圳
大北农	C01	北京	20100409	上网定价发行，网下申	6080.00	35.000	212800.00	98.1487	平安证券有限责任公司	深圳
天原集团	C43	四川	20100409	上网定价发行，网下申	10000.00	15.360	153600.00	130.0739	宏源证券股份有限公司	深圳
宁波华翔	C75	浙江	20100412	上网定价发行，网下申	7340.00	11.880	87199.20	0.0000	东莞证券有限责任公司	深圳
黑牛食品	C05	广东	20100413	上网定价发行，网下申	3350.00	27.000	90450.00	84.5528	国金证券股份有限公司	深圳
新亚制程	C57	深圳	20100413	上网定价发行，网下申	2800.00	15.000	42000.00	161.2600	招商证券股份有限公司	深圳
南洋科技	C51	浙江	20100413	上网定价发行，网下申	1700.00	30.000	51000.00	155.1088	华林证券有限责任公司	深圳
信邦制药	C81	贵州	20100416	上网定价发行，网下申	2170.00	33.000	71610.00	284.0230	民生证券有限责任公司	深圳
长青股份	C43	江苏	20100416	上网定价发行，网下申	2500.00	51.000	127500.00	164.6300	光大证券股份有限公司	深圳
中泰化学	C43	新疆	20100420	上网定价发行，网下申	23270.00	16.330	379999.10	0.0000		深圳
丽江旅游	K34	云南	20100421	上网定价发行，网下申	1700.00	11.910	20247.00	0.0000	红塔证券股份有限公司	深圳
中航三鑫	E05	深圳	20100421	上网定价发行，网下申	6385.00	14.600	93221.00	0.0000	中国建银投资证券有限公司	深圳
安诺其	C43	上海	20100421	上网定价发行，网下申	2700.00	21.200	57240.00	121.4789	平安证券有限责任公司	深圳
南都电源	C76	浙江	20100421	上网定价发行，网下申	6200.00	33.000	204600.00	80.5498	安信证券股份有限公司	深圳
金利华电	C76	浙江	20100421	上网定价发行，网下申	1500.00	23.900	35850.00	138.8187	新时代证券有限责任公司	深圳
碧水源	K20	北京	20100421	上网定价发行，网下申	3700.00	69.000	255300.00	48.8227	第一创业证券有限责任公司	深圳
华谊嘉信	L99	北京	20100421	上网定价发行，网下申	1300.00	25.000	32500.00	165.4485	西南证券股份有限公司	深圳
万向钱潮	C75	浙江	20100422	上网定价发行，网下申	20000.00	9.290	185800.00	2.4361	申银万国证券股份有限公司	深圳
天康生物	C01	新疆	20100423	上网定价发行，网下申	1060.00	21.370	22652.20	0.0000	中信证券股份有限公司	深圳
北京利尔	C61	北京	20100423	上网定价发行，网下申	3375.00	42.000	141750.00	126.5997	民生证券有限责任公司	深圳
力生制药	C81	天津	20100423	上网定价发行，网下申	4600.00	45.000	207000.00	126.8326	渤海证券股份有限公司	深圳
联发股份	C11	江苏	20100423	上网定价发行，网下申	2700.00	45.000	121500.00	80.6704	第一创业证券有限责任公司	深圳

续表 4 Continued 4

公司名称	行业分类 Industry	地区 Area	发行时间 Issue Date	发行方式 Issue Method	发行量（万元面值） Issue Volume	发行价（元） Issue Price	筹资总额（万元） Raised Capital	中签率% Ratio of Placement	主承销 Lead Underwriter	上市地点 Listing Spot
三聚环保	C43	北京	20100427	上网定价发行，网下申	2500.00	32.000	80000.00	136.7864	宏源证券股份有限公司	深圳
当升科技	C61	北京	20100427	上网定价发行，网下申	2000.00	36.000	72000.00	106.2930	平安证券有限责任公司	深圳
华平股份	G85	上海	20100427	上网定价发行，网下申	1000.00	72.000	72000.00	76.9300	招商证券股份有限公司	深圳
数字政通	G87	北京	20100427	上网定价发行，网下申	1400.00	54.000	75600.00	77.9621	招商证券股份有限公司	深圳
新中基	C01	新疆	20100428	上网定价发行，网下申	6298.47	9.430	59394.54	0.0000	东方证券股份有限公司	深圳
双象股份	C49	江苏	20100429	上网定价发行，网下申	2250.00	25.000	56250.00	295.8813	华泰联合证券有限责任公司	深圳
梦洁家纺	C11	湖南	20100429	上网定价发行，网下申	1600.00	51.000	81600.00	193.3631	国信证券股份有限公司	深圳
华东数控	C71	山东	20100430	上网定价发行，网下申	874.78	40.010	34999.95	−0.6331	海通证券股份有限公司	深圳
宁波GQY	G83	浙江	20100430	上网定价发行，网下申	1364.00	65.000	88660.00	98.6855	平安证券有限责任公司	深圳
国民技术	C51	深圳	20100430	上网定价发行，网下申	2720.00	87.500	238000.00	75.2849	安信证券股份有限公司	深圳
中瑞思创	C57	浙江	20100430	上网定价发行，网下申	1700.00	58.000	98600.00	103.7818	国信证券股份有限公司	深圳
数码视讯	G81	北京	20100430	上网定价发行，网下申	2800.00	59.900	167720.00	86.4929	国信证券股份有限公司	深圳
兴蓉投资	K01	四川	20100505	上网定价发行，网下申	15955.93	6.240	99565.00	0.0000	华泰联合证券有限责任公司	深圳
建研集团	C99	福建	20100506	上网定价发行，网下申	3000.00	28.000	84000.00	183.4473	广发证券股份有限公司	深圳
海普瑞	C81	深圳	20100506	上网定价发行，网下申	4010.00	148.000	593480.00	63.1681	中国建银投资证券有限公司	深圳
省广股份	K20	广州	20100506	上网定价发行，网下申	2060.00	39.800	81988.00	153.1879	德邦证券有限责任公司	深圳
交技发展	G87	上海	20100506	上网定价发行，网下申	1330.00	26.400	35112.00	311.7699	日信证券有限责任公司	深圳
航天科技	C78	黑龙江	20100511	上网定价发行，网下申	2859.91	11.130	31830.83	0.0000	海通证券股份有限公司	深圳
和而泰	C51	深圳	20100511	上网定价发行，网下申	1670.00	35.000	58450.00	111.2653	国信证券股份有限公司	深圳
爱仕达	C69	浙江	20100511	上网定价发行，网下申	6000.00	18.800	112800.00	76.1912	宏源证券股份有限公司	深圳
嘉欣丝绸	C11	浙江	20100511	上网定价发行，网下申	3350.00	22.000	73700.00	61.9009	光大证券股份有限公司	深圳
广州国光	C51	广州	20100514	上网定价发行，网下申	2188.00	16.800	36758.40	0.0000	西南证券股份有限公司	深圳
四维图新	G87	北京	20100518	上网定价发行，网下申	5600.00	25.600	143360.00	128.2189	中信建投证券有限责任公司	深圳
远东传动	C75	河南	20100518	上网定价发行，网下申	4700.00	26.600	125020.00	99.0985	中原证券股份有限公司	深圳
多氟多	C43	河南	20100518	上网定价发行，网下申	2700.00	39.390	106353.00	105.7426	平安证券有限责任公司	深圳
齐翔腾达	C43	山东	20100518	上网定价发行，网下申	6500.00	28.880	187720.00	74.3997	华泰联合证券有限责任公司	深圳
新乡化纤	C47	河南	20100520	上网定价发行，网下申	4917.70	6.400	31473.28	0.0000	民生证券有限责任公司	深圳
恒信移动	G85	河北	20100520	上网定价发行，网下申	1700.00	38.780	65926.00	73.9353	平安证券有限责任公司	深圳
奥克股份	C43	辽宁	20100520	上网定价发行，网下申	2700.00	85.000	229500.00	50.6081	中信建投证券有限责任公司	深圳
劲胜股份	C51	广东	20100520	上网定价发行，网下申	2500.00	36.000	90000.00	62.7280	平安证券有限责任公司	深圳
海默科技	B50	甘肃	20100520	上网定价发行，网下申	1600.00	33.000	52800.00	91.3719	光大证券股份有限公司	深圳
天山股份	C61	新疆	20100521	上网定价发行，网下申	7691.15	20.010	153900.00	0.0000	宏源证券股份有限公司	深圳
粤电力	D01	广州	20100525	上网定价发行，网下申	13804.71	5.940	82000.00	0.0000	中国国际金融有限公司	深圳
雅克科技	C43	江苏	20100525	上网定价发行，网下申	2800.00	30.000	84000.00	176.9450	华泰证券股份有限公司	深圳
广联达	G87	北京	20100525	上网定价发行，网下申	2500.00	58.000	145000.00	117.7316	华泰证券股份有限公司	深圳
九九久	C43	江苏	20100525	上网定价发行，网下申	2180.00	25.800	56244.00	142.3128	广发证券股份有限公司	深圳
汉森制药	C81	湖南	20100525	上网定价发行，网下申	1900.00	35.800	68020.00	211.9100	宏源证券股份有限公司	深圳

续表 5　Continued 5

公司名称	行业分类 Industry	地区 Area	发行时间 Issue Date	发行方式 Issue Method	发行量（万元面值） Issue Volume	发行价（元） Issue Price	筹资总额（万元） Raised Capital	中签率% Ratio of Placement	主承销 Lead Underwriter	上市地点 Listing Spot
银之杰	G87	深圳	20100526	上网定价发行,网下申	1500.00	28.000	42000.00	71.2733	第一创业证券有限责任公司	深圳
康芝药业	C81	海南	20100526	上网定价发行,网下申	2500.00	60.000	150000.00	53.3940	海通证券股份有限公司	深圳
荃银高科	A09	安徽	20100526	上网定价发行,网下申	1320.00	35.600	46992.00	80.2000	国元证券股份有限公司	深圳
长信科技	C51	安徽	20100526	上网定价发行,网下申	3150.00	24.000	75600.00	79.4924	平安证券有限责任公司	深圳
常发股份	C71	江苏	20100528	上网定价发行,网下申	3700.00	18.000	66600.00	143.5368	江南证券有限责任公司	深圳
海康威视	C57	浙江	20100528	上网定价发行,网下申	5000.00	68.000	340000.00	50.7732	招商证券股份有限公司	深圳
爱施德	G85	深圳	20100528	上网定价发行,网下申	5000.00	45.000	225000.00	51.5394	平安证券有限责任公司	深圳
新野纺织	C11	河南	20100531	上网定价发行,网下申	9000.00	5.490	49410.00	0.0000	中原证券股份有限公司	深圳
三元达	G81	福建	20100601	上网定价发行,网下申	3000.00	20.000	60000.00	141.3517	太平洋证券股份有限公司	深圳
康盛股份	C71	浙江	20100601	上网定价发行,网下申	3600.00	19.980	71928.00	55.0556	国金证券股份有限公司	深圳
天虹商场	H11	深圳	20100601	上网定价发行,网下申	5010.00	40.000	200400.00	32.9014	招商证券股份有限公司	深圳
毅昌股份	C49	广州	20100601	上网定价发行,网下申	6300.00	13.800	86940.00	46.6475	国金证券股份有限公司	深圳
大东南	C49	浙江	20100603	上网定价发行,网下申	9813.87	6.850	67225.00	0.0000	浙商证券有限责任公司	深圳
达实智能	G87	深圳	20100603	上网定价发行,网下申	2000.00	20.500	41000.00	217.9415	中国建银投资证券有限公司	深圳
科伦药业	C81	四川	20100603	上网定价发行,网下申	6000.00	83.360	500160.00	24.8060	国金证券股份有限公司	深圳
中原特钢	C73	河南	20100603	上网定价发行,网下申	7900.00	9.000	71100.00	49.0500	海通证券股份有限公司	深圳
贵州百灵	C81	贵州	20100603	上网定价发行,网下申	3700.00	40.000	148000.00	77.7176	宏源证券股份有限公司	深圳
凯撒股份	C13	广东	20100608	上网定价发行,网下申	2700.00	22.000	59400.00	59.9374	海通证券股份有限公司	深圳
胜利精密	C55	江苏	20100608	上网定价发行,网下申	4010.00	13.990	56099.90	87.8718	东吴证券有限责任公司	深圳
尤夫股份	C47	浙江	20100608	上网定价发行,网下申	4600.00	13.500	62100.00	53.5811	国信证券股份有限公司	深圳
云南锗业	C67	云南	20100608	上网定价发行,网下申	3200.00	30.000	96000.00	96.9456	招商证券股份有限公司	深圳
冀中能源	B01	河北	20100609	上网定价发行,网下申	36848.96	12.280	452505.19	0.0000	国泰君安证券股份有限公司	深圳
海信科龙	C76	广东	20100610	上网定价发行,网下申	36204.82	3.420	123820.48	0.0000	平安证券有限责任公司	深圳
兆驰股份	C55	深圳	20100610	上网定价发行,网下申	5600.00	30.000	168000.00	31.7195	国信证券股份有限公司	深圳
杭氧股份	C71	浙江	20100610	上网定价发行,网下申	7100.00	18.000	127800.00	71.3465	华融证券股份有限公司	深圳
棕榈园林	E01	广东	20100610	上网定价发行,网下申	3000.00	45.000	135000.00	89.3157	国金证券股份有限公司	深圳
九安医疗	C73	天津	20100610	上网定价发行,网下申	3100.00	19.380	60078.00	163.2523	新时代证券有限责任公司	深圳
四川九洲	C55	四川	20100617	上网定价发行,网下申	5795.82	8.590	49786.08	0.0000	中国银河证券股份有限公司	深圳
太安堂	C81	广东	20100618	上网定价发行,网下申	2500.00	29.820	74550.00	56.5460	广发证券股份有限公司	深圳
万里扬	C75	浙江	20100618	上网定价发行,网下申	4250.00	30.000	127500.00	22.2021	国信证券股份有限公司	深圳
长江润发	C73	江苏	20100618	上网定价发行,网下申	3300.00	15.500	51150.00	38.5873	国海证券有限责任公司	深圳
兴森科技	C51	深圳	20100618	上网定价发行,网下申	2793.00	36.500	101944.50	37.3183	华泰联合证券有限责任公司	深圳
众和股份	C11	福建	20100623	上网定价发行,网下申	6170.00	7.010	43251.70	0.0000	兴业证券股份有限公司	深圳
星网锐捷	G81	福建	20100623	上网定价发行,网下申	4400.00	23.200	102080.00	109.9077	广发证券股份有限公司	深圳
誉衡药业	C81	黑龙江	20100623	上网定价发行,网下申	3500.00	50.000	175000.00	68.3931	国信证券股份有限公司	深圳
江苏神通	C71	江苏	20100623	上网定价发行,网下申	2600.00	22.000	57200.00	104.8577	华泰证券股份有限公司	深圳
启明星辰	G87	北京	20100623	上网定价发行,网下申	2500.00	25.000	62500.00	153.2796	中德证券有限责任公司	深圳

续表 6 Continued 6

公司名称	行业分类 Industry	地区 Area	发行时间 Issue Date	发行方式 Issue Method	发行量 (万元面值) Issue Volume	发行价 (元) Issue Price	筹资总额 (万元) Raised Capital	中签率% Ratio of Placement	主承销 Lead Underwriter	上市地点 Listing Spot
新海宜	G81	江苏	20100624	上网定价发行,网下申	2116.00	15.110	31972.76	0.0000	平安证券有限责任公司	深圳
新大新材	C61	河南	20100625	上网定价发行,网下申	3500.00	43.400	151900.00	46.9740	华林证券有限责任公司	深圳
长城集团	C61	广东	20100625	上网定价发行,网下申	2500.00	20.500	51250.00	217.7200	广发证券股份有限公司	深圳
盛运股份	C71	安徽	20100625	上网定价发行,网下申	3200.00	17.000	54400.00	206.5650	太平洋证券股份有限公司	深圳
金通灵	C73	江苏	20100625	上网定价发行,网下申	2100.00	28.200	59220.00	192.4276	平安证券有限责任公司	深圳
恒星科技	C69	河南	20100628	上网定价发行,网下申	2531.79	10.000	25317.90	0.0000	海通证券股份有限公司	深圳
鱼跃医疗	C73	江苏	20100628	上网定价发行,网下申	838.00	32.000	26816.00	0.0000	平安证券有限责任公司	深圳
南方建材	H03	湖南	20100629	上网定价发行,网下申	9310.58	5.860	54560.00	0.0000	国泰君安证券股份有限公司	深圳
新大陆	G87	福建	20100706	上网定价发行,网下申	5786.67	7.500	43400.00	0.0000	华泰联合证券有限责任公司	深圳
传化股份	C43	浙江	20100706	上网定价发行,网下申	4119.00	12.690	52270.11	0.0000	华泰联合证券有限责任公司	深圳
闰土股份	C43	浙江	20100706	上网定价发行,网下申	7382.00	31.200	230318.40	54.0820	海通证券股份有限公司	深圳
众业达	H03	广东	20100706	上网定价发行,网下申	2900.00	39.900	115710.00	139.2552	中信证券股份有限公司	深圳
龙星化工	C43	河北	20100706	上网定价发行,网下申	5000.00	12.500	62500.00	180.9838	国信证券股份有限公司	深圳
金洲管道	C69	浙江	20100706	上网定价发行,网下申	3350.00	22.000	73700.00	185.1018	安信证券股份有限公司	深圳
科新机电	C73	四川	20100708	上网定价发行,网下申	2300.00	16.000	36800.00	185.5565	东北证券股份有限公司	深圳
金刚玻璃	C61	广东	20100708	上网定价发行,网下申	3000.00	16.200	48600.00	153.5923	中国民族证券有限责任公司	深圳
国联水产	A09	广东	20100708	上网定价发行,网下申	8000.00	14.380	115040.00	97.7491	平安证券有限责任公司	深圳
威海广泰	C73	山东	20100709	上网定价发行,网下申	343.58	16.590	5700.00	0.0000	广发证券股份有限公司	深圳
合兴包装	C31	福建	20100709	上网定价发行,网下申	2719.00	12.600	34259.40	0.0000	平安证券有限责任公司	深圳
巨星科技	C69	浙江	20100713	上网定价发行,网下申	6350.00	29.000	184150.00	37.1622	第一创业证券有限责任公司	深圳
中南重工	C71	江苏	20100713	上网定价发行,网下申	3100.00	18.800	58280.00	56.5606	国信证券股份有限公司	深圳
盛路通信	G81	广东	20100713	上网定价发行,网下申	2600.00	17.820	46332.00	129.1042	西部证券股份有限公司	深圳
壹桥苗业	A07	辽宁	20100713	上网定价发行,网下申	1700.00	28.980	49266.00	113.0365	平安证券有限责任公司	深圳
方大集团	C69	深圳	20100715	上网定价发行,网下申	4794.52	7.300	35000.00	0.0000	中山证券有限责任公司	深圳
高德红外	C57	湖北	20100716	上网定价发行,网下申	7500.00	26.000	195000.00	32.9123	华泰联合证券有限责任公司	深圳
中原内配	C75	河南	20100716	上网定价发行,网下申	2350.00	21.800	51230.00	103.3762	国信证券股份有限公司	深圳
国星光电	C51	广东	20100716	上网定价发行,网下申	5500.00	28.000	154000.00	44.2387	广发证券股份有限公司	深圳
KANGDE X	C43	北京	20100716	上网定价发行,网下申	4040.00	14.200	57368.00	83.9938	申银万国证券股份有限公司	深圳
大华股份	C57	浙江	20100719	上网定价发行,网下申	594.02	16.720	9932.01	0.0000		深圳
摩恩电气	C76	上海	20100720	上网定价发行,网下申	3660.00	10.000	36600.00	131.6907	南京证券有限公司	深圳
长高集团	C76	湖南	20100720	上网定价发行,网下申	2500.00	25.880	64700.00	48.9968	华泰联合证券有限责任公司	深圳
天马精化	C43	江苏	20100720	上网定价发行,网下申	3000.00	14.960	44880.00	76.7173	平安证券有限责任公司	深圳
松芝股份	C75	上海	20100720	上网定价发行,网下申	6000.00	18.200	109200.00	29.3152	国元证券股份有限公司	深圳
宏达高科	C11	浙江	20100722	上网定价发行,网下申	4400.00	8.170	35948.00	0.0000	中德证券有限责任公司	深圳
华伍股份	C71	江西	20100728	上网定价发行,网下申	1950.00	22.560	43992.00	149.6815	华林证券有限责任公司	深圳
易联众	G87	福建	20100728	上网定价发行,网下申	2200.00	19.800	43560.00	141.0891	招商证券股份有限公司	深圳
智云股份	C73	辽宁	20100728	上网定价发行,网下申	1500.00	19.380	29070.00	189.1793	平安证券有限责任公司	深圳

续表 7　Continued 7

公司名称	行业分类 Industry	地区 Area	发行时间 Issue Date	发行方式 Issue Method	发行量（万元面值） Issue Volume	发行价（元） Issue Price	筹资总额（万元） Raised Capital	中签率% Ratio of Placement	主承销 Lead Underwriter	上市地点 Listing Spot
高新兴	G81	广州	20100728	上网定价发行，网下申	1710.00	36.000	61560.00	113.8427	兴业证券股份有限公司	深圳
新民科技	C47	江苏	20100729	上网定价发行，网下申	7962.96	5.400	43000.00	0.0000	国信证券股份有限公司	深圳
濮耐股份	C61	河南	20100729	上网定价发行，网下申	3988.69	6.190	24690.00	0.0000	招商证券股份有限公司	深圳
TCL 集团	C55	广东	20100803	上网定价发行，网下申	130117.83	3.460	450207.68	0.0000	国信证券股份有限公司	深圳
百川股份	C43	江苏	20100803	上网定价发行，网下申	2200.00	20.000	44000.00	216.4227	广发证券股份有限公司	深圳
欧菲光	C51	深圳	20100803	上网定价发行，网下申	2400.00	30.000	72000.00	206.8979	中银国际证券有限责任公司	深圳
青龙管业	C61	宁夏	20100803	上网定价发行，网下申	3500.00	25.000	87500.00	132.5071	广发证券股份有限公司	深圳
尤洛卡	C73	山东	20100806	上网定价发行，网下申	1034.00	48.650	50304.10	138.4884	国海证券有限责任公司	深圳
双林股份	C75	浙江	20100806	上网定价发行，网下申	2350.00	20.910	49138.50	147.8770	西南证券股份有限公司	深圳
国腾电子	G81	四川	20100806	上网定价发行，网下申	1750.00	32.000	56000.00	208.8166	中信建投证券有限责任公司	深圳
深纺织	C11	深圳	20100809	上网定价发行，网下申	9139.78	9.300	85000.00	0.0000	长江证券承销保荐有限公司	深圳
益生股份	A05	山东	20100810	上网定价发行，网下申	2700.00	24.000	64800.00	135.2737	安信证券股份有限公司	深圳
天业通联	C73	河北	20100810	上网定价发行，网下申	4300.00	22.460	96578.00	86.7040	海通证券股份有限公司	深圳
赣锋锂业	C67	江西	20100810	上网定价发行，网下申	2500.00	20.700	51750.00	227.9672	兴业证券股份有限公司	深圳
乾照光电	C51	福建	20100812	上网定价发行，网下申	2950.00	45.000	132750.00	96.4736	中信建投证券有限责任公司	深圳
达刚路机	C73	陕西	20100812	上网定价发行，网下申	1635.00	29.100	47578.50	151.7009	浙商证券有限责任公司	深圳
乐视网	L20	北京	20100812	上网定价发行，网下申	2500.00	29.200	73000.00	145.8828	平安证券有限责任公司	深圳
珠江啤酒	C05	广州	20100818	上网定价发行，网下申	7000.00	5.800	40600.00	167.6533	广州证券有限责任公司	深圳
嘉事堂	H01	北京	20100818	上网定价发行，网下申	4000.00	12.000	48000.00	175.0933	华泰联合证券有限责任公司	深圳
沪电股份	C51	江苏	20100818	上网定价发行，网下申	8000.00	16.000	128000.00	81.6679	东莞证券有限责任公司	深圳
龙源技术	C73	山东	20100820	上网定价发行，网下申	2200.00	53.000	116600.00	136.5768	中银国际证券有限责任公司	深圳
西部牧业	A05	新疆	20100820	上网定价发行，网下申	3000.00	11.900	35700.00	274.7597	国信证券股份有限公司	深圳
建新股份	C43	河北	20100820	上网定价发行，网下申	1690.00	38.000	64220.00	109.5136	广发证券股份有限公司	深圳
东力传动	C71	浙江	20100823	上网定价发行，网下申	4281.25	12.800	54800.00	0.0000	海通证券股份有限公司	深圳
双龙股份	C43	吉林	20100825	上网定价发行，网下申	1300.00	20.480	26624.00	158.5608	国元证券股份有限公司	深圳
新开源	C43	河南	20100825	上网定价发行，网下申	900.00	30.000	27000.00	141.7844	民生证券有限责任公司	深圳
华仁药业	C81	山东	20100825	上网定价发行，网下申	5360.00	13.990	74986.40	150.9099	广发证券股份有限公司	深圳
豫能控股	D01	河南	20100827	上网定价发行，网下申	19334.69	4.400	85072.65	0.0000	中国银河证券股份有限公司	深圳
向日葵	C57	浙江	20100827	上网定价发行，网下申	5100.00	16.800	85680.00	158.9073	光大证券股份有限公司	深圳
万讯自控	C78	深圳	20100827	上网定价发行，网下申	1800.00	17.430	31374.00	199.5394	招商证券股份有限公司	深圳
顺网科技	G87	浙江	20100827	上网定价发行，网下申	1500.00	42.980	64470.00	117.9267	瑞信方正证券有限责任公司	深圳
中航电测	C51	陕西	20100827	上网定价发行，网下申	2000.00	25.000	50000.00	229.8500	中信建投证券有限责任公司	深圳
金利科技	C49	江苏	20100831	上网定价发行，网下申	3500.00	15.500	54250.00	173.6211	华泰联合证券有限责任公司	深圳
海格通信	G81	广州	20100831	上网定价发行，网下申	8500.00	38.000	323000.00	51.9198	中国银河证券股份有限公司	深圳
天齐锂业	C43	四川	20100831	上网定价发行，网下申	2450.00	30.000	73500.00	197.2678	国金证券股份有限公司	深圳
长盈精密	C51	深圳	20100902	上网定价发行，网下申	2150.00	43.000	92450.00	123.9651	国信证券股份有限公司	深圳
坚瑞消防	C99	陕西	20100902	上网定价发行，网下申	2000.00	19.980	39960.00	232.1640	国信证券股份有限公司	深圳

续表 8 Continued 8

公司名称	行业分类 Industry	地区 Area	发行时间 Issue Date	发行方式 Issue Method	发行量（万元面值） Issue Volume	发行价（元） Issue Price	筹资总额（万元） Raised Capital	中签率% Ratio of Placement	主承销 Lead Underwriter	上市地点 Listing Spot
嘉寓股份	E05	北京	20100902	上网定价发行,网下申	2800.00	26.000	72800.00	120.6989	平安证券有限责任公司	深圳
东方日升	C57	浙江	20100902	上网定价发行,网下申	4500.00	42.000	189000.00	96.4131	安信证券股份有限公司	深圳
烽火电子	G81	陕西	20100903	上网定价发行,网下申	25208.58	2.800	70584.02	0.0000	海通证券股份有限公司	深圳
二六三	G85	北京	20100908	上网定价发行,网下申	3000.00	26.000	78000.00	112.7663	国信证券股份有限公司	深圳
艾迪西	C69	浙江	20100908	上网定价发行,网下申	4000.00	12.500	50000.00	135.1375	中国建银投资证券有限公司	深圳
三维工程	K20	山东	20100908	上网定价发行,网下申	1660.00	33.930	56323.80	114.3301	华泰联合证券有限责任公司	深圳
金正大	C43	山东	20100908	上网定价发行,网下申	10000.00	15.000	150000.00	85.9240	平安证券有限责任公司	深圳
中超电缆	C76	江苏	20100910	上网定价发行,网下申	4000.00	14.800	59200.00	232.4778	东北证券股份有限公司	深圳
双环传动	C71	浙江	20100910	上网定价发行,网下申	3000.00	28.000	84000.00	186.3640	中国建银投资证券有限公司	深圳
圣莱达	C55	浙江	20100910	上网定价发行,网下申	2000.00	16.000	32000.00	277.3810	平安证券有限责任公司	深圳
榕基软件	G87	福建	20100915	上网定价发行,网下申	2600.00	37.000	96200.00	133.1908	国金证券股份有限公司	深圳
立讯精密	C51	深圳	20100915	上网定价发行,网下申	4380.00	28.800	126144.00	90.1436	中信证券股份有限公司	深圳
宝莫股份	C43	山东	20100915	上网定价发行,网下申	3000.00	23.000	69000.00	138.0970	中国建银投资证券有限	深圳
雏鹰农牧	A05	河南	20100915	上网定价发行,网下申	3350.00	35.000	117250.00	94.4851	东吴证券有限责任公司	深圳
深发展	I01	深圳	20100917	上网定价发行,网下申	37958.00	18.260	693113.08	0.0000	中信证券股份有限公司	深圳
瑞普生物	C85	天津	20100917	上网定价发行,网下申	1860.00	60.000	111600.00	164.7032	东莞证券有限责任公司	深圳
经纬电材	C76	天津	20100917	上网定价发行,网下申	2200.00	21.000	46200.00	242.1814	太平洋证券股份有限公司	深圳
阳谷华泰	C43	山东	20100917	上网定价发行,网下申	1500.00	20.800	31200.00	274.4167	信达证券股份有限公司	深圳
常宝股份	C65	江苏	20100921	上网定价发行,网下申	6950.00	16.780	116621.00	118.1262	中国建银投资证券有限公司	深圳
富春环保	D01	浙江	20100921	上网定价发行,网下申	5400.00	25.800	139320.00	131.8937	太平洋证券股份有限公司	深圳
新筑路桥	C71	四川	20100921	上网定价发行,网下申	3500.00	38.000	133000.00	77.5669	广发证券股份有限公司	深圳
双塔食品	C03	山东	20100921	上网定价发行,网下申	1500.00	39.800	59700.00	103.7000	国都证券有限责任公司	深圳
智飞生物	C85	重庆	20100928	上网定价发行,网下申	4000.00	37.980	151920.00	141.2193	宏源证券股份有限公司	深圳
太阳鸟	C75	湖南	20100928	上网定价发行,网下申	2200.00	28.880	63536.00	152.1973	华泰联合证券有限责任公司	深圳
汇川技术	C76	深圳	20100928	上网定价发行,网下申	2700.00	71.880	194076.00	54.2363	中国建银投资证券有限公司	深圳
广田股份	E05	深圳	20100929	上网定价发行,网下申	4000.00	51.980	207920.00	42.8303	财富里昂证券有限责任公司	深圳
润邦股份	C73	江苏	20100929	上网定价发行,网下申	5000.00	29.000	145000.00	77.8842	西南证券股份有限公司	深圳
江海股份	C51	江苏	20100929	上网定价发行,网下申	4000.00	20.500	82000.00	137.1303	信达证券股份有限公司	深圳
东港股份	C35	山东	20100930	上网定价发行,网下申	1412.42	25.690	36285.00	19.6044	东方证券股份有限公司	深圳
南洋股份	C76	广东	20101012	上网定价发行,网下申	2863.00	14.580	41742.54	0.0000	广发证券股份有限公司	深圳
徐工机械	C73	江苏	20101013	上网定价发行,网下申	16393.44	30.500	500000.00	0.0000	安信证券股份有限公司	深圳
易世达	K20	辽宁	20101013	上网定价发行,网下申	1500.00	55.000	82500.00	112.6000	齐鲁证券有限公司	深圳
锐奇股份	C76	上海	20101013	上网定价发行,网下申	2105.00	34.000	71570.00	103.9012	平安证券有限责任公司	深圳
银河磁体	C51	四川	20101013	上网定价发行,网下申	4100.00	18.000	73800.00	218.1139	国金证券股份有限公司	深圳
锦富新材	C51	江苏	20101013	上网定价发行,网下申	2500.00	35.000	87500.00	124.0260	兴业证券股份有限公司	深圳
中航动控	C75	湖南	20101015	上网定价发行,网下申	54503.85	3.500	190763.47	0.0000	东海证券有限责任公司	深圳
浙富股份	C76	浙江	20101015	上网定价发行,网下申	645.00	12.580	8114.10	0.0000		深圳

续表 9　Continued 9

公司名称	行业分类 Industry	地区 Area	发行时间 Issue Date	发行方式 Issue Method	发行量（万元面值） Issue Volume	发行价（元） Issue Price	筹资总额（万元） Raised Capital	中签率% Ratio of Placement	主承销 Lead Underwriter	上市地点 Listing Spot
希努尔	C13	山东	20101015	上网定价发行，网下申	5000.00	26.600	133000.00	59.7136	光大证券股份有限公司	深圳
嘉麟杰	C11	上海	20101015	上网定价发行，网下申	5200.00	10.900	56680.00	142.0756	财富里昂证券有限责任公司	深圳
大金重工	C69	辽宁	20101015	上网定价发行，网下申	3000.00	38.600	115800.00	88.4837	平安证券有限责任公司	深圳
泰胜风能	C71	上海	20101019	上网定价发行，网下申	3000.00	31.000	93000.00	134.2463	安信证券股份有限公司	深圳
新国都	C73	深圳	20101019	上网定价发行，网下申	1600.00	43.330	69328.00	102.3281	中信证券股份有限公司	深圳
英唐智控	C51	深圳	20101019	上网定价发行，网下申	1190.00	36.000	42840.00	137.7555	华泰联合证券有限责任公司	深圳
歌尔声学	C51	山东	20101021	上网定价发行，网下申	1579.13	33.010	52127.00	0.0000	中信证券股份有限公司	深圳
金固股份	C75	浙江	20101021	上网定价发行，网下申	3000.00	22.000	66000.00	116.9690	海通证券股份有限公司	深圳
浙江永强	C25	浙江	20101021	上网定价发行，网下申	6000.00	38.000	228000.00	41.5052	招商证券股份有限公司	深圳
山东墨龙	C73	山东	20101021	上网定价发行，网下申	7000.00	18.000	126000.00	78.9731	招商证券股份有限公司	深圳
通鼎光电	G81	江苏	20101021	上网定价发行，网下申	6700.00	14.500	97150.00	148.6381	华泰证券股份有限公司	深圳
海马股份	C75	海南	20101022	上网定价发行，网下申	59880.24	5.010	300000.00	0.0000	中国银河证券股份有限公司	深圳
宁波银行	I01	浙江	20101025	上网定价发行，网下申	38382.05	11.450	439474.51	0.0000	中信证券股份有限公司	深圳
青松股份	C43	福建	20101026	上网定价发行，网下申	1700.00	23.000	39100.00	77.6641	国金证券股份有限公司	深圳
华策影视	L10	浙江	20101026	上网定价发行，网下申	1412.00	68.000	96016.00	58.0035	安信证券股份有限公司	深圳
大富科技	G81	深圳	20101026	上网定价发行，网下申	4000.00	49.500	198000.00	30.9180	西南证券股份有限公司	深圳
宝利沥青	C43	江苏	20101026	上网定价发行，网下申	2000.00	36.460	72920.00	53.3860	广发证券股份有限公司	深圳
北斗星通	G81	北京	20101028	上网定价发行，网下申	917.00	32.200	29527.40	0.0000	民生证券有限责任公司	深圳
广东鸿图	C71	广东	20101101	上网定价发行，网下申	1500.00	24.000	36000.00	0.0000	东海证券有限责任公司	深圳
德豪润达	C76	广东	20101102	上网定价发行，网下申	16000.00	9.540	152640.00	0.0000	太平洋证券股份有限公司	深圳
恒基达鑫	F21	广东	20101102	上网定价发行，网下申	3000.00	16.000	48000.00	188.7317	国盛证券有限责任公司	深圳
荣盛石化	C47	浙江	20101102	上网定价发行，网下申	5600.00	53.800	301280.00	42.6986	国信证券股份有限公司	深圳
华斯股份	C14	河北	20101102	上网定价发行，网下申	2850.00	22.000	62700.00	133.2702	华泰联合证券有限责任公司	深圳
佳隆股份	C03	广东	20101102	上网定价发行，网下申	2600.00	32.000	83200.00	91.8392	国信证券股份有限公司	深圳
方圆支承	C71	安徽	20101103	上网定价发行，网下申	3292.18	12.150	40000.00	0.0000	首创证券有限责任公司	深圳
智光电气	C76	广州	20101105	上网定价发行，网下申	1185.63	16.000	18970.00	0.0000	广发证券股份有限公司	深圳
信维通信	C57	深圳	20101105	上网定价发行，网下申	1667.00	31.750	52927.25	123.1416	长江证券承销保荐有限公司	深圳
先河环保	C78	河北	20101105	上网定价发行，网下申	3000.00	22.000	66000.00	181.0553	兴业证券股份有限公司	深圳
晨光生物	C85	河北	20101105	上网定价发行，网下申	2300.00	30.000	69000.00	140.0291	平安证券有限责任公司	深圳
辉丰股份	C43	江苏	20101109	上网定价发行，网下申	2500.00	48.690	121725.00	58.8124	平安证券有限责任公司	深圳
雅化集团	C43	四川	20101109	上网定价发行，网下申	4000.00	30.500	122000.00	73.4530	申银万国证券股份有限公司	深圳
汉缆股份	C76	山东	20101109	上网定价发行，网下申	5000.00	36.000	180000.00	45.0282	华泰联合证券有限责任公司	深圳
科林环保	C73	江苏	20101109	上网定价发行，网下申	1900.00	25.000	47500.00	170.0737	中原证券股份有限公司	深圳
冠福家用	C61	福建	20101111	上网定价发行，网下申	3412.03	8.080	27569.17	0.0000	海际大和证券有限责任公司	深圳
科陆电子	C57	深圳	20101112	上网定价发行，网下申	2446.00	22.500	55035.00	0.0000	平安证券有限责任公司	深圳

续表 10 Continued 10

公司名称	行业分类 Industry	地区 Area	发行时间 Issue Date	发行方式 Issue Method	发行量(万元面值) Issue Volume	发行价(元) Issue Price	筹资总额(万元) Raised Capital	中签率% Ratio of Placement	主承销 Lead Underwriter	上市地点 Listing Spot
福星晓程	C51	北京	20101112	上网定价发行,网下申	1370.00	62.500	85625.00	65.0642	中德证券有限责任公司	深圳
启源装备	C76	陕西	20101112	上网定价发行,网下申	1550.00	39.980	61969.00	99.2968	西部证券股份有限公司	深圳
和顺电气	C76	江苏	20101112	上网定价发行,网下申	1400.00	31.680	44352.00	124.8736	中信建投证券有限责任公司	深圳
沃森生物	C85	云南	20101112	上网定价发行,网下申	2500.00	95.000	237500.00	53.0072	平安证券有限责任公司	深圳
山西证券	I21	山西	20101115	上网定价发行,网下申	39980.00	7.800	311844.00	11.3198	中信证券股份有限公司	深圳
长城电脑	G83	深圳	20101116	上网定价发行,网下申	22321.43	4.480	100000.00	0.0000	海通证券股份有限公司	深圳
利源铝业	C67	吉林	20101117	上网定价发行,网下申	2360.00	35.000	82600.00	109.6013	平安证券有限责任公司	深圳
骅威股份	C37	广东	20101117	上网定价发行,网下申	2200.00	29.000	63800.00	94.9205	东海证券有限责任公司	深圳
搜于特	H11	广东	20101117	上网定价发行,网下申	2000.00	75.000	150000.00	32.8775	华泰联合证券有限责任公司	深圳
东光微电	C51	江苏	20101118	上网定价发行,网下申	2700.00	16.000	43200.00	303.3337	东海证券有限责任公司	深圳
大康牧业	A05	湖南	20101118	上网定价发行,网下申	2600.00	24.000	62400.00	188.1238	中德证券有限责任公司	深圳
超日太阳	C57	上海	20101118	上网定价发行,网下申	6600.00	36.000	237600.00	140.8129	中信建投证券有限责任公司	深圳
涪陵榨菜	C03	重庆	20101123	上网定价发行,网下申	4000.00	13.990	55960.00	131.9510	招商证券股份有限公司	深圳
老板电器	C76	浙江	20101123	上网定价发行,网下申	4000.00	24.000	96000.00	124.2633	国信证券股份有限公司	深圳
天广消防	C73	福建	20101123	上网定价发行,网下申	2500.00	20.190	50475.00	141.5976	广发证券股份有限公司	深圳
中工国际	K99	北京	20101125	上网定价发行,网下申	3600.00	18.030	64908.00	0.0000	第一创业证券有限责任公司	深圳
天汽模	C75	天津	20101125	上网定价发行,网下申	5200.00	17.500	91000.00	236.0567	中国建银投资证券有限公司	深圳
中顺洁柔	C31	广东	20101125	上网定价发行,网下申	4000.00	38.000	152000.00	135.4033	安信证券股份有限公司	深圳
通富微电	C51	江苏	20101201	上网定价发行,网下申	5906.67	16.930	99999.92	−0.7384	招商证券股份有限公司	深圳
小天鹅	C76	江苏	20101202	上网定价发行,网下申	8483.20	8.630	73210.02	0.0000	中信证券股份有限公司	深圳
达华智能	C51	广东	20101203	上网定价发行,网下申	3000.00	26.000	78000.00	222.0453	民生证券有限责任公司	深圳
蓝丰生化	C43	江苏	20101203	上网定价发行,网下申	1900.00	43.200	82080.00	121.5974	东吴证券股份有限公司	深圳
宝馨科技	C69	江苏	20101203	上网定价发行,网下申	1700.00	23.000	39100.00	264.6347	华泰联合证券有限责任公司	深圳
金字火腿	C01	浙江	20101203	上网定价发行,网下申	1850.00	34.000	62900.00	138.0686	国信证券股份有限公司	深圳
江苏旷达	C11	江苏	20101207	上网定价发行,网下申	5000.00	20.100	100500.00	97.6734	光大证券股份有限公司	深圳
泰亚股份	C13	福建	20101207	上网定价发行,网下申	2210.00	20.000	44200.00	102.4000	华泰联合证券有限责任公司	深圳
科士达	C76	深圳	20101207	上网定价发行,网下申	2900.00	32.500	94250.00	111.1052	国信证券股份有限公司	深圳
银河电子	G81	江苏	20101207	上网定价发行,网下申	1760.00	36.800	64768.00	126.9625	平安证券有限责任公司	深圳
宏达新材	C43	江苏	20101208	上网定价发行,网下申	4644.00	15.070	69985.08	0.0000	平安证券有限责任公司	深圳
中福实业	A	福建	20101209	上网定价发行,网下申	7280.00	7.500	54600.00	0.0000	国金证券股份有限公司	深圳
星河生物	A01	广东	20101209	上网定价发行,网下申	1700.00	36.000	61200.00	198.5500	民生证券有限责任公司	深圳
宋城股份	K34	浙江	20101209	上网定价发行,网下申	4200.00	53.000	222600.00	84.4779	中国银河证券股份有限公司	深圳
南方泵业	C71	浙江	20101209	上网定价发行,网下申	2000.00	37.800	75600.00	123.1160	光大证券股份有限公司	深圳
日发数码	C71	浙江	20101210	上网定价发行,网下申	1600.00	35.000	56000.00	190.6113	华泰联合证券有限责任公司	深圳
齐峰股份	C31	山东	20101210	上网定价发行,网下申	3700.00	41.500	153550.00	73.7414	光大证券股份有限公司	深圳

续表 11　Continued 11

公司名称	行业分类 Industry	地区 Area	发行时间 Issue Date	发行方式 Issue Method	发行量（万元面值） Issue Volume	发行价（元） Issue Price	筹资总额（万元） Raised Capital	中签率% Ratio of Placement	主承销 Lead Underwriter	上市地点 Listing Spot
浙江众成	C49	浙江	20101210	上网定价发行,网下申	2667.00	30.000	80010.00	154.9554	广发证券股份有限公司	深圳
天桥起重	C73	湖南	20101210	上网定价发行,网下申	4000.00	19.500	78000.00	159.0105	海通证券股份有限公司	深圳
京东方	C51	北京	20101213	上网定价发行,网下申	298504.95	3.030	904470.00	0.0000	中信建投证券有限责任公司	深圳
汤臣倍健	C03	广东	20101215	上网定价发行,网下申	1368.00	110.000	150480.00	93.8933	广发证券股份有限公司	深圳
香雪制药	C81	广州	20101215	上网定价发行,网下申	3100.00	33.990	105369.00	153.0132	中信建投证券有限责任公司	深圳
天舟文化	L01	湖南	20101215	上网定价发行,网下申	1900.00	21.880	41572.00	179.1405	海通证券股份有限公司	深圳
华孚色纺	C11	安徽	20101216	上网定价发行,网下申	4255.32	23.500	100000.00	0.0000	华泰联合证券有限责任公司	深圳
光正钢构	E01	新疆	20101217	上网定价发行,网下申	2260.00	15.180	34306.80	181.2115	中国民族证券有限责任公司	深圳
山东矿机	C73	山东	20101217	上网定价发行,网下申	6700.00	20.000	134000.00	111.9279	中国建银投资证券有限公司	深圳
量子高科	C03	广东	20101222	上网定价发行,网下申	1700.00	28.000	47600.00	253.5488	东海证券有限责任公司	深圳
世纪瑞尔	G87	北京	20101222	上网定价发行,网下申	3500.00	32.990	115465.00	159.4986	瑞信方正证券有限责任公司	深圳
昌红科技	C73	深圳	20101222	上网定价发行,网下申	1700.00	34.000	57800.00	139.7812	国信证券股份有限公司	深圳
湖北能源	C75	湖北	20101223	上网定价发行,网下申	178241.20	5.770	1028451.73	0.0000	广发证券股份有限公司	深圳
珠海中富	C49	广东	20101224	上网定价发行,网下申	6800.00	7.100	48280.00	0.0000	安信证券股份有限公司	深圳
金果实业	M	湖南	20101224	上网定价发行,网下申	19602.75	8.580	168191.63	0.0000	东海证券有限责任公司	深圳
新时达	C76	上海	20101224	上网定价发行,网下申	5000.00	16.000	80000.00	144.7000	广发证券股份有限公司	深圳
英飞拓	C57	深圳	20101224	上网定价发行,网下申	3700.00	53.800	199060.00	66.5165	平安证券有限责任公司	深圳
海源机械	C73	福建	20101224	上网定价发行,网下申	4000.00	18.000	72000.00	152.6708	兴业证券股份有限公司	深圳
中核科技	C71	江苏	20101227	上网定价发行,网下申	1140.98	26.600	30350.00	0.0000	中信证券股份有限公司	深圳
创元科技	C71	江苏	20101228	上网定价发行,网下申	2499.39	14.600	36491.06	0.0000	国联证券股份有限公司	深圳
丰乐种业	A01	安徽	20101228	上网定价发行,网下申	2887.60	15.480	44700.00	0.0000	国元证券股份有限公司	深圳
三花股份	C71	浙江	20101228	上网定价发行,网下申	3336.87	30.000	100106.00	0.0000	海通证券股份有限公司	深圳
燃控科技	C73	江苏	20101229	上网定价发行,网下申	2800.00	39.000	109200.00	172.0814	华泰联合证券有限责任公司	深圳
科泰电源	C76	上海	20101229	上网定价发行,网下申	2000.00	40.000	80000.00	169.5465	海通证券股份有限公司	深圳
瑞凌股份	C57	深圳	20101229	上网定价发行,网下申	2800.00	38.500	107800.00	96.4525	平安证券有限责任公司	深圳
飞亚达	H11	深圳	20101230	上网定价发行,网下申	3123.05	16.010	50000.00	0.0000	招商证券股份有限公司	深圳
中材科技	C61	江苏	20101230	上网定价发行,网下申	5000.00	25.080	125400.00	0.0000	中信证券股份有限公司	深圳
高新张铜	C67	江苏	20101231	上网定价发行,网下申	118026.56	1.780	210087.27	0.0000	中银国际证券有限责任公司	深圳
山河智能	C73	湖南	20101231	上网定价发行,网下申	900.00	7.100	6390.00	0.0000		深圳
丰东股份	C71	江苏	20101231	上网定价发行,网下申	3400.00	12.000	40800.00	223.1324	万联证券有限责任公司	深圳
天顺风能	C73	江苏	20101231	上网定价发行,网下申	5200.00	24.900	129480.00	150.4854	中信证券股份有限公司	深圳
新界泵业	C73	浙江	20101231	上网定价发行,网下申	2000.00	32.880	65760.00	115.7660	平安证券有限责任公司	深圳
金杯电工	C76	湖南	20101231	上网定价发行,网下申	3500.00	33.800	118300.00	79.3811	西部证券股份有限公司	深圳

2-6 2010年A股IPO发行量行业分布统计表
Industrial distribution of A Shares IPO Issue Volume in 2010

行业 Industries	发行量(万股) Issue Volume	比例(%) Percent
农、林、牧、副、渔业 Agriculture, Forestry, Fishing and Hunting	24370	2.32
采掘业 Mining	6833	0.65
食品、饮料 Food, Beverage	40798	3.88
纺织、服装、毛皮 Textile, Apparel, Leather	30610	2.91
木材、家俱 Wood Product	8350	0.80
造纸、印刷 Paper, Printing	20320	1.93
石油、化学、橡胶、塑料 Petroleum, Chemical Product, Plastics, Rubber	142599	13.58
电子 Electrical Equipment	125606	11.96
金属、非金属 Metal, Nonmetallic Mineral Product	84805	8.07
机械、设备、仪表 Machinery, Equipment, Meter	246374	23.46
医药、生物 Medicine, Biologic Product	68180	6.49
其他制造业 Other Manufacuring	14500	1.38
电力、蒸汽及水的生产及供应业 Electricity, Gas, Water Supply	5400	0.51
建筑业 Construction	17360	1.65
交通运输、仓储业 Transport, Storage	5100	0.49
信息技术业 Information, Technology	113779	10.83
批发和零售贸易 Wholesale and Retail Trade	23910	2.28
金融、保险业 Finance, Insurance	39980	3.81
房地产业 Real Estate	0	0.00
社会服务业 Social Services	15320	1.46
传播及文化产业 Transmission, Culture	9112	0.87
综合类 Conglomerat	7000	0.67
合计	1050306	100.00

注：以上市日口径统计
数据来源：上海、深圳证券交易所
Source: Shanghai Shenzhen Stock Exchange

2-7 2010年A股IPO筹资额行业分布统计表

Industrial distribution of A Shares IPO Raised Capital in 2010

行　　业 Industries	筹资总额(万元) Raised Capital	比例(%) Percent
农、林、牧、副、渔业 Agriculture, Forestry, Fishing and Hunting	552648	1.85
采掘业 Mining	300006	1.00
食品、饮料 Food, Beverage	1013844	3.39
纺织、服装、毛皮 Textile, Apparel, Leather	733280	2.45
木材、家俱 Wood Product	256976	0.86
造纸、印刷 Paper, Printing	608342	2.03
石油、化学、橡胶、塑料 Petroleum, Chemical Product, Plastics, Rubber	3768920	12.60
电子 Electrical Equipment	4006569	13.40
金属、非金属 Metal, Nonmetallic Mineral Product	2077902	6.95
机械、设备、仪表 Machinery, Equipment, Meter	6111080	20.43
医药、生物 Medicine, Biologic Product	3055005	10.21
其他制造业 Other Manufacuring	369960	1.24
电力、蒸汽及水的生产及供应业 Electricity, Gas, Water Supply	139320	0.47
建筑业 Construction	618885	2.07
交通运输、仓储业 Transport, Storage	79437	0.27
信息技术业 Information, Technology	3828765	12.80
批发和零售贸易 Wholesale and Retail Trade	783910	2.62
金融、保险业 Finance, Insurance	311844	1.04
房地产业 Real Estate	0	0.00
社会服务业 Social Services	843230	2.82
传播及文化产业 Transmission, Culture	310808	1.04
综合类 Conglomerat	140000	0.47
合计	29910730	100.00

注：以上市日口径统计

数据来源：上海、深圳证券交易所

Source: Shanghai Shenzhen Stock Exchange

2-8 2010年A股IPO发行量地区分布

Regional Distribution of Issue Volume of A Shares IPO in 2010

地区 Region	发行量(万股) Issue Volume	比例(%) Percent	地区 Region	发行量 (万股) Issue Volume	比例(%) Percent
安徽	26620	0.54	辽宁	88932	1.79
北京	3050285.4	61.56	内蒙古	0	0.00
福建	46160	0.93	宁夏	3500	0.07
甘肃	1600	0.03	青海	0	0.00
广东	213511	4.31	山东	105364	2.13
广西	2700	0.05	山西	41480	0.84
贵州	5870	0.12	陕西	148810.13	3.00
海南	16500	0.33	上海	49835	1.01
河北	45840	0.93	四川	69550	1.40
河南	45400	0.92	天津	19960	0.40
黑龙江	205300	4.14	西藏	0	0.00
湖北	32250	0.65	新疆	5260	0.11
湖南	60000	1.21	云南	2500	0.05
吉林	5660	0.11	浙江	361985	7.31
江苏	211776.13	4.27	重庆	78000	1.57
江西	10050	0.20	合计	4954698.66	100.00

2-9 2010年A股IPO筹资金额地区分布表

Regional Distribution of A Shares IPO Raised Capital in 2010

地区 Region	筹资总额 Raised Capital		地区 Region	筹资总额 Raised Capital	
	金额(万元) Capital	(%)		金额(万元) Capital	(%)
安徽	1077061	1.25	辽宁	2347220	2.73
北京	22776581	26.49	内蒙古	0	0.00
福建	3358641	3.91	宁夏	87500	0.10
甘肃	52800	0.06	青海	221044	0.26
广东	10282127	11.96	山东	3387861	3.94
广西	260639	0.30	山西	2166414	2.52
贵州	384985	0.45	陕西	2018481	2.35
海南	920814	1.07	上海	9996254	11.63
河北	940742	1.09	四川	1693923	1.97
河南	1188133	1.38	天津	715742	0.83
黑龙江	1436397	1.67	西藏	578700	0.67
湖北	1286253	1.50	新疆	697523	0.81
湖南	1420980	1.65	云南	237500	0.28
吉林	309114	0.36	浙江	6112835	7.11
江苏	6573492	7.65	重庆	1955353	2.27
江西	1485406	1.73			

数据来源：上海、深圳证券交易所

Source: Shanghai Shenzhen Stock Exchange

2-10 1991—2010年股票市场历史交易记录一览表

年份 Year			1991	1992	1993	1994	1995	1996	1997	1998	1999
日收市综合指数 Daily Closing Composite Index	最高 high	上海 shanhai			1536.82	1033.47	897.42	1247.66	1500.40	1420.00	1739.21
		日期 date			19930215	19940913	19950522	19961209	19970512	19980603	19990629
		深圳 shenzhen	136.94	312.21	359.44	242.06	169.66	473.02	517.91	441.04	525.14
		日期 date	19911114	19920526	19930222	19940107	19950522	19961211	19970512	19980603	19990629
	最低 low	上海 shanghai			778.33	333.92	532.49	516.46	876.495	1070.41	1059.874
		日期 date			19931027	19940729	19950207	19960122	19970106	19980817	19990518
		深圳 shenzhen	45.66	107.08	203.91	96.56	112.63	105.34	305.81	317.10	310.65
		日期 date	19910906	19920116	19930721	19940729	19951228	19960122	19970106	19980818	19990518
	最大升幅% Increase	上海 shanghai			16.44	33.46	30.99	9.83	7.58	5.11	6.59
		日期 date			19930602	19940801	19950518	19961202	19970219	19980819	19990909
		深圳 shenzhen	19.27	12.02	12.43	31.29	28.28	11.04	6.55	5.87	7.03
		日期 date	19911009	19920413	19930824	19940801	19950518	19960426	19970620	19980819	19990720
	最大跌幅% decrease	上海 shanghai			−13.08	−12.68	−16.39	−9.91	−8.91	−8.36	−7.61
		日期 date			19931220	19940809	19950523	19961216	19970218	19980817	19990701
		深圳 shenzhen	−18.63	−10.04	−11.80	−12.66	−17.21	−10.00	−9.75	−8.32	−7.99
		日期 date	19911118	19921116	19930817	19941005	19950523	19961216	19970218	19980817	19990701
日成交金额(亿元) Daily Trading Value	最大 large	上海 shanghai			38.24	157.54	114.30	192.74	159.83	119.00	404.43
		日期 date			19931207	19940906	19950522	19961203	19970512	19980409	19990625
		深圳 shenzhen	1.1	5.06	22.71	74.49	42.15	189.57	215.81	101.37	353.36
		日期 date	19911113	19921201	19931118	19940906	19950522	19961120	19970507	19980511	19990625
	最小 Small	上海 shanghai			0.98	1.60	1.14	1.53	11.51	15.74	11.62
		日期 date			19930722	19940712	19950215	19960209	19971014	19981231	19990104
		深圳 shenzhen	0	0.11	0.02	0.03	0.02	0.51	11.59	14.77	10.51
		日期 date	19910420	19920202	19930717	19940707	19950617	19960207	19971007	19981231	19990104
市盈率 P/E Ratio	最高 high	上海 shanghai						42.784			47.391
		日期 date						19961209			19990629
		深圳 shenzhen	54.08	64.1	97.67	33.58	13.8	50.76	50.04	41.54	48.05
		日期 date	19910102	19920810	19930222	19940106	19950522	19961211	19970507	19980108	19990629
	最低 low	上海 shanghai						26.952			7.797
		日期 date						19960912			19990428
		深圳 shenzhen	11.46	21.3	28.56	7.37	8.52	8.84	31.56	28.31	28.05
		日期 date	19910906	19920405	19930721	19940729	19950510	19960122	19970819	19980818	19990208

数据来源：上海、深圳证券交易所
Source: Shanghai Shenzhen Stock Exchange

Historical Summary of Stock Trading Records (1991—2010)

2000	2001	2002	2003	2004	2005	2006	2007	2008	2009	2010
2119.44	2242.42	1732.93	1631.47	1777.52	1317.27	2675.47	6092.057	5497.90	3471.44	3306.75
20001123	20010613	20020708	20030415	20040406	20050307	20061229	20071016	20080114	20090804	20100111
654.37	664.85	512.38	449.42	470.55	333.28	552.93	1567.74	1584.40	1240.64	1412.64
20001123	20010613	20020624	20030415	20040407	20050309	20061229	20071008	20080115	20091204	20101111
1406.371	1520.669	1357.654	1316.562	1260.316	1011.499	1180.963	2612.537	1706.70	1863.37	2319.74
20000104	20011022	20021231	20031118	20040913	20050711	20060104	20070205	20081104	20090113	20100702
414.69	439.36	371.79	350.74	315.17	237.18	278.99	547.89	452.33	557.69	890.24
20000104	20011022	20020122	20031118	20040913	20050718	20060104	20070105	20081104	20090105	20100702
9.05	9.86	9.25	5.81	4.22	8.21	4.26	5.332	9.46	6.12	3.48
20000214	20011023	20020624	20030114	20040915	20050608	20060512	20070820	20080919	20090304	20100524
9.07	9.68	9.05	4.65	4.68	7.92	4.42	5.26	8.89	6.18	4.28
20000214	20011023	20020624	20030114	20040915	20050608	20060515	20070115	20080919	20090304	20100524
−4.40	−5.27	−6.33	−3.04	−3.88	−3.76	−5.34	−8.841	−7.73	−6.75	−5.16
20000316	20010730	20020128	20030513	20041014	20050818	20060607	20070227	20080610	20090831	20101112
−4.75	−5.50	−6.59	−2.90	−4.99	−3.38	−5.79	−8.54	−8.02	−7.14	−6.12
20000316	20010730	20020128	20030513	20041014	20050818	20060607	20070227	20080610	20090831	20101112
472.62	234.13	494.80	330.15	286.68	221.57	626.89	2712.94	1896.84	2969.29	3076.91
20000217	20011024	20020624	20030416	20040924	20050818	20061206	20070530	20080424	20090729	20101102
408.34	187.97	325.87	189.41	185.24	137.72	341.23	1358.4	921.64	1781.92	2317.56
20000217	20010323	20020624	20030416	20040924	20050818	20060516	20070530	20080108	20091124	20101102
42.92	27.27	26.60	27.24	31.67	36.75	67.63	502.08	217.96	461.01	432.14
20000927	20011115	20021008	20030103	20040907	20050707	20060313	20071123	20080909	20090105	20100705
46.73	14.41	16.15	17.59	17.45	24.74	37.05	241	89.79	246.16	403.31
20000925	20011115	20021209	20030922	20040907	20050104	20060314	20071123	20081103	20090105	20100705
59.997	62.347	44.402	41.242	43.196	25.188	33.301	71.380	61.94	29.86	28.77
20001123	20010417	20020708	20030415	20040406	20050308	20061229	20071016	20080114	20090804	20100105
57.63	57.21	47.97	41.57	40.46	24.68	32.72	73.8	76.13	46.72	47.37
20001123	20010103	20020624	20030602	20040220	20050113	20061229	20071009	20080115	20091203	20101110
38.005	34.98	31.29	31.776	24.081	14.923	16.599	32.844	13.89	15.20	18.11
20000114	20011022	20020128	20031112	20040913	20050711	20060104	20070105	20081104	20090113	20100715
37.42	36.53	31.36	33.27	24.38	14.66	16.63	32.99	13.52	17.32	30.24
20000104	20011022	20020122	20031118	20040913	20050718	20060104	20070104	20081104	20090105	20100705

2-11 1993—2010年全国股票交易统计表

	1993年	1994年	1995年	1996年	1997年	1998年	1999年
交易所会员总数 Number of Members	907	1046	1085	1066	840	659	628
其中:异地会员 Nonlocal Members	836	967	1002	986	773	632	603
上市公司数(个)Number of Listed Companies	183	291	323	530	745	851	949
上市股票数(只) Number of Listed Stocks	218	345	381	599	821	931	1029
其中 A股 A Shares	177	287	311	514	720	825	921
B股 B Shares	41	58	70	85	101	106	108
发行总股本(亿股)	328.67	639.65	765.63	1110.73	1771.42	2345.35	2908.85
其中 A股 A Shares	300.18	592.63	704.08	1025.23	1646.13	2203.96	2757.88
B股 B Shares	28.49	47.01	61.55	85.49	125.29	141.37	150.96
流通股本(亿股) Negotiable Shares	81.61	185.63	234.98	345.56	560.82	740.94	952.34
A股 A Shares	57.13	144.40	178.98	267.14	443.24	607.01	810.45
B股 B Shares	24.48	41.22	45.99	78.41	117.57	133.91	141.88
流通市值(亿元) Nego. Market Capitalization	861.62	968.89	938.22	2867.03	5204.42	5745.59	8213.96
A股 A Shares	683.03	813.87	790.94	2514.01	4856.08	5550.02	7937.46
B股 B Shares	178.59	155.01	147.28	353.01	348.33	195.57	276.49
市价总值(亿元)Total Market Capitalization	3531.01	3690.61	3474.28	9842.38	17529.24	19505.64	26471.17
其中 A股 A Shares	3318.67	3516.03	3310.57	9448.55	17154.19	19299.29	26167.62
B股 B Shares	212.35	174.57	163.70	394.02	375.04	206.34	303.54
成交金额(亿元)Total Turnover	3627.20	8127.62	4036.45	21332.17	30721.83	23544.25	31319.60
其中 A股 A Shares	3522.55	8003.08	3958.58	21052.29	30295.21	23417.72	31049.55
B股 B Shares	104.65	124.55	77.86	279.87	426.62	126.52	270.04
成交量(百万股)Trading Volume	22656.47	101333.91	70530.78	253314.43	256001.89	215410.56	293238.88
其中 A股 A Shares	20916.50	98802.40	68106.57	246492.91	247129.88	209250.08	280974.70
B股 B Shares	1739.97	2531.51	2424.20	6821.52	8872.02	6160.48	12264.18
最高上证综合股价指数 High Shanghai Composite Index	1558.95	1052.94	926.41	1258.69	1510.18	1422.98	1756.18
其中 A股 A Shares	1640.71	1092.85	972.03	1313.92	1578.61	1508.41	1860.86
B股 B Shares	105.78	104.71	63.81	87.12	99.31	59.58	62.56
最低上证综合股价指数 Low Shanghai Composite Index	750.46	325.89	524.43	512.83	870.18	1043.02	1047.83
其中 A股 A Shares	765.58	321.20	539.86	527.85	905.50	1108.91	1113.16
B股 B Shares	51.01	59.81	47.03	44.80	51.93	26.17	21.25
最高深证综合股价指数 High Shenzhen Composite Index	359.44	242.06	169.66	473.02	517.91	441.04	525.14
其中 A股 A Shares	379.07	249.71	176.77	498.45	546.02	471.99	561.56
B股 B Shares	185.45	142.85	86.59	198.14	184.19	98.97	125.42
最低深证综合股价指数 Low Shenzhen Composite Index	203.91	96.56	112.63	105.34	305.81	317.10	310.65
其中 A股 A Shares	214.89	95.26	116.32	107.93	319.25	341.00	333.77
B股 B Shares	80.63	85.07	59.40	58.97	92.79	49.88	41.56

数据来源:上海、深圳证券交易所
Source: Shanghai Shenzhen Stock Exchange

Summary for Stocks Trading(1993—2010)

2000年	2001年	2002年	2003年	2004年	2005年	2006年	2007年	2008年	2009年	2010年
631	547	437	382	350	328	329	265	233	221	219
603	521	406	348	315	290	289	232	—	—	96
1088	1160	1224	1287	1377	1381	1434	1550	1625	1718	2063
1174	1240	1310	1372	1463	1467	1520	1636	1711	1804	2149
1010	1130	1199	1261	1353	1358	1411	1527	1602	1696	2041
114	110	111	111	110	109	109	109	109	108	108
3613.39	4838.35	5462.99	5997.93	6714.74	7163.54	12683.99	17000.45	18900.12	20606.26	26984.49
3439.60	4650.45	5283.64	5808.31	6505.83	6936.08	12445.65	16746.62	18629.77	20332.77	26701.51
173.79	187.90	179.34	189.62	208.91	227.47	238.34	253.84	270.35	273.49	282.97
1233.32	1480.88	1679.94	1897.32	2194.15	2498.89	3444.50	4933.64	6964.97	14200.19	19442.15
1078.33	1315.21	1508.43	1717.93	1996.65	2280.84	3215.54	4682.77	6696.76	13928.71	19160.47
154.99	165.67	171.51	179.39	197.50	218.05	228.96	250.87	268.21	271.48	281.69
16087.52	14463.17	12484.56	13178.52	11688.64	10630.52	25003.64	93064.35	45213.90	151258.65	193110.41
15524.21	13344.90	11718.75	12305.92	10998.47	10028.44	23731.26	90526.52	44419.11	149455.96	190917.11
563.31	1118.28	765.81	872.60	690.17	602.08	1272.38	2537.83	794.79	1802.68	2193.31
48090.94	43522.20	38329.13	42457.71	37055.57	32430.28	89403.90	327140.89	121366.43	243939.12	265422.59
47455.75	42245.56	37526.56	41520.48	36309.35	31810.55	88113.96	324587.74	120566.55	242127.01	263220.54
635.19	1276.65	802.57	937.23	746.22	619.73	1289.94	2553.15	799.88	1812.10	2202.05
60826.65	38305.18	27990.45	32115.27	42333.95	31664.78	90468.89	460556.23	267112.66	535986.77	545633.54
60278.67	33242.04	27142.04	31269.96	41576.19	31099.38	89217.11	454771.30	265890.43	533889.40	543465.92
547.97	5063.13	848.41	845.30	757.76	565.40	1251.78	5784.93	1222.23	2097.37	2167.63
475838.21	315228.76	301619.49	416308.40	582773.29	662373.20	1614522.62	3640374.87	2413139.49	5110700.49	4215197.67
455802.07	246340.74	285949.20	399228.05	567290.76	647087.49	1580861.88	3568392.58	2391277.76	5064891.36	4180642.14
20036.13	68888.02	15670.29	17080.37	15482.53	15285.71	33660.76	71982.29	21861.73	45809.13	34555.53
2125.72	2245.44	1748.89	1649.60	1783.01	12.00	2698.90	6124.04	5522.78	3478.01	3306.75
2251.89	2341.02	1825.77	1725.71	1870.01	1394.58	2839.92	6429.68	5796.72	3651.20	3468.27
89.90	241.61	171.72	131.41	122.94	84.22	130.44	394.21	373.77	267.76	322.44
1361.21	1514.86	1339.20	1307.40	1259.43	998.23	1161.91	2541.53	1664.93	1844.09	2319.74
1446.12	1579.63	1397.01	1366.75	1321.16	1047.65	1221.80	2668.33	1749.02	1936.24	2431.61
35.47	77.62	109.98	96.23	75.46	50.32	61.99	130.57	86.44	112.21	195.43
654.37	664.85	512.38	449.42	470.55	333.28	552.93	1567.74	1584.40	1240.64	1412.64
703.97	698.10	540.59	472.88	490.56	344.05	572.04	1646.80	1667.91	1302.85	1478.97
137.69	435.57	262.31	281.78	315.81	276.84	435.45	803.61	730.95	650.79	888.38
414.69	439.36	371.79	350.74	315.17	237.18	278.99	547.89	452.33	557.69	890.24
445.32	461.95	391.10	364.26	328.25	244.71	290.36	566.46	475.37	586.09	932.46
75.92	124.60	185.52	184.89	212.02	186.53	195.00	434.34	215.82	272.31	510.56

2-12 1993—2010年上海股票交易情况统计表

	1993年	1994年	1995年	1996年	1997年	1998年	1999年	2000年
交易所会员总数 Number of Members	481	550	553	524	467	330	310	305
其中:异地会员 Nonlocal Members	438	501	504	478	424	318	299	293
上市公司数(个)Number of Listed Companies	106	171	188	293	383	438	484	572
上市股票数(只) Number of Listed Stocks	123	203	220	329	422	477	525	614
其中 A股 A Shares	101	169	184	287	372	425	471	559
B股 B Shares	22	34	36	42	50	52	54	55
发行总股本(亿股)Total Issued Capital	206.62	419.06	498.25	671.19	975.57	1280.35	1580.15	2032.42
其中 A股 A Shares	188.67	387.63	463.60	625.76	907.76	1206.11	1498.68	1947.35
B股 B Shares	17.95	31.43	34.65	45.43	67.81	74.23	81.47	85.07
流通股本(亿股) Negotiable Shares	45.43	108.06	129.85	186.81	285.76	379.73	494.41	648.99
A股 A Shares	27.15	76.81	95.20	141.38	217.95	305.49	412.94	563.92
B股 B Shares	18.28	31.25	24.65	45.43	67.81	74.23	81.47	85.07
流通市值(亿元) Negotiable Market Capitalization	423.94	586.96	587.00	1408.74	2513.47	2947.45	4249.69	8481.33
A股 A Shares	294.40	470.37	495.05	1247.06	2327.86	2846.92	4109.94	8146.79
B股 B Shares	129.54	116.59	91.95	161.68	185.61	100.53	139.75	334.54
市价总值(亿元)Total Market Capitalization	2195.69	2600.13	2525.66	5477.81	9218.07	10625.91	14580.47	26930.86
其中 A股 A Shares	2067.66	2483.54	2433.71	5316.13	9032.45	10525.38	14440.72	26596.32
B股 B Shares	128.04	116.59	91.95	161.88	185.61	100.53	139.75	334.54
成交金额(亿元)Total Turnover	2340.54	5735.07	3103.46	9114.82	13763.17	12386.11	16965.79	31373.86
其中 A股 A Shares	2261.68	5626.73	3042.63	9020.24	13550.24	12304.23	16826.20	31029.69
B股 B Shares	78.86	108.35	60.83	94.57	212.93	81.88	139.59	344.17
成交量(百万股)Trading Volume	14741.81	65676.03	51382.72	110188.37	121568.19	112795.49	156038.27	243765.39
其中 A股 A Shares	13367.93	63432.75	49449.90	107400.20	116601.27	108541.93	148825.08	231087.66
B股 B Shares	1373.88	2243.28	1932.82	2788.17	4966.92	4253.56	7213.19	12677.73
最高综合股价指数 High Composite Index	1558.95	1052.94	926.41	1258.69	1510.18	1422.98	1756.18	2125.72
其中 A股 A Shares	1640.71	1092.85	972.03	1313.92	1578.61	1508.41	1860.86	2251.89
B股 B Shares	105.78	104.71	63.81	87.12	99.31	59.58	62.56	89.90
最低综合股价指数 Low Composite Index	750.46	325.89	524.43	512.83	870.18	1043.02	1047.83	1361.21
其中 A股 A Shares	765.58	321.20	539.86	527.85	905.50	1108.91	1113.16	1446.12
B股 B Shares	51.01	59.81	47.03	44.80	51.93	26.17	21.25	35.47

数据来源:上海证券交易所
Source: Shanghai Stock Exchange

Summary for Stocks Trading of Shanghai Stock Exchange (1993—2010)

2001 年	2002 年	2003 年	2004 年	2005 年	2006 年	2007 年	2008 年	2009 年	2010 年
263	200	177	161	151	153	142	109	107	106
253	186	161	144	133	135	126	—	—	—
646	715	780	837	834	842	860	864	870	894
690	759	824	881	878	886	904	908	914	938
636	705	770	827	824	832	850	854	860	884
54	54	54	54	54	54	54	54	54	54
3164.44	3727.84	4170.39	4700.55	5023.05	10279.54	14173.10	15410.39	16659.96	21939.51
3073.76	3635.49	4075.54	4600.38	4919.54	10169.37	14057.73	15289.19	16536.42	21809.67
90.68	92.35	94.85	100.17	103.51	110.17	115.38	121.19	123.54	129.84
837.53	992.53	1157.10	1366.58	1561.21	2254.48	3399.30	4916.04	11578.56	16031.3
746.85	900.18	1062.25	1266.41	1457.70	2144.31	3283.92	4794.85	11455.02	15901.47
90.68	92.35	94.85	100.17	103.51	110.17	115.38	121.19	123.54	129.84
8382.11	7467.30	8201.14	7350.88	6754.61	16428.33	64532.17	32305.91	114805	142337.44
7726.06	7025.00	7796.87	7050.61	6514.55	15933.90	63190.57	31929.32	113949.64	141330.23
656.06	442.30	404.27	300.27	240.06	494.43	1341.60	376.59	855.35	1007.22
27590.56	25363.72	29804.92	26014.34	23096.13	71612.38	269838.87	97251.91	184655.23	179007.24
26934.51	24921.42	29400.65	25714.07	22856.07	71117.95	268497.27	96875.31	183799.87	178000.02
656.06	442.30	404.27	300.27	240.06	494.43	1341.60	376.59	855.35	1007.22
22709.38	16959.09	20824.14	26470.60	19240.21	57816.60	305434.29	180429.95	346511.91	304312.01
19876.84	16441.71	20541.24	26229.30	19061.49	57245.11	301960.29	179762.44	345443.26	303215.93
2832.54	517.38	282.89	241.30	178.72	571.49	3473.99	667.51	1068.65	1096.08
181995.43	178109.61	269272.88	360774.17	398658.80	1028393.40	2432538.10	1631160.04	3367964.25	2596443.03
142969.11	169353.26	263263.44	355087.88	392689.32	1012427.92	2393139.40	1620723.95	3347671.95	2581239.67
39026.32	8756.35	6009.45	5686.29	5969.48	15965.49	39398.70	10436.09	20292.3	15203.36
2245.44	1748.89	1649.60	1783.01	1328.53	2698.90	6124.044	5522.78	3478.01	3306.751
2341.02	1825.77	1725.71	1870.01	1394.58	2839.92	6429.680	5796.72	3651.20	3468.27
241.61	171.72	131.41	122.94	84.22	130.44	394.210	373.77	267.76	322.44
1514.86	1339.20	1307.40	1259.43	998.23	1161.91	2541.525	1664.93	1844.09	2319.74
1579.63	1397.01	1366.75	1321.16	1047.65	1221.80	2668.334	1749.02	1936.24	2431.61
77.62	109.98	96.23	75.46	50.32	61.99	130.566	86.44	112.21	195.43

2-13 1993—2010年深圳股票交易情况统计表

	1993年	1994年	1995年	1996年	1997年	1998年	1999年	2000年
交易所会员总数 Number of Members	426	496	532	542	373	329	318	326
其中：异地会员 Nonlocal Members	398	466	498	508	349	314	304	310
上市公司数(个)Number of Listed Companies	77	120	135	237	362	413	465	516
上市股票数(只) Number of Listed Stocks	95	142	161	270	399	454	504	560
其中 A股 A Shares	76	118	127	227	348	400	450	451
B股 B Shares	19	24	34	43	51	54	54	59
发行总股本(亿股)Total Issued Capital	122.05	220.59	267.38	439.54	795.85	1065.00	1328.70	1580.97
其中 A股 A Shares	111.51	205.00	240.48	399.47	738.37	997.85	1259.20	1492.25
B股 B Shares	10.54	15.58	26.90	40.06	57.48	67.14	69.49	88.72
流通股本(亿股) Negotiable Shares	36.18	77.57	105.13	158.75	275.06	361.21	457.93	584.33
A股 A Shares	29.98	67.59	83.78	125.76	225.29	301.52	397.51	514.41
B股 B Shares	6.20	9.97	21.34	32.98	49.76	59.68	60.41	69.92
流通市值(亿元) Negotiable Market Capitalization	437.68	381.93	351.22	1458.29	2690.95	2798.14	3964.27	7606.19
A股 A Shares	388.63	343.50	295.89	1266.95	2528.22	2703.10	3827.52	7377.42
B股 B Shares	49.05	38.42	55.33	191.33	162.72	95.04	136.74	228.77
市价总值(亿元)Total Market Capitalization	1335.32	1090.48	948.62	4364.57	8311.17	8879.73	11890.70	21160.08
其中 A股 A Shares	1251.01	1032.49	876.86	4132.42	8121.74	8773.91	11726.90	20859.43
B股 B Shares	84.31	57.98	71.75	232.14	189.43	105.81	163.79	300.65
成交金额(亿元)Total Turnover	1286.66	2392.55	932.99	12217.35	16958.66	11158.14	14353.81	29452.79
其中 A股 A Shares	1260.87	2376.35	915.95	12032.05	16744.97	11113.49	14223.35	29248.98
B股 B Shares	25.79	16.20	17.03	185.30	213.69	44.64	130.45	203.80
成交量(百万股)Trading Volume	7914.66	35657.88	19148.06	143126.06	134433.70	102615.07	137200.61	232072.82
其中 A股 A Shares	7548.57	35369.65	18656.67	139092.71	130528.61	100708.15	132149.62	224714.41
B股 B Shares	366.09	288.23	491.38	4033.35	3905.10	1906.92	5050.99	7358.40
最高综合股价指数 High Composite Index	359.44	242.06	169.66	473.02	517.91	441.04	525.14	654.37
其中 A股 A Shares	379.07	249.71	176.77	498.45	546.02	471.99	561.56	703.97
B股 B Shares	185.45	142.85	86.59	198.14	184.19	98.97	125.42	137.69
最低综合股价指数 Low Composite Index	203.91	96.56	112.63	105.34	305.81	317.10	310.65	414.69
其中 A股 A Shares	214.89	95.26	116.32	107.93	319.25	341.00	333.77	445.32
B股 B Shares	80.63	85.07	59.40	58.97	92.79	49.88	41.56	75.92

数据来源：深圳证券交易所
Source: Shenzhen Stock Exchange

Summary for Stocks Trading of Shenzhen Stock Exchange (1993—2010)

2001 年	2002 年	2003 年	2004 年	2005 年	2006 年	2007 年	2008 年	2009 年	2010 年
284	237	205	189	177	176	123	124	114	113
268	220	187	171	157	154	106	—	97	96
514	509	507	540	547	592	690	761	848	1169
550	551	548	582	589	634	732	803	890	1211
494	494	491	526	534	579	677	748	836	1157
56	57	57	56	55	55	55	55	54	54
1673.91	1735.15	1827.54	2014.19	2140.49	2404.45	2827.35	3489.74	3946.30	5044.98
1576.69	1648.15	1732.77	1905.45	2016.54	2276.28	2688.89	3340.58	3796.35	4891.84
97.22	86.99	94.77	108.74	123.96	128.17	138.46	149.16	149.95	153.13
643.35	687.41	740.22	827.57	937.68	1190.02	1534.34	2048.93	2621.63	3410.85
568.36	608.25	655.68	730.24	823.14	1071.23	1398.85	1901.91	2473.69	3259.00
74.99	79.16	84.54	97.33	114.54	118.79	135.49	147.02	147.94	151.85
6081.06	5017.26	4977.38	4337.76	3875.91	8575.31	28532.18	12907.99	36453.65	50772.97
5618.84	4693.75	4509.05	3947.86	3513.89	7797.36	27335.95	12489.79	35506.32	49586.88
462.22	323.51	468.33	389.90	362.02	777.95	1196.23	418.20	947.33	1186.09
15931.64	12965.41	12652.79	11041.23	9334.15	17791.52	57302.02	24114.53	59283.89	86415.35
15311.05	12605.14	12119.83	10595.28	8954.48	16996.01	56090.47	23691.24	58327.14	85220.52
620.59	360.27	532.96	445.95	379.67	795.51	1211.55	423.29	956.75	1194.83
15595.80	11031.36	11291.13	15863.35	12424.57	32652.29	155121.94	86682.71	189474.86	241321.53
13365.20	10700.33	10728.72	15346.89	12037.89	31972.00	152811.01	86127.99	188446.14	240249.99
2230.59	331.03	562.41	516.46	386.68	680.29	2310.94	554.72	1028.72	1071.55
133233.33	123509.88	147035.52	221999.12	263714.40	586129.22	1207836.77	781979.45	1742736.24	1618754.64
103371.63	116595.94	135964.61	212202.88	254398.17	568433.96	1175253.18	770553.81	1717219.41	1599402.47
29861.70	6913.94	11070.92	9796.24	9316.23	17695.27	32583.59	11425.64	25516.83	19352.17
664.85	512.38	449.42	470.55	333.28	552.93	1567.74	1584.40	1240.64	1412.64
698.10	540.59	472.88	490.56	344.05	572.04	1646.80	1667.91	1302.85	1478.97
435.57	262.31	281.78	315.81	276.84	435.45	803.61	730.95	650.79	888.38
439.36	371.79	350.74	315.17	237.18	278.99	547.89	452.33	557.69	890.24
461.95	391.10	364.26	328.25	244.71	290.36	566.46	475.37	586.09	932.46
124.60	185.52	184.89	212.02	186.53	195.00	434.34	215.82	272.31	510.56

2-14 2010年境外股票发行情况一览表

Summary of H Shares Offering in 2010

公司简称 Issuer	上市地点 Listing Venue	上市时间 Listing Date	发行价(港元) Issue Price (HK$)	发行量(百万股) Issue Volume (Mil shares)	筹资金额(百万港元) Raised Capital (HK$ mil)
招商银行	香港主板	2010-3-29	10.06	449.88	4525.77
交通银行	香港主板	2010-7-19	5.14	3459.67	17782.70
建设银行	香港主板	2010-12-8	4.38	15728.24	68889.67
中国银行	香港主板	2010-12-10	2.74	7602.03	20829.55
工商银行	香港主板	2010-12-28	3.49	3737.54	13044.02
农业银行	香港主板	2010-7-16	3.2	29223.53	93515.29
金风科技	香港主板	2010-10-8	17.98	454.59	8173.50
新天能源	香港主板	2010-10-13	2.66	1238.44	3294.24
重庆农商行	香港主板	2010-12-16	5.25	2513.34	13195.01
大唐新能源	香港主板	2010-12-17	2.33	2273.70	5297.72
中联重科	香港主板	2010-12-23	14.98	1000.02	14980.30
中兴通讯	香港主板	2010-1-21	45	58.29	2623.27
中航科工	香港主板	2010-3-2	3.4	334.63	1137.75
物美商业	香港创业板	2010-5-6	11	30.00	330.00
南大苏富特	香港创业板	2010-8-19	0.355	187.00	66.39
中国建材	香港主板	2010-9-15	16	238.95	3823.16
南方航空	香港主板	2010-11-1	2.73	312.50	853.13
中国国航	香港主板	2010-11-25	6.62	157.00	1039.34
彩虹电子	香港主板	2010-11-30	1.26	97.06	122.29
中生北控	香港创业板	2010-12-3	2.36	31.29	73.84
华能国际	香港主板	2010-12-28	4.73	500.00	2365.00

数据来源：中国证监会
Source: CSRC

2－15　2010年全国股票分行业成交量、成交额

Trading Volume and Value for Stocks in 2010 (Categorized by Industries)

行　业 Industry	成交数量 Trading Volume (10000)		成交金额 Trading Turnover (10000)	
	数量(万股)	(%)	金额(万元)	(%)
合计 Total	421519767.09	100.00	5456335426.24	100.00
其中：15000万股以上	404904932.27	96.06	5020143018.39	92.01
5000万股—15000万股	16539592.59	4.08	433887465.32	8.64
5000万股以下	75242.21	0.45	2304942.51	0.53
农、林、牧、副、渔业 Agriculture, Forestry, Fishing and Hunting	9047899.72	2.15	117130110.59	0.72
采掘业 Mining	19007448.07	4.51	382898680.78	2.34
食品、饮料 Food, Beverage	13224442.27	3.14	222465668.86	1.36
纺织、服装、毛皮 Textile, Apparel, Leather	12958192.78	3.07	140471582.60	0.86
木材、家俱 Wood Product	1329873.21	0.32	12740032.29	0.08
造纸、印刷 Paper, Printing	7259932.82	1.72	72394622.12	0.44
石油、化学、橡胶、塑料 Petroleum, Chemical Product, Plastics, Rubber	32986273.54	7.83	425657888.57	2.60
电子 Electrical Equipment	21610171.45	5.13	268630719.23	1.64
金属、非金属 Metal, Nonmetallic Mineral Product	37215851.48	8.83	514158532.84	3.14
机械、设备、仪表 Machinery, Equipment, Meter	59436994.47	14.10	877712743.45	5.36
医药、生物 Medicine, Biologic Product	18499196.87	4.39	308632587.54	1.89
其他制造业 Other Manufacuring	4776879.42	1.13	72057479.53	0.44
电力、蒸汽及水的生产及供应业 Electricity, Gas, Water Supply	16055765.29	3.81	143550604.53	0.88
建筑业 Construction	14920713.74	3.54	133577304.32	0.82
交通运输、仓储业 Transport, Storage	24161287.63	5.73	210232230.38	1.28
信息技术业 Information, Technology	21420033.43	5.08	334522622.93	2.04
批发和零售贸易 Wholesale and Retail Trade	16453290.11	3.90	230025992.25	1.41
金融、保险业 Finance, Insurance	35737323.91	8.48	413231477.42	2.52
房地产业 Real Estate	24153374.81	5.73	226679129.46	1.38
社会服务业 Social Services	10315291.01	2.45	125281838.70	0.77
传播及文化产业 Transmission, Culture	2993094.93	0.71	47310573.93	0.29
综合类 Conglomerat	17917666.85	4.25	176387951.93	1.08

数据来源：上海、深圳证券交易所
Source: Shanghai Shenzhen Stock Exchange

2-16 2010年上海股票分行业成交量、成交额

Trading Volume and Value of Shanghai Stock Exchange in 2010 (Categorized by Industries)

行 业 Industry	成交数量 Trading Volume (10000)		成交金额 Trading Turnover (10000)	
	数量(万股)	(%)	金额(万元)	(%)
合计 Total	259644302.72	100.00	3043120092.81	100.00
其中:15000万股以上	255028121.88	98.22	2969132804.21	97.57
5000万股—15000万股	4599266.78	1.77	73901343.63	2.43
5000万股以下	16914.06	0.01	85944.96	0.00
农、林、牧、副、渔业 Agriculture, Forestry, Fishing and Hunting	5200127.88	2.00	56312460.65	1.85
采掘业 Mining	15148799.80	5.84	285696105.00	9.39
食品、饮料 Food, Beverage	8144561.29	3.14	122410451.25	4.02
纺织、服装、毛皮 Textile, Apparel, Leather	8203440.82	3.16	87144519.77	2.86
木材、家俱 Wood Product	742283.16	0.29	5878019.70	0.19
造纸、印刷 Paper, Printing	3867440.98	1.49	32434450.73	1.07
石油、化学、橡胶、塑料 Petroleum, Chemical Product, Plastics, Rubber	14750992.57	5.68	174675232.66	5.74
电子 Electrical Equipment	8340097.66	3.21	90291311.07	2.97
金属、非金属 Metal, Nonmetallic Mineral Product	19193453.92	7.39	256371451.45	8.43
机械、设备、仪表 Machinery, Equipment, Meter	32464789.66	12.51	421799794.22	13.86
医药、生物 Medicine, Biologic Product	10164389.90	3.92	146542794.88	4.82
其他制造业 Other Manufacuring	2907598.20	1.12	34911868.24	1.15
电力、蒸汽及水的生产及供应业 Electricity, Gas, Water Supply	11295381.59	4.35	101393230.06	3.33
建筑业 Construction	13070104.63	5.03	98018948.86	3.22
交通运输、仓储业 Transport, Storage	19859822.76	7.65	165641201.57	5.44
信息技术业 Information, Technology	13036972.52	5.02	152886034.31	5.02
批发和零售贸易 Wholesale and Retail Trade	10485004.73	4.04	147847656.65	4.86
金融、保险业 Finance, Insurance	32849505.48	12.65	361353698.72	11.88
房地产业 Real Estate	11379710.80	4.38	112423797.46	3.70
社会服务业 Social Services	5402930.78	2.08	54757071.81	1.80
传播及文化产业 Transmission, Culture	2117096.13	0.82	29850507.20	0.98
综合类 Conglomerat	10981028.28	4.23	103894434.66	3.41

数据来源:上海证券交易所
Source: Shanghai Stock Exchange

2－17　2010年深圳股票分行业成交量、成交额

Trading Volume and Value of Shenzhen Stock Exchange in 2010 (Categorized by Industries)

行　业 Industry	成交数量 Trading Volume (10000)		成交金额 Trading Turnover (10000)	
	数量(万股)	(%)	金额(万元)	(%)
合计 Total	161875464.37	100.0000	2413215333.43	100.0000
其中：15000万股以上	149876810.39	92.5877	2051010214.18	84.9907
5000万股—15000万股	11940325.81	7.3762	359986121.69	14.9172
5000万股以下	58328.15	0.0360	2218997.55	0.0919
农、林、牧、副、渔业 Agriculture, Forestry, Fishing and Hunting	3847771.84	2.3769	60817649.94	2.5201
采掘业 Mining	3858648.27	2.3837	97202575.78	4.0279
食品、饮料 Food, Beverage	5079880.98	3.1381	100055217.61	4.1461
纺织、服装、毛皮 Textile, Apparel, Leather	4754751.96	2.9372	53327062.83	2.2097
木材、家俱 Wood Product	587590.05	0.3629	6862012.59	0.2843
造纸、印刷 Paper, Printing	3392491.84	2.0957	39960171.39	1.6558
石油、化学、橡胶、塑料 Petroleum, Chemical Product, Plastics, Rubber	18235280.97	11.2650	250982655.91	10.4003
电子 Electrical Equipment	13270073.79	8.1977	178339408.16	7.3901
金属、非金属 Metal, Nonmetallic Mineral Product	18022397.56	11.1334	257787081.39	10.6823
机械、设备、仪表 Machinery, Equipment, Meter	26972204.81	16.6623	455912949.23	18.8923
医药、生物 Medicine, Biologic Product	8334806.97	5.1489	162089792.66	6.7167
其他制造业 Other Manufacuring	1869281.22	1.1547	37145611.29	1.5392
电力、蒸汽及水的生产及供应业 Electricity, Gas, Water Supply	4760383.70	2.9407	42157374.47	1.7469
建筑业 Construction	1850609.11	1.1432	35558355.46	1.4734
交通运输、仓储业 Transport, Storage	4301464.87	2.6572	44591028.81	1.8477
信息技术业 Information, Technology	8383060.91	5.1787	181636588.62	7.5267
批发和零售贸易 Wholesale and Retail Trade	5968285.38	3.6869	82178335.60	3.4053
金融、保险业 Finance, Insurance	2887818.43	1.7839	51877778.70	2.1497
房地产业 Real Estate	12773664.01	7.8910	114255332.00	4.7345
社会服务业 Social Services	4912360.23	3.0346	70524766.89	2.9224
传播及文化产业 Transmission, Culture	875998.80	0.5411	17460066.73	0.7235
综合类 Conglomerat	6936638.57	4.2851	72493517.27	3.0040

数据来源：深圳证券交易所
Source: Shanghai Stock Exchange

2－18　2010年全国股票每日成交量、成交额

日期 Date	1月 Jan.		2月 Feb.		3月 Mar.		4月 Apr.		5月 May.		6月 Jun.	
	成交额 Turnover	成交量 Volume	成交额 Turnover	成交量 Volume	成交额 Turnover	成交量 Volume	成交额 Turnover	成交量 Volume	成交额 Turnover	成交量 Volume	成交额 Turnover	成交量 Volume
1	0.00	0.00	1766.40	141.09	2267.65	180.04	2740.59	203.81	0.00	0.00	1490.03	125.31
2	0.00	0.00	1607.40	129.05	2221.16	176.78	2653.39	198.92	0.00	0.00	1262.00	106.42
3	0.00	0.00	1989.83	161.71	2396.15	192.40	0.00	0.00	0.00	0.00	1485.83	119.21
4	2162.78	167.18	1959.43	163.90	2592.91	210.02	0.00	0.00	1388.46	107.24	1196.48	98.73
5	2645.09	197.96	1934.52	162.53	1825.13	147.17	0.00	0.00	1930.58	149.17	0.00	0.00
6	2613.78	194.18	0.00	0.00	0.00	0.00	2536.04	188.73	2025.21	149.63	0.00	0.00
7	2616.95	201.74	0.00	0.00	0.00	0.00	2304.91	168.44	1891.81	145.72	1418.96	113.28
8	2050.83	156.88	1264.68	104.95	1626.47	131.03	2575.40	186.22	0.00	0.00	1404.48	110.35
9	0.00	0.00	1151.38	99.60	1859.41	149.77	2447.89	173.92	0.00	0.00	1922.29	159.88
10	0.00	0.00	1147.30	89.49	1707.38	136.68	0.00	0.00	1671.26	132.24	1663.72	139.36
11	2779.82	206.59	1119.35	89.62	1639.18	126.93	0.00	0.00	1738.09	139.32	1507.31	120.33
12	2888.47	218.29	1134.67	87.74	1533.99	117.16	3126.53	225.78	1521.72	128.88	0.00	0.00
13	3230.32	242.80	0.00	0.00	0.00	0.00	3394.84	237.96	1526.79	130.54	0.00	0.00
14	2873.76	218.39	0.00	0.00	0.00	0.00	2473.73	178.19	1422.65	116.94	0.00	0.00
15	2578.68	194.39	0.00	0.00	1306.08	101.92	2481.89	179.84	0.00	0.00	0.00	0.00
16	0.00	0.00	0.00	0.00	1218.18	95.20	1873.31	137.18	0.00	0.00	0.00	0.00
17	0.00	0.00	0.00	0.00	1791.66	140.14	0.00	0.00	1468.38	128.34	1264.12	97.79
18	2769.85	210.33	0.00	0.00	1881.17	147.17	0.00	0.00	1473.53	133.09	1434.15	117.80
19	2697.11	205.31	0.00	0.00	1824.11	144.79	2731.11	210.08	1379.86	116.16	0.00	0.00
20	3219.10	248.83	0.00	0.00	0.00	0.00	2268.46	172.46	1296.78	108.79	0.00	0.00
21	2257.86	174.35	0.00	0.00	0.00	0.00	2714.47	196.41	1546.51	135.75	1468.15	129.72
22	2589.72	206.42	1306.75	106.11	1931.64	154.11	2801.41	203.10	0.00	0.00	1268.55	111.87
23	0.00	0.00	1597.18	126.07	1913.39	149.09	2535.20	177.91	0.00	0.00	1240.17	104.75
24	0.00	0.00	1854.72	152.68	1926.93	148.23	0.00	0.00	2176.65	182.94	1015.58	86.11
25	1538.95	123.41	2368.65	191.17	1964.81	150.85	0.00	0.00	1819.24	151.37	1056.38	89.74
26	1803.17	145.91	2116.34	165.73	1864.31	143.78	2153.72	151.87	1381.45	113.34	0.00	0.00
27	1497.23	119.46	0.00	0.00	0.00	0.00	2348.03	176.82	1732.50	143.78	0.00	0.00
28	1446.66	115.51	0.00	0.00	0.00	0.00	1872.51	137.12	1832.87	145.80	894.39	75.66
29	1641.17	130.82	0.00	0.00	2496.01	193.07	1995.74	147.19	0.00	0.00	1338.04	123.20
30	0.00	0.00	0.00	0.00	2138.68	158.74	1900.21	145.18	0.00	0.00	977.29	93.26
31	0.00	0.00	0.00	0.00	2188.50	160.21	0.00	0.00	1622.94	132.14	0.00	0.00

数据来源：上海、深圳证券交易所
Source：Shanghai Shenzhen Stock Exchange

Daily Trading Volume and Value of Stocks in 2010

7月 Jul.		8月 Aug.		9月 Sep.		10月 Oct.		11月 Nov.		12月 Dec.	
成交额 Turnover	成交量 Volume	成交额 Turnover	成交量 Volume	成交额 Turnover	成交量 Volume	成交额 Turnover	成交量 Volume	成交额 Turnover	成交量 Volume	成交额 Turnover	成交量 Volume
903.60	85.84	0.00	0.00	2789.61	220.94	0.00	0.00	4483.97	187.01	2243.69	171.66
1167.67	113.47	2078.55	188.05	2751.14	212.20	0.00	0.00	5394.48	302.85	2653.17	202.36
0.00	0.00	2379.43	210.03	2879.70	221.24	0.00	0.00	4136.83	285.07	2319.97	173.86
0.00	0.00	2076.36	185.24	0.00	0.00	0.00	0.00	3871.28	271.17	1502.23	110.41
835.45	82.34	2130.67	186.76	0.00	0.00	0.00	0.00	4568.18	292.77	0.00	0.00
1078.55	104.04	2330.58	201.98	2988.32	237.50	0.00	0.00	0.00	93.66	1111.07	90.22
1041.29	98.53	0.00	0.00	2303.54	188.58	0.00	0.00	0.00	0.00	2113.36	159.08
1024.48	95.77	0.00	0.00	2515.05	193.91	2813.85	212.19	4484.46	205.57	2174.21	166.04
1546.79	144.51	2387.50	200.61	2957.78	228.77	0.00	0.00	4422.69	271.75	2005.88	160.69
0.00	0.00	2452.88	209.29	2557.22	194.96	0.00	0.00	4441.78	269.09	1754.31	136.07
0.00	0.00	1720.44	146.33	0.00	0.00	4230.05	319.19	5045.60	285.51	798.81	57.29
1529.84	141.60	1893.61	159.13	0.00	0.00	3593.78	266.16	5276.91	311.82	0.00	0.00
1274.84	117.45	1739.46	148.92	2625.89	199.08	3986.76	302.29	0.00	81.02	1604.84	129.26
1320.99	122.18	0.00	0.00	2649.95	204.60	4363.44	342.18	0.00	0.00	2381.25	182.53
1276.76	151.12	0.00	0.00	2607.37	203.63	4441.22	346.55	3532.89	155.91	2273.65	171.21
1050.00	109.34	2414.58	206.75	2405.84	196.97	0.00	0.00	3941.78	277.10	1837.10	139.49
0.00	0.00	2394.61	202.01	1804.46	142.18	0.00	0.00	2853.86	215.96	1694.68	129.20
0.00	0.00	2412.92	215.29	0.00	0.00	4786.38	388.18	2330.02	192.87	745.48	55.21
1418.17	138.13	2503.05	210.78	0.00	0.00	3382.84	264.08	2932.14	221.53	0.00	0.00
2040.18	191.57	2362.55	198.09	1662.39	134.86	4405.52	322.26	0.00	99.34	1468.81	113.99
1957.15	184.47	0.00	0.00	1300.77	100.70	3541.80	259.30	0.00	0.00	1893.59	146.13
1728.03	167.99	0.00	0.00	0.00	0.00	3481.66	250.70	3260.50	127.18	1895.29	144.02
1832.72	177.65	1839.50	153.26	0.00	0.00	0.00	0.00	2876.13	211.39	1671.23	130.81
0.00	0.00	2044.41	179.84	0.00	0.00	0.00	0.00	2937.97	256.44	1750.45	136.63
0.00	0.00	2065.97	181.89	0.00	0.00	4394.74	312.95	3218.13	237.90	719.96	49.47
1676.62	155.16	1668.16	143.05	0.00	0.00	4523.10	320.45	2687.22	235.02	0.00	0.00
1611.86	144.10	1546.17	123.75	1637.07	127.35	4075.16	291.53	0.00	89.27	1237.91	98.05
2217.21	207.78	0.00	0.00	2028.19	151.72	3319.70	234.89	0.00	0.00	1694.32	137.18
2337.84	223.08	0.00	0.00	1895.56	147.66	3497.83	240.96	2590.57	102.56	1539.90	119.85
1803.42	162.29	2358.63	187.46	1820.20	140.99	0.00	0.00	3282.72	216.52	1765.79	136.21
0.00	0.00	2570.87	196.16	0.00	0.00	0.00	0.00	0.00	0.00	1857.00	137.68

2－19　2010年上海股票每日成交量、成交额

日期 Date	1月 Jan.		2月 Feb.		3月 Mar.		4月 Apr.		5月 May.		6月 Jun.	
	成交额 Turnover	成交量 Volume	成交额 Turnover	成交量 Volume	成交额 Turnover	成交量 Volume	成交额 Turnover	成交量 Volume	成交额 Turnover	成交量 Volume	成交额 Turnover	成交量 Volume
1	0.00	0.00	1037.86	88.19	1314.00	111.09	1540.85	126.82	0.00	0.00	798.79	74.70
2	0.00	0.00	979.07	82.68	1245.74	105.34	1510.76	123.61	0.00	0.00	696.98	64.87
3	0.00	0.00	1193.06	101.25	1365.58	117.21	0.00	0.00	0.00	0.00	744.62	69.50
4	1339.25	109.61	1150.09	100.31	1449.51	126.39	0.00	0.00	788.01	66.13	607.08	56.56
5	1619.60	126.18	1109.55	97.34	1057.73	92.28	0.00	0.00	1142.04	95.39	0.00	0.00
6	1582.71	123.87	0.00	0.00	0.00	0.00	1442.53	116.92	1132.44	92.68	0.00	0.00
7	1573.68	128.80	0.00	0.00	0.00	0.00	1268.81	103.65	1088.63	92.51	702.21	65.84
8	1218.31	98.44	732.62	63.38	928.33	81.06	1423.29	114.80	0.00	0.00	693.57	63.06
9	0.00	0.00	683.77	62.46	1076.54	92.53	1341.64	105.52	0.00	0.00	1027.06	96.07
10	0.00	0.00	670.75	55.66	987.70	84.67	0.00	0.00	955.55	81.97	805.69	74.58
11	1776.13	136.36	649.14	56.66	962.08	79.89	0.00	0.00	1009.92	87.90	740.26	66.55
12	1742.37	140.98	669.75	56.13	844.61	71.53	1754.10	138.36	905.93	82.55	0.00	0.00
13	1973.86	158.38	0.00	0.00	0.00	0.00	1847.76	144.08	908.24	83.22	0.00	0.00
14	1682.99	136.19	0.00	0.00	0.00	0.00	1379.94	106.53	826.44	73.47	0.00	0.00
15	1517.16	120.70	0.00	0.00	749.81	63.86	1369.30	106.33	0.00	0.00	0.00	0.00
16	0.00	0.00	0.00	0.00	701.63	59.79	1029.98	80.98	0.00	0.00	0.00	0.00
17	0.00	0.00	0.00	0.00	1056.07	87.53	0.00	0.00	882.08	82.65	617.37	55.07
18	1697.88	135.08	0.00	0.00	1086.51	91.45	0.00	0.00	847.11	82.84	729.17	67.25
19	1628.09	130.01	0.00	0.00	1033.08	88.59	1563.94	129.36	767.30	71.45	0.00	0.00
20	1927.25	158.30	0.00	0.00	0.00	0.00	1248.67	101.80	720.27	66.50	0.00	0.00
21	1421.70	114.42	0.00	0.00	0.00	0.00	1460.47	116.32	870.31	83.89	816.94	78.55
22	1636.04	137.79	787.99	68.57	1135.55	96.61	1536.46	121.91	0.00	0.00	659.26	63.74
23	0.00	0.00	982.86	80.43	1088.16	92.98	1360.12	103.64	0.00	0.00	619.18	58.83
24	0.00	0.00	1056.31	92.99	1035.35	89.28	0.00	0.00	1218.03	112.56	510.50	48.89
25	952.05	78.39	1389.75	119.69	1053.28	90.22	0.00	0.00	1018.16	93.36	516.91	50.08
26	1095.24	93.70	1214.78	101.31	1089.96	93.13	1164.12	89.25	752.10	68.75	0.00	0.00
27	906.50	76.76	0.00	0.00	0.00	0.00	1313.00	108.39	965.70	87.94	0.00	0.00
28	857.65	73.47	0.00	0.00	0.00	0.00	1050.22	83.93	987.52	87.02	453.44	43.26
29	956.84	80.51	0.00	0.00	1552.94	131.98	1122.22	89.36	0.00	0.00	717.43	74.15
30	0.00	0.00	0.00	0.00	1251.94	102.44	1059.94	88.74	0.00	0.00	513.24	55.37
31	0.00	0.00	0.00	0.00	1228.21	101.16	0.00	0.00	872.19	78.75	0.00	0.00

数据来源：上海证券交易所
Source: Shanghai Stock Exchange

Daily Trading Volume and Value of Shanghai Stock Exchange in 2010

成交额：亿元；成交量：亿股

7月 Jul.		8月 Aug.		9月 Sep.		10月 Oct.		11月 Nov.		12月 Dec.	
成交额 Turnover	成交量 Volume	成交额 Turnover	成交量 Volume	成交额 Turnover	成交量 Volume	成交额 Turnover	成交量 Volume	成交额 Turnover	成交量 Volume	成交额 Turnover	成交量 Volume
466.00	50.19	0.00	0.00	1385.22	127.21	0.00	0.00	2519.51	187.01	1045.23	81.52
616.44	68.45	1103.23	113.06	1420.74	124.09	0.00	0.00	3076.92	225.93	1322.44	104.23
0.00	0.00	1304.71	128.01	1461.89	129.67	0.00	0.00	2446.51	190.50	1061.16	83.60
0.00	0.00	1129.12	112.16	0.00	0.00	0.00	0.00	2292.55	177.65	0.00	0.00
432.14	48.26	1154.60	113.54	0.00	0.00	0.00	0.00	2737.89	212.45	0.00	0.00
556.40	61.41	1233.83	120.95	1602.85	144.26	0.00	0.00	0.00	0.00	1111.07	90.22
527.25	56.42	0.00	0.00	1237.34	112.34	0.00	0.00	0.00	0.00	1113.96	86.89
505.64	54.68	0.00	0.00	1311.34	113.70	1678.02	135.95	2594.02	205.57	1106.88	87.11
820.68	86.17	1268.68	120.21	1562.02	133.01	0.00	0.00	2485.19	192.81	1096.32	95.50
0.00	0.00	1296.22	127.05	1341.93	113.11	0.00	0.00	2499.83	188.44	985.80	80.82
0.00	0.00	890.54	87.42	0.00	0.00	2542.32	207.98	2882.56	214.03	0.00	0.00
815.81	82.92	960.49	92.70	0.00	0.00	2118.95	167.51	2987.69	233.30	0.00	0.00
636.41	66.62	913.78	88.86	1408.92	118.03	2285.20	185.36	0.00	0.00	1604.84	129.26
703.63	73.20	0.00	0.00	1412.91	120.98	2651.22	229.62	0.00	0.00	1530.43	120.99
725.66	105.92	0.00	0.00	1386.56	122.24	2729.62	236.58	1987.36	155.91	1441.08	110.26
560.77	70.86	1309.36	126.04	1285.76	119.07	0.00	0.00	2217.63	171.19	1099.06	87.68
0.00	0.00	1287.83	122.77	948.60	83.35	0.00	0.00	1587.76	123.85	938.93	73.71
0.00	0.00	1290.40	136.39	0.00	0.00	3013.07	263.38	1278.19	102.26	0.00	0.00
795.93	88.96	1336.82	128.86	0.00	0.00	2001.03	170.95	1557.90	123.78	0.00	0.00
1117.39	118.66	1199.54	116.31	898.70	79.59	2625.08	208.14	0.00	0.00	1468.81	113.99
1057.88	114.26	0.00	0.00	663.58	58.11	2051.86	161.54	0.00	0.00	1365.80	106.91
958.35	105.98	0.00	0.00	0.00	0.00	1949.72	147.17	1627.83	127.18	1262.74	98.48
1013.93	114.61	915.11	88.16	0.00	0.00	0.00	0.00	1454.18	116.51	1097.41	89.38
0.00	0.00	1063.55	107.31	0.00	0.00	0.00	0.00	1500.05	120.50	959.88	81.33
0.00	0.00	1082.66	109.70	0.00	0.00	2520.48	192.34	1676.49	132.07	0.00	0.00
888.29	93.67	818.30	80.34	0.00	0.00	2604.82	198.84	1437.62	110.95	0.00	0.00
852.42	86.72	752.29	70.51	905.40	76.84	2308.01	176.98	0.00	0.00	1237.91	98.05
1220.15	129.07	0.00	0.00	1155.20	93.36	1864.65	144.17	0.00	0.00	972.82	84.65
1313.09	139.21	0.00	0.00	1071.48	93.23	1947.22	147.21	1340.78	102.56	763.08	64.00
941.87	94.83	1214.98	111.50	1072.85	89.72	0.00	0.00	1733.67	139.48	868.16	73.93
0.00	0.00	1247.54	110.89	0.00	0.00	0.00	0.00	0.00	0.00	1089.07	83.72

2-20 2010年深圳股票每日成交量、成交额

日期 Date	1月 Jan.		2月 Feb.		3月 Mar.		4月 Apr.		5月 May.		6月 Jun.	
	成交额 Turnover	成交量 Volume	成交额 Turnover	成交量 Volume	成交额 Turnover	成交量 Volume	成交额 Turnover	成交量 Volume	成交额 Turnover	成交量 Volume	成交额 Turnover	成交量 Volume
1	0.00	0.00	728.54	52.90	953.65	68.95	1199.74	76.99	0.00	0.00	691.24	50.61
2	0.00	0.00	628.33	46.37	975.42	71.44	1142.63	75.31	0.00	0.00	565.02	41.55
3	0.00	0.00	796.77	60.46	1030.57	75.19	0.00	0.00	0.00	0.00	741.21	49.71
4	823.53	57.57	809.34	63.59	1143.40	83.63	0.00	0.00	600.45	41.11	589.40	42.17
5	1025.49	71.78	824.97	65.19	767.40	54.89	0.00	0.00	788.54	53.78	0.00	0.00
6	1031.07	70.31	0.00	0.00	0.00	0.00	1093.51	71.81	892.77	56.95	0.00	0.00
7	1043.27	72.94	0.00	0.00	0.00	0.00	1036.10	64.79	803.18	53.21	716.75	47.44
8	832.52	58.44	532.06	41.57	698.14	49.97	1152.11	71.42	0.00	0.00	710.91	47.29
9	0.00	0.00	467.61	37.14	782.87	57.24	1106.25	68.40	0.00	0.00	895.23	63.81
10	0.00	0.00	476.55	33.83	719.68	52.01	0.00	0.00	715.71	50.27	858.03	64.78
11	1003.69	70.23	470.21	32.96	677.10	47.04	0.00	0.00	728.17	51.42	767.05	53.78
12	1146.10	77.31	464.92	31.61	689.38	45.63	1372.43	87.42	615.79	46.33	0.00	0.00
13	1256.46	84.42	0.00	0.00	0.00	0.00	1547.08	93.88	618.55	47.32	0.00	0.00
14	1190.77	82.20	0.00	0.00	0.00	0.00	1093.79	71.66	596.21	43.47	0.00	0.00
15	1061.52	73.69	0.00	0.00	556.27	38.06	1112.59	73.51	0.00	0.00	0.00	0.00
16	0.00	0.00	0.00	0.00	516.55	35.41	843.33	56.20	0.00	0.00	0.00	0.00
17	0.00	0.00	0.00	0.00	735.59	52.61	0.00	0.00	586.30	45.69	646.75	42.72
18	1071.97	75.25	0.00	0.00	794.66	55.72	0.00	0.00	626.42	50.25	704.98	50.55
19	1069.02	75.30	0.00	0.00	791.03	56.20	1167.17	80.72	612.56	44.71	0.00	0.00
20	1291.85	90.53	0.00	0.00	0.00	0.00	1019.79	70.66	576.51	42.29	0.00	0.00
21	836.16	59.93	0.00	0.00	0.00	0.00	1254.00	80.09	676.20	51.86	651.21	51.17
22	953.68	68.63	518.76	37.54	796.09	57.50	1264.95	81.19	0.00	0.00	609.29	48.13
23	0.00	0.00	614.32	45.64	825.23	56.11	1175.08	74.27	0.00	0.00	620.99	45.92
24	0.00	0.00	798.41	59.69	891.58	58.95	0.00	0.00	958.62	70.38	505.08	37.22
25	586.90	45.02	978.90	71.48	911.53	60.63	0.00	0.00	801.08	58.01	539.47	39.66
26	707.93	52.21	901.56	64.42	774.35	50.65	989.60	62.62	629.35	44.59	0.00	0.00
27	590.73	42.70	0.00	0.00	0.00	0.00	1035.03	68.43	766.80	55.84	0.00	0.00
28	589.01	42.04	0.00	0.00	0.00	0.00	822.29	53.19	845.35	58.78	440.95	32.40
29	684.33	50.31	0.00	0.00	943.07	61.09	873.52	57.83	0.00	0.00	620.61	49.05
30	0.00	0.00	0.00	0.00	886.74	56.30	840.27	56.44	0.00	0.00	464.05	37.89
31	0.00	0.00	0.00	0.00	960.29	59.05	0.00	0.00	750.75	53.39	0.00	0.00

数据来源：深圳证券交易所
Source: Shenzhen Stock Exchange

Daily Trading Volume and Value of Shenzhen Stock Exchange in 2010

成交额：亿元；成交量：亿股

7月 Jul.		8月 Aug.		9月 Sep.		10月 Oct.		11月 Nov.		12月 Dec.	
成交额 Turnover	成交量 Volume	成交额 Turnover	成交量 Volume	成交额 Turnover	成交量 Volume	成交额 Turnover	成交量 Volume	成交额 Turnover	成交量 Volume	成交额 Turnover	成交量 Volume
437.60	35.65	0.00	0.00	1404.39	93.73	0.00	0.00	1964.46	0.00	1198.46	90.14
551.23	45.02	975.32	74.99	1330.40	88.11	0.00	0.00	2317.56	76.92	1330.73	98.13
0.00	0.00	1074.72	82.02	1417.81	91.57	0.00	0.00	1690.32	94.57	1258.81	90.26
0.00	0.00	947.24	73.08	0.00	0.00	0.00	0.00	1578.73	93.52	1502.23	110.41
403.31	34.08	976.07	73.22	0.00	0.00	0.00	0.00	1830.29	80.32	0.00	0.00
522.15	42.63	1096.75	81.03	1385.47	93.24	0.00	0.00	0.00	93.66	0.00	0.00
514.04	42.11	0.00	0.00	1066.20	76.24	0.00	0.00	0.00	0.00	999.40	72.19
518.84	41.09	0.00	0.00	1203.71	80.21	1135.83	76.24	1890.44	0.00	1067.33	78.93
726.11	58.34	1118.82	80.40	1395.76	95.76	0.00	0.00	1937.50	78.94	909.56	65.19
0.00	0.00	1156.66	82.24	1215.29	81.85	0.00	0.00	1941.95	80.65	768.51	55.25
0.00	0.00	829.90	58.91	0.00	0.00	1687.73	111.21	2163.04	71.48	798.81	57.29
714.03	58.68	933.12	66.43	0.00	0.00	1474.83	98.65	2289.22	78.52	0.00	0.00
638.43	50.83	825.68	60.06	1216.97	81.05	1701.56	116.93	0.00	81.02	0.00	0.00
617.36	48.98	0.00	0.00	1237.04	83.62	1712.22	112.56	0.00	0.00	850.82	61.54
551.10	45.20	0.00	0.00	1220.81	81.39	1711.60	109.97	1545.53	0.00	832.57	60.95
489.23	38.48	1105.22	80.71	1120.08	77.90	0.00	0.00	1724.15	105.91	738.04	51.81
0.00	0.00	1106.78	79.24	855.86	58.83	0.00	0.00	1266.10	92.11	755.75	55.49
0.00	0.00	1122.52	78.90	0.00	0.00	1773.31	124.80	1051.83	90.61	745.48	55.21
622.24	49.17	1166.23	81.92	0.00	0.00	1381.81	93.13	1374.24	97.75	0.00	0.00
922.79	72.91	1163.01	81.78	763.69	55.27	1780.44	114.12	0.00	99.34	0.00	0.00
899.27	70.21	0.00	0.00	637.19	42.59	1489.94	97.76	0.00	0.00	527.79	39.22
769.68	62.01	0.00	0.00	0.00	0.00	1531.94	103.53	1632.67	0.00	632.55	45.54
818.79	63.04	924.39	65.10	0.00	0.00	0.00	0.00	1421.95	94.88	573.82	41.43
0.00	0.00	980.86	72.53	0.00	0.00	0.00	0.00	1437.92	135.94	790.57	55.30
0.00	0.00	983.31	72.19	0.00	0.00	1874.26	120.61	1541.64	105.83	719.96	49.47
788.33	61.49	849.86	62.71	0.00	0.00	1918.28	121.61	1249.60	124.07	0.00	0.00
759.44	57.38	793.88	53.24	731.67	50.51	1767.15	114.55	0.00	89.27	0.00	0.00
997.06	78.71	0.00	0.00	872.99	58.36	1455.05	90.72	0.00	0.00	721.50	52.53
1024.75	83.87	0.00	0.00	824.08	54.43	1550.61	93.75	1249.79	0.00	776.82	55.85
861.55	67.46	1143.65	75.96	747.35	51.27	0.00	0.00	1549.05	77.04	897.63	62.28
0.00	0.00	1323.33	85.27	0.00	0.00	0.00	0.00	0.00	0.00	767.93	53.96

2-21 2010年全国A股每日成交量、成交额

日期 Date	1月 Jan.		2月 Feb.		3月 Mar.		4月 Apr.		5月 May.		6月 Jun.	
	成交额 Turnover	成交量 Volume	成交额 Turnover	成交量 Volume	成交额 Turnover	成交量 Volume	成交额 Turnover	成交量 Volume	成交额 Turnover	成交量 Volume	成交额 Turnover	成交量 Volume
1	0.00	0.00	1758.69	139.86	2261.15	179.04	2730.76	202.37	0.00	0.00	1485.30	124.44
2	0.00	0.00	1601.81	128.16	2213.61	175.62	2644.91	197.52	0.00	0.00	1258.53	105.73
3	0.00	0.00	1982.60	160.49	2385.86	190.50	0.00	0.00	0.00	0.00	1481.54	118.50
4	2156.24	166.04	1953.47	162.85	2583.59	208.46	0.00	0.00	1383.00	106.38	1191.90	98.09
5	2635.15	196.42	1927.82	161.34	1819.02	146.16	0.00	0.00	1920.02	147.77	0.00	0.00
6	2604.21	192.61	0.00	0.00	0.00	0.00	2528.35	187.50	2015.66	148.29	0.00	0.00
7	2607.82	200.17	0.00	0.00	0.00	0.00	2295.99	167.12	1882.34	144.27	1414.81	112.67
8	2043.00	155.52	1260.50	104.21	1619.72	129.92	2565.31	184.79	0.00	0.00	1399.75	109.58
9	0.00	0.00	1147.03	98.82	1852.66	148.63	2435.53	172.04	0.00	0.00	1915.83	158.80
10	0.00	0.00	1143.27	88.90	1701.83	135.70	0.00	0.00	1663.20	131.01	1658.99	138.59
11	2770.45	204.92	1111.88	88.83	1633.57	126.12	0.00	0.00	1732.93	138.28	1502.28	119.60
12	2878.43	216.54	1129.08	86.92	1528.76	116.36	3113.40	223.74	1514.82	127.84	0.00	0.00
13	3219.79	241.01	0.00	0.00	0.00	0.00	3381.53	235.79	1520.49	129.57	0.00	0.00
14	2863.65	216.48	0.00	0.00	0.00	0.00	2465.13	176.73	1417.44	116.21	0.00	0.00
15	2569.75	192.78	0.00	0.00	1300.96	101.08	2473.38	178.39	0.00	0.00	0.00	0.00
16	0.00	0.00	0.00	0.00	1213.04	94.35	1866.11	136.02	0.00	0.00	0.00	0.00
17	0.00	0.00	0.00	0.00	1784.91	138.96	0.00	0.00	1460.82	127.16	1259.75	97.12
18	2759.15	208.65	0.00	0.00	1873.90	145.95	0.00	0.00	1466.77	131.95	1428.25	116.92
19	2688.38	203.86	0.00	0.00	1817.94	143.67	2718.41	208.04	1375.56	115.36	0.00	0.00
20	3204.19	246.51	0.00	0.00	0.00	0.00	2259.89	170.97	1291.36	107.90	0.00	0.00
21	2247.80	172.80	0.00	0.00	0.00	0.00	2704.39	194.85	1541.17	134.76	1460.92	128.61
22	2574.57	204.14	1301.09	105.28	1925.12	152.95	2792.25	201.57	0.00	0.00	1264.03	111.08
23	0.00	0.00	1591.56	125.21	1907.37	147.99	2523.76	176.24	0.00	0.00	1233.85	103.84
24	0.00	0.00	1849.50	151.75	1919.85	147.19	0.00	0.00	2168.45	181.55	1011.14	85.39
25	1531.86	122.35	2361.52	189.90	1959.00	149.87	0.00	0.00	1814.09	150.46	1052.32	89.16
26	1794.13	144.37	2110.25	164.74	1857.71	142.61	2144.39	150.58	1375.95	112.31	0.00	0.00
27	1490.26	118.37	0.00	0.00	0.00	0.00	2336.77	175.06	1726.64	142.72	0.00	0.00
28	1441.30	114.63	0.00	0.00	0.00	0.00	1863.77	135.87	1827.27	144.86	890.45	75.12
29	1632.70	129.58	0.00	0.00	2488.50	191.90	1987.40	145.93	0.00	0.00	1329.98	121.95
30	0.00	0.00	0.00	0.00	2132.45	157.77	1892.03	143.81	0.00	0.00	972.69	92.56
31	0.00	0.00	0.00	0.00	2182.46	159.37	0.00	0.00	1618.58	131.40	0.00	0.00

数据来源：上海、深圳证券交易所
Source: Shanghai Shenzhen Stock Exchange

Daily Trading Volume and Value of A Shares in 2010

成交额：亿元；成交量：亿股

7月 Jul.		8月 Aug.		9月 Sep.		10月 Oct.		11月 Nov.		12月 Dec.	
成交额 Turnover	成交量 Volume	成交额 Turnover	成交量 Volume	成交额 Turnover	成交量 Volume	成交额 Turnover	成交量 Volume	成交额 Turnover	成交量 Volume	成交额 Turnover	成交量 Volume
900.71	85.40	0.00	0.00	2774.55	218.56	0.00	0.00	4465.55	301.25	1986.46	135.94
1162.81	112.68	2071.12	186.67	2739.51	210.28	0.00	0.00	5375.03	360.79	2460.74	168.23
0.00	0.00	2371.87	208.66	2866.45	219.12	0.00	0.00	4122.85	290.45	2028.11	137.24
0.00	0.00	2068.47	183.80	0.00	0.00	0.00	0.00	3855.78	272.91	0.00	0.00
832.81	81.82	2124.78	185.68	0.00	0.00	0.00	0.00	4550.67	321.23	0.00	0.00
1073.66	103.17	2322.95	200.59	2978.23	235.69	0.00	0.00	0.00	0.00	2017.01	140.96
1037.09	97.83	0.00	0.00	2294.94	187.09	0.00	0.00	0.00	0.00	2043.04	139.51
1020.78	95.13	0.00	0.00	2506.86	192.50	2796.28	209.67	4464.36	322.07	2065.64	139.32
1540.35	143.38	2379.84	199.19	2947.35	226.93	0.00	0.00	4404.85	312.87	2028.77	149.50
0.00	0.00	2443.65	207.75	2547.22	193.33	0.00	0.00	4426.36	301.77	1841.67	127.68
0.00	0.00	1713.92	145.21	0.00	0.00	4210.26	316.40	5028.04	338.94	0.00	0.00
1523.80	140.54	1886.45	157.88	0.00	0.00	3578.96	263.74	5245.31	370.15	0.00	0.00
1269.89	116.59	1732.84	147.76	2616.02	197.40	3971.87	299.88	0.00	0.00	2877.05	198.04
1315.20	121.11	0.00	0.00	2640.87	203.04	4347.04	339.76	0.00	0.00	2820.53	193.53
1272.41	150.28	0.00	0.00	2598.23	202.11	4426.52	344.17	3515.13	246.07	2726.00	179.95
1046.43	108.71	2406.51	205.34	2392.59	194.67	0.00	0.00	3920.68	271.03	2132.65	144.15
0.00	0.00	2387.98	200.93	1796.24	140.89	0.00	0.00	2835.69	196.79	1814.72	119.76
0.00	0.00	2404.05	213.98	0.00	0.00	4770.55	385.41	2317.98	162.13	0.00	0.00
1412.68	137.20	2495.47	209.49	0.00	0.00	3371.39	262.27	2917.06	200.66	0.00	0.00
2032.93	190.15	2354.99	196.73	1655.94	133.65	4388.79	319.83	0.00	0.00	2769.00	183.12
1951.18	183.31	0.00	0.00	1294.26	99.67	3530.88	257.50	0.00	0.00	2570.90	177.03
1722.55	166.91	0.00	0.00	0.00	0.00	3467.28	248.11	3245.45	216.38	2378.81	162.60
1825.95	176.41	1831.75	152.04	0.00	0.00	0.00	0.00	2861.56	195.84	2077.79	144.99
0.00	0.00	2023.32	175.98	0.00	0.00	0.00	0.00	2923.72	197.79	1823.31	131.26
0.00	0.00	2044.19	177.78	0.00	0.00	4378.11	310.49	3204.17	219.51	0.00	0.00
1671.78	154.30	1657.61	141.00	0.00	0.00	4507.52	318.24	2677.26	180.10	0.00	0.00
1606.95	143.25	1538.96	122.44	1627.34	125.81	4061.76	289.51	0.00	0.00	2195.52	154.41
2209.30	206.33	0.00	0.00	2020.45	150.34	3306.80	233.07	0.00	0.00	1744.22	131.45
2331.10	221.79	0.00	0.00	1886.67	146.15	3482.05	238.68	2577.21	169.22	1427.40	101.84
1796.29	161.03	2347.75	185.50	1809.83	139.22	0.00	0.00	3258.72	225.48	1596.24	114.85
0.00	0.00	2558.88	194.24	0.00	0.00	0.00	0.00	0.00	0.00	1975.05	130.63

2-22 2010年上海A股每日成交量、成交额

日期 Date	1月 Jan.		2月 Feb.		3月 Mar.		4月 Apr.		5月 May.		6月 Jun.	
	成交额 Turnover	成交量 Volume	成交额 Turnover	成交量 Volume	成交额 Turnover	成交量 Volume	成交额 Turnover	成交量 Volume	成交额 Turnover	成交量 Volume	成交额 Turnover	成交量 Volume
1	0.00	0.00	1032.97	87.53	1310.96	110.69	1535.70	126.26	0.00	0.00	796.12	74.29
2	0.00	0.00	975.91	82.26	1241.79	104.85	1506.47	123.04	0.00	0.00	695.40	64.62
3	0.00	0.00	1188.80	100.68	1361.21	116.56	0.00	0.00	0.00	0.00	742.21	69.20
4	1335.65	109.05	1146.44	99.79	1444.71	125.70	0.00	0.00	785.25	65.78	604.22	56.28
5	1614.09	125.48	1105.57	96.76	1054.47	91.81	0.00	0.00	1135.46	94.73	0.00	0.00
6	1578.33	123.25	0.00	0.00	0.00	0.00	1439.49	116.50	1127.86	92.16	0.00	0.00
7	1569.25	128.18	0.00	0.00	0.00	0.00	1264.36	103.11	1084.44	92.02	699.62	65.56
8	1214.29	97.88	730.24	62.99	924.69	80.54	1418.47	114.19	0.00	0.00	690.41	62.63
9	0.00	0.00	681.55	62.16	1073.15	91.99	1335.31	104.71	0.00	0.00	1023.03	95.52
10	0.00	0.00	668.30	55.39	985.13	84.26	0.00	0.00	951.35	81.49	803.01	74.29
11	1771.17	135.59	643.51	56.21	959.07	79.54	0.00	0.00	1008.18	87.55	737.21	66.27
12	1737.42	140.22	666.22	55.73	842.14	71.22	1746.75	137.29	901.61	82.04	0.00	0.00
13	1968.31	157.55	0.00	0.00	0.00	0.00	1842.02	143.27	904.74	82.80	0.00	0.00
14	1678.14	135.43	0.00	0.00	0.00	0.00	1376.43	106.03	823.35	73.14	0.00	0.00
15	1512.52	119.95	0.00	0.00	747.12	63.51	1365.87	105.85	0.00	0.00	0.00	0.00
16	0.00	0.00	0.00	0.00	699.28	59.47	1027.36	80.63	0.00	0.00	0.00	0.00
17	0.00	0.00	0.00	0.00	1052.69	87.09	0.00	0.00	878.06	82.14	614.98	54.78
18	1691.60	134.27	0.00	0.00	1083.30	90.98	0.00	0.00	843.04	82.32	725.62	66.81
19	1623.25	129.31	0.00	0.00	1031.01	88.19	1558.41	128.65	765.22	71.16	0.00	0.00
20	1918.66	157.16	0.00	0.00	0.00	0.00	1245.10	101.30	717.38	66.18	0.00	0.00
21	1415.72	113.55	0.00	0.00	0.00	0.00	1456.71	115.87	867.34	83.46	813.03	78.09
22	1626.24	136.56	784.50	68.15	1132.67	96.18	1532.45	121.36	0.00	0.00	656.88	63.40
23	0.00	0.00	979.66	80.05	1085.64	92.56	1354.57	102.97	0.00	0.00	614.82	58.41
24	0.00	0.00	1053.76	92.61	1031.99	88.85	0.00	0.00	1213.25	111.93	508.32	48.63
25	947.55	77.86	1386.20	119.14	1050.64	89.84	0.00	0.00	1015.26	92.98	514.80	49.87
26	1090.34	92.99	1212.02	100.90	1086.50	92.66	1158.55	88.61	748.71	68.16	0.00	0.00
27	902.29	76.23	0.00	0.00	0.00	0.00	1306.91	107.61	962.79	87.52	0.00	0.00
28	854.83	73.09	0.00	0.00	0.00	0.00	1044.99	83.31	985.06	86.71	450.91	43.02
29	950.99	79.79	0.00	0.00	1549.00	131.51	1117.20	88.71	0.00	0.00	712.41	73.57
30	0.00	0.00	0.00	0.00	1248.64	102.02	1055.66	88.17	0.00	0.00	510.64	55.06
31	0.00	0.00	0.00	0.00	1224.56	100.76	0.00	0.00	869.88	78.43	0.00	0.00

数据来源：上海证券交易所
Source: Shanghai Stock Exchange

Daily Trading Volume and Value of A Shares in Shanghai Stock Exchange in 2010

成交额：亿元；成交量：亿股

7月 Jul.		8月 Aug.		9月 Sep.		10月 Oct.		11月 Nov.		12月 Dec.	
成交额 Turnover	成交量 Volume	成交额 Turnover	成交量 Volume	成交额 Turnover	成交量 Volume	成交额 Turnover	成交量 Volume	成交额 Turnover	成交量 Volume	成交额 Turnover	成交量 Volume
464.37	50.00	0.00	0.00	1376.25	125.98	0.00	0.00	2510.62	185.76	1041.13	80.93
613.81	68.11	1099.49	112.48	1415.13	123.25	0.00	0.00	3067.11	224.60	1318.01	103.61
0.00	0.00	1300.69	127.41	1455.30	128.81	0.00	0.00	2439.87	189.61	1057.51	83.09
0.00	0.00	1124.92	111.47	0.00	0.00	0.00	0.00	2284.92	176.61	0.00	0.00
430.83	48.03	1151.61	113.00	0.00	0.00	0.00	0.00	2727.93	211.10	0.00	0.00
553.71	61.00	1229.98	120.32	1598.76	143.61	0.00	0.00	0.00	0.00	1107.45	89.65
524.92	56.10	0.00	0.00	1233.28	111.73	0.00	0.00	0.00	0.00	1110.09	86.36
503.81	54.40	0.00	0.00	1307.14	113.06	1669.43	134.91	2582.52	203.96	1103.35	86.63
817.39	85.67	1264.85	119.59	1557.20	132.27	0.00	0.00	2475.31	191.49	1093.62	95.12
0.00	0.00	1291.37	126.36	1336.55	112.31	0.00	0.00	2491.45	187.31	982.98	80.48
0.00	0.00	887.42	86.93	0.00	0.00	2532.84	206.85	2873.26	212.83	0.00	0.00
812.79	82.46	956.71	92.09	0.00	0.00	2112.64	166.66	2971.21	231.17	0.00	0.00
633.96	66.26	910.45	88.31	1404.15	117.26	2279.04	184.51	0.00	0.00	1599.37	128.52
701.03	72.69	0.00	0.00	1408.89	120.34	2644.11	228.69	0.00	0.00	1524.72	120.26
723.42	105.53	0.00	0.00	1382.06	121.51	2723.01	235.58	1977.65	154.70	1435.46	109.56
558.93	70.60	1305.17	125.36	1280.70	118.23	0.00	0.00	2206.76	169.81	1094.94	87.12
0.00	0.00	1284.19	122.25	945.18	82.87	0.00	0.00	1579.48	122.77	935.80	73.20
0.00	0.00	1286.11	135.88	0.00	0.00	3005.11	262.13	1272.54	101.59	0.00	0.00
792.95	88.55	1333.28	128.36	0.00	0.00	1995.72	170.18	1551.20	122.88	0.00	0.00
1113.97	118.07	1196.13	115.75	896.09	79.18	2617.28	207.13	0.00	0.00	1462.75	113.14
1055.19	113.77	0.00	0.00	661.15	57.74	2046.62	160.71	0.00	0.00	1361.12	106.30
955.92	105.52	0.00	0.00	0.00	0.00	1943.16	146.21	1620.87	126.23	1259.46	97.98
1010.47	114.08	911.38	87.70	0.00	0.00	0.00	0.00	1446.77	115.61	1093.54	88.84
0.00	0.00	1051.11	105.30	0.00	0.00	0.00	0.00	1492.71	119.47	955.61	80.73
0.00	0.00	1069.26	107.29	0.00	0.00	2512.84	191.36	1669.45	130.97	0.00	0.00
885.81	93.32	812.56	79.32	0.00	0.00	2597.68	197.94	1432.28	110.15	0.00	0.00
850.44	86.42	748.12	69.85	901.71	76.28	2302.08	176.14	0.00	0.00	1233.28	97.44
1216.08	128.42	0.00	0.00	1152.18	92.88	1859.55	143.44	0.00	0.00	968.74	84.10
1309.93	138.67	0.00	0.00	1068.27	92.79	1942.78	146.53	1334.99	101.64	760.20	63.61
938.28	94.31	1209.13	110.50	1068.94	89.07	0.00	0.00	1724.06	137.99	866.10	73.66
0.00	0.00	1240.96	110.03	0.00	0.00	0.00	0.00	0.00	0.00	1084.72	83.23

2－23 2010年深圳A股每日成交量、成交额

日期 Date	1月 Jan.		2月 Feb.		3月 Mar.		4月 Apr.		5月 May.		6月 Jun.	
	成交额 Turnover	成交量 Volume	成交额 Turnover	成交量 Volume	成交额 Turnover	成交量 Volume	成交额 Turnover	成交量 Volume	成交额 Turnover	成交量 Volume	成交额 Turnover	成交量 Volume
1	0.00	0.00	725.72	52.33	950.19	68.35	1195.06	76.11	0.00	0.00	689.18	50.15
2	0.00	0.00	625.90	45.90	971.82	70.77	1138.44	74.48	0.00	0.00	563.13	41.11
3	0.00	0.00	793.80	59.81	1024.65	73.94	0.00	0.00	0.00	0.00	739.33	49.30
4	820.59	56.99	807.03	63.06	1138.88	82.76	0.00	0.00	597.75	40.60	587.68	41.81
5	1021.06	70.94	822.25	64.58	764.55	54.35	0.00	0.00	784.56	53.04	0.00	0.00
6	1025.88	69.36	0.00	0.00	0.00	0.00	1088.86	71.00	887.80	56.13	0.00	0.00
7	1038.57	71.99	0.00	0.00	0.00	0.00	1031.63	64.01	797.90	52.25	715.19	47.11
8	828.71	57.64	530.26	41.22	695.03	49.38	1146.84	70.60	0.00	0.00	709.34	46.95
9	0.00	0.00	465.48	36.66	779.51	56.64	1100.22	67.33	0.00	0.00	892.80	63.28
10	0.00	0.00	474.97	33.51	716.70	51.44	0.00	0.00	711.85	49.52	855.98	64.30
11	999.28	69.33	468.37	32.62	674.50	46.58	0.00	0.00	724.75	50.73	765.07	53.33
12	1141.01	76.32	462.86	31.19	686.62	45.14	1366.65	86.45	613.21	45.80	0.00	0.00
13	1251.48	83.46	0.00	0.00	0.00	0.00	1539.51	92.52	615.75	46.77	0.00	0.00
14	1185.51	81.05	0.00	0.00	0.00	0.00	1088.70	70.70	594.09	43.07	0.00	0.00
15	1057.23	72.83	0.00	0.00	553.84	37.57	1107.51	72.54	0.00	0.00	0.00	0.00
16	0.00	0.00	0.00	0.00	513.76	34.88	838.75	55.39	0.00	0.00	0.00	0.00
17	0.00	0.00	0.00	0.00	732.22	51.87	0.00	0.00	582.76	45.02	644.77	42.34
18	1067.55	74.38	0.00	0.00	790.60	54.97	0.00	0.00	623.73	49.63	702.63	50.11
19	1065.13	74.55	0.00	0.00	786.93	55.48	1160.00	79.39	610.34	44.20	0.00	0.00
20	1285.53	89.35	0.00	0.00	0.00	0.00	1014.79	69.67	573.98	41.72	0.00	0.00
21	832.08	59.25	0.00	0.00	0.00	0.00	1247.68	78.98	673.83	51.30	647.89	50.52
22	948.33	67.58	516.59	37.13	792.45	56.77	1259.80	80.21	0.00	0.00	607.15	47.68
23	0.00	0.00	611.90	45.16	821.73	55.43	1169.19	73.27	0.00	0.00	619.03	45.43
24	0.00	0.00	795.74	59.14	887.86	58.34	0.00	0.00	955.20	69.62	502.82	36.76
25	584.31	44.49	975.32	70.76	908.36	60.03	0.00	0.00	798.83	57.48	537.52	39.29
26	703.79	51.38	898.23	63.84	771.21	49.95	985.84	61.97	627.24	44.15	0.00	0.00
27	587.97	42.14	0.00	0.00	0.00	0.00	1029.86	67.45	763.85	55.20	0.00	0.00
28	586.47	41.54	0.00	0.00	0.00	0.00	818.78	52.56	842.21	58.15	439.54	32.10
29	681.71	49.79	0.00	0.00	939.50	60.39	870.20	57.22	0.00	0.00	617.57	48.38
30	0.00	0.00	0.00	0.00	883.81	55.75	836.37	55.64	0.00	0.00	462.05	37.50
31	0.00	0.00	0.00	0.00	957.90	58.61	0.00	0.00	748.70	52.97	0.00	0.00

数据来源：深圳证券交易所
Source：Shenzhen Stock Exchange

Daily Trading Volume and Value of A Shares in Shenzhen Stock Exchange in 2010

成交额：亿元；成交量：亿股

7月 Jul.		8月 Aug.		9月 Sep.		10月 Oct.		11月 Nov.		12月 Dec.	
成交额 Turnover	成交量 Volume	成交额 Turnover	成交量 Volume	成交额 Turnover	成交量 Volume	成交额 Turnover	成交量 Volume	成交额 Turnover	成交量 Volume	成交额 Turnover	成交量 Volume
436.34	35.40	0.00	0.00	1398.30	92.58	0.00	0.00	1954.93	115.49	945.33	55.01
549.00	44.57	971.63	74.19	1324.38	87.03	0.00	0.00	2307.92	136.19	1142.73	64.62
0.00	0.00	1071.18	81.25	1411.15	90.31	0.00	0.00	1682.98	100.84	970.60	54.15
0.00	0.00	943.55	72.33	0.00	0.00	0.00	0.00	1570.86	96.30	0.00	0.00
401.98	33.79	973.17	72.68	0.00	0.00	0.00	0.00	1822.74	110.13	0.00	0.00
519.95	42.17	1092.97	80.27	1379.47	92.08	0.00	0.00	0.00	0.00	909.56	51.31
512.17	41.73	0.00	0.00	1061.66	75.36	0.00	0.00	0.00	0.00	932.95	53.15
516.97	40.73	0.00	0.00	1199.72	79.44	1126.85	74.76	1881.84	118.11	962.29	52.69
722.96	57.71	1114.99	79.60	1390.15	94.66	0.00	0.00	1929.54	121.38	935.15	54.38
0.00	0.00	1152.28	81.39	1210.67	81.02	0.00	0.00	1934.91	114.46	858.69	47.20
0.00	0.00	826.50	58.28	0.00	0.00	1677.42	109.55	2154.78	126.11	0.00	0.00
711.01	58.08	929.74	65.79	0.00	0.00	1466.32	97.08	2274.10	138.98	0.00	0.00
635.93	50.33	822.39	59.45	1211.87	80.14	1692.83	115.37	0.00	0.00	1277.68	69.52
614.17	48.42	0.00	0.00	1231.98	82.70	1702.93	111.07	0.00	0.00	1295.81	73.27
548.99	44.75	0.00	0.00	1216.17	80.60	1703.51	108.59	1537.48	91.37	1290.54	70.39
487.50	38.11	1101.34	79.98	1111.89	76.44	0.00	0.00	1713.92	101.22	1037.71	57.03
0.00	0.00	1103.79	78.68	851.06	58.02	0.00	0.00	1256.21	74.02	878.92	46.56
0.00	0.00	1117.94	78.10	0.00	0.00	1765.44	123.28	1045.44	60.54	0.00	0.00
619.73	48.65	1162.19	81.13	0.00	0.00	1375.67	92.09	1365.86	77.78	0.00	0.00
918.96	72.08	1158.86	80.98	759.85	54.47	1771.51	112.70	0.00	0.00	1306.25	69.98
895.99	69.54	0.00	0.00	633.11	41.93	1484.26	96.79	0.00	0.00	1209.78	70.73
766.63	61.39	0.00	0.00	0.00	0.00	1524.12	101.90	1624.58	90.15	1119.35	64.62
815.48	62.33	920.37	64.34	0.00	0.00	0.00	0.00	1414.79	80.23	984.25	56.15
0.00	0.00	972.21	70.68	0.00	0.00	0.00	0.00	1431.01	78.32	867.70	50.53
0.00	0.00	974.93	70.49	0.00	0.00	1865.27	119.13	1534.72	88.54	0.00	0.00
785.97	60.98	845.05	61.68	0.00	0.00	1909.84	120.30	1244.98	69.95	0.00	0.00
756.51	56.83	790.84	52.59	725.63	49.53	1759.68	113.37	0.00	0.00	962.24	56.97
993.22	77.91	0.00	0.00	868.27	57.46	1447.25	89.63	0.00	0.00	775.48	47.35
1021.17	83.12	0.00	0.00	818.40	53.36	1539.27	92.15	1242.22	67.58	667.20	38.23
858.01	66.72	1138.62	75.00	740.89	50.15	0.00	0.00	1534.66	87.49	730.14	41.19
0.00	0.00	1317.92	84.21	0.00	0.00	0.00	0.00	0.00	0.00	890.33	47.40

2-24 2010年全国B股每日成交量、成交额

日期 Date	1月 Jan.		2月 Feb.		3月 Mar.		4月 Apr.		5月 May.		6月 Jun.	
	成交额 Turnover	成交量 Volume	成交额 Turnover	成交量 Volume	成交额 Turnover	成交量 Volume	成交额 Turnover	成交量 Volume	成交额 Turnover	成交量 Volume	成交额 Turnover	成交量 Volume
1	0.00	0.00	7.71	1.23	6.51	1.00	9.83	1.44	0.00	0.00	4.73	0.87
2	0.00	0.00	5.59	0.90	7.56	1.16	8.48	1.40	0.00	0.00	3.47	0.69
3	0.00	0.00	7.23	1.22	10.30	1.89	0.00	0.00	0.00	0.00	4.29	0.71
4	6.53	1.14	5.96	1.05	9.31	1.56	0.00	0.00	5.47	0.86	4.58	0.63
5	9.94	1.55	6.70	1.19	6.11	1.01	0.00	0.00	10.57	1.40	0.00	0.00
6	9.57	1.57	0.00	0.00	0.00	0.00	7.69	1.24	9.55	1.33	0.00	0.00
7	9.13	1.57	0.00	0.00	0.00	0.00	8.92	1.31	9.47	1.45	4.15	0.61
8	7.83	1.37	4.18	0.75	6.74	1.10	10.08	1.44	0.00	0.00	4.73	0.75
9	0.00	0.00	4.36	0.77	6.75	1.15	12.35	1.87	0.00	0.00	6.46	1.08
10	0.00	0.00	4.04	0.60	5.54	0.98	0.00	0.00	8.06	1.22	4.73	0.77
11	9.37	1.67	7.46	0.81	5.61	0.80	0.00	0.00	5.16	1.04	5.02	0.73
12	10.05	1.75	5.60	0.82	5.23	0.80	13.13	2.05	6.91	1.04	0.00	0.00
13	10.51	1.79	0.00	0.00	0.00	0.00	13.31	2.17	6.31	0.98	0.00	0.00
14	10.11	1.91	0.00	0.00	0.00	0.00	8.61	1.46	5.21	0.75	0.00	0.00
15	8.92	1.61	0.00	0.00	5.13	0.84	8.52	1.45	0.00	0.00	0.00	0.00
16	0.00	0.00	0.00	0.00	5.13	0.85	7.21	1.16	0.00	0.00	0.00	0.00
17	0.00	0.00	0.00	0.00	6.75	1.19	0.00	0.00	7.55	1.18	4.38	0.67
18	10.71	1.69	0.00	0.00	7.28	1.23	0.00	0.00	6.76	1.14	5.91	0.87
19	8.74	1.45	0.00	0.00	6.16	1.11	12.70	2.05	4.31	0.82	0.00	0.00
20	14.91	2.32	0.00	0.00	0.00	0.00	8.56	1.49	5.42	0.89	0.00	0.00
21	10.06	1.55	0.00	0.00	0.00	0.00	10.08	1.55	5.35	0.98	7.23	1.12
22	15.15	2.28	5.67	0.83	6.52	1.16	9.15	1.53	0.00	0.00	4.53	0.79
23	0.00	0.00	5.62	0.86	6.02	1.10	11.45	1.67	0.00	0.00	6.32	0.90
24	0.00	0.00	5.21	0.93	7.08	1.03	0.00	0.00	8.20	1.39	4.45	0.73
25	7.08	1.07	7.12	1.26	5.81	0.97	0.00	0.00	5.15	0.92	4.07	0.58
26	9.04	1.53	6.08	0.97	6.60	1.17	9.33	1.29	5.50	1.03	0.00	0.00
27	6.98	1.08	0.00	0.00	0.00	0.00	11.27	1.76	5.86	1.06	0.00	0.00
28	5.34	0.87	0.00	0.00	0.00	0.00	8.74	1.25	5.59	0.94	3.94	0.53
29	8.47	1.23	0.00	0.00	7.51	1.17	8.35	1.27	0.00	0.00	8.06	1.25
30	0.00	0.00	0.00	0.00	6.23	0.97	8.18	1.36	0.00	0.00	4.60	0.70
31	0.00	0.00	0.00	0.00	6.05	0.84	0.00	0.00	4.36	0.75	0.00	0.00

数据来源：上海、深圳证券交易所
Source: Shanghai Shenzhen Stock Exchange

Daily Trading Volume and Value of B Shares in 2010

成交额：亿元；成交量：亿股

7月 Jul.		8月 Aug.		9月 Sep.		10月 Oct.		11月 Nov.		12月 Dec.	
成交额 Turnover	成交量 Volume	成交额 Turnover	成交量 Volume	成交额 Turnover	成交量 Volume	成交额 Turnover	成交量 Volume	成交额 Turnover	成交量 Volume	成交额 Turnover	成交量 Volume
2.89	0.45	0.00	0.00	15.06	2.38	0.00	0.00	18.43	2.75	7.85	1.28
4.84	0.79	7.43	1.38	11.63	1.92	0.00	0.00	19.46	2.75	9.44	1.54
0.00	0.00	7.56	1.38	13.24	2.11	0.00	0.00	13.98	1.98	8.00	1.22
0.00	0.00	7.89	1.44	0.00	0.00	0.00	0.00	15.51	2.25	0.00	0.00
2.65	0.52	5.89	1.09	0.00	0.00	0.00	0.00	17.51	2.51	0.00	0.00
4.89	0.88	7.63	1.39	10.09	1.82	0.00	0.00	0.00	0.00	7.02	1.15
4.20	0.70	0.00	0.00	8.61	1.49	0.00	0.00	0.00	0.00	7.19	1.08
3.70	0.65	0.00	0.00	8.19	1.43	17.56	2.52	20.11	3.11	7.54	1.09
6.43	1.13	7.67	1.42	10.42	1.83	0.00	0.00	17.84	2.65	5.49	0.85
0.00	0.00	9.21	1.55	10.00	1.63	0.00	0.00	15.43	2.20	6.16	0.88
0.00	0.00	6.52	1.12	0.00	0.00	19.79	2.80	17.55	2.51	0.00	0.00
6.02	1.07	7.17	1.25	0.00	0.00	14.82	2.42	31.60	4.62	0.00	0.00
4.95	0.86	6.62	1.16	9.87	1.69	14.88	2.39	0.00	0.00	10.66	1.58
5.79	1.07	0.00	0.00	9.08	1.56	16.40	2.42	0.00	0.00	9.39	1.33
4.34	0.84	0.00	0.00	9.14	1.51	14.71	2.38	17.77	2.48	10.31	1.38
3.58	0.63	8.08	1.40	13.25	2.31	0.00	0.00	21.09	2.80	7.42	1.10
0.00	0.00	6.63	1.08	8.22	1.30	0.00	0.00	18.17	2.35	6.97	1.06
0.00	0.00	8.87	1.31	0.00	0.00	15.83	2.77	12.05	1.57	0.00	0.00
5.49	0.93	7.57	1.30	0.00	0.00	11.46	1.81	15.08	2.12	0.00	0.00
7.25	1.43	7.56	1.35	6.47	1.21	16.74	2.42	0.00	0.00	11.68	1.73
5.98	1.16	0.00	0.00	6.51	1.04	10.91	1.79	0.00	0.00	9.41	1.27
5.49	1.07	0.00	0.00	0.00	0.00	14.38	2.60	15.06	2.13	7.16	1.06
6.76	1.24	7.74	1.22	0.00	0.00	0.00	0.00	14.58	2.12	6.52	0.93
0.00	0.00	21.08	3.86	0.00	0.00	0.00	0.00	14.25	2.29	8.46	1.30
0.00	0.00	21.78	4.10	0.00	0.00	16.63	2.46	13.96	2.47	0.00	0.00
4.84	0.86	10.55	2.05	0.00	0.00	15.57	2.20	9.97	1.55	0.00	0.00
4.90	0.85	7.21	1.31	9.72	1.54	13.40	2.03	0.00	0.00	8.63	1.28
7.92	1.45	0.00	0.00	7.73	1.37	12.90	1.83	0.00	0.00	8.25	1.21
6.74	1.29	0.00	0.00	8.89	1.50	15.78	2.29	13.36	2.04	5.61	0.85
7.13	1.26	10.88	1.96	10.37	1.76	0.00	0.00	24.00	3.18	4.17	0.60
0.00	0.00	11.99	1.93	0.00	0.00	0.00	0.00	0.00	0.00	7.81	0.97

2－25　2010年上海B股每日成交量、成交额

日期 Date	1月 Jan.		2月 Feb.		3月 Mar.		4月 Apr.		5月 May.		6月 Jun.	
	成交额 Turnover	成交量 Volume	成交额 Turnover	成交量 Volume	成交额 Turnover	成交量 Volume	成交额 Turnover	成交量 Volume	成交额 Turnover	成交量 Volume	成交额 Turnover	成交量 Volume
1	0.00	0.00	4.89	0.66	3.04	0.40	5.15	0.56	0.00	0.00	2.67	0.41
2	0.00	0.00	3.16	0.42	3.95	0.49	4.28	0.57	0.00	0.00	1.58	0.25
3	0.00	0.00	4.26	0.57	4.37	0.65	0.00	0.00	0.00	0.00	2.41	0.30
4	3.59	0.56	3.65	0.52	4.80	0.69	0.00	0.00	2.77	0.35	2.86	0.28
5	5.51	0.70	3.98	0.58	3.26	0.47	0.00	0.00	6.58	0.66	0.00	0.00
6	4.38	0.62	0.00	0.00	0.00	0.00	3.04	0.43	4.58	0.52	0.00	0.00
7	4.43	0.62	0.00	0.00	0.00	0.00	4.45	0.54	4.19	0.49	2.59	0.27
8	4.02	0.57	2.38	0.39	3.64	0.51	4.82	0.61	0.00	0.00	3.16	0.42
9	0.00	0.00	2.23	0.30	3.39	0.55	6.32	0.81	0.00	0.00	4.03	0.55
10	0.00	0.00	2.45	0.28	2.56	0.41	0.00	0.00	4.20	0.47	2.68	0.29
11	4.96	0.78	5.63	0.46	3.01	0.34	0.00	0.00	1.74	0.35	3.04	0.28
12	4.96	0.76	3.53	0.40	2.47	0.31	7.35	1.08	4.33	0.51	0.00	0.00
13	5.54	0.83	0.00	0.00	0.00	0.00	5.74	0.81	3.51	0.42	0.00	0.00
14	4.85	0.76	0.00	0.00	0.00	0.00	3.51	0.50	3.09	0.34	0.00	0.00
15	4.63	0.75	0.00	0.00	2.70	0.35	3.43	0.48	0.00	0.00	0.00	0.00
16	0.00	0.00	0.00	0.00	2.34	0.32	2.62	0.35	0.00	0.00	0.00	0.00
17	0.00	0.00	0.00	0.00	3.38	0.45	0.00	0.00	4.01	0.51	2.40	0.29
18	6.28	0.82	0.00	0.00	3.21	0.47	0.00	0.00	4.07	0.52	3.56	0.44
19	4.84	0.70	0.00	0.00	2.07	0.39	5.53	0.72	2.09	0.30	0.00	0.00
20	8.59	1.14	0.00	0.00	0.00	0.00	3.56	0.50	2.89	0.32	0.00	0.00
21	5.98	0.87	0.00	0.00	0.00	0.00	3.76	0.45	2.97	0.42	3.91	0.47
22	9.80	1.23	3.49	0.42	2.88	0.43	4.00	0.55	0.00	0.00	2.38	0.34
23	0.00	0.00	3.20	0.38	2.52	0.42	5.55	0.67	0.00	0.00	4.37	0.42
24	0.00	0.00	2.54	0.38	3.36	0.43	0.00	0.00	4.78	0.63	2.19	0.27
25	4.49	0.54	3.54	0.54	2.64	0.38	0.00	0.00	2.90	0.38	2.11	0.21
26	4.90	0.71	2.75	0.40	3.46	0.46	5.57	0.64	3.39	0.59	0.00	0.00
27	4.22	0.53	0.00	0.00	0.00	0.00	6.10	0.78	2.91	0.42	0.00	0.00
28	2.81	0.37	0.00	0.00	0.00	0.00	5.23	0.62	2.45	0.31	2.53	0.23
29	5.85	0.72	0.00	0.00	3.94	0.47	5.02	0.65	0.00	0.00	5.02	0.58
30	0.00	0.00	0.00	0.00	3.30	0.42	4.28	0.56	0.00	0.00	2.60	0.31
31	0.00	0.00	0.00	0.00	3.66	0.40	0.00	0.00	2.31	0.33	0.00	0.00

数据来源：上海证券交易所
Source: Shanghai Stock Exchange

Daily Trading Volume and Value of B Shares in Shanghai Stock Exchange in 2010

成交额：亿元；成交量：亿股

7月 Jul.		8月 Aug.		9月 Sep.		10月 Oct.		11月 Nov.		12月 Dec.	
成交额 Turnover	成交量 Volume	成交额 Turnover	成交量 Volume	成交额 Turnover	成交量 Volume	成交额 Turnover	成交量 Volume	成交额 Turnover	成交量 Volume	成交额 Turnover	成交量 Volume
1.63	0.19	0.00	0.00	8.97	1.24	0.00	0.00	8.89	1.25	4.10	0.59
2.62	0.34	3.74	0.58	5.61	0.84	0.00	0.00	9.82	1.33	4.43	0.61
0.00	0.00	4.02	0.60	6.59	0.86	0.00	0.00	6.64	0.89	3.64	0.51
0.00	0.00	4.20	0.69	0.00	0.00	0.00	0.00	7.64	1.04	0.00	0.00
1.31	0.23	2.98	0.54	0.00	0.00	0.00	0.00	9.96	1.35	0.00	0.00
2.69	0.41	3.85	0.63	4.09	0.66	0.00	0.00	0.00	0.00	3.63	0.56
2.33	0.32	0.00	0.00	4.07	0.61	0.00	0.00	0.00	0.00	3.87	0.53
1.83	0.29	0.00	0.00	4.20	0.65	8.58	1.04	11.51	1.61	3.53	0.48
3.28	0.50	3.83	0.62	4.81	0.74	0.00	0.00	9.88	1.32	2.70	0.38
0.00	0.00	4.84	0.69	5.38	0.80	0.00	0.00	8.38	1.13	2.82	0.34
0.00	0.00	3.12	0.49	0.00	0.00	9.48	1.14	9.29	1.19	0.00	0.00
3.01	0.47	3.78	0.61	0.00	0.00	6.31	0.85	16.47	2.13	0.00	0.00
2.45	0.36	3.33	0.55	4.77	0.78	6.16	0.84	0.00	0.00	5.47	0.74
2.60	0.51	0.00	0.00	4.01	0.64	7.11	0.93	0.00	0.00	5.71	0.74
2.23	0.40	0.00	0.00	4.50	0.72	6.62	1.00	9.71	1.21	5.62	0.70
1.84	0.26	4.19	0.67	5.06	0.85	0.00	0.00	10.87	1.38	4.12	0.56
0.00	0.00	3.64	0.52	3.42	0.49	0.00	0.00	8.28	1.08	3.13	0.51
0.00	0.00	4.29	0.51	0.00	0.00	7.96	1.25	5.65	0.67	0.00	0.00
2.98	0.41	3.54	0.51	0.00	0.00	5.32	0.77	6.70	0.91	0.00	0.00
3.42	0.60	3.41	0.56	2.62	0.41	7.80	1.01	0.00	0.00	6.06	0.84
2.70	0.49	0.00	0.00	2.43	0.38	5.23	0.82	0.00	0.00	4.68	0.61
2.43	0.46	0.00	0.00	0.00	0.00	6.56	0.96	6.96	0.95	3.28	0.50
3.46	0.53	3.73	0.46	0.00	0.00	0.00	0.00	7.42	0.90	3.87	0.55
0.00	0.00	12.44	2.01	0.00	0.00	0.00	0.00	7.34	1.03	4.27	0.60
0.00	0.00	13.40	2.40	0.00	0.00	7.64	0.98	7.04	1.10	0.00	0.00
2.48	0.35	5.74	1.02	0.00	0.00	7.13	0.90	5.35	0.81	0.00	0.00
1.98	0.30	4.17	0.66	3.69	0.56	5.93	0.85	0.00	0.00	4.64	0.61
4.08	0.65	0.00	0.00	3.02	0.48	5.10	0.73	0.00	0.00	4.09	0.55
3.16	0.54	0.00	0.00	3.21	0.43	4.44	0.68	5.79	0.92	2.88	0.39
3.59	0.52	5.85	1.00	3.91	0.65	0.00	0.00	9.62	1.49	2.05	0.27
0.00	0.00	6.58	0.87	0.00	0.00	0.00	0.00	0.00	0.00	4.34	0.49

2-26 2010年深圳B股每日成交量、成交额

日期 Date	1月 Jan.		2月 Feb.		3月 Mar.		4月 Apr.		5月 May.		6月 Jun.	
	成交额 Turnover	成交量 Volume	成交额 Turnover	成交量 Volume	成交额 Turnover	成交量 Volume	成交额 Turnover	成交量 Volume	成交额 Turnover	成交量 Volume	成交额 Turnover	成交量 Volume
1	0.00	0.00	2.82	0.57	3.47	0.60	4.68	0.88	0.00	0.00	2.06	0.46
2	0.00	0.00	2.43	0.48	3.61	0.67	4.20	0.83	0.00	0.00	1.89	0.44
3	0.00	0.00	2.97	0.65	5.93	1.24	0.00	0.00	0.00	0.00	1.88	0.41
4	2.94	0.58	2.31	0.53	4.51	0.87	0.00	0.00	2.70	0.51	1.72	0.35
5	4.43	0.85	2.72	0.61	2.85	0.54	0.00	0.00	3.99	0.74	0.00	0.00
6	5.19	0.95	0.00	0.00	0.00	0.00	4.65	0.81	4.97	0.81	0.00	0.00
7	4.70	0.95	0.00	0.00	0.00	0.00	4.47	0.77	5.28	0.96	1.56	0.34
8	3.81	0.80	1.80	0.36	3.10	0.59	5.26	0.83	0.00	0.00	1.57	0.33
9	0.00	0.00	2.13	0.47	3.36	0.60	6.03	1.06	0.00	0.00	2.43	0.53
10	0.00	0.00	1.59	0.32	2.98	0.57	0.00	0.00	3.86	0.75	2.05	0.48
11	4.41	0.89	1.83	0.35	2.60	0.46	0.00	0.00	3.42	0.69	1.98	0.45
12	5.09	0.99	2.07	0.42	2.76	0.49	5.78	0.97	2.58	0.53	0.00	0.00
13	4.97	0.96	0.00	0.00	0.00	0.00	7.57	1.36	2.80	0.56	0.00	0.00
14	5.26	1.15	0.00	0.00	0.00	0.00	5.10	0.96	2.12	0.41	0.00	0.00
15	4.29	0.86	0.00	0.00	2.43	0.49	5.09	0.97	0.00	0.00	0.00	0.00
16	0.00	0.00	0.00	0.00	2.79	0.53	4.59	0.81	0.00	0.00	0.00	0.00
17	0.00	0.00	0.00	0.00	3.37	0.74	0.00	0.00	3.54	0.67	1.98	0.38
18	4.43	0.87	0.00	0.00	4.07	0.76	0.00	0.00	2.69	0.62	2.35	0.43
19	3.90	0.75	0.00	0.00	4.09	0.72	7.17	1.33	2.22	0.52	0.00	0.00
20	6.32	1.18	0.00	0.00	0.00	0.00	5.00	0.99	2.53	0.57	0.00	0.00
21	4.08	0.68	0.00	0.00	0.00	0.00	6.32	1.10	2.38	0.56	3.32	0.65
22	5.35	1.05	2.18	0.41	3.64	0.73	5.15	0.98	0.00	0.00	2.15	0.45
23	0.00	0.00	2.42	0.48	3.50	0.68	5.90	1.00	0.00	0.00	1.95	0.48
24	0.00	0.00	2.67	0.55	3.72	0.60	0.00	0.00	3.42	0.76	2.26	0.46
25	2.59	0.53	3.58	0.72	3.17	0.59	0.00	0.00	2.25	0.54	1.96	0.37
26	4.14	0.82	3.33	0.57	3.14	0.71	3.76	0.65	2.11	0.44	0.00	0.00
27	2.76	0.55	0.00	0.00	0.00	0.00	5.17	0.98	2.95	0.64	0.00	0.00
28	2.53	0.50	0.00	0.00	0.00	0.00	3.51	0.63	3.14	0.63	1.41	0.30
29	2.62	0.51	0.00	0.00	3.57	0.70	3.33	0.62	0.00	0.00	3.04	0.67
30	0.00	0.00	0.00	0.00	2.93	0.55	3.90	0.80	0.00	0.00	2.00	0.39
31	0.00	0.00	0.00	0.00	2.39	0.44	0.00	0.00	2.05	0.42	0.00	0.00

数据来源：深圳证券交易所
Source: Shenzhen Stock Exchange

Daily Trading Volume and Value of B Shares in Shenzhen Stock Exchange in 2010

成交额：亿元；成交量：亿股

7月 Jul.		8月 Aug.		9月 Sep.		10月 Oct.		11月 Nov.		12月 Dec.	
成交额 Turnover	成交量 Volume	成交额 Turnover	成交量 Volume	成交额 Turnover	成交量 Volume	成交额 Turnover	成交量 Volume	成交额 Turnover	成交量 Volume	成交额 Turnover	成交量 Volume
1.26	0.26	0.00	0.00	6.09	1.14	0.00	0.00	9.54	1.50	3.75	0.69
2.22	0.45	3.69	0.80	6.02	1.08	0.00	0.00	9.64	1.42	5.01	0.93
0.00	0.00	3.54	0.78	6.65	1.25	0.00	0.00	7.34	1.09	4.36	0.71
0.00	0.00	3.69	0.75	0.00	0.00	0.00	0.00	7.87	1.21	0.00	0.00
1.34	0.29	2.91	0.55	0.00	0.00	0.00	0.00	7.55	1.16	0.00	0.00
2.20	0.47	3.78	0.76	6.00	1.16	0.00	0.00	0.00	0.00	3.39	0.59
1.87	0.38	0.00	0.00	4.54	0.88	0.00	0.00	0.00	0.00	3.32	0.55
1.87	0.36	0.00	0.00	3.99	0.78	8.98	1.48	8.60	1.50	4.01	0.61
3.15	0.63	3.84	0.80	5.61	1.09	0.00	0.00	7.96	1.33	2.79	0.47
0.00	0.00	4.37	0.86	4.62	0.83	0.00	0.00	7.05	1.07	3.34	0.54
0.00	0.00	3.40	0.63	0.00	0.00	10.31	1.66	8.26	1.32	0.00	0.00
3.01	0.60	3.39	0.64	0.00	0.00	8.51	1.57	15.13	2.49	0.00	0.00
2.50	0.50	3.29	0.61	5.10	0.91	8.72	1.55	0.00	0.00	5.19	0.84
3.19	0.56	0.00	0.00	5.07	0.92	9.29	1.49	0.00	0.00	3.68	0.59
2.11	0.44	0.00	0.00	4.64	0.79	8.09	1.38	8.06	1.27	4.69	0.68
1.74	0.37	3.89	0.73	8.19	1.46	0.00	0.00	10.22	1.42	3.30	0.54
0.00	0.00	2.99	0.56	4.80	0.81	0.00	0.00	9.89	1.27	3.84	0.55
0.00	0.00	4.58	0.80	0.00	0.00	7.87	1.52	6.40	0.90	0.00	0.00
2.51	0.52	4.03	0.79	0.00	0.00	6.14	1.04	8.38	1.21	0.00	0.00
3.83	0.83	4.15	0.79	3.85	0.80	8.94	1.41	0.00	0.00	5.62	0.89
3.28	0.67	0.00	0.00	4.08	0.66	5.68	0.97	0.00	0.00	4.73	0.66
3.06	0.61	0.00	0.00	0.00	0.00	7.82	1.64	8.10	1.18	3.88	0.56
3.30	0.71	4.01	0.76	0.00	0.00	0.00	0.00	7.16	1.22	2.65	0.38
0.00	0.00	8.64	1.85	0.00	0.00	0.00	0.00	6.91	1.26	4.19	0.70
0.00	0.00	8.38	1.70	0.00	0.00	8.99	1.48	6.92	1.37	0.00	0.00
2.36	0.51	4.81	1.03	0.00	0.00	8.44	1.30	4.62	0.74	0.00	0.00
2.92	0.55	3.04	0.65	6.03	0.98	7.47	1.18	0.00	0.00	3.99	0.67
3.84	0.80	0.00	0.00	4.71	0.89	7.80	1.10	0.00	0.00	4.16	0.66
3.58	0.75	0.00	0.00	5.68	1.07	11.34	1.61	7.57	1.12	2.73	0.46
3.54	0.74	5.03	0.96	6.46	1.11	0.00	0.00	14.38	1.69	2.12	0.33
0.00	0.00	5.41	1.06	0.00	0.00	0.00	0.00	0.00	0.00	3.47	0.48

2-27 2010年股票交易金额地区分布

Regional Distribution of Stock Trading Value in 2010

交易金额：百万元 (1000000)

地区 Region	总交易金额 Trading Value	比例 (%)Percent
安　徽	1522385.86	1.93
北　京	8774670.82	11.15
福　建	3457495.83	4.39
甘　肃	632362.17	0.80
广　东	12254773.62	15.57
广　西	734686.04	0.93
贵　州	541923.59	0.69
海　南	534810.90	0.68
河　北	1121799.21	1.43
河　南	1769173.19	2.25
黑龙江	1162930.41	1.48
湖　北	2256988.04	2.87
湖　南	1813569.98	2.30
吉　林	843741.80	1.07
江　苏	5281658.89	6.71
江　西	1357956.89	1.73
辽　宁	1934637.50	2.46
内蒙古	880149.84	1.12
宁　夏	147307.37	0.19
青　海	268691.67	0.34
山　东	3212731.77	4.08
山　西	1452656.37	1.85
陕　西	1235713.34	1.57
上　海	11247551.51	14.29
四　川	2634918.58	3.35
天　津	1294149.78	1.64
西　藏	215318.66	0.27
新　疆	1252253.40	1.59
云　南	729250.76	0.93
浙　江	7086939.17	9.01
重　庆	1023713.41	1.30
境外及其他	18597.23	0.02
合　计	78695507.60	100.00

注：交易金额为双边计算

数据来源：上海、深圳证券交易所

Source: Shanghai Shenzhen Stock Exchange

2-28　2010年全国A股按成交量排序前50名

Top 50 of A Share Trading Volume in 2010

序号 No.	代码 Code	股票简称 Shares	年成交量(百万股) Trading Volume (1000000)	年成交金额(百万元) Turnover (1000000)	交易所 Exchange
1	601288	农业银行	48857.02	133708.88	上海
2	600016	民生银行	29876.07	185308.63	上海
3	601668	中国建筑	29765.32	115943.78	上海
4	600050	中国联通	29236.18	170184.85	上海
5	601398	工商银行	27585.49	126019.30	上海
6	601899	紫金矿业	26756.97	225550.91	上海
7	000725	京东方A	26698.68	92556.47	深圳
8	600030	中信证券	23028.91	420152.75	上海
9	000002	万　科　A	22368.39	195698.15	深圳
10	600383	金地集团	20687.21	164869.89	上海
11	600036	招商银行	20380.96	295003.90	上海
12	600837	海通证券	19849.14	257034.77	上海
13	601818	光大银行	17627.11	68660.77	上海
14	600000	浦发银行	16887.14	277117.74	上海
15	601939	建设银行	16230.69	84705.99	上海
16	601328	交通银行	15200.80	103845.21	上海
17	600795	国电电力	15200.02	65139.31	上海
18	600028	中国石化	14885.45	147956.12	上海
19	600029	南方航空	14351.44	116474.30	上海
20	600019	宝钢股份	14257.72	103349.47	上海
21	601618	中国中冶	14114.51	64516.32	上海
22	000157	中联重科	13201.06	206707.47	深圳
23	601390	中国中铁	12934.94	64795.88	上海
24	000735	罗　牛　山	12848.99	111663.52	深圳
25	601299	中国北车	12685.87	72647.87	上海
26	601988	中国银行	12414.15	47102.59	上海
27	600584	长电科技	12308.47	144192.80	上海
28	000709	河北钢铁	12273.55	55582.66	深圳
29	601766	中国南车	12217.60	74357.66	上海
30	600220	江苏阳光	12203.05	76491.91	上海
31	000518	四环生物	12041.27	76020.92	深圳
32	601168	西部矿业	11617.22	182693.20	上海
33	601989	中国重工	11288.99	97282.91	上海
34	600221	海南航空	11208.56	81687.54	上海
35	601106	中国一重	11078.35	62861.62	上海
36	600583	海油工程	11020.32	86549.37	上海
37	600005	武钢股份	10489.11	59639.45	上海
38	000667	名流置业	10298.42	49896.52	深圳
39	600348	国阳新能	10179.83	271916.24	上海
40	000100	TCL 集团	10109.46	46051.68	深圳
41	601006	大秦铁路	10100.04	90266.67	上海
42	600048	保利地产	9872.73	141642.54	上海
43	600068	葛　洲　坝	9706.40	107308.52	上海
44	600108	亚盛集团	9679.07	56829.91	上海
45	601998	中信银行	9548.27	59747.11	上海
46	600601	方正科技	9461.17	47838.28	上海
47	601111	中国国航	9445.55	116064.94	上海
48	000886	海南高速	9392.34	70705.75	深圳
49	601166	兴业银行	9224.59	256449.69	上海
50	600900	长江电力	9196.24	93665.51	上海

数据来源：上海、深圳证券交易所
Source: Shanghai Shenzhen Stock Exchange

2-29 2010年上海A股按成交量排序前50名

Top 50 of Shanghai Stock Exchange A Share Trading Volume in 2010

序号 No.	代码 Code	股票简称 Shares	年成交量(百万股) Trading Volume (1000000)	年成交金额(百万元) Turnover (1000000)
1	601288	农业银行	48857.02	133708.88
2	600016	民生银行	29876.07	185308.63
3	601668	中国建筑	29765.32	115943.78
4	600050	中国联通	29236.18	170184.85
5	601398	工商银行	27585.49	126019.30
6	601899	紫金矿业	26756.97	225550.91
7	600030	中信证券	23028.91	420152.75
8	600383	金地集团	20687.21	164869.89
9	600036	招商银行	20380.96	295003.90
10	600837	海通证券	19849.14	257034.77
11	601818	光大银行	17627.11	68660.77
12	600000	浦发银行	16887.14	277117.74
13	601939	建设银行	16230.69	84705.99
14	601328	交通银行	15200.80	103845.21
15	600795	国电电力	15200.02	65139.31
16	600028	中国石化	14885.45	147956.12
17	600029	南方航空	14351.44	116474.30
18	600019	宝钢股份	14257.72	103349.47
19	601618	中国中冶	14114.51	64516.32
20	601390	中国中铁	12934.94	64795.88
21	601299	中国北车	12685.87	72647.87
22	601988	中国银行	12414.15	47102.59
23	600584	长电科技	12308.47	144192.80
24	601766	中国南车	12217.60	74357.66
25	600220	江苏阳光	12203.05	76491.91
26	601168	西部矿业	11617.22	182693.20
27	601989	中国重工	11288.99	97282.91
28	600221	海南航空	11208.56	81687.54
29	601106	中国一重	11078.35	62861.62
30	600583	海油工程	11020.32	86549.37
31	600005	武钢股份	10489.11	59639.45
32	600348	国阳新能	10179.83	271916.24
33	601006	大秦铁路	10100.04	90266.67
34	600048	保利地产	9872.73	141642.54
35	600068	葛洲坝	9706.40	107308.52
36	600108	亚盛集团	9679.07	56829.91
37	601998	中信银行	9548.27	59747.11
38	600601	方正科技	9461.17	47838.28
39	601111	中国国航	9445.55	116064.94
40	601166	兴业银行	9224.59	256449.69
41	600900	长江电力	9196.24	93665.51
42	600010	包钢股份	9113.64	38137.47
43	600115	东方航空	9022.79	69735.98
44	600175	美都控股	8971.74	57463.47
45	600330	天通股份	8913.92	103922.39
46	601117	中国化学	8769.21	44745.00
47	601866	中海集运	8668.93	38787.56
48	601169	北京银行	8559.40	119792.51
49	601179	中国西电	8211.78	61188.62
50	600811	东方集团	7858.60	58017.26

数据来源：上海证券交易所
Source: Shanghai Stock Exchange

2－30　2010年深圳A股按成交量排序前50名

Top 50 of Shenzhen Stock Exchange A Share Trading Volume in 2010

序号 No.	代码 Code	股票简称 Shares	年成交量(百万股) Trading Volume(1000000)	年成交金额(百万元) Turnover (1000000)
1	000725	京东方A	26698.68	92556.47
2	000002	万　科　A	22368.39	195698.15
3	000157	中联重科	13201.06	206707.47
4	000735	罗　牛　山	12848.99	111663.52
5	000709	河北钢铁	12273.55	55582.66
6	000518	四环生物	12041.27	76020.92
7	000667	名流置业	10298.42	49896.52
8	000100	TCL集团	10109.46	46051.68
9	000886	海南高速	9392.34	70705.75
10	000983	西山煤电	9007.81	242181.57
11	000402	金　融　街	8421.92	70466.25
12	002024	苏宁电器	8044.95	115695.63
13	000825	太钢不锈	7987.07	52732.02
14	000897	津滨发展	7880.34	46131.70
15	000627	天茂集团	7863.70	54662.03
16	000012	南　玻　A	7656.41	134469.45
17	000973	佛塑股份	7489.44	103610.26
18	000898	鞍钢股份	7463.20	71865.90
19	002202	金风科技	7443.08	173824.67
20	000060	中金岭南	7395.55	148690.01
21	000751	锌业股份	7331.15	65662.62
22	000001	深发展A	7311.62	142610.56
23	000839	中信国安	7221.49	102713.19
24	000690	宝新能源	7001.97	52679.26
25	000632	三木集团	6825.86	48630.35
26	002083	孚日股份	6819.85	71525.06
27	000009	中国宝安	6642.89	83116.33
28	002008	大族激光	6586.76	90911.06
29	000636	风华高科	6520.89	76710.46
30	000541	佛山照明	6154.63	93035.80
31	000931	中　关　村	6152.89	48741.81
32	000930	丰原生化	6150.52	54772.39
33	000503	海虹控股	6141.73	70435.32
34	000069	华侨城A	6120.54	83330.57
35	000682	东方电子	6046.69	35504.32
36	000651	格力电器	6005.68	112271.28
37	000858	五　粮　液	5706.48	181128.87
38	000970	中科三环	5682.74	108619.87
39	000559	万向钱潮	5638.74	70575.98
40	000078	海王生物	5605.66	75041.33
41	000823	超声电子	5561.32	76431.44
42	000683	远兴能源	5402.02	58887.56
43	000571	新大洲A	5315.80	38772.58
44	000016	深康佳A	5314.57	32325.64
45	000816	江淮动力	5250.69	36507.24
46	000488	晨鸣纸业	5154.88	41474.96
47	000540	中天城投	5112.53	62735.44
48	000768	西飞国际	5082.70	66717.91
49	000806	银河科技	5058.47	31780.88
50	002142	宁波银行	4931.23	66093.89

数据来源：深圳证券交易所

Source：Shenzhen Stock Exchange

2-31 2010年全国A股按成交额排序前50名

Top 50 of A Share Turnover in 2010

序号 No.	代码 Code	股票简称 Shares	年成交额(百万元) Tutnover (1000000)	年成交量(百万股) Trading Volume (1000000)	交易所 Exchange
1	600030	中信证券	420152.75	23028.91	上海
2	601318	中国平安	334747.10	6385.51	上海
3	600111	包钢稀土	324742.09	6172.16	上海
4	600036	招商银行	295003.90	20380.96	上海
5	600000	浦发银行	277117.74	16887.14	上海
6	600348	国阳新能	271916.24	10179.83	上海
7	600837	海通证券	257034.77	19849.14	上海
8	601166	兴业银行	256449.69	9224.59	上海
9	600547	山东黄金	245419.39	4589.82	上海
10	000983	西山煤电	242181.57	9007.81	深圳
11	601899	紫金矿业	225550.91	26756.97	上海
12	600362	江西铜业	216844.13	5734.77	上海
13	000157	中联重科	206707.47	13201.06	深圳
14	000002	万 科 A	195698.15	22368.39	深圳
15	600489	中金黄金	192077.05	4466.68	上海
16	600016	民生银行	185308.63	29876.07	上海
17	601168	西部矿业	182693.20	11617.22	上海
18	000858	五 粮 液	181128.87	5706.48	深圳
19	601601	中国太保	177857.68	7363.23	上海
20	002202	金风科技	173824.67	7443.08	深圳
21	600050	中国联通	170184.85	29236.18	上海
22	600031	三一重工	169913.39	6888.83	上海
23	600100	同方股份	165104.45	6772.51	上海
24	600383	金地集团	164869.89	20687.21	上海
25	000338	潍柴动力	155745.88	1984.21	深圳
26	601088	中国神华	153482.65	5704.42	上海
27	000060	中金岭南	148690.01	7395.55	深圳
28	600028	中国石化	147956.12	14885.45	上海
29	600089	特变电工	145118.91	7481.81	上海
30	600584	长电科技	144192.80	12308.47	上海
31	000001	深发展A	142610.56	7311.62	深圳
32	600048	保利地产	141642.54	9872.73	上海
33	601958	金钼股份	140142.05	6370.53	上海
34	000012	南 玻 A	134469.45	7656.41	深圳
35	601288	农业银行	133708.88	48857.02	上海
36	600519	贵州茅台	130622.98	800.90	上海
37	600058	五矿发展	128890.88	5234.81	上海
38	601398	工商银行	126019.30	27585.49	上海
39	600739	辽宁成大	125609.69	3896.38	上海
40	601169	北京银行	119792.51	8559.40	上海
41	600029	南方航空	116474.30	14351.44	上海
42	601111	中国国航	116064.94	9445.55	上海
43	000960	锡业股份	116048.35	4107.23	深圳
44	601668	中国建筑	115943.78	29765.32	上海
45	002024	苏宁电器	115695.63	8044.95	深圳
46	601001	大同煤业	115141.13	4532.66	上海
47	600549	厦门钨业	115015.87	3336.56	上海
48	000758	中色股份	112285.78	4598.18	深圳
49	000651	格力电器	112271.28	6005.68	深圳
50	000735	罗 牛 山	111663.52	12848.99	深圳

数据来源：上海、深圳证券交易所
Source: Shanghai Shenzhen Stock Exchange

2－32　2010年上海A股按成交额排序前50名

Top 50 of Shanghai Stock Exchange A Share Turnover in 2010

序号 No.	代码 Code	股票简称 Shares	年成交金额(百万元) Tutnover (1000000)	年成交量(百万股) Trading Volume (1000000)
1	600030	中信证券	420152.75	23028.91
2	601318	中国平安	334747.10	6385.51
3	600111	包钢稀土	324742.09	6172.16
4	600036	招商银行	295003.90	20380.96
5	600000	浦发银行	277117.74	16887.14
6	600348	国阳新能	271916.24	10179.83
7	600837	海通证券	257034.77	19849.14
8	601166	兴业银行	256449.69	9224.59
9	600547	山东黄金	245419.39	4589.82
10	601899	紫金矿业	225550.91	26756.97
11	600362	江西铜业	216844.13	5734.77
12	600489	中金黄金	192077.05	4466.68
13	600016	民生银行	185308.63	29876.07
14	601168	西部矿业	182693.20	11617.22
15	601601	中国太保	177857.68	7363.23
16	600050	中国联通	170184.85	29236.18
17	600031	三一重工	169913.39	6888.83
18	600100	同方股份	165104.45	6772.51
19	600383	金地集团	164869.89	20687.21
20	601088	中国神华	153482.65	5704.42
21	600028	中国石化	147956.12	14885.45
22	600089	特变电工	145118.91	7481.81
23	600584	长电科技	144192.80	12308.47
24	600048	保利地产	141642.54	9872.73
25	601958	金钼股份	140142.05	6370.53
26	601288	农业银行	133708.88	48857.02
27	600519	贵州茅台	130622.98	800.90
28	600058	五矿发展	128890.88	5234.81
29	601398	工商银行	126019.30	27585.49
30	600739	辽宁成大	125609.69	3896.38
31	601169	北京银行	119792.51	8559.40
32	600029	南方航空	116474.30	14351.44
33	601111	中国国航	116064.94	9445.55
34	601668	中国建筑	115943.78	29765.32
35	601001	大同煤业	115141.13	4532.66
36	600549	厦门钨业	115015.87	3336.56
37	601628	中国人寿	111348.47	4462.02
38	601688	华泰证券	108010.89	6298.80
39	600068	葛 洲 坝	107308.52	9706.40
40	601788	光大证券	105207.15	4906.73
41	600585	海螺水泥	104526.43	3926.62
42	601699	潞安环能	104042.31	2369.79
43	600330	天通股份	103922.39	8913.92
44	601328	交通银行	103845.21	15200.80
45	600019	宝钢股份	103349.47	14257.72
46	600875	东方电气	103204.19	2960.80
47	600256	广汇股份	100662.05	3140.97
48	600259	广晟有色	100028.74	2361.55
49	600104	上海汽车	97684.28	5299.99
50	601989	中国重工	97282.91	11288.99

数据来源：上海证券交易所
Source：Shanghai Stock Exchange

2-33 2010年深圳A股按成交额排序前50名

Top 50 of Shenzhen Stock Exchange A Share Turnover in 2010

序号 No.	代码 Code	股票简称 Shares	年成交额(百万元) Tutnover (1000000)	年成交量(百万股) Trading Volume (1000000)
1	000983	西山煤电	242181.57	9007.81
2	000157	中联重科	206707.47	13201.06
3	000002	万 科 A	195698.15	22368.39
4	000858	五 粮 液	181128.87	5706.48
5	002202	金风科技	173824.67	7443.08
6	000338	潍柴动力	155745.88	1984.21
7	000060	中金岭南	148690.01	7395.55
8	000001	深发展A	142610.56	7311.62
9	000012	南 玻 A	134469.45	7656.41
10	000960	锡业股份	116048.35	4107.23
11	002024	苏宁电器	115695.63	8044.95
12	000758	中色股份	112285.78	4598.18
13	000651	格力电器	112271.28	6005.68
14	000735	罗 牛 山	111663.52	12848.99
15	000878	云南铜业	111117.50	4393.11
16	000063	中兴通讯	110746.36	3644.51
17	000630	铜陵有色	110399.22	4749.49
18	000623	吉林敖东	110113.82	2867.70
19	000970	中科三环	108619.87	5682.74
20	000933	神火股份	108443.02	4251.81
21	000973	佛塑股份	103610.26	7489.44
22	000839	中信国安	102713.19	7221.49
23	002155	辰州矿业	97316.79	3404.79
24	000969	安泰科技	95843.28	4341.84
25	000541	佛山照明	93035.80	6154.63
26	000725	京东方A	92556.47	26698.68
27	002008	大族激光	90911.06	6586.76
28	000024	招商地产	90359.44	4657.13
29	002056	横店东磁	87810.86	3170.49
30	000937	冀中能源	87698.94	2685.50
31	000568	泸州老窖	87682.52	2441.02
32	000792	盐湖钾肥	84332.67	1500.95
33	000069	华侨城A	83330.57	6120.54
34	000009	中国宝安	83116.33	6642.89
35	000528	柳 工	82763.29	3113.25
36	000762	西藏矿业	81843.85	2591.35
37	000800	一汽轿车	77841.67	4012.35
38	000997	新 大 陆	77164.60	4731.70
39	000636	风华高科	76710.46	6520.89
40	000823	超声电子	76431.44	5561.32
41	000612	焦作万方	76422.50	3241.37
42	000518	四环生物	76020.92	12041.27
43	000078	海王生物	75041.33	5605.66
44	000400	许继电气	73564.49	2444.17
45	000898	鞍钢股份	71865.90	7463.20
46	000522	白云山A	71823.50	4842.68
47	002083	孚日股份	71525.06	6819.85
48	000829	天音控股	71223.12	4715.73
49	000886	海南高速	70705.75	9392.34
50	000559	万向钱潮	70575.98	5638.74

数据来源：深圳证券交易所
Source：Shenzhen Stock Exchange

2－34　2010 年全国 B 股按成交量排序前 50 名

Top 50 of B Share Trading Volume in 2010

序号 No.	代码 Code	股票简称 Shares	年成交量(百万股) Trading Volume (1000000)	年成交金额(百万元) Turnover (1000000)	交易所 Exchange
1	200012	南　玻　B	1754.90	13845.42	深圳
2	200725	京东方 B	1726.62	3147.06	深圳
3	200625	长　安　B	1416.39	7997.20	深圳
4	200512	闽灿坤 B	1191.99	1999.69	深圳
5	900947	振华 B 股	962.92	3977.88	上海
6	200002	万　科　B	874.41	6870.58	深圳
7	200488	晨　鸣　B	809.67	4275.48	深圳
8	900948	伊泰 B 股	800.87	34393.16	上海
9	900936	鄂绒 B 股	709.66	5823.79	上海
10	900917	海欣 B 股	650.56	1964.16	上海
11	200016	深康佳 B	592.40	1739.13	深圳
12	900950	新城 B 股	572.55	2610.43	上海
13	200539	粤电力 B	564.39	2178.76	深圳
14	200055	方　大　B	502.55	2029.69	深圳
15	200039	中　集　B	499.66	5329.75	深圳
16	900903	大众 B 股	491.00	2531.90	上海
17	900909	双钱 B 股	466.49	2531.52	上海
18	200160	ST 大路 B	460.91	902.97	深圳
19	200017	*ST 中华 B	458.11	1130.04	深圳
20	200761	本钢板 B	455.51	1544.32	深圳
21	900908	氯碱 B 股	452.91	1404.76	上海
22	900949	东电 B 股	441.89	1803.96	上海
23	200058	深赛格 B	433.80	1173.74	深圳
24	200541	粤照明 B	425.44	2898.94	深圳
25	200152	山　航　B	420.32	3893.20	深圳
26	900910	海立 B 股	410.82	1555.45	上海
27	900921	丹科 B 股	405.21	3457.52	上海
28	900901	上电 B 股	382.70	1428.50	上海
29	900953	凯　马　B	380.90	1735.44	上海
30	900941	东信 B 股	377.37	1144.10	上海
31	200553	沙隆达 B	371.34	1241.51	深圳
32	900919	大江 B 股	369.27	909.29	上海
33	900957	凌云 B 股	364.91	1447.30	上海
34	900924	上工 B 股	364.26	1446.05	上海
35	200726	鲁　泰　B	362.67	2235.16	深圳
36	200429	粤高速 B	342.63	1145.55	深圳
37	200992	中　鲁　B	334.45	1227.77	深圳
38	200570	苏常柴 B	323.98	1629.44	深圳
39	900955	九龙山 B	317.81	1075.21	上海
40	200613	ST 东海 B	316.16	945.49	深圳
41	200413	宝　石　B	311.63	1289.82	深圳
42	200521	皖美菱 B	288.73	1744.91	深圳
43	900946	ST 轻骑 B	287.38	853.06	上海
44	900945	海航 B 股	278.34	1663.08	上海
45	200986	粤华包 B	265.57	1074.99	深圳
46	200771	杭汽轮 B	263.35	3596.82	深圳
47	900925	机电 B 股	254.94	1771.96	上海
48	900928	自仪 B 股	252.97	1285.69	上海
49	900937	华电 B 股	243.69	575.96	上海
50	900905	老凤祥 B	241.62	3550.52	上海

数据来源：上海、深圳证券交易所
Source: Shanghai Shenzhen Stock Exchange

2-35　2010年上海B股按成交量排序前50名

Top 50 of Shanghai Stock Exchange B Share Trading Volume in 2010

序号 No.	代码 Code	股票简称 Shares	年成交量(百万股) Trading Volume (1000000)	年成交金额(百万元) Turnover (1000000)
1	900947	振华B股	962.92	3977.88
2	900948	伊泰B股	800.87	34393.16
3	900936	鄂绒B股	709.66	5823.79
4	900917	海欣B股	650.56	1964.16
5	900950	新城B股	572.55	2610.43
6	900903	大众B股	491.00	2531.90
7	900909	双钱B股	466.49	2531.52
8	900908	氯碱B股	452.91	1404.76
9	900949	东电B股	441.89	1803.96
10	900910	海立B股	410.82	1555.45
11	900921	丹科B股	405.21	3457.52
12	900901	上电B股	382.70	1428.50
13	900953	凯　马　B	380.90	1735.44
14	900941	东信B股	377.37	1144.10
15	900919	大江B股	369.27	909.29
16	900957	凌云B股	364.91	1447.30
17	900924	上工B股	364.26	1446.05
18	900955	九龙山B	317.81	1075.21
19	900946	ST轻骑B	287.38	853.06
20	900945	海航B股	278.34	1663.08
21	900925	机电B股	254.94	1771.96
22	900928	自仪B股	252.97	1285.69
23	900937	华电B股	243.69	575.96
24	900905	老凤祥B	241.62	3550.52
25	900916	金山B股	233.21	843.53
26	900907	鼎立B股	232.59	771.89
27	900906	ST中纺B	227.41	974.67
28	900902	ST二纺B	221.81	641.08
29	900932	陆家B股	218.16	2387.18
30	900938	ST天海B	216.98	633.27
31	900920	上柴B股	209.38	1133.63
32	900927	物贸B股	206.13	1238.94
33	900918	耀皮B股	203.42	887.50
34	900952	锦港B股	202.78	661.80
35	900934	锦江B股	198.01	2277.79
36	900956	东贝B股	193.32	1098.01
37	900915	中路B股	191.23	1131.25
38	900930	沪普天B	189.54	850.24
39	900911	金桥B股	181.86	1069.06
40	900912	外高B股	165.49	989.39
41	900914	锦投B股	161.49	1159.04
42	900935	阳晨B股	147.63	889.07
43	900923	友谊B股	145.43	1807.67
44	900942	黄山B股	143.51	1409.61
45	900951	大化B股	134.93	467.86
46	900943	开开B股	115.84	518.20
47	900939	*ST汇丽B	108.88	315.56
48	900922	三毛B股	107.65	515.31
49	900929	锦旅B股	106.39	1302.30
50	900926	宝信B股	89.27	1166.59

数据来源：上海证券交易所
Source: Shanghai Stock Exchange

2－36　2010年深圳B股按成交量排序前50名

Top 50 of Shenzhen Stock Exchange B Share Trading Volume in 2010

序号 No.	代码 Code	股票简称 Shares	年成交量(百万股) Trading Volume (1000000)	年成交金额(百万元) Turnover (1000000)
1	200012	南 玻 B	1754.90	13845.42
2	200725	京东方B	1726.62	3147.06
3	200625	长 安 B	1416.39	7997.20
4	200512	闽灿坤B	1191.99	1999.69
5	200002	万 科 B	874.41	6870.58
6	200488	晨 鸣 B	809.67	4275.48
7	200016	深康佳B	592.40	1739.13
8	200539	粤电力B	564.39	2178.76
9	200055	方 大 B	502.55	2029.69
10	200039	中 集 B	499.66	5329.75
11	200160	ST大路B	460.91	902.97
12	200017	*ST中华B	458.11	1130.04
13	200761	本钢板B	455.51	1544.32
14	200058	深赛格B	433.80	1173.74
15	200541	粤照明B	425.44	2898.94
16	200152	山 航 B	420.32	3893.20
17	200553	沙隆达B	371.34	1241.51
18	200726	鲁 泰 B	362.67	2235.16
19	200429	粤高速B	342.63	1145.55
20	200992	中 鲁 B	334.45	1227.77
21	200570	苏常柴B	323.98	1629.44
22	200613	ST东海B	316.16	945.49
23	200413	宝 石 B	311.63	1289.82
24	200521	皖美菱B	288.73	1744.91
25	200986	粤华包B	265.57	1074.99
26	200771	杭汽轮B	263.35	3596.82
27	200581	苏威孚B	234.61	3114.69
28	200168	ST雷伊B	228.89	484.28
29	200020	深华发B	213.24	788.85
30	200037	深南电B	212.74	694.42
31	200024	招商局B	210.15	2756.85
32	200468	宁通信B	203.24	817.50
33	200054	建 摩 B	201.29	694.72
34	200029	深深房B	185.69	525.95
35	200505	ST珠江B	184.76	619.31
36	200418	小天鹅B	177.88	1584.12
37	200011	深物业B	167.56	705.78
38	200530	大 冷 B	134.31	772.75
39	200706	瓦 轴 B	126.73	767.71
40	200045	深纺织B	114.67	669.20
41	200026	飞亚达B	107.72	817.47
42	200056	深国商B	92.23	446.21
43	200513	丽 珠 B	92.03	1868.05
44	200550	江 铃 B	87.17	1319.66
45	200869	张 裕 B	75.99	5227.57
46	200053	深基地B	73.53	662.28
47	200019	深深宝B	67.65	358.81
48	200596	古井贡B	67.47	1815.21
49	200022	深赤湾B	66.34	741.03
50	200025	特 力 B	57.31	249.93

数据来源：深圳证券交易所
Source: Shenzhen Stock Exchange

2－37 2010年全国B股按成交额排序前50名

Top 50 of B Share Turnover in 2010

序号 No.	代码 Code	股票简称 Shares	年成交额(百万元) Turnover (1000000)	年成交量(百万股) Trading Volume (1000000)	交易所 Exchange
1	900948	伊泰B股	34393.16	800.87	上海
2	200012	南 玻 B	13845.42	1754.90	深圳
3	200625	长 安 B	7997.20	1416.39	深圳
4	200002	万 科 B	6870.58	874.41	深圳
5	900936	鄂绒B股	5823.79	709.66	上海
6	200039	中 集 B	5329.75	499.66	深圳
7	200869	张 裕 B	5227.57	75.99	深圳
8	200488	晨 鸣 B	4275.48	809.67	深圳
9	900947	振华B股	3977.88	962.92	上海
10	200152	山 航 B	3893.20	420.32	深圳
11	200771	杭汽轮B	3596.82	263.35	深圳
12	900905	老凤祥B	3550.52	241.62	上海
13	900921	丹科B股	3457.52	405.21	上海
14	200725	京东方B	3147.06	1726.62	深圳
15	200581	苏威孚B	3114.69	234.61	深圳
16	200541	粤照明B	2898.94	425.44	深圳
17	200024	招商局B	2756.85	210.15	深圳
18	900950	新城B股	2610.43	572.55	上海
19	900903	大众B股	2531.90	491.00	上海
20	900909	双钱B股	2531.52	466.49	上海
21	900932	陆家B股	2387.18	218.16	上海
22	900934	锦江B股	2277.79	198.01	上海
23	200726	鲁 泰 B	2235.16	362.67	深圳
24	200539	粤电力B	2178.76	564.39	深圳
25	200055	方 大 B	2029.69	502.55	深圳
26	200512	闽灿坤B	1999.69	1191.99	深圳
27	900917	海欣B股	1964.16	650.56	上海
28	200513	丽 珠 B	1868.05	92.03	深圳
29	200596	古井贡B	1815.21	67.47	深圳
30	900923	友谊B股	1807.67	145.43	上海
31	900949	东电B股	1803.96	441.89	上海
32	900925	机电B股	1771.96	254.94	上海
33	200521	皖美菱B	1744.91	288.73	深圳
34	200016	深康佳B	1739.13	592.40	深圳
35	900953	凯 马 B	1735.44	380.90	上海
36	900945	海航B股	1663.08	278.34	上海
37	200570	苏常柴B	1629.44	323.98	深圳
38	200418	小天鹅B	1584.12	177.88	深圳
39	900910	海立B股	1555.45	410.82	上海
40	200761	本钢板B	1544.32	455.51	深圳
41	900957	凌云B股	1447.30	364.91	上海
42	900924	上工B股	1446.05	364.26	上海
43	900901	上电B股	1428.50	382.70	上海
44	900942	黄山B股	1409.61	143.51	上海
45	900908	氯碱B股	1404.76	452.91	上海
46	200550	江 铃 B	1319.66	87.17	深圳
47	900929	锦旅B股	1302.30	106.39	上海
48	200413	宝 石 B	1289.82	311.63	深圳
49	900928	自仪B股	1285.69	252.97	上海
50	200553	沙隆达B	1241.51	371.34	深圳

数据来源：上海、深圳证券交易所

Source: Shanghai Shenzhen Stock Exchange

2-38　2010年上海B股按成交额排序前50名

Top 50 of Shanghai Stock Exchange B Share Trading Volume in 2010

序号 No.	代码 Code	股票简称 Shares	年成交额（百万元） Turnover (1000000)	年成交量（百万股） Trading Volume(1000000)
1	900948	伊泰B股	34393.16	800.87
2	900936	鄂绒B股	5823.79	709.66
3	900947	振华B股	3977.88	962.92
4	900905	老凤祥B	3550.52	241.62
5	900921	丹科B股	3457.52	405.21
6	900950	新城B股	2610.43	572.55
7	900903	大众B股	2531.90	491.00
8	900909	双钱B股	2531.52	466.49
9	900932	陆家B股	2387.18	218.16
10	900934	锦江B股	2277.79	198.01
11	900917	海欣B股	1964.16	650.56
12	900923	友谊B股	1807.67	145.43
13	900949	东电B股	1803.96	441.89
14	900925	机电B股	1771.96	254.94
15	900953	凯　马　B	1735.44	380.90
16	900945	海航B股	1663.08	278.34
17	900910	海立B股	1555.45	410.82
18	900957	凌云B股	1447.30	364.91
19	900924	上工B股	1446.05	364.26
20	900901	上电B股	1428.50	382.70
21	900942	黄山B股	1409.61	143.51
22	900908	氯碱B股	1404.76	452.91
23	900929	锦旅B股	1302.30	106.39
24	900928	自仪B股	1285.69	252.97
25	900927	物贸B股	1238.94	206.13
26	900926	宝信B股	1166.59	89.27
27	900914	锦投B股	1159.04	161.49
28	900941	东信B股	1144.10	377.37
29	900920	上柴B股	1133.63	209.38
30	900915	中路B股	1131.25	191.23
31	900956	东贝B股	1098.01	193.32
32	900955	九龙山B	1075.21	317.81
33	900911	金桥B股	1069.06	181.86
34	900933	华新B股	992.49	63.65
35	900912	外高B股	989.39	165.49
36	900906	ST中纺B	974.67	227.41
37	900919	大江B股	909.29	369.27
38	900935	阳晨B股	889.07	147.63
39	900918	耀皮B股	887.50	203.42
40	900946	ST轻骑B	853.06	287.38
41	900930	沪普天B	850.24	189.54
42	900916	金山B股	843.53	233.21
43	900907	鼎立B股	771.89	232.59
44	900952	锦港B股	661.80	202.78
45	900902	ST二纺B	641.08	221.81
46	900938	ST天海B	633.27	216.98
47	900937	华电B股	575.96	243.69
48	900943	开开B股	518.20	115.84
49	900922	三毛B股	515.31	107.65
50	900951	大化B股	467.86	134.93

数据来源：上海证券交易所
Source：Shanghai Stock Exchange

2-39 2010年深圳B股按成交额排序前50名

Top 50 of Shenzhen Stock Exchange B Share Turnover in 2010

序号 No.	代码 Code	股票简称 Shares	年成交额(百万元) Turnover (1000000)	年成交量(百万股) Trading Volume (1000000)
1	200012	南 玻 B	13845.42	1754.90
2	200625	长 安 B	7997.20	1416.39
3	200002	万 科 B	6870.58	874.41
4	200039	中 集 B	5329.75	499.66
5	200869	张 裕 B	5227.57	75.99
6	200488	晨 鸣 B	4275.48	809.67
7	200152	山 航 B	3893.20	420.32
8	200771	杭汽轮 B	3596.82	263.35
9	200725	京东方 B	3147.06	1726.62
10	200581	苏威孚 B	3114.69	234.61
11	200541	粤照明 B	2898.94	425.44
12	200024	招商局 B	2756.85	210.15
13	200726	鲁 泰 B	2235.16	362.67
14	200539	粤电力 B	2178.76	564.39
15	200055	方 大 B	2029.69	502.55
16	200512	闽灿坤 B	1999.69	1191.99
17	200513	丽 珠 B	1868.05	92.03
18	200596	古井贡 B	1815.21	67.47
19	200521	皖美菱 B	1744.91	288.73
20	200016	深康佳 B	1739.13	592.40
21	200570	苏常柴 B	1629.44	323.98
22	200418	小天鹅 B	1584.12	177.88
23	200761	本钢板 B	1544.32	455.51
24	200550	江 铃 B	1319.66	87.17
25	200413	宝 石 B	1289.82	311.63
26	200553	沙隆达 B	1241.51	371.34
27	200992	中 鲁 B	1227.77	334.45
28	200058	深赛格 B	1173.74	433.80
29	200429	粤高速 B	1145.55	342.63
30	200017	*ST 中华 B	1130.04	458.11
31	200986	粤华包 B	1074.99	265.57
32	200028	一 致 B	1014.53	54.76
33	200613	ST 东海 B	945.49	316.16
34	200160	ST 大路 B	902.97	460.91
35	200468	宁通信 B	817.50	203.24
36	200026	飞亚达 B	817.47	107.72
37	200020	深华发 B	788.85	213.24
38	200530	大 冷 B	772.75	134.31
39	200706	瓦 轴 B	767.71	126.73
40	200022	深赤湾 B	741.03	66.34
41	200011	深物业 B	705.78	167.56
42	200054	建 摩 B	694.72	201.29
43	200037	深南电 B	694.42	212.74
44	200045	深纺织 B	669.20	114.67
45	200053	深基地 B	662.28	73.53
46	200505	ST 珠江 B	619.31	184.76
47	200029	深深房 B	525.95	185.69
48	200168	ST 雷伊 B	484.28	228.89
49	200056	深国商 B	446.21	92.23
50	200019	深深宝 B	358.81	67.65

数据来源：深圳证券交易所
Source: Shenzhen Stock Exchange

2－40　2010年上海证券交易所每日收市综合指数

Daily Close Composite Index of Shanghai Stock Exchange in 2010

日期 Date	1月 Jan.	2月 Feb.	3月 Mar.	4月 Apr.	5月 May.	6月 Jun.	7月 Jul.	8月 Aug.	9月 Sep.	10月 Oct.	11月 Nov.	12月 Dec.
1	0.00	2941.36	3087.84	3147.42	0.00	2568.28	2373.79	0.00	2622.88	0.00	3054.02	2823.45
2	0.00	2934.71	3073.11	3157.96	0.00	2571.42	2382.90	2672.52	2655.78	0.00	3045.43	2843.61
3	0.00	3003.84	3097.01	0.00	0.00	2552.66	0.00	2627.00	2655.39	0.00	3030.99	2842.43
4	3243.76	2995.31	3023.37	0.00	2835.28	2553.59	0.00	2638.52	0.00	0.00	3086.94	0.00
5	3282.18	2939.40	3031.07	0.00	2857.15	0.00	2363.95	2620.76	0.00	0.00	3129.50	0.00
6	3254.22	0.00	0.00	3158.68	2739.70	0.00	2409.42	2658.39	2696.25	0.00	0.00	2857.18
7	3192.78	0.00	0.00	3148.22	2688.38	2511.73	2421.12	0.00	2698.36	0.00	0.00	2875.86
8	3196.00	2935.17	3053.23	3118.71	0.00	2513.95	2415.15	0.00	2695.29	2738.74	3159.51	2848.55
9	0.00	2948.84	3069.14	3145.35	0.00	2583.87	2470.92	2672.53	2656.35	0.00	3135.00	2810.95
10	0.00	2982.50	3048.93	0.00	2698.76	2562.58	0.00	2595.27	2663.21	0.00	3115.36	2841.04
11	3212.75	2985.50	3051.28	0.00	2647.57	2569.94	0.00	2607.50	0.00	2806.94	3147.74	0.00
12	3273.97	3018.13	3013.41	3129.26	2655.71	0.00	2490.72	2575.48	0.00	2841.41	2985.44	0.00
13	3172.66	0.00	0.00	3161.25	2710.51	0.00	2450.29	2606.70	2688.32	2861.36	0.00	2922.95
14	3215.55	0.00	0.00	3166.18	2696.63	0.00	2470.44	0.00	2688.52	2879.64	0.00	2927.08
15	3224.15	0.00	2976.94	3164.97	0.00	0.00	2424.30	0.00	2652.50	2971.16	3014.41	2911.41
16	0.00	0.00	2992.84	3130.30	0.00	0.00	2424.27	2661.71	2602.47	0.00	2894.54	2898.14
17	0.00	0.00	3050.48	0.00	2559.93	2560.25	0.00	2671.89	2598.69	0.00	2838.86	2893.74
18	3237.10	0.00	3046.09	0.00	2594.78	2513.22	0.00	2666.30	0.00	2955.23	2865.45	0.00
19	3246.87	0.00	3067.75	2980.30	2587.81	0.00	2475.42	2687.98	0.00	3001.85	2888.57	0.00
20	3151.85	0.00	0.00	2979.53	2555.94	0.00	2528.73	2642.31	2588.71	3003.95	0.00	2852.92
21	3158.86	0.00	0.00	3033.28	2583.52	2586.21	2535.39	0.00	2591.55	2983.53	0.00	2904.12
22	3128.59	3003.40	3074.58	2999.48	0.00	2588.70	2562.41	0.00	0.00	2975.04	2884.37	2877.90
23	0.00	2982.58	3053.13	2983.54	0.00	2569.87	2572.03	2639.37	0.00	0.00	2828.28	2855.22
24	0.00	3022.18	3056.81	0.00	2673.42	2566.75	0.00	2650.31	0.00	0.00	2859.94	2835.16
25	3094.41	3060.62	3019.18	0.00	2622.63	2552.82	0.00	2596.58	0.00	3051.42	2898.26	0.00
26	3019.39	3051.94	3059.72	2969.50	2625.79	0.00	2588.68	2603.48	0.00	3041.54	2871.70	0.00
27	2986.61	0.00	0.00	2907.93	2655.92	0.00	2575.37	2610.74	2627.97	2997.05	0.00	2781.40
28	2994.14	0.00	0.00	2900.33	2655.77	2535.28	2633.66	0.00	2611.35	2992.58	0.00	2732.99
29	2989.29	0.00	3123.80	2868.43	0.00	2427.05	2648.12	0.00	2610.68	2978.84	2866.36	2751.53
30	0.00	0.00	3128.47	2870.61	0.00	2398.37	2637.50	2652.66	2655.66	0.00	2820.18	2759.58
31	0.00	0.00	3109.11	0.00	2592.15	0.00	0.00	2638.80	0.00	0.00	0.00	2808.08

数据来源：上海证券交易所
Source：Shanghai Stock Exchange

2-41 2010年上海证券交易所每日收市A股指数

Daily Close A Share Composite Index of Shanghai Stock Exchange in 2010

日期 Date	1月 Jan.	2月 Feb.	3月 Mar.	4月 Apr.	5月 May.	6月 Jun.	7月 Jul.	8月 Aug.	9月 Sep.	10月 Oct.	11月 Nov.	12月 Dec.
1	0.00	3084.56	3237.85	3300.07	0.00	2693.44	2488.30	0.00	2748.25	0.00	3199.49	2956.84
2	0.00	3077.58	3222.50	3311.15	0.00	2696.62	2497.79	2801.05	2782.58	0.00	3190.52	2977.97
3	0.00	3150.01	3247.55	0.00	0.00	2676.84	0.00	2753.23	2781.98	0.00	3175.39	2976.74
4	3402.31	3140.98	3170.24	0.00	2972.29	2677.63	0.00	2765.32	0.00	0.00	3233.97	0.00
5	3442.58	3082.35	3178.15	0.00	2995.71	0.00	2477.88	2746.58	0.00	0.00	3278.45	0.00
6	3413.16	0.00	0.00	3311.90	2872.48	0.00	2525.42	2786.01	2825.03	0.00	0.00	2992.37
7	3348.66	0.00	0.00	3300.80	2818.86	2633.56	2537.61	0.00	2827.14	0.00	0.00	3011.87
8	3351.87	3077.84	3201.38	3269.71	0.00	2635.69	2531.34	0.00	2823.92	2869.23	3309.76	2983.10
9	0.00	3092.11	3218.11	3297.69	0.00	2708.92	2589.75	2800.73	2783.10	0.00	3283.81	2943.69
10	0.00	3127.39	3196.95	0.00	2829.79	2686.53	0.00	2719.62	2790.20	0.00	3263.06	2975.26
11	3369.44	3130.43	3199.63	0.00	2775.98	2694.25	0.00	2732.38	0.00	2940.83	3297.16	0.00
12	3433.76	3164.65	3159.83	3280.90	2784.82	0.00	2610.49	2698.84	0.00	2977.10	3127.32	0.00
13	3327.14	0.00	0.00	3314.61	2842.16	0.00	2568.05	2731.51	2816.52	2998.03	0.00	3061.18
14	3372.16	0.00	0.00	3319.78	2827.49	0.00	2589.15	0.00	2816.75	3017.41	0.00	3065.38
15	3381.14	0.00	3121.51	3318.49	0.00	0.00	2540.75	0.00	2778.91	3113.66	3157.51	3048.89
16	0.00	0.00	3138.13	3282.01	0.00	0.00	2540.67	2789.26	2726.50	0.00	3031.95	3034.97
17	0.00	0.00	3198.60	0.00	2684.20	2684.06	0.00	2799.97	2722.57	0.00	2973.76	3030.29
18	3394.56	0.00	3193.97	0.00	2720.90	2634.88	0.00	2794.11	0.00	3097.02	3001.49	0.00
19	3404.91	0.00	3216.68	3124.55	2713.65	0.00	2594.32	2816.94	0.00	3145.84	3025.50	0.00
20	3304.95	0.00	0.00	3123.64	2680.56	0.00	2650.23	2768.99	2712.04	3147.94	0.00	2987.42
21	3312.16	0.00	0.00	3179.91	2709.47	2711.29	2657.25	0.00	2714.96	3126.34	0.00	3041.13
22	3280.60	3149.13	3223.86	3144.33	0.00	2713.85	2685.60	0.00	0.00	3117.20	3020.95	3013.59
23	0.00	3127.21	3201.33	3127.49	0.00	2693.78	2695.76	2766.04	0.00	0.00	2962.18	2989.85
24	0.00	3168.85	3205.15	0.00	2803.67	2690.50	0.00	2776.85	0.00	0.00	2995.25	2968.88
25	3245.00	3209.19	3165.61	0.00	2750.55	2675.86	0.00	2720.39	0.00	3197.24	3035.27	0.00
26	3166.19	3200.05	3208.22	3112.77	2753.94	0.00	2713.20	2727.53	0.00	3186.85	3007.40	0.00
27	3131.63	0.00	0.00	3048.28	2785.40	0.00	2699.21	2735.20	2753.04	3140.07	0.00	2912.47
28	3139.48	0.00	0.00	3040.46	2785.16	2657.70	2760.36	0.00	2735.58	3135.34	0.00	2861.68
29	3134.75	0.00	3275.55	3007.19	0.00	2544.36	2775.54	0.00	2734.81	3120.80	3001.81	2881.10
30	0.00	0.00	3280.45	3009.37	0.00	2514.16	2764.36	2779.10	2782.02	0.00	2953.32	2889.51
31	0.00	0.00	3260.00	0.00	2718.42	0.00	0.00	2764.60	0.00	0.00	0.00	2940.24

数据来源：上海证券交易所
Source: Shanghai Stock Exchange

2-42 2010年上海证券交易所每日收市B股指数
Daily Close B Share Composite Index of Shanghai Stock Exchange in 2010

日期 Date	1月 Jan.	2月 Feb.	3月 Mar.	4月 Apr.	5月 May.	6月 Jun.	7月 Jul.	8月 Aug.	9月 Sep.	10月 Oct.	11月 Nov.	12月 Dec.
1	0.00	237.62	254.43	263.45	0.00	204.96	208.41	0.00	249.77	0.00	299.91	296.89
2	0.00	237.09	251.61	263.80	0.00	206.93	210.03	240.90	255.17	0.00	298.58	298.79
3	0.00	243.72	253.83	0.00	0.00	207.08	0.00	238.77	258.64	0.00	296.94	298.57
4	252.03	244.42	249.38	0.00	244.85	210.31	0.00	239.53	0.00	0.00	303.16	0.00
5	255.40	239.84	252.45	0.00	238.80	0.00	209.06	239.97	0.00	0.00	309.20	0.00
6	254.66	0.00	0.00	264.11	230.43	0.00	215.20	243.55	258.28	0.00	0.00	296.77
7	250.79	0.00	0.00	265.35	223.03	209.65	217.32	0.00	260.40	0.00	0.00	299.91
8	253.75	240.74	254.54	265.14	0.00	212.91	217.14	0.00	260.15	268.08	314.52	300.00
9	0.00	242.89	255.08	266.69	0.00	220.20	222.93	246.59	256.79	0.00	316.95	296.74
10	0.00	245.83	252.85	0.00	223.00	219.43	0.00	241.97	258.85	0.00	318.11	298.87
11	254.99	247.78	249.63	0.00	221.06	220.12	0.00	244.04	0.00	272.08	318.33	0.00
12	258.10	250.33	247.91	264.07	216.86	0.00	224.75	240.71	0.00	272.50	298.71	0.00
13	255.83	0.00	0.00	264.02	223.17	0.00	222.22	244.52	261.05	274.05	0.00	304.99
14	258.69	0.00	0.00	264.51	224.08	0.00	224.37	0.00	260.79	271.74	0.00	307.57
15	260.02	0.00	246.18	264.61	0.00	0.00	220.97	0.00	259.00	274.20	304.60	307.47
16	0.00	0.00	248.30	263.80	0.00	0.00	221.72	247.73	253.95	0.00	292.51	306.30
17	0.00	0.00	252.53	0.00	211.93	219.65	0.00	248.08	253.13	0.00	284.29	307.21
18	263.49	0.00	252.71	0.00	212.34	213.73	0.00	247.53	0.00	271.68	289.27	0.00
19	262.80	0.00	254.51	254.13	210.79	0.00	225.54	247.74	0.00	276.71	295.28	0.00
20	260.10	0.00	0.00	255.86	202.94	0.00	229.73	244.98	253.55	278.69	0.00	305.07
21	262.94	0.00	0.00	261.61	205.39	221.73	229.87	0.00	254.77	280.48	0.00	308.70
22	257.47	250.23	254.77	261.24	0.00	222.68	231.67	0.00	0.00	284.03	297.71	307.57
23	0.00	249.90	253.51	261.82	0.00	226.46	231.19	242.50	0.00	0.00	292.33	305.00
24	0.00	251.41	254.49	0.00	213.86	226.23	0.00	254.78	0.00	0.00	297.22	302.17
25	250.96	254.00	252.69	0.00	207.40	225.65	0.00	252.44	0.00	291.04	303.30	0.00
26	247.00	254.06	254.44	260.70	206.48	0.00	233.04	254.64	0.00	290.81	301.49	0.00
27	247.24	0.00	0.00	254.44	210.96	0.00	232.39	254.34	259.58	289.51	0.00	298.53
28	248.68	0.00	0.00	251.10	212.30	220.56	236.82	0.00	258.90	289.97	0.00	295.08
29	242.63	0.00	257.48	244.98	0.00	209.33	237.59	0.00	260.01	290.99	300.90	297.02
30	0.00	0.00	257.92	247.29	0.00	208.93	237.59	258.76	262.77	0.00	298.31	298.20
31	0.00	0.00	258.59	0.00	207.54	0.00	0.00	256.93	0.00	0.00	0.00	304.35

数据来源：上海证券交易所
Source: Shanghai Stock Exchange

2-43 2010年上海证券交易所每日收市180指数

Daily Close 180 Shares Index of Shanghai Stock Exchange in 2010

日期 Date	1月 Jan.	2月 Feb.	3月 Mar.	4月 Apr.	5月 May.	6月 Jun.	7月 Jul.	8月 Aug.	9月 Sep.	10月 Oct.	11月 Nov.	12月 Dec.
1	0.00	6821.53	7181.84	7369.61	0.00	5934.63	5503.49	0.00	6090.12	0.00	7260.47	6539.74
2	0.00	6815.86	7150.75	7390.66	0.00	5953.81	5529.35	6268.69	6165.19	0.00	7243.69	6578.97
3	0.00	7002.04	7202.16	0.00	0.00	5906.84	0.00	6158.89	6152.98	0.00	7187.88	6591.85
4	7666.87	6977.13	7023.35	0.00	6559.79	5916.65	0.00	6180.10	0.00	0.00	7306.05	0.00
5	7748.25	6835.46	7046.30	0.00	6590.26	0.00	5475.95	6116.20	0.00	0.00	7396.21	0.00
6	7685.76	0.00	0.00	7387.91	6283.58	0.00	5577.36	6210.73	6281.11	0.00	0.00	6630.29
7	7534.62	0.00	0.00	7342.27	6167.88	5805.95	5603.93	0.00	6290.31	0.00	0.00	6689.39
8	7552.98	6822.77	7103.52	7249.55	0.00	5802.67	5595.71	0.00	6269.57	6382.69	7453.79	6617.84
9	0.00	6868.98	7149.24	7318.57	0.00	5986.50	5735.07	6252.98	6154.57	0.00	7388.53	6529.48
10	0.00	6959.35	7099.89	0.00	6226.64	5907.65	0.00	6071.09	6150.68	0.00	7309.10	6611.86
11	7573.99	6970.36	7100.47	0.00	6097.32	5931.62	0.00	6102.84	0.00	6592.49	7356.86	0.00
12	7678.75	7041.01	7011.04	7253.98	6151.04	0.00	5796.11	6029.88	0.00	6682.94	6927.18	0.00
13	7404.47	0.00	0.00	7361.06	6292.29	0.00	5702.16	6097.24	6196.89	6779.06	0.00	6809.76
14	7500.60	0.00	0.00	7377.22	6245.93	0.00	5752.95	0.00	6204.21	6832.54	0.00	6818.35
15	7524.85	0.00	6910.40	7366.94	0.00	0.00	5646.21	0.00	6106.07	7085.05	6960.57	6770.97
16	0.00	0.00	6965.22	7269.36	0.00	0.00	5653.43	6230.41	5995.04	0.00	6660.51	6729.12
17	0.00	0.00	7112.32	0.00	5925.66	5909.11	0.00	6266.72	5991.28	0.00	6547.15	6718.86
18	7549.11	0.00	7094.97	0.00	6045.63	5829.98	0.00	6252.15	0.00	7047.01	6626.84	0.00
19	7573.11	0.00	7147.66	6888.66	6020.74	0.00	5790.62	6297.05	0.00	7185.06	6671.00	0.00
20	7332.72	0.00	0.00	6882.45	5926.61	0.00	5908.50	6183.35	5971.39	7219.04	0.00	6614.12
21	7374.97	0.00	0.00	7012.16	6000.26	6015.63	5924.12	0.00	5983.43	7140.17	0.00	6766.34
22	7322.53	7001.10	7172.80	6915.72	0.00	6015.63	5994.83	0.00	0.00	7125.94	6642.05	6692.91
23	0.00	6915.52	7105.48	6889.78	0.00	5958.50	6020.54	6175.45	0.00	0.00	6498.64	6650.92
24	0.00	7004.43	7106.27	0.00	6222.46	5954.30	0.00	6190.43	0.00	0.00	6620.29	6607.15
25	7231.32	7106.67	7006.78	0.00	6088.98	5930.55	0.00	6043.04	0.00	7330.64	6721.88	0.00
26	7061.15	7081.67	7112.81	6852.81	6090.14	0.00	6050.50	6053.14	0.00	7288.86	6656.24	0.00
27	6949.91	0.00	0.00	6724.50	6183.99	0.00	6011.18	6069.81	6071.41	7158.38	0.00	6482.70
28	6949.70	0.00	0.00	6697.13	6159.45	5894.92	6159.35	0.00	6020.50	7140.75	0.00	6375.94
29	6935.84	0.00	7305.07	6634.19	0.00	5631.78	6193.99	0.00	6021.47	7075.84	6640.80	6402.72
30	0.00	0.00	7320.28	6673.54	0.00	5574.23	6175.08	6174.54	6150.93	0.00	6532.94	6400.13
31	0.00	0.00	7276.19	0.00	5993.66	0.00	0.00	6131.26	0.00	0.00	0.00	6517.60

数据来源：上海证券交易所
Source：Shanghai Stock Exchange

2-44　2010年深圳证券交易所每日收市综合指数
Daily Close Composite Index of Shenzhen Stock Exchange in 2010

日期 Date	1月 Jan.	2月 Feb.	3月 Mar.	4月 Apr.	5月 May.	6月 Jun.	7月 Jul.	8月 Aug.	9月 Sep.	10月 Oct.	11月 Nov.	12月 Dec.
1	0.0000	1102.6877	1184.8814	1228.6248	0.0000	1016.5405	931.3476	0.0000	1151.1671	0.0000	1341.8403	1304.3933
2	0.0000	1096.2929	1183.9513	1234.5336	0.0000	1031.4081	925.6789	1097.0271	1172.3404	0.0000	1333.2935	1310.6978
3	0.0000	1116.6001	1194.1095	0.0000	0.0000	1024.7564	0.0000	1078.9760	1178.2565	0.0000	1309.4067	1302.2563
4	1198.7643	1119.7698	1158.4019	0.0000	1104.8593	1034.9270	0.0000	1086.9876	0.0000	0.0000	1335.6587	0.0000
5	1205.4900	1097.1159	1161.4185	0.0000	1129.4974	0.0000	921.3399	1086.3289	0.0000	0.0000	1352.1168	0.0000
6	1203.2445	0.0000	0.0000	1237.4265	1088.3144	0.0000	945.6818	1107.4377	1178.3469	0.0000	0.0000	1287.3707
7	1179.9869	0.0000	0.0000	1240.7750	1064.1683	1033.3225	958.3906	0.0000	1186.5217	0.0000	0.0000	1309.4366
8	1187.8609	1099.1531	1172.8020	1232.2520	0.0000	1041.0909	956.2649	0.0000	1195.4756	1201.7918	1376.2931	1305.2544
9	0.0000	1100.4107	1177.1025	1249.8777	0.0000	1066.9184	984.3193	1122.3248	1179.1260	0.0000	1380.5894	1280.8193
10	0.0000	1117.3991	1164.9128	0.0000	1049.9869	1069.1997	0.0000	1085.6304	1187.4427	0.0000	1389.5407	1298.2522
11	1189.9497	1118.5831	1163.4594	0.0000	1024.6487	1066.1046	0.0000	1096.2856	0.0000	1212.1421	1381.4870	0.0000
12	1213.1046	1130.5180	1147.4426	1252.6587	1012.2441	0.0000	993.6336	1083.1177	0.0000	1220.7749	1296.9549	0.0000
13	1193.7330	0.0000	0.0000	1238.2225	1038.2414	0.0000	979.7732	1102.7956	1206.2118	1229.5895	0.0000	1338.4264
14	1219.1114	0.0000	0.0000	1247.3026	1039.6447	0.0000	984.3286	0.0000	1207.6429	1206.3960	0.0000	1350.7529
15	1226.7206	0.0000	1135.3713	1231.5828	0.0000	0.0000	963.8232	0.0000	1182.2345	1212.6706	1327.9897	1345.1813
16	0.0000	0.0000	1142.7669	1229.7202	0.0000	0.0000	969.4700	1128.0241	1156.5122	0.0000	1281.7046	1346.8337
17	0.0000	0.0000	1170.4830	0.0000	977.6041	1049.5180	0.0000	1138.0958	1157.1192	0.0000	1238.9689	1348.5608
18	1240.9815	0.0000	1172.0330	0.0000	993.6433	1011.6614	0.0000	1138.0313	0.0000	1196.2263	1260.5899	0.0000
19	1237.2122	0.0000	1181.5003	1175.3373	997.4617	0.0000	993.0679	1141.3493	0.0000	1231.7031	1297.4788	0.0000
20	1191.7484	0.0000	0.0000	1179.2804	983.8748	0.0000	1020.3570	1117.3282	1144.2798	1240.4612	0.0000	1331.7485
21	1194.2086	0.0000	0.0000	1211.6481	1008.4796	1041.3293	1020.9574	0.0000	1144.5497	1248.5217	0.0000	1349.1422
22	1161.8909	1129.3785	1186.5332	1213.4134	0.0000	1047.5560	1035.7827	0.0000	0.0000	1262.1588	1313.5681	1338.1995
23	0.0000	1128.0848	1181.8079	1204.4393	0.0000	1045.1602	1039.0203	1121.6452	0.0000	0.0000	1300.6253	1315.7199
24	0.0000	1153.9442	1187.5335	0.0000	1051.6194	1047.2341	0.0000	1135.5463	0.0000	0.0000	1333.7376	1292.0185
25	1148.4880	1173.6579	1175.2721	0.0000	1040.0944	1028.6110	0.0000	1111.5201	0.0000	1299.8306	1337.9374	0.0000
26	1112.4096	1172.3330	1186.2334	1197.7155	1039.4550	0.0000	1050.6876	1118.9965	0.0000	1302.0392	1332.8968	0.0000
27	1103.6373	0.0000	0.0000	1168.5620	1060.3344	0.0000	1049.4385	1128.4887	1170.5438	1289.1952	0.0000	1260.5333
28	1113.7321	0.0000	0.0000	1161.5480	1062.7771	1012.9113	1071.9541	0.0000	1163.3175	1292.9549	0.0000	1237.1493
29	1120.4462	0.0000	1200.9816	1132.2240	0.0000	957.8405	1076.8788	0.0000	1149.6879	1303.8549	1339.3065	1255.6577
30	0.0000	0.0000	1208.5700	1112.6797	0.0000	945.2934	1075.4454	1158.2162	1169.0192	0.0000	1307.8332	1261.1051
31	0.0000	0.0000	1211.2480	0.0000	1033.4952	0.0000	0.0000	1166.5039	0.0000	0.0000	0.0000	1290.8652

数据来源：深圳证券交易所
Source: Shenzhen Stock Exchange

2-45 2010年深圳证券交易所每日收市A股综合指数

Daily Close A Share Composite Index of Shenzhen Stock Exchange in 2010

日期 Date	1月 Jan.	2月 Feb.	3月 Mar.	4月 Apr.	5月 May.	6月 Jun.	7月 Jul.	8月 Aug.	9月 Sep.	10月 Oct.	11月 Nov.	12月 Dec.
1	0.0000	1157.5057	1244.2895	1290.0096	0.0000	1066.7422	975.7420	0.0000	1206.2081	0.0000	1404.3348	1365.5900
2	0.0000	1150.7183	1243.2916	1296.1340	0.0000	1082.4432	969.8870	1149.2767	1228.3635	0.0000	1395.3934	1372.1588
3	0.0000	1172.0570	1253.7441	0.0000	0.0000	1075.3451	0.0000	1130.3372	1234.4194	0.0000	1370.0804	1362.9845
4	1258.5873	1175.5336	1216.0552	0.0000	1159.3141	1086.0366	0.0000	1138.9131	0.0000	0.0000	1397.7017	0.0000
5	1265.7917	1151.7715	1219.1274	0.0000	1185.5061	0.0000	965.2165	1138.5099	0.0000	0.0000	1415.0686	0.0000
6	1263.3486	0.0000	0.0000	1299.1828	1142.2292	0.0000	990.6668	1160.5976	1234.4275	0.0000	0.0000	1347.3401
7	1238.9387	0.0000	0.0000	1302.7237	1116.9224	1084.5147	1004.0971	0.0000	1243.0092	0.0000	0.0000	1370.6993
8	1247.1427	1154.0038	1231.0928	1293.7524	0.0000	1092.7815	1001.7319	0.0000	1252.5847	1257.5528	1440.6560	1366.1459
9	0.0000	1155.3021	1235.6276	1312.3224	0.0000	1120.0493	1031.2306	1176.1691	1235.4100	0.0000	1445.1745	1340.4726
10	0.0000	1173.1084	1222.7459	0.0000	1102.0553	1122.5835	0.0000	1137.3106	1244.1587	0.0000	1454.5319	1358.8037
11	1249.2887	1174.2661	1221.2646	0.0000	1075.1110	1119.2829	0.0000	1148.5511	0.0000	1268.3835	1446.0246	0.0000
12	1273.6237	1186.8374	1204.1367	1315.4240	1061.9529	0.0000	1040.9108	1134.7567	0.0000	1277.3769	1357.4036	0.0000
13	1253.3411	0.0000	0.0000	1300.1248	1089.2504	0.0000	1026.3484	1155.4581	1263.7922	1286.6751	0.0000	1401.0046
14	1280.0654	0.0000	0.0000	1309.6861	1090.7533	0.0000	1031.0011	0.0000	1265.2568	1262.2234	0.0000	1414.0358
15	1288.0903	0.0000	1191.4441	1292.9524	0.0000	0.0000	1009.3132	0.0000	1238.3326	1268.5944	1390.1172	1408.1620
16	0.0000	0.0000	1199.1308	1290.9959	0.0000	0.0000	1015.3196	1182.0323	1211.1801	0.0000	1341.4445	1409.9223
17	0.0000	0.0000	1228.3842	0.0000	1025.5495	1101.6167	0.0000	1192.8771	1211.6915	0.0000	1296.6373	1411.7112
18	1303.2185	0.0000	1230.1044	0.0000	1042.3111	1061.4828	0.0000	1192.8385	0.0000	1251.2664	1319.4112	0.0000
19	1299.2912	0.0000	1239.9815	1233.9346	1046.5468	0.0000	1040.0470	1196.3999	0.0000	1288.7195	1358.1931	0.0000
20	1251.0969	0.0000	0.0000	1238.0281	1032.5210	0.0000	1068.8582	1170.9577	1198.0159	1298.0030	0.0000	1394.0869
21	1253.8275	0.0000	0.0000	1272.0210	1058.6374	1092.5199	1069.4766	0.0000	1198.1229	1306.4571	0.0000	1412.3089
22	1219.7582	1185.7954	1245.3200	1274.1194	0.0000	1099.1085	1085.0649	0.0000	0.0000	1320.9710	1375.1450	1400.6755
23	0.0000	1184.4457	1240.4962	1264.7715	0.0000	1096.5023	1088.4040	1175.5562	0.0000	0.0000	1361.3650	1376.9221
24	0.0000	1211.7891	1246.6973	0.0000	1103.9983	1098.4900	0.0000	1189.7890	0.0000	0.0000	1396.2040	1352.0649
25	1205.7511	1232.5665	1233.7866	0.0000	1092.0162	1078.7277	0.0000	1164.4478	0.0000	1360.6213	1400.7036	0.0000
26	1167.8870	1231.0509	1245.2365	1257.6435	1091.1204	0.0000	1100.7466	1172.3661	0.0000	1362.9801	1395.4273	0.0000
27	1158.4298	0.0000	0.0000	1226.8183	1113.0432	0.0000	1099.2733	1182.4366	1225.3639	1349.2449	0.0000	1318.9874
28	1168.9869	0.0000	0.0000	1219.3985	1115.5563	1061.9895	1122.9579	0.0000	1217.6855	1353.0981	0.0000	1294.6111
29	1176.0479	0.0000	1260.7502	1188.2955	0.0000	1003.8483	1128.0121	0.0000	1203.1620	1364.4708	1402.4398	1314.1699
30	0.0000	0.0000	1268.8140	1167.5054	0.0000	990.4343	1126.4505	1213.7233	1223.2498	0.0000	1369.4991	1319.9262
31	0.0000	0.0000	1271.7073	0.0000	1084.6022	0.0000	0.0000	1222.4740	0.0000	0.0000	0.0000	1351.1426

数据来源：深圳证券交易所
Source：Shenzhen Stock Exchange

2-46　2010年深圳证券交易所每日收市B股综合指数
Daily Close B Share Composite Index of Shenzhen Stock Exchange in 2010

日期 Date	1月 Jan.	2月 Feb.	3月 Mar.	4月 Apr.	5月 May.	6月 Jun.	7月 Jul.	8月 Aug.	9月 Sep.	10月 Oct.	11月 Nov.	12月 Dec.
1	0.0000	580.0166	607.2947	636.3775	0.0000	546.3776	559.8048	0.0000	685.4440	0.0000	863.9730	821.2918
2	0.0000	578.9520	607.4957	642.0586	0.0000	550.8575	553.2836	660.8847	699.2234	0.0000	858.3268	826.6010
3	0.0000	588.9534	619.6134	0.0000	0.0000	551.4660	0.0000	651.1053	708.3031	0.0000	855.8358	835.5907
4	623.5125	586.0008	607.4620	0.0000	597.5153	556.2729	0.0000	648.9460	0.0000	0.0000	866.6971	0.0000
5	622.7218	573.5279	612.0874	0.0000	599.3246	0.0000	555.3214	637.5837	0.0000	0.0000	871.4308	0.0000
6	624.1250	0.0000	0.0000	643.1832	579.2400	0.0000	571.8866	651.3163	711.7154	0.0000	0.0000	828.7766
7	611.7771	0.0000	0.0000	644.0896	565.1793	549.6672	575.1927	0.0000	715.9589	0.0000	0.0000	831.7119
8	617.7625	571.6912	617.5635	640.4169	0.0000	549.7579	579.0923	0.0000	713.7734	782.5543	875.2591	836.5078
9	0.0000	573.0329	619.1676	647.4293	0.0000	557.7641	591.9339	661.2291	705.7236	0.0000	877.1148	825.0243
10	0.0000	582.7990	615.5240	0.0000	557.0568	553.9828	0.0000	655.0447	709.3395	0.0000	883.3257	832.5804
11	620.2670	586.0901	613.3299	0.0000	555.5615	554.2170	0.0000	658.4845	0.0000	789.2885	881.3772	0.0000
12	631.5694	591.0225	615.0701	642.8213	553.7214	0.0000	600.4754	650.5252	0.0000	796.5125	833.2203	0.0000
13	619.8099	0.0000	0.0000	640.0646	567.1373	0.0000	593.7016	659.0769	721.8016	799.2460	0.0000	851.8337
14	630.6064	0.0000	0.0000	643.8485	566.8308	0.0000	600.9570	0.0000	724.0183	791.4722	0.0000	854.2026
15	633.4742	0.0000	609.4011	643.3234	0.0000	0.0000	596.3617	0.0000	720.6576	803.4315	843.5237	852.4374
16	0.0000	0.0000	615.7643	642.3855	0.0000	0.0000	596.3407	668.7628	713.1976	0.0000	823.3905	852.1807
17	0.0000	0.0000	625.1611	0.0000	537.0034	554.7088	0.0000	663.5824	718.4472	0.0000	799.2539	854.0881
18	636.1657	0.0000	622.9423	0.0000	548.0399	549.1458	0.0000	662.4342	0.0000	797.6237	807.0926	0.0000
19	633.2911	0.0000	629.9098	612.9281	542.1654	0.0000	610.3504	661.1638	0.0000	807.2668	823.5409	0.0000
20	623.6898	0.0000	0.0000	616.5316	526.7296	0.0000	618.3841	657.3287	719.5234	808.1076	0.0000	844.4951
21	620.4763	0.0000	0.0000	633.0258	529.5561	568.5888	619.1456	0.0000	726.5806	812.5510	0.0000	854.9198
22	607.9032	585.5022	630.7501	625.7266	0.0000	569.9481	625.9179	0.0000	0.0000	811.4534	829.1646	855.6301
23	0.0000	584.5550	623.8175	618.5595	0.0000	572.0464	629.8660	657.0140	0.0000	0.0000	830.6852	850.9147
24	0.0000	591.8145	620.6054	0.0000	549.5588	580.1019	0.0000	678.1010	0.0000	0.0000	844.2444	837.8851
25	598.9552	599.5109	615.4513	0.0000	539.4210	578.1673	0.0000	670.1946	0.0000	826.5272	842.5661	0.0000
26	579.7351	602.8201	623.0576	617.3796	546.9898	0.0000	632.3620	671.3931	0.0000	826.0097	839.3603	0.0000
27	582.7608	0.0000	0.0000	609.5619	557.7817	0.0000	637.8655	672.2430	741.8932	829.7757	0.0000	823.0382
28	589.2840	0.0000	0.0000	607.8031	560.8601	579.4012	647.7601	0.0000	741.8439	835.5483	0.0000	803.7966
29	592.4100	0.0000	629.7604	603.2313	0.0000	562.7644	654.7153	0.0000	743.4101	844.0050	830.6172	807.5725
30	0.0000	0.0000	630.5392	602.2374	0.0000	565.1615	656.1360	684.6264	761.6051	0.0000	810.4115	808.6944
31	0.0000	0.0000	629.2556	0.0000	553.0847	0.0000	0.0000	686.9860	0.0000	0.0000	0.0000	824.8227

数据来源：深圳证券交易所
Source：Shenzhen Stock Exchange

2-47 2010年深圳证券交易所每日收市成份指数
Daily Close Composite Component Index of Shenzhen Stock Exchange in 2010

日期 Date	1月 Jan.	2月 Feb.	3月 Mar.	4月 Apr.	5月 May.	6月 Jun.	7月 Jul.	8月 Aug.	9月 Sep.	10月 Oct.	11月 Nov.	12月 Dec.
1	0.0000	11989.1075	12588.2603	12686.0633	0.0000	10098.4543	9203.9099	0.0000	11318.7392	0.0000	13743.7716	12310.3849
2	0.0000	11912.9272	12548.9103	12767.8569	0.0000	10188.1415	9227.8882	11004.7446	11465.1532	0.0000	13646.4587	12409.0190
3	0.0000	12262.5677	12612.6936	0.0000	0.0000	10118.0395	0.0000	10830.6997	11467.0901	0.0000	13392.7001	12443.0002
4	13533.5370	12169.4791	12312.8894	0.0000	10960.7718	10187.2030	0.0000	10870.3828	0.0000	0.0000	13595.7324	0.0000
5	13517.3758	11917.1367	12341.7395	0.0000	11003.7315	0.0000	9171.0292	10768.0787	0.0000	0.0000	13733.3572	0.0000
6	13505.1842	0.0000	0.0000	12702.8358	10422.5643	0.0000	9363.0167	10942.9339	11656.0818	0.0000	0.0000	12422.7853
7	13235.4804	0.0000	0.0000	12631.9716	10146.4259	9992.6742	9485.4302	0.0000	11682.6983	0.0000	0.0000	12656.9979
8	13267.4363	11947.3369	12437.5677	12427.0026	0.0000	10038.7843	9465.7998	0.0000	11722.7826	11911.3696	13807.2971	12615.4127
9	0.0000	11970.4384	12507.6573	12555.1230	0.0000	10346.2705	9816.8556	11017.4137	11465.3468	0.0000	13714.2887	12353.2665
10	0.0000	12185.3781	12391.6450	0.0000	10264.0457	10222.2185	0.0000	10715.3943	11530.9879	0.0000	13705.6819	12460.4640
11	13161.0906	12224.6002	12367.6879	0.0000	10091.2043	10239.3330	0.0000	10806.6253	0.0000	12237.6482	13684.9395	0.0000
12	13381.2500	12304.7848	12169.1104	12399.2005	10146.6322	0.0000	9959.2185	10680.0188	0.0000	12373.2799	12726.5406	0.0000
13	13016.5579	0.0000	0.0000	12511.8918	10417.8053	0.0000	9801.7600	10886.5683	11690.3496	12602.9957	0.0000	12905.0240
14	13204.1893	0.0000	0.0000	12557.6954	10330.1412	0.0000	9803.7202	0.0000	11665.4103	12507.7103	0.0000	12926.6151
15	13264.3726	0.0000	11903.3336	12513.2917	0.0000	0.0000	9718.7258	0.0000	11412.1018	12765.5015	12808.0944	12829.3648
16	0.0000	0.0000	11948.7602	12416.8604	0.0000	0.0000	9806.6395	11164.7890	11164.0213	0.0000	12217.2725	12795.6782
17	0.0000	0.0000	12233.7747	0.0000	9731.7188	10162.3655	0.0000	11281.9666	11208.2523	0.0000	11917.4940	12759.6009
18	13361.5185	0.0000	12236.7259	0.0000	10003.8071	9966.5382	0.0000	11282.3335	0.0000	12649.2704	12146.1451	0.0000
19	13350.6713	0.0000	12352.9198	11644.5776	9991.4013	0.0000	10097.1044	11321.1677	0.0000	12970.1983	12295.8493	0.0000
20	12916.1540	0.0000	0.0000	11538.9767	9945.5514	0.0000	10339.4290	11090.4592	11150.3294	13130.0128	0.0000	12557.5470
21	12917.1546	0.0000	0.0000	11766.8153	10209.0697	10309.6058	10324.1262	0.0000	11210.7414	13111.5201	0.0000	12872.4467
22	12595.9353	12213.5449	12352.4467	11703.9629	0.0000	10345.5474	10471.7743	0.0000	0.0000	13224.9785	12303.5454	12766.9529
23	0.0000	12069.2097	12304.9814	11702.8701	0.0000	10256.2668	10527.9450	11078.8552	0.0000	0.0000	12062.4094	12644.5751
24	0.0000	12282.0931	12290.0432	0.0000	10620.1256	10250.9013	0.0000	11214.2377	0.0000	0.0000	12407.6552	12556.8452
25	12470.1881	12494.2694	12086.8992	0.0000	10365.2257	10104.8310	0.0000	10963.9858	0.0000	13734.1972	12604.0840	0.0000
26	12162.5568	12436.6552	12240.3564	11602.6349	10361.6978	0.0000	10591.1252	11009.4905	0.0000	13729.9631	12539.0143	0.0000
27	12046.7797	0.0000	0.0000	11355.3678	10543.3338	0.0000	10566.2078	11034.7346	11409.8135	13452.1719	0.0000	12303.1883
28	12120.4760	0.0000	0.0000	11333.8470	10495.6529	10012.0555	10825.1678	0.0000	11274.4853	13445.0253	0.0000	12063.8021
29	12137.2047	0.0000	12552.4491	11196.3497	0.0000	9508.9058	10838.9103	0.0000	11223.8626	13367.2360	12536.5516	12114.5648
30	0.0000	0.0000	12593.0353	11162.5377	0.0000	9386.9375	10785.3468	11303.3280	11468.5431	0.0000	12336.2880	12138.8955
31	0.0000	0.0000	12494.3503	0.0000	10204.1744	0.0000	0.0000	11338.7145	0.0000	0.0000	0.0000	12458.5523

数据来源：深圳证券交易所
Source: Shenzhen Stock Exchange

2－48　2010年深圳证券交易所每日收市成份A股指数

Daily Close A Share Composite Component Index of Shenzhen Stock Exchange in 2010

日期 Date	1月 Jan.	2月 Feb.	3月 Mar.	4月 Apr.	5月 May.	6月 Jun.	7月 Jul.	8月 Aug.	9月 Sep.	10月 Oct.	11月 Nov.	12月 Dec.
1	0.0000	12870.2786	13513.4673	13618.4586	0.0000	10872.5901	9935.2164	0.0000	12281.7036	0.0000	14913.0503	13357.7152
2	0.0000	12788.4992	13471.2252	13706.2638	0.0000	10972.7108	9962.3319	11934.3212	12440.5741	0.0000	14807.4583	13464.7408
3	0.0000	13163.8374	13539.6964	0.0000	0.0000	10897.2104	0.0000	11745.5746	12442.6757	0.0000	14532.1107	13501.6130
4	14528.2200	13063.9070	13217.8573	0.0000	11771.3740	10971.7001	0.0000	11788.6097	0.0000	0.0000	14752.4164	0.0000
5	14510.8710	12793.0180	13248.8279	0.0000	11817.7934	0.0000	9900.9475	11677.6639	0.0000	0.0000	14901.7499	0.0000
6	14497.7834	0.0000	0.0000	13637.4370	11193.6311	0.0000	10112.6580	11869.4796	12647.7463	0.0000	0.0000	13479.6783
7	14208.2571	0.0000	0.0000	13561.3590	10897.0638	10762.1910	10244.8725	0.0000	12676.6272	0.0000	0.0000	13733.8170
8	14242.5617	12825.4378	13351.6992	13341.3096	0.0000	10811.8519	10223.6704	0.0000	12720.1218	12924.7531	14981.9804	13688.6939
9	0.0000	12850.2372	13426.9402	13478.8563	0.0000	11150.3004	10602.8332	11952.4624	12440.7841	0.0000	14881.0591	13404.2451
10	0.0000	13080.9744	13302.4012	0.0000	11023.3851	11016.6081	0.0000	11624.8106	12512.0097	0.0000	14871.7200	13520.5626
11	14128.3998	13123.0793	13276.6833	0.0000	10837.7568	11035.0526	0.0000	11723.7844	0.0000	13278.7905	14849.2128	0.0000
12	14364.7404	13209.1572	13063.5109	13311.4619	10900.6579	0.0000	10756.5943	11586.4328	0.0000	13425.9613	13809.2762	0.0000
13	13973.2443	0.0000	0.0000	13432.4444	11193.8062	0.0000	10600.3936	11810.5122	12684.9295	13675.2206	0.0000	14002.9444
14	14174.6661	0.0000	0.0000	13481.6180	11104.7364	0.0000	10607.2059	0.0000	12657.8684	13571.8286	0.0000	14026.3724
15	14239.2728	0.0000	12778.2001	13433.9473	0.0000	0.0000	10515.2456	0.0000	12383.0092	13851.5518	13897.7684	13920.8483
16	0.0000	0.0000	12826.9655	13332.4066	0.0000	0.0000	10610.9970	12112.3455	12113.8227	0.0000	13256.6812	13884.2957
17	0.0000	0.0000	13132.9279	0.0000	10461.4419	10952.1038	0.0000	12239.4679	12161.8167	0.0000	12931.3984	13845.1490
18	14343.5587	0.0000	13136.0960	0.0000	10763.1497	10744.2741	0.0000	12239.8659	0.0000	13725.4322	13179.5024	0.0000
19	14331.9143	0.0000	13260.8299	12503.1802	10751.0832	0.0000	10925.2863	12281.9959	0.0000	14073.6637	13341.9430	0.0000
20	13865.4610	0.0000	0.0000	12389.7929	10701.7471	0.0000	11196.8389	12031.7072	12098.9659	14247.0748	0.0000	13625.9049
21	13866.5351	0.0000	0.0000	12634.4310	10985.3017	11114.1128	11180.2671	0.0000	12164.5176	14227.0088	0.0000	13967.5954
22	13521.7069	13111.2113	13260.3221	12566.9442	0.0000	11152.8591	11340.1591	0.0000	0.0000	14350.1199	13350.2939	13853.1265
23	0.0000	12956.2678	13209.3682	12565.7708	0.0000	11056.6115	11400.9878	12019.1184	0.0000	0.0000	13088.6427	13720.3371
24	0.0000	13184.7976	13193.3320	0.0000	11427.6116	11054.9850	0.0000	12165.9909	0.0000	0.0000	13463.2609	13625.1434
25	13386.7176	13412.5683	12975.2574	0.0000	11154.1982	10902.1706	0.0000	11894.5001	0.0000	14902.6614	13676.4012	0.0000
26	13056.4761	13350.7196	13139.9933	12458.1449	11153.1376	0.0000	11469.4073	11943.8668	0.0000	14898.0671	13605.7956	0.0000
27	12932.1896	0.0000	0.0000	12192.6458	11349.5111	0.0000	11447.6265	11973.5368	12380.5262	14596.6422	0.0000	13349.9062
28	13011.3024	0.0000	0.0000	12172.0400	11298.1843	10802.0744	11728.1886	0.0000	12233.6846	14588.8876	0.0000	13090.1538
29	13029.2606	0.0000	13475.0241	12024.3741	0.0000	10260.5540	11748.9404	0.0000	12178.7551	14504.4802	13603.1234	13145.2352
30	0.0000	0.0000	13518.5933	11988.0615	0.0000	10132.7867	11696.3907	12264.9813	12444.2523	0.0000	13385.8220	13171.6359
31	0.0000	0.0000	13412.6552	0.0000	10986.4145	0.0000	0.0000	12303.3784	0.0000	0.0000	0.0000	13518.4881

数据来源：深圳证券交易所
Source：Shenzhen Stock Exchange

2-49　2010年深圳证券交易所每日收市成份B股指数
Daily Close B Share Composite Component Index of Shenzhen Stock Exchange in 2010

日期 Date	1月 Jan.	2月 Feb.	3月 Mar.	4月 Apr.	5月 May.	6月 Jun.	7月 Jul.	8月 Aug.	9月 Sep.	10月 Oct.	11月 Nov.	12月 Dec.
1	0.0000	4113.9863	4222.6312	4487.3116	0.0000	3970.2191	4147.0979	0.0000	5068.3115	0.0000	6301.1369	5809.2733
2	0.0000	4091.6546	4226.7166	4544.6272	0.0000	4007.6855	4084.8038	4967.9885	5168.9342	0.0000	6187.8777	5860.6423
3	0.0000	4150.4218	4316.1018	0.0000	0.0000	4001.0748	0.0000	4887.8833	5234.2475	0.0000	6187.4030	5966.6840
4	4518.7899	4114.9297	4212.2534	0.0000	4237.7938	4046.6591	0.0000	4853.9762	0.0000	0.0000	6268.6494	0.0000
5	4486.8795	4038.4268	4244.9974	0.0000	4223.1930	0.0000	4091.1844	4705.2681	0.0000	0.0000	6297.6634	0.0000
6	4489.3388	0.0000	0.0000	4561.8071	4094.9510	0.0000	4241.3861	4842.0335	5256.9031	0.0000	0.0000	5917.0472
7	4415.1147	0.0000	0.0000	4576.8123	4011.1698	3992.9338	4271.2134	0.0000	5287.9186	0.0000	0.0000	5921.4128
8	4457.1100	4023.5441	4276.5402	4563.5238	0.0000	3987.6504	4300.1164	0.0000	5259.2276	5762.8312	6285.2838	5933.4889
9	0.0000	4022.8888	4307.5522	4606.3622	0.0000	4030.5456	4393.6795	4941.0419	5207.6407	0.0000	6294.9295	5843.8959
10	0.0000	4085.7832	4298.1585	0.0000	3966.3389	3996.3298	0.0000	4942.8445	5206.1495	0.0000	6358.7512	5872.3124
11	4455.7745	4106.4317	4293.1701	0.0000	3985.9916	3992.3248	0.0000	4937.9272	0.0000	5831.9983	6343.0304	0.0000
12	4521.1511	4125.0511	4334.8933	4540.2550	3991.7033	0.0000	4475.3884	4869.3427	0.0000	5857.0183	6046.0986	0.0000
13	4408.6091	0.0000	0.0000	4532.2633	4085.7490	0.0000	4442.0261	4945.0910	5306.6406	5863.1529	0.0000	6002.6840
14	4451.4805	0.0000	0.0000	4569.1785	4066.7957	0.0000	4477.8646	0.0000	5328.1717	5854.0446	0.0000	6012.1289
15	4472.4539	0.0000	4285.2932	4563.1242	0.0000	0.0000	4456.7802	0.0000	5317.1197	5941.0417	6115.4683	6029.1605
16	0.0000	0.0000	4342.3511	4555.9592	0.0000	0.0000	4432.8983	5011.0478	5299.2428	0.0000	5954.6806	6011.4940
17	0.0000	0.0000	4402.1675	0.0000	3867.2607	4017.0758	0.0000	4942.9686	5370.0977	0.0000	5786.5696	5977.5348
18	4494.8885	0.0000	4391.4160	0.0000	3987.8150	4000.7905	0.0000	4943.5243	0.0000	5905.6789	5834.5915	0.0000
19	4472.2878	0.0000	4463.5751	4343.2891	3935.3392	0.0000	4558.1524	4903.4515	0.0000	5946.3528	5955.1795	0.0000
20	4395.7101	0.0000	0.0000	4355.2137	3837.9979	0.0000	4593.3301	4876.7322	5362.2322	5929.0178	0.0000	5889.4645
21	4340.2829	0.0000	0.0000	4485.1349	3870.0033	4173.1661	4601.7252	0.0000	5408.4967	5981.4128	0.0000	5963.2563
22	4287.2592	4094.7885	4453.8839	4411.0626	0.0000	4180.6600	4669.2978	0.0000	0.0000	5949.4086	5975.3482	5963.4525
23	0.0000	4079.3231	4411.3574	4363.2060	0.0000	4204.1352	4724.4793	4873.4474	0.0000	0.0000	6026.6468	5924.3573
24	0.0000	4114.2752	4384.9390	0.0000	3996.9043	4272.6892	0.0000	5008.2511	0.0000	0.0000	6093.3065	5849.1715
25	4214.8634	4151.8474	4345.9919	0.0000	3904.0213	4258.3488	0.0000	4954.2366	0.0000	6011.9866	5981.0113	0.0000
26	4091.3342	4174.0255	4393.9099	4344.7894	3971.8678	0.0000	4740.9953	4943.2340	0.0000	6028.6186	6011.5524	0.0000
27	4112.7398	0.0000	0.0000	4313.5982	4050.3564	0.0000	4793.0464	4950.0347	5510.6120	6062.3333	0.0000	5741.9548
28	4161.6908	0.0000	0.0000	4294.3515	4065.2649	4286.8521	4857.3964	0.0000	5478.3797	6123.7371	0.0000	5599.1262
29	4201.9742	0.0000	4465.2620	4270.2547	0.0000	4163.7875	4924.8938	0.0000	5490.5060	6184.3422	5887.9045	5628.0333
30	0.0000	0.0000	4468.6699	4274.3976	0.0000	4194.7701	4951.8453	5049.2948	5618.3215	0.0000	5674.3570	5603.5586
31	0.0000	0.0000	4442.0690	0.0000	4039.4525	0.0000	0.0000	5067.3466	0.0000	0.0000	0.0000	5715.0559

数据来源：深圳证券交易所
Source：Shenzhen Stock Exchange

2-50　2010年上海股票交易所A股平均市盈率、换手率

P/E Ratio and Turnover Velocity of A Shares in Shanghai Stock Exchange in 2010

年　份 Year	市盈率 P/E		换手率（%）Turnover Velocity
	发行股数平均 Total Shares	流通股数平均 Negotiable Shares	流通股平均换手率 Negotiable Shares
1992			
1993			
1994			
1995	16.32	13.66	519.41
1996	32.65	31.13	760.05
1997	43.43	42.44	534.99
1998	34.36	33.66	355.30
1999	38.13	36.59	421.55
2000	59.14	58.63	504.07
2001	37.59	41.39	216.67
2002	34.50	37.44	208.74
2003	36.64	37.22	268.58
2004	24.29	26.20	308.31
2005	16.38	17.84	290.70
2006	33.38	31.51	564.50
2007	59.24	70.11	953.16
2008	14.86	14.77	401.60
2009	28.78	27.78	511.46
2010	21.60	20.88	398.54

数据来源：上海证券交易所
Source：Shanghai Stock Exchange

2-51　2010年深圳股票交易所A股平均市盈率、换手率

P/E Ratio and Turnover Velocity of A Shares in Shenzhen Stock Exchange in 2010

年　份 Year	市盈率 P/E		换手率（%）Turnover Velocity
	发行股数平均 Total Shares	流通股数平均 Negotiable Shares	流通股平均换手率 Negotiable Shares
1992	36.44	34.68	265.45
1993	35.94	37.90	324.44
1994	10.56	10.38	691.79
1995	9.97	9.39	309.56
1996	38.88	38.52	949.68
1997	42.66	42.38	662.32
1998	32.31	32.18	411.14
1999	37.56	38.28	371.61
2000	58.75	59.62	396.47
2001	40.76	41.02	189.97
2002	38.22	38.75	200.65
2003	37.43	37.55	216.97
2004	25.64	26.51	311.78
2005	16.96	17.79	350.64
2006	33.61	35.48	671.34
2007	72.11	76.15	1062.04
2008	17.13	17.38	503.45
2009	46.88	46.26	814.65
2010	45.29	41.56	580.30

数据来源：深圳证券交易所
Source：Shenzhen Stock Exchange

2-52 2010年上海股票交易所B股平均市盈率、换手率
P/E Ratio and Turnover Velocity of B Shares in Shanghai Stock Exchange in 2010

年份 Year	市盈率 P/E		换手率(%)Turnover Velocity
	发行股数平均 Total Shares	流通股数平均 Negotiable Shares	流通股平均换手率 Negotiable Shares
1992			
1993			
1994			
1995	8.00	8.00	56.26
1996	14.04	14.04	61.58
1997	11.99	11.99	74.60
1998	6.04	6.04	57.30
1999	10.05	10.05	92.59
2000	25.23	25.23	151.24
2001	43.39	43.39	452.26
2002	30.61	30.61	95.99
2003	30.32	30.32	64.26
2004	20.15	20.15	59.41
2005	12.40	12.40	58.49
2006	23.97	23.97	149.81
2007	59.30	59.30	351.60
2008	11.70	11.70	87.88
2009	21.58	21.58	165.79
2010	23.909	23.909	237.94

数据来源：上海证券交易所
Source: Shanghai Stock Exchange

2-53 2010年深圳股票交易所B股平均市盈率、换手率
P/E Ratio and Turnover Velocity of B Shares in Shenzhen Stock Exchange in 2010

年份 Year	市盈率 P/E		换手率(%)Turnover Velocity
	发行股数平均 Total Shares	流通股数平均 Negotiable Shares	流通股平均换手率 Negotiable Shares
1992	35.56	17.76	124.28
1993	20.11	16.24	52.58
1994	7.02	6.97	42.16
1995	6.01	5.86	30.79
1996	14.07	12.54	96.85
1997	10.66	10.71	131.32
1998	5.71	5.82	45.88
1999	10.38	10.39	95.40
2000	13.06	13.50	89.09
2001	25.30	25.59	417.47
2002	17.51	18.34	89.98
2003	20.92	21.57	133.87
2004	12.90	12.60	110.04
2005	9.11	8.97	88.21
2006	21.01	21.04	154.65
2007	26.71	26.75	280.12
2008	7.30	7.29	84.35
2009	21.83	22.03	177.18
2010	23.10	23.23	131.85

数据来源：深圳证券交易所
Source: Shenzhen Stock Exchange

2-54　2010年上海股票交易所A股按行业平均市盈率、换手率

P/E Ratio and Turnover Velocity of A Shares in Shanghai Stock Exchange Classified by Industries in 2010

行　业 Industries	市盈率 P/E		换手率（%） Turnover Velocity
	发行股数平均 Total Shares	流通股数平均 Negotiable Shares	流通股换手率 Negotiable Shares
农、林、牧、副、渔业 Agriculture, Forestry, Fishing and Hunting	21.595	20.876	199.420
采掘业 Mining	89.538	94.688	568.200
食品、饮料 Food, Beverage	42.724	41.885	452.860
纺织、服装、毛皮 Textile, Apparel, Leather	51.220	51.294	516.050
木材、家俱 Wood Product	33.293	34.317	630.310
造纸、印刷 Paper, Printing	40.724	39.652	596.910
石油、化学、橡胶、塑料 Petroleum, Chemical Product, Plastics, Rubber	22.751	20.028	665.150
电子 Electrical Equipment	62.504	59.076	522.660
金属、非金属 Metal, Nonmetallic Mineral Product	71.339	72.185	675.680
机械、设备、仪表 Machinery, Equipment, Meter	41.108	39.380	293.860
医药、生物 Medicine, Biologic Product	39.769	38.204	455.720
其他制造业 Other Manufacuring	40.119	42.640	480.320
电力、蒸汽及水的生产及供应业 Electricity, Gas, Water Supply	54.852	49.130	517.590
建筑业 Construction	29.703	31.011	207.500
交通运输、仓储业 Transport, Storage	18.914	19.921	369.630
信息技术业 Information, Technology	29.207	27.905	213.210
批发和零售贸易 Wholesale and Retail Trade	48.694	50.927	321.550
金融、保险业 Finance, Insurance	45.037	41.554	445.450
房地产业 Real Estate	13.826	13.508	54.400
社会服务业 Social Services	25.372	23.616	338.850
传播及文化产业 Transmission, Culture	34.319	35.536	496.950
综合类 Conglomerat	46.714	47.102	745.610

数据来源：上海证券交易所
Source: Shanghai Stock Exchange

2－55　2010年深圳证券交易所A股按行业平均市盈率、换手率

P/E Ratio and Turnover Velocity of A Shares in Shenzhen Stock Exchange Classified by Industries in 2010

行　业 Industries	市盈率 P/E		换手率(%) Turnover Velocity
	发行股数平均 Total Shares	流通股数平均 Negotiable Shares	流通股换手率 Negotiable Shares
农、林、牧、副、渔业 Agriculture, Forestry, Fishing and Hunting	88.81	93.84	1038.18
采掘业 Mining	45.52	45.07	566.76
食品、饮料 Food, Beverage	52.62	50.17	449.24
纺织、服装、毛皮 Textile, Apparel, Leather	54.76	54.97	614.81
木材、家俱 Wood Product	49.32	39.39	1210.79
造纸、印刷 Paper, Printing	40.35	37.36	652.96
石油、化学、橡胶、塑料 Petroleum, Chemical Product, Plastics, Rubber	47.42	43.20	676.15
电子 Electrical Equipment	88.72	98.84	768.67
金属、非金属 Metal, Nonmetallic Mineral Product	54.64	55.20	518.09
机械、设备、仪表 Machinery, Equipment, Meter	41.63	37.25	617.48
医药、生物 Medicine, Biologic Product	55.18	50.61	704.52
其他制造业 Other Manufacuring	74.10	82.39	878.71
电力、蒸汽及水的生产及供应业 Electricity, Gas, Water Supply	24.25	28.26	365.86
建筑业 Construction	69.64	73.89	708.14
交通运输、仓储业 Transport, Storage	27.92	29.04	608.46
信息技术业 Information, Technology	59.62	53.37	682.23
批发和零售贸易 Wholesale and Retail Trade	45.41	42.77	425.13
金融、保险业 Finance, Insurance	23.08	16.73	336.93
房地产业 Real Estate	22.74	22.38	414.26
社会服务业 Social Services	58.66	56.53	682.33
传播及文化产业 Transmission, Culture	98.11	90.26	654.32
综合类 Conglomerat	50.48	47.88	710.95

数据来源：深圳证券交易所
Source: Shenzhen Stock Exchange

三、债　　券

Bonds

2010 年债券市场概况

Summary for Chinese Bonds Market in 2010

一、上海证券交易所

2010 年底上交所上市债券现货品种 483 只，比 2009 年增加 131 只。截至 2010 年 12 月 31 日，上交所上市政府债现货 199 只，托管量 1876.52 亿元；公司债现货 284 只，托管总量 3586.64 亿元。标准券折算总量为 2159.60 亿元。

2010 年上证国债指数从年初 122.35 点上涨到 126.28 点。2010 年全年，上交所债券现券成交 4896.84 亿元，其中政府债成交 1590.04 亿元，公司债成交 3306.79 亿元；债券回购成交 70017.59 亿元；2010 年交易所债券总成交达 74914.43 亿元，比 2009 年同期增加 35108.09 亿元。

二、深圳证券交易所

2010 年底，深交所上市债券现券品种共 273 只，比 2009 年底增加 49 只。截至 2010 年 12 月 31 日，深交所上市国债 207 只，托管量 40982 亿元；企业债 74 只，托管量 1021.48 亿元；可转换债券 5 只，托管量 74.1 亿元。

2010 年全年，深交所国债现券成交 71.61 亿元，比上年增加 41.41 亿元，增幅为 137.12%；企业债现货成交 603.41 亿元；可转换债券成交 260.41 亿元。2010 年交易所债券总成交达到 1291.59 亿元，比 2009 年同期增加 462.87 亿元，增幅为 55.85%。

3－1　历年全国债券发行情况汇总表(1990—2010)

Statistcis of Bonds Issuation (1990—2010)

单位：亿元　Unit：100000000 yuan

时期 Year	国债 T-Bonds			金融债 Financial Bonds			企业债 Enterprise Bonds			公司债 Listed Company Bonds		
	发行额 Amounts Issued	兑付额 Amounts Repayed	期末余额 The Ending Balance	发行额 Amounts Issued	兑付额 Amounts Repayed	期末余额 The Ending Balance	发行额 Amounts Issued	兑付额 Amounts Repayed	期末余额 The Ending Balance	发行额 Amounts Issued	兑付额 Amounts Repayed	期末余额 The Ending Balance
1990年	197.23	76.22	890.34	64.40	50.07	84.88	126.37	77.29	195.44			
1991年	281.25	111.60	1059.99	66.91	33.67	118.12	249.96	114.31	331.09			
1992年	460.78	238.05	1282.72	55.00	30.00	143.12	683.71	192.76	822.04			
1993年	381.31	123.29	1540.74		34.29	108.83	235.84	255.48	802.40			
1994年	1137.55	391.89	2286.40		13.54	95.29	161.75	282.04	682.11			
1995年	1510.86	496.96	3300.30			1708.49	300.80	336.30	646.61			
1996年	1847.77	786.64	4361.43	1055.60	254.50	2509.59	268.92	317.80	597.73			
1997年	2411.79	1264.29	5508.93	1431.50	312.30	3628.80	255.23	219.81	521.02			
1998年	3808.77	2060.86	7765.70	1950.23	320.40	5121.13	147.89	105.25	676.93			
1999年	4015.00	1238.70	10542.00	1800.89	473.20	6447.48	158.20	56.50	778.63			
2000年	4657.00	2179.00	13020.00	1645.00	709.20	7383.28	83.00	0.00	861.63			
2001年	4884.00	2286.00	15618.00	2590.00	1438.80	8534.48	147.00					
2002年	5934.30	2216.20	19336.10	3075.00	1555.70	10054.10	325.00					
2003年	6280.10	2755.80	22603.60	4561.40	2505.30	11650.00	358.00					
2004年	6923.90	3749.90	25777.60	5008.70	1778.70	14880.00	327.00					
2005年	7042.00	4045.50	28774.00	6818.00	2053.00	19703.10	2046.50	37.00				
2006年	8883.30	6208.61	31448.69	9520.00	3790.00	25729.60	3938.30	1672.40				
2007年	23139.10	5846.80	48741.00	11912.90	4133.60	33343.00	5058.50	2880.90	7683.30			
2008年	8558.20	7531.43	49767.83	10822.98	4063.80	36686.00	8435.40	3277.84	12850.62			
2009年	17927.24	9745.06	57949.98	11678.10	3745.33	44818.83	15864.40	4309.12	24405.90	638.43		1038.40
2010年	19778.30	10043.38	67684.90	13192.70	5648.37	52363.16	15491.45	5099.23	34671.75	603.00		1641.40

数据来源：中国人民银行
Source：The People's Bank of China

3-2 全国银行间债券市场现券买卖交易机构分类情况统计表

机构 / 日期	国有商业银行 State-Owned Commercial Banks			其他商业银行 Other Commercial Banks			其他金融机构 Other Financial Institutions		
	卖出 Sell	买入 Purchase	差额 Difference	卖出 Sell	买入 Purchase	差额 Difference	卖出 Sell	买入 Purchase	差额 Difference
2010.01	4018.5	4403.6	-385.0	16190.7	15574.4	616.3	7582.2	8112.0	-529.8
2010.02	3728.9	4325.0	-596.0	12703.3	11474.9	1228.4	4566.6	4975.1	-408.6
2010.03	5051.9	6846.7	-1794.8	25578.9	23438.6	2140.3	6146.0	6336.4	-190.4
2010.04	5760.7	6839.3	-1078.5	24097.0	23084.5	1012.5	6711.5	6702.7	8.8
2010.05	4504.8	5593.1	-1088.3	26537.3	25518.9	1018.4	6880.0	6820.9	59.1
2010.06	2525.3	3304.4	-779.1	20230.2	19348.1	882.0	6727.6	6799.4	-71.8
2010.07	4907.0	5555.9	-648.8	31276.6	30758.9	517.7	11872.8	12135.5	-262.7
2010.08	4564.9	5696.7	-1131.8	38884.2	38092.5	791.7	12912.1	12816.6	95.6
2010.09	4071.4	4859.7	-788.2	32807.0	31900.2	906.9	13392.2	13379.4	12.8
2010.10	3910.8	4526.2	-615.4	28329.9	28512.8	-182.9	11954.3	11773.1	181.3
2010.11	4039.3	4782.0	-742.6	33948.0	33333.5	614.5	14393.0	14168.1	224.9
2010.12	3100.0	3407.1	-307.1	28781.8	28282.0	499.9	16451.5	16653.2	-201.7
2010年累计	50183.7	60139.6	-9955.9	319364.9	309319.1	10045.7	119589.9	120672.4	-1082.6

注：1. 国有商业银行包括工商银行、农业银行、中国银行和建设银行；2. 其他商业银行：股份制商业银行、城市商业银行；3. 其他金融机构：政策性银行、农村商业银行、农村合作银行、农信社联社、城市信用社、财务公司、信托投资公司、邮政储蓄、金融租赁公司、资产管理公司、社保基金、投资公司、企业年金、投资者保护基金、其他投资产品以及其他金融机构等；4. 证券及基金：证券公司、基金公司。

数据来源：中国人民银行

Source：The People's Bank of China

3-3 全国银行间市场质押式债券回购交易期限分类统计表

品种 Maturity	1天 Overnight		7天 7 Days		14天 14 Days		21天 21 Days		1个月 1 Month		2个月 2 Months	
日期 Date	成交金额 Turnover of Trading	加权平均利率 Weighted Average Interest Rate	成交金额 Turnover of Trading	加权平均利率 Weighted Average Interest Rate	成交金额 Turnover of Trading	加权平均利率 Weighted Average Interest Rate	成交金额 Turnover of Trading	加权平均利率 Weighted Average Interest Rate	成交金额 Turnover of Trading	加权平均利率 Weighted Average Interest Rate	成交金额 Turnover of Trading	加权平均利率 Weighted Average Interest Rate
2010.01	47297.12	1.13	7782.27	1.47	1126.78	1.46	133.69	1.53	684.47	1.65	210.96	1.67
2010.02	32974.00	1.43	5102.92	1.80	4851.91	1.97	806.91	1.92	210.88	2.14	167.67	1.95
2010.03	50215.09	1.35	7141.88	1.63	1669.41	1.66	231.41	1.67	910.66	1.59	516.27	1.66
2010.04	54672.06	1.31	6704.80	1.64	1675.54	1.63	237.97	1.66	458.23	1.67	246.24	1.71
2010.05	54613.88	1.65	11510.19	1.93	1715.53	1.87	311.73	2.03	433.86	2.26	131.16	1.93
2010.06	51198.67	2.21	15880.36	2.72	3071.56	2.89	598.28	3.51	892.25	3.54	202.26	3.33
2010.07	66827.21	1.60	11314.90	2.05	1715.68	2.12	171.47	2.11	366.28	2.33	46.16	2.45
2010.08	80651.99	1.58	13586.04	2.03	2645.19	1.87	371.39	2.01	508.40	2.13	75.70	2.41
2010.09	63108.61	1.78	9929.33	2.46	4029.46	2.98	1133.93	3.13	1695.30	3.18	259.08	2.90
2010.10	53077.38	1.61	8141.42	2.02	2174.55	2.05	211.97	2.11	414.79	2.53	139.07	2.53
2010.11	63468.83	1.71	11432.34	2.06	2158.72	2.31	387.33	2.62	760.86	3.07	368.23	3.22
2010.12	58877.76	2.74	12092.09	4.30	2181.75	4.81	735.29	4.26	1399.36	4.33	489.11	4.67
2010年累计	676982.61		120618.52		29016.07		5331.36		8735.35		2851.90	

数据来源：中国人民银行

Source：The People's Bank of China

Spot Trading of National Interbank Market (Categorized by Institutions)

单位：亿元　unit:100000000 yuan

保险公司 Insurance Companies			证券及基金 Securities Corporations and Funds			外资金融机构 Foreign Financial Institutions			成交金额合计 Total Turnover of Trading
卖出 Sell	买入 Purchase	差额 Difference	卖出 Sell	买入 Purchase	差额 Difference	卖出 Sell	买入 Purchase	差额 Difference	
369.8	329.3	40.5	3055.3	2798.8	256.5	3465.9	3464.3	1.6	34682.4
239.6	256.0	−16.4	2228.2	2256.4	−28.2	2213.6	2392.7	−179.1	25680.1
409.2	379.7	29.5	5923.1	5971.1	−48.0	4625.0	4761.6	−136.6	47734.1
291.9	396.9	−105.0	6129.9	5810.1	319.8	3802.6	3960.2	−157.6	46793.7
355.4	450.2	−94.8	5779.1	5701.4	77.7	5566.7	5538.8	27.9	49623.4
5441.5	5424.5	17.0	4600.3	4592.2	8.1	659.1	715.3	−56.2	40183.9
500.8	457.5	43.3	7898.5	7538.1	360.4	7182.7	7192.3	−9.5	63638.3
441.0	378.4	62.6	9119.7	8864.8	255.0	7858.0	7931.0	−73.0	73780.0
337.3	514.9	−177.6	7496.5	7526.2	−29.7	6853.3	6777.4	75.8	64957.7
352.0	351.3	0.7	7074.4	6578.6	495.9	6038.8	5918.4	120.5	57660.3
262.5	419.1	−156.6	9215.5	9088.3	127.1	7439.9	7507.3	−67.4	69298.3
239.0	327.8	−88.8	10537.7	10360.5	177.1	7279.9	7359.3	−79.4	66389.9
9240.0	9685.6	−445.6	79058.2	77086.6	1971.6	62985.5	63518.6	−533.1	640422.1

Collateral Bond Repurchase Trading of National Interbank Market (Categorized by Maturity)

单位：亿元人民币、%　100000000 yuan

3个月 3 Months		4个月 4 Months		6个月 6 Months		9个月 9 Months		1年 1Year		成交金额合计 Total Turnover of Trading	加权平均利率 Weighted Average Interest Rate
成交金额 Turnover of Trading	加权平均利率 Weighted Average Interest Rate	成交金额 Turnover of Trading	加权平均利率 Weighted Average Interest Rate	成交金额 Turnover of Trading	加权平均利率 Weighted Average Interest Rate	成交金额 Turnover of Trading	加权平均利率 Weighted Average Interest Rate	成交金额 Turnover of Trading	加权平均利率 Weighted Average Interest Rate		
176.73	1.85	0.00	0.00	25.80	1.96	25.00	2.17	2.59	2.50	57465.41	1.19
19.65	1.94	24.43	1.98	46.26	2.34	—	—	11.95	2.67	44216.57	1.55
130.77	1.91	6.69	1.98	7.27	2.16	12.47	2.17	5.50	2.34	60847.41	1.40
108.45	1.73	—	—	32.58	2.19	—	—	3.60	2.50	64139.47	1.36
172.59	2.02	1.00	2.10	19.00	2.29	36.99	2.36	—	—	68945.94	1.71
18.49	3.69	61.61	3.43	5.00	3.48	5.00	3.50	5.00	3.60	71938.47	2.38
159.12	2.48	47.50	2.53	38.00	2.65	—	—	5.00	2.88	80691.32	1.68
179.57	2.44	43.95	2.49	69.50	2.66	5.00	2.90	18.00	2.91	98154.72	1.66
172.32	2.56	37.68	2.94	29.00	3.24	—	—	—	—	80394.71	1.98
339.36	2.75	39.30	2.89	36.90	3.00	—	—	3.00	3.60	64577.73	1.69
117.24	3.38	23.50	2.92	132.35	3.49	—	—	—	—	78849.40	1.81
319.12	4.94	106.15	4.25	108.70	5.35	—	—	3.00	5.23	76312.33	3.12
1913.41		391.81		550.36		84.45		57.64		846533.48	

3-4 全国银行间债券市场质押式债券回购交易机构分类统计表

机构 日期	国有商业银行 State-Owned Commercial Banks			其他商业银行 Other Commercial Banks			其他金融机构 Other Financial Institutions		
	回购 Repurchase	逆回购 Reverse Repurchase	正逆回购差额 Difference	回购 Repurchase	逆回购 Reverse Repurchase	正逆回购差额 Difference	回购 Repurchase	逆回购 Reverse Repurchase	正逆回购差额 Difference
2010.01	2148.80	19913.28	−17764.48	23770.10	22966.62	803.48	20899.07	13675.21	7223.87
2010.02	2677.02	19428.66	−16751.64	23492.69	10131.04	13361.65	11800.30	12437.30	−636.99
2010.03	536.20	25255.22	−24719.02	26409.95	20820.33	5589.62	22285.22	12730.43	9554.78
2010.04	3202.22	27684.30	−24482.08	25889.49	24882.49	1006.99	22165.64	10083.26	12082.38
2010.05	11243.53	18208.61	−6965.08	29015.74	20343.66	8672.08	17997.35	23451.04	−5453.69
2010.06	20180.78	14572.81	5607.97	32149.01	17668.70	14480.30	11101.34	32131.50	−21030.16
2010.07	6576.80	35658.97	−29082.17	35675.48	26121.19	9554.29	22835.73	16976.63	5859.10
2010.08	7788.22	40506.03	−32717.81	43392.09	32857.63	10534.46	28852.83	22411.89	6440.93
2010.09	7139.68	33868.53	−26728.85	38105.08	25795.49	12309.59	22859.53	17768.95	5090.59
2010.10	1241.20	27313.38	−26072.18	28832.40	25679.56	3152.84	21750.48	10863.46	10887.02
2010.11	6293.80	22489.51	−16195.72	33745.84	31729.40	2016.44	26321.89	22244.55	4077.34
2010.12	6674.58	18450.34	−11775.76	37991.48	28281.04	9710.44	20015.47	25156.53	−5141.07
2010年累计	75702.82	303349.66	−227646.83	378469.34	287277.15	91192.19	248884.85	219930.75	28954.09

注：1. 国有商业银行包括工商银行、农业银行、中国银行和建设银行；2. 其他商业银行：股份制商业银行、城市商业银行；3. 其他金融机构：政策性银行、农村商业银行、农村合作银行、农信社联社、城市信用社、财务公司、信托投资公司、邮政储蓄、金融租赁公司、资产管理公司、社保基金、投资公司、企业年金、投资者保护基金、其他投资产品以及其他金融机构等；4. 证券及基金：证券公司、基金公司。

数据来源：中国人民银行

Source: The People's Bank of China

Collateral Bond Repurchase Trading of National Interbank Market(Categorized by Institutions)

单位：亿元人民币　100000000 yuan

保险公司 Insurance Companies			证券及基金 Securities Corporations and Funds			外资金融机构 Foreign Financial Institutions			交易日 Trading Days	成交金额合计 Total Turnover of Trading
回购 Repurchase	逆回购 Reverse Repurchase	正逆回购差额 Difference	回购 Repurchase	逆回购 Reverse Repurchase	正逆回购差额 Difference	回购 Repurchase	逆回购 Reverse Repurchase	正逆回购差额 Difference		
2762.75	289.85	2472.90	5594.68	487.11	5107.57	2290.01	133.34	2156.67	20.00	57465.41
1360.57	1046.01	314.57	3090.14	933.56	2156.58	1795.84	240.01	1555.83	17.00	44216.57
1912.92	1378.08	534.83	6840.58	512.97	6327.60	2862.56	150.37	2712.19	23.00	60847.41
2078.01	1053.71	1024.30	7398.89	294.22	7104.67	3405.23	141.49	3263.74	21.00	64139.47
2062.99	3554.79	−1491.79	5561.98	2861.41	2700.57	3064.34	526.42	2537.92	20.00	68945.94
2690.18	4637.70	−1947.51	2738.36	1039.73	1698.64	3078.80	1888.04	1190.77	21.00	71938.47
3983.04	347.39	3635.65	6678.06	1268.22	5409.84	4941.95	318.90	4623.05	22.00	80691.32
4213.09	747.90	3465.19	8471.43	1254.28	7217.16	5437.07	377.00	5060.07	22.00	98154.72
3596.88	1216.39	2380.49	4893.62	1349.57	3544.05	3799.91	395.78	3404.14	22.00	80394.71
4172.90	168.87	4004.03	5617.33	299.64	5317.69	2963.43	252.82	2710.61	17.00	64577.73
4655.55	815.12	3840.43	5741.10	950.96	4790.14	2091.22	619.85	1471.37	22.00	78849.40
5233.40	1625.76	3607.64	4353.55	1756.21	2597.34	2043.84	1042.45	1001.39	23.00	76312.33
38722.31	16881.57	21840.73	66979.72	13007.87	53971.84	37774.19	6086.47	31687.72	250.00	846533.48

3-5 全国银行间债券市场质押式债券回购余额统计表

机构 日期	国有商业银行 State-Owned Commercial Banks			其他商业银行 Other Commercial Banks			其他金融机构 Other Financial Institutions		
	回购 Repurchase	逆回购 Reverse Repurchase	正逆回购差额 Difference	回购 Repurchase	逆回购 Reverse Repurchase	正逆回购差额 Difference	回购 Repurchase	逆回购 Reverse Repurchase	正逆回购差额 Difference
2010.01	2148.80	19913.28	−17764.48	23770.10	22966.62	803.48	20899.07	13675.21	7223.87
2010.02	2677.02	19428.66	−16751.64	23492.69	10131.04	13361.65	11800.30	12437.30	−636.99
2010.03	536.20	25255.22	−24719.02	26409.95	20820.33	5589.62	22285.22	12730.43	9554.78
2010.04	3202.22	27684.30	−24482.08	25889.49	24882.49	1006.99	22165.64	10083.26	12082.38
2010.05	11243.53	18208.61	−6965.08	29015.74	20343.66	8672.08	17997.35	23451.04	−5453.69
2010.06	20180.78	14572.81	5607.97	32149.01	17668.70	14480.30	11101.34	32131.50	−21030.16
2010.07	6576.80	35658.97	−29082.17	35675.48	26121.19	9554.29	22835.73	16976.63	5859.10
2010.08	7788.22	40506.03	−32717.81	43392.09	32857.63	10534.46	28852.83	22411.89	6440.93
2010.09	7139.68	33868.53	−26728.85	38105.08	25795.49	12309.59	22859.53	17768.95	5090.59
2010.10	1241.20	27313.38	−26072.18	28832.40	25679.56	3152.84	21750.48	10863.46	10887.02
2010.11	6293.80	22489.51	−16195.72	33745.84	31729.40	2016.44	26321.89	22244.55	4077.34
2010.12	6674.58	18450.34	−11775.76	37991.48	28281.04	9710.44	20015.47	25156.53	−5141.07

注：1. 国有商业银行包括工商银行、农业银行、中国银行和建设银行；2. 其他商业银行：股份制商业银行、城市商业银行；3. 其他金融机构：政策性银行、农村商业银行、农村合作银行、农信社联社、城市信用社、财务公司、信托投资公司、邮政储蓄、金融租赁公司、资产管理公司、社保基金、投资公司、企业年金、投资者保护基金、其他投资产品以及其他金融机构等；4. 证券及基金：证券公司、基金公司。

数据来源：中国人民银行

Source: The People's Bank of China

3-6 全国银行间市场买断式债券回购交易期限分类统计表

品种 Maturity	1天 Overnight		7天 7 Days		14天 14 Days		21天 21 Days	
日期 Date	成交金额 Turnover of Trading	加权平均利率 Weighted Average Interest Rate	成交金额 Turnover of Trading	加权平均利率 Weighted Average Interest Rate	成交金额 Turnover of Trading	加权平均利率 Weighted Average Interest Rate	成交金额 Turnover of Trading	加权平均利率 Weighted Average Interest Rate
2010.01	2253.51	1.16	369.08	1.52	66.92	1.77	19.22	2.25
2010.02	1738.52	1.45	87.24	1.72	146.35	2.13	13.98	2.07
2010.03	3077.03	1.39	222.77	1.76	123.84	1.90	52.02	1.95
2010.04	3791.50	1.34	149.63	1.74	142.81	1.83	60.80	1.93
2010.05	1926.85	1.58	262.49	1.87	85.63	2.12	33.68	2.22
2010.06	658.70	2.35	287.52	3.00	142.76	3.08	36.64	3.47
2010.07	2076.70	1.62	497.33	2.20	104.00	2.40	31.75	2.56
2010.08	2046.94	1.59	483.33	2.15	157.99	2.11	13.16	2.25
2010.09	881.20	1.79	347.62	2.51	154.84	2.94	26.28	3.44
2010.10	1251.94	1.65	377.76	2.23	135.77	2.27	23.81	2.29
2010.11	1561.14	1.76	472.18	2.25	110.12	2.49	64.65	2.63
2010.12	1187.59	2.60	370.04	4.22	157.82	4.45	36.86	4.13
2010年累计	22451.62		3927.00		1528.85		412.87	

数据来源：中国人民银行

Source: The People's Bank of China

Balance Statistics of Collateral Bond Repurchase of National Interbank Market

保险公司 Insurance Companies			证券及基金 Securities Corporations and Funds			外资金融机构 Foreign Financial Institutions			余额 Balance	
回购 Repurchase	逆回购 Reverse Repurchase	正逆回购差额 Difference	回购 Repurchase	逆回购 Reverse Repurchase	正逆回购差额 Difference	回购 Repurchase	逆回购 Reverse Repurchase	正逆回购差额 Difference		
2762.75	289.85	2472.90	5594.68	487.11	5107.57	2290.01	133.34	2156.67	20.00	57465.40854
1360.57	1046.01	314.57	3090.14	933.56	2156.58	1795.84	240.01	1555.83	17.00	44216.56824
1912.92	1378.08	534.83	6840.58	512.97	6327.60	2862.56	150.37	2712.19	23.00	60847.41018
2078.01	1053.71	1024.30	7398.89	294.22	7104.67	3405.23	141.49	3263.74	21.00	64139.47132
2062.99	3554.79	−1491.79	5561.98	2861.41	2700.57	3064.34	526.42	2537.92	20.00	68945.93824
2690.18	4637.70	−1947.51	2738.36	1039.73	1698.64	3078.80	1888.04	1190.77	21.00	71938.47294
3983.04	347.39	3635.65	6678.06	1268.22	5409.84	4941.95	318.90	4623.05	22.00	80691.31503
4213.09	747.90	3465.19	8471.43	1254.28	7217.16	5437.07	377.00	5060.07	22.00	98154.72338
3596.88	1216.39	2380.49	4893.62	1349.57	3544.05	3799.91	395.78	3404.14	22.00	80394.71381
4172.90	168.87	4004.03	5617.33	299.64	5317.69	2963.43	252.82	2710.61	17.00	64577.73487
4655.55	815.12	3840.43	5741.10	950.96	4790.14	2091.22	619.85	1471.37	22.00	78849.3963
5233.40	1625.76	3607.64	4353.55	1756.21	2597.34	2043.84	1042.45	1001.39	23.00	76312.32694

Bond Outright Repurchase Trading of National Interbank Market (Categorized by Maturity)

1个月 1 Month		2个月 2 Months		3个月 3 Months		成交金额合计 Total Turnover of Trading	加权平均利率 Weighted Average Interest Rate
成交金额 Turnover of Trading	加权平均利率 Weighted Average Interest Rate	成交金额 Turnover of Trading	加权平均利率 Weighted Average Interest Rate	成交金额 Turnover of Trading	加权平均利率 Weighted Average Interest Rate		
49.14	2.17	25.18	2.08	20.76	2.12	2803.82	1.26
16.65	2.54	20.64	2.28	13.57	2.29	2036.95	1.53
112.19	1.75	10.54	1.61	19.00	2.57	3617.39	1.46
67.26	2.18	1.32	1.95	0.98	2.60	4214.30	1.40
44.41	2.29	9.96	1.95	6.21	2.60	2369.24	1.66
65.38	3.49	5.83	3.48	16.60	2.60	1213.44	2.70
21.86	2.68	10.02	2.45	4.84	2.52	2746.51	1.78
18.52	2.77	2.82	2.92	25.29	2.64	2748.06	1.74
163.70	3.10	27.55	3.12	25.39	2.79	1626.58	2.25
19.57	2.82	3.06	2.80	11.53	3.09	1823.45	1.85
19.88	2.83	48.15	3.65	13.67	2.83	2289.79	1.98
129.51	3.95	15.09	4.57	15.64	3.35	1912.55	3.20
728.08		180.17		173.48		29402.08	

3-7 全国银行间债券市场买断式债券回购交易机构分类统计表

日期 \ 机构	国有商业银行 State-Owned Commercial Banks			其他商业银行 Other Commercial Banks			其他金融机构 Other Financial Institutions		
	回购 Repurchase	逆回购 Reverse Repurchase	正逆回购差额 Difference	回购 Repurchase	逆回购 Reverse Repurchase	正逆回购差额 Difference	回购 Repurchase	逆回购 Reverse Repurchase	正逆回购差额 Difference
2010.01	100.99	1376.65	−1275.66	39.57	590.99	−551.43	531.77	803.31	−271.55
2010.02	207.47	1020.09	−812.62	102.23	214.09	−111.86	333.44	715.36	−381.92
2010.03	87.68	1263.24	−1175.56	35.73	1169.62	−1133.89	485.71	1118.75	−633.04
2010.04	58.90	1797.48	−1738.58	88.55	1254.88	−1166.34	467.61	1115.23	−647.63
2010.05	32.06	977.31	−945.25	67.91	707.59	−639.68	277.24	597.80	−320.56
2010.06	87.94	383.24	−295.29	126.79	441.89	−315.10	496.17	316.23	179.94
2010.07	285.57	1256.14	−970.57	181.87	731.27	−549.39	436.86	731.65	−294.79
2010.08	219.98	1250.83	−1030.85	96.36	649.61	−553.25	332.95	818.20	−485.25
2010.09	232.88	406.45	−173.58	115.44	540.48	−425.04	276.90	628.60	−351.70
2010.10	143.68	737.11	−593.43	54.61	528.63	−474.02	202.90	547.20	−344.30
2010.11	79.20	725.93	−646.73	219.04	818.16	−599.12	281.08	676.17	−395.09
2010.12	118.54	310.87	−192.33	331.21	792.34	−461.14	326.83	651.16	−324.33
2010年累计	1654.89	11505.35	−9850.46	1459.31	8439.57	−6980.27	4449.45	8719.67	−4270.21

注：1. 国有商业银行包括工商银行、农业银行、中国银行和建设银行；2. 其他商业银行：股份制商业银行、城市商业银行；3. 其他金融机构：政策性银行、农村商业银行、农村合作银行、农信社联社、城市信用社、财务公司、信托投资公司、邮政储蓄、金融租赁公司、资产管理公司、社保基金、投资公司、企业年金、投资者保护基金、其他投资产品以及其他金融机构等；4. 证券及基金：证券公司、基金公司。

数据来源：中国人民银行

Source: The People's Bank of China

3-8 全国银行间债券市场买断式债券回购余额统计表

日期 \ 机构	国有商业银行 State-Owned Commercial Banks			其他商业银行 Other Commercial Banks			其他金融机构 Other Financial Institutions		
	回购 Repurchase	逆回购 Reverse Repurchase	正逆回购差额 Difference	回购 Repurchase	逆回购 Reverse Repurchase	正逆回购差额 Difference	回购 Repurchase	逆回购 Reverse Repurchase	正逆回购差额 Difference
2010.01	17.74	86.27	−68.54	31.79	123.54	−91.75	83.71	112.84	−29.13
2010.02	0.00	65.23	−65.23	41.09	120.02	−78.93	77.23	90.76	−13.53
2010.03	0.00	153.26	−153.26	46.86	173.50	−126.65	145.42	83.89	61.53
2010.04	0.00	166.89	−166.89	43.42	177.76	−134.34	160.86	78.03	82.83
2010.05	2.01	1.85	0.16	31.23	115.60	−84.37	74.10	43.51	30.59
2010.06	0.00	43.48	−43.48	54.18	165.70	−111.52	126.09	78.27	47.82
2010.07	9.01	103.15	−94.15	25.50	142.23	−116.73	91.19	83.11	8.08
2010.08	0.00	28.66	−28.66	30.72	232.30	−201.58	56.46	102.80	−46.34
2010.09	0.00	38.13	−38.13	52.78	233.65	−180.88	110.88	98.33	12.55
2010.10	2.65	49.57	−46.92	22.56	176.69	−154.14	60.50	94.98	−34.48
2010.11	1.43	10.92	−9.50	116.59	203.22	−86.63	95.50	93.14	2.36
2010.12	0.00	31.42	−31.42	118.76	300.86	−182.10	172.44	117.42	55.01

数据来源：中国人民银行

Source: The People's Bank of China

Bond Outright Repurchase Trading of National Interbank Market(Categorized by Institutions)

单位：亿元人民币　100000000 yuan

保险公司 Insurance Companies			证券及基金 Securities Corporations and Funds			外资金融机构 Foreign Financial Institutions			交易日 Trading Days	成交金额合计 Total Turnover of Trading
回购 Repurchase	逆回购 Reverse Repurchase	正逆回购差额 Difference	回购 Repurchase	逆回购 Reverse Repurchase	正逆回购差额 Difference	回购 Repurchase	逆回购 Reverse Repurchase	正逆回购差额 Difference		
5.06	7.29	−2.23	2123.98	17.62	2106.36	2.46	7.96	−5.50	20.00	2803.82
0.00	3.60	−3.60	1387.09	83.81	1303.28	6.73	0.00	6.73	17.00	2036.95
28.94	10.53	18.41	2967.89	26.20	2941.69	11.44	29.04	−17.60	23.00	3617.39
0.00	21.15	−21.15	3588.04	23.16	3564.89	11.20	2.40	8.81	21.00	4214.30
12.96	3.09	9.88	1951.03	60.89	1890.15	28.02	22.57	5.46	20.00	2369.24
0.00	0.96	−0.96	478.63	65.87	412.75	23.91	5.25	18.66	21.00	1213.44
10.02	0.00	10.02	1743.63	22.77	1720.85	88.56	4.68	83.88	22.00	2746.51
4.86	3.00	1.86	1914.76	26.21	1888.55	179.14	0.20	178.94	22.00	2748.06
14.11	1.13	12.98	935.01	49.21	885.80	52.25	0.71	51.55	22.00	1626.58
0.00	0.00	0.00	1386.21	7.37	1378.84	36.05	3.13	32.92	17.00	1823.45
0.00	0.00	0.00	1704.30	67.17	1637.12	6.18	2.36	3.82	22.00	2289.79
3.87	0.71	3.16	1130.15	157.46	972.69	1.95	0.00	1.95	23.00	1912.55
79.83	51.47	28.37	21310.70	607.74	20702.96	447.89	78.29	369.61	250.00	29402.08

Balance Statistics of Bond Outright Repurchase of National Interbank Market

单位：亿元人民币　100000000 yuan

保险公司 Insurance Companies			证券及基金 Securities Corporations and Funds			外资金融机构 Foreign Financial Institutions			余额 Balance
回购 Repurchase	逆回购 Reverse Repurchase	正逆回购差额 Difference	回购 Repurchase	逆回购 Reverse Repurchase	正逆回购差额 Difference	回购 Repurchase	逆回购 Reverse Repurchase	正逆回购差额 Difference	
5.06	0.00	5.06	191.98	2.56	189.42	0.00	5.06	−5.06	330.27
0.00	0.00	0.00	161.78	7.99	153.79	3.91	0.00	3.91	284.01
15.23	0.00	15.23	235.52	19.10	216.42	1.96	15.23	−13.27	444.98
10.14	0.00	10.14	233.31	14.96	218.34	2.45	12.53	−10.08	450.17
12.96	0.48	12.48	69.79	20.43	49.37	3.06	11.28	−8.22	193.15
9.96	0.96	9.00	131.60	31.98	99.61	0.00	0.00	0.00	331.66
10.02	0.00	10.02	184.48	8.60	175.89	16.94	0.05	16.89	337.14
14.88	2.14	12.74	239.44	16.71	222.73	41.12	0.00	41.12	382.62
10.11	0.51	9.61	227.67	33.82	193.85	3.00	0.00	3.00	404.44
10.11	0.00	10.11	236.45	16.27	220.19	6.85	1.61	5.24	339.13
0.00	0.00	0.00	134.01	39.75	94.26	0.00	0.49	−0.49	347.53
0.00	0.00	0.00	207.94	49.43	158.51	0.00	0.00	0.00	499.13

3-9 1995—2010年交易所债券交易情况汇总表

		1996年	1997年	1998年	1999年	2000年	2001年
年末上市数目合计	Listed Numbers	43	42	39	43	46	54
金融债	Financial Bonds	2	0	0	0	0	0
企业债	Enterprise Bonds	6	7	7	12	12	13
企业债现货	Enterprise Bonds Spot	6	7	7	12	12	13
企业债回购	Enterprise Bonds Repurchase						
可转换债券	Convertible Bonds	0	0	1	2	3	3
国债	T-Bonds	35	35	31	29	31	38
现货	T-Bond Spot	18	18	14	12	14	21
期货	T-Bond Futures	0	0	0	0	0	0
回购	T-Bond Repurchase	17	17	17	17	17	17
成交数量(万张/口)	Transaction Volume	174297.17	161732.38	203161.40	170716.33	197979.00	204707.68
金融债	Financial Bonds						
企业债(万张)	Enterprise Bonds	38.00	356.12	946.39	471.12	906.15	672.13
企业债现货	Enterprise Bonds Spot	38.00	356.12	946.39	471.12	906.15	672.13
企业债回购	Enterprise Bonds Repurchase						
可转换债券(万张)	Convertible Bonds	0.00	0.00	833.45	3133.54	11717.48	3684.55
国债(万张)	T-Bond	174259.17	161376.26	201381.56	167111.67	185355.37	200351.00
现货(万张)	T-Bond Spot	44172.76	32615.20	45973.57	38206.39	38018.57	45474.64
期货(万口)	T-Bond Future	0.00	0.00	0.00	0.00	0.00	0.00
回购(万张)	T-Bond Repurchase	130086.41	128761.06	155407.99	128905.28	147336.80	154876.36
成交金额(百万元)	Transaction Turnover	1803934.55	1647689.03	2166177.72	1828412.24	1911915.83	2041776.34
金融债	Financial Bonds	0.05	0.00	0.00	0.00	0.00	0.00
企业债	Enterprise Bonds	146.09	1808.10	4068.57	4799.48	9292.27	6884.31
企业债现货	Enterprise Bonds Spot	146.09	1808.10	4068.57	4799.48	9292.27	6884.31
企业债回购	Enterprise Bonds Repurchase						
可转换债券	Convertible Bonds	0.00	0.00	2030.17	4473.35	13506.68	4568.04
国债	T-Bond	1803788.41	1645880.93	2160078.98	1819139.41	1889116.88	2030323.99
现货	T-Bond Spot	502924.30	358274.52	605994.78	530086.53	415748.83	481560.35
期货	T-Bond Future	0.00	0.00	0.00	0.00	0.00	0.00
回购	T-Bond Repurchase	1300864.12	1287606.41	1554084.00	1289052.88	1473368.05	1548763.64
成交笔数合计(万笔)	Transaction Turnover	2546422	1535030	1700434	1586663	1937637	1161774
金融债	Financial Bonds	4	2	0	0	0	0
企业债	Enterprise Bonds	13400	51350	310499	233767	434395	173256
企业债现货	Enterprise Bonds Spot	13400	51350	310499	233767	434395	173256
企业债回购	Enterprise Bonds Repurchase						
可转换债券	Convertible Bonds	0	0	172571	513702	827248	208841
国债	T-Bond	2533018	1483678	1217364	839194	675994	779677
现货	T-Bond Spot	1832141	1118563	796406	536532	385348	476656
期货	T-Bond Future	0	0	0	0	0	0
回购	T-Bond Repurchase	700877	365115	420958	302662	290646	303021

数据来源：上海、深圳证券交易所
Source: Shanghai Shenzhen Stock Exchange

Statistics of Bonds Trading（1995—2010）

2002 年	2003 年	2004 年	2005 年	2006 年	2007 年	2008 年	2009 年	2010 年
74	115	155	245	289	299	356	648	822
0	0	0	0	0	0	0	0	0
15	31	40	66	90	97	123	252	354
15	24	33	59	83	90	116	245	347
	7	7	7	7	7	7	7	7
9	23	32	29	26	17	17	12	12
50	61	83	150	173	183	216	384	456
33	41	57	85	107	123	153	319	397
0	0	0	0	0	0	0	0	0
17	20	26	65	66	60	63	65	59
329252.26	620194.41	504218.50	283714.36	182454.42	205794.72	288912	405677	868251
		0.00	0.00	0.00	0.00	0	0	0
639.81	26973.40	26356.20	14472.25	9858.32	7162.83	18540	21030	114941
639.81	3439.33	1158.24	1493.43	1716.79	4458.31	18159	20570	79325
	23534.07	25197.96	12978.82	8141.54	2703.92	381	459	35616
688.29	5830.70	5633.34	4822.40	2372.80	2415.19	3832	4793	30240
328152.15	587390.31	472228.96	264419.71	170223.30	19179.37	263947	379855	723070
83955.76	57391.85	31362.82	28207.98	15350.03	12728.61	21261	20562	22894
0.00	0.00	0.00	0.00	0.00	0.00	0	0	0
244196.39	529998.46	440866.14	236211.73	154873.27	183450.76	242687	359293	700176
3324952.62	6213635.97	5032349.66	2836785.47	1827931.64	2066721.23	2860149	4063506	7620603
0.00	0.00	0.00	0.00	0.00	0.00	0	0	0
7033.09	271701.63	263316.09	145259.32	97678.18	64188.54	150081	198370	296617
7033.09	36360.93	11336.49	15471.12	16262.83	37149.36	146270	193776	261001
	235340.7	251979.6	129788.2	81415.35	27039.18	3812	4594	35616
7369.70	66338.72	63726.37	51345.76	27450.02	40923.50	44213	63641	156061
3312831.83	5875595.62	4705307.19	2640180.39	1702803.45	1961235.61	2639117	3801496	7167925
870867.90	575610.99	296645.79	278063.09	154070.75	126728.01	212252	208571	166166
0.00	0.00	0.00	0.00	0.00	0.00	0	0	0
2441963.93	5299984.63	4408661.40	2362117.30	1548732.70	1834507.60	2426865	3592925	7001759
2136984	4789412	4719995	3447412	1776187	1734117	3804124	4055271	5208911
0	0	0	0	0	0	0	0	0
120462	333915	273821	199235	167685	371510	1638469	1935095	1118442
120462	207187	140237	133352	134029	366231	1637624	1934487	1110729
	126728	133584	65883	33656	5279	845	608	7713
191200	665889	736253	507992	322202	491177	801276	690111	822207
1902951	3789608	3709921	2740185	1286300	865232	1029018	1430065	3268262
1105316	1299017	1576217	1766595	853805	494519	433907	406502	239507
0	0	0	0	0	0	0	0	0
797635	2490591	2133704	973590	432495	370713	595111	1023563	3028755

3-10 1995—2010年上海债券交易情况统计表

		1996年	1997年	1998年	1999年	2000年	2001年
年末上市数目合计	Listed Numbers	24	22	20	23	25	31
金融债	Financial Bonds	2	0	0	0	0	0
企业债	Enterprise Bonds	5	5	5	9	10	12
企业债现货	Enterprise Bonds Spot	5	5	5	9	10	12
企业债回购	Enterprise Bonds Repurchase						
可转换债券	Convertible Bonds						
国债	T-Bonds	17	17	15	14	15	19
现货	T-Bond Spot	9	9	7	6	7	11
期货	T-Bond Futures	0	0	0	0	0	0
回购	T-Bond Repurchase	8	8	8	8	8	8
成交数量(万张/口)	Transaction Volume	167937.07	150768.00	197912.00	159528.81	165336.68	195274.87
金融债	Financial Bonds						
企业债(万张)	Enterprise Bonds	9.76	128.00	170.00	300.44	790.26	610.45
企业债现货	Enterprise Bonds Spot	9.76	128.00	170.00	300.44	790.26	610.45
企业债回购	Enterprise Bonds Repurchase						
可转换债券(万张)	Convertible Bonds						
国债(万张)	T-Bond	167927.31	150640.00	197742.00	159228.37	164546.42	194664.42
现货(万张)	T-Bond Spot	43535.71	31518.00	45857.00	37987.20	33074.28	41234.63
期货(万口)	T-Bond Future	0.00	0.00	0.00	0.00	0.00	0.00
回购(万张)	T-Bond Repurchase	124391.60	119122.00	151885.00	121241.17	131472.14	153429.79
成交金额(百万元)	Transaction Turnover	1740269.88	1539606.07	2126655.84	1744673.41	1689582.58	1979403.51
金融债	Financial Bonds	0.05	0.00	0.00	0.00	0.00	0.00
企业债	Enterprise Bonds	116.12	1550.32	3131.84	4584.47	9155.65	6799.92
企业债现货	Enterprise Bonds Spot	116.12	1550.32	3131.84	4584.47	9155.65	6799.92
企业债回购	Enterprise Bonds Repurchase						
可转换债券	Convertible Bonds						
国债	T-Bond	1740153.71	1538055.75	2123524.00	1740088.94	1680426.93	1972603.59
现货	T-Bond Spot	496237.71	346839.95	604669.80	527677.24	365705.53	438305.69
期货	T-Bond Future	0.00	0.00	0.00	0.00	0.00	0.00
回购	T-Bond Repurchase	1243916.00	1191215.80	1518854.00	1212411.70	1314721.40	1534297.90
成交笔数合计(笔)	Transaction Turnover	2502405	1501749	1509904	1054994	1047980	914158
金融债	Financial Bonds	4	2	0	0	0	0
企业债	Enterprise Bonds	11032	49205	304452	225834	427365	169902
企业债现货	Enterprise Bonds Spot	11032	49205	304452	225834	427365	169902
企业债回购	Enterprise Bonds Repurchase						
可转换债券	Convertible Bonds						
国债	T-Bond	2491369	1452542	1205452	829160	620615	744256
现货	T-Bond Spot	1805154	1096789	787783	531248	347069	443748
期货	T-Bond Future	0	0	0	0	0	0
回购	T-Bond Repurchase	686215	355753	417669	297912	273546	300508

数据来源：上海证券交易所
Source: Shanghai Stock Exchange

Statistics of Bonds Trading in Shanghai Stock Exchange (1995—2010)

2002年	2003年	2004年	2005年	2006年	2007年	2008年	2009年	2010年
39	65	90	165	196	198	225	411	536
0	0	0	0	0	0	0	0	0
11	22	27	50	66	71	82	186	280
11	19	24	47	63	68	79	183	277
	3	3	3	3	3	3	3	3
3	13	19	18	19	12	12	9	7
25	30	44	97	111	113	131	216	249
17	21	29	43	54	62	77	160	199
0	0	0	0	0	0	0	0	0
8	9	15	54	57	51	54	56	50
305478.71	615065.44	501277.76	281556.45	181070.11	203847.42	283780.00	397971.26	748056.82
		0.00	0.00	0.00	0.00	0.00	0.00	0.00
454.99	26523.60	26134.06	14180.84	9420.65	6350.09	15067.98	15311.81	20612.21
454.99	2992.22	978.10	1202.02	1301.44	3711.02	14686.80	15311.81	20612.21
	23531.38	25155.96	12978.82	8119.21	2638.47	381.18	0.00	0.00
228.00	3888.19	2971.42	3035.41	1459.64	1333.19	2640.49	3107.51	11570.10
305023.72	584653.65	472172.28	264340.20	170189.82	19126.81	263478.54	379551.92	715874.52
60831.83	54838.27	31310.10	28128.47	15316.55	12676.05	20792.03	20259.38	15698.58
0.00	0.00	0.00	0.00	0.00	0.00	0.00	0.00	0.00
244191.89	529815.38	440862.18	236211.73	154873.27	183450.76	242686.51	359292.54	700175.94
3085105.73	6159638.70	4999773.72	2813841.37	1813027.99	2039936.95	2809063.31	3980634.40	7491443.15
0.00	0.00	0.00	0.00	0.00	0.00	0.00	0.00	0.00
5103.67	266918.03	261147.37	142276.64	93653.14	57652.39	117712.41	140326.46	200659.21
5103.67	31604.23	9587.77	12488.44	12461.04	31267.69	113900.61	140326.46	200659.21
	235313.8	251559.6	129788.2	81192.1	26384.7	3811.80	0.00	0.00
2282.00	44531.21	33854.71	32168.02	16902.65	21183.22	30159.08	41832.46	130020.05
308002.06	5848189.46	4704771.64	2639396.71	1702472.20	1960727.76	2634454.66	3798475.46	7160763.90
638083.16	550035.66	296149.84	277279.41	153739.50	126220.16	207589.56	205550.03	159004.45
0.00	0.00	0.00	0.00	0.00	0.00	0.00	0.00	0.00
2441918.90	5298153.80	4408621.80	2362117.30	1548732.70	1834507.60	2426865.10	3592925.43	7001759.45
1899455	4474444	4329965	3188216	1577380	1432892	3159637.00	3171936.00	4413781.00
0	0	0	0	0	0	0.00	0.00	0.00
104113	311351	257219	177830	134557	278719	1266961.00	1314982.00	633370.00
104113	184647	123677	111947	100971	273510	1266116.00	1314982.00	633370.00
	126704	133542	65883	33586	5209	845.00	0.00	0.00
77629	414286	388584	308610	185922	315095	565506.00	473436.00	542744.00
1795342	3748807	3684162	2701776	1256901	832880	991809.00	1383518.00	3237667.00
997717	1258530	1550466	1728186	824406	462167	396698.00	359955.00	208913.00
0	0	0	0	0	0	0.00	0.00	0.00
797625	2490277	2133696	973590	432495	370713	595111.00	1023563.00	3028754.00

3-11 1995—2010年深圳债券交易情况统计表

		1996年	1997年	1998年	1999年	2000年	2001年
年末上市数目合计	Listed Numbers	19	20	19	20	21	23
金融债	Financial Bonds						
企业债	Enterprise Bonds	1	2	2	3	2	1
企业债现货	Enterprise Bonds Spot	1	2	2	3	2	1
企业债回购	Enterprise Bonds Repurchase						
可转换债券	Convertible Bonds			1	2	3	3
国债	T-Bonds	18	18	16	15	16	19
现货	T-Bond Spot	9	9	7	6	7	10
期货	T-Bond Futures						
回购	T-Bond Repurchase	9	9	9	9	9	9
成交数量(万张/口)	Transaction Volume	6360.10	10964.38	5249.40	11187.52	32642.32	9432.81
金融债	Financial Bonds						
企业债(万张)	Enterprise Bonds	28.24	228.12	776.39	170.68	115.89	61.68
企业债现货	Enterprise Bonds Spot	28.24	228.12	776.39	170.68	115.89	61.68
企业债回购	Enterprise Bonds Repurchase						
可转换债券(万张)	Convertible Bonds			833.45	3133.54	11717.48	3684.55
国债(万张)	T-Bond	6331.86	10736.26	3639.56	7883.30	20808.95	5686.58
现货(万张)	T-Bond Spot	637.05	1097.20	116.57	219.19	4944.29	4240.01
期货(万口)	T-Bond Future						
回购(万张)	T-Bond Repurchase	5694.81	9639.06	3522.99	7664.11	15864.66	1446.57
成交金额(百万元)	Transaction Turnover	63664.67	108082.96	39521.88	83738.83	222333.25	62372.83
金融债	Financial Bonds						
企业债	Enterprise Bonds	29.97	257.78	936.73	215.01	136.62	84.39
企业债现货	Enterprise Bonds Spot	29.97	257.78	936.73	215.01	136.62	84.39
企业债回购	Enterprise Bonds Repurchase						
可转换债券	Convertible Bonds			2030.17	4473.35	13506.68	4568.04
国债	T-Bond	63634.70	107825.18	36554.98	79050.47	208689.95	57720.40
现货	T-Bond Spot	6686.59	11434.57	1324.98	2409.29	50043.30	43254.66
期货	T-Bond Future						
回购	T-Bond Repurchase	56948.12	96390.61	35230.00	76641.18	158646.65	14465.74
成交笔数合计(万笔)	Transaction Turnover	44017	33281	190530	531669	889657	247616
金融债	Financial Bonds						
企业债	Enterprise Bonds	2368	2145	6047	7933	7030	3354
企业债现货	Enterprise Bonds Spot	2368	2145	6047	7933	7030	3354
企业债回购	Enterprise Bonds Repurchase						
可转换债券	Convertible Bonds			172571	513702	827248	208841
国债	T-Bond	41649	31136	11912	10034	55379	35421
现货	T-Bond Spot	26987	21774	8623	5284	38279	32908
期货	T-Bond Future						
回购	T-Bond Repurchase	14662	9362	3289	4750	17100	2513

数据来源：深圳证券交易所
Source: Shenzhen Stock Exchange

Statistics of Bonds Trading in Shenzhen Stock Exchange（1995—2010）

2002年	2003年	2004年	2005年	2006年	2007年	2008年	2009年	2010年
35	50	65	80	93	101	131	237	286
0	0	0	0	0	0	0	0	0
4	9	13	16	24	26	41	66	74
4	5	9	12	20	22	37	62	70
	4	4	4	4	4	4	4	4
6	10	13	11	7	5	5	3	5
25	31	39	53	62	70	85	168	207
16	20	28	42	53	61	76	159	198
0	0	0	0	0	0	0	0	0
9	11	11	11	9	9	9	9	9
23773.55	5128.97	2940.74	2157.91	1384.31	1947.30	5131.87	7706.06	120193.68
	0.00	0.00	0.00	0.00	0.00	0.00	0.00	0.00
184.82	449.80	222.14	291.41	437.67	812.74	3471.87	5717.92	94328.87
184.82	447.11	180.14	291.41	415.35	747.29	3471.87	5258.52	58712.63
	2.69	42	0	22.33	65.45	0	459.40	35616.24
460.29	1942.51	2661.92	1786.99	913.16	1082.00	1191.16	1685.39	18669.46
23128.43	2736.66	56.68	79.51	33.48	52.56	468.84	302.75	7195.36
23123.93	2553.58	52.72	79.51	33.48	52.56	468.84	302.75	7195.35
		0.00	0.00	0.00	0.00	0.00	0.00	0.00
4.50	183.08	3.96	0.00	0.00	0.00	0.00	0.00	0.00
239846.89	53997.27	32575.94	22944.10	14903.65	26784.28	51085.78	82871.76	129159.50
0.00	0.00	0.00	0.00	0.00	0.00	0.00	0.00	0.00
1929.42	4783.60	2168.72	2982.68	4025.04	6536.15	32369.01	58043.15	95957.68
1929.42	4756.70	1748.72	2982.68	3801.79	5881.67	32369.01	53449.15	60341.44
	26.9	420	0	223.25	654.48	0	4594.00	35616.24
5087.70	21807.51	29871.66	19177.74	10547.37	19740.28	14054.10	21808.13	26040.63
232829.77	27406.16	535.55	783.68	331.25	507.85	4662.67	3020.48	7161.18
232784.74	25575.33	495.95	783.68	331.25	507.85	4662.67	3020.48	7161.18
	0.00	0.00	0.00	0.00	0.00	0.00	0.00	0.00
45.03	1830.83	39.60	0.00	0.00	0.00	0.00	0.00	0.00
237529	314968	390030	259196	198807	301225	644487	883335.00	795130.00
0	0	0	0	0	0	0	0.00	0.00
16349	22564	16602	21405	33128	92791	371508	620113.00	485072.00
16349	22540	16560	21405	33058	92721	371508	619505.00	477359.00
	24	42	0	70	70	0	608.00	7713.00
113571	251603	347669	199382	136280	176082	235770	216675.00	279463.00
107609	40801	25759	38409	29399	32352	37209	46547.00	30595.00
107599	40487	25751	38409	29399	32352	37209	46547.00	30594.00
	0	0	0	0	0	0	0.00	0.00
10	314	8	0	0	0	0	0.00	1.00

3-12 2010年全国国债现货每日成交额、成交量

日期 Date	1月 Jan.		2月 Feb.		3月 Mar.		4月 Apr.		5月 May.		6月 Jun.	
	成交额 Turnover	成交量 Volume	成交额 Turnover	成交量 Volume	成交额 Turnover	成交量 Volume	成交额 Turnover	成交量 Volume	成交额 Turnover	成交量 Volume	成交额 Turnover	成交量 Volume
1	0.00	0.00	10.82	482.16	8.32	272.20	9.17	508.26	0.00	0.00	16.79	375.70
2	0.00	0.00	9.76	661.50	6.81	327.53	9.82	723.22	0.00	0.00	10.51	696.57
3	0.00	0.00	13.85	679.06	8.16	628.63	0.00	0.00	0.00	0.00	15.10	1187.11
4	11.27	314.40	10.01	592.41	4.75	310.12	0.00	0.00	6.89	388.80	10.70	817.11
5	7.17	565.68	11.61	626.61	7.06	408.35	0.00	0.00	10.38	439.94	0.00	0.00
6	11.39	462.16	0.00	0.00	0.00	0.00	10.32	429.28	12.32	895.50	0.00	0.00
7	10.85	569.83	0.00	0.00	0.00	0.00	10.88	798.48	18.08	1331.45	5.76	411.33
8	6.69	376.05	11.13	591.37	11.43	311.56	10.71	685.45	0.00	0.00	9.81	301.90
9	0.00	0.00	13.83	1051.34	9.38	502.48	7.07	363.19	0.00	0.00	9.16	605.58
10	0.00	0.00	21.31	1404.77	33.14	2563.89	0.00	0.00	9.32	654.19	10.00	730.07
11	6.71	199.90	9.19	573.30	8.86	693.31	0.00	0.00	11.42	728.90	5.34	416.21
12	10.52	496.63	7.23	500.79	6.91	344.06	5.31	315.77	5.58	363.21	0.00	0.00
13	12.43	492.84	0.00	0.00	0.00	0.00	10.13	462.82	10.23	624.52	0.00	0.00
14	6.97	368.49	0.00	0.00	0.00	0.00	11.22	508.73	11.64	765.71	0.00	0.00
15	7.32	512.46	0.00	0.00	12.47	350.34	6.70	289.58	0.00	0.00	0.00	0.00
16	0.00	0.00	0.00	0.00	13.51	1018.11	10.67	742.62	0.00	0.00	0.00	0.00
17	0.00	0.00	0.00	0.00	9.50	432.52	0.00	0.00	13.57	831.12	11.20	194.55
18	7.45	157.71	0.00	0.00	6.19	384.80	0.00	0.00	12.31	797.84	7.59	573.06
19	10.33	828.14	0.00	0.00	7.34	443.35	14.30	550.38	16.42	1094.83	0.00	0.00
20	12.07	864.17	0.00	0.00	0.00	0.00	9.64	365.33	12.46	623.46	0.00	0.00
21	7.53	409.75	0.00	0.00	0.00	0.00	16.04	1010.69	14.11	721.98	8.54	472.87
22	12.44	967.17	13.99	507.28	8.73	411.47	8.94	420.65	0.00	0.00	9.18	395.05
23	0.00	0.00	8.06	503.79	26.90	2233.54	14.58	1008.88	0.00	0.00	5.10	377.63
24	0.00	0.00	33.85	2794.18	14.62	1102.94	0.00	0.00	21.57	1779.64	7.10	292.86
25	20.17	1286.11	22.56	1835.54	22.96	2045.31	0.00	0.00	13.44	1032.35	19.48	1189.47
26	18.40	1459.24	20.26	1634.50	12.21	1024.49	16.10	1166.95	13.80	1172.75	0.00	0.00
27	24.56	1972.56	0.00	0.00	0.00	0.00	11.13	739.32	8.61	422.20	0.00	0.00
28	20.70	1505.88	0.00	0.00	0.00	0.00	19.90	1409.28	7.83	406.68	6.14	329.13
29	15.12	711.11	0.00	0.00	21.98	1576.61	14.40	1090.15	0.00	0.00	16.86	1311.54
30	0.00	0.00	0.00	0.00	29.98	2516.41	7.80	519.68	0.00	0.00	8.60	627.59
31	0.00	0.00	0.00	0.00	12.44	847.94	0.00	0.00	12.31	983.23	0.00	0.00

数据来源：上海、深圳证券交易所
Source: Shanghai Shenzhen Stock Exchange

Daily Turnover and Volume of T-Bonds Spot Trading in 2010

成交额：亿元　成交量：万张

7月 Jul.		8月 Aug.		9月 Sep.		10月 Oct.		11月 Nov.		12月 Dec.	
成交额 Turnover	成交量 Volume	成交额 Turnover	成交量 Volume	成交额 Turnover	成交量 Volume	成交额 Turnover	成交量 Volume	成交额 Turnover	成交量 Volume	成交额 Turnover	成交量 Volume
12.76	457.64	0.00	0.00	14.02	278.48	0.00	0.00	14.94	569.47	14.99	1036.85
10.46	610.65	9.68	782.66	6.83	340.97	0.00	0.00	11.97	614.46	12.46	358.21
0.00	0.00	5.05	361.24	6.30	470.91	0.00	0.00	13.71	612.93	11.71	349.92
0.00	0.00	7.40	484.77	0.00	0.00	0.00	0.00	11.55	599.87	0.00	0.00
6.33	354.98	9.75	791.96	0.00	0.00	0.00	0.00	10.00	416.07	0.00	0.00
5.91	229.05	18.95	683.94	14.90	462.01	0.00	0.00	0.00	0.00	10.93	247.15
5.85	359.43	0.00	0.00	9.85	250.58	0.00	0.00	0.00	0.00	7.99	198.95
8.82	295.05	0.00	0.00	9.25	317.93	8.34	300.77	10.85	562.61	11.05	314.12
9.47	336.71	9.69	338.69	11.57	347.44	0.00	0.00	14.22	637.53	9.90	357.36
0.00	0.00	7.91	248.94	14.70	528.75	0.00	0.00	20.60	726.67	10.10	410.82
0.00	0.00	5.80	349.35	0.00	0.00	17.08	316.58	14.92	445.83	0.00	0.00
9.42	707.55	11.19	513.30	0.00	0.00	13.77	792.17	9.30	352.31	0.00	0.00
8.42	541.39	10.55	485.12	9.85	624.14	9.35	595.98	0.00	0.00	9.16	193.61
7.27	361.33	0.00	0.00	6.36	323.67	16.76	772.79	0.00	0.00	16.68	277.22
9.94	370.39	0.00	0.00	19.30	1376.15	8.19	285.97	12.89	528.99	9.04	272.55
10.83	458.91	7.51	319.05	15.95	247.82	0.00	0.00	15.38	544.74	8.82	333.66
0.00	0.00	6.09	231.25	6.38	331.59	0.00	0.00	16.37	1050.36	10.31	283.74
0.00	0.00	6.52	331.81	0.00	0.00	16.76	827.77	12.08	364.47	0.00	0.00
6.34	414.58	5.40	295.25	0.00	0.00	11.27	261.37	20.16	1149.75	0.00	0.00
9.89	504.42	7.96	258.92	10.64	612.50	11.93	373.05	0.00	0.00	15.38	343.89
11.36	704.46	0.00	0.00	8.70	250.64	11.67	613.16	0.00	0.00	14.08	205.28
10.82	644.34	0.00	0.00	0.00	0.00	8.91	467.76	21.97	469.64	8.24	253.07
13.82	708.63	7.70	254.02	0.00	0.00	0.00	0.00	15.52	698.59	8.94	429.93
0.00	0.00	9.87	741.08	0.00	0.00	0.00	0.00	10.16	280.75	13.44	514.99
0.00	0.00	13.00	806.37	0.00	0.00	11.41	424.33	14.79	547.37	0.00	0.00
5.12	326.09	11.73	582.50	0.00	0.00	15.34	1139.42	18.00	636.54	0.00	0.00
11.10	771.44	14.35	843.67	15.34	1258.53	24.48	2022.40	0.00	0.00	6.99	148.45
10.20	590.88	0.00	0.00	17.68	1199.93	9.47	480.44	0.00	0.00	18.72	267.25
11.72	737.52	0.00	0.00	17.58	1299.72	17.06	1158.11	23.27	553.36	19.43	948.81
11.37	716.43	12.27	657.83	9.88	628.77	0.00	0.00	21.63	1263.20	7.51	246.76
0.00	0.00	5.00	307.24	0.00	0.00	0.00	0.00	0.00	0.00	12.73	345.10

3-13 2010年上海国债现货每日成交额、成交量

日期 Date	1月 Jan.		2月 Feb.		3月 Mar.		4月 Apr.		5月 May.		6月 Jun.	
	成交额 Turnover	成交量 Volume	成交额 Turnover	成交量 Volume	成交额 Turnover	成交量 Volume	成交额 Turnover	成交量 Volume	成交额 Turnover	成交量 Volume	成交额 Turnover	成交量 Volume
1	0.00	0.00	4.77	482.10	2.75	272.15	5.04	508.22	0.00	0.00	3.83	375.57
2	0.00	0.00	6.61	661.47	3.29	327.50	7.33	723.20	0.00	0.00	7.32	696.54
3	0.00	0.00	6.84	678.99	6.42	628.61	0.00	0.00	0.00	0.00	12.44	1187.08
4	3.16	314.32	5.97	592.37	3.13	310.10	0.00	0.00	3.92	388.77	8.68	817.09
5	5.71	565.67	6.31	626.56	4.16	408.32	0.00	0.00	4.44	439.88	0.00	0.00
6	4.67	462.09	0.00	0.00	0.00	0.00	4.33	429.22	9.01	895.47	0.00	0.00
7	5.75	569.78	0.00	0.00	0.00	0.00	8.04	798.45	13.43	1331.41	4.26	411.32
8	3.79	376.02	6.03	591.32	3.18	311.48	6.89	685.41	0.00	0.00	3.05	301.83
9	0.00	0.00	10.70	1051.31	5.11	502.44	3.68	363.16	0.00	0.00	6.14	605.55
10	0.00	0.00	14.23	1404.70	25.66	2563.82	0.00	0.00	6.61	654.16	7.36	730.04
11	2.02	199.85	5.83	573.27	6.95	693.29	0.00	0.00	7.34	728.86	4.23	416.20
12	5.03	496.58	5.04	500.77	3.47	344.03	3.20	315.75	3.69	363.19	0.00	0.00
13	5.03	492.77	0.00	0.00	0.00	0.00	4.69	462.77	6.34	624.49	0.00	0.00
14	3.73	368.46	0.00	0.00	0.00	0.00	5.14	508.67	7.78	765.67	0.00	0.00
15	5.20	512.44	0.00	0.00	3.55	350.25	2.93	289.54	0.00	0.00	0.00	0.00
16	0.00	0.00	0.00	0.00	10.32	1018.08	7.47	742.59	0.00	0.00	0.00	0.00
17	0.00	0.00	0.00	0.00	4.36	432.47	0.00	0.00	8.40	831.07	1.98	194.46
18	1.59	157.65	0.00	0.00	3.89	384.78	0.00	0.00	8.09	797.80	5.81	573.04
19	8.45	828.12	0.00	0.00	4.47	443.32	5.55	550.30	11.12	1094.78	0.00	0.00
20	8.77	864.14	0.00	0.00	0.00	0.00	3.69	365.27	6.30	623.40	0.00	0.00
21	4.16	409.72	0.00	0.00	0.00	0.00	10.30	1010.64	7.34	721.91	4.78	472.83
22	9.69	967.14	5.12	507.19	4.13	411.43	4.24	420.61	0.00	0.00	3.95	395.00
23	0.00	0.00	5.06	503.76	22.51	2233.50	10.30	1008.84	0.00	0.00	3.73	377.62
24	0.00	0.00	28.24	2794.12	11.22	1102.91	0.00	0.00	18.14	1779.61	2.98	292.82
25	13.03	1286.04	18.52	1835.50	20.71	2045.29	0.00	0.00	10.41	1032.32	12.06	1189.40
26	14.71	1459.20	16.50	1634.46	10.37	1024.47	11.74	1166.91	12.01	1172.73	0.00	0.00
27	19.84	1972.51	0.00	0.00	0.00	0.00	7.46	739.29	4.30	422.16	0.00	0.00
28	15.29	1505.83	0.00	0.00	0.00	0.00	14.34	1409.23	4.12	406.65	3.40	329.10
29	7.22	711.03	0.00	0.00	15.97	1576.55	11.10	1090.12	0.00	0.00	13.38	1311.51
30	0.00	0.00	0.00	0.00	25.58	2516.37	5.24	519.66	0.00	0.00	6.46	627.57
31	0.00	0.00	0.00	0.00	8.66	847.90	0.00	0.00	9.86	983.21	0.00	0.00

数据来源：上海证券交易所
Source: Shanghai Stock Exchange

Daily Turnover and Volume of T-Bonds Spot Trading in Shanghai Stock Exchange (2010)

成交额：亿元；成交量：万张

7月 Jul.		8月 Aug.		9月 Sep.		10月 Oct.		11月 Nov.		12月 Dec.	
成交额 Turnover	成交量 Volume	成交额 Turnover	成交量 Volume	成交额 Turnover	成交量 Volume	成交额 Turnover	成交量 Volume	成交额 Turnover	成交量 Volume	成交额 Turnover	成交量 Volume
4.73	457.56	0.00	0.00	2.86	278.38	0.00	0.00	5.77	569.39	10.43	1036.81
6.33	610.61	7.86	782.64	3.46	340.94	0.00	0.00	6.24	614.41	3.59	358.13
0.00	0.00	3.67	361.23	4.77	470.90	0.00	0.00	6.18	612.87	3.50	349.84
0.00	0.00	4.98	484.75	0.00	0.00	0.00	0.00	6.05	599.82	0.00	0.00
3.63	354.95	8.26	791.95	0.00	0.00	0.00	0.00	4.19	416.02	0.00	0.00
2.33	229.02	7.05	683.84	4.70	461.92	0.00	0.00	0.00	0.00	2.46	247.07
3.66	359.41	0.00	0.00	2.56	250.51	0.00	0.00	0.00	0.00	1.99	198.90
3.09	294.99	0.00	0.00	3.24	317.87	3.05	300.73	5.65	562.57	3.15	314.05
3.44	336.65	3.43	338.63	3.56	347.37	0.00	0.00	6.45	637.47	3.58	357.31
0.00	0.00	2.56	248.89	5.43	528.66	0.00	0.00	7.25	726.56	4.08	410.76
0.00	0.00	3.59	349.33	0.00	0.00	3.22	316.46	4.48	445.75	0.00	0.00
7.13	707.53	5.39	513.25	0.00	0.00	8.11	792.12	3.54	352.27	0.00	0.00
5.58	541.36	4.98	485.07	6.40	624.11	5.99	595.95	0.00	0.00	1.94	193.55
3.71	361.30	0.00	0.00	3.28	323.64	7.82	772.71	0.00	0.00	2.78	277.09
3.79	370.33	0.00	0.00	14.02	1376.10	2.89	285.93	5.35	528.93	2.71	272.49
4.71	458.85	3.27	319.01	2.50	247.70	0.00	0.00	5.47	544.65	3.32	333.61
0.00	0.00	2.41	231.22	3.34	331.56	0.00	0.00	10.59	1050.31	2.86	283.67
0.00	0.00	3.39	331.78	0.00	0.00	8.49	827.70	3.65	364.39	0.00	0.00
4.23	414.56	2.99	295.23	0.00	0.00	2.65	261.29	11.49	1149.67	0.00	0.00
5.16	504.38	2.65	258.87	6.18	612.46	3.78	372.99	0.00	0.00	3.47	343.77
7.10	704.42	0.00	0.00	2.55	250.58	6.22	613.12	0.00	0.00	2.05	205.17
6.44	644.30	0.00	0.00	0.00	0.00	4.73	467.72	4.69	469.47	2.54	253.02
7.13	708.57	2.60	253.97	0.00	0.00	0.00	0.00	7.00	698.51	4.27	429.89
0.00	0.00	7.49	741.06	0.00	0.00	0.00	0.00	2.80	280.68	5.11	514.91
0.00	0.00	8.18	806.32	0.00	0.00	4.28	424.27	5.47	547.28	0.00	0.00
3.33	326.07	6.03	582.45	0.00	0.00	11.57	1139.39	6.35	636.43	0.00	0.00
7.88	771.41	8.57	843.61	12.80	1258.51	20.32	2022.37	0.00	0.00	1.48	148.40
6.00	590.84	0.00	0.00	12.11	1199.88	4.86	480.40	0.00	0.00	2.65	267.10
7.42	737.48	0.00	0.00	13.24	1299.68	11.67	1158.06	5.48	553.19	9.48	948.71
7.23	716.39	6.82	657.78	6.40	628.74	0.00	0.00	12.54	1263.12	2.46	246.72
0.00	0.00	3.13	307.22	0.00	0.00	0.00	0.00	0.00	0.00	3.44	345.03

3-14 2010年深圳国债现货每日成交额、成交量

日期 Date	1月 Jan.		2月 Feb.		3月 Mar.		4月 Apr.		5月 May.		6月 Jun.	
	成交额 Turnover	成交量 Volume	成交额 Turnover	成交量 Volume	成交额 Turnover	成交量 Volume	成交额 Turnover	成交量 Volume	成交额 Turnover	成交量 Volume	成交额 Turnover	成交量 Volume
1	0.00	0.00	6.05	0.06	5.57	0.05	4.13	0.04	0.00	0.00	12.96	0.13
2	0.00	0.00	3.15	0.03	3.52	0.03	2.49	0.02	0.00	0.00	3.19	0.03
3	0.00	0.00	7.01	0.07	1.74	0.02	0.00	0.00	0.00	0.00	2.66	0.03
4	8.11	0.08	4.04	0.04	1.62	0.02	0.00	0.00	2.97	0.03	2.02	0.02
5	1.46	0.01	5.30	0.05	2.90	0.03	0.00	0.00	5.94	0.06	0.00	0.00
6	6.72	0.07	0.00	0.00	0.00	0.00	5.99	0.06	3.31	0.03	0.00	0.00
7	5.10	0.05	0.00	0.00	0.00	0.00	2.84	0.03	4.65	0.04	1.50	0.01
8	2.90	0.03	5.10	0.05	8.25	0.08	3.82	0.04	0.00	0.00	6.76	0.07
9	0.00	0.00	3.13	0.03	4.27	0.04	3.39	0.03	0.00	0.00	3.02	0.03
10	0.00	0.00	7.08	0.07	7.48	0.07	0.00	0.00	2.71	0.03	2.64	0.03
11	4.69	0.05	3.36	0.03	1.91	0.02	0.00	0.00	4.08	0.04	1.11	0.01
12	5.49	0.05	2.19	0.02	3.44	0.03	2.11	0.02	1.89	0.02	0.00	0.00
13	7.40	0.07	0.00	0.00	0.00	0.00	5.44	0.05	3.89	0.03	0.00	0.00
14	3.24	0.03	0.00	0.00	0.00	0.00	6.08	0.06	3.86	0.04	0.00	0.00
15	2.12	0.02	0.00	0.00	8.92	0.09	3.77	0.04	0.00	0.00	0.00	0.00
16	0.00	0.00	0.00	0.00	3.19	0.03	3.20	0.03	0.00	0.00	0.00	0.00
17	0.00	0.00	0.00	0.00	5.14	0.05	0.00	0.00	5.17	0.05	9.22	0.09
18	5.86	0.06	0.00	0.00	2.30	0.02	0.00	0.00	4.22	0.04	1.78	0.02
19	1.88	0.02	0.00	0.00	2.87	0.03	8.75	0.08	5.30	0.05	0.00	0.00
20	3.30	0.03	0.00	0.00	0.00	0.00	5.95	0.06	6.16	0.06	0.00	0.00
21	3.37	0.03	0.00	0.00	0.00	0.00	5.74	0.05	6.77	0.07	3.76	0.04
22	2.75	0.03	8.87	0.09	4.60	0.04	4.70	0.04	0.00	0.00	5.23	0.05
23	0.00	0.00	3.00	0.03	4.39	0.04	4.28	0.04	0.00	0.00	1.37	0.01
24	0.00	0.00	5.61	0.06	3.40	0.03	0.00	0.00	3.43	0.03	4.12	0.04
25	7.14	0.07	4.04	0.04	2.25	0.02	0.00	0.00	3.03	0.03	7.42	0.07
26	3.69	0.04	3.76	0.04	1.84	0.02	4.36	0.04	1.79	0.02	0.00	0.00
27	4.72	0.05	0.00	0.00	0.00	0.00	3.67	0.03	4.31	0.04	0.00	0.00
28	5.41	0.05	0.00	0.00	0.00	0.00	5.56	0.05	3.71	0.03	2.74	0.03
29	7.90	0.08	0.00	0.00	6.01	0.06	3.30	0.03	0.00	0.00	3.48	0.03
30	0.00	0.00	0.00	0.00	4.40	0.04	2.56	0.02	0.00	0.00	2.14	0.02
31	0.00	0.00	0.00	0.00	3.78	0.04	0.00	0.00	2.45	0.02	0.00	0.00

数据来源：深圳证券交易所

Source：Shenzhen Stock Exchange

Daily Turnover and Volume of T-Bonds Spot Trading in Shenzhen Stock Exchange (2010)

成交额：亿元；成交量：万张

7月 Jul.		8月 Aug.		9月 Sep.		10月 Oct.		11月 Nov.		12月 Dec.	
成交额 Turnover	成交量 Volume	成交额 Turnover	成交量 Volume	成交额 Turnover	成交量 Volume	成交额 Turnover	成交量 Volume	成交额 Turnover	成交量 Volume	成交额 Turnover	成交量 Volume
8.03	0.08	0.00	0.00	11.16	0.10	0.00	0.00	9.17	0.08	4.56	0.04
4.13	0.04	1.82	0.02	3.37	0.03	0.00	0.00	5.73	0.05	8.87	0.08
0.00	0.00	1.38	0.01	1.53	0.01	0.00	0.00	7.53	0.06	8.21	0.08
0.00	0.00	2.42	0.02	0.00	0.00	0.00	0.00	5.50	0.05	0.00	0.00
2.70	0.03	1.49	0.01	0.00	0.00	0.00	0.00	5.81	0.05	0.00	0.00
3.58	0.03	11.90	0.10	10.20	0.09	0.00	0.00	0.00	0.00	8.47	0.08
2.19	0.02	0.00	0.00	7.29	0.07	0.00	0.00	0.00	0.00	6.00	0.05
5.73	0.06	0.00	0.00	6.01	0.06	5.29	0.04	5.20	0.04	7.90	0.07
6.03	0.06	6.26	0.06	8.01	0.07	0.00	0.00	7.77	0.06	6.32	0.05
0.00	0.00	5.35	0.05	9.27	0.09	0.00	0.00	13.35	0.11	6.02	0.06
0.00	0.00	2.21	0.02	0.00	0.00	13.86	0.12	10.44	0.08	0.00	0.00
2.29	0.02	5.80	0.05	0.00	0.00	5.66	0.05	5.76	0.04	0.00	0.00
2.84	0.03	5.57	0.05	3.45	0.03	3.36	0.03	0.00	0.00	7.22	0.06
3.56	0.03	0.00	0.00	3.08	0.03	8.94	0.08	0.00	0.00	13.90	0.13
6.15	0.06	0.00	0.00	5.28	0.05	5.30	0.04	7.54	0.06	6.33	0.06
6.12	0.06	4.24	0.04	13.45	0.12	0.00	0.00	9.91	0.09	5.50	0.05
0.00	0.00	3.68	0.03	3.04	0.03	0.00	0.00	5.78	0.05	7.45	0.07
0.00	0.00	3.13	0.03	0.00	0.00	8.27	0.07	8.43	0.08	0.00	0.00
2.11	0.02	2.41	0.02	0.00	0.00	8.62	0.08	8.67	0.08	0.00	0.00
4.73	0.04	5.31	0.05	4.46	0.04	8.15	0.06	0.00	0.00	11.91	0.12
4.26	0.04	0.00	0.00	6.15	0.06	5.45	0.04	0.00	0.00	12.03	0.11
4.38	0.04	0.00	0.00	0.00	0.00	4.18	0.04	17.28	0.17	5.70	0.05
6.69	0.06	5.10	0.05	0.00	0.00	0.00	0.00	8.52	0.08	4.67	0.04
0.00	0.00	2.38	0.02	0.00	0.00	0.00	0.00	7.36	0.07	8.33	0.08
0.00	0.00	4.82	0.05	0.00	0.00	7.13	0.06	9.32	0.09	0.00	0.00
1.79	0.02	5.70	0.05	0.00	0.00	3.77	0.03	11.65	0.11	0.00	0.00
3.22	0.03	5.78	0.06	2.54	0.02	4.16	0.03	0.00	0.00	5.51	0.05
4.20	0.04	0.00	0.00	5.57	0.05	4.61	0.04	0.00	0.00	16.07	0.15
4.30	0.04	0.00	0.00	4.34	0.04	5.39	0.05	17.79	0.17	9.95	0.10
4.14	0.04	5.45	0.05	3.48	0.03	0.00	0.00	9.09	0.08	5.05	0.04
0.00	0.00	1.87	0.02	0.00	0.00	0.00	0.00	0.00	0.00	9.29	0.07

3-15 2010年全国国债回购每日成交额、成交量

日期 Date	1月 Jan.		2月 Feb.		3月 Mar.		4月 Apr.		5月 May.		6月 Jun.	
	成交额 Turnover	成交量 Volume	成交额 Turnover	成交量 Volume	成交额 Turnover	成交量 Volume	成交额 Turnover	成交量 Volume	成交额 Turnover	成交量 Volume	成交额 Turnover	成交量 Volume
1	0.00	0.00	202.13	20213.49	284.72	28471.63	199.73	19973.15	0.00	0.00	454.84	45484.24
2	0.00	0.00	187.84	18783.99	250.65	25065.27	149.94	14993.76	0.00	0.00	243.97	24396.68
3	0.00	0.00	181.25	18125.28	197.05	19705.04	0.00	0.00	0.00	0.00	258.86	25885.98
4	222.21	22221.28	207.92	20791.77	180.50	18049.52	0.00	0.00	353.74	35373.80	266.74	26673.69
5	158.57	15857.29	187.94	18793.62	142.17	14217.43	0.00	0.00	255.95	25594.59	0.00	0.00
6	204.50	20449.69	0.00	0.00	0.00	0.00	323.64	32363.60	198.72	19871.57	0.00	0.00
7	190.72	19072.15	0.00	0.00	0.00	0.00	316.25	31624.90	185.89	18589.50	224.08	22407.64
8	215.43	21542.72	218.30	21829.95	263.95	26395.00	241.86	24185.68	0.00	0.00	257.50	25750.40
9	0.00	0.00	183.23	18322.56	266.66	26666.42	203.65	20364.88	0.00	0.00	235.75	23575.32
10	0.00	0.00	209.63	20962.92	223.36	22336.01	0.00	0.00	200.90	20090.01	377.47	37747.37
11	185.52	18551.93	151.90	15190.03	235.76	23575.76	0.00	0.00	284.16	28415.60	288.51	28851.33
12	199.48	19947.84	98.67	9866.53	160.38	16037.94	183.14	18314.37	256.62	25662.08	0.00	0.00
13	243.79	24378.95	0.00	0.00	0.00	0.00	306.18	30618.00	218.87	21887.22	0.00	0.00
14	184.28	18427.85	0.00	0.00	0.00	0.00	274.49	27448.85	200.17	20016.61	0.00	0.00
15	176.60	17660.02	0.00	0.00	270.81	27080.64	204.82	20482.19	0.00	0.00	0.00	0.00
16	0.00	0.00	0.00	0.00	244.47	24446.83	175.20	17519.81	0.00	0.00	0.00	0.00
17	0.00	0.00	0.00	0.00	189.98	18998.45	0.00	0.00	180.27	18027.32	554.00	55399.65
18	188.89	18889.44	0.00	0.00	206.82	20681.51	0.00	0.00	261.17	26117.46	356.62	35662.21
19	213.01	21301.45	0.00	0.00	152.82	15281.56	190.75	19074.96	227.21	22720.52	0.00	0.00
20	181.00	18099.93	0.00	0.00	0.00	0.00	288.20	28820.43	229.58	22958.47	0.00	0.00
21	169.11	16911.23	0.00	0.00	0.00	0.00	243.46	24345.67	276.67	27666.56	285.04	28503.65
22	234.40	23440.05	358.73	35873.33	271.52	27151.64	191.56	19156.08	0.00	0.00	227.20	22719.75
23	0.00	0.00	203.83	20382.83	273.87	27386.91	225.79	22578.54	0.00	0.00	217.55	21755.07
24	0.00	0.00	172.19	17218.61	211.87	21187.27	0.00	0.00	253.51	25351.00	391.29	39129.10
25	197.68	19767.53	211.30	21129.72	212.91	21291.43	0.00	0.00	288.56	28856.34	344.62	34461.71
26	180.77	18077.26	135.60	13559.98	198.43	19843.41	213.75	21374.94	223.42	22341.95	0.00	0.00
27	172.69	17269.29	0.00	0.00	0.00	0.00	289.78	28978.11	269.58	26958.49	0.00	0.00
28	171.83	17182.66	0.00	0.00	0.00	0.00	194.58	19457.66	308.99	30898.96	329.44	32944.19
29	176.94	17693.77	0.00	0.00	266.53	26653.21	214.76	21475.64	0.00	0.00	260.71	26071.46
30	0.00	0.00	0.00	0.00	280.54	28053.78	203.61	20360.95	0.00	0.00	258.20	25819.99
31	0.00	0.00	0.00	0.00	190.30	19029.87	0.00	0.00	299.06	29906.06	0.00	0.00

数据来源：上海、深圳证券交易所
Source: Shanghai Shenzhen Stock Exchange

Daily Turnover and Volume of T-Bonds Repurchase Trading in 2010

成交额：亿元；成交量：万张

7月 Jul.		8月 Aug.		9月 Sep.		10月 Oct.		11月 Nov.		12月 Dec.	
成交额 Turnover	成交量 Volume	成交额 Turnover	成交量 Volume	成交额 Turnover	成交量 Volume	成交额 Turnover	成交量 Volume	成交额 Turnover	成交量 Volume	成交额 Turnover	成交量 Volume
357.31	35731.31	0.00	0.00	261.13	26112.69	0.00	0.00	273.65	27364.52	364.04	36404.47
302.31	30231.29	287.02	28702.35	304.29	30428.61	0.00	0.00	311.54	31153.60	430.09	43009.40
0.00	0.00	296.76	29676.46	300.70	30069.91	0.00	0.00	242.94	24294.26	435.11	43510.56
0.00	0.00	274.10	27409.57	0.00	0.00	0.00	0.00	315.89	31589.29	0.00	0.00
344.25	34425.18	276.51	27651.49	0.00	0.00	0.00	0.00	329.47	32947.35	0.00	0.00
298.98	29898.17	313.34	31334.31	373.74	37374.28	0.00	0.00	0.00	0.00	545.11	54511.12
258.93	25892.78	0.00	0.00	374.15	37414.97	0.00	0.00	0.00	0.00	398.24	39823.74
328.21	32820.57	0.00	0.00	287.05	28704.83	445.42	44542.08	274.53	27452.83	363.03	36302.78
309.02	30902.04	328.49	32849.17	359.56	35956.17	0.00	0.00	303.31	30330.77	342.70	34270.22
0.00	0.00	298.95	29894.56	327.98	32797.78	0.00	0.00	258.22	25821.51	422.31	42230.97
0.00	0.00	233.83	23383.18	0.00	0.00	316.42	31641.76	278.60	27860.16	0.00	0.00
317.77	31776.99	250.11	25010.76	0.00	0.00	234.53	23453.09	357.02	35701.59	0.00	0.00
288.13	28812.67	309.72	30972.34	408.02	40802.50	275.22	27522.20	0.00	0.00	420.64	42064.23
340.02	34002.16	0.00	0.00	342.03	34202.53	332.20	33219.63	0.00	0.00	461.54	46154.19
419.58	41957.69	0.00	0.00	276.24	27624.09	358.39	35839.44	300.63	30063.11	482.00	48200.39
303.69	30369.39	296.39	29638.80	353.95	35394.91	0.00	0.00	309.73	30972.55	381.35	38134.98
0.00	0.00	322.39	32239.42	323.37	32337.22	0.00	0.00	255.00	25500.10	430.84	43083.93
0.00	0.00	273.25	27325.02	0.00	0.00	314.36	31435.96	388.79	38879.02	0.00	0.00
316.92	31691.79	277.11	27711.43	0.00	0.00	316.16	31615.73	386.61	38660.60	0.00	0.00
230.18	23017.70	308.47	30847.14	418.69	41868.58	235.69	23569.49	0.00	0.00	414.55	41455.37
255.46	25546.06	0.00	0.00	319.01	31900.73	259.20	25919.98	0.00	0.00	485.63	48562.72
286.37	28637.45	0.00	0.00	0.00	0.00	294.24	29423.80	398.04	39803.97	508.64	50864.14
297.57	29756.58	307.82	30781.57	0.00	0.00	0.00	0.00	303.12	30311.91	588.85	58885.31
0.00	0.00	321.39	32139.34	0.00	0.00	0.00	0.00	329.89	32989.16	465.81	46580.97
0.00	0.00	300.67	30067.31	0.00	0.00	312.01	31200.61	384.05	38404.93	0.00	0.00
303.47	30346.61	339.73	33972.73	0.00	0.00	311.84	31183.76	460.41	46040.81	0.00	0.00
284.56	28455.68	415.78	41577.70	481.11	48111.19	293.34	29334.12	0.00	0.00	591.10	59109.59
240.34	24034.09	0.00	0.00	371.01	37101.41	262.24	26223.53	0.00	0.00	463.12	46311.66
275.10	27509.51	0.00	0.00	300.53	30052.78	343.88	34387.60	446.03	44602.51	436.26	43626.14
266.73	26673.47	556.90	55689.94	213.71	21370.90	0.00	0.00	436.62	43662.25	401.75	40174.88
0.00	0.00	340.77	34076.68	0.00	0.00	0.00	0.00	0.00	0.00	390.53	39052.51

3-16 2010年上海国债回购每日成交额、成交量

日期 Date	1月 Jan.		2月 Feb.		3月 Mar.		4月 Apr.		5月 May.		6月 Jun.	
	成交额 Turnover	成交量 Volume	成交额 Turnover	成交量 Volume	成交额 Turnover	成交量 Volume	成交额 Turnover	成交量 Volume	成交额 Turnover	成交量 Volume	成交额 Turnover	成交量 Volume
1	0.00	0.00	202.13	20213.49	284.72	28471.63	199.73	19973.15	0.00	0.00	454.84	45484.24
2	0.00	0.00	187.84	18783.99	250.65	25065.27	149.94	14993.76	0.00	0.00	243.97	24396.68
3	0.00	0.00	181.25	18125.28	197.05	19705.04	0.00	0.00	0.00	0.00	258.86	25885.98
4	222.21	22221.28	207.92	20791.77	180.50	18049.52	0.00	0.00	353.74	35373.80	266.74	26673.69
5	158.57	15857.29	187.94	18793.62	142.17	14217.43	0.00	0.00	255.95	25594.59	0.00	0.00
6	204.50	20449.69	0.00	0.00	0.00	0.00	323.64	32363.60	198.72	19871.57	0.00	0.00
7	190.72	19072.15	0.00	0.00	0.00	0.00	316.25	31624.90	185.89	18589.50	224.08	22407.64
8	215.43	21542.72	218.30	21829.95	263.95	26395.00	241.86	24185.68	0.00	0.00	257.50	25750.40
9	0.00	0.00	183.23	18322.56	266.66	26666.42	203.65	20364.88	0.00	0.00	235.75	23575.32
10	0.00	0.00	209.63	20962.92	223.36	22336.01	0.00	0.00	200.90	20090.01	377.47	37747.37
11	185.52	18551.93	151.90	15190.03	235.76	23575.76	0.00	0.00	284.16	28415.60	288.51	28851.33
12	199.48	19947.84	98.67	9866.53	160.38	16037.94	183.14	18314.37	256.62	25662.08	0.00	0.00
13	243.79	24378.95	0.00	0.00	0.00	0.00	306.18	30618.00	218.87	21887.22	0.00	0.00
14	184.28	18427.85	0.00	0.00	0.00	0.00	274.49	27448.85	200.17	20016.61	0.00	0.00
15	176.60	17660.02	0.00	0.00	270.81	27080.64	204.82	20482.19	0.00	0.00	0.00	0.00
16	0.00	0.00	0.00	0.00	244.47	24446.83	175.20	17519.81	0.00	0.00	0.00	0.00
17	0.00	0.00	0.00	0.00	189.98	18998.45	0.00	0.00	180.27	18027.32	554.00	55399.65
18	188.89	18889.44	0.00	0.00	206.82	20681.51	0.00	0.00	261.17	26117.46	356.62	35662.21
19	213.01	21301.45	0.00	0.00	152.82	15281.56	190.75	19074.96	227.21	22720.52	0.00	0.00
20	181.00	18099.93	0.00	0.00	0.00	0.00	288.20	28820.43	229.58	22958.47	0.00	0.00
21	169.11	16911.23	0.00	0.00	0.00	0.00	243.46	24345.67	276.67	27666.56	285.04	28503.65
22	234.40	23440.05	358.73	35873.33	271.52	27151.64	191.56	19156.08	0.00	0.00	227.20	22719.75
23	0.00	0.00	203.83	20382.83	273.87	27386.91	225.79	22578.54	0.00	0.00	217.55	21755.07
24	0.00	0.00	172.19	17218.61	211.87	21187.27	0.00	0.00	253.51	25351.00	391.29	39129.10
25	197.68	19767.53	211.30	21129.72	212.91	21291.43	0.00	0.00	288.56	28856.34	344.62	34461.71
26	180.77	18077.26	135.60	13559.98	198.43	19843.41	213.75	21374.94	223.42	22341.95	0.00	0.00
27	172.69	17269.29	0.00	0.00	0.00	0.00	289.78	28978.11	269.58	26958.49	0.00	0.00
28	171.83	17182.66	0.00	0.00	0.00	0.00	194.58	19457.66	308.99	30898.96	329.44	32944.19
29	176.94	17693.77	0.00	0.00	266.53	26653.21	214.76	21475.64	0.00	0.00	260.71	26071.46
30	0.00	0.00	0.00	0.00	280.54	28053.78	203.61	20360.95	0.00	0.00	258.20	25819.99
31	0.00	0.00	0.00	0.00	190.30	19029.87	0.00	0.00	299.06	29906.06	0.00	0.00

数据来源：上海证券交易所
Source：Shanghai Stock Exchange

Daily Turnover and Volume of T-Bonds Repurchase in Shanghai (2010)

成交额：亿元；成交量：万张

7月 Jul.		8月 Aug.		9月 Sep.		10月 Oct.		11月 Nov.		12月 Dec.	
成交额 Turnover	成交量 Volume	成交额 Turnover	成交量 Volume	成交额 Turnover	成交量 Volume	成交额 Turnover	成交量 Volume	成交额 Turnover	成交量 Volume	成交额 Turnover	成交量 Volume
357.31	35731.31	0.00	0.00	261.13	26112.69	0.00	0.00	273.65	27364.52	364.04	36404.47
302.31	30231.29	287.02	28702.35	304.29	30428.61	0.00	0.00	311.54	31153.60	430.09	43009.40
0.00	0.00	296.76	29676.46	300.70	30069.91	0.00	0.00	242.94	24294.26	435.11	43510.56
0.00	0.00	274.10	27409.57	0.00	0.00	0.00	0.00	315.89	31589.29	0.00	0.00
344.25	34425.18	276.51	27651.49	0.00	0.00	0.00	0.00	329.47	32947.35	0.00	0.00
298.98	29898.17	313.34	31334.31	373.74	37374.28	0.00	0.00	0.00	0.00	545.11	54511.12
258.93	25892.78	0.00	0.00	374.15	37414.97	0.00	0.00	0.00	0.00	398.24	39823.74
328.21	32820.57	0.00	0.00	287.05	28704.83	445.42	44542.08	274.53	27452.83	363.03	36302.78
309.02	30902.04	328.49	32849.17	359.56	35956.17	0.00	0.00	303.31	30330.77	342.70	34270.22
0.00	0.00	298.95	29894.56	327.98	32797.78	0.00	0.00	258.22	25821.51	422.31	42230.97
0.00	0.00	233.83	23383.18	0.00	0.00	316.42	31641.76	278.60	27860.16	0.00	0.00
317.77	31776.99	250.11	25010.76	0.00	0.00	234.53	23453.09	357.02	35701.59	0.00	0.00
288.13	28812.67	309.72	30972.34	408.02	40802.50	275.22	27522.20	0.00	0.00	420.64	42064.23
340.02	34002.16	0.00	0.00	342.03	34202.53	332.20	33219.63	0.00	0.00	461.54	46154.19
419.58	41957.69	0.00	0.00	276.24	27624.09	358.39	35839.44	300.63	30063.11	482.00	48200.39
303.69	30369.39	296.39	29638.80	353.95	35394.91	0.00	0.00	309.73	30972.55	381.35	38134.98
0.00	0.00	322.39	32239.42	323.37	32337.22	0.00	0.00	255.00	25500.10	430.84	43083.93
0.00	0.00	273.25	27325.02	0.00	0.00	314.36	31435.96	388.79	38879.02	0.00	0.00
316.92	31691.79	277.11	27711.43	0.00	0.00	316.16	31615.73	386.61	38660.60	0.00	0.00
230.18	23017.70	308.47	30847.14	418.69	41868.58	235.69	23569.49	0.00	0.00	414.55	41455.37
255.46	25546.06	0.00	0.00	319.01	31900.73	259.20	25919.98	0.00	0.00	485.63	48562.72
286.37	28637.45	0.00	0.00	0.00	0.00	294.24	29423.80	398.04	39803.97	508.64	50864.14
297.57	29756.58	307.82	30781.57	0.00	0.00	0.00	0.00	303.12	30311.91	588.85	58885.31
0.00	0.00	321.39	32139.34	0.00	0.00	0.00	0.00	329.89	32989.16	465.81	46580.97
0.00	0.00	300.67	30067.31	0.00	0.00	312.01	31200.61	384.05	38404.93	0.00	0.00
303.47	30346.61	339.73	33972.73	0.00	0.00	311.84	31183.76	460.41	46040.81	0.00	0.00
284.56	28455.68	415.78	41577.70	481.11	48111.19	293.34	29334.12	0.00	0.00	591.10	59109.59
240.34	24034.09	0.00	0.00	371.01	37101.41	262.24	26223.53	0.00	0.00	463.12	46311.66
275.10	27509.51	0.00	0.00	300.53	30052.78	343.88	34387.60	446.03	44602.51	436.26	43626.14
266.73	26673.47	556.90	55689.94	213.71	21370.90	0.00	0.00	436.62	43662.25	401.75	40174.88
0.00	0.00	340.77	34076.68	0.00	0.00	0.00	0.00	0.00	0.00	390.53	39052.51

3-17 2010年深圳国债回购每日成交额、成交量

日期 Date	1月 Jan.		2月 Feb.		3月 Mar.		4月 Apr.		5月 May.		6月 Jun.	
	成交额 Turnover	成交量 Volume	成交额 Turnover	成交量 Volume	成交额 Turnover	成交量 Volume	成交额 Turnover	成交量 Volume	成交额 Turnover	成交量 Volume	成交额 Turnover	成交量 Volume
1	0.00	0.00	0.00	0.00	0.00	0.00	0.00	0.00	0.00	0.00	0.00	0.00
2	0.00	0.00	0.00	0.00	0.00	0.00	0.00	0.00	0.00	0.00	0.00	0.00
3	0.00	0.00	0.00	0.00	0.00	0.00	0.00	0.00	0.00	0.00	0.00	0.00
4	0.00	0.00	0.00	0.00	0.00	0.00	0.00	0.00	0.00	0.00	0.00	0.00
5	0.00	0.00	0.00	0.00	0.00	0.00	0.00	0.00	0.00	0.00	0.00	0.00
6	0.00	0.00	0.00	0.00	0.00	0.00	0.00	0.00	0.00	0.00	0.00	0.00
7	0.00	0.00	0.00	0.00	0.00	0.00	0.00	0.00	0.00	0.00	0.00	0.00
8	0.00	0.00	0.00	0.00	0.00	0.00	0.00	0.00	0.00	0.00	0.00	0.00
9	0.00	0.00	0.00	0.00	0.00	0.00	0.00	0.00	0.00	0.00	0.00	0.00
10	0.00	0.00	0.00	0.00	0.00	0.00	0.00	0.00	0.00	0.00	0.00	0.00
11	0.00	0.00	0.00	0.00	0.00	0.00	0.00	0.00	0.00	0.00	0.00	0.00
12	0.00	0.00	0.00	0.00	0.00	0.00	0.00	0.00	0.00	0.00	0.00	0.00
13	0.00	0.00	0.00	0.00	0.00	0.00	0.00	0.00	0.00	0.00	0.00	0.00
14	0.00	0.00	0.00	0.00	0.00	0.00	0.00	0.00	0.00	0.00	0.00	0.00
15	0.00	0.00	0.00	0.00	0.00	0.00	0.00	0.00	0.00	0.00	0.00	0.00
16	0.00	0.00	0.00	0.00	0.00	0.00	0.00	0.00	0.00	0.00	0.00	0.00
17	0.00	0.00	0.00	0.00	0.00	0.00	0.00	0.00	0.00	0.00	0.00	0.00
18	0.00	0.00	0.00	0.00	0.00	0.00	0.00	0.00	0.00	0.00	0.00	0.00
19	0.00	0.00	0.00	0.00	0.00	0.00	0.00	0.00	0.00	0.00	0.00	0.00
20	0.00	0.00	0.00	0.00	0.00	0.00	0.00	0.00	0.00	0.00	0.00	0.00
21	0.00	0.00	0.00	0.00	0.00	0.00	0.00	0.00	0.00	0.00	0.00	0.00
22	0.00	0.00	0.00	0.00	0.00	0.00	0.00	0.00	0.00	0.00	0.00	0.00
23	0.00	0.00	0.00	0.00	0.00	0.00	0.00	0.00	0.00	0.00	0.00	0.00
24	0.00	0.00	0.00	0.00	0.00	0.00	0.00	0.00	0.00	0.00	0.00	0.00
25	0.00	0.00	0.00	0.00	0.00	0.00	0.00	0.00	0.00	0.00	0.00	0.00
26	0.00	0.00	0.00	0.00	0.00	0.00	0.00	0.00	0.00	0.00	0.00	0.00
27	0.00	0.00	0.00	0.00	0.00	0.00	0.00	0.00	0.00	0.00	0.00	0.00
28	0.00	0.00	0.00	0.00	0.00	0.00	0.00	0.00	0.00	0.00	0.00	0.00
29	0.00	0.00	0.00	0.00	0.00	0.00	0.00	0.00	0.00	0.00	0.00	0.00
30	0.00	0.00	0.00	0.00	0.00	0.00	0.00	0.00	0.00	0.00	0.00	0.00
31	0.00	0.00	0.00	0.00	0.00	0.00	0.00	0.00	0.00	0.00	0.00	0.00

注：本年深圳交易所国债回购没有交易

数据来源：深圳证券交易所

Source: Shenzhen Stock Exchange

Daily Turnover and Volume of T-Bonds Repurchase in Shenzhen (2010)

成交额：亿元；成交量：万张

7月 Jul.		8月 Aug.		9月 Sep.		10月 Oct.		11月 Nov.		12月 Dec.	
成交额 Turnover	成交量 Volume	成交额 Turnover	成交量 Volume	成交额 Turnover	成交量 Volume	成交额 Turnover	成交量 Volume	成交额 Turnover	成交量 Volume	成交额 Turnover	成交量 Volume
0.00	0.00	0.00	0.00	0.00	0.00	0.00	0.00	0.00	0.00	0.00	0.00
0.00	0.00	0.00	0.00	0.00	0.00	0.00	0.00	0.00	0.00	0.00	0.00
0.00	0.00	0.00	0.00	0.00	0.00	0.00	0.00	0.00	0.00	0.00	0.00
0.00	0.00	0.00	0.00	0.00	0.00	0.00	0.00	0.00	0.00	0.00	0.00
0.00	0.00	0.00	0.00	0.00	0.00	0.00	0.00	0.00	0.00	0.00	0.00
0.00	0.00	0.00	0.00	0.00	0.00	0.00	0.00	0.00	0.00	0.00	0.00
0.00	0.00	0.00	0.00	0.00	0.00	0.00	0.00	0.00	0.00	0.00	0.00
0.00	0.00	0.00	0.00	0.00	0.00	0.00	0.00	0.00	0.00	0.00	0.00
0.00	0.00	0.00	0.00	0.00	0.00	0.00	0.00	0.00	0.00	0.00	0.00
0.00	0.00	0.00	0.00	0.00	0.00	0.00	0.00	0.00	0.00	0.00	0.00
0.00	0.00	0.00	0.00	0.00	0.00	0.00	0.00	0.00	0.00	0.00	0.00
0.00	0.00	0.00	0.00	0.00	0.00	0.00	0.00	0.00	0.00	0.00	0.00
0.00	0.00	0.00	0.00	0.00	0.00	0.00	0.00	0.00	0.00	0.00	0.00
0.00	0.00	0.00	0.00	0.00	0.00	0.00	0.00	0.00	0.00	0.00	0.00
0.00	0.00	0.00	0.00	0.00	0.00	0.00	0.00	0.00	0.00	0.00	0.00
0.00	0.00	0.00	0.00	0.00	0.00	0.00	0.00	0.00	0.00	0.00	0.00
0.00	0.00	0.00	0.00	0.00	0.00	0.00	0.00	0.00	0.00	0.00	0.00
0.00	0.00	0.00	0.00	0.00	0.00	0.00	0.00	0.00	0.00	0.00	0.00
0.00	0.00	0.00	0.00	0.00	0.00	0.00	0.00	0.00	0.00	0.00	0.00
0.00	0.00	0.00	0.00	0.00	0.00	0.00	0.00	0.00	0.00	0.00	0.00
0.00	0.00	0.00	0.00	0.00	0.00	0.00	0.00	0.00	0.00	0.00	0.00
0.00	0.00	0.00	0.00	0.00	0.00	0.00	0.00	0.00	0.00	0.00	0.00
0.00	0.00	0.00	0.00	0.00	0.00	0.00	0.00	0.00	0.00	0.00	0.00
0.00	0.00	0.00	0.00	0.00	0.00	0.00	0.00	0.00	0.00	0.00	0.00
0.00	0.00	0.00	0.00	0.00	0.00	0.00	0.00	0.00	0.00	0.00	0.00
0.00	0.00	0.00	0.00	0.00	0.00	0.00	0.00	0.00	0.00	0.00	0.00
0.00	0.00	0.00	0.00	0.00	0.00	0.00	0.00	0.00	0.00	0.00	0.00
0.00	0.00	0.00	0.00	0.00	0.00	0.00	0.00	0.00	0.00	0.00	0.00
0.00	0.00	0.00	0.00	0.00	0.00	0.00	0.00	0.00	0.00	0.00	0.00
0.00	0.00	0.00	0.00	0.00	0.00	0.00	0.00	0.00	0.00	0.00	0.00
0.00	0.00	0.00	0.00	0.00	0.00	0.00	0.00	0.00	0.00	0.00	0.00

3-18 2010年全国企业债现货每日成交额、成交量

日期 Date	1月 Jan.		2月 Feb.		3月 Mar.		4月 Apr.		5月 May.		6月 Jun.	
	成交额 Turnover	成交量 Volume	成交额 Turnover	成交量 Volume	成交额 Turnover	成交量 Volume	成交额 Turnover	成交量 Volume	成交额 Turnover	成交量 Volume	成交额 Turnover	成交量 Volume
1	0.00	0.00	13.30	868.74	16.16	1193.77	13.25	1129.68	0.00	0.00	15.71	822.82
2	0.00	0.00	6.05	477.76	12.54	1050.63	12.34	1051.45	0.00	0.00	4.93	215.70
3	0.00	0.00	18.48	1328.51	10.81	949.81	0.00	0.00	0.00	0.00	5.78	344.30
4	9.49	215.29	8.12	512.63	5.33	403.57	0.00	0.00	11.41	976.24	5.87	396.11
5	3.02	229.48	8.15	523.70	6.16	401.83	0.00	0.00	12.79	741.54	0.00	0.00
6	10.12	415.90	0.00	0.00	0.00	0.00	14.69	1039.01	6.83	467.04	0.00	0.00
7	7.32	367.49	0.00	0.00	0.00	0.00	12.78	1065.38	9.83	672.52	9.46	848.88
8	10.05	782.86	8.52	397.92	10.39	593.11	6.47	331.05	0.00	0.00	25.89	2289.60
9	0.00	0.00	7.45	472.82	15.08	1199.66	9.12	602.79	0.00	0.00	13.61	1167.65
10	0.00	0.00	9.00	419.91	19.00	1233.75	0.00	0.00	10.68	898.17	25.32	2516.87
11	13.58	958.41	6.93	518.66	12.01	1050.64	0.00	0.00	8.95	599.56	3.47	275.00
12	9.93	703.39	5.13	347.75	11.49	908.22	7.95	626.09	9.36	792.47	0.00	0.00
13	14.61	759.28	0.00	0.00	0.00	0.00	12.58	746.99	9.36	727.91	0.00	0.00
14	12.01	966.94	0.00	0.00	0.00	0.00	13.40	925.52	10.73	868.99	0.00	0.00
15	4.48	317.44	0.00	0.00	9.65	572.09	9.91	660.41	0.00	0.00	0.00	0.00
16	0.00	0.00	0.00	0.00	11.53	904.46	10.09	721.43	0.00	0.00	0.00	0.00
17	0.00	0.00	0.00	0.00	16.72	1218.52	0.00	0.00	13.09	926.20	13.57	492.76
18	17.41	1280.37	0.00	0.00	7.26	546.84	0.00	0.00	8.64	495.08	4.76	336.62
19	5.49	418.29	0.00	0.00	10.82	858.70	13.84	596.20	14.31	992.51	0.00	0.00
20	11.77	920.49	0.00	0.00	0.00	0.00	9.46	402.66	13.75	850.99	0.00	0.00
21	15.66	1312.62	0.00	0.00	0.00	0.00	9.50	534.76	16.17	965.54	15.48	1260.77
22	11.17	905.24	13.41	628.25	11.05	763.68	8.34	488.13	0.00	0.00	11.11	982.49
23	0.00	0.00	6.57	386.92	17.06	1459.83	6.85	374.31	0.00	0.00	7.00	602.52
24	0.00	0.00	11.78	886.81	11.99	932.26	0.00	0.00	12.42	938.27	23.84	1957.94
25	10.73	547.33	13.43	1216.06	6.08	421.47	0.00	0.00	11.20	867.56	6.47	238.15
26	7.96	615.26	12.93	992.01	14.04	1280.60	7.50	413.90	9.36	844.72	0.00	0.00
27	11.46	795.31	0.00	0.00	0.00	0.00	11.30	887.86	8.84	749.03	0.00	0.00
28	10.78	709.54	0.00	0.00	0.00	0.00	12.87	941.77	6.64	482.54	11.71	1032.70
29	19.31	1306.91	0.00	0.00	15.47	1106.85	11.17	819.56	0.00	0.00	22.63	2076.63
30	0.00	0.00	0.00	0.00	19.04	1735.42	7.33	523.05	0.00	0.00	6.45	500.17
31	0.00	0.00	0.00	0.00	29.23	2842.34	0.00	0.00	11.80	967.46	0.00	0.00

数据来源：上海、深圳证券交易所
Source: Shanghai Shenzhen Stock Exchange

Daily Turnover and Volume of Enterprise Bonds Spot in 2010

成交额：亿元；成交量：万张

7月 Jul.		8月 Aug.		9月 Sep.		10月 Oct.		11月 Nov.		12月 Dec.	
成交额 Turnover	成交量 Volume	成交额 Turnover	成交量 Volume	成交额 Turnover	成交量 Volume	成交额 Turnover	成交量 Volume	成交额 Turnover	成交量 Volume	成交额 Turnover	成交量 Volume
15.84	892.47	0.00	0.00	15.36	478.61	0.00	0.00	14.59	684.84	14.48	1240.36
10.53	672.00	9.79	1011.14	6.44	418.65	0.00	0.00	11.96	854.97	14.32	827.41
0.00	0.00	7.28	625.29	14.78	1539.40	0.00	0.00	11.99	851.79	11.26	620.87
0.00	0.00	7.22	527.28	0.00	0.00	0.00	0.00	13.50	956.97	0.00	0.00
12.32	971.50	3.81	258.11	0.00	0.00	0.00	0.00	9.82	645.69	0.00	0.00
8.06	535.56	7.50	482.65	52.01	4745.53	0.00	0.00	0.00	0.00	16.45	958.22
11.62	954.00	0.00	0.00	19.00	1310.70	0.00	0.00	0.00	0.00	16.87	1208.38
11.74	726.85	0.00	0.00	12.71	795.09	9.56	659.07	14.07	1055.67	13.83	867.61
10.07	557.69	6.19	308.74	12.76	585.76	0.00	0.00	13.44	977.96	10.07	607.82
0.00	0.00	7.39	422.79	14.91	615.01	0.00	0.00	15.52	709.40	18.39	1326.80
0.00	0.00	5.88	575.53	0.00	0.00	21.48	1257.67	16.09	986.72	0.00	0.00
11.16	951.17	8.80	436.20	0.00	0.00	13.96	1178.36	8.36	656.42	0.00	0.00
9.33	723.76	9.70	489.66	7.72	556.03	8.41	726.59	0.00	0.00	11.70	793.41
12.63	921.94	0.00	0.00	5.72	328.41	28.79	2340.28	0.00	0.00	20.08	931.11
9.64	381.23	0.00	0.00	9.44	532.93	9.30	839.92	16.22	1196.74	10.69	593.04
9.13	528.92	6.62	321.13	16.03	965.29	0.00	0.00	14.23	826.30	13.99	982.01
0.00	0.00	7.55	452.14	7.03	559.53	0.00	0.00	9.85	789.84	11.98	549.03
0.00	0.00	3.79	159.66	0.00	0.00	13.51	907.28	17.91	1134.65	0.00	0.00
3.60	232.51	3.44	174.87	0.00	0.00	17.19	1321.66	9.89	387.60	0.00	0.00
9.61	590.84	9.26	469.64	34.71	3360.75	16.67	1488.53	0.00	0.00	19.86	961.16
21.36	1757.26	0.00	0.00	13.21	758.33	16.54	1384.65	0.00	0.00	19.89	1019.51
14.29	1259.91	0.00	0.00	0.00	0.00	12.99	1057.00	22.07	695.39	15.65	1126.56
12.68	688.68	9.31	469.18	0.00	0.00	0.00	0.00	9.68	420.74	18.51	1452.74
0.00	0.00	10.23	885.11	0.00	0.00	0.00	0.00	11.24	593.88	16.19	954.89
0.00	0.00	12.97	869.32	0.00	0.00	23.00	1836.35	15.14	817.33	0.00	0.00
10.45	869.43	13.05	771.87	0.00	0.00	11.08	896.74	20.65	1011.20	0.00	0.00
9.93	786.73	9.95	436.40	17.83	1645.12	13.21	1097.40	0.00	0.00	11.21	589.84
12.78	911.53	0.00	0.00	20.20	1687.99	12.67	1016.28	0.00	0.00	22.21	817.52
13.05	1038.55	0.00	0.00	19.13	1496.52	9.57	552.51	25.07	930.01	17.19	799.32
8.11	471.36	21.04	1760.58	5.50	315.97	0.00	0.00	9.90	408.93	10.34	729.98
0.00	0.00	4.57	310.83	0.00	0.00	0.00	0.00	0.00	0.00	9.72	484.58

3－19　2010年上海企业债现货每日成交额、成交量

日期 Date	1月 Jan.		2月 Feb.		3月 Mar.		4月 Apr.		5月 May.		6月 Jun.	
	成交额 Turnover	成交量 Volume	成交额 Turnover	成交量 Volume	成交额 Turnover	成交量 Volume	成交额 Turnover	成交量 Volume	成交额 Turnover	成交量 Volume	成交额 Turnover	成交量 Volume
1	0.00	0.00	8.23	868.69	10.87	1193.72	9.62	1129.64	0.00	0.00	7.15	822.73
2	0.00	0.00	4.37	477.74	10.05	1050.61	10.27	1051.43	0.00	0.00	2.01	215.67
3	0.00	0.00	12.83	1328.45	9.30	949.80	0.00	0.00	0.00	0.00	3.35	344.28
4	1.92	215.21	4.94	512.60	3.88	403.56	0.00	0.00	8.48	976.21	3.95	396.09
5	2.09	229.47	4.93	523.67	3.70	401.81	0.00	0.00	7.16	741.48	0.00	0.00
6	4.00	415.84	0.00	0.00	0.00	0.00	10.01	1038.96	4.65	467.02	0.00	0.00
7	3.34	367.45	0.00	0.00	0.00	0.00	10.29	1065.36	6.42	672.49	8.48	848.87
8	7.36	782.83	3.63	397.87	5.57	593.06	3.18	331.02	0.00	0.00	21.10	2289.55
9	0.00	0.00	4.53	472.79	11.73	1199.63	6.10	602.76	0.00	0.00	11.51	1167.63
10	0.00	0.00	3.97	419.86	11.99	1233.68	0.00	0.00	8.45	898.15	23.10	2516.85
11	9.02	958.36	4.99	518.64	10.34	1050.62	0.00	0.00	5.91	599.53	2.70	274.99
12	6.81	703.36	3.28	347.73	8.59	908.19	6.16	626.07	7.83	792.46	0.00	0.00
13	7.41	759.21	0.00	0.00	0.00	0.00	7.50	746.94	6.75	727.88	0.00	0.00
14	9.63	966.92	0.00	0.00	0.00	0.00	9.18	925.48	8.70	868.97	0.00	0.00
15	2.96	317.42	0.00	0.00	5.28	572.05	6.43	660.38	0.00	0.00	0.00	0.00
16	0.00	0.00	0.00	0.00	9.06	904.44	7.00	721.40	0.00	0.00	0.00	0.00
17	0.00	0.00	0.00	0.00	11.95	1218.47	0.00	0.00	9.20	926.16	4.96	492.68
18	11.87	1280.31	0.00	0.00	5.21	546.82	0.00	0.00	4.64	495.04	3.29	336.61
19	3.78	418.27	0.00	0.00	8.37	858.68	5.52	596.12	9.73	992.47	0.00	0.00
20	8.80	920.46	0.00	0.00	0.00	0.00	3.71	402.60	8.40	850.94	0.00	0.00
21	12.63	1312.59	0.00	0.00	0.00	0.00	5.14	534.72	9.79	965.48	13.12	1260.75
22	8.76	905.22	5.91	628.18	7.04	763.64	4.65	488.09	0.00	0.00	9.84	982.48
23	0.00	0.00	3.71	386.89	14.10	1459.80	3.35	374.28	0.00	0.00	5.77	602.51
24	0.00	0.00	8.59	886.78	9.18	932.23	0.00	0.00	9.37	938.24	19.77	1957.90
25	5.31	547.28	10.67	1216.03	4.23	421.45	0.00	0.00	8.78	867.54	2.35	238.11
26	5.61	615.24	9.48	991.98	12.74	1280.59	4.05	413.87	7.99	844.71	0.00	0.00
27	7.29	795.27	0.00	0.00	0.00	0.00	8.10	887.83	6.73	749.01	0.00	0.00
28	6.63	709.50	0.00	0.00	0.00	0.00	7.80	941.72	4.66	482.52	10.12	1032.68
29	12.44	1306.84	0.00	0.00	10.86	1106.80	7.98	819.53	0.00	0.00	20.16	2076.61
30	0.00	0.00	0.00	0.00	15.92	1735.39	4.89	523.03	0.00	0.00	4.85	500.15
31	0.00	0.00	0.00	0.00	27.80	2842.33	0.00	0.00	9.81	967.44	0.00	0.00

数据来源：上海证券交易所
Source：Shanghai Stock Exchange

Daily Turnover and Volume of Enterprise Bonds Spot in Shanghai (2010)

成交额：亿元；成交量：万张

7月 Jul.		8月 Aug.		9月 Sep.		10月 Oct.		11月 Nov.		12月 Dec.	
成交额 Turnover	成交量 Volume	成交额 Turnover	成交量 Volume	成交额 Turnover	成交量 Volume	成交额 Turnover	成交量 Volume	成交额 Turnover	成交量 Volume	成交额 Turnover	成交量 Volume
7.99	892.39	0.00	0.00	4.87	478.51	0.00	0.00	6.75	684.76	11.78	1240.33
6.66	671.96	9.06	1011.13	4.19	418.63	0.00	0.00	8.54	854.94	8.22	827.35
0.00	0.00	6.24	625.28	13.79	1539.39	0.00	0.00	8.62	851.76	6.17	620.82
0.00	0.00	5.23	527.26	0.00	0.00	0.00	0.00	9.71	956.93	0.00	0.00
9.85	971.48	2.56	258.10	0.00	0.00	0.00	0.00	6.44	645.66	0.00	0.00
5.28	535.53	4.64	482.62	43.50	4745.45	0.00	0.00	0.00	0.00	9.42	958.15
9.68	953.98	0.00	0.00	12.56	1310.64	0.00	0.00	0.00	0.00	12.20	1208.33
7.25	726.81	0.00	0.00	8.00	795.04	6.81	659.04	10.48	1055.64	8.47	867.56
5.31	557.64	3.02	308.71	5.64	585.69	0.00	0.00	9.93	977.93	6.18	607.78
0.00	0.00	4.10	422.76	6.17	614.92	0.00	0.00	6.91	709.32	13.31	1326.75
0.00	0.00	5.28	575.52	0.00	0.00	12.93	1257.59	9.70	986.66	0.00	0.00
9.65	951.16	4.26	436.16	0.00	0.00	12.02	1178.34	6.32	656.40	0.00	0.00
7.05	723.74	4.84	489.61	5.31	556.01	7.52	726.58	0.00	0.00	7.91	793.37
9.58	921.91	0.00	0.00	3.39	328.39	23.54	2340.23	0.00	0.00	9.15	931.00
3.63	381.17	0.00	0.00	5.64	532.89	8.20	839.91	11.92	1196.70	5.97	592.99
4.96	528.88	3.13	321.10	9.98	965.23	0.00	0.00	8.12	826.24	9.23	981.96
0.00	0.00	4.42	452.11	5.77	559.52	0.00	0.00	7.85	789.82	5.43	548.97
0.00	0.00	1.56	159.64	0.00	0.00	8.89	907.23	11.29	1134.58	0.00	0.00
2.29	232.50	1.72	174.85	0.00	0.00	13.20	1321.62	3.82	387.54	0.00	0.00
6.00	590.81	4.62	469.60	32.25	3360.73	14.72	1488.51	0.00	0.00	9.52	961.06
17.84	1757.23	0.00	0.00	7.88	758.28	14.04	1384.63	0.00	0.00	9.52	1019.41
12.62	1259.89	0.00	0.00	0.00	0.00	10.36	1056.97	6.89	695.24	11.12	1126.52
6.77	688.62	4.82	469.14	0.00	0.00	0.00	0.00	4.13	420.69	14.48	1452.70
0.00	0.00	9.37	885.10	0.00	0.00	0.00	0.00	5.87	593.83	9.52	954.82
0.00	0.00	8.91	869.28	0.00	0.00	18.84	1836.31	7.78	817.26	0.00	0.00
8.92	869.42	8.00	771.82	0.00	0.00	8.89	896.72	10.08	1011.09	0.00	0.00
7.35	786.71	4.52	436.35	16.13	1645.10	11.30	1097.38	0.00	0.00	6.01	589.79
9.02	911.49	0.00	0.00	15.79	1687.95	10.04	1016.25	0.00	0.00	8.34	817.38
9.29	1038.51	0.00	0.00	15.76	1496.49	5.48	552.47	9.17	929.85	8.14	799.23
4.54	471.32	17.02	1760.54	3.22	315.95	0.00	0.00	3.97	408.87	7.41	729.95
0.00	0.00	3.17	310.82	0.00	0.00	0.00	0.00	0.00	0.00	4.71	484.53

3－20　2010年深圳企业债现货每日成交额、成交量

日期 Date	1月 Jan.		2月 Feb.		3月 Mar.		4月 Apr.		5月 May.		6月 Jun.	
	成交额 Turnover	成交量 Volume	成交额 Turnover	成交量 Volume	成交额 Turnover	成交量 Volume	成交额 Turnover	成交量 Volume	成交额 Turnover	成交量 Volume	成交额 Turnover	成交量 Volume
1	0.00	0.00	5.07	0.05	5.29	0.05	3.63	0.04	0.00	0.00	8.56	0.09
2	0.00	0.00	1.68	0.02	2.49	0.02	2.07	0.02	0.00	0.00	2.92	0.03
3	0.00	0.00	5.65	0.06	1.51	0.01	0.00	0.00	0.00	0.00	2.43	0.02
4	7.57	0.08	3.18	0.03	1.45	0.01	0.00	0.00	2.93	0.03	1.92	0.02
5	0.93	0.01	3.22	0.03	2.46	0.02	0.00	0.00	5.63	0.06	0.00	0.00
6	6.12	0.06	0.00	0.00	0.00	0.00	4.68	0.05	2.18	0.02	0.00	0.00
7	3.98	0.04	0.00	0.00	0.00	0.00	2.49	0.02	3.41	0.03	0.98	0.01
8	2.69	0.03	4.89	0.05	4.82	0.05	3.29	0.03	0.00	0.00	4.79	0.05
9	0.00	0.00	2.92	0.03	3.35	0.03	3.02	0.03	0.00	0.00	2.10	0.02
10	0.00	0.00	5.03	0.05	7.01	0.07	0.00	0.00	2.23	0.02	2.22	0.02
11	4.56	0.05	1.94	0.02	1.67	0.02	0.00	0.00	3.04	0.03	0.77	0.01
12	3.12	0.03	1.85	0.02	2.90	0.03	1.79	0.02	1.53	0.01	0.00	0.00
13	7.20	0.07	0.00	0.00	0.00	0.00	5.08	0.05	2.61	0.03	0.00	0.00
14	2.38	0.02	0.00	0.00	0.00	0.00	4.22	0.04	2.03	0.02	0.00	0.00
15	1.52	0.02	0.00	0.00	4.37	0.04	3.48	0.03	0.00	0.00	0.00	0.00
16	0.00	0.00	0.00	0.00	2.47	0.02	3.09	0.03	0.00	0.00	0.00	0.00
17	0.00	0.00	0.00	0.00	4.77	0.05	0.00	0.00	3.89	0.04	8.61	0.08
18	5.54	0.06	0.00	0.00	2.05	0.02	0.00	0.00	4.00	0.04	1.47	0.01
19	1.71	0.02	0.00	0.00	2.45	0.02	8.32	0.08	4.58	0.04	0.00	0.00
20	2.97	0.03	0.00	0.00	0.00	0.00	5.75	0.06	5.35	0.05	0.00	0.00
21	3.03	0.03	0.00	0.00	0.00	0.00	4.36	0.04	6.38	0.06	2.36	0.02
22	2.41	0.02	7.50	0.07	4.01	0.04	3.69	0.04	0.00	0.00	1.27	0.01
23	0.00	0.00	2.86	0.03	2.96	0.03	3.50	0.03	0.00	0.00	1.23	0.01
24	0.00	0.00	3.19	0.03	2.81	0.03	0.00	0.00	3.05	0.03	4.07	0.04
25	5.42	0.05	2.76	0.03	1.85	0.02	0.00	0.00	2.42	0.02	4.12	0.04
26	2.35	0.02	3.45	0.03	1.30	0.01	3.45	0.03	1.37	0.01	0.00	0.00
27	4.17	0.04	0.00	0.00	0.00	0.00	3.20	0.03	2.11	0.02	0.00	0.00
28	4.15	0.04	0.00	0.00	0.00	0.00	5.07	0.05	1.98	0.02	1.59	0.02
29	6.87	0.07	0.00	0.00	4.61	0.05	3.19	0.03	0.00	0.00	2.47	0.02
30	0.00	0.00	0.00	0.00	3.12	0.03	2.44	0.02	0.00	0.00	1.60	0.02
31	0.00	0.00	0.00	0.00	1.43	0.01	0.00	0.00	1.99	0.02	0.00	0.00

数据来源：深圳证券交易所
Source: Shenzhen Stock Exchange

Daily Turnover and Volume of Enterprise Bonds Spot in Shenzhen (2010)

成交额：亿元；成交量：万张

7月 Jul.		8月 Aug.		9月 Sep.		10月 Oct.		11月 Nov.		12月 Dec.	
成交额 Turnover	成交量 Volume	成交额 Turnover	成交量 Volume	成交额 Turnover	成交量 Volume	成交额 Turnover	成交量 Volume	成交额 Turnover	成交量 Volume	成交额 Turnover	成交量 Volume
7.85	0.08	0.00	0.00	10.49	0.10	0.00	0.00	7.84	0.08	2.70	0.03
3.87	0.04	0.73	0.01	2.25	0.02	0.00	0.00	3.42	0.03	6.10	0.06
0.00	0.00	1.04	0.01	0.99	0.01	0.00	0.00	3.37	0.03	5.09	0.05
0.00	0.00	1.99	0.02	0.00	0.00	0.00	0.00	3.79	0.04	0.00	0.00
2.47	0.02	1.25	0.01	0.00	0.00	0.00	0.00	3.38	0.03	0.00	0.00
2.78	0.03	2.86	0.03	8.51	0.08	0.00	0.00	0.00	0.00	7.03	0.07
1.94	0.02	0.00	0.00	6.44	0.06	0.00	0.00	0.00	0.00	4.67	0.05
4.49	0.04	0.00	0.00	4.71	0.05	2.75	0.03	3.59	0.03	5.36	0.05
4.76	0.05	3.17	0.03	7.12	0.07	0.00	0.00	3.51	0.03	3.89	0.04
0.00	0.00	3.29	0.03	8.74	0.09	0.00	0.00	8.61	0.08	5.08	0.05
0.00	0.00	0.60	0.01	0.00	0.00	8.55	0.08	6.39	0.06	0.00	0.00
1.51	0.01	4.54	0.04	0.00	0.00	1.94	0.02	2.04	0.02	0.00	0.00
2.28	0.02	4.86	0.05	2.41	0.02	0.89	0.01	0.00	0.00	3.79	0.04
3.05	0.03	0.00	0.00	2.33	0.02	5.25	0.05	0.00	0.00	10.93	0.11
6.01	0.06	0.00	0.00	3.80	0.04	1.10	0.01	4.30	0.04	4.72	0.05
4.17	0.04	3.49	0.03	6.05	0.06	0.00	0.00	6.11	0.06	4.76	0.05
0.00	0.00	3.13	0.03	1.26	0.01	0.00	0.00	2.00	0.02	6.55	0.06
0.00	0.00	2.23	0.02	0.00	0.00	4.62	0.05	6.62	0.07	0.00	0.00
1.31	0.01	1.72	0.02	0.00	0.00	3.99	0.04	6.07	0.06	0.00	0.00
3.61	0.03	4.64	0.04	2.46	0.02	1.95	0.02	0.00	0.00	10.34	0.10
3.52	0.03	0.00	0.00	5.33	0.05	2.50	0.02	0.00	0.00	10.37	0.10
1.67	0.02	0.00	0.00	0.00	0.00	2.63	0.03	15.18	0.15	4.53	0.04
5.91	0.06	4.49	0.04	0.00	0.00	0.00	0.00	5.55	0.05	4.03	0.04
0.00	0.00	0.86	0.01	0.00	0.00	0.00	0.00	5.37	0.05	6.67	0.07
0.00	0.00	4.06	0.04	0.00	0.00	4.16	0.04	7.36	0.07	0.00	0.00
1.53	0.01	5.05	0.05	0.00	0.00	2.19	0.02	10.57	0.11	0.00	0.00
2.58	0.02	5.43	0.05	1.70	0.02	1.91	0.02	0.00	0.00	5.20	0.05
3.76	0.04	0.00	0.00	4.41	0.04	2.63	0.03	0.00	0.00	13.87	0.14
3.76	0.04	0.00	0.00	3.37	0.03	4.09	0.04	15.90	0.16	9.05	0.09
3.57	0.04	4.02	0.04	2.28	0.02	0.00	0.00	5.93	0.06	2.93	0.03
0.00	0.00	1.40	0.01	0.00	0.00	0.00	0.00	0.00	0.00	5.01	0.05

3-21　2010年全国企业债回购每日成交额、成交量

日期 Date	1月 Jan.		2月 Feb.		3月 Mar.		4月 Apr.		5月 May.		6月 Jun.	
	成交额 Turnover	成交量 Volume	成交额 Turnover	成交量 Volume	成交额 Turnover	成交量 Volume	成交额 Turnover	成交量 Volume	成交额 Turnover	成交量 Volume	成交额 Turnover	成交量 Volume
1	0.00	0.00	2.01	0.02	2.41	0.02	0.01	0.00	0.00	0.00	6.69	0.07
2	0.00	0.00	0.01	0.00	0.33	0.00	0.00	0.00	0.00	0.00	1.57	0.02
3	0.00	0.00	0.04	0.00	0.01	0.00	0.00	0.00	0.00	0.00	0.91	0.01
4	2.02	0.02	0.00	0.00	0.09	0.00	0.00	0.00	2.00	0.02	0.00	0.00
5	0.01	0.00	0.01	0.00	0.00	0.00	0.00	0.00	2.69	0.03	0.00	0.00
6	3.81	0.04	0.00	0.00	0.00	0.00	2.53	0.03	0.10	0.00	0.00	0.00
7	0.02	0.00	0.00	0.00	0.00	0.00	0.44	0.00	0.00	0.00	0.02	0.00
8	0.00	0.00	2.84	0.03	2.66	0.03	0.09	0.00	0.00	0.00	3.07	0.03
9	0.00	0.00	0.14	0.00	0.06	0.00	0.00	0.00	0.00	0.00	0.35	0.00
10	0.00	0.00	0.13	0.00	0.02	0.00	0.00	0.00	0.00	0.00	1.51	0.02
11	2.01	0.02	0.20	0.00	0.01	0.00	0.00	0.00	0.62	0.01	0.02	0.00
12	0.00	0.00	0.35	0.00	0.05	0.00	0.00	0.00	0.03	0.00	0.00	0.00
13	3.86	0.04	0.00	0.00	0.00	0.00	3.24	0.03	0.18	0.00	0.00	0.00
14	0.03	0.00	0.00	0.00	0.00	0.00	0.59	0.01	0.00	0.00	0.00	0.00
15	0.00	0.00	0.00	0.00	2.04	0.02	0.03	0.00	0.00	0.00	0.00	0.00
16	0.00	0.00	0.00	0.00	0.04	0.00	0.00	0.00	0.00	0.00	0.00	0.00
17	0.00	0.00	0.00	0.00	1.14	0.01	0.00	0.00	0.00	0.00	5.22	0.05
18	2.72	0.03	0.00	0.00	0.03	0.00	0.00	0.00	0.63	0.01	0.04	0.00
19	0.07	0.00	0.00	0.00	0.02	0.00	0.00	0.00	0.06	0.00	0.00	0.00
20	0.75	0.01	0.00	0.00	0.00	0.00	1.87	0.02	2.18	0.02	0.00	0.00
21	0.04	0.00	0.00	0.00	0.00	0.00	1.11	0.01	4.00	0.04	0.30	0.00
22	0.11	0.00	2.32	0.02	2.06	0.02	0.02	0.00	0.00	0.00	0.00	0.00
23	0.00	0.00	0.31	0.00	1.76	0.02	1.01	0.01	0.00	0.00	0.03	0.00
24	0.00	0.00	0.31	0.00	0.75	0.01	0.00	0.00	0.31	0.00	3.05	0.03
25	2.72	0.03	0.17	0.00	0.01	0.00	0.00	0.00	0.89	0.01	1.18	0.01
26	0.56	0.01	0.38	0.00	0.12	0.00	0.04	0.00	0.02	0.00	0.00	0.00
27	1.26	0.01	0.00	0.00	0.00	0.00	0.52	0.01	1.18	0.01	0.00	0.00
28	0.00	0.00	0.00	0.00	0.00	0.00	2.29	0.02	0.50	0.01	0.01	0.00
29	2.60	0.03	0.00	0.00	1.93	0.02	0.06	0.00	0.00	0.00	0.00	0.00
30	0.00	0.00	0.00	0.00	0.01	0.00	0.70	0.01	0.00	0.00	0.05	0.00
31	0.00	0.00	0.00	0.00	0.04	0.00	0.00	0.00	0.15	0.00	0.00	0.00

数据来源：上海、深圳证券交易所
Source: Shanghai Shenzhen Stock Exchange

Daily Turnover and Volume of Enterprise Bonds Repurchase in 2010

成交额：亿元；成交量：万张

7月 Jul.		8月 Aug.		9月 Sep.		10月 Oct.		11月 Nov.		12月 Dec.	
成交额 Turnover	成交量 Volume	成交额 Turnover	成交量 Volume	成交额 Turnover	成交量 Volume	成交额 Turnover	成交量 Volume	成交额 Turnover	成交量 Volume	成交额 Turnover	成交量 Volume
5.94	0.06	0.00	0.00	1.47	0.01	0.00	0.00	3.54	0.04	0.78	0.01
0.78	0.01	0.22	0.00	0.21	0.00	0.00	0.00	1.03	0.01	3.61	0.04
0.00	0.00	0.00	0.00	0.00	0.00	0.00	0.00	0.28	0.00	4.22	0.04
0.00	0.00	0.66	0.01	0.00	0.00	0.00	0.00	0.20	0.00	0.00	0.00
0.01	0.00	0.38	0.00	0.00	0.00	0.00	0.00	0.01	0.00	0.00	0.00
0.48	0.00	2.00	0.02	0.66	0.01	0.00	0.00	0.00	0.00	3.93	0.04
0.01	0.00	0.00	0.00	1.85	0.02	0.00	0.00	0.00	0.00	1.59	0.02
3.21	0.03	0.00	0.00	1.25	0.01	1.06	0.01	1.24	0.01	1.89	0.02
2.42	0.02	0.78	0.01	1.28	0.01	0.00	0.00	0.84	0.01	2.50	0.02
0.00	0.00	0.50	0.01	5.14	0.05	0.00	0.00	1.47	0.01	4.62	0.05
0.00	0.00	0.07	0.00	0.00	0.00	1.46	0.01	1.91	0.02	0.00	0.00
0.00	0.00	0.02	0.00	0.00	0.00	0.47	0.00	0.23	0.00	0.00	0.00
0.46	0.00	2.05	0.02	0.65	0.01	0.12	0.00	0.00	0.00	2.85	0.03
1.56	0.02	0.00	0.00	1.46	0.01	1.83	0.02	0.00	0.00	9.20	0.09
4.83	0.05	0.00	0.00	1.04	0.01	0.07	0.00	1.79	0.02	1.55	0.02
2.19	0.02	2.30	0.02	1.41	0.01	0.00	0.00	0.38	0.00	3.02	0.03
0.00	0.00	1.34	0.01	0.38	0.00	0.00	0.00	0.54	0.01	4.60	0.05
0.00	0.00	0.52	0.01	0.00	0.00	2.68	0.03	4.48	0.04	0.00	0.00
0.05	0.00	0.11	0.00	0.00	0.00	1.73	0.02	5.10	0.05	0.00	0.00
0.51	0.01	1.49	0.01	0.33	0.00	0.02	0.00	0.00	0.00	6.29	0.06
0.04	0.00	0.00	0.00	0.29	0.00	0.50	0.01	0.00	0.00	9.37	0.09
0.01	0.00	0.00	0.00	0.00	0.00	1.43	0.01	13.84	0.14	1.15	0.01
2.68	0.03	2.47	0.02	0.00	0.00	0.00	0.00	0.98	0.01	2.67	0.03
0.00	0.00	0.15	0.00	0.00	0.00	0.00	0.00	2.79	0.03	4.52	0.05
0.00	0.00	1.91	0.02	0.00	0.00	2.76	0.03	5.41	0.05	0.00	0.00
0.01	0.00	1.03	0.01	0.00	0.00	0.93	0.01	7.68	0.08	0.00	0.00
0.01	0.00	0.14	0.00	0.08	0.00	0.77	0.01	0.00	0.00	3.70	0.04
0.14	0.00	0.00	0.00	2.81	0.03	0.20	0.00	0.00	0.00	10.28	0.10
0.21	0.00	0.00	0.00	0.09	0.00	2.72	0.03	12.77	0.13	7.67	0.08
2.55	0.03	1.32	0.01	0.00	0.00	0.00	0.00	4.59	0.05	2.31	0.02
0.00	0.00	0.85	0.01	0.00	0.00	0.00	0.00	0.00	0.00	3.70	0.04

3-22 2010年上海企业债回购每日成交额、成交量

日期 Date	1月 Jan.		2月 Feb.		3月 Mar.		4月 Apr.		5月 May.		6月 Jun.	
	成交额 Turnover	成交量 Volume	成交额 Turnover	成交量 Volume	成交额 Turnover	成交量 Volume	成交额 Turnover	成交量 Volume	成交额 Turnover	成交量 Volume	成交额 Turnover	成交量 Volume
1	0.00	0.00	0.00	0.00	0.00	0.00	0.00	0.00	0.00	0.00	0.00	0.00
2	0.00	0.00	0.00	0.00	0.00	0.00	0.00	0.00	0.00	0.00	0.00	0.00
3	0.00	0.00	0.00	0.00	0.00	0.00	0.00	0.00	0.00	0.00	0.00	0.00
4	0.00	0.00	0.00	0.00	0.00	0.00	0.00	0.00	0.00	0.00	0.00	0.00
5	0.00	0.00	0.00	0.00	0.00	0.00	0.00	0.00	0.00	0.00	0.00	0.00
6	0.00	0.00	0.00	0.00	0.00	0.00	0.00	0.00	0.00	0.00	0.00	0.00
7	0.00	0.00	0.00	0.00	0.00	0.00	0.00	0.00	0.00	0.00	0.00	0.00
8	0.00	0.00	0.00	0.00	0.00	0.00	0.00	0.00	0.00	0.00	0.00	0.00
9	0.00	0.00	0.00	0.00	0.00	0.00	0.00	0.00	0.00	0.00	0.00	0.00
10	0.00	0.00	0.00	0.00	0.00	0.00	0.00	0.00	0.00	0.00	0.00	0.00
11	0.00	0.00	0.00	0.00	0.00	0.00	0.00	0.00	0.00	0.00	0.00	0.00
12	0.00	0.00	0.00	0.00	0.00	0.00	0.00	0.00	0.00	0.00	0.00	0.00
13	0.00	0.00	0.00	0.00	0.00	0.00	0.00	0.00	0.00	0.00	0.00	0.00
14	0.00	0.00	0.00	0.00	0.00	0.00	0.00	0.00	0.00	0.00	0.00	0.00
15	0.00	0.00	0.00	0.00	0.00	0.00	0.00	0.00	0.00	0.00	0.00	0.00
16	0.00	0.00	0.00	0.00	0.00	0.00	0.00	0.00	0.00	0.00	0.00	0.00
17	0.00	0.00	0.00	0.00	0.00	0.00	0.00	0.00	0.00	0.00	0.00	0.00
18	0.00	0.00	0.00	0.00	0.00	0.00	0.00	0.00	0.00	0.00	0.00	0.00
19	0.00	0.00	0.00	0.00	0.00	0.00	0.00	0.00	0.00	0.00	0.00	0.00
20	0.00	0.00	0.00	0.00	0.00	0.00	0.00	0.00	0.00	0.00	0.00	0.00
21	0.00	0.00	0.00	0.00	0.00	0.00	0.00	0.00	0.00	0.00	0.00	0.00
22	0.00	0.00	0.00	0.00	0.00	0.00	0.00	0.00	0.00	0.00	0.00	0.00
23	0.00	0.00	0.00	0.00	0.00	0.00	0.00	0.00	0.00	0.00	0.00	0.00
24	0.00	0.00	0.00	0.00	0.00	0.00	0.00	0.00	0.00	0.00	0.00	0.00
25	0.00	0.00	0.00	0.00	0.00	0.00	0.00	0.00	0.00	0.00	0.00	0.00
26	0.00	0.00	0.00	0.00	0.00	0.00	0.00	0.00	0.00	0.00	0.00	0.00
27	0.00	0.00	0.00	0.00	0.00	0.00	0.00	0.00	0.00	0.00	0.00	0.00
28	0.00	0.00	0.00	0.00	0.00	0.00	0.00	0.00	0.00	0.00	0.00	0.00
29	0.00	0.00	0.00	0.00	0.00	0.00	0.00	0.00	0.00	0.00	0.00	0.00
30	0.00	0.00	0.00	0.00	0.00	0.00	0.00	0.00	0.00	0.00	0.00	0.00
31	0.00	0.00	0.00	0.00	0.00	0.00	0.00	0.00	0.00	0.00	0.00	0.00

数据来源：上海证券交易所
Source: Shanghai Stock Exchange

Daily Turnover and Volume of Enterprise Bonds Repurchase in Shanghai (2010)

成交额：亿元；成交量：万张

7月 Jul.		8月 Aug.		9月 Sep.		10月 Oct.		11月 Nov.		12月 Dec.	
成交额 Turnover	成交量 Volume	成交额 Turnover	成交量 Volume	成交额 Turnover	成交量 Volume	成交额 Turnover	成交量 Volume	成交额 Turnover	成交量 Volume	成交额 Turnover	成交量 Volume
0.00	0.00	0.00	0.00	0.00	0.00	0.00	0.00	0.00	0.00	0.00	0.00
0.00	0.00	0.00	0.00	0.00	0.00	0.00	0.00	0.00	0.00	0.00	0.00
0.00	0.00	0.00	0.00	0.00	0.00	0.00	0.00	0.00	0.00	0.00	0.00
0.00	0.00	0.00	0.00	0.00	0.00	0.00	0.00	0.00	0.00	0.00	0.00
0.00	0.00	0.00	0.00	0.00	0.00	0.00	0.00	0.00	0.00	0.00	0.00
0.00	0.00	0.00	0.00	0.00	0.00	0.00	0.00	0.00	0.00	0.00	0.00
0.00	0.00	0.00	0.00	0.00	0.00	0.00	0.00	0.00	0.00	0.00	0.00
0.00	0.00	0.00	0.00	0.00	0.00	0.00	0.00	0.00	0.00	0.00	0.00
0.00	0.00	0.00	0.00	0.00	0.00	0.00	0.00	0.00	0.00	0.00	0.00
0.00	0.00	0.00	0.00	0.00	0.00	0.00	0.00	0.00	0.00	0.00	0.00
0.00	0.00	0.00	0.00	0.00	0.00	0.00	0.00	0.00	0.00	0.00	0.00
0.00	0.00	0.00	0.00	0.00	0.00	0.00	0.00	0.00	0.00	0.00	0.00
0.00	0.00	0.00	0.00	0.00	0.00	0.00	0.00	0.00	0.00	0.00	0.00
0.00	0.00	0.00	0.00	0.00	0.00	0.00	0.00	0.00	0.00	0.00	0.00
0.00	0.00	0.00	0.00	0.00	0.00	0.00	0.00	0.00	0.00	0.00	0.00
0.00	0.00	0.00	0.00	0.00	0.00	0.00	0.00	0.00	0.00	0.00	0.00
0.00	0.00	0.00	0.00	0.00	0.00	0.00	0.00	0.00	0.00	0.00	0.00
0.00	0.00	0.00	0.00	0.00	0.00	0.00	0.00	0.00	0.00	0.00	0.00
0.00	0.00	0.00	0.00	0.00	0.00	0.00	0.00	0.00	0.00	0.00	0.00
0.00	0.00	0.00	0.00	0.00	0.00	0.00	0.00	0.00	0.00	0.00	0.00
0.00	0.00	0.00	0.00	0.00	0.00	0.00	0.00	0.00	0.00	0.00	0.00
0.00	0.00	0.00	0.00	0.00	0.00	0.00	0.00	0.00	0.00	0.00	0.00
0.00	0.00	0.00	0.00	0.00	0.00	0.00	0.00	0.00	0.00	0.00	0.00
0.00	0.00	0.00	0.00	0.00	0.00	0.00	0.00	0.00	0.00	0.00	0.00
0.00	0.00	0.00	0.00	0.00	0.00	0.00	0.00	0.00	0.00	0.00	0.00
0.00	0.00	0.00	0.00	0.00	0.00	0.00	0.00	0.00	0.00	0.00	0.00
0.00	0.00	0.00	0.00	0.00	0.00	0.00	0.00	0.00	0.00	0.00	0.00
0.00	0.00	0.00	0.00	0.00	0.00	0.00	0.00	0.00	0.00	0.00	0.00
0.00	0.00	0.00	0.00	0.00	0.00	0.00	0.00	0.00	0.00	0.00	0.00
0.00	0.00	0.00	0.00	0.00	0.00	0.00	0.00	0.00	0.00	0.00	0.00
0.00	0.00	0.00	0.00	0.00	0.00	0.00	0.00	0.00	0.00	0.00	0.00

3-23 2010年深圳企业债回购每日成交额、成交量

日期 Date	1月 Jan.		2月 Feb.		3月 Mar.		4月 Apr.		5月 May.		6月 Jun.	
	成交额 Turnover	成交量 Volume	成交额 Turnover	成交量 Volume	成交额 Turnover	成交量 Volume	成交额 Turnover	成交量 Volume	成交额 Turnover	成交量 Volume	成交额 Turnover	成交量 Volume
1	0.00	0.00	2.01	0.02	2.41	0.02	0.01	0.00	0.00	0.00	6.69	0.07
2	0.00	0.00	0.01	0.00	0.33	0.00	0.00	0.00	0.00	0.00	1.57	0.02
3	0.00	0.00	0.04	0.00	0.01	0.00	0.00	0.00	0.00	0.00	0.91	0.01
4	2.02	0.02	0.00	0.00	0.09	0.00	0.00	0.00	2.00	0.02	0.00	0.00
5	0.01	0.00	0.01	0.00	0.00	0.00	0.00	0.00	2.69	0.03	0.00	0.00
6	3.81	0.04	0.00	0.00	0.00	0.00	2.53	0.03	0.10	0.00	0.00	0.00
7	0.02	0.00	0.00	0.00	0.00	0.00	0.44	0.00	0.00	0.00	0.02	0.00
8	0.00	0.00	2.84	0.03	2.66	0.03	0.09	0.00	0.00	0.00	3.07	0.03
9	0.00	0.00	0.14	0.00	0.06	0.00	0.00	0.00	0.00	0.00	0.35	0.00
10	0.00	0.00	0.13	0.00	0.02	0.00	0.00	0.00	0.00	0.00	1.51	0.02
11	2.01	0.02	0.20	0.00	0.01	0.00	0.00	0.00	0.62	0.01	0.02	0.00
12	0.00	0.00	0.35	0.00	0.05	0.00	0.00	0.00	0.03	0.00	0.00	0.00
13	3.86	0.04	0.00	0.00	0.00	0.00	3.24	0.03	0.18	0.00	0.00	0.00
14	0.03	0.00	0.00	0.00	0.00	0.00	0.59	0.01	0.00	0.00	0.00	0.00
15	0.00	0.00	0.00	0.00	2.04	0.02	0.03	0.00	0.00	0.00	0.00	0.00
16	0.00	0.00	0.00	0.00	0.04	0.00	0.00	0.00	0.00	0.00	0.00	0.00
17	0.00	0.00	0.00	0.00	1.14	0.01	0.00	0.00	0.00	0.00	5.22	0.05
18	2.72	0.03	0.00	0.00	0.03	0.00	0.00	0.00	0.63	0.01	0.04	0.00
19	0.07	0.00	0.00	0.00	0.02	0.00	0.00	0.00	0.06	0.00	0.00	0.00
20	0.75	0.01	0.00	0.00	0.00	0.00	1.87	0.02	2.18	0.02	0.00	0.00
21	0.04	0.00	0.00	0.00	0.00	0.00	1.11	0.01	4.00	0.04	0.30	0.00
22	0.11	0.00	2.32	0.02	2.06	0.02	0.02	0.00	0.00	0.00	0.00	0.00
23	0.00	0.00	0.31	0.00	1.76	0.02	1.01	0.01	0.00	0.00	0.03	0.00
24	0.00	0.00	0.31	0.00	0.75	0.01	0.00	0.00	0.31	0.00	3.05	0.03
25	2.72	0.03	0.17	0.00	0.01	0.00	0.00	0.00	0.89	0.01	1.18	0.01
26	0.56	0.01	0.38	0.00	0.12	0.00	0.04	0.00	0.02	0.00	0.00	0.00
27	1.26	0.01	0.00	0.00	0.00	0.00	0.52	0.01	1.18	0.01	0.00	0.00
28	0.00	0.00	0.00	0.00	0.00	0.00	2.29	0.02	0.50	0.01	0.01	0.00
29	2.60	0.03	0.00	0.00	1.93	0.02	0.06	0.00	0.00	0.00	0.00	0.00
30	0.00	0.00	0.00	0.00	0.01	0.00	0.70	0.01	0.00	0.00	0.05	0.00
31	0.00	0.00	0.00	0.00	0.04	0.00	0.00	0.00	0.15	0.00	0.00	0.00

数据来源：深圳证券交易所
Source：Shenzhen Stock Exchange

Daily Turnover and Volume of Enterprise Bonds Repurchase in Shenzhen (2010)

成交额：亿元；成交量：万张

7月 Jul.		8月 Aug.		9月 Sep.		10月 Oct.		11月 Nov.		12月 Dec.	
成交额 Turnover	成交量 Volume	成交额 Turnover	成交量 Volume	成交额 Turnover	成交量 Volume	成交额 Turnover	成交量 Volume	成交额 Turnover	成交量 Volume	成交额 Turnover	成交量 Volume
5.94	0.06	0.00	0.00	1.47	0.01	0.00	0.00	3.54	0.04	0.78	0.01
0.78	0.01	0.22	0.00	0.21	0.00	0.00	0.00	1.03	0.01	3.61	0.04
0.00	0.00	0.00	0.00	0.00	0.00	0.00	0.00	0.28	0.00	4.22	0.04
0.00	0.00	0.66	0.01	0.00	0.00	0.00	0.00	0.20	0.00	0.00	0.00
0.01	0.00	0.38	0.00	0.00	0.00	0.00	0.00	0.01	0.00	0.00	0.00
0.48	0.00	2.00	0.02	0.66	0.01	0.00	0.00	0.00	0.00	3.93	0.04
0.01	0.00	0.00	0.00	1.85	0.02	0.00	0.00	0.00	0.00	1.59	0.02
3.21	0.03	0.00	0.00	1.25	0.01	1.06	0.01	1.24	0.01	1.89	0.02
2.42	0.02	0.78	0.01	1.28	0.01	0.00	0.00	0.84	0.01	2.50	0.02
0.00	0.00	0.50	0.01	5.14	0.05	0.00	0.00	1.47	0.01	4.62	0.05
0.00	0.00	0.07	0.00	0.00	0.00	1.46	0.01	1.91	0.02	0.00	0.00
0.00	0.00	0.02	0.00	0.00	0.00	0.47	0.00	0.23	0.00	0.00	0.00
0.46	0.00	2.05	0.02	0.65	0.01	0.12	0.00	0.00	0.00	2.85	0.03
1.56	0.02	0.00	0.00	1.46	0.01	1.83	0.02	0.00	0.00	9.20	0.09
4.83	0.05	0.00	0.00	1.04	0.01	0.07	0.00	1.79	0.02	1.55	0.02
2.19	0.02	2.30	0.02	1.41	0.01	0.00	0.00	0.38	0.00	3.02	0.03
0.00	0.00	1.34	0.01	0.38	0.00	0.00	0.00	0.54	0.01	4.60	0.05
0.00	0.00	0.52	0.01	0.00	0.00	2.68	0.03	4.48	0.04	0.00	0.00
0.05	0.00	0.11	0.00	0.00	0.00	1.73	0.02	5.10	0.05	0.00	0.00
0.51	0.01	1.49	0.01	0.33	0.00	0.02	0.00	0.00	0.00	6.29	0.06
0.04	0.00	0.00	0.00	0.29	0.00	0.50	0.01	0.00	0.00	9.37	0.09
0.01	0.00	0.00	0.00	0.00	0.00	1.43	0.01	13.84	0.14	1.15	0.01
2.68	0.03	2.47	0.02	0.00	0.00	0.00	0.00	0.98	0.01	2.67	0.03
0.00	0.00	0.15	0.00	0.00	0.00	0.00	0.00	2.79	0.03	4.52	0.05
0.00	0.00	1.91	0.02	0.00	0.00	2.76	0.03	5.41	0.05	0.00	0.00
0.01	0.00	1.03	0.01	0.00	0.00	0.93	0.01	7.68	0.08	0.00	0.00
0.01	0.00	0.14	0.00	0.08	0.00	0.77	0.01	0.00	0.00	3.70	0.04
0.14	0.00	0.00	0.00	2.81	0.03	0.20	0.00	0.00	0.00	10.28	0.10
0.21	0.00	0.00	0.00	0.09	0.00	2.72	0.03	12.77	0.13	7.67	0.08
2.55	0.03	1.32	0.01	0.00	0.00	0.00	0.00	4.59	0.05	2.31	0.02
0.00	0.00	0.85	0.01	0.00	0.00	0.00	0.00	0.00	0.00	3.70	0.04

3-24 2010年全国可转债每日成交额、成交量

日期 Date	1月 Jan.		2月 Feb.		3月 Mar.		4月 Apr.		5月 May.		6月 Jun.	
	成交额 Turnover	成交量 Volume	成交额 Turnover	成交量 Volume	成交额 Turnover	成交量 Volume	成交额 Turnover	成交量 Volume	成交额 Turnover	成交量 Volume	成交额 Turnover	成交量 Volume
1	0.00	0.00	1.95	75.65	1.11	64.70	1.27	56.81	0.00	0.00	1.56	74.88
2	0.00	0.00	2.30	105.02	0.98	49.63	1.43	75.69	0.00	0.00	0.73	40.17
3	0.00	0.00	2.11	127.44	0.99	58.43	0.00	0.00	0.00	0.00	0.49	25.53
4	0.45	21.44	1.39	60.95	0.76	48.47	0.00	0.00	0.31	21.61	0.28	15.73
5	1.11	39.38	1.73	53.29	0.78	27.24	0.00	0.00	1.26	77.24	0.00	0.00
6	2.43	125.12	0.00	0.00	0.00	0.00	0.75	43.31	2.03	70.79	0.00	0.00
7	3.24	142.20	0.00	0.00	0.00	0.00	1.69	102.34	2.01	62.06	0.29	6.67
8	1.11	61.01	0.82	51.09	0.88	34.43	1.31	59.68	0.00	0.00	0.25	15.41
9	0.00	0.00	1.04	69.84	1.47	44.44	1.33	69.57	0.00	0.00	0.66	21.56
10	0.00	0.00	1.30	45.39	0.81	26.48	0.00	0.00	1.15	54.83	0.58	22.95
11	0.32	13.14	0.90	40.05	0.54	22.64	0.00	0.00	0.69	37.39	0.42	8.39
12	2.30	98.09	1.05	55.97	1.18	50.17	1.34	75.07	0.86	42.17	0.00	0.00
13	1.13	64.40	0.00	0.00	0.00	0.00	1.42	79.06	1.78	41.81	0.00	0.00
14	2.91	145.59	0.00	0.00	0.00	0.00	1.13	48.38	4.02	309.45	0.00	0.00
15	1.44	58.64	0.00	0.00	1.24	74.10	1.02	59.76	0.00	0.00	0.00	0.00
16	0.00	0.00	0.00	0.00	0.64	25.64	0.97	63.09	0.00	0.00	0.00	0.00
17	0.00	0.00	0.00	0.00	1.54	91.68	0.00	0.00	2.11	121.75	0.22	8.71
18	0.95	42.79	0.00	0.00	0.71	36.82	0.00	0.00	0.78	49.28	82.65	8187.93
19	1.34	78.30	0.00	0.00	1.17	61.75	1.35	71.79	1.23	61.50	0.00	0.00
20	0.98	43.36	0.00	0.00	0.00	0.00	0.94	54.19	1.36	45.45	0.00	0.00
21	1.33	68.77	0.00	0.00	0.00	0.00	1.94	97.20	1.76	118.15	30.85	2989.10
22	1.97	117.97	1.12	41.95	1.34	57.63	2.23	96.84	0.00	0.00	14.61	1438.41
23	0.00	0.00	0.60	35.98	0.89	33.15	2.22	109.71	0.00	0.00	12.41	1211.16
24	0.00	0.00	1.28	68.84	1.31	55.37	0.00	0.00	1.02	55.90	10.87	1062.52
25	6.60	371.01	1.56	98.81	0.97	44.18	0.00	0.00	1.61	88.50	6.66	377.23
26	2.99	151.72	1.41	88.99	1.07	42.58	2.28	103.59	0.73	27.45	0.00	0.00
27	3.24	210.26	0.00	0.00	0.00	0.00	1.22	59.00	1.62	44.53	0.00	0.00
28	2.29	123.41	0.00	0.00	0.00	0.00	1.20	54.90	1.07	39.09	5.41	417.02
29	2.73	134.40	0.00	0.00	1.87	130.36	0.68	43.58	0.00	0.00	15.82	1464.10
30	0.00	0.00	0.00	0.00	0.81	51.61	1.13	80.31	0.00	0.00	3.50	293.49
31	0.00	0.00	0.00	0.00	1.73	74.81	0.00	0.00	0.71	22.63	0.00	0.00

数据来源：上海、深圳证券交易所
Source: Shanghai Shenzhen Stock Exchange

Daily Turnover and Volume of Convertible Bonds in 2010

成交额：亿元；成交量：万张

7月 Jul.		8月 Aug.		9月 Sep.		10月 Oct.		11月 Nov.		12月 Dec.	
成交额 Turnover	成交量 Volume	成交额 Turnover	成交量 Volume	成交额 Turnover	成交量 Volume	成交额 Turnover	成交量 Volume	成交额 Turnover	成交量 Volume	成交额 Turnover	成交量 Volume
2.31	210.87	0.00	0.00	8.09	708.14	0.00	0.00	13.86	1039.00	7.94	550.85
1.79	146.04	7.35	581.10	5.85	440.10	0.00	0.00	10.36	708.60	7.54	456.51
0.00	0.00	7.57	670.65	3.65	290.83	0.00	0.00	8.51	350.15	3.89	232.30
0.00	0.00	4.44	355.53	0.00	0.00	0.00	0.00	4.47	218.25	0.00	0.00
5.24	492.76	4.40	391.43	0.00	0.00	0.00	0.00	10.34	620.47	0.00	0.00
4.41	367.72	12.04	270.57	6.37	424.43	0.00	0.00	0.00	0.00	4.70	310.04
2.82	248.95	0.00	0.00	4.73	345.63	0.00	0.00	0.00	0.00	5.52	364.93
3.96	357.68	0.00	0.00	10.30	862.02	10.11	667.91	4.54	226.23	21.93	1728.74
8.10	658.74	6.13	305.88	5.47	419.58	0.00	0.00	9.64	422.37	7.87	487.16
0.00	0.00	5.09	289.43	70.49	6413.25	0.00	0.00	11.64	548.84	14.98	1150.95
0.00	0.00	3.99	228.34	0.00	0.00	21.83	1496.84	22.03	1513.36	0.00	0.00
6.19	519.25	6.33	512.98	0.00	0.00	12.00	696.23	20.97	1441.59	0.00	0.00
5.04	442.28	5.38	397.72	19.08	1674.84	10.60	702.93	0.00	0.00	13.05	865.17
4.06	362.12	0.00	0.00	8.50	706.35	29.50	2189.91	0.00	0.00	5.03	237.01
2.93	270.99	0.00	0.00	10.50	919.68	25.83	1830.66	15.38	1016.51	18.45	1524.54
2.20	187.56	4.90	373.27	23.38	1607.29	0.00	0.00	10.53	603.87	21.43	1867.84
0.00	0.00	4.04	318.19	5.54	340.55	0.00	0.00	9.25	564.66	5.50	392.52
0.00	0.00	3.62	238.93	0.00	0.00	27.96	2093.41	6.13	390.77	0.00	0.00
4.64	356.78	7.52	617.92	0.00	0.00	18.15	1320.59	6.22	353.83	0.00	0.00
6.16	478.44	1.21	39.71	5.76	486.06	33.63	2439.72	0.00	0.00	16.39	1283.79
5.69	461.02	0.00	0.00	3.47	251.34	22.90	1702.07	0.00	0.00	9.07	630.91
5.09	435.88	0.00	0.00	0.00	0.00	12.39	940.77	3.80	152.22	3.25	177.62
5.98	492.18	2.48	178.02	0.00	0.00	0.00	0.00	7.97	455.11	6.10	463.67
0.00	0.00	4.24	308.01	0.00	0.00	0.00	0.00	16.32	1237.84	8.68	608.11
0.00	0.00	3.44	258.43	0.00	0.00	17.27	1220.37	6.85	469.63	0.00	0.00
4.78	403.34	9.70	850.58	0.00	0.00	14.76	1134.63	4.47	292.89	0.00	0.00
6.75	585.23	8.27	751.06	6.19	492.27	8.93	570.82	0.00	0.00	6.60	547.81
8.01	679.58	0.00	0.00	16.61	1456.21	8.29	555.50	0.00	0.00	12.19	909.42
5.47	445.36	0.00	0.00	4.99	366.76	6.88	468.49	6.63	420.36	12.27	962.22
4.56	365.35	12.08	1012.20	10.28	848.52	0.00	0.00	11.26	703.04	17.65	1349.99
0.00	0.00	4.04	337.50	0.00	0.00	0.00	0.00	0.00	0.00	33.23	2597.94

3－25　2010 年上海可转债每日成交额、成交量

日期 Date	1月 Jan.		2月 Feb.		3月 Mar.		4月 Apr.		5月 May.		6月 Jun.	
	成交额 Turnover	成交量 Volume	成交额 Turnover	成交量 Volume	成交额 Turnover	成交量 Volume	成交额 Turnover	成交量 Volume	成交额 Turnover	成交量 Volume	成交额 Turnover	成交量 Volume
1	0.00	0.00	1.00	75.64	0.85	64.70	0.78	56.81	0.00	0.00	0.84	74.87
2	0.00	0.00	1.35	105.01	0.66	49.63	1.02	75.69	0.00	0.00	0.46	40.17
3	0.00	0.00	1.57	127.44	0.77	58.43	0.00	0.00	0.00	0.00	0.29	25.53
4	0.32	21.44	0.74	60.94	0.61	48.47	0.00	0.00	0.28	21.61	0.18	15.73
5	0.58	39.38	0.67	53.28	0.36	27.24	0.00	0.00	0.97	77.24	0.00	0.00
6	1.85	125.12	0.00	0.00	0.00	0.00	0.57	43.31	0.92	70.78	0.00	0.00
7	2.13	142.19	0.00	0.00	0.00	0.00	1.35	102.34	0.79	62.05	0.08	6.67
8	0.92	61.01	0.64	51.09	0.43	34.43	0.78	59.68	0.00	0.00	0.18	15.41
9	0.00	0.00	0.86	69.84	0.56	44.43	0.97	69.57	0.00	0.00	0.25	21.56
10	0.00	0.00	0.57	45.38	0.34	26.48	0.00	0.00	0.68	54.83	0.27	22.95
11	0.20	13.14	0.49	40.05	0.30	22.64	0.00	0.00	0.47	37.39	0.10	8.39
12	1.43	98.08	0.73	55.97	0.65	50.17	1.03	75.07	0.51	42.17	0.00	0.00
13	0.94	64.40	0.00	0.00	0.00	0.00	1.07	79.06	0.51	41.80	0.00	0.00
14	2.05	145.58	0.00	0.00	0.00	0.00	0.68	48.38	3.70	309.45	0.00	0.00
15	0.85	58.64	0.00	0.00	0.97	74.10	0.74	59.76	0.00	0.00	0.00	0.00
16	0.00	0.00	0.00	0.00	0.32	25.64	0.86	63.09	0.00	0.00	0.00	0.00
17	0.00	0.00	0.00	0.00	1.18	91.68	0.00	0.00	1.44	121.74	0.11	8.71
18	0.64	42.79	0.00	0.00	0.48	36.82	0.00	0.00	0.58	49.28	82.35	8187.93
19	1.17	78.30	0.00	0.00	0.76	61.75	0.96	71.79	0.72	61.50	0.00	0.00
20	0.66	43.36	0.00	0.00	0.00	0.00	0.75	54.19	0.56	45.44	0.00	0.00
21	0.99	68.77	0.00	0.00	0.00	0.00	1.27	97.19	1.39	118.15	30.05	2989.09
22	1.65	117.97	0.56	41.95	0.77	57.63	1.24	96.83	0.00	0.00	14.55	1438.41
23	0.00	0.00	0.47	35.98	0.47	33.15	1.45	109.70	0.00	0.00	12.37	1211.16
24	0.00	0.00	0.90	68.84	0.73	55.36	0.00	0.00	0.66	55.90	10.82	1062.52
25	4.89	371.00	1.29	98.81	0.58	44.18	0.00	0.00	1.02	88.50	3.87	377.20
26	1.97	151.71	1.11	88.99	0.53	42.58	1.38	103.58	0.32	27.45	0.00	0.00
27	2.70	210.26	0.00	0.00	0.00	0.00	0.75	59.00	0.52	44.52	0.00	0.00
28	1.65	123.40	0.00	0.00	0.00	0.00	0.72	54.90	0.46	39.09	4.27	417.01
29	1.72	134.39	0.00	0.00	1.58	130.36	0.58	43.58	0.00	0.00	14.82	1464.09
30	0.00	0.00	0.00	0.00	0.64	51.61	1.03	80.31	0.00	0.00	2.98	293.49
31	0.00	0.00	0.00	0.00	0.98	74.80	0.00	0.00	0.26	22.63	0.00	0.00

数据来源：上海证券交易所
Source: Shanghai Stock Exchange

Daily Turnover and Volume of Convertible Bonds in Shanghai (2010)

成交额：亿元；成交量：万张

7月 Jul.		8月 Aug.		9月 Sep.		10月 Oct.		11月 Nov.		12月 Dec.	
成交额 Turnover	成交量 Volume	成交额 Turnover	成交量 Volume	成交额 Turnover	成交量 Volume	成交额 Turnover	成交量 Volume	成交额 Turnover	成交量 Volume	成交额 Turnover	成交量 Volume
2.14	210.87	0.00	0.00	7.42	708.13	0.00	0.00	12.54	1038.99	6.30	550.84
1.53	146.04	6.26	581.09	4.83	440.09	0.00	0.00	8.35	708.59	5.37	456.49
0.00	0.00	7.24	670.65	3.21	290.83	0.00	0.00	4.38	350.12	2.77	232.29
0.00	0.00	4.01	355.53	0.00	0.00	0.00	0.00	2.77	218.24	0.00	0.00
5.01	492.76	4.16	391.43	0.00	0.00	0.00	0.00	7.93	620.45	0.00	0.00
3.76	367.71	3.01	270.50	4.68	424.42	0.00	0.00	0.00	0.00	3.55	310.03
2.58	248.95	0.00	0.00	3.88	345.62	0.00	0.00	0.00	0.00	4.19	364.92
3.72	357.68	0.00	0.00	9.00	862.01	7.57	667.89	2.94	226.22	19.98	1728.73
6.84	658.73	3.24	305.86	4.59	419.57	0.00	0.00	5.39	422.35	5.64	487.15
0.00	0.00	3.13	289.41	69.96	6413.25	0.00	0.00	6.91	548.81	14.04	1150.94
0.00	0.00	2.48	228.33	0.00	0.00	17.02	1496.81	17.98	1513.34	0.00	0.00
5.43	519.24	5.48	512.97	0.00	0.00	8.30	696.20	17.27	1441.57	0.00	0.00
4.68	442.28	4.68	397.71	18.65	1674.84	8.14	702.91	0.00	0.00	9.63	865.15
3.76	362.12	0.00	0.00	7.85	706.34	25.81	2189.88	0.00	0.00	2.87	237.00
2.79	270.99	0.00	0.00	10.02	919.68	21.64	1830.63	12.15	1016.49	16.85	1524.53
1.97	187.56	4.16	373.26	17.48	1607.25	0.00	0.00	6.73	603.84	20.69	1867.83
0.00	0.00	3.50	318.19	3.77	340.54	0.00	0.00	6.22	564.64	4.60	392.51
0.00	0.00	2.73	238.92	0.00	0.00	24.32	2093.39	4.34	390.76	0.00	0.00
3.85	356.77	6.85	617.91	0.00	0.00	15.42	1320.57	3.94	353.81	0.00	0.00
5.06	478.43	0.54	39.70	5.27	486.06	28.93	2439.69	0.00	0.00	14.83	1283.78
4.96	461.01	0.00	0.00	2.66	251.33	19.95	1702.05	0.00	0.00	7.40	630.90
4.69	435.88	0.00	0.00	0.00	0.00	10.88	940.76	1.70	152.20	2.08	177.61
5.30	492.17	1.97	178.02	0.00	0.00	0.00	0.00	5.00	455.09	5.47	463.67
0.00	0.00	3.33	308.00	0.00	0.00	0.00	0.00	14.38	1237.83	7.02	608.10
0.00	0.00	2.79	258.42	0.00	0.00	14.51	1220.35	5.45	469.62	0.00	0.00
4.53	403.34	9.05	850.57	0.00	0.00	13.43	1134.62	3.44	292.88	0.00	0.00
6.51	585.23	7.92	751.06	5.35	492.26	6.90	570.81	0.00	0.00	6.29	547.81
7.57	679.58	0.00	0.00	15.45	1456.20	6.61	555.49	0.00	0.00	10.00	909.41
4.94	445.36	0.00	0.00	4.03	366.75	5.59	468.48	4.84	420.35	11.37	962.21
4.00	365.35	10.65	1012.19	9.08	848.51	0.00	0.00	8.10	703.02	15.53	1349.98
0.00	0.00	3.68	337.50	0.00	0.00	0.00	0.00	0.00	0.00	28.96	2597.92

3-26 2010年深圳可转债每日成交额、成交量

日期 Date	1月 Jan.		2月 Feb.		3月 Mar.		4月 Apr.		5月 May.		6月 Jun.	
	成交额 Turnover	成交量 Volume	成交额 Turnover	成交量 Volume	成交额 Turnover	成交量 Volume	成交额 Turnover	成交量 Volume	成交额 Turnover	成交量 Volume	成交额 Turnover	成交量 Volume
1	0.00	0.00	0.95	0.01	0.26	0.00	0.49	0.00	0.00	0.00	0.72	0.01
2	0.00	0.00	0.95	0.01	0.32	0.00	0.41	0.00	0.00	0.00	0.27	0.00
3	0.00	0.00	0.54	0.00	0.22	0.00	0.00	0.00	0.00	0.00	0.20	0.00
4	0.13	0.00	0.65	0.01	0.15	0.00	0.00	0.00	0.03	0.00	0.10	0.00
5	0.53	0.00	1.06	0.01	0.42	0.00	0.00	0.00	0.29	0.00	0.00	0.00
6	0.58	0.00	0.00	0.00	0.00	0.00	0.18	0.00	1.11	0.01	0.00	0.00
7	1.11	0.01	0.00	0.00	0.00	0.00	0.34	0.00	1.22	0.01	0.21	0.00
8	0.19	0.00	0.18	0.00	0.45	0.00	0.53	0.00	0.00	0.00	0.07	0.00
9	0.00	0.00	0.18	0.00	0.91	0.01	0.36	0.00	0.00	0.00	0.41	0.00
10	0.00	0.00	0.73	0.01	0.47	0.00	0.00	0.00	0.47	0.00	0.31	0.00
11	0.12	0.00	0.41	0.00	0.24	0.00	0.00	0.00	0.22	0.00	0.32	0.00
12	0.87	0.01	0.32	0.00	0.53	0.00	0.31	0.00	0.35	0.00	0.00	0.00
13	0.19	0.00	0.00	0.00	0.00	0.00	0.35	0.00	1.27	0.01	0.00	0.00
14	0.86	0.01	0.00	0.00	0.00	0.00	0.45	0.00	0.32	0.00	0.00	0.00
15	0.59	0.00	0.00	0.00	0.27	0.00	0.28	0.00	0.00	0.00	0.00	0.00
16	0.00	0.00	0.00	0.00	0.32	0.00	0.11	0.00	0.00	0.00	0.00	0.00
17	0.00	0.00	0.00	0.00	0.36	0.00	0.00	0.00	0.67	0.01	0.11	0.00
18	0.31	0.00	0.00	0.00	0.23	0.00	0.00	0.00	0.20	0.00	0.30	0.00
19	0.17	0.00	0.00	0.00	0.41	0.00	0.39	0.00	0.51	0.00	0.00	0.00
20	0.32	0.00	0.00	0.00	0.00	0.00	0.19	0.00	0.80	0.01	0.00	0.00
21	0.34	0.00	0.00	0.00	0.00	0.00	0.67	0.01	0.37	0.00	0.80	0.01
22	0.32	0.00	0.56	0.00	0.57	0.00	0.99	0.01	0.00	0.00	0.06	0.00
23	0.00	0.00	0.13	0.00	0.42	0.00	0.77	0.01	0.00	0.00	0.04	0.00
24	0.00	0.00	0.38	0.00	0.58	0.01	0.00	0.00	0.36	0.00	0.05	0.00
25	1.71	0.01	0.27	0.00	0.39	0.00	0.00	0.00	0.59	0.00	2.79	0.03
26	1.02	0.01	0.30	0.00	0.54	0.00	0.90	0.01	0.41	0.00	0.00	0.00
27	0.54	0.00	0.00	0.00	0.00	0.00	0.47	0.00	1.10	0.01	0.00	0.00
28	0.64	0.01	0.00	0.00	0.00	0.00	0.48	0.00	0.61	0.00	1.14	0.01
29	1.01	0.01	0.00	0.00	0.29	0.00	0.10	0.00	0.00	0.00	1.00	0.01
30	0.00	0.00	0.00	0.00	0.17	0.00	0.10	0.00	0.00	0.00	0.52	0.00
31	0.00	0.00	0.00	0.00	0.75	0.01	0.00	0.00	0.45	0.00	0.00	0.00

数据来源：深圳证券交易所
Source：Shenzhen Stock Exchange

Daily Turnover and Volume of Convertible Bonds in Shenzhen (2010)

成交额：亿元；成交量：万张

7月 Jul.		8月 Aug.		9月 Sep.		10月 Oct.		11月 Nov.		12月 Dec.	
成交额 Turnover	成交量 Volume	成交额 Turnover	成交量 Volume	成交额 Turnover	成交量 Volume	成交额 Turnover	成交量 Volume	成交额 Turnover	成交量 Volume	成交额 Turnover	成交量 Volume
0.17	0.00	0.00	0.00	0.67	0.01	0.00	0.00	1.32	0.01	1.64	0.01
0.26	0.00	1.09	0.01	1.02	0.01	0.00	0.00	2.01	0.01	2.17	0.02
0.00	0.00	0.33	0.00	0.44	0.00	0.00	0.00	4.13	0.03	1.12	0.01
0.00	0.00	0.43	0.00	0.00	0.00	0.00	0.00	1.70	0.01	0.00	0.00
0.23	0.00	0.24	0.00	0.00	0.00	0.00	0.00	2.41	0.02	0.00	0.00
0.65	0.01	9.03	0.07	1.69	0.01	0.00	0.00	0.00	0.00	1.15	0.01
0.24	0.00	0.00	0.00	0.85	0.01	0.00	0.00	0.00	0.00	1.33	0.01
0.24	0.00	0.00	0.00	1.30	0.01	2.54	0.02	1.60	0.01	1.95	0.01
1.26	0.01	2.89	0.02	0.88	0.01	0.00	0.00	4.25	0.02	2.23	0.01
0.00	0.00	1.96	0.02	0.53	0.00	0.00	0.00	4.73	0.03	0.94	0.01
0.00	0.00	1.51	0.01	0.00	0.00	4.81	0.03	4.05	0.02	0.00	0.00
0.76	0.01	0.85	0.01	0.00	0.00	3.70	0.03	3.70	0.02	0.00	0.00
0.36	0.00	0.70	0.01	0.43	0.00	2.46	0.02	0.00	0.00	3.42	0.02
0.30	0.00	0.00	0.00	0.65	0.01	3.69	0.03	0.00	0.00	2.16	0.01
0.14	0.00	0.00	0.00	0.48	0.00	4.19	0.03	3.23	0.02	1.60	0.01
0.23	0.00	0.74	0.01	5.90	0.04	0.00	0.00	3.80	0.03	0.74	0.01
0.00	0.00	0.54	0.00	1.77	0.01	0.00	0.00	3.03	0.02	0.90	0.01
0.00	0.00	0.89	0.01	0.00	0.00	3.64	0.02	1.79	0.01	0.00	0.00
0.79	0.01	0.67	0.01	0.00	0.00	2.73	0.02	2.28	0.02	0.00	0.00
1.10	0.01	0.67	0.01	0.49	0.00	4.70	0.03	0.00	0.00	1.56	0.01
0.73	0.01	0.00	0.00	0.81	0.01	2.95	0.02	0.00	0.00	1.67	0.01
0.40	0.00	0.00	0.00	0.00	0.00	1.51	0.01	2.10	0.02	1.17	0.01
0.68	0.01	0.51	0.00	0.00	0.00	0.00	0.00	2.97	0.02	0.63	0.00
0.00	0.00	0.91	0.01	0.00	0.00	0.00	0.00	1.94	0.01	1.66	0.01
0.00	0.00	0.65	0.01	0.00	0.00	2.76	0.02	1.40	0.01	0.00	0.00
0.25	0.00	0.65	0.01	0.00	0.00	1.33	0.01	1.03	0.01	0.00	0.00
0.24	0.00	0.35	0.00	0.84	0.01	2.03	0.01	0.00	0.00	0.31	0.00
0.44	0.00	0.00	0.00	1.16	0.01	1.68	0.01	0.00	0.00	2.19	0.01
0.53	0.00	0.00	0.00	0.96	0.01	1.29	0.01	1.79	0.01	0.90	0.01
0.56	0.00	1.43	0.01	1.20	0.01	0.00	0.00	3.16	0.02	2.12	0.01
0.00	0.00	0.36	0.00	0.00	0.00	0.00	0.00	0.00	0.00	4.27	0.02

3-27 2010年国债发行统计表

Statistics of T-Bond Issuation In 2010

单位：亿元 Unit：100000000

	发行对象 Issue Target	偿还期限 Maturity	发行利率(%) Interest Rate	累计发行额 Total Amount Issued
一、当年国债发行与兑付				19778.30
(一)储蓄国债				3196.40
1. 凭证式国债				1900.00
2009年第1期	社会公众	1	2.60	250.00
	社会公众	3	3.73	250.00
2009年第2期	社会公众	1	2.60	200.00
	社会公众	3	3.73	200.00
2009年第3期	社会公众	1	2.60	200.00
	社会公众	3	3.73	200.00
2009年第4期	社会公众	1	2.60	200.00
	社会公众	3	3.73	200.00
2009年第5期	社会公众	1	2.85	40.00
	社会公众	3	4.25	100.00
2. 储蓄国债(电子式)	社会公众	5	4.60	60.00
2009年第1期	个人	1	2.60	1296.40
2009年第2期	个人	3	3.73	200.00
2009年第3期	个人	1	2.60	200.00
2009年第4期	个人	3	3.73	200.00
2009年第5期	个人	1	2.60	100.00
2009年第6期	个人	3	3.73	120.00
2009年第7期	个人	1	2.60	80.00
2009年第8期	个人	3	3.73	43.73
2009年第9期	个人	1	2.85	52.68
2009年第10期	个人	3	4.25	60.00
2009年第11期	个人	5	4.60	150.00
(二)记账式国债				14581.90
1. 记账式附息国债				11472.50
2009年第1期	银行间/交易所	2	2.01	260.00
2009年第2期	银行间/交易所	10	3.43	260.00
2009年第3期	银行间/交易所	30	4.08	240.00
2009年第4期	银行间/交易所	1	1.44	260.00
2009年第5期	银行间/交易所	7	2.92	260.00
2009年第6期	银行间/交易所	3	2.23	260.00
2009年第7期	银行间/交易所	10	3.36	260.00
2009年第8期	银行间/交易所	5	2.70	280.40
2009年第9期	银行间/交易所	20	3.96	280.00
2009年第10期	银行间/交易所	7	3.01	305.20
2009年第11期	银行间/交易所	1	1.49	266.70
2009年第12期	银行间/交易所	10	3.25	296.00

续表 1 Continued 1

	发行对象 Issue Target	偿还期限 Maturity	发行利率(%) Interest Rate	累计发行额 Total Amount Issued
2009 年第 13 期	银行间/交易所	5	2.38	280.00
2009 年第 14 期	银行间/交易所	50	4.03	280.00
2009 年第 15 期	银行间/交易所	7	2.83	283.10
2009 年第 16 期	银行间/交易所	3	2.33	280.00
2009 年第 17 期	银行间/交易所	5	2.53	280.00
2009 年第 18 期	银行间/交易所	30	4.03	280.00
2009 年第 19 期	银行间/交易所	10	3.41	280.10
2009 年第 20 期	银行间/交易所	5	2.52	299.70
2009 年第 21 期	银行间/交易所	1	1.87	300.10
2009 年第 22 期	银行间/交易所	7	2.76	281.90
2009 年第 23 期	银行间/交易所	30	3.96	280.00
2009 年第 24 期	银行间/交易所	10	3.28	304.40
2009 年第 25 期	银行间/交易所	3	2.30	280.00
2009 年第 26 期	银行间/交易所	30	3.96	280.00
2009 年第 27 期	银行间/交易所	7	2.81	280.00
2009 年第 28 期	银行间/交易所	5	2.58	282.20
2009 年第 29 期	银行间/交易所	20	3.82	280.00
2009 年第 30 期	银行间/交易所	1	1.87	205.40
2009 年第 31 期	银行间/交易所	10	3.29	282.60
2009 年第 32 期	银行间/交易所	7	3.10	287.10
2009 年第 33 期	银行间/交易所	5	2.91	280.00
2009 年第 34 期	银行间/交易所	10	3.67	299.90
2009 年第 35 期	银行间/交易所	3	2.68	280.00
2009 年第 36 期	银行间/交易所	1	2.15	282.10
2009 年第 37 期	银行间/交易所	50	4.40	280.00
2009 年第 38 期	银行间/交易所	7	3.83	306.40
2009 年第 39 期	银行间/交易所	5	3.64	321.40
2009 年第 40 期	银行间/交易所	30	4.23	280.00
2009 年第 41 期	银行间/交易所		3.77	307.80
2. 记账式贴现国债				3109.40
2009 年第 1 期	银行间/交易所	91/365	1.28	142.50
2009 年第 2 期	银行间/交易所	273/365	1.54	158.10
2009 年第 3 期	银行间/交易所	182/365	1.46	150.00
2009 年第 4 期	银行间/交易所	182/365	1.54	150.00
2009 年第 5 期	银行间/交易所	273/365	1.72	173.70
2009 年第 6 期	银行间/交易所	91/365	1.91	114.50
2009 年第 7 期	银行间/交易所	273/365	2.05	177.50
2009 年第 8 期	银行间/交易所	182/365	1.93	200.00
2009 年第 9 期	银行间/交易所	182/365	1.80	200.00
2009 年第 10 期	银行间/交易所	273/365	1.88	100.00
2009 年第 11 期	银行间/交易所	182/365	1.82	200.00
2009 年第 12 期	银行间/交易所	91/365	1.65	100.00
2009 年第 13 期	银行间/交易所	182/365	1.89	200.00

续表 2 Continued 2

	发行对象 Issue Target	偿还期限 Maturity	发行利率(%) Interest Rate	累计发行额 Total Amount Issued
2009 年第 14 期	银行间/交易所	91/365	1.89	280.00
2009 年第 15 期	银行间/交易所	91/365	1.88	280.00
2009 年第 16 期	银行间/交易所	182/365	2.04	100.00
2009 年第 17 期	银行间/交易所	91/365	2.74	115.50
2009 年第 18 期	银行间/交易所	273/365	2.85	100.00
2009 年第 19 期	银行间/交易所	91/365		167.60
(三)地方政府债券				2000.00
2010 年新疆政府债第 1 期	银行间/交易所	3	2.77	42.00
2010 年青海政府债第 1 期	银行间/交易所	3	2.77	23.00
2010 年江西政府债第 1 期	银行间/交易所	3	2.77	45.00
2010 年重庆政府债第 1 期	银行间/交易所	3	2.77	34.00
2010 年厦门政府债第 1 期	银行间/交易所	3	2.77	3.00
2010 年甘肃政府债第 1 期	银行间/交易所	3	2.77	38.00
2010 年广西政府债第 1 期	银行间/交易所	3	2.77	38.00
2010 年湖南政府债第 1 期	银行间/交易所	3	2.77	63.00
2010 年新疆政府债第 2 期	银行间/交易所	5	2.90	18.00
2010 年青海政府债第 2 期	银行间/交易所	5	2.90	10.00
2010 年江西政府债第 2 期	银行间/交易所	5	2.90	20.00
2010 年湖北政府债第 2 期	银行间/交易所	5	2.90	26.00
2010 年重庆政府债第 2 期	银行间/交易所	5	2.90	15.00
2010 年厦门政府债第 2 期	银行间/交易所	5	2.90	3.00
2010 年甘肃政府债第 2 期	银行间/交易所	5	2.90	17.00
2010 年广西政府债第 2 期	银行间/交易所	5	2.90	17.00
2010 年湖南政府债第 2 期	银行间/交易所	5	2.90	26.00
2010 年地方债(北京)第 3 期	银行间/交易所	3	2.33	37.00
2010 年地方债(福建)第 3 期	银行间/交易所	3	2.33	33.00
2010 年地方债(山东)第 3 期	银行间/交易所	3	2.33	40.00
2010 年地方债(青岛)第 3 期	银行间/交易所	3	2.33	5.00
2010 年地方债(广东)第 3 期	银行间/交易所	3	2.33	48.00
2010 年地方债(海南)第 3 期	银行间/交易所	3	2.33	17.00
2010 年地方债(云南)第 3 期	银行间/交易所	3	2.33	52.00
2010 年地方债(天津)第 4 期	银行间/交易所	3	2.37	17.00
2010 年地方债(山西)第 4 期	银行间/交易所	3	2.37	36.00
2010 年地方债(吉林)第 4 期	银行间/交易所	3	2.37	44.00
2010 年地方债(江苏)第 4 期	银行间/交易所	3	2.37	62.00
2010 年地方债(河南)第 4 期	银行间/交易所	3	2.37	65.00
2010 年地方债(湖北)第 4 期	银行间/交易所	3	2.37	60.00
2010 年地方债(北京)第 5 期	银行间/交易所	5	2.67	17.00
2010 年地方债(天津)第 5 期	银行间/交易所	5	2.67	8.00
2010 年地方债(山西)第 5 期	银行间/交易所	5	2.67	15.00
2010 年地方债(吉林)第 5 期	银行间/交易所	5	2.67	19.00
2010 年地方债(江苏)第 5 期	银行间/交易所	5	2.67	27.00
2010 年地方债(福建)第 5 期	银行间/交易所	5	2.67	14.00

续表 3　Continued 3

	发行对象 Issue Target	偿还期限 Maturity	发行利率(%) Interest Rate	累计发行额 Total Amount Issued
2010 年地方债(青岛)第 5 期	银行间/交易所	5	2.67	6.00
2010 年地方债(河南)第 5 期	银行间/交易所	5	2.67	28.00
2010 年地方债(广东)第 5 期	银行间/交易所	5	2.67	21.00
2010 年地方债(海南)第 5 期	银行间/交易所	5	2.67	8.00
2010 年地方债(云南)第 5 期	银行间/交易所	5	2.67	23.00
2010 年地方债(河北)第 6 期	银行间/交易所	3	2.37	48.00
2010 年地方债(上海)第 6 期	银行间/交易所	3	2.37	50.00
2010 年地方债(深圳)第 6 期	银行间/交易所	3	2.37	15.00
2010 年地方债(贵州)第 6 期	银行间/交易所	3	2.37	38.00
2010 年地方债(陕西)第 6 期	银行间/交易所	3	2.37	44.00
2010 年地方债(安徽)第 7 期	银行间/交易所	3	2.36	62.00
2010 年地方债(宁夏)第 7 期	银行间/交易所	3	2.36	18.00
2010 年地方债(四川)第 7 期	银行间/交易所	3	2.36	126.00
2010 年地方债(上海)第 8 期	银行间/交易所	5	2.67	21.00
2010 年地方债(安徽)第 8 期	银行间/交易所	5	2.67	27.00
2010 年地方债(深圳)第 8 期	银行间/交易所	5	2.67	7.00
2010 年地方债(四川)第 8 期	银行间/交易所	5	2.67	54.00
2010 年地方债(贵州)第 8 期	银行间/交易所	5	2.67	16.00
2010 年地方债(宁夏)第 8 期	银行间/交易所	5	2.67	8.00
2010 年地方债(陕西)第 8 期	银行间/交易所	5	2.67	19.00
2010 年地方债(内蒙古)第 9 期	银行间/交易所	3	3.23	41.00
2010 年地方债(辽宁)第 9 期	银行间/交易所	3	3.23	33.00
2010 年地方债(大连)第 9 期	银行间/交易所	3	3.23	6.00
2010 年地方债(浙江)第 9 期	银行间/交易所	3	3.23	47.00
2010 年地方债(宁波)第 9 期	银行间/交易所	3	3.23	6.00
2010 年地方债(黑龙江)第 9 期	银行间/交易所	3	3.23	48.00
2010 年地方债(河北)第 10 期	银行间/交易所	5	3.70	21.00
2010 年地方债(内蒙古)第 10 期	银行间/交易所	5	3.70	18.00
2010 年地方债(辽宁)第 10 期	银行间/交易所	5	3.70	15.00
2010 年地方债(大连)第 10 期	银行间/交易所	5	3.70	6.00
2010 年地方债(黑龙江)第 10 期	银行间/交易所	5	3.70	21.00
2010 年地方债(浙江)第 10 期	银行间/交易所	5	3.70	20.00
2010 年地方债(宁波)第 10 期	银行间/交易所	5	3.70	7.00
2010 年地方债(山东)第 10 期	银行间/交易所	5	3.70	18.00
二、上年末国债发行与兑付				111458.14
三、当前累计				131236.44

数据来源：中国人民银行
Source: The People's Bank of China

3-28 1990—2010年国债余额一览表

The Balance of T-Bond (1990—2010)

单位：亿元 Unit：100000000 yuan

年份 Year	年底余额 The Ending Balance	年份 Year	年底余额 The Ending Balance
1990	890.34	2001	15618.00
1991	1059.99	2002	19336.10
1992	1282.72	2003	22603.60
1993	1540.74	2004	25777.60
1994	2286.40	2005	28774.00
1995	3300.30	2006	31448.70
1996	4361.43	2007	48741.00
1997	5508.93	2008	49767.83
1998	7765.70	2009	57949.98
1999	10542.00	2010	67684.90
2000	13020.00		

数据来源：中国人民银行
Source：The People's Bank of China

3-29 可分离债基本信息

Summary of Bond with Attached Warrant

公司名称 Company name	债券代码 Bond Code	债券名称 Bond Name	发行规模(亿元) Issued Value	发行年限 Terms	发行日期 Issue date	到期日 Expiration date	上市日 Listing date	票面利率 coupon rate	权证代码 warrant code	行权标的 underlying security	上市地点 Trading Spot
宝山钢铁股份有限公司	126016	08宝钢债	100.00	6	20080620	20140619	20080704	0.80	580024	600019	上海
广东康美药业股份有限公司	126015	08康美债	9.00	6	20080508	20140508	20080526	0.80	580023	600518	上海
国电电力发展股份有限公司	126014	08国电债	39.95	6	20080507	20140507	20080522	1.00	580022	600795	上海
江西赣粤高速公路股份有限公司	126009	08赣粤债	12.00	6	20080128	20140127	20080228	0.80	580017	600269	上海
江西铜业股份有限公司	126018	08江铜债	68.00	8	20080922	20160922	20081010	1.00	580026	600362	上海
马鞍山钢铁股份有限公司	126001	06马钢债	55.00	5	20061113	20111113	20061129	1.40	580010	600808	上海
青岛啤酒股份有限公司	126013	08青啤债	15.00	6	20080402	20140402	20080418	0.80	580021	600600	上海
日照港股份有限公司	126007	07日照债	8.80	6	20071127	20131127	20071212	1.40	580015	600017	上海
上海国际港务(集团)股份有限公司	126012	08上港债	24.50	3	20080220	20110220	20080307	0.60	580020	600018	上海
上海汽车集团股份有限公司	126008	08上汽债	63.00	6	20071219	20131219	20080108	0.80	580016	600104	上海
深圳高速公路股份有限公司	126006	07深高债	15.00	6	20071009	20131009	20071030	1.00	580014	600548	上海
四川长虹电器股份有限公司	126019	09长虹债	30.00	6	20090731	20150730	20090819	0.80	580027	600839	上海
武汉钢铁股份有限公司	126005	07武钢债	75.00	5	20070326	20120325	20070417	1.20	580013	600005	上海
云南云天化股份有限公司	126003	07云化债	10.00	6	20070129	20130128	20070308	1.20	580012	600096	上海
中国葛洲坝集团股份有限公司	126017	08葛洲债	13.90	6	20080626	20140625	20080711	0.60	580025	600068	上海
中国石油化工股份有限公司	126011	08石化债	300.00	6	20080220	20140220	20080304	0.80	580019	600028	上海
中化国际(控股)股份有限公司	126002	06中化债	12.00	6	20061201	20121201	20061218	1.80	580011	600500	上海
中远航运股份有限公司	126010	08中远债	10.50	6	20080128	20140128	20080226	0.80	580018	600428	上海
攀枝花新钢钒股份有限公司认股权和债券分离交易的可转换公司债券	115001	*ST钒债1	3200000000.00	6	20061127	20121127	20061127	1.60	115001	115001	深圳
中信国安信息产业股份有限公司认股权和债券分离交易的可转换公司债券	115002	国安债1	1700000000.00	6	20070914	20130913	20070914	1.20	115002	115002	深圳
中兴通讯股份有限公司认股权与债券分离交易的可转换公司债券	115003	中兴债1	4000000000.00	5	20080130	20130130	20080130	0.80	115003	115003	深圳

数据来源：上海、深圳证券交易所
Source：Shanghai Shenzhen Stock Exchange

3-30 可分离债年度成交

Trading of Bond with Attached Warrant

债券代码 Bond Code	债券名称 Bond Name	开盘价 Open	最高价 High	最低价 Low	收盘价 Close	涨跌% Change	成交金额(亿元) Trading value	成交数量(万张) TradingVolume	上市地点 Trading Spot
126001	06 马钢债	96.290	98.640	93.380	98.500	2.285	21.334	217.958	上海
126002	06 中化债	91.850	96.880	90.440	94.950	3.251	13.307	141.288	上海
126003	07 云化债	89.830	94.770	89.600	93.610	3.528	6.111	66.164	上海
126005	07 武钢债	94.510	97.620	94.510	96.450	1.966	22.629	235.866	上海
126006	07 深高债	87.650	98.870	86.190	91.010	3.822	0.566	6.228	上海
126007	07 日照债	86.810	93.970	86.600	90.320	4.031	0.927	10.219	上海
126008	08 上汽债	84.690	92.000	84.690	90.540	4.550	27.770	312.405	上海
126009	08 赣粤债	85.310	91.000	85.130	88.790	3.727	2.380	26.573	上海
126010	08 中远债	83.710	90.490	83.390	88.980	5.941	6.545	75.099	上海
126011	08 石化债	85.980	91.500	83.080	89.020	4.606	69.607	770.730	上海
126012	08 上港债	97.410	100.250	91.000	99.540	2.092	45.383	459.414	上海
126013	08 青啤债	82.560	90.900	82.460	88.580	6.749	17.584	202.631	上海
126014	08 国电债	83.500	90.500	82.500	87.970	5.240	11.085	125.989	上海
126015	08 康美债	79.270	87.550	79.250	85.570	7.934	14.095	169.007	上海
126016	08 宝钢债	84.010	90.050	84.010	87.670	3.629	58.327	660.795	上海
126017	08 葛洲债	80.100	88.930	79.800	87.300	9.016	19.390	228.749	上海
126018	08 江铜债	70.840	80.410	70.600	77.690	9.654	115.941	1522.509	上海
126019	09 长虹债	73.190	82.430	72.860	79.460	8.552	59.055	758.917	上海
115002	国安债 1	85.020	96.690	82.190	89.910	5.752	30.445	0.340	深圳
115003	中兴债 1	89.470	95.800	88.780	93.000	4.004	10.174	0.109	深圳

数据来源：上海、深圳证券交易所
Source：Shanghai Shenzhen Stock Exchange

3-31 公司债基本信息

Summary of Corporate Bonds

公司名称 Company Name	债券代码 Bond Code	债券名称 Bond Name	发行规模(亿元) issue volume	发行年限 Terms	发行日期 issue date	到期日期 expiration date	上市日 Listing date	票面利率 coupon rate
2008年广东电力发展股份有限公司公司债券	112001	08粤电债	20.00	7	20080310	20150310	2008-03-10	5.50
2008年长沙中联重工科技发展股份有限公司公司债券	112002	08中联债	11.00	8	20080421	20160421	2008-04-23	6.50
2008年天津泰达股份有限公司公司债券	112003	08泰达债	6.00	5	20080812	20130812	2008-08-13	7.10
2008年中粮地产(集团)股份有限公司公司债券	112004	08中粮债	12.00	10	20080825	20180825	2008-08-25	6.06
2008年万科企业股份有限公司公司债券(有担保)	112005	08万科G1	30.00	5	20080905	20130905	2008-09-08	5.50
2008年万科企业股份有限公司公司债券(无担保)	112006	08万科G2	29.00	5	20080905	20130905	2008-09-08	7.00
2009年金融街控股股份有限公司第一期公司债券(3年期)	112007	09金街01	22.40	3	20090901	20120901	2009-09-01	4.70
2009年金融街控股股份有限公司第一期公司债券(5年期)	112008	09金街02	33.60	5	20090901	20140901	2009-09-01	5.70
2009年广东省高速公路发展股份有限公司公司债券	112009	09粤高债	8.00	5	20090921	20140921	2009-09-21	5.10
2009年山西西山煤电股份有限公司公司债券(5年期)	112010	09西煤债	15.00	5	20091019	20141019	2009-10-19	5.38
2009年东北制药集团股份有限公司公司债券	112011	09东药债	6.00	5	20091102	20141102	2009-11-03	7.05
2009年名流置业集团股份有限公司公司债券	112012	09名流债	18.00	5	20091103	20141103	2009-11-03	7.05
2009年亿城集团股份有限公司公司债券	112013	09亿城债	7.30	5	20091104	20141104	2009-11-05	8.50
2009年沈阳银基发展股份有限公司公司债券	112014	09银基债	5.50	6	20091106	20151106	2009-11-06	8.00
2009年泛海建设集团股份有限公司公司债券	112015	09泛海债	32.00	5	20091113	20141113	2009-11-13	7.20
2009年宏润建设集团股份有限公司公司债券	112016	09宏润债	5.00	5	20091113	20141113	2009-11-13	7.80
2009年四川新希望农业股份有限公司公司债券	112017	09希望债	8.00	5	20091125	20141125	2009-11-25	6.10
2009年天津津滨发展股份有限公司公司债券	112018	09津滨债	7.00	5	20091126	20141126	2009-11-26	7.20
2009年湖北宜化化工股份有限公司公司债	112019	09宜化债	7.00	10	20091217	20191217	2009-12-18	5.75
2010年大亚科技股份有限公司公司债券	112020	10大亚债	7.70	5	20100129	20150129	2010-02-01	5.50

续表 1　Continued 1

公司名称 Company Name	债券代码 Bond Code	债券名称 Bond Name	发行规模(亿元) issue volume	发行年限 Terms	发行日期 issue date	到期日期 expiration date	上市日 Listing date	票面利率 coupon rate
2010 中国南玻集团股份有限公司公司债券-5 年期	112021	10 南玻 01	10.00	5	20101020	20151020	2010-10-21	5.33
2010 中国南玻集团股份有限公司公司债券-7 年期	112022	10 南玻 02	10.00	7	20101020	20171020	2010-10-21	5.33
2010 年太原煤气化股份有限公司公司债券(5 年期)	112023	10 煤气 01	3.00	5	20101104	20151103	2010-11-04	5.35
2010 年太原煤气化股份有限公司公司债券(7 年期)	112024	10 煤气 02	7.00	7	20101104	20171103	2010-11-04	5.50
中国长江电力股份有限公司	122000	07 长电债	40.00	10	20070924	20170924	20071012	5.35
海洋石油工程股份有限公司	122001	07 海工债	12.00	10	20071109	20171109	20071119	5.77
华能国际电力股份有限公司	122002	07 华能 G1	10.00	5	20071225	20121225	20080115	5.67
华能国际电力股份有限公司	122003	07 华能 G2	17.00	7	20071225	20141225	20080115	5.75
华能国际电力股份有限公司	122004	07 华能 G3	33.00	10	20071225	20171225	20080115	5.90
承德新新钒钛股份有限公司	122005	08 钒钛债	13.00	5	20080228	20130228	20080318	6.80
金地(集团)股份有限公司	122006	08 金地债	12.00	8	20080310	20160310	20080320	5.50
莱芜钢铁股份有限公司	122007	08 莱钢债	20.00	10	20080325	20180325	20080418	6.55
华能国际电力股份有限公司	122008	08 华能 G1	40.00	10	20080508	20180508	20080521	5.20
新湖中宝股份有限公司	122009	08 新湖债	14.00	8	20080702	20160702	20080718	9.00
江苏沪宁高速公路股份有限公司	122010	08 宁沪债	11.00	3	20080728	20110728	20080812	5.40
金发科技股份有限公司	122011	08 金发债	10.00	5	20080724	20130724	20080812	8.20
保利房地产(集团)股份有限公司	122012	08 保利债	43.00	5	20080711	20130711	20080721	7.00
北京市北辰实业股份有限公司	122013	08 北辰债	17.00	5	20080718	20130718	20080730	8.20
上海豫园旅游商城股份有限公司	122014	09 豫园债	5.00	5	20090717	20140717	20090819	5.90
中国长江电力股份有限公司	122015	09 长电债	35.00	10	20090730	20190730	20090819	4.78
中国中材股份有限公司	122016	09 中材债	25.00	7	20090729	20160729	20090819	5.40
大唐国际发电股份有限公司	122017	09 大唐债	30.00	10	20090817	20190817	20090924	5.00
中国交通建设股份有限公司	122018	09 中交 G1	21.00	5	20090821	20140821	20090930	4.70
中国交通建设股份有限公司	122019	09 中交 G2	79.00	10	20090821	20190821	20090930	5.20
复地(集团)股份有限公司	122020	09 复地债	19.00	5	20090922	20140922	20091103	7.30
新疆广汇实业股份有限公司	122021	09 广汇债	10.00	7	20090826	20160826	20090929	6.95
上海城投控股股份有限公司	122022	09 城控债	20.00	5	20090911	20140911	20090929	5.00
上海万业企业股份有限公司	122023	09 万业债	10.00	5	20090917	20140917	20090930	7.30
山西国阳新能股份有限公司	122024	09 国阳债	14.00	5	20090915	20140915	20090930	5.38
首创置业股份有限公司	122025	09 首置债	10.00	5	20090924	20140924	20091021	6.50
北汽福田汽车股份有限公司	122026	09 福田债	10.00	5	20090923	20140923	20091015	5.68
北京城建投资发展股份有限公司	122027	09 京城建	9.00	7	20090928	20160928	20091021	6.80
珠海华发实业股份有限公司	122028	09 华发债	18.00	8	20091016	20171016	20091111	7.00
北京万通地产股份有限公司	122029	09 万通债	10.00	5	20091014	20141014	20091103	7.00
北京华联综合超市股份有限公司	122030	09 京综超	7.00	6	20091102	20151102	20091210	5.80

续表 2 Continued 2

公司名称 Company Name	债券代码 Bond Code	债券名称 Bond Name	发行规模(亿元) issue volume	发行年限 Terms	发行日期 issue date	到期日期 expiration date	上市日 Listing date	票面利率 coupon rate
天津市房地产发展(集团)股份有限公司	122031	09 天房债	3.00	3	20091019	20121019	20091103	7.30
上海隧道工程股份有限公司	122032	09 隧道债	14.00	7	20091021	20161021	20091109	5.55
广州富力地产股份有限公司	122033	09 富力债	55.00	5	20091023	20141023	20091112	6.85
中华企业股份有限公司	122034	09 中企债	12.00	5	20091027	20141027	20091210	7.10
苏州新区高新技术产业股份有限公司	122035	09 苏高新	10.00	5	20091109	20141109	20091116	5.50
上海张江高科技园区开发股份有限公司	122036	09 沪张江	20.00	5	20091209	20141209	20091231	5.90
唐山三友化工股份有限公司	122037	09 三友债	9.60	8	20091126	20171126	20091218	6.32
南京新港高科技股份有限公司	122038	09 宁高科	10.00	5	20091208	20141208	20100121	5.36
安徽皖通高速公路股份有限公司	122039	09 皖通债	20.00	5	20091217	20141217	20100121	5.00
上海新黄浦置业股份有限公司	122040	09 新黄浦	10.00	5	20091216	20141216	20100630	5.90
招金矿业股份有限公司	122041	09 招金债	15.00	7	20091223	20161223	20100115	5.00
上海金丰投资股份有限公司	122042	09 金丰债	6.00	3	20091225	20121225	20100127	5.90
上海紫江企业集团股份有限公司	122043	09 紫江债	10.00	8	20091228	20171228	20100120	6.10
江苏连云港港口股份有限公司	122044	10 连云债	6.50	5	20100125	20150125	20100209	5.50
中国中铁股份有限公司	122045	10 中铁 G1	10.00	5	20100127	20150127	20100303	4.48
中国中铁股份有限公司	122046	10 中铁 G2	50.00	10	20100127	20200127	20100303	4.88
北京首都国际机场股份有限公司	122047	10 首机 01	19.00	5	20100203	20150203	20100310	4.45
北京首都国际机场股份有限公司	122048	10 首机 02	30.00	7	20100203	20170203	20100310	4.65
营口港务股份有限公司	122049	10 营口港	12.00	8	20100302	20180302	20100323	5.90
宁波杉杉股份有限公司	122050	10 杉杉债	6.00	7	20100326	20170326	20100414	5.96
中国石油化工股份有限公司	122051	10 石化 01	110.00	5	20100521	20150521	20100609	3.75
中国石油化工股份有限公司	122052	10 石化 02	90.00	10	20100521	20200521	20100609	4.05
泰豪科技股份有限公司	122053	10 泰豪债	5.00	5	20100927	20150927	20101018	5.30
中国中铁股份有限公司	122054	10 中铁 G3	25.00	10	20101019	20201019	20101103	4.34
中国中铁股份有限公司	122055	10 中铁 G4	35.00	15	20101019	20251019	20101103	4.50
龙源电力集团股份有限公司	122056	10 龙源 01	20.00	5	20101210	20151210	20101230	4.89
龙源电力集团股份有限公司	122057	10 龙源 02	20.00	10	20101210	20201210	20101230	5.05
重庆钢铁股份有限公司	122059	10 重钢债	20.00	7	20101209	20171209	20101231	6.20
河南银鸽实业投资股份有限公司	122060	10 银鸽债	7.50	7	20101222	20171222	20101230	7.09
2008 年广东电力发展股份有限公司公司债券	112001	08 粤电债	20.00	7	20080310	20150310	2008-03-10	5.5
2008 年长沙中联重工科技发展股份有限公司公司债券	112002	08 中联债	11.00	8	20080421	20160421	2008-04-23	6.5
2008 年天津泰达股份有限公司公司债券	112003	08 泰达债	6.00	5	20080812	20130812	2008-08-13	7.1
2008 年中粮地产(集团)股份有限公司公司债券	112004	08 中粮债	12.00	10	20080825	20180825	2008-08-25	6.06

续表 3　Continued 3

公司名称 Company Name	债券代码 Bond Code	债券名称 Bond Name	发行规模(亿元) issue volume	发行年限 Terms	发行日期 issue date	到期日期 expiration date	上市日 Listing date	票面利率 coupon rate
2008年万科企业股份有限公司公司债券(有担保)	112005	08万科G1	30.00	5	20080905	20130905	2008-09-08	5.5
2008年万科企业股份有限公司公司债券(无担保)	112006	08万科G2	29.00	5	20080905	20130905	2008-09-08	7
2009年金融街控股股份有限公司第一期公司债券(3年期)	112007	09金街01	22.40	3	20090901	20120901	2009-09-01	4.7
2009年金融街控股股份有限公司第一期公司债券(5年期)	112008	09金街02	33.60	5	20090901	20140901	2009-09-01	5.7
2009年广东省高速公路发展股份有限公司公司债券	112009	09粤高债	8.00	5	20090921	20140921	2009-09-21	5.1
2009年山西西山煤电股份有限公司公司债券(5年期)	112010	09西煤债	15.00	5	20091019	20141019	2009-10-19	5.38
2009年东北制药集团股份有限公司公司债券	112011	09东药债	6.00	5	20091102	20141102	2009-11-03	7.05
2009年名流置业集团股份有限公司公司债券	112012	09名流债	18.00	5	20091103	20141103	2009-11-03	7.05
2009年亿城集团股份有限公司公司债券	112013	09亿城债	7.30	5	20091104	20141104	2009-11-05	8.5
2009年沈阳银基发展股份有限公司公司债券	112014	09银基债	5.50	6	20091106	20151106	2009-11-06	8
2009年泛海建设集团股份有限公司公司债券	112015	09泛海债	32.00	5	20091113	20141113	2009-11-13	7.2
2009年宏润建设集团股份有限公司公司债券	112016	09宏润债	5.00	5	20091113	20141113	2009-11-13	7.8
2009年四川新希望农业股份有限公司公司债券	112017	09希望债	8.00	5	20091125	20141125	2009-11-25	6.1
2009年天津津滨发展股份有限公司公司债券	112018	09津滨债	7.00	5	20091126	20141126	2009-11-26	7.2
2009年湖北宜化化工股份有限公司公司债	112019	09宜化债	7.00	10	20091217	20191217	2009-12-18	5.75
2010年大亚科技股份有限公司公司债券	112020	10大亚债	7.70	5	20100129	20150129	2010-02-01	5.5
2010中国南玻集团股份有限公司公司债券-5年期	112021	10南玻01	10.00	5	20101020	20151020	2010-10-21	5.33
2010中国南玻集团股份有限公司公司债券-7年期	112022	10南玻02	10.00	7	20101020	20171020	2010-10-21	5.33
2010年太原煤气化股份有限公司公司债券(5年期)	112023	10煤气01	3.00	5	20101104	20151103	2010-11-04	5.35
2010年太原煤气化股份有限公司公司债券(7年期)	112024	10煤气02	7.00	7	20101104	20171103	2010-11-04	5.5

3-32 公司债年度成交

Trading of Corporate Bonds in 2010

债券代码 Bond Code	债券名称 Bond Name	开盘价 Open	最高价 High	最低价 Low	收盘价 Close	涨跌% change	成交金额(亿元) Trading value	成交数量(万份) Trading volume
122000	07长电债	101.65	109.99	99.00	101.50	-0.49	8.66	84.10
122001	07海工债	102.91	121.00	100.00	121.00	15.10	1.72	16.18
122002	07华能G1	101.89	110.40	98.00	109.20	8.65	0.16	1.56
122003	07华能G2	101.59	113.50	95.00	109.48	5.49	0.02	0.18
122004	07华能G3	107.00	119.77	101.11	111.00	6.74	0.86	7.99
122005	08钒钛债	105.26	117.00	102.11	104.00	-2.80	22.34	210.88
122006	08金地债	100.01	105.95	99.96	105.80	5.79	0.45	4.29
122007	08莱钢债	104.02	108.20	101.00	106.78	2.24	21.98	232.68
122008	08华能G1	98.01	107.00	98.01	102.00	1.50	0.24	2.35
122009	08新湖债	106.60	114.23	100.20	108.42	1.61	58.50	536.44
122010	08宁沪债	103.45	106.98	100.01	101.00	-2.42	12.96	125.73
122011	08金发债	103.90	111.83	103.85	105.96	1.55	32.57	305.53
122012	08保利债	106.55	110.50	100.00	106.99	-0.04	33.92	311.62
122013	08北辰债	107.20	112.50	105.51	106.98	-0.61	25.16	229.74
122014	09豫园债	100.80	107.00	98.46	103.88	2.86	5.64	54.03
122015	09长电债	96.48	102.00	95.50	99.69	3.03	0.42	4.18
122016	09中材债	98.40	105.00	98.40	101.50	3.15	4.03	40.28
122017	09大唐债	95.61	109.55	95.00	98.55	3.09	0.05	0.53
122018	09中交G1	0.00	0.00	0.00	99.80	0.00	1.04	10.00
122019	09中交G2	107.45	107.45	100.55	100.55	0.55	0.00	0.00
122020	09复地债	101.35	108.19	95.00	104.79	3.34	42.31	399.09
122021	09广汇债	97.80	109.90	97.46	105.90	8.25	35.24	334.33
122022	09城控债	0.00	0.00	0.00	100.00	0.00	0.00	0.00
122023	09万业债	101.32	108.00	100.50	104.99	3.52	17.45	164.51
122024	09国阳债	100.27	108.08	100.00	108.08	8.30	2.48	24.74
122025	09首置债	102.00	112.00	98.50	112.00	9.80	10.78	104.70
122026	09福田债	100.27	103.00	99.02	100.00	-0.02	1.10	10.76
122027	09京城建	102.70	108.00	98.00	108.00	5.16	10.53	100.95
122028	09华发债	101.40	108.05	101.06	104.75	3.30	25.65	241.11
122029	09万通债	103.19	107.58	103.00	105.39	1.45	17.00	161.34
122030	09京综超	101.10	104.50	101.00	102.50	1.38	12.85	125.78
122031	09天房债	103.19	120.50	101.36	104.38	1.15	5.68	54.16
122032	09隧道债	100.14	104.90	99.99	101.60	1.42	1.11	10.88
122033	09富力债	103.20	107.00	101.80	104.70	1.36	134.25	1285.60
122034	09中企债	104.50	120.00	100.50	108.00	3.85	5.59	53.12
122035	09苏高新	100.79	103.90	93.90	101.35	0.02	11.54	112.19
122036	09沪张江	101.00	109.33	98.80	102.50	2.50	14.34	140.83
122037	09三友债	100.50	105.00	100.50	103.50	2.68	40.36	470.94
122038	09宁高科	100.00	105.00	99.68	101.59	0.00	2.50	25.31
122039	09皖通债	100.00	104.55	100.00	104.55	0.00	3.49	34.40

续表 1　Continued 1

债券代码 Bond Code	债券名称 Bond Name	开盘价 Open	最高价 High	最低价 Low	收盘价 Close	涨跌% change	成交金额(亿元) Trading value	成交数量(万份) Trading volume
122040	09 新黄浦	101.11	103.76	100.00	100.81	0.00	9.34	91.95
122041	09 招金债	100.00	109.45	90.00	100.75	0.00	12.91	126.54
122042	09 金丰债	104.00	105.00	100.45	103.50	0.00	6.59	64.27
122043	09 紫江债	100.00	108.26	100.00	105.00	0.00	35.35	404.83
122044	10 连云债	101.12	104.50	100.50	101.50	0.00	5.40	52.68
122045	10 中铁 G1	101.00	102.70	100.00	102.70	0.00	3.80	37.70
122046	10 中铁 G2	105.25	105.25	100.55	100.55	0.00	2.24	22.40
122047	10 首机 01	101.02	102.60	100.00	100.00	0.00	15.11	151.22
122048	10 首机 02	100.00	100.00	100.00	100.00	0.00	6.82	68.20
122049	10 营口港	103.50	105.65	100.00	101.09	0.00	18.10	177.14
122050	10 杉杉债	101.75	112.50	98.84	99.10	0.00	9.55	95.15
122051	10 石化 01	99.99	101.00	94.28	96.70	0.00	50.15	506.80
122052	10 石化 02	99.95	100.50	90.00	98.95	0.00	13.28	135.01
122053	10 泰豪债	100.00	100.00	96.00	99.50	0.00	0.80	8.03
122054	10 中铁 G3	100.00	100.10	90.01	93.50	0.00	0.00	0.04
122055	10 中铁 G4	100.00	100.00	90.00	97.00	0.00	1.90	19.02
122056	10 龙源 01	0.00	0.00	0.00	100.00	0.00	0.00	0.00
122057	10 龙源 02	0.00	0.00	0.00	100.00	0.00	0.00	0.00
122059	10 重钢债	101.99	101.99	101.20	101.97	0.00	0.00	0.01
122060	10 银鸽债	101.00	102.48	101.00	101.80	0.00	0.47	4.65
122860	10 龙源债	0.00	0.00	0.00	100.00	0.00	0.00	0.00
122861	09 陕煤化	0.00	0.00	0.00	100.00	0.00	0.00	0.00
122862	10 闽能源	0.00	0.00	0.00	100.00	0.00	0.00	0.00
122865	10 苏海发	0.00	0.00	0.00	100.00	0.00	0.00	0.00
122866	10 杭交投	0.00	0.00	0.00	100.00	0.00	0.00	0.00
122869	10 沪化工	0.00	0.00	0.00	100.00	0.00	0.00	0.00
122870	10 渝大晟	0.00	0.00	0.00	100.00	0.00	0.00	0.00
122871	10 镇交投	0.00	0.00	0.00	100.00	0.00	0.00	0.00
122873	10 通经开	100.89	100.89	91.01	99.80	0.00	0.00	0.02
122874	10 红投 01	103.00	117.00	103.00	117.00	0.00	0.00	0.00
122875	10 红投 02	0.00	0.00	0.00	100.00	0.00	0.00	0.00
122879	10 天脊债	100.00	100.99	100.00	100.99	0.00	0.00	0.00
122880	10 天业债	100.00	100.00	99.30	99.38	0.00	1.00	10.01
122881	10 吴江债	0.00	0.00	0.00	100.00	0.00	0.00	0.00
122883	10 楚雄债	99.99	99.99	90.00	98.78	0.00	0.08	0.78
122884	10 西子债	100.00	100.00	99.60	99.60	0.00	3.28	32.81
122885	10 冀交通	0.00	0.00	0.00	100.00	0.00	0.00	0.00
122886	10 云投债	101.61	101.61	101.61	101.61	0.00	0.51	5.00
122887	10 渝交通	101.40	101.41	101.40	101.41	0.00	0.30	3.00
122888	10 华靖债	100.00	113.00	90.00	113.00	0.00	0.00	0.01
122889	10 冶色债	99.00	99.00	93.50	95.60	0.00	0.40	4.02
122890	10 凯迪债	103.14	103.14	100.00	103.14	0.00	2.37	23.00
122891	10 通辽债	103.80	104.10	101.68	103.78	0.00	1.63	15.89
122892	10 寿光债	97.65	98.78	97.54	98.65	0.00	1.80	18.28

续表 2 Continued 2

债券代码 Bond Code	债券名称 Bond Name	开盘价 Open	最高价 High	最低价 Low	收盘价 Close	涨跌% change	成交金额(亿元) Trading value	成交数量(万份) Trading volume
122893	10丹东债	100.00	101.00	98.00	100.00	0.00	1.58	15.80
122894	10洪市政	0.00	0.00	0.00	100.00	0.00	1.40	14.00
122895	10德州债	102.00	104.00	98.49	98.69	0.00	0.76	7.63
122896	10芜开债	99.80	99.80	99.80	99.80	0.00	0.00	0.00
122897	10襄投债	101.85	101.85	101.85	101.85	0.00	4.62	45.00
122898	10攀国投	100.48	103.50	96.14	101.00	0.00	0.20	2.05
122899	10杨浦01	101.00	101.00	100.00	100.98	0.00	0.00	0.02
122900	10杨浦02	95.00	105.00	95.00	100.00	0.00	0.50	5.00
122901	10营口债	102.10	103.50	100.00	103.00	0.00	0.31	3.01
122902	10赤峰债	106.00	106.00	97.38	98.40	0.00	0.48	4.67
122903	10盐东方	101.26	106.00	91.00	96.39	0.00	0.95	9.44
122904	10长城投	0.00	0.00	0.00	100.00	0.00	0.00	0.00
122905	10南昌债	0.00	0.00	0.00	100.00	0.00	0.00	0.00
122906	10芜投01	99.95	100.30	90.70	99.40	0.00	0.57	5.73
122907	10芜投02	100.00	100.00	90.80	99.80	0.00	0.58	5.87
122908	10苏交通	100.00	100.00	100.00	100.00	0.00	0.14	1.40
122909	10宜兴债	101.00	101.70	99.00	99.01	0.00	2.73	28.41
122910	10漯河债	0.00	0.00	0.00	100.00	0.00	0.00	0.00
122911	10鞍城投	101.50	102.60	97.00	98.50	0.00	7.23	70.55
122912	10鄂国资	0.00	0.00	0.00	100.00	0.00	0.00	0.00
122913	10通产控	102.30	102.85	100.30	102.85	0.00	0.12	1.17
122914	09榕建债	0.00	0.00	0.00	100.00	0.00	0.00	0.00
122915	10镇水投	103.00	125.00	98.52	101.00	0.00	1.97	19.48
122916	10红谷滩	101.78	101.78	101.78	101.78	0.00	0.20	2.00
122917	10太仓港	105.00	117.50	101.02	107.98	0.00	0.01	0.08
122918	10阜阳债	103.50	105.93	100.14	103.87	0.00	5.74	55.61
122919	10鲁商债	104.00	105.20	100.00	102.29	0.00	2.31	22.59
122920	10黄山债	103.00	105.99	100.10	101.24	0.00	9.02	88.00
122921	10郴州债	103.50	110.00	101.00	104.42	0.00	23.78	228.13
122922	10长高新	103.00	105.00	95.00	104.50	0.00	1.63	15.98
122923	10北汽投	101.00	101.15	100.40	100.80	0.00	1.03	10.21
122924	10巢湖债	102.00	108.00	100.10	100.91	0.00	3.55	34.60
122925	09沈国资	104.00	108.00	102.04	104.70	0.00	2.75	26.62
122926	09青国投	101.18	102.98	95.00	101.12	0.00	3.61	35.49
122927	09海航债	103.80	111.00	101.79	104.04	0.00	18.92	180.03
122928	09铁岭债	101.80	107.46	100.40	103.19	0.00	10.22	98.20
122929	09九江债	100.50	106.69	100.50	103.00	0.00	1.13	10.92
122930	09盘锦债	101.15	109.56	101.10	104.73	0.00	18.11	173.58
122931	09临海债	102.02	114.98	101.94	111.77	9.33	24.50	225.80
122932	09宜城债	100.80	110.00	99.60	104.99	4.05	18.71	180.61
122933	09南山1	103.00	104.52	98.00	104.51	3.48	1.55	15.00
122934	09南山2	0.00	0.00	0.00	100.00	0.00	0.00	0.00
122935	09南通债	105.00	105.00	105.00	105.00	-5.41	1.77	16.97
122936	09鹤城投	101.51	111.10	100.69	108.06	6.26	27.60	261.02

续表 3　Continued 3

债券代码 Bond Code	债券名称 Bond Name	开盘价 Open	最高价 High	最低价 Low	收盘价 Close	涨跌% change	成交金额(亿元) Trading value	成交数量(万份) Trading volume
122937	10 辽源债	107.00	111.47	101.85	107.85	0.00	9.61	90.06
122938	09 汾湖债	99.70	106.48	99.60	102.49	0.80	1.76	17.03
122939	09 吉安债	103.49	130.01	97.00	108.95	5.27	11.83	109.95
122940	09 咸城投	102.60	112.60	102.30	107.10	4.18	31.34	287.02
122942	09 江阴债	103.60	108.50	100.10	106.99	6.99	3.44	31.91
122943	09 外高桥	100.80	104.60	100.80	104.60	4.60	0.91	9.00
122944	09 株城投	99.96	108.98	99.81	104.08	4.00	18.21	171.90
122945	09 虞水债	100.01	115.21	95.60	102.90	2.90	3.47	33.76
122946	09 扬城建	99.00	139.98	90.50	103.70	3.70	1.10	10.93
122947	09 合建投	96.00	108.88	94.45	105.00	5.53	0.22	2.25
122948	09 锡交债	92.61	101.89	92.12	99.00	6.74	9.72	98.00
122949	09 常投债	94.87	109.00	94.00	99.90	5.44	8.25	82.76
122950	09 渝能源	95.98	107.00	95.98	103.00	8.42	1.31	13.10
122951	09 淮城投	96.80	104.50	92.00	100.98	4.75	8.30	82.11
122952	09 赣州债	97.00	101.99	95.82	99.50	2.07	4.23	42.32
122953	09 岳城建	100.00	102.60	98.76	99.30	－0.70	0.66	6.60
122954	09 武进债	92.23	102.20	92.00	97.70	5.70	6.33	64.82
122955	09 潭城建	100.00	103.68	96.66	99.51	－0.49	6.13	62.09
122956	09 常高新	94.00	102.00	93.01	97.39	2.95	9.70	98.41
122957	09 蓉工投	98.45	101.15	95.00	99.65	1.21	6.98	70.27
122958	09 长经开	102.25	114.84	94.19	103.34	1.07	6.66	63.79
122959	09 清控债	95.00	103.55	94.60	100.00	5.15	3.05	30.50
122960	09 保利集	98.00	101.70	97.00	101.30	1.60	4.88	49.60
122961	09 武城投	97.10	100.10	93.00	97.92	0.79	1.90	19.34
122962	09 宁交通	96.30	104.98	96.30	101.99	5.92	6.69	66.89
122963	09 张江债	100.50	110.90	91.20	101.00	－0.98	3.56	35.19
122964	09 龙湖债	102.49	108.50	100.00	104.88	2.12	21.04	200.37
122965	09 潍投债	100.00	106.00	98.01	103.00	3.00	3.85	37.73
122966	09 滇投债	95.71	117.99	95.03	101.00	5.53	4.39	44.22
122967	09 闽漳龙	93.98	103.30	93.80	100.36	6.71	12.56	127.80
122968	09 杭城投	99.90	101.95	99.60	101.00	1.20	0.98	9.69
122969	09 豫投债	93.00	104.00	90.00	100.02	5.84	0.38	3.87
122970	09 三峡 01	95.50	100.00	95.50	100.00	4.71	3.50	35.21
122971	09 三峡 02	99.95	99.95	80.00	99.50	9.34	0.40	4.06
122972	09 绵投控	97.63	105.00	97.36	102.51	5.39	7.83	77.29
122973	09 昆创控	89.99	98.94	89.08	94.33	4.78	18.69	196.59
122974	09 镇城投	97.99	103.80	92.00	101.20	3.38	5.05	50.69
122975	09 济城建	89.50	99.68	89.21	94.02	5.06	3.09	32.52
122976	09 永煤债	92.89	101.40	92.89	100.15	0.15	2.52	25.11
122977	09 百联债	100.45	105.00	96.11	100.00	0.00	2.73	26.98
122978	09 津投 1	96.00	109.89	90.08	99.98	4.15	3.06	35.65
122979	09 津投 2	91.50	99.99	90.01	96.19	4.55	5.60	69.74
122980	09 津投 3	92.23	101.00	91.00	96.15	3.39	2.08	21.63
122981	09 铜城投	98.20	105.54	98.20	101.34	2.83	9.03	88.66

续表 4　Continued 4

债券代码 Bond Code	债券名称 Bond Name	开盘价 Open	最高价 High	最低价 Low	收盘价 Close	涨跌% change	成交金额(亿元) Trading value	成交数量(万份) Trading volume
122982	09 长城开	96.40	103.99	96.38	103.00	6.85	6.69	66.39
122983	09 南钢联	100.27	105.30	99.50	102.50	2.76	16.29	158.39
122984	09 六城投	100.69	108.59	100.48	106.03	5.29	11.82	113.38
122985	09 浙能债	95.30	100.70	92.50	97.50	0.54	4.19	42.35
122986	09 春华债	97.80	110.00	97.80	101.02	3.06	4.33	42.86
122987	08 云煤化	105.00	108.61	95.21	100.50	-3.25	0.11	1.05
122988	09 渝隆债	100.59	109.01	99.85	104.59	3.97	11.16	108.51
122989	08 渝交通	100.25	105.00	100.00	103.40	3.39	1.60	15.60
122990	08 锡公用	110.50	110.50	101.00	102.00	-1.73	3.19	30.91
122991	08 海航债	104.20	117.00	100.10	106.82	2.53	16.09	151.97
122992	08 苏交通	99.8	103	99	102	4.8304	1.66	16.25
122993	08 舞钢债	103.3	106.79	101.65	104.34	1.3797	0.99	9.52
122994	08 云投债	97.45	105.8	93.58	101.5	4.1667	7.39	71.77
122995	08 合建投	96.8	105.52	90	100.72	3.9422	12.41	123.76
122996	08 常城建	98.31	105.89	98	103.48	5.1412	27.99	270.5
122997	08 苏高新	102.8	106.88	100.5	105.2	2.027	13.57	128.52
122998	04 长航债	99.6	102.2	98.99	100.1	0.502	0.06	0.6
122999	广纸暂停	106	110	102.05	102.29	-2.581	8.81	83.72
112001	08 粤电债	101.2	108.8	99.51	100.61	-1.363	0.129	0.001
112002	08 中联债	102.5	108	102	103.5	1.163	18.883	0.18
112003	08 泰达债	103.9	118	98	108	4.046	13.103	0.122
112004	08 中粮债	108	115	100.7	107	0.403	3.741	0.034
112005	08 万科 G1	103.21	109.99	100	103.8	0.058	5.939	0.057
112006	08 万科 G2	105.26	109.5	101.05	105.5	0.218	43.293	0.402
112007	09 金街 01	101.3	113	92.08	100.52	0.169	8.932	0.088
112008	09 金街 02	100.26	103.02	100.26	102	1.735	6.672	0.066
112009	09 粤高债	100.1	100.1	100.1	100.1	0	0	0
112010	09 西煤债	100.26	112	100	102.05	2.05	6.226	0.059
112011	09 东药债	100.48	116.7	100.01	105.99	3.708	5.461	0.051
112012	09 名流债	102.02	115	100.74	101.89	-0.595	48.328	0.467
112013	09 亿城债	97.5	106	69	100.5	2.03	11.969	0.12
112014	09 银基债	101.79	107.69	101.65	104.6	2.68	15.235	0.145
112015	09 泛海债	101.15	106.59	96.88	103.87	2.862	56.401	0.542
112016	09 宏润债	100.86	107.54	100.54	104.52	3.619	14.424	0.138
112017	09 希望债	99.5	104.02	99.5	100.89	1.397	10.623	0.105
112018	09 津滨债	100.1	103.29	99.96	100	-0.17	3.342	0.033
112019	09 宜化债	102	106	99.3	102.58	2.58	6.554	0.066
112020	10 大亚债	100.8	102.99	98.5	100	0	5.909	0.059
112021	10 南玻 01	99.68	99.68	96.51	97.5	-2.5	1.511	0.015
112022	10 南玻 02	97	99	95.5	97.5	-2.5	3.902	0.04
112023	10 煤气 01	100.58	100.58	98.69	98.88	-1.12	0.3	0.003
112024	10 煤气 02	100.88	100.94	100.66	100.66	0.66	1.209	0.012

四、证券投资基金及衍生品

Securities Investment Funds & Derivatives

2010 年证券投资基金监管综述

Summary for Securities Investment Funds Market Supervising in 2010

2010 年，中国证监会不断强化基础建设，力求制度突破，加强监管，积极推动创新，维护了基金业平稳健康发展的良好局面。截至 2010 年底，共有基金管理公司 63 家，管理资产 30568 亿元，管理基金 704 只，基金规模为 24228 亿份，较年初减少 307 亿份，基金资产净值为 25201 亿元，较年初减少 1567 亿元。基金持股市值 17925 亿元，占沪深 A 股股市流通市值的 9.39%。

一、坚持市场化改革方向，理顺机制，力求制度突破

1. 积极推动《证券投资基金法》的修改，为基金业的进一步发展提供法律制度保障。积极推动《证券投资基金法》的修改工作，对重大基金法律问题进行了研究，力求进一步严格行为准则，加强行为监管，放松业务管制，促进组织形式和业务创新，更好地保障和推动基金业持续健康发展。

2. 坚持市场化改革方向，提高审核效率，进一步加大政务公开力度。一是按市场化原则贯彻落实并不断完善基金产品分类审核制度，较好地发挥了市场配置资源的基础性作用。基金业产品结构也得到了初步改善，固定收益类产品得到了较快发展，专户产品资产规模稳步增加。二是进一步加大政务公开力度，通过对基金募集申请审核情况实行公示制度，提高了基金产品审核工作透明度。三是适应市场情况变化，启动新基金管理公司审批。

3. 第三方支付机构参与基金网上销售支付结算业务试点工作取得突破性进展，拓宽了基金销售业务的支付渠道。上海汇付数据服务有限公司在中国民生银行的监督下与基金管理公司的合作开始正式对外运营，合作对象稳步增加；通联支付网络服务股份有限公司已在上海浦东发展银行的监督下与上投摩根基金管理公展开了支付服务业务的正式运营。第三方支付机构逐步介入网上基金销售业务，短期内将拓宽基金业务的支付渠道；从长远看，将为全行业逐步建立基金投资顾问模式留出盈利空间。

4. 加大对创新的支持力度，不断推动产品创新和业务创新。一是贯彻落实创新基金的绿色通道审核制度，完善了支持产品创新的具体措施。二是出台了《证券投资基金参与股指期货交易指引》，起草了《证券投资基金股指期货投资会计核算业务细则》，明确了基金参与股指期货的主要投资、风控政策和核算办法，为基金在严格防范风险的基础上有序参与股指期货提供了依据和指导；允许专户参与股指期货。三是积极研究基金参与融资融券业务规则，为产品创新创造了条件。四是深入论证跨市场和跨境 ETF 的操作方案，业务规则正在加紧修改完善过程中。五是稳步推进房地产投资基金(REITs)的研究工作。

二、依法强化监管，净化市场环境，维护市场良好的秩序

1. 加大对基金管理公司"老鼠仓"、非公平交易和各种形式的利益输送行为的打击力度。2010 年，中国证监会基金部与相关派出机构密切配合，对触范"三条底线"的行为采取了高压打击态势。组织基金管理公司开展坚守"三条底线"自查活动，在自查的基础上，相关派出机构对 10 家公司落实"三条底线"情况进行了抽查，对少数自查不认真、自纠不彻底的公司高管人员进行监管谈话。同时，处置了多起涉嫌异常交易行为，查处了 2 家公司 3 名基金经理的"老鼠仓"行为。其中，1 名基金经理已被依法移送司法机关追究刑事责任，另 2 名基金经理被取消基金从业资格、没收违法所得、处以罚款，并分别被罚终身禁入市场和 3 年禁入市场。通过强化责任追究，严肃了市场法纪，维护了市场秩序，起到了很好的震慑作用，也有效教育了行业。

2. 继续组织和督促派出机构与协会做好现场检查工作。一是完成对 11 家基金公司的全面现场检查和 4 家基金公司的专项检查。二是在对 2009 年基金销售现场检查全面总结的基础上，组织指导排除机构对 30 家证券公司、30 家商业银行和 11 家基金管理公司进行 2010 年基金销售业务现场检查，以规范基金销售行为。三是落实《基金销售费用管理规定》，规范销售费率及销售行为，防范商业贿赂和不正当竞争行为。

3. 继续强化非现场检查工作。一是依托于 FIRST 系统的监管任务处理模块，完善基金部非现场监管与派出机构现场检查的联动机制，着力提升监管效率；建立违规失信及操作失误事件的定期通报机制，逐步统一监管标准，提升行业整体合规水平。二是继续加强遵规守信监管，提升违规处罚力度，建立投资监测预警系统，积极防范系统性风险。

三、加强基础建设，做好专项工作，为行业健康发展创造条件

1. "基金综合监管系统"已于10月正式上线并投入试运行。该系统涵盖了全行业63家基金公司、18家托管银行、140家基金销售机构的日常报送数据，中国证券登记结算公司、沪深交易所、中央债券登记公司、中证指数公司等机构协助提供的各类监管数据，以及基金XBRL标准化信息披露数据与各类市场公开数据，实现了基金非现场监管体系与手段全面更新升级，标志着中国证监会基金监管工作又上了一个新的台阶。

2. 完善基金信息披露XBRL法规体系，全面实现定期报告的XBRL报送与展示。一是发布实施《基金信息披露XBRL模板第3号——年度报告和半年度报告》，完成《基金信息披露XBRL模板第4号——基金合同生效公告及十一类临时公告》的起草及测试工作。按计划完成基金年报、半年报的XBRL报送展示工作，以及临时公告的XBRL测试报送工作。至此全部完成基金定期报告信息披露XBRL工作，促进全行业信息披露流程的电子化，进一步提升基金披露信息质量。二是顺利完成基金XBRL系统迁移的工作，理顺了基金XBRL项目投入与后期应用机制。

3. 认真落实《证券投资基金评价业务管理暂行办法》。规范基金评价机构的评价方法、信息采集、发布方式及行为，鼓励多元基金评价制度，引导公众关注基金长期投资行为。7家评价机构、3家评奖机构根据《暂行办法》注册为中国证券业协会基金评价业务会员。证券业协会网上公示基金评价机构的评价方法及成果，以方便公众对不同评价方法的比较。

4. 进一步加强基金公司内控监管和从业人员管理。制定《证券投资基金管理公司内控评价报告指引（试行）》并开始试行，规范会计师事务所出具内控评价报告，有利于提高内控评价报告质量，增强对基金管理公司的约束力。制定《基金行业人员离任审计及审查报告内容准则》，规范从业人员的离任审计和离任审查，促进行业加强诚信管理。

四、稳步扩大对外开放，关注国际金融形势，不断提升基金行业国际竞争力

1. 积极推进境外募集业务。会同人民银行、外汇局对基金管理公司、证券公司的香港子公司在港募集人民币资金进行境内证券投资的可行性进行了认真研究，拟在条件成熟时推出此项业务。

2. 稳步推进QFII资格审批，加大对长期资金的吸引力度，加强对QFII投资运作的持续监管。今年对23家境外机构的QFII资格申请进行了审核，累计批准了13家境外机构QFII资格，撤销一家境外机构的QFII资格，QFII总数达到106家。

3. 支持境内基金管理公司在香港发展业务。稳妥推进基金管理公司在香港设立子公司及向子公司增资事项，今年已批准4家公司设立香港子公司，批准2家公司向香港子公司增资。截至2010年底，中国证监会共批准12家基金管理公司在香港设立子公司，其中9家已获得资产管理等业务牌照并在港开展了业务。

4. 稳步推进QDII业务。修订《合格境内机构投资者境外证券投资管理试行办法》（QDII办法）及配套规则，降低门槛，鼓励基金管理公司按照市场化原则差异化发展。今年完成审核的QDII基金有16只，其中14只完成募集，募集规模达到86亿元。基金公司创新踊跃，申报了诺安全球黄金基金、易方达黄金主题基金等创新QDII产品。

5. 有序推动两岸证券期货业经营机构和资金的相互准入。按照相关法规及《海峡两岸经济合作框架协议》（ECFA）的有关承诺，首次批准了2家台湾地区金融机构——富邦证券投资信托股份有限公司、群益证券投资信托股份有限公司的合格境外机构投资者（QFII）资格。截至2010年底，QDII基金投资台湾证券市场持股市值合计11.73亿元人民币。

4－1 封闭式基金概况

List of Close Securities Investment Funds

序号 No.	基金名称 Investment Funds	发行时间 Issue Date	上市时间 Listing Date	基金存续期 Duration	基金规模(亿份) Size	基金总资产净值(亿元) Net Value of Total Assets	基金管理公司 Administrant	基金托管银行 Fund Custodian Bank	上市地点 Listing Spot
1	博时裕泽封闭	1996-5-25	2000-5-17	1996-05-31～2011-05-31	5	5.792	博时基金管理有限公司	中国工商银行股份有限公司	深圳
2	南方开元封闭	1998-3-23	1998-4-7	1998-03-27～2013-03-27	20	22.628	南方基金管理有限公司	中国工商银行股份有限公司	深圳
3	国泰金泰封闭	1998-3-23	1998-4-7	1998-03-27～2013-03-27	20	27.1922	国泰基金管理有限公司	中国工商银行股份有限公司	上海
4	华夏兴华封闭	1998-4-22	1998-5-8	1998-04-28～2013-04-28	20	24.41	华夏基金管理有限公司	中国建设银行股份有限公司	上海
5	华安安信封闭	1998-6-16	1998-6-26	1998-06-22～2013-06-22	20	26.4775	华安基金管理有限公司	中国工商银行股份有限公司	上海
6	博时裕阳封闭	1998-7-17	1998-7-30	1998-07-25～2013-07-25	20	22.56	博时基金管理有限公司	中国农业银行股份有限公司	上海
7	鹏华普惠封闭	1998-12-30	1999-1-27	1999-01-06～2014-01-06	20	27.5934	鹏华基金管理有限公司	交通银行股份有限公司	深圳
8	嘉实泰和封闭	1999-4-1	1999-4-20	1999-04-08～2014-04-07	20	25.86	嘉实基金管理有限公司	中国建设银行股份有限公司	上海
9	长盛同益封闭	1999-4-2	1999-4-21	1999-04-08～2014-04-08	20	24.622	长盛基金管理有限公司	中国工商银行股份有限公司	深圳
10	大成景宏封闭	1999-4-27	1999-5-18	1999-05-05～2014-05-05	20	28.3345	大成基金管理有限公司	中国银行股份有限公司	深圳
11	富国汉盛封闭	1999-4-30	1999-5-18	1999-05-18～2014-05-17	20	32.87	富国基金管理有限公司	中国农业银行股份有限公司	上海
12	博时裕隆封闭	1999-6-9	1999-6-24	1999-06-15～2014-06-14	30	35.99	博时基金管理有限公司	中国农业银行股份有限公司	深圳
13	华安安顺封闭	1999-6-9	1999-6-22	1999-06-15～2014-06-14	30	40.9606	华安基金管理有限公司	交通银行股份有限公司	上海
14	鹏华普丰封闭	1999-7-8	1999-7-30	1999-07-14～2014-07-14	30	36.1384	鹏华基金管理有限公司	中国工商银行股份有限公司	深圳
15	华夏兴和封闭	1999-7-8	1999-7-30	1999-07-14～2014-07-13	30	36.04	华夏基金管理有限公司	中国建设银行股份有限公司	上海
16	南方天元封闭	1999-8-18	1999-9-20	1999-08-26～2014-08-25	30	34.6421	南方基金管理有限公司	中国工商银行股份有限公司	深圳
17	国泰金鑫封闭	1999-10-15	1999-11-26	1999-10-21～2014-10-21	30	37.35	国泰基金管理有限公司	中国建设银行股份有限公司	上海
18	长盛同盛封闭	1999-11-1	1999-11-26	1999-11-05～2014-11-05	30	40.6426	长盛基金管理有限公司	中国银行股份有限公司	深圳
19	大成景福封闭	1999-12-24	2000-1-10	1999-12-30～2014-12-30	30	45.76	大成基金管理有限公司	中国农业银行股份有限公司	深圳
20	富国汉兴封闭	1999-12-24	2000-1-10	1999-12-30～2014-12-30	30	36.1644	富国基金管理有限公司	交通银行股份有限公司	上海
21	融通通乾封闭	2001-8-23	2001-9-21	2001-08-29～2016-08-28	20	33.13	融通基金管理有限公司	中国建设银行股份有限公司	上海
22	宝盈鸿阳封闭	2001-11-28	2001-12-18	2001-12-10～2016-12-09	20	16.83	宝盈基金管理有限公司	中国农业银行股份有限公司	深圳
23	易方达科瑞封闭	2002-2-28	2002-3-20	2002-03-12～2017-03-12	30	37.0713	易方达基金管理有限公司	交通银行股份有限公司	上海
24	嘉实丰和价值封闭	2002-3-15	2002-4-4	2002-03-22～2017-03-22	30	37.45	嘉实基金管理有限公司	中国农业银行股份有限公司	深圳
25	长城久嘉封闭	2002-7-1	2002-8-27	2002-07-05～2017-07-04	20	21.57	长城基金管理有限公司	中国农业银行股份有限公司	深圳
26	银河银丰封闭	2002-8-8	2002-9-10	2002-08-14～2017-08-14	30	36.26	银河基金管理有限公司	中国建设银行股份有限公司	上海
27	国投瑞银瑞福分级封闭	2007-7-9	2007-9-21	2007-07-17～2012-07-16	60.0033	51.0746	国投瑞银基金管理有限公司	中国工商银行股份有限公司	深圳
28	大成优选封闭	2007-7-23	2007-9-7	2007-09-07～2012-09-07	46.743	49.0939	大成基金管理有限公司	中国银行股份有限公司	深圳
29	建信优势动力封闭	2008-2-18	2008-9-19	2008-02-01～2013-02-01	46.4265	45.3098	建信基金管理有限公司	交通银行股份有限公司	深圳
30	富国天丰强化债券封闭	2008-10-15	2008-12-8	2008-10-24～2011-10-23	19.9814	21.11	富国基金管理有限公司	中国建设银行股份有限公司	深圳
31	长盛同庆封闭	2009-5-6	2009-5-26	2009-05-12～2012-05-11	146.8673	158.82	长盛基金管理有限公司	中国建设银行股份有限公司	深圳
32	国泰估值优势分级封闭	2010-1-18	2010-3-11	2010-2-10～9999-12-31(3年后转lof)	8.431	9.6045	国泰基金管理有限公司	中国工商银行股份有限公司	深圳
33	国联安信心增益债券封闭	2010-5-17		2010-6-22～9999-12-31(1年后开放)	19.0309	20.1028	国联安基金管理有限公司	中信银行股份有限公司	
34	银华信用债券封闭	2010-5-24	2010-7-9	2010-6-29～9999-12-31(3年后转lof)	22.9648	24.52	银华基金管理有限公司	中国建设银行股份有限公司	深圳
35	招商信用添利债券	2010-6-1	2010-7-30	2010-6-25～9999-12-31(5年后召开持有人大会)	21.1663	21.49	招商基金管理有限公司	中国农业银行股份有限公司	深圳
36	富国汇利分级债券	2010-9-1	2010-10-8	2010-9-9～9999-12-31(3年后转lof,要召开持有人大会)	29.9925	29.89	富国基金管理有限公司	中国农业银行股份有限公司	深圳
37	信诚增强收益债券	2010-9-13	2010-11-8	2010-9-29～2013-9-29(3年后召开持有人大会)	22.6606	22.68	信诚基金管理有限公司	中国建设银行股份有限公司	深圳
38	易方达岁丰添利债券	2010-11-1	2010-12-3	2010-11-9～9999-12-31(3年后转lof)	26.7911	27.1877	易方达基金管理有限公司	中国银行股份有限公司	深圳
39	中欧增强回报债券	2010-11-1	2011-2-18	2010-12-2～9999-12-31(1年后转lof)	23.7428	23.7767	中欧基金管理有限公司	广东发展银行股份有限公司	深圳

数据来源：中国证监会

Source：CSRC

4-2 开放式基金概况

List of Open Securities Investment Funds

序号 No.	基金名称 Investment Funds	成立时间 Date Founded	基金规模（亿份）Size	基金总资产净值（亿元）Net Value of Total Assets	基金管理公司 Administrant	基金托管银行 Fund Custodian Bank
1	华安创新混合	2001-9-21	101.2845	81.0659	华安基金管理有限公司	交通银行股份有限公司
2	南方稳健成长混合	2001-9-28	55.099	57.9634	南方基金管理有限公司	中国工商银行股份有限公司
3	华夏成长混合	2001-12-18	89.5439	107.61	华夏基金管理有限公司	中国建设银行股份有限公司
4	国泰金鹰增长股票	2002-5-8	28.3198	28.6725	国泰基金管理有限公司	交通银行股份有限公司
5	鹏华行业成长混合	2002-5-24	4.8147	5.6413	鹏华基金管理有限公司	中国工商银行股份有限公司
6	富国天源平衡混合	2002-8-16	6.7033	8.01	富国基金管理有限公司	中国农业银行股份有限公司
7	易方达平稳增长混合	2002-8-23	20.241	30.0005	易方达基金管理有限公司	中国银行股份有限公司
8	融通新蓝筹混合	2002-9-13	168.0454	146.12	融通基金管理有限公司	中国建设银行股份有限公司
9	长盛成长价值混合	2002-9-18	10.6553	12.09	长盛基金管理有限公司	中国农业银行股份有限公司
10	南方宝元债券	2002-9-20	13.6214	16.4923	南方基金管理有限公司	中国工商银行股份有限公司
11	宝盈鸿利收益混合	2002-10-8	9.3453	5.5	宝盈基金管理有限公司	中国农业银行股份有限公司
12	博时价值增长混合	2002-10-9	236.7274	188.35	博时基金管理有限公司	中国建设银行股份有限公司
13	华夏债券	2002-10-23	40.3646	43.2464	华夏基金管理有限公司	交通银行股份有限公司
14	嘉实成长收益混合	2002-11-5	36.6001	33.9659	嘉实基金管理有限公司	中国银行股份有限公司
15	华安中国A股增强指数	2002-11-8	71.1201	62.528	华安基金管理有限公司	中国工商银行股份有限公司
16	大成价值增长混合	2002-11-11	135.7533	122.61	大成基金管理有限公司	中国农业银行股份有限公司
17	银华优势企业混合	2002-11-13	30.7482	36.1813	银华基金管理有限公司	中国银行股份有限公司
18	万家180指数	2003-3-17	122.4635	82.989	万家基金管理有限公司	中国银行股份有限公司
19	国投瑞银融华债券	2003-4-16	9.0452	13.38	国投瑞银基金管理有限公司	中国光大银行股份有限公司
20	泰达宏利成长股票	2003-4-26	18.739	24.6944	泰达宏利基金管理有限公司	交通银行股份有限公司
21	泰达宏利周期股票	2003-4-26	7.5787	8.483	泰达宏利基金管理有限公司	交通银行股份有限公司
22	泰达宏利稳定股票	2003-4-26	3.0534	2.2167	泰达宏利基金管理有限公司	交通银行股份有限公司
23	招商安泰股票	2003-4-28	14.4156	6.86	招商基金管理有限公司	招商银行股份有限公司
24	招商安泰平衡混合	2003-4-28	0.995	1.25	招商基金管理有限公司	招商银行股份有限公司
25	招商安泰债券	2003-4-28	13.153	14.6	招商基金管理有限公司	招商银行股份有限公司
26	大成债券	2003-6-12	4.7635	4.97	大成基金管理有限公司	中国农业银行股份有限公司
27	金鹰成份优选混合	2003-6-16	20.8115	16.1364	金鹰基金管理有限公司	中国银行股份有限公司
28	南方避险增值贰号混合	2003-6-27	44.7281	112.0606	南方基金管理有限公司	中国工商银行股份有限公司
29	嘉实增长混合	2003-7-9	10.4061	55.9577	嘉实基金管理有限公司	中国银行股份有限公司
30	嘉实稳健混合	2003-7-9	149.6441	134.2529	嘉实基金管理有限公司	中国银行股份有限公司
31	嘉实债券	2003-7-9	12.7791	17.3335	嘉实基金管理有限公司	中国银行股份有限公司
32	鹏华普天债券	2003-7-12	2.4382	2.953	鹏华基金管理有限公司	交通银行股份有限公司
33	鹏华普天收益混合	2003-7-12	29.0244	27.9097	鹏华基金管理有限公司	交通银行股份有限公司
34	华宝兴业宝康消费品混合	2003-7-15	23.1158	35.7	华宝兴业基金管理有限公司	中国建设银行股份有限公司
35	华宝兴业宝康配置混合	2003-7-15	8.1848	11.87	华宝兴业基金管理有限公司	中国建设银行股份有限公司
36	华宝兴业宝康债券	2003-7-15	2.8697	3.41	华宝兴业基金管理有限公司	中国建设银行股份有限公司
37	银河稳健混合	2003-8-4	17.0131	18.23	银河基金管理有限公司	中国农业银行股份有限公司
38	银河收益债券	2003-8-4	1.9883	3.09	银河基金管理有限公司	中国农业银行股份有限公司
39	国联安稳健混合	2003-8-8	7.3995	7.7359	国联安基金管理有限公司	中国工商银行股份有限公司
40	海富通精选混合	2003-8-22	95.572	91.83	海富通基金管理有限公司	交通银行股份有限公司
41	博时沪深300指数	2003-8-26	156.1792	133.16	博时基金管理有限公司	中国建设银行股份有限公司
42	华夏回报混合	2003-9-5	83.6294	116.4776	华夏基金管理有限公司	中国银行股份有限公司
43	融通债券	2003-9-30	3.144	3.4065	融通基金管理有限公司	中国工商银行股份有限公司
44	融通深证100指数	2003-9-30	119.4465	161.5556	融通基金管理有限公司	中国工商银行股份有限公司
45	融通蓝筹成长混合	2003-9-30	19.4064	24.0269	融通基金管理有限公司	中国工商银行股份有限公司
46	景顺长城优选股票	2003-10-24	16.1286	18.471	景顺长城基金管理有限公司	中国银行股份有限公司

续表 1 Continued 1

序号 No.	基金名称 Investment Funds	成立时间 Date Founded	基金规模(亿份)Size	基金总资产净值(亿元)Net Value of Total Assets	基金管理公司 Administrant	基金托管银行 Fund Custodian Bank
47	景顺长城货币	2003-10-24	3.3102	3.3103	景顺长城基金管理有限公司	中国银行股份有限公司
48	景顺长城动力平衡混合	2003-10-24	76.349	57.395	景顺长城基金管理有限公司	中国银行股份有限公司
49	长盛全债指数增强债券	2003-10-25	4.2873	5.59	长盛基金管理有限公司	中国农业银行股份有限公司
50	长城久恒平衡混合	2003-10-31	1.6599	2.33	长城基金管理有限公司	中国建设银行股份有限公司
51	富国天利增长债券	2003-12-2	24.4873	30.3775	富国基金管理有限公司	中国工商银行股份有限公司
52	广发聚富混合	2003-12-3	51.6137	66.384	广发基金管理有限公司	中国工商银行股份有限公司
53	国泰金龙债券	2003-12-5	1.9849	2.18	国泰基金管理有限公司	上海浦东发展银行股份有限公司
54	国泰金龙行业混合	2003-12-5	6.5126	6.35	国泰基金管理有限公司	上海浦东发展银行股份有限公司
55	易方达策略成长混合	2003-12-9	12.7113	51.2741	易方达基金管理有限公司	中国银行股份有限公司
56	华安现金富利货币	2003-12-30	71.6465	71.6465	华安基金管理有限公司	中国工商银行股份有限公司
57	招商现金增值货币	2004-1-14	70.0825	70.08	招商基金管理有限公司	招商银行股份有限公司
58	博时现金收益货币	2004-1-16	53.9697	53.9697	博时基金管理有限公司	交通银行股份有限公司
59	泰信天天收益货币	2004-2-10	10.4483	10.4484	泰信基金管理有限公司	中国银行股份有限公司
60	银华保本增值混合	2004-3-2	42.8752	43.26	银华基金管理有限公司	中国建设银行股份有限公司
61	南方现金增利货币	2004-3-5	97.5713	97.5713	南方基金管理有限公司	中国工商银行股份有限公司
62	海富通收益增长混合	2004-3-12	48.1605	41.263	海富通基金管理有限公司	中国银行股份有限公司
63	华夏经典混合	2004-3-15	15.157	16.74	华夏基金管理有限公司	招商银行股份有限公司
64	长信利息收益货币	2004-3-19	36.0543	36.05	长信基金管理有限公司	中国农业银行股份有限公司
65	易方达上证50指数	2004-3-22	328.5771	249.4751	易方达基金管理有限公司	交通银行股份有限公司
66	大摩基础行业混合	2004-3-26	1.736	1	摩根士丹利华鑫基金管理有限公司	中国光大银行股份有限公司
67	银河银泰混合	2004-3-30	31.6312	34.6373	银河基金管理有限公司	中国工商银行股份有限公司
68	嘉实服务增值行业混合	2004-4-1	21.7053	96.0674	嘉实基金管理有限公司	中国银行股份有限公司
69	华夏现金增利货币	2004-4-7	92.2408	92.24	华夏基金管理有限公司	中国建设银行股份有限公司
70	申万巴黎盛利精选混合	2004-4-9	15.7756	17.0746	申万巴黎基金管理有限公司	中国工商银行股份有限公司
71	国联安小盘精选混合	2004-4-12	25.5729	23.2513	国联安基金管理有限公司	中国工商银行股份有限公司
72	国投瑞银景气行业混合	2004-4-29	34.5068	34.19	国投瑞银基金管理有限公司	中国光大银行股份有限公司
73	融通行业景气混合	2004-4-29	36.4978	36.1875	融通基金管理有限公司	交通银行股份有限公司
74	华宝兴业多策略股票	2004-5-11	104.33	67.5	华宝兴业基金管理有限公司	中国建设银行股份有限公司
75	兴全可转债混合	2004-5-11	39.1457	48.5724	兴业基金管理有限公司	中国工商银行股份有限公司
76	鹏华中国50混合	2004-5-12	26.5572	47.1975	鹏华基金管理有限公司	交通银行股份有限公司
77	长城久泰中信标普300指数	2004-5-21	16.1698	19.89	长城基金管理有限公司	招商银行股份有限公司
78	诺安平衡混合	2004-5-21	96.145	76.5819	诺安基金管理有限公司	中国工商银行股份有限公司
79	长盛动态精选混合	2004-5-21	11.6579	14.53	长盛基金管理有限公司	中国农业银行股份有限公司
80	金鹰中小盘精选混合	2004-5-27	11.8183	15.144	金鹰基金管理有限公司	交通银行股份有限公司
81	招商先锋混合	2004-6-1	94.6419	73.3316	招商基金管理有限公司	中国银行股份有限公司
82	大成蓝筹稳健混合	2004-6-3	176.5746	152.9604	大成基金管理有限公司	中国银行股份有限公司
83	富国天益价值股票	2004-6-15	104.9227	107.1365	富国基金管理有限公司	交通银行股份有限公司
84	国泰金马稳健混合	2004-6-18	78.7634	68.3	国泰基金管理有限公司	中国建设银行股份有限公司
85	博时精选股票	2004-6-22	76.8024	111.1439	博时基金管理有限公司	中国工商银行股份有限公司
86	景顺长城内需增长股票	2004-6-25	5.8442	24.66	景顺长城基金管理有限公司	中国农业银行股份有限公司
87	泰信先行策略混合	2004-6-28	81.9856	57.18	泰信基金管理有限公司	中国光大银行股份有限公司
88	天治财富增长混合	2004-6-29	3.4395	2.78	天治基金管理有限公司	上海浦东发展银行股份有限公司
89	泰达宏利精选股票	2004-7-9	11.1481	59.7743	泰达宏利基金管理有限公司	中国银行股份有限公司
90	广发稳健增长混合	2004-7-26	52.3453	89.2143	广发基金管理有限公司	中国工商银行股份有限公司
91	华夏大盘精选混合	2004-8-11	6.2677	78.331	华夏基金管理有限公司	中国银行股份有限公司
92	银华-道琼斯88指数	2004-8-11	106.4258	98.9	银华基金管理有限公司	中国建设银行股份有限公司
93	华安宝利配置混合	2004-8-24	28.6352	34.182	华安基金管理有限公司	交通银行股份有限公司
94	光大保德信量化股票	2004-8-27	127.5688	118.42	光大保德信基金管理有限公司	中国光大银行股份有限公司
95	易方达积极成长混合	2004-9-9	71.9244	81.683	易方达基金管理有限公司	中国银行股份有限公司
96	上投摩根中国优势混合	2004-9-15	27.827	65.55	上投摩根基金管理有限公司	中国建设银行股份有限公司

续表 2 Continued 2

序号 No.	基金名称 Investment Funds	成立时间 Date Founded	基金规模（亿份）Size	基金总资产净值（亿元）Net Value of Total Assets	基金管理公司 Administrant	基金托管银行 Fund Custodian Bank
97	万家增强收益债券	2004-9-28	2.7657	3.19	万家基金管理有限公司	中国农业银行股份有限公司
98	中海优质成长混合	2004-9-28	87.0045	59.719	中海基金管理有限公司	交通银行股份有限公司
99	南方积极配置股票(LOF)	2004-10-14	19.3246	24.9543	南方基金管理有限公司	中国工商银行股份有限公司
100	东方龙混合	2004-11-25	13.2381	8.98	东方基金管理有限公司	中国建设银行股份有限公司
101	申万巴黎盛利强化配置混合	2004-11-29	0.5294	0.5299	申万巴黎基金管理有限公司	中国工商银行股份有限公司
102	诺安货币	2004-12-6	16.2463	16.2463	诺安基金管理有限公司	中国工商银行股份有限公司
103	大成精选增值混合	2004-12-15	28.4193	30.31	大成基金管理有限公司	中国农业银行股份有限公司
104	银河银富货币	2004-12-20	7.4989	7.4989	银河基金管理有限公司	交通银行股份有限公司
105	华夏上证 50ETF	2004-12-30	100.4857	198.8985	华夏基金管理有限公司	中国工商银行股份有限公司
106	中银中国混合(LOF)	2005-1-4	14.4727	27.0225	中银基金管理有限公司	中国工商银行股份有限公司
107	海富通货币	2005-1-4	52.1264	52.1265	海富通基金管理有限公司	中国银行股份有限公司
108	博时主题行业股票(LOF)	2005-1-6	64.0534	117.72	博时基金管理有限公司	中国建设银行股份有限公司
109	天治品质优选混合	2005-1-12	1.3899	1.477	天治基金管理有限公司	中国民生银行股份有限公司
110	长信银利精选股票	2005-1-17	34.9037	29.48	长信基金管理有限公司	中国农业银行股份有限公司
111	银华货币	2005-1-31	45.8581	45.8581	银华基金管理有限公司	交通银行股份有限公司
112	东吴嘉禾优势精选混合	2005-2-1	33.8814	30.9133	东吴基金管理有限公司	中国工商银行股份有限公司
113	易方达货币	2005-2-2	25.5691	25.5691	易方达基金管理有限公司	中国银行股份有限公司
114	广发小盘成长股票(LOF)	2005-2-2	48.7316	111.07	广发基金管理有限公司	上海浦东发展银行股份有限公司
115	华富竞争力优选混合	2005-3-2	18.805	14.67	华富基金管理有限公司	中国建设银行股份有限公司
116	宝盈泛沿海增长股票	2005-3-8	42.8143	21.3649	宝盈基金管理有限公司	中国工商银行股份有限公司
117	景顺长城鼎益股票(LOF)	2005-3-16	62.966	64.0116	景顺长城基金管理有限公司	中国银行股份有限公司
118	嘉实货币	2005-3-18	97.7285	97.7285	嘉实基金管理有限公司	中国银行股份有限公司
119	华宝兴业现金宝货币	2005-3-31	40.9945	40.99	华宝兴业基金管理有限公司	中国建设银行股份有限公司
120	富国天瑞强势混合	2005-4-5	72.1803	61.8	富国基金管理有限公司	中国农业银行股份有限公司
121	泰达宏利风险预算混合	2005-4-5	1.7252	2.2221	泰达宏利基金管理有限公司	交通银行股份有限公司
122	鹏华货币	2005-4-12	30.4362	30.44	鹏华基金管理有限公司	中国农业银行股份有限公司
123	国富中国收益混合	2005-4-12	20.081	13.8311	国海富兰克林基金管理有限公司	中国工商银行股份有限公司
124	上投摩根货币	2005-4-13	84.4729	84.47	上投摩根基金管理有限公司	中国建设银行股份有限公司
125	中信现金优势货币	2005-4-20	4.1606	4.16	华夏基金管理有限公司	招商银行股份有限公司
126	华泰柏瑞盛世中国股票	2005-4-27	130.1584	91.7951	华泰柏瑞基金管理有限公司	中国银行股份有限公司
127	融通巨潮 100 指数(LOF)	2005-5-12	30.3362	27.4495	融通基金管理有限公司	中国工商银行股份有限公司
128	广发货币	2005-5-20	28.1728	28.1728	广发基金管理有限公司	中国工商银行股份有限公司
129	长城货币	2005-5-30	3.8827	3.8827	长城基金管理有限公司	华夏银行股份有限公司
130	大成货币	2005-6-3	10.9391	10.94	大成基金管理有限公司	中国光大银行股份有限公司
131	中银货币	2005-6-7	37.6278	37.6278	中银基金管理有限公司	中国工商银行股份有限公司
132	光大保德信货币	2005-6-9	2.4293	2.43	光大保德信基金管理有限公司	招商银行股份有限公司
133	中海分红增利混合	2005-6-16	37.6857	32.27	中海基金管理有限公司	中国农业银行股份有限公司
134	国泰货币	2005-6-21	23.406	23.41	国泰基金管理有限公司	中国农业银行股份有限公司
135	华夏红利混合	2005-6-30	110.6219	216.66	华夏基金管理有限公司	中国建设银行股份有限公司
136	南方高增长股票(LOF)	2005-7-13	23.295	41.2731	南方基金管理有限公司	中国银行股份有限公司
137	国联安安心成长混合	2005-7-13	1.13	0.8808	国联安基金管理有限公司	中国工商银行股份有限公司
138	万家公用事业行业股票(LOF)	2005-7-15	13.5927	11.0859	万家基金管理有限公司	交通银行股份有限公司
139	海富通股票	2005-7-29	65.1696	51.4515	海富通基金管理有限公司	中国银行股份有限公司
140	博时稳定价值债券	2005-8-24	8.8157	10.2	博时基金管理有限公司	中国建设银行股份有限公司
141	汇添富优势精选混合	2005-8-25	15.9215	43.4922	汇添富基金管理有限公司	中国工商银行股份有限公司
142	嘉实沪深 300 指数(LOF)	2005-8-29	415.2975	337.044	嘉实基金管理有限公司	中国银行股份有限公司
143	工银核心价值股票	2005-8-31	243.0814	96.4188	工银瑞信基金管理有限公司	中国银行股份有限公司
144	新华优选分红混合	2005-9-16	18.4575	15.86	新华基金管理有限公司	中国农业银行股份有限公司
145	易方达稳健收益债券	2005-9-19	9.559	10.2106	易方达基金管理有限公司	中国银行股份有限公司
146	大摩资源优选混合(LOF)	2005-9-27	17.1447	38.06	摩根士丹利华鑫基金管理有限公司	中国光大银行股份有限公司

续表 3 Continued 3

序号 No.	基金名称 Investment Funds	成立时间 Date Founded	基金规模 (亿份)Size	基金总资产净值 (亿元)Net Value of Total Assets	基金管理公司 Administrant	基金托管银行 Fund Custodian Bank
147	银华价值优选股票	2005-9-27	107.7825	169.38	银华基金管理有限公司	中国建设银行股份有限公司
148	交银精选股票	2005-9-29	85.9954	79.08	交银施罗德基金管理有限公司	中国农业银行股份有限公司
149	天弘精选混合	2005-10-8	54.8376	36.3055	天弘基金管理有限公司	中国工商银行股份有限公司
150	上投摩根阿尔法股票	2005-10-11	14.0896	45.08	上投摩根基金管理有限公司	中国建设银行股份有限公司
151	兴全趋势投资混合(LOF)	2005-11-3	159.7607	170.03	兴业基金管理有限公司	兴业银行股份有限公司
152	泰达宏利货币	2005-11-10	4.7218	4.72	泰达宏利基金管理有限公司	中国农业银行股份有限公司
153	申万巴黎新动力股票	2005-11-10	45.6597	36.8126	申万巴黎基金管理有限公司	中国工商银行股份有限公司
154	富国天惠成长混合(LOF)	2005-11-16	29.1736	50.7904	富国基金管理有限公司	中国工商银行股份有限公司
155	招商优质成长股票(LOF)	2005-11-17	38.169	53.6317	招商基金管理有限公司	中信银行股份有限公司
156	华宝兴业动力组合股票	2005-11-17	25.7936	24.3146	华宝兴业基金管理有限公司	中国银行股份有限公司
157	华夏收入股票	2005-11-17	16.1325	40.63	华夏基金管理有限公司	中国建设银行股份有限公司
158	建信恒久价值股票	2005-12-1	44.9688	36.8939	建信基金管理有限公司	中信银行股份有限公司
159	长盛货币	2005-12-12	5.6976	5.7	长盛基金管理有限公司	兴业银行股份有限公司
160	诺安股票	2005-12-19	173.5981	190.0479	诺安基金管理有限公司	中国工商银行股份有限公司
161	广发聚丰股票	2005-12-23	325.4372	263.2018	广发基金管理有限公司	中国工商银行股份有限公司
162	国联安精选股票	2005-12-28	33.051	30.966	国联安基金管理有限公司	华夏银行股份有限公司
163	东方精选混合	2006-1-11	62.2921	66.1283	东方基金管理有限公司	中国民生银行股份有限公司
164	融通易支付货币	2006-1-19	1.7058	1.7059	融通基金管理有限公司	中国民生银行股份有限公司
165	天治核心成长股票(LOF)	2006-1-20	51.7128	31.4131	天治基金管理有限公司	交通银行股份有限公司
166	交银货币	2006-1-20	19.7531	19.75	交银施罗德基金管理有限公司	中国农业银行股份有限公司
167	景顺长城资源垄断股票(LOF)	2006-1-26	98.4772	86.72	景顺长城基金管理有限公司	中国农业银行股份有限公司
168	中银增长股票	2006-3-17	118.7491	103.726	中银基金管理有限公司	中国工商银行股份有限公司
169	工银货币	2006-3-20	54.8755	54.88	工银瑞信基金管理有限公司	中国建设银行股份有限公司
170	汇添富货币	2006-3-23	25.7009	25.7	汇添富基金管理有限公司	上海浦东发展银行股份有限公司
171	易方达深证100ETF	2006-3-24	229.4983	189.1286	易方达基金管理有限公司	中国银行股份有限公司
172	光大保德信红利股票	2006-3-24	10.8304	26.79	光大保德信基金管理有限公司	兴业银行股份有限公司
173	南方多利中短期债券	2006-3-27	8.4914	8.9933	南方基金管理有限公司	中国工商银行股份有限公司
174	泰达宏利效率优选混合(LOF)	2006-3-29	54.4911	50.53	泰达宏利基金管理有限公司	中国建设银行股份有限公司
175	长城消费增值股票	2006-4-6	56.607	50.64	长城基金管理有限公司	中国建设银行股份有限公司
176	大成沪深300指数	2006-4-6	90.3827	86.11	大成基金管理有限公司	中国农业银行股份有限公司
177	华安上证180ETF	2006-4-13	84.5622	55.63	华安基金管理有限公司	中国建设银行股份有限公司
178	华泰柏瑞稳本增利债券	2006-4-13	1.8405	1.93	华泰柏瑞基金管理有限公司	招商银行股份有限公司
179	国投瑞银核心企业股票	2006-4-19	65.6197	63.8745	国投瑞银基金管理有限公司	中国工商银行股份有限公司
180	建信货币	2006-4-25	51.9687	51.9687	建信基金管理有限公司	中国工商银行股份有限公司
181	嘉实超短债债券	2006-4-26	5.4501	5.4545	嘉实基金管理有限公司	中国银行股份有限公司
182	上投摩根双息平衡混合	2006-4-26	34.8396	32.89	上投摩根基金管理有限公司	中国建设银行股份有限公司
183	兴全货币	2006-4-27	2.8686	2.87	兴业基金管理有限公司	兴业银行股份有限公司
184	信诚四季红混合	2006-4-29	49.0498	53.33	信诚基金管理有限公司	中国农业银行股份有限公司
185	长信金利趋势股票	2006-4-30	104.0827	80.79	长信基金管理有限公司	上海浦东发展银行股份有限公司
186	广发策略优选混合	2006-5-17	70.6856	130.4659	广发基金管理有限公司	中国工商银行股份有限公司
187	汇丰晋信2016周期混合	2006-5-23	2.7868	5.9502	汇丰晋信基金管理有限公司	交通银行股份有限公司
188	万家货币	2006-5-24	34.9388	34.9389	万家基金管理有限公司	华夏银行股份有限公司
189	海富通强化回报混合	2006-5-25	36.9437	29.71	海富通基金管理有限公司	招商银行股份有限公司
190	博时平衡配置混合	2006-5-31	29.0915	35.6057	博时基金管理有限公司	中国工商银行股份有限公司
191	富国天时货币	2006-6-5	15.4036	15.4	富国基金管理有限公司	中国农业银行股份有限公司
192	华夏中小板ETF	2006-6-8	12.8627	40.79	华夏基金管理有限公司	中国建设银行股份有限公司
193	银华优质增长股票	2006-6-9	43.4679	81.9916	银华基金管理有限公司	中国银行股份有限公司
194	易方达价值精选股票	2006-6-13	58.0015	72.7912	易方达基金管理有限公司	中国工商银行股份有限公司
195	国富弹性市值股票	2006-6-14	36.8489	55.35	国海富兰克林基金管理有限公司	中国农业银行股份有限公司
196	华宝兴业收益增长混合	2006-6-15	14.5128	47.6	华宝兴业基金管理有限公司	中国建设银行股份有限公司

续表 4 Continued 4

序号 No.	基金名称 Investment Funds	成立时间 Date Founded	基金规模（亿份）Size	基金总资产净值（亿元）Net Value of Total Assets	基金管理公司 Administrant	基金托管银行 Fund Custodian Bank
197	泰信双息双利债券	2006-6-15	1.8436	1.9694	泰信基金管理有限公司	中国工商银行股份有限公司
198	华富货币	2006-6-21	5.41	5.41	华富基金管理有限公司	中国建设银行股份有限公司
199	交银稳健配置混合	2006-6-24	43.6442	65.81	交银施罗德基金管理有限公司	中国建设银行股份有限公司
200	景顺长城新兴成长股票	2006-6-28	37.0737	37.4314	景顺长城基金管理有限公司	中国工商银行股份有限公司
201	天治天得利货币	2006-7-5	1.3575	1.3576	天治基金管理有限公司	中国民生银行股份有限公司
202	招商安本增利债券	2006-7-11	22.1531	24.18	招商基金管理有限公司	中国光大银行股份有限公司
203	申万巴黎收益宝货币	2006-7-13	1.6188	1.6188	申万巴黎基金管理有限公司	中国工商银行股份有限公司
204	工银精选平衡混合	2006-7-13	109.862	71.09	工银瑞信基金管理有限公司	中国建设银行股份有限公司
205	益民货币	2006-7-17	0.5789	0.58	益民基金管理有限公司	中国农业银行股份有限公司
206	鹏华价值优势股票(LOF)	2006-7-18	129.3457	105.57	鹏华基金管理有限公司	中国建设银行股份有限公司
207	中信稳定双利债券	2006-7-20	14.4411	15.07	华夏基金管理有限公司	中国建设银行股份有限公司
208	嘉实主题混合	2006-7-21	101.3127	148.7632	嘉实基金管理有限公司	中国银行股份有限公司
209	南方稳健成长贰号混合	2006-7-25	96.0719	55.4907	南方基金管理有限公司	中国工商银行股份有限公司
210	东方金账簿货币	2006-8-2	3.6912	3.6912	东方基金管理有限公司	中国民生银行股份有限公司
211	汇添富均衡增长股票	2006-8-7	240.9613	207.9704	汇添富基金管理有限公司	中国工商银行股份有限公司
212	华夏稳增混合	2006-8-9	36.1014	62.55	华夏基金管理有限公司	中国农业银行股份有限公司
213	华夏回报二号混合	2006-8-14	54.7512	65.4625	华夏基金管理有限公司	中国银行股份有限公司
214	易方达策略成长二号混合	2006-8-16	36.2344	54.2991	易方达基金管理有限公司	中国银行股份有限公司
215	大摩货币	2006-8-17	4.2725	4.2726	摩根士丹利华鑫基金管理有限公司	交通银行股份有限公司
216	长城安心回报混合	2006-8-22	121.2243	91.83	长城基金管理有限公司	中国农业银行股份有限公司
217	华安宏利股票	2006-9-6	36.0047	93.02	华安基金管理有限公司	中国建设银行股份有限公司
218	建信优选成长股票	2006-9-8	33.9204	36.1493	建信基金管理有限公司	中国工商银行股份有限公司
219	大成2020生命周期混合	2006-9-13	141.3481	116.3213	大成基金管理有限公司	中国银行股份有限公司
220	光大保德信新增长股票	2006-9-14	11.069	14.79	光大保德信基金管理有限公司	招商银行股份有限公司
221	兴全全球视野股票	2006-9-20	17.5469	65.88	兴业基金管理有限公司	兴业银行股份有限公司
222	上投摩根成长先锋股票	2006-9-20	25.6258	40.45	上投摩根基金管理有限公司	中国建设银行股份有限公司
223	博时价值增长贰号混合	2006-9-27	90.117	66.72	博时基金管理有限公司	中国建设银行股份有限公司
224	汇丰晋信龙腾股票	2006-9-27	11.3947	22.7445	汇丰晋信基金管理有限公司	交通银行股份有限公司
225	中邮核心优选股票	2006-9-28	89.0205	130.95	中邮创业基金管理有限公司	中国农业银行股份有限公司
226	国泰金鹏蓝筹混合	2006-9-29	20.2382	21.329	国泰基金管理有限公司	中国银行股份有限公司
227	中银收益混合	2006-10-11	36.4159	38.1217	中银基金管理有限公司	中国工商银行股份有限公司
228	景顺长城内需贰号股票	2006-10-11	41.1725	51.08	景顺长城基金管理有限公司	中国农业银行股份有限公司
229	海富通风格优势股票	2006-10-19	69.2718	73.84	海富通基金管理有限公司	中国建设银行股份有限公司
230	交银成长股票	2006-10-23	22.0076	61.12	交银施罗德基金管理有限公司	中国农业银行股份有限公司
231	华安国际配置混合(QDII)	2006-11-2	0.96659911	6.301968669	华安基金管理有限公司	中国工商银行股份有限公司
232	华宝兴业先进成长股票	2006-11-7	10.2197	22.6269	华宝兴业基金管理有限公司	中国银行股份有限公司
233	长信增利动态策略股票	2006-11-9	37.4102	31.5843	长信基金管理有限公司	中国民生银行股份有限公司
234	富国天合稳健股票	2006-11-15	40.4104	42.22	富国基金管理有限公司	招商银行股份有限公司
235	国投瑞银创新动力股票	2006-11-15	48.0505	45.94	国投瑞银基金管理有限公司	中国光大银行股份有限公司
236	融通动力先锋股票	2006-11-15	21.6635	29.1783	融通基金管理有限公司	中国工商银行股份有限公司
237	银华富裕主题股票	2006-11-16	83.5877	113.08	银华基金管理有限公司	中国建设银行股份有限公司
238	南方绩优成长股票	2006-11-16	79.9845	118.3735	南方基金管理有限公司	中国工商银行股份有限公司
239	华泰柏瑞上证红利ETF	2006-11-17	11.4217	25.21	华泰柏瑞基金管理有限公司	招商银行股份有限公司
240	诺安价值增长股票	2006-11-21	98.2997	96.0969	诺安基金管理有限公司	中国工商银行股份有限公司
241	益民红利成长混合	2006-11-21	22.9568	14.3413	益民基金管理有限公司	华夏银行股份有限公司
242	长盛中证100指数	2006-11-22	12.2546	10.39	长盛基金管理有限公司	中国农业银行股份有限公司
243	华夏优势增长股票	2006-11-24	106.8044	217.49	华夏基金管理有限公司	中国建设银行股份有限公司
244	信诚精萃成长股票	2006-11-27	25.5791	27.37	信诚基金管理有限公司	中国建设银行股份有限公司
245	万家和谐增长混合	2006-11-30	31.4635	20.64	万家基金管理有限公司	兴业银行股份有限公司
246	泰达宏利首选企业股票	2006-12-1	8.7964	13.08	泰达宏利基金管理有限公司	中国农业银行股份有限公司

续表 5 Continued 5

序号 No.	基金名称 Investment Funds	成立时间 Date Founded	基金规模（亿份）Size	基金总资产净值（亿元）Net Value of Total Assets	基金管理公司 Administrant	基金托管银行 Fund Custodian Bank
247	申万巴黎新经济混合	2006-12-6	59.1419	44.156	申万巴黎基金管理有限公司	中国工商银行股份有限公司
248	工银稳健成长股票	2006-12-6	41.8233	62.25	工银瑞信基金管理有限公司	中国建设银行股份有限公司
249	嘉实策略混合	2006-12-12	93.3785	132.8718	嘉实基金管理有限公司	中国工商银行股份有限公司
250	泰信优质生活股票	2006-12-15	21.0771	23.4834	泰信基金管理有限公司	中国银行股份有限公司
251	东吴双动力股票	2006-12-15	24.9832	36.7	东吴基金管理有限公司	中国农业银行股份有限公司
252	长盛同智优势混合(LOF)	2007-1-5	28.1904	28.4578	长盛基金管理有限公司	中国银行股份有限公司
253	鹏华动力增长混合(LOF)	2007-1-9	66.3324	84.67	鹏华基金管理有限公司	中国农业银行股份有限公司
254	大成积极成长股票	2007-1-16	29.5202	34.37	大成基金管理有限公司	中国农业银行股份有限公司
255	宝盈策略增长股票	2007-1-19	24.3297	24.07	宝盈基金管理有限公司	中国农业银行股份有限公司
256	国联安优势股票	2007-1-24	10.0096	10.58	国联安基金管理有限公司	招商银行股份有限公司
257	中欧新趋势股票(LOF)	2007-1-29	19.4499	16.74	中欧基金管理有限公司	兴业银行股份有限公司
258	长城久富股票(LOF)	2007-2-12	19.065	27.2007	长城基金管理有限公司	交通银行股份有限公司
259	建信优化配置混合	2007-3-1	104.6796	98.8354	建信基金管理有限公司	中国工商银行股份有限公司
260	信达澳银领先增长股票	2007-3-8	52.0559	63.54	信达澳银基金管理有限公司	中国建设银行股份有限公司
261	汇添富成长焦点股票	2007-3-12	78.1628	104.736	汇添富基金管理有限公司	中国工商银行股份有限公司
262	中海能源策略混合	2007-3-13	73.7087	71.6557	中海基金管理有限公司	中国工商银行股份有限公司
263	银河银信添利债券	2007-3-14	4.4999	4.5563	银河基金管理有限公司	中信银行股份有限公司
264	华富成长趋势股票	2007-3-19	21.5727	17.24	华富基金管理有限公司	招商银行股份有限公司
265	国富潜力组合股票	2007-3-22	50.5611	60.2293	国海富兰克林基金管理有限公司	中国银行股份有限公司
266	招商核心价值混合	2007-3-30	49.8393	55.3262	招商基金管理有限公司	中国工商银行股份有限公司
267	易方达价值成长混合	2007-4-2	170.8553	263.8242	易方达基金管理有限公司	中国工商银行股份有限公司
268	海富通精选贰号混合	2007-4-9	24.271	18.2036	海富通基金管理有限公司	中国银行股份有限公司
269	汇丰晋信动态策略混合	2007-4-9	23.2104	29.4163	汇丰晋信基金管理有限公司	交通银行股份有限公司
270	华安中小盘成长股票	2007-4-11	73.1776	91.8592	华安基金管理有限公司	中国工商银行股份有限公司
271	国泰金鼎价值混合	2007-4-11	51.4491	56.25	国泰基金管理有限公司	中国建设银行股份有限公司
272	博时第三产业股票	2007-4-12	77.7838	84.0351	博时基金管理有限公司	中国工商银行股份有限公司
273	上投摩根内需动力股票	2007-4-13	86.5225	104.819	上投摩根基金管理有限公司	中国工商银行股份有限公司
274	诺德价值优势股票	2007-4-19	33.2275	33.26	诺德基金管理有限公司	中国建设银行股份有限公司
275	华夏蓝筹混合(LOF)	2007-4-24	126.774	119.4919	华夏基金管理有限公司	交通银行股份有限公司
276	鹏华优质治理股票(LOF)	2007-4-25	61.6767	65.5526	鹏华基金管理有限公司	中国工商银行股份有限公司
277	富国天博创新股票	2007-4-27	93.6735	91.25	富国基金管理有限公司	中国建设银行股份有限公司
278	融通领先成长股票(LOF)	2007-4-30	38.4839	39.8	融通基金管理有限公司	中国建设银行股份有限公司
279	工银增强收益债券	2007-5-11	35.9078	39.12	工银瑞信基金管理有限公司	中国建设银行股份有限公司
280	南方成份精选股票	2007-5-14	119.283	114.3475	南方基金管理有限公司	中国工商银行股份有限公司
281	华商领先企业混合	2007-5-15	68.212	85.4836	华商基金管理有限公司	中国民生银行股份有限公司
282	国泰金牛创新股票	2007-5-18	33.3744	37.35	国泰基金管理有限公司	中国农业银行股份有限公司
283	华泰柏瑞积极成长混合	2007-5-29	34.9841	38.5617	华泰柏瑞基金管理有限公司	中国银行股份有限公司
284	大成创新成长混合	2007-6-12	117.1459	114.84	大成基金管理有限公司	中国农业银行股份有限公司
285	广发大盘成长混合	2007-6-13	129.4587	126.1319	广发基金管理有限公司	中国工商银行股份有限公司
286	华宝兴业行业精选股票	2007-6-14	145.0592	145.69	华宝兴业基金管理有限公司	中国建设银行股份有限公司
287	景顺长城精选蓝筹股票	2007-6-18	125.7184	109.5385	景顺长城基金管理有限公司	中国工商银行股份有限公司
288	博时新兴成长股票	2007-7-6	222.7173	167.8987	博时基金管理有限公司	交通银行股份有限公司
289	益民创新优势混合	2007-7-11	50.4536	49.11	益民基金管理有限公司	中国农业银行股份有限公司
290	工银红利股票	2007-7-18	36.2974	35.48	工银瑞信基金管理有限公司	中国建设银行股份有限公司
291	华安策略优选股票	2007-8-2	157.882	126.455	华安基金管理有限公司	交通银行股份有限公司
292	泰达宏利市值优选股票	2007-8-3	85.693	72.62	泰达宏利基金管理有限公司	中国建设银行股份有限公司
293	长城品牌优选股票	2007-8-6	147.9814	115.75	长城基金管理有限公司	中国建设银行股份有限公司
294	交银蓝筹股票	2007-8-8	134.8495	112.31	交银施罗德基金管理有限公司	中国建设银行股份有限公司
295	金元比联宝石保本混合	2007-8-15	6.0376	6.1908	金元比联基金管理有限公司	中国工商银行股份有限公司
296	中邮核心成长股票	2007-8-17	315.5327	224.8	中邮创业基金管理有限公司	中国农业银行股份有限公司

续表 6 Continued 6

序号 No.	基金名称 Investment Funds	成立时间 Date Founded	基金规模（亿份）Size	基金总资产净值（亿元）Net Value of Total Assets	基金管理公司 Administrant	基金托管银行 Fund Custodian Bank
297	光大保德信优势配置股票	2007-8-24	149.2197	117.11	光大保德信基金管理有限公司	招商银行股份有限公司
298	诺安优化收益债券	2007-8-29	8.0949	9.509	诺安基金管理有限公司	华夏银行股份有限公司
299	华夏复兴股票	2007-9-10	32.0417	47.73	华夏基金管理有限公司	中国农业银行股份有限公司
300	南方全球精选配置(QDII-FOF)	2007-9-19	202.3366233	155.9437679	南方基金管理有限公司	中国工商银行股份有限公司
301	华夏全球股票(QDII)	2007-10-9	214.4924166	195.9020174	华夏基金管理有限公司	中国建设银行股份有限公司
302	嘉实海外中国股票(QDII)	2007-10-12	212.7318923	148.0967802	嘉实基金管理有限公司	中国银行股份有限公司
303	上投摩根亚太优势股票(QDII)	2007-10-22	235.6276067	164.9857539	上投摩根基金管理有限公司	中国工商银行股份有限公司
304	长盛同德主题股票	2007-10-25	89.2412	90.65	长盛基金管理有限公司	中国农业银行股份有限公司
305	南方隆元产业主题股票	2007-11-9	85.3732	62.7671	南方基金管理有限公司	中国工商银行股份有限公司
306	国泰沪深300指数	2007-11-11	120.5119	76.3173	国泰基金管理有限公司	中国银行股份有限公司
307	华夏行业股票(LOF)	2007-11-22	92.5532	90.9864	华夏基金管理有限公司	中国银行股份有限公司
308	嘉实优质企业股票	2007-12-8	62.0377	62.24	嘉实基金管理有限公司	上海浦东发展银行股份有限公司
309	大成景阳领先股票	2007-12-17	76.9166	73.59	大成基金管理有限公司	中国农业银行股份有限公司
310	易方达科讯股票	2007-12-18	80.2511	62.5532	易方达基金管理有限公司	交通银行股份有限公司
311	国投瑞银成长优选股票	2008-1-10	32.808	31.3773	国投瑞银基金管理有限公司	中国工商银行股份有限公司
312	国投瑞银稳定增利债券	2008-1-11	26.7278	27.8685	国投瑞银基金管理有限公司	中国银行股份有限公司
313	工银全球股票(QDII)	2008-2-14	15.36403627	15.6908981	工银瑞信基金管理有限公司	中国银行股份有限公司
314	汇添富增强收益债券	2008-3-6	17.873	19.4902	汇添富基金管理有限公司	中国工商银行股份有限公司
315	华夏希望债券	2008-3-10	40.8474	44.6922	华夏基金管理有限公司	中国工商银行股份有限公司
316	易方达增强回报债券	2008-3-19	27.8697	32.06	易方达基金管理有限公司	中国建设银行股份有限公司
317	南方盛元红利股票	2008-3-21	29.2604	30.65	南方基金管理有限公司	中国建设银行股份有限公司
318	广发增强债券	2008-3-27	10.984	12.6367	广发基金管理有限公司	中国工商银行股份有限公司
319	交银增利债券	2008-3-31	18.7298	20.1	交银施罗德基金管理有限公司	中国建设银行股份有限公司
320	中银策略股票	2008-4-3	16.9973	22.964	中银基金管理有限公司	中国工商银行股份有限公司
321	中海稳健收益债券	2008-4-10	8.9259	9.689	中海基金管理有限公司	中国工商银行股份有限公司
322	工银添利债券	2008-4-14	42.8444	46.97	工银瑞信基金管理有限公司	中国建设银行股份有限公司
323	宝盈资源优选股票	2008-4-15	2.3095	2.44	宝盈基金管理有限公司	中国建设银行股份有限公司
324	浦银安盛价值成长股票	2008-4-16	8.4572	8.2295	浦银安盛基金管理有限公司	中国工商银行股份有限公司
325	天弘永利债券	2008-4-18	1.3224	1.33	天弘基金管理有限公司	兴业银行股份有限公司
326	东吴行业轮动股票	2008-4-23	25.5966	30.5361	东吴基金管理有限公司	华夏银行股份有限公司
327	华安稳定收益债券	2008-4-30	14.1353	14.92	华安基金管理有限公司	中国建设银行股份有限公司
328	兴全社会责任股票	2008-4-30	45.2471	67.99	兴业基金管理有限公司	中国建设银行股份有限公司
329	华宝兴业海外中国股票(QDII)	2008-5-7	0.885021537	0.992159756	华宝兴业基金管理有限公司	中国建设银行股份有限公司
330	天治创新先锋股票	2008-5-8	2.1574	3.319	天治基金管理有限公司	交通银行股份有限公司
331	宝盈增强收益债券	2008-5-15	13.4213	15.33	宝盈基金管理有限公司	中国建设银行股份有限公司
332	诺安灵活配置混合	2008-5-20	18.0506	19.5024	诺安基金管理有限公司	中国工商银行股份有限公司
333	上投摩根双核平衡混合	2008-5-21	5.2832	6.787	上投摩根基金管理有限公司	中国工商银行股份有限公司
334	益民多利债券	2008-5-21	0.6069	0.65	益民基金管理有限公司	招商银行股份有限公司
335	银华全球优选(QDII-FOF)	2008-5-26	1.209971871	1.20196954	银华基金管理有限公司	中国银行股份有限公司
336	银河成长股票	2008-5-26	2.5062	3.7299	银河基金管理有限公司	中国银行股份有限公司
337	嘉实研究精选股票	2008-5-27	17.0748	28.9247	嘉实基金管理有限公司	中国银行股份有限公司
338	博时特许价值股票	2008-5-28	5.9711	8.36	博时基金管理有限公司	中国建设银行股份有限公司
339	富国天成红利混合	2008-5-28	4.6223	6.47	富国基金管理有限公司	中国农业银行股份有限公司
340	鹏华丰收债券	2008-5-28	3.7692	4.24	鹏华基金管理有限公司	中国建设银行股份有限公司
341	华富收益增强债券	2008-5-28	33.1161	39.43	华富基金管理有限公司	中国建设银行股份有限公司
342	东方策略成长股票	2008-6-3	0.5305	0.75	东方基金管理有限公司	中国建设银行股份有限公司
343	长盛创新先锋混合	2008-6-4	1.4286	1.6128	长盛基金管理有限公司	中国银行股份有限公司
344	信诚盛世蓝筹股票	2008-6-4	17.6069	37.09	信诚基金管理有限公司	中国建设银行股份有限公司
345	国投瑞银稳健增长混合	2008-6-11	19.6233	19.9114	国投瑞银基金管理有限公司	中国工商银行股份有限公司
346	国泰金鹿保本混合	2008-6-12	23.154	23.5321	国泰基金管理有限公司	中国银行股份有限公司

续表 7 Continued 7

序号 No.	基金名称 Investment Funds	成立时间 Date Founded	基金规模 (亿份)Size	基金总资产净值 (亿元)Net Value of Total Assets	基金管理公司 Administrant	基金托管银行 Fund Custodian Bank
347	南方优选价值股票	2008-6-18	19.3954	26.4883	南方基金管理有限公司	中国工商银行股份有限公司
348	易方达中小盘股票	2008-6-19	16.8016	32.3475	易方达基金管理有限公司	中国银行股份有限公司
349	招商大盘蓝筹股票	2008-6-19	9.3627	14.5288	招商基金管理有限公司	中国工商银行股份有限公司
350	长信双利优选混合	2008-6-19	2.5561	2.35	长信基金管理有限公司	中国农业银行股份有限公司
351	泰信优势增长混合	2008-6-25	1.4146	1.4823	泰信基金管理有限公司	中国工商银行股份有限公司
352	建信稳定增利债券	2008-6-25	25.8231	32.2726	建信基金管理有限公司	中国工商银行股份有限公司
353	万家双引擎灵活配置混合	2008-6-27	0.5438	0.55	万家基金管理有限公司	兴业银行股份有限公司
354	海富通中国海外股票(QDII)	2008-6-27	2.058520485	3.088116323	海富通基金管理有限公司	中国建设银行股份有限公司
355	国富深化价值股票	2008-7-3	9.5713	15.45	国海富兰克林基金管理有限公司	中国农业银行股份有限公司
356	申万巴黎竞争优势股票	2008-7-4	0.925	1.54	申万巴黎基金管理有限公司	中国农业银行股份有限公司
357	汇添富蓝筹稳健混合	2008-7-8	4.8328	7.5215	汇添富基金管理有限公司	中国工商银行股份有限公司
358	广发核心精选股票	2008-7-16	17.1847	31.9499	广发基金管理有限公司	中国工商银行股份有限公司
359	华泰柏瑞价值增长股票	2008-7-16	10.0274	13.7837	华泰柏瑞基金管理有限公司	中国银行股份有限公司
360	汇丰晋信2026周期混合	2008-7-23	0.8694	1.14	汇丰晋信基金管理有限公司	中国建设银行股份有限公司
361	中欧新蓝筹混合	2008-7-25	0.9712	0.95	中欧基金管理有限公司	中国建设银行股份有限公司
362	新华优选成长股票	2008-7-25	13.708	23.75	新华基金管理有限公司	中国农业银行股份有限公司
363	信达澳银精华配置混合	2008-7-30	0.7112	1.05	信达澳银基金管理有限公司	中国建设银行股份有限公司
364	工银大盘蓝筹股票	2008-8-4	9.3592	10.5981	工银瑞信基金管理有限公司	中国银行股份有限公司
365	农银行业成长股票	2008-8-4	24.313	31.853	农银汇理基金管理有限公司	交通银行股份有限公司
366	大成强化收益债券	2008-8-6	2.8186	2.91	大成基金管理有限公司	中国建设银行股份有限公司
367	银华领先策略股票	2008-8-20	11.3599	17.0023	银华基金管理有限公司	中国银行股份有限公司
368	交银环球精选股票(QDII)	2008-8-22	1.773476996	2.871618854	交银施罗德基金管理有限公司	中国建设银行股份有限公司
369	长城稳健增利债券	2008-8-27	1.0152	1.15	长城基金管理有限公司	中国建设银行股份有限公司
370	金元比联成长动力混合	2008-9-3	0.9681	1.03	金元比联基金管理有限公司	中国农业银行股份有限公司
371	嘉实多元债券	2008-9-10	22.4873	24.8531	嘉实基金管理有限公司	中国工商银行股份有限公司
372	华商盛世成长股票	2008-9-23	53.8047	128.31	华商基金管理有限公司	中国建设银行股份有限公司
373	泰达宏利集利债券	2008-9-26	0.6387	0.6712	泰达宏利基金管理有限公司	中国银行股份有限公司
374	信诚三得益债券	2008-9-27	1.3639	1.42	信诚基金管理有限公司	中国建设银行股份有限公司
375	华宝兴业大盘精选股票	2008-10-7	9.1683	16.4243	华宝兴业基金管理有限公司	中国银行股份有限公司
376	长盛积极配置债券	2008-10-8	12.5873	14.01	长盛基金管理有限公司	中国建设银行股份有限公司
377	易方达科汇灵活配置混合	2008-10-9	12.5548	22.3367	易方达基金管理有限公司	交通银行股份有限公司
378	鹏华盛世创新股票(LOF)	2008-10-10	4.4655	7.06	鹏华基金管理有限公司	中国建设银行股份有限公司
379	华安核心股票	2008-10-22	3.845	4.54	华安基金管理有限公司	中国建设银行股份有限公司
380	招商安心收益债券	2008-10-22	5.6461	6.9016	招商基金管理有限公司	中国工商银行股份有限公司
381	国联安红利股票	2008-10-22	0.6109	0.62	国联安基金管理有限公司	招商银行股份有限公司
382	景顺长城公司治理股票	2008-10-22	2.4596	3.7251	景顺长城基金管理有限公司	中国工商银行股份有限公司
383	华夏策略混合	2008-10-23	12.5706	31.5989	华夏基金管理有限公司	中国银行股份有限公司
384	国富强化收益债券	2008-10-24	2.2438	2.2826	国海富兰克林基金管理有限公司	中国银行股份有限公司
385	海富通稳健添利债券	2008-10-24	3.9231	4.2566	海富通基金管理有限公司	中国工商银行股份有限公司
386	光大保德信增利收益债券	2008-10-29	1.3427	1.45	光大保德信基金管理有限公司	中国建设银行股份有限公司
387	天治稳健双盈债券	2008-11-5	0.485	0.51	天治基金管理有限公司	中国农业银行股份有限公司
388	诺德灵活配置混合	2008-11-5	0.5241	0.7	诺德基金管理有限公司	中国建设银行股份有限公司
389	东吴优信稳健债券	2008-11-5	0.9331	0.99	东吴基金管理有限公司	中国建设银行股份有限公司
390	南方恒元保本混合	2008-11-12	20.3075	25.9697	南方基金管理有限公司	中国工商银行股份有限公司
391	中银增利债券	2008-11-13	19.7879	21.7987	中银基金管理有限公司	中国工商银行股份有限公司
392	易方达科翔股票	2008-11-14	4.012	5.9837	易方达基金管理有限公司	中国工商银行股份有限公司
393	富国天鼎中证指数增强	2008-11-21	7.0647	9.2609	富国基金管理有限公司	中国工商银行股份有限公司
394	建信核心精选股票	2008-11-25	12.1448	14.5829	建信基金管理有限公司	中国工商银行股份有限公司
395	大成策略回报股票	2008-11-26	20.1802	24.17	大成基金管理有限公司	中国光大银行股份有限公司
396	天弘永定价值成长股票	2008-12-2	0.7857	0.87	天弘基金管理有限公司	兴业银行股份有限公司

续表 8 Continued 8

序号 No.	基金名称 Investment Funds	成立时间 Date Founded	基金规模（亿份）Size	基金总资产净值（亿元）Net Value of Total Assets	基金管理公司 Administrant	基金托管银行 Fund Custodian Bank
397	银华增强收益债券	2008-12-3	11.7983	13.18	银华基金管理有限公司	中国建设银行股份有限公司
398	中海蓝筹混合	2008-12-3	1.1484	1.36	中海基金管理有限公司	中国农业银行股份有限公司
399	汇丰晋信平稳增利债券	2008-12-3	1.0705	1.0627	汇丰晋信基金管理有限公司	交通银行股份有限公司
400	金鹰红利价值混合	2008-12-4	1.2904	1.5877	金鹰基金管理有限公司	交通银行股份有限公司
401	申万巴黎添益宝债券	2008-12-4	2.7151	2.9392	申万巴黎基金管理有限公司	中国工商银行股份有限公司
402	东方稳健回报债券	2008-12-10	7.7461	8	东方基金管理有限公司	中国建设银行股份有限公司
403	农银恒久增利债券	2008-12-23	4.662	5.1071	农银汇理基金管理有限公司	交通银行股份有限公司
404	华富策略精选混合	2008-12-24	1.0666	1.22	华富基金管理有限公司	中国建设银行股份有限公司
405	长信利丰债券	2008-12-29	5.4212	5.59	长信基金管理有限公司	中国农业银行股份有限公司
406	广发沪深300指数	2008-12-30	22.3151	29.8143	广发基金管理有限公司	中国工商银行股份有限公司
407	浦银安盛优化收益债券	2008-12-30	0.7541	0.7887	浦银安盛基金管理有限公司	中国工商银行股份有限公司
408	长城双动力股票	2009-1-15	1.2753	1.54	长城基金管理有限公司	中国建设银行股份有限公司
409	国投瑞银货币	2009-1-19	22.0902	22.0902	国投瑞银基金管理有限公司	中国工商银行股份有限公司
410	上投摩根中小盘股票	2009-1-21	8.9564	14.02	上投摩根基金管理有限公司	中国建设银行股份有限公司
411	交银保本混合	2009-1-21	23.0576	25.3427	交银施罗德基金管理有限公司	中国工商银行股份有限公司
412	汇添富价值精选股票	2009-1-23	14.7943	25.2753	汇添富基金管理有限公司	中国工商银行股份有限公司
413	华商收益增强债券	2009-1-23	12.4355	13.92	华商基金管理有限公司	中国建设银行股份有限公司
414	华宝兴业增强收益债券	2009-2-17	1.5057	1.5911	华宝兴业基金管理有限公司	中国工商银行股份有限公司
415	光大保德信均衡精选股票	2009-3-4	1.6158	1.93	光大保德信基金管理有限公司	中国建设银行股份有限公司
416	诺德增强收益债券	2009-3-4	0.5759	0.61	诺德基金管理有限公司	中国建设银行股份有限公司
417	工银沪深300指数	2009-3-5	43.377	48.5	工银瑞信基金管理有限公司	中国建设银行股份有限公司
418	诺安成长股票	2009-3-10	12.4463	14.4507	诺安基金管理有限公司	中国工商银行股份有限公司
419	国泰双利债券	2009-3-11	5.7123	6.58	国泰基金管理有限公司	中国建设银行股份有限公司
420	国联安增利债券	2009-3-11	24.6212	26.4383	国联安基金管理有限公司	中国工商银行股份有限公司
421	信诚经典优债债券	2009-3-11	1.2503	1.3	信诚基金管理有限公司	中国建设银行股份有限公司
422	宝盈核心优势混合	2009-3-17	1.276	1.2156	宝盈基金管理有限公司	中国银行股份有限公司
423	嘉实量化阿尔法股票	2009-3-20	11.7937	14.7907	嘉实基金管理有限公司	中国工商银行股份有限公司
424	金元比联丰利债券	2009-3-23	0.9692	0.99	金元比联基金管理有限公司	中国农业银行股份有限公司
425	南方沪深300指数	2009-3-25	17.1296	18.3354	南方基金管理有限公司	中国工商银行股份有限公司
426	兴全有机增长混合	2009-3-25	21.9074	30.01	兴业基金管理有限公司	兴业银行股份有限公司
427	国富成长动力股票	2009-3-25	1.8206	2.3883	国海富兰克林基金管理有限公司	中国银行股份有限公司
428	易方达行业领先股票	2009-3-26	15.2097	22.2974	易方达基金管理有限公司	中国工商银行股份有限公司
429	民生加银品牌蓝筹混合	2009-3-27	3.8951	4.43	民生加银基金管理有限公司	中国建设银行股份有限公司
430	鹏华沪深300指数(LOF)	2009-4-3	12.5909	13.8954	鹏华基金管理有限公司	中国工商银行股份有限公司
431	中银优选混合	2009-4-3	5.8946	6.4229	中银基金管理有限公司	中国工商银行股份有限公司
432	信达澳银稳定价值债券	2009-4-8	0.6873	0.75	信达澳银基金管理有限公司	中国建设银行股份有限公司
433	农银平衡双利混合	2009-4-8	10.6548	13.6024	农银汇理基金管理有限公司	交通银行股份有限公司
434	泰达宏利品质生活混合	2009-4-9	3.2924	4.44	泰达宏利基金管理有限公司	中国建设银行股份有限公司
435	交银先锋股票	2009-4-10	14.646	18.87	交银施罗德基金管理有限公司	中国农业银行股份有限公司
436	华安强化收益债券	2009-4-13	6.6394	6.8149	华安基金管理有限公司	中国工商银行股份有限公司
437	融通内需驱动股票	2009-4-22	6.7396	7.0597	融通基金管理有限公司	中国工商银行股份有限公司
438	泰信蓝筹精选股票	2009-4-22	7.0833	7.3996	泰信基金管理有限公司	中国银行股份有限公司
439	中欧稳健收益债券	2009-4-24	8.3929	8.66	中欧基金管理有限公司	中国建设银行股份有限公司
440	银河行业股票	2009-4-24	12.5717	17.91	银河基金管理有限公司	中国建设银行股份有限公司
441	银华和谐主题混合	2009-4-27	10.9274	13.0905	银华基金管理有限公司	中国工商银行股份有限公司
442	海富通领先成长股票	2009-4-30	13.6162	19.4	海富通基金管理有限公司	中国建设银行股份有限公司
443	华泰柏瑞货币	2009-5-6	1.6209	1.6209	华泰柏瑞基金管理有限公司	中国银行股份有限公司
444	东吴进取策略混合	2009-5-6	9.6522	12.56	东吴基金管理有限公司	中国农业银行股份有限公司
445	万家精选股票	2009-5-18	4.9295	4.87	万家基金管理有限公司	中国建设银行股份有限公司
446	国泰区位优势股票	2009-5-27	14.9108	19.6014	国泰基金管理有限公司	中国银行股份有限公司

续表 9 Continued 9

序号 No.	基金名称 Investment Funds	成立时间 Date Founded	基金规模(亿份)Size	基金总资产净值(亿元)Net Value of Total Assets	基金管理公司 Administrant	基金托管银行 Fund Custodian Bank
447	诺安增利债券	2009-5-27	1.5665	1.6631	诺安基金管理有限公司	中国工商银行股份有限公司
448	建信收益增强债券	2009-6-2	12.8106	14.51	建信基金管理有限公司	中国农业银行股份有限公司
449	浦银安盛精致生活	2009-6-4	1.3799	1.48	浦银安盛基金管理有限公司	中国建设银行股份有限公司
450	博时信用债券	2009-6-10	13.0737	14.0286	博时基金管理有限公司	中国工商银行股份有限公司
451	富国优化增强债券	2009-6-10	14.4975	15.73	富国基金管理有限公司	中国建设银行股份有限公司
452	申万巴黎消费增长股票	2009-6-12	4.6315	5.402	申万巴黎基金管理有限公司	中国工商银行股份有限公司
453	广发聚瑞股票	2009-6-16	25.3385	30.9483	广发基金管理有限公司	中国工商银行股份有限公司
454	招商行业领先股票	2009-6-19	17.201	20.1445	招商基金管理有限公司	中国银行股份有限公司
455	上投摩根纯债债券	2009-6-24	2.1807	2.25	上投摩根基金管理有限公司	中国工商银行股份有限公司
456	中海量化策略股票	2009-6-24	5.5088	6.0328	中海基金管理有限公司	中国工商银行股份有限公司
457	东方核心动力股票	2009-6-24	2.1755	2.1284	东方基金管理有限公司	中国银行股份有限公司
458	汇丰晋信大盘股票	2009-6-24	11.2495	13.4872	汇丰晋信基金管理有限公司	交通银行股份有限公司
459	长城景气行业龙头混合	2009-6-30	3.0209	3.74	长城基金管理有限公司	中国建设银行股份有限公司
460	银华内需精选股票(LOF)	2009-7-1	28.7524	33.01	银华基金管理有限公司	中国农业银行股份有限公司
461	金鹰行业优势股票	2009-7-1	11.5344	13.7801	金鹰基金管理有限公司	中国银行股份有限公司
462	汇添富上证综合指数	2009-7-1	73.786	66.6949	汇添富基金管理有限公司	中国工商银行股份有限公司
463	华夏沪深300指数	2009-7-10	257.3194	229.5019	华夏基金管理有限公司	中国工商银行股份有限公司
464	新华泛资源优势混合	2009-7-13	11.1858	11.2009	新华基金管理有限公司	中国工商银行股份有限公司
465	天治趋势精选混合	2009-7-15	0.7912	0.88	天治基金管理有限公司	中国建设银行股份有限公司
466	华富价值增长混合	2009-7-15	3.0597	2.8243	华富基金管理有限公司	深圳发展银行股份有限公司
467	民生加银增强收益债券	2009-7-21	7.5588	8.39	民生加银基金管理有限公司	中国建设银行股份有限公司
468	兴全磐稳增利债券	2009-7-23	4.971	4.9963	兴业基金管理有限公司	交通银行股份有限公司
469	中欧价值发现股票	2009-7-24	2.9485	3.04	中欧基金管理有限公司	中国建设银行股份有限公司
470	泰信债券增强收益	2009-7-29	3.6103	3.6377	泰信基金管理有限公司	中国银行股份有限公司
471	长信恒利优势股票	2009-7-30	3.7661	3.44	长信基金管理有限公司	中国建设银行股份有限公司
472	华泰柏瑞行业领先股票	2009-8-3	21.611	20.262	华泰柏瑞基金管理有限公司	中国工商银行股份有限公司
473	宝盈货币	2009-8-5	1.3714	1.37	宝盈基金管理有限公司	中国建设银行股份有限公司
474	博时策略混合	2009-8-11	29.4366	31.96	博时基金管理有限公司	中国建设银行股份有限公司
475	万家稳健增利债券	2009-8-12	5.4881	5.7403	万家基金管理有限公司	中国银行股份有限公司
476	嘉实回报混合	2009-8-18	28.1232	31.8761	嘉实基金管理有限公司	中国银行股份有限公司
477	易方达沪深300指数	2009-8-26	109.4883	104.48	易方达基金管理有限公司	中国建设银行股份有限公司
478	国联安主题驱动股票	2009-8-26	2.2554	2.26	国联安基金管理有限公司	中国建设银行股份有限公司
479	工银上证央企50ETF	2009-8-26	8.0795	10.81	工银瑞信基金管理有限公司	招商银行股份有限公司
480	信诚优胜精选股票	2009-8-26	23.6302	27.42	信诚基金管理有限公司	中国建设银行股份有限公司
481	国富沪深300指数增强	2009-9-3	11.4321	12.48	国海富兰克林基金管理有限公司	中国农业银行股份有限公司
482	中银中证100指数增强	2009-9-4	28.2179	24.24	中银基金管理有限公司	中国建设银行股份有限公司
483	大成行业轮动股票	2009-9-8	4.8891	6.06	大成基金管理有限公司	中国农业银行股份有限公司
484	鹏华精选成长股票	2009-9-9	14.0821	14.11	鹏华基金管理有限公司	中国建设银行股份有限公司
485	金元比联价值增长股票	2009-9-11	1.154	1.19	金元比联基金管理有限公司	中国建设银行股份有限公司
486	大摩领先优势股票	2009-9-22	18.4311	24.67	摩根士丹利华鑫基金管理有限公司	中国建设银行股份有限公司
487	诺德成长优势股票	2009-9-22	0.948	1.13	诺德基金管理有限公司	中国建设银行股份有限公司
488	南方中证500指数(LOF)	2009-9-25	29.6012	36.84	南方基金管理有限公司	中国农业银行股份有限公司
489	交银上证180公司治理ETF	2009-9-25	53.5352	40.45	交银施罗德基金管理有限公司	中国农业银行股份有限公司
490	华安上证180ETF联接	2009-9-29	10.2792	9.97	华安基金管理有限公司	中国建设银行股份有限公司
491	华宝兴业中证100指数	2009-9-29	11.0044	9.41	华宝兴业基金管理有限公司	中国建设银行股份有限公司
492	交银上证180公司治理ETF联接	2009-9-29	47.3856	40.36	交银施罗德基金管理有限公司	中国农业银行股份有限公司
493	农银策略价值股票	2009-9-29	18.7885	22.69	农银汇理基金管理有限公司	中国建设银行股份有限公司
494	银华沪深300指数(LOF)	2009-10-14	4.9868	4.78	银华基金管理有限公司	中国建设银行股份有限公司
495	国投瑞银沪深300指数分级	2009-10-15	23.9243	23.489	国投瑞银基金管理有限公司	中国工商银行股份有限公司
496	国泰中小盘成长股票(LOF)	2009-10-19	14.0535	15.45	国泰基金管理有限公司	中国建设银行股份有限公司

续表 10 Continued 10

序号 No.	基金名称 Investment Funds	成立时间 Date Founded	基金规模(亿份)Size	基金总资产净值(亿元)Net Value of Total Assets	基金管理公司 Administrant	基金托管银行 Fund Custodian Bank
497	景顺长城能源基建股票	2009-10-20	9.3057	12.04	景顺长城基金管理有限公司	中国农业银行股份有限公司
498	诺安中证100指数	2009-10-27	17.5153	14.3662	诺安基金管理有限公司	中国工商银行股份有限公司
499	光大保德信动态优选混合	2009-10-28	2.3825	2.55	光大保德信基金管理有限公司	中国建设银行股份有限公司
500	中邮核心优势灵活配置混合	2009-10-28	26.5235	28.75	中邮创业基金管理有限公司	中国农业银行股份有限公司
501	海富通中证100指数(LOF)	2009-10-30	21.793	18.3693	海富通基金管理有限公司	中国银行股份有限公司
502	建信沪深300指数(LOF)	2009-11-5	52.0742	46.5467	建信基金管理有限公司	中国工商银行股份有限公司
503	华商动态阿尔法混合	2009-11-24	39.8596	47.74	华商基金管理有限公司	中国建设银行股份有限公司
504	长盛量化红利股票	2009-11-25	3.8668	4.0591	长盛基金管理有限公司	中国工商银行股份有限公司
505	广发中证500指数(LOF)	2009-11-26	33.6365	37.2558	广发基金管理有限公司	中国工商银行股份有限公司
506	易方达深证100ETF联接	2009-12-1	118.1071	118.5976	易方达基金管理有限公司	中国银行股份有限公司
507	信达澳银中小盘股票	2009-12-1	6.3789	8.01	信达澳银基金管理有限公司	中国建设银行股份有限公司
508	泰达宏利红利先锋股票	2009-12-3	6.7271	8.39	泰达宏利基金管理有限公司	中国建设银行股份有限公司
509	浦银安盛红利精选股票	2009-12-3	1.9154	1.8607	浦银安盛基金管理有限公司	中国工商银行股份有限公司
510	南方深证成份ETF	2009-12-4	29.5435	37.7398	南方基金管理有限公司	中国工商银行股份有限公司
511	南方深证成份ETF联接	2009-12-9	25.2108	24.1203	南方基金管理有限公司	中国工商银行股份有限公司
512	华夏盛世股票	2009-12-11	125.5568	123.74	华夏基金管理有限公司	中国建设银行股份有限公司
513	汇丰晋信中小盘股票	2009-12-11	8.3545	8.99	汇丰晋信基金管理有限公司	中国建设银行股份有限公司
514	富国沪深300指数增强	2009-12-16	25.8789	24.7499	富国基金管理有限公司	中国工商银行股份有限公司
515	天弘周期策略股票	2009-12-17	3.6955	4.2695	天弘基金管理有限公司	中国工商银行股份有限公司
516	华安动态灵活配置混合	2009-12-22	10.4417	11.2824	华安基金管理有限公司	中国工商银行股份有限公司
517	汇添富策略回报股票	2009-12-22	15.5234	19.0424	汇添富基金管理有限公司	中国工商银行股份有限公司
518	招商中小盘股票	2009-12-25	7.8952	8.5132	招商基金管理有限公司	中国工商银行股份有限公司
519	银河沪深300价值指数	2009-12-28	6.5455	5.53	银河基金管理有限公司	中国建设银行股份有限公司
520	博时上证超大盘ETF联接	2009-12-29	19.8399	14.99	博时基金管理有限公司	中国建设银行股份有限公司
521	大摩强收益债券	2009-12-29	6.0099	6.4321	摩根士丹利华鑫基金管理有限公司	中国银行股份有限公司
522	博时上证超大盘ETF	2009-12-29	92.6745	18.7	博时基金管理有限公司	中国建设银行股份有限公司
523	嘉实基本面50指数(LOF)	2009-12-30	24.4078	18.1689	嘉实基金管理有限公司	中国工商银行股份有限公司
524	中欧中小盘股票(LOF)	2009-12-30	3.4	3.5031	中欧基金管理有限公司	中国邮政储蓄银行有限责任公司
525	华富中证100指数	2009-12-30	2.453	2.0473	华富基金管理有限公司	交通银行股份有限公司
526	东吴新经济	2009-12-30	3.9135	4.52	东吴基金管理有限公司	中国建设银行股份有限公司
527	易方达亚洲精选股票(QDII)	2010-1-21	1.750356806	1.90415629	易方达基金管理有限公司	中国工商银行股份有限公司
528	上投摩根行业轮动股票	2010-1-28	24.2853	24.81	上投摩根基金管理有限公司	招商银行股份有限公司
529	大成中证红利指数	2010-2-2	5.0095	5.12	大成基金管理有限公司	中国建设银行股份有限公司
530	新华钻石品质企业股票	2010-2-3	9.6979	9.93	新华基金管理有限公司	中国建设银行股份有限公司
531	民生加银精选股票	2010-2-3	10.7911	10.79	民生加银基金管理有限公司	中国建设银行股份有限公司
532	鹏华中证500指数(LOF)	2010-2-5	12.0321	12.5269	鹏华基金管理有限公司	中国工商银行股份有限公司
533	宝盈中证100指数增强	2010-2-8	0.6192	0.56	宝盈基金管理有限公司	中国建设银行股份有限公司
534	工银瑞信中小盘股票	2010-2-10	9.3705	10.2	工银瑞信基金管理有限公司	中国农业银行股份有限公司
535	信诚中小盘股票	2010-2-10	2.8813	2.79	信诚基金管理有限公司	中国建设银行股份有限公司
536	中银蓝筹混合	2010-2-11	24.034	24.96	中银基金管理有限公司	招商银行股份有限公司
537	申万沪深300价值指数	2010-2-11	7.5812	6.3711	申万巴黎基金管理有限公司	中国工商银行股份有限公司
538	金元比联核心动力股票	2010-2-11	0.973	0.9618	金元比联基金管理有限公司	中国工商银行股份有限公司
539	招商全球资源股票(QDII)	2010-3-25	1.770225932	2.169369353	招商基金管理有限公司	中国工商银行股份有限公司

续表 11 Continued 11

序号 No.	基金名称 Investment Funds	成立时间 Date Founded	基金规模(亿份)Size	基金总资产净值(亿元)Net Value of Total Assets	基金管理公司 Administrant	基金托管银行 Fund Custodian Bank
540	中海上证50指数增强	2010-3-25	4.7053	4.0523	中海基金管理有限公司	中国工商银行股份有限公司
541	农银中小盘股票	2010-3-25	18.1387	22.29	农银汇理基金管理有限公司	中国建设银行股份有限公司
542	长信中证中央企业100指数(LOF)	2010-3-26	1.3103	1.33	长信基金管理有限公司	中国建设银行股份有限公司
543	易方达上证中盘ETF	2010-3-29	6.3269	20.4512	易方达基金管理有限公司	中国工商银行股份有限公司
544	南方策略优化策略	2010-3-30	13.031	12.77	南方基金管理有限公司	招商银行股份有限公司
545	易方达上证中盘ETF联接	2010-3-31	11.3397	12.6366	易方达基金管理有限公司	中国工商银行股份有限公司
546	国投瑞银沪深300金融地产指数(LOF)	2010-4-9	19.5722	16.2507	国投瑞银基金管理有限公司	中国工商银行股份有限公司
547	金鹰稳健成长股票	2010-4-14	4.0686	4.4174	金鹰基金管理有限公司	中国工商银行股份有限公司
548	光大保德信中小盘股票	2010-4-14	10.2097	12.5308	光大保德信基金管理有限公司	交通银行股份有限公司
549	海富通中小盘股票	2010-4-14	16.8925	21.2716	海富通基金管理有限公司	中国工商银行股份有限公司
550	国联安双禧中证100指数分级	2010-4-16	29.866	32.22	国联安基金管理有限公司	中国建设银行股份有限公司
551	广发内需增长混合	2010-4-19	37.1724	38.01	广发基金管理有限公司	中国建设银行股份有限公司
552	兴全合润分级股票	2010-4-22	20.4999	22.87	兴业基金管理有限公司	招商银行股份有限公司
553	泰达宏利财富大盘指数	2010-4-23	5.9554	6.2584	泰达宏利基金管理有限公司	中国银行股份有限公司
554	华宝兴业上证180价值ETF联接	2010-4-23	3.2251	3.0659	华宝兴业基金管理有限公司	中国工商银行股份有限公司
555	华宝兴业上证180价值ETF	2010-4-23	4.2903	10.998	华宝兴业基金管理有限公司	中国工商银行股份有限公司
556	诺安中小盘精选股票	2010-4-28	13.6239	16.6131	诺安基金管理有限公司	中国工商银行股份有限公司
557	国泰纳斯达克100指数(QDII)	2010-4-29	2.062607944	2.365245432	国泰基金管理有限公司	中国建设银行股份有限公司
558	汇添富民营活力股票	2010-5-5	7.9603	9.2088	汇添富基金管理有限公司	中国工商银行股份有限公司
559	银华深证100指数分级	2010-5-7	42.7787	51.2424	银华基金管理有限公司	中国民生银行股份有限公司
560	华安行业轮动股票	2010-5-11	7.6015	8.7411	华安基金管理有限公司	中国银行股份有限公司
561	东吴货币	2010-5-11	7.6754	7.68	东吴基金管理有限公司	中国农业银行股份有限公司
562	富国通胀通缩主题股票	2010-5-12	3.4028	4.0683	富国基金管理有限公司	中国工商银行股份有限公司
563	大摩卓越成长股票	2010-5-18	9.5748	10.61	摩根士丹利华鑫基金管理有限公司	中国建设银行股份有限公司
564	中邮核心主题股票	2010-5-19	17.4341	18.43	中邮创业基金管理有限公司	招商银行股份有限公司
565	工银全球精选股票(QDII)	2010-5-25	2.036079151	2.201612448	工银瑞信基金管理有限公司	中国建设银行股份有限公司
566	长盛环球行业股票(QDII)	2010-5-26	0.748876211	0.820976126	长盛基金管理有限公司	中国银行股份有限公司
567	建信上证社会责任ETF	2010-5-28	5.1008	4.8476	建信基金管理有限公司	中国工商银行股份有限公司
568	建信上证社会责任ETF联接	2010-5-28	4.4238	4.8091	建信基金管理有限公司	中国工商银行股份有限公司
569	鹏华信用增利债券	2010-5-31	8.9944	9.0409	鹏华基金管理有限公司	交通银行股份有限公司
570	博时创业成长股票	2010-6-1	7.1486	8.2	博时基金管理有限公司	中国农业银行股份有限公司
571	嘉实价值优势股票	2010-6-7	33.8224	39.9964	嘉实基金管理有限公司	中国银行股份有限公司
572	汇丰晋信低碳先锋股票	2010-6-8	5.9288	6.5961	汇丰晋信基金管理有限公司	交通银行股份有限公司
573	国投瑞银新兴市场股票(QDII-LOF)	2010-6-10	0.683475889	0.754224493	国投瑞银基金管理有限公司	中国工商银行股份有限公司
574	华商产业升级股票	2010-6-18	7.6295	8.42	华商基金管理有限公司	中国建设银行股份有限公司
575	大成核心双动力股票型	2010-6-22	10.9931	12.0121	大成基金管理有限公司	中国工商银行股份有限公司
576	招商深证100指数	2010-6-22	3.6843	4.2634	招商基金管理有限公司	中国工商银行股份有限公司
577	华泰柏瑞量化先行股票	2010-6-22	1.8748	1.9993	华泰柏瑞基金管理有限公司	中国银行股份有限公司
578	中欧沪深300指数增强(LOF)	2010-6-24	3.48	3.53	中欧基金管理有限公司	兴业银行股份有限公司
579	汇添富亚澳成熟优选股票	2010-6-25	1.271244397	1.418232518	汇添富基金管理有限公司	中国工商银行股份有限公司
580	长信中短债债券	2010-6-28	3.489	3.5207	长信基金管理有限公司	中国邮政储蓄银行有限责任公司
581	诺德中小盘股票	2010-6-28	3.2348	3.5242	诺德基金管理有限公司	中国银行股份有限公司
582	东吴新创业股票	2010-6-29	2.1214	2.3093	东吴基金管理有限公司	中国工商银行股份有限公司

续表 12 Continued 12

序号 No.	基金名称 Investment Funds	成立时间 Date Founded	基金规模 (亿份)Size	基金总资产净值 (亿元)Net Value of Total Assets	基金管理公司 Administrant	基金托管银行 Fund Custodian Bank
583	民生加银稳健成长股票	2010-6-29	2.5327	2.5526	民生加银基金管理有限公司	中国银行股份有限公司
584	交银主题优选混合	2010-6-30	11.1038	12.49	交银施罗德基金管理有限公司	中国建设银行股份有限公司
585	银河蓝筹股票	2010-7-16	2.2196	2.33	银河基金管理有限公司	中国建设银行股份有限公司
586	新华行业周期轮换股票	2010-7-21	1.5644	1.7815	新华基金管理有限公司	中国工商银行股份有限公司
587	博时大中华亚太精选股票(QDII)	2010-7-27	0.962086549	1.018998855	博时基金管理有限公司	中国工商银行股份有限公司
588	博时宏观回报债券	2010-7-27	7.7183	7.7143	博时基金管理有限公司	中国银行股份有限公司
589	中海货币	2010-7-28	39.9042	39.9042	中海基金管理有限公司	中国工商银行股份有限公司
590	信达澳银红利回报股票	2010-7-28	2.5605	2.87	信达澳银基金管理有限公司	中国建设银行股份有限公司
591	信诚深度价值股票(LOF)	2010-7-30	4.1944	4.45	信诚基金管理有限公司	中国建设银行股份有限公司
592	长盛沪深 300 指数(LOF)	2010-8-4	2.4797	2.64	长盛基金管理有限公司	招商银行股份有限公司
593	鹏华上证民企 50ETF 联接	2010-8-5	3.595	3.9195	鹏华基金管理有限公司	中国工商银行股份有限公司
594	鹏华上证民企 50ETF	2010-8-5	4.6312	5.8982	鹏华基金管理有限公司	中国工商银行股份有限公司
595	华商稳健双利债券	2010-8-9	14.5425	15.05	华商基金管理有限公司	中国建设银行股份有限公司
596	天弘深证成份指数(LOF)	2010-8-12	1.3793	1.3479	天弘基金管理有限公司	中国工商银行股份有限公司
597	国泰价值经典股票(LOF)	2010-8-13	4.6559	4.59	国泰基金管理有限公司	中国建设银行股份有限公司
598	工银瑞信双利债券	2010-8-16	46.8885	47.207	工银瑞信基金管理有限公司	交通银行股份有限公司
599	广发亚太精选股票	2010-8-18	2.272041821	2.385595839	广发基金管理有限公司	中国工商银行股份有限公司
600	易方达消费行业股票	2010-8-20	44.632	43.52	易方达基金管理有限公司	中国农业银行股份有限公司
601	中银价值混合	2010-8-25	23.0812	23.62	中银基金管理有限公司	招商银行股份有限公司
602	南方小康 ETF 联接	2010-8-27	4.611	4.5947	南方基金管理有限公司	中国工商银行股份有限公司
603	南方小康 ETF	2010-8-27	13.1606	5.6532	南方基金管理有限公司	中国工商银行股份有限公司
604	嘉实稳固收益债券	2010-9-1	35.0499	34.711	嘉实基金管理有限公司	中国工商银行股份有限公司
605	农银大盘蓝筹股票	2010-9-1	32.3445	32.28	农银汇理基金管理有限公司	中国建设银行股份有限公司
606	国投瑞银优化增强债券	2010-9-8	20.164	20.27	国投瑞银基金管理有限公司	中国建设银行股份有限公司
607	华富强债	2010-9-8	19.992	19.96	华富基金管理有限公司	中国建设银行股份有限公司
608	建信全球机遇股票(QDII)	2010-9-14	5.545376581	5.549212194	建信基金管理有限公司	中国工商银行股份有限公司
609	诺安主题精选股票	2010-9-15	20.8022	20.8	诺安基金管理有限公司	中国建设银行股份有限公司
610	金元比联消费主题股票	2010-9-15	1.9397	1.9007	金元比联基金管理有限公司	中国工商银行股份有限公司
611	海富通上证周期 50ETF	2010-9-19	2.9582	7.0982	海富通基金管理有限公司	中国工商银行股份有限公司
612	华安香港精选股票(QDII)	2010-9-20	3.8107256	3.778302854	华安基金管理有限公司	中国工商银行股份有限公司
613	汇添富医药保健	2010-9-21	36.6365	36.9669	汇添富基金管理有限公司	中国工商银行股份有限公司
614	海富通上证周期 50ETF 联接	2010-9-28	3.6659	3.2249	海富通基金管理有限公司	中国工商银行股份有限公司
615	嘉实 H 股指数(QDII)	2010-9-30	3.456150367	3.190830303	嘉实基金管理有限公司	中国建设银行股份有限公司
616	银华成长先锋混合	2010-10-8	31.8371	32.4953	银华基金管理有限公司	中国工商银行股份有限公司
617	鹏华环球发现(QDII-FOF)	2010-10-12	2.452550191	2.448387732	鹏华基金管理有限公司	中国建设银行股份有限公司
618	大成景丰分级债券	2010-10-15	32.4495	32.52	大成基金管理有限公司	中国农业银行股份有限公司
619	富国全球债券(QDII-FOF)	2010-10-20	4.641553215	4.645032348	富国基金管理有限公司	中国工商银行股份有限公司
620	申万深成	2010-10-22	12.2719	11.1525	申万巴黎基金管理有限公司	中国工商银行股份有限公司
621	兴全沪深 300 指数(LOF)	2010-11-2	29.5547	28.61	兴业基金管理有限公司	中国农业银行股份有限公司
622	南方广利回报债券	2010-11-3	33.1698	33.2444	南方基金管理有限公司	中国工商银行股份有限公司
623	工银深证红利 ETF	2010-11-5	6.0744	6.15	工银瑞信基金管理有限公司	中国农业银行股份有限公司
624	工银深证红利 ETF 联接	2010-11-9	26.1775	26.53	工银瑞信基金管理有限公司	中国农业银行股份有限公司
625	华商策略精选混合	2010-11-9	124.005	123.1087	华商基金管理有限公司	中国民生银行股份有限公司
626	融通深证成分指数	2010-11-15	17.7411	18.0373	融通基金管理有限公司	中国工商银行股份有限公司
627	建信内生动力股票	2010-11-16	53.8822	54.0158	建信基金管理有限公司	中国工商银行股份有限公司

续表 13 Continued 13

序号 No.	基金名称 Investment Funds	成立时间 Date Founded	基金规模(亿份)Size	基金总资产净值(亿元)Net Value of Total Assets	基金管理公司 Administrant	基金托管银行 Fund Custodian Bank
628	华安上证龙头 ETF 联接	2010-11-18	17.459	17.1117	华安基金管理有限公司	中国工商银行股份有限公司
629	华安上证龙头 ETF	2010-11-18	4.3315	11.0616	华安基金管理有限公司	中国工商银行股份有限公司
630	长信量化先锋股票	2010-11-18	3.2467	3.2232	长信基金管理有限公司	交通银行股份有限公司
631	广发行业领先股票	2010-11-23	44.2959	44.9639	广发基金管理有限公司	中国工商银行股份有限公司
632	国富中小盘股票	2010-11-23	30.5152	31.3026	国海富兰克林基金管理有限公司	中国银行股份有限公司
633	海富通稳固收益债券	2010-11-23	26.9687	27.1627	海富通基金管理有限公司	中国工商银行股份有限公司
634	农银货币	2010-11-23	16.4569	16.4569	农银汇理基金管理有限公司	中国工商银行股份有限公司
635	博时转债增强债券	2010-11-24	36.3476	36.26	博时基金管理有限公司	中国光大银行股份有限公司
636	中银双利债券	2010-11-24	55.3047	55.64	中银基金管理有限公司	招商银行股份有限公司
637	国联安上证商品 ETF	2010-11-26	9.421	9.4608	国联安基金管理有限公司	中国银行股份有限公司
638	国联安上证商品 ETF 联接	2010-12-1	12.942	12.9214	国联安基金管理有限公司	中国银行股份有限公司
639	鹏华丰润债券封闭	2010-12-2	13.3559	13.42	鹏华基金管理有限公司	中国建设银行股份有限公司
640	华泰柏瑞亚洲领导企业股票(QDII)	2010-12-2	1.390853046	1.414480159	华泰柏瑞基金管理有限公司	中国银行股份有限公司
641	天弘添利分级债券	2010-12-3	29.9977	30.0965	天弘基金管理有限公司	中国工商银行股份有限公司
642	银华信用双利债券	2010-12-3	30.6213	30.72	银华基金管理有限公司	中国建设银行股份有限公司
643	大摩消费领航混合基金	2010-12-3	37.5727	37.48	摩根士丹利华鑫基金管理有限公司	中国建设银行股份有限公司
644	银华抗通胀主题(QDII-FOF-LOF)	2010-12-6	6.909332514	6.931705333	银华基金管理有限公司	中国建设银行股份有限公司
645	嘉实主题新动力股票	2010-12-7	63.1671	62.8527	嘉实基金管理有限公司	中国工商银行股份有限公司
646	华宝兴业新兴产业	2010-12-7	36.3278	36.35	华宝兴业基金管理有限公司	中国建设银行股份有限公司
647	富国可转债	2010-12-8	42.6514	42.72	富国基金管理有限公司	中国农业银行股份有限公司
648	招商上证消费 80ETF 联接	2010-12-8	24.025	23.757	招商基金管理有限公司	中国工商银行股份有限公司
649	招商上证消费 80ETF	2010-12-8	6.8553	6.7805	招商基金管理有限公司	中国工商银行股份有限公司
650	汇丰晋信消费红利股票	2010-12-8	22.4863	22.3501	汇丰晋信基金管理有限公司	交通银行股份有限公司
651	南方金砖四国指数(QDII)	2010-12-9	6.36543204	6.378857598	南方基金管理有限公司	中国工商银行股份有限公司
652	中海环保新能源混合	2010-12-9	9.4609	9.407	中海基金管理有限公司	中国工商银行股份有限公司
653	博时行业轮动股票	2010-12-10	14.0043	14.01	博时基金管理有限公司	中国建设银行股份有限公司
654	浦银安盛沪深 300 指数增强	2010-12-10	6.9408	6.95	浦银安盛基金管理有限公司	中国建设银行股份有限公司
655	泰信发展主题股票基金	2010-12-15	7.0719	7.0198	泰信基金管理有限公司	中国工商银行股份有限公司
656	国投瑞银中证消费服务指数(LOF)	2010-12-16	12.4702	12.4232	国投瑞银基金管理有限公司	中国工商银行股份有限公司
657	信诚四国配置(QDII-FOF-LOF)	2010-12-17	3.991981542	3.99349967	信诚基金管理有限公司	中国银行股份有限公司
658	金鹰主题优势股票	2010-12-20	20.5127	20.5036	金鹰基金管理有限公司	中国工商银行股份有限公司
659	上投摩根大盘蓝筹股票	2010-12-20	11.9033	11.94	上投摩根基金管理有限公司	中国建设银行股份有限公司
660	华安稳固收益债券	2010-12-21	27.3375	27.3803	华安基金管理有限公司	中国工商银行股份有限公司
661	大成深证成长 40ETF 联接	2010-12-21	31.2997	31.29	大成基金管理有限公司	中国农业银行股份有限公司
662	大成深证成长 40ETF	2010-12-21	4.9863	4.98	大成基金管理有限公司	中国农业银行股份有限公司
663	交银趋势股票	2010-12-22	26.5978	26.6087	交银施罗德基金管理有限公司	中国工商银行股份有限公司
664	鹏华消费优选股票	2010-12-28	12.718	12.9428	鹏华基金管理有限公司	中国工商银行股份有限公司
665	银河创新股票	2010-12-29	12.5212	12.53	银河基金管理有限公司	招商银行股份有限公司

数据来源：中国证监会
Source：CSRC

4-3 QFII概况表
List of QFII

序号 No.	QFII名称 QFII	QFII资格批准时间 Date Approved	批准额度 (亿美元)	资产净值(亿元) Net Asset Value
1	瑞士银行	2003-5-23	8	288.94
2	野村证券株式会社	2003-5-23	3.5	48.58
3	摩根士丹利国际股份有限公司	2003-6-5	4	140.60
4	花旗环球金融有限公司	2003-6-5	5.5	116.61
5	高盛公司	2003-7-4	3	75.34
6	德意志银行	2003-7-30	4	105.73
7	香港上海汇丰银行有限公司	2003-8-4	4	112.69
8	荷兰安智银行股份有限公司	2003-9-10	4	64.45
9	摩根大通银行	2003-9-30	1.5	58.44
10	瑞士信贷(香港)有限公司	2003-10-24	5	124.97
11	渣打银行(香港)有限公司	2003-12-11	0.75	21.75
12	日兴资产管理有限公司	2003-12-11	4.5	28.95
13	美林国际	2004-4-30	3	111.70
14	恒生银行有限公司	2004-5-10	1	26.80
15	大和证券资本市场株式会社	2004-5-10	0.5	10.86
16	雷曼兄弟国际(欧洲)公司	2004-7-6	2	51.81
17	比尔及梅林达盖茨信托基金会	2004-7-19	3	62.85
18	景顺资产管理有限公司	2004-8-4	2.5	38.89
19	荷兰银行有限公司	2004-9-2	1.75	57.61
20	法国兴业银行	2004-9-2	0.5	6.57
21	巴克莱银行	2004-9-15	4	44.80
22	德国商业银行	2004-9-27	0.75	7.23
23	富通银行	2004-9-29	5	204.11
24	法国巴黎银行	2004-9-29	2	63.33
25	加拿大鲍尔公司	2004-10-15	0.5	15.84
26	东方汇理银行	2004-10-15	0.75	44.63
27	高盛国际资产管理公司	2005-5-9	5	29.59
28	马丁可利投资管理有限公司	2005-10-25	1.2	57.68
29	新加坡政府投资有限公司	2005-10-25	3	44.71
30	柏瑞投资有限责任公司	2005-11-14	0.5	12.80
31	淡马锡富敦投资有限公司	2005-11-15	3	40.65
32	JF资产管理有限公司	2005-12-28	2.75	42.37
33	日本第一生命保险相互会社	2005-12-28	2	27.74
34	新加坡星展银行	2006-2-13	1	16.63
35	安保资本投资有限公司	2006-4-10	3	34.11

续表 1　Continued 1

序号 No.	QFII 名称 QFII	QFII 资格批准时间 Date Approved	批准额度 (亿美元)	资产净值(亿元) Net Asset Value
36	加拿大丰业银行	2006-4-10	1.5	17.74
37	比联金融产品英国有限公司	2006-4-10	1	15.25
38	法国爱德蒙得洛希尔银行	2006-4-10	1	26.10
39	耶鲁大学	2006-4-14	1.5	30.74
40	摩根士丹利投资管理公司	2006-7-7	4.5	39.72
41	英国保诚资产管理(香港)有限公司	2006-7-7	3	27.94
42	斯坦福大学	2006-8-5	1	15.56
43	通用电气资产管理公司	2006-8-5	3.5	28.99
44	大华银行有限公司	2006-8-5	0.5	4.53
45	施罗德投资管理有限公司	2006-8-29	2	21.15
46	汇丰环球投资管理(香港)有限公司	2006-9-5	3.5	25.35
47	瑞穗证券株式会社	2006-9-5	0.5	3.29
48	瑞银环球资产管理(新加坡)有限公司	2006-9-25	2	17.82
49	三井住友资产管理株式会社	2006-9-25	3.5	22.04
50	挪威中央银行	2006-10-24	7	58.64
51	百达资产管理有限公司	2006-10-25	1	8.21
52	哥伦比亚大学	2008-3-12	1	11.80
53	保德信资产运用株式会社	2008-4-7	0.75	4.93
54	荷宝基金管理公司	2008-5-5	1.5	10.28
55	道富环球投资管理亚洲有限公司	2008-5-16	0.5	2.37
56	铂金投资管理有限公司	2008-6-2	1.5	12.53
57	比利时联合资产管理有限公司	2008-6-2	1.5	7.18
58	未来资产基金管理公司	2008-7-25	2.5	19.11
59	安达国际控股有限公司	2008-8-5	1.5	10.57
60	魁北克储蓄投资集团	2008-8-22	2	21.10
61	哈佛大学	2008-8-22	2	3.60
62	三星投资信托运用株式会社	2008-8-25	3	23.45
63	联博有限公司	2008-8-28	1.5	10.80
64	华侨银行有限公司	2008-8-28	1.5	11.96
65	首域投资管理(英国)有限公司	2008-9-11	1.2	8.36
66	大和证券投资信托委托株式会社	2008-9-11	2	7.00
67	壳牌资产管理有限公司	2008-9-12	1	—
68	普信国际公司	2008-9-12	1.1	11.89
69	瑞士信贷银行股份有限公司	2008-10-14	2	13.09
70	大华资产管理有限公司	2008-11-28	0.5	3.17
71	阿布达比投资局	2008-12-3	2	18.25
72	德盛安联资产管理卢森堡	2008-12-16	1	7.24
73	资本国际公司	2008-12-18	1	7.16

续表 2 Continued 2

序号 No.	QFII 名称 QFII	QFII 资格批准时间 Date Approved	批准额度 (亿美元)	资产净值(亿元) Net Asset Value
74	三菱日联摩根士丹利证券股份有限公司	2008－12－29	1	3.45
75	韩华投资信托管理株式会社	2009－2－5	0.7	4.52
76	新兴市场管理有限公司	2009－2－10	0.5	4.39
77	DWS 投资管理有限公司	2009－2－24	2	4.30
78	韩国产业银行	2009－4－23	1	7.74
79	韩国友利银行股份有限公司	2009－5－4	0.5	3.48
80	马来西亚国家银行	2009－5－19	2	13.76
81	罗祖儒投资管理(香港)有限公司	2009－5－27	0.5	3.64
82	邓普顿投资顾问有限公司	2009－6－5	2	16.51
83	东亚联丰投资管理有限公司	2009－6－18	1	2.83
84	日本住友信托银行股份有限公司	2009－6－26	0.5	3.41
85	韩国投资信托运用株式会社	2009－7－21	1	8.09
86	霸菱资产管理有限公司	2009－8－6	2	13.94
87	安石投资管理有限公司	2009－9－14	2	13.36
88	纽约梅隆资产管理国际有限公司	2009－11－6	1.5	0.00
89	宏利资产管理(香港)有限公司	2009－11－20	2	12.71
90	野村资产管理株式会社	2009－11－23	2	14.67
91	东洋资产运用(株)	2009－12－11	1	4.61
92	加拿大皇家银行	2009－12－23	1	6.45
93	英杰华投资集团全球服务有限公司	2009－12－28	0	—
94	常青藤资产管理公司	2010－2－8	1	—
95	达以安资产管理公司	2010－4－20	1	—
96	法国欧菲资产管理公司	2010－5－21	1.5	—
97	安本亚洲资产管理公司	2010－7－6	2	—
98	KB 资产运用	2010－8－9	0	—
99	富达基金(香港)有限公司	2010－9－1	1.5	—
100	美盛投资(欧洲)有限公司	2010－10－8	0	—
101	香港金融管理局	2010－10－27	0	—
102	富邦证券投资信托股份有限公司	2010－10－29	0	—
103	群益证券投资信托股份有限公司	2010－10－29	0	—
104	蒙特利尔银行投资公司	2010－12－6	0	—
105	瑞士宝盛银行	2010－12－14	0	—
106	科提比资产运用株式会社	2010－12－28	0	—

数据来源：中国证监会
Source：CSRC

4－4 QDII 概况表
List of QDII

序号 No.	QDII 名称 QDII	单位基金净值(元) Unit Net Value of Fund	基金份额(亿份) Fund Share
1	华安国际配置	6.52	0.97
2	南方全球精选配置	0.76	202.55
3	华夏全球精选股票	0.90	214.72
4	嘉实海外中国股票	0.68	212.90
5	上投摩根亚太优势	0.69	235.83
6	工银瑞信全球配置	1.00	15.38
7	华宝兴业海外中国成长	1.10	0.89
8	银华全球优选	0.99	1.21
9	海富通海外	1.46	2.06
10	交银环球	1.59	1.78
11	易方达亚洲精选股票	1.06	1.76
12	招商全球资源股票	1.22	1.75
13	国泰纳斯达克 100 指数	1.12	2.06
14	工银瑞信全球精选股票	1.07	2.05
15	长盛环球景气行业大盘精选股票	1.08	0.75
16	国投瑞银新兴市场股票	1.09	0.68
17	汇添富亚澳优选	1.11	1.29
18	博时亚太精选股票	1.03	0.96
19	广发亚太精选股票	1.03	2.28
20	建信全球机遇股票	0.98	5.58
21	华安香港精选股票	0.96	3.81
22	嘉实恒生中国企业指数	0.90	3.46
23	鹏华环球发现	0.99	2.46
24	富国全球债券	1.00	4.66
25	华泰柏瑞亚洲领导企业股票	1.01	1.40
26	银华抗通胀主题	1.01	6.91
27	南方金砖四国指数	1.00	6.37
28	信诚四国配置	1.00	3.99
合　计		34.34	940.50

数据来源：中国证监会
Source：CSRC

4-5 2010年QFII统计表

Statistics of QFII

时间 Date	QFII数量(家) Number of QFII	QFII资产净值(亿元) Asset-Net Value	QFII持股市值(亿元) Market Capitalization of Holding stocks
2010.01	93	2684.55	1867.79
2010.02	94	2757.97	1941.01
2010.03	94	2820.98	2103.25
2010.04	95	2682.55	2005.31
2010.05	96	2537.48	1909.86
2010.06	96	2434.85	1829.62
2010.07	97	2610.91	2065.33
2010.08	98	2722.45	2172.62
2010.09	99	2780.24	2211.36
2010.10	103	3087.09	2523.71
2010.11	103	2982.97	2405.90
2010.12	106	2971.13	2368.64

数据来源：中国证监会
Source：CSRC

4-6 2010年QDII统计表

Statistics of QDII

时间 Date	QDII数量(家) Number of QDII	QDII产品数量(个) Number of Products	QDII资产净值(亿元) Asset-Net Value	QDII股权类投资(亿元) Stocks Investment
2010.01	31	11	679.16	510.68
2010.02	31	11	689.90	510.22
2010.03	31	12	728.69	647.76
2010.04	31	13	721.45	523.08
2010.05	31	15	675.39	483.71
2010.06	31	17	674.08	465.20
2010.07	31	18	703.09	491.88
2010.08	31	19	682.44	487.96
2010.09	31	22	747.17	542.22
2010.10	31	24	756.67	558.4175
2010.11	31	24	720.43	529.16
2010.12	31	28	735.51	541.85

数据来源：中国证监会
Source：CSRC

4-7 基金托管人概况

Summary of Securities Investment Funds Custodian

序号 No.	托管人名称 Custodian Name	注册地域 Registered in	取得托管资格时间 Founding Date	托管基金只数 Number of Funds Custodied	托管基金总规模 (亿份)Fund Share	托管基金资产净值 (亿元) Asset-Net Value
1	中国工商银行股份有限公司	北京	1998-2-24	211	7199.537128	7626.305897
2	中国农业银行股份有限公司	北京	1998-5-29	87	2890.5324	2991.7
3	中国银行股份有限公司	北京	1998-7-7	95	4106.945462	4116.036108
4	中国建设银行股份有限公司	北京	1998-3-18	178	5721.109726	6192.908962
5	交通银行股份有限公司	上海	1998-7-3	52	2131.2372	1990.8358
6	华夏银行股份有限公司	北京	2005-2-23	6	124.6829	119.001
7	中国光大银行股份有限公司	北京	2002-10-23	11	412.9794	405.17
8	招商银行股份有限公司	深圳	2002-11-6	28	622.055	605.58
9	中信银行股份有限公司	北京	2004-8-18	4	106.7977	115.151
10	中国民生银行股份有限公司	北京	2004-7-9	9	345.1135	367.7265
11	深圳发展银行股份有限公司	深圳	2008-8-6	1	3.0624	2.8087
12	兴业银行股份有限公司	福建	2005-4-25	12	279.5348	346.68
13	上海浦东发展银行股份有限公司	上海	2003-9-10	7	253.8759	289.89
14	上海银行股份有限公司	上海	2009-8-18	0	0	0
15	北京银行股份有限公司	北京	2008-6-3	0	0	0
16	广东发展银行股份有限公司	广东	2009-5-4	1	23.7428	23.7343
17	中国邮政储蓄银行有限责任公司	北京	2009-7-16	2	7.1448	7.2314
18	渤海银行股份有限公司	天津	2010-6-29	0	0	0

数据来源：中国证监会
Source：CSRC

4-8 基金管理公司概况

Summary of Securities Investment Funds Management Corp.

序号 No.	基金管理公司 Name	注册资本(元) Registered Capital	注册地点 Registered in	办公地域 Office Location	成立时间 Date Founded	管理基金只数 Fund Amounts	管理基金规模(亿份) Fund Share	管理基金规模(亿元) Market Capitalization of Holding stocks
1	国泰基金管理有限公司	110000000	上海	上海	1998-3-5	18	495.58	473.22
2	南方基金管理有限公司	150000000	深圳	深圳	1998-3-6	26	1146.77	1185.37
3	华夏基金管理有限公司	138000000	北京	北京	1998-3-9	25	1738.08	2247.15
4	华安基金管理有限公司	150000000	上海	上海	1998-5-4	21	809.62	831.95
5	博时基金管理有限公司	100000000	深圳	深圳	1998-7-13	23	1293.74	1176.22
6	鹏华基金管理有限公司	150000000	深圳	深圳	1998-12-22	21	527.68	564.23
7	嘉实基金管理有限公司	150000000	上海	北京	1999-3-25	23	1523.92	1603.00
8	长盛基金管理有限公司	150000000	深圳	北京	1999-3-26	15	382.57	412.23
9	大成基金管理有限公司	200000000	深圳	深圳	1999-4-12	21	1027.31	994.36
10	富国基金管理有限公司	180000000	上海	上海	1999-4-13	19	583.35	621.73
11	易方达基金管理有限公司	120000000	珠海	广州	2001-4-17	24	1475.12	1573.75
12	宝盈基金管理有限公司	100000000	深圳	深圳	2001-5-18	9	118.41	91.14
13	银华基金管理有限公司	200000000	深圳	北京	2001-5-28	18	704.26	855.47
14	长城基金管理有限公司	150000000	深圳	深圳	2001-12-27	11	393.80	340.41
15	银河基金管理有限公司	150000000	上海	上海	2002-5-14	11	129.28	146.28
16	国投瑞银基金管理有限公司	100000000	深圳	深圳	2002-6-13	14	414.98	402.79
17	申万巴黎基金管理有限公司	150000000	上海	上海	2003-12-23	10	151.46	126.69
18	天治基金管理有限公司	130000000	上海	上海	2002-8-23	7	61.67	41.72
19	金鹰基金管理有限公司	100000000	珠海	广州	2002-12-25	6	69.92	70.86
20	招商基金管理有限公司	210000000	深圳	深圳	2002-12-27	17	397.45	406.39
21	华宝兴业基金管理有限公司	150000000	上海	上海	2003-2-7	16	459.83	493.49
22	摩根士丹利华鑫基金管理有限公司	100000000	深圳	深圳	2003-3-3	7	96.65	124.36
23	国联安基金管理有限公司	150000000	上海	上海	2003-3-25	12	173.45	173.44
24	海富通基金管理有限公司	150000000	上海	上海	2003-4-1	15	497.25	471.93
25	长信基金管理有限责任公司	150000000	上海	上海	2003-4-9	10	242.30	206.02
26	泰达宏利基金管理有限公司	180000000	上海	北京	2002-7-4	13	214.55	259.05
27	天弘基金管理有限公司	100000000	天津	天津	2004-10-27	6	92.83	75.18
28	景顺长城基金管理有限公司	130000000	深圳	深圳	2003-6-12	11	479.64	464.47
29	广发基金管理有限公司	120000000	珠海	广州	2003-7-5	15	901.55	1036.28
30	信达澳银基金管理有限公司	100000000	深圳	深圳	2006-2-14	5	62.85	76.03

续表 1　Continued 1

序号 No.	基金管理公司 Name	注册资本(元) Registered Capital	注册地点 Registered in	办公地域 Office Location	成立时间 Date Founded	管理基金只数 Fund Amounts	管理基金规模(亿份) Fund Share	管理基金规模(亿元) Market Capitalization of Holding stocks
31	兴业全球基金管理有限公司	150000000	上海	上海	2003-9-30	9	342.89	440.98
32	诺安基金管理有限公司	150000000	深圳	深圳	2003-12-9	11	472.46	469.57
33	上投摩根基金管理有限公司	250000000	上海	上海	2003-12-15	12	560.12	591.65
34	中海基金管理有限公司	120000000	上海	上海	2004-3-18	9	274.19	238.62
35	华富基金管理有限公司	120000000	上海	上海	2004-3-19	8	106.20	103.17
36	融通基金管理有限公司	125000000	深圳	深圳	2001-5-8	12	483.68	527.19
37	光大保德信基金管理有限公司	160000000	上海	上海	2004-4-22	9	317.28	295.79
38	东方基金管理有限责任公司	100000000	北京	北京	2004-6-11	6	91.62	91.16
39	中银基金管理有限公司	100000000	上海	上海	2004-6-12	11	387.66	391.30
40	东吴基金管理有限公司	100000000	上海	上海	2004-8-2	8	108.94	126.02
41	国海富兰克林基金管理有限公司	220000000	南宁	上海	2004-9-15	8	163.30	192.41
42	泰信基金管理有限公司	200000000	上海	上海	2004-10-8	8	134.21	111.96
43	华泰柏瑞基金管理有限公司	200000000	上海	上海	2004-11-18	9	215.07	195.31
44	万家基金管理有限公司	100000000	上海	上海	2002-8-9	8	216.21	162.83
45	汇添富基金管理有限公司	100000000	上海	上海	2005-1-3	12	535.32	569.34
46	工银瑞信基金管理有限公司	200000000	北京	北京	2005-6-21	16	725.25	578.72
47	交银施罗德基金管理有限公司	200000000	上海	上海	2005-7-26	13	507.06	529.79
48	新华基金管理有限公司	100000000	重庆	重庆	2004-12-9	5	54.69	62.53
49	建信基金管理有限责任公司	200000000	北京	北京	2005-9-9	13	497.03	485.66
50	华商基金管理有限公司	100000000	北京	北京	2005-9-19	7	317.22	417.28
51	汇丰晋信基金管理有限公司	200000000	上海	上海	2005-10-1	9	87.51	112.42
52	益民基金管理有限公司	100000000	重庆	北京	2005-12-12	4	75.01	64.75
53	中邮创业基金管理有限公司	100000000	北京	北京	2006-2-14	4	448.32	408.11
54	信诚基金管理有限公司	200000000	上海	上海	2005-8-22	10	151.64	183.02
55	诺德基金管理有限公司	100000000	上海	上海	2006-5-11	5	38.61	39.06
56	中欧基金管理有限公司	120000000	上海	上海	2006-7-30	7	62.49	60.09
57	金元比联基金管理有限公司	150000000	上海	上海	2006-11-25	6	12.21	12.51
58	浦银安盛基金管理有限公司	200000000	上海	上海	2007-7-17	5	19.74	19.45
59	农银汇理基金管理有限公司	200000001	上海	上海	2008-2-25	7	131.57	148.54
60	民生加银基金管理有限公司	200000000	深圳	深圳	2008-10-15	4	24.96	26.30
61	纽银梅隆西部基金管理有限公司	200000000	上海	上海	2010-7-20	0	0.00	0.00
62	浙商基金管理有限公司	100000000	杭州	杭州	2010-10-21	0	0.00	0.00
63	平安大华基金管理有限公司	300000000	深圳	深圳	2010-12-28	0	0.00	0.00

数据来源：中国证监会
Source：CSRC

4-9 基金销售机构概况

Summary of Securities Investment Fund Distributors

序号 NO.	销售机构名称 Name of distributors	销售机构类型 Type of Distributors	取得销售资格时间 liscening Date	注册地域 Registered in
1	中国工商银行股份有限公司	银　行	2001年8月	北　京
2	中国农业银行股份有限公司	银　行	2001年12月	北　京
3	中国银行股份有限公司	银　行	2001年12月	北　京
4	中国建设银行股份有限公司	银　行	2001年7月	北　京
5	交通银行股份有限公司	银　行	2001年9月	上　海
6	中信银行股份有限公司	银　行	2002年1月	北　京
7	深圳发展银行股份有限公司	银　行	2002年5月	深　圳
8	上海浦东发展银行股份有限公司	银　行	2002年7月	上　海
9	招商银行股份有限公司	银　行	2001年12月	深　圳
10	兴业银行股份有限公司	银　行	2002年8月	福　建
11	中国民生银行股份有限公司	银　行	2002年9月	北　京
12	中国光大银行股份有限公司	银　行	2003年1月	北　京
13	北京银行股份有限公司	银　行	2004年10月	北　京
14	华夏银行股份有限公司	银　行	2004年11月	北　京
15	上海银行股份有限公司	银　行	2005年1月	上　海
16	广东发展银行股份有限公司	银　行	2005年7月	广　东
17	深圳平安银行股份有限公司	银　行	2006年7月	深　圳
18	中国邮政储蓄银行有限责任公司	银　行	2006年7月	北　京
19	宁波银行股份有限公司	银　行	2008年2月	浙　江
20	上海农村商业银行股份有限公司	银　行	2008年2月	上　海
21	北京农村商业银行股份有限公司	银　行	2008年4月	北　京
22	青岛银行股份有限公司	银　行	2008年5月	山　东
23	徽商银行股份有限公司	银　行	2008年7月	安　徽
24	浙商银行股份有限公司	银　行	2008年8月	浙　江
25	东莞银行股份有限公司	银　行	2008年10月	广　东
26	南京银行股份有限公司	银　行	2008年10月	江　苏
27	杭州银行有限责任公司	银　行	2009年1月	浙　江
28	临商银行股份有限公司	银　行	2009年2月	山　东
29	温州银行股份有限公司	银　行	2009年5月	浙　江
30	汉口银行股份有限公司	银　行	2009年6月	湖　北
31	江苏银行股份有限公司	银　行	2009年9月	江　苏
32	渤海银行股份有限公司	银　行	2009年10月	天　津
33	江苏张家港农村商业银行股份有限公司	银　行	2009年12月	江　苏
34	深圳农村商业银行股份有限公司	银　行	2010年1月	深　圳
35	洛阳银行股份有限公司	银　行	2010年1月	河　南
36	乌鲁木齐市商业银行股份有限公司	银　行	2010年2月	新　疆
37	烟台银行股份有限公司	银　行	2010年6月	山　东
38	齐商银行股份有限公司	银　行	2010年9月	山　东
39	浙江民泰商业银行股份有限公司	银　行	2010年10月	浙　江
40	大连银行股份有限公司	银　行	2010年10月	辽　宁
41	哈尔滨银行股份有限公司	银　行	2010年10月	黑龙江
42	重庆银行股份有限公司	银　行	2010年11月	重　庆

续表 1　Continued 1

序号 NO.	销售机构名称 Name of distributors	销售机构类型 Type of Distributors	取得销售资格时间 liscening Date	注册地域 Registered in
43	浙江稠州商业银行股份有限公司	银　行	2010 年 11 月	浙　江
44	国泰君安证券股份有限公司	券　商	2002 年 7 月	上　海
45	广发证券股份有限公司	券　商	2002 年 8 月	广　东
46	国信证券股份有限公司	券　商	2002 年 8 月	深　圳
47	招商证券股份有限公司	券　商	2002 年 8 月	深　圳
48	华泰联合证券有限责任公司	券　商	2002 年 8 月	深　圳
49	中信证券股份有限公司	券　商	2002 年 8 月	北　京
50	海通证券股份有限公司	券　商	2002 年 10 月	上　海
51	申银万国股份有限公司	券　商	2002 年 10 月	上　海
52	西南证券股份有限公司	券　商	2003 年 1 月	重　庆
53	华龙证券有限责任公司	券　商	2003 年 1 月	甘　肃
54	大同证券经纪有限责任公司	券　商	2003 年 1 月	山　西
55	民生证券有限责任公司	券　商	2003 年 1 月	北　京
56	山西证券股份有限公司	券　商	2003 年 1 月	山　西
57	长江证券股份有限公司	券　商	2003 年 2 月	湖　北
58	中信万通证券有限责任公司	券　商	2003 年 2 月	山　东
59	广州证券有限责任公司	券　商	2003 年 2 月	广　东
60	兴业证券股份有限公司	券　商	2003 年 2 月	福　建
61	华泰证券股份有限公司	券　商	2003 年 2 月	江　苏
62	渤海证券股份有限公司	券　商	2003 年 2 月	天　津
63	中信金通证券有限责任公司	券　商	2003 年 2 月	浙　江
64	万联证券有限责任公司	券　商	2003 年 2 月	广　东
65	国元证券有限责任公司	券　商	2003 年 2 月	安　徽
66	湘财证券有限责任公司	券　商	2003 年 3 月	湖　南
67	东吴证券股份有限公司	券　商	2003 年 12 月	江　苏
68	东方证券股份有限公司	券　商	2004 年 4 月	上　海
69	光大证券股份有限公司	券　商	2004 年 4 月	上　海
70	上海证券有限责任公司	券　商	2004 年 5 月	上　海
71	国联证券股份有限公司	券　商	2004 年 6 月	江　苏
72	浙商证券有限责任公司	券　商	2004 年 6 月	浙　江
73	平安证券有限责任公司	券　商	2004 年 8 月	深　圳
74	华安证券有限责任公司	券　商	2004 年 8 月	安　徽
75	东北证券股份有限公司	券　商	2004 年 7 月	吉　林
76	南京证券有限责任公司	券　商	2004 年 8 月	江　苏
77	长城证券有限责任公司	券　商	2004 年 8 月	深　圳
78	国海证券有限责任公司	券　商	2004 年 9 月	广　西
79	财富证券有限责任公司	券　商	2004 年 9 月	湖　南
80	东莞证券有限责任公司	券　商	2004 年 9 月	广　东
81	中原证券股份有限公司	券　商	2004 年 10 月	河　南
82	国都证券有限责任公司	券　商	2004 年 11 月	北　京
83	恒泰证券股份有限公司	券　商	2004 年 11 月	内蒙古
84	中银国际证券有限责任公司	券　商	2004 年 11 月	上　海
85	齐鲁证券有限公司	券　商	2004 年 11 月	山　东
86	华西证券有限责任公司	券　商	2004 年 11 月	四　川
87	国盛证券有限责任公司	券　商	2004 年 11 月	江　西
88	新时代证券有限责任公司	券　商	2004 年 11 月	北　京

续表 2 Continued 2

序号 NO.	销售机构名称 Name of distributors	销售机构类型 Type of Distributors	取得销售资格时间 liscening Date	注册地域 Registered in
89	华林证券有限责任公司	券　商	2004 年 11 月	深　圳
90	中国国际金融有限公司	券　商	2004 年 12 月	北　京
91	宏源证券股份有限公司	券　商	2004 年 12 月	新　疆
92	广发华福证券有限责任公司	券　商	2005 年 1 月	福　建
93	世纪证券有限责任公司	券　商	2005 年 2 月	深　圳
94	德邦证券有限责任公司	券　商	2005 年 2 月	上　海
95	金元证券股份有限公司	券　商	2005 年 4 月	海　南
96	西部证券股份有限公司	券　商	2005 年 4 月	陕　西
97	东海证券有限责任公司	券　商	2004 年 9 月	江　苏
98	中航证券有限公司	券　商	2005 年 4 月	江　西
99	第一创业证券有限责任公司	券　商	2005 年 3 月	深　圳
100	中信建投证券有限责任公司	券　商	2005 年 12 月	北　京
101	财通证券有限责任公司	券　商	2006 年 7 月	浙　江
102	安信证券股份有限公司	券　商	2007 年 4 月	深　圳
103	中国银河证券股份有限公司	券　商	2007 年 5 月	北　京
104	华鑫证券有限责任公司	券　商	2008 年 1 月	深　圳
105	瑞银证券有限责任公司	券　商	2008 年 2 月	北　京
106	国金证券股份有限公司	券　商	2008 年 3 月	四　川
107	中国建银投资证券有限责任公司	券　商	2008 年 3 月	深　圳
108	中山证券有限责任公司	券　商	2008 年 3 月	深　圳
109	红塔证券股份有限公司	券　商	2008 年 3 月	云　南
110	日信证券有限责任公司	券　商	2008 年 5 月	内蒙古
111	西藏同信证券有限责任公司	券　商	2008 年 5 月	西　藏
112	方正证券有限责任公司	券　商	2008 年 6 月	湖　南
113	联讯证券有限责任公司	券　商	2008 年 6 月	广　东
114	天源证券经纪有限公司	券　商	2008 年 8 月	青　海
115	江海证券有限公司	券　商	2008 年 8 月	黑龙江
116	银泰证券有限责任公司	券　商	2008 年 12 月	深　圳
117	中国民族证券有限责任公司	券　商	2008 年 12 月	北　京
118	华宝证券有限责任公司	券　商	2009 年 1 月	上　海
119	厦门证券有限公司	券　商	2009 年 1 月	福　建
120	爱建证券有限责任公司	券　商	2009 年 1 月	上　海
121	英大证券有限责任公司	券　商	2009 年 3 月	深　圳
122	信达证券股份有限公司	券　商	2009 年 7 月	北　京
123	东兴证券股份有限公司	券　商	2009 年 7 月	北　京
124	华融证券股份有限公司	券　商	2009 年 9 月	北　京
125	天风证券有限责任公司	券　商	2009 年 11 月	湖　北
126	大通证券股份有限公司	券　商	2009 年 12 月	辽　宁
127	财达证券有限责任公司	券　商	2009 年 12 月	河　北
128	中天证券有限责任公司	券　商	2010 年 1 月	辽　宁
129	财富里昂证券有限责任公司	券　商	2010 年 2 月	上　海
130	五矿证券经纪有限责任公司	券　商	2010 年 4 月	深　圳
131	高盛高华证券有限责任公司	券　商	2010 年 5 月	北　京
132	华创证券有限责任公司	券　商	2010 年 6 月	贵　州
133	恒泰长财证券有限责任公司	券　商	2010 年 7 月	吉　林
134	万和证券经纪有限公司	券　商	2010 年 9 月	海　南
135	中邮证券有限责任公司	券　商	2010 年 11 月	陕　西
136	天相投资顾问有限公司	咨询机构	2005 年 12 月	北　京

4-10 历年全国交易所上市基金交易情况汇总表(1994—2010)

Trading Summary of Funds Traded in Stock Exchange in Recent Years (1994—2010)

年份 Year	基金数量(只) Number of Funds	成交数量(亿份) Trading Volume (1000000000)	成交金额(亿元) Turnover (100000000)
1994年	20	237.89	357.50
1995年	22	241.80	510.19
1996年	25	474.30	1566.50
1997年	25	228.72	807.91
1998年	29	555.33	1016.89
1999年	42	1623.12	2485.48
2000年	36	2180.62	2801.84
2001年	48	2208.62	2561.88
2002年	54	1218.60	1166.62
2003年	54	849.18	682.65
2004年	54	589.72	479.47
2005年	65	1098.41	773.15
2006年	72	2058.16	2002.65
2007年	72	2058.16	2002.65
2008年	64	3742.28	5831.05
2009年	73	6531.40	10340.02
2010年	118	6582.01	8996.44

注：2000年以前数据中包括非证券投资基金；2005—2010年数据包括LOF和ETF
数据来源：上海、深圳证券交易所
Source：Shanghai、Shenzhen Stock Exchange

4-11 历年上交所基金交易情况汇总表(1994—2010)

Trading Summary of Funds in Shanghai Stock Exchange (1994—2010)

年份 Year	基金数量(只) Number of Funds	成交数量(亿份) Trading Volume (1000000000)	成交金额(亿元) Turnover (100000000)
1994年	12	56.73	117.34
1995年	12	107.21	305.67
1996年	15	128.01	497.38
1997年	15	55.57	219.53
1998年	19	329.58	605.28
1999年	26	827.95	1365.82
2000年	18	995.32	1334.18
2001年	23	1148.35	1348.92
2002年	25	573.69	556.77
2003年	25	441.62	362.16
2004年	25	297.78	249.10
2005年	26	778.73	576.78
2006年	26	1042.85	1024.35
2007年	17	1981.36	4298.24
2008年	16	2001.43	3700.23
2009年	18	3690.94	6549.06
2010年	25	3580.37	4771.71

注：2000年以前数据中包括非证券投资基金；2005—2010年数据包括ETF。
数据来源：上海证券交易所
Source：Shanghai Stock Exchange

4-12 历年深交所基金交易情况汇总表(1994—2010)

Trading Summary of Funds in Shenzhen Stock Exchange (1994—2010)

年份 Year	基金数量(只) Number of Funds	成交数量(亿份) Trading Volume (1000000000)	成交金额(亿元) Turnover (100000000)
1994 年	8	181.16	240.16
1995 年	10	134.59	204.52
1996 年	10	346.29	1069.12
1997 年	10	173.15	588.38
1998 年	10	225.75	411.61
1999 年	16	795.17	1119.66
2000 年	18	1185.30	1467.66
2001 年	25	1060.27	1212.96
2002 年	29	644.91	609.85
2003 年	29	407.56	320.49
2004 年	29	291.94	230.37
2005 年	39	319.68	196.37
2006 年	46	1015.31	978.30
2007 年	48	2349.16	4321.85
2008 年	48	1740.85	2130.82
2009 年	55	2840.46	3790.96
2010 年	93	3001.64	4224.73

注：2000 年以前数据中包括非证券投资基金；2005—2010 年数据包括 LOF 和 ETF
数据来源：深圳证券交易所
Source：Shenzhen Stock Exchange

4-13 2010年全国交易所上市基金成交概况

Trading Summary of Funds Traded in Stock Exchange in 2010

		本年	上年	增减(%)
交易日数(天)	Trading Days	242	244	-0.82
基金上市品种(个)	Variety	118	73	61.64
其中:ETF	ETF	15	7	—
LOF	LOF	55	33	—
基金成交金额(亿元)	Turnover (100000000)	8996.44	10340.02	-12.99
其中:ETF	ETF	6450.80	7652.13	—
LOF	LOF	307.07	324.73	—
基金日均成交金额(亿元)	Average Turnover (100000000)	37.18	42.38	-12.27
基金成交股数(亿股)	Transcation Volume(100000000)	6582.01	6531.40	0.77
其中:ETF	ETF	4020.86	3452.19	—
LOF	LOF	324.26	365.10	—
基金成交笔数(百万笔)	No. of Transcation(1000000)	23.42	30.22	-22.50
其中:ETF	ETF	9.92	12.75	—
LOF	LOF	1.94	2.84	—
上证基金指数开市	Open Composite Index of Shanghai Stock Exchange	4785.96	2541.64	88.30
上证基金指数最高	High	5038.23	4813.13	4.68
上证基金指数最低	Low	3752.78	2528.83	48.40
上证基金指数收市	Close	4557.66	4765.75	-4.37
深证基金指数开市	Open Composite Index of Shanghai Stock Exchange	4739.89	2651.82	78.74
深证基金指数最高	High	5976.42	4768.90	25.32
深证基金指数最低	Low	4191.79	2641.21	58.71
深证基金指数收市	Close	5655.98	4720.45	19.82

数据来源:上海、深圳证券交易所
Source: Shanghai、Shenzhen Stock Exchange

4－14 2010年上海证券交易所基金成交概况

Trading Summary of Securities Investment Funds in Shanghai Stock Exchange in 2010

		本年	上年	增减(%)
交易日数(天)	Trading Days	242	244	－0.82
基金上市品种(个)	Variety	25	18	38.89
其中：ETF	ETF	12	5	140.00
LOF	LOF	0	0	—
基金成交金额(亿元)	Turnover (100000000)	4771.71	6549.06	－27.14
其中：ETF	ETF	4201.81	5758.76	－27.04
LOF	LOF	0.00	0.00	—
基金日均成交金额(亿元)	Average Turnover (100000000)	19.72	26.84	－26.53
基金成交份数(亿份)	Transcation Volume(100000000)	3580.37	3690.94	－3.00
其中：ETF	ETF	3068.75	2866.79	7.04
LOF	LOF	0.00	0.00	—
基金成交笔数(百万笔)	No. of Transcation(1000000)	10.58	14.83	－28.66
其中：ETF	ETF	6.98	9.58	－27.14
LOF	LOF	0.00	0.00	—
上证基金指数开市	Open Composite Index of Shanghai Stock Exchange	4785.96	2541.64	88.30
上证基金指数最高	High	5038.23	4813.13	4.68
上证基金指数最低	Low	3752.78	2528.83	48.40
上证基金指数收市	Close	4557.66	4765.75	－4.37

数据来源：上海证券交易所
Source: Shanghai Stock Exchange

4－15 2010年深圳证券交易所基金成交概况

Trading Summary of Securities Investment Funds in Shenzhen Stock Exchange in 2010

		本年	上年	增减(%)
交易日数(天)	Trading Days	242	244	－0.82
基金上市品种(个)	Variety	93	55	69.09
其中：ETF	ETF	3	2	50.00
LOF	LOF	55	33	66.67
基金成交金额(亿元)	Turnover (100000000)	4224.73	3790.96	11.44
其中：ETF	ETF	2248.99	1893.37	18.78
LOF	LOF	307.07	324.73	－5.44
基金日均成交金额(亿元)	Average Turnover (100000000)	17.46	15.54	12.36
基金成交份数(亿份)	Transcation Volume(100000000)	3001.64	2840.46	5.67
其中：ETF	ETF	952.11	585.40	62.64
LOF	LOF	324.26	365.10	－11.19
基金成交笔数(百万笔)	No. of Transcation(1000000)	12.84	15.39	－16.57
其中：ETF	ETF	2.94	3.17	－7.26
LOF	LOF	1.94	2.84	－31.69
深证基金指数开市	Open Composite Index of Shanghai Stock Exchange	4739.89	2651.82	78.74
深证基金指数最高	High	5976.42	4768.90	25.32
深证基金指数最低	Low	4191.79	2641.21	58.71
深证基金指数收市	Close	5655.98	4720.45	19.82

数据来源：深圳证券交易所
Source: Shenzhen Stock Exchange

4-16 2010年全国交易所上市证券投资基金每日成交量、成交额

日期 Date	1月 Jan.		2月 Feb.		3月 Mar.		4月 Apr.		5月 May.		6月 Jun.	
	成交额 Turnover	成交量 Volume	成交额 Turnover	成交量 Volume	成交额 Turnover	成交量 Volume	成交额 Turnover	成交量 Volume	成交额 Turnover	成交量 Volume	成交额 Turnover	成交量 Volume
1	0.00	0.00	34.80	20.67	24.56	16.94	36.19	26.56	0.00	0.00	36.20	28.05
2	0.00	0.00	31.54	19.52	24.90	15.83	27.96	21.03	0.00	0.00	24.68	17.84
3	0.00	0.00	49.92	29.72	20.22	12.62	0.00	0.00	0.00	0.00	35.31	25.91
4	40.78	22.41	35.06	20.23	32.07	19.22	0.00	0.00	28.86	19.47	20.34	15.95
5	48.54	25.18	33.73	19.62	20.81	12.09	0.00	0.00	39.11	27.38	0.00	0.00
6	34.32	20.17	0.00	0.00	0.00	0.00	36.06	27.52	43.76	31.60	0.00	0.00
7	50.58	28.31	0.00	0.00	0.00	0.00	28.09	19.21	42.71	30.98	24.41	18.69
8	44.32	25.11	17.56	9.59	16.25	9.67	32.30	24.94	0.00	0.00	20.73	16.04
9	0.00	0.00	18.62	11.47	25.74	14.37	24.93	17.88	0.00	0.00	39.08	31.13
10	0.00	0.00	19.66	13.01	20.33	11.72	0.00	0.00	38.31	28.10	28.05	22.17
11	79.07	50.15	15.41	11.08	26.01	14.69	0.00	0.00	54.23	41.61	21.22	16.96
12	59.61	34.69	14.73	10.09	21.20	12.14	28.69	20.30	46.69	35.95	0.00	0.00
13	79.15	46.55	0.00	0.00	0.00	0.00	52.16	34.06	42.23	30.34	0.00	0.00
14	51.55	28.63	0.00	0.00	0.00	0.00	26.21	18.43	30.89	23.66	0.00	0.00
15	36.18	20.52	0.00	0.00	27.58	15.63	28.19	19.77	0.00	0.00	0.00	0.00
16	0.00	0.00	0.00	0.00	16.06	9.38	31.25	23.69	0.00	0.00	0.00	0.00
17	0.00	0.00	0.00	0.00	27.16	15.95	0.00	0.00	37.68	29.72	18.03	15.46
18	33.24	19.39	0.00	0.00	22.54	12.58	0.00	0.00	44.78	31.83	25.93	22.31
19	45.97	25.04	0.00	0.00	24.42	20.30	61.25	41.35	40.53	29.21	0.00	0.00
20	48.39	28.65	0.00	0.00	0.00	0.00	43.42	28.87	33.36	24.61	0.00	0.00
21	52.09	29.65	0.00	0.00	0.00	0.00	38.26	25.67	38.13	29.88	39.89	31.64
22	53.74	30.94	20.77	12.76	22.99	15.19	37.30	25.48	0.00	0.00	19.76	14.86
23	0.00	0.00	25.73	15.20	18.08	13.09	33.24	21.92	0.00	0.00	24.31	20.29
24	0.00	0.00	21.81	12.87	17.81	13.25	0.00	0.00	44.92	33.71	16.87	13.16
25	43.80	24.15	32.29	19.55	18.25	12.51	0.00	0.00	30.81	21.56	16.83	12.24
26	47.63	27.60	22.75	15.28	25.19	18.23	34.05	22.51	24.66	19.77	0.00	0.00
27	48.70	27.67	0.00	0.00	0.00	0.00	40.98	28.86	37.23	27.36	0.00	0.00
28	35.05	20.00	0.00	0.00	0.00	0.00	31.24	21.25	42.41	34.62	15.15	12.07
29	34.00	19.30	0.00	0.00	52.12	37.71	26.86	17.97	0.00	0.00	33.55	28.53
30	0.00	0.00	0.00	0.00	28.47	20.09	34.30	23.51	0.00	0.00	24.76	19.96
31	0.00	0.00	0.00	0.00	27.35	18.67	0.00	0.00	35.06	27.52	0.00	0.00

数据来源：上海、深圳证券交易所
Source：Shanghai、Shenzhen Stock Exchange

Daily Trading Volume and Value of Securities Investment Funds in Stock Exchange in 2010

成交量:亿份　成交额:亿元

7月 Jul.		8月 Aug.		9月 Sep.		10月 Oct.		11月 Nov.		12月 Dec.	
成交额 Turnover	成交量 Volume	成交额 Turnover	成交量 Volume	成交额 Turnover	成交量 Volume	成交额 Turnover	成交量 Volume	成交额 Turnover	成交量 Volume	成交额 Turnover	成交量 Volume
19.26	16.49	0.00	0.00	37.18	29.60	0.00	0.00	64.70	49.10	34.58	32.46
28.88	24.62	35.98	30.45	27.14	19.70	0.00	0.00	67.49	46.11	33.92	30.21
0.00	0.00	39.48	30.63	27.23	18.53	0.00	0.00	68.51	42.20	35.67	32.82
0.00	0.00	44.26	35.13	0.00	0.00	0.00	0.00	61.17	40.72	0.00	0.00
28.44	26.55	33.07	27.29	0.00	0.00	0.00	0.00	59.61	40.81	0.00	0.00
31.53	27.15	35.92	27.09	35.74	28.29	0.00	0.00	0.00	0.00	36.53	32.55
18.98	16.17	0.00	0.00	27.70	21.17	0.00	0.00	0.00	0.00	39.31	36.01
16.35	12.10	0.00	0.00	22.67	15.85	49.66	36.29	57.82	38.83	37.47	34.02
26.24	21.63	37.07	30.87	29.17	20.97	0.00	0.00	56.36	37.65	30.48	28.94
0.00	0.00	33.71	24.93	31.14	23.94	0.00	0.00	59.53	38.34	31.48	30.25
0.00	0.00	28.33	21.47	0.00	0.00	70.47	50.89	67.39	45.94	0.00	0.00
22.74	18.05	27.63	22.09	0.00	0.00	43.85	31.20	110.56	74.14	0.00	0.00
19.31	16.12	28.96	21.49	30.59	23.02	52.38	37.38	0.00	0.00	50.46	45.42
18.74	14.95	0.00	0.00	26.91	20.20	66.01	45.19	0.00	0.00	35.18	30.69
22.40	18.39	0.00	0.00	24.88	18.72	85.74	58.65	81.01	54.06	35.16	32.08
18.08	14.72	35.94	27.95	34.69	26.17	0.00	0.00	81.38	57.29	26.09	23.64
0.00	0.00	30.15	21.73	21.95	16.13	0.00	0.00	69.53	49.64	25.19	23.69
0.00	0.00	30.82	22.56	0.00	0.00	101.57	78.18	56.64	43.82	0.00	0.00
28.99	23.96	36.32	27.45	0.00	0.00	72.52	50.16	56.05	48.11	0.00	0.00
30.83	24.13	34.32	27.52	22.98	16.52	110.17	73.91	0.00	0.00	50.38	48.30
28.62	21.09	0.00	0.00	14.27	10.94	69.77	45.26	0.00	0.00	44.92	41.90
24.79	18.75	0.00	0.00	0.00	0.00	51.96	34.34	58.40	53.63	35.67	33.94
28.75	21.65	23.24	16.85	0.00	0.00	0.00	0.00	61.98	55.63	35.79	33.58
0.00	0.00	36.00	27.90	0.00	0.00	0.00	0.00	55.77	53.38	40.72	34.76
0.00	0.00	31.55	23.47	0.00	0.00	68.36	47.56	50.53	45.33	0.00	0.00
22.65	19.37	25.04	18.03	0.00	0.00	64.00	43.01	40.00	35.27	0.00	0.00
21.86	19.24	18.28	13.87	20.91	16.40	72.27	45.57	0.00	0.00	47.19	45.57
39.17	30.35	0.00	0.00	25.00	19.36	56.80	38.68	0.00	0.00	41.92	41.70
35.73	30.04	0.00	0.00	16.28	11.65	62.01	40.30	35.70	32.06	25.98	25.38
26.91	21.91	31.22	24.39	23.37	18.70	0.00	0.00	65.27	60.06	31.87	30.69
0.00	0.00	24.50	18.39	0.00	0.00	0.00	0.00	0.00	0.00	31.14	30.35

4-17 2010年上交所证券投资基金每日成交量、成交额

日期 Date	1月 Jan.		2月 Feb.		3月 Mar.		4月 Apr.		5月 May.		6月 Jun.	
	成交额 Turnover	成交量 Volume	成交额 Turnover	成交量 Volume	成交额 Turnover	成交量 Volume	成交额 Turnover	成交量 Volume	成交额 Turnover	成交量 Volume	成交额 Turnover	成交量 Volume
1	0.00	0.00	21.52	12.42	15.57	9.91	20.67	14.01	0.00	0.00	20.26	18.62
2	0.00	0.00	19.52	11.25	14.01	8.33	15.29	10.55	0.00	0.00	12.98	11.23
3	0.00	0.00	32.15	17.98	10.56	5.98	0.00	0.00	0.00	0.00	19.96	17.49
4	26.91	13.00	21.36	11.52	18.05	10.36	0.00	0.00	17.12	12.93	10.75	10.51
5	34.81	16.16	18.72	10.47	9.87	6.02	0.00	0.00	22.66	17.34	0.00	0.00
6	22.44	11.48	0.00	0.00	0.00	0.00	21.80	15.42	26.11	21.06	0.00	0.00
7	33.04	16.58	0.00	0.00	0.00	0.00	17.23	10.62	25.09	19.57	12.31	11.66
8	30.74	16.23	9.75	5.15	8.38	4.59	16.86	12.26	0.00	0.00	9.84	8.78
9	0.00	0.00	11.92	6.81	13.55	7.18	13.59	8.74	0.00	0.00	25.47	22.07
10	0.00	0.00	11.60	6.73	11.19	5.94	0.00	0.00	23.55	18.03	15.10	13.73
11	49.57	25.17	9.04	5.82	16.00	7.98	0.00	0.00	32.91	28.28	12.61	11.20
12	38.95	18.47	7.92	4.60	12.66	6.48	15.39	9.96	29.67	24.24	0.00	0.00
13	50.31	26.87	0.00	0.00	0.00	0.00	31.32	17.45	27.38	20.13	0.00	0.00
14	32.04	16.03	0.00	0.00	0.00	0.00	14.23	8.45	17.58	14.75	0.00	0.00
15	22.01	10.87	0.00	0.00	18.09	9.57	16.74	10.21	0.00	0.00	0.00	0.00
16	0.00	0.00	0.00	0.00	9.97	5.36	18.95	14.19	0.00	0.00	0.00	0.00
17	0.00	0.00	0.00	0.00	17.04	9.25	0.00	0.00	23.09	19.51	11.36	10.44
18	19.66	10.64	0.00	0.00	13.23	6.81	0.00	0.00	26.22	21.00	13.90	14.30
19	31.02	15.01	0.00	0.00	15.17	13.91	36.94	23.79	23.46	19.09	0.00	0.00
20	27.33	14.31	0.00	0.00	0.00	0.00	23.76	16.43	19.49	16.35	0.00	0.00
21	35.91	18.30	0.00	0.00	0.00	0.00	21.98	14.84	22.67	19.18	23.10	20.97
22	36.48	18.67	12.35	6.69	15.03	9.47	21.95	15.27	0.00	0.00	9.90	8.75
23	0.00	0.00	15.92	8.62	12.04	8.41	21.51	14.08	0.00	0.00	15.93	15.20
24	0.00	0.00	12.12	6.71	12.20	8.89	0.00	0.00	26.32	20.82	10.87	9.38
25	29.25	15.63	19.99	10.87	11.20	7.13	0.00	0.00	15.46	12.74	10.62	8.40
26	30.91	15.99	12.72	8.30	15.83	11.02	24.02	14.95	13.60	12.86	0.00	0.00
27	30.85	16.60	0.00	0.00	0.00	0.00	22.66	16.13	19.80	17.80	0.00	0.00
28	21.75	11.80	0.00	0.00	0.00	0.00	16.70	11.77	27.67	25.56	9.35	8.23
29	19.68	10.80	0.00	0.00	32.40	20.01	16.36	10.60	0.00	0.00	20.15	19.73
30	0.00	0.00	0.00	0.00	16.24	10.20	20.88	14.90	0.00	0.00	14.05	12.06
31	0.00	0.00	0.00	0.00	17.08	10.39	0.00	0.00	19.81	18.65	0.00	0.00

数据来源：上海证券交易所
Source：Shanghai Stock Exchange

Daily Trading Volume and Value of Securities Investment Funds in Shenzhen Stock Exchange in 2010

成交量：亿份　成交额：亿元

7月 Jul.		8月 Aug.		9月 Sep.		10月 Oct.		11月 Nov.		12月 Dec.	
成交额 Turnover	成交量 Volume	成交额 Turnover	成交量 Volume	成交额 Turnover	成交量 Volume	成交额 Turnover	成交量 Volume	成交额 Turnover	成交量 Volume	成交额 Turnover	成交量 Volume
11.68	10.86	0.00	0.00	19.08	19.25	0.00	0.00	28.92	25.89	14.69	11.83
17.51	16.29	19.28	18.98	12.89	10.72	0.00	0.00	27.22	22.15	15.09	11.54
0.00	0.00	19.83	17.63	11.87	9.95	0.00	0.00	32.94	22.43	15.70	12.96
0.00	0.00	23.40	21.64	0.00	0.00	0.00	0.00	26.41	19.49	0.00	0.00
17.47	18.88	15.29	14.53	0.00	0.00	0.00	0.00	21.76	16.01	0.00	0.00
20.11	19.64	16.26	13.85	18.16	15.90	0.00	0.00	0.00	0.00	18.07	14.16
11.65	11.04	0.00	0.00	11.72	10.13	0.00	0.00	0.00	0.00	17.82	14.40
9.05	6.68	0.00	0.00	9.22	7.52	26.95	19.08	24.30	18.28	15.30	12.52
16.19	14.83	18.86	17.14	11.81	10.91	0.00	0.00	22.43	17.64	12.09	10.12
0.00	0.00	17.20	14.53	14.12	14.51	0.00	0.00	26.40	19.63	13.86	11.91
0.00	0.00	14.11	13.35	0.00	0.00	36.62	26.57	33.18	24.76	0.00	0.00
13.13	11.70	13.47	13.81	0.00	0.00	22.22	15.92	49.82	42.65	0.00	0.00
12.00	11.31	12.46	10.64	14.33	13.14	26.21	19.57	0.00	0.00	18.90	15.16
11.64	9.86	0.00	0.00	12.12	10.48	33.68	22.85	0.00	0.00	15.00	11.84
12.67	11.97	0.00	0.00	10.73	9.51	46.99	33.78	37.80	30.51	13.98	11.65
9.95	10.14	15.62	14.24	14.62	13.91	0.00	0.00	37.54	31.66	9.99	7.48
0.00	0.00	13.57	11.09	8.35	8.29	0.00	0.00	33.50	26.98	8.61	7.37
0.00	0.00	14.66	12.79	0.00	0.00	63.48	50.41	29.47	26.13	0.00	0.00
16.85	16.87	17.11	14.77	0.00	0.00	41.09	29.36	31.50	27.93	0.00	0.00
16.37	13.78	18.18	17.67	9.26	8.46	58.74	41.14	0.00	0.00	22.24	19.89
13.86	11.60	0.00	0.00	5.89	5.41	32.55	22.76	0.00	0.00	23.13	19.62
13.02	10.77	0.00	0.00	0.00	0.00	23.09	17.39	25.25	21.89	15.23	13.20
14.65	11.49	11.24	9.44	0.00	0.00	0.00	0.00	27.07	22.22	14.81	12.06
0.00	0.00	17.37	16.65	0.00	0.00	0.00	0.00	25.93	22.70	16.70	13.62
0.00	0.00	14.90	12.97	0.00	0.00	29.31	22.90	23.24	19.38	0.00	0.00
11.65	11.21	11.13	9.03	0.00	0.00	26.75	19.94	17.93	13.81	0.00	0.00
11.62	12.43	7.55	6.52	8.71	8.39	31.78	24.09	0.00	0.00	17.88	15.77
20.09	17.21	0.00	0.00	14.25	12.52	24.78	20.28	0.00	0.00	17.14	15.07
18.52	17.45	0.00	0.00	7.68	6.09	31.00	22.19	15.49	12.58	10.44	9.13
12.80	12.29	14.25	13.01	11.48	10.39	0.00	0.00	30.54	25.26	11.47	9.87
0.00	0.00	9.73	8.70	0.00	0.00	0.00	0.00	0.00	0.00	12.86	11.22

4-18 2010年深交所证券投资基金每日成交量、成交额

日期 Date	1月 Jan.		2月 Feb.		3月 Mar.		4月 Apr.		5月 May.		6月 Jun.	
	成交额 Turnover	成交量 Volume	成交额 Turnover	成交量 Volume	成交额 Turnover	成交量 Volume	成交额 Turnover	成交量 Volume	成交额 Turnover	成交量 Volume	成交额 Turnover	成交量 Volume
1	0.00	0.00	13.28	8.25	8.99	7.03	15.52	12.55	0.00	0.00	15.94	9.43
2	0.00	0.00	12.02	8.27	10.89	7.50	12.67	10.48	0.00	0.00	11.70	6.61
3	0.00	0.00	17.77	11.74	9.66	6.64	0.00	0.00	0.00	0.00	15.35	8.42
4	13.87	9.41	13.70	8.71	14.02	8.86	0.00	0.00	11.74	6.54	9.59	5.44
5	13.73	9.02	15.01	9.15	10.94	6.07	0.00	0.00	16.45	10.04	0.00	0.00
6	11.88	8.69	0.00	0.00	0.00	0.00	14.26	12.10	17.65	10.54	0.00	0.00
7	17.54	11.73	0.00	0.00	0.00	0.00	10.86	8.59	17.62	11.41	12.10	7.03
8	13.58	8.88	7.81	4.44	7.87	5.08	15.44	12.68	0.00	0.00	10.89	7.26
9	0.00	0.00	6.70	4.66	12.19	7.19	11.34	9.14	0.00	0.00	13.61	9.06
10	0.00	0.00	8.06	6.28	9.14	5.78	0.00	0.00	14.76	10.07	12.95	8.44
11	29.50	24.98	6.37	5.26	10.01	6.71	0.00	0.00	21.32	13.33	8.61	5.76
12	20.66	16.22	6.81	5.49	8.54	5.66	13.30	10.34	17.02	11.71	0.00	0.00
13	28.84	19.68	0.00	0.00	0.00	0.00	20.84	16.61	14.85	10.21	0.00	0.00
14	19.51	12.60	0.00	0.00	0.00	0.00	11.98	9.98	13.31	8.91	0.00	0.00
15	14.17	9.65	0.00	0.00	9.49	6.06	11.45	9.56	0.00	0.00	0.00	0.00
16	0.00	0.00	0.00	0.00	6.09	4.02	12.30	9.50	0.00	0.00	0.00	0.00
17	0.00	0.00	0.00	0.00	10.12	6.70	0.00	0.00	14.59	10.21	6.67	5.02
18	13.58	8.75	0.00	0.00	9.31	5.77	0.00	0.00	18.56	10.83	12.03	8.01
19	14.95	10.03	0.00	0.00	9.25	6.39	24.31	17.56	17.07	10.12	0.00	0.00
20	21.06	14.34	0.00	0.00	0.00	0.00	19.66	12.44	13.87	8.26	0.00	0.00
21	16.18	11.35	0.00	0.00	0.00	0.00	16.28	10.83	15.46	10.70	16.79	10.67
22	17.26	12.27	8.42	6.07	7.96	5.72	15.35	10.21	0.00	0.00	9.86	6.11
23	0.00	0.00	9.81	6.58	6.04	4.68	11.73	7.84	0.00	0.00	8.38	5.09
24	0.00	0.00	9.69	6.16	5.61	4.36	0.00	0.00	18.60	12.89	6.00	3.78
25	14.55	8.52	12.30	8.68	7.05	5.38	0.00	0.00	15.35	8.82	6.21	3.84
26	16.72	11.61	10.03	6.98	9.36	7.21	10.03	7.56	11.06	6.91	0.00	0.00
27	17.85	11.07	0.00	0.00	0.00	0.00	18.32	12.73	17.43	9.56	0.00	0.00
28	13.30	8.20	0.00	0.00	0.00	0.00	14.54	9.48	14.74	9.06	5.80	3.84
29	14.32	8.50	0.00	0.00	19.72	17.70	10.50	7.37	0.00	0.00	13.40	8.80
30	0.00	0.00	0.00	0.00	12.23	9.89	13.42	8.61	0.00	0.00	10.71	7.90
31	0.00	0.00	0.00	0.00	10.27	8.28	0.00	0.00	15.25	8.87	0.00	0.00

数据来源：深圳证券交易所
Source: Shenzhen Stock Exchange

Daily Trading Volume and Value of Securities Investment Funds in Shenzhen Stock Exchange in 2010

成交量：亿份　成交额：亿元

7月 Jul.		8月 Aug.		9月 Sep.		10月 Oct.		11月 Nov.		12月 Dec.	
成交额 Turnover	成交量 Volume	成交额 Turnover	成交量 Volume	成交额 Turnover	成交量 Volume	成交额 Turnover	成交量 Volume	成交额 Turnover	成交量 Volume	成交额 Turnover	成交量 Volume
7.58	5.63	0.00	0.00	18.10	10.35	0.00	0.00	35.78	23.21	19.89	20.63
11.37	8.33	16.70	11.47	14.25	8.98	0.00	0.00	40.27	23.96	18.83	18.67
0.00	0.00	19.65	13.00	15.36	8.58	0.00	0.00	35.57	19.77	19.97	19.86
0.00	0.00	20.86	13.49	0.00	0.00	0.00	0.00	34.76	21.23	0.00	0.00
10.97	7.67	17.78	12.76	0.00	0.00	0.00	0.00	37.85	24.80	0.00	0.00
11.42	7.51	19.66	13.24	17.58	12.39	0.00	0.00	0.00	0.00	18.46	18.39
7.33	5.13	0.00	0.00	15.98	11.04	0.00	0.00	0.00	0.00	21.49	21.61
7.30	5.42	0.00	0.00	13.45	8.33	22.71	17.21	33.52	20.55	22.17	21.50
10.05	6.80	18.21	13.73	17.36	10.06	0.00	0.00	33.93	20.01	18.39	18.82
0.00	0.00	16.51	10.40	17.02	9.43	0.00	0.00	33.13	18.71	17.62	18.34
0.00	0.00	14.22	8.12	0.00	0.00	33.85	24.32	34.21	21.18	0.00	0.00
9.61	6.35	14.16	8.28	0.00	0.00	21.63	15.28	60.74	31.49	0.00	0.00
7.31	4.81	16.50	10.85	16.26	9.88	26.17	17.81	0.00	0.00	31.56	30.26
7.10	5.09	0.00	0.00	14.79	9.72	32.33	22.34	0.00	0.00	20.18	18.85
9.73	6.42	0.00	0.00	14.15	9.21	38.75	24.87	43.21	23.55	21.18	20.43
8.13	4.58	20.32	13.71	20.07	12.26	0.00	0.00	43.84	25.63	16.10	16.16
0.00	0.00	16.58	10.64	13.60	7.84	0.00	0.00	36.03	22.66	16.58	16.32
0.00	0.00	16.16	9.77	0.00	0.00	38.09	27.77	27.17	17.69	0.00	0.00
12.14	7.09	19.21	12.68	0.00	0.00	31.43	20.80	24.55	20.18	0.00	0.00
14.46	10.35	16.14	9.85	13.72	8.06	51.43	32.77	0.00	0.00	28.14	28.41
14.76	9.49	0.00	0.00	8.38	5.53	37.22	22.50	0.00	0.00	21.79	22.28
11.77	7.98	0.00	0.00	0.00	0.00	28.87	16.95	33.15	31.74	20.44	20.74
14.10	10.16	12.00	7.41	0.00	0.00	0.00	0.00	34.91	33.41	20.98	21.52
0.00	0.00	18.63	11.25	0.00	0.00	0.00	0.00	29.84	30.68	24.02	21.14
0.00	0.00	16.65	10.50	0.00	0.00	39.05	24.66	27.29	25.95	0.00	0.00
11.00	8.16	13.91	9.00	0.00	0.00	37.25	23.07	22.07	21.46	0.00	0.00
10.24	6.81	10.73	7.35	12.20	8.01	40.49	21.48	0.00	0.00	29.31	29.80
19.08	13.14	0.00	0.00	10.75	6.84	32.02	18.40	0.00	0.00	24.78	26.63
17.21	12.59	0.00	0.00	8.60	5.56	31.01	18.11	20.21	19.48	15.54	16.25
14.11	9.62	16.97	11.38	11.89	8.31	0.00	0.00	34.73	34.80	20.40	20.82
0.00	0.00	14.77	9.69	0.00	0.00	0.00	0.00	0.00	0.00	18.28	19.13

4－19　2010年上海证券交易所每日收市基金指数

Daily Close Fund Index of Shanghai Stock Exchange in 2010

日期 Date	1月 Jan.	2月 Feb.	3月 Mar.	4月 Apr.	5月 May.	6月 Jun.	7月 Jul.	8月 Aug.	9月 Sep.	10月 Oct.	11月 Nov.	12月 Dec.
1	0.00	4384.46	4627.08	4758.80	0.00	4093.66	3842.22	0.00	4147.65	0.00	4864.51	4596.84
2	0.00	4377.30	4610.90	4804.84	0.00	4091.17	3837.30	4264.75	4187.33	0.00	4877.06	4595.09
3	0.00	4473.32	4630.36	0.00	0.00	4074.28	0.00	4206.34	4180.99	0.00	4856.58	4573.97
4	4707.99	4464.37	4540.30	0.00	4342.42	4077.85	0.00	4220.45	0.00	0.00	4907.55	0.00
5	4749.49	4398.64	4553.52	0.00	4366.98	0.00	3797.86	4179.47	0.00	0.00	4988.07	0.00
6	4747.46	0.00	0.00	4808.04	4224.93	0.00	3860.66	4237.11	4270.92	0.00	0.00	4581.66
7	4684.17	0.00	0.00	4773.28	4189.85	4010.81	3871.98	0.00	4293.32	0.00	0.00	4587.12
8	4694.50	4401.78	4579.34	4724.41	0.00	4006.97	3878.05	0.00	4283.18	4473.59	5014.32	4561.68
9	0.00	4434.98	4600.68	4772.82	0.00	4118.02	3974.91	4241.64	4206.07	0.00	4964.88	4515.68
10	0.00	4516.54	4584.43	0.00	4230.32	4077.11	0.00	4149.99	4214.29	0.00	4929.22	4568.00
11	4752.01	4520.69	4589.28	0.00	4176.75	4092.09	0.00	4152.31	0.00	4584.99	4978.92	0.00
12	4836.95	4566.59	4544.20	4737.28	4208.17	0.00	4007.15	4109.57	0.00	4621.83	4725.73	0.00
13	4697.67	0.00	0.00	4796.26	4290.29	0.00	3949.49	4143.35	4255.84	4657.52	0.00	4688.88
14	4703.52	0.00	0.00	4792.52	4272.19	0.00	3977.33	0.00	4263.01	4645.18	0.00	4671.99
15	4706.17	0.00	4482.85	4775.97	0.00	0.00	3922.65	0.00	4214.14	4780.29	4748.60	4649.84
16	0.00	0.00	4507.83	4715.32	0.00	0.00	3928.26	4224.67	4152.07	0.00	4587.49	4622.17
17	0.00	0.00	4587.15	0.00	4111.33	4087.51	0.00	4236.28	4167.62	0.00	4507.49	4624.01
18	4706.60	0.00	4580.61	0.00	4180.99	4046.82	0.00	4209.78	0.00	4705.33	4594.87	0.00
19	4731.71	0.00	4613.34	4532.71	4171.79	0.00	4001.84	4242.48	0.00	4789.04	4630.96	0.00
20	4628.93	0.00	0.00	4518.48	4125.02	0.00	4067.33	4175.57	4172.52	4813.63	0.00	4587.52
21	4647.56	0.00	0.00	4574.11	4154.58	4141.96	4066.28	0.00	4186.04	4768.23	0.00	4671.13
22	4625.53	4546.70	4631.54	4505.70	0.00	4137.25	4106.44	0.00	0.00	4764.64	4605.69	4643.95
23	0.00	4480.01	4595.53	4474.20	0.00	4106.55	4118.43	4162.28	0.00	0.00	4541.71	4620.01
24	0.00	4523.02	4599.27	0.00	4265.73	4114.71	0.00	4177.64	0.00	0.00	4623.08	4603.18
25	4577.32	4580.41	4544.13	0.00	4183.07	4090.82	0.00	4120.95	0.00	4885.13	4662.93	0.00
26	4492.27	4566.08	4606.16	4441.74	4177.27	0.00	4130.78	4124.12	0.00	4862.89	4635.71	0.00
27	4453.50	0.00	0.00	4375.58	4224.54	0.00	4112.24	4131.46	4251.09	4782.04	0.00	4534.69
28	4451.22	0.00	0.00	4374.04	4213.78	4072.80	4210.37	0.00	4242.28	4796.80	0.00	4478.73
29	4449.13	0.00	4721.93	4362.14	0.00	3934.81	4220.35	0.00	4240.55	4752.85	4637.28	4488.62
30	0.00	0.00	4728.63	4399.16	0.00	3873.99	4208.69	4188.73	4313.42	0.00	4595.96	4495.93
31	0.00	0.00	4700.26	0.00	4130.46	0.00	0.00	4173.42	0.00	0.00	0.00	4557.66

数据来源：上海证券交易所
Source：Shanghai Stock Exchange

4-20 2010年深圳证券交易所每日收市基金指数

Daily Close Fund Index of Shenzhen Stock Exchange in 2010

日期 Date	1月 Jan.	2月 Feb.	3月 Mar.	4月 Apr.	5月 May.	6月 Jun.	7月 Jul.	8月 Aug.	9月 Sep.	10月 Oct.	11月 Nov.	12月 Dec.
1	0.00	4505.70	4798.68	4921.76	0.00	4517.61	4320.25	0.00	4700.67	0.00	5639.93	5612.69
2	0.00	4487.75	4779.89	5004.17	0.00	4522.46	4286.98	4680.98	4750.96	0.00	5734.01	5564.07
3	0.00	4577.90	4799.54	0.00	0.00	4509.74	0.00	4659.43	4766.14	0.00	5712.64	5480.82
4	4680.84	4582.27	4714.54	0.00	4619.03	4522.92	0.00	4688.00	0.00	0.00	5741.18	0.00
5	4709.38	4519.89	4734.98	0.00	4672.25	0.00	4224.98	4657.62	0.00	0.00	5891.80	0.00
6	4736.36	0.00	0.00	5038.05	4590.53	0.00	4286.73	4708.31	4838.75	0.00	0.00	5418.52
7	4701.75	0.00	0.00	4997.83	4580.43	4468.41	4294.75	0.00	4930.29	0.00	0.00	5418.53
8	4718.31	4523.74	4748.64	4960.67	0.00	4488.11	4283.62	0.00	4941.95	5317.00	5897.54	5407.58
9	0.00	4559.28	4760.70	5029.58	0.00	4610.53	4390.26	4715.13	4845.81	0.00	5846.49	5393.41
10	0.00	4656.58	4741.62	0.00	4626.47	4591.61	0.00	4625.92	4869.46	0.00	5824.53	5478.07
11	4833.78	4667.44	4735.56	0.00	4565.79	4619.47	0.00	4620.23	0.00	5412.44	5915.00	0.00
12	4975.96	4733.33	4693.45	5006.46	4570.25	0.00	4438.59	4578.03	0.00	5435.28	5639.40	0.00
13	4888.05	0.00	0.00	5034.53	4657.90	0.00	4385.30	4606.82	4943.55	5435.27	0.00	5614.63
14	4874.03	0.00	0.00	5004.87	4660.40	0.00	4418.72	0.00	4957.86	5326.15	0.00	5589.30
15	4858.41	0.00	4632.17	5000.92	0.00	0.00	4375.45	0.00	4933.82	5383.95	5653.98	5574.54
16	0.00	0.00	4656.29	4950.24	0.00	0.00	4389.33	4682.03	4881.11	0.00	5445.35	5573.70
17	0.00	0.00	4734.40	0.00	4517.67	4622.17	0.00	4693.65	4922.91	0.00	5301.00	5583.30
18	4850.28	0.00	4743.81	0.00	4571.73	4559.88	0.00	4658.88	0.00	5257.39	5509.01	0.00
19	4885.43	0.00	4774.69	4808.68	4583.30	0.00	4450.79	4691.99	0.00	5365.02	5592.06	0.00
20	4795.21	0.00	0.00	4804.16	4547.48	0.00	4520.89	4613.00	4912.84	5468.30	0.00	5602.46
21	4785.78	0.00	0.00	4857.16	4572.33	4645.77	4512.60	0.00	4947.24	5443.94	0.00	5686.02
22	4736.72	4723.70	4793.59	4811.51	0.00	4647.92	4537.17	0.00	0.00	5482.14	5567.45	5706.40
23	0.00	4673.39	4763.20	4771.35	0.00	4617.67	4545.07	4606.32	0.00	0.00	5503.03	5660.34
24	0.00	4715.21	4765.12	0.00	4673.40	4622.77	0.00	4652.33	0.00	0.00	5606.59	5644.22
25	4688.43	4762.70	4708.71	0.00	4599.02	4587.11	0.00	4645.03	0.00	5598.51	5632.32	0.00
26	4594.89	4742.62	4758.12	4747.14	4590.75	0.00	4558.51	4664.51	0.00	5621.49	5623.25	0.00
27	4591.90	0.00	0.00	4704.86	4631.62	0.00	4545.31	4668.72	5058.67	5532.02	0.00	5571.20
28	4599.22	0.00	0.00	4710.37	4638.55	4547.50	4627.14	0.00	5066.35	5559.90	0.00	5504.82
29	4580.50	0.00	4866.21	4680.39	0.00	4430.46	4642.75	0.00	5062.44	5526.10	5644.31	5545.10
30	0.00	0.00	4865.85	4675.77	0.00	4368.40	4627.32	4728.38	5142.88	0.00	5598.82	5585.24
31	0.00	0.00	4842.16	0.00	4563.97	0.00	0.00	4734.13	0.00	0.00	0.00	5655.98

数据来源：深圳证券交易所
Source：Shenzhen Stock Exchange

4-21 2010年上市权证概况表

Summary of Warrants in 2010

权证代码 Warrant Code	权证简称 Warrant Name	权证类别(认购\认沽) Warrant Type	标的证券 Target Security	行权方式 Strike type	年末行权价格(元) Exercising Price	上市日 listing date	到期日 Expire date	年末流通数量 Negotiable Volume	上市地点 Trading Spot
580016	上汽CWB1	认购	600104	欧式	26.91	20080108	20100107	222887410	上海
580017	赣粤CWB1	认购	600269	欧式	10.04	20080228	20100227	56366640	上海
580019	石化CWB1	认购	600028	欧式	19.15	20080304	20100303	3029865110	上海
580022	国电CWB1	认购	600795	欧式	3.70	20080522	20100521	398689606	上海
580024	宝钢CWB1	认购	600019	欧式	11.80	20080704	20100703	1599903453	上海
580025	葛洲CWB1	认购	600068	欧式	7.66	20080711	20100110	27052661	上海
580026	江铜CWB1	认购	600362	欧式	15.33	20081010	20101009	88515228	上海
580027	长虹CWB1	认购	600839	欧式	3.48	20090819	20110818	573000000	上海

数据来源：上海、深圳证券交易所
Source: Shanghai、Shenzhen Stock Exchange

4-22 2010年权证年度成交

Trading Summary of Warrants in 2010

权证代码 Warrant Code	权证简称 Warrant Name	年末流通数量 Negotiable Volume	本年开盘(元)Open	本年最高(元)High	本年最低(元)Low	本年收盘(元)Close	年成交金额(亿元) Trading Value	年成交数量(亿份) Trading Volume	年度流通换手率(%) Turnover Rate	上市地点 Trading Spot
580017	赣粤CWB1	56366640.000	6.660	6.850	0.101	0.104	373.991	114.328	20271.544	上海
580019	石化CWB1	3029935080.000	1.523	1.524	0.001	0.001	1695.831	3549.948	11716.000	上海
580022	国电CWB1	398689606.000	2.962	2.965	0.021	0.026	1221.439	956.427	22374.405	上海
580024	宝钢CWB1	1599945466.000	1.564	1.566	0.001	0.001	1634.912	3173.150	19832.190	上海
580026	江铜CWB1	190587938.000	5.250	5.555	1.975	2.776	6664.115	1974.649	11211.953	上海
580027	长虹CWB1	573000000.000	3.069	3.414	2.032	2.532	2807.295	967.488	16884.608	上海

数据来源：上海、深圳证券交易所
Source: Shanghai Shenzhen Stock Exchange

五、上 市 公 司

Listed Companies

2010年上市公司综述

Summary for Listed Companies Supervising in 2010

截止2011年4月30日,沪深两市2063家上市公司均如期披露了年报。以下简单介绍2010年上市公司业绩情况。

2063家公司中,实现盈利公司1930家,占93.55%;亏损公司133家,占6.45%,与2009年年报亏损公司占比12.65%相比,亏损面下降了6.2个百分点。

截至2010年12月31日,2063家上市公司资产总额86.22万亿元,与2009年底上市公司资产总额61.79万亿元相比,增加24.43万亿元,增幅39.54%;2010年度2063家上市公司共实现主营业务收入14.46万亿元,与2009年度主营业务收入8.53万亿元相比,增加了5.93万亿元,增幅69.52%。

2010年度,2063家上市公司共实现净利润16457亿元,与2009年度上市公司净利润10032亿元相比,上升6425亿元,增幅64.05%。2010年度每股平均收益0.49元,与2009年度每股平均收益0.38元相比,每股收益上升0.11元。2010年度净资产收益率为14.42%,与2009年度净资产收益率为12.97%相比,上升了1.45个百分点。

5-1 1990—2010年上市公司数量

Number of Listed Companies (1990—2010)

年份 Year	全国 National	上交所 Shanghai Stock Exchange	深交所 Shenzhen Stock Exchange
1990年	10	8	2
1991年	14	8	6
1992年	53	29	24
1993年	183	106	77
1994年	291	171	120
1995年	323	188	135
1996年	530	293	237
1997年	745	383	362
1998年	851	438	413
1999年	949	484	465
2000年	1088	572	516
2001年	1160	646	514
2002年	1224	715	509
2003年	1287	780	507
2004年	1377	837	540
2005年	1381	834	547
2006年	1434	842	592
2007年	1550	860	690
2008年	1625	864	761
2009年	1718	870	848
2010年	2063	894	1169

数据来源：上海、深圳证券交易所
Source: Shanghai Shenzhen Stock Exchange

5-2 2010年上市公司行业分类

Industrial Distribution of Listed Companies in 2010

行业 Industries	全国合计 Total		上交所 Shanghai Stock Exchange		深交所 Shenzhen Stock Exchange	
	公司数量 No. of Listed Companies	占总额(%)	公司数量 No. of Listed Companies	占总额(%)	公司数量 No. of Listed Companies	占总额(%)
农、林、牧、副、渔业 Agriculture, Forestry, Fishing and Hunting	48	2.33%	24	2.68%	24	2.05%
采掘业 Mining	43	2.08%	27	3.02%	16	1.37%
食品、饮料 Food, Beverage	78	3.78%	35	3.91%	43	3.68%
纺织、服装、毛皮 Textile, Apparel, Leather	77	3.73%	35	3.91%	42	3.59%
木材、家俱 Wood Product	9	0.44%	2	0.22%	7	0.60%
造纸、印刷 Paper, Printing	42	2.04%	16	1.79%	26	2.22%
石油、化学、橡胶、塑料 Petroleum, Chemical Product, Plastics, Rubber	222	10.76%	78	8.72%	144	12.32%
电子 Electrical Equipment	115	5.57%	27	3.02%	88	7.53%
金属、非金属 Metal, Nonmetallic Mineral Product	170	8.24%	71	7.94%	99	8.47%
机械、设备、仪表 Machinery, Equipment, Meter	369	17.89%	137	15.32%	232	19.85%
医药、生物 Medicine, Biologic Product	127	6.16%	55	6.15%	72	6.16%
其他制造业 Other Manufacuring	30	1.45%	11	1.23%	19	1.63%
电力、蒸汽及水的生产及供应业 Electricity, Gas, Water Supply	72	3.49%	46	5.15%	26	2.22%
建筑业 Construction	44	2.13%	26	2.91%	18	1.54%
交通运输、仓储业 Transport, Storage	74	3.59%	52	5.82%	22	1.88%
信息技术业 Information, Technology	159	7.71%	52	5.82%	107	9.15%
批发和零售贸易 Wholesale and Retail Trade	111	5.38%	63	7.05%	48	4.11%
金融、保险业 Finance, Insurance	37	1.79%	28	3.13%	9	0.77%
房地产业 Real Estate	96	4.65%	42	4.70%	54	4.62%
社会服务业 Social Services	58	2.81%	20	2.24%	38	3.25%
传播及文化产业 Transmission, Culture	23	1.11%	11	1.23%	12	1.03%
综合类 Conglomerat	59	2.86%	36	4.03%	23	1.97%
合计 Total	2063	100.00%	894	100.00%	1169	100.00%

数据来源：上海、深圳证券交易所
Source: Shanghai Shenzhen Stock Exchange

5-3 2010年新上市公司行业分类

Industrial Distribution of Newly Listed Companies in 2010

行业 Industries	全国合计 Total		上交所 Shanghai Stock Exchange		深交所 Shenzhen Stock Exchange	
	公司数量 No. of Listed Companies	占总额(%) Percent	公司数量 No. of Listed Companies	占总额(%) Percent	公司数量 No. of Listed Companies	占总额(%) Percent
农、林、牧、副、渔业 Agriculture, Forestry, Fishing and Hunting	8	2.31%	0	0.00%	8	2.49%
采掘业 Mining	4	1.15%	1	3.85%	3	0.93%
制造业 Manufacuring	251	72.33%	10	38.46%	241	75.08%
其中:食品、饮料 Food, Beverage	12	3.46%	0	0.00%	12	3.74%
纺织、服装、毛皮 Textile, Apparel, Leather	9	2.59%	0	0.00%	9	2.80%
木材、家俱 Wood Product	2	0.58%	0	0.00%	2	0.62%
造纸、印刷 Paper, Printing	6	1.73%	0	0.00%	6	1.87%
石油、化学、橡胶、塑料 Petroleum, Chemical Product, Plastics, Rubber	44	12.68%	0	0.00%	44	13.71%
电子 Electrical Equipment	38	10.95%	0	0.00%	38	11.84%
金属、非金属 Metal, Nonmetallic Mineral Product	25	7.20%	0	0.00%	25	7.79%
机械、设备、仪表 Machinery, Equipment, Meter	90	25.94%	10	38.46%	80	24.92%
医药、生物 Medicine, Biologic Product	20	5.76%	0	0.00%	20	6.23%
其他制造业 Other Manufacuring	5	1.44%	0	0.00%	5	1.56%
电力、蒸汽及水的生产及供应业 Electricity, Gas, Water Supply	2	0.58%	1	3.85%	1	0.31%
建筑业 Construction	6	1.73%	1	3.85%	5	1.56%
交通运输、仓储业 Transport, Storage	4	1.15%	2	7.69%	2	0.62%
信息技术业 Information, Technology	43	12.39%	0	0.00%	43	13.40%
批发和零售贸易 Wholesale and Retail Trade	7	2.02%	2	7.69%	5	1.56%
金融、保险业 Finance, Insurance	5	1.44%	4	15.38%	1	0.31%
房地产业 Real Estate	0	0.00%	0	0.00%	0	0.00%
社会服务业 Social Services	6	1.73%	0	0.00%	6	1.87%
传播及文化产业 Transmission, Culture	7	2.02%	2	7.69%	5	1.56%
综合类 Conglomerat	4	1.15%	3	11.54%	1	0.31%
合计 Total	347	100.00%	26	100.00%	321	100.00%

数据来源:上海、深圳证券交易所
Source: Shanghai Shenzhen Stock Exchange

5-4 1994—2010年全国按股份类别划分的上市公司年末数量

Number of Listed Companies by Stock Type (1994—2010)

年份 Year	1994	1995	1996	1997	1998	1999	2000	2001	2002	2003	2004	2005	2006	2007	2008	2009	2010
仅发A股 Only A Shares	227	242	431	627	727	822	955	1025	1085	1146	1236	1240	1287	1389	1459	1549	1892
仅发A、H股 A&H Shares	6	11	14	17	18	19	19	23	28	30	31	32	38	52	57	61	63
仅发A、B股 A&B Shares	54	58	69	76	80	82	86	88	87	87	86	86	86	86	85	85	85
仅发B股 Only B Shares	4	12	16	25	26	26	28	24	24	24	24	23	23	23	23	22	22
发A、B、H股 A&B&H Shares	0	0	0	0	0	0	0	0	0	0	0	0	0	0	1	1	1
合计 Total	291	323	530	745	851	949	1088	1160	1224	1287	1377	1381	1434	1550	1625	1718	2063
A股合计 Total of A Shares	287	311	514	720	825	923	1060	1136	1200	1263	1353	1358	1411	1527	1602	1696	2041
B股合计 Total of B Shares	58	70	85	101	106	108	114	112	111	111	110	109	109	109	109	108	108

数据来源:上海、深圳证券交易所
Source: Shanghai Shenzhen Stock Exchange

5－5 上交所按股份类别划分的上市公司年末数量

Number of Listed Companies by Stock Type (Shanghai Stock Exchange)

年份 Year	1994	1995	1996	1997	1998	1999	2000	2001	2002	2003	2004	2005	2006	2007	2008	2009	2010
仅发 A 股 Only A Shares	131	142	240	321	373	417	504	573	639	702	759	755	756	761	760	762	784
仅发 A、H 股 A&H Shares	6	10	11	12	13	13	13	19	22	24	24	25	32	45	50	54	56
仅发 A、B 股 A&B Shares	32	32	36	39	39	41	42	44	44	44	44	44	44	44	44	44	44
仅发 B 股 Only B Shares	2	4	6	11	13	13	13	10	10	10	10	10	10	10	10	10	10
合 计 Total	171	188	293	383	438	484	572	646	715	780	837	834	842	860	864	870	894
A 股合计 Total of A Shares	169	184	287	372	425	471	559	636	705	770	827	824	832	850	854	860	884
B 股合计 Total of B Shares	34	36	42	50	52	54	55	54	54	54	54	54	54	54	54	54	54

数据来源：上海证券交易所
Source: Shanghai Stock Exchange

5－6 深交所按股份类别划分的上市公司年末数量

Number of Listed Companies by Stock Type (Shenzhen Stock Exchange)

年份 Year	1994	1995	1996	1997	1998	1999	2000	2001	2002	2003	2004	2005	2006	2007	2008	2009	2010
仅发 A 股 Only A Shares	96	100	191	306	354	405	451	452	446	444	477	485	531	628	699	787	1108
仅发 A、H 股 A&H Shares	0	1	3	5	5	6	6	4	6	6	7	7	6	7	7	7	7
仅发 A、B 股 A&B Shares	22	26	33	37	41	41	44	44	43	43	42	42	42	42	41	41	41
仅发 B 股 Only B Shares	2	8	10	14	13	13	15	14	14	14	14	13	13	13	13	12	12
发 A、B、H 股 A&B&H Shares	0	0	0	0	0	0	0	0	0	0	0	0	0	0	1	1	1
合 计 Total	120	135	237	362	413	465	516	514	509	507	540	547	592	690	761	848	1169
A 股合计 Total of A Shares	118	127	227	348	400	452	501	500	495	493	526	534	579	677	748	836	1157
B 股合计 Total of B Shares	24	34	43	51	54	54	59	58	57	57	56	55	55	55	55	54	54

数据来源：深圳证券交易所。截至 2009 年底，晨鸣纸业是唯一一家发行 A、B、H 股的公司
Source: Shenzhen Stock Exchange

5－7 2010 年按股本规模划分的上市公司年末数量

Number of Listed Companies by Equity Scale in 2010

股本规模 Stock Capital	上海 Shanghai	深圳 Shenzhen	合计 Total
1 亿以下	11	158	169
1 亿—2 亿	109	348	457
2 亿—3 亿	115	227	342
3 亿—5 亿	229	197	426
5 亿—10 亿	203	139	342
10 亿以上	227	100	327
合计 Total	894	1169	2063

数据来源：上海、深圳证券交易所
Source: Shanghai Shenzhen Stock Exchange

5－8 2010年全国上市公司股本结构
Equity Structure of Listed Companies in 2010

单位：亿股

	期初股数 No. at the beginning of 2008	比重 Ratio (%)	本期增减 Changes				期末股数 No. at the end if 2008	比重 Ratio (%)
			首发 First Issuing	配股 Right Issuing	送股 Bonus Shares	其他 Others		
股本总数 Total Capitalization	20689.30	1.00	4437.27	384.08	1056.37	488.66	27055.68	1.00
流通股股数 Negotiable Shares	20582.07	0.99	4437.21	384.08	1055.63	500.56	26959.55	1.00
已上市部分 Listed Shares	14242.57	0.69	323.88	383.11	808.14	3895.16	19652.86	0.73
A股 A-Shares	13971.02	0.68	323.88	383.11	797.83	3895.24	19371.09	0.72
B股 B-Shares	271.55	0.01	0.00	0.00	10.31	-0.08	281.77	0.01
暂未上市部分 Non-listed Shares	6339.51	0.31	4113.33	0.97	247.49	-3394.60	7306.69	0.27
A股 A-Shares	6339.51	0.31	4113.33	0.97	247.49	-3394.60	7306.69	0.27
B股 B-Shares	0.00	0.00	0.00	0.00	0.00	0.00	0.00	0.00
非流通股股数 Non-negotiable Shares	107.23	0.01	0.07	0.00	0.73	－11.90	96.13	0.00
国家股 State-owned Shares	1.80	0.00	0.00	0.00	0.71	－0.87	1.64	0.00
国有法人股 State-owned Legal Person's Shares	60.18	0.00	0.00	0.00	0.00	－0.41	59.77	0.00
境内法人股 Domestic Legal Person's Shares	34.10	0.00	0.00	0.00	0.00	－9.81	24.29	0.00
境外法人股 Foreign Legal Person's Shares	11.09	0.00	0.00	0.00	0.00	－0.75	10.34	0.00
职工股 Staff Shares	0.05	0.00	0.07	0.00	0.02	－0.05	0.09	0.00
其他 Others	0.00	0.00	0.00	0.00	0.00	0.00	0.00	0.00

注:2010年统计口径较2009年增加了创业板。
数据来源:中国证券登记结算公司
Source: China Securities Depository and Clearing Corporation Limited

5－9(1) 2010年中小板上市公司股份结构
Capital Structure Figures of SME Board in 2010

单位：亿(100000000)

股份结构 Capital Structure	股份数量 Number
发起人股 Sponsor's Shares	0.00
国家股 State-owned Shares	0.00
发起人法人股 Sponsor's Legal Person's Shares	0.00
境外法人股 Foreign Legal Person's Shares	0.00
定向募集法人股 Private Placement of Legal Person's Shares	0.09
其他发起人股 Others Sponsor's Shares	11.04
其他未流通股 Other Nonnegotiable Shares	568.64
尚未流通股份合计 Total Nonnegotiable Shares	579.68
境内上市人民币普通股 A Shares	781.37
境内上市外资股 B Shares	0.00
境外上市外资股 H Shares	0.00
其他已流通股 Other Negotiable Shares	1.28
已流通股份合计 Negotiable Shares	782.65
股份总数 Total Shares	1362.33

数据来源:深圳证券交易所
Source: Shenzhen Stock Exchange

5-9(2) 2010年创业板上市公司股份结构

Capital Structure Figures of SME Board in 2010

单位：亿(100000000)

股份结构 Capital Structure	股份数量 Number
发起人股 Sponsor's Shares	0.00
国家股 State-owned Shares	0.00
发起人法人股 Sponsor's Legal Person's Shares	0.00
境外法人股 Foreign Legal Person's Shares	0.00
定向募集法人股 Private Placement of Legal Person's Shares	0.00
其他发起人股 Others Sponsor's Shares	0.50
其他未流通股 Other Nonnegotiable Shares	121.39
尚未流通股份合计 Total Nonnegotiable Shares	121.89
境内上市人民币普通股 A Shares	53.17
境内上市外资股 B Shares	0.00
境外上市外资股 H Shares	0.00
其他已流通股 Other Negotiable Shares	0.00
已流通股份合计 Negotiable Shares	53.17
股份总数 Total Shares	175.06

数据来源：深圳证券交易所
Source: Shenzhen Stock Exchange

5-10(1) 2010年中小板上市公司分行业信息汇总

Information for SME Board Listed Companies by Industries in 2010

	家数 Number	总股本（万股） Total Shares	流通股本（万股） Negotiable Shares	总市值（万元） Market Capitalization	流通市值（万元） Negotiable Capitalization	成交金额（万元） Turnover	每股收益 EPS	市盈率 PE Ratio	换手率（%） Turnover Rate	平均价格（元） Average Price	筹资总额（万元） Rasied Capital
农林牧渔 Agriculture	11	209913.71	132034.01	8026339.84	4982069.71	23296342.00	0.31	86.67	730.08	38.24	293716.00
采掘业 Mining	5	220967.89	195827.46	7985661.43	6014409.25	18591971.55	0.59	61.14	440.63	36.14	247206.00
食品饮料 Food & Beverage	20	433466.01	151263.59	19934717.04	7414260.62	26974096.91	0.65	71.03	888.15	45.99	884112.20
纺织服装 Textiles & Apparel	26	574355.99	277924.24	11506176.93	5192843.66	31318132.76	0.34	54.48	921.03	20.03	961889.70
木材家具 Timber & Furnishings	5	112419.00	49239.85	1879571.16	668529.75	6589732.38	0.17	64.81	1306.87	16.72	256975.50
造纸印刷 Paper & Printing	17	455719.49	249679.75	7825246.75	3468383.36	21765439.12	0.43	39.79	702.46	17.17	523418.40
石化塑胶 Petrochemicals	74	1690104.99	888416.29	38868653.60	17092895.47	106598564.05	0.43	50.09	835.94	23.00	3690994.59
电子 Electronics	52	1228915.03	663253.40	38820319.07	17886434.11	97633305.25	0.34	86.77	946.93	31.59	2656912.75
金属非金属 Metals & Non-metals	53	1304085.95	589408.45	26808040.92	10952681.60	73298364.99	0.29	58.71	859.50	20.56	2086200.34
机械设备 Machinery	113	2570648.26	1308526.03	64700434.52	31022311.81	170898393.60	0.51	48.25	894.73	25.17	4657242.29
医药生物 Pharmaceuticals	28	644640.30	291626.37	28520858.27	10865249.02	62133810.28	0.69	63.90	786.20	44.24	1995448.00
其他制造业	15	310590.51	179342.65	6544306.64	3568507.93	25788178.83	0.32	65.38	881.80	21.07	303000.00
水电煤气 Utilities	3	86267.47	27738.19	2095866.19	655218.37	3699348.85	0.55	44.13	693.56	24.30	139320.00
建筑业 Construction	12	284644.29	128956.31	12546242.49	5247819.11	22350427.51	0.45	97.95	866.23	44.08	639305.80
运输仓储 Transportation	5	96376.27	50854.36	2004326.07	991049.85	6341752.44	0.34	61.40	765.66	20.80	114667.40
信息技术 IT	51	957116.45	437939.80	31988403.50	12671880.59	82040305.01	0.47	70.05	890.94	33.42	2133722.05
批发零售 Wholesale & Retail	14	1086207.52	667080.24	21247767.85	10487037.16	30875059.82	0.47	41.82	292.57	19.56	802316.18
金融保险 Financials	2	528362.05	279426.58	6494094.26	3457209.62	8886222.79	0.39	31.70	387.45	12.29	751318.51
房地产业 Real Estate	7	476339.69	227559.58	5784601.85	2806920.00	14108111.34	0.42	28.88	802.57	12.14	0.00
社会服务 Social Services	14	281375.46	192382.62	7058686.61	4836719.05	17819658.88	0.32	79.23	813.02	25.09	223466.80
传播文化 Media	2	61707.74	31650.18	1180640.42	557278.12	3985452.16	-0.03	93.15	859.03	19.13	0.00
综合类 Conglomerates	2	53200.00	31398.07	1825180.00	663517.89	3331590.99	0.19	183.10	1086.58	34.31	140000.00

数据来源：深圳证券交易所
Source: Shenzhen Stock Exchange

5-10(2) 2010年创业板上市公司分行业信息汇总

Information for SME Board Listed Companies by Industries in 2010

	家数 Number	总股本(万股) Total Shares	流通股本(万股) Negotiable Shares	总市值(万元) Market Capitalization	流通市值(万元) Negotiable Capitalization	成交金额(万元) Turnover	每股收益 EPS	市盈率 PE Ratio	换手率(%) Turnover Rate	平均价格(元) Average Price	筹资总额(万元) Rasied Capital
农林牧渔 Agriculture	4	55680	13679.95	1469374	351305.281	2517290.499	0.325	81.26	1534.116	26.39	258932
采掘业 Mining	1	6400	1600	229056	57264	496130.975	0.436	82.09	1101.001	35.79	52800
食品饮料 Food & Beverage	2	12168	2458	1052824	211919.2	525097.79	0.67	129.16	321.4	86.524	198080
造纸印刷 Paper & Printing	3	42420	12920.835	1314940	407911.422	2905421.807	0.406	76.42	1408.831	30.998	155467.6
石化塑胶 Petrochemicals	15	123016.802	31802.081	5043424.608	1275211.915	12251636.97	0.646	63.48	1859.932	40.998	862742
电子 Electronics	19	235583.32	49984.33	10929012.76	2468829.62	21090980.08	0.50	92.72	2308.77	46.39	1607022.25
金属非金属 Metals & Non-metals	6	70977.12	20318.88	2773702.04	784566.37	6853097.49	0.46	84.19	2142.90	39.08	404766.00
机械设备 Machinery	42	478899.90	149360.43	18718715.89	5574592.39	37630022.82	0.54	72.98	1744.18	39.09	2093565.10
医药生物 Pharmaceuticals	13	181731.02	48121.97	7630725.86	1866216.48	11600389.95	0.57	73.48	1499.54	41.99	1059557.40
其他制造业	2	14000.00	3500.00	399080.00	99770.00	1051277.00	0.31	92.59	1515.30	28.51	66960.00
建筑业 Construction	1	10860.00	2800.00	328080.60	84588.00	555705.83	0.62	48.57	761.01	30.21	72800.00
运输仓储 Transportation	1	9000.00	3546.00	139050.00	54785.70	680807.18	0.37	42.33	1576.43	15.45	0.00
信息技术 IT	30	321725.56	101027.45	13246836.45	3797319.12	37562066.68	0.61	68.09	1719.07	41.17	1785029.00
批发零售 Wholesale & Retail	1	17870.00	8406.44	571840.00	269006.05	2526625.71	0.36	89.89	1603.30	32.00	0.00
社会服务 Social Services	7	96373.50	25656.12	6719959.68	1708942.58	12385918.72	0.58	120.75	1459.88	69.73	704918.00
传播文化 Media	6	73923.53	28593.10	3085567.28	1044181.46	6546239.82	0.41	102.35	1364.30	41.74	310808.00

数据来源：深圳证券交易所

Source: Shenzhen Stock Exchange

5－11　2010 年上市公司地区分布
Regional Distribution of Listed Companies in 2010

地区 Area	上市公司家数 Listed Companies		
	上交所 Shanghai	深交所 Shenzhen	全国合计 National
安　徽	29	36	65
北　京	88	75	163
福　建	31	43	74
甘　肃	10	12	22
广　东	39	255	294
广　西	11	16	27
贵　州	9	10	19
海　南	7	15	22
河　北	17	27	44
河　南	21	30	51
黑龙江	22	8	30
湖　北	35	38	73
湖　南	19	43	62
吉　林	17	18	35
江　苏	66	102	168
江　西	16	14	30
辽　宁	27	33	60
内蒙古	15	6	21
宁　夏	4	8	12
青　海	6	3	9
山　东	49	77	126
山　西	17	13	30
陕　西	17	19	36
上　海	148	32	180
四　川	33	49	82
天　津	17	17	34
西　藏	6	3	9
新　疆	21	15	36
云　南	13	16	29
浙　江	67	118	185
重　庆	17	18	35
总　计	894	1169	2063

数据来源：上海、深圳证券交易所
Source：Shanghai Shenzhen Stock Exchange

5-12 2010年上市公司行业、地区交叉分布

	安徽	北京	福建	甘肃	广东	广西	贵州	海南	河北	河南	黑龙江	湖北	湖南
农、林、牧、副、渔业 Agriculture, Forestry, Fishing and Hunting	2	4	3	2	3	0	0	1	1	2	2	1	4
采掘业 Mining	1	8	1	2	2	0	1	0	2	2	0	0	1
食品、饮料 Food, Beverage	3	5	1	4	11	2	1	1	2	3	1	2	3
纺织、服装、毛皮 Textile, Apparel, Leather	2	1	5	1	6	0	0	2	3	2	0	3	2
木材、家俱 Wood Product	0	0	0	0	2	0	0	0	0	0	1	0	0
造纸、印刷 Paper, Printing	1	1	5	0	12	1	0	0	0	1	2	0	1
石油、化学、橡胶、塑料 Petroleum, Chemical Product, Plastics, Rubber	13	4	2	2	19	5	4	0	11	5	4	13	7
电子 Electrical Equipment	2	6	6	1	42	0	2	0	2	3	0	4	1
金属、非金属 Metal, Nonmetallic Mineral Product	7	8	5	3	15	1	2	1	6	12	1	4	4
机械、设备、仪表 Machinery, Equipment, Meter	14	18	13	2	38	3	4	2	6	13	7	12	15
医药、生物 Medicine, Biologic Product	2	6	1	1	15	5	3	2	2	4	2	6	4
其他制造业 Other Manufacuring	1	3	3	0	5	0	0	0	2	0	0	1	1
电力、蒸汽及水的生产及供应业 Electricity, Gas, Water Supply	2	4	1	1	12	2	1	0	2	2	2	4	2
建筑业 Construction	2	10	0	0	7	0	0	0	0	0	1	1	0
交通运输、仓储业 Transport, Storage	2	5	4	0	12	2	0	4	1	1	1	2	2
信息技术业 Information, Technology	3	34	10	1	30	1	0	0	1	1	1	4	3
批发和零售贸易 Wholesale and Retail Trade	1	10	5	2	14	1	0	1	1	0	1	5	4
金融、保险业 Finance, Insurance	1	10	2	0	6	0	0	0	0	0	0	1	0
房地产业 Real Estate	2	7	1	0	24	1	0	3	2	0	1	4	1
社会服务业 Social Services	2	12	0	0	9	1	0	1	0	0	0	2	3
传播及文化产业 Transmission, Culture	2	5	0	0	2	0	0	1	0	0	0	1	3
综合类 Conglomerat	0	2	6	0	8	2	1	3	0	0	3	3	1
合计	65	163	74	22	294	27	19	22	44	51	30	73	62

数据来源:上海、深圳证券交易所
Source: Shanghai Shenzhen Stock Exchange

Industries-Region Distribution of Listed Companies in 2010

吉林	江苏	江西	辽宁	内蒙古	宁夏	青海	山东	山西	陕西	上海	四川	天津	西藏	新疆	云南	浙江	重庆	合计
1	0	0	2	0	0	0	7	0	1	1	3	0	0	6	2	0	0	48
0	0	0	0	3	0	1	4	7	1	1	1	2	1	1	1	0	0	43
1	3	1	1	2	0	0	6	1	1	4	6	0	1	5	1	4	2	78
0	12	0	2	1	1	1	6	0	0	10	2	0	0	1	0	14	0	77
0	1	0	1	0	0	0	0	0	0	0	1	0	0	1	0	2	0	9
1	0	0	1	0	1	0	6	0	1	1	2	0	0	1	0	4	0	42
3	29	2	6	4	2	3	20	7	1	15	14	0	0	3	2	20	2	222
1	9	1	1	0	0	0	3	0	3	4	4	2	0	0	0	18	0	115
3	14	6	6	3	4	1	14	5	3	8	6	0	1	6	7	12	2	170
4	39	11	12	3	2	1	27	2	12	35	11	7	1	2	3	41	9	369
6	8	3	2	2	1	2	7	2	1	7	4	6	2	0	3	11	7	127
1	2	0	0	0	0	0	1	0	1	3	0	1	0	0	0	5	0	30
2	1	2	5	2	0	0	2	2	1	4	6	1	0	1	1	3	4	72
0	4	0	0	0	0	0	1	0	0	5	2	0	0	4	0	6	1	44
1	5	2	4	0	0	0	2	1	0	8	3	4	1	0	1	4	2	74
2	15	0	3	0	0	0	6	1	3	14	7	0	0	0	1	16	2	159
3	12	1	5	0	1	0	6	1	2	14	3	2	1	3	1	10	1	111
1	2	0	0	0	0	0	0	1	1	7	1	0	0	1	1	1	1	37
4	4	1	4	1	0	0	3	0	0	13	2	6	0	1	2	7	2	96
0	4	0	2	0	0	0	2	0	3	8	2	2	1	0	2	2	0	58
0	0	0	1	0	0	0	0	0	1	3	2	0	0	0	0	2	0	23
1	4	0	2	0	0	0	3	0	0	15	0	1	0	0	1	3	0	59
35	168	30	60	21	12	9	126	30	36	180	82	34	9	36	29	185	35	2063

5-13 1992—2010年上市公司主要财务指标一览表

Financial Figures of Listed Companies (1992—2010)

年份 year	资产总额(亿元) Total Assets (100000000)	净资产额(亿元) Net Assets (100000000)	主营收入(亿元) Revernue (100000000)	利润总额(亿元) Total Profit (100000000)	净利润(亿元) Net Profit (100000000)	资产负债率% Asset-Liability Ratio	净资产收益率% ROE	每股净资产(元) Net Asset Per Share	每股收益(元)EPS
1992年	481.00	168.27	225.55	31.64	24.03	65.02	14.28	2.44	0.35
1993年	1821.00	933.00	954.00	157.00	137.00	48.76	14.68	2.44	0.36
1994年	3309.00	1628.00	1680.00	256.00	214.12	50.80	13.15	2.39	0.31
1995年	4295.00	1958.00	2204.00	256.00	211.00	54.41	10.78	2.31	0.25
1996年	6352.00	2940.00	3235.00	344.00	282.00	53.72	9.59	2.41	0.23
1997年	9660.58	4824.77	5076.51	577.33	467.76	50.06	9.69	2.47	0.24
1998年	12407.52	6266.76	6269.71	614.40	466.97	49.49	7.45	2.48	0.19
1999年	16107.36	7639.35	7974.56	806.31	628.88	52.57	8.23	2.48	0.20
2000年	21673.88	10079.77	10783.87	1007.43	769.22	53.49	7.63	2.66	0.20
2001年	29257.03	12975.66	15475.80	1016.48	694.22	55.65	5.35	2.49	0.13
2002年	41526.17	14636.98	19001.97	1298.89	826.95	64.75	5.65	2.49	0.14
2003年	53246.30	17044.80	25047.16	1890.11	1256.83	67.99	7.37	2.39	0.19
2004年	63472.40	19261.59	34064.44	2671.98	1757.06	69.65	9.12	2.71	0.25
2005年	72712.99	20461.59	41042.29	2627.31	1674.82	71.86	8.19	2.74	0.22
2006年	218489.62	33418.35	50774.97	5109.75	3400.76	84.70	10.18	2.25	0.23
2007年	414151.60	67772.61	73144.42	13433.60	9962.23	83.64	14.70	3.31	0.37
2008年	486892.35	72228.88	88241.06	10738.72	8199.28	85.17	11.35	2.85	0.37
2009年	617852.11	77364.18	85305.95	13678.97	10032.22	85.93	12.97	2.96	0.38
2010年	862227.27	114143.88	144619.94	22208.87	16457.13	86.76	14.42	3.44	0.49

数据来源:上海、深圳证券交易所
Source: Shanghai Shenzhen Stock Exchange

5－14 2010年报上市公司分地区主要财务指标

Regional Statistics of Financial Figures for Listed Companies 2010

	总资产(亿元) Total Assets	股东权益(亿元) Stockholders'Equtiy	净利润(亿元) Net Profit	每股收益(元) EPS	净资产收益率(%)ROE	资产负债率(%) Asset-liability Ratio	每股净资产(元) Net Asset Per Share
安徽	3984.54	1813.06	214.45	0.58	11.83	54.50	4.72
北京	600723.86	58342.84	9403.30	0.50	16.12	90.29	3.04
福建	21889.20	2223.84	368.49	0.93	16.57	89.84	5.38
甘肃	1662.47	370.07	30.13	0.26	8.14	77.74	3.12
广东	65704.69	11373.30	1533.14	0.69	13.48	82.69	4.75
广西	1096.66	390.85	49.36	0.38	12.63	64.36	2.95
贵州	1084.13	522.09	84.70	1.00	16.22	51.84	5.69
海南	1199.80	425.20	48.86	0.31	11.49	64.56	2.48
河北	3253.46	1130.93	127.89	0.45	11.31	65.24	3.76
河南	2563.66	1007.02	106.18	0.42	10.54	60.72	3.78
黑龙江	1389.50	607.55	52.38	0.24	8.62	56.28	2.76
湖北	4625.88	1561.29	145.01	0.33	9.29	66.25	3.41
湖南	3466.71	1306.78	143.71	0.48	11.00	62.30	3.76
吉林	1690.16	625.91	72.39	0.40	11.57	62.97	3.44
江苏	10028.01	3412.47	400.42	0.47	11.73	65.97	3.82
江西	1949.02	939.12	108.35	0.60	11.54	51.82	4.98
辽宁	5376.16	1933.18	137.52	0.25	7.11	64.04	3.43
内蒙古	2049.29	709.84	113.81	0.56	16.03	65.36	3.46
宁夏	303.49	97.31	8.03	0.30	8.25	67.94	2.92
青海	724.20	316.62	42.03	0.52	13.27	56.28	3.21
山东	8141.16	3235.21	433.49	0.59	13.40	60.26	4.22
山西	3944.90	1664.31	241.16	0.57	14.49	57.81	3.78
陕西	1442.89	768.78	47.83	0.23	6.22	46.72	3.52
上海	90393.88	12537.39	1596.36	0.51	12.73	86.13	4.00
四川	4603.05	1586.92	179.59	0.40	11.32	65.52	3.44
天津	3665.57	1431.27	153.04	0.40	10.69	60.95	3.66
西藏	260.29	103.23	12.33	0.35	11.95	60.34	2.77
新疆	2065.66	837.16	97.19	0.49	11.61	59.47	4.03
云南	1690.94	577.77	42.70	0.29	7.39	65.83	3.70
浙江	9438.34	3365.47	396.77	0.47	11.79	64.34	3.80
重庆	1815.66	720.48	66.54	0.29	9.24	60.32	3.05

数据来源：上海、深圳证券交易所
Source: Shanghai Shenzhen Stock Exchange

5-15 2010年报上市公司分行业主要财务指标

Industry Summary of Financial Figures for Listed Companies 2010

	总资产(亿元) Total Assets	股东权益(亿元) Stockholders' Equtiy	净利润(亿元) Net Profit	每股收益(元) EPS	净资产收益率(%) ROE	资产负债率(%) Asset-Liability Ratio	每股净资产(元)Net Asset Per Share
农、林、牧、副、渔业 Agriculture, Forestry, Fishing and Hunting	1096.58	488.82	36.14	0.21	7.39	55.42	2.82
采掘业 Mining	38315.42	19637.55	3096.66	0.85	15.77	48.75	5.35
食品、饮料 Food, Beverage	2904.66	1625.39	258.92	0.69	15.93	44.04	4.18
纺织、服装、毛皮 Textile, Apparel, Leather	2267.76	978.51	104.50	0.36	10.68	56.85	3.31
木材、家俱 Wood Product	295.50	151.58	7.19	0.21	4.74	48.70	3.95
造纸、印刷 Paper, Printing	1572.72	709.81	39.70	0.25	5.59	54.87	4.14
石油、化学、橡胶、塑料 Petroleum, Chemical Product, Plastics, Rubber	7642.20	3356.87	301.12	0.32	8.97	56.07	3.37
电子 Electrical Equipment	3888.75	2022.23	109.21	0.22	5.40	48.00	3.44
金属、非金属 Metal, Nonmetallic Mineral Product	19212.03	7561.15	629.95	0.39	8.33	60.64	4.43
机械、设备、仪表 Machinery, Equipment, Meter	22806.60	8995.04	1210.10	0.54	13.45	60.56	3.89
医药、生物 Medicine, Biologic Product	3464.09	1947.84	248.17	0.52	12.74	43.77	4.03
其他制造业 Other Manufacuring	611.94	293.01	26.65	0.25	9.09	52.12	2.74
电力、蒸汽及水的生产及供应业 Electricity, Gas, Water Supply	15452.31	4024.51	321.95	0.26	8.00	73.96	3.14
建筑业 Construction	18209.73	3447.43	393.34	0.36	11.41	81.07	3.19
交通运输、仓储业 Transport, Storage	13636.46	5616.87	802.29	0.43	14.28	58.81	3.01
信息技术业 Information, Technology	8649.50	2807.10	207.19	0.30	7.38	67.55	3.83
批发和零售贸易 Wholesale and Retail Trade	6122.04	2021.21	239.05	0.42	11.83	66.98	3.44
金融、保险业 Finance, Insurance	677257.14	44107.03	7717.55	0.51	17.50	93.49	2.90
房地产业 Real Estate	13123.89	3650.07	448.53	0.46	12.29	72.19	3.48
社会服务业 Social Services	2352.59	1028.36	109.95	0.37	10.69	56.29	3.38
传播及文化产业 Transmission, Culture	639.25	399.07	33.67	0.32	8.44	37.57	3.58
综合类 Conglomerat	2706.10	1067.76	115.32	0.27	10.80	60.54	2.41

数据来源:上海、深圳证券交易所
Source: Shanghai Shenzhen Stock Exchange

5－16　2010年报上市公司分行业每股收益分布

EPS of Listed Companies by Industries 2010

	1.00元以上	1.00—0.80	0.80—0.50	0.50—0.20	0.20—0.10	0.10—0.05	0.05—0.00	亏损	合计
农、林、牧、副、渔业 Agriculture, Forestry, Fishing and Hunting	2	3	5	15	7	5	9	2	48
采掘业 Mining	17	5	9	7	1	2	1	1	43
食品、饮料 Food, Beverage	11	4	18	12	11	3	9	10	78
纺织、服装、毛皮 Textile, Apparel, Leather	6	5	9	15	15	8	15	4	77
木材、家俱 Wood Product	1	0	0	2	4	1	0	1	9
造纸、印刷 Paper, Printing	1	0	9	16	7	3	4	2	42
石油、化学、橡胶、塑料 Petroleum, Chemical Product, Plastics, Rubber	15	15	32	68	28	14	31	19	222
电子 Electrical Equipment	17	9	18	32	14	8	8	9	115
金属、非金属 Metal, Nonmetallic Mineral Product	18	5	32	60	17	3	21	14	170
机械、设备、仪表 Machinery, Equipment, Meter	49	30	63	121	39	22	21	24	369
医药、生物 Medicine, Biologic Product	18	11	22	36	14	8	8	10	127
其他制造业 Other Manufacuring	1	1	2	16	6	0	3	1	30
电力、蒸汽及水的生产及供应业 Electricity, Gas, Water Supply	2	1	8	29	7	7	10	8	72
建筑业 Construction	7	2	8	18	2	2	4	1	44
交通运输、仓储业 Transport, Storage	2	4	11	30	17	5	4	1	74
信息技术业 Information, Technology	11	16	31	51	17	9	12	12	159
批发和零售贸易 Wholesale and Retail	9	4	19	44	11	9	11	4	111
金融、保险业 Finance, Insurance	10	5	8	11	3	0	0	0	37
房地产业 Real Estate	7	1	18	40	8	9	7	6	96
社会服务业 Social Services	3	5	11	16	10	6	5	2	58
传播及文化产业 Transmission, Culture	2	1	5	8	2	0	4	1	23
综合类 Conglomerat	4	2	10	12	12	6	12	1	59
合计	213	129	348	659	252	130	199	133	2063

注：各区间包括下限不包括上限

数据来源：上海、深圳证券交易所

Source: Shanghai Shenzhen Stock Exchange

5-17 2010年报上市公司分行业每股净资产分布

Net Asset Per Share of Listed Companies by Industries 2010

	5元以上	3—5元	2—3元	1—2元	0.5—1元	0—0.5元	小于0元	合计
农、林、牧、副、渔业 Agriculture, Forestry, Fishing and Hunting	11	14	6	14	1	1	1	48
采掘业 Mining	20	17	5	1	0	0	0	43
食品、饮料 Food, Beverage	22	18	18	13	3	1	3	78
纺织、服装、毛皮 Textile, Apparel, Leather	19	19	11	16	7	1	4	77
木材、家俱 Wood Product	2	4	2	0	0	0	1	9
造纸、印刷 Paper, Printing	15	10	8	5	1	1	2	42
石油、化学、橡胶、塑料 Petroleum, Chemical Product, Plastics, Rubber	72	53	46	28	9	8	6	222
电子 Electrical Equipment	44	30	22	10	4	3	2	115
金属、非金属 Metal, Nonmetallic Mineral Product	66	49	30	10	3	4	8	170
机械、设备、仪表 Machinery, Equipment, Meter	143	99	55	36	11	14	11	369
医药、生物 Medicine, Biologic Product	40	29	28	17	7	0	6	127
其他制造业 Other Manufacuring	6	11	6	5	0	1	1	30
电力、蒸汽及水的生产及供应业 Electricity, Gas, Water Supply	10	24	23	12	1	0	2	72
建筑业 Construction	14	15	8	3	2	1	1	44
交通运输、仓储业 Transport, Storage	11	31	19	12	0	0	1	74
信息技术业 Information, Technology	66	40	20	18	4	2	9	159
批发和零售贸易 Wholesale and Retail Trade	23	30	29	21	2	4	2	111
金融、保险业 Finance, Insurance	19	8	6	3	1	0	0	37
房地产业 Real Estate	15	25	23	28	3	0	2	96
社会服务业 Social Services	15	19	11	9	1	1	2	58
传播及文化产业 Transmission, Culture	7	6	5	2	1	0	2	23
综合类 Conglomerat	4	13	19	17	3	2	1	59
合计	644	564	400	280	64	44	67	2063

注：各区间包括下限不包括上限

数据来源：上海、深圳证券交易所

Source: Shanghai Shenzhen Stock Exchange

5-18 2010年报上市公司分行业净资产收益率分布

ROE of Listed Companies by Industries 2010

	100%以上	60%—100%	40%—60%	30%—40%	20%—30%	10%—20%	5%—10%	0%—5%	小于0	合计
农、林、牧、副、渔业 Agriculture, Forestry, Fishing and Hunting	0	0	0	0	2	7	22	15	2	48
采掘业 Mining	0	0	0	3	14	15	5	5	1	43
食品、饮料 Food, Beverage	0	0	0	5	8	17	22	17	9	78
纺织、服装、毛皮 Textile, Apparel, Leather	0	0	0	0	0	21	23	27	6	77
木材、家俱 Wood Product	0	0	0	0	0	0	4	5	0	9
造纸、印刷 Paper, Printing	0	1	0	0	1	6	24	8	2	42
石油、化学、橡胶、塑料 Petroleum, Chemical Product, Plastics, Rubber	2	2	0	1	12	43	85	54	23	222
电子 Electrical Equipment	1	0	0	0	3	31	50	20	10	115
金属、非金属 Metal, Nonmetallic Mineral Product	1	1	2	2	8	45	56	43	12	170
机械、设备、仪表 Machinery, Equipment, Meter	1	1	1	7	21	91	159	66	22	369
医药、生物 Medicine, Biologic Product	0	0	0	1	12	48	39	19	8	127
其他制造业 Other Manufacuring	0	0	0	0	1	8	13	8	0	30
电力、蒸汽及水的生产及供应业 Electricity, Gas, Water Supply	0	0	0	2	2	18	24	18	8	72
建筑业 Construction	0	0	1	1	3	19	11	8	1	44
交通运输、仓储业 Transport, Storage	0	0	1	1	4	22	34	10	2	74
信息技术业 Information, Technology	0	1	0	2	9	36	62	37	12	159
批发和零售贸易 Wholesale and Retail Trade	2	0	1	0	17	35	27	27	2	111
金融、保险业 Finance, Insurance	0	0	0	0	4	26	7	0	0	37
房地产业 Real Estate	0	0	2	0	13	41	19	16	5	96
社会服务业 Social Services	0	0	0	0	2	15	25	14	2	58
传播及文化产业 Transmission, Culture	0	0	0	0	0	2	15	4	2	23
综合类 Conglomerat	1	1	1	3	3	17	12	19	2	59
合计	8	7	9	28	139	563	738	440	131	2063

注：各区间包括下限不包括上限
数据来源：上海、深圳证券交易所
Source: Shanghai Shenzhen Stock Exchange

5-19 2010年报上市公司每股未分配利润分布

Retained profits after appropriation Per Share of Listed Companies by Industries (2010)

	3.00元以上	2.50—3.00	2.00—2.50	1.50—2.00	1.00—1.50	0.50—1.00	0.00—0.50	小于0	合计
农、林、牧、副、渔业 Agriculture, Forestry, Fishing and Hunting	0	1	0	6	6	13	11	11	48
采掘业 Mining	10	4	3	8	9	8	1	0	43
食品、饮料 Food, Beverage	3	3	6	7	12	20	9	18	78
纺织、服装、毛皮 Textile, Apparel, Leather	2	2	2	8	13	17	8	25	77
木材、家俱 Wood Product	0	0	2	0	1	3	2	1	9
造纸、印刷 Paper, Printing	1	0	3	3	11	8	9	7	42
石油、化学、橡胶、塑料 Petroleum, Chemical Product, Plastics, Rubber	7	6	9	26	36	61	30	47	222
电子 Electrical Equipment	4	0	6	15	24	32	14	20	115
金属、非金属 Metal, Nonmetallic Mineral Product	6	5	8	29	35	39	19	29	170
机械、设备、仪表 Machinery, Equipment, Meter	17	10	28	40	73	109	40	52	369
医药、生物 Medicine, Biologic Product	10	2	12	12	21	31	18	21	127
其他制造业 Other Manufacuring	0	0	1	4	4	11	8	2	30
电力、蒸汽及水的生产及供应业 Electricity, Gas, Water Supply	1	0	1	7	7	19	23	14	72
建筑业 Construction	1	3	5	8	6	11	6	4	44
交通运输、仓储业 Transport, Storage	4	3	0	5	11	25	18	8	74
信息技术业 Information, Technology	5	5	10	22	35	36	22	24	159
批发和零售贸易 Wholesale and Retail Trade	3	2	11	9	16	31	24	15	111
金融、保险业 Finance, Insurance	3	3	2	5	8	8	6	2	37
房地产业 Real Estate	3	3	4	10	17	25	19	15	96
社会服务业 Social Services	0	1	3	5	13	16	12	8	58
传播及文化产业 Transmission, Culture	0	0	1	3	3	9	2	5	23
综合类 Conglomerat	0	0	1	2	10	16	17	13	59
合计	80	53	118	234	371	548	318	341	2063

注：各区间包括下限不包括上限
数据来源：上海、深圳证券交易所
Source: Shanghai Shenzhen Stock Exchange

5-20 2010年报上市公司每股经营活动现金分布

Cash Flow from Operating Activities Per Share of Listed Companies by Industries (2010)

	3.00元以上	2.50—3.00	2.00—2.50	1.50—2.00	1.00—1.50	0.50—1.00	0.00—0.50	小于0	合计
农、林、牧、副、渔业 Agriculture, Forestry, Fishing and Hunting	0	0	1	0	5	7	21	14	48
采掘业 Mining	4	2	2	7	11	7	8	2	43
食品、饮料 Food, Beverage	2	0	5	2	7	11	32	19	78
纺织、服装、毛皮 Textile, Apparel, Leather	0	0	1	1	6	12	35	22	77
木材、家俱 Wood Product	0	0	0	0	1	0	6	2	9
造纸、印刷 Paper, Printing	0	0	0	0	3	14	17	8	42
石油、化学、橡胶、塑料 Petroleum, Chemical Product, Plastics, Rubber	1	1	3	4	15	45	89	64	222
电子 Electrical Equipment	1	0	0	0	5	25	51	33	115
金属、非金属 Metal, Nonmetallic Mineral Product	1	2	4	3	11	35	58	56	170
机械、设备、仪表 Machinery, Equipment, Meter	6	2	3	10	26	57	168	97	369
医药、生物 Medicine, Biologic Product	0	2	1	1	6	32	62	23	127
其他制造业 Other Manufacuring	0	0	0	0	1	4	19	6	30
电力、蒸汽及水的生产及供应业 Electricity, Gas, Water Supply	1	1	1	0	15	18	29	7	72
建筑业 Construction	0	0	1	2	3	8	16	14	44
交通运输、仓储业 Transport, Storage	1	1	0	3	13	18	34	4	74
信息技术业 Information, Technology	1	0	1	1	8	32	68	48	159
批发和零售贸易 Wholesale and Retail Trade	9	0	1	5	10	18	30	38	111
金融、保险业 Finance, Insurance	7	0	0	0	3	2	10	15	37
房地产业 Real Estate	1	0	1	1	5	8	20	60	96
社会服务业 Social Services	1	1	0	0	7	16	22	11	58
传播及文化产业 Transmission, Culture	0	0	0	1	2	5	12	3	23
综合类 Conglomerat	2	0	0	1	2	5	24	25	59
合计	38	12	25	42	165	379	831	571	2063

注：各区间包括下限不包括上限

数据来源：上海、深圳证券交易所

Source: Shanghai Shenzhen Stock Exchange

5-21 2010年上市公司配股情况一览表

Rights Issuing of Listed Companies in 2010

序号 No.	股权登记日 Register Date	交易所 Exchange	股票代码 Code	公司简称 Companies	配股比例 Proportion	配股价（元/股） Price	配股前总股本（股） Shares Before Rights Issue	配股后总股本（股） Shares After Rights Issue	筹资总额（万元） Raised Capital	增加股本（股） Shares Changes
1	20100304	上交所	600036	招商银行	0.13	8.85	19119490016	21126730885	1776408.17	2007240869
2	20100524	上交所	601166	兴业银行	0.20	18.00	5000000000	5992450630	1786411.13	992450630
3	20100609	上交所	601328	交通银行	0.15	4.50	48994383703	52799971178	1712514.36	3805587475
4	20100702	上交所	600151	航天机电	0.30	6.18	748544000	957474730	129119.19	208930730
5	20100713	上交所	600343	航天动力	0.30	10.45	185000000	239683174	57143.92	54683174
6	20100701	上交所	600601	方正科技	0.30	2.20	1726486674	2194891204	103049.00	468404530
7	20100820	上交所	600416	湘电股份	0.30	13.60	235000000	304242271	94169.49	69242271
8	20100820	上交所	600425	青松建化	0.30	6.40	368891250	478695043	70274.43	109803793
9	20101013	上交所	600584	长电科技	0.15	5.69	745184000	853133610	61423.33	107949610
10	20101115	上交所	601009	南京银行	0.25	8.37	2387776742	2968933194	486427.95	581156452
11	20101115	上交所	601398	工商银行	0.05	2.99	334018850026	345281003239	3367383.81	11262153213
12	20101104	上交所	601939	建设银行	0.07	3.77	233689084000	234282741606	223808.92	593657606
13	20101102	上交所	601988	中国银行	0.10	2.36	253839162009	271545137605	4178610.24	17705975596
14	20101129	上交所	600303	曙光股份	0.30	7.20	222000000	287252998	46982.16	65252998
15	20101213	上交所	600531	豫光金铅	0.30	9.49	228269160	295250776	63565.55	66981616
16	20100118	深交所	000960	锡业股份	0.24	8.98	651088759	801753344	135296.80	150664585
17	20100125	深交所	000759	武汉中百	0.22	5.07	560505290	681021500	61101.72	120516210
18	20100311	深交所	002232	启明信息	0.15	7.58	254240000	291820325	28485.89	37580325

数据来源：上海、深圳证券交易所

Source: Shanghai Shenzhen Stock Exchange

5-22 2010年上市公司送转股情况一览表

Bonus Shares of Listed Companies in 2010

单位：股

序号 No.	交易所 Exchange	股票代码 Code	公司简称 Companies	送转股比例 Proportion	股权登记日期 Register Date	送转股上市交易日 Bonus Shares Trading Date	送转股前总股本 Previous Shares	送股股本数 Bonus Shares 1	转股股本数 Bonus Shares 2	送转股后总股本 Shares Now
1	上交所	600112	长征电气	0.20	20100310	20100312	322872810	64574562	0	387447372
2	上交所	600133	东湖高新	0.80	20100226	20100302	275592200	0	220473760	496065960
3	上交所	600173	卧龙地产	0.80	20100316	20100318	402859700	0	322287760	725147460
4	上交所	600276	恒瑞医药	0.20	20100316	20100318	620743220	124148644	0	744891864
5	上交所	600406	国电南瑞	1.00	20100323	20100325	255060000	255060000	0	510120000
6	上交所	600435	中兵光电	0.50	20100316	20100318	496440000	0	248220000	744660000
7	上交所	600499	科达机电	0.30	20100308	20100310	453596000	0	136078800	589674800
8	上交所	600580	卧龙电气	0.30	20100301	20100303	285127200	0	85538160	370665360
9	上交所	600595	中孚实业	0.80	20100317	20100319	657255594	197176678	328627797	1183060069
10	上交所	600683	京投银泰	0.50	20100319	20100323	493851731	0	246925866	740777597
11	上交所	600703	三安光电	1.00	20100315	20100317	277684949	0	277684949	555369898
12	上交所	600743	华远地产	0.25	20100305	20100309	778129126	194532282	0	972661408
13	上交所	600844	丹化科技	1.00	20100318	20100322	292413506	0	292413506	584827012
14	上交所	600990	四创电子	1.00	20100322	20100324	58800000	29400000	29400000	117600000
15	上交所	900921	丹科B股	1.00	20100323	20100325	96896803	0	96896803	193793606
16	上交所	600048	保利地产	0.30	20100426	20100428	3519721100	0	1055916330	4575637430
17	上交所	600067	冠城大通	0.20	20100416	20100420	612918781	61291878	61291878	735502537
18	上交所	600118	中国卫星	1.00	20100416	20100420	352537990	0	352537990	705075980
19	上交所	600175	美都控股	1.20	20100428	20100430	515131200	0	618157440	1133288640
20	上交所	600208	新湖中宝	0.50	20100331	20100402	3384402426	1692201213	0	5076603639
21	上交所	600246	万通地产	0.20	20100406	20100408	1014000000	0	202800000	1216800000
22	上交所	600256	广汇股份	0.30	20100423	20100427	952667370	285800211	0	1238467581
23	上交所	600289	亿阳信通	0.60	20100415	20100419	351971021	0	211182613	563153634
24	上交所	600315	上海家化	0.30	20100413	20100415	325546905	97664072	0	423210977
25	上交所	600380	健康元	0.20	20100413	20100415	1097874000	0	219574800	1317448800
26	上交所	600415	小商品城	1.00	20100426	20100428	680401772	0	680401772	1360803544
27	上交所	600433	冠豪高新	0.30	20100423	20100427	220000000	0	66000000	286000000
28	上交所	600439	瑞贝卡	0.20	20100415	20100419	616492500	123298500	0	739791000
29	上交所	600468	百利电气	0.20	20100416	20100420	316800000	63360000	0	380160000
30	上交所	600481	双良股份	0.20	20100420	20100422	675069376	0	135013875	810083251
31	上交所	600525	长园集团	1.00	20100428	20100430	215877528	0	215877528	431755056
32	上交所	600675	中华企业	0.30	20100414	20100416	1088029952	326408986	0	1414438938
33	上交所	600818	中路股份	0.10	20100423	20100427	196659430	0	19665943	216325373
34	上交所	600828	成商集团	0.80	20100408	20100412	203148026	20314803	142203618	365666447
35	上交所	900915	中路B股	0.10	20100428	20100430	69000000	0	6900000	75900000
36	上交所	600056	中国医药	0.30	20100512	20100514	239198400	71759520	0	310957920

续表 1　Continued 1

序号 No.	交易所 Exchange	股票代码 Code	公司简称 Companies	送转股比例 Proportion	股权登记日期 Register Date	送转股上市交易日 Bonus Shares Trading Date	送转股前总股本 Previous Shares	送股股本数 Bonus Shares 1	转股股本数 Bonus Shares 2	送转股后总股本 Shares Now
37	上交所	600060	海信电器	0.50	20100513	20100517	577767810	0	288883905	866651715
38	上交所	600064	南京高科	0.50	20100514	20100518	344145888	68829178	103243766	516218832
39	上交所	600106	重庆路桥	0.10	20100524	20100526	412610000	0	41261000	453871000
40	上交所	600113	浙江东日	0.60	20100430	20100505	147500000	44250000	44250000	236000000
41	上交所	600160	巨化股份	0.10	20100517	20100519	556800000	0	55680000	612480000
42	上交所	600199	金种子酒	1.00	20100514	20100518	260721459	0	260721459	521442918
43	上交所	600222	太龙药业	0.30	20100511	20100513	317229528	31722953	63445906	412398386
44	上交所	600226	升华拜克	0.50	20100524	20100526	270366165	0	135183083	405549248
45	上交所	600227	赤天化	1.00	20100511	20100513	475196263	0	475196263	950392526
46	上交所	600236	桂冠电力	0.40	20100505	20100507	1628892510	162889251	488667753	2280449514
47	上交所	600238	海南椰岛	0.80	20100521	20100525	166000000	49800000	83000000	298800000
48	上交所	600248	延长化建	0.40	20100505	20100507	304278000	0	121711200	425989200
49	上交所	600268	国电南自	0.50	20100505	20100507	189237990	0	94618995	283856985
50	上交所	600277	亿利能源	0.50	20100521	20100525	601290000	0	300645000	901935000
51	上交所	600291	西水股份	0.20	20100521	20100525	320000000	0	64000000	384000000
52	上交所	600351	亚宝药业	1.00	20100527	20100531	316476000	158238000	158238000	632952000
53	上交所	600371	万向德农	0.10	20100514	20100518	155000000	15500000	0	170500000
54	上交所	600378	天科股份	0.10	20100524	20100526	245614291	24561429	0	270175720
55	上交所	600383	金地集团	0.80	20100430	20100505	2484171429	0	1987337143	4471508572
56	上交所	600423	柳化股份	0.50	20100525	20100527	266231675	53246335	79869503	399347513
57	上交所	600486	扬农化工	0.30	20100519	20100521	132435430	0	39730629	172166059
58	上交所	600521	华海药业	0.50	20100430	20100505	299226269	0	149613135	448839404
59	上交所	600547	山东黄金	1.00	20100514	20100518	711536204	355768102	355768102	1423072408
60	上交所	600566	洪城股份	0.30	20100517	20100519	106308000	0	31892400	138200400
61	上交所	600570	恒生电子	0.40	20100507	20100511	445536000	178214400	0	623750400
62	上交所	600583	海油工程	0.20	20100506	20100510	3241200000	0	648240000	3889440000
63	上交所	600588	用友软件	0.30	20100429	20100504	627858850	0	188357655	816216505
64	上交所	600590	泰豪科技	0.20	20100519	20100521	379438093	0	75887619	455325712
65	上交所	600596	新安股份	1.20	20100429	20100504	308720288	0	370464346	679184633
66	上交所	600606	金丰投资	0.10	20100505	20100507	390227810	39022781	0	429250591
67	上交所	600708	海博股份	0.10	20100511	20100513	463972956	46397296	0	510370252
68	上交所	600725	云维股份	0.80	20100512	20100514	342352778	68470556	205411667	616235000
69	上交所	600758	红阳能源	0.30	20100507	20100511	159755200	0	47926560	207681760
70	上交所	600765	中航重机	0.50	20100512	20100514	518668800	0	259334400	778003200
71	上交所	600785	新华百货	0.20	20100518	20100520	172859400	0	34571880	207431280
72	上交所	600795	国电电力	1.00	20100430	20100505	5447769058	3813438341	1634330717	10895538116
73	上交所	600880	博瑞传播	0.60	20100506	20100510	375287548	75057510	150115019	600460077
74	上交所	600970	中材国际	0.80	20100512	20100514	421796782	84359356	253078069	759234208
75	上交所	900948	伊泰 B 股	1.00	20100430	20100505	732000000	732000000	0	1464000000
76	上交所	600000	浦发银行	0.30	20100609	20100611	8830045640	2649013692	0	11479059332

续表 2　Continued 2

序号 No.	交易所 Exchange	股票代码 Code	公司简称 Companies	送转股比例 Proportion	股权登记日期 Register Date	送转股上市交易日 Bonus Shares Trading Date	送转股前总股本 Previous Shares	送股股本数 Bonus Shares 1	转股股本数 Bonus Shares 2	送转股后总股本 Shares Now
77	上交所	600030	中信证券	0.50	20100623	20100625	6630467600	0	3315233800	9945701400
78	上交所	600031	三一重工	0.50	20100623	20100625	1607133574	321426715	482140072	2410700361
79	上交所	600033	福建高速	0.50	20100611	20100618	1829600000	0	914800000	2744400000
80	上交所	600069	银鸽投资	0.50	20100618	20100622	550249429	0	275124715	825374144
81	上交所	600072	中船股份	0.10	20100609	20100611	362446656	36244666	0	398691322
82	上交所	600104	上海汽车	0.30	20100607	20100609	6554954737	0	1966486421	8521441158
83	上交所	600105	永鼎股份	0.40	20100624	20100628	272110462	54422092	54422092	380954646
84	上交所	600129	太极集团	0.30	20100603	20100607	328380000	0	98514000	426894000
85	上交所	600192	长城电工	0.20	20100609	20100611	284790000	0	56958000	341748000
86	上交所	600312	平高电气	0.20	20100617	20100621	682471811	0	136494362	818966173
87	上交所	600326	西藏天路	0.20	20100609	20100611	456000000	0	91200000	547200000
88	上交所	600327	大厦股份	0.60	20100618	20100622	326069883	195641930	0	521711813
89	上交所	600348	国阳新能	1.50	20100607	20100609	962000000	1443000000	0	2405000000
90	上交所	600387	海越股份	0.30	20100608	20100610	297000000	89100000	0	386100000
91	上交所	600410	华胜天成	0.10	20100603	20100607	461015676	0	46101568	507117243
92	上交所	600479	千金药业	0.40	20100608	20100610	217728000	0	87091200	304819200
93	上交所	600512	腾达建设	1.00	20100608	20100610	368470328	0	368470328	736940656
94	上交所	600513	联环药业	0.30	20100603	20100607	90000000	0	27000000	117000000
95	上交所	600585	海螺水泥	1.00	20100618	20100622	1766434193	0	1766434193	3532868386
96	上交所	600616	金枫酒业	0.20	20100609	20100611	365559577	73111915	0	438671492
97	上交所	600728	* ST 新太	0.56	20100607	20100609	208180180	116620247	0	324800338
98	上交所	600822	上海物贸	0.50	20100607	20100609	264098605	52819721	79229582	396147908
99	上交所	600831	广电网络	0.30	20100604	20100608	433414259	0	130024278	563438537
100	上交所	600839	四川长虹	0.50	20100625	20100629	1898211418	0	949105709	2847317127
101	上交所	600846	同济科技	0.50	20100604	20100608	347089731	0	173544866	520634597
102	上交所	600867	通化东宝	0.20	20100610	20100617	479143532	0	95828706	574972238
103	上交所	600889	南京化纤	0.20	20100618	20100622	255891069	51178214	0	307069283
104	上交所	600985	雷鸣科化	0.20	20100623	20100625	90000000	0	18000000	108000000
105	上交所	601009	南京银行	0.30	20100608	20100610	1836751340	551025402	0	2387776742
106	上交所	601666	平煤股份	0.30	20100617	20100621	1397139042	419141713	0	1816280755
107	上交所	900927	物贸 B 股	0.50	20100610	20100617	66550004	13310001	19965001	99825006
108	上交所	600016	民生银行	0.20	20100714	20100716	22144707989	4428941598	0	26573649587
109	上交所	600068	葛洲坝	0.50	20100714	20100716	2324972651	1162486326	0	3487458977
110	上交所	600141	兴发集团	0.15	20100701	20100705	317808719	0	47671308	365480027
111	上交所	600153	建发股份	0.80	20100715	20100719	1243194856	0	994555885	2237750741
112	上交所	600196	复星医药	0.50	20100723	20100727	1269594909	126959491	507837964	1904392364
113	上交所	600225	天津松江	0.06	20100714	20100716	592981158	33420537	0	626401707
114	上交所	600321	国栋建设	1.00	20100707	20100709	227760000	0	227760000	455520000
115	上交所	600329	中新药业	1.00	20100702	20100706	369654360	0	369654360	739308720
116	上交所	600477	杭萧钢构	0.20	20100713	20100715	321845984	64369197	0	386215181

续表 3　Continued 3

序号 No.	交易所 Exchange	股票代码 Code	公司简称 Companies	送转股比例 Proportion	股权登记日期 Register Date	送转股上市交易日 Bonus Shares Trading Date	送转股前总股本 Previous Shares	送股股本数 Bonus Shares 1	转股股本数 Bonus Shares 2	送转股后总股本 Shares Now
117	上交所	600489	中金黄金	0.80	20100709	20100713	790605970	0	632484776	1423090746
118	上交所	600495	晋西车轴	0.80	20100701	20100705	167910000	0	134328000	302238000
119	上交所	600555	九龙山	0.50	20100701	20100705	649000000	0	324500000	973500000
120	上交所	600582	天地科技	0.50	20100709	20100713	674400000	337200000	0	1011600000
121	上交所	600619	海立股份	0.10	20100709	20100713	289613188	0	28961319	318574507
122	上交所	600635	大众公用	0.10	20100713	20100715	1495336166	149533617	0	1644869783
123	上交所	600647	同达创业	1.00	20100705	20100707	53516750	32110050	21406700	107033500
124	上交所	600655	豫园商城	0.80	20100726	20100728	798512209	399256105	239553663	1437321976
125	上交所	600718	东软集团	0.30	20100707	20100709	944303265	0	283290980	1227594245
126	上交所	600735	新华锦	0.35	20100713	20100715	154812936	0	54184528	208997464
127	上交所	600755	厦门国贸	0.60	20100712	20100714	639824946	0	383894968	1023719914
128	上交所	600759	正和股份	0.30	20100719	20100721	938551957	0	281565587	1220117545
129	上交所	600770	综艺股份	0.50	20100715	20100719	444400000	0	222200000	666600000
130	上交所	600806	昆明机床	0.25	20100715	20100719	424864883	0	106216221	531081104
131	上交所	600825	新华传媒	0.20	20100701	20100705	870739875	0	174147975	1044887850
132	上交所	600872	中炬高新	0.10	20100701	20100705	724215631	72421563	0	796637194
133	上交所	600875	东方电气	1.00	20100701	20100705	1001930000	0	1001930000	2003860000
134	上交所	600900	长江电力	0.50	20100719	20100721	11000000000	0	5500000000	16500000000
135	上交所	601001	大同煤业	1.00	20100723	20100727	836850000	836850000	0	1673700000
136	上交所	900910	海立 B 股	0.10	20100714	20100716	258336007	0	25833601	284169608
137	上交所	900955	九龙山 B	0.50	20100707	20100709	220000000	0	110000000	330000000
138	上交所	600088	中视传媒	0.40	20100802	20100804	236730000	0	94692000	331422000
139	上交所	600159	大龙地产	1.00	20100813	20100817	415001616	0	415001616	830003232
140	上交所	600252	中恒集团	1.00	20100827	20100831	272936882	54587376	218349506	545873764
141	上交所	600266	北京城建	0.20	20100806	20100810	741000000	0	148200000	889200000
142	上交所	600557	康缘药业	0.30	20100819	20100823	319728224	0	95918467	415646691
143	上交所	600639	浦东金桥	0.10	20100812	20100816	596953500	59695350	0	656648850
144	上交所	900911	金桥 B 股	0.10	20100817	20100819	247432900	24743290	0	272176190
145	上交所	600017	日照港	0.50	20100915	20100917	1510102040	0	755051020	2265153060
146	上交所	600211	西藏药业	0.01	20100906	20100908	138710000	0	687905	145589000
147	上交所	600031	三一重工	1.10	20101021	20101025	2410700361	2651770397	0	5062470758
148	上交所	600316	洪都航空	0.60	20101008	20101012	448196570	0	268917942	717114512
149	上交所	600507	方大特钢	0.90	20101013	20101015	684489729	0	616040756	1300530485
150	上交所	600594	益佰制药	0.50	20101014	20101018	235170000	47034000	70551000	352755000
151	上交所	600983	合肥三洋	0.60	20101021	20101025	333000000	99900000	99900000	532800000
152	上交所	600712	南宁百货	0.50	20101109	20101111	173606400	86803200	0	260409600
153	上交所	600846	同济科技	0.20	20101126	20101130	520634597	0	104126919	624761516
154	深交所	000939	凯迪电力	0.60	20100302	20100303	368480000	0	221088000	589568000
155	深交所	002167	东方锆业	1.00	20100309	20100310	89856000	0	89856000	179712000
156	深交所	300033	同花顺	1.00	20100311	20100312	67200000	0	67200000	134400000

续表 4　Continued 4

序号 No.	交易所 Exchange	股票代码 Code	公司简称 Companies	送转股比例 Proportion	股权登记日期 Register Date	送转股上市交易日 Bonus Shares Trading Date	送转股前总股本 Previous Shares	送股股本数 Bonus Shares 1	转股股本数 Bonus Shares 2	送转股后总股本 Shares Now
157	深交所	002241	歌尔声学	0.50	20100312	20100315	240000000	0	120000000	360000000
158	深交所	002290	禾盛新材	0.80	20100316	20100317	83600000	0	66880000	150480000
159	深交所	000690	宝新能源	0.50	20100318	20100319	1151075000	345322500	230215000	1726612500
160	深交所	002118	紫鑫药业	0.70	20100318	20100319	121541400	24308280	60770700	206620380
161	深交所	002310	东方园林	0.50	20100318	20100319	50081300	0	25040650	75121950
162	深交所	002342	巨力索具	0.20	20100324	20100325	400000000	0	80000000	480000000
163	深交所	000533	万家乐	0.20	20100326	20100329	575680000	115136000	0	690816000
164	深交所	000790	华神集团	0.30	20100326	20100329	207598800	0	62279640	269878440
165	深交所	002168	深圳惠程	0.50	20100329	20100330	200292480	40058496	60087744	300438720
166	深交所	002093	国脉科技	0.50	20100330	20100331	267000000	133500000	0	400500000
167	深交所	002068	黑猫股份	0.30	20100331	20100401	192240000	57672000	0	249912000
168	深交所	002296	辉煌科技	0.70	20100331	20100401	61500000	0	43050000	104550000
169	深交所	000055	方大集团	0.07	20100402	20100406	217470977	0	15222968	232693945
170	深交所	002202	金风科技	0.60	20100402	20100406	1400000000	840000000	0	2240000000
171	深交所	200055	方大 B	0.07	20100402	20100406	194663307	0	14652076	209315383
172	深交所	000608	阳光股份	0.40	20100406	20100407	535652364	214260945	0	749913309
173	深交所	000918	嘉凯城	0.25	20100406	20100407	1443353200	360838300	0	1804191500
174	深交所	002276	万马电缆	1.00	20100406	20100407	200000000	0	200000000	400000000
175	深交所	002165	红宝丽	0.60	20100407	20100408	157500000	0	94500000	252000000
176	深交所	000540	中天城投	0.60	20100408	20100409	570898345	342539007	0	913437352
177	深交所	000627	天茂集团	1.00	20100409	20100412	676794934	101519239	575275693	1353589866
178	深交所	000788	西南合成	0.60	20100412	20100413	260171811	0	156103086	416274897
179	深交所	300007	汉威电子	1.00	20100412	20100413	59000000	0	59000000	118000000
180	深交所	000514	渝开发	0.10	20100413	20100414	633937616	63393761	0	697331377
181	深交所	300031	宝通带业	1.00	20100413	20100414	50000000	0	50000000	100000000
182	深交所	000950	建峰化工	0.50	20100415	20100416	399199490	0	199599745	598799235
183	深交所	002024	苏宁电器	0.50	20100415	20100416	4664141244	0	2332070622	6996211866
184	深交所	002069	獐子岛	1.00	20100415	20100416	226200000	0	226200000	452400000
185	深交所	002264	新华都	0.50	20100415	20100416	106880000	0	53440000	160320000
186	深交所	002271	东方雨虹	1.00	20100415	20100416	79140000	0	79140000	158280000
187	深交所	002291	星期六	0.30	20100415	20100416	215000000	64500000	0	279500000
188	深交所	002309	中利科技	0.80	20100415	20100416	133500000	0	106800000	240300000
189	深交所	300008	上海佳豪	0.70	20100415	20100416	50400000	0	35280000	85680000
190	深交所	300024	机器人	1.20	20100415	20100416	61500000	12300000	61500000	135300000
191	深交所	000671	阳光城	1.00	20100416	20100419	167501733	0	167501733	335003466
192	深交所	002123	荣信股份	0.50	20100416	20100419	224000000	0	112000000	336000000
193	深交所	002226	江南化工	1.00	20100416	20100419	69979832	0	69979832	139959664
194	深交所	300002	神州泰岳	1.50	20100416	20100419	126400000	0	189600000	316000000
195	深交所	300015	爱尔眼科	1.00	20100416	20100419	133500000	0	133500000	267000000
196	深交所	002091	江苏国泰	0.25	20100419	20100420	240000000	0	60000000	300000000

续表 5　Continued 5

序号 No.	交易所 Exchange	股票代码 Code	公司简称 Companies	送转股比例 Proportion	股权登记日期 Register Date	送转股上市交易日 Bonus Shares Trading Date	送转股前总股本 Previous Shares	送股股本数 Bonus Shares 1	转股股本数 Bonus Shares 2	送转股后总股本 Shares Now
197	深交所	002294	信立泰	1.00	20100419	20100420	113500000	0	113500000	227000000
198	深交所	000713	丰乐种业	0.20	20100420	20100421	225000000	0	45000000	270000000
199	深交所	002172	澳洋科技	0.50	20100420	20100421	348000000	0	174000000	522000000
200	深交所	300012	华测检测	0.50	20100421	20100422	81770000	0	40885000	122655000
201	深交所	002047	成霖股份	0.60	20100423	20100426	283540517	0	170124310	453664827
202	深交所	002122	天马股份	1.00	20100423	20100426	594000000	0	594000000	1188000000
203	深交所	300018	中元华电	1.00	20100423	20100426	65000000	0	65000000	130000000
204	深交所	300039	上海凯宝	0.60	20100423	20100426	109600000	0	65760000	175360000
205	深交所	300046	台基股份	0.20	20100423	20100426	59200000	0	11840000	71040000
206	深交所	001696	宗申动力	0.70	20100426	20100427	600620385	120124076	300310192	1021054653
207	深交所	002250	联化科技	0.90	20100426	20100427	129140000	0	116226000	245366000
208	深交所	000969	安泰科技	0.80	20100427	20100428	451243178	44258072	309806507	805307757
209	深交所	002081	金螳螂	0.50	20100427	20100428	212796000	106398000	0	319194000
210	深交所	002199	东晶电子	0.30	20100427	20100428	80600000	0	24180000	104780000
211	深交所	002261	拓维信息	0.30	20100427	20100428	111812167	0	33543649	145355816
212	深交所	002300	太阳电缆	0.50	20100427	20100428	134000000	0	67000000	201000000
213	深交所	300025	华星创业	1.00	20100427	20100428	40000000	0	40000000	80000000
214	深交所	300027	华谊兄弟	1.00	20100427	20100428	168000000	0	168000000	336000000
215	深交所	002013	中航精机	0.30	20100428	20100429	128520000	0	38556000	167076000
216	深交所	002095	生意宝	0.50	20100428	20100429	90000000	0	45000000	135000000
217	深交所	002367	康力电梯	0.20	20100428	20100429	133500000	0	26700000	160200000
218	深交所	300005	探路者	1.00	20100428	20100429	67000000	0	67000000	134000000
219	深交所	002124	天邦股份	0.50	20100429	20100430	137000000	0	68500000	205500000
220	深交所	002277	家润多	0.80	20100429	20100430	194000000	0	155200000	349200000
221	深交所	002280	新世纪	1.00	20100429	20100430	53500000	0	53500000	107000000
222	深交所	300013	新宁物流	0.50	20100429	20100430	60000000	0	30000000	90000000
223	深交所	002268	卫士通	0.65	20100430	20100504	80518446	36233300	16103689	132855435
224	深交所	002285	世联地产	0.70	20100430	20100504	128000000	89600000	0	217600000
225	深交所	002292	奥飞动漫	0.60	20100430	20100504	160000000	0	96000000	256000000
226	深交所	300010	立思辰	0.50	20100430	20100504	105150000	0	52575000	157725000
227	深交所	300021	大禹节水	1.00	20100430	20100504	69650000	0	69650000	139300000
228	深交所	000060	中金岭南	0.55	20100504	20100505	1023792000	255948000	307137600	1586877600
229	深交所	002127	新民科技	0.60	20100504	20100505	182762160	0	109657296	292419456
230	深交所	002201	九鼎新材	0.30	20100504	20100505	104000000	0	31200000	135200000
231	深交所	002242	九阳股份	0.50	20100504	20100505	507300000	0	253650000	760950000
232	深交所	300017	网宿科技	0.70	20100504	20100505	90714286	0	63500000	154214286
233	深交所	002209	达意隆	0.50	20100505	20100506	130162700	0	65081350	195244050
234	深交所	002084	海鸥卫浴	0.20	20100506	20100507	233043971	0	46608794	279652765
235	深交所	002236	大华股份	1.00	20100506	20100507	66800000	33400000	33400000	133600000
236	深交所	002308	威创股份	1.00	20100506	20100507	213800000	0	213800000	427600000

续表 6 Continued 6

序号 No.	交易所 Exchange	股票代码 Code	公司简称 Companies	送转股比例 Proportion	股权登记日期 Register Date	送转股上市交易日 Bonus Shares Trading Date	送转股前总股本 Previous Shares	送股股本数 Bonus Shares 1	转股股本数 Bonus Shares 2	送转股后总股本 Shares Now
237	深交所	002331	皖通科技	0.30	20100506	20100507	54932000	0	16479600	71411600
238	深交所	300040	九洲电气	1.00	20100506	20100507	69450000	0	69450000	138900000
239	深交所	300052	中青宝	0.30	20100506	20100507	100000000	0	30000000	130000000
240	深交所	300026	红日药业	1.00	20100507	20100510	50342000	0	50342000	100684000
241	深交所	002023	海特高新	0.40	20100510	20100511	210839561	0	84335824	295175385
242	深交所	300019	硅宝科技	1.00	20100510	20100511	51000000	0	51000000	102000000
243	深交所	000683	远兴能源	0.50	20100511	20100512	511875989	0	255937994	767813983
244	深交所	002231	奥维通信	0.50	20100511	20100512	107000000	0	53500000	160500000
245	深交所	002318	久立特材	0.30	20100511	20100512	160000000	0	48000000	208000000
246	深交所	002320	海峡股份	0.30	20100511	20100512	157500000	0	47250000	204750000
247	深交所	300009	安科生物	0.80	20100511	20100512	84000000	0	67200000	151200000
248	深交所	000006	深振业 A	0.50	20100512	20100513	507183262	253591631	0	760774893
249	深交所	000527	美的电器	0.50	20100512	20100513	2080176851	0	1040088425	3120265276
250	深交所	002035	华帝股份	0.30	20100512	20100513	171771600	34354320	17177160	223303080
251	深交所	002037	久联发展	0.30	20100512	20100513	133100000	0	39930000	173030000
252	深交所	002073	软控股份	0.50	20100512	20100513	494910000	0	247455000	742365000
253	深交所	002166	莱茵生物	1.00	20100512	20100513	64766880	12953376	51813504	129533760
254	深交所	002188	新嘉联	0.30	20100512	20100513	120000000	0	36000000	156000000
255	深交所	002317	众生药业	0.50	20100512	20100513	80000000	0	40000000	120000000
256	深交所	002350	北京科锐	0.20	20100512	20100513	107000000	21400000	0	128400000
257	深交所	300035	中科电气	0.50	20100512	20100513	61500000	0	30750000	92250000
258	深交所	000012	南玻 A	0.70	20100513	20100514	774116805	0	541881763	1315998568
259	深交所	000637	茂化实华	0.15	20100513	20100514	452065527	67809829	0	519875356
260	深交所	000778	新兴铸管	0.30	20100513	20100514	1474516596	442354978	0	1916871574
261	深交所	002001	新和成	0.30	20100513	20100514	372280000	0	111684000	483964000
262	深交所	002106	莱宝高科	0.30	20100513	20100514	329888000	0	98966400	428854400
263	深交所	002190	成飞集成	0.60	20100513	20100514	128892000	25778400	51556800	206227200
264	深交所	002247	帝龙新材	0.50	20100513	20100514	66800000	0	33400000	100200000
265	深交所	200012	南玻 B	0.70	20100513	20100514	134573646	0	314005173	448578819
266	深交所	002108	沧州明珠	0.70	20100514	20100517	98580000	19716000	49290000	167586000
267	深交所	002256	彩虹精化	0.50	20100514	20100517	139200000	0	69600000	208800000
268	深交所	002297	博云新材	1.00	20100514	20100517	107000000	48150000	58850000	214000000
269	深交所	002062	宏润建设	0.50	20100517	20100518	300000000	150000000	0	450000000
270	深交所	002140	东华科技	1.00	20100517	20100518	139385792	69692896	69692896	278771584
271	深交所	002183	怡亚通	0.50	20100517	20100518	370722774	0	185361387	556084161
272	深交所	002185	华天科技	0.30	20100517	20100518	287100000	0	86130000	373230000
273	深交所	300003	乐普医疗	1.00	20100517	20100518	406000000	0	406000000	812000000
274	深交所	300014	亿纬锂能	0.50	20100517	20100518	88000000	0	44000000	132000000
275	深交所	300020	银江股份	1.00	20100517	20100518	80000000	0	80000000	160000000
276	深交所	000899	赣能股份	0.18	20100518	20100519	548032000	98645760	0	646677760

续表 7　Continued 7

序号 No.	交易所 Exchange	股票代码 Code	公司简称 Companies	送转股比例 Proportion	股权登记日期 Register Date	送转股上市交易日 Bonus Shares Trading Date	送转股前总股本 Previous Shares	送股股本数 Bonus Shares 1	转股股本数 Bonus Shares 2	送转股后总股本 Shares Now
277	深交所	002253	川大智胜	0.20	20100518	20100519	62400000	0	12480000	74880000
278	深交所	300011	鼎汉技术	1.00	20100518	20100519	51376000	0	51376000	102752000
279	深交所	300023	宝德股份	0.50	20100518	20100519	60000000	0	30000000	90000000
280	深交所	300058	蓝色光标	0.50	20100518	20100519	80000000	0	40000000	120000000
281	深交所	002064	华峰氨纶	1.00	20100519	20100520	369200000	313820000	55380000	738400000
282	深交所	002128	露天煤业	0.20	20100519	20100520	1105571805	221114361	0	1326686166
283	深交所	002163	中航三鑫	0.50	20100519	20100520	267850000	0	133925000	401775000
284	深交所	002312	三泰电子	1.00	20100519	20100520	59150000	0	59150000	118300000
285	深交所	002316	键桥通讯	0.30	20100519	20100520	120000000	0	36000000	156000000
286	深交所	300028	金亚科技	0.20	20100519	20100520	147000000	0	29400000	176400000
287	深交所	002273	水晶光电	0.30	20100520	20100521	86710000	0	26013000	112723000
288	深交所	002279	久其软件	0.80	20100520	20100521	61040037	0	48832029	109872066
289	深交所	002345	潮宏基	0.50	20100520	20100521	120000000	24000000	36000000	180000000
290	深交所	002357	富临运业	0.20	20100520	20100521	81637770	0	16327554	97965324
291	深交所	002131	利欧股份	1.00	20100521	20100524	150560000	0	150560000	301120000
292	深交所	000961	中南建设	0.50	20100524	20100525	778559484	0	389279742	1167839226
293	深交所	002206	海利得	1.00	20100524	20100525	125000000	0	125000000	250000000
294	深交所	000933	神火股份	0.40	20100525	20100526	750000000	300000000	0	1050000000
295	深交所	002055	得润电子	0.30	20100525	20100526	134297852	40289355	0	174587207
296	深交所	002090	金智科技	1.00	20100525	20100526	102000000	0	102000000	204000000
297	深交所	002146	荣盛发展	0.60	20100525	20100526	896000000	179200000	358400000	1433600000
298	深交所	002213	特尔佳	1.00	20100525	20100526	103000000	20600000	82400000	206000000
299	深交所	000066	长城电脑	1.00	20100526	20100527	550189800	275094900	275094900	1100379600
300	深交所	000836	鑫茂科技	0.30	20100526	20100527	224998320	0	67499496	292497816
301	深交所	002007	华兰生物	0.60	20100526	20100527	360128000	216076800	0	576204800
302	深交所	002022	科华生物	0.20	20100526	20100527	410231250	82046250	0	492277500
303	深交所	002032	苏泊尔	0.30	20100526	20100527	444040000	0	133212000	577252000
304	深交所	002223	鱼跃医疗	0.60	20100526	20100527	154500000	0	92700000	247200000
305	深交所	002278	神开股份	0.20	20100526	20100527	181613392	0	36322678	217936070
306	深交所	000978	桂林旅游	0.30	20100527	20100528	277000000	0	83100000	360100000
307	深交所	002018	华星化工	0.20	20100527	20100528	244881000	0	48976200	293857200
308	深交所	002162	斯米克	0.10	20100527	20100528	380000000	0	38000000	418000000
309	深交所	002284	亚太股份	1.00	20100527	20100528	95680000	47840000	47840000	191360000
310	深交所	300044	赛为智能	0.25	20100527	20100528	80000000	16000000	4000000	100000000
311	深交所	300016	北陆药业	0.50	20100528	20100531	67888491	0	33944245	101832736
312	深交所	000616	亿城股份	0.10	20100531	20100601	902925774	0	90292577	993218351
313	深交所	000667	名流置业	0.90	20100531	20100601	1347153859	0	1212438473	2559592332
314	深交所	002063	远光软件	0.30	20100531	20100601	197676000	39535200	19767600	256978800
315	深交所	002210	飞马国际	0.50	20100531	20100601	204000000	0	102000000	306000000
316	深交所	002262	恩华药业	0.30	20100531	20100601	180000000	0	54000000	234000000

续表 8 Continued 8

序号 No.	交易所 Exchange	股票代码 Code	公司简称 Companies	送转股比例 Proportion	股权登记日期 Register Date	送转股上市交易日 Bonus Shares Trading Date	送转股前总股本 Previous Shares	送股股本数 Bonus Shares 1	转股股本数 Bonus Shares 2	送转股后总股本 Shares Now
317	深交所	000983	西山煤电	0.30	20100601	20100602	2424000000	727200000	0	3151200000
318	深交所	002286	保龄宝	0.30	20100602	20100603	80000000	0	24000000	104000000
319	深交所	002288	超华科技	0.60	20100602	20100603	85930000	0	51558000	137488000
320	深交所	002325	洪涛股份	0.25	20100602	20100603	120000000	0	30000000	150000000
321	深交所	000815	美利纸业	1.00	20100603	20100604	158400000	142560000	15840000	316800000
322	深交所	002178	延华智能	0.20	20100603	20100604	80000000	0	16000000	96000000
323	深交所	002245	澳洋顺昌	0.50	20100603	20100604	121600000	0	60800000	182400000
324	深交所	300055	万邦达	0.30	20100603	20100604	88000000	17600000	8800000	114400000
325	深交所	002115	三维通信	0.60	20100604	20100607	134100000	0	80460000	214560000
326	深交所	002130	沃尔核材	0.50	20100607	20100608	163050000	0	81525000	244575000
327	深交所	002104	恒宝股份	0.50	20100608	20100609	293760000	146880000	0	440640000
328	深交所	002158	汉钟精机	0.15	20100608	20100609	158025000	0	23703750	181728750
329	深交所	002333	罗普斯金	0.60	20100608	20100609	156800000	0	94080000	250880000
330	深交所	000021	长城开发	0.50	20100609	20100610	879518521	175903704	263855556	1319277781
331	深交所	000516	开元控股	0.90	20100609	20100610	375484064	187742032	150193625	713419721
332	深交所	002179	中航光电	0.50	20100609	20100610	267750000	53550000	80325000	401625000
333	深交所	002208	合肥城建	1.00	20100609	20100610	160050000	80025000	80025000	320100000
334	深交所	002311	海大集团	0.30	20100609	20100610	224000000	0	67200000	291200000
335	深交所	300022	吉峰农机	1.00	20100609	20100610	89350000	0	89350000	178700000
336	深交所	002078	太阳纸业	1.00	20100610	20100611	502405198	200962078	301443118	1004810394
337	深交所	002220	天宝股份	1.00	20100610	20100611	98000000	0	98000000	196000000
338	深交所	002235	安妮股份	0.30	20100610	20100611	150000000	0	45000000	195000000
339	深交所	002249	大洋电机	0.70	20100610	20100611	252000000	0	176400000	428400000
340	深交所	002254	烟台氨纶	0.60	20100610	20100611	163150000	0	97890000	261040000
341	深交所	002298	鑫龙电器	0.50	20100610	20100611	110000000	0	55000000	165000000
342	深交所	002030	达安基因	0.20	20100617	20100618	240768000	48153600	0	288921600
343	深交所	002340	格林美	0.30	20100618	20100621	93320000	0	27996000	121316000
344	深交所	002150	江苏通润	0.50	20100621	20100622	104250000	0	52125000	156375000
345	深交所	000063	中兴通讯	0.50	20100623	20100624	1561384764	0	780692382	2342077146
346	深交所	000811	烟台冰轮	0.50	20100624	20100625	175376630	0	87688315	263064945
347	深交所	002139	拓邦股份	0.20	20100624	20100625	140000000	0	28000000	168000000
348	深交所	002224	三力士	0.50	20100624	20100625	88800000	0	44400000	133200000
349	深交所	002259	升达林业	0.40	20100624	20100625	215000000	0	86000000	301000000
350	深交所	002274	华昌化工	0.30	20100624	20100625	201133213	0	60339963	261473176
351	深交所	200771	杭汽轮 B	0.30	20100622	20100628	64220000	111540000	0	175760000
352	深交所	000650	仁和药业	0.50	20100629	20100630	280110241	0	140055120	420165361
353	深交所	002302	西部建设	0.50	20100630	20100701	140000000	0	70000000	210000000
354	深交所	000402	金融街	0.22	20100705	20100706	2481212959	0	545866850	3027079809
355	深交所	002327	富安娜	0.30	20100707	20100708	103000000	0	30900000	133900000
356	深交所	000594	国恒铁路	0.20	20100708	20100709	1244809910	0	248961982	1493771892

续表 9　Continued 9

序号 No.	交易所 Exchange	股票代码 Code	公司简称 Companies	送转股比例 Proportion	股权登记日期 Register Date	送转股上市交易日 Bonus Shares Trading Date	送转股前总股本 Previous Shares	送股股本数 Bonus Shares 1	转股股本数 Bonus Shares 2	送转股后总股本 Shares Now
357	深交所	002071	江苏宏宝	0.50	20100708	20100709	122680000	0	61340000	184020000
358	深交所	002097	山河智能	0.50	20100709	20100712	274300000	54860000	82290000	411450000
359	深交所	000651	格力电器	0.50	20100712	20100713	1878592500	939296250	0	2817888750
360	深交所	002100	天康生物	0.30	20100712	20100713	174413000	52323900	0	226736900
361	深交所	000876	新希望	0.10	20100713	20100714	756701400	75670140	0	832371540
362	深交所	002386	天原集团	0.20	20100714	20100715	399809409	0	79961881	479771290
363	深交所	002410	广联达	0.20	20100714	20100715	100000000	0	20000000	120000000
364	深交所	000538	云南白药	0.30	20100715	20100716	534051138	0	160215341	694266479
365	深交所	002301	齐心文具	0.50	20100716	20100719	124533333	0	62266666	186799999
366	深交所	000159	国际实业	1.00	20100802	20100803	240569647	0	240569647	481139294
367	深交所	000848	承德露露	0.60	20100805	20100806	190086000	114051600	0	304137600
368	深交所	002248	华东数控	1.00	20100823	20100824	128747800	0	128747800	257495600
369	深交所	002391	长青股份	0.60	20100824	20100825	98920000	0	59352000	158272000
370	深交所	002138	顺络电子	0.50	20100825	20100826	129551500	0	64775750	194327250
371	深交所	002310	东方园林	1.00	20100825	20100826	75121950	0	75121950	150243900
372	深交所	000157	中联重科	1.50	20100826	20100827	1971054705	2956582057	0	4927636762
373	深交所	002087	新野纺织	0.40	20100902	20100903	371256000	0	148502400	519758400
374	深交所	300082	奥克股份	0.50	20100902	20100903	108000000	0	54000000	162000000
375	深交所	002198	嘉应制药	1.00	20100907	20100908	82000000	24600000	57400000	164000000
376	深交所	300076	宁波 GQY	1.00	20100907	20100908	53000000	0	53000000	106000000
377	深交所	002397	梦洁家纺	0.50	20100908	20100909	63000000	31500000	0	94500000
378	深交所	300043	星辉车模	0.50	20100913	20100914	52800000	0	26400000	79200000
379	深交所	000671	阳光城	0.60	20100915	20100916	335003466	201002079	0	536005545
380	深交所	002334	英威腾	0.90	20100915	20100916	64000000	0	57600000	121600000
381	深交所	002092	中泰化学	0.50	20100917	20100920	769560000	0	384780000	1154340000
382	深交所	002054	德美化工	0.40	20100927	20100928	220691120	0	88276448	308967568
383	深交所	002410	广联达	0.50	20100927	20100928	120000000	0	60000000	180000000
384	深交所	002219	独一味	0.60	20100928	20100929	186800000	56040000	56040000	298880000
385	深交所	002411	九九久	0.50	20100928	20100929	86000000	0	43000000	129000000
386	深交所	000982	中银绒业	0.50	20100929	20100930	166000000	0	83000000	249000000
387	深交所	002094	青岛金王	0.50	20100930	20101008	214611080	21461108	85844432	321916620
388	深交所	000936	华西村	0.70	20101008	20101011	440007581	0	308005306	748012887
389	深交所	002001	新和成	0.50	20101015	20101018	483964000	0	241982000	725946000
390	深交所	002252	上海莱士	0.70	20101018	20101019	160000000	0	112000000	272000000
391	深交所	002431	棕榈园林	0.60	20101020	20101021	120000000	0	72000000	192000000
392	深交所	002424	贵州百灵	0.60	20101028	20101029	147000000	29400000	58800000	235200000
393	深交所	000338	潍柴动力	1.00	20101203	20101206	630645683	0	630645683	1261291366
394	深交所	002051	中工国际	0.50	20101206	20101207	226000000	0	113000000	339000000

数据来源：上海、深圳证券交易所
Source：Shanghai Shenzhen Stock Exchange

5-23 2010年上市公司红利分配一览表

Summary for Dividend Distributions of Listed Companies in 2010

序号 No.	年月 YM	交易所 Exchange	公司代码 Code	公司简称 Companies	红利派发日 Ex-dividend Date	每股现金红利 Dividend Per Share	现金分配合计(万元) Total Dividend
1	201001	上交所	600495	晋西车轴	20100115	0.05	839.55
2	201003	上交所	600112	长征电气	20100311	0.02	742.61
3	201003	上交所	600133	东湖高新	20100301	0.10	2755.92
4	201003	上交所	600173	卧龙地产	20100317	0.10	4028.60
5	201003	上交所	600276	恒瑞医药	20100317	0.10	6207.43
6	201003	上交所	600406	国电南瑞	20100324	0.15	3825.90
7	201003	上交所	600435	中兵光电	20100317	0.20	9928.80
8	201003	上交所	600499	科达机电	20100309	0.10	4535.96
9	201003	上交所	600580	卧龙电气	20100302	0.10	2851.27
10	201003	上交所	600595	中孚实业	20100318	0.06	3943.53
11	201003	上交所	600642	申能股份	20100325	0.20	57792.63
12	201003	上交所	600683	京投银泰	20100322	0.05	2469.26
13	201003	上交所	600743	华远地产	20100308	0.10	7781.29
14	201003	上交所	600990	四创电子	20100323	0.10	588.00
15	201004	上交所	600048	保利地产	20100427	0.10	35197.21
16	201004	上交所	600067	冠城大通	20100419	0.05	3064.59
17	201004	上交所	600101	明星电力	20100430	0.05	1620.89
18	201004	上交所	600110	中科英华	20100422	0.04	4065.25
19	201004	上交所	600118	中国卫星	20100419	0.05	1762.69
20	201004	上交所	600175	美都控股	20100429	0.03	1545.39
21	201004	上交所	600177	雅戈尔	20100430	0.55	122463.64
22	201004	上交所	600208	新湖中宝	20100401	0.06	20306.41
23	201004	上交所	600230	沧州大化	20100426	0.08	2074.65
24	201004	上交所	600231	凌钢股份	20100426	0.07	5628.02
25	201004	上交所	600246	万通地产	20100407	0.10	10140.00
26	201004	上交所	600256	广汇股份	20100426	0.04	3810.67
27	201004	上交所	600298	安琪酵母	20100402	0.13	3528.20
28	201004	上交所	600315	上海家化	20100414	0.35	11394.14
29	201004	上交所	600317	营口港	20100426	0.10	10975.72
30	201004	上交所	600337	美克股份	20100413	0.03	1531.81
31	201004	上交所	600370	三房巷	20100426	0.10	3188.98
32	201004	上交所	600416	湘电股份	20100423	0.15	3525.00
33	201004	上交所	600425	青松建化	20100423	0.20	7377.83
34	201004	上交所	600433	冠豪高新	20100426	0.03	660.00
35	201004	上交所	600439	瑞贝卡	20100416	0.08	4931.94
36	201004	上交所	600463	空港股份	20100420	0.10	2520.00
37	201004	上交所	600481	双良股份	20100421	0.25	16876.73
38	201004	上交所	600525	长园集团	20100429	0.10	2158.78
39	201004	上交所	600533	栖霞建设	20100412	0.15	15750.00
40	201004	上交所	600553	太行水泥	20100430	0.05	1900.00
41	201004	上交所	600577	精达股份	20100415	0.10	2944.80
42	201004	上交所	600588	用友软件	20100430	0.60	37671.53

续表 1　Continued 1

序号 No.	年月 YM	交易所 Exchange	公司代码 Code	公司简称 Companies	红利派发日 Ex-dividend Date	每股现金红利 Dividend Per Share	现金分配合计(万元) Total Dividend
43	201004	上交所	600596	新安股份	20100430	0.40	12348.81
44	201004	上交所	600660	福耀玻璃	20100421	0.17	34050.77
45	201004	上交所	600818	中路股份	20100426	0.03	589.98
46	201004	上交所	600824	益民商业	20100427	0.06	4391.78
47	201004	上交所	600828	成商集团	20100409	0.15	3047.22
48	201004	上交所	600861	北京城乡	20100422	0.11	3484.85
49	201004	上交所	600888	新疆众和	20100422	0.06	2112.35
50	201004	上交所	600976	武汉健民	20100426	0.15	2300.98
51	201004	上交所	601166	兴业银行	20100412	0.50	250000.00
52	201004	上交所	601788	光大证券	20100430	0.50	170900.00
53	201004	上交所	900915	中路 B 股	20100426	0.00	30.33
54	201004	上交所	900948	伊泰 B 股	20100428	0.15	10723.07
55	201005	上交所	600007	中国国贸	20100531	0.14	14101.96
56	201005	上交所	600008	首创股份	20100504	0.12	26400.00
57	201005	上交所	600015	华夏银行	20100520	0.13	64876.87
58	201005	上交所	600019	宝钢股份	20100524	0.20	350240.00
59	201005	上交所	600056	中国医药	20100513	0.20	4783.97
60	201005	上交所	600060	海信电器	20100514	0.15	8666.52
61	201005	上交所	600064	南京高科	20100517	0.10	3441.46
62	201005	上交所	600066	宇通客车	20100518	1.00	51989.17
63	201005	上交所	600070	浙江富润	20100526	0.20	2813.52
64	201005	上交所	600071	凤凰光学	20100517	0.10	2374.72
65	201005	上交所	600089	特变电工	20100506	0.10	17973.76
66	201005	上交所	600102	莱钢股份	20100519	0.06	5533.64
67	201005	上交所	600106	重庆路桥	20100525	0.06	2475.66
68	201005	上交所	600111	包钢稀土	20100531	0.05	4036.74
69	201005	上交所	600113	浙江东日	20100504	0.05	737.50
70	201005	上交所	600114	东睦股份	20100518	0.03	586.50
71	201005	上交所	600116	三峡水利	20100513	0.10	2095.63
72	201005	上交所	600125	铁龙物流	20100507	0.06	6025.49
73	201005	上交所	600138	中青旅	20100528	0.20	8307.00
74	201005	上交所	600151	航天机电	20100531	0.02	1497.09
75	201005	上交所	600158	中体产业	20100510	0.02	1607.11
76	201005	上交所	600160	巨化股份	20100518	0.08	4454.40
77	201005	上交所	600162	香江控股	20100525	0.05	3839.06
78	201005	上交所	600166	福田汽车	20100514	0.18	16495.35
79	201005	上交所	600168	武汉控股	20100531	0.05	2338.10
80	201005	上交所	600183	生益科技	20100525	0.12	11484.28
81	201005	上交所	600210	紫江企业	20100528	0.30	43102.08
82	201005	上交所	600216	浙江医药	20100505	0.80	36004.80
83	201005	上交所	600218	全柴动力	20100505	0.15	4251.00
84	201005	上交所	600222	太龙药业	20100512	0.01	380.68
85	201005	上交所	600226	升华拜克	20100525	0.15	4055.49
86	201005	上交所	600227	赤天化	20100512	0.05	2375.98
87	201005	上交所	600233	大杨创世	20100531	0.10	1650.00
88	201005	上交所	600236	桂冠电力	20100506	0.11	17917.82

续表 2 Continued 2

序号 No.	年月 YM	交易所 Exchange	公司代码 Code	公司简称 Companies	红利派发日 Ex-dividend Date	每股现金红利 Dividend Per Share	现金分配合计(万元) Total Dividend
89	201005	上交所	600255	鑫科材料	20100521	0.05	2247.50
90	201005	上交所	600261	浙江阳光	20100513	0.30	7493.05
91	201005	上交所	600267	海正药业	20100524	0.12	5805.36
92	201005	上交所	600268	国电南自	20100506	0.15	2838.57
93	201005	上交所	600271	航天信息	20100512	0.21	19391.40
94	201005	上交所	600279	重庆港九	20100524	0.04	913.56
95	201005	上交所	600282	南钢股份	20100519	0.04	6739.20
96	201005	上交所	600287	江苏舜天	20100526	0.03	1310.39
97	201005	上交所	600303	曙光股份	20100524	0.08	1776.00
98	201005	上交所	600309	烟台万华	20100517	0.30	49900.03
99	201005	上交所	600322	天房发展	20100512	0.04	4422.80
100	201005	上交所	600351	亚宝药业	20100528	0.10	3164.76
101	201005	上交所	600352	浙江龙盛	20100527	0.10	14684.16
102	201005	上交所	600359	新农开发	20100518	0.10	3210.00
103	201005	上交所	600366	宁波韵升	20100525	0.20	7915.35
104	201005	上交所	600371	万向德农	20100517	0.20	3100.00
105	201005	上交所	600376	首开股份	20100505	0.10	11497.50
106	201005	上交所	600378	天科股份	20100525	0.02	491.23
107	201005	上交所	600383	金地集团	20100504	0.10	24841.71
108	201005	上交所	600396	金山股份	20100528	0.02	681.20
109	201005	上交所	600403	欣网视讯	20100511	0.02	254.93
110	201005	上交所	600423	柳化股份	20100526	0.10	2662.32
111	201005	上交所	600426	华鲁恒升	20100512	0.10	4957.50
112	201005	上交所	600456	宝钛股份	20100507	0.25	10756.64
113	201005	上交所	600461	洪城水业	20100521	0.10	1400.00
114	201005	上交所	600467	好当家	20100528	0.06	3801.60
115	201005	上交所	600486	扬农化工	20100520	0.20	2648.71
116	201005	上交所	600488	天药股份	20100517	0.03	1628.67
117	201005	上交所	600491	龙元建设	20100521	0.05	2369.00
118	201005	上交所	600500	中化国际	20100518	0.25	35939.74
119	201005	上交所	600517	置信电气	20100524	0.30	18561.15
120	201005	上交所	600518	康美药业	20100524	0.04	5930.30
121	201005	上交所	600521	华海药业	20100504	0.10	2992.26
122	201005	上交所	600522	中天科技	20100514	0.20	6416.06
123	201005	上交所	600547	山东黄金	20100517	0.10	7115.36
124	201005	上交所	600548	深高速	20100528	0.12	26169.24
125	201005	上交所	600558	大西洋	20100527	0.16	2210.75
126	201005	上交所	600560	金自天正	20100519	0.08	795.18
127	201005	上交所	600563	法拉电子	20100519	0.40	9000.00
128	201005	上交所	600565	迪马股份	20100528	0.01	720.00
129	201005	上交所	600566	洪城股份	20100518	0.01	106.31
130	201005	上交所	600570	恒生电子	20100510	0.05	2227.68
131	201005	上交所	600572	康恩贝	20100519	0.15	4860.00
132	201005	上交所	600573	惠泉啤酒	20100514	0.15	3750.00
133	201005	上交所	600581	八一钢铁	20100520	0.05	3832.24
134	201005	上交所	600584	长电科技	20100507	0.10	7451.84

续表 3　Continued 3

序号 No.	年月 YM	交易所 Exchange	公司代码 Code	公司简称 Companies	红利派发日 Ex-dividend Date	每股现金红利 Dividend Per Share	现金分配合计(万元) Total Dividend
135	201005	上交所	600587	新华医疗	20100524	0.10	1343.94
136	201005	上交所	600590	泰豪科技	20100520	0.10	3794.38
137	201005	上交所	600606	金丰投资	20100506	0.05	1951.14
138	201005	上交所	600665	天地源	20100524	0.06	4320.61
139	201005	上交所	600676	交运股份	20100517	0.10	7313.96
140	201005	上交所	600702	沱牌曲酒	20100525	0.06	2023.80
141	201005	上交所	600725	云维股份	20100513	0.02	787.41
142	201005	上交所	600729	重庆百货	20100517	0.20	4080.00
143	201005	上交所	600736	苏州高新	20100525	0.10	8815.68
144	201005	上交所	600748	上实发展	20100506	0.04	3791.80
145	201005	上交所	600750	江中药业	20100511	0.30	8876.30
146	201005	上交所	600765	中航重机	20100513	0.05	2593.34
147	201005	上交所	600779	水井坊	20100510	0.54	26381.47
148	201005	上交所	600785	新华百货	20100519	0.30	5185.78
149	201005	上交所	600791	京能置业	20100518	0.06	2717.28
150	201005	上交所	600795	国电电力	20100504	0.08	42492.60
151	201005	上交所	600798	宁波海运	20100526	0.02	1742.29
152	201005	上交所	600850	华东电脑	20100519	0.02	342.06
153	201005	上交所	600857	工大首创	20100519	0.02	448.64
154	201005	上交所	600866	星湖科技	20100518	0.15	7816.54
155	201005	上交所	600880	博瑞传播	20100507	0.15	5629.31
156	201005	上交所	600883	博闻科技	20100526	0.05	1180.44
157	201005	上交所	600884	杉杉股份	20100517	0.10	4108.58
158	201005	上交所	600897	厦门空港	20100520	0.08	2382.48
159	201005	上交所	600963	岳阳纸业	20100512	0.05	3261.00
160	201005	上交所	600970	中材国际	20100513	0.03	1265.39
161	201005	上交所	600978	宜华木业	20100517	0.04	4018.65
162	201005	上交所	600992	贵绳股份	20100517	0.06	986.22
163	201005	上交所	600995	文山电力	20100513	0.06	2871.16
164	201005	上交所	600997	开滦股份	20100524	0.10	12346.40
165	201005	上交所	601008	连云港	20100524	0.03	1612.80
166	201005	上交所	601328	交通银行	20100506	0.10	489943.84
167	201005	上交所	601398	工商银行	20100527	0.17	5678320.45
168	201005	上交所	601877	正泰电器	20100528	0.20	20100.00
169	201005	上交所	601918	国投新集	20100524	0.20	37007.74
170	201005	上交所	900949	东电 B 股	20100513	0.01	2944.65
171	201006	上交所	600000	浦发银行	20100610	0.15	132450.68
172	201006	上交所	600005	武钢股份	20100623	0.10	78381.52
173	201006	上交所	600006	东风汽车	20100621	0.06	12000.00
174	201006	上交所	600012	皖通高速	20100621	0.20	33172.20
175	201006	上交所	600020	中原高速	20100601	0.06	12842.12
176	201006	上交所	600028	中国石化	20100617	0.11	953727.81
177	201006	上交所	600030	中信证券	20100624	0.50	331523.38
178	201006	上交所	600031	三一重工	20100624	0.16	25714.14
179	201006	上交所	600033	福建高速	20100617	0.10	18296.00
180	201006	上交所	600050	中国联通	20100622	0.05	113613.76

续表 4 Continued 4

序号 No.	年月 YM	交易所 Exchange	公司代码 Code	公司简称 Companies	红利派发日 Ex-dividend Date	每股现金红利 Dividend Per Share	现金分配合计(万元) Total Dividend
181	201006	上交所	600051	宁波联合	20100609	0.15	4536.00
182	201006	上交所	600055	万东医疗	20100610	0.06	1298.70
183	201006	上交所	600058	五矿发展	20100609	0.10	10719.11
184	201006	上交所	600059	古越龙山	20100607	0.05	3174.28
185	201006	上交所	600079	人福医药	20100607	0.04	1886.34
186	201006	上交所	600096	云天化	20100607	0.10	5901.21
187	201006	上交所	600098	广州控股	20100603	0.18	37065.60
188	201006	上交所	600104	上海汽车	20100608	0.05	32774.77
189	201006	上交所	600117	西宁特钢	20100618	0.05	3706.10
190	201006	上交所	600119	长江投资	20100621	0.05	1537.00
191	201006	上交所	600120	浙江东方	20100608	0.12	6065.68
192	201006	上交所	600123	兰花科创	20100621	0.30	17136.00
193	201006	上交所	600126	杭钢股份	20100621	0.08	6711.51
194	201006	上交所	600132	重庆啤酒	20100608	0.30	14519.14
195	201006	上交所	600143	金发科技	20100603	0.10	13965.00
196	201006	上交所	600172	黄河旋风	20100624	0.05	1340.00
197	201006	上交所	600189	吉林森工	20100618	0.10	3105.00
198	201006	上交所	600195	中牧股份	20100611	0.15	5850.00
199	201006	上交所	600197	伊力特	20100618	0.18	7938.00
200	201006	上交所	600202	哈空调	20100610	0.11	4140.08
201	201006	上交所	600219	南山铝业	20100623	0.10	19341.54
202	201006	上交所	600239	云南城投	20100628	0.10	6334.07
203	201006	上交所	600241	时代万恒	20100603	0.05	530.00
204	201006	上交所	600251	冠农股份	20100630	0.05	1810.50
205	201006	上交所	600258	首旅股份	20100624	0.60	13884.00
206	201006	上交所	600263	路桥建设	20100622	0.03	1224.40
207	201006	上交所	600269	赣粤高速	20100624	0.10	23354.07
208	201006	上交所	600270	外运发展	20100608	0.10	9054.82
209	201006	上交所	600280	南京中商	20100629	0.15	2153.13
210	201006	上交所	600283	钱江水利	20100621	0.20	5706.60
211	201006	上交所	600284	浦东建设	20100628	0.13	4498.00
212	201006	上交所	600295	鄂尔多斯	20100618	0.10	6120.00
213	201006	上交所	600300	维维股份	20100602	0.05	8360.00
214	201006	上交所	600305	恒顺醋业	20100604	0.07	928.20
215	201006	上交所	600312	平高电气	20100618	0.05	3412.36
216	201006	上交所	600325	华发股份	20100618	0.10	8170.46
217	201006	上交所	600327	大厦股份	20100621	0.07	2282.49
218	201006	上交所	600328	兰太实业	20100629	0.01	359.12
219	201006	上交所	600348	国阳新能	20100608	0.38	36556.00
220	201006	上交所	600350	山东高速	20100629	0.09	29601.44
221	201006	上交所	600360	华微电子	20100629	0.05	2608.00
222	201006	上交所	600361	华联综超	20100618	0.10	4848.08
223	201006	上交所	600377	宁沪高速	20100601	0.31	156170.17
224	201006	上交所	600382	广东明珠	20100602	0.03	1025.24
225	201006	上交所	600387	海越股份	20100609	0.20	5940.00
226	201006	上交所	600393	东华实业	20100621	0.10	3000.00

续表 5 Continued 5

序号 No.	年月 YM	交易所 Exchange	公司代码 Code	公司简称 Companies	红利派发日 Ex-dividend Date	每股现金红利 Dividend Per Share	现金分配合计(万元) Total Dividend
227	201006	上交所	600398	凯诺科技	20100622	0.03	1939.81
228	201006	上交所	600400	红豆股份	20100609	0.02	862.15
229	201006	上交所	600410	华胜天成	20100604	0.15	6915.24
230	201006	上交所	600418	江淮汽车	20100622	0.10	12887.37
231	201006	上交所	600422	昆明制药	20100611	0.05	1570.88
232	201006	上交所	600432	吉恩镍业	20100601	0.10	7633.41
233	201006	上交所	600436	片仔癀	20100622	0.50	7000.00
234	201006	上交所	600449	赛马实业	20100609	0.20	3902.68
235	201006	上交所	600459	贵研铂业	20100623	0.15	1620.16
236	201006	上交所	600460	士兰微	20100611	0.03	1212.24
237	201006	上交所	600475	华光股份	20100618	0.10	2560.00
238	201006	上交所	600479	千金药业	20100609	0.50	10886.40
239	201006	上交所	600480	凌云股份	20100607	0.08	2496.00
240	201006	上交所	600487	亨通光电	20100623	0.25	4153.00
241	201006	上交所	600493	凤竹纺织	20100603	0.10	1700.00
242	201006	上交所	600496	精工钢构	20100629	0.03	1161.00
243	201006	上交所	600497	驰宏锌锗	20100618	0.30	30232.98
244	201006	上交所	600502	安徽水利	20100601	0.03	669.24
245	201006	上交所	600508	上海能源	20100611	0.15	10840.77
246	201006	上交所	600510	黑牡丹	20100608	0.15	11932.84
247	201006	上交所	600511	国药股份	20100622	0.10	4788.00
248	201006	上交所	600513	联环药业	20100604	0.05	450.00
249	201006	上交所	600523	贵航股份	20100624	0.07	2050.44
250	201006	上交所	600528	中铁二局	20100608	0.10	14592.00
251	201006	上交所	600529	山东药玻	20100611	0.10	2573.80
252	201006	上交所	600530	交大昂立	20100622	0.05	1560.00
253	201006	上交所	600531	豫光金铅	20100602	0.15	3424.04
254	201006	上交所	600535	天士力	20100607	0.40	19520.00
255	201006	上交所	600540	新赛股份	20100625	0.04	931.41
256	201006	上交所	600546	山煤国际	20100608	0.20	15000.00
257	201006	上交所	600549	厦门钨业	20100603	0.15	10229.70
258	201006	上交所	600551	时代出版	20100601	0.10	3906.06
259	201006	上交所	600557	康缘药业	20100618	0.14	4316.33
260	201006	上交所	600559	老白干酒	20100629	0.10	1400.00
261	201006	上交所	600561	江西长运	20100618	0.18	3343.03
262	201006	上交所	600567	山鹰纸业	20100610	0.06	3211.48
263	201006	上交所	600585	海螺水泥	20100621	0.35	61825.20
264	201006	上交所	600586	金晶科技	20100629	0.06	3540.50
265	201006	上交所	600589	广东榕泰	20100601	0.02	1203.46
266	201006	上交所	600592	龙溪股份	20100623	0.10	3000.00
267	201006	上交所	600594	益佰制药	20100621	0.10	2351.70
268	201006	上交所	600598	北大荒	20100618	0.15	26329.22
269	201006	上交所	600601	方正科技	20100628	0.01	1726.49
270	201006	上交所	600622	嘉宝集团	20100610	0.15	7714.56
271	201006	上交所	600626	申达股份	20100607	0.10	4734.95
272	201006	上交所	600662	强生控股	20100618	0.08	6508.31

续表 6 Continued 6

序号 No.	年月 YM	交易所 Exchange	公司代码 Code	公司简称 Companies	红利派发日 Ex-dividend Date	每股现金红利 Dividend Per Share	现金分配合计(万元) Total Dividend
273	201006	上交所	600663	陆家嘴	20100624	0.15	19692.22
274	201006	上交所	600664	哈药股份	20100609	0.49	60858.27
275	201006	上交所	600674	川投能源	20100621	0.01	932.92
276	201006	上交所	600686	金龙汽车	20100629	0.05	2212.99
277	201006	上交所	600717	天津港	20100618	0.10	16747.69
278	201006	上交所	600720	祁连山	20100621	0.15	7123.53
279	201006	上交所	600737	中粮屯河	20100601	0.03	2815.69
280	201006	上交所	600741	华域汽车	20100618	0.32	83721.52
281	201006	上交所	600742	一汽富维	20100629	0.18	3807.42
282	201006	上交所	600754	锦江股份	20100611	0.36	16100.67
283	201006	上交所	600761	安徽合力	20100622	0.10	3569.54
284	201006	上交所	600764	中电广通	20100611	0.03	989.18
285	201006	上交所	600777	新潮实业	20100622	0.02	1250.85
286	201006	上交所	600782	新钢股份	20100618	0.06	8360.58
287	201006	上交所	600790	轻纺城	20100603	0.10	6187.76
288	201006	上交所	600801	华新水泥	20100607	0.20	4792.00
289	201006	上交所	600804	鹏博士	20100607	0.04	5354.05
290	201006	上交所	600809	山西汾酒	20100625	0.50	21646.21
291	201006	上交所	600822	上海物贸	20100608	0.10	2640.99
292	201006	上交所	600829	三精制药	20100628	0.68	26288.28
293	201006	上交所	600831	广电网络	20100607	0.05	2167.07
294	201006	上交所	600832	东方明珠	20100629	0.10	31226.08
295	201006	上交所	600835	上海机电	20100622	0.10	8065.04
296	201006	上交所	600836	界龙实业	20100611	0.03	940.69
297	201006	上交所	600837	海通证券	20100629	0.20	164556.42
298	201006	上交所	600841	上柴股份	20100608	0.05	1316.55
299	201006	上交所	600845	宝信软件	20100603	0.30	5227.32
300	201006	上交所	600846	同济科技	20100607	0.03	1041.27
301	201006	上交所	600858	银座股份	20100610	0.07	2022.48
302	201006	上交所	600881	亚泰集团	20100607	0.10	18947.32
303	201006	上交所	600889	南京化纤	20100621	0.04	1023.56
304	201006	上交所	600893	航空动力	20100621	0.08	4358.29
305	201006	上交所	600895	张江高科	20100604	0.30	46460.69
306	201006	上交所	600896	中海海盛	20100618	0.02	1162.63
307	201006	上交所	600961	株冶集团	20100621	0.15	7911.87
308	201006	上交所	600967	北方创业	20100621	0.05	866.15
309	201006	上交所	600973	宝胜股份	20100611	0.10	1560.00
310	201006	上交所	600975	新五丰	20100607	0.12	2163.32
311	201006	上交所	600983	合肥三洋	20100608	0.10	3330.00
312	201006	上交所	600985	雷鸣科化	20100624	0.12	1080.00
313	201006	上交所	600987	航民股份	20100601	0.15	6353.10
314	201006	上交所	601002	晋亿实业	20100607	0.10	7384.70
315	201006	上交所	601003	柳钢股份	20100604	0.15	38441.90
316	201006	上交所	601006	大秦铁路	20100624	0.30	389302.71
317	201006	上交所	601009	南京银行	20100609	0.10	18367.51
318	201006	上交所	601099	太平洋	20100624	0.02	3006.63

续表 7　Continued 7

序号 No.	年月 YM	交易所 Exchange	公司代码 Code	公司简称 Companies	红利派发日 Ex-dividend Date	每股现金红利 Dividend Per Share	现金分配合计(万元) Total Dividend
319	201006	上交所	601107	四川成渝	20100618	0.06	19571.58
320	201006	上交所	601139	深圳燃气	20100607	0.10	12300.00
321	201006	上交所	601299	中国北车	20100628	0.02	16600.00
322	201006	上交所	601628	中国人寿	20100624	0.70	1978529.35
323	201006	上交所	601666	平煤股份	20100618	0.20	27942.78
324	201006	上交所	601668	中国建筑	20100602	0.03	87000.00
325	201006	上交所	601699	潞安环能	20100610	1.00	115054.20
326	201006	上交所	601801	皖新传媒	20100607	0.07	6370.00
327	201006	上交所	601808	中海油服	20100608	0.14	62934.48
328	201006	上交所	601857	中国石油	20100603	0.13	2379821.77
329	201006	上交所	601872	招商轮船	20100621	0.02	6866.80
330	201006	上交所	601899	紫金矿业	20100610	0.10	145413.09
331	201006	上交所	601958	金钼股份	20100611	0.25	80665.11
332	201006	上交所	601988	中国银行	20100604	0.14	3553748.27
333	201006	上交所	601991	大唐发电	20100628	0.07	86170.26
334	201006	上交所	900920	上柴 B 股	20100608	0.01	158.95
335	201006	上交所	900925	机电 B 股	20100622	0.01	316.70
336	201006	上交所	900926	宝信 B 股	20100603	0.04	386.74
337	201006	上交所	900927	物贸 B 股	20100608	0.01	97.47
338	201006	上交所	900932	陆家 B 股	20100624	0.02	1082.24
339	201006	上交所	900933	华新 B 股	20100607	0.03	480.49
340	201006	上交所	900934	锦江 B 股	20100611	0.05	822.48
341	201006	上交所	900936	鄂绒 B 股	20100618	0.01	615.26
342	201006	上交所	900950	新城 B 股	20100630	0.01	1244.49
343	201007	上交所	600011	华能国际	20100706	0.21	253163.05
344	201007	上交所	600016	民生银行	20100715	0.05	110723.54
345	201007	上交所	600018	上港集团	20100702	0.09	197313.52
346	201007	上交所	600026	中海发展	20100702	0.10	34045.52
347	201007	上交所	600027	华电国际	20100702	0.04	23698.79
348	201007	上交所	600035	楚天高速	20100706	0.08	7453.22
349	201007	上交所	600036	招商银行	20100701	0.21	453108.79
350	201007	上交所	600038	哈飞股份	20100712	0.10	3373.50
351	201007	上交所	600062	双鹤药业	20100702	0.23	13320.52
352	201007	上交所	600068	葛洲坝	20100715	0.10	23249.73
353	201007	上交所	600078	澄星股份	20100719	0.02	977.21
354	201007	上交所	600085	同仁堂	20100723	0.23	11979.00
355	201007	上交所	600100	同方股份	20100706	0.10	9769.71
356	201007	上交所	600128	弘业股份	20100712	0.06	1480.61
357	201007	上交所	600141	兴发集团	20100702	0.10	3178.09
358	201007	上交所	600150	中国船舶	20100713	0.80	53004.52
359	201007	上交所	600153	建发股份	20100716	0.25	31079.87
360	201007	上交所	600188	兖州煤业	20100720	0.25	122960.00
361	201007	上交所	600196	复星医药	20100726	0.10	12695.95
362	201007	上交所	600201	金宇集团	20100719	0.10	2808.15
363	201007	上交所	600250	南纺股份	20100712	0.01	258.69
364	201007	上交所	600262	北方股份	20100702	0.09	1530.00

续表 8　Continued 8

序号 No.	年月 YM	交易所 Exchange	公司代码 Code	公司简称 Companies	红利派发日 Ex-dividend Date	每股现金红利 Dividend Per Share	现金分配合计(万元) Total Dividend
365	201007	上交所	600278	东方创业	20100706	0.10	3200.00
366	201007	上交所	600285	羚锐制药	20100712	0.05	1003.60
367	201007	上交所	600307	酒钢宏兴	20100705	0.10	20456.79
368	201007	上交所	600321	国栋建设	20100708	0.10	2277.60
369	201007	上交所	600323	南海发展	20100716	0.15	4066.03
370	201007	上交所	600332	广州药业	20100716	0.05	4054.50
371	201007	上交所	600345	长江通信	20100707	0.15	2970.00
372	201007	上交所	600362	江西铜业	20100702	0.10	30228.34
373	201007	上交所	600368	五洲交通	20100702	0.08	4446.94
374	201007	上交所	600388	龙净环保	20100702	0.50	10395.00
375	201007	上交所	600395	盘江股份	20100712	0.45	49651.56
376	201007	上交所	600405	动力源	20100714	0.05	1043.44
377	201007	上交所	600469	风神股份	20100705	0.10	3749.42
378	201007	上交所	600477	杭萧钢构	20100714	0.03	965.54
379	201007	上交所	600483	福建南纺	20100714	0.02	576.97
380	201007	上交所	600489	中金黄金	20100712	0.15	11859.09
381	201007	上交所	600498	烽火通信	20100705	0.15	6627.00
382	201007	上交所	600501	航天晨光	20100716	0.10	3244.03
383	201007	上交所	600509	天富热电	20100713	0.08	5245.57
384	201007	上交所	600519	贵州茅台	20100705	1.19	111840.30
385	201007	上交所	600526	菲达环保	20100713	0.10	1400.00
386	201007	上交所	600527	江南高纤	20100702	0.05	1756.39
387	201007	上交所	600536	中国软件	20100702	0.02	451.39
388	201007	上交所	600582	天地科技	20100712	0.06	4046.40
389	201007	上交所	600600	青岛啤酒	20100728	0.16	21615.72
390	201007	上交所	600611	大众交通	20100722	0.10	10422.11
391	201007	上交所	600619	海立股份	20100712	0.10	2896.13
392	201007	上交所	600620	天宸股份	20100716	0.03	1056.43
393	201007	上交所	600631	百联股份	20100723	0.12	13212.33
394	201007	上交所	600644	乐山电力	20100705	0.05	1632.40
395	201007	上交所	600650	锦江投资	20100719	0.30	11716.80
396	201007	上交所	600655	豫园商城	20100727	0.08	6388.10
397	201007	上交所	600668	尖峰集团	20100705	0.05	1720.42
398	201007	上交所	600682	南京新百	20100720	0.10	3583.22
399	201007	上交所	600684	珠江实业	20100706	0.20	3740.79
400	201007	上交所	600685	广船国际	20100707	0.28	13850.97
401	201007	上交所	600688	S上石化	20100714	0.03	21600.00
402	201007	上交所	600690	青岛海尔	20100729	0.30	40155.56
403	201007	上交所	600697	欧亚集团	20100713	0.30	4772.64
404	201007	上交所	600704	中大股份	20100702	0.20	8783.51
405	201007	上交所	600718	东软集团	20100708	0.20	18886.07
406	201007	上交所	600719	大连热电	20100705	0.03	505.75
407	201007	上交所	600755	厦门国贸	20100713	0.15	9597.37
408	201007	上交所	600778	友好集团	20100713	0.05	1557.46
409	201007	上交所	600787	中储股份	20100707	0.04	3360.41
410	201007	上交所	600806	昆明机床	20100716	0.05	2124.32

续表 9　Continued 9

序号 No.	年月 YM	交易所 Exchange	公司代码 Code	公司简称 Companies	红利派发日 Ex-dividend Date	每股现金红利 Dividend Per Share	现金分配合计(万元) Total Dividend
411	201007	上交所	600808	马钢股份	20100714	0.04	30802.72
412	201007	上交所	600810	神马股份	20100702	0.02	884.56
413	201007	上交所	600815	厦工股份	20100721	0.05	3497.10
414	201007	上交所	600825	新华传媒	20100702	0.05	4440.77
415	201007	上交所	600827	友谊股份	20100716	0.20	5847.96
416	201007	上交所	600833	第一医药	20100716	0.08	1274.78
417	201007	上交所	600834	申通地铁	20100709	0.06	2864.29
418	201007	上交所	600864	哈投股份	20100730	0.05	2731.89
419	201007	上交所	600872	中炬高新	20100702	0.02	1086.32
420	201007	上交所	600874	创业环保	20100705	0.08	11417.83
421	201007	上交所	600875	东方电气	20100702	0.16	16030.88
422	201007	上交所	600879	航天电子	20100708	0.10	8110.41
423	201007	上交所	600886	国投电力	20100705	0.22	43836.36
424	201007	上交所	600900	长江电力	20100720	0.37	407297.00
425	201007	上交所	600960	滨州活塞	20100712	0.06	976.94
426	201007	上交所	600981	江苏开元	20100713	0.06	3096.64
427	201007	上交所	600982	宁波热电	20100702	0.10	1680.00
428	201007	上交所	600993	马应龙	20100702	0.30	4973.70
429	201007	上交所	600999	招商证券	20100713	0.50	179273.07
430	201007	上交所	601001	大同煤业	20100726	0.53	44353.05
431	201007	上交所	601088	中国神华	20100705	0.53	1054149.88
432	201007	上交所	601101	昊华能源	20100714	0.70	31780.00
433	201007	上交所	601158	重庆水务	20100705	0.09	40800.00
434	201007	上交所	601168	西部矿业	20100708	0.10	23830.00
435	201007	上交所	601169	北京银行	20100720	0.18	112096.11
436	201007	上交所	601186	中国铁建	20100719	0.16	197400.66
437	201007	上交所	601318	中国平安	20100713	0.30	229324.26
438	201007	上交所	601333	广深铁路	20100713	0.08	56668.30
439	201007	上交所	601390	中国中铁	20100716	0.06	134189.37
440	201007	上交所	601588	北辰实业	20100720	0.03	10101.06
441	201007	上交所	601601	中国太保	20100702	0.30	258000.00
442	201007	上交所	601607	上海医药	20100712	0.10	20324.96
443	201007	上交所	601766	中国南车	20100708	0.04	47360.00
444	201007	上交所	601898	中煤能源	20100715	0.15	198667.81
445	201007	上交所	601939	建设银行	20100708	0.20	4720519.50
446	201007	上交所	601989	中国重工	20100706	0.04	29510.49
447	201007	上交所	601998	中信银行	20100722	0.09	343493.43
448	201007	上交所	601999	出版传媒	20100705	0.02	1101.83
449	201007	上交所	900903	大众 B 股	20100722	0.01	781.91
450	201007	上交所	900910	海立 B 股	20100712	0.01	378.36
451	201007	上交所	900914	锦投 B 股	20100719	0.04	707.65
452	201007	上交所	900923	友谊 B 股	20100716	0.03	527.80
453	201007	上交所	900929	锦旅 B 股	20100728	0.03	390.68
454	201008	上交所	600004	白云机场	20100819	0.26	29900.00
455	201008	上交所	600009	上海机场	20100804	0.05	9634.79
456	201008	上交所	600088	中视传媒	20100803	0.10	2367.30

续表 10 Continued 10

序号 No.	年月 YM	交易所 Exchange	公司代码 Code	公司简称 Companies	红利派发日 Ex-dividend Date	每股现金红利 Dividend Per Share	现金分配合计(万元) Total Dividend
457	201008	上交所	600170	上海建工	20100823	0.13	13025.74
458	201008	上交所	600252	中恒集团	20100830	0.03	682.34
459	201008	上交所	600266	北京城建	20100809	0.10	7410.00
460	201008	上交所	600308	华泰股份	20100809	0.10	6486.45
461	201008	上交所	600356	恒丰纸业	20100817	0.38	7353.30
462	201008	上交所	600363	联创光电	20100805	0.02	741.61
463	201008	上交所	600478	科力远	20100818	0.03	858.84
464	201008	上交所	600578	京能热电	20100812	0.16	9173.76
465	201008	上交所	600612	老凤祥	20100812	0.20	2898.02
466	201008	上交所	600628	新世界	20100819	0.11	5849.79
467	201008	上交所	600639	浦东金桥	20100813	0.11	6566.49
468	201008	上交所	600649	城投控股	20100823	0.10	22980.95
469	201008	上交所	600797	浙大网新	20100803	0.01	813.04
470	201008	上交所	600820	隧道股份	20100819	0.20	14670.43
471	201008	上交所	600853	龙建股份	20100818	0.01	536.81
472	201008	上交所	600859	王府井	20100812	0.30	11789.19
473	201008	上交所	600965	福成五丰	20100827	0.03	838.21
474	201008	上交所	900905	老凤祥 B	20100812	0.03	389.03
475	201008	上交所	900911	金桥 B 股	20100813	0.02	400.79
476	201009	上交所	600028	中国石化	20100913	0.08	693620.22
477	201009	上交所	600246	万通地产	20100917	0.09	10342.80
478	201009	上交所	600376	首开股份	20100914	0.05	5748.75
479	201009	上交所	600458	时代新材	20100915	0.20	4703.10
480	201009	上交所	600970	中材国际	20100914	0.27	20499.32
481	201009	上交所	601318	中国平安	20100909	0.15	114662.13
482	201009	上交所	601328	交通银行	20100913	0.10	562596.41
483	201009	上交所	601857	中国石油	20100916	0.16	2939865.97
484	201010	上交所	600031	三一重工	20101022	0.13	31339.10
485	201010	上交所	600316	洪都航空	20101011	0.03	1344.59
486	201010	上交所	600594	益佰制药	20101015	0.03	705.51
487	201010	上交所	600983	合肥三洋	20101022	0.05	1665.00
488	201011	上交所	600097	开创国际	20101104	0.10	2025.98
489	201011	上交所	600712	南宁百货	20101110	0.06	1041.64
490	201011	上交所	600846	同济科技	20101129	0.02	1041.27
491	201012	上交所	601727	上海电气	20101203	0.06	75531.16
492	201003	深交所	002263	大东南	20100308	0.10	3675.75
493	201003	深交所	002315	焦点科技	20100308	0.60	7050.00
494	201003	深交所	002045	广州国光	20100309	0.15	3840.84
495	201003	深交所	002117	东港股份	20100310	0.30	3300.00
496	201003	深交所	000428	华天酒店	20100311	0.01	553.02
497	201003	深交所	002151	北斗星通	20100312	0.25	2273.75
498	201003	深交所	300033	同花顺	20100312	0.30	2016.00
499	201003	深交所	002138	顺络电子	20100315	0.25	3055.00
500	201003	深交所	002241	歌尔声学	20100315	0.10	2400.00
501	201003	深交所	002282	博深工具	20100317	0.30	5202.00
502	201003	深交所	002290	禾盛新材	20100317	0.20	1672.00

续表 11 Continued 11

序号 No.	年月 YM	交易所 Exchange	公司代码 Code	公司简称 Companies	红利派发日 Ex-dividend Date	每股现金红利 Dividend Per Share	现金分配合计(万元) Total Dividend
503	201003	深交所	002275	桂林三金	20100318	0.55	24970.00
504	201003	深交所	000690	宝新能源	20100319	0.10	11510.75
505	201003	深交所	002118	紫鑫药业	20100319	0.02	279.55
506	201003	深交所	002310	东方园林	20100319	0.30	1502.44
507	201003	深交所	002233	塔牌集团	20100323	0.05	2000.00
508	201003	深交所	002133	广宇集团	20100325	0.11	5484.60
509	201003	深交所	002229	鸿博股份	20100325	0.15	2040.00
510	201003	深交所	002342	巨力索具	20100325	0.30	12000.00
511	201003	深交所	000533	万家乐	20100329	0.06	3454.08
512	201003	深交所	000790	华神集团	20100329	0.03	622.80
513	201003	深交所	002168	深圳惠程	20100330	0.20	4005.85
514	201003	深交所	000600	建投能源	20100331	0.03	2740.98
515	201003	深交所	002093	国脉科技	20100331	0.06	1602.00
516	201004	深交所	002068	黑猫股份	20100401	0.04	768.96
517	201004	深交所	002296	辉煌科技	20100401	0.70	4305.00
518	201004	深交所	002082	栋梁新材	20100402	0.13	3094.00
519	201004	深交所	002202	金风科技	20100406	0.10	14000.00
520	201004	深交所	000608	阳光股份	20100407	0.06	3213.91
521	201004	深交所	000918	嘉凯城	20100407	0.05	7216.77
522	201004	深交所	002276	万马电缆	20100407	0.10	2000.00
523	201004	深交所	000861	海印股份	20100408	0.05	2460.94
524	201004	深交所	002049	晶源电子	20100408	0.11	1485.00
525	201004	深交所	002121	科陆电子	20100408	0.05	1200.00
526	201004	深交所	002165	红宝丽	20100408	0.10	1575.00
527	201004	深交所	002343	禾欣股份	20100408	0.60	5943.60
528	201004	深交所	000540	中天城投	20100409	0.07	3996.29
529	201004	深交所	000887	中鼎股份	20100409	0.20	8511.10
530	201004	深交所	000558	莱茵置业	20100412	0.10	3707.47
531	201004	深交所	000627	天茂集团	20100412	0.02	1150.55
532	201004	深交所	000728	国元证券	20100412	0.50	98205.00
533	201004	深交所	002031	巨轮股份	20100412	0.08	2122.19
534	201004	深交所	002109	兴化股份	20100412	0.09	3225.60
535	201004	深交所	002306	湘鄂情	20100413	0.29	5700.00
536	201004	深交所	300007	汉威电子	20100413	0.30	1770.00
537	201004	深交所	000514	渝开发	20100414	0.01	760.73
538	201004	深交所	300031	宝通带业	20100414	0.30	1500.00
539	201004	深交所	002024	苏宁电器	20100416	0.05	23320.71
540	201004	深交所	002069	獐子岛	20100416	0.50	11310.00
541	201004	深交所	002132	恒星科技	20100416	0.10	2446.17
542	201004	深交所	002264	新华都	20100416	0.10	1068.80
543	201004	深交所	002271	东方雨虹	20100416	0.30	2374.20
544	201004	深交所	002291	星期六	20100416	0.04	752.50
545	201004	深交所	002309	中利科技	20100416	0.10	1335.00
546	201004	深交所	002334	英威腾	20100416	0.60	3840.00
547	201004	深交所	300008	上海佳豪	20100416	0.60	3024.00
548	201004	深交所	300024	机器人	20100416	0.10	615.00

续表 12　Continued 12

序号 No.	年月 YM	交易所 Exchange	公司代码 Code	公司简称 Companies	红利派发日 Ex-dividend Date	每股现金红利 Dividend Per Share	现金分配合计(万元) Total Dividend
549	201004	深交所	000571	新大洲 A	20100419	0.05	3680.32
550	201004	深交所	000671	阳光城	20100419	0.06	1055.26
551	201004	深交所	300002	神州泰岳	20100419	0.30	3792.00
552	201004	深交所	300015	爱尔眼科	20100419	0.35	4672.50
553	201004	深交所	000425	徐工机械	20100420	0.33	28976.99
554	201004	深交所	000731	四川美丰	20100420	0.07	3498.88
555	201004	深交所	000777	中核科技	20100420	0.10	2016.00
556	201004	深交所	002028	思源电气	20100420	0.20	8793.60
557	201004	深交所	002091	江苏国泰	20100420	0.15	3600.00
558	201004	深交所	002294	信立泰	20100420	1.00	11350.00
559	201004	深交所	002304	洋河股份	20100420	0.80	36000.00
560	201004	深交所	000999	华润三九	20100421	0.30	29367.00
561	201004	深交所	002182	云海金属	20100421	0.05	960.00
562	201004	深交所	002319	乐通股份	20100421	0.10	1000.00
563	201004	深交所	000926	福星股份	20100422	0.10	7099.80
564	201004	深交所	002089	新海宜	20100422	0.10	2140.99
565	201004	深交所	300001	特锐德	20100422	0.20	2672.00
566	201004	深交所	300012	华测检测	20100422	0.50	4088.50
567	201004	深交所	000686	东北证券	20100423	0.15	9589.69
568	201004	深交所	000903	云内动力	20100423	0.25	9455.00
569	201004	深交所	002244	滨江集团	20100423	0.05	6760.00
570	201004	深交所	002122	天马股份	20100426	0.05	2970.00
571	201004	深交所	002147	方圆支承	20100426	0.05	1128.00
572	201004	深交所	002230	科大讯飞	20100426	0.20	3214.98
573	201004	深交所	300018	中元华电	20100426	0.50	3250.00
574	201004	深交所	300039	上海凯宝	20100426	0.30	3288.00
575	201004	深交所	300046	台基股份	20100426	0.40	2368.00
576	201004	深交所	001696	宗申动力	20100427	0.05	3003.10
577	201004	深交所	002250	联化科技	20100427	0.35	4519.90
578	201004	深交所	002299	圣农发展	20100427	0.18	7380.00
579	201004	深交所	000578	盐湖集团	20100428	0.20	61352.32
580	201004	深交所	000792	盐湖钾肥	20100428	0.40	30932.26
581	201004	深交所	000969	安泰科技	20100428	0.10	4425.81
582	201004	深交所	002081	金螳螂	20100428	0.40	8511.84
583	201004	深交所	002199	东晶电子	20100428	0.13	1047.80
584	201004	深交所	002261	拓维信息	20100428	0.10	1118.12
585	201004	深交所	002300	太阳电缆	20100428	0.65	8710.00
586	201004	深交所	300025	华星创业	20100428	0.20	800.00
587	201004	深交所	300027	华谊兄弟	20100428	0.30	5040.00
588	201004	深交所	000059	辽通化工	20100429	0.04	4802.03
589	201004	深交所	000635	英力特	20100429	0.01	177.06
590	201004	深交所	000860	顺鑫农业	20100429	0.10	4385.40
591	201004	深交所	002013	中航精机	20100429	0.03	385.56
592	201004	深交所	002095	生意宝	20100429	0.20	1800.00
593	201004	深交所	002164	东力传动	20100429	0.10	1800.00
594	201004	深交所	002367	康力电梯	20100429	0.25	3337.50

续表 13　Continued 13

序号 No.	年月 YM	交易所 Exchange	公司代码 Code	公司简称 Companies	红利派发日 Ex-dividend Date	每股现金红利 Dividend Per Share	现金分配合计(万元) Total Dividend
595	201004	深交所	300005	探路者	20100429	0.20	1340.00
596	201004	深交所	300037	新宙邦	20100429	0.28	2996.00
597	201004	深交所	000597	东北制药	20100430	0.12	4005.72
598	201004	深交所	002096	南岭民爆	20100430	0.30	3966.00
599	201004	深交所	002124	天邦股份	20100430	0.20	2740.00
600	201004	深交所	002258	利尔化学	20100430	0.25	5061.10
601	201004	深交所	002277	友阿股份	20100430	0.30	5820.00
602	201004	深交所	002280	新世纪	20100430	0.40	2140.00
603	201004	深交所	002293	罗莱家纺	20100430	0.70	9825.42
604	201004	深交所	002313	日海通讯	20100430	0.10	1000.00
605	201004	深交所	002323	中联电气	20100430	0.60	4965.60
606	201004	深交所	300013	新宁物流	20100430	0.15	900.00
607	201004	深交所	300034	钢研高纳	20100430	0.08	942.17
608	201005	深交所	002268	卫士通	20100504	0.05	402.59
609	201005	深交所	002285	世联地产	20100504	0.30	3840.00
610	201005	深交所	300010	立思辰	20100504	0.30	3154.50
611	201005	深交所	000060	中金岭南	20100505	0.03	2866.62
612	201005	深交所	002099	海翔药业	20100505	0.10	1605.00
613	201005	深交所	002127	新民科技	20100505	0.05	913.81
614	201005	深交所	002201	九鼎新材	20100505	0.10	1040.00
615	201005	深交所	002242	九阳股份	20100505	0.70	35511.00
616	201005	深交所	300017	网宿科技	20100505	0.10	907.14
617	201005	深交所	002155	辰州矿业	20100506	0.10	5474.00
618	201005	深交所	002209	达意隆	20100506	0.10	1301.63
619	201005	深交所	002227	奥特迅	20100506	0.10	1085.77
620	201005	深交所	002305	南国置业	20100506	0.10	4800.00
621	201005	深交所	000525	红太阳	20100507	0.05	1401.19
622	201005	深交所	000596	古井贡酒	20100507	0.40	6125.00
623	201005	深交所	000776	广发证券	20100507	2.00	501409.15
624	201005	深交所	002084	海鸥卫浴	20100507	0.08	1864.35
625	201005	深交所	002148	北纬通信	20100507	0.20	1512.00
626	201005	深交所	002159	三特索道	20100507	0.05	600.00
627	201005	深交所	002222	福晶科技	20100507	0.18	3420.00
628	201005	深交所	002236	大华股份	20100507	0.60	4008.00
629	201005	深交所	002308	威创股份	20100507	0.30	6414.00
630	201005	深交所	002331	皖通科技	20100507	0.50	2746.60
631	201005	深交所	002335	科华恒盛	20100507	0.30	2340.00
632	201005	深交所	300040	九洲电气	20100507	0.30	2083.50
633	201005	深交所	300052	中青宝	20100507	0.20	2000.00
634	201005	深交所	002033	丽江旅游	20100510	0.15	1488.94
635	201005	深交所	300026	红日药业	20100510	0.50	2517.10
636	201005	深交所	002265	西仪股份	20100511	0.01	291.03
637	201005	深交所	200596	古井贡B	20100511	0.40	2100.01
638	201005	深交所	300019	硅宝科技	20100511	0.20	1020.00
639	201005	深交所	300048	合康变频	20100511	0.20	2400.00
640	201005	深交所	000970	中科三环	20100512	0.05	2284.20

续表 14 Continued 14

序号 No.	年月 YM	交易所 Exchange	公司代码 Code	公司简称 Companies	红利派发日 Ex-dividend Date	每股现金红利 Dividend Per Share	现金分配合计(万元) Total Dividend
641	201005	深交所	002142	宁波银行	20100512	0.20	50000.00
642	201005	深交所	002152	广电运通	20100512	0.40	13685.66
643	201005	深交所	002221	东华能源	20100512	0.01	266.40
644	201005	深交所	002228	合兴包装	20100512	0.10	1900.00
645	201005	深交所	002231	奥维通信	20100512	0.10	1070.00
646	201005	深交所	002318	久立特材	20100512	0.10	1600.00
647	201005	深交所	002320	海峡股份	20100512	0.60	9450.00
648	201005	深交所	300009	安科生物	20100512	0.35	2940.00
649	201005	深交所	300049	福瑞股份	20100512	0.30	2220.00
650	201005	深交所	000006	深振业 A	20100513	0.12	6086.20
651	201005	深交所	000417	合肥百货	20100513	0.10	4797.23
652	201005	深交所	000527	美的电器	20100513	0.10	20801.77
653	201005	深交所	000837	秦川发展	20100513	0.06	2092.31
654	201005	深交所	000936	华西村	20100513	0.05	2200.04
655	201005	深交所	002035	华帝股份	20100513	0.10	1717.72
656	201005	深交所	002037	久联发展	20100513	0.05	665.50
657	201005	深交所	002050	三花股份	20100513	0.25	6600.00
658	201005	深交所	002073	软控股份	20100513	0.10	4949.10
659	201005	深交所	002166	莱茵生物	20100513	0.03	194.30
660	201005	深交所	002188	新嘉联	20100513	0.05	600.00
661	201005	深交所	002317	众生药业	20100513	0.50	4000.00
662	201005	深交所	002329	皇氏乳业	20100513	0.20	2140.00
663	201005	深交所	002350	北京科锐	20100513	0.50	5350.00
664	201005	深交所	300035	中科电气	20100513	0.20	1230.00
665	201005	深交所	300043	星辉车模	20100513	0.30	1584.00
666	201005	深交所	300047	天源迪科	20100513	0.30	3138.00
667	201005	深交所	000012	南玻 A	20100514	0.35	27094.09
668	201005	深交所	000637	茂化实华	20100514	0.02	904.13
669	201005	深交所	000768	西飞国际	20100514	0.07	17343.33
670	201005	深交所	000778	新兴铸管	20100514	0.10	14745.17
671	201005	深交所	000858	五粮液	20100514	0.15	56939.50
672	201005	深交所	002001	新和成	20100514	1.00	37228.00
673	201005	深交所	002014	永新股份	20100514	0.45	6264.00
674	201005	深交所	002017	东信和平	20100514	0.30	5956.88
675	201005	深交所	002058	威尔泰	20100514	0.06	374.21
676	201005	深交所	002106	莱宝高科	20100514	0.20	6597.76
677	201005	深交所	002190	成飞集成	20100514	0.10	1288.92
678	201005	深交所	002247	帝龙新材	20100514	0.20	1336.00
679	201005	深交所	002270	法因数控	20100514	0.20	2910.00
680	201005	深交所	300054	鼎龙股份	20100514	0.40	2400.00
681	201005	深交所	000759	武汉中百	20100517	0.10	6810.22
682	201005	深交所	002108	沧州明珠	20100517	0.10	985.80
683	201005	深交所	002297	博云新材	20100517	0.05	535.00
684	201005	深交所	000002	万科 A	20100518	0.07	67761.78
685	201005	深交所	002062	宏润建设	20100518	0.20	6000.00
686	201005	深交所	002103	广博股份	20100518	0.15	3276.46

续表 15　Continued 15

序号 No.	年月 YM	交易所 Exchange	公司代码 Code	公司简称 Companies	红利派发日 Ex-dividend Date	每股现金红利 Dividend Per Share	现金分配合计(万元) Total Dividend
687	201005	深交所	002140	东华科技	20100518	0.15	2090.79
688	201005	深交所	002183	怡亚通	20100518	0.10	3707.23
689	201005	深交所	002185	华天科技	20100518	0.05	1435.50
690	201005	深交所	002218	拓日新能	20100518	0.04	1008.00
691	201005	深交所	002251	步步高	20100518	0.60	16221.60
692	201005	深交所	002252	上海莱士	20100518	0.75	12000.00
693	201005	深交所	002344	海宁皮城	20100518	0.30	8400.00
694	201005	深交所	300003	乐普医疗	20100518	0.25	10150.00
695	201005	深交所	300014	亿纬锂能	20100518	0.15	1320.00
696	201005	深交所	300020	银江股份	20100518	0.20	1600.00
697	201005	深交所	300029	天龙光电	20100518	0.15	3000.00
698	201005	深交所	000031	中粮地产	20100519	0.02	3627.46
699	201005	深交所	000046	泛海建设	20100519	0.10	22786.56
700	201005	深交所	000729	燕京啤酒	20100519	0.16	19364.27
701	201005	深交所	000899	赣能股份	20100519	0.02	1096.06
702	201005	深交所	000997	新大陆	20100519	0.10	4524.00
703	201005	深交所	002011	盾安环境	20100519	0.30	11170.91
704	201005	深交所	002056	横店东磁	20100519	0.07	2876.30
705	201005	深交所	002160	常铝股份	20100519	0.04	680.00
706	201005	深交所	002215	诺普信	20100519	0.30	6639.00
707	201005	深交所	002253	川大智胜	20100519	0.50	3120.00
708	201005	深交所	002272	川润股份	20100519	0.25	2842.50
709	201005	深交所	200012	南玻 B	20100519	0.35	15700.31
710	201005	深交所	300011	鼎汉技术	20100519	0.32	1644.03
711	201005	深交所	300023	宝德股份	20100519	0.10	600.00
712	201005	深交所	300042	朗科科技	20100519	0.20	1336.00
713	201005	深交所	300050	世纪鼎利	20100519	0.65	3510.00
714	201005	深交所	300058	蓝色光标	20100519	0.25	2000.00
715	201005	深交所	000959	首钢股份	20100520	0.10	29665.26
716	201005	深交所	002019	鑫富药业	20100520	0.10	2204.20
717	201005	深交所	002064	华峰氨纶	20100520	0.10	3692.00
718	201005	深交所	002128	露天煤业	20100520	0.30	33167.15
719	201005	深交所	002163	中航三鑫	20100520	0.10	2678.50
720	201005	深交所	002187	广百股份	20100520	0.36	6079.80
721	201005	深交所	002312	三泰电子	20100520	0.30	1774.50
722	201005	深交所	002316	键桥通讯	20100520	0.10	1200.00
723	201005	深交所	300028	金亚科技	20100520	0.10	1470.00
724	201005	深交所	000534	万泽股份	20100521	0.15	3826.67
725	201005	深交所	000589	黔轮胎 A	20100521	0.25	6358.18
726	201005	深交所	002119	康强电子	20100521	0.05	971.00
727	201005	深交所	002161	远望谷	20100521	0.02	513.60
728	201005	深交所	002273	水晶光电	20100521	0.50	4335.50
729	201005	深交所	002279	久其软件	20100521	0.50	3052.00
730	201005	深交所	002332	仙琚制药	20100521	0.30	10242.00
731	201005	深交所	002345	潮宏基	20100521	0.50	6000.00
732	201005	深交所	002357	富临运业	20100521	0.10	816.38

续表 16 Continued 16

序号 No.	年月 YM	交易所 Exchange	公司代码 Code	公司简称 Companies	红利派发日 Ex-dividend Date	每股现金红利 Dividend Per Share	现金分配合计(万元) Total Dividend
733	201005	深交所	200002	万科 B	20100521	0.07	9204.72
734	201005	深交所	300036	超图软件	20100521	0.20	1500.00
735	201005	深交所	000513	丽珠集团	20100524	0.15	2755.93
736	201005	深交所	002337	赛象科技	20100524	0.25	3000.00
737	201005	深交所	000065	北方国际	20100525	0.08	1299.50
738	201005	深交所	000155	川化股份	20100525	0.05	2350.00
739	201005	深交所	000630	铜陵有色	20100525	0.10	12943.62
740	201005	深交所	000968	煤气化	20100525	0.15	7706.20
741	201005	深交所	002153	石基信息	20100525	0.30	6720.00
742	201005	深交所	002195	海隆软件	20100525	0.10	746.20
743	201005	深交所	002206	海利得	20100525	0.30	3750.00
744	201005	深交所	002211	宏达新材	20100525	0.03	725.63
745	201005	深交所	002255	海陆重工	20100525	0.20	2582.00
746	201005	深交所	000552	靖远煤电	20100526	0.05	889.35
747	201005	深交所	000833	贵糖股份	20100526	0.10	2960.68
748	201005	深交所	000852	江钻股份	20100526	0.10	4004.00
749	201005	深交所	000933	神火股份	20100526	0.37	27375.00
750	201005	深交所	000960	锡业股份	20100526	0.08	6507.03
751	201005	深交所	000987	广州友谊	20100526	0.30	10768.74
752	201005	深交所	000988	华工科技	20100526	0.10	4076.08
753	201005	深交所	002003	伟星股份	20100526	0.20	4093.26
754	201005	深交所	002055	得润电子	20100526	0.05	671.49
755	201005	深交所	002090	金智科技	20100526	0.25	2550.00
756	201005	深交所	002146	荣盛发展	20100526	0.10	8960.00
757	201005	深交所	002186	全聚德	20100526	0.49	6936.44
758	201005	深交所	002213	特尔佳	20100526	0.10	1030.00
759	201005	深交所	002328	新朋股份	20100526	0.17	5100.00
760	201005	深交所	002339	积成电子	20100526	0.20	1720.00
761	201005	深交所	000042	深长城	20100527	0.15	3591.95
762	201005	深交所	000066	长城电脑	20100527	0.09	4676.61
763	201005	深交所	000612	焦作万方	20100527	0.14	6722.47
764	201005	深交所	000897	津滨发展	20100527	0.01	1617.27
765	201005	深交所	000917	电广传媒	20100527	0.02	812.76
766	201005	深交所	002007	华兰生物	20100527	0.30	10803.84
767	201005	深交所	002010	传化股份	20100527	0.10	2028.00
768	201005	深交所	002022	科华生物	20100527	0.20	8204.62
769	201005	深交所	002032	苏泊尔	20100527	0.20	8880.80
770	201005	深交所	002048	宁波华翔	20100527	0.15	8507.10
771	201005	深交所	002088	鲁阳股份	20100527	0.10	2339.79
772	201005	深交所	002120	新海股份	20100527	0.05	751.40
773	201005	深交所	002194	武汉凡谷	20100527	0.25	13897.00
774	201005	深交所	002223	鱼跃医疗	20100527	0.10	1545.00
775	201005	深交所	002225	濮耐股份	20100527	0.08	4176.07
776	201005	深交所	002269	美邦服饰	20100527	0.42	42210.00
777	201005	深交所	002278	神开股份	20100527	0.15	2724.20
778	201005	深交所	200513	丽珠 B	20100527	0.15	1679.90

续表 17 Continued 17

序号 No.	年月 YM	交易所 Exchange	公司代码 Code	公司简称 Companies	红利派发日 Ex-dividend Date	每股现金红利 Dividend Per Share	现金分配合计(万元) Total Dividend
779	201005	深交所	000705	浙江震元	20100528	0.07	877.31
780	201005	深交所	000758	中色股份	20100528	0.02	1277.76
781	201005	深交所	000963	华东医药	20100528	0.33	14323.98
782	201005	深交所	000978	桂林旅游	20100528	0.16	4432.00
783	201005	深交所	002018	华星化工	20100528	0.02	489.76
784	201005	深交所	002041	登海种业	20100528	0.20	3520.00
785	201005	深交所	002162	斯米克	20100528	0.05	1900.00
786	201005	深交所	002284	亚太股份	20100528	0.20	1913.60
787	201005	深交所	002321	华英农业	20100528	0.10	1470.00
788	201005	深交所	002322	理工监测	20100528	0.50	3335.00
789	201005	深交所	002355	兴民钢圈	20100528	0.12	2419.60
790	201005	深交所	300044	赛为智能	20100528	0.10	800.00
791	201005	深交所	000069	华侨城 A	20100531	0.10	31074.78
792	201005	深交所	000930	丰原生化	20100531	0.04	3375.44
793	201005	深交所	002025	航天电器	20100531	0.10	3300.00
794	201005	深交所	002029	七匹狼	20100531	0.20	5658.00
795	201005	深交所	002038	双鹭药业	20100531	0.20	5029.67
796	201005	深交所	002281	光迅科技	20100531	0.25	4000.00
797	201005	深交所	300016	北陆药业	20100531	0.13	882.55
798	201006	深交所	000616	亿城股份	20100601	0.10	9029.26
799	201006	深交所	000667	名流置业	20100601	0.05	6735.77
800	201006	深交所	002008	大族激光	20100601	0.05	3481.32
801	201006	深交所	002063	远光软件	20100601	0.10	1976.76
802	201006	深交所	002210	飞马国际	20100601	0.05	1020.00
803	201006	深交所	002243	通产丽星	20100601	0.12	3096.83
804	201006	深交所	002262	恩华药业	20100601	0.05	900.00
805	201006	深交所	002266	浙富股份	20100601	0.23	3293.37
806	201006	深交所	002349	精华制药	20100601	0.10	800.00
807	201006	深交所	002392	北京利尔	20100601	0.20	2700.00
808	201006	深交所	000983	西山煤电	20100602	0.20	48480.00
809	201006	深交所	300051	三五互联	20100602	0.60	3210.00
810	201006	深交所	300053	欧比特	20100602	0.20	2000.00
811	201006	深交所	002239	金飞达	20100603	0.05	1005.00
812	201006	深交所	002286	保龄宝	20100603	0.05	400.00
813	201006	深交所	002325	洪涛股份	20100603	0.10	1200.00
814	201006	深交所	000718	苏宁环球	20100604	0.05	8513.30
815	201006	深交所	000810	华润锦华	20100604	0.05	648.33
816	201006	深交所	000815	美利纸业	20100604	0.11	1742.40
817	201006	深交所	002154	报喜鸟	20100604	0.15	4345.20
818	201006	深交所	002178	延华智能	20100604	0.10	800.00
819	201006	深交所	002196	方正电机	20100604	0.10	771.50
820	201006	深交所	002197	证通电子	20100604	0.10	1311.45
821	201006	深交所	002245	澳洋顺昌	20100604	0.05	608.00
822	201006	深交所	002295	精艺股份	20100604	0.13	1835.60
823	201006	深交所	002336	人人乐	20100604	0.50	20000.00
824	201006	深交所	002341	新纶科技	20100604	0.20	1464.00

续表 18　Continued 18

序号 No.	年月 YM	交易所 Exchange	公司代码 Code	公司简称 Companies	红利派发日 Ex-dividend Date	每股现金红利 Dividend Per Share	现金分配合计(万元) Total Dividend
825	201006	深交所	002348	高乐股份	20100604	0.10	1480.00
826	201006	深交所	300055	万邦达	20100604	0.30	2640.00
827	201006	深交所	000419	通程控股	20100607	0.10	3510.16
828	201006	深交所	002115	三维通信	20100607	0.15	2011.50
829	201006	深交所	002204	华锐铸钢	20100607	0.13	2760.60
830	201006	深交所	002205	国统股份	20100607	0.01	100.00
831	201006	深交所	000679	大连友谊	20100608	0.10	2376.00
832	201006	深交所	002079	苏州固锝	20100608	0.05	1242.00
833	201006	深交所	002130	沃尔核材	20100608	0.10	1630.50
834	201006	深交所	002217	联合化工	20100608	0.06	1337.90
835	201006	深交所	002238	天威视讯	20100608	0.10	2670.00
836	201006	深交所	002376	新北洋	20100608	0.20	3000.00
837	201006	深交所	300038	梅泰诺	20100608	0.10	915.70
838	201006	深交所	000659	珠海中富	20100609	0.08	5506.36
839	201006	深交所	000783	长江证券	20100609	0.40	86849.35
840	201006	深交所	000807	云铝股份	20100609	0.03	3551.94
841	201006	深交所	002046	轴研科技	20100609	0.10	1080.90
842	201006	深交所	002104	恒宝股份	20100609	0.06	1645.06
843	201006	深交所	002158	汉钟精机	20100609	0.25	3950.62
844	201006	深交所	002216	三全食品	20100609	0.20	3740.00
845	201006	深交所	002289	宇顺电子	20100609	0.40	2940.00
846	201006	深交所	002333	罗普斯金	20100609	0.30	4704.00
847	201006	深交所	002356	浩宁达	20100609	0.65	5200.00
848	201006	深交所	000021	长城开发	20100610	0.20	17590.37
849	201006	深交所	000516	开元控股	20100610	0.06	2252.90
850	201006	深交所	000625	长安汽车	20100610	0.07	11239.95
851	201006	深交所	000900	现代投资	20100610	0.38	15168.30
852	201006	深交所	000916	华北高速	20100610	0.08	8720.00
853	201006	深交所	000962	东方钽业	20100610	0.05	1782.00
854	201006	深交所	002179	中航光电	20100610	0.05	1338.75
855	201006	深交所	002208	合肥城建	20100610	0.06	960.30
856	201006	深交所	002283	天润曲轴	20100610	0.07	1680.00
857	201006	深交所	002311	海大集团	20100610	0.20	4480.00
858	201006	深交所	300022	吉峰农机	20100610	0.20	1787.00
859	201006	深交所	300045	华力创通	20100610	0.20	1340.00
860	201006	深交所	000708	大冶特钢	20100611	0.15	6741.13
861	201006	深交所	000911	南宁糖业	20100611	0.30	8599.20
862	201006	深交所	002057	中钢天源	20100611	0.03	252.00
863	201006	深交所	002078	太阳纸业	20100611	0.20	10048.10
864	201006	深交所	002156	通富微电	20100611	0.10	3471.00
865	201006	深交所	002176	江特电机	20100611	0.04	379.56
866	201006	深交所	002181	粤传媒	20100611	0.02	700.32
867	201006	深交所	002214	大立科技	20100611	0.10	1000.00
868	201006	深交所	002220	天宝股份	20100611	0.10	980.00
869	201006	深交所	002249	大洋电机	20100611	0.50	12600.00
870	201006	深交所	002254	烟台氨纶	20100611	0.60	9789.00

续表 19 Continued 19

序号 No.	年月 YM	交易所 Exchange	公司代码 Code	公司简称 Companies	红利派发日 Ex-dividend Date	每股现金红利 Dividend Per Share	现金分配合计(万元) Total Dividend
871	201006	深交所	002298	鑫龙电器	20100611	0.06	660.00
872	201006	深交所	002353	杰瑞股份	20100611	0.60	6889.08
873	201006	深交所	200152	山航 B	20100611	0.20	2799.98
874	201006	深交所	300041	回天胶业	20100611	0.50	3299.90
875	201006	深交所	000028	一致药业	20100617	0.10	2332.64
876	201006	深交所	000816	江淮动力	20100617	0.02	1692.00
877	201006	深交所	000951	中国重汽	20100617	0.10	4194.26
878	201006	深交所	002085	万丰奥威	20100617	0.15	4265.25
879	201006	深交所	002267	陕天然气	20100617	0.30	15252.56
880	201006	深交所	002347	泰尔重工	20100617	0.20	2080.00
881	201006	深交所	300071	华谊嘉信	20100617	0.10	517.55
882	201006	深交所	000032	深桑达 A	20100618	0.10	2328.64
883	201006	深交所	000157	中联重科	20100618	0.25	49276.37
884	201006	深交所	000422	湖北宜化	20100618	0.10	5423.78
885	201006	深交所	000780	平庄能源	20100618	0.07	7100.14
886	201006	深交所	000786	北新建材	20100618	0.12	6901.80
887	201006	深交所	002030	达安基因	20100618	0.03	601.92
888	201006	深交所	200625	长安 B	20100618	0.07	3876.78
889	201006	深交所	000061	农产品	20100621	0.10	7685.08
890	201006	深交所	000488	晨鸣纸业	20100621	0.30	33398.35
891	201006	深交所	000828	东莞控股	20100621	0.16	16112.51
892	201006	深交所	000888	峨眉山 A	20100621	0.06	1411.13
893	201006	深交所	000989	九芝堂	20100621	0.40	11904.21
894	201006	深交所	002314	雅致股份	20100621	0.25	7250.00
895	201006	深交所	002324	普利特	20100621	0.30	4050.00
896	201006	深交所	002340	格林美	20100621	0.30	2799.60
897	201006	深交所	300057	万顺股份	20100621	0.30	6330.00
898	201006	深交所	002150	江苏通润	20100622	0.15	1563.75
899	201006	深交所	002307	北新路桥	20100622	0.04	757.80
900	201006	深交所	200028	一致 B	20100622	0.10	548.84
901	201006	深交所	000748	长城信息	20100623	0.20	7511.24
902	201006	深交所	000063	中兴通讯	20100624	0.30	46841.54
903	201006	深交所	000088	盐田港	20100624	0.22	27390.00
904	201006	深交所	000541	佛山照明	20100624	0.22	16573.45
905	201006	深交所	002026	山东威达	20100624	0.08	1080.00
906	201006	深交所	002043	兔宝宝	20100624	0.05	915.00
907	201006	深交所	002180	万力达	20100624	0.10	833.22
908	201006	深交所	002287	奇正藏药	20100624	0.31	12586.00
909	201006	深交所	200488	晨鸣 B	20100624	0.30	16724.91
910	201006	深交所	300032	金龙机电	20100624	0.30	4281.00
911	201006	深交所	000039	中集集团	20100625	0.12	14782.99
912	201006	深交所	000062	深圳华强	20100625	0.05	3334.75
913	201006	深交所	000528	柳工	20100625	0.30	19504.84
914	201006	深交所	000680	山推股份	20100625	0.10	7591.65
915	201006	深交所	000811	烟台冰轮	20100625	0.18	3156.78
916	201006	深交所	000825	太钢不锈	20100625	0.10	56962.48

续表 20 Continued 20

序号 No.	年月 YM	交易所 Exchange	公司代码 Code	公司简称 Companies	红利派发日 Ex-dividend Date	每股现金红利 Dividend Per Share	现金分配合计(万元) Total Dividend
917	201006	深交所	000998	隆平高科	20100625	0.07	1940.40
918	201006	深交所	002044	江苏三友	20100625	0.08	1300.00
919	201006	深交所	002066	瑞泰科技	20100625	0.12	1386.00
920	201006	深交所	002105	信隆实业	20100625	0.12	3216.00
921	201006	深交所	002112	三变科技	20100625	0.04	448.00
922	201006	深交所	002135	东南网架	20100625	0.08	1600.00
923	201006	深交所	002139	拓邦股份	20100625	0.15	2100.00
924	201006	深交所	002175	广陆数测	20100625	0.10	853.98
925	201006	深交所	002224	三力士	20100625	0.10	888.00
926	201006	深交所	002259	升达林业	20100625	0.05	1075.00
927	201006	深交所	002346	柘中建设	20100625	0.04	472.50
928	201006	深交所	300006	莱美药业	20100625	0.10	915.00
929	201006	深交所	000619	海螺型材	20100628	0.10	3600.00
930	201006	深交所	000938	紫光股份	20100628	0.10	2060.80
931	201006	深交所	000948	南天信息	20100628	0.05	1052.75
932	201006	深交所	002116	中国海诚	20100628	0.30	3420.00
933	201006	深交所	002171	精诚铜业	20100628	0.04	652.08
934	201006	深交所	200771	杭汽轮 B	20100628	0.40	14871.85
935	201006	深交所	000819	岳阳兴长	20100629	0.20	3874.25
936	201006	深交所	000826	桑德环境	20100629	0.05	2066.78
937	201006	深交所	000839	中信国安	20100629	0.10	15679.31
938	201006	深交所	000912	泸天化	20100629	0.10	5850.00
939	201006	深交所	002060	粤水电	20100629	0.08	2659.20
940	201006	深交所	002126	银轮股份	20100629	0.05	500.00
941	201006	深交所	200541	粤照明 B	20100629	0.22	4955.05
942	201006	深交所	000650	仁和药业	20100630	0.30	8403.31
943	201006	深交所	000898	鞍钢股份	20100630	0.06	36894.05
944	201006	深交所	000937	冀中能源	20100630	0.50	57822.11
945	201006	深交所	002054	德美化工	20100630	0.16	3531.06
946	201006	深交所	002232	启明信息	20100630	0.10	2918.20
947	201006	深交所	200039	中集 B	20100630	0.12	17166.05
948	201007	深交所	000723	美锦能源	20100701	0.11	1535.59
949	201007	深交所	000726	鲁泰 A	20100701	0.25	13803.81
950	201007	深交所	000798	中水渔业	20100701	0.03	958.36
951	201007	深交所	002302	西部建设	20100701	0.30	4200.00
952	201007	深交所	000151	中成股份	20100702	0.07	2071.86
953	201007	深交所	000652	泰达股份	20100702	0.08	11804.59
954	201007	深交所	000715	中兴商业	20100702	0.07	1953.04
955	201007	深交所	002193	山东如意	20100702	0.06	960.00
956	201007	深交所	002191	劲嘉股份	20100705	0.40	25680.00
957	201007	深交所	000402	金融街	20100706	0.15	37218.19
958	201007	深交所	002352	鼎泰新材	20100706	0.45	3502.39
959	201007	深交所	200726	鲁泰 B	20100706	0.25	11067.98
960	201007	深交所	000090	深天健	20100707	0.02	913.27
961	201007	深交所	000532	力合股份	20100707	0.03	1034.13
962	201007	深交所	000636	风华高科	20100707	0.08	5367.73

续表 21　Continued 21

序号 No.	年月 YM	交易所 Exchange	公司代码 Code	公司简称 Companies	红利派发日 Ex-dividend Date	每股现金红利 Dividend Per Share	现金分配合计(万元) Total Dividend
963	201007	深交所	000869	张裕 A	20100707	1.20	41857.92
964	201007	深交所	002326	永太科技	20100707	0.30	4005.00
965	201007	深交所	002415	海康威视	20100707	0.50	25000.00
966	201007	深交所	002327	富安娜	20100708	0.50	5150.00
967	201007	深交所	000530	大冷股份	20100709	0.15	3525.22
968	201007	深交所	000655	金岭矿业	20100709	0.02	1190.68
969	201007	深交所	000877	天山股份	20100709	0.30	11668.35
970	201007	深交所	000905	厦门港务	20100709	0.02	1062.00
971	201007	深交所	000990	诚志股份	20100709	0.10	2970.32
972	201007	深交所	002036	宜科科技	20100709	0.10	2022.49
973	201007	深交所	002110	三钢闽光	20100709	0.07	3742.90
974	201007	深交所	002184	海得控制	20100709	0.05	1100.00
975	201007	深交所	002246	北化股份	20100709	0.05	989.46
976	201007	深交所	300004	南风股份	20100709	0.10	940.00
977	201007	深交所	300059	东方财富	20100709	0.20	2800.00
978	201007	深交所	000985	大庆华科	20100712	0.18	2333.51
979	201007	深交所	002040	南京港	20100712	0.02	491.74
980	201007	深交所	002097	山河智能	20100712	0.10	2743.00
981	201007	深交所	200869	张裕 B	20100712	1.20	21415.69
982	201007	深交所	000024	招商地产	20100713	0.10	13779.57
983	201007	深交所	000027	深圳能源	20100713	0.30	66074.86
984	201007	深交所	000564	西安民生	20100713	0.10	2703.47
985	201007	深交所	000651	格力电器	20100713	0.50	93929.62
986	201007	深交所	002100	天康生物	20100713	0.06	1046.48
987	201007	深交所	000876	新希望	20100714	0.12	8777.74
988	201007	深交所	000881	大连国际	20100714	0.20	6178.37
989	201007	深交所	000895	双汇发展	20100714	1.00	60599.49
990	201007	深交所	200053	深基地 B	20100714	0.26	5972.46
991	201007	深交所	200530	大冷 B	20100714	0.15	1725.00
992	201007	深交所	000016	深康佳 A	20100715	0.01	798.30
993	201007	深交所	000507	珠海港	20100715	0.06	2069.98
994	201007	深交所	002386	天原集团	20100715	0.05	1999.05
995	201007	深交所	002410	广联达	20100715	0.60	6000.00
996	201007	深交所	000099	中信海直	20100716	0.05	2568.00
997	201007	深交所	000538	云南白药	20100716	0.20	10681.02
998	201007	深交所	000550	江铃汽车	20100716	0.49	25441.49
999	201007	深交所	000563	陕国投 A	20100716	0.05	1792.07
1000	201007	深交所	000739	普洛股份	20100716	0.02	513.47
1001	201007	深交所	000882	华联股份	20100716	0.15	7407.76
1002	201007	深交所	000919	金陵药业	20100716	0.15	7560.00
1003	201007	深交所	200024	招商局 B	20100716	0.10	3393.38
1004	201007	深交所	300066	三川股份	20100716	0.35	1820.00
1005	201007	深交所	000752	西藏发展	20100719	0.01	263.76
1006	201007	深交所	002039	黔源电力	20100719	0.11	1559.65
1007	201007	深交所	002065	东华软件	20100719	0.10	4259.85
1008	201007	深交所	002203	海亮股份	20100719	0.12	4801.20

续表 22 Continued 22

序号 No.	年月 YM	交易所 Exchange	公司代码 Code	公司简称 Companies	红利派发日 Ex-dividend Date	每股现金红利 Dividend Per Share	现金分配合计(万元) Total Dividend
1009	201007	深交所	002301	齐心文具	20100719	0.30	3736.00
1010	201007	深交所	000429	粤高速 A	20100720	0.10	9083.68
1011	201007	深交所	000568	泸州老窖	20100720	0.75	104567.96
1012	201007	深交所	000623	吉林敖东	20100720	0.20	11467.16
1013	201007	深交所	200016	深康佳 B	20100720	0.01	405.68
1014	201007	深交所	000581	威孚高科	20100721	0.15	6785.34
1015	201007	深交所	000668	荣丰控股	20100721	0.07	1027.89
1016	201007	深交所	000761	本钢板材	20100721	0.03	8208.00
1017	201007	深交所	200550	江铃 B	20100721	0.49	16855.89
1018	201007	深交所	000539	粤电力 A	20100722	0.20	42642.22
1019	201007	深交所	000423	东阿阿胶	20100723	0.35	22890.75
1020	201007	深交所	200429	粤高速 B	20100723	0.10	3487.54
1021	201007	深交所	200581	苏威孚 B	20100726	0.15	1723.82
1022	201007	深交所	200761	本钢板 B	20100726	0.03	1199.89
1023	201007	深交所	000559	万向钱潮	20100727	0.10	12255.87
1024	201007	深交所	000721	西安饮食	20100727	0.15	2992.92
1025	201007	深交所	000800	一汽轿车	20100727	0.43	69494.25
1026	201007	深交所	200539	粤电力 B	20100727	0.20	13306.52
1027	201007	深交所	000522	白云山 A	20100729	0.03	1407.16
1028	201007	深交所	000709	河北钢铁	20100729	0.10	68767.81
1029	201007	深交所	000850	华茂股份	20100729	0.05	3145.55
1030	201008	深交所	000159	国际实业	20100803	0.50	12028.48
1031	201008	深交所	002098	浔兴股份	20100803	0.10	1550.00
1032	201008	深交所	000026	飞亚达 A	20100804	0.10	1909.98
1033	201008	深交所	000022	深赤湾 A	20100806	0.33	15108.22
1034	201008	深交所	000023	深天地 A	20100806	0.04	623.02
1035	201008	深交所	000338	潍柴动力	20100806	0.48	30270.99
1036	201008	深交所	000543	皖能电力	20100806	0.02	1546.02
1037	201008	深交所	000848	承德露露	20100806	0.40	7603.44
1038	201008	深交所	000562	宏源证券	20100809	0.28	40183.11
1039	201008	深交所	200026	飞亚达 B	20100809	0.10	583.22
1040	201008	深交所	002338	奥普光电	20100810	0.40	3200.00
1041	201008	深交所	002385	大北农	20100810	0.20	8016.00
1042	201008	深交所	200022	深赤湾 B	20100811	0.33	5846.64
1043	201008	深交所	200706	瓦轴 B	20100812	0.04	1610.57
1044	201008	深交所	000014	沙河股份	20100813	0.03	605.12
1045	201008	深交所	000089	深圳机场	20100818	0.04	5915.85
1046	201008	深交所	000601	韶能股份	20100819	0.02	1851.10
1047	201008	深交所	000793	华闻传媒	20100823	0.04	5440.53
1048	201008	深交所	000617	石油济柴	20100824	0.02	575.08
1049	201008	深交所	000756	新华制药	20100824	0.05	1536.56
1050	201008	深交所	002248	华东数控	20100824	0.10	1287.48

续表 23 Continued 23

序号 No.	年月 YM	交易所 Exchange	公司代码 Code	公司简称 Companies	红利派发日 Ex-dividend Date	每股现金红利 Dividend Per Share	现金分配合计(万元) Total Dividend
1051	201008	深交所	002364	中恒电气	20100825	0.20	1336.00
1052	201008	深交所	002391	长青股份	20100825	0.40	3956.80
1053	201008	深交所	000927	一汽夏利	20100826	0.07	11166.22
1054	201008	深交所	002310	东方园林	20100826	0.20	1502.44
1055	201008	深交所	002363	隆基机械	20100826	0.12	1440.00
1056	201008	深交所	000009	中国宝安	20100827	0.04	3817.63
1057	201008	深交所	000157	中联重科	20100827	0.17	33507.93
1058	201008	深交所	000523	广州浪奇	20100827	0.02	345.16
1059	201008	深交所	002404	嘉欣丝绸	20100827	0.20	2670.00
1060	201009	深交所	300082	奥克股份	20100903	0.30	3240.00
1061	201009	深交所	002198	嘉应制药	20100908	0.10	820.00
1062	201009	深交所	300076	宁波 GQY	20100908	0.30	1590.00
1063	201009	深交所	002380	科远股份	20100909	0.50	3400.00
1064	201009	深交所	002397	梦洁家纺	20100909	0.80	5040.00
1065	201009	深交所	002384	东山精密	20100915	0.20	3200.00
1066	201009	深交所	000671	阳光城	20100916	0.07	2345.02
1067	201009	深交所	002334	英威腾	20100916	0.30	1920.00
1068	201009	深交所	002092	中泰化学	20100920	0.13	10004.28
1069	201009	深交所	002351	漫步者	20100921	0.50	7350.00
1070	201009	深交所	002365	永安药业	20100921	0.50	4675.00
1071	201009	深交所	002137	实益达	20100929	0.10	2601.30
1072	201009	深交所	002219	独一味	20100929	0.03	635.12
1073	201010	深交所	002094	青岛金王	20101008	0.02	429.22
1074	201010	深交所	002394	联发股份	20101012	0.30	3237.00
1075	201010	深交所	002366	丹甫股份	20101019	0.35	4672.50
1076	201010	深交所	002352	鼎泰新材	20101021	0.20	1556.62
1077	201010	深交所	002431	棕榈园林	20101021	0.40	4800.00
1078	201010	深交所	000963	华东医药	20101025	0.33	14323.98
1079	201010	深交所	002406	远东传动	20101025	0.20	3740.00
1080	201010	深交所	002378	章源钨业	20101029	0.15	6423.20
1081	201010	深交所	002424	贵州百灵	20101029	0.50	7350.00
1082	201011	深交所	002377	国创高新	20101105	0.30	3210.00
1083	201011	深交所	002328	新朋股份	20101110	0.10	3000.00
1084	201012	深交所	002051	中工国际	20101207	0.35	7910.00

数据来源：上海、深圳证券交易所
Source: Shanghai Shenzhen Stock Exchange

5－24　2010年上市公司增发一览表

Summary for Re-Issuing of Listed Companies in 2010

序号 No.	交易所 Exchage	股票代码 Code	公司简称 Companies	增发公告日 Issue Date	流通股上市日 Trading Date of Negotiable Shares	增发总股数 Shares Changes	每股增发价格 Re-Issueing Price	筹资总额 Rised Capital
1	上交所	600000	浦发银行	20101016	20101019	2869764833	13.75	39459266453.75
2	上交所	600011	华能国际	20101229	20101230	1500000000	5.57	8355000000.00
3	上交所	600029	南方航空	20101102	20101103	1501500000	6.66	9999990000.00
4	上交所	600031	三一重工	20100203	20100204	119133574	16.62	1979999999.88
5	上交所	600059	古越龙山	20100319	20100322	76136363	8.80	669999994.40
6	上交所	600089	特变电工	20100809	20100824	229978000	16.08	3698046240.00
7	上交所	600100	同方股份	20100723	20100726	16880000	16.32	275481600.00
8	上交所	600104	上海汽车	20101215	20101216	720980533	13.87	9999999992.71
9	上交所	600110	中科英华	20100521	20100524	134000000	5.85	783900000.00
10	上交所	600112	长征电气	20100507	20100510	36890000	12.30	453747000.00
11	上交所	600116	三峡水利	20100630	20100701	57970000	6.90	399993000.00
12	上交所	600122	宏图高科	20100619	20100622	122194800	11.56	1412571888.00
13	上交所	600141	兴发集团	20100423	20100426	15408719	20.23	311718385.37
14	上交所	600157	鲁润股份	20100715	20100716	39875389	16.05	639999993.45
15	上交所	600161	天坛生物	20100928	20100929	27216868	14.34	390289887.12
16	上交所	600166	福田汽车	20100916	20100917	138427300	18.06	2499997038.00
17	上交所	600169	太原重工	20101230	20101231	93149120	18.10	1685999072.00
18	上交所	600170	上海建工	20100603	20100604	322761557	14.52	4686497807.64
19	上交所	600184	新华光	20101030	20101102	104380413	6.28	655508993.64
20	上交所	600196	复星医药	20100506	20100507	31820000	20.60	655492000.00
21	上交所	600199	金种子酒	20101214	20101215	34332084	16.02	549999985.68
22	上交所	600219	南山铝业	20100327	20100330	283440000	8.82	2499940800.00
23	上交所	600221	海南航空	20100225	20100226	595238094	5.04	2999999993.76
24	上交所	600227	赤天化	20100226	20100315	106100795	11.31	1199999991.45
25	上交所	600236	桂冠电力	20100310	20100311	149000000	8.18	1218820000.00
26	上交所	600242	ST 华龙	20100921	20100927	99305528	3.65	362465177.20
27	上交所	600252	中恒集团	20100612	20100618	12000000	31.85	382200000.00
28	上交所	600268	国电南自	20101221	20101222	33766232	23.10	779999959.20
29	上交所	600279	重庆港九	20101126	20101129	113701302	8.44	959638988.88
30	上交所	600282	南钢股份	20101019	20101020	2190952457	4.15	9092452696.55
31	上交所	600298	安琪酵母	20100701	20100702	34646577	18.67	646851592.59
32	上交所	600310	桂东电力	20100528	20100531	27200000	17.01	462672000.00
33	上交所	600316	洪都航空	20100714	20100715	95396570	26.58	2535640830.60
34	上交所	600337	美克股份	20101125	20101126	122076399	9.50	1159725790.50
35	上交所	600369	西南证券	20100901	20100902	418700000	14.33	5999971000.00
36	上交所	600373	*ST 鑫新	20101223	20101224	379745018	7.56	2870872336.08
37	上交所	600406	国电南瑞	20101023	20101026	15059429	52.00	783090308.00
38	上交所	600426	华鲁恒升	20101229	20101230	140000000	13.22	1850800000.00
39	上交所	600432	吉恩镍业	20100702	20100705	47780500	16.22	774999710.00
40	上交所	600439	瑞贝卡	20101207	20101208	46310000	12.20	564982000.00
41	上交所	600458	时代新材	20100520	20100521	30800000	27.18	837144000.00
42	上交所	600460	士兰微	20100916	20100917	30000000	20.00	600000000.00

续表 1　Continued 1

序号 No.	交易所 Exchage	股票代码 Code	公司简称 Companies	增发公告日 Issue Date	流通股上市日 Trading Date of Negotiable Shares	增发总股数 Shares Changes	每股增发价格 Re-Issueing Price	筹资总额 Rised Capital
43	上交所	600470	六国化工	20100826	20100827	100000000	10.39	1039000000.00
44	上交所	600478	科力远	20101008	20101011	28542780	14.96	426999988.80
45	上交所	600480	凌云股份	20101214	20101215	49714838	15.50	770579989.00
46	上交所	600535	天士力	20101221	20101222	28421327	37.60	1068641895.20
47	上交所	600551	时代出版	20100629	20100630	30915000	16.76	518135400.00
48	上交所	600572	康恩贝	20101103	20101104	27800000	15.21	422838000.00
49	上交所	600575	芜湖港	20101126	20101129	167602585	11.11	1862064719.35
50	上交所	600578	京能热电	20101231	20110104	82661290	9.92	819999996.80
51	上交所	600580	卧龙电气	20100514	20100603	54670000	17.74	969845800.00
52	上交所	600612	老凤祥	20101008	20101011	58374564	14.08	821913861.12
53	上交所	600629	棱光实业	20101020	20101021	20999317	12.19	255981674.23
54	上交所	600642	申能股份	20101013	20101029	262884386	8.39	2205599998.54
55	上交所	600703	三安光电	20101015	20101018	101000000	30.00	3030000000.00
56	上交所	600707	彩虹股份	20100730	20100802	315608888	11.25	3550599990.00
57	上交所	600711	ST 雄震	20100209	20100210	18682400	10.17	190000008.00
58	上交所	600711	ST 雄震	20101230	20101231	65068500	10.22	665000070.00
59	上交所	600713	南京医药	20100422	20100423	45870000	10.90	499983000.00
60	上交所	600716	ST 耀华	20100108	20100111	183320634	5.06	927602408.04
61	上交所	600721	ST 百花	20101027	20101028	127160595	5.62	714642543.90
62	上交所	600729	重庆百货	20101231	20110104	169093418	22.03	3725127998.54
63	上交所	600750	江中药业	20101231	20110104	15273200	36.00	549835200.00
64	上交所	600760	东安黑豹	20101013	20101014	71940417	4.29	308624388.93
65	上交所	600783	鲁信高新	20100116	20100119	169900747	11.81	2006527822.07
66	上交所	600795	国电电力	20101215	20101229	3000000000	3.19	9570000000.00
67	上交所	600795	国电电力	20100701	20100702	1440288826	3.45	4968996449.70
68	上交所	600804	鹏博士	20100115	20100118	183000000	7.79	1425570000.00
69	上交所	600858	银座股份	20100306	20100309	53842260	22.52	1212527695.20
70	上交所	600862	南通科技	20100522	20100525	80519480	7.70	619999996.00
71	上交所	600869	三普药业	20101008	20101011	307432684	7.19	2210440997.96
72	上交所	600873	五洲明珠	20110105	20110106	900000000	6.43	5787000000.00
73	上交所	600893	航空动力	20100106	20100107	102450000	20.00	2049000000.00
74	上交所	600971	恒源煤电	20101104	20101105	44090752	36.00	1587267072.00
75	上交所	600978	宜华木业	20101103	20101104	148000000	5.70	843600000.00
76	上交所	600979	广安爱众	20100921	20100927	58600000	6.72	393792000.00
77	上交所	601006	大秦铁路	20101020	20101105	1890034364	8.73	16499999997.72
78	上交所	601111	中国国航	20101125	20101126	483592400	11.58	5599999992.00
79	上交所	601607	上海医药	20100212	20100222	624317752	11.83	7385679006.16
80	上交所	601727	上海电气	20100518	20100519	315940255	7.03	2221059992.65
81	上交所	601991	大唐发电	20100325	20100326	530000000	6.23	3301900000.00
82	深交所	002187	广百股份	20100111	20100112	8883291	20.72	184061790.00
83	深交所	000564	西安民生	20100122	20100125	33964762	5.74	194957734.00
84	深交所	002272	川润股份	20100203	20100204	12500000	21.00	262500000.00
85	深交所	000979	* ST 科苑	20100208	20100209	438273671	4.36	1910873206.00
86	深交所	000157	中联重科	20100211	20100212	297954705	18.70	5571752984.00
87	深交所	002001	新和成	20100223	20100224	30220000	38.05	1149871000.00

续表 2 Continued 2

序号 No.	交易所 Exchage	股票代码 Code	公司简称 Companies	增发公告日 Issue Date	流通股上市日 Trading Date of Negotiable Shares	增发总股数 Shares Changes	每股增发价格 Re-Issueing Price	筹资总额 Rised Capital
88	深交所	000978	桂林旅游	20100303	20100309	100000000	10.25	1025000000.00
89	深交所	000536	闽闽东	20100311	20100317	555832717	4.36	2423430646.00
90	深交所	000732	*ST 三农	20100311	20100308	784119455	3.09	2422929116.00
91	深交所	000790	华神集团	20100316	20100317	7950000	4.50	35775000.00
92	深交所	002023	海特高新	20100316	20100317	22700000	15.52	352304000.00
93	深交所	002215	诺普信	20100317	20100318	18500000	31.00	573500000.00
94	深交所	002157	正邦科技	20100330	20100331	43520000	10.50	456960000.00
95	深交所	002138	顺络电子	20100401	20100402	7351500	4.78	35140170.00
96	深交所	000559	万向钱潮	20100402	20100422	200000000	9.29	1858000000.00
97	深交所	002048	宁波华翔	20100409	20100412	73400000	11.88	871992000.00
98	深交所	002248	华东数控	20100415	20100430	8747800	40.01	349999478.00
99	深交所	002092	中泰化学	20100419	20100420	232700000	16.33	3799991000.00
100	深交所	002033	丽江旅游	20100420	20100421	17000000	11.91	202470000.00
101	深交所	002163	中航三鑫	20100420	20100421	63850000	14.60	932210000.00
102	深交所	002100	天康生物	20100422	20100423	10600000	21.37	226522000.00
103	深交所	000972	新中基	20100427	20100428	62984665	9.43	593945391.00
104	深交所	000598	*ST 清洗	20100504	20100505	159559300	6.24	995650032.00
105	深交所	000901	航天科技	20100510	20100511	28599124	11.13	318308250.00
106	深交所	002045	广州国光	20100513	20100514	21880000	16.80	367584000.00
107	深交所	000949	新乡化纤	20100519	20100520	49177000	6.40	314732800.00
108	深交所	000877	天山股份	20100520	20100521	76911544	20.01	1538999995.00
109	深交所	000539	粤电力 A	20100524	20100525	138047138	5.94	820000000.00
110	深交所	002087	新野纺织	20100528	20100531	90000000	5.49	494100000.00
111	深交所	002263	大东南	20100602	20100603	98138686	6.85	672249999.00
112	深交所	000937	冀中能源	20100608	20100609	368489569	12.28	4525051907.00
113	深交所	000921	ST 科龙	20100609	20100610	362048187	3.42	1238204800.00
114	深交所	000801	四川湖山	20100611	20100617	57958183	8.59	497860792.00
115	深交所	002070	众和股份	20100622	20100623	61700000	7.01	432517000.00
116	深交所	002089	新海宜	20100623	20100624	21160000	15.11	319727600.00
117	深交所	002132	恒星科技	20100625	20100628	25317900	10.00	253179000.00
118	深交所	002223	鱼跃医疗	20100625	20100628	8380000	32.00	268160000.00
119	深交所	000906	南方建材	20100628	20100629	93105802	5.86	545600000.00
120	深交所	000001	深发展 A	20100703	20100917	379580000	18.26	6931130800.00
121	深交所	000997	新大陆	20100705	20100706	57866666	7.50	433999995.00
122	深交所	002010	传化股份	20100705	20100706	41190000	12.69	522701100.00
123	深交所	002111	威海广泰	20100708	20100709	3435805	16.59	57000005.00
124	深交所	002228	合兴包装	20100708	20100709	27190000	12.60	342594000.00
125	深交所	000055	方大集团	20100714	20100715	47945200	7.30	349999960.00
126	深交所	002236	大华股份	20100716	20100719	5940200	16.72	99320144.00
127	深交所	002144	宏达经编	20100721	20100722	44000000	8.17	359480000.00
128	深交所	002127	新民科技	20100728	20100729	79629629	5.40	429999997.00
129	深交所	002225	濮耐股份	20100728	20100729	39886914	6.19	246899998.00
130	深交所	000100	TCL 集团	20100802	20100803	1301178273	3.46	4502076825.00

续表 3 Continued 3

序号 No.	交易所 Exchage	股票代码 Code	公司简称 Companies	增发公告日 Issue Date	流通股上市日 Trading Date of Negotiable Shares	增发总股数 Shares Changes	每股增发价格 Re-Issueing Price	筹资总额 Rised Capital
131	深交所	000045	深纺织 A	20100806	20100809	91397849	9.30	849999996.00
132	深交所	002164	东力传动	20100820	20100823	42812500	12.80	548000000.00
133	深交所	001896	* ST 豫能	20100826	20100827	193346930	4.40	850726492.00
134	深交所	000561	* ST 烽火	20100902	20100903	252085786	2.80	705840201.00
135	深交所	002117	东港股份	20100908	20100930	14124172	25.69	362849979.00
136	深交所	002212	南洋股份	20101011	20101012	28630000	14.58	417425400.00
137	深交所	000425	徐工机械	20101012	20101013	163934426	30.50	4999999993.00
138	深交所	000738	中航动控	20101014	20101015	545038487	3.50	1907634705.00
139	深交所	002266	浙富股份	20101014	20101015	6450000	12.58	81141000.00
140	深交所	002241	歌尔声学	20101020	20101021	15791275	33.01	521269988.00
141	深交所	000572	海马股份	20101021	20101022	598802395	5.01	2999999999.00
142	深交所	002142	宁波银行	20101022	20101025	383820529	11.45	4394745057.00
143	深交所	002151	北斗星通	20101027	20101028	9170000	32.20	295274000.00
144	深交所	002101	广东鸿图	20101029	20101101	15000000	24.00	360000000.00
145	深交所	002005	德豪润达	20101101	20101102	160000000	9.54	1526400000.00
146	深交所	002147	方圆支承	20101102	20101103	32921810	12.15	399999992.00
147	深交所	002169	智光电气	20101104	20101105	11856250	16.00	189700000.00
148	深交所	002102	冠福家用	20101110	20101111	34120263	8.08	275691725.00
149	深交所	002121	科陆电子	20101111	20101112	24460000	22.50	550350000.00
150	深交所	002156	通富微电	20101112	20101201	59066700	16.93	999999231.00
151	深交所	000066	长城电脑	20101115	20101116	223214286	4.48	1000000001.00
152	深交所	002051	中工国际	20101124	20101125	36000000	18.03	649080000.00
153	深交所	000418	小天鹅 A	20101201	20101202	84832004	8.63	732100195.00
154	深交所	002211	宏达新材	20101207	20101208	46440000	15.07	699850800.00
155	深交所	000592	中福实业	20101208	20101209	72800000	7.50	546000000.00
156	深交所	000725	京东方 A	20101210	20101213	2985049504	3.03	9044699997.00
157	深交所	002042	华孚色纺	20101215	20101216	42553191	23.50	999999989.00
158	深交所	000883	湖北能源	20101222	20101223	1782412018	5.77	10284517344.00
159	深交所	000659	珠海中富	20101223	20101224	68000000	7.10	482800000.00
160	深交所	000777	中核科技	20101224	20101227	11409774	26.60	303499988.00
161	深交所	000551	创元科技	20101227	20101228	24993876	14.60	364910590.00
162	深交所	000713	丰乐种业	20101227	20101228	28875968	15.48	446999985.00
163	深交所	002050	三花股份	20101227	20101228	33368666	30.00	1001059980.00
164	深交所	000026	飞亚达 A	20101229	20101230	31230480	16.01	499999985.00
165	深交所	002080	中材科技	20101229	20101230	50000000	25.08	1254000000.00
166	深交所	002075	* ST 张铜	20101230	20101231	1180265552	1.78	2100872683.00
167	深交所	002097	山河智能	20101231	20101231	9000000	7.10	63900000.00
168	深交所	000722	* ST 金果	20110121	20101224	196027546	8.58	1681916345.00

数据来源：上海、深圳证券交易所；增发筹资包括资产筹资和现金筹资
Source：Shanghai Shenzhen Stock Exchange

5-25 上海证券交易所股改公司一览表

List of Nontradeable Shares Reform Listed Companies in Shanghai Stock Exchange

序号 No.	证券代码 Code	名称 Companies	实施复牌日 Resumption of Trading Date	类型 Type	对价方案摘要 Abstract of Compensation Package
1	600000	浦发银行	2006-5-12	送 股	非流通股东向流通股东每10股送3股。
2	600001	邯郸钢铁	2006-4-5	送股,权证	非流通股东向流通股东每10股送1股,派发7.29504张行权价2.80元、有效期12个月的欧式认购权证。
3	600003	ST东北高	2007-2-8	送 股	非流通股东向流通股东每10股送3.3股。
4	600004	白云机场	2005-12-20	送股,权证	非流通股东向流通股东每10股送1.9股,派发6份存续期1年、行权价7元的美式认沽权证。
5	600005	武钢股份	2005-11-21	送股,权证	非流通股东向流通股东每10股送2.5股,派发2.5份存续期12个月、行权价3.13元的欧式认沽权证,派发2.5份存续期12个月、行权价2.9元的欧式认购权证。
6	600006	东风汽车	2006-11-13	送 股	非流通股东向流通股东每10股送3.3股。
7	600007	中国国贸	2006-4-28	送 股	非流通股东向流通股东每10股送2.5股。
8	600008	首创股份	2006-4-19	送股,权证	非流通股股东向流通股东每10股送3股,1份存续期为12个月,行权价格为4.55元的欧式认购权证。
9	600009	上海机场	2006-3-2	送股,权证	非流通股东向流通股东每10股送1.9股,派发7.5份存续期365天、行权价13.60元的欧式认沽权证。
10	600010	包钢股份	2006-3-28	送股,权证	非流通股东向流通股东每10股送1.6股,派发4.5份行权价2元、有效期12个月的欧式认购权证和4.5份行权价2.45元、有效期12个月的欧式认沽权证。
11	600011	华能国际	2006-4-19	送 股	非流通股东向A股流通股东每10股送3股。
12	600012	皖通高速	2006-4-3	送股,派现	非流通股东向A股流通股东每10股送2股和4.35元现金。
13	600015	华夏银行	2006-6-6	送 股	非流通股东向流通股东每10股送3股。
14	600016	民生银行	2005-10-26	送 股	向全体股东每10股转增1.55股,非流通股东向流通股东每10股送3.47416股(按转增前股本),流通股东每10股实得5.02416股。
15	600018	上港集团	2005-8-22	送股,派现	非流通股东向流通股东每10股送2.2股和现金10元。
16	600019	宝钢股份	2005-8-18	送股,权证	非流通股东向流通股东每10股送2.2股,派发1份存续期378天、行权价4.5元的欧式认购权证。
17	600020	中原高速	2006-6-22	送股,派现	非流通股东向流通股东每10股送3.08股和现金0.69元。
18	600021	上海电力	2005-11-25	送 股	非流通股东向流通股东每10股送3.2股。
19	600022	济南钢铁	2006-4-24	送 股	非流通股东向流通股东每10股送3股。
20	600026	中海发展	2005-12-30	送 股	非流通股东向A股流通股东每10股送2.9股。
21	600027	华电国际	2006-8-1	送 股	非流通股东向A股流通股东每10股送3股。
22	600028	中国石化	2006-10-10	送 股	非流通股东向A股流通股东每10股送2.8股。
23	600029	南方航空	2007-6-18	权 证	非流通股东向A股流通股东每10股派发14份存续期365天、行权价7.43元的欧式认沽权证。
24	600030	中信证券	2005-8-15	送 股	非流通股东向流通股东每10股送3.5股。
25	600031	三一重工	2005-6-17	送股,派现	非流通股东向流通股东每10股送3.5股和现金8元。
26	600033	福建高速	2006-7-14	送 股	非流通股东向流通股东每10股送2.5股。
27	600035	楚天高速	2006-12-26	送股,派现	非流通股东向流通股东每10股送2.15股,派现3.84元,上市公司向全体股东每10股派现1.65元(相当于流通股股东每10股获送3.23股)。
28	600036	招商银行	2006-2-27	送股,权证	上市公司向全体股东每10股转增0.8589股,非流通股东向流通股东每10股送1.6股(转增后),招商局轮船股份有限公司向流通股东派发6份存续期18个月、行权价5.65元的欧式认沽权证。
29	600037	歌华有线	2006-3-3	送 股	非流通股东向流通股东每10股送3股。
30	600038	哈飞股份	2006-8-24	送股,派现	上市公司向全体股东每10股派现金3.37元,非流通股东向流通股东每10股送1.3股和现金7.71元,流通股东每10股实得1.3股和现金11.08元。
31	600039	四川路桥	2007-1-8	送股,回购	上市公司向流通股东每10股转增6股(相当于流通股股东每10股获送2.9股),定向回购部分非流通股份。
32	600050	中国联通	2006-5-19	送 股	非流通股东向流通股东每10股送2.8股。
33	600051	宁波联合	2006-5-16	送 股	非流通股东向流通股东每10股送3.2股。
34	600052	浙江广厦	2007-4-13	资产重组	公司本次股权分置改革拟与定向发行股份购买优质资产、豁免广厦控股及其一致行动人全面要约收购义务相结合,通过定向发行股份购买优质资产。
35	600053	中江地产	2006-12-29	资产重组	通过向江中集团非公开发行股票换取优质资产置入公司、解决原控股股东占款和公司违规担保问题作为对价安排。

续表 1 Continued 1

序号 No.	证券代码 Code	名称 Companies	实施复牌日 Resumption of Trading Date	类型 Type	对价方案摘要 Abstract of Compensation Package
36	600054	黄山旅游	2006-2-17	送 股	非流通股东向A股流通股东每10股送2.9股。
37	600055	万东医疗	2006-4-11	送 股	非流通股东向流通股东每10股送3.8股。
38	600056	中国医药	2006-6-13	送 股	上市公司向全体流通股东每10股转增4.91股(相当于流通股股东每10股获得3股的对价)。
39	600057	*ST夏新	2006-3-3	送 股	非流通股东向流通股东每10股送3.5股。
40	600058	五矿发展	2006-4-5	送 股	非流通股东向流通股东每10股送3股。
41	600059	古越龙山	2006-3-13	送 股	非流通股东向流通股东每10股送3股。
42	600060	海信电器	2006-6-12	送 股	非流通股东向流通股东每10股送2.5股。
43	600061	中纺投资	2006-7-24	送 股	上市公司向全体股东每10股转增1.5股,非流通股东向流通股东每10股送3.8股(流通股东实得5.86455股)。
44	600062	双鹤药业	2006-4-6	送 股	非流通股东向流通股东每10股送3.2股。
45	600063	皖维高新	2006-4-13	送 股	非流通股东向流通股东每10股送3.2股。
46	600064	南京高科	2006-4-3	送 股	非流通股东向流通股东每10股送3.2股。
47	600066	宇通客车	2006-3-6	送股,派现	非流通股东向流通股东每10股送0.2股和现金6.5元。
48	600067	冠城大通	2006-1-5	送 股	非流通股东向流通股股东每10股送1股。
49	600068	葛洲坝	2006-5-17	送 股	上市公司向全体流通股东每10股转增10股(相当于流通股股东每10股获得3.42股的对价)。
50	600069	银鸽投资	2005-8-23	送 股	非流通股东向流通股东每10股送4股。
51	600070	浙江富润	2006-5-17	送 股	上市公司向全体流通股东每10股转增7.8股(相当于流通股股东每10股获得2.997股的对价)。
52	600071	凤凰光学	2006-5-30	送 股	非流通股东向流通股东每10股送3.1股。
53	600072	中船股份	2006-4-12	送 股	非流通股东向流通股东每10股送3.2股。
54	600073	上海梅林	2005-12-15	送 股	非流通股东向流通股东每10股送3.3股。
55	600074	中达股份	2006-6-26	送 股	上市公司向全体股东转增股本每10股转增7.61392405股,非流通股股东向流通股股东每10股支付4.38607595股对价,流通股股东每10股实得12股。
56	600075	新疆天业	2006-5-12	送股,回购	非流通股东向流通股东每10股送1股,上市公司向全体流通股东每10股转增1.8股,公司以下属的非主业资产东阜城农场截至2005年12月31日经审计的净资产24027万元定向回购2500万股股份并注销。
57	600076	*ST华光	2006-8-8	送 股	上市公司向全体流通股东每10股转増9股(相当于流通股股东每10股获得3.16股的对价)。
58	600077	百科集团	2006-12-15	送 股	上市公司向全体流通股东每10股转增6.94股(相当于流通股股东每10股获得3.5股的对价)。
59	600078	澄星股份	2006-6-28	送 股	非流通股东向流通股东每10股送1股。
60	600079	人福科技	2005-8-19	送 股	非流通股东向流通股东每10股送2股。
61	600080	ST金花	2006-6-14	送 股	上市公司向全体流通股东每10股转增7.458股(相当于流通股股东每10股获得3.2股的对价)。
62	600081	东风科技	2007-1-10	送 股	非流通股东向流通股东每10股送4股。
63	600082	海泰发展	2006-5-17	送 股	非流通股东向流通股东每10股送2.2股。
64	600083	ST博信	2007-1-16	资产重组	福地公司代本公司一次性以现金1650万元的方式清偿广东发展银行东莞分行东城支行3000万元的债务;福地公司同意豁免本公司上述1650万元的债务。控股股东福地公司与东莞市盈丰油粕工业有限公司签署协议,福地公司将其所持有的29.57%的股份以每股0.1元转让给盈丰公司。
65	600084	ST新天	2006-4-21	送 股	非流通股东向流通股东每10股送3.8股。
66	600085	同仁堂	2005-11-30	送 股	非流通股东向流通股东每10股送2.5股。
67	600086	东方金钰	2006-5-29	送股,资产重组	非流通股东向流通股东每10股送0.5股。公司股东云南兴龙实业有限公司以资产重组作为对价,通过向公司注入优质资产并同时置出不良资产。
68	600087	长航油运	2005-12-20	送 股	非流通股东向流通股东每10股送3.0股。
69	600088	中视传媒	2006-7-4	送 股	非流通股东向流通股东每10股送3股。
70	600089	特变电工	2006-5-8	送 股	上市公司向全体股东每10股转增1股,非流通股东向流通股东每10股送1.883股(流通股东实得3.07股)。
71	600090	啤酒花	2006-2-23	送股,资产重组	非流通股东向流通股东每10股送1股,公司控股股东新疆蓝剑嘉酿投资有限公司将新疆乌苏啤酒有限责任公司50%的股权以及179979046元现金资产以捐赠方式注入公司作为本次股权分置改革利益平衡的对价。
72	600091	明天科技	2006-5-31	送 股	非流通股东向流通股东每10股送2.4股。
73	600093	禾嘉股份	2006-12-6	送 股	上市公司向全体流通股东每10股转增3.1股,非流通股东向流通股东每10股送0.7股(流通股东实得3.8股)。

续表 2 Continued 2

序号 No.	证券代码 Code	名称 Companies	实施复牌日 Resumption of Trading Date	类型 Type	对价方案摘要 Abstract of Compensation Package
74	600094	*ST华源	2007-3-19	送股	上市公司向全体A股流通股东每10股转增7.222股(相当于流通股股东每10股获得3.4547股的对价)。
75	600095	哈高科	2006-7-28	送股	上市公司向全体流通股东每10股转增6.6股(相当于流通股股东每10股获得2.02股的对价)。
76	600096	云天化	2006-4-5	送股,派现	上市公司向全体股东每10股送10元。非流通股股东向流通股股东每10股送1.2股和现金17.14元,流通股股东每10股实际得到1.2股和现金27.14元。
77	600097	开创国际	2006-6-8	送股	非流通股东向流通股东每10股送3.3股。
78	600098	广州控股	2005-8-22	送股	非流通股东向流通股东每10股送2.8股。
79	600099	林海股份	2006-8-8	送股	非流通股东向流通股东每10股送3.2股。
80	600100	同方股份	2006-2-10	送股	非流通股东向流通股东每10股送3.8股。
81	600101	明星电力	2007-2-26	送股	非流通股东向流通股东每10股送1股,上市公司向流通股东每10股转增4股(相当于流通股股东每10股获送2.3股)。
82	600102	莱钢股份	2007-1-18	送股,派现	非流通股东向流通股东每10股送1股和现金10.84元。
83	600103	青山纸业	2006-12-27	送股	上市公司向全体流通股东每10股转增4股(相当于流通股股东每10股获得1.17股的对价)。
84	600104	上海汽车	2005-10-24	送股	非流通股东向流通股东每10股送3.4股。
85	600105	永鼎股份	2005-11-23	送股	非流通股东向流通股东每10股送3.5股。
86	600106	重庆路桥	2005-10-24	送股	非流通股东向流通股东每10股送3.8股。
87	600107	美尔雅	2007-2-16	送股	非流通股东向流通股东每10股送4股。
88	600108	亚盛集团	2006-6-14	送股,派现	上市公司向流通股东每10股定向转增3.4股、每10股定向送红股6.8股、派现金0.358元,流通股东每10股实得10.2股和现金0.358元。
89	600109	国金证券	2007-3-29	资产重组	本公司与大股东持有的国金证券合计51.76%的股权进行资产重组。
90	600110	中科英华	2006-7-27	送股	非流通股东向流通股东每10股送2.3股。
91	600111	包钢稀土	2006-4-13	送股	非流通股东向流通股东每10股送3.2股。
92	600112	长征电气	2006-2-27	送股	上市公司向全体股东每10股转增1.5518股,非流通股东向流通股东每10股送3.1股(流通股东实得5.1329股)。
93	600113	浙江东日	2006-2-8	送股	非流通股东向流通股东每10股送3.8股。
94	600114	东睦股份	2006-2-22	送股	非流通股东向流通股东每10股送2.8股。
95	600115	ST东航	2007-1-12	送股	非流通股东向A股流通股东每10股送3.2股。
96	600116	三峡水利	2006-12-27	送股	上市公司向全体流通股东每10股转增6股(相当于流通股股东每10股获得3.34股的对价)。
97	600117	西宁特钢	2006-3-27	送股	非流通股东向流通股东每10股送3股。
98	600118	中国卫星	2006-5-26	送股,资产重组	非流通股东向流通股东每10股送1股股票对价,五院拟将其持有的东方红公司14.79%股权作为自身及公司第二大非流通股股东北京航天卫星应用总公司应支付的股权注入公司。
99	600119	长江投资	2006-1-4	送股	非流通股东向流通股股东每10股送3.5股。
100	600120	浙江东方	2006-1-23	送股	非流通股东向流通股东每10股送3股。
101	600121	郑州煤电	2005-8-22	送股	非流通股东向流通股东每10股送3.8股。
102	600122	宏图高科	2006-9-5	送股,资产重组	非流通股东向流通股东每10股送1.7股,三胞集团有限公司以其持有的账面价值为335532411.40元的南京源久房地产开发有限公司97.11%的股权置换宏图高科持有的账面价值为334454857.56元的应收及预付账款,差额部分以现金补齐。
103	600123	兰花科创	2006-2-28	送股	非流通股东向流通股东每10股送3股。
104	600125	铁龙物流	2006-3-27	送股	非流通股东向流通股东每10股送2.5股。
105	600126	杭钢股份	2006-1-19	送股	非流通股东向流通股股东每10股送3.6股。
106	600127	金健米业	2006-11-24	送股	上市公司向全体股东每10股转增6.135股,非流通股东向流通股东每10股送2.9股(流通股东实得10.81股)。
107	600128	弘业股份	2006-3-14	送股	非流通股东向流通股东每10股送3.5股。
108	600129	太极集团	2006-1-6	送股	非流通股东向流通股股东每10股送3.2股。
109	600130	*ST波导	2006-4-6	送股	非流通股东向流通股东每10股送3.8股。
110	600131	岷江水电	2007-1-18	送股	非流通股东向流通股东每10股送3.2股。
111	600132	重庆啤酒	2006-9-27	送股	上市公司向全体流通股东每10股转增3.85455股(相当于流通股股东每10股获得2.4股的对价)。
112	600133	东湖高新	2007-8-14	送股	非流通股东向流通股东每10股送2.5股。

续表 3 Continued 3

序号 No.	证券代码 Code	名称 Companies	实施复牌日 Resumption of Trading Date	类型 Type	对价方案摘要 Abstract of Compensation Package
113	600135	乐凯胶片	2008-3-13	送 股	非流通股东向流通股东每 10 股送 3 股。
114	600136	ST 道博	2006-10-16	送股,资产重组	公司第一、第二大股东以资产置换方式支付股改对价;公司除第一、第二大股东以外的其余非流通股东向流通股股东每 10 股送 1 股。
115	600137	浪莎股份	2007-4-13	送股,资产重组	非流通股东向流通股东每 10 股送 2.5 股,大股东对公司进行资产重组。
116	600138	中青旅	2006-2-16	送 股	非流通股东向流通股东每 10 股送 3 股。
117	600139	西部资源	2007-2-15	送 股	上市公司向全体流通股东每 10 股转增 2 股(相当于流通股股东每 10 股获得 1.138 股的对价)。
118	600141	兴发集团	2006-4-5	送 股	非流通股东向流通股东每 10 股送 3.5 股。
119	600143	金发科技	2005-8-9	送股,派现	上市公司向全体股东每 10 股派现金 0.5556 元,非流通股东向流通股东每 10 股送 3 股和现金 1.4446 元。
120	600145	四维控股	2006-11-9	送股,派现	非流通股东向流通股东每 10 股送 1.3 股,上市公司向流通股东每 10 股送红股 2.5 股,派现 0.10008 元(相当于流通股股东每 10 股获送 2.8 股)。
121	600146	大元股份	2006-2-23	送 股	非流通股东向流通股股东每 10 股送 3.2 股。
122	600148	长春一东	2006-7-3	送 股	非流通股东向流通股东每 10 股送 3.3 股。
123	600149	华夏建通	2007-3-15	送 股	上市公司向全体流通股东每 10 股转增 6 股(相当于流通股股东每 10 股获得 2.86 股的对价)。
124	600150	中国船舶	2005-11-30	送 股	非流通股东向流通股东每 10 股送 3.2 股。
125	600151	航天机电	2006-4-7	送 股	非流通股东向流通股东每 10 股送 3.2 股。
126	600152	维科精华	2006-6-21	送 股	非流通股东向流通股东每 10 股送 3 股。
127	600153	建发股份	2006-4-10	送 股	非流通股东向流通股东每 10 股送 1 股。
128	600155	* ST 宝硕	2006-4-26	送 股	非流通股东向流通股东每 10 股送 3.4 股。
129	600156	华升股份	2006-6-27	送 股	非流通股东向流通股东每 10 股送 3.7 股。
130	600157	鲁润股份	2007-12-25	送 股	非流通股东向流通股东每 10 股送 2.3 股。
131	600158	中体产业	2007-2-1	送 股	非流通股东向流通股东每 10 股送 2.8 股。
132	600159	大龙地产	2006-2-6	送 股	非流通股东向流通股东每 10 股送 2 股。
133	600160	巨化股份	2006-1-25	送 股	非流通股东向流通股东每 10 股送 3.5 股。
134	600161	天坛生物	2006-5-23	送 股	非流通股东向流通股东每 10 股送 3 股。
135	600162	香江控股	2006-10-27	送股,资产重组	上市公司向全体流通股东每 10 股转增 1.6 股。
136	600163	福建南纸	2006-5-15	送 股	非流通股东向流通股东每 10 股送 3.3 股。
137	600165	宁夏恒力	2006-2-27	送股,回购	公司以截至 2005 年 9 月 30 日对伊斯兰国际信托投资有限公司长期投资账面价值 18000 万元为对价,以 2.671 元为每股价格,按非流通股股东的持股比例向其共计回购 67390490 股非流通股股份,并将回购股份予以注销。并向流通股东每 10 股转增 1 股。
138	600166	福田汽车	2006-5-31	送 股	上市公司向全体流通股东每 10 股转增 5.4 股(相当于流通股股东每 10 股获得 3 股的对价)。
139	600167	联美控股	2007-3-26	送 股	上市公司向全体流通股东每 10 股转增 3.0 股(相当于流通股股东每 10 股获得 1.71 股的对价)。
140	600168	武汉控股	2006-4-20	送 股	非流通股东向流通股东每 10 股送 3.2 股。
141	600169	太原重工	2006-4-11	送 股	非流通股东向流通股东每 10 股送 3.3 股。
142	600170	上海建工	2005-11-8	送 股	非流通股东向流通股东每 10 股送 3.4 股。
143	600171	上海贝岭	2006-1-23	送 股	非流通股东向流通股股东每 10 股送 3 股。
144	600172	黄河旋风	2005-11-18	送 股	非流通股东向流通股东每 10 股送 3 股。
145	600173	卧龙地产	2007-10-8	送股,资产重组	与浙江卧龙进行全部资产置换,非流通股东向流通股东每 10 股送 0.5 股。
146	600175	美都控股	2006-1-12	送 股	非流通股东向流通股股东每 10 股送 2.5 股。
147	600176	中国玻纤	2006-8-17	送股,派现	非流通股东向流通股东每 10 股送 2 股和现金 3.5 元。
148	600177	雅戈尔	2006-5-16	权证	非流通股东向流通股东每 10 股派发 1 份存续期 12 个月、行权价 3.80 元的欧式认购权证,派发 7 份存续期 12 个月、行权价 4.25 元的欧式认沽权证。
149	600178	东安动力	2006-7-5	送 股	非流通股东向流通股东每 10 股送 3.5 股。
150	600179	黑化股份	2006-6-23	送 股	上市公司向全体流通股东每 10 股转增 6 股(相当于流通股股东每 10 股获得 3.54 股的对价)。
151	600180	* ST 九发	2006-1-24	送 股	非流通股东向流通股东每 10 股送 3 股。
152	600183	生益科技	2006-3-9	送 股	非流通股东向流通股东每 10 股送 3.3 股。
153	600184	新华光	2006-11-23	送股,资产重组	非流通股东向流通股东每 10 股送 0.6 股,与西光集团进行资产重组,获赠 4131.52 万股云南天达光伏科技股份有限公司股份。

续表 4 Continued 4

序号 No.	证券代码 Code	名称 Companies	实施复牌日 Resumption of Trading Date	类型 Type	对价方案摘要 Abstract of Compensation Package
154	600185	*ST海星	2006-3-15	送 股	上市公司向流通股股东每10股转增5.6股。
155	600186	莲花味精	2007-2-16	送 股	非流通股东向流通股东每10股送2.5股。
156	600187	ST国中	2009-4-17	派现,资产重组	非流通股东向流通股东每10股送现金0.20元。公司潜在控股股东国中水务同意进行股权分置改革,以豁免本公司欠国中水务的部分债务作为对价支付给流通股股东,以换取所持非流通股股份的上市流通权。
157	600188	兖州煤业	2006-4-3	送 股	非流通股东向A股流通股东每10股送2.5股。
158	600189	吉林森工	2005-12-19	送 股	非流通股东向流通股东每10股送3.8股。
159	600190	锦州港	2006-7-11	送 股	上市公司向全体股东每10股转增1.1515股,非流通股东向A股流通股东每10股送2.5股(流通股东实得3.9393股)。
160	600191	华资实业	2006-3-8	送 股	非流通股东向流通股东每10股送3.2股。
161	600192	长城电工	2006-8-9	送 股	非流通股东向流通股东每10股送3.1股。
162	600193	创兴置业	2006-2-7	送 股	非流通股东向流通股东每10股送3股。
163	600195	中牧股份	2006-3-28	送 股	非流通股东向流通股东每10股送3.5股。
164	600196	复星医药	2006-4-26	派现	上市公司向全体股东每10股派送现金3.4元(含税),非流通股东向流通股东每10股送现金4.3143元[流通股东实得7.7143元(含税)]。
165	600197	伊力特	2006-8-1	送 股	非流通股东向流通股东每10股送3股。
166	600198	大唐电信	2006-5-30	送 股	非流通股东向流通股东每10股送3.4股。
167	600199	金种子酒	2006-7-4	送 股	非流通股东向流通股东每10股送3股。
168	600200	江苏吴中	2005-12-1	送 股	非流通股东向流通股东每10股送5股。
169	600201	金宇集团	2006-7-12	送 股	上市公司向全体流通股东每10股转增6.2股(相当于流通股股东每10股获得2.6股的对价)。
170	600202	哈空调	2006-9-5	送 股	非流通股东向流通股东每10股送3.0股。
171	600203	福日电子	2006-8-23	送 股	上市公司向全体流通股东每10股转增6.47股(相当于流通股股东每10股获得4股的对价)。
172	600206	有研硅股	2006-4-17	送 股	非流通股东向流通股东每10股送3.5股。
173	600207	ST安彩	2006-6-28	送 股	非流通股东向流通股东每10股送3.4股。
174	600208	新湖中宝	2006-2-14	送 股	上市公司向全体流通股股东每10股转增6股。
175	600209	罗顿发展	2006-7-28	送 股	非流通股东向流通股东每10股送3.5股。
176	600210	紫江企业	2005-7-29	送 股	非流通股东向流通股东每10股送3股。
177	600211	西藏药业	2007-9-11	送 股	上市公司向全体流通股东每10股转增3.58股(相当于流通股股东每10股获得2股的对价)。
178	600212	*ST江泉	2006-6-26	送 股	上市公司向全体流通股东每10股转增10股(相当于流通股股东每10股获得3.75股的对价)。
179	600213	亚星客车	2007-7-5	送 股	上市公司向全体流通股东每10股转增5股(相当于流通股股东每10股获得2.95股的对价)。
180	600215	长春经开	2006-12-27	送股,资产重组	非流通股东向流通股东每10股送3股。
181	600216	浙江医药	2006-3-8	送 股	非流通股东向流通股东每10股送3.3股。
182	600217	ST秦岭	2006-7-13	送 股	非流通股东向流通股东每10股送3.8股。
183	600218	全柴动力	2006-3-6	送 股	非流通股东向流通股东每10股送3.5股。
184	600219	南山铝业	2006-3-31	送 股	上市公司向全体流通股股东每10股转增10股。
185	600220	江苏阳光	2006-3-7	送 股	非流通股东向流通股东每10股送1.0股。
186	600221	海南航空	2006-9-29	送 股	非流通股东向A股流通股东每10股送3.3股。
187	600222	太龙药业	2006-8-28	送 股	上市公司向全体流通股东每10股转增4.6股(相当于流通股股东每10股获得3.055股的对价)。
188	600223	ST万杰	2006-2-21	送 股	非流通股东向流通股东每10股送2.5股。
189	600225	天津松江	2009-10-28	送股,资产重组	资产重组增加的公司股东权益作为股权分置改革的对价安排的一部分,流通股股东每股获得了2.16元权益资产,向流通股股东每10股转增1.8988790股,向滨海控股每10股转增0.8171627股,相当于流通股股东每10股再获送1股。在通过股权分置改革每10股增加1.8988790股的基础上,每10股再增加1.1011210股,即每10股定向转增3股。
190	600226	升华拜克	2006-2-10	送 股	非流通股东向流通股股东每10股送3股。
191	600227	赤天化	2006-1-24	送 股	非流通股东向流通股东每10股送3.5股。
192	600228	昌九生化	2006-6-6	送 股	非流通股东向流通股东每10股送3.5股。
193	600229	青岛碱业	2006-7-20	送 股	非流通股东向流通股东每10股送2.5股。
194	600230	沧州大化	2006-4-7	送 股	非流通股东向流通股东每10股送3.3股。

续表 5 Continued 5

序号 No.	证券代码 Code	名称 Companies	实施复牌日 Resumption of Trading Date	类型 Type	对价方案摘要 Abstract of Compensation Package
195	600231	凌钢股份	2006-2-22	送 股	非流通股东向流通股东每10股送3.2股。
196	600232	金鹰股份	2006-2-10	送 股	非流通股东向流通股东每10股送3.2股。
197	600233	大杨创世	2005-11-15	送 股	非流通股东向流通股东每10股送3.2股。
198	600234	*ST天龙	2007-2-9	送股,资产重组	上市公司向全体流通股东每10股转增6.8股,六家债权人收购天龙集团及珠海金正的不良债权158172543.37元,并豁免珠海金正债务55521769.60元,天龙集团拟用资本公积金向债权人共转增21504200股股份,本次债务重组导致天龙集团净资产增加20301777.03元。
199	600235	民丰特纸	2006-4-28	送 股	非流通股东向流通股东每10股送3.5股。
200	600236	桂冠电力	2006-7-6	送 股	非流通股东向流通股东每10股送2.5股。
201	600237	铜峰电子	2005-12-7	送 股	非流通股东向流通股东每10股送3.2股。
202	600238	海南椰岛	2006-2-15	送 股	非流通股东向流通股东每10股送3.6股。
203	600239	云南城投	2007-11-30	送 股	上市公司向全体股东每10股转增1.320229股,非流通股东向流通股东每10股送2股(流通股东实得3.5843股)。
204	600240	华业地产	2005-12-26	送 股	非流通股东向流通股东每10股送1.5股。
205	600241	时代万恒	2006-4-11	送 股	非流通股东向流通股东每10股送3.6股。
206	600242	ST华龙	2009-1-5	送 股	上海兴铭向全体流通股股东送股7564543股,流通股股东每10股可获送0.86股,上海兴铭将其持有的舟山市普陀中昌海运有限公司70%股权捐赠给公司,上海兴铭豁免公司对其债务30000000元,流通股股东可享有的股东权益为15162000元。上述三项对价安排合计相当于全体流通股股东每10股可获送2.404股。
207	600243	青海华鼎	2006-12-25	送 股	上市公司向全体流通股东每10股转增5.5股(相当于流通股股东每10股获得3股的对价)。
208	600246	万通地产	2006-9-8	送 股	非流通股东向流通股东每10股送3.3股。
209	600247	成城股份	2005-8-17	送 股	非流通股东向流通股东每10股送5股。
210	600248	延长化建	2007-2-15	送 股	上市公司向全体股东每10股转增1股,非流通股东向流通股东每10股送1.53股(流通股东实得2.6838股),控股股东种业集团将929.85公顷林地使用权及地面附着物租赁给秦丰农业经营,种业集团承诺提供经营租赁资产所需要的资金和相关支持,租赁期限自2006年11月1日至2009年10月31日,预计租赁期内秦丰农业在不投入资金和不承担风险的情况下将合计取得6000万元租赁经营收益。
211	600249	两面针	2006-5-10	送 股	非流通股东向流通股东每10股送3.3股。
212	600250	南纺股份	2006-7-20	送 股	非流通股东向流通股东每10股送3股。
213	600251	冠农股份	2006-5-26	送 股	非流通股东向流通股东每10股送3.2股。
214	600252	中恒集团	2006-12-20	送 股	非流通股东向流通股东每10股送2.8股。
215	600253	天方药业	2006-4-19		非流通股东向流通股东每10股送2.664股及送2.49元现金。
216	600255	鑫科材料	2006-6-21	送 股	非流通股东向流通股东每10股送3股。
217	600256	广汇股份	2006-4-14	送 股	非流通股东向流通股东每10股送2.5股。
218	600257	大湖股份	2006-4-25		泓鑫控股向公司无偿注入9761.93万元经营性资产;上市公司向全体股东每10股转增3股,非流通股东向流通股东每10股送0.8787股(流通股东实得4.1423股)。
219	600258	首旅股份	2007-1-18	送 股	非流通股东向流通股东每10股送3股。
220	600259	广晟有色	2009-1-19		非流通股东向流通股东每10股送0.50股,公司第一大股东华顺实业以豁免本公司6000万元债务作为本次股权分置改革的对价安排,相当于公司流通股股东获送2659.79万元。
221	600260	凯乐科技	2005-12-22	送 股	非流通股东向流通股东每10股送4股。
222	600261	浙江阳光	2005-11-9	送 股	非流通股东向流通股东每10股送3股和现金1.88元。
223	600262	北方股份	2006-6-28	送 股	非流通股东向流通股东每10股送2股和现金4.84元。相当于每10股获送3.2股。
224	600263	路桥建设	2006-3-29	送 股	非流通股东向流通股东每10股送3.7股。
225	600265	景谷林业	2006-9-21	送 股	上市公司向全体流通股东每10股转增6.2股(相当于流通股股东每10股获得3.105股的对价)。
226	600266	北京城建	2006-2-9	送 股	非流通股东向流通股东每10股送3.9股。
227	600267	海正药业	2006-2-16	送 股	非流通股东向流通股股东每10股送3.1股。
228	600268	国电南自	2006-4-25	送 股	非流通股东向流通股东每10股送3.2股。
229	600269	赣粤高速	2006-6-19	送 股	非流通股东向流通股东每10股送1.9股,公司向控股公司收购温厚高速和九景高速全部资产及相关权益。
230	600270	外运发展	2006-11-2	送 股	非流通股东向流通股东每10股送2.9股。
231	600271	航天信息	2006-5-16	送 股	非流通股东向流通股东每10股送2.7股。

续表 6　Continued 6

序号 No.	证券代码 Code	名称 Companies	实施复牌日 Resumption of Trading Date	类型 Type	对价方案摘要 Abstract of Compensation Package
232	600272	开开实业	2007-4-17	送　股	非流通股东向A股流通股东每10股送2股。
233	600273	华芳纺织	2005-12-12	送　股	非流通股东向流通股东每10股送3.3股。
234	600275	ST昌鱼	2006-11-7	送　股	上市公司向全体流通股东每10股转增5股(相当于流通股股东每10股获得3.12股的对价)。
235	600276	恒瑞医药	2006-6-20	送　股	非流通股东向流通股东每10股送2.5股。
236	600277	亿利能源	2006-3-9	送　股	非流通股东向流通股东每10股送3.2股。
237	600278	东方创业	2005-11-23	送　股	非流通股东向流通股东每10股送3.5股。
238	600279	重庆港九	2005-12-9	送　股	非流通股东向流通股东每10股送3.2股。
239	600280	南京中商	2006-8-21	送　股	非流通股东向流通股东每10股送1.56股。
240	600281	太化股份	2006-10-9	送　股	非流通股东向流通股东每10股送3.2股。太化集团以有关土地评估报告中列示的用于抵债的24宗共494784.51平方米土地使用权评估价值19944.32万元及供汽装置评估价值5020.23万元为基础值，折抵债务，偿还占用公司的非经营性占款1914.38万元及经营性占款22281.85万元，其差额768.32万元挂公司其他应付款账目。
241	600282	南钢股份	2006-10-25	派现	上市公司向全体股东每10股派现2.8元，非流通股东向流通股东每10股送现金3.82元(相当于流通股股东每10股获送1.1股)。
242	600283	钱江水利	2006-12-27	送　股	非流通股东向流通股东每10股送3.5股。
243	600284	浦东建设	2005-12-21	送　股	非流通股东向流通股东每10股送3.2股。
244	600285	羚锐制药	2006-3-13	送　股	非流通股东向流通股东每10股送3股。
245	600287	江苏舜天	2006-4-12	送　股	非流通股东向流通股东每10股送3.7股。
246	600288	大恒科技	2006-3-1	送　股	非流通股东向流通股东每10股送3.5股。
247	600289	亿阳信通	2006-6-26	送　股	上市公司向全体流通股东每10股转增4.08054股(相当于流通股股东每10股获得2.2股的对价)。
248	600290	华仪电气	2007-2-1	送　股	非流通股东向流通股东每10股送1股。本次资产置换和股权分置改革获得临时股东大会及相关股东会议表决通过，华仪集团将预先向本公司支付6000万元的土地补偿净收益。如果未来土地补偿净额超过6000万元，华仪集团将在审计机构出具专项审计报告后的10日内，用现金补足差额部分；如果土地补偿净额小于6000万元，则本公司无需向华仪集团支付差额。
249	600291	西水股份	2006-3-29	送　股	非流通股东向流通股东每10股送3.2股。
250	600292	九龙电力	2006-1-19	送　股	非流通股东向流通股股东每10股送3.2股。
251	600293	三峡新材	2006-6-19	送　股	上市公司向全体流通股东每10股转增6.5股(相当于流通股股东每10股获得3.14股的对价)。
252	600295	鄂尔多斯	2006-2-8	送　股	非流通股东向A股流通股股东每10股送2股。
253	600297	美罗药业	2006-11-24	送　股	上市公司向全体股东每10股送红股1.913043478股，并派现金0.068938504元(含税)。非流通股股东向流通股股东支付3.586956522股和现金0.129259696元对价，流通股股东每10股实际可获得5.5股和现金0.1981982元。
254	600298	安琪酵母	2006-4-28	送　股	非流通股东向流通股东每10股送3.2股。
255	600299	*ST新材	2006-8-3	送　股	非流通股东向流通股东每10股送3股。
256	600300	维维股份	2006-1-16	送　股	非流通股东向流通股股东每10股送3股。
257	600301	*ST南化	2005-10-25	送　股	非流通股东向流通股东每10股送4股。
258	600302	标准股份	2006-3-8	送　股	非流通股东向流通股东每10股送3.3股。
259	600303	曙光股份	2005-12-13	送　股	非流通股东向流通股东每10股送2.5股。
260	600305	恒顺醋业	2006-6-9	送　股	非流通股东向流通股东每10股送3股。
261	600306	商业城	2006-3-17	送　股	非流通股东向流通股东每10股送3股。
262	600307	酒钢宏兴	2006-4-17	送　股	非流通股东向流通股东每10股送3.2股。
263	600308	华泰股份	2005-11-14	送　股	非流通股东向流通股东每10股送2股。
264	600309	烟台万华	2006-4-24	送　股	非流通股东向流通股东每10股送1.6股，派发2份存续期12个月、行权价9元的欧式认购权证和3份存续期12个月、行权价13元的欧式认沽权证。
265	600310	桂东电力	2006-8-3	送　股	非流通股东向流通股东每10股送3.3股。
266	600311	荣华实业	2006-7-31	送　股	上市公司向全体流通股东每10股转增7股(相当于流通股股东每10股获得3.28股的对价)。
267	600312	平高电气	2006-5-22	送　股	上市公司向全体流通股东每10股转增5.218股(相当于流通股股东每10股获得3股的对价)。
268	600313	*ST中农	2007-12-24	送　股	上市公司向全体流通股东每10股转增6.50股(相当于流通股股东每10股获得3.6795股的对价)。
269	600315	上海家化	2006-7-24	送　股	上市公司向全体股东每10股转增0.46股，非流通股东向流通股东每10股送2.2股(流通股东实得2.76股)。

续表 7　Continued 7

序号 No.	证券代码 Code	名称 Companies	实施复牌日 Resumption of Trading Date	类型 Type	对价方案摘要 Abstract of Compensation Package
270	600316	洪都航空	2006-9-19	资产重组	公司控股股东江西洪都飞机工业有限公司将其除对公司的长期股权投资外主要经营性资产及负债注入公司。
271	600317	营口港	2006-1-17	送　股	非流通股东向流通股股东每10股送2股和现金9元,上市公司向全体股东每10股派9.6元。流通股东每10股实得2股,现金18.6元(税前)。
272	600318	巢东股份	2007-7-18	送　股	上市公司向全体流通股东每10股转增5.25股(相当于流通股股东每10股获得2.6股的对价)。
273	600319	亚星化学	2006-4-26	送　股	非流通股东向流通股东每10股送3.3股。
274	600320	振华重工	2006-3-29	送　股	非流通股东向A股流通股东每10股送2.5股。
275	600321	国栋建设	2006-7-6	送　股	非流通股东向流通股东每10股送3股。
276	600322	天房发展	2006-3-28	送　股	非流通股东向流通股东每10股送3.7股。
277	600323	南海发展	2006-5-23	送　股	上市公司向全体股东每10股送1.5元,非流通股东向流通股东每10股送1.3股和1.6元现金,流通股东每10股实得1.3股和现金3.1元。
278	600325	华发股份	2005-8-23	送　股	非流通股东向流通股东每10股送3股。
279	600326	西藏天路	2006-6-8	送　股	非流通股东向流通股东每10股送2.8股。
280	600327	大厦股份	2006-9-26	送　股	非流通股东向流通股东每10股送2.7股。
281	600328	兰太实业	2006-4-18	送　股	非流通股东向流通股东每10股送3.2股。
282	600329	中新药业	2006-7-19	送　股	非流通股东向A股流通股东每10股送2.8股。
283	600330	天通股份	2006-5-22	送　股	非流通股东向流通股东每10股送3股。
284	600331	宏达股份	2005-12-27	送　股	非流通股东向流通股东每10股送2.5股。
285	600332	广州药业	2006-4-24	送　股	非流通股东向A股流通股东每10股送3股。
286	600333	长春燃气	2006-12-22	送　股	上市公司向全体流通股东每10股转增3.4股(相当于流通股股东每10股获得1.80股的对价)。
287	600335	鼎盛天工	2006-12-8	送　股	上市公司向全体流通股东每10股转增6.1股(相当于流通股股东每10股获得3.61股的对价)。
288	600336	澳柯玛	2005-12-12	送　股	非流通股东向流通股东每10股送4.2股。
289	600337	美克股份	2006-3-1	送　股	非流通股东向流通股东每10股送2.5股。
290	600338	ST珠峰	2006-10-23	送　股	非流通股东向流通股东每10股送2.5股,收购西部矿业股份有限公司拥有的1万吨、3万吨锌冶炼生产系统经营性资产和负债以及西部矿业股份有限公司持有的西部铜业公司51%股权。
291	600339	天利高新	2006-4-10	送　股	公司以新疆金融租赁有限公司9.63%股权及新疆证券有限责任公司4.62%股权向非流通股股东回购47043456股股份,全体非流通股股东以其持有的非流通股份按照1:0.7217的缩股比例进行单向缩股。
292	600340	*ST国祥	2006-6-12	送　股	公司以所拥有的上海贵麟瑞通信设备有限公司全部90%股权回购陈和贵先生4675325股非流通股,非流通股东向流通股东每10股送3股。
293	600343	航天动力	2006-5-16	送　股	非流通股东向流通股东每10股送2.9股。
294	600345	长江通信	2006-8-10	送　股	非流通股东向流通股东每10股送4股。
295	600346	大橡塑	2006-7-11	送　股	非流通股东向流通股东每10股送3.8股。
296	600348	国阳新能	2005-12-29	送　股	非流通股东向流通股股东每10股送3.0股。
297	600350	山东高速	2006-4-24	送　股	非流通股东向流通股东每10股送3.2股。
298	600351	亚宝药业	2006-2-16	缩股	非流通股份按照1:0.65的缩股比例进行缩股。
299	600352	浙江龙盛	2005-8-5	送　股	非流通股东向流通股东每10股送4股。
300	600353	旭光股份	2006-10-27	送　股	上市公司向流通股股东每10股转增4.3股(相当于流通股股东每10股获送2股)。
301	600354	敦煌种业	2006-9-27	送　股	非流通股东向流通股东每10股送3.2股。
302	600355	*ST精伦	2006-5-29	送　股	非流通股东向流通股东每10股送4.3股。
303	600356	恒丰纸业	2005-11-29	送　股	非流通股东向流通股东每10股送3.3股。
304	600358	国旅联合	2006-7-18	送　股	非流通股东向流通股东每10股送3股。
305	600359	新农开发	2006-5-24	送　股	非流通股东向流通股东每10股送3.5股。
306	600360	华微电子	2006-6-9	送　股	非流通股东向流通股东每10股送2.5股。
307	600361	华联综超	2005-8-29	送　股	非流通股东向流通股东每10股送2.3股。
308	600362	江西铜业	2006-4-19	送　股	非流通股东向A股流通股东每10股送2.2股。
309	600363	联创光电	2006-5-31	送　股	非流通股东向流通股东每10股送3.3股。
310	600365	通葡股份	2006-3-17	送　股	非流通股东向流通股东每10股送3股。
311	600366	宁波韵升	2005-12-6	送　股	非流通股东向流通股东每10股送3.2股。

续表 8 Continued 8

序号 No.	证券代码 Code	名称 Companies	实施复牌日 Resumption of Trading Date	类型 Type	对价方案摘要 Abstract of Compensation Package
312	600367	红星发展	2005-12-2	送 股	非流通股东向流通股东每10股送3.9股。
313	600368	五洲交通	2006-7-5	送 股	非流通股东向流通股东每10股送3.2股。
314	600369	西南证券	2006-7-21	送 股	上市公司向全体流通股东每10股转增10股(相当于流通股股东每10股获得4.07股的对价)。
315	600370	三房巷	2006-8-7	送 股	非流通股东向流通股东每10股送2股。
316	600371	万向德农	2006-9-20	送 股	非流通股东向流通股东每10股送0.36667股和现金8.61866元。
317	600372	*ST昌河	2006-8-9	送 股	非流通股东向流通股东每10股送3.5股。
318	600373	*ST鑫新	2006-2-13	送 股	非流通股东向流通股东每10股送3.41股。
319	600375	星马汽车	2006-1-13	送 股	非流通股东向流通股股东每10股送3.3股。
320	600376	首开股份	2006-2-16	送 股	非流通股东向流通股东每10股送3股。
321	600377	宁沪高速	2006-5-16	送 股	非流通股东向A股流通股东每10股送3.2股。
322	600378	天科股份	2006-11-9	送 股	上市公司向全体流通股东每10股转增6.58股(相当于流通股股东每10股获得3.2股的对价)。
323	600379	宝光股份	2007-11-5	送 股	上市公司向全体流通股东每10股转增4.1361股(相当于流通股股东每10股获得2.50股的对价)。
324	600380	健康元	2006-11-24	送 股	非流通股东向流通股东每10股送3.8股。
325	600381	ST贤成	2006-11-27	送 股	上市公司向全体流通股东每10股转增2.24股(相当于流通股股东每10股获得1.43股的对价)。
326	600382	广东明珠	2006-6-26	送 股	非流通股东向流通股东每10股送3.3股。
327	600383	金地集团	2006-8-24	送 股	非流通股东向流通股东每10股送2.5股。
328	600385	ST金泰	2006-9-12	送 股	上市公司向全体流通股东每10股转增1股,非流通股东向流通股东每10股送1.083股,流通股东每10股实得2.083股。
329	600386	北巴传媒	2006-4-5	送 股	非流通股东向流通股东每10股送4股。
330	600387	海越股份	2006-10-16	送 股	非流通股东向流通股东每10股送3股。
331	600388	龙净环保	2006-5-15	送 股	非流通股东向流通股东每10股送2.8股。
332	600389	江山股份	2006-5-25	送 股	非流通股东向流通股东每10股送3.5股。
333	600390	金瑞科技	2006-4-20	送 股	非流通股东向流通股东每10股送5股。
334	600391	成发科技	2006-8-7	送 股	非流通股东向流通股东每10股送1.7229股。公司非流通股股东以非流通股加现金的方式购买公司经营业绩不佳的燃气轮机修理业务相关资产,并将此部分非流通股予以注销,相当于每10股流通股获送0.7523股非流通股。
335	600392	太工天成	2005-11-10	送 股	非流通股东向流通股东每10股送3.5股。
336	600393	东华实业	2005-11-7	送 股	非流通股东向流通股东每10股送3股。
337	600395	盘江股份	2006-7-28	送 股	非流通股东向流通股东每10股送3.2股。
338	600396	金山股份	2005-10-31	送 股	非流通股东向流通股东每10股送3.8股。
339	600397	安源股份	2006-8-30	送 股	上市公司向全体流通股东每10股转增6.154股(相当于流通股股东每10股获得3.2股的对价)。
340	600398	凯诺科技	2005-8-5	送 股	非流通股东向流通股东每10股送3股。
341	600399	抚顺特钢	2006-3-20	送 股	非流通股东向流通股东每10股送3.4股。
342	600400	红豆股份	2006-2-15	送 股	非流通股东向流通股股东每10股送3股。
343	600401	*ST申龙	2005-11-24	送 股	非流通股东向流通股东每10股送4.5股。
344	600403	欣网视讯	2006-7-12	送 股	非流通股东向流通股东每10股送3股。
345	600405	动力源	2006-2-9	送 股	非流通股东向流通股东每10股送3.8股。
346	600406	国电南瑞	2006-12-18	送 股	非流通股东向流通股东每10股送1.8股。
347	600408	安泰集团	2005-11-1	送 股	非流通股东向流通股东每10股送3股。
348	600409	三友化工	2005-12-7	送 股	非流通股东向流通股东每10股送3.40股。
349	600410	华胜天成	2006-5-19	送 股	非流通股东向流通股东每10股送2.8股。
350	600415	小商品城	2006-8-14	送 股	非流通股东向流通股东每10股送0.84股。
351	600416	湘电股份	2005-12-8	送 股	非流通股东向流通股东每10股送3.1股。
352	600418	江淮汽车	2005-12-14	送 股	上市公司向全体股东每10股转增6.04股,非流通股东向流通股东每10股送4.96股(流通股东实得11股)。
353	600419	ST天宏	2006-5-26	送 股	非流通股东向流通股东每10股送3.5股。
354	600420	现代制药	2006-4-4	送 股	非流通股东向流通股东每10股送2.5股。
355	600421	ST国药	2006-6-30	送 股	上市公司向全体流通股东每10股转增6股(相当于流通股股东每10股获得3.35股的对价)。

续表 9　Continued 9

序号 No.	证券代码 Code	名称 Companies	实施复牌日 Resumption of Trading Date	类型 Type	对价方案摘要 Abstract of Compensation Package
356	600422	昆明制药	2006-3-21	送　股	非流通股东向流通股东每 10 股送 3 股。
357	600423	柳化股份	2005-11-3	送　股	非流通股东向流通股东每 10 股送 3 股。
358	600425	青松建化	2006-1-9	送　股	非流通股东向流通股股东每 10 股送 3.5 股。
359	600426	华鲁恒升	2006-2-22	送　股	非流通股东向流通股东每 10 股送 3.3 股。
360	600428	中远航运	2005-12-9	送　股	非流通股东向流通股东每 10 股送 3.0 股。
361	600429	三元股份	2006-4-19	送　股	非流通股东向流通股东每 10 股送 4.2 股。
362	600432	吉恩镍业	2006-3-15	送　股	非流通股东向流通股东每 10 股送 2.7 股。
363	600433	冠豪高新	2006-5-24	送　股	非流通股东向流通股东每 10 股送 3.2 股。
364	600435	中兵光电	2006-5-22	送　股	非流通股东向流通股东每 10 股送 3.3 股。
365	600436	片仔癀	2006-5-22	送　股	非流通股东向流通股东每 10 股送 2.8 股。
366	600438	通威股份	2006-3-3	送　股	非流通股东向流通股股东每 10 股送 1.5 股。
367	600439	瑞贝卡	2005-11-8	送　股	非流通股东向流通股东每 10 股送 3.5 股。
368	600444	*ST 国通	2005-12-26	送　股	非流通股东向流通股东每 10 股送 3.2 股。
369	600446	金证股份	2006-4-7	送　股	非流通股东向流通股东每 10 股送 3.2 股。
370	600448	华纺股份	2006-6-29	送　股	上市公司向全体流通股东每 10 股转增 8 股(相当于流通股股东每 10 股获得 3.79 股的对价)。
371	600449	赛马实业	2006-8-15	送　股	上市公司向全体流通股东每 10 股转增 4.42 股(相当于流通股股东每 10 股获得 2.3 股的对价)。
372	600452	涪陵电力	2006-1-11	送　股	非流通股东向流通股股东每 10 股送 3.2 股。
373	600455	*ST 博通	2006-7-25	送　股	非流通股东向流通股东每 10 股送 1.3 股。四家非流通股股东拟以其持有的西安博发科技有限责任公司 69.23%股权(2006 年 3 月 24 日评估价值为人民币 9003.68 万元)与公司审计后账面值为 9000 万元的资产进行置换,置入资产价值与置出资产价值之间的差额,前述四家非流通股股东同意对公司予以豁免。同时,上述四家非流通股股东委托公司管理和处置全部置出资产,上述资产的经营管理和处置收益归公司所有。
374	600456	宝钛股份	2005-12-30	送　股	非流通股东向流通股股东每 10 股送 2.6 股。
375	600458	时代新材	2006-3-27	送　股	非流通股东向流通股东每 10 股送 3 股。
376	600459	贵研铂业	2006-6-5	送　股	非流通股东向流通股东每 10 股送 1.4 股,云锡公司将其所持有的元江镍业 98%的股权无偿转让给公司。
377	600460	士兰微	2005-11-2	送　股	非流通股东向流通股东每 10 股送 3.6 股。
378	600461	洪城水业	2006-4-12	送　股	非流通股东向流通股东每 10 股送 2.8 股。
379	600462	*ST 石岘	2007-3-22	送　股	上市公司向全体流通股东每 10 股转增 7 股(相当于流通股股东每 10 股获得 4.1 股的对价)。
380	600463	空港股份	2006-2-6	送　股	非流通股东向流通股东每 10 股送 3.6 股。
381	600466	迪康药业	2007-1-23	送　股	上市公司向全体流通股东每 10 股转增 6.694 股(相当于流通股股东每 10 股获得 3.221 股的对价)。
382	600467	好当家	2006-6-6	送　股	上市公司向全体流通股东每 10 股转增 3 股(相当于流通股股东每 10 股获得 1.818 股的对价)。好当家集团以其所属的远近洋捕捞业务的相关资产出资与公司共同成立捕捞公司作为对价的资产安排部分。
383	600468	百利电气	2005-12-8	送　股	非流通股东向流通股东每 10 股送 3.8 股。
384	600469	风神股份	2005-8-16	送　股	非流通股东向流通股东每 10 股送 4.2 股。
385	600470	六国化工	2006-4-18	送　股	非流通股东向流通股东每 10 股送 2.8 股。
386	600475	华光股份	2006-5-24	送　股	非流通股东向流通股东每 10 股送 2.8 股。
387	600476	湘邮科技	2006-4-28	送　股	非流通股东向流通股东每 10 股送 3 股。
388	600477	杭萧钢构	2006-2-16	送　股	非流通股东向流通股东每 10 股送 3.2 股。
389	600478	科力远	2007-3-29	送　股	非流通股东向流通股东每 10 股送 3.2 股。
390	600479	千金药业	2006-1-12	送　股	非流通股东向流通股东每 10 股送 1.4 股和现金 15.79 元,流通股东每 10 股实际得到 1.4 股和现金 25.79 元。
391	600480	凌云股份	2006-3-1	送　股	非流通股东向流通股东每 10 股送 3.3 股。
392	600481	双良股份	2006-1-12	送　股	非流通股东向流通股东每 10 股送 3.0 股。
393	600482	风帆股份	2006-2-17	送　股	非流通股东向流通股东每 10 股送 3.3 股。
394	600483	福建南纺	2006-5-29	送　股	非流通股东向流通股东每 10 股送 2 股,上市公司向全体股东每 10 股派送现金红利 2.162 元,流通股股东每 10 股获得非流通股东 3 元对价。流通股东每 10 股实得 2 股和 5.162 元。
395	600485	中创信测	2006-3-28	送　股	非流通股东向流通股东每 10 股送 4 股。

续表 10 Continued 10

序号 No.	证券代码 Code	名称 Companies	实施复牌日 Resumption of Trading Date	类型 Type	对价方案摘要 Abstract of Compensation Package
396	600486	扬农化工	2006-7-5	送 股	非流通股东向流通股东每10股送3.3股。
397	600487	亨通光电	2005-8-8	送 股	非流通股东向流通股东每10股送4.5股。
398	600488	天药股份	2005-10-24	送 股	非流通股东向流通股东每10股送3.8股。
399	600489	中金黄金	2006-6-14	送 股	非流通股东向流通股东每10股送2.8股。
400	600490	*ST合臣	2006-6-15	送 股	上市公司向全体流通股东每10股转增4股(相当于流通股股东每10股获得2.0909股的对价)。
401	600491	龙元建设	2005-11-15	送 股	非流通股东向流通股东每10股送2.5股。
402	600493	凤竹纺织	2006-1-9	送 股	非流通股东向流通股东每10股送2.5股和现金1.5元。
403	600495	晋西车轴	2005-12-29	送 股	非流通股东向流通股东每10股送3.4股。
404	600496	精工钢构	2005-11-10	送 股	非流通股东向流通股东每10股送2.3股。
405	600497	驰宏锌锗	2006-6-12	送 股	非流通股东向流通股东每10股送2.7股。
406	600498	烽火通信	2006-3-7	送 股	非流通股东向流通股东每10股送4.8股。
407	600499	科达机电	2006-5-10	送 股	非流通股东向流通股东每10股送3.2股。
408	600500	中化国际	2005-8-12	送 股	非流通股东向流通股东每10股送1.75股和现金5.58元。
409	600501	航天晨光	2006-2-15	送 股	非流通股东向流通股东每10股送2.5股。
410	600502	安徽水利	2006-6-5	送 股	非流通股东向流通股东每10股送3.2股。
411	600503	华丽家族	2008-7-16	送 股	上市公司向全体流通股东每10股转增3.5股(相当于流通股股东每10股获得1.98股的对价)。
412	600505	西昌电力	2007-3-8	送 股	上市公司向全体流通股东每10股转增6.5股(相当于流通股股东每10股获得3.44股的对价)。
413	600506	*ST香梨	2006-7-18	送 股	非流通股东向流通股东每10股送3.2股。以其他应收款和应收账款回购公司股东新疆巴音郭楞蒙古自治州沙依东园艺场8534004股股份和新疆库尔勒市库尔楚园艺场4259123股股份,并注销。
414	600507	方大特钢	2005-8-19	送 股	非流通股东向流通股东每10股送3.5股。
415	600508	上海能源	2006-1-25	送 股	非流通股东向流通股东每10股送3股。
416	600509	天富热电	2006-5-9	送 股	非流通股东向流通股东每10股送3.3股。
417	600510	黑牡丹	2006-4-3	送 股	非流通股东向流通股东每10股送3股。
418	600511	国药股份	2006-8-23	送 股	非流通股东向流通股东每10股送3股。
419	600512	腾达建设	2006-4-17	送 股	非流通股东向流通股东每10股送2.6股。
420	600513	联环药业	2006-3-22	送 股	非流通股东向流通股股东每10股送3.5股。
421	600515	*ST筑信	2007-4-13	送 股	上市公司向全体流通股东每10股转增4股(相当于流通股股东每10股获得1.5375股的对价)。
422	600516	方大炭素	2007-1-25	送股,资产重组	上市公司向公司潜在控股股东辽宁方大每10股定向转增10股;向全体流通股东每10股转增12.096股(相当于流通股股东每10股获得1.048股的对价),并清偿大股东资金占用和重大资产购买相结合。
423	600517	置信电气	2006-3-30	送 股	非流通股东向流通股东每10股送2.5股。
424	600518	康美药业	2005-10-25	送 股	非流通股东向流通股东每10股送2.5股。
425	600519	贵州茅台	2006-5-25	送 股	上市公司向全体股东每10股转增10股。以转增后股本数每10股派现金5.91元,非流通股东向流通股东每10股送1.2股和现金14.75元,派发16份存续期12个月、行权价30.3的欧式认沽权证。以转增前股本流通股东每10股实得12.4股、现金41.32元,32份存续期12个月、行权价30.3的欧式认沽权证。
426	600520	三佳科技	2006-7-14	送 股	非流通股东向流通股东每10股送2.8股。
427	600521	华海药业	2005-8-16	送 股	非流通股东向流通股东每10股送2.5股和现金4.643元。
428	600522	中天科技	2006-5-24	送 股	非流通股东向流通股东每10股送3.2股。
429	600523	贵航股份	2006-9-14	送 股	非流通股东向流通股东每10股送3股。
430	600525	长园集团	2005-12-23	送 股	非流通股东向流通股股东每10股送3.3股。
431	600526	菲达环保	2006-3-8	送 股	非流通股东向流通股东每10股送3股。
432	600527	江南高纤	2005-11-3	送 股	非流通股东向流通股东每10股送3股。
433	600528	中铁二局	2005-12-5	送 股	非流通股东向流通股东每10股送3.8股。
434	600529	山东药玻	2006-2-17	送 股	非流通股东向流通股东每10股送2.6股。
435	600530	交大昂立	2006-2-27	送 股	非流通股东向流通股东每10股送3.4股。
436	600531	豫光金铅	2005-12-21	送 股	非流通股东向流通股东每10股送3.5股。
437	600532	华阳科技	2006-4-12	送 股	非流通股东向流通股东每10股送3.5股。
438	600533	栖霞建设	2006-1-23	送 股	非流通股东向流通股东每10股送2.8股。

续表 11 Continued 11

序号 No.	证券代码 Code	名称 Companies	实施复牌日 Resumption of Trading Date	类型 Type	对价方案摘要 Abstract of Compensation Package
439	600535	天士力	2005-12-30	送股	非流通股东向流通股股东每10股送2.9股。
440	600536	中国软件	2006-5-15	送股	上市公司向全体股东每10股转增0.65股,非流通股东向流通股东每10股送2.51股(流通股东实得3.31股)。
441	600537	海通集团	2005-12-15	送股	非流通股东向流通股东每10股送3股。
442	600538	*ST国发	2006-1-10	送股	非流通股东向流通股股东和内部职工股股东每10股送2.1股。
443	600539	狮头股份	2007-5-23	送股	非流通股东向流通股东每10股送2股。
444	600540	新赛股份	2006-6-15	送股	非流通股东向流通股东每10股送3.2股。
445	600543	莫高股份	2006-7-10	送股	非流通股东向流通股东每10股送3.3股。
446	600545	新疆城建	2006-3-29	送股	非流通股东向流通股东每10股送3.5股。
447	600546	山煤国际	2006-7-27	送股	非流通股东向流通股东每10股送3.4股。
448	600547	山东黄金	2006-3-31	送股	非流通股东向流通股东每10股送2.5股。
449	600548	深高速	2006-2-28	送股	非流通股东向A股流通股东每10股送3.2股。
450	600549	厦门钨业	2006-3-29	送股	非流通股东向流通股东每10股送2.9股。
451	600550	天威保变	2005-8-19	送股	非流通股东向流通股东每10股送4股。
452	600551	时代出版	2006-7-4	送股	非流通股东向流通股东每10股送3.3股。
453	600552	方兴科技	2006-7-18	送股	非流通股东向流通股东每10股送3股。
454	600553	太行水泥	2006-3-1	送股	非流通股东向流通股东每10股送3.3股。
455	600555	九龙山	2006-2-21	送股	非流通股东向A股流通股东每10股送3.5股。
456	600556	*ST北生	2006-3-14	送股	上市公司向全体股东每10股转增7.58股,非流通股东向流通股东每10股送3.5股,流通股东每10股实得13.73股。
457	600557	康缘药业	2005-11-16	送股	非流通股东向流通股东每10股送2.6股。
458	600558	大西洋	2006-8-16	送股	非流通股东向流通股东每10股送3.2股。
459	600559	老白干酒	2006-8-30	送股	非流通股东向流通股东每10股送3.0股。
460	600560	金自天正	2006-5-12	送股	非流通股东向流通股东每10股送3.5股。
461	600561	江西长运	2006-4-26	送股	非流通股东向流通股东每10股送1.4376股,长运集团向江西长运注入现金80643684元,作为资本公积为全体股东共享。
462	600562	*ST高陶	2006-4-13	送股	非流通股东向流通股东每10股送3.5股。
463	600563	法拉电子	2006-4-28	送股	非流通股东向流通股东每10股送2.5股。
464	600565	迪马股份	2006-2-20	送股	非流通股东向流通股东每10股送2.6股。
465	600566	洪城股份	2006-4-12	送股	非流通股东向流通股东每10股送3.5股。
466	600567	山鹰纸业	2006-5-18	送股	非流通股东向流通股东每10股送2.3771股。
467	600568	中珠控股	2006-8-10	送股	非流通股东向流通股东每10股送0.6股,上市公司向流通股东每10股转增3股(相当于流通股股东每10股获送1.85股)。
468	600569	安阳钢铁	2006-5-25	送股	非流通股东向流通股东每10股送3.4股。
469	600570	恒生电子	2005-8-9	送股	非流通股东向流通股东每10股送4股。
470	600571	信雅达	2005-11-30	送股	非流通股东向流通股东每10股送3.8股。
471	600572	康恩贝	2005-12-27	送股	非流通股东向流通股东每10股送3.2股。
472	600573	惠泉啤酒	2006-7-7	送股	非流通股东向流通股东每10股送2.1股。
473	600575	芜湖港	2006-6-30	送股	非流通股东向流通股东每10股送3股。
474	600576	万好万家	2007-1-25	送股	上市公司向全体流通股东每10股转增4股(相当于流通股股东每10股获得2.4594股的对价)。从庆丰股份置换出所有的资产(短期投资除外)和负债,将潜在第一大股东万好万家集团有限公司所拥有的优质资产(浙江万家房地产开发有限公司99%的股权及浙江新宇之星宾馆有限公司100%的股权)注入上市公司,以提高公司盈利能力及资产质量、实现公司可持续发展,并以此作为主要对价安排方式。
475	600577	精达股份	2006-4-18	送股	非流通股东向流通股东每10股送2.5股。
476	600578	京能热电	2006-4-3	送股	非流通股东向流通股东每10股送3.4股。
477	600579	ST黄海	2006-11-2	送股	上市公司向全体流通股东每10股转增5.5股(相当于流通股股东每10股获得3.09股的对价)。
478	600580	卧龙电气	2005-8-8	送股	非流通股东向流通股东每10股送3.5股。
479	600581	八一钢铁	2006-2-17	送股	非流通股东向流通股东每10股送3.2股。

续表 12 Continued 12

序号 No.	证券代码 Code	名称 Companies	实施复牌日 Resumption of Trading Date	类型 Type	对价方案摘要 Abstract of Compensation Package
480	600582	天地科技	2007-1-15	送 股	非流通股东向流通股东每10股送1.2股。天地科技股份有限公司以非公开发行2200万股流通股收购控股股东煤炭科学研究总院所持有的煤炭科学研究总院山西煤机装备有限公司51%的股权。
481	600583	海油工程	2006-1-24	送 股	非流通股东向流通股东每10股送2.4股。
482	600584	长电科技	2005-12-29	送 股	非流通股东向流通股东每10股送3.2股。
483	600585	海螺水泥	2006-3-2	派现	非流通股东向A股流通股东每10股送15.00元现金对价。
484	600586	金晶科技	2006-1-10	送 股	非流通股东向流通股股东每10股送3.0股。
485	600587	新华医疗	2006-6-9	送 股	非流通股东向流通股东每10股送3.1股。
486	600588	用友软件	2006-2-28	送 股	非流通股东向流通股东每10股送5股。
487	600589	广东榕泰	2005-11-2	送 股	非流通股东向流通股东每10股送3.5股。
488	600590	泰豪科技	2005-10-25	缩股	非流通股份按照1:0.65的缩股比例单向缩股。
489	600592	龙溪股份	2006-2-14	送 股	非流通股东向流通股东每10股送3股。
490	600593	大连圣亚	2006-8-11	送 股	非流通股东向流通股东每10股送3.4股。
491	600594	益佰制药	2005-12-5	送 股	非流通股东向流通股东每10股送3股。
492	600595	中孚实业	2005-8-29	送 股	非流通股东向流通股东每10股送1股。
493	600596	新安股份	2006-4-11	送 股	上市公司向全体流通股股东每10股转增5.7股,相当于流通股股东每持有10股获送2.5股。
494	600597	光明乳业	2006-10-10	送 股	非流通股东向流通股东每10股送1.2股和现金8.46元。
495	600598	北大荒	2006-1-4	送 股	非流通股东向流通股股东每10股送3.4股。
496	600599	熊猫烟花	2007-1-15	送 股	非流通股东向流通股东每10股送2股。
497	600600	青岛啤酒	2006-12-20	送 股	非流通股东向A股流通股东每10股送1.78777股,派现2.4元(相当于流通股股东每10股获送2股)。
498	600602	广电电子	2006-1-13	送 股	非流通股东向A股流通股股东每10股送1.9股。
499	600604	ST二纺	2006-3-3	送 股	非流通股东向A股流通股东每10股送3.5股。
500	600604	汇通能源	2006-8-3	送 股	非流通股东向流通股东每10股送5.5股。
501	600604	金丰投资	2006-6-7	送 股	非流通股东向流通股东每10股送3.7股。
502	600608	*ST沪科	2007-6-28	送 股	斯威特集团第一大股东西安通邮向上市公司注入银洞山铁矿探矿权作为斯威特集团和南京泽天向流通股股东支付的对价,除斯威特集团和南京泽天外其他五家非流通股股东向流通股股东每10股支付0.15股对价;以资本公积金向流通股股东每10股定向转增4.5股(流通股股东每10股实得4.65股)。
503	600609	*ST金杯	2006-8-10	送 股	非流通股东向流通股东每10股送3.7股。
504	600611	大众交通	2006-7-19	送 股	非流通股东向A股流通股东每10股送2股。
505	600612	老凤祥	2006-2-8	送 股	非流通股东向A股流通股股东每10股送3.5股。
506	600613	永生投资	2006-7-28	送 股	非流通股东向A股流通股东每10股送2.2股。
507	600614	鼎立股份	2006-6-20	送 股	非流通股东向A股流通股东每10股送7股。
508	600615	丰华股份	2007-3-1	送 股	上市公司向全体股东每10股转增2.5股,沿海投资将所获转增股份保留,其他非流通股东向流通股东每10股送3.02股(流通股东实得6.27股)。本公司将目前所持有的红狮公司90%股权和即将持有的红狮公司10%股权按照16027.01万元协商确定的转让价格16000万元出售给尔泰公司;本公司将3601号房产按照基于评估值11560万元协商确定的转让价格11500万元出售给尔泰公司等股权转让。流通股东相当于每10股获得了5.68股。
509	600616	金枫酒业	2005-11-24	送 股	非流通股东向流通股东每10股送3.5股。
510	600617	*ST联华	2007-2-5	送 股	非流通股东向A股流通股东每10股送3股。公司以合法拥有的上海联华化纤有限公司90%的股权、江苏中元实业有限公司43.95%的股权、苏州恒舜达织造有限公司18.2%的股权和部分固定资产(机器设备)与南方家园合法所拥有的资产(3.34万平方米可售商业房屋和150亩土地使用权)进行置换。本次资产置换中的置出资产作价为105407737.11元,置入资产作价为115758073.46元,置换差价10350336.35元由公司以本次置入资产经营所产生的现金流支付。
511	600618	氯碱化工	2006-1-11	送 股	非流通股东向A股流通股股东每10股送4.3股。
512	600619	海立股份	2005-12-21	送 股	非流通股东向A股流通股东每10股送3.5股。
513	600620	天宸股份	2006-3-29	送 股	非流通股东向流通股东每10股送3.3股。
514	600621	上海金陵	2005-10-21	送 股	非流通股东向流通股东每10股送4股。
515	600622	嘉宝集团	2006-2-27	送 股	非流通股东向流通股东每10股送2.5股。
516	600623	双钱股份	2006-5-22	送 股	非流通股东向A股流通股东每10股送7股。

续表 13 Continued 13

序号 No.	证券代码 Code	名称 Companies	实施复牌日 Resumption of Trading Date	类型 Type	对价方案摘要 Abstract of Compensation Package
517	600624	复旦复华	2006-5-17	送 股	上市公司向全体股东每10股转增3.1股，非流通股东向流通股东每10股送1.489股（流通股东实得5.05股）。
518	600626	申达股份	2006-1-19	送 股	非流通股东向流通股东每10股送3.3股。
519	600628	新世界	2006-3-30	送 股	非流通股东向流通股东每10股送3股。
520	600629	棱光实业	2007-10-26	资产重组	建材集团对公司债务豁免和注入优质资产。
521	600630	龙头股份	2006-2-16	送 股	非流通股东向流通股东每10股送3.3股。
522	600631	百联股份	2006-4-18	送 股	非流通股东向流通股东每10股送3.0股。
523	600633	*ST白猫	2006-6-13	送 股	非流通股东向流通股东每10股送5股。
524	600634	*ST海鸟	2006-9-20	送 股	非流通股东向流通股东每10股送2股。
525	600635	大众公用	2006-4-17	送 股	上市公司向全体股东每10股转增股本3股，非流通股东向流通股东每10股送1.52股，流通股东实得4.98股。
526	600636	三爱富	2006-5-22	送 股	非流通股东向流通股东每10股送2.8股。
527	600637	广电信息	2006-3-7	送 股	非流通股东向流通股东每10股送2.1股。广电集团以"专项资金"收购广电信息部分资产（价值420000213.73元），并且承诺资产的处置所得归上市公司所有。
528	600638	新黄浦	2006-5-11	送 股	非流通股东向流通股东每10股送3股。
529	600639	浦东金桥	2006-1-12	送 股	非流通股东向A股流通股股东每10股送3.5股。
530	600640	中卫国脉	2006-4-25	送 股	非流通股东向流通股东每10股送3.5股。
531	600641	万业企业	2006-7-26	送 股	非流通股东向流通股东每10股送1.5股，三林万业以75%的折让比例将其持有宝山置业90%的股权转让给上市公司。
532	600642	申能股份	2005-8-17	送 股	非流通股东向流通股东每10股送3.2股。
533	600643	爱建股份	2008-1-29	送 股	上市公司向全体股东每10股转增3.69865124股，非流通股东向流通股东每10股送1.30134876股（流通股东实得5.00股）。
534	600644	乐山电力	2007-1-5	送 股	非流通股东向流通股东每10股送0.9股，上市公司向流通股东每10股转增5.9912股（相当于流通股股东每10股获送2.9股）。
535	600645	ST中源	2007-1-25	送 股	上市公司向全体流通股东每10股转增6.983股，对除提出股改动议的4家股东外的109家非流通股东每10股非流通股转增3股（相当于流通股股东每10股获得3.06股的对价）。
536	600647	同达创业	2006-4-27	送 股	非流通股东向流通股东每10股送3.9股。
537	600648	外高桥	2006-2-16	送 股	非流通股东向A股流通股东每10股送3.8股。
538	600649	城投控股	2006-4-14	送 股	非流通股东向流通股东每10股送2.2股，派发5份存续期300个自然日、行权价5元的欧式认沽权证。
539	600650	锦江投资	2006-2-13	送 股	非流通股东向A股流通股东每10股送3.5股。
540	600654	飞乐股份	2005-12-13	送 股	非流通股东向流通股东每10股送1.6股。
541	600655	豫园商城	2006-6-5	送 股	非流通股东向流通股东每10股送1股。
542	600656	ST方源	2008-7-1	送 股	上市公司向全体股东每10股转增2.30股，非流通股东向流通股东每10股送0.70股（流通股东实得3.00股）。公司实际控制人麦校勋及第二大股东许志榕决定将其合计持有的方达环宇51%的股权无偿注入上市公司。
543	600657	信达地产	2006-8-4	送 股	上市公司向全体流通股东每10股转增11股（相当于流通股股东每10股获得2.86股的对价）。
544	600658	电子城	2006-6-26	送 股	非流通股东向流通股东每10股送3.2股。
545	600660	福耀玻璃	2006-3-15	送 股	非流通股东向流通股东每10股送1股。
546	600661	新南洋	2006-2-14	送 股	非流通股东向流通股东每10股送3.5股。
547	600662	强生控股	2006-9-5	送 股	非流通股东向流通股东每10股送2.5股。
548	600663	陆家嘴	2006-1-6	送 股	非流通股东向A股流通股东每10股送3.5股。
549	600664	哈药股份	2008-9-4	资产重组	哈尔滨市政府同意以豁免哈药股份对哈尔滨市财政局技改项目借款等合计131958333元债务的方式代哈药集团向流通股股东支付对价，相当于流通股股东每10股获得0.07股。
550	600665	天地源	2006-5-11	送 股	非流通股东向流通股东每10股送3.3股。
551	600666	西南药业	2006-4-12	送 股	非流通股东向流通股东每10股送3股。
552	600667	太极实业	2007-1-8	送 股	非流通股东向流通股东每10股送2.5股。
553	600668	尖峰集团	2006-8-7	送 股	非流通股东向流通股东每10股送3.2股。
554	600671	天目药业	2006-12-18	送 股	非流通股东向流通股东每10股送0.8股。

续表 14 Continued 14

序号 No.	证券代码 Code	名称 Companies	实施复牌日 Resumption of Trading Date	类型 Type	对价方案摘要 Abstract of Compensation Package
555	600673	东阳光铝	2006-1-4	送 股	上市公司向全体股东每10股转增1.4386107股,非流通股东向流通股东每10股送1.802股,流通股东每10股实得3.5股。
556	600674	川投能源	2006-7-14	送 股	非流通股东向流通股东每10股送3.4股。
557	600675	中华企业	2005-12-19	送 股	非流通股东向流通股东每10股送3.0股。
558	600676	交运股份	2005-12-27	送 股	非流通股东向流通股股东每10股送3.5股。
559	600677	航天通信	2006-6-9	送 股	非流通股东向流通股东每10股送2.5股。
560	600678	ST金顶	2006-8-17	送 股	非流通股东向流通股东每10股送3.0股。
561	600679	金山开发	2006-2-16	送 股	非流通股东向A股流通股东每10股送3.9股。
562	600680	上海普天	2006-7-27	送 股	非流通股东向A股流通股东每10股送3.5股。
563	600682	南京新百	2008-5-6	送 股	上市公司向全体流通股东每10股转增8.38股(相当于流通股股东每10股获得1.81股的对价)。
564	600683	京投银泰	2006-7-4	送 股	上市公司向全体流通股东每10股转增4股(相当于流通股股东每10股获得1.86股的对价)。
565	600684	珠江实业	2006-4-7	送 股	非流通股东向流通股东每10股送3股。
566	600685	广船国际	2006-5-24	送 股	非流通股东向A股流通股东每10股送2.7股。
567	600686	金龙汽车	2006-3-30	送 股	非流通股东向流通股东每10股送3股。
568	600687	刚泰控股	2006-4-27	送 股	上市公司向全体流通股东每10股转增4股(相当于流通股股东每10股获得2.14股的对价)。
569	600689	上海三毛	2006-8-22	送 股	非流通股东向A股流通股东每10股送3股。
570	600690	青岛海尔	2006-5-17	送 股	非流通股东向流通股东每10股送1股,派发9份存续期12个月、行权价4.39元的欧式认沽权证。
571	600691	*ST东碳	2007-5-25	送 股	上市公司向全体流通股东每10股转增8股,四川香凤企业有限公司为减轻上市公司及其控股子公司的财务负担,承担东新电碳股份有限公司及其控股子公司自贡机械密封件有限责任公司(控股比例为99.97%)的债务2894万元(其中,承担上市公司债务26671727.92元,承担自贡机械密封件有限责任公司债务2268272.08元),并予以豁免。(相当于流通股股东每10股获得3.42股的对价)。
572	600692	亚通股份	2005-12-7	送 股	非流通股东向流通股东每10股送3.4股。
573	600693	东百集团	2006-8-30	送 股	非流通股东向流通股东每10股送1股。
574	600694	大商股份	2006-11-17	送 股	非流通股东向流通股东每10股送2.3股。
575	600695	大江股份	2006-9-20	送 股	非流通股东向A股流通股股东每10股送3股。
576	600696	多伦股份	2006-6-28	送 股	非流通股东向流通股东每10股送2.7股。
577	600697	欧亚集团	2006-10-27	送 股	非流通股东向流通股东每10股送1股,上市公司向流通股东每10股转增2股(相当于流通股股东每10股获送1.727股)。
578	600698	ST轻骑	2008-11-7	送 股	非流通股东向A股流通股东每10股送3股,大股东向上市公司注入资产,抵偿债务(相当于流通股股东每10股获付3.9股)。
579	600699	*ST得亨	2006-8-8	送 股	非流通股东向流通股东每10股送3.8股。
580	600701	*ST工新	2007-2-13	送 股	上市公司向全体流通股东每10股转增10股(相当于流通股股东每10股获得3股的对价)。
581	600702	沱牌曲酒	2006-4-6	送 股	非流通股东向流通股东每10股送3.9股。
582	600703	三安光电	2008-7-8	送 股	上市公司向全体流通股东每10股转增2股(相当于流通股股东每10股获得1股的对价),公司潜在控股股东三安集团拟将其控股子公司三安电子的LED外延片及芯片经营性资产通过上市公司向其发行股份购买资产的方式注入天颐科技。
583	600704	中大股份	2006-2-17	送 股	非流通股东向流通股东每10股送3.5股。
584	600706	ST长信	2006-5-11	送 股	非流通股东向流通股东每10股送3股。
585	600707	彩虹股份	2006-7-31	送 股	非流通股东向流通股东每10股送4.2股。
586	600708	海博股份	2005-12-22	送 股	非流通股东向流通股东每10股送3.5股。
587	600710	常林股份	2006-5-9	送 股	非流通股东向流通股东每10股送3.2股。
588	600711	ST雄震	2007-1-22	送 股	上市公司向全体流通股东每10股转增5股(相当于流通股股东每10股获得3.33股的对价)。
589	600712	南宁百货	2007-1-5	送 股	非流通股东向流通股东每10股送2.8股。
590	600713	南京医药	2006-7-17	送 股	上市公司向全体流通股东每10股转增6.8股(相当于流通股股东每10股获得3股的对价)。

续表 15 Continued 15

序号 No.	证券代码 Code	名称 Companies	实施复牌日 Resumption of Trading Date	类型 Type	对价方案摘要 Abstract of Compensation Package
591	600714	ST 金瑞	2006-9-27	送 股	非流通股东向流通股东每 10 股送 3 股。
592	600715	ST 松辽	2006-11-14	资产重组	华汇销售豁免上市公司所欠其债务 12000 万元,并以此作为全体非流通股股东对流通股股东的对价安排。
593	600716	凤凰股份	2006-7-21	送 股	非流通股东向流通股东每 10 股送 4 股。
594	600717	天津港	2005-12-27	送 股	非流通股东向流通股东每 10 股送 1.85 股和现金 8.12 元,相当于控股股东向流通股股东每持有 10 股股份送 3.18 股股份。
595	600718	东软集团	2006-4-4	送 股	非流通股东向流通股东每 10 股送 2.5 股,派现金 3.65 元。
596	600719	大连热电	2006-6-22	送 股	非流通股东向流通股东每 10 股送 3 股。
597	600720	祁连山	2006-7-20	送 股	非流通股东向流通股东每 10 股送 3 股。
598	600721	ST 百花	2008-1-24	送 股	非流通股东向流通股东每 10 股送 1.0192 股,股东兵团国资和一〇二团向公司捐赠现金 26303660.50 元,向特定对象非公开发行股票购买资产,高于认购股票总价款的金额 19909510.46 元,由农六师国资捐赠给公司。
599	600722	*ST 金化	2006-11-17	送 股	非流通股东向流通股东每 10 股送 3.4 股。
600	600723	西单商场	2006-8-2	送 股	非流通股东向流通股东每 10 股送 3.5 股。
601	600724	宁波富达	2006-12-22	送 股	非流通股东向流通股东每 10 股送 1 股,上市公司向流通股东每 10 股转增 5.1 股(相当于流通股东每 10 股获送 3.2 股)。
602	600725	云维股份	2006-2-10	送 股	非流通股东向流通股东每 10 股送 3.5 股。
603	600726	华电能源	2006-9-27	送 股	非流通股东向 A 股流通股东每 10 股送 3.2 股。
604	600727	*ST 鲁北	2006-7-21	送 股	非流通股东向流通股东每 10 股送 4 股。
605	600728	*ST 新太	2010-6-9	送 股	公司控股股东佳都集团将其持有的广州高新链 100%的股权以及第二大股东番禺通信将其持有的 6000 万元现金资产赠与上市公司;向全体流通股股东每 10 股转增 9 股,相当于流通股股东每 10 股获送 2.178 股的对价安排,总体对价水平为流通股股东每 10 股获送 3.128 股。
606	600729	重庆百货	2006-5-29	送 股	非流通股东向流通股东每 10 股送 2.8 股。
607	600730	中国高科	2006-6-15	送 股	非流通股东向流通股东每 10 股送 3 股。
608	600731	湖南海利	2006-3-10	送 股	非流通股东向流通股东每 10 股送 3.3 股。
609	600732	上海新梅	2005-11-29	送 股	非流通股东向流通股东每 10 股送 2.7 股。
610	600734	实达集团	2008-12-26	送 股	(一)股票支付:公司除潜在股东昂展置业和中兴鸿基以外的非流通股股东向全体流通股股东支付每 10 股送出 3 股;相当于流通股股东按其持有的流通股每 10 股获付 2.6514 股股份。 (二)资产捐赠:公司潜在股东昂展置业、中兴鸿基以其合计持有长春融创 40.146%的股权赠与给上市公司。 (三)资产置换:S*ST 实达以其持有成都东方龙马 100%的股权置换公司潜在股东昂展置业、中兴鸿基合计持有长春融创 10.854%的股权。
611	600735	新华锦	2007-8-15	资产重组	重组方鲁锦集团剥离公司亏损资产及置入优质资产、清偿欠款、赠送资产,增加公司净资产值。
612	600736	苏州高新	2006-3-24	送 股	非流通股东向流通股东每 10 股送 3.4 股。
613	600737	中粮屯河	2007-1-23	资产重组	中国粮油食品(集团)有限公司拟以其所持有的中粮新疆四方糖业(集团)有限责任公司 100%的股权和朔州中粮糖业有限公司 100%的股权赠送给公司作为非流通股股东在本次股权分置改革中的对价安排,以获得其所持有非流通股的流通权。
614	600738	兰州民百	2006-6-8		上市公司向全体流通股东每 10 股转增 2.16212 股和非流通股东向流通股东每 10 股送 0.73059 股以及公司第一大非流通股股东红楼集团向公司无偿注入兰州红楼房地产开发有限公司 36.6045%股权。
615	600739	辽宁成大	2006-1-24	送 股	非流通股东向流通股东每 10 股送 3 股。
616	600740	*ST 山焦	2006-5-10	送 股	非流通股东向流通股东每 10 股送 3 股。
617	600741	华域汽车	2006-3-31	送 股	非流通股东向流通股东每 10 股送 3 股。
618	600742	一汽富维	2006-4-18	送 股	非流通股东向流通股东每 10 股送 3.8 股。
619	600743	华远地产	2008-8-28	送 股	作为股权分置改革的前提条件本公司全体股东所持股份以每 1 股减为 0.4 股的方式减少注册资本,本公司重大资产出售暨以新增股份换股吸收合并华远地产。

续表 16 Continued 16

序号 No.	证券代码 Code	名称 Companies	实施复牌日 Resumption of Trading Date	类型 Type	对价方案摘要 Abstract of Compensation Package
620	600744	华银电力	2006-7-18	送 股	非流通股东向流通股东每10股送3.4832股和现金0.34元。
621	600745	中茵股份	2008-7-8	送股,资产重组	非流通股东向流通股东每10股送1.447股,公司本次股权分置改革与重大资产重组相结合进行。
622	600746	江苏索普	2006-7-25	送 股	非流通股东向流通股东每10股送3.2股。
623	600747	大连控股	2006-6-13	送 股	上市公司向全体流通股东每10股转增8股(相当于流通股股东每10股获得3.15股的对价)。
624	600748	上实发展	2005-12-26	送 股	非流通股东向流通股东每10股送3.2股。
625	600749	西藏旅游	2006-1-18	送 股	非流通股东向流通股东每10股送3股。
626	600750	江中药业	2006-5-17	送 股	非流通股东向流通股东每10股送3.2股。
627	600753	东方银星	2006-7-17	送 股	非流通股东向流通股东每10股送3.2股。
628	600754	锦江股份	2006-1-23	送 股	非流通股东向A股流通股股东每10股送3.1股。
629	600755	厦门国贸	2006-7-10	送 股	上市公司向全体流通股东每10股转增4.5股,厦门市商贸国有资产投资有限公司向公司注入3000万元货币资金,作为资本公积为全体股东共享。
630	600756	浪潮软件	2006-5-24	送 股	非流通股东向流通股东每10股送2.4股。
631	600757	*ST源发	2007-4-25	送 股	上市公司向全体流通股东每10股转增5.7股(相当于流通股股东每10股获得3.42股的对价)。
632	600758	红阳能源	2007-2-7	资产重组	与非流通股股东沈煤集团进行资产重组。
633	600759	正和股份	2007-11-19	送股,资产重组	公司向北方发展出售所有资产;公司以新增股份向广西正和购买资产;北方发展对公司进行债务重组。潜在非流通股东广西正和向全体流通股东每10股送2股。
634	600760	东安黑豹	2006-3-2	送 股	非流通股东向流通股东每10股送3股。
635	600761	安徽合力	2005-10-28	送 股	非流通股东向流通股东每10股送2.6股。
636	600763	通策医疗	2006-11-9	送 股	大股东宝群实业收购上市公司债权,并向上市公司赠送资产,注入现金(相当于流通股股东每10股获得2.72股的股票对价)。
637	600764	中电广通	2006-3-10	送 股	非流通股东向流通股东每10股送3股。
638	600765	中航重机	2006-6-20	送 股	非流通股东向流通股东每10股送3股。
639	600766	园城股份	2006-9-21	送 股	非流通股东园城集团向公司注入资产,非流通股东向流通股东每10股送1.3股(相当于流通股股东每10股送4.3股)。
640	600767	运盛实业	2006-12-28	送 股	非流通股东向流通股东每10股送2.5股。
641	600768	宁波富邦	2006-12-26	送 股	非流通股东向流通股东每10股送2.7股。
642	600769	*ST祥龙	2006-9-26	送 股	上市公司向全体股东每10股转增0.75股,非流通股东向流通股东每10股送4.65股,流通股东每10股实得(相当于流通股股东每10股获送4.5股)。
643	600770	综艺股份	2005-10-24	送 股	非流通股东向流通股东每10股送3.5股。
644	600771	ST东盛	2006-7-11	送 股	上市公司向全体流通股东每10股转增2.6股(相当于流通股股东每10股获得1.788股的对价)。
645	600773	西藏城投	2007-3-7	送 股	上市公司向全体流通股东每10股转增7股(相当于流通股股东每10股获得3.4股的对价)。
646	600774	汉商集团	2006-5-23	送 股	非流通股东向流通股东每10股送3.6股。
647	600775	南京熊猫	2006-9-11	送 股	非流通股东向A股流通股东每10股送3.5股。
648	600776	东方通信	2006-7-26	送 股	非流通股东向A股流通股东每10股送3.3股。
649	600777	新潮实业	2006-5-17	送 股	上市公司向全体流通股东每10股转增5股(相当于流通股股东每10股获得1.56股的对价)。
650	600778	友好集团	2006-6-20	送 股	非流通股东向流通股东每10股送2.8股。
651	600779	水井坊	2006-1-18	送 股	非流通股东向流通股东每10股送2.8股。
652	600780	通宝能源	2005-10-31	送 股	上市公司向全体股东派现金3元,非流通股东向流通股东每10股送2.2股和2.17元现金(流通股东实得2.2股和5.17元现金)。
653	600781	上海辅仁	2006-7-3	送 股	辅仁药业拟将其所持有的河南辅仁堂制药有限公司95%的股权与公司拥有的低效资产进行置换;非流通股东向流通股东每10股送1股。
654	600782	新钢股份	2006-10-24	送 股	非流通股东向流通股东每10股送3.3股。

续表 17 Continued 17

序号 No.	证券代码 Code	名称 Companies	实施复牌日 Resumption of Trading Date	类型 Type	对价方案摘要 Abstract of Compensation Package
655	600783	鲁信高新	2006-4-27	送 股	非流通股东向流通股东每10股送3.1股。
656	600784	鲁银投资	2006-6-5	送 股	非流通股东向流通股东每10股送0.6股。
657	600785	新华百货	2006-9-1	送 股	上市公司向全体股东每10股转增2股,物美商业向全体流通股股东每10股免费派送10份认沽权利。
658	600787	中储股份	2006-1-10	送 股	非流通股东向流通股股东每10股送3.7股。
659	600789	鲁抗医药	2006-10-31	送 股	上市公司向全体流通股东每10股转增7股,向中国资本每10股转增4.12股(相当于流通股股东每10股获得2.04股的对价)。
660	600790	轻纺城	2006-12-25	送 股	精功集团在债务重组中实际支付81436086.42元,上市公司向全体股东转增2.8股,非流通股东向流通股东每10股送0.240167股对价(流通股股东每10股实得3.107413股)。
661	600791	京能置业	2006-2-10	送 股	非流通股东向流通股东每10股送3股。
662	600792	ST马龙	2006-7-17	送 股	非流通股东向流通股东每10股送3.2股。
663	600793	ST宜纸	2006-9-20	送 股	非流通股东向流通股东每10股送3.3股。
664	600794	保税科技	2006-7-20	送 股	非流通股东向流通股东每10股送3股。
665	600795	国电电力	2006-8-31	送 股	非流通股东向流通股东每10股送2.5股,派发2份存续期为12个月、行权价4.80元的欧式认购权证。(相当于流通股股东每10股获送2.9股)。
666	600796	钱江生化	2006-5-11	送 股	非流通股东向流通股东每10股送3.8股。
667	600797	浙大网新	2005-10-31	送 股	非流通股东向流通股东每10股送2.8股。
668	600798	宁波海运	2006-4-26	送 股	非流通股东向流通股东每10股送2.8股。
669	600800	ST磁卡	2009-3-4	送 股	上市公司向全体股东每10股转增2.28股,非流通股东向流通股东每10股送1.22股(流通股东实得3.5股),控股股东豁免公司7亿元债务而折算出相当于流通股股东每10股获得2.68股,流通股股东合计每10股获送4.86股。
670	600801	华新水泥	2005-12-29	送 股	非流通股东向A股流通股东每10股送3.0股。
671	600802	福建水泥	2006-8-23	送 股	上市公司向全体流通股东每10股转增6股(相当于流通股股东每10股获得2.624股的对价)。
672	600803	威远生化	2006-4-17	送 股	非流通股东向流通股东每10股送2.5股。
673	600804	鹏博士	2006-7-6	送 股	上市公司向全体流通股东每10股转增3.5股(相当于流通股股东每10股获得1.1股的对价)。
674	600805	悦达投资	2006-10-23	送 股	非流通股东向流通股东每10股送2股,与大股东悦达集团进行资产置换,通过以资抵债方式解决悦达集团截至2006年6月30日占用公司的资金。
675	600806	昆明机床	2007-3-7	送 股	上市公司向全体股东每10股转增1.5606股,非流通股东向A股流通股东每10股送2.7股(流通股东实得4.6819925股)。
676	600807	天业股份	2007-1-15	送 股	非流通股东向流通股东每10股送0.5股。
677	600808	马钢股份	2006-3-31	送 股	非流通股东向全体A股流通股东每10股送3.4股。
678	600809	山西汾酒	2006-5-9	送 股	非流通股东向流通股东每10股送3.3股。
679	600810	神马股份	2006-4-17	送 股	非流通股东向流通股东每10股送4.7股。
680	600811	东方集团	2006-8-14	送 股	上市公司向全体流通股东每10股转增2.5股(相当于流通股股东每10股获得0.6385股的对价)。
681	600812	华北制药	2006-8-16	送 股	上市公司向全体股东每10股转增3.5股,非流通股东向流通股东每10股送2.18股(流通股东实得5.68股)。
682	600814	杭州解百	2006-6-12	送 股	上市公司向全体流通股东每10股转增7.2股(相当于流通股股东每10股获得3.154股的对价)。
683	600815	厦工股份	2006-3-15	送 股	非流通股东向流通股东每10股送3.2股。
684	600816	安信信托	2006-5-8	资产重组	非流通股东决定将股权分置改革与资产重组相结合,通过资产置换,注入优质资产,置出不良资产。
685	600817	*ST宏盛	2005-8-17	送 股	非流通股东向流通股东每10股送5股。
686	600818	中路股份	2005-12-13	送 股	非流通股东向A股流通股东每10股送5股。
687	600819	耀皮玻璃	2006-2-8	送 股	非流通股东向A股流通股股东每10股送3.5股。
688	600820	隧道股份	2006-1-11	送股,资产重组	公司本次股权分置改革拟与重大资产重组相结合,非流通股东向流通股东每10股送3.0股。
689	600821	津劝业	2006-8-25	送 股	上市公司向全体流通股东每10股转增8.5股(相当于流通股股东每10股获得3股的对价)。

续表 18 Continued 18

序号 No.	证券代码 Code	名称 Companies	实施复牌日 Resumption of Trading Date	类型 Type	对价方案摘要 Abstract of Compensation Package
690	600822	上海物贸	2006-1-13	送 股	非流通股东向A股流通股股东每10股送3.0股。
691	600823	世茂股份	2006-8-22	送 股	上市公司向全体流通股东每10股转增2.59股(相当于流通股股东每10股获得1.2股的对价)。
692	600824	益民商业	2005-12-1	送 股	非流通股东向流通股东每10股送3.2股。
693	600825	新华传媒	2006-10-17	派现,资产重组	新华集团以其持有的新华传媒100%股权与公司除尚未使用的募集资金以外的全部商业类资产(含负债)进行资产置换;上市公司向全体股东每10派2.3元,新华集团拟向流通股股东每10股送13.2元对价,流通股东每10股实得15.5元现金。
694	600826	兰生股份	2006-1-19	送 股	非流通股东向流通股东每10股送4股。
695	600827	友谊股份	2006-7-3	送 股	非流通股东向A股流通股东每10股送2.5股。
696	600828	成商集团	2006-6-8	送 股	非流通股东向流通股东每10股送2股。
697	600829	三精制药	2006-11-9	派现	非流通股东向流通股东每10股送现金23.65元。
698	600830	香溢融通	2006-10-24	送 股	上市公司向全体流通股东每10股转增6.6股(相当于流通股股东每10股获得2股的对价)。
699	600831	广电网络	2006-1-17	送股,派现	上市公司向全体股东每10股送红股0.439股派现金0.0488元(含税),非流通东向流通股每10股送2.06997股,流通股股东每10股实得2.6股和现金0.0488元。
700	600832	东方明珠	2005-8-5	送 股	非流通股东向流通股东每10股送4股。
701	600833	第一医药	2006-7-12	送 股	非流通股东向流通股东每10股送2.5股。
702	600834	申通地铁	2005-11-9	送 股	非流通股东向流通股东每10股送3股。
703	600835	上海机电	2006-8-17	派现,资产重组	非流通股东向A股流通股东每10股送现金5元。电气集团以现金方式收购公司所持有的永新彩管24%股权。
704	600836	界龙实业	2005-11-2	送 股	非流通股东向流通股东每10股送3股。
705	600837	海通证券	2005-11-8	送 股	非流通股东向流通股东每10股送3股。
706	600838	上海九百	2006-3-22	送 股	非流通股东向流通股东每10股送3股。
707	600839	四川长虹	2006-4-12	送 股	非流通股东向流通股东每10股送3.4股。
708	600840	新湖创业	2006-10-30	送 股	非流通股东向流通股东每10股送0.75股,上市公司向流通股东每10股转增1股(相当于流通股股东每10股获送1.27股)。
709	600841	上柴股份	2006-5-15	派现	非流通股东向A股流通股东每10股送现金16元。
710	600842	中西药业	2006-1-18	资产重组	上药集团向中西药业注入现金人民币3.5亿元和上海远东制药机械总厂权益性资产,接替申华控股为中西药业借款所承担的连带担保责任和其他义务。五家非流通股股东向上药集团支付其持有公司股份的30%。
711	600843	上工申贝	2006-6-15	送 股	非流通股东向A股流通股东每10股送6股。
712	600844	丹化科技	2007-4-26	送 股	非流通股东向A股流通股东每10股送3股。
713	600845	宝信软件	2006-6-28	送 股	非流通股东向A股流通股东每10股送3.4股。
714	600846	同济科技	2006-3-10	送 股	非流通股东向流通股东每10股送3股。
715	600847	ST渝万里	2006-6-30	送 股	非流通股东向流通股东每10股送2.5股。
716	600848	自仪股份	2006-10-26	送 股	非流通股东向A股流通股东每10股送4.5股。
717	600849	上海医药	2006-7-17	派现,认沽权利	非流通股东向流通股股东每10股派送10份认沽权利。即方案实施之日起第十个完整月份的倒数第三个交易日登记在册的全体无限售条件的流通股股东,在该月份最后一个交易日,有权将其持有的无限售条件的流通股份以每股5.1元的行权价格出售给上药集团。
718	600850	华东电脑	2006-3-6	送 股	非流通股东向流通股股东每10股送3.4股。
719	600851	海欣股份	2006-2-9	送 股	非流通股东向A股流通股股东每10股送3.2股。
720	600853	龙建股份	2006-10-13	送 股	上市公司向全体流通股东每10股转增6股(相当于流通股股东每10股获得3.5股的对价)。
721	600854	*ST春兰	2006-7-17	送 股	非流通股东向流通股东每10股送3.3股。
722	600855	航天长峰	2006-5-18	送 股	上市公司向全体流通股东每10股转增5.72股(相当于流通股股东每10股获得2.1股的对价)。
723	600856	长百集团	2006-8-31	送 股	上市公司向全体流通股东每10股转增6.06343股(相当于流通股股东每10股获得2.5股的对价)。
724	600857	工大首创	2006-8-11	送 股	上市公司向全体流通股东每10股转增3.5股(相当于流通股股东每10股获得1.57股的对价)。

续表 19 Continued 19

序号 No.	证券代码 Code	名称 Companies	实施复牌日 Resumption of Trading Date	类型 Type	对价方案摘要 Abstract of Compensation Package
725	600858	银座股份	2006-5-18	送股	非流通股东向流通股东每10股送1.5股。
726	600859	王府井	2006-12-18	派现	非流通股东向流通股东每10股送30元现金。
727	600860	北人股份	2006-3-31	送股	非流通股东向A股流通股股东每10股送3.8股。
728	600861	北京城乡	2006-6-9	缩股	非流通股份按照1∶0.627的缩股比例单向缩股。
729	600862	南通科技	2008-1-18	送股,注资	南通科工贸向纵横国际划付现金47723732.47元,注资6500万元,非流通股东向流通股东每10股送1股。
730	600863	内蒙华电	2006-4-24	送股	非流通股东向流通股东每10股送3.5股。
731	600864	哈投股份	2006-6-15	送股	非流通股东向流通股东每10股送3股。
732	600865	百大集团	2008-5-14	送股,派现	上市公司向全体股东每10股转增3.95股,非流通股东向流通股东每10股送0.333股,派现9.91元(流通股股东每10股实得4.4148股,现金13.82元,相当于每10股获送2.83股)。
733	600866	星湖科技	2005-11-28	送股	非流通股东向流通股东每10股送3.5股。
734	600867	通化东宝	2006-6-7	送股	非流通股东向流通股东每10股送1股,上市公司向全体流通股东每10股转增4股,流通股东每10股实得5股。
735	600868	ST梅雁	2006-8-28	送股	上市公司向全体股东每10股转增4.9股,非流通股东向流通股东每10股送1股(流通股东实得6.39股)。
736	600869	三普药业	2006-1-16	送股	非流通股东向流通股股东每10股送2.0股。
737	600870	*ST厦华	2006-9-8	送股	非流通股东向流通股东每10股送2.5股。
738	600872	中炬高新	2006-5-17	送股	上市公司向全体流通股东每10股转增11股(相当于流通股股东每10股获得3.05股的对价)。
739	600873	五洲明珠	2006-6-6	送股	非流通股东向流通股东每10股送2.8股。
740	600874	创业环保	2006-4-20	送股	非流通股东向A股流通股东每10股送3.7股。
741	600875	东方电气	2006-4-17	送股	非流通股东向A股流通股东每10股送2.7股。
742	600876	ST洛玻	2006-6-8	送股	非流通股东向A股流通股东每10股送4.2股。
743	600877	中国嘉陵	2006-8-11	送股	上市公司向全体流通股东每10股转增9.718股(相当于流通股股东每10股获得3.6股的对价)。
744	600879	火箭股份	2006-2-13	送股	上市公司向全体流通股东每10股转增6.8股。
745	600880	博瑞传播	2006-1-18	送股	非流通股东向流通股股东每10股送3.1股。
746	600881	亚泰集团	2006-8-10	送股	非流通股东向流通股东每10股送1.5股,上市公司向流通股东每10股转增6股。流通股东每10股实得7.5股。
747	600882	大成股份	2006-4-17	送股	非流通股东向流通股东每10股送3.2股。
748	600883	博闻科技	2006-7-7	送股	上市公司向全体流通股东每10股送2.263转增3.737股(相当于流通股股东每10股获得3.43股的对价)。
749	600884	杉杉股份	2006-4-25	送股	非流通股东向流通股东每10股送1股。
750	600885	力诺太阳	2006-8-3	送股	上市公司向全体流通股东每10股转增4.8股(相当于流通股股东每10股获得2.5股的对价)。
751	600886	国投电力	2005-8-9	送股	非流通股东向流通股东每10股送2.6股。
752	600887	*ST伊利	2006-4-24	送股,权证,派现	上市公司向全体股东按每10股转增股本3.2股,非流通股东向流通股东每10股送1.19股(基于转增前股本)(流通股东实得4.39股),派发3份存期续1年、行权价8元的欧式认股权证;上市公司向全体股东每10股派送现金2.6元,非流通股东向流通股东每10股送现金1.347元(基于转增前股本)。
753	600888	新疆众和	2006-5-24	送股	上市公司向全体流通股东每10股转增5.09股(相当于流通股股东每10股获得3.2股的对价)。
754	600889	南京化纤	2006-11-1	送股	非流通股东向流通股东每10股送3.2股。
755	600890	*ST中房	2007-1-5	送股	上市公司向全体流通股东每10股转增4.6股(相当于流通股股东每10股获得2.2股的对价)。
756	600891	ST秋林	2011-3-1	送股	全体非流通股股东将其持有的股份,按每10股送2.2股比例向颐和黄金定向送股;上市公司向流通股东定向转增,流通股东每10股转增5股。
757	600892	*ST湖科	2009-2-27	送股,资产重组	向全体股东每10股转增2.5股,流通股股东每10股将增加为15.809股,相当于流通股股东每10股流通股获送2.65股对价股份;华星氟化学以豁免湖大科教公司1400万元债务作为对价,相当于流通股股东每10股获付0.60股。相当于每持有10股流通股可获付3.25股。

续表 20 Continued 20

序号 No.	证券代码 Code	名称 Companies	实施复牌日 Resumption of Trading Date	类型 Type	对价方案摘要 Abstract of Compensation Package
758	600893	航空动力	2008-11-20	送股,资产重组	非流通股东向流通股东每10股送0.50股。
759	600894	广钢股份	2006-4-17	缩股	非流通股份按照1∶0.6608的缩股比例单向缩股,相当于流通股股东每10股流通股获付3.5股股份。
760	600895	张江高科	2005-10-24	送股	非流通股东向流通股东每10股送3.5股。
761	600896	中海海盛	2006-4-24	送股	上市公司向全体流通股股东每10股转增8.32股。
762	600897	厦门空港	2006-7-3	送股	上市公司向全体流通股东每10股转增4.12股(相当于流通股股东每10股获得2.8股的对价)。
763	600898	*ST三联	2007-7-12	送股	上市公司向全体流通股东每10股送股3股(相当于流通股股东每10股获得1.18股的对价)。
764	600900	长江电力	2005-8-15	送股,权证,派现	上市公司向全体股东每10股送0.421股和1.74元现金,非流通股东向流通股东每10股送1.25股和现金4.14元(按转增前股本),流通股东每10股实得1.67股和5.88元。上市公司向全体股东派发1.5份存续期18个月、行权价5.5元的欧式认股权证。
765	600960	滨州活塞	2006-3-28	送股	非流通股东向流通股东每10股送3.2股。
766	600961	株冶集团	2005-11-2	送股	非流通股东向流通股东每10股送3.5股。
767	600962	国投中鲁	2006-3-28	送股	非流通股东向流通股东每10股送3.5股。
768	600963	岳阳纸业	2005-12-6	送股	非流通股东向流通股东每10股送3股。
769	600965	福成五丰	2006-7-11	送股	非流通股东向流通股东每10股送3股。
770	600966	博汇纸业	2005-11-7	送股	非流通股东向流通股东每10股送3股。
771	600967	北方创业	2006-5-11	送股	非流通股东向流通股东每10股送3.4股。
772	600969	郴电国际	2006-7-7	送股	非流通股东向流通股东每10股送3.2股。
773	600970	中材国际	2006-7-6	送股	非流通股东向流通股东每10股送2.5股。
774	600971	恒源煤电	2006-2-15	送股,派现	上市公司向全体股东每10股送10元,非流通股东向流通股东每10股送2.2股和6元现金,流通股东每10股实得2.2股和现金16元。
775	600973	宝胜股份	2005-8-11	送股	非流通股东向流通股东每10股送3.5股。
776	600975	新五丰	2006-9-6	送股	非流通股东向流通股东每10股送3.5股。
777	600976	武汉健民	2006-5-8	送股	非流通股东向流通股东每10股送2.5股。
778	600978	宜华木业	2005-12-21	送股	非流通股东向流通股东每10股送3股。
779	600979	广安爱众	2006-9-28	送股	非流通股东向流通股东每10股送2.8股。
780	600980	北矿磁材	2006-4-24	送股	非流通股东向流通股东每10股送3.3股。
781	600981	江苏开元	2006-4-6	送股	非流通股东向流通股东每10股送3.5股。
782	600982	宁波热电	2006-3-20	送股	非流通股东向流通股股东每10股送3股。
783	600983	合肥三洋	2006-4-11	送股	非流通股东向流通股东每10股送3股。
784	600984	ST建机	2006-8-1	送股	非流通股东向流通股东每10股送3.8股。
785	600985	雷鸣科化	2006-2-9	送股	非流通股东向流通股东每10股送3.32股。
786	600986	科达股份	2006-4-7	送股	非流通股东向流通股东每10股送2.7股。
787	600987	航民股份	2006-5-25	送股	上市公司向全体流通股东每10股转增4.8股(相当于流通股股东每10股获得2.95股的对价)。
788	600988	ST宝龙	2007-4-20	送股	上市公司向全体流通股东每10股转增3.6232股(相当于流通股股东每10股获得2.38股的对价)。
789	600990	四创电子	2006-6-21	送股	非流通股东向流通股东每10股送3.1股。
790	600991	长丰汽车	2006-7-27	送股	非流通股东向流通股东每10股送3.8股。
791	600992	贵绳股份	2006-7-6	送股	非流通股东向流通股东每10股送3.3股。
792	600993	马应龙	2006-7-19	送股,派现	非流通股东向流通股东每10股送2股和现金5.43元。
793	600995	文山电力	2006-9-22	送股	上市公司向全体流通股东每10股转增6.44股(相当于流通股股东每10股获得3股的对价)。
794	600997	开滦股份	2006-1-13	送股	非流通股东向流通股股东每10股送3.3股。

数据来源:上海证券交易所
Source: Shanghai Stock Exchange

5-26 深圳证券交易所股改公司一览表

List of Nontradable Shares Reform Listed Companies in Shenzhen Stock Exchange

序号 No.	证券代码 Code	名称 Companies	实施复牌日 Resumption of Trading Date	类型 Type	对价方案摘要 Abstract of Compensation Package
1	000001	深发展A	2007-6-20	送股,权证,派现	上市公司向全体流通股东每10股送红股1股派现金0.09元(相当于流通股股东每10股获得0.257股的对价),派发1份存续期6个月、行权价19元的百慕大式认股权证,派发0.5份存续期12个月、行权价19元的百慕大式认股权证。
2	000002	万科A	2005-12-2	权 证	非流通股东向A股流通股东每10股派发8份存续期9个月、行权价3.73元的百慕大式认沽权证。
3	000004	*ST国农	2006-8-18	送 股	非流通股东向流通股东每10股送2.5股。
4	000005	世纪星源	2006-7-31	送 股	上市公司向全体流通股股东每10股转增5.5股和非流通股东向流通股东每10股送1股。
5	000006	深振业A	2006-1-12	送 股	非流通股东向流通股东每10股送2股。
6	000007	ST达声	2006-8-14	送 股	上市公司向全体流通股东每10股转增5.2股(相当于流通股股东每10股获得1.8股的对价)。
7	000008	ST宝利来	2005-12-13	送 股	非流通股东向流通股东每10股送2.0股。
8	000009	中国宝安	2008-5-16	送 股	上市公司向流通股东每10股转增1.37996股,非流通股东向流通股东每10股送1.492283股,流通股东每10股实得2.872243股。
9	000011	深物业A	2009-11-3	送 股	非流通股东向A股流通股东每10股送3.9股。
10	000012	南玻A	2006-5-24	送 股	非流通股东向A股流通股东每10股送3.55股。
11	000014	沙河股份	2006-3-6	送 股	非流通股东向流通股股东每10股送2.7股。
12	000016	深康佳A	2006-3-30	送 股	非流通股东向A股流通股东每10股送2.5股。
13	000017	*ST中华A	2010-3-18	送 股	上市公司向全体流通股东每10股转增1.5股,非流通股东向A股流通股东每10股送3.173股(流通股东实得5.149股)。
14	000018	*ST中冠A	2006-6-16	送 股	非流通股东向A股流通股东每10股送3.5股。
15	000019	深深宝A	2006-7-27	送 股	非流通股东向A股流通股东每10股送3.8股。
16	000020	深华发A	2007-5-18	送股,资产重组	中恒集团对公司进行资产重组,非流通股东向A股流通股东每10股送1.5股。
17	000021	长城开发	2006-5-22	送 股	非流通股东向流通股东每10股送3股。
18	000022	深赤湾A	2006-5-30	送股,派现,认沽权利	非流通股东向A股流通股东每10股送1股和现金11.5元,并向A股流通股东每10股赋予8份存续期12个月、行权价13元的认沽权利。
19	000023	深天地A	2006-3-17	送 股	非流通股东向流通股东每10股送3.1股。
20	000024	招商地产	2006-2-9	送股,派现	非流通股东向A股流通股东每10股送2股及现金3.14元。
21	000025	特力A	2006-1-4	送 股	非流通股东向A股流通股东每10股送4股。
22	000026	飞亚达A	2007-11-9	送 股	非流通股东向A股流通股东每10股送3.1股。
23	000027	深圳能源	2006-4-26	送股,权证,派现	非流通股东向流通股东每10股送1.35股和现金2.6元,派发9份存续期6个月、行权价7.12元的百慕大式认沽权证。
24	000028	一致药业	2006-4-28	送 股	非流通股东向A股流通股东每10股送3股。
25	000029	深深房A	2006-2-17	送 股	非流通股东向A股流通股股东每10股送4.8股。
26	000030	*ST盛润A	2008-12-29	送 股	非流通股东向A股流通股东每10股送5股。
27	000031	中粮地产	2006-2-14	送股,派现	非流通股东向流通股股东每10股送2.6股和现金1.7元(不含税),流通股股东每10股实际得到2.6股和现金2.7元(含税0.1元)。
28	000032	深桑达A	2006-2-7	送 股	非流通股东向流通股股东每10股送3.2股。
29	000033	新都酒店	2006-4-13	送 股	上市公司向全体流通股股东每10股转增6.2股。
30	000034	*ST深泰	2008-7-14	送 股	上市公司向全体流通股东每10股转增5.5321股(相当于流通股股东每10股获得3.5股的对价)。
31	000035	ST科健	2007-1-16	送 股	上市公司向全体流通股东每10股转增8股(相当于流通股股东每10股获得3.91股的对价)。
32	000036	*ST华控	2006-3-28	送 股	上市公司向全体股东每10股转增15股,非流通股东向流通股东每10股送1.5股(流通股东实得18.75股)。
33	000037	深南电A	2006-3-28	送股,派现	非流通股东向A股流通股东每10股送2.3474股和现金4.1522元。
34	000038	*ST大通	—	送股,资产重组	上市公司向全体流通股东每10股转增3股(相当于流通股股东每10股获得2.22股的对价),潜在非流通股股东亚星实业向深大通赠与资产(资产为2家房地产公司股权,股权对应净资产合计约2.09亿元),公司原有非流通股股东按10:6.5的比例向亚星实业赠送股份。

续表 1　Continued 1

序号 No.	证券代码 Code	名称 Companies	实施复牌日 Resumption of Trading Date	类型 Type	对价方案摘要 Abstract of Compensation Package
35	000039	中集集团	2006-5-24	权证	非流通股东向A股流通股东每10股派发7份存续期18个月、行权价10元的百慕大式认沽权证。
36	000040	深鸿基	2006-2-28	送　股	非流通股东向流通股股东每10股送2.8股。
37	000042	深长城	2006-9-1	送股,派现	非流通股东向流通股东每10股送2.158股和现金8.841元。
38	000043	中航地产	2006-4-11	送　股	非流通股东向流通股东每10股送3.0股。
39	000045	深纺织A	2006-9-11	送　股	非流通股东向A股流通股东每10股送4.1股。
40	000046	泛海建设	2006-3-24	送　股	非流通股东向流通股东每10股送2.2股。
41	000048	ST康达尔	2006-2-14	送股,资产重组	非流通股东向流通股股东每10股送3.3股。非流通股股东向流通股股东和中国长城资产管理有限公司共计送出49122069股本公司非流通股股份,相当于流通股股东每持有10股获得3.59股对价安排。
42	000049	德赛电池	2005-12-27	送　股	非流通股东向流通股东每10股送2.8股。
43	000050	深天马A	2006-4-26	送　股	非流通股东向流通股东每10股送3.2股。
44	000055	方大A	2006-4-10	送　股	上市公司向全体A股流通股东每10股转增6.8324股(相当于A股流通股股东每10股获得4.145股的对价)。
45	000056	深国商	2006-1-6	送　股	非流通股东向A股流通股东每10股送3.5股。
46	000058	ST赛格	2006-6-14	送　股	上市公司向全体A股流通股东每10股转增4.6445股(相当于A股流通股股东每10股获得3.55股的对价)。
47	000059	辽通化工	2005-10-25	送　股	非流通股东向流通股东每10股送3.8股。
48	000060	中金岭南	2005-11-18	送　股	非流通股东向流通股东每10股送2.8股。
49	000061	农产品	2005-9-12	认沽权利	深圳市国资委以承诺形式赋予全体流通股股东以4.25元/股的价格溢价出售股票的权利。
50	000062	深圳华强	2006-5-15	送　股	上市公司向全体流通股东每10股转增3股(相当于流通股股东每10股获得1.3786股的对价)。
51	000063	中兴通讯	2005-12-29	送　股	非流通股东向A股流通股东每10股送2.5股。
52	000065	北方国际	2005-11-11	送　股	非流通股东向流通股东每10股送3.6股。
53	000066	长城电脑	2006-5-15	送　股	非流通股东向流通股东每10股送3.2股。
54	000068	赛格三星	2008-1-14	送　股	上市公司向全体流通股东每10股转增4.6028股(相当于流通股股东每10股获得2.8股的对价)。
55	000069	华侨城A	2006-1-6	送股,权证	非流通股东向流通股东每10股送2.8股,上市公司向流通股股东每10股派发3.8份存续期12月、行权价7元的百慕大式认股权证。
56	000070	特发信息	2006-1-10	送　股	非流通股东向流通股东每10股送3.8股。
57	000078	海王生物	2006-4-13	送　股	上市公司向全体流通股东每10股转增8.85股(相当于流通股股东每10股获得3.203股的对价)。
58	000088	盐田港	2006-3-17	送股,派现	非流通股东向流通股东每10股送2.5股和现金6.53元。
59	000089	深圳机场	2005-12-16	送股,资产重组	非流通股东向流通股东每10股送2.6股。
60	000090	深天健	2006-1-11	送　股	非流通股东向流通股东每10股送3.1股。
61	000096	广聚能源	2006-2-6	送　股	非流通股东向流通股股东每10股送3.6股。
62	000099	中信海直	2006-2-7	送　股	非流通股东向流通股股东每10股送3.2股。
63	000100	TCL集团	2006-4-20	送　股	非流通股东向流通股股东每10股送2.5股。
64	000150	宜华地产	2007-11-2	送股,资产重组	非流通股东向流通股东每10股送1股。与青鸟天桥,宜华集团进行资产重组,以改善公司财务状况与资产质量、提高公司盈利能力、促进公司可持续发展作为对价安排。
65	000151	中成股份	2006-3-31	送　股	非流通股东向流通股东每10股送3.3股。
66	000153	丰原药业	2006-1-13	送　股	非流通股东向流通股东每10股送3.5股。
67	000155	川化股份	2006-3-21	送　股	非流通股东向流通股股东每10股送3.2股。
68	000156	*ST嘉瑞	—	送　股	上市公司向全体流通股东每10股转增5.4062股(相当于流通股股东每10股获得2.5股的对价)。
69	000157	中联重科	2006-7-14	送　股	非流通股东向流通股东每10股送3.2股。
70	000158	常山股份	2006-1-13	送　股	非流通股东向流通股东每10股送3.5股。
71	000159	国际实业	2006-7-20	送　股	上市公司向全体流通股东每10股转增4.68股(相当于流通股股东每10股获得2.33股的对价)。
72	000301	东方市场	2006-5-24	差价补偿	股权分置改革方案实施后首个交易日起十二个月内最后30个交易日,如果股票加权平均价格低于3.50元/股,流通股东可以获得的现金差价按上述30个交易日公司每股加权平均价格与3.50元的差额计算。每股最高补差限额为1.7元。

续表 2 Continued 2

序号 No.	证券代码 Code	名称 Companies	实施复牌日 Resumption of Trading Date	类型 Type	对价方案摘要 Abstract of Compensation Package
73	000400	许继电气	2005-11-17	送 股	非流通股东向流通股东每10股送3.2股。
74	000401	冀东水泥	2006-5-24	送 股	非流通股东向流通股东每10股送3.2股。
75	000402	金融街	2006-4-5	送 股	非流通股东向流通股东每10股送2.1股。
76	000404	华意压缩	2006-12-20	送 股	上市公司向全体流通股东每10股转增6.674股(相当于流通股股东每10股获得3.4股的对价)。
77	000407	胜利股份	2006-7-11	送 股	上市公司向全体流通股东每10股转增4股(相当于流通股股东每10股获得1.29股的对价)。
78	000408	ST玉源	2006-7-3	送 股	上市公司向全体流通股东每10股转增6.25股(相当于流通股股东每10股获得3.3股的对价)。
79	000409	ST泰格	2006-9-26	资产重组	蚌埠市第一污水处理厂以5299.25万元现金置换公司合计经审计账面原值5299.25万元的应收款项和提取受限的银行存款。
80	000410	沈阳机床	2006-3-1	送 股	非流通股东向流通股东每10股送3.3股。
81	000411	英特集团	2006-9-12	送 股	非流通股东向流通股东每10股送2.8股。
82	000413	宝石A	2006-3-29	送 股	非流通股东向A股流通股东每10股送4.3股。
83	000415	汇通集团	2006-6-27	送 股	上市公司向全体股东每10股转增2.88股,非流通股东向流通股东每10股送3.2股(流通股东实得7股)。
84	000416	民生投资	2006-8-9	送 股	上市公司向全体流通股东每10股送5.5股(相当于流通股股东每10股获得1.9股的对价)。
85	000417	合肥百货	2006-2-28	送 股	非流通股东向流通股东每10股送3.2股。
86	000418	小天鹅A	2006-8-7	送 股	非流通股东向A股流通股东每10股送2.5股。
87	000419	通程控股	2006-6-21	送 股	非流通股东向流通股东每10股送3.7股。
88	000420	吉林化纤	2006-4-6	送 股	非流通股东向流通股东每10股送3.2股。
89	000421	南京中北	2007-1-9	送股,资产重组	上市公司向全体流通股东每10股转增3.71955股(相当于流通股股东每10股获得2股的对价)。南京城建集团承担不良债权及其损失,南京万众企业归还剩余占用款。
90	000422	湖北宜化	2006-4-20	送 股	非流通股东向流通股东每10股送2.5股。
91	000423	东阿阿胶	2007-6-1	送股,权证	上市公司向全体流通股东每10股转增4股(相当于流通股股东每10股获得0.925股的对价),转增后向全体股东每10股派2.5份行权价为5.5元的认购权证。
92	000425	徐工科技	2006-12-28	送 股	非流通股东向流通股东每10股送3.2股。
93	000426	富龙热电	2006-4-7	送 股	非流通股东向流通股东每10股送3.5股。
94	000428	华天酒店	2006-3-13	送 股	非流通股东向流通股东每10股送3.8股。
95	000429	粤高速A	2006-2-17	送 股	非流通股东向A股流通股东每10股送3.1股。
96	000430	ST张家界	2009-6-8	送 股	上市公司向流通股东每10股转增4.9股(相当于流通股股东每10股获送2.43273股)。
97	000488	晨鸣纸业	2006-3-29	送 股	非流通股东向A股流通股东每10股送2.6股。
98	000498	*ST丹化	2006-4-18	送 股	非流通股东向流通股股东每10股送3.4股。
99	000501	鄂武商A	2006-4-3	送 股	非流通股东向流通股东每10股送3.5股。
100	000502	绿景地产	2007-1-10	送 股	上市公司向全体流通股东每10股转增5.1股(相当于流通股股东每10股获得2.72股的对价)。
101	000503	海虹控股	2006-5-16	送 股	非流通股东向流通股东每10股送3股。
102	000504	赛迪传媒	2007-1-15	送 股	非流通股东向流通股东每10股送3股。
103	000505	*ST珠江	2006-8-17	送股,资产重组	珠江控股将其持有的北京飞凯生物技术、北京新立基真空玻璃技术、北京市万网元通信技术、北京市迪瑞计算机技术、中经网数据五家科技类公司的股权溢价出售给北京新兴,冲减珠江控股向北京新兴借款本金6404.89万元,同时豁免应支付给北京新兴的借款利息5995.02万元。
104	000506	ST中润	2009-6-5	送 股	上市公司向全体流通股东每10股转增3.5股(相当于流通股股东每10股获得1.2248股的对价)。
105	000507	粤富华	2006-12-26	送股,资产重组	与珠海国资委进行资产置换,非流通股东向流通股东每10股送2股。
106	000510	金路集团	2006-7-11	送 股	非流通股东向流通股东每10股送2股。
107	000511	银基发展	2006-6-15	送 股	上市公司向全体流通股东每10股转增3.8股(相当于流通股股东每10股获得1.028股的对价)。
108	000513	丽珠集团	2006-12-11	送 股	非流通股东向A股流通股东每10股送1股。
109	000514	渝开发	2005-12-1	送股,注资	全体非流通股股东向上市公司注入1.0226亿元现金,上市公司以现金注入而增加的部分资本公积金向全体股东每10股转增5股。
110	000516	开元控股	2006-3-31	送 股	上市公司向流通股东每10股转增4.091股。
111	000517	*ST成功	—	送股,派现	非流通股东向流通股东每10股送1.00股和现金2.92元。

续表 3 Continued 3

序号 No.	证券代码 Code	名称 Companies	实施复牌日 Resumption of Trading Date	类型 Type	对价方案摘要 Abstract of Compensation Package
112	000518	* ST 生物	2006-12-6	送 股	非流通股东向流通股东每 10 股送 0.8 股。
113	000519	银河动力	2006-3-24	送 股	非流通股东向流通股东每 10 股送 3.2 股。
114	000520	长航凤凰	2006-7-14	送 股	非流通股东向流通股东每 10 股送 1 股,上市公司向流通股东每 10 股转增 5.27 股(相当于流通股股东每 10 股获送 2.75 股)。
115	000521	美菱电器	2007-8-27	送 股	非流通股东向 A 股流通股东每 10 股送 1.5 股。
116	000522	白云山 A	2006-4-17	送 股	上市公司向全体流通股东每 10 股转增 6.05 股(相当于流通股股东每 10 股获得 2.809 股的对价)。
117	000523	广州浪奇	2005-12-30	缩股	非流通股份按照 1∶0.58 的缩股比例单向缩股。
118	000524	东方宾馆	2006-2-22	送 股	非流通股东向流通股东每 10 股送 3.2 股。
119	000525	红太阳	2006-6-7	送 股	非流通股东向流通股东每 10 股送 3.4 股。
120	000526	旭飞投资	2006-3-1	送 股	上市公司向全体流通股东每 10 股转增 5.17 股。
121	000527	美的电器	2006-3-22	送股,派现	非流通股东向流通股东每 10 股送 1.0 股和 5 元现金。
122	000528	柳工	2006-3-17	送 股	非流通股东向流通股东每 10 股送 3 股。
123	000529	* ST 美雅	—	送股,资产重组	广弘公司以豁免本公司 21919.11 万元债务和赠送 9000 万元现金作为本次股权分置改革的对价,非流通股东向流通股东每 10 股送 1.00 股。
124	000530	大冷股份	2006-1-9	送 股	非流通股东向 A 股流通股东每 10 股送 3.0 股。
125	000531	穗恒运 A	2006-2-20	送股,派现	非流通股东向流通股东每 10 股送 1 股和现金 9.27 元,流通股股东每 10 股实际得到 1 股和现金 15.57 元(含税)。
126	000532	力合股份	2006-9-28	送 股	非流通股东向流通股东每 10 股送 0.9 股,上市公司向流通股东每 10 股转增 5 股(相当于流通股股东每 10 股获送 3.0956 股)。
127	000533	万家乐	2007-2-15	送股,资产重组	非流通股东向流通股东每 10 股送 1.5 股。公司控股股东广州汇顺之实际控制人广州三新协调顺德区政府共同出资收购构成万家乐不良资产的七宗物业。其中广州三新收购两宗物业,作价 131715182.18 元。
128	000534	汕电力 A	2006-8-11	送 股	上市公司向全体流通股东每 10 股转增 5.31 股(相当于流通股股东每 10 股获得 2.5 股的对价)。
129	000536	闽闽东	2009-4-9	送 股	上市公司向全体流通股东每 10 股转增 5.00 股(相当于流通股股东每 10 股获得 2.64 股的对价)。
130	000537	广宇发展	2006-3-17	送 股	上市公司向流通股东每 10 股转增 6.411 股。
131	000538	云南白药	2006-5-29	送 股	上市公司向全体流通股东每 10 股转增 3.5815 股(相当于流通股股东每 10 股获得 2.2 股的对价)。
132	000539	粤电力 A	2006-1-19	送 股	非流通股东向 A 股流通股东每 10 股送 3.1 股。
133	000540	中天城投	2007-5-9	资产重组	拟采取股权转让后的潜在控股股东金世旗控股低价(1 元人民币)向公司转让一笔价值不低于 7000 万元的现金收益权,以提高公司资产质量的形式作为对价安排;其余非流通股股东将各自所持公司股份的 33.00%支付给金世旗控股。相当于每 10 股流通股获得非流通股股东支付的 1.90 股对价股份。
134	000541	佛山照明	2006-4-24	派现	非流通股东向 A 股流通股东每 10 股派现金 24.5 元。
135	000543	皖能电力	2006-3-7	送 股	非流通股东向流通股东每 10 股送 3.3 股。
136	000544	中原环保	2007-1-16	送股,资产重组	本公司将和磨料磨具业务相关的资产及部分负债与郑州市污水净化有限公司拥有的王新庄污水处理厂经营性资产进行置换,非流通股东向流通股东每 10 股送 0.5 股。
137	000545	吉林制药	2006-7-28	送 股	非流通股东向流通股东每 10 股送 0.6 股,上市公司向流通股东每 10 股转增 3.32 股。
138	000546	光华控股	2006-5-12	送股,资产重组	非流通股东向流通股东每 10 股送 1.8 股,转让子公司股权作价 62000000 元,由光华实业以现金的形式支付给吉光华。
139	000547	闽福发 A	2006-6-8	送 股	上市公司向全体股东每 10 股转增 2.5 股,非流通股东向流通股东每 10 股送 1.327914 股(流通股东实得 4.159892 股)。
140	000548	湖南投资	2006-8-18	送 股	上市公司向全体流通股东每 10 股转增 9 股(相当于流通股股东每 10 股获得 2.96 股的对价)。
141	000550	江铃汽车	2006-2-14	派现	非流通股东向流通 A 股股东每 10 股送现金 13.40 元。
142	000551	创元科技	2006-3-28	送股,派现	非流通股东向流通股东每 10 股送 2.5 股和 2.3 元现金。
143	000552	靖远煤电	2006-3-30	资产重组	大股东靖远煤业有限责任公司豁免公司所欠的债务 59006356.01 元,因豁免债务而使公司增加的资本公积金为全体股东共同享有。
144	000553	沙隆达 A	2006-8-3	送 股	非流通股东向 A 股流通股东每 10 股送 2.2 股。
145	000554	泰山石油	2007-3-19	送 股	非流通股东向流通股东每 10 股送 2.3 股。

续表 4　Continued 4

序号 No.	证券代码 Code	名称 Companies	实施复牌日 Resumption of Trading Date	类型 Type	对价方案摘要 Abstract of Compensation Package
146	000555	ST 太光	2006-6-8	送　股	上市公司向全体流通股东每 10 股转增 4 股(相当于流通股股东每 10 股获得 2.64 股的对价)。
147	000557	ST 银广夏	2006-6-26	送股,资产重组	上市公司向流通股东每 10 股转增 3 股,非流通股股东承担公司与中小股民诉讼有关负债104031710.66 元,非流通股股东向流通股东每 10 股追送 0.57176 股(转增前),流通股东实得 3.57176 股。
148	000558	莱茵置业	2006-4-19	送股,资产重组	非流通股东向流通股东每 10 股送 2 股,莱茵达集团将其拥有的仪征公司 44%股权、扬州公司 16%股权与公司的无形资产—档口使用权(建筑面积为 4491.1718 平方米)进行置换。
149	000559	万向钱潮	2006-4-21	送　股	非流通股东向流通股东每 10 股送 2.5 股。
150	000560	昆百大 A	2006-9-25	送　股	非流通股东向流通股东每 10 股送 3 股。
151	000562	宏源证券	2006-6-21	送　股	非流通股东向流通股东每 10 股送 3.2 股。
152	000563	陕国投 A	2006-7-25	送股,资产重组	与大股东陕西省高速公路建设集团公司进行资产重组,上市公司向流通股东每 10 股转增 3.5 股。
153	000564	西安民生	2006-3-14	送　股	上市公司向流通股东每 10 股转增 5 股。
154	000565	渝三峡 A	2006-5-18	送股,资产重组	非流通股东向流通股东每 10 股送 1.8 股,化医集团、渝三峡签订的《资产置换协议》,化医集团以其拟出资设立的三峡英力 54.93%股权,置换渝三峡截止 2005 年 12 月 31 日合计经审计账面净值 5492 万元的应收款项、存货和固定资产。
155	000566	海南海药	2005-11-21	送　股	非流通股东向流通股东每 10 股送 3 股。
156	000567	海德股份	2006-2-17	送　股	非流通股东向流通股股东每 10 股送 2.5 股。
157	000568	泸州老窖	2005-11-3	送　股	非流通股东向流通股东每 10 股送 3 股。
158	000570	苏常柴 A	2006-6-19	送　股	非流通股东向 A 股流通股东每 10 股送 3.2 股。
159	000571	新大洲 A	2006-11-13	送　股	非流通股东向流通股东每 10 股送 2.3 股。
160	000572	海马股份	2005-12-5	送　股	非流通股东向流通股东每 10 股送 3.0 股。
161	000573	粤宏远 A	2006-6-16	送　股	上市公司向全体流通股东每 10 股转增 5.869589 股(相当于流通股股东每 10 股获得 1.5 股的对价)。
162	000576	* ST 甘化	2006-3-13	送　股	上市公司向流通股东每 10 股转增 9.7 股。
163	000578	盐湖集团	2008-3-11	送股,资产重组	非流通股东向流通股东每 10 股送 1.1747 股。数码网络拟实施重组,本次重组方案包括盐湖集团受让数码网络股份、数码网络以新增股份换股吸收合并盐湖集团暨注销盐湖集团受让股份。公司本次股权分置改革方案与重组方案同步实施,互为前提。
164	000581	威孚高科	2006-4-5	送　股	非流通股东向 A 股流通股东每 10 股送 1.7 股。
165	000582	北海港	2007-5-22	送　股	非流通股东向流通股东每 10 股送 3.2 股。
166	000584	友利控股	2006-3-28	送　股	非流通股东向流通股东每 10 股送 3.5 股。
167	000585	* ST 东电	2006-5-16	送　股	非流通股东向 A 股流通股东每 10 股送 2.5 股。
168	000586	* ST 汇源	2005-12-29	送　股	非流通股东向流通股东每 10 股送 3.8 股。
169	000589	黔轮胎 A	2006-4-6	送　股	非流通股东向流通股东每 10 股送 3.6 股。
170	000590	紫光古汉	2006-8-31	送　股	非流通股东向流通股东每 10 股送 3.5 股。
171	000591	桐君阁	2007-2-1	送　股	上市公司向全体流通股东每 10 股转增 5.466 股(相当于流通股股东每 10 股获得 2.99 股的对价)。
172	000592	中福实业	2008-4-14	送股,资产重组	昌源投资股份有限公司本次股权分置改革拟与资产重组方案相结合。上市公司向全体流通股东每 10 股转增 3 股(相当于流通股股东每 10 股获得 1.94 股的对价)。
173	000593	大通燃气	2006-9-12	送　股	上市公司向全体流通股东每 10 股转增 5.3 股(相当于流通股股东每 10 股获得 3.037 股的对价)。
174	000594	国恒铁路	2006-1-10	送　股	非流通股东向流通股股东每 10 股送 3.0 股。
175	000595	西北轴承	2006-4-21	送　股	上市公司向全体流通股东每 10 股转增 6.36 股(相当于流通股股东每 10 股获得 3.2 股的对价)。
176	000596	古井贡酒	2006-6-19	送　股	非流通股东向 A 股流通股东每 10 股送 4 股。
177	000597	东北制药	2006-2-14	送　股	非流通股东向流通股股东每 10 股送 3.6 股。
178	000598	蓝星清洗	2006-4-17	送　股	非流通股东向流通股东每 10 股送 3 股。
179	000599	青岛双星	2005-12-5	送　股	非流通股东向流通股东每 10 股送 3.5 股。
180	000600	建投能源	2005-11-28	送　股	非流通股东向流通股东每 10 股送 3.2 股。
181	000601	韶能股份	2006-2-23	送　股	上市公司向全体流通股股东每 10 股转增 8.733 股。
182	000602	金马集团	2005-12-20	送　股	非流通股东向流通股东每 10 股送 3 股。
183	000603	* ST 威达	2006-6-30	送　股	上市公司向全体流通股东每 10 股转增 10 股(相当于流通股股东每 10 股获得 5.94 股的对价)。
184	000605	ST 四环	2006-6-21	送　股	上市公司向全体流通股东每 10 股转增 5.2 股(相当于流通股股东每 10 股获得 3.45 股的对价)。

续表 5 Continued 5

序号 No.	证券代码 Code	名称 Companies	实施复牌日 Resumption of Trading Date	类型 Type	对价方案摘要 Abstract of Compensation Package
185	000606	青海明胶	2006-1-23	送 股	非流通股东向流通股股东每10股送3.2股。
186	000607	华立药业	2005-12-22	送 股	上市公司向全体流通股东每10股转增6股。
187	000608	阳光股份	2006-1-13	送 股	非流通股东向流通股东每10股送3.3股。
188	000609	绵世股份	2007-1-29	送 股	上市公司向全体股东每10股转增1.5股,非流通股东向流通股东每10股送2.4562股(相当于流通股股东每10股获送2.1359股)。
189	000610	西安旅游	2006-2-14	送 股	非流通股东向流通股股东每10股送3.2股。
190	000611	时代科技	2006-8-2	送 股	上市公司向全体流通股东每10股转增5.5股(相当于流通股股东每10股获得2.53股的对价)。
191	000612	焦作万方	2006-9-22	送 股	非流通股东向流通股东每10股送3股。
192	000613	ST东海A	2007-8-8	送股,资产重组	非流通股东向A股流通股东每10股送3股,控股股东海口食品有限公司组织协调债务重组事宜,承接并最终豁免上市公司约158974468.35元的债务,从根本上改善上市公司的财务状况。
193	000615	湖北金环	2006-2-15	送 股	上市公司向全体流通股股东每10股转增8股。
194	000616	亿城股份	2006-7-18	送 股	非流通股东向流通股东每10股送1.3股,上市公司向流通股东每10股转增2.1股(相当于流通股股东每10股获送2.33股)。
195	000617	石油济柴	2007-3-6	送 股	非流通股东向流通股东每10股送2.8股。
196	000619	海螺型材	2006-3-17	送 股	非流通股东向流通股东每10股送3股。
197	000623	吉林敖东	2005-8-4	缩股,派现	非流通股份按照1:0.6074的缩股比例进行缩股,非流通股东向流通股东每10股送1.86元。
198	000625	长安汽车	2006-5-11	送 股	非流通股东向A股流通股东每10股送3.2股。
199	000626	如意集团	2006-12-28	送 股	非流通股东向流通股东每10股送3股。
200	000627	天茂集团	2005-11-9	送 股	非流通股东向流通股东每10股送3.2股。
201	000628	高新发展	2006-7-12	送股,资产重组,注资	上市公司向全体流通股股东每10股转增3股和高投集团豁免公司对其1.1亿元的债务,同时向公司注入3750万元现金以及其他非流通股股东将其所持公司非流通股股份的35%支付给高投集团。
202	000629	攀钢钢钒	2005-11-7	送股,权证	上市公司向全体股东每10股转增3股,非流通股东向流通股东每10股送1.5385股(实得5股),派发4份存续期18个月、行权价4.85元的欧式认沽权证。
203	000630	铜陵有色	2005-10-27	送 股	非流通股东向流通股东每10股送2.5股。
204	000631	顺发恒业	2009-6-5	送 股	上市公司向全体流通股东每10股转增6股(相当于流通股股东每10股获得2.440股的对价)。
205	000632	三木集团	2006-8-31	送 股	上市公司向全体流通股东每10股转增5股(相当于流通股股东每10股获得3.03股的对价)。
206	000635	英力特	2005-11-22	送 股	非流通股东向流通股东每10股送3.5股。
207	000636	风华高科	2006-4-6	送 股	上市公司向全体流通股东每10股转增8股(相当于流通股股东每10股获得3.82股的对价)。
208	000637	茂化实华	2008-2-25	送 股	非流通股东向流通股东每10股送3.3股。
209	000638	万方地产	2009-6-5	资产重组	公司潜在控股股东北京万方源房地产开发有限公司及其控股股东万方投资控股(集团)有限公司通过向上市公司赠送资产的方式,向全体流通股股东作出对价安排,换取非流通股股份的上市流通权。
210	000639	金德发展	2006-9-26	送 股	非流通股东向流通股东每10股送3股。
211	000650	仁和药业	2007-3-29	送 股	上市公司向全体流通股东每10股转增3.045股(相当于流通股股东每10股获得1.86股的对价)。
212	000651	格力电器	2006-3-8	送 股	非流通股东向流通股股东每10股2.7股。
213	000652	泰达股份	2005-12-12	送 股	非流通股东向流通股东每10股送3.0股。
214	000655	金岭矿业	2006-9-20	资产重组	与山东金岭铁矿进行重大资产重组。
215	000656	ST东源	2006-8-24	送 股	上市公司向全体流通股东每10股转增6股(相当于流通股股东每10股获得3.2股的对价)。
216	000657	*ST中钨	2006-10-26	送 股	上市公司向全体流通股东每10股转增6.91股(相当于流通股股东每10股获得3股的对价)。
217	000659	珠海中富	2005-10-27	送股,派现	非流通股东向流通股东每10股送2.5股以及0.772元的现金。
218	000661	长春高新	2007-1-19	送股,资产重组	非流通股东向流通股东每10股送1.5股。本公司控股股东发展总公司拟以其所持本公司45475210股股份(占本公司总股本34.63%)与创业科技共同出资设立长春超达,本公司拟与本公司全资子公司开发公司成立长春科建。
219	000662	索芙特	2005-11-4	送 股	非流通股东向流通股东每10股送4股。
220	000663	永安林业	2006-9-1	送 股	上市公司向全体流通股东每10股转增6股(相当于流通股股东每10股获得3.196股的对价)。

续表 6　Continued 6

序号 No.	证券代码 Code	名称 Companies	实施复牌日 Resumption of Trading Date	类型 Type	对价方案摘要 Abstract of Compensation Package
221	000665	武汉塑料	2006-12-12	送股，资产重组	上市公司向全体流通股东每10股转增5股，向控股股东武汉经开及非流通股股东工业联社每10股转增2.6股股份，武汉塑料控股股东武汉经开将其合法持有的神龙塑胶100%股权赠与武汉塑料（相当于流通股股东每10股获得3.08股的对价）。
222	000666	经纬纺机	2006-8-8	送股，派现	非流通股东向A股流通股东每10股送1.2股和现金2.5元。
223	000667	名流置业	2006-2-20	送　股	上市公司以资本公积金向流通股股东每10股转增1.37股，以盈余公积金向流通股股东每10股转增2.5股，流通股股东每10股实得3.87股。
224	000668	荣丰控股	2009-1-23	送　股	非流通股东向流通股东每10股送3.5股。
225	000669	领先科技	2006-6-16	送股，资产重组	非流通股东向流通股东每10股送1.24股，公司全体非流通股股东提供合计589.6万股非流通股股份，作为信托财产设立信托计划，用于专项偿还公司历史遗留债务（截至2005年12月31日，该笔债务本息合计52803265.48元）。
226	000671	阳光城	2006-7-17	送　股	非流通股东向流通股东每10股送1股。
227	000672	*ST铜城	2007-4-23	送　股	上市公司向全体流通股东每10股转增9股（相当于流通股股东每10股获得3.4股的对价）。
228	000673	ST大水	2007-2-15	送　股	上市公司向全体流通股东每10股转增6.8股（相当于流通股股东每10股获得4股的对价）。
229	000676	思达高科	2006-7-31	送　股	非流通股东向流通股东每10股送3.2股。
230	000677	山东海龙	2006-1-23	送　股	非流通股东向流通股东每10股送3.2股。
231	000678	襄阳轴承	2006-7-13	送　股	上市公司向全体流通股东每10股转增3.4股（相当于流通股股东每10股获得1.25股的对价）。
232	000679	大连友谊	2006-7-18	送股，派现	非流通股东向流通股东每10股送2.7股和现金2元。
233	000680	山推股份	2006-5-29	送股，派现	非流通股股东向流通股股东每10股支付1股股份，公司向全体股东每10股派发现金红利1.23元，流通股股东每10股获0.53元现金对价，公司向全体流通股东每10股转增1股（实得现金1.76元和2股股份）。
234	000681	*ST远东	2006-8-28	送　股	非流通股东向流通股东每10股送3股。
235	000682	东方电子	2006-10-16	送股，资产重组	上市公司向全体流通股东每10股转增1股，非流通股东向流通股东每10股送1.3股。流通股东每10股实得2.3股股份。
236	000683	远兴能源	2006-5-22	送　股	非流通股东向流通股东每10股送3股。
237	000685	中山公用	2006-1-24	送　股	非流通股东向流通股股东每10股送3.2股。
238	000686	东北证券	2007-8-27	送股，回购，资产重组	定向回购并注销中油锦州所持公司全部股份，以新增股份吸收合并东北证券，非流通股东向流通股东每10股送4股，上市公司向全体股东每10股转增8股（本方案相当于流通股每10股获送2.22223股）。
239	000687	保定天鹅	2005-12-26	送　股	非流通股东向流通股东每10股送3.8股。
240	000690	宝新能源	2005-12-27	送　股	非流通股东向流通股东每10股送3股。
241	000691	*ST联油	2006-10-9	送　股	上市公司向全体流通股东每10股转增5股（相当于流通股股东每10股获得1.98股的对价）。
242	000692	ST惠天	2006-3-16	送　股	非流通股东向流通股东每10股送3.6股。
243	000695	滨海能源	2005-11-14	送　股	非流通股东向流通股东每10股送3股。
244	000697	*ST偏转	2006-8-4	送　股	非流通股东向流通股东每10股送3.2股。
245	000698	沈阳化工	2006-3-22	送　股	非流通股东向流通股东每10股送3.5股。
246	000700	模塑科技	2006-2-10	送　股	非流通股东向流通股股东每10股送3.5股。
247	000701	厦门信达	2006-7-28	送　股	非流通股东向流通股东每10股送1.5股，上市公司向流通股东每10股转增3.5股（相当于流通股股东每10股获送2.49股）。
248	000702	正虹科技	2006-3-29	送　股	非流通股东向流通股东每10股送2.8股。
249	000703	世纪光华	2006-11-24	送　股	非流通股东向流通股东每10股送2.7股。
250	000705	浙江震元	2006-7-10	送股，资产重组	绍兴震元集团国有资本投资有限公司注入价值1885.16万的商业房地产，非流通股东向流通股东每10股送2股。
251	000707	双环科技	2006-6-8	送　股	非流通股东向流通股东每10股送2.8股。
252	000708	大冶特钢	2006-2-7	认沽权利	湖北新冶钢有限公司承诺赋予流通股股东在股权分置改革方案实施之日起第十二个月最后一个交易日当日结束后登记在册的全体股东，有权将其持有的全部无限售条件的流通股，在之后三十日内的任何一个交易日内，以每股3.80元的价格出售给湖北新冶钢有限公司。
253	000709	唐钢股份	2005-12-21	送　股	上市公司向全体流通股股东每10股转增5.5股，相当于每10股流通股获送3.3708股。

续表 7 Continued 7

序号 No.	证券代码 Code	名称 Companies	实施复牌日 Resumption of Trading Date	类型 Type	对价方案摘要 Abstract of Compensation Package
254	000710	天兴仪表	2006-9-1	送股	非流通股东向流通股东每10股送3.8股。
255	000711	天伦置业	2006-4-7	送股	非流通股东向流通股东每10股送3股。
256	000712	锦龙股份	2006-3-27	送股	非流通股东向流通股东每10股送3.3股。
257	000713	丰乐种业	2006-2-14	送股	非流通股东向流通股东每10股送3.3股。
258	000715	中兴商业	2006-8-18	送股	非流通股东向流通股东每10股送3.0股。
259	000716	ST南方	2006-11-27	送股,注资	南方投资向上市公司注资3700万元,非流通股东向流通股东每10股送1股。
260	000717	韶钢松山	2005-8-18	送股	非流通股东向流通股东每10股送3.5股。
261	000718	苏宁环球	2005-12-26	资产重组	苏宁集团通过收购*ST吉纸控股权将成为*ST吉纸股东以将经营性资产注入*ST吉纸的方式,向全体流通股股东做出对价安排。
262	000720	*ST能山	2006-6-7	送股	非流通股东向流通股东每10股送2.8股。
263	000721	西安饮食	2007-3-5	送股	上市公司向全体流通股东每10股转增4.5股(相当于流通股股东每10股获得2.5股的对价)。
264	000722	*ST金果	2006-4-13	送股,资产重组	金果实业第一大股东湖南湘投控股集团有限公司将其拥有的36.988%的湖南电子信息产业集团股权与金果实业的相关资产进行置换,上市公司向全体流通股股东每10股转增3股。
265	000723	美锦能源	2007-9-5	送股,资产重组	与美锦能源集团有限公司进行资产置换,非流通股东向流通股东每10股送0.8股。
266	000725	京东方A	2005-11-30	送股	非流通股东向A股流通股东每10股送4.2股。
267	000726	鲁泰A	2006-6-12	送股	非流通股东向A股流通股东每10股送0.7股。
268	000727	华东科技	2006-5-9	送股	非流通股东向流通股东每10股送3.2股。
269	000728	国元证券	2007-10-30	送股,回购,资产重组	北京化二定向回购东方石化持有其的24121万股非流通股股份并注销;北京化二向东方石化整体出售其拥有的全部资产和负债。以新增股份吸收合并国元证券在回购并注销东方石化所持公司全部股份时,本公司将以新增股份吸收合并国元证券。
270	000729	燕京啤酒	2006-5-16	送股	非流通股东向流通股东每10股送2.7股。
271	000731	四川美丰	2007-3-23	送股	上市公司向全体流通股东每10股转增6.6股(相当于流通股股东每10股获得3.05股的对价)。
272	000733	振华科技	2006-7-17	送股	非流通股东向流通股东每10股送2.85股。
273	000735	罗牛山	2006-4-18	送股	上市公司向全体流通股东每10股转增9.0股。
274	000736	ST重实	2008-12-5	送股,资产重组	上市公司向全体流通股东每10股转增4.06505股,增发后的非流通股东每10股向流通股送0.87635股对价,每10股流通股实得4.9414股。重庆渝富公司以豁免上市公司1.5亿元债务方式参与本次股权分置改革的对价安排。
275	000737	南风化工	2006-4-28	送股	非流通股东向流通股东每10股送3.5股。
276	000738	ST宇航	2006-4-21	送股	非流通股东向流通股东每10股送3.5股。
277	000739	普洛股份	2006-2-15	送股	非流通股东向流通股东每10股送2.5股。
278	000748	长城信息	2006-6-5	送股,资产重组	公司以低效资产冲抵控股股东持有的2600万股公司非流通股股份,完成后公司将该部分股份予以注销。非流通股股东向流通股股东每10股支付1.8股股份。
279	000751	*ST锌业	2006-4-10	送股	上市公司向全体流通股股东每10股转增6.6股。
280	000752	西藏发展	2006-9-4	送股	非流通股东向流通股东每10股送2股。
281	000753	漳州发展	2006-7-14	送股,回购	定向回购法人股44453591股,非流通股东向流通股东每10股送3.5股。
282	000755	山西三维	2006-4-12	送股	非流通股东向流通股东每10股送3.1股。
283	000756	新华制药	2006-6-6	送股	非流通股东向A股流通股东每10股送3.5股。
284	000757	*ST方向	2007-1-8	送股	上市公司向全体流通股东每10股转增7股(相当于流通股股东每10股获得3.58股的对价)。
285	000758	中色股份	2006-6-7	送股	非流通股东向流通股东每10股送2.5股。
286	000759	武汉中百	2006-3-28	送股	非流通股东向流通股东每10股送1.25股。
287	000760	博盈投资	2006-9-25	送股,资产重组	以现金清偿原控股股东对上市公司部分欠款,流通股股东每10股可获转增股份4.6股,动议方股东嘉利恒德、环球京彩每10股可获得转增股份1.45股。
288	000761	本钢板材	2006-3-15	送股	非流通股东向A股流通股东每10股送3.4股。
289	000762	西藏矿业	2006-2-10	送股	向全体股东每10股转增2.5股,非流通股股东将获得的转增股份作为对价,流通股股东每10股获得3.21股的对价(实得6.51股)。
290	000766	通化金马	2006-8-8	资产重组	永信投资与东方资产签订了《债权转让合同》,永信投资以现金和所持通化金马股份的30%——计35397983股收购东方资产拥有的通化金马全部债权本金及利息875100435.86元,永信投资成为通化金马上述债务的债权人。

续表 8　Continued 8

序号 No.	证券代码 Code	名称 Companies	实施复牌日 Resumption of Trading Date	类型 Type	对价方案摘要 Abstract of Compensation Package
291	000767	漳泽电力	2005-12-30	送　股	非流通股东向流通股东每10股送3.2股。
292	000768	西飞国际	2006-5-9	送　股	非流通股东向流通股东每10股送2.5股。
293	000777	中核科技	2006-5-16	送　股	非流通股东向流通股东每10股送3.2股。
294	000778	新兴铸管	2005-11-10	送　股	非流通股东向流通股东每10股送3股。
295	000779	ST派神	2007-2-12	送　股	非流通股东向流通股东每10股送1股，上市公司向全体流通股东每10股转增4股，流通股东每10股实得5股（相当于流通股股东每10股获得2.27股的对价）。
296	000780	平庄能源	2006-4-6	送　股	上市公司向全体流通股东每10股转增11.02155股（相当于流通股股东每10股获得4股的对价）。
297	000782	美达股份	2006-5-12	送　股	上市公司向全体流通股东每10股转增4.903股（相当于流通股股东每10股获得2.6股的对价）。
298	000783	长江证券	2007-12-27	送股，回购，资产重组	本次股权分置改革方案以公司向中国石化出售全部资产，中国石化以承担公司全部债务作为全部资产收购的对价（重大资产出售）；同时公司以1元人民币现金为对价回购中国石化所持本公司全部股份并注销（定向股份回购）；以新增股份吸收合并长江证券（吸收合并）。
299	000785	武汉中商	2006-4-3	送　股	非流通股东向流通股东每10股送3.9股。
300	000786	北新建材	2006-6-29	送股，派现	非流通股东向流通股东每10股送2股和现金3.83元。
301	000787	*ST创智	2007-2-9	送　股	上市公司向全体流通股东每10股转增9股（相当于流通股股东每10股获得2.58股的对价）。
302	000788	西南合成	2006-4-20	送　股	上市公司向全体流通股东每10股转增5.01股（相当于流通股股东每10股获得3.3股的对价）。
303	000789	江西水泥	2006-8-9	送　股	非流通股东向流通股东每10股送3股。
304	000790	华神集团	2006-2-21	送　股	非流通股东向流通股东每10股送3.2股。
305	000791	西北化工	2006-6-12	送　股	非流通股东向流通股东每10股送3.3股。
306	000792	盐湖钾肥	2006-6-29	送股，权证，派现	非流通股东向流通股东每10股送1.2股和现金12元，派发4份存续期12个月、行权价15.1元的百慕大式认沽权证。
307	000793	华闻传媒	2006-2-27	送　股	非流通股东向流通股股东每10股送3.0股。
308	000795	太原刚玉	2006-3-7	送　股	非流通股东向流通股东每10股送3股。
309	000796	宝商集团	2006-9-12	送　股	上市公司向全体流通股东每10股转增4股（相当于流通股股东每10股获得0.93股的对价）。
310	000797	中国武夷	2006-10-13	送　股	非流通股东向流通股东每10股送3股。
311	000798	中水渔业	2006-4-27	送　股	非流通股东向流通股东每10股送3.8股。
312	000799	酒鬼酒	2008-1-11	送　股	向非流通股东向流通股东每10股送2股。
313	000800	一汽轿车	2006-4-11	送　股	非流通股东向流通股东每10股送3.3股。
314	000801	四川湖山	2006-8-2	送　股	非流通股东向流通股东每10股送3.5股。
315	000802	北京旅游	2006-5-29	送　股	上市公司向全体流通股东每10股转增5.4462股（相当于流通股股东每10股获得3.06股的对价）。
316	000803	金宇车城	2006-8-8	送　股	上市公司向全体流通股东每10股转增5.41股（相当于流通股股东每10股获得2.23股的对价）。
317	000805	*ST炎黄	—	送　股	上市公司向全体流通股东每10股转增4.46股（相当于流通股股东每10股获得3股的对价）。
318	000806	银河科技	2006-1-9	送　股	上市公司以资本公积金向全体股东每10股转增3.8股（流通股东实得6.709股）。
319	000807	云铝股份	2006-5-23	送　股	非流通股东向流通股东每10股送3.2股。
320	000809	中汇医药	2006-7-21	送　股	非流通股东向流通股东每10股送2.6股。
321	000810	华润锦华	2006-11-17	资产重组	上市公司受让华润锦纶20%股权和华润纤维20%股权，与第一大股东华润纺织资产重组，受赠其他非流通股股东现金，土地等资产。
322	000811	烟台冰轮	2006-6-1	送　股	非流通股东向流通股东每10股送3股。
323	000812	陕西金叶	2006-7-31	送　股	非流通股东向流通股东每10股送2.8股。
324	000813	天山纺织	2006-6-1	送　股	非流通股东向流通股东每10股送3.6股。
325	000815	美利纸业	2005-12-29	送　股	非流通股东向流通股东每10股送3.2股。
326	000816	江淮动力	2006-4-18	送　股	非流通股东向流通股东每10股送2.6股。
327	000818	锦化氯碱	2006-3-13	送　股	非流通股东向流通股东每10股送3.6股。
328	000819	岳阳兴长	2007-3-28	送　股	上市公司向全体流通股东每10股转增5.485股（相当于流通股股东每10股获得3.2股的对价）。
329	000820	金城股份	2006-8-28	送股，资产重组	向非流通股股东转增3000万股，非流通股股东承担公司7500万元债务，上市公司向流通股东每10股转增6股（相当于流通股股东每10股获送3.54股）。
330	000821	京山轻机	2005-12-5	送　股	非流通股东向流通股东每10股送3.2股。

续表 9　Continued 9

序号 No.	证券代码 Code	名称 Companies	实施复牌日 Resumption of Trading Date	类型 Type	对价方案摘要 Abstract of Compensation Package
331	000822	山东海化	2006-3-22	送　股	非流通股东向流通股东每10股送3股。
332	000823	超声电子	2006-3-20	送　股	非流通股东向流通股东每10股送3.5股。
333	000825	太钢不锈	2006-3-7	送　股	非流通股东向流通股东每10股送3.4股。
334	000826	合加资源	2006-2-10	送　股	非流通股东向流通股东每10股送2.5股。
335	000828	东莞控股	2005-12-30	送股,缩股,派现	非流通股份按照1∶0.8的缩股比例进行缩股,非流通股东向流通股东每10股送2股和4.3592元现金。
336	000829	天音控股	2006-9-5	送　股	非流通股东向流通股东每10股送2.6股。
337	000830	鲁西化工	2005-8-23	送　股	非流通股东向流通股东每10股送4股。
338	000831	关铝股份	2006-4-11	送　股	非流通股东向流通股东每10股送3.4股。
339	000833	贵糖股份	2007-4-13	送　股	上市公司向全体流通股东每10股转增4.4股(相当于流通股股东每10股获得2.3股的对价)。
340	000835	四川圣达	2006-5-19	送　股	非流通股东向流通股东每10股送3股。
341	000836	鑫茂科技	2006-2-20	送股,资产重组	第一大股东与上市公司进行资产置换,以向上市公司注入优质资产并从上市公司置出不良资产的形式作为此次股权分置改革的对价安排,非流通股东向流通股东每10股送1.82股。
342	000837	秦川发展	2006-2-6	送　股	非流通股东向流通股股东每10股送3.05股。
343	000838	国兴地产	2007-10-19	送　股	非流通股东向流通股东每10股送3股。
344	000839	中信国安	2006-2-6	送　股	非流通股东向流通股东每10股送3.5股。
345	000848	承德露露	2006-6-7	派现	非流通股东向流通股东每10股送现金6.27元。
346	000850	华茂股份	2006-1-12	送　股	非流通股东向流通股股东每10股送3.4股。
347	000851	高鸿股份	2006-6-30	送　股	非流通股东向流通股东每10股送3股。
348	000852	江钻股份	2007-3-19	送　股	非流通股东向流通股东每10股送3股。
349	000856	*ST唐陶	2007-1-15	送　股	上市公司向全体流通股东每10股转增8股(相当于流通股股东每10股获得3.9股的对价)。
350	000858	五粮液	2006-3-31	送股,权证	非流通股东向流通股东每10股送1.7股,派发4.1份存续期24个月、行权价7.96元的百慕大式认沽权证,派发3.9份存续期24个月、行权价6.93元的百慕大式认购权证。
351	000859	国风塑业	2006-2-10	送　股	非流通股东向流通股股东每10股送3.7股。
352	000860	顺鑫农业	2005-10-27	送　股	非流通股东向流通股东每10股送3.5股。
353	000861	海印股份	2006-7-4	送　股	非流通股东向流通股东每10股送2股。
354	000862	银星能源	2006-7-18	送　股	非流通股东向流通股东每10股送2.4股,公司向全体流通股东每10股转增1.5股,流通股东实得3.9股。
355	000863	*ST商务	2007-1-31	送　股	上市公司向全体流通股东每10股转增10股(相当于流通股股东每10股获得5.553股的对价)。
356	000868	安凯客车	2006-6-1	送　股	上市公司向全体股东每10股转增3.4412股,非流通股东向流通股东每10股送3.0197股(流通股东实得7.5股)。
357	000869	张裕A	2006-3-21	送　股	非流通股东向A股流通股东每10股送2.8股。
358	000875	吉电股份	2006-7-26	送　股	上市公司向流通股东每10股转增3股(相当于流通股股东每10股获送0.51股)。
359	000876	新希望	2006-2-7	送　股	非流通股东向流通股东每10股送3股。
360	000877	天山股份	2006-5-26	送　股	非流通股东向流通股东每10股送3.2股。
361	000878	云南铜业	2006-3-6	送　股	非流通股东向流通股东每10股送3股。
362	000880	潍柴重机	2007-4-30	资产重组	以山东巨力的重大资产重组为基础,相当于流通股股东获得11584.42万元的对价,即每10股获得8.8元的对价。
363	000881	大连国际	2005-12-27	送　股	非流通股东向流通股东每10股送2.8股。
364	000882	华联股份	2006-7-11	送　股	非流通股东向流通股东每10股送3股。
365	000883	三环股份	2006-6-6	送　股	非流通股东向流通股东每10股送3.3股。
366	000885	同力水泥	2007-8-7	送股,资产重组	河南建投与公司实施重大资产置换,非流通股东向流通股东每10股送0.5股(相当于流通股股东每10股获送2.5股)。
367	000886	海南高速	2006-7-19	送　股	非流通股东向流通股东每10股送3.9股。

续表 10 Continued 10

序号 No.	证券代码 Code	名称 Companies	实施复牌日 Resumption of Trading Date	类型 Type	对价方案摘要 Abstract of Compensation Package
368	000887	中鼎股份	2006-12-22	送股,资产重组	股权收购方中鼎股份的全资子公司密封件公司与飞彩股份进行资产置换。公司向全体股东每10股转增22股,再由非流通股股东将其获增股份中的29120000股转送给流通股股东,全体股东以每10股减6.7335股的方式减资弥补亏损。
369	000888	峨眉山A	2006-5-25	送　股	非流通股东向流通股东每10股送3.2股。
370	000889	渤海物流	2006-6-21	送　股	非流通股东向流通股东每10股送2.5股。
371	000890	法尔胜	2006-4-3	送　股	非流通股东向流通股东每10股送3股。
372	000892	ST星美	2009-4-8	资产重组	鑫以实业拟提供现金代上市公司向选择现金受偿的债权人偿还债务,并获得对上市公司的债权,本次改革方案为全体非流通股股东以其持有的星美联合非流通股的50%为上市公司偿还债务作为对价,其中40000000股偿还给太极集团有限公司等债权人、剩余106938440股偿还给鑫以实业。
373	000893	广州冷机	2006-9-25	送股,派现	非流通股东向流通股东每10股送3.1股,上市公司向全体股东每10股派送现金红利0.2054元,流通股股东每10股获送0.59元的现金对价(流通股东实得0.8元和3.1股)。
374	000895	双汇发展	2007-6-29	送　股	上市公司向全体股东每10股转增1.8股,非流通股东向流通股东每10股送2.36股(流通股东实得4.58股)。
375	000897	津滨发展	2005-11-11	送　股	上市公司向全体股东每10股转增2.1股,非流通股东向流通股东每10股送3.8股(流通股东实得6.7股)。
376	000898	鞍钢股份	2005-12-2	送股,权证	非流通股东向A股流通股东每10股送2.5股,派发1.5份存续期366天、行权价3.6元的欧式认购权证。
377	000899	赣能股份	2006-3-31	送　股	非流通股东向流通股东每10股送3.3股。
378	000900	现代投资	2006-6-28	送股,派现	上市公司向全体股东每10股派现7.57元和非流通股东向流通股东每10股送2.2股及将所获现金红利每10股送6.53元(流通股东实得现金14.10元)。
379	000901	航天科技	2006-4-25	送　股	非流通股东向流通股东每10股送2.9股。
380	000902	中国服装	2007-3-26	送　股	非流通股东向流通股东每10股送2.6股。
381	000903	云内动力	2006-2-13	送　股	非流通股东向流通股股东每10股送3.5股。
382	000905	厦门港务	2006-10-17	送股,派现	上市公司向全体股东每10股转增8股,非流通股东向流通股东每10股送0.505股和现金7.47元(流通股东实得8.909股和现金13.446元)。
383	000906	南方建材	2008-6-13	送　股	非流通股东向流通股东每10股送3股。
384	000908	天一科技	2008-6-10	送　股	非流通股东向流通股东每10股送2.6股。
385	000909	数源科技	2006-1-10	送　股	非流通股东向流通股股东每10股送3.7股。
386	000910	大亚科技	2006-5-15	送股,资产重组	非流通股东向流通股东每10股送1股,大亚集团拟将其分别持有的三个人造板公司各75%的股权注入大亚科技。
387	000911	南宁糖业	2006-5-17	送　股	非流通股东向流通股东每10股送3.3股。
388	000912	泸天化	2006-2-13	送股,派现	非流通股东向流通股股东每10股送2.2股和现金5.12元,流通股股东每10股实际得到2.2股和现金7.68元(含税)。
389	000913	钱江摩托	2006-4-11	送　股	非流通股东向流通股东每10股送3.2股。
390	000915	山大华特	2006-7-20	送　股	非流通股东向流通股东每10股送0.33股,上市公司向流通股东每10股转增3.41股(相当于流通股股东每10股获送1.7股)。
391	000916	华北高速	2006-4-19	送股,派现	上市公司向流通股东每10股派现1.26元,非流通股东向流通股东每10股送2.1股和2.77元现金(实得4.03元)。
392	000917	电广传媒	2005-12-12	送　股	非流通股东向流通股东每10股送2.8股。
393	000918	*ST亚华	2009-4-30	送股,资产重组	非流通股东向流通股东每10股送2.00股。
394	000919	金陵药业	2006-2-7	送　股	非流通股东向流通股股东每10股送3.5股。
395	000920	南方汇通	2006-6-26	送　股	非流通股东向流通股东每10股送3.3股。
396	000921	ST科龙	2007-3-29	送　股	非流通股东向A股流通股东每10股送1.2股。
397	000922	ST阿继	2007-4-11	送　股	非流通股东向流通股东每10股送2.8股。

续表 11 Continued 11

序号 No.	证券代码 Code	名称 Companies	实施复牌日 Resumption of Trading Date	类型 Type	对价方案摘要 Abstract of Compensation Package
398	000923	河北宣工	2008-5-5	送股	上市公司向全体流通股东每10股转增6股(相当于流通股股东每10股获得3.3333股的对价)。
399	000925	浙江海纳	2009-4-30	送股,资产重组	上市公司向全体流通股东每10股转增1.6股,非流通股东向流通股东每10股送0.6股(流通股东实得2.2股)。
400	000926	福星股份	2005-11-9	缩股	非流通股东每10股缩6.3股。
401	000927	一汽夏利	2006-7-26	送股	非流通股东向流通股东每10股送3.6股。
402	000928	中钢吉炭	2006-6-5	送股,资产重组,认沽权利	非流通股东向流通股东每10股送0.7股,流通股股东每10股将获得3份行权价格为4元认沽权利。中钢集团和吉林省国资委全力推动和直接支持下,偿还占用资金,并协调安排吉林炭素的债务重组,吉林炭素净资产增加303763575.56元。
403	000929	兰州黄河	2006-12-1	送股	非流通股东向流通股东每10股送2股,上市公司向流通股东每10股转增2.75股(相当于流通股股东每10股获送4.75股)。
404	000930	丰原生化	2005-11-7	送股	非流通股东向流通股东每10股送2.2496股。
405	000931	中关村	2007-1-9	送股	非流通股东向流通股东每10股送1.6股。
406	000932	华菱钢铁	2006-3-1	权证	非流通股东向流通股东每10股派发7.19206份存续期24个月、行权价4.90元的欧式认沽权证。
407	000933	神火股份	2006-1-10	送股	非流通股东向流通股东每10股送3股。
408	000935	ST双马	2007-6-6	送股	非流通股东向流通股东每10股送3股。
409	000936	华西村	2005-11-8	送股	非流通股东向流通股东每10股送4.7股。
410	000937	金牛能源	2005-6-28	送股	非流通股东向流通股东每10股送2.5股。
411	000938	紫光股份	2006-3-8	送股	非流通股东向流通股东每10股送5股。
412	000939	凯迪电力	2006-9-7	送股	非流通股东向流通股东每10股送2.285股。
413	000948	南天信息	2006-8-7	送股	上市公司向全体流通股东每10股转增5.1376股(相当于流通股股东每10股获得3.2股的对价)。
414	000949	新乡化纤	2006-6-8	送股	非流通股东向流通股东每10股送3.4股。
415	000950	建峰化工	2005-12-27	送股,资产重组	公司本次股权分置改革拟与重大资产重组相结合,非流通股东向流通股东每10股送1.5股。
416	000951	中国重汽	2006-2-13	送股	非流通股东向流通股东每10股送2.8股。
417	000952	广济药业	2006-7-24	送股,资产重组	由非流通股东按持股比例承担广济药业持有的安华酒店7973.64万元不良债权,上市公司向流通股股东每10股转增10.5627股,向四家非流通股东每10股转增1.43247股。
418	000953	河池化工	2006-11-13	送股	非流通股东向流通股东每10股送3股。
419	000955	*ST欣龙	2006-3-23	送股	非流通股东向流通股东每10股送3.2股。
420	000957	中通客车	2006-6-20	送股	非流通股东向流通股东每10股送3股。
421	000958	东方热电	2006-6-9	送股	非流通股东向流通股东每10股送3.8股。
422	000959	首钢股份	2005-11-18	送股,派现	非流通股东向流通股东每10股送2.4股和现金2.71元。
423	000960	锡业股份	2006-2-14	送股	非流通股东向流通股股东每10股送3.0股。
424	000961	大连金牛	2006-3-21	送股	非流通股东向流通股东每10股送3.4股。
425	000962	东方钽业	2006-3-16	送股	非流通股东向流通股东每10股送3.4股。
426	000963	华东医药	2006-11-1	送股	上市公司向全体流通股东每10股转增4.278股(相当于流通股股东每10股获得2.5股的对价)。
427	000965	天保基建	2007-9-27	资产重组	天保控股通过重大资产重组以优质房地产公司的全部股权置换出上市公司原有房地产类等盈利能力较差的资产,同时向全体流通股股东承诺未来三年上市公司经营业绩。
428	000966	长源电力	2006-7-31	送股	非流通股东向流通股东每10股送3.5股。
429	000967	上风高科	2006-9-21	送股,资产重组	非流通股东向流通股东每10股送1.7股,盈峰集团拟将其持有的佛山市威奇电工材料有限公司75%的股权按经审计后的净资产的75%作价75477760.53元注入上风高科。
430	000968	煤气化	2005-12-5	送股	非流通股东向流通股东每10股送3.0股。
431	000969	安泰科技	2005-12-5	送股	非流通股东向流通股东每10股送3.2股。
432	000970	中科三环	2006-3-17	送股	非流通股东向流通股东每10股送2.8股。

续表 12　Continued 12

序号 No.	证券代码 Code	名称 Companies	实施复牌日 Resumption of Trading Date	类型 Type	对价方案摘要 Abstract of Compensation Package
433	000971	*ST 迈亚	2005-12-29	送　股	非流通股东向流通股东每 10 股送 3.6 股。
434	000972	新中基	2005-10-26	送　股	非流通股东向流通股东每 10 股送 3.3 股。
435	000973	佛塑股份	2006-1-16	送　股	非流通股东向流通股股东每 10 股送 3.7 股。
436	000975	科学城	2008-1-24	送股,缩股,派现	非流通股股份按每 10 股缩为 6.254 股的比例单向缩股,上市公司向全体股东每 10 股转增 3.485 股,送 1.3635 股,派现 0.1515 元(相当于公司流通股股东每 10 股获得 2.7 股股份的对价)。
437	000976	春晖股份	2006-5-31	送　股	上市公司向全体流通股东每 10 股转增 8.944 股(相当于流通股股东每 10 股获得 3.6 股的对价)。
438	000977	浪潮信息	2006-3-7	送　股	非流通股东向流通股东每 10 股送 3.3 股。
439	000978	桂林旅游	2006-5-19	送　股	非流通股东向流通股东每 10 股送 3.2 股。
440	000979	*ST 科苑	2006-8-2	送　股	上市公司向全体流通股东每 10 股转增 7.5 股(相当于流通股股东每 10 股获得 3.27 股的对价)。
441	000980	金马股份	2006-4-7	送　股	非流通股东向流通股东每 10 股送 3.5 股。
442	000982	中银绒业	2008-1-28	送股,资产重组	上市公司向全体流通股东每 10 股转增 3 股(相当于流通股股东每 10 股获得 1.6 股的对价),中银绒业与公司进行资产置换,与圣雪绒集团进行股权转让,中银绒业将成为本公司控股股东。
443	000983	西山煤电	2005-10-28	送　股	非流通股东向流通股东每 10 股送 2.8 股。
444	000985	大庆华科	2006-10-16	送　股	上市公司向全体股东每 10 股转增 1.273 股,非流通股东向流通股每 10 股送 3.2 股对价,每 10 股流通股实际获得的股数为 4.88 股。
445	000987	广州友谊	2006-1-20	送　股	非流通股东向流通股股东每 10 股送 3 股。
446	000988	华工科技	2005-11-22	送　股	非流通股东向流通股东每 10 股送 4.6 股。
447	000989	九芝堂	2006-5-22	送股,派现	非流通股东向流通股东每 10 股送 2 股;上市公司向全体股东每 10 股送现金红利 2 元(含税),非流通股东向流通股东每 10 股送 2.2369 元(流通股东实得 4.2369 元(含税))。
448	000990	诚志股份	2006-1-23	送　股	非流通股东向流通股股东每 10 股送 3.4 股。
449	000993	闽东电力	2006-8-2	送　股	上市公司向全体流通股东每 10 股转增 7.3 股(相当于流通股股东每 10 股获得 3.9 股的对价)。
450	000995	*ST 皇台	2006-7-19	送　股	上市公司向全体流通股东每 10 股转增 5.32 股(相当于流通股股东每 10 股获得 3.3 股的对价)。
451	000996	中国中期	2006-4-3	送　股	非流通股东向流通股东每 10 股送 3.4 股。
452	000997	新大陆	2005-11-10	送　股	非流通股东向流通股东每 10 股送 3.7 股。
453	000998	隆平高科	2006-3-14	送　股	上市公司向全体股东每 10 股转增 5 股,非流通股东向流通股东每 10 股送 2 股(流通股东实得 8 股)。
454	000999	三九医药	2008-12-5	送　股	非流通股东向流通股东每 10 股送 3.00 股。
455	001696	宗申动力	2006-1-25	送　股	非流通股东向流通股股东每 10 股送 3.0 股。
456	001896	豫能控股	2006-7-26	派现	非流通股东向流通股东每 10 股送现金 8 元。
457	002001	新和成	2005-8-19	送　股	非流通股东向流通股东每 10 股送 3.5 股。
458	002002	*ST 琼花	2005-10-24	送　股	非流通股东向流通股东每 10 股送 4.5 股。
459	002003	伟星股份	2005-9-8	送　股	非流通股东向流通股东每 10 股送 4 股。
460	002004	华邦制药	2005-11-4	送　股	非流通股东向流通股东每 10 股送 3.3 股。
461	002005	德豪润达	2005-11-4	送　股	非流通股东向流通股东每 10 股送 3.6 股。
462	002006	精工科技	2005-10-28	送　股	非流通股东向流通股东每 10 股送 3.5 股。
463	002007	华兰生物	2005-11-22	送　股	非流通股东向流通股东每 10 股送 3.6 股。
464	002008	大族激光	2005-11-28	送　股	非流通股东向流通股东每 10 股送 3.5 股。
465	002009	天奇股份	2005-11-2	送　股	非流通股东向流通股东每 10 股送 3.3 股。
466	002010	传化股份	2005-8-4	送　股	非流通股东向流通股东每 10 股送 4.5 股。
467	002011	盾安环境	2005-11-10	送　股	非流通股东向流通股东每 10 股送 3 股。
468	002012	凯恩股份	2005-11-1	送　股	非流通股东向流通股东每 10 股送 3.5 股。
469	002013	中航精机	2005-11-1	送　股	非流通股东向流通股东每 10 股送 3 股。
470	002014	永新股份	2005-9-8	送　股	非流通股东向流通股东每 10 股送 4 股。
471	002015	霞客环保	2005-11-15	送　股	非流通股东向流通股东每 10 股送 3 股。

续表 13 Continued 13

序号 No.	证券代码 Code	名称 Companies	实施复牌日 Resumption of Trading Date	类型 Type	对价方案摘要 Abstract of Compensation Package
472	002016	世荣兆业	2005-10-28	送股	向全体股东每10股转增1.49股,流通股东每10股获送3.3011股对价股份。
473	002017	东信和平	2005-11-8	送股	非流通股东向流通股东每10股送3.5股。
474	002018	华星化工	2005-10-28	送股	非流通股东向流通股东每10股送4股。
475	002019	鑫富药业	2005-8-12	送股	非流通股东向流通股东每10股送4.5股。
476	002020	京新药业	2005-11-10	送股	非流通股东向流通股东每10股送3.8股。
477	002021	中捷股份	2005-9-8	送股	非流通股东向流通股东每10股送4.5股。
478	002022	科华生物	2005-10-28	送股	非流通股东向流通股东每10股送3.6股。
479	002023	海特高新	2005-8-9	送股	非流通股东向流通股东每10股送3.8股。
480	002024	苏宁电器	2005-8-11	送股	非流通股东向流通股东每10股送2.5股。
481	002025	航天电器	2005-11-4	送股	非流通股东向流通股东每10股送2.5股。
482	002026	山东威达	2005-11-14	送股	非流通股东向流通股东每10股送2.5股。
483	002027	七喜控股	2005-11-10	送股	非流通股东向流通股东每10股送3股。
484	002028	思源电气	2005-11-10	送股	非流通股东向流通股东每10股送3股。
485	002029	七匹狼	2005-8-9	送股	非流通股东向流通股东每10股送3股。
486	002030	达安基因	2005-11-18	送股	非流通股东向流通股东每10股送3.0股。
487	002031	巨轮股份	2005-10-26	送股	非流通股东向流通股东每10股送3.5股。
488	002032	苏泊尔	2005-8-8	送股	非流通股东向流通股东每10股送3.5股。
489	002033	丽江旅游	2005-11-3	送股	非流通股东向流通股东每10股送3.5股。
490	002034	美欣达	2005-10-27	送股	非流通股东向流通股东每10股送3.6股。
491	002035	华帝股份	2005-10-31	送股	非流通股东向流通股东每10股送3.3股。
492	002036	宜科科技	2005-11-15	送股	非流通股东向流通股东每10股送3.5股。
493	002037	久联发展	2005-10-28	送股	非流通股东向流通股东每10股送3.3股。
494	002038	双鹭药业	2005-11-9	送股	非流通股东向流通股东每10股送3.2股。
495	002039	黔源电力	2005-11-30	送股	非流通股东向流通股东每10股送3.2股。
496	002040	南京港	2005-11-9	送股	非流通股东向流通股东每10股送3股。
497	002041	登海种业	2005-11-28	送股,派现	非流通股东向流通股东每10股送2.7股,公司向全体股东派发股利,每10股流通股实际得到5元现金(含税)。
498	002042	华孚色纺	2005-11-7	送股	非流通股东向流通股东每10股送3股。
499	002043	兔宝宝	2005-11-24	送股	非流通股东向流通股东每10股送3.2股。
500	002044	江苏三友	2005-11-28	送股	非流通股东向流通股东每10股送3股。
501	002045	广州国光	2005-11-25	送股	非流通股东向流通股东每10股送3.3股。
502	002046	轴研科技	2005-11-10	送股	非流通股东向流通股东每10股送3.0股。
503	002047	成霖股份	2005-11-30	送股	上市公司向全体股东每10股转增1.1331股,非流通股东向流通股东每10股送3股(流通股东实得4.4731股)。
504	002048	宁波华翔	2005-11-11	送股	非流通股东向流通股东每10股送3.5股。
505	002049	晶源电子	2005-11-7	送股	非流通股东向流通股东每10股送3.5股。
506	002050	三花股份	2005-11-21	送股	非流通股东向流通股东每10股送3股。

数据来源：深圳证券交易所
Source：Shenzhen Stock Exchange

5－27　上海证券交易所上市公司名录

Listed Companies in Shanghai Stock Exchange

代码 Code	股票简称 Abbreviation	公司全称 Companies	行业代码 Industries Code	董事长 Board Chairman	地址 Address	电话 Telephone Number
600000	浦发银行	上海浦东发展银行股份有限公司	I	吉晓辉	上海市中山东一路12号	021－61618731
600012	皖通高速	安徽皖通高速公路股份有限公司	F	周仁强	安徽省合肥市望江西路520号	0551－5338681
600120	浙江东方	浙江东方集团股份有限公司	H	胡承江	杭州西湖大道12号	0571－87600320
600121	郑州煤电	郑州煤电股份有限公司	D	杜工会	郑州市中原区中原西路188号	0371－87785169
600122	宏图高科	江苏宏图高科技股份有限公司	G	袁亚非	南京市中山北路219号20/21层	025－83274691
600123	兰花科创	山西兰花科技创业股份有限公司	B	贺贵元	山西省晋城市凤台东街2288号	0356－2189698
600125	铁龙物流	中铁铁龙集装箱物流股份有限公司	F	罗金保	辽宁省大连市中山区新安街1号	0411－82590881
600126	杭钢股份	杭州钢铁股份有限公司	C6	李世中	浙江省杭州市半山路178号	0571－88132917
600127	金健米业	湖南金健米业股份有限公司	C0	肖立成	湖南省常德市德山经济开发区金健米业总部办公大楼	0736－2588216
600128	弘业股份	江苏弘业股份有限公司	H	李结祥	江苏省南京市中华路50号弘业大厦	025－52308738
600129	太极集团	重庆太极实业(集团)股份有限公司	C8	白礼西	重庆市涪陵区太极大道1号	023－89886719
600130	ST波导	宁波波导股份有限公司	G	徐立华	浙江省奉化市大成东路999号	0574－88918939
600015	华夏银行	华夏银行股份有限公司	I	吴　建	北京市东城区建国门内大街22号华夏银行大厦	010－85238888
600131	*ST岷电	四川岷江水利电力股份有限公司	D	吕道斌	四川省都江堰市奎光路301号	028－89745611
600132	重庆啤酒	重庆啤酒股份有限公司	C0	黄明贵	重庆市北部新区大竹林恒山东路9号	023　89139399
600133	东湖高新	武汉东湖高新集团股份有限公司	M	罗廷元	武汉市洪山区华光大道1号东湖高新大楼	027－87172021
600135	乐凯胶片	乐凯胶片股份有限公司	C4	张建恒	河北省保定市乐凯南大街6号	0312－3302372
600136	道博股份	武汉道博股份有限公司	M	杜晓玲	武汉东湖新技术开发区关凤大道特二号C栋二楼	027－81732221
600137	浪莎股份	四川浪莎控股股份有限公司	C3	翁荣金	四川省宜宾市外南街63号进出口大厦8楼	0831－8216216
600138	中青旅	中青旅控股股份有限公司	K	张　骏	北京市东城区东直门南大街5号中青旅大厦	010－58158777
600139	西部资源	四川西部资源控股股份有限公司	B	李余利	四川省成都市锦江区锦江工业开发区毕升路168号	028－85915709
600141	兴发集团	湖北兴发化工集团股份有限公司	C4	李国璋	湖北宜昌市解放路52号三峡商城B805(通讯地址)	0717－6760049
600143	金发科技	金发科技股份有限公司	C4	袁志敏	广州市天河区柯木塱高唐工业区	020－87037616
600016	民生银行	中国民生银行股份有限公司	I	董文标	北京市西城区复兴门内大街2号	010－68946790
600145	*ST四维	重庆四维控股(集团)股份有限公司	E	雷　刚	重庆市江津油溪镇	023－61088888
600146	大元股份	宁夏大元化工股份有限公司	C4	赵　海	北京市朝阳区北辰东路8号北辰时代大厦1406室	010－84989022
600148	长春一东	长春一东离合器股份有限公司	C7	李长江	吉林省长春市高新技术产业开发区超然街2555号	0431－85158520
600149	*ST建通	华夏建通科技开发股份有限公司	C7	杨文军	北京市朝阳区望京西路卷石天地大厦B座12层	021－53960935
600150	中国船舶	中国船舶工业股份有限公司	C7	陈小津	上海市浦东大道1号	021－68860618
600151	航天机电	上海航天汽车机电股份有限公司	C7	姜文正	上海市漕溪路222号航天大厦南楼八楼	021－64827176
600152	维科精华	宁波维科精华集团股份有限公司	C1	何承命	宁波市和义路99号维科大厦10楼	0574－87341480
600153	建发股份	厦门建发股份有限公司	H	王宪榕	厦门市鹭江道52号海滨大厦七楼	0592－2263616
600155	*ST宝硕	河北宝硕股份有限公司	C4	赵力宾	河北省保定市国家高新技术产业开发区朝阳北大街1098号	0312－3109614
600156	华升股份	湖南华升股份有限公司	C1	刘　政	湖南省长沙市芙蓉中路三段420号	0731－85237877
600017	日照港	日照港股份有限公司	F	杜传志	山东省日照市海滨二路81号	0633－8388802
600157	永泰能源	永泰能源股份有限公司	M	王金余	北京市朝阳区芍药居北里101号世奥国际中心A座1208室	010－84351369
600158	中体产业	中体产业集团股份有限公司	K	谢亚龙	北京市朝阳区朝外大街225号	010－65536158－121
600159	大龙地产	北京市大龙伟业房地产开发股份有限公司	C0	赵　川	北京市顺义区府前东街甲2号	010－69445636
600160	巨化股份	浙江巨化股份有限公司	C4	杜世源	浙江省衢州市柯城区	0570－3091758
600161	天坛生物	北京天坛生物制品股份有限公司	C8	封多佳	北京市朝阳区三间房南里四号(此为通讯地址!)	010－65762911
600162	香江控股	深圳香江控股股份有限公司	J	翟美卿	广东省广州市番禺区迎宾路锦绣香江花园香江控股办公楼	020－34821006

续表 1 Continued 1

代码 Code	股票简称 Abbreviation	公司全称 Companies	行业代码 Industries Code	董事长 Board Chairman	地址 Address	电话 Telephone Number
600163	福建南纸	福建省南纸股份有限公司	C3	黄金镖	福建省南平市滨江北路 177 号	0599－8808806
600165	宁夏恒力	宁夏恒力钢丝绳股份有限公司	C6	王东明	宁夏回族自治区石嘴山市惠农区河滨街	0952－3671222
600166	福田汽车	北汽福田汽车股份有限公司	C7	徐和谊	北京市昌平区沙河镇沙阳路	010－80716459
600167	联美控股	联美控股股份有限公司	J	朱昌一	沈阳市浑南新区新明街 8 号	024－83782067
600018	上港集团	上海国际港务(集团)股份有限公司	F	陆海祜	上海市虹口区东大名路 358 号国际港务大厦	021－35308108
600168	武汉控股	武汉三镇实业控股股份有限公司	D	陈莉茜	武汉市武昌区友谊大道长江隧道出口处长江隧道公司管理大楼	027－85790699
600169	太原重工	太原重工股份有限公司	C7	岳普煜	太原市万柏林区玉河街 53 号	0351－6361155
600170	上海建工	上海建工集团股份有限公司	E	徐　征	上海市虹口区东大名路 666 号上海建工大厦	021－35312079
600171	上海贝岭	上海贝岭股份有限公司	C5	赵贵武	上海市漕河泾开发区宜山路 810 号	021－64853333
600172	黄河旋风	河南黄河旋风股份有限公司	C6	乔秋生	河南省长葛市人民路 200 号	0374－6108899
600173	卧龙地产	卧龙地产集团股份有限公司	C6	陈建成	浙江省上虞市经济开发区人民西路 1801 号	0575－82177017
600175	美都控股	美都控股股份有限公司	K	闻掌华	杭州市拱墅区密渡桥路 70 号美都恒升名楼 4F	0571－88301608
600176	中国玻纤	中国玻纤股份有限公司	C4	曹江林	北京市海淀区西三环中路 10 号	010－88028919
600177	雅戈尔	雅戈尔集团股份有限公司	C1	李如成	浙江宁波鄞县大道西段 2 号	0574－87425136
600178	东安动力	哈尔滨东安汽车动力股份有限公司	C7	连　刚	哈尔滨市平房区保国街 51 号	0451－86528173
600019	宝钢股份	宝山钢铁股份有限公司	C6	徐乐江	上海市宝山区牡丹江路 1813 号宝山宾馆南楼	021－26647000
600179	* ST 黑化	黑龙江黑化股份有限公司	C4	王宏伟	黑龙江省齐齐哈尔市富拉基尔区向阳大街 2 号	0452－8927129
600180	* ST 九发	山东九发食用菌股份有限公司	A	纪晓文	山东省烟台市幸福中路 62 号幸福大厦 1811 号	0535－6603280
600182	S 佳通	佳通轮胎股份有限公司	C4	李怀靖	上海市长宁区临虹路 280－2 号	021－22073138
600183	生益科技	广东生益科技股份有限公司	C7	李　锦	广东省东莞市万江区莞穗大道 411 号	0769－22271828－8183
600184	光电股份	湖北新华光信息材料股份有限公司	C6	王小鹏	湖北省襄樊市长虹北路 67 号	0710－3349838
600185	格力地产	西安格力地产股份有限公司	K	鲁君四	西安市高新技术产业开发区科技路 48 号创业广场 B 座 1303 室董秘处	029－87997923
600186	莲花味精	河南莲花味精股份有限公司	C0	郑献锋	河南省项城市莲花大道 18 号	0394－4298889
600187	国中水务	黑龙江国中水务股份有限公司	C3	朱勇军	北京市东城区灯市口大街 33 号国中商业大厦 10 层	010－51695610
600188	兖州煤业	兖州煤业股份有限公司	B	王　信	山东省邹城市凫山南路 298 号	0537－5384031
600189	吉林森工	吉林森林工业股份有限公司	A	柏广新	吉林省长春市朝阳区延安大街 1399 号	0431－88480580
600020	中原高速	河南中原高速公路股份有限公司	F	关　健	郑州市中原路 93 号	0371－67717696
600190	锦州港	锦州港股份有限公司	F	张宏伟	锦州经济技术开发区锦港大街一段 1 号	0416－3586462
600191	华资实业	包头华资实业股份有限公司	C0	宋卫东	包头市东河区	0472－6957558
600192	长城电工	兰州长城电工股份有限公司	C7	杨　林	兰州市城关区农民巷 215 号	0931－8415501
600193	创兴置业	厦门创兴置业股份有限公司	M	郭恒达	厦门市建业路 18 号阳明楼 9 楼	0592－5311811
600195	中牧股份	中牧实业股份有限公司	C0	张春新	北京市丰台区南四环西路 188 号总部基地八区 16 号楼	010－63701951
600196	复星医药	上海复星医药(集团)股份有限公司	C8	汪群斌	上海市复兴东路 2 号	021－63321165
600197	伊力特	新疆伊力特实业股份有限公司	C0	徐勇辉	新疆乌鲁木齐市昆明路 148 号新捷小区 1 号楼 2 单元 102 室	0991－3667490
600198	大唐电信	大唐电信科技股份有限公司	G	曹　斌	北京市海淀区永嘉北路 6 号	010－62303607
600199	金种子酒	安徽金种子酒业股份有限公司	C0	锁炳勋	安徽省阜阳市莲花路 259 号	0558－2210568
600200	江苏吴中	江苏吴中实业股份有限公司	C8	赵唯一	江苏省苏州市吴中区宝带东路 388 号	0512－65272131
600021	上海电力	上海电力股份有限公司	D	周世平	上海市中山南路 268 号 1 号楼 36 层	021－51171078
600201	金宇集团	内蒙古金宇集团股份有限公司	C8	张翀宇	内蒙古呼和浩特市鄂尔多斯大街 26 号	0471－3336211
600202	哈空调	哈尔滨空调股份有限公司	C7	于明升	哈尔滨市道里区买卖街 25 号	0451－84612279
600203	福日电子	福建福日电子股份有限公司	C5	卞志航	福州市五一北路 169 号福日大厦	0591－83315984
600206	有研硅股	有研半导体材料股份有限公司	C9	周旗钢	北京市新街口外大街 2 号	010－62355380

续表 2　Continued 2

代码 Code	股票简称 Abbreviation	公司全称 Companies	行业代码 Industries Code	董事长 Board Chairman	地址 Address	电话 Telephone Number
600207	ST 安彩	河南安彩高科股份有限公司	C5	蔡志端	河南省安阳市中州路南段	0372－3932916－3820
600208	新湖中宝	新湖中宝股份有限公司	J	邹丽华	浙江省杭州市西溪路 128 号新湖商务大厦 11 层	0571－87395003
600209	＊ST 罗顿	罗顿发展股份有限公司	M	李　维	海南省海口市人民大道 68 号北 12 楼	0898－66266364
600210	紫江企业	上海紫江企业集团股份有限公司	C9	沈　雯	上海市虹桥路 2272 号上海虹桥商务大厦 7 楼 C 座	021－62377118－858
600211	西藏药业	西藏诺迪康药业股份有限公司	C8	陈达彬	成都市中新街 49 号锦贸大厦 18 楼	028－86653915
600212	江泉实业	山东江泉实业股份有限公司	C6	于孝燕	山东省临沂市罗庄区江泉工业园三江路 6 号	0539－7100388
600022	济南钢铁	济南钢铁股份有限公司	C6	蔡漳平	济南市工业北路 21 号	0531－88865480
600213	亚星客车	扬州亚星客车股份有限公司	C7	金长山	扬州市渡江南路 41 号	0514－82989880
600215	长春经开	长春经开(集团)股份有限公司	J	张树森	吉林省长春市自由大路 5188 号	0431－84644225
600216	浙江医药	浙江医药股份有限公司	C8	李春波	浙江省杭州市拱墅区登云路 268 号	0571－87213883
600217	＊ST 秦岭	陕西秦岭水泥(集团)股份有限公司	C6	周子敬	陕西省铜川市耀州区东郊	0919－6233649
600218	全柴动力	安徽全柴动力股份有限公司	C7	谢　力	安徽省全椒县襄河镇吴敬梓路 788 号	0550－5038369
600219	南山铝业	山东南山铝业股份有限公司	C6	宋建波	山东省龙口市东江镇南山村	0535－8666352
600220	江苏阳光	江苏阳光股份有限公司	C1	陈丽芬	江苏省江阴市新桥镇马嘶桥	0510－86121688
600221	海南航空	海南航空股份有限公司	F	李晓明	海南省海口市海秀路 29 号海航发展大厦	0898－66739996
600222	太龙药业	河南太龙药业股份有限公司	C8	赵庆新	郑州市高新技术产业开发区金梭路 8 号	0371－67982194
600223	鲁商置业	鲁商置业股份有限公司	J	李　明	山东省济南市历下区经十路 9777 号 8 层	0531－66697709
600026	中海发展	中海发展股份有限公司	F	李绍德	上海市东大名路 700 号海运大楼	021－65967160
600225	天津松江	天津松江股份有限公司	J	张锦珠	天津市河西区梅江蓝水园 24 号楼	022－88388166
600226	升华拜克	浙江升华拜克生物股份有限公司	C8	沈德堂	浙江省德清县钟管工业区	0572－8402738
600227	赤天化	贵州赤天化股份有限公司	C4	郑才友	贵州省赤水市化工路	0852－2878788
600228	昌九生化	江西昌九生物化工股份有限公司	C4	周应华	江西省南昌市青山湖区尤氨路	0791－8504560
600229	青岛碱业	青岛碱业股份有限公司	C4	罗方辉	青岛市四流北路 78 号	0532－88082817
600230	沧州大化	沧州大化股份有限公司	C4	赵桂春	河北省沧州市永济东路 20 号沧州大化办公楼	0317－3556143
600231	凌钢股份	凌源钢铁股份有限公司	C6	张振勇	辽宁省凌源市钢铁路 3 号	0421－6838192
600232	金鹰股份	浙江金鹰股份有限公司	C1	傅国定	浙江省舟山市定海区小沙镇	0580－8021228
600233	大杨创世	大连大杨创世股份有限公司	C1	李桂莲	大连经济技术开发区哈尔滨路 23 号	0411－87555199
600234	ST 天龙	太原天龙集团股份有限公司	H	田家俊	太原市迎泽大街 289 号	0351－2025168
600004	白云机场	广州白云国际机场股份有限公司	F	卢光霖	广州白云国际机场南工作区机场股份公司机关办公楼	020－36063593
600027	华电国际	华电国际电力股份有限公司	D	云公民	北京市西城区宣武门内大街 2 号 B 座 12 至 16 层	8610－83567779
600235	民丰特纸	民丰特种纸股份有限公司	C3	盛　军	浙江省嘉兴市甪里街 70 号	0573－82812992
600236	桂冠电力	广西桂冠电力股份有限公司	D	杨　庆	广西南宁市民族大道 126 号	0771－6118608
600237	铜峰电子	安徽铜峰电子股份有限公司	C7	王晓云	安徽省铜陵市石城大道中段 978 号	0562－2819188
600238	海南椰岛	海南椰岛(集团)股份有限公司	C0	张春昌	海南省海口市龙昆北路 13－1 号	0898－66522612
600239	云南城投	云南城投置业股份有限公司	J	许　雷	云南省昆明市民航路 400 号云南城投大厦三楼	0871－7199767
600240	华业地产	北京华业地产股份有限公司	J	徐　红	北京市朝阳区东四环中路 39 号华业国际中心 A 座 16 层	010－85710731
600241	时代万恒	辽宁时代万恒股份有限公司	C1	王忠岩	大连市中山区港湾街 7 号时代大厦	0411－82798001－1212
600242	ST 华龙	中昌海运股份有限公司	A	周健民	广东省阳江市江城区安宁路 A7 号金达商贸大厦 7－8 楼	0662－2881777
600243	青海华鼎	青海华鼎实业股份有限公司	C7	于世光	青海省西宁市七一路 318 号	0971－7111668
600246	万通地产	北京万通地产股份有限公司	J	冯　仑	北京市朝阳区朝外大街甲 6 号万通中心写字楼 D 座 4 层	010－59070788
600028	中国石化	中国石油化工股份有限公司	B	苏树林	北京市朝阳区朝阳门北大街 22 号	010－59962208
600247	成城股份	吉林成城集团股份有限公司	H	成卫文	北京市朝阳区慧忠里 103 楼洛克时代中心 C 座 5A 层	010－57593160
600248	延长化建	陕西延长石油化建股份有限公司	A	张恺颙	杨凌农业高新技术产业示范区新桥北路 2 号	029－87016796

续表 3 Continued 3

代码 Code	股票简称 Abbreviation	公司全称 Companies	行业代码 Industries Code	董事长 Board Chairman	地址 Address	电话 Telephone Number
600249	两面针	柳州两面针股份有限公司	C4	马朝梅	广西柳州市东环路 282 号	0772-2506159
600250	南纺股份	南京纺织品进出口股份有限公司	H	单晓钟	南京市鼓楼区云南北路 77 号	025-83331602
600251	冠农股份	新疆冠农果茸集团股份有限公司	A	李　愈	新疆库尔勒市团结南路 48 号小区	0996-2113816
600252	中恒集团	广西梧州中恒集团股份有限公司	M	许淑清	广西梧州工业园区工业大道 1 号第 1 幢	0774-3939138
600253	天方药业	河南天方药业股份有限公司	C8	年大明	河南省驻马店市光明路 2 号	0396-3823535
600255	鑫科材料	安徽鑫科新材料股份有限公司	C9	周瑞庭	安徽省芜湖市经济技术开发区珠江路 23 号	0553-5847323
600256	广汇股份	新疆广汇实业股份有限公司	J	王力源	新疆维吾尔自治区乌鲁木齐经济技术开发区上海路 16 号	0991-3762327
600257	大湖股份	大湖水殖股份有限公司	A	罗祖亮	湖南省常德市洞庭大道西段 388 号	0736-7252796
600029	南方航空	中国南方航空股份有限公司	F	司献民	广东省广州市机场路 278 号	020-86124738
600258	首旅股份	北京首都旅游股份有限公司	K	杨　华	北京市西城区复兴门内大街 51 号(民族饭店四层)	010-66014466-446
600259	广晟有色	广晟有色金属股份有限公司	C1	叶列理	广州市广州大道北 613 号振兴商业大厦四楼	0898-68669470
600260	凯乐科技	湖北凯乐科技股份有限公司	C4	朱弟雄	湖北省武汉市武昌区武珞路五巷 46 号凯乐花园 7 号楼 1 单元 2004 室	027-87312527
600261	浙江阳光	浙江阳光集团股份有限公司	C5	陈森洁	浙江省上虞市凤山路 485 号阳光大厦	0575-2027721
600262	北方股份	内蒙古北方重型汽车股份有限公司	C7	陈树清	内蒙古包头稀土高新技术产业开发区北方股份大厦	0472-2207888
600263	路桥建设	路桥集团国际建设股份有限公司	E	毛志远	北京东城区东中街 9 号东环广场 A 座写字楼八层	010-64181913
600265	景谷林业	云南景谷林业股份有限公司	A	马春华	云南省景谷傣族彝族自治县威远路 47 号	0879-5228739
600266	北京城建	北京城建投资发展股份有限公司	E	刘龙华	北京市朝阳区北土城西路 11 号城建开发大厦	010-82275538
600267	海正药业	浙江海正药业股份有限公司	C8	白　骅	浙江省台州市椒江区外沙路 46 号	0571-85278141
600268	国电南自	国电南京自动化股份有限公司	C7	王日文	江苏省南京市新模范马路 38 号	025-83410173
600030	中信证券	中信证券股份有限公司	I	王东明	北京市朝阳区新源南路 6 号京城大厦三层	010-84588581
600269	赣粤高速	江西赣粤高速公路股份有限公司	F	黄　铮	南昌市西湖区朝阳洲中路 367 号赣粤大厦	0791-6539322
600270	外运发展	中外运空运发展股份有限公司	F	张建卫	北京市顺义区北京天竺空港工业区 A 区天柱路 20 号	010-80418268
600271	航天信息	航天信息股份有限公司	G	刘振南	北京市海淀区杏石口路甲 18 号	010-88439766
600272	开开实业	上海开开实业股份有限公司	C1	何才彪	上海市江宁路 565 号 4 楼	86-21-62876092
600273	华芳纺织	华芳纺织股份有限公司	C1	戴云达	张家港市塘桥镇人民南路 1 号	0512-58438222
600275	ST 昌鱼	湖北武昌鱼股份有限公司	A	蒯英海	湖北省鄂州市鄂城区南浦南路特一号	0711-3200330
600276	恒瑞医药	江苏恒瑞医药股份有限公司	C8	孙飘扬	连云港市新浦区人民东路 145 号	0518-85469805
600277	亿利能源	内蒙古亿利能源股份有限公司	C4	尹成国	内蒙古鄂尔多斯市东胜区鄂尔多斯西街亿利大厦	0477-8372394
600278	东方创业	东方国际创业股份有限公司	H	蔡鸿生	上海市娄山关路 85 号 A 座 2003 室	021-62785489
600279	重庆港九	重庆港九股份有限公司	F	黄　继	重庆市渝中区信义街 18 号重庆朝天门大酒店 15 楼	023-63100830
600031	三一重工	三一重工股份有限公司	C7	梁稳根	湖南长沙经济技术开发区	0731-84031640-838
600280	南京中商	南京中央商场(集团)股份有限公司	H	胡晓军	江苏省南京市中山南路 79 号	025-84717539
600281	太化股份	太原化工股份有限公司	C4	狄重阳	山西省太原市晋源区义井街 20 号主楼五层	0351-5638016
600282	南钢股份	南京钢铁股份有限公司	C6	杨思明	江苏省南京市六合区卸甲甸	025-57052160
600283	钱江水利	钱江水利开发股份有限公司	D	何中辉	浙江省杭州市三台山路 3 号	0571-87974399
600284	浦东建设	上海浦东路桥建设股份有限公司	E	葛培健	上海市浦东新区东方路 971 号钱江大厦 24 楼	021-68765762
600285	羚锐制药	河南羚锐制药股份有限公司	C8	熊维政	河南省新县向阳路 232 号	0376-2973569
600287	江苏舜天	江苏舜天股份有限公司	H	徐志远	南京市宁南大道 21 号 B 座	025-52875624
600288	大恒科技	大恒新纪元科技股份有限公司	G	张家林	北京市海淀区苏州街 3 号大恒科技大厦十五层	010-82827855
600289	亿阳信通	亿阳信通股份有限公司	G	常学群	北京市海淀区杏石口路 99 号西山赢府商务中心 B 座、哈尔滨南岗区高新技术产业开发区 1 号楼	010-88158921
600290	华仪电气	华仪电气股份有限公司	C7	陈道荣	浙江省乐清市经济开发区(盐盆新区)纬四路	0577-62661122
600033	福建高速	福建发展高速公路股份有限公司	F	吴庭锵	福州市东水路 18 号福建交通综合大楼 26 层	0591-87077366

续表 4　Continued 4

代码 Code	股票简称 Abbreviation	公司全称 Companies	行业代码 Industries Code	董事长 Board Chairman	地址 Address	电话 Telephone Number
600291	西水股份	内蒙古西水创业股份有限公司	C6	初育国	内蒙古乌海市海南区	0473－4661666
600292	九龙电力	重庆九龙电力股份有限公司	D	刘渭清	重庆市九龙坡区杨家坪前进支路 15 号	023－68787928
600293	三峡新材	湖北三峡新型建材股份有限公司	C9	徐　麟	湖北省当阳市经济技术开发区	0717－3280108
600295	鄂尔多斯	内蒙古鄂尔多斯羊绒制品股份有限公司	C1	王林祥	内蒙古鄂尔多斯市东胜区达拉特南路 102 号	0477－8543509
600297	美罗药业	美罗药业股份有限公司	C8	张成海	大连市甘井子区营升路 9 号	0411－84820297
600298	安琪酵母	安琪酵母股份有限公司	C0	俞学锋	湖北省宜昌市中南路 24 号	0717－6371088
600299	* ST 新材	蓝星化工新材料股份有限公司	C4	陆晓宝	北京市朝阳区北三环东路 19 号	010－64428859
600300	维维股份	维维食品饮料股份有限公司	C0	杨启典	江苏省徐州市维维大道 300 号	0516－83398078
600301	* ST 南化	南宁化工股份有限公司	C4	陈载华	广西南宁市南建路 26 号	0771－4835135
600302	标准股份	西安标准工业股份有限公司	C7	李广晖	西安市太白南路 335 号	029－88279352
600035	楚天高速	湖北楚天高速公路股份有限公司	F	祝向军	武汉市汉阳区龙阳大道 9 号	02784863942
600303	曙光股份	辽宁曙光汽车集团股份有限公司	C7	李进巅	丹东市振安区曙光路 50 号	0415－4139071
600305	恒顺醋业	江苏恒顺醋业股份有限公司	C0	叶有伟	镇江市丹徒新城恒园路 1 号	0511－85307602
600306	商业城	沈阳商业城股份有限公司	H	张殿华	沈阳市沈河区中街路 212 号	024－24865838
600307	酒钢宏兴	甘肃酒钢集团宏兴钢铁股份有限公司	C6	秦治庚	甘肃省嘉峪关市雄关东路 10 号诚信广场 6 楼 6015 房间	0937－6715370
600308	华泰股份	山东华泰纸业股份有限公司	C3	李建华	山东省东营市广饶县大王镇	0546－7798848
600309	烟台万华	烟台万华聚氨酯股份有限公司	C4	丁建生	烟台市幸福南路 7 号	0535－6698898
600310	桂东电力	广西桂东电力股份有限公司	D	温昌伟	广西贺州市平安西路 12 号	0774－5297796
600311	荣华实业	甘肃荣华实业(集团)股份有限公司	C0	张严德	甘肃省武威市东关街荣华路 1 号	0935－6151222
600312	平高电气	河南平高电气股份有限公司	C7	魏光林	河南省平顶山市南环东路 22 号	0375－3804022
600313	* ST 中农	中垦农业资源开发股份有限公司	A	李学林	北京市西城区阜外大街甲 28 号京润大厦 12 层(西楼)	010－83607371
600036	招商银行	招商银行股份有限公司	I	傅育宁	深圳市福田区深南大道 7088 号招商银行大厦	0755－83195105
600315	上海家化	上海家化联合股份有限公司	C4	葛文耀	上海市保定路 527 号	021－65123206
600316	洪都航空	江西洪都航空工业股份有限公司	C7	宋承志	南昌市新溪桥	0791－8467456
600317	营口港	营口港务股份有限公司	F	高宝玉	辽宁省营口市鲅鱼圈区新港大路一号	0417－6268506
600318	巢东股份	安徽巢东水泥股份有限公司	C6	黄炳钧	巢湖市长江西路 269 号	0565－2389232
600319	亚星化学	潍坊亚星化学股份有限公司	C4	陈华森	山东省潍坊市奎文区鸢飞路 899 号	0536－8677319
600320	振华重工	上海振华重工(集团)股份有限公司	C7	周纪昌	上海市浦东南路 3470 号	021－58395000
600321	国栋建设	四川国栋建设股份有限公司	C6	王春鸣	四川省成都市金盾路 52 号国栋中央商务大厦 28 楼	028－86119148
600322	天房发展	天津市房地产发展(集团)股份有限公司	J	张建台	天津市和平区常德道 80 号	022－23317192
600323	南海发展	南海发展股份有限公司	D	何向明	广东省佛山市南海区桂城南海大道建行大厦	0757－86324868
600325	华发股份	珠海华发实业股份有限公司	J	袁小波	广东省珠海市昌盛路 155 号	0756－8282111
600037	歌华有线	北京歌华有线电视网络股份有限公司	L	郭章鹏	北京市海淀区花园北路 35 号东门	010－62035573
600326	西藏天路	西藏天路股份有限公司	F	多吉罗布	西藏拉萨市夺底路 14 号	0891－6902702
600327	大厦股份	无锡商业大厦大东方股份有限公司	H	潘霄燕	江苏省无锡市中山路 343 号	0510－82702093
600328	兰太实业	内蒙古兰太实业股份有限公司	C4	李德禄	内蒙古阿拉善经济开发区	0473－3443696
600329	中新药业	天津中新药业集团股份有限公司	C8	郝非非	天津市南开区白堤路 17 号	022－27020892
600330	天通股份	天通控股股份有限公司	C5	潘建清	浙江省海宁经济开发区双联路 129 号	0573－80701333
600331	宏达股份	四川宏达股份有限公司	C4	杨　骞	成都市锦里东路 2 号宏达国际广场 28 楼	028－86141081
600332	广州药业	广州药业股份有限公司	C8	杨荣明	广东省广州市沙面北街 45 号	020－81218084
600333	长春燃气	长春燃气股份有限公司	D	张志超	长春市朝阳区延安大街 421 号	0431－85954615
600335	鼎盛天工	鼎盛天工工程机械股份有限公司	C7	李鹤鹏	天津市新技术产业园华苑产业区(环外)海泰南北大街 5 号	022－58396200
600336	澳柯玛	青岛澳柯玛股份有限公司	C7	李　蔚	青岛经济技术开发区前湾港路 315 号	0532－86765129

续表 5 Continued 5

代码 Code	股票简称 Abbreviation	公司全称 Companies	行业代码 Industries Code	董事长 Board Chairman	地址 Address	电话 Telephone Number
600038	哈飞股份	哈飞航空工业股份有限公司	C7	曲景文	哈尔滨市平房区友协大街 15 号	0451-86528350
600337	美克股份	美克国际家具股份有限公司	C2	寇卫平	新疆乌鲁木齐市北京南路 506 号美克大厦	0991-3836028
600338	ST 珠峰	西藏珠峰工业股份有限公司	C6	陈汛桥	上海市闸北区柳营路 305 号 7 楼	021-66284960
600339	天利高新	新疆独山子天利高新技术股份有限公司	C4	付德新	新疆独山子区大庆东路 2 号	0992-3658000
600340	ST 国祥	浙江国祥制冷工业股份有限公司	C5	陈根伟	浙江省上虞市百官镇中塘	010-84518366
600343	航天动力	陕西航天动力高科技股份有限公司	C7	王新敏	西安高新区锦业路 78 号	029-81881823
600345	长江通信	武汉长江通信产业集团股份有限公司	G	熊瑞忠	武汉市东湖开发区关东工业园文华路 2 号	027-67840268
600346	大橡塑	大连橡胶塑料机械股份有限公司	C7	洛少宁	辽宁省大连市甘井子区周水子广场 1 号	0411-86641378
600348	国阳新能	山西国阳新能股份有限公司	B	白 英	山西省阳泉市北大街 5 号	0353-7078568
600350	山东高速	山东高速公路股份有限公司	K	孙 亮	济南市文化东路 29 号	0531-89260008
600351	亚宝药业	亚宝药业集团股份有限公司	C8	任武贤	山西省风陵渡经济开发区工业大道 1 号	0359-3388078
600005	武钢股份	武汉钢铁股份有限公司	C6	邓崎琳	武汉市青山区沿港路 3 号	027-86802031
600039	四川路桥	四川路桥建设股份有限公司	E	孙 云	成都市高新区九兴大道 12 号	028-85126085
600352	浙江龙盛	浙江龙盛集团股份有限公司	C4	阮伟祥	浙江省上虞市道墟镇	0575-82040698
600353	旭光股份	成都旭光电子股份有限公司	C5	葛 行	成都市新都区电子路 172 号	028-83967599
600354	敦煌种业	甘肃省敦煌种业股份有限公司	A	王大和	甘肃省酒泉市肃州区肃州路 28 号	0937-2669328
600355	*ST 精伦	精伦电子股份有限公司	C5	张学阳	湖北省武汉市东湖开发区光谷大道 70 号	027-87921111-3231
600356	恒丰纸业	牡丹江恒丰纸业股份有限公司	C3	徐 祥	黑龙江省牡丹江市阳明区恒丰路 11 号	0453-6886668
600358	国旅联合	国旅联合股份有限公司	K	张建华	南京汉中路 89 号金鹰国际商城 18 层 A 座	010-64336289
600359	新农开发	新疆塔里木农业综合开发股份有限公司	A	李新海	新疆阿克苏市南大街 2 号新农大厦 19 楼	0997-2134018
600360	华微电子	吉林华微电子股份有限公司	C5	夏增文	吉林省吉林市高新区深圳街 99 号	0432-64678411
600361	华联综超	北京华联综合超市股份有限公司	H	彭小海	北京西城区阜外大街 1 号四川大厦东塔楼	010-68365027
600362	江西铜业	江西铜业股份有限公司	C6	李贻煌	江西省贵溪市冶金大道 15 号	0701-3777736
600048	保利地产	保利房地产(集团)股份有限公司	J	宋广菊	广州市海珠区阅江中路 688 号保利国际广场北塔 29-33 层	020-89898882
600363	联创光电	江西联创光电科技股份有限公司	C5	杨 柳	南昌国家高新产业开发区京东大道 168 号	0791-8161956
600365	通葡股份	通化葡萄酒股份有限公司	C0	王 鹏	通化市前兴路 28 号	0435-3530506
600366	宁波韵升	宁波韵升股份有限公司	C7	竺韵德	浙江省宁波国家高新区扬帆路 1 号	0574-87776804
600367	红星发展	贵州红星发展股份有限公司	C4	姜志光	贵州省安顺市镇宁县丁旗镇	0853-6780066
600368	五洲交通	广西五洲交通股份有限公司	F	何国纯	广西南宁市民族大道 115-1 号现代国际大厦 27 楼	0771-5568918
600369	西南证券	西南证券股份有限公司	I	王珠林	重庆市渝中区临江支路 2 号合景国际大厦 A 幢	010-88091989
600370	三房巷	江苏三房巷实业股份有限公司	C1	卞平刚	江苏江阴周庄镇三房巷	0510-86229867
600371	万向德农	万向德农股份有限公司	A	管大源	黑龙江省哈尔滨市南岗区玉山路 18 号	0451-82368408-8807
600372	ST 昌河	中航航空电子设备股份有限公司	C7	卢广山	北京市朝阳区京顺路 5 号曙光大厦 A 座 705 室	010-84409808
600373	*ST 鑫新	中文天地出版传媒股份有限公司	C6	钟健华	江西出版大厦(江西省南昌市阳明路 310 号)	0791-6895306
600050	中国联通	中国联合网络通信股份有限公司	G	常小兵	上海市长宁区长宁路 1033 号联通大厦 29 楼	010-66259055
600375	星马汽车	安徽星马汽车股份有限公司	C7	沈伟良	安徽省马鞍山市经济技术开发区	0555-8323012
600376	首开股份	北京首都开发股份有限公司	J	刘希模	北京市西城区复兴门内大街 156 号	010-66428156
600377	宁沪高速	江苏宁沪高速公路股份有限公司	F	沈长全	中华人民共和国江苏省南京市马群大道 6 号	8625-84469332
600378	天科股份	四川天一科技股份有限公司	C4	古共伟	四川省成都市机场路 445 信箱	028-85963417
600379	宝光股份	陕西宝光真空电器股份有限公司	C7	祁 勇	陕西省宝鸡市宝光路 53 号	0917-3561879
600380	健康元	健康元药业集团股份有限公司	C8	朱保国	深圳市南山区科技园北区郎山路 17 号健康元药业集团股份有限公司大厦	0755-86252388
600381	ST 贤成	青海贤成矿业股份有限公司	C1	臧静涛	广州市天河区珠江新城华夏路 8 号国际金融广场 32 楼 02 单元	020-38880777

续表 6 Continued 6

代码 Code	股票简称 Abbreviation	公司全称 Companies	行业代码 Industries Code	董事长 Board Chairman	地址 Address	电话 Telephone Number
600382	广东明珠	广东明珠集团股份有限公司	C7	涂传岚	广东省兴宁市兴城镇赤巷口	0753-3337228
600383	金地集团	金地(集团)股份有限公司	J	凌 克	深圳市福田区福强路金地商业大楼5-6楼	0755-82039866
600385	ST金泰	山东金泰集团股份有限公司	C8	黄俊钦	山东省济南市洪楼西路29号	0531-88902341
600051	宁波联合	宁波联合集团股份有限公司	M	李水荣	宁波开发区东海路1号联合大厦	0574-86222002
600386	北巴传媒	北京巴士传媒股份有限公司	F	晏 明	北京市海淀区紫竹院路32号	010-68477383
600387	海越股份	浙江海越股份有限公司	F	吕小奎	浙江省诸暨市西施大街59号	0575-87016161
600388	龙净环保	福建龙净环保股份有限公司	C7	周苏华	福建省龙岩市新罗区陵园路81号	0597-2210288
600389	江山股份	南通江山农药化工股份有限公司	C4	蔡建国	江苏省南通市姚港路35号	0513-83558270
600390	金瑞科技	金瑞新材料科技股份有限公司	C9	王晓梅	湖南省长沙市岳麓区麓山南路966号	0731-88657400
600391	成发科技	四川成发航空科技股份有限公司	C7	杨 锐	成都市新都区三河场蜀龙大道成发工业园	028-89358616
600392	太工天成	太原理工天成科技股份有限公司	G	郑 涛	太原高新技术产业开发区亚日街2号	0351-7035787
600393	东华实业	广州东华实业股份有限公司	J	杨树坪	广州市越秀区寺右新马路170号第四层	020-87397172
600395	盘江股份	贵州盘江精煤股份有限公司	B	张仕和	贵州省六盘水市红果经济开发区干沟桥	0858-3703046
600396	金山股份	沈阳金山能源股份有限公司	D	王清文	沈阳市和平区南五马路185巷1号	024-23229022
600052	浙江广厦	浙江广厦股份有限公司	J	彭 涛	浙江省杭州市玉古路166号	0571-87974176
600397	安源股份	安源实业股份有限公司	C7	李良仕	江西省萍乡市高新技术工业园郑和路8号	0799-6776685
600398	凯诺科技	凯诺科技股份有限公司	C1	陶晓华	江苏省江阴市新桥镇	0510-86121388-3180
600399	抚顺特钢	抚顺特殊钢股份有限公司	C6	赵明远	辽宁省抚顺市望花区鞍山路东段8号	0413-6676495
600400	红豆股份	江苏红豆实业股份有限公司	C1	周鸣江	江苏省无锡市锡山区港下镇	0510-66868422
600401	*ST申龙	江苏申龙高科集团股份有限公司	C4	张 健	江苏省江阴市申港镇申圩路	0510-86620263
600403	欣网视讯	南京欣网视讯科技股份有限公司	G	张 良	南京市上海路9号水利后勤服务中心6楼	025-84669898
600405	动力源	北京动力源科技股份有限公司	C5	何振亚	北京丰台科学城星火路8号	010-83681321
600406	国电南瑞	国电南瑞科技股份有限公司	G	肖世杰	南京市高新技术产业开发区高新路20号	025-83097495
600408	安泰集团	山西安泰集团股份有限公司	C4	李安民	山西省介休市安泰工业区安泰集团	0354-7531070
600409	三友化工	唐山三友化工股份有限公司	C4	么志义	河北省唐山市南堡开发区	0315-8511337
600053	中江地产	江西中江地产股份有限公司	J	钟虹光	江西省南昌市高新区火炬大街788号	0791-8164127
600410	华胜天成	北京华胜天成科技股份有限公司	G	胡联奎	北京市海淀区学清路8号科技财富中心A座10-11层	010-82733615
600415	小商品城	浙江中国小商品城集团股份有限公司	H	金方平	浙江省义乌市福田路105号海洋商务写字楼	0579-85182700
600416	湘电股份	湘潭电机股份有限公司	C7	周建雄	湖南省湘潭市下摄司街302号	0731-58596588
600418	江淮汽车	安徽江淮汽车股份有限公司	C7	左延安	安徽合肥市东流路176号	0551-2296838
600419	ST天宏	新疆天宏纸业股份有限公司	C3	王世超	新疆石河子市西三路(公司办公楼)	0993-7526008
600420	现代制药	上海现代制药股份有限公司	C8	周 斌	上海市愚园路858号	021-62510786
600421	ST国药	武汉国药科技股份有限公司	C8	龚晓超	武汉市武昌武珞路628号亚洲贸易广场B座	027-87654767
600422	昆明制药	昆明制药集团股份有限公司	C8	何 勤	云南省昆明市国家高新技术开发区科医路166号	0871-8324311
600423	柳化股份	柳州化工股份有限公司	C4	廖能成	广西壮族自治区柳州市北雀路67号	0772-2516580
600425	青松建化	新疆青松建材化工(集团)股份有限公司	C6	甘 军	新疆维吾尔自治区阿克苏市林园	0997-2811282
600054	黄山旅游	黄山旅游发展股份有限公司	K	程迎峰	安徽黄山市黄山风景区温泉	0559-5580567
600426	华鲁恒升	山东华鲁恒升化工股份有限公司	C4	程广辉	山东德州市德城区天衢西路24号	0534-2465426
600428	中远航运	中远航运股份有限公司	F	许立荣	广州市五羊新城江月路颐景轩2-3楼	020-62621007
600429	三元股份	北京三元食品股份有限公司	C0	张福平	北京市海淀区西二旗中路29号	010-62848002
600432	吉恩镍业	吉林吉恩镍业股份有限公司	C6	吴 术	吉林省磐石市红旗岭镇	0432-65610887
600433	冠豪高新	广东冠豪高新技术股份有限公司	C3	童来明	广东省湛江经济技术开发区乐怡路6号	0759-2820858
600435	中兵光电	中兵光电科技股份有限公司	C7	李保平	北京亦庄经济技术开发区科创十五街2号	010-58089788

续表 7　Continued 7

代码 Code	股票简称 Abbreviation	公司全称 Companies	行业代码 Industries Code	董事长 Board Chairman	地址 Address	电话 Telephone Number
600436	片仔癀	漳州片仔癀药业股份有限公司	C8	冯忠铭	福建省漳州市芗城区上街1号	0596-2302666
600438	通威股份	通威股份有限公司	A	刘汉元	四川省成都市二环路南四段十一号	028-86168571
600439	瑞贝卡	河南瑞贝卡发制品股份有限公司	C1	郑有全	河南许昌市瑞贝卡大道666号	0374-5136699
600444	*ST国通	安徽国通高新管业股份有限公司	C4	钱　俊	安徽省合肥市经济技术开发区繁华大道国通工业园	0551-3817860
600055	万东医疗	北京万东医疗装备股份有限公司	C7	贺　旋	北京市朝阳区酒仙桥东路9号A3	010-84569688
600446	金证股份	深圳市金证科技股份有限公司	G	杜　宣	深圳市南山区高新南五道金证大厦(8-9层)	0755-86393989
600448	华纺股份	华纺股份有限公司	C1	杜淑明	山东省滨州市黄河二路819号	0543-3288255
600449	赛马实业	宁夏赛马实业股份有限公司	C6	李永进	宁夏银川市西夏区新小线二公里处	0951-2085256
600452	涪陵电力	重庆涪陵电力实业股份有限公司	D	李福昌	重庆市涪陵区望州路20号	023-72286101
600455	*ST博通	西安交大博通资讯股份有限公司	G	韩晓更	陕西省西安市经济技术开发区凤城十二路1号凯瑞大厦A座17层	029-86135059
600456	宝钛股份	宝鸡钛业股份有限公司	C6	邹武装	宝鸡市钛城路1号	0917-3382636
600458	时代新材	株洲时代新材料科技股份有限公司	C4	曾鸿平	株洲市天元区海天路18号	0731-22837718
600459	贵研铂业	贵研铂业股份有限公司	C6	汪云曙	云南省昆明市高新技术开发区科技路988号	0871-8329909
600460	士兰微	杭州士兰微电子股份有限公司	C5	陈向东	浙江省杭州市黄姑山路4号	0571-88210155
600461	洪城水业	江西洪城水业股份有限公司	D	熊一江	江西省南昌市灌婴路98号青云水厂内	0791-5210336
600056	中国医药	中国医药保健品股份有限公司	H	张本智	北京市崇文区光明中街18号美康大厦	010-67121157
600462	*ST石岘	延边石岘白麓纸业股份有限公司	C3	郑艳民	吉林省图们市石岘镇	0433-3810015
600463	空港股份	北京空港科技园区股份有限公司	J	杭金亮	北京天竺空港工业区B区裕民大街甲6号5层	010-80489306
600466	迪康药业	四川迪康科技药业股份有限公司	C8	陈　敏	成都市高新区西部园区迪康大道1号	028-87838282
600467	好当家	山东好当家海洋发展股份有限公司	A	李鹏程	荣成市虎山镇沙咀子	0631-7438073
600468	百利电气	天津百利特精电气股份有限公司	C7	张文利	天津市西青经济开发区民和道12号	022-83962538
600469	风神股份	风神轮胎股份有限公司	C7	曹朝阳	河南省焦作市焦东南路48号	0391-3999006
600470	六国化工	安徽六国化工股份有限公司	C4	黄化锋	安徽省铜陵市铜港路	0562-3801675
600475	华光股份	无锡华光锅炉股份有限公司	C7	王福军	无锡市城南路3号	0510-85225852
600476	湘邮科技	湖南湘邮科技股份有限公司	G	李　雄	长沙市高新技术产业开发区麓谷基地玉兰路2号	0731-88998688
600477	杭萧钢构	浙江杭萧钢构股份有限公司	E	单银木	杭州市中河中路258号瑞丰国际商务大厦七楼证券办	0571-87246788-8216
600057	*ST夏新	夏新电子股份有限公司	C5	王龙雏	厦门市海沧区霞光路102号(新阳工业区夏新电子城)	0592-6516003
600478	科力远	湖南科力远新能源股份有限公司	C5	钟发平	长沙市岳麓区长沙国家高新技术产业开发区桐梓坡西路348号	0731-88980623
600479	千金药业	株洲千金药业股份有限公司	C8	江端预	株洲市荷塘区金钩山路15号	0731-22490083
600480	凌云股份	凌云工业股份有限公司	C4	李喜增	河北省涿州市松林店镇	0312-3951002
600481	双良节能	江苏双良空调设备股份有限公司	C7	缪志强	江苏江阴利港双良工业区	0510-86632358
600482	风帆股份	风帆股份有限公司	C7	刘宝生	河北省保定市富昌路8号	0312-3208588
600483	福建南纺	福建南纺股份有限公司	C1	陈军华	福建省南平市安丰路63号	0599-8813009
600485	中创信测	北京中创信测科技股份有限公司	G	贾　林	北京市海淀区中关村南大街甲18号北京国际C座12-14层	010-62100109
600486	扬农化工	江苏扬农化工股份有限公司	C4	戚明珠	江苏省扬州市文峰路39号	0514-85888888-7486
600487	亨通光电	江苏亨通光电股份有限公司	G	钱建林	江苏省吴江市经济开发区亨通路100号	0512-63430985
600488	天药股份	天津天药药业股份有限公司	C8	杨凤翙	天津市河东区八纬路109号	022-24160861
600006	东风汽车	东风汽车股份有限公司	C7	徐　平	湖北省武汉经济技术开发区创业路136号	027-84287977
600058	五矿发展	五矿发展股份有限公司	H	周中枢	北京市海淀区三里河路5号B座	010-68494205
600489	中金黄金	中金黄金股份有限公司	B	孙兆学	北京市东城区绿荫公园南街1号5-7层	010-84121198
600490	*ST合臣	上海中科合臣股份有限公司	C4	何昌明	上海市虹桥路2188弄41、47号楼	021-61677397
600491	龙元建设	龙元建设集团股份有限公司	E	赖振元	上海市逸仙路768号	021-65615689

续表 8　Continued 8

代码 Code	股票简称 Abbreviation	公司全称 Companies	行业代码 Industries Code	董事长 Board Chairman	地址 Address	电话 Telephone Number
600493	凤竹纺织	福建凤竹纺织科技股份有限公司	C1	陈澄清	福建省晋江市青阳凤竹工业区	0595-85656506
600495	晋西车轴	晋西车轴股份有限公司	C7	李照智	山西省太原市和平北路北巷5号	0351-6629027
600496	精工钢构	长江精工钢结构(集团)股份有限公司	E	方朝阳	安徽省六安市经济技术开发区长江精工工业园	021-54452492-2222
600497	驰宏锌锗	云南驰宏锌锗股份有限公司	B	董　英	云南省曲靖市经济技术开发区翠峰路延长线	0874-8966698
600498	烽火通信	烽火通信科技股份有限公司	G	童国华	武汉市洪山区关东科技园东信路6号线缆楼	027-87694185
600499	科达机电	广东科达机电股份有限公司	C7	边　程	广东省佛山市顺德区陈村镇广隆工业园环镇西路1号	0757-23836333
600500	中化国际	中化国际(控股)股份有限公司	H	潘正义	上海市浦东新区世纪大道88号金茂大厦三区18层	021-50475048
600059	古越龙山	浙江古越龙山绍兴酒股份有限公司	C0	傅建伟	浙江省绍兴市北海桥	0575-85158435
600501	航天晨光	航天晨光股份有限公司	C7	潘旭东	南京市江宁经济技术开发区天元中路188号	025-52826007
600502	安徽水利	安徽水利开发股份有限公司	E	赵时运	安徽省蚌埠市东海大道张公山南侧	0552-3950270
600503	华丽家族	华丽家族股份有限公司	G	王伟林	上海市虹桥路2272号虹桥商务中心3楼L座	021-62376199
600505	西昌电力	四川西昌电力股份有限公司	D	何永祥	四川省西昌市胜利路66号	0834-3830006
600506	ST香梨	新疆库尔勒香梨股份有限公司	A	刘建文	新疆库尔勒市圣果路圣果名苑	0996-2115936
600507	方大特钢	方大特钢科技股份有限公司	C7	钟崇武	南昌市青山湖区冶金大道475号	0791-8394025
600508	上海能源	上海大屯能源股份有限公司	B	高建军	上海市浦东新区浦东南路256华夏银行大厦12层	021-68865597
600509	天富热电	新疆天富热电股份有限公司	D	刘　伟	新疆石河子市红星路54号	0993-2902860
600510	黑牡丹	黑牡丹(集团)股份有限公司	E	胥大有	江苏省常州市青洋北路47号	0519-68866958
600511	国药股份	国药集团药业股份有限公司	H	龚家中	北京市崇文区永外三元西巷甲12号	010-67262920
600060	海信电器	青岛海信电器股份有限公司	C5	于淑珉	青岛市东海西路17号	0532-83889556
600512	腾达建设	腾达建设集团股份有限公司	E	叶洋友	上海市浦东新区向城路58号11楼东方国际科技大厦	021-68406906
600513	联环药业	江苏联环药业股份有限公司	C8	姚兴田	江苏省扬州市文峰路21号	0514-87813082
600515	*ST筑信	海南筑信投资股份有限公司	H	李同双	海南省海口市美兰区大英山西四路9号海南迎宾馆	0898-65206213
600516	方大炭素	方大炭素新材料科技股份有限公司	C6	何忠华	甘肃省兰州市红古区海石湾镇2号街坊354号	0931-6239320
600517	置信电气	上海置信电气股份有限公司	C7	徐锦鑫	上海虹桥路2239号	021-62623388
600518	康美药业	康美药业股份有限公司	C8	马兴田	广东省普宁市长春路中段	0663-2913819
600519	贵州茅台	贵州茅台酒股份有限公司	C0	袁仁国	贵州省仁怀市茅台镇	0852-2386002
600520	三佳科技	铜陵三佳科技股份有限公司	C7	黄言勇	安徽省铜陵市石城路电子工业区	0562-2627520
600521	华海药业	浙江华海药业股份有限公司	C8	陈保华	浙江省临海市汛桥镇利庄浙江华海药业股份有限公司证券办	0576-85016009
600522	中天科技	江苏中天科技股份有限公司	G	薛济萍	江苏省南通经济技术开发区中天6号	0513-83599505
600061	中纺投资	中纺投资发展股份有限公司	C4	常俊传	上海市延安西路1228号嘉利大厦33层	021-62838888
600523	贵航股份	贵州贵航汽车零部件股份有限公司	C7	迟耀勇	贵阳市小河经济技术开发区锦江路110号	0851-3802670
600525	长园集团	长园集团股份有限公司	C9	许晓文	深圳市南山区高新区科苑中路长园新材料港F栋5楼	0755-26719476
600526	菲达环保	浙江菲达环保科技股份有限公司	C7	舒英钢	浙江诸暨市	0575-7385602
600527	江南高纤	江苏江南高纤股份有限公司	C4	陶国平	江苏省苏州市相城区黄埭镇	0512-65481181
600528	中铁二局	中铁二局股份有限公司	E	唐志成	成都市马家花园10号中铁二局大厦	028-66752811
600529	山东药玻	山东省药用玻璃股份有限公司	C6	柴　文	山东省淄博市沂源县城药玻路	0533-3259028
600530	交大昂立	上海交大昂立股份有限公司	C8	杨国平	上海市宜山路700号	021-54271688-118
600531	豫光金铅	河南豫光金铅股份有限公司	C6	杨安国	河南省济源市荆梁南街1号	0391-6665835
600532	华阳科技	山东华阳科技股份有限公司	C4	闫新华	山东省宁阳县磁窑镇	0538-5826209
600533	栖霞建设	南京栖霞建设股份有限公司	J	陈兴汉	南京市龙蟠路9号兴隆大厦	025-85633668-2101
600062	双鹤药业	北京双鹤药业股份有限公司	C8	卫华诚	北京市朝阳区望京利泽东二路1号	010-64742227-681
600535	天士力	天津天士力制药股份有限公司	C8	闫希军	天津市北辰科技园区天士力现代中药城	022-26736699
600536	中国软件	中国软件与技术服务股份有限公司	G	程春平	北京市昌平区昌盛路18号	010-51508699
600537	海通集团	海通食品集团股份有限公司	C0	陈龙海	浙江慈溪市海通路528号	0574-63039922

续表 9　Continued 9

代码 Code	股票简称 Abbreviation	公司全称 Companies	行业代码 Industries Code	董事长 Board Chairman	地址 Address	电话 Telephone Number
600538	*ST 国发	北海国发海洋生物产业股份有限公司	C8	潘利斌	广西壮族自治区北海市北京路西侧 9 号	0779-3200619
600539	狮头股份	太原狮头水泥股份有限公司	C6	邓守信	山西省太原市万柏林区开城街一号	0351-2857002
600540	新赛股份	新疆赛里木现代农业股份有限公司	A	武宪章	新疆博乐市红星路 158 号	0909-2268156
600543	莫高股份	甘肃莫高实业发展股份有限公司	C0	赵国柱	甘肃省兰州市城关区东岗西路 638 号兰州财富中心 23 层	(0931)8776219
600545	新疆城建	新疆城建(集团)股份有限公司	E	刘　军	新疆维吾尔自治区乌鲁木齐市南湖路 133 号	0991-4889803
600546	山煤国际	山煤国际能源集团股份有限公司	B	杜建华	太原市长风大街 115 号世纪广场 B 座	0351-4645546
600547	山东黄金	山东黄金矿业股份有限公司	B	陈玉民	济南市舜华路 2000 号舜泰广场 3 号楼	0531-67710379
600063	皖维高新	安徽皖维高新材料股份有限公司	C4	吴福胜	安徽省巢湖市皖维路 56 号	0565-2317280
600548	深高速	深圳高速公路股份有限公司	F	杨　海	深圳市福田区益田路江苏大厦裙楼 2-4 层	0755-82853319
600549	厦门钨业	厦门钨业股份有限公司	C6	刘同高	厦门市湖滨南路 619 号 16 层	0592-5363891
600550	天威保变	保定天威保变电气股份有限公司	C7	丁　强	河北省保定市天威西路 2222 号	0312-3301300
600551	时代出版	时代出版传媒股份有限公司	L	王亚非	安徽省合肥市蜀山区圣泉路 1118 号时代出版传媒股份有限公司	0551-3533027
600552	方兴科技	安徽方兴科技股份有限公司	C6	关长文	安徽省蚌埠市涂山路 767 号	0552-4077780
600553	太行水泥	河北太行水泥股份有限公司	C6	姜德义	北京市崇文区永定门外大街 64 号	010-87203935
600555	九龙山	上海九龙山股份有限公司	C1	李勤夫	上海市浦东新区世纪大道 1500 号东方大厦 4 楼	021-68407880-896
600556	*ST 北生	广西北生药业股份有限公司	C8	何京云	广西北海市北海大道西 16 号海富大厦 17 层 D 座	0779-2228937
600557	康缘药业	江苏康缘药业股份有限公司	C8	肖　伟	江苏省连云港市海昌南路 58 号	0518-85521997
600558	大西洋	四川大西洋焊接材料股份有限公司	C6	余大全	四川省自贡市大安区马冲口街 2 号	0813-5100549
600064	南京高科	南京新港高科技股份有限公司	J	徐益民	南京经济技术开发区新港大道 129 号	025-85800728
600559	老白干酒	河北衡水老白干酒业股份有限公司	C0	张新广	河北省衡水市人民东路 809 号衡水老白干酒董秘办	0318-2122755
600560	金自天正	北京金自天正智能控制股份有限公司	C7	张剑武	北京市丰台区科学城富丰路 6 号	010-63713213
600561	江西长运	江西长运股份有限公司	F	葛黎明	江西省南昌市高新开发区火炬大街 759 号	0791-8283072
600562	*ST 高陶	江苏高淳陶瓷股份有限公司	C6	孔德双	江苏南京高淳县固城镇	025-57377918
600563	法拉电子	厦门法拉电子股份有限公司	C5	曾福生	福建省厦门市新园路 99 号	0592-6208590
600565	迪马股份	重庆市迪马实业股份有限公司	C7	罗韶颖	重庆市南岸区南城大道 199 号正联大厦 22 楼	023-89021877
600566	洪城股份	湖北洪城通用机械股份有限公司	C7	王洪运	湖北省荆州市红门路 3 号	0716-8221198
600567	山鹰纸业	安徽山鹰纸业股份有限公司	C3	王德贤	安徽省马鞍山市勤俭路 3 号	0555-2826275
600568	中珠控股	中珠控股股份有限公司	C8	叶继革	湖北省武汉经济技术开发区高科技产业园 28 号	0756-8131018
600569	安阳钢铁	安阳钢铁股份有限公司	C6	王子亮	河南省安阳市殷都区梅元庄	0372-3120175
600066	宇通客车	郑州宇通客车股份有限公司	C7	汤玉祥	郑州市管城回族区宇通路宇通工业园	0371-66806003
600570	恒生电子	恒生电子股份有限公司	G	彭政纲	杭州市滨江区江南大道 3588 号恒生大厦	0571-28829702
600571	信雅达	信雅达系统工程股份有限公司	G	郭华强	杭州市滨江区江南大道 3888 号	0571-56686627
600572	康恩贝	浙江康恩贝制药股份有限公司	C8	胡季强	浙江省杭州市高新技术开发区滨江科技经济园滨康路 568 号	0571-87774711
600573	惠泉啤酒	福建省燕京惠泉啤酒股份有限公司	C0	李秉骥	福建省惠安县螺城镇建设大街 157 号	0595-87371186
600575	芜湖港	芜湖港储运股份有限公司	F	孙新华	安徽省芜湖市芜湖经济开发区内	0553-5840528
600576	万好万家	浙江万好万家实业股份有限公司	C1	孔德永	浙江省杭州市密渡桥路 1 号白马大厦 12 楼	0571-85866518
600577	精达股份	铜陵精达特种电磁线股份有限公司	C7	王世根	安徽铜陵经济技术开发区	0562-2809086
600578	京能热电	北京京能热电股份有限公司	D	刘海峡	北京石景山区广宁路 10 号	010-88992758
600579	ST 黄海	青岛黄海橡胶股份有限公司	C4	孙振华	山东省青岛市沧安路 1 号	0532-84678058
600580	卧龙电气	卧龙电气集团股份有限公司	C7	王建乔	浙江上虞人民西路 1801 号	0575-82176628
600067	冠城大通	冠城大通股份有限公司	C7	韩国龙	福建省福州市鼓楼区五一中路 32 号元洪大厦 26 层	0591-83350026
600581	八一钢铁	新疆八一钢铁股份有限公司	C6	沈东新	新疆乌鲁木齐市头屯河区新钢路	0991-3890166
600582	天地科技	天地科技股份有限公司	C7	王金华	北京朝阳区和平里青年沟东路 5 号天地大厦 6 层	010-84262803

续表 10　Continued 10

代码 Code	股票简称 Abbreviation	公司全称 Companies	行业代码 Industries Code	董事长 Board Chairman	地址 Address	电话 Telephone Number
600583	海油工程	海洋石油工程股份有限公司	B	周守为	天津市塘沽区丹江路 1078 号	022 - 66908035
600584	长电科技	江苏长电科技股份有限公司	C5	王新潮	江苏省江阴市滨江中路 275 号	0510 - 86199015
600585	海螺水泥	安徽海螺水泥股份有限公司	C6	郭文叁	安徽省芜湖市九华南路 1011 号海螺国际会议中心	0553 - 8398918
600586	金晶科技	山东金晶科技股份有限公司	C6	王　刚	淄博市高新技术开发区宝石镇王庄	0533 - 3586666
600587	新华医疗	山东新华医疗股份有限公司	C7	赵毅新	山东省淄博高新技术产业开发区新华医疗科技园	0533 - 3587766
600588	用友软件	用友软件股份有限公司	G	王文京	北京市海淀区北清路 68 号	010 - 62436838
600589	广东榕泰	广东榕泰实业股份有限公司	C6	杨启昭	广东省揭阳市榕城区新兴东二路 1 号	0663 - 8676616
600590	泰豪科技	泰豪科技股份有限公司	C7	毛　勇	江西省南昌高新开发区泰豪大厦 B 座 3 楼	0791 - 8102663
600068	葛洲坝	中国葛洲坝集团股份有限公司	E	杨继学	湖北省武汉市解放大道 558 号葛洲坝大酒店 B 座 7 层	027 - 83790801
600592	龙溪股份	福建龙溪轴承(集团)股份有限公司	C7	曾凡沛	福建省漳州市延安北路	0596 - 2072155
600593	大连圣亚	大连圣亚旅游控股股份有限公司	K	刘　达	大连市沙河区中山路 608 - 6 - 8 号	0411 - 84685225
600594	益佰制药	贵州益佰制药股份有限公司	C8	窦啟玲	贵州省贵阳市白云大道 220 - 1 号	0851 - 4705177
600595	中孚实业	河南中孚实业股份有限公司	C6	贺怀钦	河南省巩义市新华路 31 号	0371 - 64569088
600596	新安股份	浙江新安化工集团股份有限公司	C4	王　伟	浙江省建德市新安江镇新安东路 555 号	0571 - 64715693
600597	光明乳业	光明乳业股份有限公司	C0	庄国蔚	上海市吴中路 578 号	021 - 64658100
600598	北大荒	黑龙江北大荒农业股份有限公司	A	奚河滨	黑龙江省哈尔滨市南岗区汉水路 263 号	0451 - 55196916
600599	熊猫烟花	熊猫烟花集团股份有限公司	C4	赵伟平	湖南省浏阳市浏阳大道 271 号	0731 - 83620963
600600	青岛啤酒	青岛啤酒股份有限公司	C0	金志国	青岛市香港中路五四广场青啤大厦	0532 - 85713831
600601	方正科技	方正科技集团股份有限公司	G	方中华	上海市浦东南路 360 号新上海国际大厦 36 楼	021 - 58407668 - 650
600007	中国国贸	中国国际贸易中心股份有限公司	K	洪敬南	北京市建国门外大街 1 号国贸西楼 6 层	010 - 65052288
600069	银鸽投资	河南银鸽实业投资股份有限公司	C3	杨松贺	河南省漯河市银鸽路中段	0395 - 2355681
600602	广电电子	上海广电电子股份有限公司	C5	王　强	上海市长寿路 97 号世纪商务大厦 26 楼	021 - 51962045
600603	ST 兴业	上海兴业能源控股股份有限公司	J	陈铁铭	上海市吴淞路 218 号(宝矿国际大厦)33 楼	021 - 63563309
600604	ST 二纺	上海二纺机股份有限公司	C7	夏斯成	上海市场中路 687 号	021 - 65318494
600605	汇通能源	上海汇通能源股份有限公司	C7	郑树昌	上海南京西路 1576 号	021 - 62560000 - 108
600606	金丰投资	上海金丰投资股份有限公司	M	王文杰	上海市南京西路 338 号天安中心 29 楼	021 - 63592020
600608	* ST 沪科	上海宽频科技股份有限公司	G	史佩欣	上海市万航渡路 889 号悦达广场 29 楼	021 - 62319566
600609	* ST 金杯	金杯汽车股份有限公司	C7	祁玉民	沈阳市沈河区万柳塘路 38 号	024 - 24133426
600610	SST 中纺	中国纺织机械股份有限公司	C7	李培忠	上海市长阳路 1687 号	021 - 65701961
600611	大众交通	大众交通(集团)股份有限公司	K	杨国平	上海市中山西路 1515 号大众大厦 11 楼	021 - 64285708
600612	老凤祥	老凤祥股份有限公司	C9	胡书刚	上海浦东金桥出口加工区川桥路 1295 号	021 - 58543307
600070	浙江富润	浙江富润股份有限公司	C1	赵林中	浙江省诸暨市陶朱南路 12 号	0575 - 87016551
600613	永生投资	上海永生投资管理股份有限公司	L	卡先加	上海市威海路 128 号长发大厦 613 室	021 - 53750009
600614	鼎立股份	上海鼎立科技发展(集团)股份有限公司	C4	许宝星	上海杨浦区国权路 39 号财富广场(金座)18 楼	021 - 35071889 - 698
600615	丰华股份	上海丰华(集团)股份有限公司	C0	陶　林	上海浦东新区浦建路 76 号 901 室	021 - 50890600
600616	金枫酒业	上海金枫酒业股份有限公司	H	葛俊杰	上海市浦东新区张杨路 579 号(三鑫大厦内)	021 - 58352625
600617	* ST 联华	上海联华合纤股份有限公司	C4	王连景	上海浦东新区世纪大道 1600 号浦项商务广场 12 - 5 上海联华合纤股份有限公司	021 - 61103869
600618	氯碱化工	上海氯碱化工股份有限公司	C4	李　军	上海市龙吴路 4747 号	021 - 64340601
600619	海立股份	上海海立(集团)股份有限公司	C7	沈建芳	上海市浦东新区金桥出口加工区宁桥路 888 号	021 - 50326956
600620	天宸股份	上海市天宸股份有限公司	M	叶茂菁	上海市长宁区仙霞路 8 号 29 楼	021 - 62788696
600621	上海金陵	上海金陵股份有限公司	G	毛　辰	上海福州路 666 号 26 楼	021 - 63222658
600622	嘉宝集团	上海嘉宝实业(集团)股份有限公司	M	钱　明	上海市嘉定区清河路 55 号嘉宝商厦 6 - 7F	021 - 59529711
600071	凤凰光学	凤凰光学股份有限公司	C7	罗小勇	江西省上饶市光学路 1 号	0793 - 8259523

续表 11　Continued 11

代码 Code	股票简称 Abbreviation	公司全称 Companies	行业代码 Industries Code	董事长 Board Chairman	地址 Address	电话 Telephone Number
600623	双钱股份	双钱集团股份有限公司	C4	刘训峰	上海市四川中路 63 号	021 - 63390372
600624	复旦复华	上海复旦复华科技股份有限公司	M	王生洪	上海市国权路 525 号	021 - 63872288
600626	申达股份	上海申达股份有限公司	C1	席时平	上海市武宁南路 488 号(智慧广场)18 楼	021 - 62310242
600628	新世界	上海新世界股份有限公司	H	顾振奋	上海市南京西路 2 号- 88 号	021 - 63587734
600629	棱光实业	上海棱光实业股份有限公司	C6	施德容	上海市延安西路 2558 号 2 号楼	021 - 63392321
600630	龙头股份	上海龙头(集团)股份有限公司	C1	朱　勇	上海市制造局路 584 号 A 座 4 楼	021 - 34061116
600631	百联股份	上海百联集团股份有限公司	H	马新生	上海南京东路 800 号新一百大厦 22 楼	021 - 63223344 - 62201
600633	* ST 白猫	上海白猫股份有限公司	C4	马立行	上海市金沙江路 1829 号	021 - 32023251
600634	* ST 海鸟	上海海鸟企业发展股份有限公司	J	张宗宝	上海市虹桥路 2451 号 2 楼	021 - 62696296
600635	大众公用	上海大众公用事业(集团)股份有限公司	M	杨国平	上海中山西路 1515 号大众大厦 8 楼	021 - 64288888 - 5609
600072	中船股份	中船江南重工股份有限公司	C7	谭作钧	上海市鲁班路 600 号江南造船大厦 11 - 13 楼	021 - 53023456 - 672
600636	三爱富	上海三爱富新材料股份有限公司	C4	魏建华	上海市漕溪路 250 号银海大楼 A805 室	021 - 64347258
600637	广电信息	上海广电信息产业股份有限公司	C5	王　强	上海市宜山路 757 号五楼	021 - 64756991
600638	新黄浦	上海新黄浦置业股份有限公司	J	王伟旭	上海北京东路 668 号东楼 32、33 层	021 - 53086681
600639	浦东金桥	上海金桥出口加工区开发股份有限公司	J	俞　标	上海浦东新金桥路 27 号 1 号楼	021 - 50307702
600640	中卫国脉	中卫国脉通信股份有限公司	L	鲍康荣	上海市江宁路 1207 号国脉大厦	021 - 62762171
600641	万业企业	上海万业企业股份有限公司	J	程　光	上海市浦东大道 720 号 9 层	021 - 50367878
600642	申能股份	申能股份有限公司	D	仇伟国	上海市复兴中路 1 号 22 楼	021 - 63900133
600643	爱建股份	上海爱建股份有限公司	I	徐　风	上海市零陵路 599 号(爱建城内)	021 - 64396600
600644	乐山电力	乐山电力股份有限公司	D	廖政权	四川省乐山市市中区嘉定北路 46 号	0833 - 2408836
600645	ST 中源	中源协和干细胞生物工程股份公司	C1	王　勇	天津市和平区大理道 106 号	022 - 23318350 - 8007
600073	上海梅林	上海梅林正广和股份有限公司	C0	周海鸣	上海市通北路 400 号	021 - 65411993
600647	同达创业	上海同达创业投资股份有限公司	M	周立武	上海市浦东新区金新路 58 号银桥大厦 2 楼	021 - 50318029
600648	外高桥	上海外高桥保税区开发股份有限公司	J	舒榕斌	上海外高桥保税区杨高北路 2001 号	021 - 58668890
600649	城投控股	上海城投控股股份有限公司	D	孔庆伟	上海市浦东南路 500 号国家开发银行大厦 39 楼	021 - 58772103
600650	锦江投资	上海锦江国际实业投资股份有限公司	K	沈懋兴	上海市延安东路 100 号 28 楼	021 - 63218800 - 705
600651	飞乐音响	上海飞乐音响股份有限公司	C7	邵礼群	上海市嘉定区嘉新公路 1001 号	021 - 59978606
600652	爱使股份	上海爱使股份有限公司	M	肖　勇	上海市肇嘉浜路 666 号	021 - 64710022 - 8811
600653	申华控股	上海申华控股股份有限公司	M	王世平	上海市宁波路 1 号申华金融大厦上海申华控股股份有限公司证券法律部	021 - 63372010
600654	飞乐股份	上海飞乐股份有限公司	G	邵礼群	上海市昭化路 68 号	021 - 62515242
600655	豫园商城	上海豫园旅游商城股份有限公司	H	吴　平	上海市方浜中路 269 号	021 - 63552405
600656	ST 方源	东莞市方达再生资源产业股份有限公司	C4	任昌建	广东省珠海市香洲区人民西路 291 号日荣大厦 8 楼 806 室	0756 - 2660313 - 818
600074	中达股份	江苏中达新材料集团股份有限公司	C4	童爱平	江苏省江阴市滨江西路 589 号亚包商务大厦 909	0510 - 86686352
600657	信达地产	信达地产股份有限公司	G	贾　放	北京市海淀区中关村南大街甲 18 号北京国际大厦 C 座 16 层	010 - 82190959
600658	电子城	北京电子城投资开发股份有限公司	G	杨文良	北京市朝阳区酒仙桥路 4 号友谊大厦三层	010 - 64316696
600660	福耀玻璃	福耀玻璃工业集团股份有限公司	C6	曹德旺	福建省福清市福耀工业村	0591 - 85363956
600661	新南洋	上海新南洋股份有限公司	M	朱其棕	上海番禺路 667 号六楼	021 - 62826347
600662	强生控股	上海强生控股股份有限公司	K	张同恩	上海南京西路 920 号 18 楼	021 - 62582098
600663	陆家嘴	上海陆家嘴金融贸易区开发股份有限公司	J	李晋昭	上海峨山路 101 号 1 号楼	021 - 33848816
600664	哈药股份	哈药集团股份有限公司	C8	郝伟哲	哈尔滨市道里区友谊路 431 号	0451 - 84856695
600665	天地源	天地源股份有限公司	J	俞向前	西安高新技术产业开发区科技路 33 号国际商务中心数码大厦 27 层	029 - 88337300
600666	西南药业	西南药业股份有限公司	C8	李　标	重庆市沙坪坝区天星桥 21 号	023 - 89855628
600667	太极实业	无锡市太极实业股份有限公司	C4	顾　斌	无锡市华清大桥南堍	0510 - 85419120

续表 12 Continued 12

代码 Code	股票简称 Abbreviation	公司全称 Companies	行业代码 Industries Code	董事长 Board Chairman	地址 Address	电话 Telephone Number
600075	新疆天业	新疆天业股份有限公司	A	侯国俊	新疆石河子市经济技术开发区北三东路 36 号	0993-2623118
600668	尖峰集团	浙江尖峰集团股份有限公司	C6	蒋晓萌	浙江金华市婺江东路 88 号	0579-82320582
600671	天目药业	杭州天目山药业股份有限公司	C8	范建国	浙江省临安市苕溪南路 78 号	0571-63920009
600673	东阳光铝	广东东阳光铝业股份有限公司	C7	郭京平	广东东莞市长安镇上沙村第五工业区	0751-5282740
600674	川投能源	四川川投能源股份有限公司	D	黄顺福	四川省成都市小南街 23 号	028-86098646
600675	中华企业	中华企业股份有限公司	J	朱胜杰	上海市华山路 2 号中华企业大厦	021-62170088
600676	交运股份	上海交运股份有限公司	C7	陈辰康	上海市平武路 38 号仁达商务楼三楼	021-62116009
600677	航天通信	航天通信控股集团股份有限公司	C1	杜 尧	浙江省杭州市解放路 138 号	0571-87916327
600678	ST 金顶	四川金顶(集团)股份有限公司	C6	杨佰祥	四川省峨眉山市乐都镇	0833-5578301
600679	金山开发	金山开发建设股份有限公司	C7	夏 杰	上海市吴中路 369 号 15 楼	021-31351508
600680	上海普天	上海普天邮通科技股份有限公司	G	曹宏斌	上海市宜山路 700 号	021-64834310
600076	ST 华光	潍坊北大青鸟华光科技股份有限公司	G	周燕军	山东省潍坊市高新技术产业开发区北宫东街 6 号	0536-2991601
600681	S*ST 万鸿	万鸿集团股份有限公司	L	戚围岳	武汉市武昌武珞路 28 号长信大厦四楼	027-88066666-8888
600682	南京新百	南京新街口百货商店股份有限公司	H	王 恒	南京市中山南路 1 号	025-84761613
600683	京投银泰	京投银泰股份有限公司	H	王 琪	北京市朝阳区建国门外大街 2 号北京银泰中心 C 座 17 层	010-65636689
600684	珠江实业	广州珠江实业开发股份有限公司	J	郑署平	广州市环市东路 362-366 号好世界广场 30 楼	020-83752355
600685	广船国际	广州广船国际股份有限公司	C7	李柱石	广州市荔湾区芳村大道南 40 号	020-81807839
600686	金龙汽车	厦门金龙汽车集团股份有限公司	C7	郭清泉	厦门市厦禾路 820 号帝豪大厦 27-28 层	0592-2969855
600687	刚泰控股	浙江刚泰控股(集团)股份有限公司	G	徐建刚	上海陆家嘴环路 958 号华能联合大厦 18 楼	021-68865396
600688	S 上石化	中国石化上海石油化工股份有限公司	C4	戎光道	上海市金山区金一路 48 号	8621-57943143
600689	上海三毛	上海三毛企业(集团)股份有限公司	C1	张文卿	上海斜土路 791 号 B 幢 6 楼	021-63059496
600690	青岛海尔	青岛海尔股份有限公司	C7	杨绵绵	青岛市崂山区海尔信息产业园创牌大楼北 305B 青岛海尔证券部	0532-88935978
600077	*ST 百科	辽宁百科集团(控股)股份有限公司	G	俞建午	辽宁省沈阳市和平区青年大街 390 号万鑫国际大厦 A 座 33 层	0571-86052389
600691	*ST 东碳	东新电碳股份有限公司	C6	黄 彬	四川自贡自井区东光路桌子山 22 号	0813-2606903
600692	亚通股份	上海亚通股份有限公司	F	黄 胜	上海市崇明县南门路 281 号	021-69692714
600693	东百集团	福建东百集团股份有限公司	H	毕德才	福建省福州市八一七北路 84 号东百大厦 18 层	0591-87531724
600694	大商股份	大商集团股份有限公司	H	牛 钢	辽宁省大连市中山区青三街 1 号	0411-83643215
600695	大江股份	上海大江(集团)股份有限公司	C0	陈国邦	上海莲花路 1555 号华一大厦 7 楼	021-34225027
600696	多伦股份	上海多伦实业股份有限公司	C6	林建星	上海市虹口区甜爱路 36 号	021-56715833
600697	欧亚集团	长春欧亚集团股份有限公司	H	曹和平	长春市绿园区南阳路 418 号	0431-87666905
600698	ST 轻骑	济南轻骑摩托车股份有限公司	C7	余国华	济南市历下区和平路 34 号	0531-86599896
600699	*ST 得亨	辽源得亨股份有限公司	C4	刘 波	吉林省辽源市福兴路 3 号	0437-3512077
600701	工大高新	哈尔滨工大高新技术产业开发股份有限公司	M	张大成	哈尔滨市南岗区西大直街 118 号	0451-86269018
600078	澄星股份	江苏澄星磷化工股份有限公司	C4	李 兴	江苏省江阴市花山路 208 号	0510-86281316-432
600702	沱牌曲酒	四川沱牌曲酒股份有限公司	C0	李家顺	四川省射洪县柳树镇中街 149 号	0825-6618268
600703	三安光电	三安光电股份有限公司	C4	林秀成	厦门市思明区吕岭路 1721-1725 号	0716-4138696
600704	中大股份	浙江中大集团股份有限公司	H	陈继达	杭州市中大广场 A 座 29 楼	0571-85777029
600705	S*ST 北亚	北亚实业(集团)股份有限公司	M	王则瑞	哈尔滨市道里区友谊路 111 号新吉财富大厦 23 层	0451-84878663
600706	ST 长信	长安信息产业(集团)股份有限公司	G	骆志松	陕西省西安市高新区唐延路 1 号旺座国际城 B 座 30 层	029-88858950
600707	彩虹股份	彩虹显示器件股份有限公司	C5	邢道钦	陕西省咸阳市彩虹路一号	029-33332866
600708	海博股份	上海海博股份有限公司	F	洪明德	上海市宜山路 829 号	021-61132700
600710	常林股份	常林股份有限公司	C7	吴培国	江苏省常州市常林路 10 号	0519-86781168

续表 13　Continued 13

代码 Code	股票简称 Abbreviation	公司全称 Companies	行业代码 Industries Code	董事长 Board Chairman	地址 Address	电话 Telephone Number
600711	ST 雄震	厦门雄震矿业集团股份有限公司	M	陈　东	厦门市湖滨北路 72 号中闽大厦 9 楼 2 单元	0592 - 5891697
600712	南宁百货	南宁百货大楼股份有限公司	H	黄永干	广西南宁市朝阳路 39 - 41,45 号	0771 - 2610906
600008	首创股份	北京首创股份有限公司	K	刘晓光	北京市朝阳区北三环东路 8 号静安中心七层	010 - 64689035
600079	人福医药	武汉人福医药集团股份有限公司	C8	王学海	武汉市洪山区关山街鲁磨路 369 号	027 - 87597232
600713	南京医药	南京医药股份有限公司	C8	周耀平	江苏省南京市中山东路 486 号南京医药大厦	025 - 84552628
600714	ST 金瑞	青海金瑞矿业发展股份有限公司	C6	程国勋	青海省西宁市新宁路 36 号	0971 - 6321867
600715	ST 松辽	松辽汽车股份有限公司	C7	宣守招	辽宁省沈阳市苏家屯区白松路 22 号(110101)	024 - 31489909
600716	凤凰股份	江苏凤凰置业投资股份有限公司	J	陈海燕	南京市中央路 389 号凤凰国际大厦六楼	025 - 83566267
600717	天津港	天津港股份有限公司	F	田长松	天津市塘沽区津港路 99 号	022 - 25702708
600718	东软集团	东软集团股份有限公司	G	刘积仁	沈阳市浑南新区新秀街 2 号东软软件园	024 - 83663371
600719	大连热电	大连热电股份有限公司	D	于长敏	大连市西岗区沿海街 90 号	0411 - 84498988
600720	祁连山	甘肃祁连山水泥集团股份有限公司	C6	脱利成	兰州市城关区酒泉路力行新村 3 号祁连山大厦	0931 - 4900606
600721	ST 百花	新疆百花村股份有限公司	H	刘威东	乌鲁木齐市中山路 141 号	0991 - 2356620
600722	* ST 金化	河北金牛化工股份有限公司	C4	王社平	河北省沧州市黄河东路 20 号	0317 - 3509970
600080	* ST 金花	金花企业(集团)股份有限公司	C8	吴一坚	西安高新技术产业开发区高新 2 路 16 号(710075)	029 - 82301805
600723	西单商场	北京市西单商场股份有限公司	H	于学忠	北京市西城区西单北大街 120 号西单商场五楼投资管理部	010 - 66024984
600724	宁波富达	宁波富达股份有限公司	J	王宏祥	浙江省余姚市阳明西路 355 号	0574 - 62814275
600725	云维股份	云南云维股份有限公司	C4	张跃龙	云南省曲靖市沾益县盘江镇花山工业区	0874 - 3068588
600726	华电能源	华电能源股份有限公司	D	任书辉	哈尔滨市南岗区大成街 209 号	0451 - 82525998
600727	* ST 鲁北	山东鲁北化工股份有限公司	C4	陈树常	山东省无棣县埕口镇	0543 - 6451265
600728	ST 新太	新太科技股份有限公司	G	刘　伟	广州市天河高新技术产业开发区工业园建工路 4 号	020 - 85520635
600729	重庆百货	重庆百货大楼股份有限公司	H	肖诗新	重庆市渝中区民权路 2 号	023 - 63843058
600730	中国高科	中国高科集团股份有限公司	M	周伯勤	上海市浦东新金桥路 1122 号方正大厦 9 - 10 层	021 - 50326432
600731	湖南海利	湖南海利化工股份有限公司	C4	王晓光	湖南长沙市芙蓉中路二段 251 号	0731 - 85357829
600732	上海新梅	上海新梅置业股份有限公司	C7	张静静	上海天目中路 585 号 20 楼	021 - 51005380
600081	东风科技	东风电子科技股份有限公司	C7	欧阳洁	上海市中山北路 2000 号 22 楼	021 - 62033003 - 52
600733	S 前锋	成都前锋电子股份有限公司	G	杨晓斌	四川省成都市人民南路四段 1 号	028 - 86316723
600734	实达集团	福建实达集团股份有限公司	G	陈　炎	福州市福二工业区实达科技城 A 座 9 楼	0591 - 83725878
600735	新华锦	山东新华锦国际股份有限公司	C0	徐东波	青岛市彰化路 4 号八号楼	0532 - 85877680
600736	苏州高新	苏州新区高新技术产业股份有限公司	J	纪向群	苏州市高新区狮山路 35 号金河大厦 25 层	0512 - 68096283
600737	中粮屯河	中粮屯河股份有限公司	C0	郑弘波	新疆乌市黄河路 2 号招商银行大厦 20 楼	0991 - 5571601
600738	兰州民百	兰州民百(集团)股份有限公司	H	杜永忠	兰州市中山路 368 号亚欧商厦 9 - 10 层	0931 - 8435839
600739	辽宁成大	辽宁成大股份有限公司	H	尚书志	辽宁省大连市中山区人民路 71 号	0411 - 82512731
600740	* ST 山焦	山西焦化股份有限公司	C4	潘得国	山西洪洞广胜寺镇	0357 - 6626012
600741	华域汽车	华域汽车系统股份有限公司	C7	胡茂元	上海市威海路 489 号	021 - 22011701
600742	一汽富维	长春一汽富维汽车零部件股份有限公司	C7	滕铁骑	吉林省长春市东风南街 1399 号	0431 - 85765798
600082	海泰发展	天津海泰科技发展股份有限公司	J	徐蔚莉	天津市华苑产业区海泰西路 18 号	022 - 85689891
600743	华远地产	华远地产股份有限公司	M	任志强	北京市西城区北展北街 11 号华远·企业号 11 号楼	010 - 68036966
600744	华银电力	大唐华银电力股份有限公司	D	王　琳	湖南省长沙市芙蓉中路 3 段 255 号五华酒店 915 房	0731 - 85388003
600745	中茵股份	中茵股份有限公司	J	高建荣	湖北省黄石市团城山开发区杭州西路 91 号金山大楼三楼	0714 - 6358389
600746	江苏索普	江苏索普化工股份有限公司	C4	宋勤华	江苏省镇江市谏壁越河街 50 号	0511 - 3366244
600747	大连控股	大连大显控股股份有限公司	C5	代　威	大连市甘井子区革镇堡	0411 - 66888612
600748	上实发展	上海实业发展股份有限公司	C6	陆　申	淮海中路 98 号 19 楼	021 - 53859026

续表 14 Continued 14

代码 Code	股票简称 Abbreviation	公司全称 Companies	行业代码 Industries Code	董事长 Board Chairman	地址 Address	电话 Telephone Number
600749	西藏旅游	西藏旅游股份有限公司	K	欧阳旭	西藏拉萨市林廓东路 6 号喜马拉雅饭店三层	0891 - 6339150
600750	江中药业	江中药业股份有限公司	C8	董全臣	江西省南昌市火炬大道 788 号	0791 - 8169323
600751	SST 天海	天津市海运股份有限公司	F	李维艰	天津空港物流加工区华盈大厦 8 楼	022 - 58679088
600753	东方银星	河南东方银星投资股份有限公司	C7	李大明	河南省商丘市神火大道 99 号悦华大酒店 25 层	0370 - 2790635
600083	ST 博信	广东博信投资控股股份有限公司	C5	朱凤廉	广东省清远市新城方正二街 1 号自来水大厦	0755 - 86278086
600754	锦江股份	上海锦江国际酒店发展股份有限公司	K	俞敏亮	上海市延安东路 100 号 25 楼	021 - 63217132
600755	厦门国贸	厦门国贸集团股份有限公司	H	何福龙	中国福建省厦门市湖滨南路国贸大厦 16 - 18 层	0592 - 5898578
600756	浪潮软件	山东浪潮齐鲁软件产业股份有限公司	G	王茂昌	山东省济南市山大路 224 号	0531 - 85105606
600757	* ST 源发	上海华源企业发展股份有限公司	C1	陆俊德	上海浦东新区商城路 660 号乐凯大厦 20 - 21 层	021 - 58796556
600758	红阳能源	辽宁红阳能源投资股份有限公司	D	林守信	沈阳市皇姑区黄河南大街 96 - 6 号启运大厦	024 - 86131806
600759	正和股份	海南正和实业集团股份有限公司	J	林　端	海南省海口市国贸大道 2 号海南时代广场 17 层	0898 - 66787367
600760	东安黑豹	东安黑豹股份有限公司	C7	田学应	山东省文登市龙山路 107 号	0631 - 8087751
600761	安徽合力	安徽合力股份有限公司	C7	张德进	安徽省合肥市望江西路 15 号	0551 - 3689002
600763	通策医疗	通策医疗投资股份有限公司	C1	吕建国	浙江省杭州市西湖区天目山路 304 号	0571 - 28808278
600764	中电广通	中电广通股份有限公司	G	倪剑云	北京市海淀区中关村南大街 17 号韦伯时代中心 C 座 21 层	010 - 88578820
600084	* ST 中葡	中信国安葡萄酒业股份有限公司	H	李新萍	新疆维吾尔自治区乌鲁木齐市西虹东路 751 号	0991 - 8871867
600765	中航重机	中航重机股份有限公司	C7	谭卫东	贵阳市小河区锦江路 110 号	0851 - 3808871
600766	园城股份	烟台园城企业集团股份有限公司	H	徐诚惠	山东省烟台市南大街 261 号	0535 - 6636608
600767	运盛实业	运盛(上海)实业股份有限公司	J	钱仁高	上海市浦东新区民生路 1286 号汇商大厦 12 楼	021 - 68544220
600768	宁波富邦	宁波富邦精业集团股份有限公司	F	郑锦浩	宁波市鄞州区天童北路 702 号工业城办公大楼三楼	0574 - 87410500
600769	* ST 祥龙	武汉祥龙电业股份有限公司	D	杨守峰	武汉市洪山区葛化街化工路 31 号	027 - 87602482
600770	综艺股份	江苏综艺股份有限公司	M	昝圣达	江苏省通州市兴东镇综艺数码城	0513 - 86639987
600771	ST 东盛	东盛科技股份有限公司	C8	张　斌	陕西省西安市高新技术开发区唐延路 23 号东盛大厦	029 - 88330835
600773	西藏城投	西藏城市发展投资股份有限公司	H	朱贤麟	上海市闸北区天目中路 380 号北方大厦 22 楼	021 - 63536929
600774	汉商集团	武汉市汉商集团股份有限公司	H	张宪华	湖北省武汉市汉阳大道 134 号	027 - 84774966
600775	南京熊猫	南京熊猫电子股份有限公司	G	李安建	中国南京市中山东路 301 号	8625 - 84801442
600085	同仁堂	北京同仁堂股份有限公司	C8	顾海鸥	北京市崇文区崇外大街 42 号,北京市崇文区东兴隆街 52 号	010 - 67020018
600776	东方通信	东方通信股份有限公司	G	张泽熙	中国浙江省杭州市滨江高新技术开发区东信大道 66 号研发楼 B413 室	0571 - 86676199
600777	新潮实业	烟台新潮实业股份有限公司	C5	宋向阳	山东省烟台市牟平区牟山路 98 号	0535 - 4259777
600778	友好集团	新疆友好(集团)股份有限公司	H	聂如旋	乌鲁木齐市友好南路 30 号	0991 - 4541008
600779	水井坊	四川水井坊股份有限公司	C0	黄建勇	四川省成都市金牛区全兴路 9 号	028 - 86252847
600780	通宝能源	山西通宝能源股份有限公司	D	常小刚	太原市长治路 272 号	0351 - 7021857
600781	上海辅仁	上海辅仁实业(集团)股份有限公司	C1	关永进	上海市建国西路 285 号(科投大厦)13 楼	021 - 51573890
600782	新钢股份	新余钢铁股份有限公司	C6	熊小星	江西省新余市冶金路	0790 - 6292577
600783	鲁信高新	山东鲁信高新技术产业股份有限公司	C6	陈道江	山东省济南市解放路 166 号鲁信大厦	0531 - 86566764
600784	鲁银投资	鲁银投资集团股份有限公司	C6	刘相学	山东省济南市经十路 20518 号	0531 - 82024116
600785	新华百货	银川新华百货商店股份有限公司	H	徐鸣凤	宁夏银川市兴庆区新华东街 97 号	0951 - 4010058
600086	东方金钰	湖北东方金钰股份有限公司	C1	赵兴龙	深圳市罗湖区贝丽北路正福国际珠宝交易中心(水贝工业区)2 栋 3 楼	0755 - 25601399
600787	中储股份	中储发展股份有限公司	F	韩铁林	北京市丰台区南四环西路 188 号 6 区 18 号楼	010 - 83673209
600789	鲁抗医药	山东鲁抗医药股份有限公司	C8	高祥友	山东省济宁市太白楼西路 152 号	0537 - 2983174
600790	轻纺城	浙江中国轻纺城集团股份有限公司	M	沈小军	浙江省绍兴县柯桥街道鉴湖路 1 号中轻大厦	0575 - 84116158

续表 15　Continued 15

代码 Code	股票简称 Abbreviation	公司全称 Companies	行业代码 Industries Code	董事长 Board Chairman	地址 Address	电话 Telephone Number
600791	京能置业	京能置业股份有限公司	J	徐京付	北京市海淀区彩和坊路 8 号天创科技大厦 12 层西侧	010－62698639
600792	ST 马龙	云南马龙产业集团股份有限公司	C6	杨授诚	云南省昆明市人民中路 35 号阳光 A 版大厦三楼	0871－3018278
600793	ST 宜纸	宜宾纸业股份有限公司	C3	易　从	四川省宜宾市岷江西路 54 号	0831－3560668
600794	保税科技	张家港保税科技股份有限公司	F	徐品云	江苏省张家港保税区北京路保税科技大厦六楼	0512－58320358
600795	国电电力	国电电力发展股份有限公司	D	朱永芃	北京市朝阳区安慧北里安园 19 号楼	010－58682200
600796	钱江生化	浙江钱江生物化学股份有限公司	C8	高云跃	浙江省海宁市西山路 598 号 7 楼	0573－87042800
600797	浙大网新	浙大网新科技股份有限公司	G	陈　纯	杭州市天目山路 226 号中融大厦 12 层	0571－87950500
600087	长航油运	中国长江航运集团南京油运股份有限公司	F	刘锡汉	南京市中山北路 324 号油运大厦	025－58586158
600798	宁波海运	宁波海运股份有限公司	F	管雄文	宁波市北岸财富中心 1 幢	0574－87352405
600800	ST 磁卡	天津环球磁卡股份有限公司	C9	阮　强	天津市河西区解放南路 325 号	022－58585662
600801	华新水泥	华新水泥股份有限公司	C6	陈木森	湖北黄石市黄石大道 897 号	027－87773896
600802	福建水泥	福建水泥股份有限公司	C6	郑盛端	福州市杨桥东路 118 号宏扬新城建福大厦	0591－87617751
600803	威远生化	河北威远生物化工股份有限公司	C4	王玉锁	石家庄市和平东路 393 号	0311－85915898
600804	鹏博士	成都鹏博士电信传媒集团股份有限公司	G	杨学平	四川省成都市顺城大街 229 号顺城大厦 5 楼	028－86755190
600805	悦达投资	江苏悦达投资股份有限公司	M	陈云华	江苏盐城市开放大道 78 号	0515－88202778
600806	昆明机床	沈机集团昆明机床股份有限公司	C7	高明辉	中华人民共和国云南省昆明市茨坝路 23 号	0871－6166612
600807	天业股份	山东天业恒基股份有限公司	H	曾昭秦	济南市高新开发区新宇南路 1 号济南国际会展中心 A 区	0531－82685365
600808	马钢股份	马鞍山钢铁股份有限公司	C6	顾建国	安徽省马鞍山市九华西路 8 号	0555－2888158
600088	中视传媒	中视传媒股份有限公司	L	李　建	上海浦东新区福山路 450 号新天国际大厦 17 层 A 座	010－65999008
600809	山西汾酒	山西杏花村汾酒厂股份有限公司	C0	李秋喜	山西汾阳市杏花村	0358－7320948
600810	神马股份	神马实业股份有限公司	C4	马　源	河南平顶山建设路中段 63 号	0375－2729337
600811	东方集团	东方集团股份有限公司	M	张宏伟	哈尔滨市南岗区花园街 235 号	0451－53666028
600812	华北制药	华北制药股份有限公司	C8	王社平	河北省石家庄市和平东路 388 号	0311－86696493
600814	杭州解百	杭州解百集团股份有限公司	H	周自力	杭州市上城区解放路 251 号	0571－87016888－5015
600815	厦工股份	厦门厦工机械股份有限公司	C7	陈　玲	厦门市灌口南路 668 号之八	0592－6389388
600816	安信信托	安信信托投资股份有限公司	I	张春景	上海广东路 689 号海通证券大厦 29 层	021－63529786
600817	*ST 宏盛	上海宏盛科技发展股份有限公司	M	郭永明	上海市浦东新区商城路 618 号	021－58765800
600818	中路股份	中路股份有限公司	C7	陈　荣	上海市浦东新区花木路 832 号	021－50596906
600819	耀皮玻璃	上海耀华皮尔金顿玻璃股份有限公司	C6	林益彬	上海市浦东新区莲溪路 1210 号 1 号楼	021－58801177
600009	上海机场	上海国际机场股份有限公司	F	俞吾炎	上海市浦东新区启航路 900 号	021－68341609
600089	特变电工	特变电工股份有限公司	C7	张　新	新疆昌吉市延安南路 52 号	0994－2724766
600820	隧道股份	上海隧道工程股份有限公司	E	陈　彬	上海市大连路 118 号	021－65869999－5072
600821	津劝业	天津劝业场(集团)股份有限公司	H	张立津	天津市和平区和平路 290 号	022－27304989
600822	上海物贸	上海物资贸易股份有限公司	H	贺　涛	上海南苏州路 325 号	021－63231818－4062
600823	世茂股份	上海世茂股份有限公司	J	许薇薇	上海市浦东新区银城中路 68 号 43 楼	021－20203388
600824	益民集团	上海益民商业集团股份有限公司	H	杨传华	上海市淮海中路 809 号甲	021－64339888
600825	新华传媒	上海新华传媒股份有限公司	H	陈剑峰	上海市汉口路 266 号 15－16 楼	021－61371385
600826	兰生股份	上海兰生股份有限公司	H	张黎明	上海市中山北一路 1230 号	021－65446061
600827	友谊股份	上海友谊集团股份有限公司	H	黄真诚	上海市商城路 518 号 10 楼	021－58883307
600828	成商集团	成商集团股份有限公司	H	王福琴	成都市东御街 19 号	028－86651945
600829	三精制药	哈药集团三精制药股份有限公司	C6	刘占滨	哈尔滨市香坊区哈平路 233 号	0451－86649908
600090	啤酒花	新疆啤酒花股份有限公司	C0	王克勤	新疆乌鲁木齐市长春南路西二巷津城茗苑 5 号楼	0991－3687305
600830	香溢融通	香溢融通控股集团股份有限公司	H	楼炯友	宁波市开明街 130 弄 48 号	0574－87315310

续表 16 Continued 16

代码 Code	股票简称 Abbreviation	公司全称 Companies	行业代码 Industries Code	董事长 Board Chairman	地址 Address	电话 Telephone Number
600831	广电网络	陕西广电网络传媒股份有限公司	L	吕晓明	西安市高新区高新一路 15 号	029-87991255
600832	东方明珠	上海东方明珠(集团)股份有限公司	M	薛沛建	上海浦东世纪大道 1 号	021-58799306
600833	第一医药	上海第一医药股份有限公司	H	盛小洪	上海市徐汇区乌鲁木齐南路 158 号	021-64337282
600834	申通地铁	上海申通地铁股份有限公司	D	俞光耀	上海市桂林路 909 号 3 号楼 2 楼	021-54259985
600835	上海机电	上海机电股份有限公司	C7	徐建国	上海市浦东新区民生路 1286 号汇商大厦 9 楼(200135)	021-68547507
600836	界龙实业	上海界龙实业集团股份有限公司	C3	费屹立	上海市浦东新区川周路 7111 号	021-63746888
600837	海通证券	海通证券股份有限公司	I	王开国	上海市黄浦区广东路 689 号	021-63411298
600838	上海九百	上海九百股份有限公司	H	龚祥荣	上海市常德路 940 号	021-62569867
600839	四川长虹	四川长虹电器股份有限公司	C5	赵　勇	四川省绵阳市高新区绵兴东路 35 号	0816-2418866
600091	*ST 明科	包头明天科技股份有限公司	C4	董　琦	包头稀土高新技术产业开发区曙光路 22 号	0472-2207068
600841	上柴股份	上海柴油机股份有限公司	C7	肖国普	上海军工路 2636 号	021-60652707
600843	上工申贝	上工申贝(集团)股份有限公司	C7	张　敏	上海市浦东新区世纪大道 1500 号东方大厦 12 楼	021-68407700-617
600844	丹化科技	丹化化工科技股份有限公司	C4	曾晓宁	上海市闵行区虹许路 788 号名都城别墅 61 幢	021-64015598
600845	宝信软件	上海宝信软件股份有限公司	G	陈在根	上海浦东新区张江高科技园区郭守敬路 515 号	021-50801155-1462
600846	同济科技	上海同济科技实业股份有限公司	M	丁洁民	上海市杨浦区四平路 1398 号同济联合广场 B 座 20 层	021-65983325
600847	ST 渝万里	重庆万里控股(集团)股份有限公司	C7	刘悉承	重庆市巴南区土桥苦竹坝 31 号	023-62596943
600848	自仪股份	上海自动化仪表股份有限公司	C7	徐子瑛	上海市虹漕路 41 号	021-54262329
600850	华东电脑	上海华东电脑股份有限公司	G	游小明	上海北京东路 668 号科技京城东楼 23 层	021-23060388
600851	海欣股份	上海海欣集团股份有限公司	C1	徐文彬	上海市福州路 666 号金陵海欣大厦 18 楼	63917000-1832
600853	龙建股份	龙建路桥股份有限公司	E	张　厚	黑龙江省哈尔滨市南岗区嵩山路 109-1 号	0451-82281860
600093	禾嘉股份	四川禾嘉股份有限公司	A	宋　浩	四川省成都市高新技术开发区九兴大道 3 号	028-85155498
600854	ST 春兰	江苏春兰制冷设备股份有限公司	C7	许承业	江苏省泰州市春兰工业园区春兰路 1 号	0523-86217958
600855	航天长峰	北京航天长峰股份有限公司	C7	敖　刚	北京市 142 信箱 39 分箱(邮递地址)	010-88219815
600856	长百集团	长春百货大楼集团股份有限公司	H	林大湑	长春市人民大街 1881 号	0431-8965414
600857	工大首创	哈工大首创科技股份有限公司	G	龚东升	宁波市海曙区和义路 77 号汇金大厦 21 层	0574-87367060
600858	银座股份	银座集团股份有限公司	H	张文生	山东省济南市泺源大街 22 号中银大厦 20F	0531-86961088
600859	王府井	北京王府井百货(集团)股份有限公司	H	郑万河	中国北京王府井大街 253 号	010-65125960
600860	*ST 北人	北人印刷机械股份有限公司	C7	庞连东	北京市北京经济技术开发区荣昌东街 6 号	010-67802690
600861	北京城乡	北京城乡贸易中心股份有限公司	H	周和平	北京市海淀区复兴路甲 23 号	010-68296595
600862	南通科技	南通科技投资集团股份有限公司	C7	陈照东	江苏省南通市港闸区永和路 1 号	0513-83580393
600863	内蒙华电	内蒙古蒙电华能热电股份有限公司	D	吴景龙	内蒙古呼和浩特市锡林南路工艺厂巷电力科技楼六楼	0471-6228403
600094	*ST 华源	上海华源股份有限公司	C4	董云雄	上海市愚园路 1107 号 1 号楼 201-2 室	021-62478900
600864	哈投股份	哈尔滨哈投投资股份有限公司	D	冯晓江	哈尔滨市南岗区汉水路 172 号二楼	0451-82332828
600865	百大集团	百大集团股份有限公司	H	陈夏鑫	杭州市延安路 546 号	0571-85823002
600866	星湖科技	广东肇庆星湖生物科技股份有限公司	C0	李　成	广东省肇庆市工农北路 67 号	0758-2237526
600867	通化东宝	通化东宝药业股份有限公司	C8	李一奎	吉林省通化东宝新村	0435-5088025
600868	ST 梅雁	广东梅雁水电股份有限公司	M	杨钦欢	广东省梅州市梅县新县城梅雁科技园	0753-2218286
600869	三普药业	三普药业股份有限公司	C8	王宝清	江苏省宜兴市高塍远东大道 6 号	0510-87249788
600870	ST 厦华	厦门华侨电子股份有限公司	C5	王炎元	厦门市湖里大道 22 号	0592-5620620
600871	S 仪化	中国石化仪征化纤股份有限公司	C4	钱衡格	江苏省仪征市	0514-83232997
600872	中炬高新	中炬高新技术实业(集团)股份有限公司	M	熊　炜	广东省中山市中山火炬高技术产业开发区火炬大厦	0760-85599947
600873	五洲明珠	五洲明珠股份有限公司	C7	庞培德	山东省潍坊市高新区桐荫街 197 号	0536-8363802
600095	哈高科	哈尔滨高科技(集团)股份有限公司	C0	张耀辉	哈尔滨开发区迎宾路集中区天平路 2 号	0451-84348141

续表 17　Continued 17

代码 Code	股票简称 Abbreviation	公司全称 Companies	行业代码 Industries Code	董事长 Board Chairman	地址 Address	电话 Telephone Number
600874	创业环保	天津创业环保集团股份有限公司	K	马白玉	天津市南开区卫津南路 76 号创业环保大厦	022－23930128
600875	东方电气	东方电气股份有限公司	C7	斯泽夫	四川省成都市金牛区蜀汉路 333 号	028－87583088
600876	ST 洛玻	洛阳玻璃股份有限公司	C6	宋建明	河南省洛阳市西工区唐宫中路 9 号	0379－63908507
600877	中国嘉陵	中国嘉陵工业股份有限公司(集团)	C7	龚　兵	重庆市沙坪坝区双碑	023－65192750
600879	航天电子	航天时代电子技术股份有限公司	C7	刘眉玄	武汉经济技术开发区高科技园	010－88106033
600880	博瑞传播	成都博瑞传播股份有限公司	L	孙旭军	成都市花牌坊街 185 号	028－87651183
600881	亚泰集团	吉林亚泰(集团)股份有限公司	M	宋尚龙	长春市吉林大路 1801 号	0431－84956688
600882	大成股份	山东大成农药股份有限公司	C4	王继文	山东省淄博市张店区洪沟路 25 号	0533－2111919
600883	博闻科技	云南博闻科技实业股份有限公司	M	刘志波	云南省昆明国际会展中心写字楼 2－303 室	0871－7197370
600884	杉杉股份	宁波杉杉股份有限公司	C1	庄　巍	宁波市鄞州区日丽中路 777 号杉杉商务大厦 8 层	0574－88323048
600096	云天化	云南云天化股份有限公司	C4	张嘉庆	云南省水富县向家坝镇	0870－8662000
600885	＊ST 力阳	武汉力诺太阳能集团股份有限公司	C4	申英明	武汉市建设大道 568 号新世界国贸大厦Ⅰ座 16 楼	027－68850733
600886	国投电力	国投华靖电力控股股份有限公司	D	胡　刚	北京市西城区西直门南小街 147 号 5 号楼 12 层	010－88006380
600887	伊利股份	内蒙古伊利实业集团股份有限公司	C0	潘　刚	内蒙古呼和浩特市金川开发区金四路 8 号	0471－3350092
600888	新疆众和	新疆众和股份有限公司	C6	刘　杰	新疆维吾尔自治区乌鲁木齐市喀什东路 18 号	0991－6689856
600889	南京化纤	南京化纤股份有限公司	C4	沈光宇	江苏南京市六合瓜埠镇大庙村	025－84208005
600890	ST 中房	中房置业股份有限公司	C7	岳慧欣	北京市海淀区苏州街 18 号院长远天地大厦 C 座 2 层	010－82618898
600891	SST 秋林	哈尔滨秋林集团股份有限公司	H	蒋贤云	哈尔滨市南岗区东大直街 319 号	0451－58938188
600892	ST 宝诚	宝诚投资股份有限公司	C7	姚建辉	北京市西城区阜外大街 7 号国投大厦 1107 室	010－68096096
600893	航空动力	西安航空动力股份有限公司	C7	蔡　毅	陕西省西安市未央区徐家湾	029－86152115
600894	广钢股份	广州钢铁股份有限公司	C6	张若生	广州市荔湾区芳村白鹤洞	020－81891212－3122
600097	开创国际	上海开创国际海洋资源股份有限公司	A	汤期庆	上海市杨浦区共青路 448 号	021－65686875
600895	张江高科	上海张江高科技园区开发股份有限公司	M	刘小龙	上海浦东张东路 1388 号张江高科 A、B 座	021－50800018
600896	中海海盛	中海(海南)海盛船务股份有限公司	F	王大雄	海南省海口市龙昆北路 2 号珠江广场帝豪大厦 25 层	0898－68583985
600897	厦门空港	厦门国际航空港股份有限公司	F	王倜傥	厦门高崎国际机场 3＃候机楼西侧	0592－5706005
600898	＊ST 三联	三联商社股份有限公司	H	王俊洲	济南市历下区趵突泉北路 12 号五层	010－59288705
600900	长江电力	中国长江电力股份有限公司	D	曹广晶	北京市西城区金融大街 19 号富凯大厦 B 座	010－58688891
600960	滨州活塞	山东滨州渤海活塞股份有限公司	C7	李俊杰	山东省滨州市渤海二十一路 569 号	0543－3288868
600961	株冶集团	株洲冶炼集团股份有限公司	C6	傅少武	湖南省株洲市石峰区清水塘(来信来件请寄往该处)	0731－28392172
600962	国投中鲁	国投中鲁果汁股份有限公司	A	周立成	北京市西城区阜成门外大街 2 号万通新世界广场 B 座 21 层	010－88009005
600963	岳阳纸业	岳阳纸业股份有限公司	C3	吴佳林	湖南省岳阳市城陵矶洪家洲	0730－8590330
600965	福成五丰	河北福成五丰食品股份有限公司	A	李福成	河北省三河市燕郊经济技术开发区	010－61595607
600098	广州控股	广州发展实业控股集团股份有限公司	D	杨丹地	广州市珠江新城临江大道 3 号发展中心 28－30 楼	020－37850968
600966	博汇纸业	山东博汇纸业股份有限公司	C3	杨延良	山东省桓台县马桥镇工业路北首	0533－8539966
600967	北方创业	包头北方创业股份有限公司	C7	缪文民	包头市二号信箱北方创业股份有限公司	0472－3117903
600969	郴电国际	湖南郴电国际发展股份有限公司	D	付　国	湖南省郴州市青年大道民生路口万国大厦十五楼 1511 室	0735－2339232
600970	中材国际	中国中材国际工程股份有限公司	E	王　伟	北京市朝阳区望京北路 16 号	010－64399527
600971	恒源煤电	安徽恒源煤电股份有限公司	B	龚乃勤	安徽省宿州市西昌路 157 号	0557－3981268
600973	宝胜股份	宝胜科技创新股份有限公司	G	孙振华	江苏省宝应县安宜镇苏中路 1 号	0514－88248877
600975	新五丰	湖南新五丰股份有限公司	A	张跃文	长沙市芙蓉区五一西路二号第一大道十九、二十楼	0731－84449593
600976	武汉健民	武汉健民药业集团股份有限公司	C8	汪　诚	武汉市汉阳区鹦鹉大道 484 号	027－85355032
600978	宜华木业	广东省宜华木业股份有限公司	C2	刘绍喜	广东省汕头市澄海区莲下槐东工业区	0754－85100989
600979	广安爱众	四川广安爱众股份有限公司	D	罗庆红	四川省广安市广安区渠江北路 86 号	0826－2983059

续表 18 Continued 18

代码 Code	股票简称 Abbreviation	公司全称 Companies	行业代码 Industries Code	董事长 Board Chairman	地址 Address	电话 Telephone Number
600099	林海股份	林海股份有限公司	C7	孙　峰	江苏省泰州市泰九路 14 号	0523－86551888
600980	北矿磁材	北矿磁材科技股份有限公司	C5	蒋开喜	北京市丰台区南四环西路 188 号六区 5 号楼	010－67537184
600981	江苏开元	江苏开元股份有限公司	H	蒋金华	南京市户部街 15 号	025－86648112
600982	宁波热电	宁波热电股份有限公司	D	丁　凯	宁波经济技术开发区大港工业城凤洋一路 66 号	0574－86897102
600983	合肥三洋	合肥荣事达三洋电器股份有限公司	C5	金友华	合肥高新技术产业开发区北区 L－2 号	0551－5310502
600984	*ST 建机	陕西建设机械股份有限公司	C7	高　峰	西安市金花北路 418 号	029－82592297
600985	雷鸣科化	安徽雷鸣科化股份有限公司	C4	张海龙	安徽省淮北市东山路	0561－4948135
600986	科达股份	科达集团股份有限公司	E	刘锋杰	山东省东营市府前大街 276 号	0546－8301806
600987	航民股份	浙江航民股份有限公司	C1	朱重庆	浙江省杭州市萧山区瓜沥镇航民村	0571－82575698
600988	*ST 宝龙	广东东方兄弟投资股份有限公司	C7	郑勇康	广州增城市新塘镇宝龙路 1 号	020－82708598
600990	四创电子	安徽四创电子股份有限公司	G	吴曼青	安徽省合肥市高新技术产业开发区香樟大道 199 号	0551－5391323
600010	包钢股份	内蒙古包钢钢联股份有限公司	C6	崔　臣	内蒙古包头市昆区包钢信息大楼东副楼	0472－2189515
600100	同方股份	同方股份有限公司	G	荣泳霖	北京市海淀区五道口清华同方科技广场	010－82399888
600991	广汽长丰	广汽长丰汽车股份有限公司	C7	张房有	湖南省长沙经济技术开发区漓湘路中路 15 号	0731－82881922
600992	贵绳股份	贵州钢绳股份有限公司	C6	赵　跃	贵州省遵义市桃溪路 47 号	08528419247
600993	马应龙	马应龙药业集团股份有限公司	C8	陈　平	湖北省武汉市武昌南湖周家湾 100 号	027－87389583
600995	文山电力	云南文山电力股份有限公司	D	杨　斌	云南省昆明市东风东路 48 号金泰大厦 19 楼	0871－3193778
600997	开滦股份	开滦能源化工股份有限公司	B	裴　华	河北省唐山市新华东道 70 号东楼	0315－3026971
600998	九州通	九州通医药集团股份有限公司	H	刘宝林	湖北省武汉市汉阳区龙阳大道特 8 号	010－60210999
600999	招商证券	招商证券股份有限公司	I	宫少林	深圳市福田区益田路江苏大厦 A 座 38－45 层	0755－82943666
601000	唐山港	唐山港集团股份有限公司	F	孙文仲	河北唐山海港经济开发区唐山港大厦	0315－2916888
601001	大同煤业	大同煤业股份有限公司	B	吴永平	山西省大同市矿区新平旺	0352－7018978
601002	晋亿实业	晋亿实业股份有限公司	C7	蔡永龙	浙江省嘉善经济开发区晋亿大道 8 号	0573－4185001
600101	明星电力	四川明星电力股份有限公司	D	张有才	四川省遂宁市明月路 88 号	0825－2210076
601003	柳钢股份	柳州钢铁股份有限公司	C6	施沛润	广西柳州市北雀路 117 号	0772－2595996
601005	重庆钢铁	重庆钢铁股份有限公司	C6	董　林	重庆市大渡口区钢铁路 30 号	023－68845030
601006	大秦铁路	大秦铁路股份有限公司	F	杨绍清	山西省大同市站北街 14 号	0352－7121395
601007	金陵饭店	金陵饭店股份有限公司	K	李建伟	南京市汉中路 2 号	025－84711888－4139
601008	连云港	江苏连云港港口股份有限公司	F	李春宏	江苏省连云港市连云区中华西路 48 号海关大楼 6 楼	0518－82389269
601009	南京银行	南京银行股份有限公司	I	林　复	南京市白下区淮海路 50 号	025－84551006
601018	宁波港	宁波港股份有限公司	F	李令红	宁波市北仑区明州路 301 号宁波港大厦	0574－27686151
601088	中国神华	中国神华能源股份有限公司	B	张喜武	中国北京市东城区安定门西滨河路 22 号	010－58133348
601098	中南传媒	中南出版传媒集团股份有限公司	L	龚曙光	湖南省长沙市营盘东路 38 号	0731－84302628
601099	太平洋	太平洋证券股份有限公司	I	王　超	云南省昆明市青年路 389 号志远大厦 18 层	010－88320908
600102	莱钢股份	莱芜钢铁股份有限公司	C6	陈启祥	山东省莱芜市钢城区	0634－6820011
601101	昊华能源	北京昊华能源股份有限公司	B	耿养谋	北京市门头沟区新桥南大街 2 号	010－69839412
601106	中国一重	中国第一重型机械股份公司	C7	吴生富	黑龙江省齐齐哈尔市富拉尔基区铁西厂前路 9 号	0452－6810123
601107	四川成渝	四川成渝高速公路股份有限公司	F	唐　勇	四川省成都市武侯祠大街 252 号	028－85527504
601111	中国国航	中国国际航空股份有限公司	F	孔　栋	北京市顺义区天竺经济开发区天柱路 30 号	010－61461959
601117	中国化学	中国化学工程股份有限公司	E	金克宁	北京市东直门内大街 2 号	010－59765656
601126	四方股份	北京四方继保自动化股份有限公司	C7	王绪昭	北京市海淀区上地四街九号	010－62961515
601139	深圳燃气	深圳市燃气集团股份有限公司	D	包德元	深圳市深南大道 6021 号喜年中心 B 座 101	0755－83458639
601158	重庆水务	重庆水务集团股份有限公司	D	武秀峰	重庆市渝中区龙家湾 1 号	023－63860827

续表 19　Continued 19

代码 Code	股票简称 Abbreviation	公司全称 Companies	行业代码 Industries Code	董事长 Board Chairman	地址 Address	电话 Telephone Number
601166	兴业银行	兴业银行股份有限公司	I	高建平	福州市湖东路 154 号	0591 - 87838598
601168	西部矿业	西部矿业股份有限公司	B	汪海涛	青海省西宁市五四大街 52 号	0971 - 6108188
600103	青山纸业	福建省青山纸业股份有限公司	C3	刘天金	福建省福州市鼓楼区五一北路 171 号新都会花园广场 16 层	0591 - 83367773
601169	北京银行	北京银行股份有限公司	I	闫冰竹	北京市西城区金融大街甲 17 号首层	010 - 66223811
601177	杭齿前进	杭州前进齿轮箱集团股份有限公司	C7	茅建荣	浙江省杭州市萧山区萧金路 45 号	0571 - 83802049
601179	中国西电	中国西电电气股份有限公司	C7	张雅林	陕西省西安市高新区唐兴路 7 号 A 座	029 - 88832004
601186	中国铁建	中国铁建股份有限公司	E	李国瑞	北京市海淀区复兴路四十号东院	010 - 52688180
601188	龙江交通	黑龙江交通发展股份有限公司	F	孙熠嵩	黑龙江省哈尔滨市南岗区轩辕东路 1 号怡东大厦 3 层	0451 - 51688198
601268	二重重装	二重集团(德阳)重型装备股份有限公司	C7	孙德润	四川省德阳市珠江西路 460 号	0838 - 2342903
601288	农业银行	中国农业银行股份有限公司	I	项俊波	中国北京市东城区建国门内大街 69 号	010 - 85109619
601299	中国北车	中国北车股份有限公司	C7	崔殿国	北京市丰台区芳城园一区 15 楼	010 - 51897398
601318	中国平安	中国平安保险(集团)股份有限公司	I	马明哲	深圳市福田中心区福华路星河中心大厦 16 楼	0755 - 22623323
601328	交通银行	交通银行股份有限公司	I	胡怀邦	上海浦东新区银城中路 188 号	021 - 58400270
600104	上海汽车	上海汽车集团股份有限公司	C7	胡茂元	上海市静安区威海路 489 号上海汽车大厦	021 - 22011290
601333	广深铁路	广深铁路股份有限公司	F	何玉华	广东省深圳市和平路 1052 号	0755 - 25587920
601369	陕鼓动力	西安陕鼓动力股份有限公司	C7	印建安	陕西省西安市高新区沣惠南路 8 号	029 - 81871035
601377	兴业证券	兴业证券股份有限公司	I	兰　荣	福州市湖东路 268 号	0591 - 38281888
601390	中国中铁	中国中铁股份有限公司	E	石大华	北京市丰台区莲花池南里 26 号	010 - 51843037
601398	工商银行	中国工商银行股份有限公司	I	姜建清	北京市西城区复兴门内大街 55 号	010 - 66107151
601518	吉林高速	吉林高速公路股份有限公司	F	张　跃	吉林省长春市经开区浦东路 4488 号	0431 - 84687588
601588	北辰实业	北京北辰实业股份有限公司	J	贺江川	北京朝阳区北辰东路 8 号汇欣大厦 A 座 707	010 - 64993370
601600	中国铝业	中国铝业股份有限公司	B	肖亚庆	北京市海淀区西直门北大街 62 号	8610 8229 8103
601601	中国太保	中国太平洋保险(集团)股份有限公司	I	高国富	上海市银城中路 190 号交银金融大厦南楼	021 - 58776688 - 3991
601607	上海医药	上海医药集团股份有限公司	C8	吕明方	上海市太仓路 200 号上海医药大厦	021 - 52586559
600105	永鼎股份	江苏永鼎股份有限公司	G	莫林弟	江苏省吴江市芦墟镇汾湖经济技术开发区	0512 - 63272395
601618	中国中冶	中国冶金科工股份有限公司	E	沈鹤庭	北京市朝阳区曙光西里 28 号中冶大厦	010 - 59868801
601628	中国人寿	中国人寿保险股份有限公司	I	杨　超	北京市西城区金融大街 16 号中国人寿广场 A 座	010 - 85659999
601666	平煤股份	平顶山天安煤业股份有限公司	B	陈建生	河南省平顶山市矿工路 21 号	0375 - 2726764
601668	中国建筑	中国建筑股份有限公司	E	易　军	北京市海淀区三里河路 15 号	010 - 88082888
601678	滨化股份	滨化集团股份有限公司	M	张忠正	山东省滨州市黄河五路 560 号	0543 - 2118571
601688	华泰证券	华泰证券股份有限公司	I	吴万善	江苏省南京市中山东路 90 号华泰证券大厦	025 - 83290788
601699	潞安环能	山西潞安环保能源开发股份有限公司	B	任润厚	山西省长治市襄垣县侯堡镇	0355 - 5923838
601717	郑煤机	郑州煤矿机械集团股份有限公司	C7	焦承尧	郑州市华山路 105 号	0371 - 67891507
601718	际华集团	际华集团股份有限公司	M	刘三省	北京市丰台区南四环西路 188 号十五区 6 号楼	010 - 63706018
601727	上海电气	上海电气集团股份有限公司	C7	徐建国	上海市兴义路 8 号 30 楼	021 - 52080616
600106	重庆路桥	重庆路桥股份有限公司	F	江　津	重庆南坪经济技术开发区丹龙路 11 号	023 - 62803729
601766	中国南车	中国南车股份有限公司	C7	赵小刚	北京市海淀区西四环中路 16 号	010 - 51862188
601777	力帆股份	力帆实业(集团)股份有限公司	C7	尹明善	重庆市沙坪坝区上桥张家湾 60 号	023 - 61663020
601788	光大证券	光大证券股份有限公司	I	徐浩明	上海市静安区新闸路 1508 号	021 - 22169588
601801	皖新传媒	安徽新华传媒股份有限公司	L	倪志敏	安徽省合肥市长江中路 279 号	0551 - 2669071
601808	中海油服	中海油田服务股份有限公司	B	刘　健	北京市朝阳门北大街 25 号海油大厦 610A 室	010 - 84521129
601818	光大银行	中国光大银行股份有限公司	I	唐双宁	北京市西城区复兴门外大街 6 号光大大厦	010 - 68098061
601857	中国石油	中国石油天然气股份有限公司	B	蒋洁敏	北京东城区东直门北大街 9 号(董事会秘书局　梁刚)	010 - 59986900

续表 20 Continued 20

代码 Code	股票简称 Abbreviation	公司全称 Companies	行业代码 Industries Code	董事长 Board Chairman	地址 Address	电话 Telephone Number
601866	中海集运	中海集装箱运输股份有限公司	F	李绍德	上海市浦东新区福山路450号3楼	021-65966978
601872	招商轮船	招商局能源运输股份有限公司	F	傅育宁	上海市中山东一路9号	0755-26885593
601877	正泰电器	浙江正泰电器股份有限公司	C7	南存辉	浙江省乐清市北白象镇正泰工业园区正泰路1号	021-37791001
600107	美尔雅	湖北美尔雅股份有限公司	C1	杨闻孙	湖北省黄石市团城山开发区8号小区美尔雅工业园	0714-6360299
601880	大连港	大连港股份有限公司	F	孙　宏	辽宁省大连保税区大窑湾新港商务大厦	0411-82798566
601888	中国国旅	中国国旅股份有限公司	K	盖志新	北京市东城区东直门外小街甲2号A座8层	010-84479696
601890	亚星锚链	江苏亚星锚链股份有限公司	C7	陶安祥	江苏省靖江市东兴镇何德村	0523-84686986
601898	中煤能源	中国中煤能源股份有限公司	B	王　安	北京市朝阳区黄寺大街1号	010-82256618
601899	紫金矿业	紫金矿业集团股份有限公司	B	陈景河	厦门市湖里区泗水道599号海富中心19-22层	0592-2933662
601918	国投新集	国投新集能源股份有限公司	D	张长友	安徽省淮南市洞山中路12号	0551-2231858
601919	中国远洋	中国远洋控股股份有限公司	F	魏家福	天津市天津港保税区通达广场1号3层	010-66492259
601933	永辉超市	永辉超市股份有限公司	H	张轩松	福建省福州市鼓楼区西二环中路436号	0591-83762200
601939	建设银行	中国建设银行股份有限公司	I	郭树清	北京市西城区金融大街25号	010-67598523
601958	金钼股份	金堆城钼业股份有限公司	B	马宝平	陕西省西安市高新技术产业开发区锦业一路88号金钼股份综合楼A座	029-88320076
600108	亚盛集团	甘肃亚盛实业(集团)股份有限公司	A	何宗仁	甘肃省兰州市城关区秦安路105号亚盛大厦东11-16楼	0931-8857037
601988	中国银行	中国银行股份有限公司	I	肖　钢	北京市复兴门内大街1号	010-66592581
601989	中国重工	中国船舶重工股份有限公司	C7	李长印	北京市海淀区昆明湖南路72号	010-88475267
601991	大唐发电	大唐国际发电股份有限公司	D	翟若愚	北京市西城区广宁伯街9号	010-88008996
601998	中信银行	中信银行股份有限公司	I	孔　丹	北京市东城区朝阳门北大街8号富华大厦C座	010-65543981
601999	出版传媒	北方联合出版传媒(集团)股份有限公司	L	李家巍	辽宁省沈阳市和平区十一纬路29号	024-23284236
900929	锦旅B股	上海锦江国际旅游股份有限公司	K	宋超麒	上海市延安东路100号联谊大厦27楼	021-63299090
900935	阳晨B股	上海阳晨投资股份有限公司	C7	祝世寅	上海市徐家汇路555号10楼C座	021-63901001,63901800-1
900939	*ST汇丽B	上海汇丽建材股份有限公司	E	金永良	上海市南汇区康桥工业区康桥东路299号	021-58138717
900948	伊泰B股	内蒙古伊泰煤炭股份有限公司	B	张东海	内蒙古鄂尔多斯市东胜区天骄北路伊泰大厦	0477-8565735
900949	东电B股	浙江东南发电股份有限公司	D	毛剑宏	杭州市天目山路152号浙能大厦	0571-85774569
600109	国金证券	国金证券股份有限公司	I	冉　云	成都市青羊区东城根上街95号16楼	021-61038220
900950	新城B股	江苏新城地产股份有限公司	J	王振华	上海市中山北路3000号长城大厦22楼	021-32522906
900951	大化B股	大化集团大连化工股份有限公司	C4	刘平芹	大连市甘井子区工兴路10号	0411-86893436
900953	凯马B	恒天凯马股份有限公司	C7	傅伟民	上海市中山北路1958号华源世界广场15楼	021-52046619
900956	东贝B股	黄石东贝电器股份有限公司	C7	杨百昌	湖北省黄石市铁山区武黄路5号	0714-5415858
900957	凌云B股	上海凌云实业发展股份有限公司	E	于爱新	上海浦东新区源深路1088号葛洲坝大厦12楼1201室	021-68400880
600011	华能国际	华能国际电力股份有限公司	D	曹培玺	北京市西城区复兴门内大街4号华能大厦	010-63226990
600110	中科英华	中科英华高技术股份有限公司	C9	陈　远	吉林省长春市高新技术开发区火炬路286号	0431-85161088
600111	包钢稀土	内蒙古包钢稀土(集团)高科技股份有限公司	C6	崔　臣	内蒙古包头市稀土高新技术产业开发区黄河路83号	0472-2207525
600112	长征电气	贵州长征电气股份有限公司	C7	李　勇	贵州省遵义市上海路100号	0852-8622952
600113	浙江东日	浙江东日股份有限公司	C9	郑念鸿	浙江省温州市矮凳桥92号	0577-88852188
600114	东睦股份	东睦新材料集团股份有限公司	C6	芦德宝	宁波市鄞州工业园区(姜山)景江路8号	0574-87840906
600115	东方航空	中国东方航空股份有限公司	F	刘绍勇	上海市虹桥路2550号	021-22330920
600116	三峡水利	重庆三峡水利电力(集团)股份有限公司	D	叶建桥	重庆市渝中区邹容路68号大都会商厦1601室	023-63801161
600117	西宁特钢	西宁特殊钢股份有限公司	C6	杨　忠	青海省西宁市柴达木西路52号	0971-5299089
600118	中国卫星	中国东方红卫星股份有限公司	C9	袁家军	北京市海淀区中关村南大街31号神舟大厦12层	010-68197793
600119	长江投资	长发集团长江投资实业股份有限公司	M	居　亮	上海浦东新区世纪大道1500号9楼	021-68407009

数据来源：上海证券交易所
Source：Shanghai Stock Exchange

5-28 深圳证券交易所上市公司名录
Listed Companies in Shenzhen Stock Exchange

代码 Code	股票简称 Abbreviation	公司全称 Companies	行业代码 Industries Code	董事长 Board Chairman	地址 Address	电话 Telephone Number
000001	深发展A	深圳发展银行股份有限公司	I01	肖遂宁	广东省深圳市深南中路5047号深圳发展银行大厦	0755-22168622
000002	万 科A	万科企业股份有限公司	J01	王 石	深圳市盐田区大梅沙环梅路33号万科中心	0755-22198295
000004	ST国农	深圳中国农大科技股份有限公司	C8105	王鲁锋	广东省深圳市福田区商报路奥林匹克大厦6层D-E室	0755-83521694
000005	世纪星源	深圳世纪星源股份有限公司	M	丁 芃	广东省深圳市人民南路发展中心大厦13楼	0755-82208888-40
000006	深振业A	深圳市振业(集团)股份有限公司	J01	李永明	广东省深圳市罗湖区宝安南路2014号振业大厦B座11-17层	0755-25863061
000007	ST零七	深圳市零七股份有限公司	K32	练卫飞	广东省深圳市福田区华强北路现代之窗大厦A座26楼	0755-83280053
000008	ST宝利来	广东宝利来投资股份有限公司	H0101	周瑞堂	广东省深圳市南山区内环路5号锦兴工业小区管理楼二楼	0755-26433480
000009	中国宝安	中国宝安集团股份有限公司	M	陈政立	广东省深圳市笋岗东路宝安广场A座28-29层	0755-25170296
000010	SST华新	北京深华新股份有限公司	C7310	杜小莉	广东省深圳市福田区振兴路华美大厦西座五楼530室	0755-83320687
000011	深物业A	深圳市物业发展(集团)股份有限公司	J01	陈玉刚	广东省深圳市人民南路国贸大厦39、42层	0755-82211020
000012	南 玻A	中国南玻集团股份有限公司	C61	曾 南	广东省深圳市蛇口工业区工业六路一号南玻大厦	0755-26860498
000014	沙河股份	沙河实业股份有限公司	J01	陈 勇	广东省深圳市沙河白石洲沙河商城七楼	0755-86090259
000016	深康佳A	康佳集团股份有限公司	C55	侯松容	广东省深圳市南山区华侨城	0755-26601139
000017	*ST中华A	深圳中华自行车(集团)股份有限公司	C75	罗桂友	广东省深圳市龙华油松工业区中华工业园	0755-28181569,28181666
000018	ST中冠A	深圳中冠纺织印染股份有限公司	C11	胡永峰	广东省深圳市福田区深南中路2008号华联大厦1308室	0755-83667895
000019	深深宝A	深圳市深宝实业股份有限公司	C05	郑煜曦	广东省深圳市罗湖区笋岗路1002号宝安广场BC座28楼	0755-82027522
000020	深华发A	深圳中恒华发股份有限公司	C51	李中秋	广东省深圳市福田区华发北路411栋东座六层	0755-83352206
000021	长城开发	深圳长城开发科技股份有限公司	G83	谭文鋕	广东省深圳市福田区彩田路7006号	0755-83205285
000022	深赤湾A	深圳赤湾港航股份有限公司	F11	王 芬	广东省深圳市南山区赤湾石油大厦13楼	0755-26694620
000023	深天地A	深圳市天地(集团)股份有限公司	E01	杨国富	深圳市南山区高新技术产业园(北区)朗山路东物商业大楼10楼	0755-86154212
000024	招商地产	招商局地产控股股份有限公司	J01	孙承铭	广东省深圳市南山区蛇口兴华路六号南海意库三号楼	0755-26819616
000025	特 力A	深圳市特力(集团)股份有限公司	H0335	张瑞理	广东省深圳市福田区深南中路中核大厦十五楼	0755-83989393
000026	飞亚达A	深圳市飞亚达(集团)股份有限公司	H1199	吴光权	广东省深圳市南山区高新南一道飞亚达科技大厦20楼	0755-86013669
000027	深圳能源	深圳能源集团股份有限公司	D01	高自民	深圳市区福田区深南中路2068号华能大厦5,33,35-36,38-41层	0755-83774911,83684306
000028	一致药业	深圳一致药业股份有限公司	H0160	施金明	广东省深圳市福田区八卦四路15号一致药业大厦	0755-25875195
000029	深深房A	深圳经济特区房地产(集团)股份有限公司	J01	周建国	广东省深圳市人民南路深房广场46-48楼	0755-82289517
000030	*ST盛润	广东盛润集团股份有限公司	C99	王建宇	广东省深圳市福田区泰然大道劲松大厦5D	0755-83875531
000031	中粮地产	中粮地产(集团)股份有限公司	J01	孙忠人	深圳市福田区福华一路1号大中华国际交易广场35层	0755-27754517
000032	深桑达A	深圳市桑达实业股份有限公司	C57	张永平	广东省深圳市南山区科技园科技路1号桑达科技大厦15-17层	0755-86316169
000033	新都酒店	深圳新都酒店股份有限公司	K32	李聚全	广东省深圳市春风路1号新都酒店3楼	0755-82326536
000034	ST深泰	深圳市深信泰丰(集团)股份有限公司	M	晏 群	广东省深圳市宝安区宝城23区大宝路风采轩深信泰丰商务楼	0755-27848003
000035	*ST科健	中国科健股份有限公司	G81	洪和良	广东省深圳市南山区蛇口南海大道1065号南山大厦南座700A	0755-26692595-8585
000036	华联控股	华联控股股份有限公司	J01	董炳根	广东省深圳市深南中路2008号华联大厦1103室	0755-83667450
000037	深南电A	深圳南山热电股份有限公司	D01	杨海贤	广东省深圳市南山区华侨城汉唐大厦16、17楼	0755-26003683
000038	*ST大通	深圳大通实业股份有限公司	J01	许亚楠	广东省深圳市福田区都市阳光名苑1栋6B	0755-26921699
000039	中集集团	中国国际海运集装箱(集团)股份有限公司	C69	李建红	广东省深圳市蛇口工业区港湾大道2号中集集团研发中心	0755-26802706

续表 1 Continued 1

代码 Code	股票简称 Abbreviation	公司全称 Companies	行业代码 Industries Code	董事长 Board Chairman	地址 Address	电话 Telephone Number
000040	深鸿基	鸿基地产集团股份有限公司	J01	陈泰泉	广东省深圳市罗湖区东门中路 1011 号鸿基大厦 25－27 楼	0755－82367726
000042	深长城	深圳市长城投资控股股份有限公司	J01	马兴文	广东省深圳市福田区百花五路长源楼	0755－88393669
000043	中航地产	中航地产股份有限公司	J01	仇慎谦	广东省深圳市福田区振华路 163 号飞亚达大厦六楼	0755－83689333
000045	深纺织 A	深圳市纺织(集团)股份有限公司	C11	王 滨	广东省深圳市福田区华强北路 3 号深纺大厦 6 楼	0755－83776043
000046	泛海建设	泛海建设集团股份有限公司	J01	卢志强	北京市朝阳区建国门外大街 22 号赛特大厦十五层	021－82985859
000048	ST 康达尔	深圳市康达尔(集团)股份有限公司	C01	罗爱华	广东省深圳市罗湖区深南东路 1086 号集浩大厦二、三楼	0755－25425020－359
000049	德赛电池	深圳市德赛电池科技股份有限公司	C76	刘 其	深圳市南山区高新科技园南区高新南一道德赛科技大厦 26 楼	0755－86022882
000050	深天马 A	天马微电子股份有限公司	C51	吴光权	广东省深圳市南山区马家龙工业城 64 栋	0755－86225886
000053	深基地 B	深圳赤湾石油基地股份有限公司	B50	韩桂茂	广东省深圳市南山区赤湾石油大厦 14 楼	0755－26694211－2610
000054	建 摩 B	重庆建设摩托车股份有限公司	C75	李华光	重庆市巴南区花溪工业园建设大道 1 号	023－66295333
000055	方大集团	方大集团股份有限公司	C69	熊建明	广东省深圳市南山区西丽龙井方大城科技大厦	0755－26788571－6622
000056	深国商	深圳市国际企业股份有限公司	H11	郑康豪	深圳市福田中心区金田路 4028 号经贸中心 44 楼	0755－82285565
000058	深赛格	深圳赛格股份有限公司	C51	王 楚	广东省深圳市福田区华强北路群星广场 A 座 31 层	0755－83748753
000059	辽通化工	辽宁华锦通达化工股份有限公司	C43	刘云文	辽宁省盘锦市双台子区红旗大街	0427－5855742
000060	中金岭南	深圳市中金岭南有色金属股份有限公司	C67	李进明	广东省深圳市福田区车公庙深南大厦 6013 号中国有色大厦 24 楼	0755－82839363
000061	农产品	深圳市农产品股份有限公司	H01	陈少群	深圳市福田区深南大道 7028 号时代科技大厦 13 楼	0755－25850050
000062	深圳华强	深圳华强实业股份有限公司	M	胡新安	广东省深圳市深南中路华强路口	0755－83030181
000063	中兴通讯	中兴通讯股份有限公司	G81	侯为贵	广东省深圳市南山区高新技术产业园科技南路中兴通讯大厦	0755－26770254
000065	北方国际	北方国际合作股份有限公司	E01	王金平	北京市广安门内大街 338 号港中旅大厦 11 层	010－83916913
000066	长城电脑	中国长城计算机深圳股份有限公司	G83	杜和平	广东省深圳市南山区科技工业园长城计算机大厦	0755－26634759
000068	ST 三星	深圳赛格三星股份有限公司	C51	胡建平	广东省深圳市大工业区兰竹东路 23 号	0755－89938888－1860
000069	华侨城 A	深圳华侨城股份有限公司	K34	任克雷	广东省深圳市南山区华侨城办公大楼	0755－26936078
000070	特发信息	深圳市特发信息股份有限公司	G8101	王 宝	广东省深圳市南山区科技工业园科丰路 2 号通讯大厦	0755－26506649
000078	海王生物	深圳市海王生物工程股份有限公司	C81	张思民	广东省深圳市南山区郎山二路北海王技术中心科研大楼 1 栋	0755－26983386,26980336
000088	盐田港	深圳市盐田港股份有限公司	F11	李 冰	广东省深圳市盐田区盐田港海港大厦 18－19 层	0755－25290180
000089	深圳机场	深圳市机场股份有限公司	F11	汪 洋	广东省深圳市宝安国际机场机场路机场信息大楼	0755－23456331
000090	深天健	深圳市天健(集团)股份有限公司	E	高 雷	广东省深圳市福田区红荔西路 7058 号市政大厦	0755－83928130
000096	广聚能源	深圳市广聚能源股份有限公司	H03	王建彬	广东省深圳市南山区海德三道天利中央商务广场 22 楼	0755－86000096
000099	中信海直	中信海洋直升机股份有限公司	F09	毕 为	广东省深圳市南山区南海大道 21 号深圳直升机场	0755－26971630,6971945
000100	TCL 集团	TCL 集团股份有限公司	C55	李东生	广东省惠州市鹅岭南路 6 号 TCL 工业大厦九楼	0755－33313801
000150	宜华地产	宜华地产股份有限公司	J	刘绍生	广东省汕头市澄海区文冠路口右侧宜都花园	0754－85899788
000151	中成股份	中成进出口股份有限公司	H21	邹宝中	北京市南四环西路 188 号二区 8 号楼	010－83676100
000152	山 航 B	山东航空股份有限公司	F09	张幸福	山东省济南市历下区二环东路 5746 号山东航空大厦 19F	0531－85698678
000153	丰原药业	安徽丰原药业股份有限公司	C81	徐桦木	安徽省合肥市包河工业区纬四路 16 号	0551－4846153
000155	川化股份	川化股份有限公司	C43	苏重光	四川省成都市青白江区大弯镇团结路 311 号	028－89301891
000156	* ST 嘉瑞	湖南嘉瑞新材料集团股份有限公司	C6930	万 巍	湖南省长沙市雨花区人民中路 238 号上城星座大厦 2506 房	0731－84315151
000157	中联重科	长沙中联重工科技发展股份有限公司	C71	詹纯新	湖南省长沙市银盆南路 361 号	0731－88923909
000158	常山股份	石家庄常山纺织股份有限公司	C11	汤彰明	河北省石家庄市和平东路 183 号	0311－86673856
000159	国际实业	新疆国际实业股份有限公司	C4115	丁治平	新疆维吾尔自治区乌鲁木齐市黄河路 1 号招商银行大厦 11 楼	0991－5854232

续表 2 Continued 2

代码 Code	股票简称 Abbreviation	公司全称 Companies	行业代码 Industries Code	董事长 Board Chairman	地址 Address	电话 Telephone Number
000160	ST 大路 B	承德大路股份有限公司	C11	陈　荣	河北省承德市承德县下板城镇帝贤大厦	0314-3115049
000168	ST 雷伊 B	广东雷伊(集团)股份有限公司	C13	陈鸿成	广东省深圳市东门中路东方大厦 12 楼	0755-82231226
000301	东方市场	江苏吴江中国东方丝绸市场股份有限公司	M	吴新祥	江苏省吴江市盛泽镇市场路丝绸股份大厦	0512-63527635
000338	潍柴动力	潍柴动力股份有限公司	C75	谭旭光	山东省潍坊市民生东街 26 号	0536-2297068
000400	许继电气	许继电气股份有限公司	C76	王纪年	河南省许昌市许继大道 1298 号	0374-3212348
000401	冀东水泥	唐山冀东水泥股份有限公司	C61	张增光	河北省唐山市丰润区林荫路	0315-3083336
000402	金融街	金融街控股股份有限公司	J01	王功伟	北京市西城区金融大街丙 17 号北京银行大厦 11 层	010-66573088
000403	S*ST 生化	振兴生化股份有限公司	C8101	史跃武	山西省太原市长治路 227 号高新国际大厦 16 层	0351-7038636
000404	华意压缩	华意压缩机股份有限公司	C73	刘体斌	景德镇市高新区长虹大道 1 号	0798-8470237
000407	胜利股份	山东胜利股份有限公司	C49	王　鹏	山东省济南市高新区天辰大街 2238 号胜利生物工程园	0531-86930581
000408	*ST 玉源	玉源控股股份有限公司	C61	路　联	河北省邯郸市峰峰矿区彭东街 9 号	010-82275906
000409	ST 泰复	泰复实业股份有限公司	C73	何宏满	广东省深圳市福田区福华一路国际商会大厦 B 座 2202-2206 室	0755-83023002
000410	沈阳机床	沈阳机床股份有限公司	C71	关锡友	辽宁省沈阳市经济技术开发区开发大路 17 甲 1 号	024-25190865
000411	英特集团	浙江英特集团股份有限公司	H0160	王引平	浙江省杭州市莫干山路 110 号华龙商务大厦	0571-85068752
000413	宝　石 A	石家庄宝石电子玻璃股份有限公司	C51	尚建斌	河北省石家庄市高新技术产业开发区黄河大道 9 号	0311-86917775
000415	*ST 汇通	新疆汇通(集团)股份有限公司	E01	宋小刚	新疆维吾尔自治区乌鲁木齐市南湖南路 66 号水清木华 A 栋 7 楼	0991-5852082
000416	民生投资	民生投资管理股份有限公司	H1130	余　政	青岛市市南区闽江二路 2 号综合办公楼二楼	0532-80770826
000417	合肥百货	合肥百货大楼集团股份有限公司	H11	郑晓燕	合肥市长江西路 689 号金座 A2413 室证券发展部	0551-5771035
000418	小天鹅 A	无锡小天鹅股份有限公司	C76	方洪波	江苏省无锡市惠钱路 67 号	0510-81082280
000419	通程控股	长沙通程控股股份有限公司	H11	周兆达	湖南省长沙市劳动西路 589 号	0731-85534994
000420	吉林化纤	吉林化纤股份有限公司	C47	王进军	吉林省吉林市九站街 516-1 号	0432-3502331
000421	南京中北	南京中北(集团)股份有限公司	K01	朱　明	江苏省南京市通江路 16 号	025-86383611
000422	湖北宜化	湖北宜化化工股份有限公司	C43	蒋远华	湖北省宜昌市沿江大道 52 号	0717-6442268
000423	东阿阿胶	山东东阿阿胶股份有限公司	C81	李福祚	山东省聊城市东阿县阿胶街 78 号	0635-3260016
000425	徐工机械	徐工集团工程机械股份有限公司	C73	王　民	徐州经济开发区工业一区	0516-87938766
000426	富龙热电	赤峰富龙热电股份有限公司	D	景树森	内蒙古自治区赤峰市松山区西站大街 8 号	0476-2216690
000428	华天酒店	华天酒店集团股份有限公司	K34	陈纪明	湖南省长沙市解放东路 300 号本公司贵宾楼五楼	0731-84442888-80891
000429	粤高速 A	广东省高速公路发展股份有限公司	F11	周余明	广东省广州市白云路 85 号	020-83731365
000430	*ST 张股	张家界旅游开发股份有限公司	K34	李智勇	湖南省长沙市车站北路 459 号证券大厦 604 室	0744-8288630
000468	宁通信 B	南京普天通信股份有限公司	G81	赵新平	江苏省南京市秦淮区普天路 1 号	025-52409954;52418518
000488	晨鸣纸业	山东晨鸣纸业集团股份有限公司	C31	陈洪国	山东省寿光市圣城街 595 号	0536-2158011
000498	*ST 丹化	丹东化学纤维股份有限公司	C47	王振山	辽宁省丹东市振兴区纤维街 58 号	0415-6164666
000501	鄂武商 A	武汉武商集团股份有限公司	H11	刘江超	湖北省武汉市汉口解放大道 690 号	027-85714295
000502	绿景地产	绿景地产股份有限公司	J01	余　斌	广东省广州市天河区林和中路 8 号海航大厦 35 楼	020-22082956
000503	海虹控股	海虹企业(控股)股份有限公司	M	康　健	海南省海口市滨海大道文华酒店 7 层	0898-68510496
000504	*ST 传媒	北京赛迪传媒投资股份有限公司	L01	卢　山	北京市海淀区紫竹院路 66 号赛迪大厦 17 层	010-88559875
000505	ST 珠江	海南珠江控股股份有限公司	J01	郑　清	海南省海口市滨海大道珠江广场帝豪大厦 29 层	0898-68583723
000506	中润投资	山东中润投资控股集团股份有限公司	J01	郑峰文	山东省济南市顺河街 176 号	0531-81665777
000507	珠海港	珠海港股份有限公司	M	杨润贵	广东省珠海市九洲大道中 1146 号 5 楼	0756-3838066
000509	S*ST 华塑	华塑控股股份有限公司	A07	邢乐成	四川省成都市武科东三路 9 号 6 号楼 2 楼	028-86658666
000510	金路集团	四川金路集团股份有限公司	C43	刘　汉	四川省德阳市岷江西路二段 57 号金路大厦	0838-2301092
000511	银基发展	沈阳银基发展股份有限公司	J01	沈志奇	辽宁省沈阳市沈河区青年大街 109 号	024-22903598

续表 3　Continued 3

代码 Code	股票简称 Abbreviation	公司全称 Companies	行业代码 Industries Code	董事长 Board Chairman	地址 Address	电话 Telephone Number
000512	闽灿坤 B	厦门灿坤实业股份有限公司	C76	简德荣	福建省漳州龙池开发区灿坤工业园	0596 - 6268161
000513	丽珠集团	丽珠医药集团股份有限公司	C81	朱保国	广东省珠海市拱北桂花北路 132 号丽珠大厦	0756 - 8135839
000514	渝开发	重庆渝开发股份有限公司	J	粟志光	重庆市南岸区铜元局刘家花园 96 号	023 - 63856995
000516	开元控股	西安开元控股集团股份有限公司	H11	王爱萍	陕西省西安市解放市场 6 号	029 - 87217854
000517	荣安地产	荣安地产股份有限公司	J01	王久芳	浙江省宁波市海曙区尹江路 46 号	0574 - 87312566
000518	四环生物	江苏四环生物股份有限公司	C85	孙国建	江苏省江阴市滨江开发区定山路 10 号	0510 - 86408558
000519	江南红箭	湖南江南红箭股份有限公司	C71	齐振伟	湖南省湘潭国家高新技术产业开发区德国工业园莱茵路 1 号	0744 - 83068899
000520	长航凤凰	长航凤凰股份有限公司	F07	刘锡汉	湖北省武汉市汉口民权路 39 号汇江大厦	027 - 82763901
000521	美菱电器	合肥美菱股份有限公司	C76	赵　勇	安徽省合肥市经济技术开发区莲花路 2163 号	0551 - 2219005
000522	白云山 A	广州白云山制药股份有限公司	C81	谢　彬	广东省广州市白云区同和街云祥路 88 号	020 - 87063455
000523	广州浪奇	广州市浪奇实业股份有限公司	C43	胡守斌	广东省广州市天河区黄埔大道东 128 号	020 - 82162933
000524	东方宾馆	广州市东方宾馆股份有限公司	K32	冯　劲	广东省广州市流花路 120 号	020 - 83753615
000525	红太阳	南京红太阳股份有限公司	C43	杨寿海	江苏省南京市汉中路 89 号金鹰国际商城 19 层 C 座	025 - 84785866
000526	旭飞投资	厦门旭飞投资股份有限公司	M	张质良	福建省厦门市湖里区东渡路 258 号银龙大厦 16 楼	0755 - 82496036
000527	美的电器	广东美的电器股份有限公司	C76	方洪波	广东省佛山市顺德区美的大道 6 号美的总部大楼	0757 - 23604698
000528	柳　工	广西柳工机械股份有限公司	C73	王晓华	广西壮族自治区柳州市柳太路 1 号	0772 - 3886510
000529	广弘控股	广东广弘控股股份有限公司	C0120	崔　河	广东省鹤山市人民西路 40 号	020 - 83603995
000530	大冷股份	大连冷冻机股份有限公司	C71	张　和	辽宁省大连市沙河口区西南路 888 号	0411 - 86654530
000531	穗恒运 A	广州恒运企业集团股份有限公司	D01	黄中发	广东省广州开发区开发大道 235 号恒运大厦 6 - 6M 层	020 - 82208965
000532	力合股份	力合股份有限公司	D01	冯冠平	广东省珠海市唐家大学路 101 号清华科技园创业大楼东六楼	0756 - 3612810
000533	万家乐	广东万家乐股份有限公司	C76	李　智	广东省佛山市顺德大良顺峰山工业区	0757 - 22321232
000534	万泽股份	广东万泽实业股份有限公司	J01	林伟光	广东省汕头市珠池路 23 号光明大厦 B 幢 8 楼	0754 - 88857179
000536	闽闽东	闽东电机(集团)股份有限公司	C76	唐远生	福建省福州市五一中路 88 号平安大厦 19 层	0591 - 88022590
000537	广宇发展	天津广宇发展股份有限公司	J01	赵　健	天津市南开区南京路 358 号今晚报大厦 24 层	022 - 27500420
000538	云南白药	云南白药集团股份有限公司	C81	王明辉	云南省昆明市二环西路 222 号	0871 - 8324116
000539	粤电力 A	广东电力发展股份有限公司	D01	潘　力	广东省广州市天河东路 2 号粤电广场南塔 23 - 26 楼	020 - 85138082
000540	中天城投	中天城投集团股份有限公司	M	罗玉平	贵州省贵阳市中华中路 1 号峰会国际大厦	0851 - 6809072
000541	佛山照明	佛山电器照明股份有限公司	C76	钟信才	广东省佛山市禅城区汾江北路 64 号	0757 - 82810239 0757 - 82966098
000543	皖能电力	安徽省皖能股份有限公司	D01	白泰平	安徽省合肥市马鞍山路 76 号能源大厦七至十楼	0551 - 2225811
000544	中原环保	中原环保股份有限公司	C61	李建平	郑州市郑东新区 CBD 商务外环路西七街 3 号中华大厦 15A	0371 - 65376779
000545	吉林制药	吉林制药股份有限公司	C81	赵友永	吉林省吉林市长春路 99 号	0432 - 63398722
000546	光华控股	吉林光华控股集团股份有限公司	J01	许　华	吉林省长春市西安大路 727 号中银大厦 1009 号	0512 - 67325680
000547	闽福发 A	神州学人集团股份有限公司	G81	章高路	福建省福州市五一南路 17 号工行五一支行 13 层	0591 - 83283128
000548	湖南投资	湖南投资集团股份有限公司	F1101	谭应求	湖南省长沙市芙蓉中路 508 号之三君逸康年大酒店十二楼	0731 - 2327666
000550	江铃汽车	江铃汽车股份有限公司	C75	王锡高	江西省南昌市迎宾北大道 509 号	0791 - 5235675
000551	创元科技	创元科技股份有限公司	C71	曹新彤	江苏省苏州市南门东二路 4 号	0512 - 68241551
000552	靖远煤电	甘肃靖远煤电股份有限公司	B01	梁习明	甘肃省白银市平川区王家山镇	0931 - 8512882
000553	沙隆达 A	湖北沙隆达股份有限公司	C43	李作荣	湖北省荆州市北京东路 93 号	0716 - 8208232
000554	泰山石油	中国石化山东泰山石油股份有限公司	H03	冯东青	山东省泰安市东岳大街 104 号	0538 - 8265105
000555	ST 太光	深圳市太光电信股份有限公司	G8101	宋　波	广东省深圳市福田区滨河路北与彩田路东联合广场 A 座 3608 室	0755 - 82910290
000557	* ST 广夏	广夏(银川)实业股份有限公司	C85	朱关湖	宁夏回族自治区银川市高新技术产业开发区 15 号路东	0951 - 5054694

续表 4　Continued 4

代码 Code	股票简称 Abbreviation	公司全称 Companies	行业代码 Industries Code	董事长 Board Chairman	地址 Address	电话 Telephone Number
000558	莱茵置业	莱茵达置业股份有限公司	J01	高继胜	浙江省杭州市文三路535号莱茵达大厦20楼	0571-86473558
000559	万向钱潮	万向钱潮股份有限公司	C75	鲁冠球	浙江省杭州市萧山经济技术开发区万向路1号	0571-22891106
000560	昆百大A	昆明百货大楼(集团)股份有限公司	H11	何道峰	云南省昆明市东风西路99号	0871-3623414
000561	烽火电子	陕西烽火电子股份有限公司	G8101	李荣家	陕西省宝鸡市清姜路75号	0917-3626561
000562	宏源证券	宏源证券股份有限公司	I21	冯　戎	新疆维吾尔自治区乌鲁木齐市文艺路233号宏源大厦八楼	0991-2301773
000563	陕国投A	陕西省国际信托股份有限公司	I31	薛季民	陕西省西安市高新区科技路50号金桥国际广场C座24—27层	029-83230252
000564	西安民生	西安民生集团股份有限公司	H11	马永庆	陕西省西安市解放路103号	029-87481871
000565	渝三峡A	重庆三峡油漆股份有限公司	C43	苏中俊	重庆市江津区德感工业园区	023-68824806
000566	海南海药	海南海药股份有限公司	C81	刘悉承	海南省海口市龙昆北路30号宏源证券大厦7楼	0898-66785861
000567	海德股份	海南海德实业股份有限公司	J01	纪道林	海南省海口市龙昆南路72号耀江商厦三层	0898-66978322
000568	泸州老窖	泸州老窖股份有限公司	C05	谢　明	四川省泸州市泸州老窖营销网络指挥中心	0830-2398898
000570	苏常柴A	常柴股份有限公司	C71	薛国俊	江苏省常州市怀德中路123号	0519-86603656-3155
000571	新大洲A	新大洲控股股份有限公司	C75	赵序宏	上海市长宁区红宝石路500号东银中心B栋2801	021-61050111-117
000572	海马股份	海马投资集团股份有限公司	C7505	景　柱	海南省海口市金盘工业区金牛路2号	0898-66822672
000573	粤宏远A	东莞宏远工业区股份有限公司	J01	周明轩	广东省东莞市宏远工业区宏远大厦16层	0769-22412655
000576	ST甘化	江门甘蔗化工厂(集团)股份有限公司	M	邹敦华	广东省江门市甘化路62号	0750-3277651
000578	盐湖集团	青海盐湖工业集团股份有限公司	C43	安平绥	青海省格尔木市黄河路28号	0979-8448019
000581	威孚高科	无锡威孚高科技集团股份有限公司	C71	王伟良	江苏省无锡市人民西路107号	0510-82719579
000582	北海港	北海港股份有限公司	F	黄葆源	广西壮族自治区北海市海角路145号	0779-3922206
000584	友利控股	四川友利投资控股股份有限公司	C4705	李峰林	四川省成都市蜀都大道暑袜北三街20号	028-86757539
000585	东北电气	东北电气发展股份有限公司	C76	苏伟国	辽宁省沈阳市铁西区兴顺街2号	024-23527080
000586	ST汇源	四川汇源光通信股份有限公司	G8599	徐明君	四川省成都市高新西区西芯大道5号	028-85516608
000587	S*ST光明	光明集团家具股份有限公司	C25	马中文	黑龙江省伊春市伊春区青山西路118号	0458-6135587
000589	黔轮胎A	贵州轮胎股份有限公司	C48	马世春	贵州省贵阳市百花大道41号	0851-4767826
000590	紫光古汉	紫光古汉集团股份有限公司	C81	李　义	湖南省衡阳市蒸湘区白云路42号	0734-8239335
000591	桐君阁	重庆桐君阁股份有限公司	C81	王小军	重庆市渝中区解放西路1号	023-89885243
000592	中福实业	福建中福实业股份有限公司	A	刘平山	福建省福州市五四路159号世界金龙大厦23层	0591-87871990-616
000593	大通燃气	四川大通燃气开发股份有限公司	H11	李占通	四川省成都市八宝街88号国信广场21层	028-86637727
000594	国恒铁路	天津国恒铁路控股股份有限公司	H0325	刘正浩	天津市华苑新技术产业园区榕苑路1号天津天财酒店8层	022-58396826
000595	西北轴承	西北轴承股份有限公司	C71	赵家国	宁夏回族自治区银川市西夏区北京西路630号	0951-2029011
000596	古井贡酒	安徽古井贡酒股份有限公司	C03	余　林	安徽省亳州市古井镇	0558-5710057
000597	东北制药	东北制药集团股份有限公司	C81	刘　震	沈阳经济技术开发区昆明湖街8号	024-25806963
000598	兴蓉投资	成都市兴蓉投资股份有限公司	K0199	谭建明	北京市朝阳区北三环东路19号	028-85913967
000599	青岛双星	青岛双星股份有限公司	C48	汪　海	山东省青岛市瞿塘峡路45号(即原贵州路5号)海富楼三楼	0532-82674653
000600	建投能源	河北建投能源投资股份有限公司	D0101	李连平	河北省石家庄市裕华西路9号裕园广场A座17层	0311-85518875
000601	韶能股份	广东韶能集团股份有限公司	D01	徐　兵	广东省韶关市武江区沿江路16号	0751-8153162
000602	金马集团	广东金马旅游集团股份有限公司	G85	王志华	广东省潮州市潮枫路旅游大厦四层	0768-2268969
000603	*ST威达	威达医用科技股份有限公司	C73	朱胜利	重庆市渝中区中山三路168号中安国际大厦14-5	023-63639600
000605	ST四环	四环药业股份有限公司	C81	刘惠文	北京市西城区阜外大街3号东润时代大厦八层	010-68003377-8869
000606	青海明胶	青海明胶股份有限公司	C43	赵　华	青海省西宁市城北区(生物园)纬一路18号	0971-8013495
000607	华智控股	重庆华智控股股份有限公司	C78	刘浩军	重庆市北碚区童家溪镇同兴工业园区一路8号	023-68268800
000608	阳光股份	阳光新业地产股份有限公司	J01	唐　军	北京市西城区西直门外大街112号阳光大厦11层	010-68361088

续表 5 Continued 5

代码 Code	股票简称 Abbreviation	公司全称 Companies	行业代码 Industries Code	董事长 Board Chairman	地址 Address	电话 Telephone Number
000609	绵世股份	北京绵世投资集团股份有限公司	J01	李 方	北京市东城区建国门内大街 19 号中纺大厦 3 层	010－65275609
000610	西安旅游	西安旅游股份有限公司	K34	夏富喜	陕西省西安市南二环西段 27 号西安旅游大厦七层	029－82065555
000611	时代科技	内蒙古时代科技股份有限公司	C78	濮黎明	浙江绍兴柯桥时代广场 H 座 19 楼西	0575－81182951
000612	焦作万方	焦作万方铝业股份有限公司	C67	蒋英刚	河南省焦作市马村区待王镇东	0391－3261289
000613	ST 东海 A	海南大东海旅游中心股份有限公司	K32	黎愿斌	海南省三亚市大东海	0898－88219921
000615	湖北金环	湖北金环股份有限公司	C47	蒋 岚	湖北省襄樊市樊城区陈家湖	0710－2108234
000616	亿城股份	亿城集团股份有限公司	J01	张丽萍	北京市海淀区长春桥路 11 号万柳亿城大厦 A 座 16－17 层	010－58816885
000617	石油济柴	济南柴油机股份有限公司	C71	姜小兴	山东省济南市经十西路 1999 号	0531－87422751
000619	海螺型材	芜湖海螺型材科技股份有限公司	C49	任 勇	安徽省芜湖市经济技术开发区港湾路	0553－5840135
000620	S＊ST 圣方	黑龙江圣方科技股份有限公司	C41	傅 军	黑龙江省牡丹江市西三条路平安街海洋大厦 6 楼	010－65303388－8666
000622	S＊ST 恒立	岳阳恒立冷气设备股份有限公司	C73	陈少波	湖南省岳阳市青年中路	0730－8245282
000623	吉林敖东	吉林敖东药业集团股份有限公司	C81	李秀林	吉林省敦化市敖东大街 2158 号	0433－6225025
000625	长安汽车	重庆长安汽车股份有限公司	C75	徐留平	重庆市江北区建新东路 260 号	023－67591156
000626	如意集团	连云港如意集团股份有限公司	H09	秦兆平	江苏省连云港市新浦北郊路 6 号	0518－85153595
000627	天茂集团	天茂实业集团股份有限公司	C43	刘益谦	湖北省荆门市杨湾路 132 号	0724－2223218
000628	高新发展	成都高新发展股份有限公司	J01	平 兴	四川省成都市高新技术产业开发区九兴大道 8 号	028－85130316
000629	＊ST 钒钛	攀钢集团钢铁钒钛股份有限公司	C65	余自甦	四川省攀枝花市东区向阳村新钢钒公司办公大楼	0812－3393695
000630	铜陵有色	铜陵有色金属集团股份有限公司	C67	韦江宏	安徽省铜陵市长江西路有色大院西楼	0562－2825029
000631	顺发恒业	顺发恒业股份公司	J01	管大源	吉林省长春市高新产业技术产业开发区蔚山路 4370 号	0431－85180631
000632	三木集团	福建三木集团股份有限公司	M	兰 隽	福建省福州市群众东路 93 号三木大厦	0591－83355146
000633	ST 合金	沈阳合金投资股份有限公司	M	吴 岩	辽宁省沈阳市浑南新区世纪路 55 号	024－62336767
000635	英力特	宁夏英力特化工股份有限公司	C43	秦江玉	宁夏回族自治区石嘴山市惠农区河滨工业园钢电路	0952－3689598
000636	风华高科	广东风华高新科技股份有限公司	C51	钟金松	广东省肇庆市风华路 18 号风华电子工业城	0758－2844724
000637	茂化实华	茂名石化实华股份有限公司	C41	郭劲松	广东省茂名市官渡路 162 号	0668－2276176
000638	万方地产	万方地产股份有限公司	J01	张 晖	北京市朝阳区曙光西里甲一号第三置业大厦 A 座 30 层	010－64656161
000639	金德发展	湖南金德发展股份有限公司	C69	王 勇	湖南省株洲市天元区长江北路 333 号	0731－22867187
000650	仁和药业	仁和药业股份有限公司	C81	梅 强	江西省南昌市洪城路国贸广场 A 区巨豪峰 2601 室	0791－6496271
000651	格力电器	珠海格力电器股份有限公司	C76	朱江洪	广东省珠海市前山金鸡西路 6 号	0756－8669232
000652	泰达股份	天津泰达股份有限公司	M	刘惠文	天津市河东区十一经路 81 号天星河畔广场 15 楼	022－24138617－536
000655	金岭矿业	山东金岭矿业股份有限公司	B0501	张相军	山东省淄博市张店区中埠镇	0533－3089979
000656	ST 东源	重庆东源产业发展股份有限公司	C65	黄红云	重庆市北部新区高新园星光大道 68 号天王星商务大厦 C 座 5 楼	023－67033650
000657	＊ST 中钨	中钨高新材料股份有限公司	C67	杨伯华	湖南省长沙经济技术开发区开元大道 17 号开源鑫城大酒店 19 楼	0731－4650990
000659	珠海中富	珠海中富实业股份有限公司	C49	Gary John Guernier	珠海市保税区联锋路珠海中富实业股份有限公司	0756－8931096
000661	长春高新	长春高新技术产业(集团)股份有限公司	C81	杨占民	吉林省长春市同志街 2400 号火炬大厦 5 层	0431－85666367
000662	索芙特	索芙特股份有限公司	C4370	梁国坚	广西壮族自治区梧州市新兴二路 137 号	0774－3863880
000663	永安林业	福建省永安林业(集团)股份有限公司	A03	吴景贤	福建省永安市燕江东路 819 号	0598－3614875
000665	武汉塑料	武汉塑料工业集团股份有限公司	C49	徐亦平	湖北省武汉市经济技术开发区沌阳大道 156 号武塑工业园 1 号楼	027－59405215
000666	经纬纺机	经纬纺织机械股份有限公司	C73	叶茂新	北京市朝阳区亮马桥路 39 号第一上海中心 701 室	010－84534132
000667	名流置业	名流置业集团股份有限公司	J01	刘道明	北京市丰台区角门 18 号名流未来大厦 14 层	0871－3610134
000668	荣丰控股	荣丰控股集团股份有限公司	J01	王 征	上海市浦东新区浦东大道 1200 号 1908 室	010－51757629
000669	领先科技	吉林领先科技发展股份有限公司	G81	李建新	吉林省吉林市高新区恒山西路 104 号	0432－64569477

续表 6　Continued 6

代码 Code	股票简称 Abbreviation	公司全称 Companies	行业代码 Industries Code	董事长 Board Chairman	地址 Address	电话 Telephone Number
000670	S*ST 天发	舜元地产发展股份有限公司	J	陈炎表	上海市长宁区天山西路 799 号北大青鸟产业园六楼	021-52197189
000671	阳光城	阳光城集团股份有限公司	M	林腾蛟	福建省福州市鼓楼区古田路 56 号名流大厦 22 层	0591-83377141
000672	*ST 铜城	白银铜城商厦(集团)股份有限公司	H11	陈　亮	甘肃省白银市白银区五一街 8 号铜城商厦 4 楼	0943-8223409
000673	*ST 大水	大同水泥股份有限公司	C61	刘　刚	山西省大同市矿区五法路一号	0352-4062400
000676	*ST 思达	河南思达高科技股份有限公司	C78	刘双河	河南省郑州市经三路北 26 号思达数码大厦 16 楼	0371-65793200
000677	山东海龙	山东海龙股份有限公司	C47	逄奉建	山东省潍坊市寒亭区海龙路 555 号	0536-2275102
000678	襄阳轴承	襄阳汽车轴承股份有限公司	C7115	高少兵	湖北省襄樊市襄城区轴承路 1 号	0710-3577241
000679	大连友谊	大连友谊(集团)股份有限公司	H11	田益群	辽宁省大连市中山区七一街 1 号	0411-82802712
000680	山推股份	山推工程机械股份有限公司	C73	张秀文	山东省济宁市 327 国道 58 号	0537-2909532
000681	*ST 远东	远东实业股份有限公司	C13	姜　放	江苏省常州市新北区岷江路 1 号	0519-85130681
000682	东方电子	东方电子股份有限公司	G87	丁振华	山东省烟台市芝罘区机场路 2 号	0535-6582228
000683	远兴能源	内蒙古远兴能源股份有限公司	C43	贺占海	内蒙古自治区鄂尔多斯市东胜区伊煤南路 14 号创业大厦 B 座 16 层	0477-8539874
000685	中山公用	中山公用事业集团股份有限公司	D0501	陈爱学	广东省中山市兴中道 18 号财兴大厦北座	0760-88380018
000686	东北证券	东北证券股份有限公司	I21	矫正中	吉林省长春市自由大路 1138 号证券大厦	0431-85096779
000687	保定天鹅	保定天鹅股份有限公司	C47	王东兴	河北省保定市新市区盛兴西路 1369 号	0312-3322262
000688	*ST 朝华	朝华科技(集团)股份有限公司	G	史建华	重庆市北部新区人和汪家桥新村 119 号天宇大酒店六楼	023-67316603
000690	宝新能源	广东宝丽华新能源股份有限公司	D0101	宁远喜	广东省梅州市梅县华侨城香港花园香港大道宝丽华综合大楼	0753-2511298
000691	*ST 亚太	海南亚太实业发展股份有限公司	M	梁德根	海南省海口市国贸大道 56 号北京大厦 26 楼 G 座	0898-68528293
000692	惠天热电	沈阳惠天热电股份有限公司	D01	孙　杰	辽宁省沈阳市沈河区热闹路 47 号	024-22928062
000693	S*ST 聚友	成都聚友网络股份有限公司	L20	夏清海	四川省成都市上升街 72 号 8 楼	028-86758710
000695	滨海能源	天津滨海能源发展股份有限公司	D01	张继光	天津市开发区第十一大街 27 号	022-66202230
000697	*ST 偏转	咸阳偏转股份有限公司	C51	郑　毅	陕西省咸阳市渭阳西路七十号	029-33628567
000698	沈阳化工	沈阳化工股份有限公司	C43	王大壮	辽宁省沈阳市铁西区卫工北街 46 号	024-25553506
000700	模塑科技	江南模塑科技股份有限公司	C75	曹克波	江苏省江阴市周庄镇长青路 8 号	0510-86242802
000701	厦门信达	厦门信达股份有限公司	M	周昆山	福建省厦门市湖里信宏大厦 2 楼	0592-5608098
000702	正虹科技	湖南正虹科技发展股份有限公司	C01	徐仲康	湖南省岳阳市屈原管理区营田镇	0731-84599909
000703	*ST 光华	世纪光华科技股份有限公司	G81	郭迎辉	河南省郑州市花园路 59 号邮政大厦 21 层	0371-67422266
000705	浙江震元	浙江震元股份有限公司	H01	宋逸婷	浙江省绍兴市解放北路 289 号	0575-85144161
000706	瓦　轴 B	瓦房店轴承股份有限公司	C71	王路顺	辽宁省瓦房店市北共济街一段 1 号	0411-39922369
000707	双环科技	湖北双环科技股份有限公司	C43	张忠华	湖北省应城市东马坊团结大道 26 号	0717-6442268
000708	大冶特钢	大冶特殊钢股份有限公司	C65	俞亚鹏	湖北省黄石市黄石大道 316 号	0714-6297235
000709	河北钢铁	河北钢铁股份有限公司	C65	王义芳	河北省唐山市滨河路 9 号	0315-2702825
000710	天兴仪表	成都天兴仪表股份有限公司	C75	文　武	四川省成都市外东十陵镇天兴仪表股份公司董事会办公室	028-84613721
000711	天伦置业	黑龙江天伦置业股份有限公司	J05	许环曜	广东省广州市天河路 45 号天伦大厦 25 楼	020-38303219
000712	锦龙股份	广东锦龙发展股份有限公司	D05	杨志茂	广东省清远市方正二街 1 号锦龙大厦	0763-3369393
000713	丰乐种业	合肥丰乐种业股份有限公司	A01	陈茂新	安徽省合肥市长江西路 501 号丰乐大厦	0551-2239888
000715	中兴商业	中兴-沈阳商业大厦(集团)股份有限公司	H11	刘芝旭	辽宁省沈阳市和平区太原北街 86 号	024-23838888-3703
000716	*ST 南方	广西南方食品集团股份有限公司	M	韦清文	广西壮族自治区南宁市双拥路 36 号	0771-5308080
000717	韶钢松山	广东韶钢松山股份有限公司	C65	余子权	广东省韶关市曲江区	0751-8787493
000718	苏宁环球	苏宁环球股份有限公司	J01	张桂平	江苏省南京市鼓楼区广州路 188 号苏宁环球大厦十七楼	025-58400671
000719	S*ST 鑫安	焦作鑫安科技股份有限公司	C43	刘少宇	焦作市神州路西段 1698 号焦作高新区创业服务中心 1 号公寓	0391-2925951-256

续表 7 Continued 7

代码 Code	股票简称 Abbreviation	公司全称 Companies	行业代码 Industries Code	董事长 Board Chairman	地址 Address	电话 Telephone Number
000720	ST 能山	山东新能泰山发电股份有限公司	D01	张　奇	山东省泰安市普照寺路 5 号	0538 - 8232022
000721	西安饮食	西安饮食股份有限公司	K30	李大有	陕西省西安市南二环西段 27 号西安旅游大厦 6 层	029 - 82065890
000722	* ST 金果	湖南金果实业股份有限公司	M	邓军民	湖南省长沙市高新技术开发区麓枫路 40 号	
000723	美锦能源	山西美锦能源股份有限公司	C4115	姚锦龙	山西省太原市府西街 92 号天隆仓大厦 12 层	0351 - 4236095
000725	京东方 A	京东方科技集团股份有限公司	C51	王东升	北京市朝阳区酒仙桥路 10 号	010 - 64318888 - 6259
000726	鲁泰 A	鲁泰纺织股份有限公司	C11	刘石祯	山东省淄博市高新技术开发区铭波路 11 号	0533 - 5285166
000727	华东科技	南京华东电子信息科技股份有限公司	C5110	司云聪	南京经济技术开发区恒通大道 19 - 1 号	025 - 68192806
000728	国元证券	国元证券股份有限公司	I2121	凤良志	安徽省合肥市寿春路 179 号	0551 - 2207968
000729	燕京啤酒	北京燕京啤酒股份有限公司	C05	李福成	北京市顺义区双河路 9 号	010 - 89490729
000731	四川美丰	四川美丰化工股份有限公司	C43	张晓彬	四川省德阳市莹华南路 10 号	0838 - 2300044
000732	ST 三农	福建三农集团股份有限公司	C43	黄其森	福建省福州市湖东路 298 号伊法达大厦四楼	0591 - 87800884
000733	振华科技	中国振华(集团)科技股份有限公司	C51	陈　中	贵州省贵阳市乌当区新添大道北段 268 号	0851 - 6301078
000735	罗牛山	海口农工贸(罗牛山)股份有限公司	A05	胡电铃	海南省海口市珠江广场帝豪大厦 9 楼	0898 - 68581213
000736	ST 重实	重庆国际实业投资股份有限公司	J01	陆伟强	重庆市渝北区洪湖东路 9 号财富大厦 B 座 9 楼	023 - 67530016
000737	南风化工	南风化工集团股份有限公司	C43	万建军	山西省运城市解放路 294 号	0359 - 8967035
000738	中航动控	中航动力控制股份有限公司	C75	庞　为	湖南省株洲市董家塅宇航公司办公大楼	0731 - 28559515
000739	普洛股份	普洛股份有限公司	C81	徐文财	山东省青岛市市南区湛山一路 16 号	0532 - 83870896
000748	长城信息	长城信息产业股份有限公司	G83	聂玉春	湖南省长沙经济技术开发区东三路 5 号	0731 - 85559798
000750	SST 集琦	桂林集琦药业股份有限公司	C81	蒋文胜	广西壮族自治区桂林市骖鸾路 23 号 - 1 星辰大厦	0773 - 5876861
000751	锌业股份	葫芦岛锌业股份有限公司	C67	许　健	辽宁省葫芦岛市龙港区锌厂路 24 号	0429 - 2024121
000752	西藏发展	西藏银河科技发展股份有限公司	C05	闫清江	西藏自治区拉萨市色拉路 36 号	028 - 85135120
000753	漳州发展	福建漳州发展股份有限公司	F11	庄文海	福建省漳州市胜利东路漳州发展广场 21 楼	0596 - 2671753
000755	山西三维	山西三维集团股份有限公司	C43	卢辉生	山西省临汾市洪洞县赵城・山西三维公司	0357 - 6663123
000756	新华制药	山东新华制药股份有限公司	C81	张代铭	山东省淄博市高新技术产业开发区化工区	0533 - 2160469
000757	* ST 方向	四川方向光电股份有限公司	C71	李　凯	四川省内江市甜城大道方向光电科技园	0832 - 2202731
000758	中色股份	中国有色金属建设股份有限公司	B0701	罗　涛	北京市朝阳区安定路 10 号中国有色大厦南楼	010 - 63951531
000759	武汉中百	武汉中百集团股份有限公司	H11	汪爱群	湖北省武汉市江汉区江汉路 129 号中百商厦 24 - 25 楼	027 - 82832006
000760	* ST 博盈	湖北博盈投资股份有限公司	C75	杨富年	北京市朝阳区亮马桥路 39 号第一上海中心 C 座 412 室	0716 - 5231009
000761	本钢板材	本钢板材股份有限公司	C65	于天忱	辽宁省本溪市平山区人民路 16 号	0414 - 7828360
000762	西藏矿业	西藏矿业发展股份有限公司	B05	曾　泰	西藏自治区拉萨市中和国际城金珠二路 8 号	028 - 85355661
000766	通化金马	通化金马药业集团股份有限公司	C81	刘立成	吉林省通化市东昌区江南路 100 - 1 号	0435 - 3910232
000767	漳泽电力	山西漳泽电力股份有限公司	D01	贾　斌	山西省太原市五一路 197 号	0351 - 4268602
000768	西飞国际	西安飞机国际航空制造股份有限公司	C75	王向阳	陕西省西安市阎良区西飞大道一号西飞国际	029 - 86846976
000770	* ST 武锅 B	武汉锅炉股份有限公司	C71	杨国威	湖北省武汉市武珞路 586 号	027 - 81993700
000771	杭汽轮 B	杭州汽轮机股份有限公司	C71	聂忠海	浙江省杭州市石桥路 357 号	0571 - 85780189
000776	广发证券	广发证券股份有限公司	I2121	王志伟	广州市天河区天河北路 183 - 187 号大都会广场 43 楼	020 - 87557390
000777	中核科技	中核苏阀科技实业股份有限公司	C71	邱建刚	苏州国家高新技术产业开发区浒关工业园	0512 - 66672245
000778	新兴铸管	新兴铸管股份有限公司	C69	张同波	河北省武安市上洛阳村北(2672 厂区)	0310 - 5793247
000779	三毛派神	兰州三毛实业股份有限公司	C11	阮　英	甘肃省兰州市西固区玉门街 486 号	0931 - 7551627
000780	平庄能源	内蒙古平庄能源股份有限公司	B0101	孙金国	内蒙古自治区赤峰市元宝山区平庄镇哈河街	0476 - 3324281
000782	美达股份	广东新会美达锦纶股份有限公司	C4350	梁伟东	广东省新会市会城镇江会路上浅口	0750 - 6107981
000783	长江证券	长江证券股份有限公司	I2121	胡运钊	湖北省武汉市江汉区新华路特 8 号	027 - 65799866
000785	武汉中商	武汉中商集团股份有限公司	H11	郝　健	湖北省武汉市武昌区中南路 9 号	027 - 87362507

续表 8 Continued 8

代码 Code	股票简称 Abbreviation	公司全称 Companies	行业代码 Industries Code	董事长 Board Chairman	地址 Address	电话 Telephone Number
000786	北新建材	北新集团建材股份有限公司	C61	王 兵	北京市海淀区三里河路甲 11 号中国建材大厦	010-82981786
000787	*ST 创智	创智信息科技股份有限公司	G87	贾 鹏	湖南省长沙市高新技术产业开发区火炬城 M2 栋 3 楼	0731-8909008
000788	西南合成	北大国际医院集团西南合成制药股份有限公司	C81	李国军	重庆市渝北区洪湖东路 9 号财富大厦 B 座 18 楼	023-67525366
000789	江西水泥	江西万年青水泥股份有限公司	C61	刘明寿	江西省南昌市高新技术开发区京东大道 399 号	0791-8120789
000790	华神集团	成都华神集团股份有限公司	C81	赵卫青	四川省成都市十二桥路 37 号新 1 号华神科技大厦 A 座 6 楼	028-66616656
000791	西北化工	西北永新化工股份有限公司	C43	康海军	甘肃省兰州市城关区北龙口永新化工园区	0931-4862482
000792	盐湖钾肥	青海盐湖钾肥股份有限公司	C43	郑长山	青海省格尔木市察尔汗	0979-8448123
000793	华闻传媒	华闻传媒投资集团股份有限公司	L0101	温子健	海南省海口市海甸四东路民生大厦	0898-66196060
000795	太原刚玉	太原双塔刚玉股份有限公司	C61	杜建奎	山西省太原市郝庄正街 62 号	0351-4935313
000796	易食股份	易食集团股份有限公司	C03	刘志强	陕西省宝鸡市渭滨区经二路 114 号	0917-3229516
000797	中国武夷	中国武夷实业股份有限公司	J01	黄建民	福建省福州市五四路 89 号置地广场 33 层	0591-83170123
000798	中水渔业	中水集团远洋股份有限公司	A07	吴湘峰	北京市西单民丰胡同 31 号	010-88067461
000799	酒鬼酒	酒鬼酒股份有限公司	C05	王新国	湖南省吉首市振武营酒鬼工业园	0743-8312079
000800	一汽轿车	一汽轿车股份有限公司	C75	徐建一	吉林省长春市高新技术产业开发区蔚山路 4888 号	0431-85781108
000801	四川九洲	四川九洲电器股份有限公司	C55	霞 晖	四川省绵阳市九洲大道 259 号	0816-2336252
000802	北京旅游	北京京西风光旅游开发股份有限公司	K34	刘 伟	北京市门头沟区石龙工业区泰安路 9 号	010-60805568
000803	金宇车城	四川金宇汽车城(集团)股份有限公司	C11	戴凌翔	四川省南充市嘉陵区春江路二段九号	0817-6170888
000805	*ST 炎黄	江苏炎黄在线物流股份有限公司	G87	卢 珊	江苏省常州市新北区太湖东路 9 号软件园大楼 A 座 3 楼 315 室	0519-85119993-8012
000806	银河科技	北海银河高科技产业股份有限公司	C76	唐新林	广西壮族自治区北海市银河软件科技园综合办公楼	0779-3202636
000807	云铝股份	云南铝业股份有限公司	C67	陈 智	云南省昆明市呈贡县	0871-7455858
000809	中汇医药	四川中汇医药(集团)股份有限公司	C8501	封 玮	四川省成都市蜀西路 30 号	028-87503810
000810	华润锦华	华润锦华股份有限公司	C11	王春城	四川省遂宁市城区遂州中路 309 号	0825-2287329
000811	烟台冰轮	烟台冰轮股份有限公司	C71	于元波	山东省烟台市芝罘区西山路 80 号	0535-6697075
000812	陕西金叶	陕西金叶科教集团股份有限公司	C35	袁汉源	陕西省西安市朱宏路 2 号	029-82333711
000813	天山纺织	新疆天山毛纺织股份有限公司	C11	王嫣红	新疆维吾尔自治区乌鲁木齐市银川路 235 号	0991-4336069
000815	美利纸业	中冶美利纸业股份有限公司	C31	王 昆	宁夏回族自治区中卫市城区柔远镇	0955-7078269
000816	江淮动力	江苏江淮动力股份有限公司	C71	胡尔广	江苏省盐城市环城西路 213 号	0515-88881908
000818	*ST 化工	方大锦化化工科技股份有限公司	C43	曹 阳	辽宁省葫芦岛市连山区化工街	0429-2709065
000819	岳阳兴长	岳阳兴长石化股份有限公司	C41	侯 勇	湖南省岳阳市云溪区	0730-8844021
000820	*ST 金城	金城造纸股份有限公司	C31	陆剑斌	辽宁省凌海市金城街金城造纸股份有限公司办公楼	0416-2735084
000821	京山轻机	湖北京山轻工机械股份有限公司	C73	孙友元	湖北省荆门市京山县经济技术开发区轻机工业园	0724-7210972
000822	山东海化	山东海化股份有限公司	C43	李云贵	山东省潍坊市滨海经济开发区	0536-5329931
000823	超声电子	广东汕头超声电子股份有限公司	C51	李大淳	广东省汕头市龙湖区龙江路 12 号	0754-83931133
000825	太钢不锈	山西太钢不锈钢股份有限公司	C65	李晓波	山西省太原市尖草坪街 2 号	0351-3017702
000826	桑德环境	桑德环境资源股份有限公司	K01	文一波	湖北省宜昌市西陵区绿萝路 77 号	0717-6319012
000828	东莞控股	东莞发展控股股份有限公司	F11	尹锦容	广东省东莞市东城区莞樟大道 55 号	0769-22083321
000829	天音控股	天音通信控股股份有限公司	H	吴继光	江西省赣州市红旗大道 20 号七楼	0755-82091120
000830	鲁西化工	鲁西化工集团股份有限公司	C43	张金成	山东省聊城市东阿县化工工业园	0635-3481198
000831	*ST 关铝	山西关铝股份有限公司	C67	焦 健	山西省运城市解州镇新建路 36 号	0359-2825002
000833	贵糖股份	广西贵糖(集团)股份有限公司	C3105	黄振标	广西壮族自治区贵港市广西贵糖(集团)股份有限公司办公大楼	0775-4201339
000835	四川圣达	四川圣达实业股份有限公司	C4115	常 锋	四川省成都市高新区天府大道北段 20 号高新国际广场 B2 座	028-85322966-6014

续表 9 Continued 9

代码 Code	股票简称 Abbreviation	公司全称 Companies	行业代码 Industries Code	董事长 Board Chairman	地址 Address	电话 Telephone Number
000836	鑫茂科技	天津鑫茂科技股份有限公司	J01	杜克荣	天津市华苑产业园区榕苑路 1 号 13 层	022 - 23080182
000837	秦川发展	陕西秦川机械发展股份有限公司	C71	龙兴元	陕西省宝鸡市姜谭路 22 号	0917 - 3670654
000838	国兴地产	国兴融达地产股份有限公司	J	孙庆国	北京市朝阳区姚家园路 105 号观湖公寓 1 号楼 5 层	010 - 59282537
000839	中信国安	中信国安信息产业股份有限公司	M	李士林	北京市朝阳区关东店北街 1 号国安大厦五层	010 - 65068509
000848	承德露露	河北承德露露股份有限公司	C05	管大源	河北省承德市高新技术产业开发区西区 8 号	0314 - 2059888
000850	华茂股份	安徽华茂纺织股份有限公司	C11	詹灵芝	安徽省安庆市纺织南路 80 号	0556 - 5919818
000851	高鸿股份	大唐高鸿数据网络技术股份有限公司	C61	付景林	北京市海淀区学院路 40 号研 6 楼	010 - 62301907
000852	江钻股份	江汉石油钻头股份有限公司	C73	张召平	湖北省武汉市东湖新技术开发区华工园一路 5 号	027 - 87925236
000856	ST 唐陶	唐山陶瓷股份有限公司	C61	陈 思	河北省唐山市路北区缸窑路 110 号	0315 - 3291354
000858	五粮液	宜宾五粮液股份有限公司	C03	唐 桥	四川省宜宾市翠屏区岷江西路 150 号	0831 - 3566858
000859	国风塑业	安徽国风塑业股份有限公司	C49	赵文武	安徽省合肥市高新技术产业开发区天智路 36 号	0551 - 5336168
000860	顺鑫农业	北京顺鑫农业股份有限公司	A01	李维昌	北京市顺义区站前街南侧	010 - 69420860
000861	海印股份	广东海印集团股份有限公司	H1130	邵建明	广东省广州市越秀区东湖西路 56 - 58 号	020 - 83799848
000862	银星能源	宁夏银星能源股份有限公司	C7110	何怀兴	宁夏回族自治区吴忠市朝阳街 67 号	0953 - 3929057
000863	* ST 商务	深圳和光现代商务股份有限公司	G87	郑 洋	广东省深圳市福田区滨河路北 5022 号联合广场 B 座 703	0755 - 82900090 - 5200
000868	安凯客车	安徽安凯汽车股份有限公司	C75	王江安	安徽省合肥市葛淝路 1 号	0551 - 2297712
000869	张 裕 A	烟台张裕葡萄酿酒股份有限公司	C05	孙利强	山东省烟台市大马路 56 号	0535 - 6633656
000875	吉电股份	吉林电力股份有限公司	D01	原 钢	吉林省长春市人民大街 9699 号	0431 - 81150875
000876	新希望	四川新希望农业股份有限公司	C01	刘永好	四川省成都市锦江工业园区金石路 376 号	028 - 85950011
000877	天山股份	新疆天山水泥股份有限公司	C61	张丽荣	新疆维吾尔自治区乌鲁木齐市河北东路 1256 号天合大厦	0991 - 6686791
000878	云南铜业	云南铜业股份有限公司	C67	杨 超	云南省昆明市人民东路 111 号	0871 - 3106792
000880	潍柴重机	潍柴重机股份有限公司	C75	谭旭光	山东省潍坊市民生东街 26 号	0536 - 2297000
000881	大连国际	中国大连国际合作(集团)股份有限公司	M	朱明义	辽宁省大连市西岗区黄河路 219 号外经贸大厦	0411 - 83780066
000882	华联股份	北京华联商厦股份有限公司	H	赵国清	北京市西城区阜成门外大街 1 号四川大厦东塔五层	010 - 88337937
000883	湖北能源	湖北能源集团股份有限公司	C75	肖宏江	湖北省武汉市武汉东湖新技术开发区东信路 18 号	027 - 86621188
000885	同力水泥	河南同力水泥股份有限公司	C6101	郭海泉	河南省郑州市农业路 41 号投资大厦 5 层	0371 - 69158312
000886	海南高速	海南高速公路股份有限公司	F11	温国明	海南省海口市蓝天路 16 号高速公路大楼	0898 - 66768394
000887	中鼎股份	安徽中鼎密封件股份有限公司	C4815	夏鼎湖	安徽省宁国市经济技术开发区	0563 - 4181887
000888	峨眉山 A	峨眉山旅游股份有限公司	K34	马元祝	四川省峨眉山市名山南路 41 号	0833 - 5528067
000889	渤海物流	秦皇岛渤海物流控股股份有限公司	H11	王福琴	河北省秦皇岛市海港区河北大街 146 号金原国际商务大厦 27 层	0335 - 3023349
000890	法尔胜	江苏法尔胜股份有限公司	C69	刘礼华	江苏省江阴市通江北路 203 号	0510 - 86119890
000892	ST 星美	星美联合股份有限公司	G85	何家盛	重庆市北部新区高新园星光大道 1 号星光大厦 B 座 6 楼	023 - 67882862
000893	东凌粮油	广州东凌粮油股份有限公司	C0111	赖宁昌	广东省广州市白云区人和镇人和大街 68 号	020 - 85506292
000895	双汇发展	河南双汇投资发展股份有限公司	C01	张俊杰	河南省漯河市双汇路 1 号双汇大厦	0395 - 2676158
000897	津滨发展	天津津滨发展股份有限公司	J01	许立凡	天津市经济技术开发区第二大街 42 号滨海发展大厦九楼	022 - 66223226
000898	鞍钢股份	鞍钢股份有限公司	C65	张晓刚	辽宁省鞍山市铁西区鞍钢厂区	0412 - 8419192
000899	赣能股份	江西赣能股份有限公司	D01	姚迪明	江西省南昌市高新技术开发区火炬大街 199 号	0791 - 8109899
000900	现代投资	现代投资股份有限公司	F11	宋伟杰	湖南省长沙市芙蓉中路二段 279 号金源大酒店南楼 11 层	0731 - 85160786
000901	航天科技	航天科技控股集团股份有限公司	C78	薛 亮	北京市丰台区科学城海鹰路 1 号海鹰科技大厦 15,16 层	010 - 83636091
000902	* ST 中服	中国服装股份有限公司	C13	梁 勇	北京市朝阳区安贞西里三区 26 号浙江大厦 17 层	010 - 65817498
000903	云内动力	昆明云内动力股份有限公司	C71	李映昆	云南省昆明市穿金路 715 号	0871 - 5625802
000905	厦门港务	厦门港务发展股份有限公司	F11	柯 东	福建省厦门市湖里区长岸路海天港区联检大楼 13 楼	0592 - 5829955 - 89

续表 10 Continued 10

代码 Code	股票简称 Abbreviation	公司全称 Companies	行业代码 Industries Code	董事长 Board Chairman	地址 Address	电话 Telephone Number
000906	南方建材	南方建材股份有限公司	H03	张国强	湖南省长沙市五一大道 235 号	0731-84588390
000908	*ST 天一	湖南天一科技股份有限公司	C71	荣十庆	湖南省岳阳市平江县天岳经济开发区天岳大道天一科技	0730-6289517
000909	数源科技	数源科技股份有限公司	G81	章国经	浙江省杭州市西湖区教工路 1 号	0571-88271018
000910	大亚科技	大亚科技股份有限公司	C2105	陈兴康	江苏省丹阳市经济技术开发区金陵西路 95 号	0511-86883666
000911	南宁糖业	南宁糖业股份有限公司	C01	李俊贵	广西壮族自治区南宁市亭洪路 48 号	0771-4914317
000912	泸天化	四川泸天化股份有限公司	C43	任晓善	四川省泸州市纳溪区	0830-4125103
000913	钱江摩托	浙江钱江摩托股份有限公司	C75	林华中	浙江省温岭市经济开发区	0576-86139218
000915	山大华特	山东山大华特科技股份有限公司	M	张兆亮	山东省济南市经十路 17703 号华特广场	0531-85198606
000916	华北高速	华北高速公路股份有限公司	F11	郑海军	北京市经济技术开发区东环北路 9 号	010-58021227
000917	电广传媒	湖南电广传媒股份有限公司	L10	龙秋云	湖南省长沙市浏阳河大桥东金鹰影视文化城	731-84252333-8339
000918	嘉凯城	嘉凯城集团股份有限公司	J01	张德潭	湖南省长沙市劳动中路 65 号亚华控股大厦 5-7 楼	0731-5797818,5320008
000919	金陵药业	金陵药业股份有限公司	C81	倪忠翔	江苏省南京市中央路 238 号金陵药业大厦	025-83118511
000920	南方汇通	南方汇通股份有限公司	C75	黄纪湘	贵州省贵阳市都拉营	0851-4473371
000921	ST 科龙	海信科龙电器股份有限公司	C76	汤业国	广东省佛山市顺德区容桂区容港路 8 号	0757-28362570
000922	*ST 阿继	阿城继电器股份有限公司	C76	高志军	黑龙江省哈尔滨市阿城区河东街	0451-53709035
000923	河北宣工	河北宣化工程机械股份有限公司	C73	冯喜京	河北省张家口市宣化区东升路 21 号	0313-3056036
000925	众合机电	浙江众合机电股份有限公司	C7301	陈　均	浙江省杭州市曙光路 122 号世贸中心 A 座 505 室	0571-87959026
000926	福星股份	湖北福星科技股份有限公司	J01	谭功炎	湖北省汉川市沉湖镇福星街 1 号	0712-8740018
000927	一汽夏利	天津一汽夏利汽车股份有限公司	C75	徐建一	天津市西青区中北斜乡李楼南	022-87915000-3074
000928	中钢吉炭	中钢集团吉林炭素股份有限公司	C61	杨　光	吉林省吉林市和平街九号	0432-2749800
000929	兰州黄河	兰州黄河企业股份有限公司	C05	杨世江	甘肃省兰州市城关区庆阳路 219 号金运大厦 22 层	0931-8449039
000930	丰原生化	安徽丰原生物化学股份有限公司	C03	岳国君	安徽省蚌埠市大庆路 73 号	0552-4926909
000931	中关村	北京中关村科技发展(控股)股份有限公司	K01	周　宁	北京市海淀区中关村南大街 32 号	010-62140168
000932	华菱钢铁	湖南华菱钢铁股份有限公司	C65	李效伟	湖南省长沙市芙蓉中路二段 111 号华菱大厦 20 楼	0731-82565961
000933	神火股份	河南神火煤电股份有限公司	B01	李孟臻	河南省永城市新城区光明路 17 号	0370-5982722
000935	四川双马	四川双马水泥股份有限公司	C61	王铁国	北京市朝阳区东三环北路 2 号南银大厦 29 层	010-58275859
000936	华西村	江苏华西村股份有限公司	C47	孙云丰	江苏省江阴市华士镇华西村	0510-86217149
000937	冀中能源	冀中能源股份有限公司	B01	王社平	河北省邢台市中兴西大街 191 号	0319-2068242
000938	紫光股份	紫光股份有限公司	G87	徐井宏	北京市海淀区清华大学紫光大楼	010-62770008
000939	凯迪电力	武汉凯迪电力股份有限公司	D01	陈义龙	湖北省武汉市东湖新技术开发区江夏大道特 1 号	027-67869270
000948	南天信息	云南南天电子信息产业股份有限公司	G87	雷　坚	云南省昆明市环城东路 455 号	0871-3366327
000949	新乡化纤	新乡化纤股份有限公司	C47	陈玉林	河南省新乡市凤泉区锦园路 1 号	0373-3978861
000950	建峰化工	重庆建峰化工股份有限公司	C43	曾中全	重庆市涪陵区白涛镇	023-72597882
000951	中国重汽	中国重汽集团济南卡车股份有限公司	C7505	王浩涛	山东省济南市市中区党家庄镇南首	0531-85587588
000952	广济药业	湖北广济药业股份有限公司	C81	何　谧	湖北省武穴市江堤路 1 号	0713-6216068
000953	*ST 河化	广西河池化工股份有限公司	C43	汤广斌	广西壮族自治区河池市	0778-2266867
000955	ST 欣龙	欣龙控股(集团)股份有限公司	C1399	郭开铸	海南省海口市龙昆北路 2 号珠江广场帝豪大厦 17 层	0898-68585274
000957	中通客车	中通客车控股股份有限公司	C75	李海平	山东省聊城市建设东路 10 号	0635-8322765
000958	*ST 东热	石家庄东方热电股份有限公司	D01	安建国	河北省石家庄市建华南大街 161 号	0311-85053913
000959	首钢股份	北京首钢股份有限公司	C65	朱继民	北京市石景山区石景山路 99 号	010-88293727
000960	锡业股份	云南锡业股份有限公司	C67	雷　毅	云南省昆明市高新技术产业开发区	0873-3118622
000961	中南建设	江苏中南建设集团股份有限公司	E01	陈锦石	江苏省南通市江东广场 2 栋 601 室	0513-82738902
000962	东方钽业	宁夏东方钽业股份有限公司	C67	张创奇	宁夏回族自治区石嘴山市大武口区冶金路	0952-2098564

续表 11 Continued 11

代码 Code	股票简称 Abbreviation	公司全称 Companies	行业代码 Industries Code	董事长 Board Chairman	地址 Address	电话 Telephone Number
000963	华东医药	华东医药股份有限公司	H0160	李邦良	浙江省杭州市莫干山路 866 号	0571-89903292
000965	天保基建	天津天保基建股份有限公司	J01	张 威	天津市天津港保税区海滨九路 131 号 4 楼	022-25762656
000966	长源电力	国电长源电力股份有限公司	D01	张玉新	湖北省武汉市武昌区徐东大街 117 号华中电力金融大厦	027-86610541
000967	上风高科	浙江上风实业股份有限公司	C76	温 峻	浙江省上虞市上浦镇	0575-82360805
000968	煤气化	太原煤气化股份有限公司	B01	王良彦	山西省太原市和平南路 83 号	0351-6019365
000969	安泰科技	安泰科技股份有限公司	C99	干 勇	北京市海淀区学院南路 76 号	010-62188403
000970	中科三环	北京中科三环高技术股份有限公司	C5115	王震西	北京市海淀区中关村东路 66 号甲 1 号楼 27 层	010-82649988-263
000971	ST 迈亚	湖北迈亚股份有限公司	C11	唐常军	湖北省仙桃市勉阳大道 131 号	0728-3275828
000972	新中基	新疆中基实业股份有限公司	C0199	刘 一	新疆维吾尔自治区乌鲁木齐市青年路北一巷 8 号	0991-8852110
000973	佛塑股份	佛山塑料集团股份有限公司	C49	黄 平	广东省佛山市禅城区汾江中路 85 号	0757-83988189
000975	科学城	南方科学城发展股份有限公司	K01	杨海飞	北京市朝阳区建国门外大街 2 号银泰中心 C 座 52 层 08 单元	020-32299419
000976	*ST 春晖	广东开平春晖股份有限公司	C4705	罗 伟	广东省开平市长沙港口路 10 号	0750-2276949
000977	浪潮信息	浪潮电子信息产业股份有限公司	G83	孙丕恕	山东省济南市山大路 224 号	0531-85106679
000978	桂林旅游	桂林旅游股份有限公司	K34	章熙骏	广西壮族自治区桂林市翠竹路 27-2 号琴潭汽车客运站大楼 309 房	0773-3558955
000979	中弘地产	中弘地产股份有限公司	J01	王永红	安徽省宿州市浍水路 271 号	0557-3920707
000980	金马股份	黄山金马股份有限公司	C78	应建仁	安徽省黄山市歙县经济技术开发区	0559-6537831
000981	S*ST 兰光	甘肃兰光科技股份有限公司	G	顾地民	广东省深圳市福田区振华路 56 号兰光大厦	0755-83220636
000982	中银绒业	宁夏中银绒业股份有限公司	C11	马生国	宁夏回族自治区灵武市羊绒工业园区中银大道南侧	0951-6180002
000983	西山煤电	山西西山煤电股份有限公司	B01	金智新	山西省太原市西矿街 318 号	0351-6217295
000985	大庆华科	大庆华科股份有限公司	C43	万志强	黑龙江省大庆市高新技术产业开发区建设路 239 号	0459-6291061
000986	粤华包 B	佛山华新包装股份有限公司	C3105	童来明	广东省佛山市季华五路经华大厦 18 楼	0757-83992076
000987	广州友谊	广州友谊集团股份有限公司	H11	房向前	广东省广州市越秀区环市东路 369 号	020-83483216
000988	华工科技	华工科技产业股份有限公司	C51	马新强	湖北省武汉市东湖高新技术开发区华中科技大学科技园华工科技产业大厦	027-87180126
000989	九芝堂	九芝堂股份有限公司	C81	魏 锋	湖南省长沙市芙蓉中路一段 129 号	0731-84499762
000990	诚志股份	诚志股份有限公司	C81	荣泳霖	南昌市经济开发区玉屏东大道 299 号清华科技园(江西)华江大厦	0791-3826898
000992	中 鲁 B	山东省中鲁远洋渔业股份有限公司	A07	王兆安	山东省济南市和平路 43 号	0531-86553276
000993	闽东电力	福建闽东电力股份有限公司	D01	罗红专	福建省宁德市环城路 143 号闽东大广场华隆大厦 8-10 层	0593-2096666-6666
000995	ST 皇台	甘肃皇台酒业股份有限公司	C05	卢鸿毅	甘肃省武威市新建路 55 号	0935-6139865
000996	中国中期	中国中期投资股份有限公司	F	姜 新	北京市朝阳区光华路 14 号中国中期大厦 A 座 6 层	010-82337228
000997	新大陆	福建新大陆电脑股份有限公司	G87	胡 钢	福建省福州市马尾区儒江西路 1 号新大陆科技园	0591-83979881
000998	隆平高科	袁隆平农业高科技股份有限公司	A01	伍跃时	湖南省长沙市车站北路 459 号证券大厦 9 楼	0731-82183880
000999	华润三九	华润三九医药股份有限公司	C81	李福祚	广东省深圳市罗湖区银湖路口(北环大道 1028 号)	0755-83360999-3579
001696	宗申动力	重庆宗申动力机械股份有限公司	C75	左宗申	重庆市巴南区宗申工业园	023-66372632
001896	*ST 豫能	河南豫能控股股份有限公司	D01	殷建勇	河南省郑州市农业路东 41 号投资大厦 B 座 8-12 层	0371-69515111
002001	新和成	浙江新和成股份有限公司	C43	胡柏藩	浙江省新昌县羽林街道江北路 4 号	0571-87178965
002002	ST 琼花	江苏琼花高科技股份有限公司	C49	顾宏言	江苏省扬州市邗江区杭集镇曙光路	0514-87270833
002003	伟星股份	浙江伟星实业发展股份有限公司	C99	章卡鹏	浙江省临海市花园工业区	0576-85125002
002004	华邦制药	重庆华邦制药股份有限公司	C81	张松山	重庆市渝北区人和星光大道 69 号	023-67886900
002005	德豪润达	广东德豪润达电气股份有限公司	C76	王冬雷	广东省珠海市香洲区唐家湾镇金凤路 1 号	0756-3390188
002006	精功科技	浙江精功科技股份有限公司	C73	孙建江	浙江省绍兴柯桥经济开发区柯西工业区鉴湖路 1809 号	0575-84138692
002007	华兰生物	华兰生物工程股份有限公司	C85	安 康	新乡市华兰大道甲 1 号	0373-3559989

续表 12 Continued 12

代码 Code	股票简称 Abbreviation	公司全称 Companies	行业代码 Industries Code	董事长 Board Chairman	地址 Address	电话 Telephone Number
002008	大族激光	深圳市大族激光科技股份有限公司	C57	高云峰	深圳市南山区高新科技园北区松坪山工厂区5号路8号	0755-86161224
002009	天奇股份	江苏天奇物流系统工程股份有限公司	C73	白开军	无锡市滨湖区环湖路287号双虹园内	0510-82720289
002010	传化股份	浙江传化股份有限公司	C43	徐冠巨	杭州市萧山经济技术开发区	0571-82872991
002011	盾安环境	浙江盾安人工环境股份有限公司	C71	周才良	浙江省杭州市滨江区泰安路239号盾安发展大厦18楼	0571-87113776
002012	凯恩股份	浙江凯恩特种材料股份有限公司	C31	计　皓	浙江省遂昌县妙高镇凯恩路1008号	0578-8128682
002013	中航精机	湖北中航精机科技股份有限公司	C75	王　坚	湖北省襄樊市高新区追日路8号	0710-3345045
002014	永新股份	黄山永新股份有限公司	C49	江继忠	安徽省黄山市徽州区徽州东路188号	0559-3514242
002015	霞客环保	江苏霞客环保色纺股份有限公司	C11	陈建忠	江苏省江阴市霞客镇马镇东街7号	0510-86520126
002016	世荣兆业	广东世荣兆业股份有限公司	J01	梁家荣	广东省珠海市斗门区珠峰大道288号1区17号楼	0756-5888899
002017	东信和平	东信和平智能卡股份有限公司	C99	周忠国	珠海市南屏科技工业园屏工中路8号	0756-8682736
002018	华星化工	安徽华星化工股份有限公司	C43	谢　平	安徽省巢湖市和县乌江镇	0551-5848155
002019	鑫富药业	浙江杭州鑫富药业股份有限公司	C43	过鑫富	浙江省临安市锦城街道琴山50号	0571-63759205
002020	京新药业	浙江京新药业股份有限公司	C81	吕　钢	浙江省新昌县羽林街道新昌大道东路800号	0575-86176531
002021	中捷股份	中捷缝纫机股份有限公司	C73	李瑞元	浙江省玉环县珠港镇陈屿北山村	0576-87378885
002022	科华生物	上海科华生物工程股份有限公司	C85	唐伟国	上海市钦州北路1189号	021-64850088-186
002023	海特高新	四川海特高新技术股份有限公司	F11	李　飚	成都市高新区科园南路1号	028-85921029
002024	苏宁电器	苏宁电器股份有限公司	H11	张近东	南京市淮海路68号苏宁电器大厦12楼	025-84418888-888122
002025	航天电器	贵州航天电器股份有限公司	C51	曹　军	贵州省贵阳市361信箱4分箱	0851-8697026
002026	山东威达	山东威达机械股份有限公司	C69	杨桂模	山东省文登市蔄山镇中韩路2号	0631-8549156
002027	七喜控股	七喜控股股份有限公司	G83	易贤忠	广州市高新技术产业开发区广州科学城科学大道162号B3第三层	020-32211423
002028	思源电气	思源电气股份有限公司	C76	董增平	上海市闵行区华宁路3399号	021-61610958
002029	七匹狼	福建七匹狼实业股份有限公司	C13	周少雄	福建省晋江市金井镇南工业区	0595-85337739
002030	达安基因	中山大学达安基因股份有限公司	C85	何蕴韶	广州市高新技术开发区科学城香山路19号	020-32290420
002031	巨轮股份	广东巨轮模具股份有限公司	C73	吴潮忠	广东省揭东经济开发试验区5号路中段	0663-3271838
002032	苏泊尔	浙江苏泊尔股份有限公司	C69	苏显泽	浙江杭州高新技术产业区江晖路1772号苏泊尔大厦19楼	0571-86858678
002033	丽江旅游	丽江玉龙旅游股份有限公司	K34	和献中	丽江市古城区香格里大道转台东侧丽江玉龙旅游大楼	0871-3160890
002034	美欣达	浙江美欣达印染集团股份有限公司	C11	单建明	浙江省湖州市美欣达路588号	0572-2619936
002035	华帝股份	中山华帝燃具股份有限公司	C69	黄文枝	广东省中山市小榄镇工业大道南华园路1号	0760-22139888-8696
002036	宜科科技	宁波宜科科技实业股份有限公司	C11	张国君	宁波市鄞州区雅源南路501号	0574-88263738
002037	久联发展	贵州久联民爆器材发展股份有限公司	C43	周天爵	贵州省贵阳市宝山北路213号	0851-6751504
002038	双鹭药业	北京双鹭药业股份有限公司	C85	徐明波	北京市石景山区八大处高科技园区中园路9号	010-88799370
002039	黔源电力	贵州黔源电力股份有限公司	D01	耿元柱	贵阳市机场路5号黔源大厦	0851-5596623
002040	南京港	南京港股份有限公司	F11	章　俊	江苏省南京市下关区江边路19号	025-58582719
002041	登海种业	山东登海种业股份有限公司	A01	李登海	山东省莱州市城山路农科院南邻	0535-2788889
002042	华孚色纺	华孚色纺股份有限公司	C11	孙伟挺	深圳市福田区滨河大道5022号联合广场B座14楼	0561-3011923
002043	兔宝宝	德华兔宝宝装饰新材股份有限公司	C21	丁鸿敏	浙江省德清县武康镇临溪街588号	0572-8405635
002044	江苏三友	江苏三友集团股份有限公司	C13	葛　秋	江苏省南通市人民东路218号	0513-85238163
002045	广州国光	国光电器股份有限公司	C51	周海昌	广州市花都区新华镇镜湖大道8号	020-86609988
002046	轴研科技	洛阳轴研科技股份有限公司	C71	吴宗彦	洛阳市涧西区吉林路	0379-64881139
002047	成霖股份	深圳成霖洁具股份有限公司	C69	颜国基	深圳市南山区科技南十路航天科技创新研究院A座七楼	0755-86022949
002048	宁波华翔	宁波华翔电子股份有限公司	C75	周晓峰	浙江省象山县西周镇象西开发区	021-68948127
002049	晶源电子	唐山晶源裕丰电子股份有限公司	C51	阎永江	河北省玉田县无终西街3129号	0315-6198181

续表 13 Continued 13

代码 Code	股票简称 Abbreviation	公司全称 Companies	行业代码 Industries Code	董事长 Board Chairman	地址 Address	电话 Telephone Number
002050	三花股份	浙江三花股份有限公司	C71	张道才	浙江省新昌县七星街道下礼泉	0575 - 86255360
002051	中工国际	中工国际工程股份有限公司	K99	罗　艳	北京市海淀区丹棱街3号	010 - 82688653
002052	同洲电子	深圳市同洲电子股份有限公司	G81	袁　明	深圳市南山区高新科技园北区彩虹科技大厦六楼	0755 - 26990000
002053	云南盐化	云南盐化股份有限公司	C01	杨建东	昆明市拓东路石家巷10号	0871 - 3126346
002054	德美化工	广东德美精细化工股份有限公司	C43	黄冠雄	佛山市顺德区广珠公路海尾段	0757 - 28399088 - 316
002055	得润电子	深圳市得润电子股份有限公司	C51	邱建民	深圳市光明新区观光路得润电子工业园	0755 - 89492168
002056	横店东磁	横店集团东磁股份有限公司	C51	何时金	东阳市横店工业区东磁大厦	0579 - 86588283
002057	中钢天源	中钢集团安徽天源科技股份有限公司	C43	洪石笙	马鞍山市经济技术开发区红旗南路51号	0555 - 5200209
002058	威尔泰	上海威尔泰工业自动化股份有限公司	C78	李　彧	上海市虹中路263号	021 - 64656465 - 652
002059	云南旅游	云南旅游股份有限公司	K34	王　冲	昆明市白龙路世博园	0871 - 5012363
002060	粤水电	广东水电二局股份有限公司	E01	黄迪领	广州市萝岗区经济技术开发区科学城彩频路11号A栋601	020 - 61776666
002061	江山化工	浙江江山化工股份有限公司	C43	帅长斌	浙江省江山市景星东路38号	0570 - 4057919
002062	宏润建设	宏润建设集团股份有限公司	E01	郑宏舫	上海市龙漕路200弄28号	021 - 54976007
002063	远光软件	远光软件股份有限公司	G87	陈利浩	广东省珠海市科技创新海岸远光软件园	0756 - 3399888
002064	华峰氨纶	浙江华峰氨纶股份有限公司	C47	尤小平	浙江省瑞安市莘塍工业园区	0577 - 65178053
002065	东华软件	东华软件股份公司	G87	薛向东	北京市海淀区知春路紫金数码园东华合创大厦16层	010 - 62662318
002066	瑞泰科技	瑞泰科技股份有限公司	C61	曾大凡	北京市朝阳区管庄东里建材院主楼四层	010 - 65749478
002067	景兴纸业	浙江景兴纸业股份有限公司	C31	朱在龙	浙江省平湖市曹桥镇	0573 - 85969328
002068	黑猫股份	江西黑猫炭黑股份有限公司	C43	蔡景章	江西省景德镇市历尧	0798 - 8399126
002069	獐子岛	大连獐子岛渔业集团股份有限公司	A07	吴厚刚	大连市中山区人民路人寿大厦17层	0411 - 82659666 - 8015
002070	众和股份	福建众和股份有限公司	C11	许金和	福建省莆田市秀屿区西许工业区5—8号	0592 - 5054995
002071	江苏宏宝	江苏宏宝五金股份有限公司	C69	朱剑峰	张家港市大新镇128号	0512 - 58715059
002072	＊ST德棉	山东德棉股份有限公司	C11	尉　华	山东德州顺河西路18号	0534 - 2436301
002073	软控股份	软控股份有限公司	C73	袁仲雪	青岛市郑州路43号	0532 - 84012379
002074	东源电器	江苏东源电器集团股份有限公司	C76	孙益源	江苏省南通市通州区十总镇东源大道1号	0513 - 86268788
002075	＊ST张铜	高新张铜股份有限公司	C67	韩大力	江苏省张家港市杨舍工业新区	0512 - 58682913
002076	雪莱特	广东雪莱特光电科技股份有限公司	C55	柴国生	佛山市南海区狮山工业科技工业园A区	0757 - 86695590
002077	大港股份	江苏大港股份有限公司	M	朱林华	镇江新区大港通港路1号江苏大港股份有限公司物流信息中心	0511 - 88901898
002078	太阳纸业	山东太阳纸业股份有限公司	C31	李洪信	山东省兖州市西关大街66号	0537 - 3658715
002079	苏州固锝	苏州固锝电子股份有限公司	C5115	吴念博	江苏省苏州市新区狮山路199号新地中心19楼	0512 - 68188888 - 2063
002080	中材科技	中材科技股份有限公司	C61	李新华	北京市海淀区板井路69号商务中心写字楼12Fa	010 - 88437750
002081	金螳螂	苏州金螳螂建筑装饰股份有限公司	E05	倪　林	苏州市西环路888号	051 - 268660622
002082	栋梁新材	浙江栋梁新材股份有限公司	C67	陆志宝	浙江省湖州市八里店镇	0572 - 2699791
002083	孚日股份	孚日集团股份有限公司	C11	孙日贵	山东省潍坊高密市孚日街1号	0536 - 2308043
002084	海鸥卫浴	广州海鸥卫浴用品股份有限公司	C69	唐台英	广州市番禺区市桥镇禺山西路联邦工业城内	020 - 34808178
002085	万丰奥威	浙江万丰奥威汽轮股份有限公司	C75	陈爱莲	浙江省新昌县城关镇新昌工业区	0575 - 86298339
002086	东方海洋	山东东方海洋科技股份有限公司	A07	车　轼	烟台市莱山区澳柯玛大街18号	0535 - 6729111
002087	新野纺织	河南新野纺织股份有限公司	C11	魏学柱	河南省新野县城关镇书院路15号	0377 - 66215788
002088	鲁阳股份	山东鲁阳股份有限公司	C6130	鹿成滨	山东省淄博市沂源县沂河路11号	0533 - 3283708
002089	新海宜	苏州新海宜通信科技股份有限公司	G81	张亦斌	苏州工业园区泾茂路168号新海宜科技园	0512 - 67606666 - 1638
002090	金智科技	江苏金智科技股份有限公司	G87	葛　宁	南京市江宁经济技术开发区将军大道100号	025 - 52762205
002091	江苏国泰	江苏国泰国际集团国贸股份有限公司	H01	王永成	江苏省张家港市人民中路65号国泰时代广场A座24楼	0512 - 58696853

续表 14 Continued 14

代码 Code	股票简称 Abbreviation	公司全称 Companies	行业代码 Industries Code	董事长 Board Chairman	地址 Address	电话 Telephone Number
002092	中泰化学	新疆中泰化学(集团)股份有限公司	C4301	王洪欣	新疆乌鲁木齐市西山路 78 号	0991 - 8751690
002093	国脉科技	国脉科技股份有限公司	G85	陈庸华	福州市马尾区江滨东大道 116 号	0591 - 87307339
002094	青岛金王	青岛金王应用化学股份有限公司	C99	陈索斌	青岛市香港中路 18 号福泰广场 B 座 25 楼	0532 - 85779728
002095	生意宝	浙江网盛生意宝股份有限公司	G87	孙德良	杭州市莫干山路 187 号易盛大厦 12F	0571 - 88228222
002096	南岭民爆	湖南南岭民用爆破器材股份有限公司	C4360	陈光正	湖南省双牌县泷泊镇双北路 6 号	0731 - 85636978
002097	山河智能	湖南山河智能机械股份有限公司	C73	何清华	长沙经济技术开发区漓湘中路 16 号	0731 - 83572669
002098	浔兴股份	福建浔兴拉链科技股份有限公司	C99	施能坑	福建省晋江市深沪乌漏沟东工业区	0595 - 88298019
002099	海翔药业	浙江海翔药业股份有限公司	C81	罗煜竑	浙江省台州市椒江区市府大道 507 号台州国际商务广场 A 座 8 楼	0576 - 8828065
002100	天康生物	新疆天康畜牧生物技术股份有限公司	C01	杨　焰	新疆乌鲁木齐市高新区长春南路 528 号天康企业大厦 11 层	0991 - 6679232
002101	广东鸿图	广东鸿图科技股份有限公司	C71	朱　伟	广东省高要市金渡世纪大道 168 号	0758 - 8512658
002102	冠福家用	福建冠福现代家用股份有限公司	C61	林福椿	福建省泉州市德化县浔中镇土坂村	0595 - 23551999
002103	广博股份	浙江广博集团股份有限公司	C37	王利平	浙江宁波市鄞州区雅戈尔大道 501 号	0574 - 28827003
002104	恒宝股份	恒宝股份有限公司	C99	钱云宝	江苏省丹阳市横塘工业区	0511 - 86644409
002105	信隆实业	深圳信隆实业股份有限公司	C37	廖学金	深圳市龙华街道辦中環路 55 號	0755 - 27749423 - 182
002106	莱宝高科	深圳莱宝高科技股份有限公司	C51	臧卫东	深圳市南山区高新技术产业园区朗山二路 9 号	0755 - 26982490
002107	沃华医药	山东沃华医药科技股份有限公司	C81	赵丙贤	潍坊高新技术产业开发区福寿东街创业大厦 2 楼	0536 - 8553373
002108	沧州明珠	沧州明珠塑料股份有限公司	C49	于新立	河北省沧州市新华西路 43 号	0317 - 2075245
002109	兴化股份	陕西兴化化学股份有限公司	C43	陈团柱	陕西省兴平市东城区	029 - 38839966
002110	三钢闽光	福建三钢闽光股份有限公司	C65	卫才清	福建省三明市梅列区工业中路群工三路	0598 - 8205188
002111	威海广泰	威海广泰空港设备股份有限公司	C73	李光太	威海市古寨南路 160 号	0631 - 5292335
002112	三变科技	三变科技股份有限公司	C76	卢旭日	浙江三门海游镇平安路 167 号	057683381312
002113	ST 天润	湖南天润化工发展股份有限公司	C43	赖淦锋	湖南省岳阳市九华山二号办公楼 3 楼	0730 - 8351266
002114	罗平锌电	云南罗平锌电股份有限公司	C67	许克昌	云南省曲靖市罗平县罗雄镇九龙大道南段	0874 - 8256577
002115	三维通信	三维通信股份有限公司	G81	李越伦	杭州市杭州市火炬大道 581 号	0571 - 88866999
002116	中国海诚	中国海诚工程科技股份有限公司	K20	陈鄂生	上海市宝庆路 21 号	021 - 64314018
002117	东港股份	东港安全印刷股份有限公司	C35	谷望江	山东省济南市山大北路 23 号	0531 - 82672212
002118	紫鑫药业	吉林紫鑫药业股份有限公司	C81	郭春生	吉林省柳河县英利路 88 号	0431 - 88661817
002119	康强电子	宁波康强电子股份有限公司	C51	郑康定	浙江省宁波市鄞州区潘火工业区康强路 25 号	0574 - 56807119
002120	新海股份	宁波新海电气股份有限公司	C99	黄新华	宁波市慈溪市浒山街道北三环东路 239 号	0574 - 63029608
002121	科陆电子	深圳市科陆电子科技股份有限公司	C57	饶陆华	深圳市南山区高新技术产业园南区 T2 栋五楼	0755 - 26719528
002122	天马股份	浙江天马轴承股份有限公司	C71	马兴法	浙江省杭州市石祥路 208 号	0571 - 88027658
002123	荣信股份	荣信电力电子股份有限公司	C76	左　强	辽宁鞍山高新区鞍千路 261 号	0412 - 7213602
002124	天邦股份	宁波天邦股份有限公司	C01	吴天星	上海市松江区松卫北路 665 号企福天地 9 楼	021 - 37745053
002125	湘潭电化	湘潭电化科技股份有限公司	C43	周红旗	湖南省湘潭市滴水埠	0731 - 55544048
002126	银轮股份	浙江银轮机械股份有限公司	C75	徐小敏	浙江省天台县福溪街道交通运输机械工业园区	0576 - 83938250
002127	新民科技	江苏新民纺织科技股份有限公司	C47	柳维特	江苏省吴江市盛泽镇五龙路 22 号	0512 - 63550591
002128	露天煤业	内蒙古霍林河露天煤业股份有限公司	B01	王树东	内蒙古霍林郭勒市哲里木大街(霍矿珠斯花区)	0475 - 2352299
002129	中环股份	天津中环半导体股份有限公司	C51	张旭光	天津新技术产业园区华苑产业区(环外)海泰东路 12 号	022 - 23789766 - 3015
002130	沃尔核材	深圳市沃尔核材股份有限公司	C99	周和平	深圳市南山区西丽新围工业区沃尔工业园	0755 - 28299020
002131	利欧股份	浙江利欧股份有限公司	C73	王相荣	浙江省温岭市工业城中心大道	0576 - 89986666
002132	恒星科技	河南恒星科技股份有限公司	C69	谢保军	河南省巩义市伊洛北路 121 号	0371 - 67635666
002133	广宇集团	广宇集团股份有限公司	J01	王鹤鸣	杭州市平海路 8 号	0571 - 87925786

续表 15 Continued 15

代码 Code	股票简称 Abbreviation	公司全称 Companies	行业代码 Industries Code	董事长 Board Chairman	地址 Address	电话 Telephone Number
002134	天津普林	天津普林电路股份有限公司	C51	关建华	天津空港物流加工区航海路 53 号	022－24341967－227
002135	东南网架	浙江东南网架股份有限公司	E01	徐春祥	浙江杭州市萧山区衙前镇周林新村浙江东南网架股份有限公司	0571－82783358
002136	安纳达	安徽安纳达钛业股份有限公司	C43	袁菊兴	安徽省铜陵市铜官大道	0562－3867708
002137	实益达	深圳市实益达科技股份有限公司	C5110	陈亚妹	深圳市龙岗区宝龙六路实益达科技园	0755－86001058－8394
002138	顺络电子	深圳顺络电子股份有限公司	C51	袁金钰	深圳市宝安区观澜街道大富苑工业区顺络观澜工业园	0755－29832586
002139	拓邦股份	深圳拓邦股份有限公司	C55	武永强	深圳市宝安区石岩梨园工业区拓邦工业园	0755－27651888－8193
002140	东华科技	东华工程科技股份有限公司	K20	丁 叮	合肥市望江东路 70 号	0551－3626768
002141	蓉胜超微	广东蓉胜超微线材股份有限公司	C51	诸建中	珠海市三灶科技工业园机场西路 681 号	0756－7512120
002142	宁波银行	宁波银行股份有限公司	I01	陆华裕	浙江省宁波市中山东路 294 号	0574－87050060
002143	高金食品	四川高金食品股份有限公司	C01	金翔宇	四川省遂宁市滨江南路 666 号	0825－2651999
002144	宏达高科	宏达高科控股股份有限公司	C11	沈国甫	浙江省海宁市许村镇建设路 118 号	0573－87551997
002145	＊ST 钛白	中核华原钛白股份有限公司	C43	方 丁	甘肃省兰州市 508 信箱甲 33 号	0937－6303686
002146	荣盛发展	荣盛房地产发展股份有限公司	J01	耿建明	廊坊市新开路 239 号	0316－5909688
002147	方圆支承	马鞍山方圆回转支承股份有限公司	C71	钱森力	安徽省马鞍山市慈湖化工路	0555－3506900
002148	北纬通信	北京北纬通信科技股份有限公司	G85	傅乐民	北京市海淀区首体南路 22 号国兴大厦五层	010－88355725
002149	西部材料	西部金属材料股份有限公司	C67	奚正平	西安经济技术开发区泾渭工业园西金路西段 15 号	029－86968359
002150	江苏通润	江苏通润装备科技股份有限公司	C69	柳振江	江苏省常熟市通港路北	0512－52343523
002151	北斗星通	北京北斗星通导航技术股份有限公司	G81	周儒欣	北京市海淀区上地信息产业基地三街 9 号金隅嘉华大厦 A 座 10 层	010－62965495
002152	广电运通	广州广电运通金融电子股份有限公司	C73	赵友永	广州市萝岗区科学城科林路 9 号	020－82188900
002153	石基信息	北京中长石基信息技术股份有限公司	G87	李仲初	北京市海淀区复兴路甲 65 号－A11 层	010－68183778－670
002154	报喜鸟	浙江报喜鸟服饰股份有限公司	C13	周信忠	浙江省永嘉县瓯北镇报喜鸟工业区	0577－67379161
002155	辰州矿业	湖南辰州矿业股份有限公司	B07	陈建权	湖南省沅陵县官庄镇	0745－4643501－2264
002156	通富微电	南通富士通微电子股份有限公司	C51	石明达	江苏省南通市崇川路 288 号	0513－85058919
002157	正邦科技	江西正邦科技股份有限公司	C01	周 健	江西省南昌市高新技术开发区艾溪湖一路 569 号	0791－6397153
002158	汉钟精机	上海汉钟精机股份有限公司	C71	廖哲男	上海市金山区枫泾镇亭枫公路 8289 号	021－57350280－8002
002159	三特索道	武汉三特索道集团股份有限公司	K34	齐 民	武汉市武昌区八一路 483 号 1 号楼	027－87341812
002160	常铝股份	江苏常铝铝业股份有限公司	C67	张 平	江苏省常熟市古里镇白茆西	0512－51882100
002161	远望谷	深圳市远望谷信息技术股份有限公司	G81	徐玉锁	深圳市南山区高新技术产业园区南区 T2 栋 B 座 3 层	0755－26711705
002162	斯米克	上海斯米克建筑陶瓷股份有限公司	C61	李慈雄	上海市闵行区浦江镇三鲁公路 2121 号	021－64110567－228
002163	中航三鑫	中航三鑫股份有限公司	E05	余 霄	深圳市南山区南海大道新保辉大厦 17 楼	0755－26067916
002164	东力传动	宁波东力传动设备股份有限公司	C71	宋济隆	宁波市江北工业区荪湖路 1 号	0574－88398877
002165	红宝丽	南京红宝丽股份有限公司	C43	芮敬功	南京市高淳县太安路 128 号	025－57350997
002166	莱茵生物	桂林莱茵生物科技股份有限公司	C85	秦本军	桂林市临桂县临桂镇秧塘工业园	0773－3568809
002167	东方锆业	广东东方锆业科技股份有限公司	C43	陈潮钿	广东省汕头市澄海区莱美路宇田科技园	0754－85510311
002168	深圳惠程	深圳市惠程电气股份有限公司	C76	吕晓义	深圳市大工业区(龙岗坪山)兰景北路惠程科技工业厂区	0755－89921022
002169	智光电气	广州智光电气股份有限公司	C76	李永喜	广州市黄埔区云埔工业区埔南路 51 号	020－32113300
002170	芭田股份	深圳市芭田生态工程股份有限公司	C43	黄培钊	深圳市南山区科技园科苑路 3 号 4 楼 6 楼	0755－26951598
002171	精诚铜业	安徽精诚铜业股份有限公司	C67	姜 纯	安徽省芜湖市九华北路 8 号	0553－5315978
002172	澳洋科技	江苏澳洋科技股份有限公司	C47	沈学如	江苏省张家港市杨舍镇塘市镇中路 018 号	0512－58598699
002173	山下湖	浙江山下湖珍珠集团股份有限公司	C99	陈夏英	浙江省诸暨市山下湖镇珍珠工业园区	0575－87160891
002174	梅花伞	梅花伞业股份有限公司	C99	王安邦	福建省晋江市东石镇金瓯工业区	059－85593001
002175	广陆数测	桂林广陆数字测控股份有限公司	C78	彭 朋	广西壮族自治区桂林国家高新区五号区	0773－5820465

续表 16　Continued 16

代码 Code	股票简称 Abbreviation	公司全称 Companies	行业代码 Industries Code	董事长 Board Chairman	地址 Address	电话 Telephone Number
002176	江特电机	江西特种电机股份有限公司	C76	朱　军	江西宜春市东风大街 10 号	0795－3266280
002177	御银股份	广州御银科技股份有限公司	C73	杨文江	广州市天河区五山路 248 号金山大厦 2605 房	020－38468722
002178	延华智能	上海延华智能科技股份有限公司	K20	胡黎明	上海市西康路 1255 号普陀科技大厦六楼	021－61818686－309
002179	中航光电	中航光电科技股份有限公司	C51	李聚文	河南省洛阳市涧西区浅井南路 60 号	0379－64326068
002180	万力达	珠海万力达电气股份有限公司	C76	庞江华	珠海市高新区科技创新海岸科技一路万力达继保科技园	0756－3395968
002181	粤传媒	广东九州阳光传媒股份有限公司	L20	乔　平	广州市东风中路 437 号越秀城市广场南塔 3001 房	020－83569336
002182	云海金属	南京云海特种金属股份有限公司	C67	梅小明	南京市溧水县经济开发区秀山东路 9 号	025－57234888－8071
002183	怡亚通	深圳市怡亚通供应链股份有限公司	K99	周国辉	深圳市深南中路国际文化大厦 27 楼	0755－88393172
002184	海得控制	上海海得控制系统股份有限公司	G87	许　泓	上海市宜山路 900 号科技开发大楼 B 区 17 楼	021－54235099
002185	华天科技	天水华天科技股份有限公司	C51	肖胜利	甘肃省天水市秦州区双桥路 14 号	0938－8631990
002186	全聚德	中国全聚德(集团)股份有限公司	K30	姜俊贤	北京市宣武区前门西河沿 217 号	010－83156608
002187	广百股份	广州市广百股份有限公司	H11	荀振英	广东省广州市越秀区西湖路 12 号	020－83322348－6220
002188	新嘉联	浙江新嘉联电子股份有限公司	C51	丁仁涛	浙江省嘉善县经济开发区东升路 36 号	0573－84252627
002189	利达光电	利达光电股份有限公司	C51	张守启	河南省南阳市工业南路 508 号	0377－63865031
002190	成飞集成	四川成飞集成科技股份有限公司	C73	程福波	成都市青羊区黄田坝	028－87406521
002191	劲嘉股份	深圳劲嘉彩印集团股份有限公司	C35	乔鲁予	深圳市南山区文心二路万商大厦六层	0755－26609999－1073
002192	路翔股份	路翔股份有限公司	C43	柯荣卿	广州市天河北路 890 号 9 楼	020－38289770－825
002193	山东如意	山东济宁如意毛纺织股份有限公司	C11	邱亚夫	山东省济宁市红星东路 96 号	0537－2933069
002194	武汉凡谷	武汉凡谷电子技术股份有限公司	G81	孟庆南	武汉市江夏区关凤路藏龙岛工业园凡谷电子	027－59830202
002195	海隆软件	上海海隆软件股份有限公司	G87	包叔平	上海市天钥桥路 1 号煤科大厦 14F	021－64689626
002196	方正电机	浙江方正电机股份有限公司	C73	张　敏	浙江省丽水市天宁工业区 24 号	0578－2276502
002197	证通电子	深圳市证通电子股份有限公司	C73	曾胜强	深圳市光明新区松白路甲子塘证通电子产业园	0755－26490118
002198	嘉应制药	广东嘉应制药股份有限公司	C81	陈泳洪	广东省梅州市东升工业园 B 区	0753－2321916
002199	东晶电子	浙江东晶电子股份有限公司	C51	李庆跃	浙江省金华市宾虹西路 555 号	0579－89186668
002200	绿大地	云南绿大地生物科技股份有限公司	A01	何学葵	昆明市经济技术开发区经浦路 6 号	0871－7279185
002201	九鼎新材	江苏九鼎新材料股份有限公司	C61	顾清波	江苏省如皋市中山路 1 号	0513－87530125
002202	金风科技	新疆金风科技股份有限公司	C76	武　钢	新疆乌鲁木齐市经济技术开发区上海路 107 号	0991－3767495
002203	海亮股份	浙江海亮股份有限公司	C67	冯亚丽	浙江省诸暨市店口镇工业区	0575－87669333
002204	华锐铸钢	大连华锐重工铸钢股份有限公司	C71	郭永胜	大连市甘井子区新水泥路 8 号	0411－86427861
002205	国统股份	新疆国统管道股份有限公司	C61	徐永平	新疆米泉市城东工业开发区	0991－3325685
002206	海利得	浙江海利得新材料股份有限公司	C47	高利民	浙江省海宁市马桥镇经编园区内	0573－87989886
002207	准油股份	新疆准东石油技术股份有限公司	B50	秦　勇	新疆维吾尔自治区乌鲁木齐市北京南路 416 号 26 层	0994－3830619
002208	合肥城建	合肥城建发展股份有限公司	J01	王晓毅	安徽省合肥市长江中路 319 号仁和大厦 23－24 层	0551－2661906
002209	达意隆	广州达意隆包装机械股份有限公司	C73	张颂明	广州市萝岗区云埔一路 23 号	020－62956877
002210	飞马国际	深圳市飞马国际供应链股份有限公司	K99	黄固喜	深圳市福田区深南大道 7008 号阳光高尔夫大厦 2601 室	0755－33356333
002211	宏达新材	江苏宏达新材料股份有限公司	C43	朱德洪	扬中市明珠广场	0511－88226078
002212	南洋股份	广东南洋电缆集团股份有限公司	C76	郑钟南	广东省汕头市珠津工业区珠津二街 1 号	0754－86332188
002213	特尔佳	深圳市特尔佳科技股份有限公司	C75	张慧民	深圳市宝安区观澜高新技术产业园特尔佳观澜厂区	0755－83002213
002214	大立科技	浙江大立科技股份有限公司	C57	庞惠民	浙江省杭州市高新技术开发区(滨江)滨康路 639 号	0571－86695649
002215	诺普信	深圳诺普信农化股份有限公司	C43	卢柏强	深圳市宝安区西乡水库路 113 号	0755－27960419
002216	三全食品	郑州三全食品股份有限公司	C03	陈　南	郑州市综合投资区长兴路中段	0371－63987832
002217	联合化工	山东联合化工股份有限公司	C43	王宜明	山东省沂源县城东风路 36 号	0533－3251274
002218	拓日新能	深圳市拓日新能源科技股份有限公司	C57	陈五奎	深圳市南山区侨香路 6060 号香年广场 A 栋 8 楼	0755－29680031

续表 16 Continued 16

代码 Code	股票简称 Abbreviation	公司全称 Companies	行业代码 Industries Code	董事长 Board Chairman	地址 Address	电话 Telephone Number
002219	独一味	甘肃独一味生物制药股份有限公司	C81	朱　锦	成都市锦江工业开发区金石路 456 号	028-85950888-8618
002220	天宝股份	大连天宝绿色食品股份有限公司	C01	黄作庆	大连市金州区拥政街道三里村 624 号	0411-39330110
002221	东华能源	东华能源股份有限公司	H03	周一峰	张家港保税区出口加工区东华路 668 号	0512-58322506
002222	福晶科技	福建福晶科技股份有限公司	C51	陈　辉	福建省福州市鼓楼区杨桥西路 155 号	0591-83719323
002223	鱼跃医疗	江苏鱼跃医疗设备股份有限公司	C73	吴光明	江苏省丹阳市云阳工业园(振新路南)	0511-86900876
002224	三力士	浙江三力士橡胶股份有限公司	C48	吴培生	浙江省绍兴县柯岩街道余渚村	0575-84365558
002225	濮耐股份	濮阳濮耐高温材料(集团)股份有限公司	C61	刘百宽	河南省濮阳县西环路中段	0393-3214228
002226	江南化工	安徽江南化工股份有限公司	C43	熊立武	安徽省宁国市港口镇分界山	0563-2803087
002227	奥特迅	深圳奥特迅电力设备股份有限公司	C76	廖晓霞	深圳市南山区高新技术产业园南区高新南一道 29 号	0755-26520515
002228	合兴包装	厦门合兴包装印刷股份有限公司	C31	许晓光	厦门市同安区同集北路 556 号	0592-7896162
002229	鸿博股份	福建鸿博印刷股份有限公司	C35	尤丽娟	福州市金山开发区金达路 16 号	0591-88070028
002230	科大讯飞	安徽科大讯飞信息科技股份有限公司	G87	刘庆峰	安徽省合肥市高新开发区黄山路 616 号	0551-5331880
002231	奥维通信	奥维通信股份有限公司	G81	杜　方	辽宁省沈阳市浑南新区高歌路 6 号	024-83782200
002232	启明信息	启明信息技术股份有限公司	G87	徐建一	长春市东风大街 2489 号	0431-85904930
002233	塔牌集团	广东塔牌集团股份有限公司	C61	刁东庆	广东省蕉岭县蕉城镇塔牌大厦	0753-7887036
002234	民和股份	山东民和牧业股份有限公司	A05	孙希民	山东蓬莱南关路 2-3 号	0535-5637723
002235	安妮股份	厦门安妮股份有限公司	C31	张　杰	厦门市集美区杏林锦园南路 99 号	0592-3152372
002236	大华股份	浙江大华技术股份有限公司	C57	傅利泉	浙江省杭州市滨江区滨安路 1187 号	0571-28933180
002237	恒邦股份	山东恒邦冶炼股份有限公司	C67	曲胜利	山东省烟台市牟平区水道镇	0535-4631769
002238	天威视讯	深圳市天威视讯股份有限公司	L10	吕建杰	深圳市福田区彩田路 6001 号	0755-83067777
002239	金飞达	江苏金飞达服装股份有限公司	C13	王进飞	江苏省南通市通州经济开发区世纪大道 288 号	0513-80166699
002240	威华股份	广东威华股份有限公司	C21	李建华	广州市天河北路 183 号大都会广场 17 楼	020-87551761
002241	歌尔声学	歌尔声学股份有限公司	C51	姜　滨	山东省潍坊高新技术产业开发区东方路 268 号	0536-8525688
002242	九阳股份	九阳股份有限公司	C76	王旭宁	浙江杭州经济技术开发区 22 号大街 52 号	0571-81639093
002243	通产丽星	深圳市通产丽星股份有限公司	C49	曹海成	深圳市坂田五和南路 49 号通产丽星股份有限公司坂田生产厂	0755-28483022-124
002244	滨江集团	杭州滨江房产集团股份有限公司	J01	戚金兴	浙江省杭州市庆春东路 38 号	0571-86987771
002245	澳洋顺昌	江苏澳洋顺昌金属材料股份有限公司	K99	沈学如	江苏张家港新泾中路 10 号	0512-58161276
002246	北化股份	四川北方硝化棉股份有限公司	C43	魏光源	四川成都市锦江区工业园三色路 209 号火炬动力港 A 区 8 栋 9 楼	028-85925760
002247	帝龙新材	浙江帝龙新材料股份有限公司	C99	姜飞雄	浙江临安玲珑工业区环南路 1958 号	0571-63818733
002248	华东数控	威海华东数控股份有限公司	C71	汤世贤	威海经济技术开发区环山路 698 号	0631-5912929
002249	大洋电机	中山大洋电机股份有限公司	C76	鲁楚平	广东省中山市西区沙朗第三工业区	0760-88555306
002250	联化科技	联化科技股份有限公司	C43	牟金香	浙江省台州市黄岩区劳动北路总商会大厦 17 楼	0576-84275238
002251	步步高	步步高商业连锁股份有限公司	H11	王　填	湘潭市韶山西路 309 号步步高大厦	0731-52339869
002252	上海莱士	上海莱士血液制品股份有限公司	C85	郑跃文	上海市闵行区北斗路 55 号	021-64303911-217
002253	川大智胜	四川川大智胜软件股份有限公司	G87	游志胜	成都市武科东一路七号	028-85372506
002254	烟台氨纶	烟台氨纶股份有限公司	C47	孙茂健	烟台经济技术开发区黑龙江路 10 号	0535-6394123
002255	海陆重工	苏州海陆重工股份有限公司	C71	徐元生	张家港市杨舍镇人民西路 1 号[省经济开发区]	0512-58799515
002256	彩虹精化	深圳市彩虹精细化工股份有限公司	C43	陈永弟	深圳市宝安区石岩镇上屋彩虹工业城	0755-33236829
002258	利尔化学	利尔化学股份有限公司	C43	黄晓忠	四川省绵阳经济技术开发区	0816-2537274
002259	升达林业	四川升达林业产业股份有限公司	C21	江昌政	四川省成都市锦江区东华正街 42 号	028-86783590
002260	伊立浦	广东伊立浦电器股份有限公司	C76	简伟文	广东省佛山市南海区松岗松夏工业园工业大道西	0757-88374384
002261	拓维信息	拓维信息系统股份有限公司	G85	李新宇	长沙市桐梓坡西路 298 号	0731-88668270

续表 17 Continued 17

代码 Code	股票简称 Abbreviation	公司全称 Companies	行业代码 Industries Code	董事长 Board Chairman	地址 Address	电话 Telephone Number
002262	恩华药业	江苏恩华药业股份有限公司	H01	孙彭生	徐州市民主南路 69 号	0516－87661012
002263	大东南	浙江大东南包装股份有限公司	C49	黄飞刚	浙江省诸暨市城西工业区千禧路 5 号	0575－87380005
002264	新华都	福建新华都购物广场股份有限公司	H11	陈志程	福州市五四路 162 号华城国际 5 层	0591－87987972
002265	西仪股份	云南西仪工业股份有限公司	C71	周治平	云南省昆明市西山区海口镇山冲	0871－8598378
002266	浙富股份	浙江富春江水电设备股份有限公司	C76	孙 毅	浙江省桐庐县富春江镇红旗畈工业功能区	0571－69969188
002267	陕天然气	陕西省天然气股份有限公司	D03	袁小宁	西安市经济技术开发区 A1 区	029－86156182
002268	卫士通	成都卫士通信息产业股份有限公司	G85	罗天文	四川省成都市高新区创业路 6 号	028－85168115
002269	美邦服饰	上海美特斯邦威服饰股份有限公司	H11	周成建	上海市南汇区康桥镇康桥东路 800 号	021－38119999－8137
002270	法因数控	山东法因数控机械股份有限公司	C71	李胜军	山东省济南市天辰大街 389 号	0531－82685200
002271	东方雨虹	北京东方雨虹防水技术股份有限公司	C61	李卫国	北京市朝阳区高碑店北路康家园 4 号楼	010－85762629
002272	川润股份	四川川润股份有限公司	C73	罗丽华	成都市郫县现代工业港港北六路 85 号川润液压	028－61836677
002273	水晶光电	浙江水晶光电科技股份有限公司	C51	林 敏	浙江省台州市椒江区星星电子产业区 A5 号(洪家后高桥村)	0576－88038286
002274	华昌化工	江苏华昌化工股份有限公司	C43	朱郁健	张家港市金港镇保税区扬子江国际化学工业园南海路 1 号	0512－58727158
002275	桂林三金	桂林三金药业股份有限公司	C81	邹节明	广西壮族自治区桂林市金星路 1 号	0773－5829109
002276	万马电缆	浙江万马电缆股份有限公司	C76	潘水苗	浙江省临安经济开发区南环路 88 号	0571－63755192
002277	友阿股份	湖南友谊阿波罗商业股份有限公司	H11	胡子敬	湖南省长沙市芙蓉区八一路 1 号	0731－82295528
002278	神开股份	上海神开石油化工装备股份有限公司	C73	顾 正	上海市闵行区浦星公路 1769 号	021－64293895
002279	久其软件	北京久其软件股份有限公司	G87	赵福君	北京市经济技术开发区西环中路 6 号	010－88551199
002280	新世纪	杭州新世纪信息技术股份有限公司	G87	徐智勇	杭州市滨江区南环路 3766 号	0571－28996018
002281	光迅科技	武汉光迅科技股份有限公司	G81	童国华	武汉市洪山区邮科院路 88 号	027－87694061
002282	博深工具	博深工具股份有限公司	C99	陈怀荣	石家庄高新技术产业开发区海河道 10 号	0311－85962650
002283	天润曲轴	天润曲轴股份有限公司	C75	邢运波	山东省文登市天润路 2－13 号	0631－8982313
002284	亚太股份	浙江亚太机电股份有限公司	C75	黄伟潮	杭州市萧山区亚太路 1399 号	0571－82765229
002285	世联地产	深圳世联地产顾问股份有限公司	J09	陈劲松	深圳市罗湖区深南东路 5047 号深圳发展银行大厦 13 楼	0755－22162597
002286	保龄宝	保龄宝生物股份有限公司	C03	刘宗利	山东禹城高新开发区东外环路 1 号	0534－8918607
002287	奇正藏药	西藏奇正藏药股份有限公司	C81	雷菊芳	西藏林芝地区八一镇泉州路 1 号	010－64972881
002288	超华科技	广东超华科技股份有限公司	C51	梁俊丰	广东省梅县雁洋镇松坪村	0753－2825881
002289	宇顺电子	深圳市宇顺电子股份有限公司	C51	魏连速	深圳市南山区高新技术产业园区中区 M－6 栋	0755－86028268
002290	禾盛新材	苏州禾盛新型材料股份有限公司	C99	赵东明	苏州工业园区后戴街 108 号	0512－65073528
002291	星期六	佛山星期六鞋业股份有限公司	C14	张泽民	广东省佛山市南海区桂城科技园(简平路)B－3 号	0757－86256351
002292	奥飞动漫	广东奥飞动漫文化股份有限公司	C37	蔡东青	广州市珠江新城临江大道 5 号保利国际中心 10 楼	020－37597283－3029
002293	罗莱家纺	罗莱家纺股份有限公司	C11	薛伟成	江苏省南通经济技术开发区星湖大道 1699 号	0513－85928751
002294	信立泰	深圳信立泰药业股份有限公司	C81	叶澄海	深圳市深南大道 6007 号创展中心 1901、1902、1903、1923 室	0755－83867888
002295	精艺股份	广东精艺金属股份有限公司	C6760	冯境铭	广东省佛山市顺德区北滘镇西海工业区	0757－26336931
002296	辉煌科技	河南辉煌科技股份有限公司	G87	李海鹰	郑州高新技术开发区科学大道 74 号	0371－67980218
002297	博云新材	湖南博云新材料股份有限公司	C7530	蒋辉珍	长沙市岳麓区雷锋大道 346 号	0731－88122831
002298	鑫龙电器	安徽鑫龙电器股份有限公司	C76	束龙胜	芜湖市经济技术开发区电器部件园(九华北路 118 号)	0553－5772627
002299	圣农发展	福建圣农发展股份有限公司	A05	傅光明	福建省光泽县十里铺圣农总部办公大楼	0599－7951250
002300	太阳电缆	福建南平太阳电缆股份有限公司	C76	李云孝	福建省南平市工业路 102 号	0599－8736341
002301	齐心文具	深圳市齐心文具股份有限公司	C37	陈钦鹏	深圳市南山区深南大道高新科技园南区 W2－A7 楼	0755－83679273
002302	西部建设	新疆西部建设股份有限公司	C61	张智峰	新疆维吾尔自治区乌鲁木齐市西虹东路 456 号腾飞大厦 12 楼	0991－8853208
002303	美盈森	深圳市美盈森环保科技股份有限公司	C31	王海鹏	深圳市宝安区光明新陂头村美盈森厂区 A 栋	0755－29751877

续表 18 Continued 18

代码 Code	股票简称 Abbreviation	公司全称 Companies	行业代码 Industries Code	董事长 Board Chairman	地址 Address	电话 Telephone Number
002304	洋河股份	江苏洋河酒厂股份有限公司	C05	杨廷栋	江苏省宿迁市洋河中大街 118 号	025 - 52489218
002305	南国置业	武汉南国置业股份有限公司	J01	许晓明	武汉市汉口解放大道 201 号	027 - 83988055
002306	湘鄂情	北京湘鄂情股份有限公司	K30	孟　凯	北京市西城区教育街 3 号武警招待所	010 - 63695270
002307	北新路桥	新疆北新路桥建设股份有限公司	E01	朱建国	新疆维吾尔自治区乌鲁木齐市河滩北路 822 号	0991 - 3631208
002308	威创股份	广东威创视讯科技股份有限公司	G83	何正宇	广州高新技术产业开发区彩频路 6 号	020 - 22213431
002309	中利科技	中利科技集团股份有限公司	C76	龚　茵	江苏省常熟东南经济开发区常昆路 8 号	0512 - 52571118
002310	东方园林	北京东方园林股份有限公司	E01	何巧女	北京市朝阳区来广营西路 5 号森根国际 3B - 3C	010 - 84900497
002311	海大集团	广东海大集团股份有限公司	C01	薛　华	广州市番禺区迎宾路 730 号天安科技创新大厦 213	020 - 39388606
002312	三泰电子	成都三泰电子实业股份有限公司	C73	补　建	成都市蜀汉西路 42 号	028 - 87506876
002313	日海通讯	深圳日海通讯技术股份有限公司	G81	王文生	深圳市南山区科苑路清华信息港综合楼一层 107 号	0755 - 86185752
002314	雅致股份	雅致集成房屋股份有限公司	C69	韩桂茂	深圳市高新技术产业园区南区高新南十二路九洲电器大厦五楼	0755 - 26994739
002315	焦点科技	焦点科技股份有限公司	G87	沈锦华	南京高新开发区星火路软件大厦 A 座 12F	025 - 86903597
002316	键桥通讯	深圳键桥通讯技术股份有限公司	G85	叶　琼	深圳市南山区深南路高新技术工业村 R3A - 6 层	0755 - 26551650
002317	众生药业	广东众生药业股份有限公司	C81	张绍日	广东省东莞市石龙镇西湖工业区信息产业园	0769 - 86188131
002318	久立特材	浙江久立特材科技股份有限公司	C65	周志江	浙江省湖州市双林镇镇西	0572 - 7362125
002319	乐通股份	珠海市乐通化工股份有限公司	C43	张彬贤	珠海市金鼎官塘乐通工业园	0756 - 3383338
002320	海峡股份	海南海峡航运股份有限公司	F07	林　毅	海口市滨海大道东方洋大厦第七层	0898 - 68612566
002321	华英农业	河南华英农业发展股份有限公司	A05	曹家富	河南省潢川县跃进东路 308 号	0376 - 3119896
002322	理工监测	宁波理工监测科技股份有限公司	C76	周方洁	宁波保税区留学生创业园 2 期 4 号楼 2 楼	0574 - 86821166
002323	中联电气	江苏中联电气股份有限公司	C73	季奎余	盐城市青年西路 88 号	0515 - 88448188
002324	普利特	上海普利特复合材料股份有限公司	C49	周　文	上海市青浦工业园区新业路 558 号	021 - 69210096
002325	洪涛股份	深圳市洪涛装饰股份有限公司	E05	刘年新	广东省深圳市罗湖区泥岗西洪涛路 17 号	0755 - 82122045
002326	永太科技	浙江永太科技股份有限公司	C43	王莺妹	浙江省化学原料药基地临海园区	0576 - 85588006
002327	富安娜	深圳市富安娜家居用品股份有限公司	C11	林国芳	深圳市南山区创业南南油大道西路自行车加工厂 1 栋	0755 - 26055091
002328	新朋股份	上海新朋实业股份有限公司	C69	宋伯康	上海市青浦区嘉松中路 518 号	021 - 59798306
002329	皇氏乳业	广西皇氏甲天下乳业股份有限公司	C03	黄嘉棣	南宁市科园大道 66 号	0771 - 3211086
002330	得利斯	山东得利斯食品股份有限公司	C01	郑和平	山东省诸城市昌城镇驻地	0536 - 6339032
002331	皖通科技	安徽皖通科技股份有限公司	G87	王中胜	合肥市高新区梦园路 7 号	0551 - 5318666
002332	仙琚制药	浙江仙琚制药股份有限公司	C81	金敬德	浙江省仙居县仙药路 1 号	0576 - 87731138
002333	罗普斯金	苏州罗普斯金铝业股份有限公司	C67	吴明福	苏州市相城区阳澄湖中路 31 号	0512 - 65768211
002334	英威腾	深圳市英威腾电气股份有限公司	C76	黄申力	深圳市南山区龙井高发科技工业园 4 号厂房	0755 - 86028361
002335	科华恒盛	厦门科华恒盛股份有限公司	C76	陈成辉	厦门市软件园二期望海路 65 号北楼	0592 - 5163990
002336	人人乐	人人乐连锁商业集团股份有限公司	H11	何金明	深圳市南山区前海路心语家园裙楼二层	0755 - 86058141
002337	赛象科技	天津赛象科技股份有限公司	C73	张芝泉	天津市华苑新技术产业园区(环外)海泰发展四道 9 号	022 - 23788169
002338	奥普光电	长春奥普光电技术股份有限公司	C78	宣　明	吉林省长春市经济技术开发区营口路 588 号	0431 - 86176633
002339	积成电子	积成电子股份有限公司	G87	杨志强	济南市华阳路 69 号留学人员创业园 1 号楼 6 层	0531 - 88061716
002340	格林美	深圳市格林美高新技术股份有限公司	B07	许开华	深圳市宝安区兴华路南侧荣超滨海大厦 A 栋 20 层 2008 房	0755 - 33386666
002341	新纶科技	深圳市新纶科技股份有限公司	C43	侯　毅	深圳市南山区高新区科技南十二路曙光大厦 9 楼	0755 - 26993048
002342	巨力索具	巨力索具股份有限公司	C99	杨建忠	河北省保定市巨力路	0312 - 8608520
002343	禾欣股份	浙江禾欣实业集团股份有限公司	C49	朱善忠	浙江省嘉兴经济开发区东方路 1568 号禾欣工业园	0573 - 82228188
002344	海宁皮城	海宁中国皮革城股份有限公司	M	任有法	浙江省海宁市海州西路 201 号	0573 - 87217777
002345	潮宏基	广东潮宏基实业股份有限公司	C99	廖木枝	汕头市龙湖区龙新工业区龙新五街四号潮宏基工业园	0754 - 88781767

续表 19 Continued 19

代码 Code	股票简称 Abbreviation	公司全称 Companies	行业代码 Industries Code	董事长 Board Chairman	地址 Address	电话 Telephone Number
002346	柘中建设	上海柘中建设股份有限公司	C61	陆仁军	上海市奉贤区浦卫公路50号	021-57403737
002347	泰尔重工	安徽泰尔重工股份有限公司	C71	邰正彪	安徽省马鞍山市经济技术开发区红旗南路18号	0555-2229319
002348	高乐股份	广东高乐玩具股份有限公司	C37	杨镇欣	广东省普宁市占陇加工区振如大厦	0663-2348056
002349	精华制药	南通精华制药股份有限公司	C81	朱春林	南通市港闸经济开发区兴泰路9号	0513-85609152
002350	北京科锐	北京科锐配电自动化股份有限公司	C76	张新育	北京市海淀区上地创业路8号3号楼4层	010-62981321-631
002351	漫步者	深圳市漫步者科技股份有限公司	C55	张文东	深圳市宝安区公明街道长圳社区长兴工业城第15、16、22、23栋	0755-86029885
002352	鼎泰新材	马鞍山鼎泰稀土新材料股份有限公司	C69	刘冀鲁	安徽省马鞍山市当涂工业园	0555-6615924
002353	杰瑞股份	烟台杰瑞石油服务集团股份有限公司	B50	孙伟杰	烟台市莱山区澳柯玛大街7号	0535-6728523
002354	科冕木业	大连科冕木业股份有限公司	C21	魏　平	庄河市昌盛街道工业园区	0411-82507118
002355	兴民钢圈	山东兴民钢圈股份有限公司	C75	王嘉民	山东省龙口经济开发区	0535-8882355
002356	浩宁达	深圳浩宁达仪表股份有限公司	C78	柯良节	深圳市南山区侨香路东方科技园华科大厦六楼	0755-26755598
002357	富临运业	四川富临运业集团股份有限公司	F03	陈曙光	成都市府青路二段18号新1号	028-83262759
002358	森源电气	河南森源电气股份有限公司	C76	楚金甫	河南省长葛市人民路北段	0374-6108288
002359	齐星铁塔	山东齐星铁塔科技股份有限公司	C69	赵长水	邹平县开发区会仙二路	0543-4305986
002360	同德化工	山西同德化工股份有限公司	C43	张云升	山西省河曲县文笔镇焦尾城大茂口	0350-7264191
002361	神剑股份	安徽神剑新材料股份有限公司	C43	刘志坚	芜湖经济技术开发区桥北工业园	0553-5316355
002362	汉王科技	汉王科技股份有限公司	G87	刘迎建	北京市海淀区东北旺西路8号5号楼三层	010-82786816
002363	隆基机械	山东隆基机械股份有限公司	C75	张海燕	山东省龙口市外向型经济开发区	0535-8881898
002364	中恒电气	杭州中恒电气股份有限公司	C76	朱国锭	杭州市高新区之江科技工业园东信大道69号	0571-86699788
002365	永安药业	潜江永安药业股份有限公司	C03	陈　勇	潜江市泽口经济开发区竹泽路16号	0728-6204039
002366	丹甫股份	四川丹甫制冷压缩机股份有限公司	C71	罗志中	四川省青神县黑龙镇	028-38926346
002367	康力电梯	康力电梯股份有限公司	C75	王友林	吴江(芦墟)临沪经济开发区88号	0512-63295388
002368	太极股份	太极计算机股份有限公司	G87	李建明	北京市海淀区北四环中路211号软件楼六层证券部	010-51616093
002369	卓翼科技	深圳市卓翼科技股份有限公司	C55	田　昱	深圳市南山区西丽平山民企科技园5栋	0755-26986713
002370	亚太药业	浙江亚太药业股份有限公司	C81	吕旭幸	浙江省绍兴县云集路1152号	0575-84810101
002371	七星电子	北京七星华创电子股份有限公司	C57	王彦伶	北京市朝阳区酒仙桥东路1号	010-64369908
002372	伟星新材	浙江伟星新型建材股份有限公司	C49	金红阳	浙江省临海经济开发区	0576-85225086
002373	联信永益	北京联信永益科技股份有限公司	G87	李超勇	北京市海淀区北四环中路238号柏彦大厦803-808室	010-82335441
002374	丽鹏股份	山东丽鹏股份有限公司	C69	孙世尧	山东省烟台市牟平区姜格庄镇邹革庄村	0535-4660587
002375	亚厦股份	浙江亚厦装饰股份有限公司	E05	丁欣欣	浙江省杭州市望江东路299号冠盛大厦	0571-89880808
002376	新北洋	山东新北洋信息技术股份有限公司	G83	门洪强	山东省威海市火炬高技术产业开发区火炬路169号	0631-5675777
002377	国创高新	湖北国创高新材料股份有限公司	C41	高庆寿	武汉市武昌关东科技园高科大厦17层	027-87617347
002378	章源钨业	崇义章源钨业股份有限公司	C67	黄泽兰	江西省赣州市崇义县城塔下	0797-3813839
002379	鲁丰股份	山东鲁丰铝箔股份有限公司	C67	于荣强	山东省博兴县滨博大街1568号	0543-2385777
002380	科远股份	南京科远自动化集团股份有限公司	C76	刘国耀	南京市江宁经济技术开发区西门子路27号	025-68598968
002381	双箭股份	浙江双箭橡胶股份有限公司	C48	沈耿亮	浙江省桐乡市洲泉镇晚村	0573-88533979
002382	蓝帆股份	山东蓝帆塑胶股份有限公司	C49	李振平	淄博齐鲁化学工业区清田路21号	0533-7480108
002383	合众思壮	北京合众思壮科技股份有限公司	G81	郭信平	北京市朝阳区酒仙桥东路9号A2楼东6层	010-58275260
002384	东山精密	苏州东山精密制造股份有限公司	C69	袁永刚	苏州市吴中区东山镇凤凰山路8号	0512-66306201
002385	大北农	北京大北农科技集团股份有限公司	C01	邵根伙	北京市海淀区中关村大街27号中关村大厦14层	010-82856450
002386	天原集团	宜宾天原集团股份有限公司	C43	肖池权	四川省宜宾市下江北	0831-3608918
002387	黑牛食品	黑牛食品股份有限公司	C05	林秀浩	汕头市潮汕路金园工业城内9A5A6	0754-88106868-8081
002388	新亚制程	深圳市新亚电子制程股份有限公司	C57	许伟明	深圳市福田区华强北路赛格广场33层3310A	0755-23818518

续表 20 Continued 20

代码 Code	股票简称 Abbreviation	公司全称 Companies	行业代码 Industries Code	董事长 Board Chairman	地址 Address	电话 Telephone Number
002389	南洋科技	浙江南洋科技股份有限公司	C51	邵雨田	浙江省台州市开发区开发大道 388 号	0576 - 88169898
002390	信邦制药	贵州信邦制药股份有限公司	C81	张观福	贵州省贵阳市白云经济开发区信邦大道 227 号	0851 - 8660261
002391	长青股份	江苏长青农化股份有限公司	C43	于国权	江苏省江都市浦头镇江灵路 1 号	0514 - 86424918
002392	北京利尔	北京利尔高温材料股份有限公司	C61	赵继增	北京市昌平区小汤山工业园	010 - 61712828
002393	力生制药	天津力生制药股份有限公司	C81	孙宝卫	天津市南开区黄河道 491 号	022 - 27642048
002394	联发股份	江苏联发纺织股份有限公司	C11	孔祥军	江苏省海安县城东镇恒联路 88 号	0513 - 88869069
002395	双象股份	无锡双象超纤材料股份有限公司	C49	唐炳泉	无锡市新区鸿山街道后宅中路 188 号	0510 - 88993888 - 8701
002396	星网锐捷	福建星网锐捷通讯股份有限公司	G81	黄奕豪	福州市金山大道 618 号橘园洲星网锐捷科技园	0591 - 83057977
002397	梦洁家纺	湖南梦洁家纺股份有限公司	C11	姜天武	长沙市高新技术产业开发区麓谷产业基地长川路 2 号	0731 - 82848012
002398	建研集团	厦门市建筑科学研究院集团股份有限公司	C99	蔡永太	厦门市思明区湖滨南路 62 号	0592 - 2273727
002399	海普瑞	深圳市海普瑞药业股份有限公司	C81	李　锂	深圳市南山区松坪山郎山路 21 号	0755 - 26980311
002400	省广股份	广东省广告股份有限公司	K20	戴书华	广州市越秀区东风东路 745 号之二	020 - 87617378
002401	交技发展	上海交技发展股份有限公司	G87	沈以华	上海市浦东新区民生路 600 号	021 - 58211308
002402	和而泰	深圳和而泰智能控制股份有限公司	C51	刘建伟	深圳市高新南区深圳航天科技创新研究院大厦 D 座 10 楼	0755 - 86119219
002403	爱仕达	浙江爱仕达电器股份有限公司	C69	陈合林	浙江温岭市经济开发区科技路 2 号	0576 - 86199005
002404	嘉欣丝绸	浙江嘉欣丝绸股份有限公司	C11	周国建	浙江省嘉兴市中山东路 88 号丝绸大楼	0573 - 82078789
002405	四维图新	北京四维图新科技股份有限公司	G87	芮晓武	北京市朝阳区曙光西里甲 5 号凤凰置地广场 A 座写字楼 16 层	010 - 82306399 - 6988
002406	远东传动	许昌远东传动轴股份有限公司	C75	刘延生	河南省许昌市北郊尚集镇	0374 - 5650017
002407	多氟多	多氟多化工股份有限公司	C43	李世江	河南省焦作市中站区焦克路	0391 - 2956956
002408	齐翔腾达	淄博齐翔腾达化工股份有限公司	C43	车成聚	山东省淄博市临淄区胶厂南路 1 号	0533 - 7544432 - 2404
002409	雅克科技	江苏雅克科技股份有限公司	C43	沈　琦	宜兴经济开发区荆溪北路	0510 - 87126509
002410	广联达	广联达软件股份有限公司	G87	刁志中	北京市海淀区东北旺西路 8 号院中关村软件园甲 18 号楼	010 - 82342059
002411	九九久	江苏九九久科技股份有限公司	C43	周新基	江苏省如东县马塘镇建设路 40 号	0513 - 84415116
002412	汉森制药	湖南汉森制药股份有限公司	C81	刘令安	湖南省益阳市银城南路	0737 - 6351486
002413	常发股份	江苏常发制冷股份有限公司	C71	黄小平	常州市武进区礼嘉镇建东村建华路南	0519 - 86237018
002414	高德红外	武汉高德红外股份有限公司	C57	黄　立	武汉市洪山区书城路 26 号	027 - 87671928
002415	海康威视	杭州海康威视数字技术股份有限公司	C57	陈宗年	浙江省杭州市西湖区马塍路 36 号	0571 - 89710492
002416	爱施德	深圳市爱施德股份有限公司	G85	黄文辉	深圳市福田区泰然大道东泰然劲松大厦 20F	0755 - 21519966
002417	三元达	福建三元达通讯股份有限公司	G81	黄国英	福州市五凤街道软件大道 89 号福州软件园产业基地二期 7＃楼	0591 - 83736937
002418	康盛股份	浙江康盛股份有限公司	C71	陈汉康	浙江省淳安县千岛湖镇坪山工业园区康盛路 268 号	0571 - 64836953
002419	天虹商场	天虹商场股份有限公司	H11	吴光权	深圳市福田区福中一路 1016 号地铁大厦 20 - 24 层	0755 - 82769095
002420	毅昌股份	广州毅昌科技股份有限公司	C49	冼　燃	广州市高新技术产业开发区科学城科丰路 29 号	020 - 32200859
002421	达实智能	深圳达实智能股份有限公司	G87	刘　磅	深圳市南山区高新技术村 W1 栋 A 座五楼	0755 - 26525166
002422	科伦药业	四川科伦药业股份有限公司	C81	刘革新	成都市锦里西路 107 号锦江时代花园二幢 18、19F	028 - 86133981
002423	中原特钢	中原特钢股份有限公司	C73	李宗樵	河南省济源市承留镇小寨村	0392 - 6099031
002424	贵州百灵	贵州百灵企业集团制药股份有限公司	C81	姜　伟	贵州省安顺市经济技术开发区西航大道	0853 - 3415126
002425	凯撒股份	凯撒(中国)股份有限公司	C13	郑合明	广东省汕头市龙湖珠津工业区珠津 1 街 3 号凯撒工业城	0754 - 88805099
002426	胜利精密	苏州胜利精密制造科技股份有限公司	C55	高玉根	苏州高新区浒关工业园	0512 - 69207200
002427	尤夫股份	浙江尤夫高新纤维股份有限公司	C47	茅惠新	浙江省湖州市和孚镇工业园区	0572 - 3961786
002428	云南锗业	云南临沧鑫圆锗业股份有限公司	C67	包文东	云南省临沧市临翔区忙畔街道办事处忙畔社区喜鹊窝组 168 号	0871 - 3637276
002429	兆驰股份	深圳市兆驰股份有限公司	C55	顾　伟	深圳市福田区彩田路 3069 号星河世纪大厦 A 座 31 - 32 楼	0755 - 33345613

续表 21 Continued 21

代码 Code	股票简称 Abbreviation	公司全称 Companies	行业代码 Industries Code	董事长 Board Chairman	地址 Address	电话 Telephone Number
002430	杭氧股份	杭州杭氧股份有限公司	C71	蒋　明	杭州市下城区东新路 388 号	0571－85869076
002431	棕榈园林	棕榈园林股份有限公司	E01	吴桂昌	广东省广州市黄埔大道西 638 号广东农信大厦 18 层	020－37882986
002432	九安医疗	天津九安医疗电子股份有限公司	C73	刘　毅	天津市南开区雅安道金平路 3 号	022－60526161－8065
002433	太安堂	广东太安堂药业股份有限公司	C81	柯少彬	广东省汕头市金园工业区 11R2－2 片区第 1、2 座	0754－88106066－188
002434	万里扬	浙江万里扬变速器股份有限公司	C75	黄河清	浙江省金华市宾虹西路 3999 号	0579－82216776
002435	长江润发	长江润发机械股份有限公司	C73	郁霞秋	江苏省张家港市金港镇镇山东路	0512－56926898
002436	兴森科技	深圳市兴森快捷电路科技股份有限公司	C51	邱醒亚	深圳市南山区深南路科技园工业厂房 25 栋 1 段 3 层	020－32213203
002437	誉衡药业	哈尔滨誉衡药业股份有限公司	C81	朱吉满	黑龙江省哈尔滨市呼兰区利民经济技术开发区北京路 29 号	010－59711207
002438	江苏神通	江苏神通阀门股份有限公司	C71	吴建新	江苏省启东市南阳工业区	0513－83335899
002439	启明星辰	北京启明星辰信息技术股份有限公司	G87	王　佳	北京市海淀区东北旺西路 8 号中关村软件园 21 号启明星辰大厦	010－82779136
002440	闰土股份	浙江闰土股份有限公司	C43	阮加根	浙江省上虞市道墟镇闰土大道 8 号	0575－82516762
002441	众业达	众业达电气股份有限公司	H03	吴开贤	广东省汕头市衡山路 62 号	0754－88738831
002442	龙星化工	龙星化工股份有限公司	C43	刘江山	河北省沙河市东环路龙星街 1 号	0319－8869260
002443	金洲管道	浙江金洲管道科技股份有限公司	C69	沈淦荣	浙江省湖州市二里桥路 57 号	0572－2061996
002444	巨星科技	杭州巨星科技股份有限公司	C69	仇建平	杭州市江干区九环路 35 号	0571－81601076
002445	中南重工	江阴中南重工股份有限公司	C71	陈少忠	江苏省江阴市高新技术开发园金山路	0510－86996882
002446	盛路通信	广东盛路通信科技股份有限公司	G81	杨　华	佛山市三水区西南工业园进业 2 路 4 号	0757－87744984
002447	壹桥苗业	大连壹桥海洋苗业股份有限公司	A07	刘德群	大连市沙河口区会展路 115 号百年汇 704 室	0411－98990007
002448	中原内配	河南省中原内配股份有限公司	C75	薛德龙	河南省孟州市韩愈大街 146 号	0391－8298666
002449	国星光电	佛山市国星光电股份有限公司	C51	王垚浩	佛山市国星光电股份有限公司	0757－82100271
002450	康得新	北京康得新复合材料股份有限公司	C43	钟　玉	北京市昌平区昌平科技园区振兴路 26 号	010－89710777
002451	摩恩电气	上海摩恩电气股份有限公司	C76	问泽鸿	上海浦东新区龙东大道 5901 号	021－58971683－2215
002452	长高集团	湖南长高高压开关集团股份公司	C76	马孝武	湖南省高科技食品工业基地金星大道西侧	0731－88585000
002453	天马精化	苏州天马精细化学品股份有限公司	C43	徐仁华	苏州市吴中区木渎镇花苑东路 199－1 号	0512－66571019
002454	松芝股份	上海加冷松芝汽车空调股份有限公司	C75	陈福成	上海市莘庄工业区华宁路 4999 号	021－54429631
002455	百川股份	无锡百川化工股份有限公司	C43	郑铁江	江苏省江阴市云亭镇工业园区建设路 55 号	0510－86019100
002456	欧菲光	深圳欧菲光科技股份有限公司	C51	蔡荣军	深圳市宝安区公明街道松白公路华发路段欧菲光科技园	0755－27545311
002457	青龙管业	宁夏青龙管业股份有限公司	C61	陈家兴	银川市高新区创新园 41 号楼	0951－5673796
002458	益生股份	山东益生种畜禽股份有限公司	A05	曹积生	山东省烟台市芝罘区朝阳街 80 号	0535－6215877
002459	天业通联	秦皇岛天业通联重工股份有限公司	C73	朱新生	秦皇岛市经济技术开发区天山北路 3 号	0335－5302528
002460	赣锋锂业	江西赣锋锂业股份有限公司	C67	李良彬	江西省新余市经济开发区龙腾路	0790－6415606
002461	珠江啤酒	广州珠江啤酒股份有限公司	C05	方贵权	广州市海珠区新港东路磨碟沙大街 118 号	020－84207045
002462	嘉事堂	嘉事堂药业股份有限公司	H01	丁元伟	北京市海淀区昆明湖南路 11 号 1 号楼	010－88433464
002463	沪电股份	沪士电子股份有限公司	C51	吴礼淦	江苏省昆山市黑龙江北路 55 号	0512－57356148
002464	金利科技	昆山金利表面材料应用科技股份有限公司	C49	方幼玲	江苏省昆山市经济技术开发区昆嘉路 1098 号	0512－57901098
002465	海格通信	广州海格通信集团股份有限公司	G81	杨海洲	广州市高新技术产业开发区科学城海云路 88 号	020－82085300
002466	天齐锂业	四川天齐锂业股份有限公司	C43	姚开林	四川射洪县太和镇城北	0825－6691537
002467	二六三	二六三网络通信股份有限公司	G85	李小龙	北京市朝阳区和平里东土城路 14 号建达大厦 16 层	010－84281263－7101
002468	艾迪西	浙江艾迪西流体控制股份有限公司	C69	李家德	浙江省玉环县机电工业园区	0576－87298766
002469	三维工程	山东三维石化工程股份有限公司	K20	曲思秋	山东省淄博市临淄区炼厂中路 22 号	0533－7576134
002470	金正大	山东金正大生态工程股份有限公司	C43	万连步	山东省临沭县兴大西街 19 号	0539－7198691
002471	中超电缆	江苏中超电缆股份有限公司	C76	杨　飞	宜兴市西郊工业园振丰东路 999 号	0510－87698008

续表 22　Continued 22

代码 Code	股票简称 Abbreviation	公司全称 Companies	行业代码 Industries Code	董事长 Board Chairman	地址 Address	电话 Telephone Number
002472	双环传动	浙江双环传动机械股份有限公司	C71	吴长鸿	浙江省玉环县机电工业园区 1-14 号	0576-87237669
002473	圣莱达	宁波圣莱达电器股份有限公司	C55	杨宁恩	宁波市江北区康庄南路 515 号	0574-87522922
002474	榕基软件	福建榕基软件股份有限公司	G87	鲁　峰	福建省福州市鼓楼区软件大道 89 号 A 区 15 座	0591-87860988-2036
002475	立讯精密	深圳立讯精密工业股份有限公司	C51	王来春	深圳市宝安区西乡镇洲石路翻身工业厂房 G1(1-3 层)	0755-19975828-840
002476	宝莫股份	山东宝莫生物化工股份有限公司	C43	夏春良	山东省东营市西四路 416 号	0546-7788268
002477	雏鹰农牧	河南雏鹰农牧股份有限公司	A05	侯建芳	河南新郑市薛店镇世纪大道	0371-62583588
002478	常宝股份	江苏常宝钢管股份有限公司	C65	曹　坚	江苏省常州市延陵东路 558 号	0519-88805691
002479	富春环保	浙江富春江环保热电股份有限公司	D01	孙庆炎	浙江省富阳市灵桥镇春永路 188 号	0571-63553779
002480	新筑股份	成都市新筑路桥机械股份有限公司	C71	黄志明	成都市四川新津工业园区	028-82550671
002481	双塔食品	烟台双塔食品股份有限公司	C03	杨君敏	山东省招远市金岭镇寨里	0535-8070881
002482	广田股份	深圳广田装饰集团股份有限公司	E05	叶远西	深圳市罗湖区沿河北路 1003 号京基东方都会大厦 1-2 层	0755-22190582
002483	润邦股份	江苏润邦重工股份有限公司	C73	吴　建	江苏省南通经济技术开发区振兴西路 9 号	0513-80100206
002484	江海股份	南通江海电容器股份有限公司	C51	陈卫东	江苏省通州市平潮镇通扬南路 79 号	0513-86726006
002485	希努尔	希努尔男装股份有限公司	C13	王桂波	山东省诸城市东环路 58 号	0536-6325735
002486	嘉麟杰	上海嘉麟杰纺织品股份有限公司	C11	黄伟国	上海市金山区亭林镇亭枫公路 1918 号	021-37330000-1132
002487	大金重工	辽宁大金重工股份有限公司	C69	金　鑫	辽宁省阜新市新邱区新邱大街 155 号	0418-6602618
002488	金固股份	浙江金固股份有限公司	C75	孙金国	浙江省富阳市富春街丰收路 28 号	0571-63133920
002489	浙江永强	浙江永强集团股份有限公司	C25	谢建勇	浙江省临海市前江南路 1 号	0576-85956868
002490	山东墨龙	山东墨龙石油机械股份有限公司	C73	张恩荣	山东省寿光市北环路 99 号	0536-5789083
002491	通鼎光电	江苏通鼎光电股份有限公司	G81	沈小平	吴江市震泽镇八都经济开发区小平大道 8 号	0512-63878226
002492	恒基达鑫	珠海恒基达鑫国际化工仓储股份有限公司	F21	王青运	广东珠海市吉大水湾路 368 号南油大酒店玻璃楼 3 楼	0756-3226242
002493	荣盛石化	荣盛石化股份有限公司	C47	李水荣	杭州市萧山区益农镇红阳路 98 号	0571-82520189
002494	华斯股份	华斯农业开发股份有限公司	C14	贺国英	河北省肃宁县尚村镇	0317-5090055
002495	佳隆股份	广东佳隆食品股份有限公司	C03	林平涛	广东省普宁市池尾工业区上寮园 256 幢 0138 号	0663-2935998
002496	辉丰股份	江苏辉丰农化股份有限公司	C43	仲汉根	江苏省大丰市人民南路 90 号	0515-83255333
002497	雅化集团	四川雅化实业集团股份有限公司	C43	郑　戎	四川省雅安市雨城区陇西路 20 号	0835-2872161
002498	汉缆股份	青岛汉缆股份有限公司	C76	张华凯	青岛市崂山区九水东路 628 号	0532-88817759
002499	科林环保	科林环保装备股份有限公司	C73	宋七棣	江苏省苏州工业园区通园路 210 号	0512-62515549
002500	山西证券	山西证券股份有限公司	I21	侯　巍	山西省太原市府西街 69 号山西国际贸易中心东塔楼	0351-8686668
002501	利源铝业	吉林利源铝业股份有限公司	C67	王　民	吉林省辽源民营经济开发区友谊工业园区	0437-3166501
002502	骅威股份	广东骅威玩具工艺股份有限公司	C37	郭卓才	汕头市澄海区澄华工业区玉亭路	0754-85854985
002503	搜于特	东莞市搜于特服装股份有限公司	H11	马　鸿	广东省东莞市道滘镇昌平第二工业区第一栋	0769-81333505
002504	东光微电	江苏东光微电子股份有限公司	C51	沈建平	江苏省宜兴市新街百合工业园区	0510-87138930
002505	大康牧业	湖南大康牧业股份有限公司	A05	陈黎明	湖南省怀化市鹤城区鸭嘴岩工业园 3 栋	0745-2828532
002506	超日太阳	上海超日太阳能科技股份有限公司	C57	倪开禄	上海市奉贤区南桥镇杨王经济园区旗港路 738 号	021-33617091
002507	涪陵榨菜	重庆市涪陵榨菜集团股份有限公司	C03	周斌全	重庆市涪陵区体育南路 29 号	023-72231475
002508	老板电器	杭州老板电器股份有限公司	C76	任建华	杭州余杭区余杭经济开发区临平大道 592 号	0571-86187810
002509	天广消防	福建天广消防科技股份有限公司	C73	陈秀玉	福建省南安市成功科技工业区	0595-86314012
002510	天汽模	天津汽车模具股份有限公司	C75	胡津生	天津空港物流加工区航天路 77 号	022-24895297
002511	中顺洁柔	中顺洁柔纸业股份有限公司	C31	邓颖忠	中山市东升镇坦背胜龙村	0760-87885678
002512	达华智能	中山达华智能科技股份有限公司	C51	蔡小如	中山市小榄镇泰丰工业区水怡南路 9 号	0760-22108818
002513	蓝丰生化	江苏蓝丰生物化工股份有限公司	C43	杨振华	江苏省新沂经济技术开发区苏化路 1 号	0516-88920479
002514	宝馨科技	苏州宝馨科技实业股份有限公司	C69	叶云宙	苏州高新区浒墅关经济开发区新亭路 10 号	0512-66729265

续表 23 Continued 23

代码 Code	股票简称 Abbreviation	公司全称 Companies	行业代码 Industries Code	董事长 Board Chairman	地址 Address	电话 Telephone Number
002515	金字火腿	金字火腿股份有限公司	C01	施延军	浙江省金华市工业园区金帆街1000号	0579-82262717
002516	江苏旷达	江苏旷达汽车织物集团股份有限公司	C11	沈介良	江苏省常州市武进区雪堰镇旷达路1号	0519-86159358
002517	泰亚股份	泰亚鞋业股份有限公司	C13	林祥加	福建省泉州市经济技术开发区清濛园区美泰路36号	0595-22495000
002518	科士达	深圳科士达科技股份有限公司	C76	刘程宇	深圳市南山区高新北区软件园1栋4楼401、402室	0755-86168479
002519	银河电子	江苏银河电子股份有限公司	G81	吴建明	江苏省张家港市塘桥镇南环路188号	0512-58449138
002520	日发数码	浙江日发数码精密机械股份有限公司	C71	王本善	浙江省新昌县七星街道日发数码科技园	0575-86299888
002521	齐峰股份	山东齐峰特种纸业股份有限公司	C31	李学峰	山东省淄博市临淄朱台镇朱台路22号	0533-7785585
002522	浙江众成	浙江众成包装材料股份有限公司	C49	陈大魁	浙江省嘉善县经济开发区柳溪路	0573-84187845
002523	天桥起重	株洲天桥起重机股份有限公司	C73	成固平	湖南省株洲市石峰区田心北门	0731-22337000-8022
002524	光正钢构	光正钢结构股份有限公司	E01	周永麟	新疆维吾尔自治区乌鲁木齐经济技术开发区上海路105号	0991-3766551
002526	山东矿机	山东矿机集团股份有限公司	C73	赵笃学	山东省昌乐经济开发区矿机工业园	0536-6221012
002527	新时达	上海新时达电气股份有限公司	C76	纪德法	上海市嘉定区南翔镇新勤路289号	021-69926126
002528	英飞拓	深圳英飞拓科技股份有限公司	C57	刘肇怀	深圳市宝安区观澜高新技术产业园英飞拓厂房	0755-86090818
002529	海源机械	福建海源自动化机械股份有限公司	C73	李良光	福建闽侯县荆溪镇铁岭北路2号	0591-83855071
002530	丰东股份	江苏丰东热技术股份有限公司	C71	朱文明	江苏省大丰市经济开发区南翔西路333号	0515-83282838
002531	天顺风能	天顺风能(苏州)股份有限公司	C73	严俊旭	太仓经济开发区宁波东路28号	0512-81607016
002532	新界泵业	浙江新界泵业股份有限公司	C73	许敏田	浙江省温岭市大溪镇大洋城工业区	0576-81670968
002533	金杯电工	金杯电工股份有限公司	C76	吴学愚	长沙市湖南环保科技产业园新兴路159号	0731-88280619
300001	特锐德	青岛特锐德电气股份有限公司	C76	于德翔	青岛市崂山区株洲路101号中韩工业园内	0532-80938126
300002	神州泰岳	北京神州泰岳软件股份有限公司	G87	王　宁	北京市海淀区万泉庄路28号万柳新贵大厦A座5层	010-58847002
300003	乐普医疗	乐普(北京)医疗器械股份有限公司	C73	孙建科	北京市西城区西外大街1号西环广场T2座20层	010-58305141
300004	南风股份	南方风机股份有限公司	C73	杨泽文	佛山市南海区狮山大道	0757-81006199
300005	探路者	北京探路者户外用品股份有限公司	C37	盛发强	北京市海淀区知春路6号锦秋国际大厦A座21层	010-81788188
300006	莱美药业	重庆莱美药业股份有限公司	C81	邱　宇	重庆市南岸区月季路8号	023-67300382
300007	汉威电子	河南汉威电子股份有限公司	C78	任红军	郑州市高新技术开发区雪松路169号	0371-67169158
300008	上海佳豪	上海佳豪船舶工程设计股份有限公司	K20	刘　楠	上海市漕宝路111号	021-54486679
300009	安科生物	安徽安科生物工程(集团)股份有限公司	C85	宋礼华	安徽省合肥市长江西路669号高新区海关路K-1	0551-5316867
300010	立思辰	北京立思辰科技股份有限公司	G87	池燕明	北京市海淀区学清路8号科技财富中心B座3A层	010-82736409
300011	鼎汉技术	北京鼎汉技术股份有限公司	C75	顾庆伟	北京市丰台区南四环西路188号18区2号楼	010-51103366-8202
300012	华测检测	深圳市华测检测技术股份有限公司	K20	万　峰	深圳市宝安区70区留仙三路6号鸿威工业园C栋厂房1楼	0755-33682102
300013	新宁物流	江苏新宁现代物流股份有限公司	F21	王雅军	江苏省昆山市张浦镇阳光西路760号	0512-57120911
300014	亿纬锂能	惠州亿纬锂能股份有限公司	C51	刘金成	惠州市惠环镇西坑工业区亿纬工业园	0752-2605878
300015	爱尔眼科	爱尔眼科医院集团股份有限公司	K37	陈　邦	长沙市芙蓉中路二段198号新世纪大厦12楼	0731-85179288-8816
300016	北陆药业	北京北陆药业股份有限公司	C81	王代雪	北京市海淀区西直门北大街32号枫蓝国际A座写字楼7层	010-62622266-309
300017	网宿科技	网宿科技股份有限公司	G85	刘成彦	上海市徐汇区斜土路2669号15楼	021-64871177-188
300018	中元华电	武汉中元华电科技股份有限公司	C7610	邓志刚	中国湖北武汉东湖新技术开发区华中科技大学科技园六路6号	027-87180718
300019	硅宝科技	成都硅宝科技股份有限公司	C43	王跃林	四川省成都高新区新园大道16号	028-85317909
300020	银江股份	银江股份有限公司	G87	王　辉	杭州市西湖科技经济园西园八路2号G座7楼	0571-89716110
300021	大禹节水	甘肃大禹节水集团股份有限公司	C73	王　栋	甘肃省酒泉市解放路290号	0937-2689028
300022	吉峰农机	吉峰农机连锁股份有限公司	H11	王新明	成都市郫县成都现代工业港北部园区港通北二路219号	028-67518546
300023	宝德股份	西安宝德自动化股份有限公司	C73	赵　敏	西安市高新区锦业路69号创业研发园A座5层	029-8832338-8315
300024	机器人	沈阳新松机器人自动化股份有限公司	C73	王越超	沈阳市浑南新区金辉街16号	024-31699971

续表 24　Continued 24

代码 Code	股票简称 Abbreviation	公司全称 Companies	行业代码 Industries Code	董事长 Board Chairman	地址 Address	电话 Telephone Number
300025	华星创业	杭州华星创业通信技术股份有限公司	G85	程小彦	杭州市西湖区文三路553－555号浙江省中小企业科技楼10楼	0571－87208518
300026	红日药业	天津红日药业股份有限公司	C81	姚小青	天津新技术产业园区武清开发区泉发路西	022－59623217
300027	华谊兄弟	华谊兄弟传媒股份有限公司	L10	王忠军	北京市朝外大街18号丰联广场A座909室	010－65805808
300028	金亚科技	成都金亚科技股份有限公司	G81	周旭辉	成都市蜀汉西路50号	028－68232100
300029	天龙光电	江苏华盛天龙光电设备股份有限公司	C73	冯金生	江苏省金坛市思母路1号	0519－82330395
300030	阳普医疗	广州阳普医疗科技股份有限公司	C73	邓冠华	广州市经济技术开发区科学城开源大道102号	020－81587393
300031	宝通带业	无锡宝通带业股份有限公司	C48	包志方	江苏省无锡市新区张公路19号	0510－83709871
300032	金龙机电	金龙机电股份有限公司	C51	金绍平	浙江省温州市乐清市北白象镇进港大道边金龙科技园	0577－61806666－8982
300033	同花顺	浙江核新同花顺网络信息股份有限公司	G87	易　峥	浙江省杭州市翠柏路7号杭州电子商务产业园2楼	0571－88852766
300034	钢研高纳	北京钢研高纳科技股份有限公司	C67	干　勇	北京市海淀区大柳树南村19号	010－62182656
300035	中科电气	湖南中科电气股份有限公司	C73	余　新	湖南省岳阳经济开发区168号	0730－8752229
300036	超图软件	北京超图软件股份有限公司	G87	钟耳顺	北京市海淀区学清路8号科技财富中心B座7层	010－82736655
300037	新宙邦	深圳新宙邦科技股份有限公司	C43	覃九三	深圳市龙岗区坪山沙坣同富裕工业区	0755－89924512
300038	梅泰诺	北京梅泰诺通信技术股份有限公司	G81	张志勇	北京市西城区新街口外大街28号主楼302室(德胜园区)	010－82054080
300039	上海凯宝	上海凯宝药业股份有限公司	C81	刘宜善	上海市工业综合开发区程普路88号	021－37572069
300040	九洲电气	哈尔滨九洲电气股份有限公司	C76	李　寅	黑龙江省哈尔滨市南岗区哈平路162号	0451－86687723
300041	回天胶业	湖北回天胶业股份有限公司	C43	章　锋	湖北省襄樊市国家高新技术开发区清河路33号	0710－3626888－8068
300042	朗科科技	深圳市朗科科技股份有限公司	G87	成晓华	深圳市南山区高新区中国科技开发院孵化大楼六楼	0755－26727572
300043	星辉车模	广东星辉车模股份有限公司	C37	陈雁升	汕头市澄海区广益街道登峰路广峰工业区14号厂房	0754－85897377
300044	赛为智能	深圳市赛为智能股份有限公司	G87	周　勇	深圳市南山区高新区科技中二路软件园2号楼3楼	0755－86169980
300045	华力创通	北京华力创通科技股份有限公司	G87	高小离	北京市海淀区东北旺西路8号乙18号	010－82966336
300046	台基股份	湖北台基半导体股份有限公司	C51	邢　雁	湖北省襄樊市襄城区胜利街186号	0710－3506236
300047	天源迪科	深圳天源迪科信息技术股份有限公司	G87	陈　友	深圳市高新区南区市高新技术工业村T3栋B3楼	0755－26745678
300048	合康变频	北京合康亿盛变频科技股份有限公司	C76	刘锦成	北京市经济技术开发区博兴二路3号	010－68870956
300049	福瑞股份	内蒙古福瑞中蒙药科技股份有限公司	C81	王冠一	北京市朝阳区北苑路170号凯旋城F座4层	010－58235701
300050	世纪鼎利	珠海世纪鼎利通信科技股份有限公司	G85	王　耘	珠海市港湾大道科技五路8号一层	0756－3626066
300051	三五互联	厦门三五互联科技股份有限公司	G87	龚少晖	厦门火炬高新技术产业开发区软件园二期观日路8号一层	0592－5391849
300052	中青宝	深圳中青宝互动网络股份有限公司	G87	李瑞杰	深圳市南山区高新区南区W1－B栋5楼	0755－26525516
300053	欧比特	珠海欧比特控制工程股份有限公司	C51	颜　军	珠海市唐家东岸白沙路1号欧比特科技园	0756－3391979
300054	鼎龙股份	湖北鼎龙化学股份有限公司	C43	朱双全	武汉市沌口街四五路25号	027－85791166－8316
300055	万邦达	北京万邦达环保技术股份有限公司	K20	王飘扬	北京市海淀区新街口外大街19号京师大厦9311室	010－58800036
300056	三维丝	厦门三维丝环保股份有限公司	C73	罗祥波	厦门火炬高新区(翔安)产业区翔明路5号	0592－7769786
300057	万顺股份	汕头万顺包装材料股份有限公司	C31	杜成城	汕头保税区万顺工业园	0754－83597123
300058	蓝色光标	北京蓝色光标品牌管理顾问股份有限公司	L20	赵文权	北京市朝阳区酒仙桥路甲10号星城国际大厦C座20层	010－84575596
300059	东方财富	东方财富信息股份有限公司	G87	沈　军	上海市徐汇区龙田路190号2号楼	021－64388978
300061	康耐特	上海康耐特光学股份有限公司	C99	费铮翔	上海市浦东新区川大路555号	021－58598866－1218
300062	中能电气	福建中能电气股份有限公司	C76	陈添旭	福州市仓山区金山工业区金洲北路	0591－83856936
300063	天龙集团	广东天龙油墨集团股份有限公司	C43	冯　毅	广东省肇庆市金渡工业园内	0758－8507810
300064	豫金刚石	郑州华晶金刚石股份有限公司	C61	郭留希	郑州市高新开发区冬青街24号	0371－63379591
300065	海兰信	北京海兰信数据科技股份有限公司	G87	申万秋	北京市海淀区清华科技园科技大厦A座605室	010－82151445
300066	三川股份	江西三川水表股份有限公司	C78	童保华	江西省鹰潭市工业园区	0701－6318013
300067	安诺其	上海安诺其纺织化工股份有限公司	C43	纪立军	上海市青浦工业园区崧华路881号	021－59867366－8230
300068	南都电源	浙江南都电源动力股份有限公司	C76	王海光	浙江省杭州市文三路459号	0571－23657178
300069	金利华电	浙江金利华电气股份有限公司	C7615	赵　坚	浙江省金华市金东经济开发区	0579－82913599

续表 25 Continued 25

代码 Code	股票简称 Abbreviation	公司全称 Companies	行业代码 Industries Code	董事长 Board Chairman	地址 Address	电话 Telephone Number
300070	碧水源	北京碧水源科技股份有限公司	K20	文剑平	北京市海淀区厂西门2号吉友大厦2层	010-51660883-6003
300071	华谊嘉信	北京华谊嘉信整合营销顾问股份有限公司	L99	刘伟	北京市丰台区宋庄路顺三条21号嘉业大厦2期1号楼17层	010-58039163
300072	三聚环保	北京三聚环保新材料股份有限公司	C43	刘雷	北京市海淀区人大北路33号1号楼大行基业大厦9层	010-82685395
300073	当升科技	北京当升材料科技股份有限公司	C61	张建良	北京市西城区西直门外文兴街1号3号楼5层	010-88399881
300074	华平股份	上海华平信息技术股份有限公司	G85	刘焱	上海市国定路335号2号楼22层	021-65650210
300075	数字政通	北京数字政通科技股份有限公司	G87	吴强华	北京市海淀区西直门北大街32号枫蓝国际中心1号楼18层	010-62212336
300076	宁波GQY	宁波GQY视讯股份有限公司	G83	郭启寅	上海市新金桥路58号银东大厦18楼	021-61002033
300077	国民技术	国民技术股份有限公司	C5115	刘晋平	深圳市南山区高新南一道中国科技开发院三号楼塔楼12层	0755-86309903
300078	中瑞思创	杭州中瑞思创科技股份有限公司	C57	路楠	杭州市莫干山路1418-25号(上城科技经济园)	0571-28818665
300079	数码视讯	北京数码视讯科技股份有限公司	G8115	郑海涛	北京市海淀区上地信息产业基地开拓路15号1幢	010-82345841
300080	新大新材	河南新大新材料股份有限公司	C61	宋贺臣	河南省开封市汪屯乡精细化工产业园区	0378-2656666-6619
300081	恒信移动	河北恒信移动商务股份有限公司	G85	孟宪民	河北省石家庄市建设南大街80号恒辉大厦A座六层	010-88846630
300082	奥克股份	辽宁奥克化学股份有限公司	C43	朱建民	辽阳市宏伟区东环路29号	0419-5167408
300083	劲胜股份	东莞劲胜精密组件股份有限公司	C5110	王九全	东莞市长安镇上角村	0769-82288265
300084	海默科技	兰州海默科技股份有限公司	B50	窦剑文	甘肃省兰州市城关区张苏滩593号(兰州高新技术开发区)	0931-8559076
300085	银之杰	深圳市银之杰科技股份有限公司	G87	陈向军	深圳市福田区天安数码城天祥大厦AB座5B2	0755-83562960
300086	康芝药业	海南康芝药业股份有限公司	C81	洪江游	海口市南海大道168号海口保税区乙号路	0898-66812876
300087	荃银高科	安徽荃银高科种业股份有限公司	A09	张琴	合肥市高新区天智路3号	0551-5355175
300088	长信科技	芜湖长信科技股份有限公司	C51	李焕义	安徽省芜湖市经济技术开发区汽经二路以东	0553-5656188
300089	长城集团	广东长城集团股份有限公司	C61	蔡廷祥	广东省潮州市枫溪区蔡陇大道	0768-2932398
300090	盛运股份	安徽盛运机械股份有限公司	C71	开晓胜	安徽省桐城市同安路265号	0551-4844638
300091	金通灵	江苏金通灵风机股份有限公司	C73	季伟	江苏省南通市钟秀中路百花科技楼三、四楼	0513-85198488
300092	科新机电	四川科新机电股份有限公司	C73	林祯华	四川省什邡市城南开发区澜丰路21号	0838-8265111
300093	金刚玻璃	广东金刚玻璃科技股份有限公司	C61	庄大建	广东省汕头市大学路叠金工业区	0754-82514288
300094	国联水产	湛江国联水产开发股份有限公司	A09	李忠	湛江开发区平乐工业区永平南路	0759-3153930
300095	华伍股份	江西华伍制动器股份有限公司	C71	聂景华	江西省丰城市工业园区新梅路7号	0795-6206009
300096	易联众	易联众信息技术股份有限公司	G87	古培坚	厦门市软件园二期观日路18号502室	0592-6307553
300097	智云股份	大连智云自动化装备股份有限公司	C73	谭永良	大连市西岗区黄河路17号	0411-86705641
300098	高新兴	广东高新兴通信股份有限公司	G81	刘双广	广州市萝岗区科学城开创大道2819号	020-32022824
300099	尤洛卡	山东省尤洛卡自动化装备股份有限公司	C73	黄自伟	山东省泰安市高新区凤祥路以西规划支路以北	0538-8926155
300100	双林股份	宁波双林汽车部件股份有限公司	C75	邬建斌	浙江省宁海县西店镇潢溪口	0574-83518938
300101	国腾电子	成都国腾电子技术股份有限公司	G81	莫晓宇	成都高新区高朋大道1号	028-65557626
300102	乾照光电	厦门乾照光电股份有限公司	C51	邓电明	厦门火炬(翔安)产业区翔岳路19号	0592-3716997
300103	达刚路机	西安达刚路面机械股份有限公司	C73	孙建西	陕西省西安市高新区科技三路60号	029-88327811
300104	乐视网	乐视网信息技术(北京)股份有限公司	L20	贾跃亭	北京市朝阳区光华路4号东方梅地亚中心C座8层	010-51665282
300105	龙源技术	烟台龙源电力技术股份有限公司	C73	王雨蓬	山东省烟台市经济技术开发区衡山路9号	0535-6103007
300106	西部牧业	新疆西部牧业股份有限公司	A05	徐义民	新疆石河子市西四路5-2号	0993-2516883
300107	建新股份	河北建新化工股份有限公司	C43	朱守琛	河北省沧州市清池大道8号建新大厦802室	0317-3598366
300108	双龙股份	通化双龙化工股份有限公司	C43	卢忠奎	吉林省通化市二道江区铁厂镇	0435-3752903
300109	新开源	博爱新开源制药股份有限公司	C43	杨海江	河南省焦作市博爱县中山路9号	0391-8610680
300110	华仁药业	青岛华仁药业股份有限公司	C81	梁富友	青岛市崂山区株洲路187号	0532-88701303
300111	向日葵	浙江向日葵光能科技股份有限公司	C57	吴建龙	浙江省绍兴袍江工业区三江路	0575-88919159
300112	万讯自控	深圳万讯自控股份有限公司	C78	傅宇晨	深圳市南山区高新技术产业园北区三号路万讯自控大楼1-6层	0755-86250373

续表 26　Continued 26

代码 Code	股票简称 Abbreviation	公司全称 Companies	行业代码 Industries Code	董事长 Board Chairman	地址 Address	电话 Telephone Number
300113	顺网科技	杭州顺网科技股份有限公司	G87	华　勇	浙江省杭州市西湖区文一西路98号数娱大厦5楼	0571-87205808
300114	中航电测	中航电测仪器股份有限公司	C51	康学军	汉中市经济开发区北区鑫源路	091-62386011
300115	长盈精密	深圳市长盈精密技术股份有限公司	C51	陈奇星	深圳市宝安区福永镇桥头富桥工业3区3号厂	0755-27343066-8068
300116	坚瑞消防	陕西坚瑞消防股份有限公司	C99	郭鸿宝	西安市高新区科技二路65号6幢10701房	029-88332970
300117	嘉寓股份	北京嘉寓门窗幕墙股份有限公司	E05	田家玉	北京市顺义区牛栏山镇牛富路1号	010-69415566
300118	东方日升	东方日升新能源股份有限公司	C57	林海峰	浙江省宁海县西店镇邵家村	0574-65173983
300119	瑞普生物	天津瑞普生物技术股份有限公司	C85	李守军	天津市东丽经济开发区六经路六号	022-24981953
300120	经纬电材	天津经纬电材股份有限公司	C76	董树林	天津市津南经济开发区(双港)旺港路12号	022-28571567
300121	阳谷华泰	山东阳谷华泰化工股份有限公司	C43	王传华	山东省阳谷县清河西路217号	0635-6381900
300122	智飞生物	重庆智飞生物制品股份有限公司	C85	蒋仁生	重庆市江北区金源路7号25-1至25-8	023-86356226
300123	太阳鸟	太阳鸟游艇股份有限公司	C75	李跃先	湖南省沅江市石矶湖	0737-2606630
300124	汇川技术	深圳市汇川技术股份有限公司	C76	朱兴明	深圳市福田区彩田北路民宁园办公楼104-105室	0755-83185787
300125	易世达	大连易世达新能源发展股份有限公司	K20	刘　群	大连市高新园区学子街2-1号3单元4楼	0411-84732571
300126	锐奇股份	上海锐奇工具股份有限公司	C76	吴明厅	上海市松江区新桥镇新茸路5号	021-57687503
300127	银河磁体	成都银河磁体股份有限公司	C51	戴　炎	四川省成都市高新技术开发区西区百草路6号	028-87823555-890
300128	锦富新材	苏州锦富新材料股份有限公司	C51	富国平	苏州工业园区华池街时代广场24幢苏州国际金融中心11楼	0512-62825820
300129	泰胜风能	上海泰胜风能装备股份有限公司	C71	柳志成	上海市金山区卫清东路1988号	021-57243692
300130	新国都	深圳市新国都技术股份有限公司	C73	刘　祥	深圳市福田区深南路车公庙工业区泰然劲松大厦17A	0755-83481391
300131	英唐智控	深圳市英唐智能控制股份有限公司	C51	胡庆周	深圳市宝安区石岩街道龙马工业城A1厂房5-8楼	0755-29042389
300132	青松股份	福建青松股份有限公司	C43	柯维龙	建阳市回瑶工业园区	0599-5820121
300133	华策影视	浙江华策影视股份有限公司	L10	傅梅城	杭州市文二西路683号西溪创意产业园C-C	0571-87553075
300134	大富科技	深圳市大富科技股份有限公司	G81	孙尚传	深圳市宝安区爱群路石岩同富裕工业区1-2#厂房	0755-29816308
300135	宝利沥青	江苏宝利沥青股份有限公司	C43	周德洪	江苏省江阴市云亭镇工业园区	0510-68975270
300136	信维通信	深圳市信维通信股份有限公司	C57	彭　浩	深圳市宝安区沙井街道沙一万安路长兴高新技术工业园9号楼	0755-81773388-108
300137	先河环保	河北先河环保科技股份有限公司	C78	李玉国	石家庄市湘江道251号	0311-85323985
300138	晨光生物	晨光生物科技集团股份有限公司	C85	卢庆国	河北省邯郸市曲周县城晨光路1号	0310-8859023
300139	福星晓程	北京福星晓程电子科技股份有限公司	C51	罗汉章	北京市海淀区西三环北路87号国际财经中心D座503	010-68459012
300140	启源装备	西安启源机电装备股份有限公司	C76	赵友安	西安市经济技术开发区凤城十二路98号	029-86531386
300141	和顺电气	苏州工业园区和顺电气股份有限公司	C76	姚建华	苏州工业园区和顺路8号	0512-62862607
300142	沃森生物	云南沃森生物技术股份有限公司	C85	李云春	昆明市高新开发区北区云南大学科技园2期A3幢4楼	0871-8312779
300143	星河生物	广东星河生物科技股份有限公司	A01	叶运寿	广东省东莞市塘厦镇蛟坪大道83号	0769-82012345
300144	宋城股份	杭州宋城旅游发展股份有限公司	K34	黄巧灵	浙江省杭州市之江路148号	0571-87091255
300145	南方泵业	杭州南方特种泵业股份有限公司	C71	沈金浩	杭州余杭区仁和镇	0571-86396201
300146	汤臣倍健	广东汤臣倍健生物科技股份有限公司	C03	梁允超	广州市天河区珠江新城华穗路263号双城国际大厦东塔23楼	020-38372403
300147	香雪制药	广州市香雪制药股份有限公司	C81	王永辉	广州市萝岗区广州经济技术开发区科学城金峰园路2号	020-22211010
300148	天舟文化	湖南天舟科教文化股份有限公司	L01	肖志鸿	长沙市东二环二段194号天域新都商务楼四楼	0731-85565647
300149	量子高科	江门量子高科生物股份有限公司	C03	王丛威	江门市高新区高新西路133号	0750-3869162
300150	世纪瑞尔	北京世纪瑞尔技术股份有限公司	G87	牛俊杰	北京市海淀区上地信息路22号上地科技综合楼B座九、十层	010-62962298-6118
300151	昌红科技	深圳市昌红模具科技股份有限公司	C73	李焕昌	深圳市龙岗区坪山街道锦龙大道西侧	0755-89785568-885
300152	燃控科技	徐州燃控科技股份有限公司	C73	王文举	徐州市经济开发区杨山路12号	0516-87986552
300153	科泰电源	上海科泰电源股份有限公司	C76	谢松峰	上海市青浦区崧华路888号	021-69758010
300154	瑞凌股份	深圳市瑞凌实业股份有限公司	C57	邱　光	深圳市宝安区福永街道凤凰第四工业区4号厂房	0755-27345888

数据来源：深圳证券交易所
Source：Shenzhen Stock Exchange

六、登记结算

Securities Depository and Clearing

2010年登记结算业务运行及发展情况

An Overview of Securities Depository, Clearing and Settlement in 2010

一、证券登记结算业务运行情况

(一) 新开账户数有所减少

截止到2010年底,中国结算沪市A股账户开户代办点5029个,比上年增加1228个;深市A股账户开户代办点4617个,比上年增加830个。

2010年全年新开股票账户约1494.25万户,较上年减少约238.51万户,同比减少约13.76%。其中,新开A股账户1489.77万户,较上年减少236.80万户,减少13.72%;新开B股账户4.48万户,较上年减少1.71万户,减少27.65%。

新开A股账户数

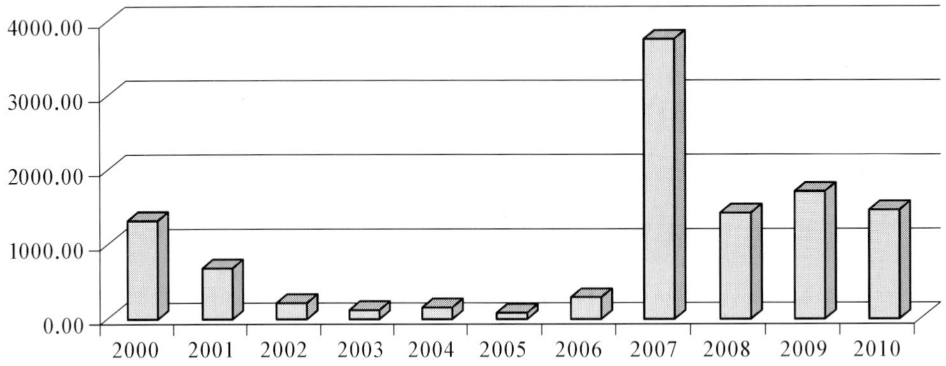

截止到2010年底,期末股票账户数约15454.03万户;其中,期末A股账户数为15204.06万户,比上年增加1422.28万户,增长10.32%;B股账户249.97万户,比上年增加3.87万户,增长1.57%。经证券公司核实、申报的休眠账户数为2062.99万户。股票账户去除休眠账户后的有效账户数为13391.04万户。

(二) 登记存管的主要证券数量明显增加

截止到2010年末,中国结算登记存管的证券达到2776只。其中,A股2052只,比上年增加385只;B股108只,与上年持平;权证4只,较上年减少8只;国债110只,比上年增加16只;公司债(含企业债)318只,比上年增加94只;可转债13只,与上年持平;分离式可转债21只,与上年持平;封闭式基金47只,比上年增加14只;ETF 20只,比上年增加11只;LOF 79只,比上年增加30只;资产证券化产品4只,比上年减少6只。

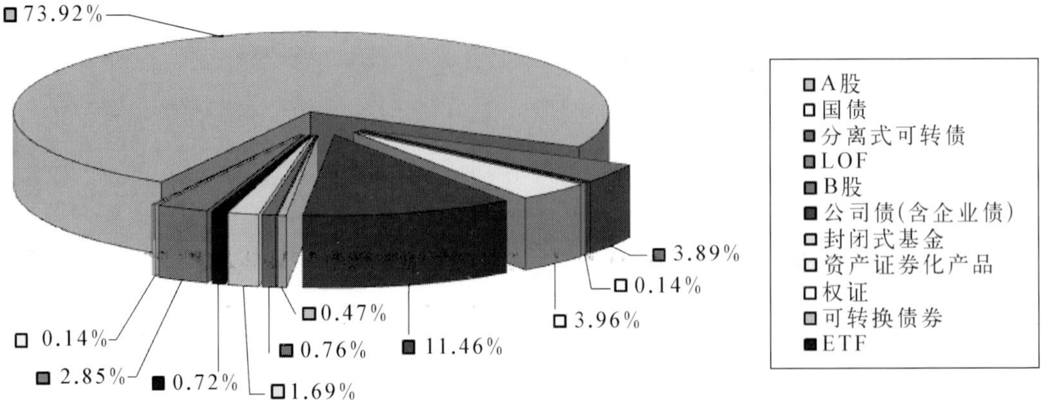

截止到 2010 年末，中国结算登记存管的证券面值为 3.52 万亿元。其中，已上市流通 A 股面值 1.93 万亿元，流通 B 股面值 281.78 亿元，限售流通股面值 7268.80 亿元，非流通股面值 96.13 亿元，权证面值29.63 亿元，国债面值 1977.06 亿元，公司债(含企业债)面值 2563.71 亿元，可转债面值 786.89 亿元，分离式可转债面值 950.65 亿元，封闭式基金面值 1004.29 亿元，ETF 面值 697.01 亿元，LOF 面值 225.41 亿元，资产证券化产品 10.72 亿元。

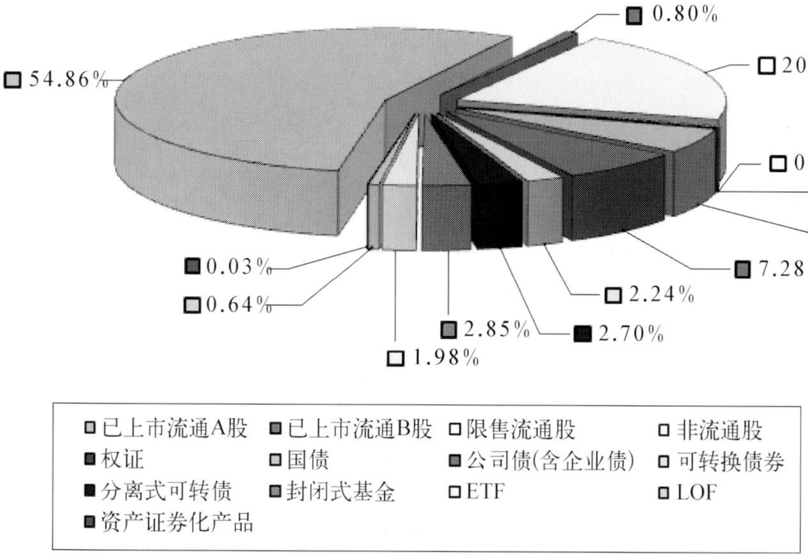

2010 年末登记存管证券已上市流通市值为 20.67 万亿元。其中，A 股已上市流通市值 19.39 万亿元，B 股流通市值 2198.93 亿元，权证流通市值 2342.79 亿元，国债流通市值 1955.58 亿元，公司债(含企业债)流通市值 2574.61 亿元，可转债流通市值 917.48 亿元，分离式可转债流通市值 852.84 亿元，封闭式基金流通市值1066.25 亿元，ETF 流通市值 667.92 亿元，LOF 流通市值 224.78 亿元，资产证券化产品流通市值 9.75 亿元。

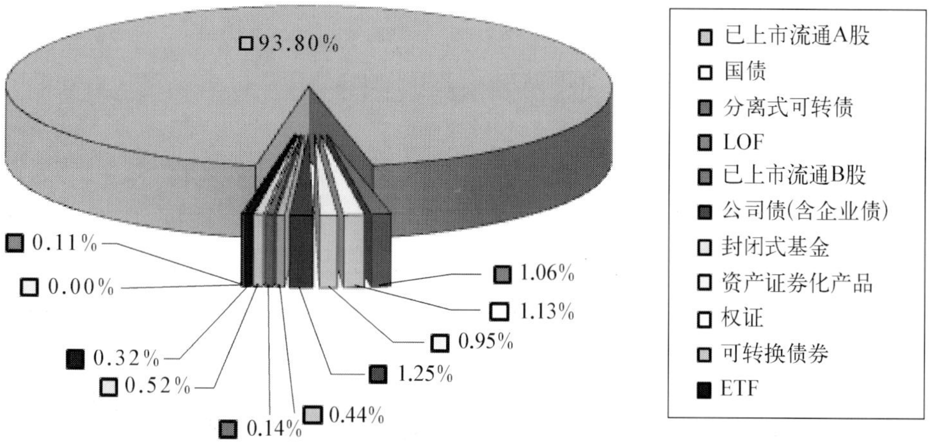

(三) 结算总额大幅增加，结算净额明显增加

随着市场转暖和一级市场发行规模的扩大，2010 年中国结算的证券结算总额为 355.67 万亿元，较上年增加了 170.45 万亿元，增幅为 92%；结算净额为 7.92 万亿元，较上年增加了 0.93 万亿元，增幅为 13%。

(四) 开放式基金业务稳步发展

截至 2010 年底，开放式基金 TA 系统内参与的管理人共有 91 家，其中基金公司 39 家、券商 51 家、银行 1 家；累计代理发行理财产品 361 只，其中开放式基金 156 只、创新型封闭式基金 14 只、券商集合理财产品 178 只、银行理财产品 13 只。产品类型涵盖了股票型、债券型、混合型、货币型、保本型、QDII、FOF、LOF、上证基金通、场外 ETF 等。另外，还全面支持了集合计划的参与、退出、权益分派、业绩报酬、收益补偿、展期以及 TA 移转等各类业务。

6-1 1993—2010年投资者账户情况

Summary of Investors Accounts (1993—2010)

单位：万户 Unit：10000

	1993年	1994年	1995年	1996年	1997年	1998年	1999年	2000年	2001年	2002年	2003年	2004年	2005年	2006年	2007年	2008年	2009年	2010年
全国 Total																		
开户总数 Accounts Opening	835.17	1107.76	1294.19	2422.08	3480.26	4259.88	4810.63	6154.53	6965.90	7202.16	7344.41	7588.29	7712.33	8249.28	14306.61	15980.68	18001.57	19778.69
新增开户数 Newly Opening Accounts	561.40	272.59	186.43	1127.89	1058.18	779.62	550.74	1343.93	811.35	236.25	142.27	248.10	124.05	537.63	6057.34	1674.06	2020.89	1777.12
比例 Rate	67.22	24.61	14.41	46.57	30.41	18.30	11.45	21.84	11.65	3.28	1.94	3.27	1.61	6.52	42.34	10.48	11.23	8.99
账户总数 Accounts								6123.24	6898.68	6841.84	6981.24	7215.74	7336.07	7854.00	13886.18	15198.01	17149.68	18858.28
新增账户数 Newly Opening Accounts									775.44	−56.84	139.40	240.04	120.33	517.94	6032.17	1311.83	1951.67	1708.60
上海 Shanghai																		
开户总数 Accounts Opening	423.51	574.89	685.20	1207.87	1713.31	2006.57	2288.54	2966.99	3429.61	3566.61	3643.93	3787.22	3856.24	4101.47	7130.54	7972.86	8965.43	9850.75
新增开户数 Newly Opening Accounts	312.28	151.38	110.31	522.67	505.44	293.26	281.96	678.47	462.60	137.00	77.33	147.54	69.02	245.90	3029.07	842.32	992.57	885.32
比例 Rate	73.74	26.33	16.10	43.27	29.50	14.61	12.32	22.87	13.49	3.84	2.12	3.90	1.79	6.00	42.48	10.56	11.07	8.99
账户总数 Accounts								2958.47	3388.71	3513.51	3589.25	3731.22	3799.00	4034.47	7046.10	7689.18	8646.89	9494.05
新增账户数 Newly Opening Accounts									430.24	124.80	75.74	147.51	67.78	235.47	3011.63	643.08	957.71	847.16
深圳 Shenzhen																		
开户总数 Accounts Opening	411.66	532.87	608.99	1214.21	1766.95	2253.31	2522.09	3187.54	3536.29	3635.55	3700.48	3801.07	3856.09	4147.81	7176.07	8007.82	9036.13	9927.95
新增开户数 Newly Opening Accounts	249.12	121.21	76.12	605.22	552.74	486.36	268.78	665.46	348.75	99.25	64.94	100.56	55.03	291.72	3028.27	831.74	1028.32	891.82
比例 Rate	60.52	22.75	12.50	49.84	31.28	21.58	10.66	20.88	9.86	2.73	1.75	2.65	1.43	7.03	42.20	10.39	11.38	8.98
账户总数 Accounts								3164.77	3509.97	3328.33	3391.99	3484.52	3537.07	3819.54	6840.08	7508.83	8502.79	9364.23
新增账户数 Newly Opening Accounts									345.20	−181.64	63.66	92.53	52.55	282.47	3020.54	668.75	993.96	861.44

注：1. 账户总数=开户总数−销户总数(包括注销账户和被清理账户)。开户总数、账户总数和新增开户数包括A股账户、B股账户和基金账户。
2. 比例指新增开户数(新增账户数)占开户总数(账户总数)的比率。
3. 2002年由于对不规范账户进行了集中清理,致使账户总数比上年出现了减少。
4. 2004年对账户统计口径和方法进行了调整。

数据来源：中国证券登记结算公司
Source：China Securities Depository and Clearing Corporation Limited

6-2 2010年A股投资者账户情况

A-Share Investors Accounts Summary in 2010

单位：万户 Unit：10000

	全国 Total	上海 Shanghai	深圳 Shenzhen
账户总数 Total Accounts	15204.06	7648.66	7555.40
机　构 Legal	58.03	31.04	26.98
个　人 Person	15146.04	7617.62	7528.42
新增开户数 Newly Opening Accounts	1489.77	746.41	743.36
机　构 Legal	4.92	2.55	2.37
个　人 Person	1484.85	743.86	740.99

数据来源：中国证券登记结算公司
Source：China Securities Depository and Clearing Corporation Limited

6-3 2010年B股投资者账户情况
B-Share Investors Accounts Summary in 2010

单位：万户 Unit：10000

	全国 Total	上海 Shanghai	深圳 Shenzhen
账户总数 Total Accounts	249.97	151.63	98.34
机　构 Legal	2.52	1.27	1.25
境内	0.02	0.00	0.02
境外	2.50	1.27	1.23
个　人 Person	247.44	150.35	97.09
境内	219.84	132.84	87.00
境外	27.60	17.51	10.09
新增开户数 Newly Opening Accounts	4.46	2.44	2.02
机　构 Legal	0.22	0.11	0.11
境内	0.00	0.00	0.00
境外	0.22	0.11	0.11
个　人 Person	4.24	2.33	1.91
境内	4.04	2.24	1.80
境外	0.20	0.09	0.11

数据来源：中国证券登记结算公司
Source：China Securities Depository and Clearing Corporation Limited

6-4 2010年上海证券交易所A股账户地区分布统计表
Regional Statistics of A-Share Investors Accounts in Shanghai Stock Exchange in 2010

单位：万户 Unit：10000

地区 Area	本年末账户总数 Total in 2008	所占比例(%) Percent	本年新增开户数 Newly Opening Accounts	所占比例(%) percent
安　徽	151.52	1.98	13.02	1.74
北　京	520.09	6.80	92.41	12.38
重　庆	108.76	1.42	9.79	1.31
福　建	243.41	3.18	23.86	3.20
甘　肃	76.52	1.00	11.81	1.58
广　东	637.80	8.34	69.82	9.35
广　西	109.16	1.43	15.99	2.14
贵　州	46.17	0.60	6.91	0.93
海　南	41.83	0.55	0.68	0.09
河　北	178.12	2.33	16.96	2.27
河　南	244.69	3.20	21.95	2.94
黑龙江	168.00	2.20	9.04	1.21
湖　北	270.67	3.54	22.84	3.06
湖　南	201.19	2.63	17.73	2.37
吉　林	125.36	1.64	8.92	1.19
江　苏	597.32	7.81	48.48	6.49
江　西	117.04	1.53	8.83	1.18

续表 Continued

地区 Area	本年末账户总数 Total in 2008	所占比例(%) Percent	本年新增开户数 Newly Opening Accounts	所占比例(%) percent
辽 宁	285.84	3.74	16.09	2.16
内蒙古	73.21	0.96	10.39	1.39
宁 夏	36.34	0.48	3.03	0.41
青 海	27.64	0.36	1.34	0.18
山 东	431.89	5.65	32.24	4.32
山 西	132.43	1.73	15.51	2.08
陕 西	136.05	1.78	8.49	1.14
上 海	1122.26	14.67	114.27	15.31
深 圳	569.08	7.44	59.52	7.97
四 川	307.48	4.02	21.08	2.82
天 津	108.84	1.42	5.14	0.69
西 藏	2.12	0.03	0.00	0.00
新 疆	103.32	1.35	8.98	1.20
云 南	78.33	1.02	12.10	1.62
浙 江	396.19	5.18	39.21	5.25
其 他	0.00	0.00	0.00	0.00
合 计	7648.66	100.00	746.41	100.00

数据来源：中国证券登记结算公司
Source: China Securities Depository and Clearing Corporation Limited

6-5 2010年上海证券交易所B股账户地区分布统计表

Regional Statistics of B-Share Investors Accounts in Shanghai Stock Exchange in 2010

单位：户

国家或地区 Area	账户总数 Total	比例(%)Percent
一、境内合计 Total of Local(156)	1453189	95.84%
二、境外合计 Total of Overseas	61292	4.04%
中国香港 Hongkong(344)	15699	1.04%
中国台湾 Taiwan(158)	8447	0.56%
中国澳门 Macao(446)	787	0.05%
新加坡 Singapore(702)	1724	0.11%
韩国 Korea(410)	1657	0.11%
美国 USA(840)	11916	0.79%
英国 U.K(826)	1728	0.11%
日本 Japan(392)	4214	0.28%
马来西亚 Malaysia(458)	594	0.04%
印尼 Indonesia(360)	118	0.01%
其他国家或地区 Others	14408	0.95%
三、其他 Others	1816	0.12%

数据来源：中国证券登记结算公司
Source: China Securities Depository and Clearing Corporation Limited

6－6　2010年深圳证券交易所A股账户地区分布统计表
Regional Statistics of A-Share Investors in Shenzhen Stock Exchange in 2010

单位：万户　Unit：10000

地区 Area	本年末账户总数 Total in 2008	所占比例(%) Percent	本年新增开户数 Newly Opening Accounts	所占比例(%) percent
安　徽	137.21	1.82	15.85	2.13
北　京	397.53	5.26	42.32	5.69
重　庆	124.13	1.64	10.00	1.35
福　建	278.52	3.69	37.60	5.06
甘　肃	77.38	1.02	11.37	1.53
广　东	760.88	10.07	72.12	9.70
广　西	139.44	1.85	22.49	3.03
贵　州	45.24	0.60	5.72	0.77
海　南	63.03	0.83	3.44	0.46
河　北	192.67	2.55	23.61	3.18
河　南	310.50	4.11	38.52	5.18
黑龙江	176.26	2.33	13.51	1.82
湖　北	295.96	3.92	25.86	3.48
湖　南	271.18	3.59	29.89	4.02
吉　林	123.27	1.63	11.95	1.61
江　苏	600.82	7.95	48.19	6.48
江　西	147.50	1.95	16.42	2.21
辽　宁	305.82	4.05	22.04	2.96
内蒙古	69.75	0.92	9.79	1.32
宁　夏	25.08	0.33	2.75	0.37
青　海	19.91	0.26	1.35	0.18
山　东	444.05	5.88	40.68	5.47
山　西	123.86	1.64	14.99	2.02
陕　西	164.63	2.18	13.72	1.85
上　海	583.19	7.72	41.59	5.59
深　圳	522.37	6.91	39.42	5.30
四　川	335.12	4.44	30.28	4.07
天　津	134.48	1.78	11.22	1.51
西　藏	3.19	0.04	0.26	0.03
新　疆	98.23	1.30	8.55	1.15
云　南	86.09	1.14	10.67	1.44
浙　江	476.78	6.31	56.57	7.61
其　他	21.34	0.28	10.63	1.43
合　计	7555.40	100.00	743.36	100.00

数据来源：中国证券登记结算公司
Source：China Securities Depository and Clearing Corporation Limited

6-7 2010年深圳证券交易所B股账户地区分布统计表

Regional Statistics of B-Share Investors Accounts in Shenzhen Stock Exchange in 2010

单位：户

国家或地区 Area	账户总数 Total	比例(%)Percent
一、境内合计 Total of Local(156)	870178	88.49%
二、境外合计 Total of Overseas	113109	11.50%
中国香港 Hongkong(344)	80106	8.15%
中国台湾 Taiwan(158)	5779	0.59%
中国澳门 Macao(446)	3856	0.39%
新加坡 Singapore(702)	1146	0.12%
韩国 Korea(410)	1066	0.11%
美国 USA(840)	7145	0.73%
英国 U.K(826)	1502	0.15%
日本 Japan(392)	1241	0.13%
马来西亚 Malaysia(458)	563	0.06%
印尼 Indonesia(360)	102	0.01%
其他国家或地区 Others	10603	1.08%
三、其他 Others	72	0.01%

数据来源：中国证券登记结算公司
Source: China Securities Depository and Clearing Corporation Limited

6-8 2010年A股流通股托管市值地区分布

Regional Statistics of A-Share Negotiable Custodied Capitalization in 2010

地区 Area	A股托管市值(亿元)A-share Negotiable Custodied Capitalization(100000000yuan)			比例(%) Percent
	合计 Totle	上海 Shanghai	深圳 Shenzhen	
安　徽	2511.80	1306.51	1205.29	0.95
北　京	73501.03	65561.16	7939.87	27.91
重　庆	2595.38	1328.59	1266.79	0.99
福　建	4910.88	3074.87	1836.01	1.86
甘　肃	1466.70	988.56	478.14	0.56
广　东	14770.40	7845.41	6924.99	5.61
广　西	1644.82	349.34	1295.48	0.62
贵　州	587.14	251.70	335.44	0.22
海　南	450.81	222.87	227.94	0.17
河　北	1787.36	1064.25	723.11	0.68
河　南	2599.80	1283.26	1316.54	0.99
黑龙江	1676.08	1215.93	460.15	0.64
湖　北	4268.67	2431.19	1837.48	1.62
湖　南	2076.13	938.12	1138.01	0.79
吉　林	1048.63	531.39	517.24	0.40
江　苏	14226.96	9635.49	4591.47	5.40

续表 Continued

地区 Area	A股托管市值(亿元)A-share Negotiable Custodied Capitalization(100000000yuan)			比例(%) Percent
	合计 Totle	上海 Shanghai	深圳 Shenzhen	
江　西	1311.44	517.54	793.90	0.50
辽　宁	2860.69	972.70	1887.99	1.09
内蒙古	997.29	583.66	413.63	0.38
宁　夏	404.28	403.07	1.21	0.15
青　海	917.97	110.37	807.60	0.35
山　东	6881.44	4084.20	2797.24	2.61
山　西	4400.78	2699.65	1701.13	1.67
陕　西	1683.20	884.53	798.67	0.64
上　海	43636.41	31871.31	11765.10	16.57
深　圳	32102.56	14898.81	17203.75	12.19
四　川	3487.73	1151.24	2336.49	1.32
天　津	1308.49	500.57	807.92	0.50
西　藏	0.00	0.00	0.00	0.00
新　疆	1672.89	661.49	1011.40	0.64
云　南	1964.56	1063.82	900.74	0.75
浙　江	10183.64	4271.93	5911.71	3.87
其　他	19407.45	14948.38	4459.07	7.37
合　计	263343.41	177651.91	85691.50	100.00

注：沪市未办理指定交易的、深市暂不能识别地区的，归入其他。
数据来源：中国证券登记结算公司
Source：China Securities Depository and Clearing Corporation Limited

6-9　2010年B股流通股托管市值地区分布

Regional Statistics of B-share Negotiable Custodied Capitalization in 2010

单位：万　Unit：10000

	B股托管市值(万元)	B股托管市值(万美元)	B股托管市值(万港币元)	比例(%)
一、境内合计 Total of Local	17415717.51	1155810.74	11369614.74	79.20%
二、境外合计 Total of Overseas	2989212.93	151575.02	2315347.92	13.59%
中国香港 Hongkong	2827136.85	140723.30	2210280.29	12.86%
中国台湾 Taiwan	0.00	0.00	0.00	0.00%
新加坡 Singapore	628.77	94.53	0.00	0.00%
韩　国 Korea	163.76	0.00	191.40	0.00%
美　国 USA	0.00	0.00	0.00	0.00%
英　国 U.K	0.00	0.00	0.00	0.00%
日　本 Japan	143984.78	8285.14	103875.84	0.65%
马来西亚 Malaysia	0.00	0.00	0.00	0.00%
印　尼 Indonesia	0.00	0.00	0.00	0.00%
其他国家或地区 Others	17298.77	2472.05	1000.39	0.08%
三、其他 Others	1584384.14	214842.11	181582.34	7.21%
合计 Total	21989314.58	1522227.87	13866545.00	100.00%

数据来源：中国证券登记结算公司
Source：China Securities Depository and Clearing Corporation Limited

6-10 2010年投资者流通股持股情况统计表

Negotiable Shares Holding of Investors for 2010

		A股			B股		
		户数(万户)	总持股数(亿)	总持股市值(亿元)	户数(万户)	总持股数(亿)	总持股市值(亿美元/港元)
沪市	小于1000股	815.48	35.71	432.45	10.06	0.52	0.90
	1000—4999股	1288.37	307.92	3230.28	39.59	9.71	10.55
	5000—9999股	454.95	316.17	3114.81	15.05	10.47	10.74
	10000—49999股	530.40	1081.26	10206.54	16.92	34.57	34.51
	50000—99999股	65.70	447.83	4174.54	2.20	15.06	14.77
	10万—50万股(不含)	40.04	742.29	7044.88	1.34	24.69	25.11
	50万—100万股(不含)	2.97	201.58	1983.72	0.09	5.80	6.45
	100万股以上	2.01	12880.25	112109.79	0.05	29.01	49.20
	合计	3199.92	16013.01	142297.01	85.30	129.83	152.22
深市主板	小于1000股	658.80	26.75	338.74	6.17	0.30	2.71
	1000—4999股	789.58	177.14	1970.91	17.74	4.43	31.29
	5000—9999股	213.34	145.12	1533.49	7.43	5.20	34.59
	10000—49999股	212.35	413.84	4230.74	10.53	22.45	145.02
	50000—99999股	22.81	154.08	1560.42	1.80	12.37	79.39
	10万—50万股(不含)	13.98	257.91	2650.72	1.34	25.68	169.71
	50万—100万股(不含)	1.04	70.08	743.70	0.12	7.79	57.90
	100万股以上	0.71	1260.40	18420.35	0.09	73.71	866.03
	合计	1912.61	2505.32	31449.07	45.22	151.93	1386.64
深市中小板	小于1000股	348.76	13.74	344.04	0.00	0.00	0.00
	1000—4999股	304.53	64.34	1432.69	0.00	0.00	0.00
	5000—9999股	62.23	41.77	902.48	0.00	0.00	0.00
	10000—49999股	52.61	99.11	2098.71	0.00	0.00	0.00
	50000—99999股	4.80	32.33	681.21	0.00	0.00	0.00
	10万—50万股(不含)	2.84	52.40	1119.14	0.00	0.00	0.00
	50万—100万股(不含)	0.22	14.85	337.32	0.00	0.00	0.00
	100万股以上	0.30	463.77	10779.90	0.00	0.00	0.00
	合计	776.29	782.31	17695.49	0.00	0.00	0.00
深市创业板	小于1000股	63.42	2.49	106.11	0.00	0.00	0.00
	1000—4999股	40.91	8.08	321.65	0.00	0.00	0.00
	5000—9999股	6.68	4.48	174.20	0.00	0.00	0.00
	10000—49999股	5.49	10.27	399.94	0.00	0.00	0.00
	50000—99999股	0.48	3.20	130.33	0.00	0.00	0.00
	10万—50万股(不含)	0.29	5.48	226.26	0.00	0.00	0.00
	50万—100万股(不含)	0.03	1.92	83.09	0.00	0.00	0.00
	100万股以上	0.04	17.92	685.39	0.00	0.00	0.00
	合计	117.34	53.84	2126.97	0.00	0.00	0.00

数据来源：中国证券登记结算公司

Source: China Securities Depository and Clearing Corporation Limited

6－11　2010年沪深两市股改限售股解禁及减持情况

Release and Sell-off of Restricted Shares in Share Reform of Shanghai and Shenzhen Markets for 2010

时　　间	大　　非		小　　非		合　　计		
	解禁数量（亿股）	减持数量（亿股）	解禁数量（亿股）	减持数量（亿股）	解禁数量（亿股）	减持数量（亿股）	减持金额（亿元）
2007年6月	14.37	3.51	16.86	11.49	31.22	15.01	272.30
2007年7月	15.41	2.67	20.96	8.68	36.37	11.35	152.92
2007年8月	34.67	5.36	16.39	13.24	51.05	18.60	311.51
2007年9月	12.33	6.11	9.81	9.89	22.14	16.00	305.71
2007年10月	75.20	3.54	48.81	4.43	124.01	7.96	183.53
2007年11月	29.90	3.83	10.10	4.50	40.00	8.33	133.39
2007年12月	16.25	7.71	5.64	7.95	21.89	15.66	237.77
2008年1月	16.18	6.68	9.08	9.74	25.27	16.43	297.87
2008年2月	11.24	2.56	35.82	4.89	47.06	7.45	136.38
2008年3月	17.20	3.13	6.34	5.83	23.54	8.96	146.20
2008年4月	25.32	1.60	6.35	4.38	31.68	5.98	92.57
2008年5月	30.05	1.96	4.22	4.69	34.27	6.65	79.20
2008年6月	23.58	1.39	6.03	3.11	29.61	4.51	47.34
2008年7月	21.68	2.93	3.66	5.56	25.34	8.49	73.62
2008年8月	210.37	0.94	5.10	3.87	215.47	4.80	34.88
2008年9月	9.05	1.47	1.58	3.05	10.62	4.53	25.90
2008年10月	79.44	1.42	10.61	2.62	90.05	4.04	23.81
2008年11月	47.70	2.50	6.14	4.44	53.85	6.94	45.70
2008年12月	110.01	3.63	16.02	4.60	126.03	8.23	52.36
2009年1月	54.42	3.03	26.06	2.68	80.48	5.71	41.07
2009年2月	107.39	4.55	30.44	5.64	137.83	10.19	88.14
2009年3月	106.52	5.28	20.67	5.56	127.19	10.84	96.78
2009年4月	153.37	4.11	18.32	6.05	171.69	10.16	84.44
2009年5月	227.77	4.85	18.83	5.69	246.60	10.54	88.65
2009年6月	111.13	6.52	15.54	5.88	126.67	12.40	131.14
2009年7月	77.26	7.29	6.09	6.34	83.35	13.63	149.67
2009年8月	108.92	4.50	2.30	2.57	111.22	7.07	68.13
2009年9月	100.00	6.11	9.56	3.43	109.56	9.54	98.86
2009年10月	602.31	4.59	4.93	3.72	607.24	8.31	98.28
2009年11月	42.40	9.55	4.36	5.59	46.76	15.14	186.00
2009年12月	38.63	7.17	8.83	5.11	47.46	12.28	138.39
2010年1月	19.71	3.70	6.09	2.01	25.80	5.72	66.27
2010年2月	7.55	2.70	4.07	1.17	11.63	3.87	42.69
2010年3月	30.83	3.50	4.81	2.28	35.64	5.77	67.97
2010年4月	26.86	3.43	7.25	2.64	34.11	6.07	79.05
2010年5月	23.72	1.11	4.80	1.25	28.52	2.36	26.10
2010年6月	32.50	1.33	2.59	1.10	35.09	2.44	25.90
2010年7月	17.61	1.79	1.01	1.14	18.62	2.93	28.44
2010年8月	56.73	2.02	2.89	3.24	59.62	5.26	60.53
2010年9月	17.54	4.03	1.82	2.20	19.36	6.23	81.84
2010年10月	15.30	3.67	3.68	2.96	18.98	6.63	89.01
2010年11月	39.59	5.58	7.83	4.75	47.42	10.33	124.58
2010年12月	101.25	4.65	0.71	4.32	101.96	8.97	104.50
合　　计	3029.71	193.24	667.36	286.26	3697.11	479.49	6057.18

注：① 大非账户指在股改实施日日终持有某证券的股改限售股数量占该证券股本的比重大于等于5%的证券账户；
② 小非账户指在股改实施日日终持有某证券的股改限售股数量占该证券股本的比重小于5%的证券账户；
③ 减持包括通过大宗交易方式和集中竞价方式进行的减持；
④ 解禁金额根据解禁日收盘价计算，减持金额根据交易价格计算的；
⑤ 全市场成交量是沪深两市合计的成交股数；
⑥ 减持占成交量的比例是指当月合计减持数量占当月全市场成交量的比重。

数据来源：中国证券登记结算公司

Source：China Securities Depository and Clearing Corporation Limited

七、期　　货

Futures

2010 年上海期货市场综述

Summary for Shanghai Futures Market in 2010

2010 年是我国即将完成“十一五”规划，研究提出“十二五”期间改革发展战略思路的关键时期，我国经济回升基础得到进一步巩固，经济发展方式正加快转变。2010 年，我们迎来了期盼已久的股指期货，又适逢举世瞩目的上海世博会召开。面对国际国内经济形势复杂多变、期货市场改革发展的机遇与挑战并存的新形势，在中国证监会的正确领导下，在上海市委市府及有关委办的关心支持下，上海期货交易所以科学发展观为统领，认真落实证券期货监管工作会议和期货市场监管工作座谈会精神，按照交易所五年战略规划确定的目标和策略主线，根据年初制定的年度工作计划，坚持“稳健运行和稳步发展”的基本方针，以“强化监管，深化服务，优化管理”为主线，改革创新，深化市场基础制度建设，促进市场从量向质的转化，服务经济结构调整和经济发展方式的转变，在推进期货市场改革发展和交易所自身建设方面迈出了新步子，开创了新局面。

一、取得的主要成效

（一）思想认识统一，行动方向明确。以科学发展观为指导，加深对新形势新要求和期货市场发展规律及“新兴加转轨”基本阶段性特征的认识，把思想切实统一到证监会党委关于“我国期货市场正处于从量的扩张向质的提升转变的关键时期”的形势判断上来，把行动统一到证监会党委的决策部署上来，形成了开创新局面的基本思路，开拓进取的信心和凝聚力进一步牢固。

（二）市场运行平稳，守住风险底线。全面落实世博维稳工作的各项要求，始终把风险防范和化解工作放在首要位置，守住不发生系统性风险的底线，加强对市场运行的精研细判。强势监管，主动出击，加大对违规违法交易行为的查处力度，提升风险管理系统效能，确保了市场持续平稳运行。在宏观经济变化快、世博维稳任务重、股指期货增加风险跨市场传导可能性的背景下，市场风险处于完全可控范围。全年成交 12.44 亿手，累计成交额为 123.48 万亿元，同比分别增长 43.01%和 67.41%，期货市场的发现价格、套期保值的风险管理功能得到有效发挥。

（三）基础得到巩固，创新不断深入。期货保税交割业务顺利启动，2010 年 12 月 24 日举行了启动仪式，推动了期货市场国际化、助力上海“两个中心”建设；实施规则制度创新，全面推进章程、规则及实施细则的完善工作，修订了不适应市场发展的部分，增加了有利于市场功能更好发挥的相关规定，使业务规则更加贴近市场需求。加大研究创新，“期货与衍生品研究院”筹建工作有序推进，自主研发的“上期有色金属指数”已完成了方案设计。技术创新保持领先，“张江中心”项目正式启用，北京异地灾备建成，“两地三中心”的行业领先优势初步形成。积极推进铅、白银、期权、有色金属指数等新品种的研究，铅期货上市工作取得突破性进展，已完成铅期货合约及相关规则的设计与上报，在方便铅套期保值者进入等诸多方面进行了规则创新。

（四）深化产业服务，加快开放步伐。认真评估已上市品种市场运行质量和功能发挥情况，深入总结服务产业经济的成功案例，探索建立套期保值管理机制。按照证监会相关指引，分解落实，梳理各项业务运作和操作流程，为提升监督机制打好基础。“千厂万企”和“期货大讲堂”活动深入开展，不断拓展投资者教育的渠道和载体。稳步推进国际化进程，实现了我所第一批境外品牌注册的全流程操作，为“中国标准”的输出开了头。成功举办第七届年会，进一步巩固提高了年会的地位和行业影响力。

（五）优化内部管理，全面提升素质。按照五年战略规划，有步骤、有重点地推进交易所自身建设，继续深化人事制度改革，提升执行力建设水平，进一步完善内部运作系统及机制；以内部管理制度全面修订工作为抓手，加大对制度和流程执行情况的检查力度，进一步完善内部运作系统及机制；优化人力资源，加快人才队伍建设，努力形成行业竞争相对优势；把加强党建和组织文化建设摆在重要位置，加大教育监督检查力度，提炼交易所核心价值观,促进了整体素质和竞争能力的不断提高。

二、开展的重点工作

(一)强化市场监管,严防系统风险。2010年,面对内外部形势的快速变化,交易所积极采取措施,持续强化市场监管,完善行情动态研判机制,严格查处违规行为,优化监测稽查体系,取得积极成效。各品种交易在运行平稳、风险可控的基础上,实现了规模的稳步增长。

(二)深化产业服务,促进功能发挥。我们不断总结经验,分析形势,明确新阶段的发展目标和发展路径,在确保不发生系统性风险的前提下,不断扩大期货市场服务于国民经济的广度和深度,为经济增长方式转变和经济结构调整提供良好的服务。

(三)开展市场创新,推进对外开放。结合交易所的实践需要,根据前瞻性、科学性和系统性要求,稳步推进规则、产品、研究、技术等方面创新,推进交易所国际化进程。

(四)优化内部管理,提高运作效能。市场形势和内外部环境的不断变化,对交易所优化内部管理、提高运作效能提出了新的要求。2010年我们按照五年战略规划,有步骤、有重点地推进交易所自身建设,继续深化人事制度改革,提升执行力建设水平,进一步完善内部运作系统及机制,促进了整体素质和竞争能力的不断提高。

(五)倡导以人为本,推进人才强所战略。市场的快速发展为人才队伍建设提供了难得的机遇,而人才的聚集和成长又为市场持续发展提供了有力支持。2010年,我们积极应对交易品种多样化、监管复杂化、技术现代化、市场国际化趋势,进一步优化人力资源,加快人才队伍建设,努力形成行业竞争相对优势。同时,把加强党建和组织文化建设摆在重要位置,加大教育监督检查力度,创新党建工作内容和方式,提炼交易所核心价值观,促进了整体素质和竞争能力的不断提高。

2010 年郑州期货市场综述

Summary for Zhengzhou Futures Market in 2010

2010 年，在中国证监会正确领导下，郑州商品交易所（以下简称"郑商所"）认真贯彻全国证券期货监管工作会议精神，切实履行市场一线监管职责，坚决抑制过度交易，持续提升服务实体经济能力，确保安全组织交易，深化内部管理制度机制改革，各项工作均取得了积极成效。全年累计成交量 9.9 亿手，同比增长 118%；累计成交额 61.7 万亿元，同比增长 223%。郑商所在全球 53 家期货交易所中排名由 2009 年的第 14 位上升到第 12 位。

一、加强市场一线监管，坚守不发生系统性风险底线。市场健康稳定运行，是功能发挥的根本前提。需要不断创新监管理念，始终坚持"完善机制、加强监管"的主线，守住不发生系统性风险的底线。

完善一线监管工作制度机制。一是加强规则制度建设。落实中国证监会相关监管工作指引，发布实施了《郑州商品交易所异常交易行为监管工作指引（试行）》和《关于〈郑州商品交易所异常交易行为监管工作指引（试行）有关认定标准及处理程序的通知〉》等配套监管制度，进一步提高了一线监管工作的科学化、制度化、规范化水平。二是增加市场监察人员 6 人，进一步充实市场监察力量，满足市场监管任务日益繁重的要求。完善交易监控中心值班、交易监控工作日志、交易数据保密、监控资料保管等制度流程。三是加强国内外期货市场案例研究，深入挖掘数据资源，深刻认识上市品种期现货价格运行规律，全面把握专业机构和大型客户交易特点，提高市场一线监管能力和水平。四是发布《2010：郑州商品交易所自律管理工作年度报告》，全面分析总结了 2010 年郑商所市场风险管理经验、市场风险特征、违规交易行为特点等。

注重发挥监管合力。按照中国证监会"五位一体"期货监管工作机制的职责分工和协作要求，进一步密切与会机关、各派出机构、保证金监控中心、期货业协会的协作配合。参加期货市场监查月度例会，及时掌握国内期货市场监管整体态势，就市场热点问题加强交流，提高一线监管科学化水平。加强同会员单位的沟通与联系，发挥期货公司贴近市场优势，提高监管准确性、针对性。举办会员公司首席风险官座谈会，提示风险苗头、阐明监管思路、宣传监管政策。2010 年首次启动会员合规运作现场检查，组织了上海 28 家会员单位遵守交易规则及实施细则情况的现场检查。认真落实《交割仓库风险防范及监管工作指引》，完成了 2009 年度交割仓库年审工作。针对检查中发现的会员和交割仓库的不足，及时督促整改，确保规范运作。

防范和化解市场风险。综合运用发布风险提示函、提高交易保证金标准和涨跌停板幅度、暂停各品种交易手续费优惠、窗口指导和优化交割仓库布局等措施，先后稳妥化解了强麦、棉花和 PTA 等部分合约的潜在市场风险。特别是 2010 年 9 月份之后，在市场价格大幅波动的情况下，严格按照中国证监会要求，在广大会员的积极支持下，出台了一系列相关措施，确保了市场平稳运行，固守了不发生系统性风险的底线，有力地配合了"国 16 条"和国家稳定物价总水平政策的落实，受到了国务院督查组的充分肯定。

加大异常交易行为打击力度。《异常交易行为监管指引》和《认定标准和处理程序》发布实施后，郑商所共处理异常交易行为 49 起，对 10 起违规交易行为分别处以警告、通报批评、强行平仓或暂停开仓交易等处罚。上述措施有力地维护了市场健康稳定运行秩序，保护了最广大会员和客户的根本利益。

二、推动从"量的扩张"向"质的提升"转变，不断增强服务实体经济能力。期货市场存在和发展的意义就是通过发挥其功能，服务国民经济健康发展。需要不断创新发展理念，积极探索发挥市场功能的有效途径，把握好不同品种功能发挥的重点和突破口，稳步推进上市产品和业务创新。

创新市场培育方式。一是持续深入开展"期货服务三农"系列活动，充分依靠政府部门支持，调动行业协会、会员公司、农合组织、龙头企业和新闻媒体等服务现货企业的积极性和主动性，初步构建了以郑商所为龙头，多方协作、共同推动的市场大服务长效工作机制。相继与湖南、湖北、江西、河南、河北、山东等主产区的当地政府和证监局联合，开展了期货服务"三农"系列活动，宣讲期货市场功能与作用，进一步提高了涉农企业利用期货市场的意识和能力。举办了“走进产业，贴近行业，服务企业”主题活动(简称“三业”活动)，制订了《会员“三业”活动办法》，通过科学设计指标并严格考核，引导和鼓励会员公司服务“三农”。截至2010年底，法人客户达到3.18万户，同比增长25.8%。其中，涉糖企业法人客户数达712户，占涉糖生产企业总数的近80%；涉棉法人客户数达3541户，超过涉棉企业总数的20%；粮油企业客户数达到3572户，比2009年底增加539户。二是搭建期现交流平台，探讨服务农业产业发展有效途径。成功举办了首届“郑州农产品期货(棉花)高峰论坛”。国家有关部委领导、国内外专家、现货企业和期货公司代表等共900多人参加，解读国家农业产业政策，探讨农产品市场发展机遇，交流期货服务“三农”经验，取得了良好的市场效果。三是启动了集宣传、研究、教育、评估于一体的期货市场功能作用示范基地建设工程。探索建设了17个“点”基地和13个“面”基地。通过挖掘、宣传推广典型企业和农业主产区利用期货市场的成功经验，引导更多涉农企业利用期货交易规避现货风险，稳定生产经营。

稳步推进产品创新和制度优化。按照中国证监会要求积极开展新品种研发工作，甲醇期货立项申请已获得中国证监会批准。为了进一步拓宽期货市场服务实体经济的领域和范围，深入研发乙二醇、动力煤、平板玻璃、化肥以及商品指数等新品种，加大期货期权的研究力度。从贴近现货市场和适应产业发展实际出发，全面梳理、修订完善了已上市品种交易、交割、结算、风控等各项业务制度规则，已报送中国证监会。

深化期货功能发挥研究。一是总结和完善上市品种功能运行质量评估指标体系，科学评估各上市品种运行质量。在2009年PTA和菜籽油期货功能发挥情况评估的基础上，联合部分会员单位，进一步完善评估指标体系，对6个期货品种进行了全面评估，为今后更好发挥期货功能、提高运行质量奠定了基础。二是继续深入开展“品种功能发挥研究课题”项目。结合市场实际选择了34个课题，进一步扩大招标对象范围，重点加强对制约期货市场功能进一步发挥的深层次、全局性问题进行研究。三是高度重视研究成果的转化运用。在2009年“市场功能发挥课题研究”项目成果基础上，突出实用性和可操作性，编辑整理各品种的《现货企业利用期货市场手册》，针对产业链企业参与期货市场中遇到的各种疑难问题，如期货套保方式方法、税务问题、财务处理问题等，进行了详细解答。

三、优化信息技术系统，提升技术保障水平。安全组织交易，是维护市场公信力和保护投资者合法权益的重要基础。需要坚持技术优先战略，增加资金投入，加强交易信息技术系统建设，严格系统运维管理，为会员提供优质基础设施服务，确保市场高效稳健运行。

继续优化系统性能。开发上线了“交易撮合主机双机热备”系统，对远程前置系统(GATEWAY)进行性能分析和改进，将私有流数据发送频率由500毫秒/次修改为100毫秒/次，防止交易数据堆积后瞬间大量发送，提高了系统安全性。完成了会员端报盘机自动切换工作，为会员架设了300多条交易专线，提高了系统稳定性；创新组合派生处理机制，进一步优化交易系统程序，形成新的交易核心系统V64.04，数据处理速度比修改前平均提高5倍以上。

着力增强系统功能。开发了标准仓单非通用系统和统一开户系统，优化会员服务系统，技术监控系统建设稳步推进。完成了郑商所全部保证金存管银行接入“银期通”系统工作。新网站改版工作完成，在2011年初上线。网上办公平台一期在5月份上线，二期于9月15日正式运行，公文电子化、办公自动化水平显著提升。

不断强化运维管理。修订完善《郑州商品交易所信息系统变更管理办法》、《郑州商品交易所软件项目开发管理办法(试行)》、《郑州商品交易所会员接入和使用交易专网管理规范(试行)》、《郑州商品交易所信息系统应急预案》和《郑州商品交易所正版软件管理办法》。改造技术监控系统，扩大监控范围，提升故障发现、处理速度。不断完善灾备系统，保障灾备系统安全稳定运行。会员托管机房建设工作稳步推进。与设备供应商签订维护合同，实行月巡检和季巡检。2010年共举行5次测试和演练，检验了交易系统自动切换能力和应急处理流程，提高了应急响应和处理能力。举办会员单位技术人员培训班2次。全年未发生一起网络和信息安全事件。

启动新一期交易系统规划设计。立足找准郑商所现有技术系统的问题与不足，认清和国内外同行先进技术系统存在的差距，把握未来技术发展趋势，与专业IT公司合作，2010年郑商所启动了新一期交易系统技术咨询项目。截至2010年底，新一期技术咨询项目已完成项目结案报告，为新的交易系统规划和设计工作顺利启动奠定了基础。

四、加强内部基础制度建设，提升内部管理水平。推动事业发展、市场建设，抓好人才队伍建设是关键因素。需要不断创新人才理念，优化内部管理制度机制，营造人才引进培养、选拔任用的良好环境。

完善内部管理制度机制。修订完善了《特殊适用人才引进管理办法(试行)》、《岗位问责管理办法》、《工作人员行为守则(试行)》和《郑州商品交易所假期管理办法》等十多项制度。优化重组，最终确定了235个业务流程和标准。从运作规范、流程标准、绩效评价到问责管理较为完善的内部工作机制基本形成。着眼于提高工作质量和效率，进一步优化了相关内设职能部门和岗职体系，合理配置岗位人员。继续强化全面财务预算管理，与绩效考核相结合，严格预算控制，最大限度提高资金运用效益。高度重视内部审计工作，2010年完成了5个职能部门和1个专项建设临时机构的内部审计，强化了规章制度的执行力，确保合规运作。

加强高素质人才队伍建设。加大急需人才、特殊适用人才引进工作力度。以完善IT队伍为重点，2010年共引进计算机专业人才17人、金融人才5人和博士后1人。扎实开展内容丰富、形式多样的内部培训活动。顺利推进由交易所中层干部、优秀员工和部分期货公司管理人员参加的期货业高级工商管理核心课程研修班项目。有序开展全员参与的专业机构轮训工作，稳步实施以借鉴国外市场成熟经验为目的的境外学习考察，分批次派遣业务骨干赴海外培训学习。

2010年大连期货市场综述

Summary for Dalian Futures Market in 2010

2010年,我国证券期货市场发展面临着重大机遇和严峻挑战,在党中央、国务院有关稳步发展期货市场精神指引下,在证监会的正确领导下,经各方共同努力,我国期货市场实现了持续健康稳步发展。

一年来,大连商品交易(以下简称"大商所")所严格按照中国证监会各项要求,全面贯彻落实全国证券期货监管工作会议精神,紧紧围绕确保安全稳定运行、积极发挥市场功能、持续推进一流交易所建设的中心目标,以严格防范风险为前提,以大连期货大厦建成搬迁为契机,进一步改革创新管理体制机制,继续加强市场基础性建设,深入推进产业服务和市场服务,各项工作全面迈上新台阶。2010年大商所累计成交8.06亿手,同比减少3.27%。成交金额41.71万亿元,同比增长10.79%。年末持仓量297.98万手,同比减少16.51%。日均保证金176.30亿元,同比增长59.77%。投资者开户数突破120万户,同比增长31.20%。其中法人开户数有31775个,同比增长26.45%。交易额、资金量、参与交易客户数量等指标均创历史新高。

一、全力确保市场运行安全稳定,风险防控管理能力有新提高

2010年大商所市场呈现出明显波动特征,上半年较为低迷,下半年有所回升,尤其是第四季度市场成交、持仓、资金迅速攀升,市场波动增加。按照证监会的统一部署,大商所全力以赴,沉着应对,确保了市场安全稳定运行。一是强化市场风险分析和风险评估工作,及时掌握市场动态。密切跟踪、监测、分析评估市场运行情况。完善诚信档案及大户报告管理,接收大户报告400余份。继续强化监管协作,不断加强与会期货一、二部、地方证监局、期货保证金监控中心、期货业协会及兄弟交易所等单位沟通联系。二是加大对市场违规行为的查处和打击力度,维护市场正常秩序。依法依规对涉嫌违规案件进行调查,对存在违规意图和事实、涉及金额较大、对市场运行造成一定影响的违规行为人予以及时处罚。对于涉嫌违法违规行为超出交易所规则规定职责范围的,及时向证监会报告。2010年以来,大商所已对6起违规案件进行了立案查处,对违规人员予以相应的处罚,并及时向期货一部移交了相关涉嫌违法违规案件。三是抓紧推进新一代风险监控和监察技术系统建设。其中的预警系统、实时监控系统已于10月中旬试运行,近期全部上线后将全面提高我所风险监测能力和风险管理水平。四是及时调整交易保证金和涨跌停板标准,保证交易业务正常运行。根据市场价格波动情况,先后5次调整了各品种交易保证金和涨跌停板标准(不含规则调整的),有效防范了市场风险。五是加强交割管理和服务,交割业务运行平稳。2010年大商所各品种交割量共计72.2万吨。加强交割仓库监管,共年审交割仓库85家,占大商所全部137家的62%,日常巡检仓库103次。六是全面加强资金结算风险控制。2010年共执行盘中预结算2510次,要求会员盘中追加保证金56亿元,会员保证金不足次数同比下降73%,全年未发生一起因会员保证金不足引发的强平事件,电子资金系统上线近一年运行平稳,未发生一笔资金处理错误,未发生一次重复或延迟结算。七是确保信息系统安全稳定可靠运行。强化日常应用维护、实行24小时值班、加强系统外部安全评估和检查、开展应急演练、完善应急预案等各项举措。全年完成17个项目的测试、上线和验收工作,进行信息系统测试36次,处理发生事件56项,排除专线故障112次,建设远程会员技术奖励专线升级链路160条,技术和应用变更238次,系统运行没有出现一次重大故障。

二、改革创新管理体制机制,为交易所持续发展提供强大动力

结合中央有关深入开展创先争优活动的意见和证监会要求,从体制机制改革、组织管理创新等多个角度完善交易所管理。一是建立健全领导干部工作职责和工作责任制,领导自觉加压。先后出台《进一步落实领导干部责任制的若干规定》和《高级管理人员落实岗位责任暨绩效评价办法》两项重要制度,通过岗位责任制推动各项工作落实。注重加强集体领导,发挥集体智慧,不断提高班子决策透明度和决策水平。二是创新绩效管理体系,完善薪资福利体系。按照所领导、部门和员工三个不同的层面,将各项工作任务层层分解、逐级

落实，在全所形成“想干事、能干事、会干事、干成事”的良好工作风气。三是2009年改革新设部门步入正常轨道，开始发挥重要作用。战略规划办公室完成了全所第一份业务发展规划、5项战略研究，开展19项业务制度的研究和论证。系统规划办着力推进IT系统的架构设计、整体规划和项目管理，在信息系统建设方面发挥出重要作用。四是创新财务管理，加强内部审计。完善财务费用管理制度，建立严格的财务审批程序，成立由10名普通员工和3名中层干部共同组成的财务委员会，对交易所重大财务支出进行审核决策，形成“事前谨慎立项、事中严格把关、事后审计监督”的工作机制。五是加强纪检监察工作。贯彻落实会纪委要求，组织开展《工作人员行为准则》执行情况检查、工作人员亲属遵守禁止买卖股票期货情况自查、党风廉政学习教育等三项活动，建立廉政行为规范，加强廉政制度建设。六是体制改革进一步推进。飞创公司稳步发展，管理制度不断完善，技术人才队伍逐渐壮大，在大商所信息系统建设和迁移等重大项目建设中发挥着重要作用，自主产品开发实现突破。行政服务公司坚持“边组建、边规范、边学习、边发挥作用”的原则，不断夯实基础，全力开展各项工作，为交易所发展做出了积极贡献。2010年大商所按照市场化原则设立研究中心提上议事日程，各项筹备工作进展顺利。七是加强理事会工作。召开3次理事会和6次专门委员会会议，切实履行理事会职责。成立理事会办公室，建立健全内部工作制度。积极开展调查研究工作，加强对规则和业务细则的管理。

三、期货大厦顺利平稳搬迁，基础设施建设实现新跨越

2010年大商所将搬迁作为工作重点。在证监会指导下，大商所通过加强领导、统筹规划、严密组织、明确分工、认真落实，实现平稳迁移。一是创新工作机制和工作方式。通过成立项目工作领导小组、层层签署责任状等多种方式，确保搬迁工作顺利完成。发挥期货大厦基建委员会的领导协调作用，保障大厦建设收尾工作如期进行。成立搬迁工作领导小组和大厦建设结算工作小组，制订详细周密的实施方案，扎实推进大厦搬迁、结算有关各项工作。成立服务中心清算工作小组，妥善处理服务中心解散工作。二是圆满完成信息系统的建设、迁移、上线，并实现平稳运行。大厦信息系统的全面建设、全部迁移和平稳上线是期货大厦建设、搬迁的重中之重。大商所成立专门的队伍负责系统建设迁移。在2009年12月份新系统建设完成各项测试后，2010年又多次进行较大规模、全市场参与的测试验证。系统迁移前，制定了完善的应急报告流程和完整可行的应急回退预案。在迁移切换过程中，充分考虑与会员等外联单位的协调，同时加强各项保障措施，保障迁移工作顺利进行。9月27日新信息系统成功切换到期货大厦，各项业务安全稳定运行。三是加强与会员、信息商、保证金存管银行的沟通协调，推动市场有关单位顺利搬迁。

四、确立系统工作思路，构建完善的产业服务和市场服务体系

确立系统工作思路，以产业服务为重要抓手，优化整合力量、拓宽领域、深化内涵、提升质量，在市场培育、产业链拓展、期货人才队伍培养等方面逐渐形成比较完善的服务体系。一是优化整合服务力量，建设强有力的组织保障体系。建立起统一管理体制，改变产业服务部门分散由多位领导分管的局面，明确下属产业拓展部、会员服务部/期货学院、新闻信息部以及北京、上海、广州三个总部等六个部门作为服务工作主体，细化工作职责范围、工作计划和具体市场活动安排等，优化整合内外部力量。二是以龙头企业为重点，围绕“产业链服务”，深入推进千村万户、千厂万企等一系列市场服务工程，把品种相关上中下游企业和生产者全部纳入服务领域，丰富和深化了产业服务和市场服务的内涵。2010年累计开展产业链培训128场，培训现货企业有关人员11600多人，其中为中石化等行业龙头企业举办专题培训14场，参加人员共计366人。加强信息服务工作，每天定点向2200个市场客户发送期货交易信息。三是产业大会逐渐成为相关产业高端服务品牌。分别于5月、9月和11月召开的玉米、塑料、油脂油料三个产业大会，总参会人数达到2011人，其中产业客户占比在60%以上。产业大会在业内的影响与地位逐步确立，品牌效应开始显现。四是通过开展仓单融资业务，为产业客户提供深度服务。根据市场需求，我所重新开启了银行标准仓单质押业务。为此，成立了专门的标准仓单质押业务工作领导小组，优化所内相关业务流程，并将质权登记电子化等纳入我所仓单电子化的规划之中。该业务是期货市场服务企业、产业、经济发展的重要举措及银行产品、营销模式创新的重要探索。五是期货学院成为专业人才培养的重要基地。举办期货分析师提高班，共培训期货分析师1024人，进一步提升期货研发人员的业务水平。面向期货公司后台业务人员，分别在北京、上海、深圳和长沙举办了4场业务培训,培训人数近700人。组织视频培训和讲座25场。这些活动受到了会员的广泛好评。六是十大期货研发团队评选产生重要影响力。在2009年首次评选基础上,继续组织2010年十大团队评选,帮助期货公司提升研发团队的整体水平。参评期货公司由去年的108家增加到118家,参选团队由179支增加到212支,掀起了期货研发团队建设与培养的热潮。七是带领会员单位积极开展产业调研。全年共组织农产品、化工品种产业链考察12次,171家会员单位的227名期货分析师参加了调研,总行程近5万公里,累计撰写调研考察报告240多篇,引导会员单位贴近产业、研究行业。

五、加大品种开发力度,市场品种创新取得突破

根据证监会"成熟一个、上市一个"的指示精神,大商所稳步推进新品种研发,做好老品种维护。一是全力推动焦炭期货上市并取得重大进展。完成焦炭立项及预审材料,顺利通过立项和预审审批。目前中国证监会已向各部委和相关行业协会就焦炭上市发出征求意见函,年内有望完成焦炭上市审批程序。按照期货一部新品种新做法监管理念,大商所积极对套保、限仓、强平、强减制度进行改进并推动完成系统测试验收。二是做好焦煤、尿素、指数、纯碱、液化石油气、沥青、碳排放权等新品种的储备工作。完成了焦煤品种立项的材料申报,有条不紊推进焦煤合约和相关制度设计。完成大豆指数的编制和套保效果论证研究报告,对开展尿素、纯碱、沥青、碳排放权交易的可行性进行论证分析。三是积极做好老品种维护。针对国家棕榈油期货合约质量标准修改,推动棕榈油期货制度相关调整。推进豆粕交割仓库设置优化。

六、调整完善业务规则,制度体系建设取得新进展

按照证监会统一要求,进一步对各项业务与规则进行完善。一是研究推进全所层面的战略规划、业务规划和系统规划。结合所内各项业务及交易所未来发展,初步制定交易所业务规划,为新一代技术系统建设做好准备。二是完善业务规则修改程序,重新制定规则制定工作办法。按照证监会有关工作指引,借鉴国内外交易所做法,重新制定规则制定工作办法,进一步理顺规则制定修改程序,促进规则制定修改的规范化和科学化。三是制定修改和完善多项规则。按证监会要求,拟定并上报交易所章程和交易规则修改方案。按照证监会里部署,制定并发布了《大连商品交易所异常交易管理办法(试行)》和相关监管标准与处理程序。根据业务需要,制定了交割仓库的准入退出、日常考核、等级评定等六项制度,基本建立了较为完备的仓库管理制度体系。对场内席位管理规定、三板强减、仓单分散等相关规则进行研究和修改。

七、持续推进一流信息系统建设,确保行业领先地位

在建成期货大厦信息系统的基础上,大商所通过机制创新形成了科学合理的组织架构和完善的分工合作机制,持续推进系统开发建设。一是全面加强期货大厦信息系统建设。系统电力、通讯、机房等基础设施实现了质的飞跃。系统主机、存储、网络、安全管理等硬件设备实现了全面升级,为适应交易所的快速发展提供强有力的技术保障。二是构建信息系统建设的"三驾马车"。目前,系统规划办负责IT系统的规划、架构,IT项目管理及协调推进工作。技术运维中心负责全所技术系统的运营、维护和管理。飞创公司主要负责项目开发。3个部门共同推动大商所信息化水平迈上新的台阶。三是加快6期系统优化和升级步伐,启动新一代系统规划。在对大商所6期系统架构进行描述和全面评估,理清3大技术瓶颈、7项重大任务基础上,逐条逐项予以解决。四是初步理清了7期系统架构的总体思路。运用科学的方法论、对支撑交易的关键技术平台设计了概念测试方案(POC)、对国内外交易所技术架构进行深入分析,并多次开展技术交流和调研。五是启动"两地三中心"灾备系统建设。同城灾备一期(期货大厦—会展中心)12月实现上线。同城灾备二期(期货大厦—同城远距离灾备中心)的解决方案即将完成。异地灾备中心的规划建设方案已上报证监会。六是加快相关技术项目开发和创新。2010年共完成包括新监察系统一期等在内的39个项目的技术开发和创新。

八、积极推进人才战略,建设一流人才团队

继续面向国内外广纳贤才,努力实现用一流人才建设一流交易所的目标。一是持续引进海外高素质人才,改善我所人才结构。2010年引入7名海外人才并分别充实到理事会办公室、战略规划办、交易部和品种部等部门工作。目前海外归国人才已达27人,占全所人员比例为14%。二是引进充实高素质人才和业务骨干。面向国内招聘10名高素质人才,从社会相关单位引进3名业务骨干,充实到一些重要岗位。三是积极开展员工培训。推荐 2 名员工赴美进行为期一年的长期培训，为员工提供专项技术培训机会，同时积极做好新员工培训工作。四是加强企业文化建设。完善工会相关制度，组建 13 个学习型文体协会组织，丰富员工业余文化生活。组织春节联欢晚会、春季徒步活动和所庆员工包饺子活动三次大型集体活动，促进员工交流。

九、加强舆论引导和沟通合作，提升我所影响力

新闻、信息、网站等工作取得新成效，全面加强国内外交流与合作，大商所影响力进一步提高。一是主动加强新闻宣传和舆论引导。全年撰写投放新闻材料 110 多篇，组织投放稿件 200 多篇次，其中中央级媒体发稿量达到 100 多篇次，央视“新闻联播”、“经济半小时”和“中国财经报道”等重点栏目报道各一次。二是围绕交易所重点工作开展专项宣传。围绕参加“两会”、产业大会和十大研发团队评选等重点工作进行系列宣传报道，每项工作宣传报道量都在 10 篇次以上。三是加快新闻中心建设。中央电视台和新华社进驻期货大厦，两媒体每天定时播报期货市场行情信息，并拟在期货大厦分设演播室。四是优化中英文网站建设。新版网站受到各方好评。全年网站信息更新量 17000 多篇，工作日均信息更新量 76 篇，使网站成为大商所重要的信息发布服务平台、会员业务服务平台和市场形象展示平台。英文网站质量明显提高，扩大了大连市场的国际影响。五是加强国内外交流合作。刊发 30 多期简报和动态，反映、宣传大商所重点工作情况。编辑高质量的研究报告，刊发 18 期《研究文稿》。先后与中国银行、山东省政府签署战略合作协议，深化双边合作。组织出访 10 起 35 人次，接待 60 个境外来访团组共计 482 人次，与大马交易所续签了合作举办国际油脂油料大会的协议，与德意志交易所集团签署合作谅解备忘录，与多个国外交易所进行交流。妥善安排 10 名香港实习生来我所进行为期 42 天实习。六是积极配合证监会做好资本市场二十周年纪念相关各项工作。

总的来看，2010 年的市场工作形势较为严峻，面临诸多挑战。大商所在确保市场规范安全平稳运行的同时，苦练内功、蓄积力量，深入推进管理体制改革、基础性业务制度完善、技术创新等，在一流交易所建设方面取得了重要成果。我们在人才素质、人才结构，管理水平，技术条件，市场服务体系建设等方面都取得了大的突破。焦炭上市后，大商所将基本形成农产品、油脂、化工、能源四个系列的品种体系。环渤海、长三角和珠三角三大经济圈市场占大商所份额的 70%以上。大商所的产业覆盖面和全国影响力不断扩大，基本实现从农产品、区域性市场向综合性、全国性市场的转变。

2010年金融期货市场综述

Summary for Financial Futures Market in 2010

在中国证监会的正确领导和统一部署下,历经4年艰苦扎实筹备,沪深300股指期货终于在2010年4月16日顺利推出。股指期货上市后,中国金融期货交易所切实按照中国证监会党委确定的"以平稳推出和安全运行为首要目标,严格控制风险,引导投资者有序参与,不追求交易量和活跃程度,逐步发挥市场功能"的上市指导思想和"高标准、稳起步、强监管、防风险、重功能、促发展"的十八字方针,牢牢守住不发生系统性风险的底线,扎实做好股指期货上市运行的各项工作。

一年来,市场总体运行比较平稳、规范,投资者参与理性,交投比较活跃,持仓量稳步增长,期现价格充分拟合,合约到期交割切换顺畅,市场监管严格、秩序良好,市场功能初步发挥,实现了"平稳起步、安全运行"的预期目标,股指期货成功嵌入资本市场运行与发展之中。截至2010年12月31日,共174个交易日,总成交45873295手,总成交金额410699亿元,日均成交263640手,日均成交金额2360亿元,日均持仓量28112手。

一、稳妥推进市场创新,严格防范风险,确保平稳运行

中国金融期货交易所始终将风险防范作为首要目标,稳步推进市场创新发展。股指期货市场采取了现金结算、分级结算、投资者适当性制度等一系列新的制度安排。上市以来的市场平稳运行,检验并验证了这些制度的良好效果。一是采取一系列严格的风险管理措施,减小产品杠杆率,降低资金使用水平,确保股指期货市场平稳运行。包括:设置较高保证金标准,将沪深300指数期货近月与远月合约保证金标准分别设置为15%和18%,缩小交易杠杆;加强对盘中资金的实时监控,及时引导会员化解潜在的资金风险;实施每日盘后资金压力测试,综合评估结算会员的风险承受能力,提前做好风险防范准备。二是加强对代理结算会员的业务辅导和管理,促进代理结算业务的平稳运行。截至目前,市场风险控制较好,分级结算平稳顺利,市场资金占用率基本维持在60%以内,资金量比较充裕,未发生一起结算会员资金不足的风险事件。三是建立并严格执行投资者适当性制度。境外市场也有类似制度,但均为告诫、警示性内容,仅起到友情提示作用。而现行股指期货投资者适当性制度是一套较为完善、标准严格、可操作性强、具有强制性的制度约束。按照要求,投资者必须具备"三有"条件,才能参与股指期货交易,即:"有资金",保证金账户可用资金余额不低于人民币50万元;"有知识",必须通过股指期货仿真交易测试;"有经验",具有至少10个交易日、20笔以上的股指期货仿真交易成交记录,或者最近三年内具有10笔以上商品期货交易成交记录。上述制度对于保障股指期货市场安全平稳运行起到了积极作用。

二、严格一线自律监管,全力维护市场"三公"

中国金融期货交易所始终强化一线监管职责,全力维护市场"三公",努力从一开始就建立一个健康、规范、透明的股指期货市场。一是完善制度,细化标准,认真贯彻中国证监会各项监管指引,制定并实施《异常交易行为监控指引》及相关配套制度,对各类违规行为做出明确界定。二是深入分析市场形势,及时采取坚决措施,通过召开会员座谈会、开展窗口指导、向会员拨打提醒电话、发送警示函等措施,遏制过度投机倾向。三是加强风险实时监控,对价、量、仓变化较大的客户进行重点跟踪、排查、分析,设置专岗对可能的信息型操纵进行监测防范,及早防范风险隐患和违规苗头。四是及时制止和查处异常交易行为,对涉嫌违规的案例报请中国证监会立案调查,对多次出现异常交易行为的客户,采取限制开仓的处置措施,并及时通过会员服务系统进行全会员公告。五是在中国证监会的统一部署下,与沪深证券交易所、中证登、期货保证金监控中心积极开展跨市场监管协作,探索构建防范跨市场风险的长效机制。六是按照"标准不降、程序不减、拓宽渠道、平稳有序"的思想,采取"突出重点、以点带面"的检查策略和检查方法,持续开展投资者适当性制度的督导检查,集中检查重点公司、重点客户和重点问题,严格督促期货经营机构认真整改。2010年共对9.1万名客户进行了开户情况现场检查,客户覆盖全部会员公司,占开户总数的16%。

三、引导机构投资者有序参与，促进套保功能逐步发挥

中国金融期货交易所始终注重引导机构投资者参与股指期货市场，促进市场功能的发挥。股指期货上市以来，机构投资者参与政策稳步推出。2010 年 4 月，证监会颁布证券公司和基金公司参与股指期货交易指引，各项配套政策均已齐备；2011 年 2 月，QFII 参与指引完成向社会公开征求意见。与相关主管部门的政策相衔接，中国金融期货交易所配套发布了《特殊法人机构交易编码管理业务指南》和《套期保值业务指南》等特殊法人参与股指期货业务规则。目前，机构开户流程顺畅，交易平稳、有序，套保业务审批、管理规范，机构投资者稳步入市、持仓稳步放大，参与者结构逐步完善，保值避险效果初步显现。截至 2011 年 3 月底，包括证券自营、证券资产管理和基金专户业务在内的特殊法人均有开户并进行交易，机构投资者持仓量已占到全市场总持仓量的 30%左右，以中信证券、国泰君安、招商证券等为代表的证券公司自营客户是套保业务主力，有效地对冲了股市风险。

四、夯实基础设施建设，推进信息技术创新发展

2010 年 7 月，中国金融期货交易所启动新一代基础设施建设。新一代基础设施在网络上采用了万兆骨干网络，在主机及设备上选择了性能、容量和可靠性比现有生产系统更高的型号。为推进开放化和标准化技术的应用，降低系统之间的关联风险，将业务系统迁移至更加灵活的 LINUX 操作系统。为落实节能减排，贯彻绿色 IT 的方针，采用了虚拟化技术。中国金融期货交易所还建立了基础设施资源池的概念，采用统一采购、按需分配的方式对硬件设备进行管理；在综合布线、监控等方面，采用国际通用标准；加强了网络结构的总体性和安全规划；在项目管理、施工工艺、系统规范、验收标准等方面建立了完整的文档体系，为今后大型基础设施建设项目打下了基础。

五、认真规范会员管理工作，全面提升市场服务水平

中国金融期货交易所高度重视会员服务，规范会员管理，积极开展合作培训。一是全力推进并完成会员入会和客户开户，稳步推进会员发展，用较少的时间完成会员入会手续办理。积极推进开户人员培训，就统一开户、适当性制度、开户流程等，开展多场开户人员以及营业部经理为对象的专场培训，接待机构来访和回答业务办理咨询，客户开户工作平稳有序。二是精心组织做好会员培训工作。举办期货公司和证券公司高管人员培训班，开设了 5 个类别 14 个培训班，有来自 130 家期货公司和 56 家相关证券公司的高管 2883 人接受培训。三是加强对会员公司技术服务和支持，确保市场信息系统安全稳定。

六、持续开展投资者教育，正确引导社会舆论和认识

在中国证监会统一部署下，在各方的大力支持下，中国金融期货交易所根据工作特点和市场形势，不断调整工作方式，有针对性地开展了投资者教育和舆论宣传工作。一是成立“股指期货投资者教育媒体研究会”和“股指期货投资者教育研究会”，定期就市场和媒体关心的热点问题进行交流，营造良好舆论氛围。二是持续开展股指期货套期保值研修班，培训证券、基金、私募、期货等各类机构人员，传播套保知识，弘扬套期保值文化。三是充分发挥中介机构主体作用，指导和支持会员单位大规模开展投资者教育与培训活动。每周，由中国金融期货交易所指导支持举办的培训活动近 8—10 场，覆盖全国主要城市和主要会员公司。四是加强媒体沟通，做好舆论宣传工作，为股指期货上市营造良好的市场氛围。五是修订和丰富了各类投资者教育产品，不断充实产品库，充分发挥网络媒体的传播作用。

七、优化交易所内部管理，着重打造高素质人才队伍

中国金融期货交易所一直按照现代企业制度要求，不断完善交易所内部治理结构，提高科学管理水平，狠抓队伍建设，努力建成一个运作规范、管理科学、竞争力强的交易所。一是把加强党建和组织文化建设摆在重要位置，围绕股指期货上市平稳运行，积极开展创新争优活动，扎实推进党风廉政建设。二是不断完善交易所法人治理结构，加强内控建设，充分发扬民主，保障决策的科学性和规范性。三是健全监督制衡机制，强化内审合规稽查，完善内部管理。四是进一步加强队伍建设，努力建设一支特别能战斗、充满生机活力的金融团队。交易所“以人为本、健康和谐、竞争向上、团结奋进”的企业文化得到进一步升华。

7－1　2010年全国期货交易所交易品种一览表

交易所（Exchanges）	简称（Abbreviation）
大连商品交易所 上海期货交易所 郑州商品交易所 中国金融期货交易所	大连商品交易所(DCE) 上海期货交易所(SHFE) 郑州商品交易所(ZCE) 中国金融期货交易所(CFFEX)

数据来源：上海期货交易所、大连商品交易所、郑州商品交易所。
Source：SHFE、DCE、ZCE、CFFEX

7－2　2010年农产品期货合约汇总

品种 Items	硬　麦	强　麦	一号棉花	白 砂 糖	菜 籽 油
交易单位 Trading Unit	10吨/手	10吨/手	5吨/手	10吨/手	5吨/手
报价单位 Exchange	元(人民币)/吨	元(人民币)/吨	元(人民币)/吨	元(人民币)/吨	元(人民币)/吨
最小变动价位 Tick	1元/吨	1元/吨	5元/吨	1元/吨	2元/吨
每日价格最大波动限制 Daily Price Limit	不超过上一交易日结算价±3%	不超过上一交易日结算价±3%	不超过上一交易日结算价±4%	不超过上一交易日结算价±4%	不超过上一交易日结算价±4%
合约交割月份 Contract Delivery Months	1、3、5、7、9、11	1、3、5、7、9、11	1、3、5、7、9、11	1、3、5、7、9、11	1、3、5、7、9、11
交易时间 Trading Time	每周一至周五 Am 9:00—11:30 Pm 1:30—3:00	每周一至周五 Am 9:00—11:30 Pm 1:30—3:00	每周一至周五 Am 9:00—11:30 Pm 1:30—3:00	每周一至周五 Am 9:00—11:30 Pm 1:30—3:00	每周一至周五 Am 9:00—11:30 Pm 1:30—3:00
最后交易日 Last Day of Trading	合约交割月份的倒数第七个交易日	合约交割月份的倒数第七个交易日	合约交割月份的第十个交易日	合约交割月份的第十个交易日	合约交割月份的第十个交易日
交割日期 Delivery Date	合约交割月份的第一个交易日至最后交易日	合约交割月份的第一个交易日至最后交易日	合约交割月份的第十二个交易日	合约交割月份的第十二个交易日	合约交割月份的第十二个交易日
交割等级 Delivery Grade	基准交割品：三等硬白小麦（符合GB1351—2008《小麦》）；替代品及升贴水见《郑州商品交易所期货交割细则》	标准交割品：符合郑州商品交易所期货交易用优质强筋小麦标准（Q/ZSJ 001—2003）二等优质强筋小麦，替代品升贴水见《郑州商品交易所期货交割细则》	基准交割品：328B级国产锯齿细绒白棉（符合GB1103—2007）；替代品及升贴水见交易所交割细则	标准品：一级白糖（符合GB317—2006）；替代品及升贴水见《郑州商品交易所期货交割细则》	基准交割品：符合《郑州商品交易所期货交易用菜籽油》（Q/ZSJ 003—2007）四级质量指标及《郑州商品交易所菜籽油交割细则》规定的菜籽油。替代品及升贴水见《郑州商品交易所菜籽油交割细则》
交割地点 Delivery Local	交易所指定交割仓库	交易所指定交割仓库	交易所指定交割仓库	交易所指定交割仓库	交易所指定交割仓库
保证金 Margin Requirements	合约价值的5%	合约价值的5%	合约价值的5%	合约价值的6%	合约价值的5%
交易手续费 Trading Fee	2元/手(含风险准备金)	2元/手(含风险准备金)	8元/手(含风险准备金)	4元/手(含风险准备金)	4元/手(含风险准备金)
交割方式 Trading Form	实物交割	实物交割	实物交割	实物交割	实物交割
交易代码 Trading Code	WT	WS	CF	SR	RO
上市交易所 Listed Exchange	郑州商品交易所	郑州商品交易所	郑州商品交易所	郑州商品交易所	郑州商品交易所

Items of Futures Exchanges in 2010

品种（Formal Items）
黄大豆一号、黄大豆二号、豆粕、玉米、大豆原油、棕榈油、聚乙烯、聚氯乙烯 铜、铝、锌、黄金、天然橡胶、燃料油、螺纹钢、线材 强麦、硬麦、一号棉花、白糖、PTA、菜籽油、早籼稻 沪深300股指期货

Summary for Agricultural Product Contracts in 2010

天然橡胶	黄大豆1号	豆　粕	玉　米	黄大豆2号	大豆原油	棕 榈 油	早 籼 稻
5吨/手	10吨/手	10吨/手	10吨/手	10吨/手	10吨/手	5吨/手	10吨/手
元(人民币)/吨	元(人民币)/吨	元(人民币)/吨	元(人民币)/吨	元(人民币)/吨	元(人民币)/吨	元(人民币)/吨	元(人民币)/吨
5元/吨	1元/吨	1元/吨	1元/吨	1元/吨	2元/吨	5元/吨	1元/吨
不超过上一交易日结算价±3%	上一交易日结算价的4%(当前暂为5%)	上一交易日结算价的4%(当前暂为6%)	上一交易日结算价的4%(当前暂为7%)	上一交易日结算价的4%(当前暂为8%)	上一交易日结算价的4%(当前暂为5%)	不超过上一交易日结算价±3%	上一交易日结算价±3%及《郑州商品交易所期货交易风险控制管理办法》相关规定
1、3、4、5、6、7、8、9、10、11	1、3、5、7、9、11	1、3、5、7、8、9、11、12	1、3、5、7、9、11	1、3、5、7、9、11	1、3、5、7、8、9、11、12	1、3、4、5、6、7、8、9、10、11	1、3、5、7、9、11
上午9:00—11:30 下午1:30—3:00	每周一至周五 9:00—11:30, 13:30—15:00	每周一至周五 9:00—11:30, 13:30—15:00	每周一至周五 上午9:00—11:30, 下午13:30—15:00	每周一至周五 上午9:00—11:30, 下午13:30—15:00	每周一至周五 上午9:00—11:30, 下午13:30—15:00	上午9:00—11:30 下午1:30—3:00	每周一至五 Am 9:00—11:30 Pm 1:30—3:00
合约交割月份的15日(遇法定假日顺延)	合约月份第十个交易日	合约月份第十个交易日	合约月份第十个交易日	合约月份第10个交易日	合约月份第10个交易日	合约交割月份的15日(遇法定假日顺延)	合约交割月份的倒数第七个交易日
合约交割月份的16日至20日(遇法定假日顺延)	最后交易日后七日(遇法定节假日顺延)	最后交易日后第4个交易日	最后交易日后第二个交易日	最后交易日后第3个交易日	最后交易日后第3个交易日	合约交割月份的16日至20日(遇法定假日顺延)	合约交割月份的第一个交易日至倒数第五个交易日
标准品：1. 国产天然橡胶(SCRWF)，质量符合国标GB/T8081—2008。 2. 进口3号烟胶片(RSS3)，质量符合《天然橡胶等级的品质与包装国际标准(绿皮书)》(1979年版)。	大连商品交易所黄大豆1号交割质量标准(FA/DCE D001—2009)	大连商品交易所豆粕交割质量标准	大连商品交易所玉米交割质量标准(FC/DCE D001—2009)	大连商品交易所黄大豆2号交割质量标准(FB/DCE D001—2009)	符合《大连商品交易所豆油交割质量标准》	标准品：1. 国产天然橡胶(SCRWF)，质量符合国标GB/T8081—2008。 2. 进口3号烟胶片(RSS3)，质量符合《天然橡胶等级的品质与包装国际标准(绿皮书)》(1979年版)。	基准交割品：符合《中华人民共和国标准 稻谷》(GB1350—1999)三级及以上等级质量指标及《郑州商品交易所期货交割细则》规定的早籼稻。替代品及升贴水见《郑州商品交易所期货交割细则》。
交易所指定交割仓库	大连商品交易所指定交割仓库	大连商品交易所指定交割仓库	玉米指定交割仓库	大连商品交易所指定交割仓库	大连商品交易所指定交割仓库	交易所指定交割仓库	交易所指定交割仓库
合约价值的5%	合约价值的5%(当前暂为7%)	合约价值的5%(当前暂为8%)	合约价值的5%(当前暂为9%)	合约价值的5%(当前暂为10%)	合约价值的5%(当前暂为11%)	合约价值的5%	合约价值的5%
不高于成交金额的万分之一点五(含风险准备金)	不超过4元/手	不超过3元/手	不超过3元/手	不超过4元/手	不超过6元/手	不高于成交金额的万分这一点五(含风险准备金)	2元/手(含风险准备金)
实物交割	实物交割	实物交割	实物交割	实物交割	实物交割	实物交割	实物交割
RU	A	M	C	B	Y	RU	ER
上海期货交易所	大连商品交易所	大连商品交易所	大连商品交易所	大连商品交易所	大连商品交易所	大连商品交易所	郑州商品交易所

附表1：黄大豆1号品质技术要求

交割等级		纯粮率最低指标%	种皮	水分%
标准品	三等黄大豆	91.0	黄色混有异色粒限度为5.0%	13.0
替代品	一等黄大豆	96.0		
	二等黄大豆	93.5		
	四等黄大豆	88.5		

注：1. 黄大豆：种皮为黄色，脐色为黄褐、淡褐、深褐、黑色或其他颜色，粒形一般为圆形、椭圆形或扁圆形；
2. 转基因大豆不得以标准品或替代品交割；
3. 标准品交割价＝交割结算价；
4. 替代品交割价＝交割结算价＋替代品升贴水＋质量差异升扣价；
5. 质量检验标准及方法按照GB5490—5539-85《粮食、油料及植物油脂检验》执行；
6. 卫生标准和动植物检疫项目按国家有关规定执行；
7. 水份、杂质允许范围见附表2；
8. 包装物具体要求详见大商所交割的有关规定；
9. 入库指标：粗脂肪酸价≤3.5、蛋白质溶解比率≥75；出库指标：粗脂肪酸价≤5、蛋白质溶解比率≥60。

附表2：黄大豆1号质量差异升扣价

	项目	质量标准%	允许范围%	升扣价(元/吨)	备注
质量差异升扣价	水份	13	11,1,3合约月份＜15.0	20	1. 升水升至水份含量12.0% 2. 低于或高于标准不足1.0%不计算升扣价
			5,7,9合约月份≤13.5	－55	
	杂质	1	＜2.0	10	低于或高于标准不足0.5%不计算升扣价
				－30	

注：质量差异升扣价＝水份升扣价＋杂质升扣价
数据来源：上海期货交易所、大连商品交易所、郑州商品交易所
Source：SHFE、DCE、ZCE

7-3　2010年金属期货合约汇总

Summary for Metal Product Contracts in 2010

品种 Items	阴极铜	铝	锌	黄金
交易单位 Trading Unit	5吨/手	5吨/手	5吨/手	1000克/手
报价单位 Unit	元(人民币)/吨	元(人民币)/吨	元(人民币)/吨	元(人民币)/克
最小变动价位 Tick	10元/吨	10元/吨	5元/吨	0.01元/克
每日价格最大波动限制 Daily Price Limit	不超过上一交易日结算价±3%	不超过上一交易日结算价±3%	不超过上一交易日结算价±4%	不超过上一交易日结算价±5%
合约交割月份 Contract Delivery Months	1—12月	1—12月	1—12月	1—12月
交易时间 Trading Time	上午9:00—11:30 下午1:30—3:00	上午9:00—11:30 下午1:30—3:00	上午9:00—11:30 下午1:30—3:00	上午9:00—11:30 下午1:30—3:00
最后交易日 Last Day of Trading	合约交割月份的15日(遇法定假日顺延)	合约交割月份的15日(遇法定假日顺延)	合约交割月份的15日(遇法定假日顺延)	合约交割月份的15日(遇法定假日顺延)

续表　Continued

品种 Items	阴 极 铜	铝	锌	黄　金
交割日期 Delivery Date	最后交易日后连续五个工作日	最后交易日后连续五个工作日	最后交易日后连续五个工作日	最后交易日后连续五个工作日
交割品级 Delivery Grade	标准品：标准阴极铜，符合国标 GB/T467—1997 标准阴极铜规定，其中主成份铜加银含量不小于 99.95%。替代品：高纯阴极铜，符合国标 GB/T467—1997 高纯阴极铜规定；或符合 BS EN 1978：1998 高纯阴极铜规定。	标准品：铝锭，符合国标 GB/T1196—2008 AL99.70 规定，其中铝含量不低于 99.70%。替代品：1. 铝锭，符合国标 GB/T1196—2008 AL99.85，AL99.90 规定。2. 铝锭，符合 P1020A 标准。	标准品：锌锭，符合国标 GB/T 470—2008 ZN99.995 规定，其中锌含量不小于 99.995%。替代品：锌锭，符合 BS EN 1179：2003 Z1 规定，其中锌含量不小于 99.995%。	金含量不小于 99.95% 的国产金锭及经交易所认可的伦敦金银市场协会(LBMA)认定的合格供货商或精炼厂生产的标准金锭
交割地点 Delivery Local	交易所指定交割仓库	交易所指定交割仓库	交易所指定交割仓库	交易所指定交割金库
保证金 Margin Requirements	合约价值的 5%	合约价值的 5%	合约价值的 5%	合约价值的 7%
交易手续费 Trading Fee	不高于成交金额的万分之二(含风险准备金)	不高于成交金额的万分之二(含风险准备金)	不高于成交金额的万分之二(含风险准备金)	不高于成交金额的万分之二(含风险准备金)
最小交割单位 phisical delivery unit	无	无	25 吨	
交割方式 Trading Form	实物交割	实物交割	实物交割	实物交割
交易代码 Trading Code	CU	AL	ZN	AU
上市交易所 Listed Exchange	上海期货交易所	上海期货交易所	上海期货交易所	上海期货交易所

数据来源：上海期货交易所
Source：SHFE

7－4　2010 年能源期货合约汇总

Summary for Energy Products Contracts in 2010

品种 Items	燃　料　油	精对苯二甲酸(PTA)	线型低密度聚乙烯	聚氯乙烯
交易单位 Trading Unit	10 吨/手	5 吨/手	5 吨/手	5 吨/手
报价单位 Unit	元(人民币)/吨	元(人民币)/吨	元(人民币)/吨	元(人民币)/吨
最小变动价位 Tick	1 元/吨	2 元/吨	5 元/吨	5 元/吨
每日价格最大波动限制 Daily Price Limit	上一交易日结算价±5%	不超过上一交易日结算价±4%	上一交易日结算价的 4%(当前暂为 5%)	上一交易日结算价的 4%(当前暂为 5%)
合约交割月份 Contract Delivery Months	1—12 月(春节月份除外)	1、2、3、4、5、6、7、8、9、10、11、12	1、2、3、4、5、6、7、8、9、10、11、12	1、2、3、4、5、6、7、8、9、10、11、12

续表 Continued

品种 Items	燃料油	精对苯二甲酸(PTA)	线型低密度聚乙烯	聚氯乙烯
交易时间 Trading Time	上午 9:00—11:30 下午 1:30—3:00	每周一至五 Am 9:00—11:30 Pm 1:30—3:00	每周一至周五 9:00—11:30, 13:30—15:00	每周一至周五 9:00—11:30, 13:30—15:00
最后交易日 Last Day of Trading	合约交割月份前一月份的最后一个交易日	合约交割月份的第十个交易日	合约月份第 10 个交易日	合约月份第 10 个交易日
交割日期 Delivery Date	最后交易日后连续五个工作日	合约交割月份的第十二交易日	最后交易日后第 2 个交易日	最后交易日后第 2 个交易日
交割品级 Delivery Grade	180CST 燃料油(具体质量规定见附件)或质量优于该标准的其他燃料油。	符合工业用精对苯二甲酸 SH/T 1612. 1—2005 质量标准的优等品 PTA	大连商品交易所线型低密度聚乙烯交割质量标准	质量标准符合《悬浮法通用型聚氯乙烯树脂(GB/T 5761—2006)》规定的 SG5 型一等品和优等品
交割地点 Delivery Local	交易所指定交割地点	交易所指定交割仓库	大连商品交易所线型低密度聚乙烯指定交割仓库	大连商品交易所指定交割仓库
保证金 Margin Requirements	合约价值的 8%	合约价值的 6%	合约价值的 5%(当前暂为 7%)	合约价值的 5%(当前暂为 7%)
交易手续费 Trading Fee	不高于成交金额的万分之二(含风险准备金)	不高于 4 元/手(含风险准备金)	不超过 8 元/手	不超过 6 元/手(当前暂为 4 元/手)
交割方式 Trading Form	实物交割	实物交割	实物交割	实物交割
交易代码 Trading Code	FU	TA	L	V
上市交易所 Listed Exchange	上海期货交易所	郑州商品交易所	大连商品交易所	大连商品交易所

数据来源:上海期货交易所、大连商品交易所、郑州商品交易所
Source: SHFE、DCE、ZCE

7-5 2010 年钢材期货合约汇总

Summary for Steel Products Contracts in 2010

品种 Items	螺纹钢	线材
交易单位 Trading Unit	10 吨/手	10 吨/手
报价单位 Unit	元(人民币)/吨	元(人民币)/吨
最小变动价位 Tick	1 元/吨	1 元/吨
每日价格最大波动限制 Daily Price Limit	不超过上一交易日结算价±5%	不超过上一交易日结算价±5%
合约交割月份 Contract Delivery Months	1—12 月	1—12 月
交易时间 Trading Time	上午 9:00—11:30　下午 1:30—3:00	上午 9:00—11:30　下午 1:30—3:00
最后交易日 Last Day of Trading	合约交割月份的 15 日(遇法定假日顺延)	合约交割月份的 15 日(遇法定假日顺延)
交割日期 Delivery Date	最后交易日后连续五个工作日	最后交易日后连续五个工作日
交割品级 Delivery Grade	标准品:符合国标 GB1499. 2—2007《钢筋混凝土用钢 第 2 部分:热轧带肋钢筋》HRB400 或 HRBF400 牌号的 ϕ16mm、ϕ18mm、ϕ20mm、ϕ22mm、ϕ25mm 螺纹钢。	标准品:符合国标 GB1499. 1—2008《钢筋混凝土用钢 第 1 部分:热轧光圆钢筋》HPB235 牌号的 ϕ8mm 线材。

续表　Continued

品种 Items	螺　纹　钢	线　　材
交割地点 Delivery Local	交易所指定交割仓库	交易所指定交割仓库
最低交易保证金 Margin Requirements	合约价值的 7%	合约价值的 7%
交易手续费 Trading Fee	不高于成交金额的万分之二(含风险准备金)	不高于成交金额的万分之二(含风险准备金)
最小交割单位 phisical delivery unit	300 吨	300 吨
交割方式 Trading Form	实物交割	实物交割
交易代码 Trading Code	RB	WR
上市交易所 Listed Exchange	上海期货交易所	上海期货交易所

7－6　2010 年金融期货合约汇总

Summary for Financial Futures Contracts in 2010

品　种 Items	沪深 300 指数期货合约
交易单位 Trading Unit	指数点
合约乘数 Contract Multiple	每点 300 元
最小变动价位 Tick	0.2 点
每日价格最大波动限制 Daily Price Limit	不超过上一交易日结算价±10%
合约交割月份 Contract Delivery Months	1—12 月
交易时间 Trading Time	上午 9:15—11:30　下午 1:00—3:15
最后交易日交易时间 Last Day of Trading Time	上午 9:15—11:30　下午 1:00—3:00
最后交易日 Last Day of Trading	合约到期月份的第三个周五(遇法定假日顺延)
交割日期 Last Day of Trading	同最后交割日
最低交易保证金 Margin Requirements	合约价值的 12%
交割方式 Trading Form	现金交割
交易代码 Trading Code	IF
上市交易所 Listed Exchange	中国金融期货交易所

7-7 1993—2010年全国商品期货市场概况

Futures Market Reviews (1993—2010)

金额单位：亿元

年份 Year	全年总成交额 Total Trading Turnover	全年总成交量（万手） Total Trading Volume	全年总实物交割额 Physical Delivery Amount	全年总实物交割量(万手) Physical Delivery Volume
1993	5521.99	890.69	—	—
1994	31601.41	12110.72	—	—
1995	100565.30	63612.07	181.52	83.09
1996	84119.16	34256.77	174.13	78.33
1997	61170.66	15876.32	93.75	38.18
1998	36967.24	10445.57	48.04	20.56
1999	22343.01	7363.91	109.41	16.12
2000	16082.29	5461.07	65.11	8.40
2001	30144.98	12046.35	57.54	64.85
2002	39490.28	13943.37	101.44	141.16
2003	108396.59	27992.43	127.34	129.54
2004	146935.32	30569.76	181.68	31.32
2005	134463.38	32287.41	141.87	29.23
2006	210063.37	44950.82	216.93	28.68
2007	409740.77	72846.08	275.49	230.88
2008	719173.33	136396.00	323.52	51.29
2009	1305142.92	215751.76	266.73	45.95
2010	2269852.25	304194.19	474.31	65.29

数据来源：上海期货交易所、大连商品交易所、郑州商品交易所
Source：SHFE、DCE、ZCE

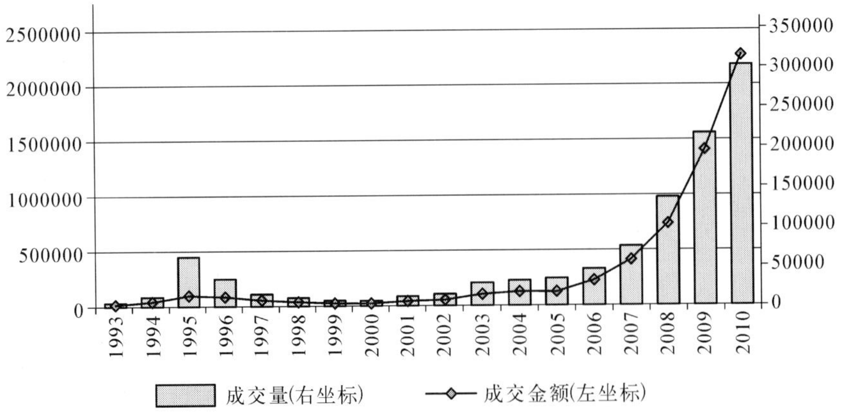

7-8 2010年全国商品期货交易分布概况

Futures Transaction Distribution of 2010

金额单位：亿元

	成交金额 Turnover	比重(%) of Total(%)	成交量(万手) Trading Volume	比重(%) of Total(%)
农产品 Agricultural Products	1334243.22	58.78	186818.18	61.41
金属 Metal products	598797.56	26.38	43607.40	14.34
能源 Energy Products	137165.44	6.04	28615.79	9.41
钢材 steel products	199646.03	8.80	45152.82	14.84
总计 Total	2269852.25	100.00	304194.19	100.00

数据来源：上海期货交易所、大连商品交易所、郑州商品交易所
Source：SHFE、DCE、ZCE

7－9　2010年全国商品期货交易所会员情况

Statistics of Membership in 2010

交易所 Exchanges	会员总数 No. Of Members	经纪公司会员 Broker Members	非经纪公司会员 Nonbroker Members
大连商品交易所	188	173	15
上海期货交易所	209	164	45
郑州商品交易所	215	173	42

数据来源：上海期货交易所、大连商品交易所、郑州商品交易所
Source：SHFE、DCE、ZCE

7－10　2010年金融期货交易所会员情况

Statistics of Membership in 2010

交 易 所	会员总数	全面结算会员	交易结算会员	交易会员
中国金融期货交易所	133	15	61	57

数据来源：中国金融期货交易所
Source：CFFEX

7－11　2010年全国期货交易所市场概况

Futures Market Review 2010

金额单位：万元

交易所 Exchanges	期货品种 Trading Items	会员总数 No. Of Members	总成交额 Total Trading Turnover	总成交量 Total Trading Volume	总实物交割额 Physical Delivery Amount	总实物交割量 Physical Delivery Volume
大连商品交易所	8	188	4170590178	806335502	480438	103721
上海期货交易所	8	209	12347947646	1243796430	3490548	376865
郑州商品交易所	7	215	6179984643	991809968	772105	172350
小　计	23	612	22698522467	3041941900	4743091	652936
中国金融期货交易所	1	133	4106987673(单边)	45873295(单边)	/	/

数据来源：上海期货交易所、大连商品交易所、郑州商品交易所、中国金融期货交易所
Source：SHFE、DCE、ZCE、CFFEX

7－12　2010年农产品期货交易分布概况

Agricultural Products Transaction Distribution in 2010

金额单位：万元

品种 Items	成交金额 Turnover	比重(%) % of Total	成交量(手)Trading Volume	比重(%) % of Total
黄大豆1号	308520132	2.31	74787200	4.00
黄大豆2号	123518	0.00	29418	0.00

续表 Continued

品种 Items	成交金额 Turnover	比重(%) % of Total	成交量(手)Trading Volume	比重(%) % of Total
玉　米	153668283	1.15	71999146	3.85
豆　粕	773032486	5.79	251163776	13.44
棕榈油	625620694	4.69	83599626	4.47
大豆原油	1555304165	11.66	182812476	9.79
天然橡胶	4264648108	31.96	334829824	17.92
一号棉花	2059521902	15.44	173910620	9.31
白砂糖	3359619146	25.18	610606262	32.68
早籼稻	126634513	0.95	53708172	2.87
强　麦	29953391	0.22	11609284	0.62
硬　麦	152459	0.00	70190	0.00
菜籽油	85633419	0.64	19055830	1.02
合　计	13342432214	100.00	1868181824	100.00

数据来源：上海期货交易所、大连商品交易所、郑州商品交易所
Source：SHFE、DCE、ZCE

7－13　2010年金属期货交易分布概况

Metal Products Transaction Distribution in 2010

金额单位：万元

品种 Items	成交金额 Turnover	比重(%) % of Total	成交量(手) Trading Volume	比重(%) % of Total
铜	2964375452	49.51	101577136	23.29
铝	283424857	4.70	34523990	7.92
锌	2557256188	42.71	293178746	67.23
黄金	182919132	3.05	6794088	1.56
总计	5987975628	100.00	436073960	100.00

数据来源：上海期货交易所
Source：SHFE

7－14　2010年建材及能源化工期货交易分布概况

Building Materials, Energy & Chemical Products Transaction Distribution in 2010

金额单位：万元

品种 Items	成交金额 Turnover	比重(%) % of Total	成交量(手)Trading Volume	比重(%) % of Total
聚乙烯	687109734	50.09	124976612	43.67
聚氯乙烯	67211167	4.90	16967248	5.93
燃料油	98863657	7.21	21364408	7.47
PTA	518469814	37.80	122849610	42.93
总　计	1371654372	100.00	286157878	100.00

数据来源：上海期货交易所、大连商品交易所、郑州商品交易所
Source：SHFE、DCE、ZCE

7－15　2010年钢材期货交易分布概况

Steel Products Transaction Distribution in 2010

金额单位：万元

品种 Items	成交金额 Turnover	比重(%)% of Total	成交量(手)Trading Volume	比重(%)% of Total
螺纹钢	1995171502.88	99.94	451224834	99.93
线　材	1288750.07	0.06	303404	0.07
总　计	1996460252.95	100.00	451528238	100.00

数据来源：上海期货交易所
Source：SHFE

7－16　2010年农产品期货交易情况

Transaction of Agricultural Product Futures in 2010

金额单位：万元

品种 Items	交易所 Exchange	合约 Contracts	年开盘价 Open Price	年最高价 High Price	最高价日 High Date	年最低价 Low Price	最低价日 Low Date	成交金额 Turnover	交易日数 Trading Days	日均成交金额 Daily Turnover
黄大豆1号	DCE	a1001	4107	4108	20100104	4107	20100104	41.08	10	4.11
		a1003	4080	4200	20100107	3740	20100222	3313.38	45	73.63
		a1005	4177	4244	20100107	3747	20100430	584209.33	89	6564.15
		a1007	4202	4285	20100106	3580	20100706	39156.23	128	305.91
		a1009	4080	4194	20100106	3679	20100609	71502090.39	172	415709.83
		a1011	3970	4185	20101109	3678	20100211	102605.59	207	495.68
		a1101	4000	4343	20101111	3670	20100202	45794972.08	242	189235.42
		a1103	3989	4592	20101112	3670	20100202	56296.29	242	232.63
		a1105	4027	4645	20101110	3670	20100202	88484716.46	242	365639.32
		a1107	3879	4790	20101110	3660	20100202	59175.74	232	255.07
		a1109	3800	4835	20101110	3765	20100315	95512290.17	197	484833.96
		a1111	3932	4869	20101110	3835	20100706	71343.20	153	466.30
		a1201	3930	4892	20101110	3911	20100715	6272304.37	114	55020.21
		a1203	4355	4906	20101111	4226	20101122	16421.69	70	234.60
		a1205	4671	4822	20101115	4303	20101118	21196.18	35	605.61
黄大豆2号	DCE	b1001	—	—	—	—	—	0.00	10	0.00
		b1003	4156	4305	20100107	4035	20100208	595.72	45	13.24
		b1005	4183	4450	20100426	4009	20100212	3400.06	89	38.20
		b1007	4270	4330	20100106	3695	20100521	4585.58	128	35.82
		b1009	4085	4250	20100106	3712	20100517	25485.15	172	148.17
		b1011	4147	4560	20101029	3705	20100208	2791.20	207	13.48
		b1101	—	4964	20101109	3692	20100202	31391.28	232	135.31
		b1103	3982	4670	20101223	3787	20100607	1474.96	197	7.49
		b1105	3980	4925	20101110	3810	20100611	28044.96	153	183.30
		b1107	—	4876	20101111	4090	20100825	2892.13	114	25.37
		b1109	4263	5059	20101110	4200	20100917	22658.33	70	323.69
		b1111	—	4578	20101201	4402	20101201	198.66	35	5.68
玉　米	DCE	c1001	1791	1817	20100105	1730	20100104	1549.27	10	154.93
		c1003	1809	1840	20100127	1666	20100209	1162.05	45	25.82
		c1005	1809	2000	20100504	1796	20100128	633477.08	89	7117.72

续表 1 Continued 1

品种 Items	交易所 Exchange	合约 Contracts	年开盘价 Open Price	年最高价 High Price	最高价日 High Date	年最低价 Low Price	最低价日 Low Date	成交金额 Turnover	交易日数 Trading Days	日均成交金额 Daily Turnover
玉 米	DCE	c1007	1829	2113	20100702	1817	20100202	49766.25	128	388.80
		c1009	1878	2141	20100901	1841	20100202	20263111.86	172	117808.79
		c1011	1883	2100	20101105	1840	20100205	58237.92	207	281.34
		c1101	1938	2163	20101025	1816	20100202	23749097.85	232	102366.80
		c1103	1863	2234	20101115	1848	20100618	59352.88	197	301.28
		c1105	1940	2288	20101110	1870	20100618	55296567.39	153	361415.47
		c1107	1930	2400	20101110	1930	20100715	98517.65	114	864.19
		c1109	2090	2440	20101110	2090	20100915	53403811.96	70	762911.60
		c1111	2307	2420	20101116	2250	20101123	53630.74	35	1532.31
豆 粕	DCE	m1001	3360	3450	20100105	3200	20100115	11622.58	10	1162.26
		m1003	3332	3398	20100107	2886	20100209	7334.45	45	162.99
		m1005	3121	3182	20100107	2772	20100202	12213343.01	89	137228.57
		m1007	3025	3082	20100107	2585	20100608	430969.05	128	3366.95
		m1008	3087	3108	20100107	2647	20100609	51848.47	150	345.66
		m1009	3050	3350	20100908	2683	20100202	144677737.81	172	841149.64
		m1011	3039	3600	20101013	2703	20100202	400251.23	207	1933.58
		m1012	3140	3709	20101110	2716	20100202	42508.80	229	185.63
		m1101	2890	3518	20101013	2703	20100202	164369657.46	232	708489.90
		m1103	2711	3515	20101110	2711	20100315	98930.01	197	502.18
		m1105	2831	3515	20101110	2758	20100609	232015347.76	153	1516440.18
		m1107	2845	3483	20101110	2845	20100715	237872.44	114	2086.60
		m1108	2831	3572	20101110	2831	20100816	36023.20	92	391.56
		m1109	3091	3588	20101110	3050	20100915	218406879.16	70	3120098.27
		m1111	3338	3450	20101115	3119	20101129	29279.74	35	836.56
		m1112	3438	3438	20101215	3278	20101215	2880.39	13	221.57
棕榈油	DCE	p1001	6264	6870	20100106	6264	20100104	7455.93	10	745.59
		p1002	6810	6950	20100104	6234	20100128	2869.32	30	95.64
		p1003	7016	7094	20100105	6120	20100225	3886.80	45	86.37
		p1004	7210	7238	20100107	6160	20100212	3861.84	68	56.79
		p1005	7106	7274	20100107	6396	20100202	1016316.88	89	11419.29
		p1006	7302	7366	20100105	6210	20100607	27345.73	109	250.88
		p1007	7204	7488	20100107	6200	20100629	11877.82	128	92.80
		p1008	7332	7556	20100107	6180	20100716	34889.93	150	232.60
		p1009	7300	7466	20100106	6208	20100706	220668226.44	172	1282954.80
		p1010	7408	7890	20100927	6208	20100706	62622.04	191	327.86
		p1011	7336	8780	20101028	6202	20100706	96385.64	207	465.63
		p1012	7548	9498	20101110	6254	20100706	42787.88	229	186.85
		p1101	7108	10000	20101231	6152	20100706	138894880.84	232	598684.83
		p1102	—	9770	20101227	6208	20100707	7966.79	212	37.58
		p1103	7040	9888	20101228	6300	20100706	41376.56	197	210.03
		p1104	6928	9984	20101231	6412	20100705	12068.20	174	69.36
		p1105	6642	9840	20101228	6312	20100706	105559315.14	153	689930.16
		p1106	6600	9898	20101231	6306	20100707	34608.32	133	260.21
		p1107	6466	10078	20101110	6466	20100715	39913.69	114	350.12
		p1108	7200	9950	20101229	7156	20100909	25647.97	92	278.78
		p1109	7514	9890	20101228	7358	20100916	159008074.07	70	2271543.92
		p1110	8774	9920	20101228	8430	20101028	7851.39	51	153.95
		p1111	8860	9860	20101228	8522	20101126	10464.30	35	298.98
		p1112	—	—	—	—	—	0.00	13	0.00

续表 2　Continued 2

品种 Items	交易所 Exchange	合约 Contracts	年开盘价 Open Price	年最高价 High Price	最高价日 High Date	年最低价 Low Price	最低价日 Low Date	成交金额 Turnover	交易日数 Trading Days	日均成交金额 Daily Turnover
大豆原油	DCE	y1001	7750	8010	20100107	7240	20100108	8526.35	10	852.63
		y1003	7722	7828	20100107	6774	20100204	17098.52	45	379.97
		y1005	7858	8018	20100107	7008	20100202	3864658.77	89	43423.13
		y1007	8096	8096	20100104	6830	20100611	202585.62	128	1582.70
		y1008	8002	8146	20100107	6980	20100707	73820.82	150	492.14
		y1009	8030	8184	20100107	7062	20100706	312421879.11	172	1816406.27
		y1011	8054	9502	20101112	7112	20100630	389580.86	207	1882.03
		y1012	8066	10274	20101112	7228	20100202	218717.90	229	955.10
		y1101	7580	10302	20101222	7270	20100706	228256832.82	232	983865.66
		y1103	7898	10268	20101231	7268	20100706	136057.65	197	690.65
		y1105	7620	10416	20101228	7270	20100706	498872600.03	153	3260605.23
		y1107	7618	10474	20101228	7600	20100723	68806.61	114	603.57
		y1108	8484	10886	20101228	7902	20100824	56080.66	92	609.57
		y1109	8206	10662	20101228	8180	20100916	510664347.60	70	7295204.97
		y1111	9830	10926	20101231	9002	20101123	51987.71	35	1485.36
		y1112	9964	10678	20101223	9904	20101221	583.83	13	44.91
天然橡胶	SHFE	ru1001	23850	25230	20100111	23425	20100107	59486.22	10	5948.62
		ru1003	23910	25550	20100111	21550	20100209	4638952.09	46	100846.78
		ru1004	24355	25900	20100112	21435	20100208	394882.10	68	5807.09
		ru1005	24595	26170	20100111	21650	20100209	429453871.55	89	4825324.40
		ru1006	24500	26080	20100414	21645	20100209	1016225.74	109	9323.17
		ru1007	24950	26190	20100111	21500	20100517	1206132.08	129	9349.86
		ru1008	24680	26230	20100112	20895	20100607	894441.66	150	5962.94
		ru1009	24710	27100	20100909	20490	20100608	1361208180.33	173	7868255.38
		ru1010	24430	30950	20101015	20035	20100608	1491869.92	186	8020.81
		ru1011	25160	36775	20101111	19530	20100608	611147262.92	208	2938207.99
		ru1101	24950	37525	20101111	19815	20100608	555527016.32	232	2394513.00
		ru1103	22900	38320	20101111	19955	20100608	409497934.60	196	2089275.18
		ru1104	25450	38915	20101111	20000	20100609	228601.39	169	1352.67
		ru1105	21940	38920	20101111	20055	20100608	876656098.94	153	5729778.42
		ru1106	21800	38645	20101111	21400	20100630	243978.44	133	1834.42
		ru1107	22930	38305	20101111	22600	20100716	2142369.28	111	19300.62
		ru1108	25770	37880	20101111	24625	20100916	120092.47	91	1319.70
		ru1109	24830	38090	20101111	24800	20100916	8659128.49	68	127340.12
		ru1110	29130	37275	20101110	28625	20101020	55811.42	54	1033.54
		ru1111	32880	36930	20101224	29500	20101129	5772.28	29	199.04
一号棉花	ZCE	CF001	16100	16370	20100104	15300	20100115	45802.42	10	4580.24
		CF003	16305	16785	20100107	15050	20100128	359970.99	45	7999.36
		CF005	16600	17420	20100517	15120	20100202	23400785.26	89	262930.17
		CF007	16745	19200	20100621	15340	20100202	1784279.41	128	13939.68
		CF009	17290	19500	20100914	15705	20100202	172590137.42	172	1003431.03
		CF011	16400	33000	20101109	15440	20100202	5906414.18	207	28533.40
		CF101	16000	34250	20101109	15455	20100202	212093204.05	232	914194.85
		CF103	16120	33870	20101110	16120	20100315	4739806.19	197	24059.93
		CF105	17480	33720	20101110	16275	20100607	832301920.26	153	5439881.83
		CF107	16800	33680	20101110	16520	20100715	6444184.54	114	56527.93
		CF109	19785	33600	20101110	19640	20100916	790465196.48	70	11292359.95
		CF111	26455	26780	20101116	22100	20101126	9390200.42	35	268291.44

续表 3 Continued 3

品种 Items	交易所 Exchange	合约 Contracts	年开盘价 Open Price	年最高价 High Price	最高价日 High Date	年最低价 Low Price	最低价日 Low Date	成交金额 Turnover	交易日数 Trading Days	日均成交金额 Daily Turnover
白砂糖	ZCE	SR001	5350	5590	20100107	4950	20100114	66269.85	10	6626.99
		SR003	5353	5616	20100106	4991	20100114	242434.59	45	5387.44
		SR005	5548	5728	20100106	4786	20100505	12302378.55	89	138228.97
		SR007	5665	5823	20100222	4773	20100518	1419594.46	128	11090.58
		SR009	5803	5993	20100105	4820	20100518	628879487.28	172	3656276.09
		SR011	5598	7518	20101028	4815	20100517	2433564.41	207	11756.35
		SR101	5295	7300	20101109	4586	20100518	1398903327.90	242	5780592.26
		SR103	5278	7241	20101109	4620	20100518	1606118.10	242	6636.85
		SR105	5320	7363	20101109	4660	20100518	739353784.86	242	3055180.93
		SR107	5242	7398	20101109	4699	20100518	1302774.86	232	5615.41
		SR109	5358	7521	20101109	4760	20100518	569038602.37	197	2888520.82
		SR111	4820	7395	20101110	4797	20100607	364274.82	153	2380.88
		SR201	4899	7198	20101110	4891	20100715	3377594.57	114	29628.02
		SR203	5395	7180	20101110	5291	20100930	224399.49	70	3205.71
		SR205	6280	6911	20101229	5870	20101117	104539.91	35	2986.85
早籼稻	ZCE	ER001	2000	2065	20100112	1943	20100111	2259.70	14	161.41
		ER003	2075	2075	20100104	1901	20100310	29585.88	52	568.96
		ER005	2131	2135	20100107	1860	20100504	1501265.16	93	16142.64
		ER007	2139	2152	20100107	1828	20100630	462920.31	134	3454.63
		ER009	2199	2221	20100107	1991	20100917	8523829.93	175	48707.60
		ER011	2203	2408	20101116	2000	20101011	53797.71	213	252.57
		ER101	2208	2445	20101116	2063	20100607	11498461.99	228	50431.85
		ER103	2258	2490	20101116	2071	20100607	115849.99	190	609.74
		ER105	2151	2558	20101116	2083	20100708	97328372.38	149	653210.55
		ER107	2181	2549	20101026	2124	20100929	497828.04	108	4609.52
		ER109	2246	2685	20101116	2216	20100927	6616765.17	67	98757.69
		ER111	2698	2698	20101123	2441	20101130	3576.40	29	123.32
强麦	ZCE	WS001	2140	2145	20100106	2130	20100113	3531.36	14	252.24
		WS003	2164	2309	20100301	2122	20100226	636.53	52	12.24
		WS005	2195	2371	20100421	2189	20100104	191538.51	93	2059.55
		WS007	2200	2298	20100421	2140	20100611	74626.77	134	556.92
		WS009	2275	2440	20100809	2242	20100128	1801502.07	175	10294.30
		WS011	2263	2546	20101026	2235	20100204	21306.49	213	100.03
		WS101	2278	2654	20101027	2250	20100205	5379475.46	242	22229.24
		WS103	2292	2733	20101105	2253	20100108	44384.39	242	183.41
		WS105	2313	2755	20101027	2272	20100128	18052961.30	242	74599.01
		WS107	2300	2699	20101027	2231	20100208	62941.12	228	276.06
		WS109	2345	2839	20101110	2328	20100607	4112874.53	190	21646.71
		WS111	2358	2814	20101027	2307	20100617	16445.61	149	110.37
		WS201	2414	2886	20101026	2413	20100723	181741.93	108	1682.80
		WS203	2640	2893	20101223	2622	20100930	3307.82	67	49.37
		WS205	2946	2946	20101123	2763	20101129	6116.77	29	210.92
硬麦	ZCE	WT001	1885	1890	20100108	1880	20100118	120.35	14	8.60
		WT003	1955	1965	20100303	1817	20100226	1004.62	52	19.32
		WT005	1966	1972	20100108	1768	20100420	7078.21	93	76.11
		WT007	1977	2007	20100112	1771	20100622	2706.29	134	20.20
		WT009	1989	2070	20100212	1811	20100825	11563.76	175	66.08
		WT011	2013	2240	20101022	1980	20100129	14269.24	213	66.99
		WT101	1990	2233	20101025	1950	20100129	15108.93	228	66.27
		WT103	2063	2342	20101025	1981	20100510	42233.15	190	222.28

续表 4 Continued 4

品种 Items	交易所 Exchange	合约 Contracts	年开盘价 Open Price	年最高价 High Price	最高价日 High Date	年最低价 Low Price	最低价日 Low Date	成交金额 Turnover	交易日数 Trading Days	日均成交金额 Daily Turnover
硬 麦	ZCE	WT105	2039	2380	20101025	2007	20100608	43039.78	149	288.86
		WT107	2083	2415	20101116	2083	20100723	4739.64	108	43.89
		WT109	2155	2454	20101207	2155	20100928	8914.83	67	133.06
		WT111	2388	2416	20101124	2331	20101130	1680.38	29	57.94
菜籽油	ZCE	RO001	7822	8318	20100104	7822	20100104	11094.06	10	1109.41
		RO003	8280	8532	20100106	7312	20100204	2513.12	45	55.85
		RO005	8458	8580	20100107	7538	20100422	432817.12	89	4863.11
		RO007	8504	8830	20100106	7700	20100618	11620.00	128	90.78
		RO009	8586	8796	20100107	7792	20100201	20266504.44	172	117828.51
		RO011	8658	9980	20101026	7600	20100201	40592.44	207	196.10
		RO101	8500	10364	20101110	7900	20100202	23746443.02	232	102355.36
		RO103	8250	10600	20101110	8128	20100607	14979.25	197	76.04
		RO105	8106	10744	20101110	8106	20100518	34836905.69	153	227692.19
		RO107	8300	10880	20101110	8300	20100715	18925.48	114	166.01
		RO109	8560	11096	20101110	8560	20100915	6247455.19	70	89249.36
		RO111	10410	11056	20101229	9688	20101123	3569.30	35	101.98

数据来源：上海期货交易所、大连商品交易所、郑州商品交易所
Source：SHFE、DCE、ZCE

7－17 2010 年金属期货交易情况

Transaction of Metal Procuct Futures in 2010

金额单位：万元

品种 Items	交易所 Exchange	合约 Contracts	年开盘价 Open Price	年最高价 High Price	最高价日 High Date	年最低价 Low Price	最低价日 Low Date	成交金额 Turnover	交易日数 Trading Days	日均成交金额 Daily Turnover
铜	SHFE	cu1001	59400	63000	20100107	59300	20100113	664586.60	10	66458.66
		cu1002	60130	63250	20100107	51610	20100209	2457879.91	27	91032.59
		cu1003	59990	64180	20100107	51530	20100205	7707198.75	46	167547.80
		cu1004	60150	63450	20100107	51420	20100205	122762431.00	68	1805329.87
		cu1005	60480	63530	20100107	51360	20100205	271707093.31	89	3052888.69
		cu1006	60300	63620	20100107	49300	20100608	254324273.99	109	2333250.22
		cu1007	60200	63790	20100412	49070	20100608	246204255.57	129	1908560.12
		cu1008	60250	63980	20100412	48900	20100608	298070753.64	151	1973978.50
		cu1009	60250	64070	20100412	48800	20100608	332759137.93	173	1923463.23
		cu1010	60450	64170	20100412	48830	20100608	296284704.46	187	1584410.18
		cu1011	60570	68970	20101109	48900	20100608	241987333.31	207	1169020.93
		cu1012	60200	69480	20101112	49000	20100608	233441561.40	230	1014963.31
		cu1101	60890	71000	20101231	49030	20100608	135484934.30	232	583986.79
		cu1102	58800	71550	20101231	49020	20100609	201853136.82	212	952137.44
		cu1103	58710	71970	20101231	49300	20100608	274737626.34	196	1401722.58
		cu1104	63300	72770	20101231	49200	20100608	39155635.18	174	225032.39
		cu1105	53310	72850	20101231	49050	20100608	3557269.41	153	23250.13
		cu1106	52090	72840	20101231	51300	20100701	479490.17	133	3605.19
		cu1107	52870	72660	20101229	52300	20100719	194889.22	112	1740.08
		cu1108	57550	72610	20101231	56500	20100825	192001.75	91	2109.91
		cu1109	59820	72820	20101231	59660	20100930	214980.04	67	3208.66
		cu1110	63990	72560	20101231	61060	20101118	65119.62	53	1228.67
		cu1111	64500	72680	20101231	61270	20101117	55868.01	34	1643.18
		cu1112	68550	72660	20101231	68260	20101217	13291.33	10	1329.13

续表 1 Continued 1

品种 Items	交易所 Exchange	合约 Contracts	年开盘价 Open Price	年最高价 High Price	最高价日 High Date	年最低价 Low Price	最低价日 Low Date	成交金额 Turnover	交易日数 Trading Days	日均成交金额 Daily Turnover
铝	SHFE	al1001	16620	18010	20100107	16510	20100104	271784.63	10	27178.46
		al1002	17020	18260	20100107	15675	20100201	742350.36	27	27494.46
		al1003	17165	18470	20100107	15790	20100201	2353150.24	46	51155.44
		al1004	17440	18685	20100107	15800	20100415	35825796.70	68	526849.95
		al1005	17570	18790	20100107	14580	20100514	41094991.92	89	461741.48
		al1006	17505	18745	20100107	13750	20100608	25475333.40	109	233718.66
		al1007	17490	18780	20100107	13520	20100608	23792932.59	129	184441.34
		al1008	17520	18695	20100107	13800	20100608	17742762.65	151	117501.74
		al1009	17515	18730	20100107	14020	20100608	19121390.89	173	110528.27
		al1010	17705	18820	20100107	14170	20100608	12907862.28	187	69026.00
		al1011	17665	18980	20100107	14115	20100608	16518432.76	206	80186.57
		al1012	18045	18960	20100107	14425	20100608	18498518.46	228	81133.85
		al1101	18000	18270	20100119	14455	20100607	22550745.16	222	101579.93
		al1102	17450	18950	20100222	14480	20100607	31834235.81	193	164944.23
		al1103	17550	17900	20100414	14470	20100607	11720135.43	188	62341.15
		al1104	17480	17615	20101110	14490	20100607	1674580.65	157	10666.12
		al1105	15845	17880	20101105	14590	20100607	893350.20	153	5838.89
		al1106	15435	17800	20101110	15005	20100706	230968.70	115	2008.42
		al1107	15375	17945	20101108	15370	20100721	86036.91	83	1036.59
		al1108	16180	18050	20101111	15930	20100823	31260.68	71	440.29
		al1109	16600	18295	20101108	16305	20100921	44500.16	66	674.24
		al1110	17470	18065	20101111	16850	20101117	6647.40	41	162.13
		al1111	17585	17740	20101227	16745	20101117	5601.46	22	254.61
		al1112	17600	17880	20101229	17600	20101217	1487.18	11	135.20
锌	SHFE	zn1001	21095	21990	20100107	19900	20100115	68442.28	10	6844.23
		zn1002	21185	22200	20100107	16515	20100205	327205.83	27	12118.73
		zn1003	21210	22450	20100107	16625	20100205	2358395.60	46	51269.47
		zn1004	21405	22600	20100107	16775	20100205	58674908.21	68	862866.30
		zn1005	21535	22780	20100107	15665	20100517	153516823.87	89	1724908.13
		zn1006	21725	22850	20100107	12655	20100608	142862308.27	109	1310663.38
		zn1007	21995	22990	20100107	13000	20100608	116094073.23	129	899954.06
		zn1008	21845	23100	20100107	13200	20100608	136489897.53	151	903906.61
		zn1009	22200	23190	20100107	13480	20100608	275298409.95	173	1591320.29
		zn1010	22360	23150	20100107	13605	20100608	319957953.03	187	1711005.10
		zn1011	22105	23255	20100107	13295	20100610	196396879.96	208	944215.77
		zn1012	22520	23145	20100107	13850	20100608	293684113.93	230	1276887.45
		zn1101	21950	22690	20100119	13965	20100608	252001967.00	232	1086215.37
		zn1102	19230	21785	20101026	14115	20100608	288478126.50	202	1428109.54
		zn1103	19900	21930	20101026	13855	20100608	296871537.84	194	1530265.66
		zn1104	20960	22000	20101026	14440	20100608	19857859.42	172	115452.67
		zn1105	16695	22130	20101026	14240	20100608	3513588.205	152	23115.71
		zn1106	15630	22150	20101026	15165	20100630	350851.355	132	2657.96
		zn1107	16180	22520	20101026	15550	20100716	153868.675	113	1361.67
		zn1108	18195	22435	20101026	17110	20100825	102329.79	90	1137.00
		zn1109	18345	22420	20101111	17720	20100930	122044.495	68	1794.77
		zn1110	20250	22605	20101026	18000	20101126	54911.665	55	998.39
		zn1111	19300	20785	20101214	18100	20101126	19489.54	33	590.59
		zn1112	19820	20600	20101231	19670	20101229	201.94	4	50.48
黄金	SHFE	au1001	241.00	241.00	20100104	241.00	20100104	0		0.00
		au1002	244.22	256.00	20100120	240.00	20100129	11065.374	18	614.74

续表 2　Continued 2

品种 Items	交易所 Exchange	合约 Contracts	年开盘价 Open Price	年最高价 High Price	最高价日 High Date	年最低价 Low Price	最低价日 Low Date	成交金额 Turnover	交易日数 Trading Days	日均成交金额 Daily Turnover
黄　金	SHFE	au1003	240.76	258.00	20100111	231.60	20100209	15082.064	31	486.52
		au1004	245.92	258.60	20100111	232.11	20100329	9224.176	30	307.47
		au1005	243.54	270.00	20100504	234.18	20100205	88893.496	74	1201.26
		au1006	245.38	271.37	20100517	234.88	20100205	45399122.34	106	428293.61
		au1007	246.50	283.90	20100629	235.33	20100205	50151.918	106	473.13
		au1008	247.94	277.17	20100621	237.07	20100205	36991.758	104	355.69
		au1009	254.24	276.49	20100621	234.50	20100205	101940.948	151	675.11
		au1010	247.30	290.00	20100930	225.00	20100212	114790.934	162	708.59
		au1011	248.10	297.79	20101015	236.04	20100205	65569.12	141	465.03
		au1012	246.82	306.19	20101109	235.25	20100205	91952126.69	224	410500.57
		au1101	248.94	307.88	20101109	243.40	20100326	137528.51	177	777.00
		au1102	248.00	310.95	20101109	241.61	20100325	138652.56	191	725.93
		au1103	244.60	310.59	20101109	244.60	20100329	101746.666	150	678.31
		au1104	251.03	311.99	20101109	251.03	20100422	44362.048	130	341.25
		au1105	260.90	311.99	20101109	256.30	20100705	69331.284	99	700.32
		au1106	276.80	314.00	20101109	255.60	20100728	44541393.76	133	334897.70
		au1107	263.96	317.93	20101202	257.88	20100720	18033.35	47	383.69
		au1108	268.87	312.00	20101109	268.87	20100831	1119.414	13	86.11
		au1109	279.40	317.67	20101108	277.10	20100920	10413.764	37	281.45
		au1110	290.70	322.45	20101216	284.97	20101026	9753.07	34	286.86
		au1111	298.20	305.00	20101202	297.00	20101126	419.64	5	83.93
		au1112	304.58	311.70	20101230	302.00	20101227	1418.612	7	202.66

数据来源：上海期货交易所
Source：SHFE

7－18　2010 年建材及能源化工期货交易情况

Transaction of Building Materials, Energy & Chemical Product Futures in 2010

金额单位：万元

品种 Items	交易所 Exchange	合约 Contracts	年开盘价 Open Price	年最高价 High Price	最高价日 High Date	年最低价 Low Price	最低价日 Low Date	成交金额 Turnover	交易日数 Trading Days	日均成交金额 Daily Turnover
聚乙烯	DCE	l1001	11915	11920	20100106	11295	20100113	8850	10	885
		l1002	11930	12005	20100105	10975	20100129	4122	30	137
		l1003	12215	12655	20100106	10510	20100304	11402	45	253
		l1004	12575	12645	20100105	10740	20100316	11891	68	175
		l1005	12600	12840	20100107	9750	20100517	79616064	89	894563
		l1006	12680	12795	20100107	9095	20100608	129425	109	1187
		l1007	12700	12800	20100107	8630	20100609	145051	128	1133
		l1008	12660	12730	20100106	9000	20100621	24884	150	166
		l1009	12795	12940	20100107	9060	20100719	188924077	172	1098396
		l1010	12650	12820	20100111	9235	20100716	77239	191	404
		l1011	12800	13100	20100107	9250	20100719	224245	207	1083
		l1012	12670	13150	20100112	9400	20100716	183715	229	802
		l1101	12120	13300	20101110	9465	20100719	241885918	232	1042612
		l1102	—	13580	20101110	9625	20100715	16782	212	79
		l1103	11415	13495	20101110	9780	20100719	178523	197	906
		l1104	12395	14150	20101110	9850	20100701	34097	174	196
		l1105	11125	14280	20101110	9800	20100716	175306170	153	1145792

续表 1　Continued 1

品种 Items	交易所 Exchange	合约 Contracts	年开盘价 Open Price	年最高价 High Price	最高价日 High Date	年最低价 Low Price	最低价日 Low Date	成交金额 Turnover	交易日数 Trading Days	日均成交金额 Daily Turnover
聚乙烯	DCE	l1106	10105	14215	20101110	9835	20100702	34879	133	262
		l1107	10130	14400	20101110	10130	20100723	16689	114	146
		l1108	10550	14075	20101110	10550	20100816	5667	92	62
		l1109	10960	14740	20101110	10960	20100915	262892	70	3756
		l1110	12630	14740	20101110	11945	20101207	2925	51	57
		l1111	12735	13050	20101224	11910	20101130	4047	35	116
		l1112	13350	13385	20101223	12810	20101224	183	13	14
聚氯乙烯	DCE	v1001	7400	7560	20100105	7160	20100113	84523	10	8452
		v1002	7500	7665	20100105	6830	20100201	57934	30	1931
		v1003	7720	7815	20100105	6645	20100212	3185116	45	70780
		v1004	7895	8200	20100107	7205	20100202	35881	68	528
		v1005	8040	8315	20100105	6950	20100517	9710739	89	109109
		v1006	8130	8300	20100106	6900	20100518	40958	109	376
		v1007	8145	8365	20100106	6700	20100714	33075	128	258
		v1008	8110	8380	20100106	6725	20100715	9637	150	64
		v1009	8190	8420	20100105	6790	20100719	16617672	172	96614
		v1010	8275	8310	20100106	6870	20100607	6056	191	32
		v1011	8120	8500	20101110	6790	20100719	15859	207	77
		v1012	8180	9300	20101110	6900	20100715	20405	229	89
		v1101	8260	9280	20101110	7005	20100719	13676819	232	58952
		v1102	8690	8690	20100222	7180	20100715	2091	212	10
		v1103	7980	9550	20101110	7195	20100713	11392	197	58
		v1104	8145	8835	20101115	7145	20100716	3575	174	21
		v1105	7565	9720	20101110	7215	20100719	23642358	153	154525
		v1106	7730	9745	20101111	7320	20100716	4500	133	34
		v1107	7390	9330	20101111	7325	20100721	998	114	9
		v1108	7700	9880	20101110	7670	20100901	7360	92	80
		v1109	8050	9870	20101110	7925	20100920	40372	70	577
		v1110	8550	9650	20101110	8425	20101223	203	51	4
		v1111	8910	9045	20101229	8150	20101130	3441	35	98
		v1112	8965	8970	20101215	8430	20101220	204	13	16
燃料油	SHFE	fu1003	4351	4588	20100107	4204	20100205	803459.052	33	24347.24
		fu1004	4455	4694	20100107	4249	20100209	76667.112	50	1533.34
		fu1005	4535	4861	20100401	4302	20100209	32194276.99	79	407522.49
		fu1006	4591	4978	20100430	4250	20100527	5542690.312	95	58344.11
		fu1007	4726	4928	20100107	4108	20100629	2087376.582	118	17689.63
		fu1008	4715	4999	20100107	3990	20100726	65898.824	121	544.62
		fu1009	4784	5009	20100107	4171	20100607	9924289.16	161	61641.55
		fu1010	4790	5018	20100107	4152	20100909	3526586.52	179	19701.60
		fu1011	4824	5048	20100107	4198	20100909	6034670.842	193	31267.72
		fu1012	4835	5085	20100107	4271	20100607	3332075.55	216	15426.28
		fu1101	5099	5099	20100106	4295	20100607	10490282.87	215	48792.01
		fu1103	4920	5157	20101109	4366	20100607	23529151.74	194	121284.29
		fu1104	4509	5200	20101109	4420	20100607	27391.76	133	205.95
		fu1105	4944	5339	20101109	4433	20100607	1167899.034	156	7486.53
		fu1106	4733	5368	20101108	4473	20100607	13528.338	109	124.11
		fu1107	4270	5466	20101111	4270	20100702	5435.256	92	59.08
		fu1108	4694	5523	20101110	4694	20100802	16035.398	82	195.55
		fu1109	4726	5543	20101109	4726	20100901	20551.992	70	293.60
		fu1110	4882	5536	20101109	4882	20101008	3436.546	43	79.92

续表 2　Continued 2

品种 Items	交易所 Exchange	合约 Contracts	年开盘价 Open Price	年最高价 High Price	最高价日 High Date	年最低价 Low Price	最低价日 Low Date	成交金额 Turnover	交易日数 Trading Days	日均成交金额 Daily Turnover
燃料油	SHFE	fu1111	5270	5627	20101111	5040	20101126	1538.996	35	43.97
		fu1112	5321	5398	20101224	5221	20101208	414.21	12	34.52
PTA	ZCE	TA001	7924	8436	20100115	7892	20100107	39037.13	10	3903.71
		TA002	8080	8366	20100107	7672	20100128	953470.45	30	31782.35
		TA003	8234	8486	20100107	7726	20100128	31364315.49	45	696984.79
		TA004	8300	8558	20100107	7808	20100201	279510.32	68	4110.45
		TA005	8380	8668	20100120	7282	20100517	67440561.36	89	757759.12
		TA006	8522	8708	20100120	6914	20100608	171273.76	109	1571.32
		TA007	8570	8704	20100120	6766	20100708	155210.49	128	1212.58
		TA008	8508	8754	20100222	6842	20100708	143395.08	150	955.97
		TA009	8440	8802	20100222	6920	20100719	113330229.99	172	658896.69
		TA010	8588	8818	20100407	7000	20100719	686643.15	191	3594.99
		TA011	8548	10700	20101111	7078	20100715	317938.01	207	1535.93
		TA012	8580	10966	20101111	7134	20100715	736237.54	229	3215.01
		TA101	8666	11450	20101111	7200	20100719	153297993.83	232	660767.21
		TA102	8552	11568	20101111	7348	20100609	71985.74	212	339.56
		TA103	8700	11482	20101111	7364	20100715	102807.09	197	521.86
		TA104	8804	11694	20101111	7392	20100716	76391.27	174	439.03
		TA105	7894	11750	20101111	7432	20100715	148210889.09	153	968698.62
		TA106	7800	11830	20101111	7434	20100715	17328.66	133	130.29
		TA107	7502	11994	20101111	7410	20100715	21215.53	114	186.10
		TA108	7912	11414	20101111	7790	20100816	12369.64	92	134.45
		TA109	8414	12000	20101111	8330	20100917	1006063.59	70	14372.34
		TA110	9876	11900	20101111	9114	20101026	28558.16	51	559.96
		TA111	10030	10700	20101231	9548	20101130	5970.69	35	170.59
		TA112	10272	11000	20101230	10098	20101220	417.67	13	32.13

数据来源：上海期货交易所、大连商品交易所、郑州商品交易所
Source：SHFE、DCE、ZCE

7－19　2010 年钢材期货交易情况

Steel Product Futures in 2010

金额单位：万元

品种 Items	交易所 Exchange	合约 Contracts	年开盘价 Open Price	年最高价 High Price	最高价日 High Date	年最低价 Low Price	最低价日 Low Date	成交金额 Turnover	交易日数 Trading Days	日均成交金额 Daily Turnover
螺纹钢	SHFE	rb1001	3899	4055	20100107	3775	20100105	82475.48	10	8247.55
		rb1002	4028	4148	20100107	3681	20100202	650647.03	27	24098.04
		rb1003	4163	4285	20100107	3827	20100205	1595704.75	46	34689.23
		rb1004	4317	4489	20100106	3935	20100205	1096254.46	68	16121.39
		rb1005	4523	4650	20100107	3901	20100517	203227099.14	89	2283450.55
		rb1006	4582	4696	20100107	3920	20100610	2846101.28	109	26111.02
		rb1007	4648	4724	20100107	3710	20100713	474391.16	129	3677.45
		rb1008	4658	4739	20100107	3751	20100716	576883.26	151	3820.42
		rb1009	4697	4806	20100414	3805	20100719	1406384.21	171	8224.47
		rb1010	4710	4898	20100413	3886	20100715	834442553.71	187	4462259.65
		rb1011	4718	4961	20100402	3918	20100716	2187384.60	206	10618.37
		rb1012	4734	4975	20101130	3923	20100709	1438960.25	227	6339.03

续表 Continued

品种 Items	交易所 Exchange	合约 Contracts	年开盘价 Open Price	年最高价 High Price	最高价日 High Date	年最低价 Low Price	最低价日 Low Date	成交金额 Turnover	交易日数 Trading Days	日均成交金额 Daily Turnover
螺纹钢	SHFE	rb1101	4750	5130	20101231	4042	20100715	534070752.23	232	2302029.10
		rb1102	4641	4998	20100317	4072	20100702	1202943.49	212	5674.26
		rb1103	4830	4988	20100413	4099	20100719	700711.25	196	3575.06
		rb1104	4919	4950	20100416	4146	20100715	505067.82	174	2902.69
		rb1105	4432	4906	20101109	4102	20100719	406747908.97	153	2658483.07
		rb1106	4348	4884	20101109	4230	20100705	111103.17	133	835.36
		rb1107	4287	5019	20101229	4282	20100716	254947.97	113	2256.18
		rb1108	4548	4944	20101109	4318	20100930	94024.61	85	1106.17
		rb1109	4580	5014	20101109	4370	20100929	123776.53	69	1793.86
		rb1110	4597	5000	20101109	4550	20101020	1314958.14	55	23908.33
		rb1111	4849	5077	20101213	4643	20101213	20449.84	24	852.08
		rb1112	4910	4910	20101222	4870	20101222	19.56	1	19.56
线　材	SHFE	wr1001	3800	4120	20100107	3800	20100104	4700.82	8	587.60
		wr1002	3915	4068	20100111	3630	20100129	17061.91	23	741.82
		wr1003	4016	4118	20100105	3521	20100212	33034.30	44	750.78
		wr1004	4124	4495	20100414	3751	20100205	66642.33	66	1009.73
		wr1005	4322	4528	20100414	3863	20100205	546553.78	89	6141.05
		wr1006	4460	4638	20100415	3906	20100518	39160.12	102	383.92
		wr1007	4420	4597	20100104	3960	20100518	19688.90	105	187.51
		wr1008	4455	4627	20100413	3900	20100719	17703.70	126	140.51
		wr1009	4483	4691	20100412	3970	20100713	36908.73	142	259.92
		wr1010	4480	4744	20100414	3866	20100930	426129.25	184	2315.92
		wr1011	4519	4738	20100420	3988	20100607	19858.41	158	125.69
		wr1012	4506	4896	20101122	3952	20100713	7005.34	134	52.28
		wr1101	4685	4856	20101228	4000	20100702	22947.55	153	149.98
		wr1102	4585	4881	20101122	4048	20100607	5620.22	73	76.99
		wr1103	4402	4978	20101214	4088	20100702	5563.79	96	57.96
		wr1104	4890	4890	20100416	4170	20100610	2257.85	49	46.08
		wr1105	4330	4870	20101110	4161	20100630	9412.72	90	104.59
		wr1106	4297	4832	20101109	4116	20100701	1217.87	19	64.10
		wr1107	4593	4848	20101228	4366	20100803	1664.40	28	59.44
		wr1108	4490	4901	20100910	4480	20100921	4494.52	24	187.27
		wr1109	4740	4918	20101109	4370	20100928	480.96	15	32.06
		wr1110	4868	4890	20101110	4432	20101028	356.52	12	29.71
		wr1111	4514	4998	20101116	4510	20101224	246.85	6	41.14
		wr1112	5089	5089	20101222	4707	20101222	39.21	2	19.61

数据来源：上海期货交易所
Source：SHFE

7-20 2010年金融期货交易情况

Financial Futures in 2010

金额单位：亿元

品种 Items	交易所 Exchange	合约 Contracts	年开盘价 Open Price	年最高价 High Price	最高价日 High Date	年最低价 Low Price	最低价日 Low Date	成交金额 Turnover	交易日数 Trading Days	日均成交金额 Daily Turnover
沪深300股指期货	CFFEX	IF1005	3450.0	3488.0	20100416	2661.0	20100521	30275.68	25	1211.03
		IF1006	3470.0	3517.6	20100416	2677.0	20100521	51648.85	42	1229.73
		IF1007	2840.0	2962.8	20100528	2478.8	20100702	45955.34	37	1242.04
		IF1008	2744.6	2997.8	20100819	2496.6	20100702	68360.66	45	1519.13
		IF1009	3600.0	3647.8	20100416	2514.4	20100702	51696.29	107	483.14
		IF1010	2925.2	3323.0	20101015	2846.8	20100916	21507.28	32	672.10

续表　Continued

品种 Items	交易所 Exchange	合约 Contracts	年开盘价 Open Price	年最高价 High Price	最高价日 High Date	年最低价 Low Price	最低价日 Low Date	成交金额 Turnover	交易日数 Trading Days	日均成交金额 Daily Turnover
沪深300股指期货	CFFEX	IF1011	2895.8	3630.0	20101105	2857.0	20100920	56550.74	37	1528.40
		IF1012	3618.8	3725.0	20101105	2568.4	20100702	56941.17	164	347.20
		IF1101	3262.4	3339.0	20101214	3050.2	20101230	25807.59	30	860.25
		IF1102	3315.0	3342.6	20101222	3091.2	20101230	208.45	10	20.84
		IF1103	2670.2	3808.2	20101108	2668.0	20100719	1531.79	112	13.68
		IF1106	3524.0	3870.8	20101108	3190.0	20101123	214.93	55	3.91

数据来源：中国金融期货交易所
Source：CFFEX

7－21　2010年农产品期货持仓情况

Open Positions of Agricultural Products in 2010

品种 Items	交易所 Exchange	合约 Contracts	最高持仓量 High Open Positions	最高持仓日期 Date of High Open Positions	最后持仓 Open Positions at the End	最后持仓日期 Date of Open Positions at the End	年末持仓 Open Position at the End of year
黄大豆1号	DCE	a1001	26	20100104	234	20100114	0
		a1003	134	20100104	24	20100301	0
		a1005	46476	20100106	2376	20100514	0
		a1007	1446	20100107	78	20100713	0
		a1009	352830	20100106	508	20100913	0
		a1011	1430	20100510	2	20101110	0
		a1101	236426	20100505	21756	20101231	21756
		a1103	1904	20100322	648	20101231	216
		a1105	390032	20100817	16586	20101231	16586
		a1107	1762	20100205	744	20101231	744
		a1109	365542	20101111	207086	20101231	207086
		a1111	1590	20100727	480	20101231	240
		a1201	211736	20101231	211736	20101231	211736
		a1203	556	20101116	232	20101231	116
		a1205	696	20101208	460	20101231	460
黄大豆2号	DCE	b1001	0	20100104	2	20091230	0
		b1003	18	20100107	6	20100225	0
		b1005	72	20100201	16	20100429	0
		b1007	248	20100525	2	20100630	0
		b1009	294	20100518	64	20100830	0
		b1011	24	20100831	16	20101028	0
		b1101	316	20100526	0	20101231	0
		b1103	12	20100825	60	20101231	12
		b1105	132	20100809	22	20101231	22
		b1107	36	20101111	18	20101231	18
		b1109	176	20101125	112	20101231	112
		b1111	8	20101201	24	20101231	6
玉　米	DCE	c1001	458	20100104	2290	20100108	0
		c1003	94	20100106	2	20100302	0
		c1005	99970	20100104	40	20100512	0
		c1007	318	20100414	16	20100701	0
		c1009	305364	20100111	1998	20100913	0

续表 1 Continued 1

品种 Items	交易所 Exchange	合约 Contracts	最高持仓量 High Open Positions	最高持仓日期 Date of High Open Positions	最后持仓 Open Positions at the End	最后持仓日期 Date of Open Positions at the End	年末持仓 Open Position at the End of year
玉 米	DCE	c1011	778	20101011	240	20101111	0
		c1101	265874	20100726	4326	20101231	4326
		c1103	1816	20101109	812	20101231	812
		c1105	612974	20101021	133996	20101231	133996
		c1107	5118	20101229	2140	20101231	2140
		c1109	435002	20101115	363316	20101231	363316
		c1111	7702	20101231	7702	20101231	7702
豆 粕	DCE	m1001	2130	20100104	960	20100114	0
		m1003	312	20100120	184	20100311	0
		m1005	521338	20100104	7906	20100514	0
		m1007	9152	20100125	600	20100713	0
		m1008	1854	20100609	42	20100729	0
		m1009	1105410	20100129	2320	20100913	0
		m1011	2582	20100531	318	20101111	0
		m1012	980	20100531	2	20101129	0
		m1101	931198	20100505	3276	20101231	3276
		m1103	3682	20100602	406	20101231	406
		m1105	1603356	20101012	131466	20101231	131466
		m1107	4420	20100915	3038	20101231	3038
		m1108	778	20100910	296	20101231	296
		m1109	1586796	20101111	886202	20101231	886202
		m1111	2220	20101231	2220	20101231	2220
		m1112	492	20101231	492	20101231	492
棕榈油	DCE	p1001	4680	20100104	3650	20100114	0
		p1002	326	20100104	6	20100128	0
		p1003	170	20100105	26	20100311	0
		p1004	226	20100118	4	20100414	0
		p1005	22472	20100104	2378	20100514	0
		p1006	546	20100115	76	20100611	0
		p1007	592	20100311	6	20100629	0
		p1008	514	20100115	4	20100728	0
		p1009	397838	20100309	3982	20100913	0
		p1010	1022	20100120	36	20100929	0
		p1011	1312	20100810	4	20101028	0
		p1012	1670	20100601	4	20101126	0
		p1101	291704	20100806	866	20101231	866
		p1102	54	20101119	176	20101231	22
		p1103	1170	20100507	164	20101231	164
		p1104	340	20100913	68	20101231	34
		p1105	161658	20101014	20558	20101231	20558
		p1106	640	20100813	36	20101231	36
		p1107	1364	20101227	60	20101231	30
		p1108	814	20101209	16	20101231	8
		p1109	217504	20101207	152554	20101231	152554
		p1110	80	20101108	14	20101231	14
		p1111	432	20101129	160	20101231	160
		p1112	0	20101215	0	20101231	0
大豆原油	DCE	y1001	4888	20100104	12594	20100114	0
		y1003	726	20100104	300	20100311	0

续表 2　Continued 2

品种 Items	交易所 Exchange	合约 Contracts	最高持仓量 High Open Positions	最高持仓日期 Date of High Open Positions	最后持仓 Open Positions at the End	最后持仓日期 Date of Open Positions at the End	年末持仓 Open Position at the End of year
大豆原油	DCE	y1005	59476	20100104	4	20100514	0
		y1007	2314	20100125	116	20100713	0
		y1008	2126	20100319	54	20100730	0
		y1009	755720	20100125	2350	20100913	0
		y1011	2718	20100727	148	20101111	0
		y1012	2920	20100826	4	20101130	0
		y1101	446486	20100505	5512	20101231	5512
		y1103	2772	20100901	130	20101231	130
		y1105	708210	20101019	80504	20101231	80504
		y1107	1546	20101123	2172	20101231	724
		y1108	1374	20101129	192	20101231	192
		y1109	791852	20101109	426546	20101231	426546
		y1111	1734	20101215	616	20101231	154
		y1112	4	20101223	8	20101231	2
天然橡胶	SHFE	ru1001	15580	20100104	15272	20100115	
		ru1003	58526	20100104	9394	20100315	
		ru1004	2094	20100323	864	20100415	
		ru1005	206094	20100113	4572	20100517	
		ru1006	3874	20100505	2864	20100617	
		ru1007	6208	20100111	3718	20100715	
		ru1008	5062	20100714	3546	20100816	
		ru1009	268370	20100325	3672	20100915	
		ru1010	4556	20100803	1978	20101015	
		ru1011	247984	20100712	4366	20101115	
		ru1101	312202	20100819	3988	20101231	3988
		ru1103	303336	20101018	13082	20101231	13082
		ru1104	542	20101203	402	20101231	402
		ru1105	242518	20101104	165546	20101231	165546
		ru1106	1300	20101206	1262	20101231	1262
		ru1107	8904	20101117	4710	20101231	4710
		ru1108	916	20101220	896	20101231	896
		ru1109	24452	20101231	24452	20101231	24452
		ru1110	292	20101125	172	20101231	172
		ru1111	48	20101227	40	20101231	40
一号棉花	ZCE	CF001	10748	20100104	9428	20100114	0
		CF003	9614	20100104	9426	20100311	0
		CF005	265668	20100104	12146	20100514	0
		CF007	18842	20100507	3524	20100713	0
		CF009	266276	20100319	608	20100913	0
		CF011	41292	20100706	224	20101111	0
		CF101	223144	20100712	1626	20101231	1626
		CF103	12362	20100430	1756	20101231	1756
		CF105	425886	20101012	53844	20101231	53844
		CF107	12244	20101012	1648	20101231	1648
		CF109	264252	20101223	223612	20101231	223612
		CF111	48666	20101231	48666	20101231	48666
白砂糖	ZCE	SR001	16626	20100104	12428	20100114	0
		SR003	19466	20100104	10034	20100311	0

续表 3 Continued 3

品种 Items	交易所 Exchange	合约 Contracts	最高持仓量 High Open Positions	最高持仓日期 Date of High Open Positions	最后持仓 Open Positions at the End	最后持仓日期 Date of Open Positions at the End	年末持仓 Open Position at the End of year
白砂糖	ZCE	SR005	189526	20100104	13174	20100514	0
		SR007	30244	20100412	10800	20100713	0
		SR009	883190	20100104	7352	20100913	0
		SR011	13366	20100906	1948	20101111	0
		SR101	881166	20100426	7500	20101231	7500
		SR103	8954	20100429	6824	20101231	6824
		SR105	769020	20100901	78524	20101231	78524
		SR107	14174	20100323	10928	20101231	10928
		SR109	651206	20101104	450754	20101231	450754
		SR111	2716	20100916	1318	20101231	1318
		SR201	19320	20101110	18996	20101231	18996
		SR203	3520	20101214	1202	20101231	1202
		SR205	4604	20101228	3932	20101231	3932
早籼稻	ZCE	ER001	4114	20100118	4014	20100120	0
		ER003	5256	20100125	3382	20100322	0
		ER005	86080	20100105	6248	20100520	0
		ER007	25388	20100426	1274	20100721	0
		ER009	158592	20100420	1486	20100916	0
		ER011	1832	20101025	1498	20101119	0
		ER101	197882	20100809	3470	20101231	3470
		ER103	4118	20100721	292	20101231	292
		ER105	365462	20101026	73368	20101231	73368
		ER107	14430	20101015	6424	20101231	6424
		ER109	65566	20101118	48124	20101231	48124
		ER111	248	20101224	248	20101231	248
强　麦	ZCE	WS001	3652	20100106	2442	20100120	0
		WS003	200	20100114	134	20100322	0
		WS005	26734	20100104	7856	20100520	0
		WS007	7448	20100513	170	20100721	0
		WS009	48318	20100421	1612	20100916	0
		WS011	1314	20101019	1202	20101119	0
		WS101	133376	20100806	11632	20101231	11632
		WS103	2788	20101018	1474	20101231	1474
		WS105	140380	20101018	36232	20101231	36232
		WS107	2246	20101012	1758	20101231	1758
		WS109	56528	20101207	42472	20101231	42472
		WS111	508	20100907	462	20101231	462
		WS201	6500	20101111	5966	20101231	5966
		WS203	102	20100104	102	20101231	102
		WS205	512	20100901	512	20101231	512
硬　麦	ZCE	WT001	126	20100104	64	20100120	0
		WT003	206	20100105	30	20100226	0
		WT005	1236	20100304	100	20100520	0
		WT007	102	20100104	64	20100721	0
		WT009	452	20100702	208	20100916	0
		WT011	596	20100901	200	20101029	0
		WT101	684	20100825	254	20101231	254
		WT103	1038	20101110	672	20101231	672

续表 4　Continued 4

品种 Items	交易所 Exchange	合约 Contracts	最高持仓量 High Open Positions	最高持仓日期 Date of High Open Positions	最后持仓 Open Positions at the End	最后持仓日期 Date of Open Positions at the End	年末持仓 Open Position at the End of year
硬　麦	ZCE	WT105	2536	20101122	1936	20101231	1936
		WT107	222	20101231	222	20101231	222
		WT109	812	20101228	788	20101231	788
		WT111	296	20100531	296	20101231	296
菜籽油	ZCE	RO001	6674	20100104	1976	20100114	0
		RO003	48	20100114	40	20100129	0
		RO005	22964	20100104	3294	20100514	0
		RO007	1060	20100106	20	20100630	0
		RO009	125408	20100323	17738	20100913	0
		RO011	1018	20100118	2	20101029	0
		RO101	166936	20100809	29348	20101231	29348
		RO103	622	20101027	100	20101231	100
		RO105	177142	20101025	93160	20101231	93160
		RO107	574	20100809	122	20101231	122
		RO109	77482	20101227	61230	20101231	61230
		RO111	262	20101214	10	20101231	10

数据来源：上海期货交易所、大连商品交易所、郑州商品交易所
Source：SHFE、DCE、ZCE

7－22　2010年金属期货持仓情况
Open Positions of Metal Products in 2010

品种 Items	交易所 Exchange	合约 Contracts	最高持仓量 High Open Positions	最高持仓日期 Date of High Open Positions	最后持仓 Open Positions at the End	最后持仓日期 Date of Open Positions at the End	年末持仓 Open Position at the End of year
铜	SHFE	cu1001	12000	20100105	4010	20100115	
		cu1002	23228	20100104	3510	20100209	
		cu1003	55850	20100104	6440	20100315	
		cu1004	172100	20100106	9240	20100415	
		cu1005	234376	20100129	9710	20100517	
		cu1006	219192	20100304	5850	20100617	
		cu1007	233006	20100406	7140	20100715	
		cu1008	212040	20100507	4370	20100816	
		cu1009	220308	20100609	4410	20100915	
		cu1010	215290	20100720	6240	20101015	
		cu1011	210008	20100805	7700	20101115	
		cu1012	199934	20100901	8160	20101215	
		cu1101	181566	20101014	14600	20101231	14600
		cu1102	209806	20101111	28740	20101231	28740
		cu1103	226200	20101213	128702	20101231	128702
		cu1104	177826	20101231	177826	20101231	177826
		cu1105	17372	20101231	17372	20101231	17372
		cu1106	2330	20101231	2330	20101231	2330
		cu1107	1002	20101231	1002	20101231	1002
		cu1108	1284	20101231	1284	20101231	1284
		cu1109	576	20101231	576	20101231	576
		cu1110	258	20101231	258	20101231	258

续表 1　Continued 1

品种 Items	交易所 Exchange	合约 Contracts	最高持仓量 High Open Positions	最高持仓日期 Date of High Open Positions	最后持仓 Open Positions at the End	最后持仓日期 Date of Open Positions at the End	年末持仓 Open Position at the End of year
铜	SHFE	cu1111	256	20101223	248	20101231	248
		cu1112	186	20101231	186	20101231	186
铝	SHFE	al1001	23050	20100104	14680	20100115	
		al1002	36674	20100104	16660	20100209	
		al1003	72788	20100104	18670	20100315	
		al1004	175814	20100112	25980	20100415	
		al1005	117644	20100201	21500	20100517	
		al1006	131332	20100325	24130	20100617	
		al1007	161118	20100416	15210	20100715	
		al1008	91602	20100524	10900	20100816	
		al1009	99966	20100621	18730	20100915	
		al1010	96638	20100726	20270	20101015	
		al1011	110234	20100810	25410	20101115	
		al1012	142104	20100907	18300	20101215	
		al1101	151268	20101015	23110	20101231	23110
		al1102	164140	20101111	41228	20101231	41228
		al1103	97998	20101224	91900	20101231	91900
		al1104	49552	20101231	49552	20101231	49552
		al1105	16570	20101230	16474	20101231	16474
		al1106	8370	20101231	8370	20101231	8370
		al1107	3654	20101231	3654	20101231	3654
		al1108	1366	20101231	1366	20101231	1366
		al1109	928	20101230	926	20101231	926
		al1110	260	20101223	260	20101231	260
		al1111	360	20101230	360	20101231	360
		al1112	90	20101231	90	20101231	90
锌	SHFE	zn1001	8050	20100106	7480	20100115	
		zn1002	13526	20100104	4880	20100209	
		zn1003	42678	20100104	10440	20100315	
		zn1004	168020	20100105	13180	20100415	
		zn1005	216286	20100126	10450	20100517	
		zn1006	188732	20100324	8460	20100617	
		zn1007	223552	20100408	9950	20100715	
		zn1008	227176	20100511	8730	20100816	
		zn1009	348134	20100604	7800	20100915	
		zn1010	326512	20100706	12680	20101015	
		zn1011	343958	20100728	15310	20101115	
		zn1012	382172	20100826	12140	20101215	
		zn1101	322302	20100916	12800	20101231	12800
		zn1102	390646	20101025	24676	20101231	24676
		zn1103	304368	20101207	123976	20101231	123976
		zn1104	208326	20101231	208326	20101231	208326
		zn1105	23428	20101230	21076	20101231	21076
		zn1106	3006	20101123	2438	20101231	2438
		zn1107	2768	20101231	2768	20101231	2768
		zn1108	2996	20101202	2866	20101231	2866
		zn1109	1938	20101116	1750	20101231	1750
		zn1110	1636	20101231	1636	20101231	1636
		zn1111	488	20101117	102	20101231	102
		zn1112	8	20101231	8	20101231	8

续表 2　Continued 2

品种 Items	交易所 Exchange	合约 Contracts	最高持仓量 High Open Positions	最高持仓日期 Date of High Open Positions	最后持仓 Open Positions at the End	最后持仓日期 Date of Open Positions at the End	年末持仓 Open Position at the End of year
黄　金	SHFE	au1001	12	20100104	12	20100115	
		au1002	82	20100111	12	20100209	
		au1003	102	20100105	24	20100315	
		au1004	58	20100104	0	20100415	
		au1005	286	20100104	0	20100517	
		au1006	109054	20100106	702	20100617	
		au1007	104	20100315	6	20100715	
		au1008	74	20100525	0	20100816	
		au1009	170	20100526	18	20100915	
		au1010	252	20100825	24	20101015	
		au1011	206	20100603	0	20101115	
		au1012	66788	20100621	276	20101215	
		au1101	330	20100827	60	20101231	60
		au1102	410	20101112	288	20101231	288
		au1103	220	20101216	148	20101231	148
		au1104	112	20100607	100	20101231	100
		au1105	132	20101124	92	20101231	92
		au1106	85724	20101111	77990	20101231	77990
		au1107	76	20101026	56	20101231	56
		au1108	4	20101201	4	20101231	4
		au1109	26	20101231	26	20101231	26
		au1110	72	20101216	46	20101231	46
		au1111	10	20101125	8	20101231	8
		au1112	20	20101230	18	20101231	18

数据来源：上海期货交易所
Source：SHFE

7－23　2010 年建材及能源化工期货持仓情况

Open Positions of Building Materials, Energy & Chemical Product Futures in 2010

品种 Items	交易所 Exchange	合约 Contracts	最高持仓量 High Open Positions	最高持仓日期 Date of High Open Positions	最后持仓 Open Positions at the End	最后持仓日期 Date of Open Positions at the End	年末持仓 Open Position at the End of year
聚乙烯	DCE	l1001	4540	20100104	4396	20100114	0
		l1002	532	20100104	254	20100211	0
		l1003	626	20100105	354	20100311	0
		l1004	114	20100104	20	20100414	0
		l1005	129098	20100316	8952	20100514	0
		l1006	1988	20100121	148	20100611	0
		l1007	2570	20100122	638	20100713	0
		l1008	888	20100121	852	20100812	0
		l1009	212914	20100716	29118	20100913	0
		l1010	1466	20101013	1030	20101020	0
		l1011	4332	20101103	3898	20101111	0
		l1012	4888	20101105	3480	20101213	0
		l1101	295420	20100908	28856	20101231	28856
		l1102	106	20101126	80	20101231	80
		l1103	7732	20101231	7732	20101231	7732

续表 1　Continued 1

品种 Items	交易所 Exchange	合约 Contracts	最高持仓量 High Open Positions	最高持仓日期 Date of High Open Positions	最后持仓 Open Positions at the End	最后持仓日期 Date of Open Positions at the End	年末持仓 Open Position at the End of year
聚乙烯	DCE	l1104	808	20101230	258	20101231	258
		l1105	209682	20101223	156484	20101231	156484
		l1106	1012	20100909	316	20101231	158
		l1107	1122	20101110	96	20101231	16
		l1108	270	20100909	8	20101231	4
		l1109	4104	20101224	3264	20101231	3264
		l1110	22	20101105	18	20101231	6
		l1111	204	20101210	10	20101231	10
		l1112	14	20101223	2	20101231	2
聚氯乙烯	DCE	v1001	26250	20100114	26250	20100114	0
		v1002	9376	20100104	7410	20100211	0
		v1003	109464	20100104	22534	20100311	0
		v1004	2822	20100118	1272	20100414	0
		v1005	58854	20100311	8800	20100514	0
		v1006	1008	20100121	1712	20100611	0
		v1007	286	20100415	104	20100713	0
		v1008	516	20100525	148	20100812	0
		v1009	111876	20100415	2300	20100913	0
		v1010	82	20100721	36	20101020	0
		v1011	346	20100908	204	20101111	0
		v1012	860	20100624	1160	20101213	0
		v1101	71680	20100916	21108	20101231	21108
		v1102	24	20101115	6	20101231	6
		v1103	248	20100813	224	20101231	56
		v1104	22	20101207	0	20101231	0
		v1105	86430	20101227	74054	20101231	74054
		v1106	296	20101129	34	20101231	34
		v1107	22	20101111	8	20101231	8
		v1108	202	20101123	552	20101231	138
		v1109	540	20101227	496	20101231	496
		v1110	8	20101216	6	20101231	6
		v1111	104	20101126	4	20101231	4
		v1112	22	20101220	50	20101231	10
燃料油	SHFE	fu1003	36334	20100104	21640	20100226	
		fu1004	3318	20100105	1720	20100331	
		fu1005	173120	20100106	20820	20100430	
		fu1006	68168	20100329	4460	20100531	
		fu1007	32896	20100514	5180	20100630	
		fu1008	1106	20100517	340	20100730	
		fu1009	75872	20100604	28640	20100831	
		fu1010	58456	20100809	12780	20100930	
		fu1011	75944	20100901	8080	20101029	
		fu1012	42184	20100928	15880	20101130	
		fu1101	110092	20101025	15320	20101231	15320
		fu1103	142800	20101111	59222	20101231	59222
		fu1104	348	20101125	252	20101231	252
		fu1105	28092	20101231	28092	20101231	28092
		fu1106	396	20101231	396	20101231	396
		fu1107	156	20101228	126	20101231	126

续表 2　Continued 2

品种 Items	交易所 Exchange	合约 Contracts	最高持仓量 High Open Positions	最高持仓日期 Date of High Open Positions	最后持仓 Open Positions at the End	最后持仓日期 Date of Open Positions at the End	年末持仓 Open Position at the End of year
燃料油	SHFE	fu1108	196	20101111	128	20101231	128
		fu1109	654	20101230	648	20101231	648
		fu1110	204	20101104	104	20101231	104
		fu1111	48	20101230	48	20101231	48
		fu1112	36	20101222	36	20101231	36
PTA	ZCE	TA001	13456	20100105	13164	20100114	0
		TA002	48376	20100104	6450	20100211	0
		TA003	168978	20100106	17662	20100311	0
		TA004	10050	20100329	7714	20100414	0
		TA005	181500	20100308	42836	20100514	0
		TA006	8708	20100526	8328	20100611	0
		TA007	14708	20100713	14708	20100713	0
		TA008	6306	20100812	6306	20100812	0
		TA009	285552	20100525	22756	20100913	0
		TA010	32886	20100908	15332	20101020	0
		TA011	8032	20101104	6370	20101111	0
		TA012	15092	20101025	4744	20101213	0
		TA101	378966	20100819	26216	20101231	26216
		TA102	2354	20100415	230	20101231	230
		TA103	3280	20100909	264	20101231	264
		TA104	2626	20100715	212	20101231	212
		TA105	291346	20101227	216522	20101231	216522
		TA106	330	20101104	70	20101231	70
		TA107	1190	20100819	82	20101231	82
		TA108	430	20100623	12	20101231	12
		TA109	11678	20101231	11678	20101231	11678
		TA110	1710	20101209	418	20101231	418
		TA111	502	20101228	378	20101231	378
		TA112	26	20100201	26	20101231	26

数据来源：上海期货交易所、大连商品交易所、郑州商品交易所
Source：SHFE、DCE、ZCE

7－24　2010 年钢材期货持仓情况

Open Positions of Steel Products in 2010

品种 Items	交易所 Exchange	合约 Contracts	最高持仓量 High Open Positions	最高持仓日期 Date of High Open Positions	最后持仓 Open Positions at the End	最后持仓日期 Date of Open Positions at the End	年末持仓 Open Position at the End of year
螺纹钢	SHFE	rb1001	19500	20100104	8400	20100115	
		rb1002	90174	20100104	11520	20100209	
		rb1003	139076	20100106	16140	20100315	
		rb1004	53150	20100104	6120	20100415	
		rb1005	1027884	20100106	26400	20100517	
		rb1006	52834	20100317	3780	20100617	
		rb1007	9642	20100311	4260	20100715	
		rb1008	17036	20100601	9660	20100816	
		rb1009	26686	20100601	7020	20100915	
		rb1010	1434070	20100416	9300	20101015	
		rb1011	26088	20100416	8520	20101115	
		rb1012	36540	20100823	8940	20101215	
		rb1101	1366418	20100816	6244	20101231	6244

续表 Continued

品种 Items	交易所 Exchange	合约 Contracts	最高持仓量 High Open Positions	最高持仓日期 Date of High Open Positions	最后持仓 Open Positions at the End	最后持仓日期 Date of Open Positions at the End	年末持仓 Open Position at the End of year
螺纹钢	SHFE	rb1102	21526	20100811	1266	20101231	1266
		rb1103	13034	20100906	3784	20101231	3784
		rb1104	13050	20100908	6658	20101231	6658
		rb1105	1216284	20101104	568186	20101231	568186
		rb1106	1552	20101122	1280	20101231	1280
		rb1107	7208	20100907	5056	20101231	5056
		rb1108	622	20100906	352	20101231	352
		rb1109	2064	20101222	1976	20101231	1976
		rb1110	58614	20101231	58614	20101231	58614
		rb1111	870	20101228	544	20101231	544
		rb1112	0	20101130	0	20101231	0
线　材	SHFE	wr1001	720	20100104	660	20100115	
		wr1002	1944	20100104	600	20100209	
		wr1003	2610	20100104	1680	20100315	
		wr1004	2650	20100319	2640	20100415	
		wr1005	11676	20100128	6720	20100517	
		wr1006	970	20100317	540	20100617	
		wr1007	972	20100115	0	20100715	
		wr1008	984	20100106	0	20100816	
		wr1009	2834	20100104	0	20100915	
		wr1010	6618	20100507	0	20101015	
		wr1011	1206	20100506	0	20101115	
		wr1012	102	20100820	0	20101215	
		wr1101	124	20100920	0	20101231	0
		wr1102	30	20100427	2	20101231	2
		wr1103	54	20100505	6	20101231	6
		wr1104	16	20101012	4	20101231	4
		wr1105	76	20101122	36	20101231	36
		wr1106	6	20101029	2	20101231	2
		wr1107	16	20100914	2	20101231	2
		wr1108	312	20100910	16	20101231	16
		wr1109	4	20101201	4	20101231	4
		wr1110	6	20101104	6	20101231	6
		wr1111	4	20101206	0	20101231	0
		wr1112	0	20101130	0	20101231	0

数据来源：上海期货交易所
Source: SHFE

7-25　2010年金融期货持仓情况

Open Postions of Financial Futures in 2010

单位：手

品种 Items	交易所 Exchange	合约 Contracts	最高持仓量 High Open Positions	最高持仓日期 Date of High Open Positions	最后持仓 Open Positions at the End	最后持仓日期 Date of Open Positions at the End	年末持仓 Open Position at the End of year
沪深300股指期货	CFFEX	IF1005	10150	20100506	640	20100521	0
		IF1006	18712	20100603	1394	20100618	0
		IF1007	24119	20100702	1245	20100716	0
		IF1008	26047	20100728	546	20100820	0

续表　Continued

品种 Items	交易所 Exchange	合约 Contracts	最高持仓量 High Open Positions	最高持仓日期 Date of High Open Positions	最后持仓 Open Positions at the End	最后持仓日期 Date of Open Positions at the End	年末持仓 Open Position at the End of year
沪深300股指期货	CFFEX	IF1009	28031	20100819	926	20100917	0
		IF1010	23457	20100920	710	20101015	0
		IF1011	30526	20101025	1113	20101119	0
		IF1012	29185	20101118	1351	20101217	0
		IF1101	27135	20101228	—	—	21550
		IF1102	1140	20101230	—	—	1071
		IF1103	5562	20101230	—	—	5495
		IF1106	1689	20101231	—	—	1689

数据来源：中国金融期货交易所
Source：CFFEX

7－26　2010年农产品期货实物交割情况

Summary for Practical Delivery of Agricultural Products in 2010

金额单位：万元

品种 Items	交易所 Exchange	合约 Contract	交割量 Volume of Delivery	合约成交量 Trading Volume of Contract	最高持仓量 High Open Positions	最高持仓日期 Date of High Open Positions	交割金额 Amount of Delivery	合约成交金额 Turnover of Contract	结算价 Clearing Price	交割率(%) Delivery Rate		
										Ⅰ	Ⅱ	Ⅲ
黄大豆1号	DCE	a1001	26	17075240	280152	20090525	106.78	61092231.50	4107	0.00	0.02	0.00
		a1003	6	10762	262	20081124	23.12	38726.93	3853	0.11	4.58	0.12
		a1005	208	17767194	281678	20090922	818.76	65172406.09	3936	0.00	0.15	0.00
		a1005	10606	17767580	281678	20090922	40530.56	65172406.09	3821	0.12	7.53	0.12
		a1007	111	19828	1462	20091209	405.38	77356.13	3652	1.12	15.18	1.05
		a1009	2137	40998094	455246	20091130	8042.33	160925516.59	3763	0.01	0.94	0.01
		a1011	142	34066	1430	20100510	573.52	130523.29	4039	0.83	19.86	0.88
玉米	DCE	c1001	236	4829322	262908	20090710	422.02	7922529.87	1788	0.01	0.18	0.01
		c1003	7	17338	1826	20090713	12.44	29481.34	1777	0.08	0.77	0.08
		c1005	470	15525098	403034	20090828	900.79	26992744.85	1917	0.01	0.23	0.01
		c1009	3565	12372690	305364	20100111	7156.02	23580977.14	2007	0.06	2.33	0.06
		c1011	120	31320	778	20101011	251.88	60576.05	2099	0.77	30.85	0.83
豆粕	DCE	m1001	450	62414330	627662	20090720	1519.20	180502029.92	3376	0.00	0.14	0.00
		m1003	92	58164	528	20090831	268.64	168999.55	2920	0.32	34.85	0.32
		m1005	3952	106562078	1138622	20090831	11954.80	306543389.62	3025	0.01	0.69	0.01
		m1007	300	360850	11638	20090914	803.40	1030885.44	2678	0.17	5.16	0.16
		m1009	1100	105874872	1113916	20091208	3443.00	307409306.21	3130	0.00	0.20	0.00
		m1011	155	154482	2582	20100531	523.28	446989.51	3376	0.20	12.01	0.23
棕榈油	DCE	p1001	1825	22689656	296042	20090728	12483.00	134912004.15	6840	0.02	1.23	0.02
		p1003	13	5866	346	20090918	89.96	36942.99	6920	0.44	7.51	0.49
		p1004	2	5722	326	20090918	13.06	35822.14	6532	0.07	1.23	0.07
		p1005	1189	28364652	254966	20090811	8001.97	177565943.47	6730	0.01	0.93	0.01
		p1006	38	11336	546	20100115	235.98	74888.54	6210	0.67	13.92	0.63
		p1009	1991	44141502	397838	20100309	14534.30	304951203.42	7300	0.01	1.00	0.01
豆油	DCE	y1001	3169	37956360	420886	20090710	24434.27	279664863.65	7710	0.02	1.51	0.02
		y1003	60	17354	1136	20091216	433.82	130499.92	7230	0.69	10.56	0.66
		y1005	4205	50653884	499442	20090909	30486.25	370605367.86	7250	0.02	1.68	0.02
		y1007	48	48220	2314	20100125	336.10	355071.84	7002	0.20	4.15	0.19
		y1008	27	14306	2126	20100319	196.83	107857.26	7290	0.38	2.54	0.36
		y1009	6324	81068244	755720	20100125	48275.07	621095389.93	7634	0.02	1.67	0.02
		y1011	191	54738	2718	20100727	1725.80	417548.51	9036	0.70	14.05	0.83
		y1012	1	28374	2920	20100826	8.57	219085.61	8574	0.01	0.07	0.01

续表 Continued

品种 Items	交易所 Exchange	合约 Contract	交割量 Volume of Delivery	合约成交量 Trading Volume of Contract	最高持仓量 High Open Positions	最高持仓日期 Date of High Open Positions	交割金额 Amount of Delivery	合约成交金额 Turnover of Contract	结算价 Clearing Price	交割率(%) Delivery Rate		
										Ⅰ	Ⅱ	Ⅲ
天然橡胶	SHFE	ru1001	7636	49579252	165908	20091029	93235.56	455211126.29	24420	0.03	9.21	0.04
		ru1003	4957	27814722	225046	20091118	57362.73	303414648.83	23180	0.04	4.41	0.04
		ru1004	787	44908	2094	20100323	9941.89	525593.97	25760	3.50	75.17	3.78
		ru1005	2286	39763016	206094	20100113	26054.69	479867618.19	22795	0.01	2.22	0.01
		ru1006	1432	90890	3874	20100505	17746.06	1090412.42	24785	3.15	73.93	3.25
		ru1007	1859	142836	6208	20100111	21689.88	1665937.96	23335	2.60	59.89	2.60
		ru1008	1773	80280	5062	20100714	21852.23	914553.18	24650	4.42	70.05	4.78
		ru1009	1836	116216846	268370	20100325	23597.19	1361743321.16	25705	0.00	1.37	0.00
		ru1010	989	128294	4556	20100803	15178.68	1507163.48	30695	1.54	43.42	2.01
		ru1011	2183	56135308	247984	20100712	35419.18	611215671.74	32450	0.01	1.76	0.01
一号棉花	ZCE	CF001	4672	1970362	60178	20091020	36780.32	13733336.70	15335	0.47	15.53	0.54
		CF003	4920	116314	9614	20100104	39358.72	885315.06	16035	8.46	102.35	8.89
		CF005	6188	14587204	284988	20091228	52329.44	116335304.29	17205	0.08	4.34	0.09
		CF007	1736	258026	18842	20100507	16205.80	2189026.42	18475	1.35	18.43	1.48
		CF009	300	20857082	266276	20100319	2813.25	178336089.85	19500	0.00	0.23	0.00
		CF011	112	730080	41292	20100706	1765.40	6230043.41	30240	0.03	0.54	0.06
白砂糖	ZCE	SR001	5890	31851016	383664	20090619	30896.57	132682099.77	5030	0.04	3.07	0.05
		SR003	6824	434322	23414	20090909	36380.50	1934241.44	5045	3.14	58.29	3.76
		SR005	6712	104240442	657670	20091103	32788.18	486544998.71	4820	0.01	2.04	0.01
		SR007	5570	504318	30244	20100412	29125.98	2483173.21	5213	2.21	36.83	2.35
		SR009	3658	174017264	883190	20100104	20137.29	941923589.39	5594	0.00	0.83	0.00
		SR011	774	531904	13366	20100906	5622.34	2852422.31	7181	0.29	11.58	0.39
早籼稻	ZCE	ER001	2012	1464590	68138	20090831	4011.93	3038394.80	1988	0.27	5.91	0.26
		ER003	1691	89764	6696	20091209	3336.34	182438.19	2008	3.77	50.51	3.66
		ER005	2033	2163426	96972	20091215	3866.77	4515167.34	1915	0.19	4.19	0.17
		ER007	657	240722	25388	20100426	1253.85	476180.80	1873	0.55	5.18	0.53
		ER009	743	4202042	158592	20100420	1521.66	8870030.54	1991	0.04	0.94	0.03
		ER011	743	26320	1832	20101025	1691.81	56000.44	2333	5.65	81.11	6.04
强麦	ZCE	WS001	1221	1541152	76730	20090703	2604.393	3313996.08	2130	0.16	3.18	0.16
		WS003	66	13826	1990	20090414	147.51	29709.148	2193	0.95	6.63	0.99
		WS005	3478	1646256	65776	20090901	7776.808	3580498.462	2241	0.42	10.58	0.43
		WS007	785	68254	7448	20100513	1703.341	150063.832	2179	2.30	21.08	2.27
		WS009	886	1168608	48318	20100421	2128.172	2662677.744	2388	0.15	3.67	0.16
		WS011	601	11072	1314	20101019	1492.283	26096.176	2448	10.86	91.48	11.44
硬麦	ZCE	WT001	32	10804	1530	20090615	60.352	20902.27	1880	0.59	4.18	0.58
		WT003	14	3454	208	20091225	26.81	6690.026	1852	0.81	13.46	0.80
		WT005	50	6674	1236	20100304	91.20	12813.97	1825	1.50	8.09	1.42
		WT007	36	2852	164	20091021	70.472	5515.87	1960	2.52	43.90	2.56
		WT009	161	7426	452	20100702	316.494	14598.29	1924	4.34	71.24	4.34
		WT011	100	7054	596	20100901	201.90	14709.094	2019	2.84	33.56	2.75
菜籽油	ZCE	RO001	2910	3463612	89514	20090713	11793.127	13282693.15	7978	0.17	6.50	0.18
		RO003	20	8798	1736	20090922	76.94	33912.674	7608	0.45	2.30	0.45
		RO005	1647	2378404	70600	20091113	6507.297	9580776.398	7884	0.14	4.67	0.14
		RO007	10	5048	1060	20100106	40.25	20242.676	8050	0.40	1.89	0.40
		RO009	9299	5753642	125408	20100323	40356.307	23647625.49	8750	0.32	14.83	0.34
		RO011	0	10020	1018	20100118	0	41385.004	9312	0.00	0.00	0.00

数据来源：上海期货交易所、大连商品交易所、郑州商品交易所

Source：SHFE、DCE、ZCE

7-27　2010年金属期货实物交割情况

Summary for Practical Delivery of Metal Products in 2010

金额单位：万元

品种 Items	交易所 Exchange	合约 Contract	交割量 Volume of Delivery	合约成交量 Trading Volume of Contract	最高持仓量 High Open Positions	最高持仓日期 Date of High Open Positions	交割金额 Amount of Delivery	合约成交金额 Turnover of Contract	结算价 Clearing Price	交割率(%) Delivery Rate		
										Ⅰ	Ⅱ	Ⅲ
铜	SHFE	cu1001	2005	9959658	217242	20091026	60510.90	247291944.66	60360	0.04	1.85	0.05
		cu1002	1755	4923554	194682	20091116	46393.43	129309618.75	52870	0.07	1.80	0.07
		cu1003	3220	6812100	189160	20091208	93202.90	187941532.97	57890	0.09	3.40	0.10
		cu1004	4620	6013222	172100	20100106	142041.90	178992245.88	61490	0.15	5.37	0.16
		cu1005	4855	9736284	234376	20100129	131254.93	278473960.56	54070	0.10	4.14	0.09
		cu1006	2925	8653984	219192	20100304	76825.13	255545414.91	52530	0.07	2.67	0.06
		cu1007	3570	8088912	233006	20100406	95711.70	246860901.62	53620	0.09	3.06	0.08
		cu1008	2185	10667982	212040	20100507	62523.78	298420725.38	57230	0.04	2.06	0.04
		cu1009	2205	12567028	220308	20100609	65190.83	332994151.91	59130	0.04	2.00	0.04
		cu1010	3120	11159676	215290	20100720	98233.20	296507993.75	62970	0.06	2.90	0.07
		cu1011	3850	8512664	210008	20100805	124971.00	242082073.32	64920	0.09	3.67	0.10
		cu1012	4080	7937098	199934	20100901	137108.40	233472256.83	67210	0.10	4.08	0.12
铝	SHFE	al1001	7340	1967078	119678	20091028	63142.35	14937750.76	17205	0.75	12.27	0.85
		al1002	8330	1507442	129290	20091123	66244.33	11764963.15	15905	1.11	12.89	1.13
		al1003	9335	2723926	143776	20091214	75800.20	22234306.75	16240	0.69	12.99	0.68
		al1004	12990	4922832	175814	20100112	106420.58	43123573.72	16385	0.53	14.78	0.49
		al1005	10750	5028444	117644	20100201	79791.88	42620288.01	14845	0.43	18.28	0.37
		al1006	12065	3133074	131332	20100325	86566.38	26208415.17	14350	0.77	18.37	0.66
		al1007	7605	2925408	161118	20100416	55611.56	24221846.00	14625	0.52	9.44	0.46
		al1008	5450	2301006	91602	20100524	41420.00	17831162.30	15200	0.47	11.90	0.46
		al1009	9365	2567644	99966	20100621	71267.65	19181632.05	15220	0.73	18.74	0.74
		al1010	10135	1703372	96638	20100726	81257.36	12933485.56	16035	1.19	20.98	1.26
		al1011	12705	2120984	110234	20100810	103259.89	16536449.75	16255	1.20	23.05	1.25
		al1012	9150	2339198	142104	20100907	73360.13	18499650.83	16035	0.78	12.88	0.79
锌	SHFE	zn1001	3840	5950778	185138	20091026	38506.85	49334045.39	20030	0.13	4.15	0.16
		zn1002	2970	4522996	165170	20091118	25155.10	40127691.65	16840	0.13	3.60	0.13
		zn1003	5220	6927796	152132	20091211	46901.70	65288087.09	17970	0.15	6.86	0.14
		zn1004	6590	7775240	168020	20100105	62011.90	81006891.67	18820	0.17	7.84	0.15
		zn1005	5225	16635960	216286	20100126	41107.69	155230644.98	15735	0.06	4.83	0.05
		zn1006	4300	15357560	188732	20100324	30771.60	143081522.58	14300	0.06	4.56	0.04
		zn1007	4975	12222604	223552	20100408	37163.25	116184200.94	14940	0.08	4.45	0.06
		zn1008	4445	16597934	227176	20100511	37105.93	136539683.11	16700	0.05	3.91	0.05
		zn1009	3900	36672448	348134	20100604	33549.75	275347013.48	17205	0.02	2.24	0.02
		zn1010	6340	42127446	326512	20100706	59865.45	320010770.62	18885	0.03	3.88	0.04
		zn1011	7655	23697204	343958	20100728	70253.76	196408267.53	18355	0.06	4.45	0.07
		zn1012	6070	33686572	382172	20100826	55297.70	293692283.02	18220	0.04	3.18	0.04
黄金	SHFE	au1001	6	10450	716	20091112	146.02	242477.29	241.36	0.11	1.68	0.12
		au1002	6	3530	170	20091202	145.90	86010.72	240.00	0.34	7.06	0.34
		au1003	12	4566	136	20091223	291.59	113731.22	240.31	0.53	17.65	0.51
		au1006	351	4643920	109054	20100106	9247.45	115248372.79	249.76	0.02	0.64	0.02
		au1007	3	3616	138	20091224	81.91	89745.85	271.68	0.17	4.35	0.18
		au1009	9	5176	170	20100526	242.59	133246.88	273.64	0.35	10.59	0.36
		au1010	12	5270	252	20100825	339.50	136868.68	289.00	0.46	9.52	0.50
		au1012	138	3435762	66788	20100621	4098.88	91958254.33	297.50	0.01	0.41	0.01

数据来源：上海期货交易所
Source：SHFE

7-28 2010年建材及能源化工期货实物交割情况

Summary for Practical Delivery of Building Materials, Energy & Chemical Products in 2010

品种 Items	交易所 Exchange	合约 Contract	交割量 Volume of Delivery	合约成交量 Trading Volume of Contract	最高持仓量 High Open Positions	最高持仓日期 Date of High Open Positions	交割金额 Amount of Delivery	合约成交金额 Turnover of Contract	结算价 Clearing Price	交割率(%) Delivery Rate		
										Ⅰ	Ⅱ	Ⅲ
聚乙烯	DCE	l1001	2191	8608684	97034	20091120	12888.56	47185317.05	11765	0.05	4.52	0.05
		l1002	127	262802	3014	20090909	723.58	1467910.33	11395	0.10	8.43	0.10
		l1003	177	62338	902	20091125	976.16	326935.71	11030	0.57	39.25	0.60
		l1004	10	19036	2088	20090513	56.25	99182.02	11250	0.11	0.96	0.11
		l1005	3688	22050016	129098	20100316	19251.36	129361857.13	10440	0.03	5.71	0.03
		l1006	74	27118	1988	20100121	347.80	159753.84	9400	0.55	7.44	0.44
		l1007	318	27610	2570	20100122	1420.67	161323.84	8935	2.30	24.75	1.76
		l1008	420	5632	888	20100121	2042.25	30554.05	9725	14.91	94.59	13.37
		l1009	14358	37884970	212914	20100716	72400.22	188967547.29	10085	0.08	13.49	0.08
		l1010	513	15082	1466	20101013	2831.76	78785.97	11040	6.80	69.99	7.19
		l1011	1949	42344	4332	20101103	11616.04	225802.31	11920	9.21	89.98	10.29
		l1012	1744	33506	4888	20101105	9247.56	184611.79	10605	10.41	71.36	10.02
		l1101	480	44598146	295420	20100908	2592.00	241885917.76	10800	0.00	0.32	0.00
聚氯乙烯	DCE	v1001	13296	6821818	130378	20091118	48596.88	23793934.12	7310	0.39	20.40	0.41
		v1002	3780	2101402	19178	20091123	13173.30	7430864.05	6970	0.36	39.42	0.35
		v1003	11215	9365184	162900	20091214	40149.70	35165479.81	7160	0.24	13.77	0.23
		v1004	330	879146	10174	20091207	1221.83	3315383.55	7405	0.08	6.49	0.07
		v1005	5045	3201422	58854	20100311	18149.39	12298318.37	7195	0.32	17.14	0.30
		v1006	428	38634	2418	20090624	1514.05	144950.81	7075	2.22	35.40	2.09
		v1007	52	36894	1166	20090924	176.15	138790.99	6775	0.28	8.92	0.25
		v1008	74	35020	702	20091111	262.52	127707.54	7095	0.42	21.08	0.41
		v1009	1138	4489478	111876	20100415	4244.74	16767578.87	7460	0.05	2.03	0.05
		v1010	18	2976	82	20100721	72.45	11367.85	8050	1.21	43.90	1.27
		v1011	102	6274	346	20100908	420.24	24112.75	8240	3.25	58.96	3.49
		v1012	116	5436	860	20100624	461.97	20429.40	7965	4.27	26.98	4.52
燃料油	SHFE	fu1001	9230	4039214	107760	20091027	38304.50	16496634.90	4167	0.46	17.13	0.46
		fu1003	10820	8334122	191538	20091209	47315.86	35951924.29	4438	0.26	11.30	0.26
		fu1004	860	57294	3398	20091209	3922.46	251412.36	4570	3.00	50.62	3.12
		fu1005	10410	8037618	173120	20100106	49103.97	36634518.86	4715	0.26	12.03	0.27
		fu1006	2230	1202726	68168	20100329	9704.96	5605919.43	4325	0.37	6.54	0.35
		fu1007	2590	452552	32896	20100514	11087.79	2102632.41	4193	1.14	15.75	1.05
		fu1008	170	16554	1106	20100517	714.85	75347.60	4243	2.05	30.74	1.90
		fu1009	14320	2273570	75872	20100604	61504.40	9935697.74	4267	1.26	37.75	1.24
		fu1010	6390	798922	58456	20100809	27445.05	3534822.98	4280	1.60	21.86	1.55
		fu1011	4040	1370040	75944	20100901	18111.32	6047528.41	4434	0.59	10.64	0.60
		fu1012	7940	742442	42184	20100928	35626.78	3333365.70	4505	2.14	37.64	2.14
PTA	ZCE	TA001	6641	19363738	228676	20091111	26848.10	74195057.78	8162	0.07	5.81	0.07
		TA002	4420	14989826	157098	20091217	17511.50	59307192.01	8102	0.06	5.63	0.06
		TA003	10853	10208822	168978	20100106	44240.93	41961691.25	8122	0.21	12.85	0.21
		TA004	4519	87148	10050	20100329	18691.25	351076.49	8240	10.37	89.93	10.65
		TA005	22988	16460352	181500	20100308	89401.06	67702661.20	7350	0.28	25.33	0.26
		TA006	4352	55278	8708	20100526	15506.18	212129.04	7150	15.75	99.95	14.62
		TA007	7821	50486	14708	20100713	27586.60	190992.67	7018	30.98	106.35	28.89
		TA008	3300	42690	6306	20100812	11932.22	161144.14	7194	15.46	104.66	14.81
		TA009	16166	29402784	285552	20100525	59673.24	113356957.04	7426	0.11	11.32	0.11
		TA010	7780	183728	32886	20100908	32821.14	711953.07	8408	8.47	47.31	9.22
		TA011	3804	84104	8032	20101104	17925.32	343216.06	10006	9.05	94.72	10.45
		TA012	3155	177676	15092	20101025	14687.68	743873.61	9514	3.55	41.81	3.95

数据来源：上海期货交易所、大连商品交易所、郑州商品交易所

Source：SHFE、DCE、ZCE

7－29　2010 年钢材期货实物交割情况

Summary for Practical Delivery of Steel Products in 2010

品种 Items	交易所 Exchange	合约 Contract	交割量 Volume of Delivery	合约成交量 Trading Volume of Contract	最高持仓量 High Open Positions	最高持仓日期 Date of High Open Positions	交割金额 Amount of Delivery	合约成交金额 Turnover of Contract	结算价 Clearing Price	交割率(%) Delivery Rate		
										Ⅰ	Ⅱ	Ⅲ
螺纹钢	SHFE	rb1001	4200	74874542	1074998	20091021	16669.80	288239416.90	3969	0.01	0.78	0.01
		rb1002	5760	46831886	925730	20091110	22003.20	190397826.62	3820	0.02	1.24	0.02
		rb1003	8070	6356510	189126	20091113	32296.14	26458555.17	4002	0.25	8.53	0.24
		rb1004	3060	563622	53150	20100104	13522.14	2384609.62	4419	1.09	11.51	1.13
		rb1005	13200	107231480	1028662	20091228	52021.20	468917164.04	3941	0.02	2.57	0.02
		rb1006	1890	839192	52834	20100317	7552.44	3715391.64	3996	0.45	7.15	0.41
		rb1007	2130	167154	9642	20100311	7983.24	733593.42	3748	2.55	44.18	2.18
		rb1008	4830	167216	17036	20100601	19841.64	710893.80	4108	5.78	56.70	5.58
		rb1009	3510	400888	26686	20100601	15489.63	1748557.77	4413	1.75	26.31	1.77
		rb1010	4650	189301690	1434070	20100416	20074.05	837893185.23	4317	0.00	0.65	0.00
		rb1011	4260	593302	26088	20100416	19770.66	2631642.02	4641	1.44	32.66	1.50
		rb1012	4470	338272	36540	20100823	21688.44	1482741.80	4852	2.64	24.47	2.93
线材	SHFE	wr1001	330	174374	12182	20091026	1290.30	653261.08	3910	0.38	5.42	0.40
		wr1002	300	100802	8494	20091123	1118.40	390389.37	3728	0.60	7.06	0.57
		wr1003	840	31804	2736	20091228	3297.84	125656.72	3926	5.28	61.40	5.25
		wr1004	1320	21970	2650	20100319	5880.60	90316.98	4455	12.02	99.62	13.02
		wr1005	3360	162668	11676	20100128	13618.08	688450.95	4053	4.13	57.55	3.96
		wr1006	270	14982	970	20100317	1105.65	63008.23	4125	3.60	55.67	3.51

数据来源：上海期货交易所
Source：SHFE

7－30　2010 年农产品期货合约月末结算价

Clearing Price of Agricultural Product Contracts in 2010

合约品种 Items	交易所 Exchanges	合约 Contracts	1 月 Jan.	2 月 Feb.	3 月 Mar.	4 月 Apr.	5 月 May	6 月 June	7 月 July	8 月 Aug.	9 月 Sept.	10 月 Oct.	11 月 Nov.	12 月 Dec.
黄大豆 1 号	DCE	a1001	4107											
		a1003	4011	3853	3853									
		a1005	4033	4074	4031	3848	3825							
		a1007	4031	4040	4017	3871	3777	3701	3671					
		a1009	3868	3833	3902	3881	3747	3726	3803	3740	3763			
		a1011	3850	3790	3870	3913	3822	3786	3836	3804	3888	3945	4095	
		a1101	3792	3766	3837	3965	3844	3821	3905	3879	3975	4043	3955	4040
		a1103	3785	3768	3835	4002	3839	3822	3925	3931	4052	4182	4041	4117
		a1105	3790	3770	3837	4049	3852	3817	3975	4004	4116	4224	4143	4362
		a1107	3785	3759	3844	4066	3939	3821	3973	4016	4116	4311	4212	4449
		a1109			3862	4098	3906	3828	3964	4022	4158	4371	4296	4531
		a1111					3923	3841	3970	4028	4169	4401	4276	4521
		a1201							3997	4044	4166	4447	4248	4502
		a1203									4283	4502	4288	4537
		a1205											4369	4619
黄大豆 2 号	DCE	b1001	4316											
		b1003	4147	4186	4186									

续表 1　Continued 1

合约品种 Items	交易所 Exchanges	合约 Contracts	1月 Jan.	2月 Feb.	3月 Mar.	4月 Apr.	5月 May	6月 June	7月 July	8月 Aug.	9月 Sept.	10月 Oct.	11月 Nov.	12月 Dec.
黄大豆2号	DCE	b1005	4212	4043	4210	4330	4330							
		b1007	4164	4059	4165	4043	4006	3985	4224					
		b1009	3924	3920	3965	4032	3956	3891	4040	4093	4093			
		b1011	3905	3899	3935	3997	3916	3877	4077	4128	4300	4502	4502	
		b1101	4018	3853	3907	4052	3909	3885	4054	4138	4293	4489	4373	4621
		b1103			3923	4094	3940	3919	4017	4125	4290	4290	4477	4630
		b1105					3950	3905	4040	4120	4277	4481	4396	4660
		b1107							3931	4125	4172	4560	4521	4669
		b1109									4332	4522	4447	4698
		b1111											4778	4516
玉米	DCE	c1001	1789											
		c1003	1795	1739	1768									
		c1005	1808	1823	1910	1910	1951							
		c1007	1830	1845	1922	1917	1946	1882	2089					
		c1009	1850	1870	1931	1919	1941	1916	1977	2020	2012			
		c1011	1856	1860	1916	1902	1923	1881	1938	1980	1975	2038	2099	
		c1101	1832	1857	1898	1895	1912	1853	1927	1967	1993	2106	2089	2009
		c1103			1916	1903	1920	1877	1936	1985	2018	2125	2116	2067
		c1105					1939	1884	1963	2019	2061	2193	2154	2181
		c1107							1968	2027	2114	2243	2224	2260
		c1109									2136	2294	2271	2330
		c1111											2285	2369
豆粕	DCE	m1001	3376											
		m1003	3051	2932	2920									
		m1005	2911	2930	2988	3007	3025							
		m1007	2826	2824	2887	2960	2740	2733	2678					
		m1008	2845	2861	2906	2962	2748	2819	3059	3059				
		m1009	2803	2816	2851	2902	2777	2789	3043	3122	3130			
		m1011	2823	2837	2855	2922	2805	2790	3004	3097	3465	3376	3376	
		m1012	2829	2852	2871	2945	2816	2823	3027	3130	3415	3380	3117	3117
		m1101	2785	2806	2824	2911	2802	2812	3002	3104	3342	3327	3228	3351
		m1103			2838	2934	2826	2818	2990	3046	3314	3342	3202	3332
		m1105					2806	2787	2949	2982	3238	3314	3187	3388
		m1107							2964	2971	3186	3282	3149	3354
		m1108								2996	3210	3357	3207	3447
		m1109									3242	3367	3189	3439
		m1111											3170	3392
		m1112												3401
棕榈油	DCE	p1001	6840											
		p1002	6332	6332										
		p1003	6442	6542	6920									
		p1004	6592	6698	6850	6532								
		p1005	6558	6782	6892	6840	6730							
		p1006	6676	6864	6872	6804	6400	6210						
		p1007	6652	6884	6902	6854	6580	6250	6250					
		p1008	6758	6960	7032	6948	6680	6308	6678	6678				
		p1009	6714	6890	6880	6928	6676	6376	6752	7084	7300			
		p1010	6702	6960	7006	6950	6724	6356	6838	7140	7484	7484		
		p1011	6614	6952	6934	6936	6642	6384	6716	6954	7472	8120	8120	
		p1012	6770	6800	6934	6948	6686	6438	6840	7104	7570	8550	8650	8650
		p1101	6586	6770	6786	6924	6604	6330	6758	6990	7504	8240	8866	9968

续表 2　Continued 2

合约品种 Items	交易所 Exchanges	合约 Contracts	1 月 Jan.	2 月 Feb.	3 月 Mar.	4 月 Apr.	5 月 May	6 月 June	7 月 July	8 月 Aug.	9 月 Sept.	10 月 Oct.	11 月 Nov.	12 月 Dec.
棕榈油	DCE	p1102		6830	6854	6940	6612	6498	6852	7222	7778	8468	8502	9702
		p1103			6874	7008	6722	6450	6946	7180	7694	8440	8900	9850
		p1104				7126	6748	6662	6704	7214	7790	8448	8662	9892
		p1105					6778	6494	6882	7186	7672	8368	8640	9782
		p1106						6642	6860	7220	7738	8536	8904	9776
		p1107							6998	7214	7654	8540	8660	9790
		p1108								7392	7754	8540	8788	9730
		p1109									7774	8544	8738	9766
		p1110										8540	8772	9822
		p1111											8580	9802
		p1112												9342
大豆原油	DCE	y1001	7680											
		y1003	7116	7112	7246									
		y1005	7186	7330	7376	7402	7250							
		y1007	7206	7340	7472	7482	7170	7106	7002					
		y1008	7346	7460	7556	7556	7372	7280	7290	7290				
		y1009	7328	7460	7604	7608	7344	7218	7460	7662	7578			
		y1011	7398	7526	7646	7708	7436	7234	7574	7762	8244	8942	9250	
		y1012	7390	7606	7698	7822	7530	7380	7588	7842	8214	8838	8574	8574
		y1101	7438	7578	7704	7840	7530	7408	7706	7944	8424	9044	9128	10074
		y1103			7664	7912	7594	7442	7722	7998	8536	9168	9070	10112
		y1105					7624	7422	7708	8012	8556	9226	9230	10190
		y1107							7680	8070	8636	9384	9274	10360
		y1108								8076	8632	9442	9436	10438
		y1109									8600	9454	9438	10476
		y1111											9414	10618
		y1112												10502
天然橡胶	SHFE	ru1001	24420											
		ru1003	22670	24515	23180									
		ru1004	22985	24655	24745	25760								
		ru1005	23195	24850	24770	24255	22795							
		ru1006	23210	24795	24740	24220	23860	24785						
		ru1007	23275	24880	24520	23880	23615	23650	23335					
		ru1008	23460	24945	24630	23390	23040	22870	23830	24650				
		ru1009	23575	25100	24740	23295	22885	22135	23685	25170	25705			
		ru1010	23585	24760	24645	23150	22710	21630	23595	25100	26655	30695		
		ru1011	23235	24845	24355	23125	22490	21395	23290	25075	26470	30220	32450	
		ru1101	23990	25645	24875	23480	22785	21605	23750	25515	26480	30685	30065	35770
		ru1103			24885	23575	22915	21885	24005	25850	26750	30815	30120	36160
		ru1104				23675	22980	21945	24070	25830	26785	30895	30095	36435
		ru1105					23155	21860	24135	25970	26800	31060	30365	36760
		ru1106						21890	24115	25940	26535	30500	29945	36470
		ru1107							24185	25985	26475	30575	29835	36465
		ru1108								25965	26390	30115	29665	36235
		ru1109									26220	30355	29785	36680
		ru1110										30140	29855	36230
		ru1111											29500	35895
一号棉花	ZCE	CF001	15335											
		CF003	15125	15815	16035									
		CF005	15270	16070	16450	16725	17205							
		CF007	15510	16290	16610	16925	17805	18795	18475					

续表 3 Continued 3

合约品种 Items	交易所 Exchanges	合约 Contracts	1月 Jan.	2月 Feb.	3月 Mar.	4月 Apr.	5月 May	6月 June	7月 July	8月 Aug.	9月 Sept.	10月 Oct.	11月 Nov.	12月 Dec.
		CF009	15900	16740	16910	17250	17680	18300	18620	18625	19500			
		CF011	15620	16300	16390	16895	16785	17135	16720	17560	22025	30400	30240	
		CF101	15630	16185	16310	16885	16575	16800	16425	17480	21210	27825	26025	28660
一号棉花	ZCE	CF103			16440	16995	16685	16975	16640	17680	21170	27540	25185	28190
		CF105					16835	17200	16765	17885	21320	27220	24905	28125
		CF107							16885	18055	21340	27200	24950	28200
		CF109									21340	27260	24960	28215
		CF111											22830	26285
		SR001	5030											
		SR003	5057	5437	5045									
		SR005	5142	5523	5080	4945	4820							
		SR007	5241	5627	5152	4999	4895	5128	5213					
		SR009	5395	5759	5256	5098	4927	5132	5323	5441	5594			
		SR011	5292	5634	5220	5096	4878	5028	5342	5561	5703	7350	7181	
白砂糖	ZCE	SR101	4982	5422	5097	4938	4678	4806	5175	5412	5557	6622	6358	6875
		SR103	4967	5358	5098	4938	4697	4827	5177	5421	5563	6523	6281	6823
		SR105	5035	5385	5173	4965	4751	4881	5227	5494	5645	6580	6316	6884
		SR107	5044	5369	5198	4991	4779	4908	5238	5508	5657	6551	6308	6942
		SR109			5268	5054	4857	4982	5299	5584	5729	6606	6413	7040
		SR111					4834	4922	5224	5518	5608	6493	6286	6886
		SR201							5135	5296	5384	6174	6051	6604
		SR203									5364	6155	5992	6555
		SR205											6057	6613
		ER001	1988											
		ER003	1989	1981	2008									
		ER005	2049	2043	2010	1909	1915							
		ER007	2078	2076	2050	1969	1933	1835	1873					
		ER009	2147	2158	2148	2110	2030	2016	2040	2040	1991			
早籼稻	ZCE	ER011	2171	2179	2181	2144	2063	2047	2093	2082	2029	2191	2333	
		ER101	2185	2196	2191	2165	2085	2074	2140	2136	2080	2260	2211	2241
		ER103			2199	2178	2099	2083	2151	2153	2109	2308	2258	2306
		ER105					2130	2106	2182	2207	2160	2354	2302	2347
		ER107							2181	2193	2134	2336	2319	2370
		ER109									2234	2443	2421	2534
		ER111											2454	2575
		WS001	2130											
		WS003	2179	2241	2193									
		WS005	2202	2228	2253	2223	2241							
		WS007	2197	2218	2235	2230	2166	2179	2179					
		WS009	2248	2285	2286	2295	2276	2285	2323	2399	2388			
		WS011	2261	2282	2293	2308	2278	2280	2340	2408	2411	2491	2448	
强麦	ZCE	WS101	2258	2292	2295	2315	2294	2305	2386	2466	2483	2574	2449	2414
		WS103	2282	2296	2305	2321	2299	2299	2379	2483	2512	2623	2475	2458
		WS105	2284	2312	2311	2335	2322	2325	2424	2530	2557	2666	2546	2542
		WS107	2286	2307	2306	2322	2317	2293	2381	2446	2475	2624	2529	2555
		WS109			2347	2360	2352	2356	2433	2570	2614	2736	2642	2737
		WS111					2351	2321	2428	2569	2595	2725	2678	2778
		WS201							2450	2587	2626	2785	2709	2817
		WS203									2653	2805	2748	2862
		WS205											2773	2895

续表 4　Continued 4

合约品种 Items	交易所 Exchanges	合约 Contracts	1月 Jan.	2月 Feb.	3月 Mar.	4月 Apr.	5月 May	6月 June	7月 July	8月 Aug.	9月 Sept.	10月 Oct.	11月 Nov.	12月 Dec.
硬麦	ZCE	WT001	1880											
		WT003	1848	1823	1852									
		WT005	1865	1877	1876	1814	1825							
		WT007	1943	1952	1944	1873	1880	1876	1960					
		WT009	1966	1991	1999	1959	1945	1955	2003	1872	1924			
		WT011	1999	1995	2014	2007	2011	2025	2100	2125	2134	1998	2019	
		WT101	1977	2002	2009	2015	2019	2038	2100	2130	2150	2138	2143	1991
		WT103			2010	2025	2019	2046	2099	2143	2184	2237	2206	2090
		WT105					2021	2050	2109	2157	2185	2274	2244	2187
		WT107							2121	2154	2205	2278	2315	2263
		WT109									2209	2308	2336	2312
		WT111											2340	2343
菜籽油	ZCE	RO001	7978											
		RO003	7652	7730	7608									
		RO005	7870	7922	7932	7906	7884							
		RO007	7884	8052	8044	8102	8084	8050	8050					
		RO009	7940	8060	8184	8158	8000	8058	8280	8388	8750			
		RO011	7984	8152	8234	8188	8058	8082	8354	8528	8570	9648	9312	
		RO101	8070	8212	8316	8326	8122	8142	8384	8570	8668	9294	9198	9854
		RO103			8290	8400	8238	8236	8420	8650	8840	9440	9374	10070
		RO105					8224	8190	8412	8678	8872	9590	9530	10350
		RO107							8662	8828	9124	9750	9774	10602
		RO109									8994	9854	9878	10830
		RO111											9962	10962

数据来源：上海期货交易所、大连商品交易所、郑州商品交易所
Source：SHFE、DCE、ZCE

7－31　2010 年金属期货合约月末结算价

Clearing Price of Metal Product Contracts in 2010

合约品种 Items	交易所 Exchanges	合约 Contracts	1月 Jan.	2月 Feb.	3月 Mar.	4月 Apr.	5月 May	6月 June	7月 July	8月 Aug.	9月 Sept.	10月 Oct.	11月 Nov.	12月 Dec.
铜	SHFE	cu1001	60360											
		cu1002	56240	52870										
		cu1003	56200	57800	57890									
		cu1004	56060	58080	60890	61490								
		cu1005	56170	58150	61210	58400	54070							
		cu1006	56190	58240	61640	58590	55470	52530						
		cu1007	56100	58250	61970	58650	55470	52160	53620					
		cu1008	56300	58360	62000	58710	55440	51980	56190	57230				
		cu1009	56190	58340	62020	58800	55470	51780	56240	58680	59130			
		cu1010	56120	58320	62070	58780	55450	51560	56180	58660	59920	62970		
		cu1011	55650	58450	62260	58960	55540	51520	56180	58610	60070	62750	64920	
		cu1012	55960	58310	62080	59050	55440	51520	56130	58600	59700	62740	62060	67210
		cu1101	55470	58320	62160	59420	55560	51540	56110	58560	60050	62810	62260	70440
		cu1102		58240	62220	59170	55640	51580	56060	58540	59970	62910	62270	70760
		cu1103			62300	59260	55840	51680	56100	58540	59930	63010	62290	71070
		cu1104				59570	55790	51690	56100	58560	59970	62980	62300	71840
		cu1105					55710	51690	56090	58520	60100	63070	62510	72000

续表 1　Continued 1

合约品种 Items	交易所 Exchanges	合约 Contracts	1月 Jan.	2月 Feb.	3月 Mar.	4月 Apr.	5月 May	6月 June	7月 July	8月 Aug.	9月 Sept.	10月 Oct.	11月 Nov.	12月 Dec.
铜	SHFE	cu1106						51750	56170	58610	60120	62970	62500	72050
		cu1107							56110	58480	60170	62980	62460	72280
		cu1108								58530	60220	63180	62410	72250
		cu1109									60120	63140	62500	72190
		cu1110										62980	62570	72270
		cu1111											62890	72140
		cu1112												72350
铝	SHFE	al1001	17205											
		al1002	15900	15905										
		al1003	15990	16400	16240									
		al1004	16070	16595	16220	16385								
		al1005	16185	16765	16415	15880	14845							
		al1006	16240	16910	16590	16015	14985	14350						
		al1007	16280	17015	16730	16170	15155	14490	14625					
		al1008	16350	17105	16855	16310	15305	14590	15165	15200				
		al1009	16390	17200	17000	16420	15450	14670	15255	15220	15220			
		al1010	16475	17280	17055	16520	15580	14760	15370	15315	15590	16035		
		al1011	16540	17390	17130	16630	15695	14865	15470	15395	15720	16135	16255	
		al1012	16555	17390	17165	16740	15780	14960	15545	15505	15840	16295	15860	16035
		al1101	16640	17475	17315	16790	15820	15005	15620	15615	15965	16460	16010	16430
		al1102		17750	17400	16890	15860	15055	15680	15680	16060	16650	16165	16620
		al1103			17545	17080	15925	15005	15695	15790	16165	16785	16335	16790
		al1104				17155	15940	15185	15735	15860	16285	16890	16510	16965
		al1105					15915	15140	15730	15905	16350	17005	16650	17075
		al1106						15125	15745	16020	16615	17065	16830	17145
		al1107							15775	16175	16680	17135	17020	17225
		al1108								16160	16700	17250	17180	17395
		al1109									17275	17335	17320	17460
		al1110										17435	17340	17650
		al1111											17410	17610
		al1112												17795
锌	SHFE	zn1001	20030											
		zn1002	17610	16840										
		zn1003	17740	17950	17970									
		zn1004	17845	18140	18475	18820								
		zn1005	17990	18300	18650	17940	15735							
		zn1006	18210	18455	18880	18075	15650	14300						
		zn1007	18270	18615	19060	18325	15830	14405	14940					
		zn1008	18435	18750	19160	18485	15960	14485	15950	16700				
		zn1009	18420	18815	19295	18595	16125	14535	16055	16895	17205			
		zn1010	18430	18955	19355	18850	16250	14575	16180	17040	17310	18885		
		zn1011	18465	19100	19400	18845	16425	14635	16300	17170	17420	19255	18355	
		zn1012	18580	19055	19475	18960	16510	14710	16420	17295	17605	19435	16885	18220
		zn1101	18840	19220	19570	19105	16615	14835	16500	17405	17785	19630	17035	19070
		zn1102		19315	19625	19075	16700	14965	16560	17505	17875	19815	17210	19260
		zn1103			19625	19220	16815	15035	16605	17615	17935	19995	17390	19475
		zn1104				19460	16800	15265	16675	17680	18130	20060	17555	19685
		zn1105					17120	15285	16695	17710	18135	20165	17710	19855
		zn1106						15310	16790	17770	18230	20295	17805	19995
		zn1107							16870	17835	18315	20470	18000	20040
		zn1108								17830	18425	20435	18155	20120
		zn1109									18370	20425	18190	20210
		zn1110										20510	18195	20305

续表 2　Continued 2

合约品种 Items	交易所 Exchanges	合约 Contracts	1月 Jan.	2月 Feb.	3月 Mar.	4月 Apr.	5月 May	6月 June	7月 July	8月 Aug.	9月 Sept.	10月 Oct.	11月 Nov.	12月 Dec.
锌	SHFE	zn1111											18920	20275
		zn1112												20455
黄金	SHFE	au1001	241.36											
		au1002	240.00	240.00										
		au1003	239.17	240.31	242.00									
		au1004	240.50	245.90	236.73	236.73								
		au1005	239.86	245.87	244.99	255.41	270.00							
		au1006	239.99	245.95	245.24	256.66	265.91	249.76						
		au1007	240.95	245.79	245.79	256.72	265.32	271.68	271.68					
		au1008	240.60	245.62	246.10	256.98	264.51	272.35	260.87	259.00				
		au1009	241.32	247.30	245.55	257.69	266.12	271.62	257.57	267.05	274.70			
		au1010	240.92	245.96	245.63	257.65	265.51	271.47	257.06	269.84	289.00	288.00		
		au1011	241.57	247.59	247.02	256.87	266.41	271.91	256.72	269.61	285.94	287.05	287.05	
		au1012	241.62	246.83	245.02	258.49	266.72	272.09	255.77	270.52	283.18	287.80	292.42	297.50
		au1101	244.84	248.64	243.56	258.69	267.20	272.45	257.07	269.95	282.62	289.10	290.50	297.00
		au1102		248.00	245.20	258.87	266.22	271.83	256.74	271.38	283.41	289.79	293.66	305.45
		au1103			247.78	259.63	267.00	272.97	256.55	269.52	282.92	287.41	293.23	305.55
		au1104				259.15	267.00	271.96	256.56	269.86	281.90	289.04	294.13	304.41
		au1105					265.60	272.68	259.00	270.39	281.98	289.68	294.91	307.00
		au1106						272.70	256.93	270.94	283.20	289.80	296.15	307.61
		au1107							259.35	267.91	281.39	286.05	293.60	306.96
		au1108								268.87	280.37	278.68	302.08	312.47
		au1109									281.24	286.19	296.13	307.77
		au1110										290.35	296.24	309.60
		au1111											293.86	298.16
		au1112												309.87

数据来源：上海期货交易所
Source：SHFE

7－32　2010 建材及能源化工期货合约月末结算价

Clearing Price of Building Materials, Energy & Chemical Product Contracts in 2010

合约品种 Items	交易所 Exchanges	合约 Contracts	1月 Jan.	2月 Feb.	3月 Mar.	4月 Apr.	5月 May	6月 June	7月 July	8月 Aug.	9月 Sept.	10月 Oct.	11月 Nov.	12月 Dec.
聚乙烯	DCE	l1001	11765											
		l1002	11150	11395										
		l1003	11340	11345	11030									
		l1004	11305	11850	11010	11250								
		l1005	11430	11875	11090	10910	10440							
		l1006	11490	11910	11055	11080	10050	9400						
		l1007	11550	11935	11245	11220	10120	9340	8935					
		l1008	11590	12110	11505	11305	10335	9320	9725	9725				
		l1009	11735	12125	11425	11405	10440	9435	9820	9895	10085			
		l1010	11670	12150	11520	11415	10600	9545	9920	9950	10405	11040		
		l1011	11850	12300	11535	11560	10700	9655	10030	10085	10500	11060	11920	
		l1012	12340	12085	11520	11480	10775	9715	10170	10205	10640	11390	10195	10605
		l1101	11785	12210	11705	11695	10865	9800	10295	10345	10785	11590	10400	11145
		l1102		12050	11850	11975	10670	10165	10275	10685	10770	11760	10455	11385
		l1103			12050	11875	11000	10300	10445	10520	10955	11755	10620	11480
		l1104				11840	11030	10185	10550	10620	11085	12065	11100	12290
		l1105					11045	10160	10625	10755	11175	12255	11300	12440

续表 1 Continued 1

合约品种 Items	交易所 Exchanges	合约 Contracts	1月 Jan.	2月 Feb.	3月 Mar.	4月 Apr.	5月 May	6月 June	7月 July	8月 Aug.	9月 Sept.	10月 Oct.	11月 Nov.	12月 Dec.
聚乙烯	DCE	l1106						10000	10665	10715	10995	12290	11300	12430
		l1107							10330	10330	10845	12230	11575	12545
		l1108								11000	11020	12435	12080	12700
		l1109									11495	12535	11730	13005
		l1110										12515	11985	13105
		l1111											11920	12990
		l1112												12845
聚氯乙烯	DCE	v1001	7310											
		v1002	6965	6970										
		v1003	7035	7220	7160									
		v1004	7250	7500	7500	7405								
		v1005	7365	7585	7440	7350	7195							
		v1006	7480	7720	7570	7455	7205	7075						
		v1007	7475	7695	7680	7550	7300	6955	6775					
		v1008	7600	7835	7745	7760	7185	7135	7050	7095				
		v1009	7715	7880	7815	7740	7475	7030	7180	7245	7460			
		v1010	7780	7935	7875	7795	7585	7115	7320	7250	7865	8050		
		v1011	7870	8005	7885	7855	7565	7115	7255	7290	8020	7860	8240	
		v1012	8050	8085	7920	7870	7650	7145	7170	7410	7810	7885	8470	7965
		v1101	8105	7985	8015	7955	7765	7270	7390	7440	7905	7975	8100	7820
		v1102		8030	7910	8110	7875	7450	7300	7560	8035	7925	8065	8120
		v1103			8000	8015	7830	7370	7395	7525	7895	8030	7945	8110
		v1104				8015	8020	7590	7580	7585	7890	8305	8140	8380
		v1105					7970	7650	7585	7640	8030	8310	8080	8435
		v1106						7700	7485	7735	7860	8305	8350	8515
		v1107							7590	7850	7910	8480	8310	8480
		v1108								7700	7900	8345	8180	8580
		v1109									8065	8450	8250	8715
		v1110										8550	9650	8785
		v1111											8150	8800
		v1112												8890
燃料油	SHFE	fu1003	4409	4438										
		fu1004	4472	4444	4570									
		fu1005	4520	4500	4630	4715								
		fu1006	4571	4550	4654	4753	4325							
		fu1007	4619	4608	4693	4764	4382	4193						
		fu1008	4672	4677	4722	4770	4441	4239	4243					
		fu1009	4667	4698	4753	4777	4448	4320	4335	4267				
		fu1010	4705	4738	4767	4797	4498	4350	4417	4302	4300			
		fu1011	4756	4784	4828	4817	4535	4380	4459	4367	4372	4434		
		fu1012	4797	4826	4866	4844	4565	4422	4486	4405	4450	4535	4505	
		fu1101	4782	4881	4910	4862	4594	4447	4538	4462	4518	4637	4606	4595
		fu1103			4955	4893	4661	4502	4600	4555	4615	4779	4781	4737
		fu1104				4907	4638	4529	4629	4605	4661	4846	4838	4825
		fu1105					4692	4581	4650	4656	4722	4925	4918	4913
		fu1106						4587	4668	4712	4747	4963	4985	4996
		fu1107							4694	4777	4800	5041	5048	5066
		fu1108								4816	4837	5101	5074	5114
		fu1109									4837	5122	5102	5155
		fu1110										5167	5090	5199
		fu1111											5210	5263
		fu1112												5306

续表 2　Continued 2

合约品种 Items	交易所 Exchanges	合约 Contracts	1月 Jan.	2月 Feb.	3月 Mar.	4月 Apr.	5月 May	6月 June	7月 July	8月 Aug.	9月 Sept.	10月 Oct.	11月 Nov.	12月 Dec.
PTA	ZCE	TA001	8162											
		TA002	7790	8102										
		TA003	7856	8220	8122									
		TA004	7936	8302	8214	8240								
		TA005	8008	8398	8304	8048	7350							
		TA006	8058	8468	8354	8154	7446	7150						
		TA007	8176	8520	8446	8208	7494	7108	7018					
		TA008	8200	8634	8506	8302	7552	7194	7152	7194				
		TA009	8266	8632	8602	8390	7618	7256	7210	7286	7426			
		TA010	8366	8668	8642	8422	7696	7320	7374	7506	7932	8408		
		TA011	8352	8680	8700	8468	7680	7392	7452	7584	8004	8530	10006	
		TA012	8322	8694	8694	8580	7786	7452	7522	7662	8080	8596	9016	9514
		TA101	8302	8704	8754	8678	7894	7530	7600	7742	8168	8686	9104	9948
		TA102		8746	8764	8710	7902	7634	7652	7808	8248	8778	9104	10000
		TA103			8788	8748	8000	7636	7760	7900	8342	8912	9128	10122
		TA104				8766	8038	7686	7816	7976	8448	8992	9138	10254
		TA105					8086	7736	7890	8058	8432	9052	9192	10322
		TA106						7838	7872	8122	8356	9066	9170	10394
		TA107							7888	8132	8532	9116	9288	10480
		TA108								8252	8524	9134	9492	10522
		TA109									8588	9218	9436	10576
		TA110										9358	9480	10608
		TA111											9576	10650
		TA112												10668

数据来源：上海期货交易所、大连商品交易所、郑州商品交易所
Source：SHFE、DCE、ZCE

7－33　2010 钢材期货合约月末结算价

Clearing Price of Steel Product Contracts in 2010

合约品种 Items	交易所 Exchanges	合约 Contracts	1月 Jan.	2月 Feb.	3月 Mar.	4月 Apr.	5月 May	6月 June	7月 July	8月 Aug.	9月 Sept.	10月 Oct.	11月 Nov.	12月 Dec.
螺纹钢	SHFE	rb1001	3969											
		rb1002	3884	3820										
		rb1003	4021	3891	4002									
		rb1004	4146	4049	4328	4419								
		rb1005	4298	4196	4420	4274	3941							
		rb1006	4360	4274	4468	4363	4026	3996						
		rb1007	4408	4336	4533	4421	4053	3826	3748					
		rb1008	4462	4391	4603	4468	4092	3899	3956	4108.0				
		rb1009	4521	4478	4683	4531	4150	3933	3970	4177.0	4413.0			
		rb1010	4601	4600	4760	4609	4237	3971	4046	4191	4168.0	4317.0		
		rb1011	4638	4630	4774	4628	4242	3986	4079	4192	4171	4334.0	4641.0	
		rb1012	4672	4658	4792	4649	4264	4010	4139	4237	4184	4311	4734.0	4852.0
		rb1101	4695	4674	4825	4705	4350	4082	4254	4324	4229	4315	4610	4901
		rb1102		4707	4844	4736	4369	4110	4266	4337	4241	4322	4607	4863
		rb1103			4876	4768	4420	4139	4290	4352	4266	4356	4593	4821
		rb1104				4794	4483	4184	4314	4392	4280	4419	4597	4804
		rb1105					4548	4269	4407	4484	4339	4495	4632	4803
		rb1106						4294	4443	4490	4374	4508	4639	4795
		rb1107							4456	4518	4362	4523	4659	4786

续表 Continued

合约品种 Items	交易所 Exchanges	合约 Contracts	1月 Jan.	2月 Feb.	3月 Mar.	4月 Apr.	5月 May	6月 June	7月 July	8月 Aug.	9月 Sept.	10月 Oct.	11月 Nov.	12月 Dec.
螺纹钢	SHFE	rb1108								4545	4396	4557	4672	4803
		rb1109									4427	4580	4703	4823
		rb1110										4642	4749	4877
		rb1111											4748	4870
		rb1112												4880.0
线 材	SHFE	wr1001	3910											
		wr1002	3689	3728										
		wr1003	3846	3801	3926									
		wr1004	3950	3880	4206	4455								
		wr1005	4097	4014	4273	4246	4053							
		wr1006	4185	4096	4346	4295	4069	4095						
		wr1007	4249	4146	4390	4361	4122	3989	3989					
		wr1008	4277	4196	4430	4371	4134	4034	4066	4068				
		wr1009	4300	4275	4490	4424	4130	3985	4113	4308	4308.0			
		wr1010	4393	4389	4570	4477	4152	3997	4178	4398	4161.0	4180.0		
		wr1011	4419	4405	4597	4513	4164	4023	4209	4406	4355	4462.0	4600	
		wr1012	4518	4442	4659	4547	4216	4006	4253	4436	4330	4494	4670	4670
		wr1101	4500	4477	4668	4555	4286	4078	4255	4436	4313	4426	4602	4700
		wr1102		4477	4659	4582	4298	4162	4272	4429	4359	4444	4666	4732
		wr1103			4672	4635	4353	4164	4296	4440	4359	4451	4692	4726
		wr1104				4615	4357	4212	4338	4430	4439	4495	4631	4790
		wr1105					4390	4195	4398	4487	4415	4586	4649	4690
		wr1106						4253	4336	4490	4364	4495	4696	4687
		wr1107							4288	4490	4440	4586	4725	4848
		wr1108								4490	4480	4558	4584	4626
		wr1109									4502	4601	4773	4675
		wr1110										4515	4760	4689
		wr1111											4716	4758
		wr1112												4927

数据来源：上海期货交易所
Source: SHFE

7-34 2010年金融期货合约月末结算价

Settlement Price of Financial Futures in 2010

单位：点＊300元/手

合约品种 Items	交易所 Exchanges	合约 Contracts	1月 Jan.	2月 Feb.	3月 Mar.	4月 Apr.	5月 May	6月 June	7月 July	8月 Aug.	9月 Sept.	10月 Oct.	11月 Nov.	12月 Dec.
沪深300股指期货	CFFEX	IF1005	3089.8											
		IF1006	3131.0	2811.8										
		IF1007		2828.8	2573.2									
		IF1008			2588.6	2869.6								
		IF1009	3234.0	2871.0	2608.4	2883.6	2912.4							
		IF1010					2923.4	2938.0						
		IF1011						2949.8	3435.0					
		IF1012	3315.8	2913.8	2660.0	2923.6	2952.8	2957.8	3476.6	3145.8				
		IF1101								3174.0	3150.8			
		IF1102									3187.0			
		IF1103				2959.6	2983.4	3000.0	3527.4	3209.6	3227.0			
		IF1106							3579.2	3284.8	3300.6			

数据来源：中国金融期货交易所
Source: CFFEX

7－35　2010年农产品期货交割仓库明细

Summary Delivery Points of Agricultural products in 2010

品种 Items	交易所 Exchanges	交割仓库 Delivery Points	地址 Address	电话 Telephone No.
黄大豆1号	DCE	大连市第二粮食储运工业公司	大连市甘井子区大连湾苏家村	0411－87859061
		大连良运集团储运有限公司	大连市甘井子区新水泥路2号	0411－86427570
		大连浙经乾元物资储运有限责任公司	大连市金州区站前街道双兴路20号	0411－87700431
		中粮辽宁粮油进出口公司大连储运贸易公司	大连市甘井子区西北路	0411－86429383
		大连经济技术开发区湾港储运有限公司	甘井子区大连湾镇新街四号	0411－82627613
		大连北海储运有限责任公司	大连市甘井子区革镇堡棋盘村	0411－86428095
		大连高泰仓储有限公司	大连市甘井子区毛营子村	0411－87112596
		辽宁大连粮贸国家粮食储备库	大连市甘井子区大连湾镇后盐村	0411－86872111
		中国外运辽宁储运公司	大连市甘井子区后革镇革钢路	0411－86428574
		大连北良港务有限公司	大连开发区海青岛柳柴沟	0411－39898186
		大连港集团有限公司	大连市开发区新华路1号	0411－87598928
黄大豆2号	DCE	中粮辽宁粮油进出口公司大连储运贸易公司	大连市甘井子区西北路	0411－86429383
		大连经济技术开发区湾港储运有限公司	大连市甘井子区大连湾新街4号	0411－82627693
		大连北良港务有限公司	大连经济技术开发区海青岛柳柴沟	0411－39898186
		大连港集团有限公司	大连市开发区大窑湾	0411－87598928
		大连北海储运有限责任公司	大连市甘井子区革镇堡棋盘村	0411－86428095
		中国华粮物流集团南通粮油接运有限责任公司	江苏南通市任港路62号	0513－83508460
		日照港(集团)有限公司	山东日照市海滨五路南首	0633－8383953
		日照港(集团)岚山港务有限公司	山东日照岚山港	0633－2633037
		青岛港(集团)有限公司	山东青岛市港青路6号	0532－82984649
玉　米	DCE	吉粮集团大连运销总公司	大连市甘井子区甘海路4号	0411－82121339
		辽宁大连吴家国家粮食储备库	大连市金州区站前街道吴家村	0411－87700836
		大连北良港务有限公司	大连经济技术开发区海青岛柳柴沟	0411－39898186
		大连北海储运有限责任公司	大连市甘井子区革镇堡棋盘村	0411－86428095
		大连华腾物流有限公司	大连甘井子区革镇堡	0411－86458082
		大连金禾仓储有限公司	大连甘井子区大连湾镇毛莹子村	0411－87602442
		大连经济技术开发区湾港储运有限公司	甘井子区大连湾镇新街四号	0411－82627693
		大连港集团有限公司	大连市开发区新华路1号	0411－87598928
		营口港务集团有限公司	营口市鲅鱼圈区新港大路1号	0417－6268751
		锦州港股份有限公司	锦州经济技术开发区锦港大街一段1号	0416－3586138
		辽宁锦州锦阳国家粮食储备(中转)库	锦州经济技术开发区兴海路西段	0416－3581537
		锦州中孚仓储有限公司	锦州经济技术开发区阜新路	0416－3579578
豆　粕	DCE	江苏省江海粮油贸易公司张家港储运部	江苏张家港市金港镇西五街桥1号	0512－58388066
		中国华粮物流集团南通粮油接运有限责任公司	江苏南通市任港路62号	0513－83508460
		南京铁心桥国家粮食储备库	江苏省南京市雨花台区铁心桥镇吴尚村	025－52891674
		中国外运陆桥运输有限公司	江苏省连云港市墟沟中华东路18号	0518－2304036
		中粮新沙粮油工业(东莞)有限公司	广东省东莞市麻涌镇新沙港科技工业园区	0769－88825601－6606
		统一嘉吉(东莞)饲料蛋白科技有限公司	广东省东莞市麻涌镇新沙港科技工业园区	0769－88225888－666
		广州植之元油脂有限公司	广州市珠江新城华夏路8号国际金融广场28楼	020－85506280－106
		中粮东海粮油工业(张家港)有限公司	江苏省张家港市金港镇东海路1号	0512－58388228
		金光食品(宁波)有限公司	浙江省宁波市北仑区黄河北路1号	0574－86886932
		张家港江海粮油工业有限公司	江苏张家港市金港镇宝岛路1号	025－84799546
		益海(连云港)粮油工业有限公司	江苏省连云港市墟沟大港路	0518－82387405
		中粮黄海粮油工业(山东)有限公司	山东省日照市岚山港北	0633－2639066

续表 1 Continued 1

品种 Items	交易所 Exchanges	交割仓库 Delivery Points	地址 Address	电话 Telephone No.
豆　粕	DCE	山东新良油脂有限公司	山东省日照市海滨五路南首新良路 1 号	0633 - 8890538
		邦基三维油脂有限公司	山东省日照市经济开发区海滨五路	0633 - 2211880
		龙口新龙食油有限公司	山东省龙口开发区新港路 39 号	0535 - 8857015
		益海(烟台)粮油工业有限公司	山东省烟台市港湾大道 100 号	0535 - 6505302
		秦皇岛金海粮油工业有限公司	河北省秦皇岛市海港区海滨路 35 号	0335 - 3097154
		九三集团天津大豆科技有限公司	天津市天津港保税区新港大道 266 号	022 - 66271996
		东莞市富之源饲料蛋白开发有限公司	东莞市洪梅镇樱花台盈工业区	0769 - 88436001
		路易达孚(霸州)饲料蛋白有限公司	河北省霸州市开发区地方货场西物资库(岔河集乡津保路北)	010 - 58693627
		南通来宝谷物蛋白有限公司	江苏省南通市跃龙南路 214 号	0513 - 85719561
		中纺粮油(湛江)有限公司	湛江市霞山区友谊路 1 号港务局 1 区	0759 - 2255990
		嘉吉粮油(南通)有限公司	江苏省南通市经济技术开发区同兴路	0513 - 85966071
		东莞中纺粮油工业有限公司	东莞市麻涌镇新沙工业园区	0769 - 88235183
		东莞卡尔吉蛋白饲料有限公司	东莞市麻涌镇新沙工业园区	0769 - 88236707
		嘉吉粮油(阳江)有限公司	广东省阳江市阳江港沿港大道 3 - 6 号	0662 - 3828914
棕榈油	DCE	中粮北海粮油工业(天津)有限公司	天津市塘沽区胡北路 869 号	022 - 66581824
		泰州市过船港务有限公司	江苏省泰兴市经济开发区通江西路 45 号	0523 - 8767129
		丰益(上海)生物技术研发中心有限公司	上海市浦东新区高东路 118 号	021 - 58486278
		金光食品(宁波)有限公司	浙江省宁波市北仑区黄河北路 1 号	0574 - 86886932
		张家港保税区东方华谷油脂贸易仓储有限公司	张家港保税区物流园区中华北路	0512 - 58387211
		中粮新沙粮油工业(东莞)有限公司	广东省东莞市麻涌镇新沙港后工业区	0769 - 88825601
		中储粮油脂工业东莞有限公司	广东省东莞市麻涌镇新沙港后工业区	0769 - 88236688
		中粮东洲粮油工业(广州)有限公司	广东省增城市新塘镇东洲湾码头	020 - 82762119
		益海(广州)粮油工业有限公司	广州经济技术开发区东江大道 2 号	020 - 82208122
		中储粮镇江粮油有限公司	江苏省镇江市谏壁镇粮山村	0511 - 83355571
		中粮东海粮油工业(张家港)有限公司	江苏省张家港市金港镇东海路 1 号	0512 - 58388228
		嘉里粮油(天津)有限公司	天津港保税区津滨大道 95 号	022 - 66271665
		天津龙威粮油工业有限公司	天津港保税区海滨五路 136 号	022 - 25764808
		华东油脂工业(泰兴)有限公司	江苏省泰兴市经济技术开发区沿江路 12 号	0523 - 87679332
		仪征方顺粮油工业有限公司	江苏省仪征市油港路 3 号	0514 - 83299620
大豆原油	DCE	中粮北海粮油工业(天津)有限公司	天津塘沽区胡北路 869 号	022 - 66581824
		泰州市过船港务有限公司	泰兴市经济开发区通江西路 45 号	0523 - 7671292
		秦皇岛金海粮油工业有限公司	秦皇岛市海港区滨海路 35 号丙码头	0335 - 3097189
		中储粮镇江粮油有限公司	江苏省镇江市谏壁镇粮山村	0511 - 83355571
		益海(泰州)粮油工业有限公司	泰州市高港区永安洲镇疏港北路	0523 - 86991726
		江苏省江海粮油集团有限公司	江苏省张家港市金港镇宝岛路 1 号	0512 - 58388150
		中粮东海粮油工业(张家港)有限公司	江苏省张家港市金港镇东海路 1 号	0512 - 58388228
		丰益(上海)生物技术研发中心有限公司	上海市浦东新区高东路 118 号	021 - 58486278
		嘉里粮油(天津)有限公司	天津港保税区津滨大道 95 号	022 - 66271665
		九三集团天津大豆科技有限公司	天津港保税区新港大道 266 号	022 - 66271996
		天津龙威粮油工业有限公司	天津港保税区海滨五路 136 号	022 - 25764808
		益海(连云港)粮油工业有限公司	江苏省连云港市墟沟大港路	0518 - 82387405
		中粮黄海粮油工业(山东)有限公司	山东省日照市岚山港北	0633 - 2639066
		山东新良油脂有限公司	山东省日照市新良路 1 号	0633 - 8890538
		路易达孚(霸州)饲料蛋白有限公司	河北省霸州市开发区地方货场西物资库(岔河集乡津保路北)	010 - 58693627
		南通来宝谷物蛋白有限公司	江苏省南通市跃龙南路 214 号	0513 - 8571956
		金光食品(宁波)有限公司	浙江省宁波市北仑区黄河北路 1 号	0574 - 86886932
		宁波正大粮油实业有限公司	浙江省宁波市北仑区黄河北路 2 号	0574 - 86800985

续表 2　Continued 2

品种 Items	交易所 Exchanges	交割仓库 Delivery Points	地址 Address	电话 Telephone No.
大豆原油	DCE	邦基三维油脂有限公司	山东省日照市经济开发区海滨五路	0633－2211880
		龙口新龙食油有限公司	山东省龙口市开发区新港路 39 号	0535－8857015
		嘉吉粮油(南通)有限公司	江苏省南通市经济技术开发区同兴路	0513－85966071
天　胶	SHFE	海南新思科电子商务有限公司	海南省海口市长流金盘永桂开发区永桂路 9 号	0898－66700097
		海南省海口港集团(货运公司)	海南省海口市秀英码头海港大厦 3 楼	0898－68652597
		山东储备物资管理局八三二处	山东省青岛市城阳区京城路 80 号	0532－87756153
		山东省奥润特贸易有限公司	山东省青岛市李沧区长顺路 15 号	0532－84816601
		上海长桥物流有限公司	上海市老沪闵路 1070 号	021－64106734
		上海晶通化轻发展有限公司	上海市南大路 478 号	021－62843206
		中储发展股份有限公司	天津市北辰区天穆村顺义道	022－86563406
		云南天然橡胶储运中心	云南省昆明市东郊凉亭	0871－3914605
		中储发展股份有限公司	上海市南大路 137 号	021－52843316
一号棉花	ZCE	江阴市协丰棉麻有限公司	江阴市华西村物流园(沿江高速华西出口处)	0510－86060699
		河南储备物资管理局四三二处	河南省获嘉县史庄镇南	0373－5965905
		南阳红棉仓储有限公司	河南省南阳市光武西路万商街 9 号	0377－63298868
		河南豫棉物流有限公司	河南郑州管城区南曹乡小李庄火车站	0371－66713101
		衡水市棉麻总公司储备库	衡水市人民西路西段 98 号	0318－2398268
		菏泽市棉麻公司	菏泽市长江路东段	0530－5110033
		中国储备棉管理总公司徐州直属库	江苏省徐州市铜山县新区二堡	0516－66665978
		湖北银丰仓储物流有限责任公司	湖北省武汉市东西湖区余氏墩	027－83258241
		芜湖市棉麻有限责任公司	芜湖市褐山路 79 号	0553－5809370
		山东省禹城棉麻有限公司	禹城市人民路 777 路	0534－2126278
		中国储备棉管理总公司绍兴直属库	浙江省绍兴市亭山工业园区	0575－88329755
		南通棉麻有限公司	江苏省南通市崇川区崇川路 46 号	0513－85597011
		山东省棉麻有限公司	济南市历城区辛祝路 2 号	0531－82599710
		中国储备棉管理总公司盐城直属库	盐城市开放大道 316 号	0515－86013015
		连云港新苏豫棉花储运有限公司	连云港开发区(猴嘴)沿新西路 16 号	0518－85447039
		湖北物资储备管理局三三八处	湖北省孝昌县卫店镇三三八处	0712－4835048
		湖南银华现代农业物流股份有限公司	常德德山经济开发区海德路	0736－7326689
		滨州中纺银泰实业有限公司	山东省滨州市高新区小营办事处虎跃三路十四号	0543－3613613
白砂糖	ZCE	陕西西瑞粮食储备库有限公司	西安市丰禾路 56 号	029－84416564
		河北藁城永安国家粮食储备库	藁城市永安路 18 号	0311－88199970
		广西柳州国家粮食储备库	广西柳州市柳太路 11－1 号	0772－3735278
		广西中糖物流有限公司	广西北海市深水港旁	0779－3905169
		广西南宁国家粮食储备库	广西南宁市新阳路 292 号	0771－3158892
		湛江糖库储运有限公司	湛江市霞山区南山村	0759－3306501
		佛山市华商物流有限公司	佛山市南海区小塘工业大道(小塘段)45 号	0757－86667500
		昆明国家粮食储备有限公司	云南省昆明市东郊小石坝黄龙山	0871－7330035
		上海东方通海物流有限公司	上海市凉闵行区吴泾镇通海路 315 号	021－64501854
		中糖世纪股份有限公司河南分公司	新郑市和庄镇道西北 4 号	0371－66250707
		广西荣桂贸易公司	南宁市竹溪大道中段 43 号荣桂商厦 B 座六楼	0771－5757651
		广西储备物资管理局九三一处	广西南宁市五一西路 15－2 号	0771－4985887
		云南广大铁路物资储运有限公司	云南祥云火车站、大理东火车站	0878－3399195
		广西鼎华商业股份有限公司	南宁市五一西路 48 号	0771－4862156
		广西柳州桂糖有限责任公司	柳州市航生路 9 号	0772－3213992
		浙江糖业烟酒有限公司	杭州市拱康路 158 号	0571－88041202

续表 3 Continued 3

品种 Items	交易所 Exchanges	交割仓库 Delivery Points	地址 Address	电话 Telephone No.
白砂糖	ZCE	天津中糖华丰物流有限公司	天津市西青区中北镇东姜井村南	022－27515479
		营口港务集团有限公司	辽宁省营口市鲅鱼圈新港大路1号	0417－6268751
		中国糖酒集团成都有限公司	德阳市旌阳区经济集中发展区	0838－2801297
		中糖世纪股份有限公司湖北分公司	武汉市解放大道1127号富商大厦六楼	027－83603842
		佛山市顺德区中糖储备糖库	佛山市顺德区大良沙头	0757－22321735
		东莞市制糖厂有限公司	东莞市中堂镇	0769－88881332
		日照凌非华商仓储有限公司	日照市西安路南首	0633－3601359
		青岛中糖海湾物流有限公司	青岛高新区新产业园地	0532－66965882
		中国储备棉管理总公司天津直属库	天津市东丽区华明镇北坨村北	022－84828798
		中国华粮物流集团青山港口库	湖北省武汉市青山区建设一路四号	027－86537385
		广东湛江金海粮油有限公司	广东省湛江市霞山区新尚路13号	0759－2201352
		徐州恒富仓储管理有限公司	徐州市下淀路160号	0516－68009616
		安徽中谷国家粮食储备库	合肥市双凤经济开发区中粮工业园	0551－2686661
		中储发展股份有限公司郑州南阳寨分公司	郑州市兴隆铺路9号	0371－63720132
		河北藁城国家粮食储备有限责任公司	藁城市永安路新桥西169号	0311－88198155
		武汉市大花岭粮食储备库	武汉市江夏区大桥街环岭路18号	027－81949291
		海口集装箱码头有限公司	海南省海口市海滨大道96号海口港第二作业区内	0898－68623716
		云南新储物流有限公司	云南省昆明市凉亭路156号	13987160969
		广西黑五类物流有限公司	广西南宁市江南区五一西路48号沙井仓库	13978827973
		广西荣桂贸易公司来宾仓储分公司	广西来宾市盘古大道	13978291363
		河北藁城永安国家粮食储备库	藁城市永安路18号	0311－88199970
		天津市军粮城机米厂	天津市东丽区军粮城大街193号	022－24360539
		邢台国家粮食储备分库有限责任公司	河北省邢台市守敬南路119号	0319－2024128
早籼稻	ZCE	湖南金霞粮食产业有限公司	湖南省长沙市芙蓉中路一段160号	0731－84471311
		湖南金健粮油实业发展有限公司	湖南省常德市德山开发区崇德路	0736－7308680
		湖南永州下河国家粮食储备库	湖南省永州市冷水滩区零陵路411号	0746－8466615
		中国华粮物流集团城陵矶港口库	湖南岳阳城陵矶桂花园路1号	0730－8571866
		湖南益阳粒粒晶粮食购销公司	湖南省益阳市赫山区兰溪镇	0737－3279800
		湖南赤山国家粮食储备库	湖南省沅江市南嘴镇沅南路8号	0737－2286509
		江西省温圳粮库	江西省进贤县温圳镇城北大道169号	0791－5540486
		九江市粮油总公司储备仓库	江西省九江市滨江路577号五丰大厦9楼	0792－8138902
		江西樟树国家粮食储备库	江西樟树市药都北大道15号	0795－7348126
		江西中储粮吉安直属库	江西省吉安市青原区学苑路19号	0796－8188130
		江西中储粮万年直属库	江西万年县城六零南大道82号	0793－3841888
		武汉市大花岭粮食储备库	湖北省武汉市江夏区大桥街环岭路18号	027－81946536
		万福生科(湖南)农业开发股份有限公司	湖南省桃源县陬市镇桂花路1号	0739－6686577
		广西宾阳黎塘国家粮食储备库	广西宾阳县黎塘镇永安路228号	0771－3158892
		中央储备粮南昌直属库	江西省南昌市庐山中大道911号支路	0791－3801124
		江西省粮油加团新干购销有限公司	江西省新干县城南工业园区	0796－2621119
		湖南粮食批发市场	湖南省长沙市新河路470号	0731－84497522
		浙江嘉善银粮国家粮食储备库	浙江省嘉善县开源路298号	0573－84161295
强　麦	ZCE	陕西西瑞粮食储备库有限公司	西安市丰禾路56号	029－84416564
		河北藁城永安国家粮食储备库	藁城市永安路18号	0311－88199970
		山东济宁第一粮库	山东省济宁市车站西路67号	0537－2250416
		河南新乡新华国家粮食储备库	新乡市解放路425号	0373－2117217
		河北省粮食局直属机械化粮油储备库	河北省元氏县城北	0311－84626134
		河北邢台国家粮食储备库有限公司	邢台市中兴西大街36号	0319－2166003
		河北衡水和平国储粮库有限责任公司	衡水市和平东路道岔街4号	0318－2057008
		菏泽市粮油中转储备库	菏泽市人民南路43号	0530－5967760

续表 4　Continued 4

品种 Items	交易所 Exchanges	交割仓库 Delivery Points	地址 Address	电话 Telephone No.
强　麦	ZCE	江苏徐州国家粮食储备库	徐州市下淀路 174 号	0516 - 83643222
		河南濮阳皇甫国家粮食储备库	河南濮阳市高新区黄河路西段	0393 - 8998052
		河南郑州兴隆国家粮食储备库	郑州市南阳路北段粮仓路 1 号	0371 - 63752525
硬　麦	ZCE	河北藁城国家粮食储备有限责任公司	藁城市永安路新桥西 169 号	0311 - 88198155
		邢台国家粮食储备分库有限责任公司	河北省邢台市守敬南路 119 号	0319 - 2024128
		南京铁心桥国家粮食储备库	南京市雨花台区铁心桥镇吴尚村	025 - 52891674
		中央储备粮西安大明宫直属库	西安市北二环东段井上村	029 - 86717588
		中央储备粮徐州直属库	江苏省徐州市铜山新区	0516 - 83530510
		河南濮阳国家粮食储备库	河南省濮阳市石化路东段	0393 - 8110560
		德州天马粮油食品集团有限公司	德州经济开发区湘江路 1 号	0534 - 2561179
		江苏省扬子江现代粮食物流中心	江苏省靖江市经济开发区新港园区	0523 - 84206589
		中国华粮物流集团南通粮油接运有限责任公司	南通市任港路 62 号	0513 - 83508460
		中谷江阴工贸储运有限公司	江苏省江阴市经济开发区定山路 2 号	0510 - 86408269
		济宁市兖州粮库	兖州市酒仙桥北路 3 号	0537 - 3418727
		河南新乡铁西国家粮食储备库	新乡市卫滨区立东路 3 号	0373 - 2627355
		河南安阳安林国家粮食储备库	安阳市柏庄镇青春村	0372 - 8798529
		河北柏乡国家粮食储备库	河北省柏乡县镇内(柏镇路南侧)	0319 - 7702677
菜籽油	ZCE	东海粮油工业(张家港)有限公司	江苏省张家港市金港镇	0512 - 58388228
		中谷集团安徽粮油有限公司	安徽省合肥市双凤工业区中谷园	0551 - 2686661
		益海嘉里(武汉)粮油工业公司	湖北省武汉市东西湖区慈惠农场良种站	027 - 83241031
		中粮祥瑞粮油工业(荆门)有限公司	湖北省钟祥市莫愁湖经济开发区	0724 - 4283663
		浙江新市油脂股份有限公司	浙江省德新县新市镇塔园路 1 号	0572 - 8444090
		泰州市过船港务有限公司	江苏省泰兴市经济开发区沿江路 2 号	13801490696
		湖北奥星粮油工业有限公司	湖北省老河口市城东工业园区汉江大道中段 7 号	0710 - 8222177
		荆州金楚科技有限公司	湖北省荆州市开发区三湾路 72 号	0716 - 4308906
		益海(广汉)粮油饲料有限公司	四川省(德阳市)广汉市湘潭路一段 80 号	0838 - 5303973
		岳阳鲁良新元粮油工业有限公司	湖南省岳阳市城陵矶港长江路 2 号	0730 - 8571612
		中储粮镇江粮油有限公司	镇江市京口区谏壁镇粮山村	0511 - 83355571
		中国储备粮管理总公司合肥油脂库	合肥市蒙城北路双凤经济开发区	0551 - 2917588
		南京铁心桥国家粮食储备库	南京市栖霞区石埠桥河西里 1 号	025 - 52890848
		西安市油脂公司油脂仓库	西安市北二环余家寨	029 - 86712049

数据来源：上海期货交易所、大连商品交易所、郑州商品交易所
Source：SHFE、DCE、ZCE

7－36　2010 年金属期货交割仓库明细

Summary Delivery Points of Metal products in 2010

品种 Items	交易所 Exchanges	交割仓库 Delivery Points	地址 Address	电话 Telephone No.
铜	SHFE	上海国储天威仓储有限公司	上海市嘉定区黄渡工业园区星塔路 1289 号	021 - 56354900
		中储发展股份有限公司	上海宝山铁山路 495 号	021 - 33794175
			上海市宝山区南大路 257 号、310 号、137 号	021 - 62500165
		上海期晟储运管理有限公司	上海市闵行区剑川路 2280 号	021 - 64305295
		上海京鸿实业有限公司	上海市外高桥保税区荷丹路 68 号	021 - 50640027

续表 1 Continued 1

品种 Items	交易所 Exchanges	交割仓库 Delivery Points	地址 Address	电话 Telephone No.
铜	SHFE	上港物流金属仓储(上海)有限公司	上海宝山区安达路 240 号、军工路 4049 号、军工路 4051 号	021－56442456
		上海裕强物流有限公司	上海共和新路 3501 号	021－36030075
		上海同盛物流园区投资开发有限公司	上海浦东新区芦潮港同顺大道 777 号	021－68281891
铝	SHFE	上海国储天威仓储有限公司	上海市嘉定区黄渡工业园区星塔路 1289 号	021－56354900
		中储发展股份有限公司	上海宝山铁山路 495 号	021－33794175
			上海市宝山区南大路 257 号、310 号、137 号	021－62500165
			江苏无锡市城南路 32－1 号	0510－85368888
		广东储备物资管理局八三〇处	广东佛山市南海区盐步镇三眼桥货场西侧	0757－85760802
		广东晟世有色金属仓储物流有限公司	广东佛山市南海区盐步镇三眼桥货场西侧三河东路虎榜段	0757－85785606
		南储仓储管理有限公司	广东佛山市禅城区佛罗公路 166 号	0757－88015023
		上海期晟储运管理有限公司	上海市闵行区剑川路 2280 号	021－64305295
		上海京鸿实业有限公司	上海市外高桥保税区荷丹路 68 号	021－50640027
		浙江康运仓储有限公司	杭州市拱康路 98 号(铁路康桥货场内)	0571－56725585
		上港物流金属仓储(上海)有限公司	上海宝山区安达路 240 号、军工路 4049 号、军工路 4051 号	021－56442456
		上海裕强物流有限公司	上海共和新路 3501 号	021－36030075
		上海同盛物流园区投资开发有限公司	上海浦东新区芦潮港同顺大道 777 号	021－68281891
		国家物资储备局浙江八三七处	宁波镇海区大通路 331 号	0574－86266748
		无锡市国联物流有限公司	无锡市惠山区洛社镇石塘湾梅径村南	0510－83076358
		宁波九龙仓仓储有限公司	宁波市镇海区平海路 299 号	0574－27685010
锌	SHFE	上海国储天威仓储有限公司	上海市嘉定区黄渡工业园区星塔路 1289 号	021－56354900
		中储发展股份有限公司	上海宝山铁山路 495 号	021－33794175
			上海市宝山区南大路 257 号、310 号、137 号	021－62500165
		上海期晟储运管理有限公司	上海市闵行区剑川路 2280 号	021－64305295
		广东晟世有色金属仓储物流有限公司	广东省佛山市南海区小塘西货场侧晟世物流小塘西仓库	0757－87501753
		南储仓储管理有限公司	广东佛山市禅城区佛罗公路 166 号	0757－88015023
		上海期晟储运管理有限公司	上海市曹安路 3645 号	021－51642912
		上海京鸿实业有限公司	上海市外高桥保税区荷丹路 68 号	021－50640027
		浙江康运仓储有限公司	杭州市拱康路 98 号(铁路康桥货场内)	0571－56725585
		上港物流金属仓储(上海)有限公司	上海宝山区安达路 240 号、军工路 4049 号、军工路 4051 号	021－56442456
		上海裕强物流有限公司	上海共和新路 3501 号	021－36030075
		上海同盛物流园区投资开发有限公司	上海浦东新区芦潮港同顺大道 777 号	021－68281891
		国家物资储备局浙江八三七处	宁波镇海区大通路 331 号	0574－86266748
		无锡市国联物流有限公司	无锡市惠山区洛社镇石塘湾梅径村南	0510－83076358
		宁波九龙仓仓储有限公司	宁波市镇海区平海路 299 号	0574－27685010
黄金	SHFE	工商银行北京分行营业部	北京市复兴门南大街 2 号天银大厦 B 座	010－66410615
		工商银行上海分行营业部出纳科	上海市中山东一路 24 号	021－63215820
		工商银行深圳分行清算中心	深圳市深南东路金融中心北座 1610 室	0755－82246264
		工商银行贵溪市支行	江西省贵溪市雄石大道 38 号	0701－3791705
		工商银行三门峡分行营业部中心库	河南省三门峡市崤山路 40 号	0398－2936811
		工商银行三门峡分行灵宝支行	河南省灵宝市金城大道 20 号	0398－8861995
		工商银行龙岩市分行	福建省龙岩市新罗区九一南路 47 号	0597－2224619
		工商银行龙岩市分行上杭支行	福建省龙岩市上杭县北环路东段	0597－3843087
		工商银行招远分行	山东省招远市魁星路 95 号	0535－8224694
		工商银行莱州分行	山东省莱州市鼓城街 88 号	0535－2211315

续表 2　Continued 2

品种 Items	交易所 Exchanges	交割仓库 Delivery Points	地址 Address	电话 Telephone No.
黄金	SHFE	工商银行洛阳分行	河南省洛阳市中州中路 230 号	0379－63336969
		工商银行武汉市江岸支行	湖北省武汉市中山大道 998 号	027－82219376
		建行北京市分行现金配送管理中心铁道分金库	北京西客站北广场东配楼铁道支行	010－51996841
		建设银行上海分行	上海陆家嘴环路 900 号	021－58880000－1311
		建设银行深圳市分行	广东省深圳市红岭南路金融中心东座	0755－82488307
		建设银行安徽省铜陵市分行	安徽省铜陵市长江西路 41 号	0562－2820013
		建设银行河南省三门峡市分行	河南省三门峡市崤山路 52 号	0398－2985036
		建设银行河南省灵宝支行金库	灵宝市金城大道与函谷路交叉口西北角	0398－8869166
		建设银行山东省烟台市分行	山东省烟台市南大街 9 号	0535－6603087
		建设银行福建省分行龙岩分行	福建省龙岩市九一北路 111 号	0597－2239529
		建设银行福建省分行上杭支行	福建省龙岩市上杭县临江镇北环路 261 号	0597－3843041
		交通银行北京分行	北京市西城区金融大街 33 号	010－66101662
		交通银行上海分行	上海市东园路 158 号	021－63111000－2847
		交通银行深圳分行	深圳市福田区红荔西路 3002 号交行大厦	0755－83680283
		交通银行昆明分行	云南省昆明市护国路 67 号	0871－3107221
		中国银行股份有限公司上海市分行	上海市中山东一路 23 号	021－63291331
		中国银行股份有限公司深圳市分行	深圳市建设路 2022 号国际金融大厦	13798311383
		中国银行股份有限公司莱州支行	山东省莱州市莱州北路 733 号	0535－2232071
		中国银行股份有限公司招远支行	山东省招远市府前路 78 号	0535－8210553
		中国银行股份有限公司福建省分行	福建省福州市五四路 136 号	0591－87090636
		中国银行股份有限公司三门峡分行	河南省三门峡市崤山东路 15 号	0398－2828946
		中国银行股份有限公司灵宝支行	河南省灵宝市金城大道 10 号	0398－8850603

数据来源：上海期货交易所
Source：SHFE

7－37　2010 年建材及能源化工期货交割仓库明细

Summary Delivery Points of Building Materials, Energy & Chemical products in 2010

品种 Items	交易所 Exchanges	交割仓库 Delivery Points	地址 Address	电话 Telephone No.
聚乙烯	DCE	天津全程物流配送有限公司	天津市东丽区华明镇华粮道 2298 号	022－84828862
		天津开发区泰达公共保税仓有限公司	天津经济技术开发区渤海路 39 号	022－62008116
		青州中储物流有限公司	山东省青州市玲珑山北路 638 号	0536－3292571
		中储发展股份有限公司	上海市宝山区南大路 257 号	021－51621983
		中储发展股份有限公司	上海市浦东新区仁庆路 200 号	021－68916778
		中储发展股份有限公司	天津市北辰区南仓道	022－86563406
		上海长桥物流有限公司	上海市徐汇区老沪闵路 1070 号	021－64106734
		国家物资储备局浙江八三七处	浙江省宁波市镇海区大通路 331 号	0574－86378767
		中国物资储运广州公司	广州市黄埔区大沙地西 139 号	020－82299020
		南储仓储管理有限公司	佛山市禅城区佛罗公路 166 号	0757－88015023
		宁波保税区高新货柜有限公司	宁波保税区东区兴业四路二号	0574－86820043
		上海安石仓储管理有限公司	上海市虹口区海宁路 137 号	021－61806025
		浙江省国际贸易集团物流有限公司	杭州市体育场路 229 号	0571－85779792
		浙江尖峰国际贸易有限公司	浙江金东经济开发区 B 区	0579－82382768

续表 Continued

品种 Items	交易所 Exchanges	交割仓库 Delivery Points	地址 Address	电话 Telephone No.
聚氯乙烯	DCE	中国物资储运广州公司	广州市黄埔区大沙地西 139 号	020－82299020
		南储仓储管理有限公司	佛山市禅城区佛罗公路 166 号	0757－88015023
		中储发展股份有限公司	上海市浦东新区仁庆路 200 号	021－68916778
		国家物资储备局浙江八三七处	浙江省宁波市镇海区大通路 331 号	0574－86378767
		浙江省国际贸易集团物流有限公司	杭州市体育场路 229 号	0571－85779792
		上海华谊天原化工物流有限公司	上海市金山区漕泾镇合展路 155 号	021－64340000－3515
		浙江尖峰国际贸易有限公司	浙江金东经济开发区 B 区	0579－82382768
		广东储备物资管理局八三〇处	广东省广州市萝岗区开发大道 1330 号	020－32288072
		上港集团物流有限公司	上海市黄浦路 53 号	021－56443180
		江阴市协丰棉麻有限公司	江苏省江阴市华西村商贸城物流园	0510－86060698
		江苏华东国际塑化城有限公司	苏州市太仓浮桥镇新港公路	0512－53686800
		上海安石仓储管理有限公司	上海市虹口区海宁路 137 号	021－61806025
		广州华润物流有限公司	广州南沙经济技术开发区金沙北路华润物流仓库	020－39052290
		广州市川金路物流有限公司	广东省广州市萝岗区开发大道 1330 号综合楼 101－102 房	020－32287605
燃料油	SHFE	中油燃料油股份有限公司湛江公司(中油湛江)	湛江港第二作业区中油燃料湛江油库	0759－2259028
		广州南沙泰山石化发展有限公司(泰山石化)	广州南沙区黄阁镇小虎岛石化工业区粤海大道	020－34689468
		广州发展碧辟油品有限公司(碧辟南沙)	广州南沙区环市大道北 19 号	020－84684191
		中国石油化工股份有限公司广东石油分公司(西基油库)	广州市经济技术开发区西基村	020－38084412
		珠海中燃石油有限公司(中燃珠海)	广东珠海桂山岛	0756－3231867
		中化兴中石油转运(舟山)有限公司(中化兴中)	浙江省舟山市岙山岛	0580－2061786
		洋山申港国际石油储运有限公司(洋山石油)	上海洋山深水港东港区	021－68405060
		浙江海洋石油仓储有限公司(海洋仓储)	浙江省舟山市定海区岑港镇海洋化工工业园区 22 号(烟墩)	0580－8710828
		上海百联石化物流有限公司(百联油库)	上海市金山区州工路 158 号	021－67250066
PTA	ZCE	国家物资储备局浙江八三七处	浙江省宁波市镇海区海塘大通路 331 号	0574－86378767
		江苏省江海粮油贸易公司张家港储运部	江苏省张家港市金港镇港区宝岛路 1 号	0512－58388066
		太仓新港物流管理中心有限公司	江苏省太仓市浮桥镇北环路 9 号	0512－53706218
		张家港保税区华瑞物流有限公司	张家港保税区福建南路	0512－56308901
		杭州临港物流有限公司	浙江省杭州市萧山区建设一路 66 号华瑞中心 1 号楼 29 楼	0571－83786763
		宁波保税区高新货柜有限公司	宁波保税 z 西区创业六路 6 号	0574－87270612
		江阴市协丰棉麻有限公司	江阴市华西村物流园(沿江高速华西出口处)	0510－86060699

数据来源：上海期货交易所、大连商品交易所、郑州商品交易所
Source：SHFE、DCE、ZCE

7－38　2010年钢材期货交割仓库明细

Summary Delivery Points of Steel products in 2010

品　种	交易所	交割仓库	地　址	电　话
螺纹钢、线材	上期所	上海五钢物流有限责任公司	上海市宝杨路2035号	021－26032028
		上海中农吴泾农资有限公司	上海市闵行区吴泾通海路275号	021－64501589
		上海铁路闵行钢铁发展有限公司	上海市闵行区昆阳路1658号	021－51161118
		浙江物产物流投资有限公司	浙江省杭州市余杭区良渚镇古运河路12号	0571－89005500
		浙江康运仓储有限公司	浙江省杭州市拱康路98号(铁路康桥货场内)	0571－88027012
			浙江省杭州市崇贤镇长路兜22－1号	0571－88013253
			浙江省宁波市江北区白沙路353号	0574－27690096
		镇江惠龙长江港务有限公司	江苏镇江金桥大道88号	0511－85898888
		上海期晟储运管理有限公司	江苏省靖江市经济开发区新港园区六助港路1号	0523－84835065
		中储发展股份有限公司	无锡市新区城南路32－1号	0510－85368888
			天津市北辰区顺义道	022－86563338
		天津开发区泰达公共保税仓有限公司	天津经济技术开发区渤海路39号	022－66206861

数据来源：上海期货交易所
Source：SHFE

八、证券期货中介机构

Securities and Futures Intermediate Institutions

2010年证券机构监管综述

Summary for Securities Institutions Supervising in 2010

2010年,机构部按照2008年10月召开的证券公司规范发展座谈会和2010年全国证券期货监管工作会议的总体要求和部署,紧抓2010年证券机构监管工作要点的落实,持续改进和加强日常监管,各项工作稳步推进,取得了明显成效。一年来,随着机构监管工作的不断推进,证券公司合规审慎经营意识进一步增强,经营管理行为日益规范,风险管理能力明显提高;业务创新活动稳步推进,服务能力和专业水平有所提高;对外开放稳妥有序推进,跨境并购和境内市场化整合开始显现;财务状况更趋健康,抗风险能力显著增强。截至2010年底,全国106家证券公司总资产19686亿元、净资产5674亿元、净资本4319亿元,净资产、净资本同比分别增长17%、13%;全行业累计实现营业收入1927亿元、净利润784亿元。

一、顺利推出证券公司融资融券业务试点,有序引导证券公司参与股指期货交易,行业创新平稳有序开展

(一)启动融资融券业务试点,扎实做好试点推出的相关工作。一是按照"试点先行,逐步推开"的原则,稳步扩大试点范围。首批6家和第二批5家试点证券公司业务开展正常,融资融券交易量稳步增长,交易结算系统运行顺畅,市场反响良好,第三批14家证券公司也已获批融资融券试点业务资格,正在积极准备开展业务。二是做好融资融券业务试点的持续监管工作。明确有关各方监管职责,对加强后续日常监管、完善监管协作机制提出要求。加强对试点公司的现场检查,审慎确定融资融券业务风险控制指标,督促试点公司加强投资者教育和适当性管理,严格设定客户准入标准和资产条件。三是成立证券金融公司筹备组,研究论证转融通业务实施方案,做好设立证券金融公司及推出转融通业务的各项准备工作。

(二)制定证券公司参与股指期货交易的政策规定,做好股指期货推出后的持续监管。一是制定发布《证券公司参与股指期货交易指引》(证监会公告[2010]14号),引导证券公司结合自身风险管理能力,稳妥有序开展自营业务、资产管理业务参与股指期货交易。二是督促证券公司做好参与股指期货交易在制度、人员、系统、风险管理等方面的准备工作,规范对证券公司参与股指期货交易报备事项的审阅工作。三是加强证券公司参与股指期货交易的持续监管,制定下发专项监管报表,及时分析、掌握证券公司自营、资产管理业务参与股指期货交易的有关情况。

二、完善证券公司风险管理体系和合规管理机制,证券公司风险防控能力和合规管理水平显著提高

(一)完善以净资本为核心的证券公司风险监管制度,推动证券公司做好压力测试工作。一是加强证券公司开展新业务的风险监管,将证券公司参与各类新业务的情况纳入风险控制指标体系,增加新业务相关净资本、风险资本准备计算和风险控制指标监管规定。二是建立风险控制指标动态调整机制,通过相关监管报表编报指引,动态调整对相关业务或产品的风险控制指标计算标准及监管要求。研究引进宏观审慎监管制度和逆周期调节机制。三是研究借鉴国内外银行压力测试有效做法,结合我国证券行业实际情况,形成证券行业压力测试初步方案,明确全行业开展压力测试的工作步骤和建立压力测试长效机制的工作思路。四是指导协会研究制定《证券公司压力测试指引(试行)》,推动全行业进一步完善压力测试工作。

(二)督促证券公司强化重点领域和关键环节的合规管理,加快信息隔离墙制度建设。一是在前期基本建立证券公司合规管理制度的基础上,深入推进证券公司合规管理,将合规管理实施情况作为证券公司日常现场检查、非现场检查、案件查处、事故分析等工作的重要内容。二是认真审阅、分析证券公司中期、年度合规报告,及时发现和处理证券公司实施合规管理过程中存在的问题,督促证券公司强化经纪业务营销、新产品经营、新业务开展等重点领域和关键环节的合规管理。三是要求经营多种业务的证券公司在年内建立或完善信息隔离墙制度,切实防范公司与客户、客户与客户之间的利益冲突以及内幕信息的不当使用。研究修改《证券公司内部控制指引》,指导协会制定《证券公司信息隔离墙制度指引》,为行业信息隔离墙制度建设提供系统指导。四是指导证券公司按照规定开展合规管理有效性的评估,指导协会研究合规管理有效性评估的标准、程序和方法,及时改进完善合规管理制度。

三、完善区别对待、扶优限劣的分类监管制度,以支持符合条件的证券公司上市、鼓励证券公司建立集团化和专业化经营模式等方式,为行业做优做强创造条件

(一)进一步完善以风险管理能力为基础的证券公司分类监管制度。一是对《证券公司分类监管规定》部分内容进行了修订,补充专家评审机制和有关事项的扣分原则,将近三年分类评价实践中的有效做法制度化。二是向全社会公开分类评价结果,提高了分类评价的社会效果和证券公司监管工作的透明度。三是按照区别对待、扶优限劣原则,在日常监管和审核工作中引导证券公司开展差异化、特色化经营,提高市场竞争力。

(二)支持证券公司上市与加强上市证券公司的监管同步推进。一是积极引导管理水平较高、盈利能力稳定和市场竞争力较强的证券公司IPO上市,增强资本实力,扩大市场影响力。今年以来共有广发证券、华泰证券、兴业证券、山西证券4家证券公司上市。截至目前,上市证券公司数量15家,净资产和净资本规模占全国证券公司的40%以上。二是修订实施《关于加强上市证券公司监管的规定》以及相关指导意见,完善上市证券公司信息管理制度,健全内幕信息知情人登记制度,规范上市公司来访接待制度和盘后沟通制度。

(三)鼓励证券公司根据市场需要和自身管理能力优化发展模式。一是支持证券公司扩大业务范围、增加营业网点、发行新产品、扩充资本金。2010年以来,共批准11家证券公司扩大常规业务范围;批准61家证券公司新设314家证券营业部;新批81支集合理财计划,证券公司管理资金规模新增318亿元;批准15家证券公司增加注册资本130亿元。二是鼓励证券公司设立专业子公司和直投子公司,开展参股其他金融机构试点。2010年以来,核准东方证券、国泰君安证券在上海设立资产管理子公司;新增9家证券公司(目前共有31家)设立子公司开展直投业务试点,3家证券公司下属直投子公司参与管理地方政府批准设立的产业基金,1家证券公司下属直投子公司试点设立股权投资基金;支持华泰证券、中金公司试点参股商业银行、信托公司等。

四、完善证券经纪业务监管制度,规范证券营业网点和证券经纪业务营销行为,提升客户服务水平,证券经纪业务规范化程度显著提高

一是完善客户资金第三方存管制度体系建设,起草了《客户交易结算资金管理办法》修订草案和配套文件草案。制定施行《关于加强证券经纪业务管理的规定》(证监会公告[2010]11号),全面规范证券经纪业务客户管理与客户服务、人员管理、证券营业部管理、技术系统管理问题。二是清理规范经纪业务营销活动历史遗留问题,做好证券公司营销管理专项检查工作,督促证券公司清理规范历史遗留不合格营销人员,实现了年内全面清理不合格营销人员的目标。三是督促证券公司按要求完成网点规范工作。全行业证券服务部规范完毕,违规营业网点全部清理关闭,证券营业部异地迁址审批工作全面终止。四是加强证券经纪业务客户服务和佣金管理,指导协会下发《关于进一步加强证券公司客户服务和佣金管理工作的通知》,引导证券公司增加证券经纪业务战略性投入,充分认识客户服务工作的重要性和紧迫性,进一步提升客户服务水平,加强证券交易佣金的管理,规范证券交易佣金收取行为,防止因行业恶性竞争损害行业健康发展基础。

五、持续做好"交易运行安全事故评估分析系统"和"机构监管信访处理监测分析系统"两个平台建设,确保证券公司安全稳定运营

(一)持续完善交易运行安全事故评估分析系统,做好证券公司信息安全事故通报、处置、评估、分析工作。一是快速反应、及时处置证券经营机构信息安全事件。截至目前,机构部会同证信办、各证监局共妥善处置36起信息安全事件,最大限度地保障了客户正常交易。二是通过"交易运行安全事故评估分析系统"信息安全事故台账,完整记录交易运行状况,及时分析、评估、通报行业信息安全状况,督促存在问题的证券公司加强信息技术系统的维护和建设。三是推动改进系统所反映的证券公司信息管理方面存在的普遍性问题,推广实施行业信息管理的好经验和好做法,督促证券公司加强信息系统备份,会同协会研究制定无现场交易营业部技术标准,推进证券公司网上交易双因素身份认证试点工作,提高全行业网上交易系统防护水平。

(二)建立完善机构监管信访处理监测分析系统,及时总结分析发现的问题,研究采取监管应对措施。

一是做好信访处理,加强对信访事项的调查,摸清情况,做好预案,快速反应,确保把问题化解在萌芽状态,解决在当地。在做好调查处理的同时,检查证券公司相关内控制度,查找缺漏,督促改进。二是加强信访监测,从来信、来访、来电中总结分析热点和难点问题,研判证券经营机构违法违规行为的新动向,及时研究监管应对措施。高度关注重大信访信息以及可能引发集体上访和群体性事件的苗头性信访信息,及时处理、报告并做好相关稳控、化解工作。三是深入开展信访分析,总结处理各类信访问题中的经验和规律,查找信访反映突出问题的深层次原因,评估现行监管政策和措施的有效性,持续改进机构监管工作。

六、督促证券公司健全内部信息管理制度,加强对证券公司报送和披露信息的统计分析,证券公司信息报送与信息披露行为规范化程度进一步提高

一是在对中国证监会颁布的现行机构监管相关法律、法规进行全面梳理和评估的基础上,进一步对证券公司信息报告内容进行分类优化,完善证券公司通过机构监管信息系统电子化报送信息的内容框架。二是以发布新版机构监管信息系统为契机,督促证券公司明确业务和财务信息审核、传递、报送工作流程及相关人员责任,保障公司信息合规、高效、准确流动。三是督促证券公司进一步建立健全董事会秘书制度,明确董事会秘书及其工作职责,使其切实发挥信息报送和披露牵头人的作用。四是认真审阅分析证券公司报送的月报、年报等各类报告,持续关注媒体报道和信访动态,通过现场或非现场检查等方式检验证券公司信息报送和信息披露的工作质量。

七、公示审核进程,完善审核机制,及时评估调整行政许可事项,适时修订审核规则,行政许可审核工作改革取得新进展

一是全面公开审核进程。1月5日起,中国证监会机关负责的证券机构行政许可的申请材料接收、受理申请、反馈意见、审核决定等关键环节和进展情况,实现在中国证监会外网公开披露,按周更新,接受社会监督,审核工作透明度进一步增强。同时,推动年底前在全系统实现证券机构行政许可审核工作的事前、事中、事后的全面公开透明。二是优化审核工作机制和流程。受理环节增加每周一次受理工作会议,提前预判问题,及时向公司反馈意见;审核环节增加重大疑难问题讨论机制,充分研究,科学决策;签报环节将审核报告内容并入审核表,简化文字,提高效率;对外沟通环节严格落实会谈记录制度,释疑解惑,做好服务;内部控制环节实现审核过程全面留痕,部内每周通报审核进度,向会领导报告每月审核进度。三是评估调整审核事项。根据市场环境、行业状况及日常监管情况的变化,梳理现有的证券机构行政许可事项,研究相关法律依据、立法背景,评估行政许可实施效果,提出取消部分审批、简化审核程序和授权派出机构审核等调整工作方案。四是针对新问题做好审核政策指导。及时研究审核过程中的新情况和新问题,明确证券公司董事长、总经理代为履行职务的监管要求、证券公司开展QDII定向业务的条件以及信托投资公司入股证券公司的要求等多项监管政策。

八、推进证券投资咨询基础制度建设,促进证券评级机构规范运作,咨询和评级机构监管持续加强

一是制订发布《证券投资顾问业务暂行规定》(证监会公告[2010]27号)和发布《证券研究报告暂行规定》(证监会公告[2010]28号),明确证券投资咨询业务的基本形式,为证券公司、证券投资咨询机构从事证券投资顾问和发布证券研究报告业务提供制度规范,引导证券公司提升证券研究实力,培育投资顾问服务团队,促进证券服务深化;引导证券投资咨询机构向证券投资顾问业务转型。二是做好证券投资咨询机构日常监管和年检工作,加大对违法违规机构的处理力度,对5家证券投资咨询机构不予通过年检。三是加强对证券投资咨询机构股东变更、迁址等重大变更事项的管理,明确对利用软件工具、终端设备等载体提供证券投资建议服务的规范要求,引导证券投资咨询机构业务整合。四是跟踪研究境外信用评级机构监管改革进展,研究支持本土证券评级机构规范发展的措施建议。五是继续完善行政监管、行业自律、公司自我约束相结合的证券评级机构监管机制,组织实施证券评级机构现场检查,指导证券业协会成立证券评级专业委员会,推动制订证券评级执业准则。

九、加大整治力度,形成常规机制,整非工作取得明显成效

继续围绕前端监控、媒体净化、案件查处、宣传教育、拓展正道、维护稳定六个环节,深入扎实推进整非工作。一是强化广播电视证券节目监管协作。推动国家广电总局出台《关于切实加强广播电视证券节目管理的通知》,解决证券节目协作监管难题。下发配套通知,督导证监局做好协调清理规范工作。停播不规范广播电视证券节目或者广告 108 个,清理参与广播电视证券节目的无资格机构 62 家,清理无资格人员 90 人。目前全国主要卫星电视证券节目基本规范,切断了非法证券活动信息主要媒体传播途径。二是完善前端监控机制,网络媒体净化效果显现。在证监局、证券公司、证券业协会媒体监控系统基础上,强化网控办、保护基金公司媒体监控作用,形成多层次媒体净化机制。系统各单位协调关闭非法网站 498 个,清理网络非法证券活动信息 4052 条,网络非法证券活动信息大量减少。三是加大案件查处力度,破获一批典型案件。将案件查处作为整非工作重点,配合公安机关采取联合打击行动。向公安机关移送涉非线索 572 件,向公安机关移送涉非案件 70 宗,推动配合公安机关破获"股鼎财经"、"重庆新盈鸿"、"三宝投资"、"盈通天下"、"西北财经"等涉非案件 69 起,抓捕犯罪嫌疑人 780 人。有力打击震慑了不法分子,取得良好社会效应。四是加强对投资者的宣传教育。采取专题培训、公示合法经营机构信息、曝光典型案例等多种手段,持续开展正面宣传和投资者教育。协调中央电视台经济半小时等新闻媒体专题报道"重庆新盈鸿"、"股鼎财经"等典型案例。通过媒体公示非法证券网站和非法机构"黑名单"572 个,组织证券经营机构开展投资者教育活动 40158 场,发送防范非法证券活动短信提示 13274 万余条。投资者防范、识别非法证券活动能力显著增强。五是完善涉非信访工作机制,维护社会稳定。高度重视信访投诉处理工作,下发《关于进一步加强涉及非法证券投资咨询和非法证券委托理财活动信访投诉处理工作的通知》,完善涉非信访工作机制。全系统妥善处理涉非投诉 927 件,信访投诉数量已较整非初期最高峰下降近 70%,从全国性集中高发逐步转向个别地区,信访形势明显好转,维稳压力得到缓解。

目前,整非工作已经形成媒体监控清理机制、信访投诉处理机制、案件调查处理机制、投资者宣传教育机制、信息报送分析机制、分工协作监管机制等六项工作机制,为整非专项工作转入常规打下坚实基础。

十、落实证券业对外开放相关政策,研究支持证券公司及其境外子公司开展跨境业务的政策和配套措施,证券公司对外开放和跨境业务稳步推进

一是做好合资证券公司和证券公司境外子公司的设立审批工作,加强对合资证券公司的指导和监管,督促证券公司加强对境外子公司的内部管理和风险控制。二是落实内地与香港 CEPA 协议达成的有关政策安排,进一步明确香港证券公司与内地证券公司在广东省设立合资证券投资咨询公司的设立条件、审批程序和业务监管要求。三是积极参与中美战略与经济对话(S&ED)、两岸经济合作框架协议(ECFA)等商谈工作,落实有关对话成果。四是研究明确外资持有证券公司股权的监管制度,进一步完善对外资参股境内证券公司的监管配套措施。五是根据证监会对证券公司发展跨境业务的总体部署,明确支持证券公司及其境外子公司参与合格境外机构投资者(QFII)、合格境内机构投资者(QDII)、跨境投资银行和财务顾问等业务的政策措施,研究证券公司通过香港子公司开展境外资金募集业务的政策意见。

十一、全力推进个人债权及客户交易结算资金收购等收尾工作,做好行政清算与司法破产的有序衔接,全面完成证券公司风险处置工作。召开风险处置总结会,部署后续遗留工作安排,巩固风险处置成果

一是按照年初制定的《2010 年证券公司风险处置收尾工作安排》,坚持既定的行之有效的透明工作机制,并就有关问题与最高人民法院、公安部等有关方面进行协调,研究明确已知未登记个人债权、已收购无法支付收购款个人债权等涉及收购的相关政策。二是协调最高人民法院发布了《关于部分人民法院冻结、扣划被风险处置证券公司客户证券交易结算资金有关问题的通知》,认真做好司法机关冻结、扣划资金的追收工作,协调相关法院划回处置日前的佣金收入和富余外币备付金用于冲抵客户交易结算资金缺口或退回保护基金垫付资金。三是指导专员办、现场工作组、托管清算机构,严格按照《关于做好被处置证券公司行政清理验收工作有关事项的通知》中明确的 42 项验收标准做好行政清理验收工作。目前,涉及行政清理的 28 家公司中,除南方证券外,已全面完成行政清理验收和档案分类保管工作。四是做好行政清理与司法破产的有效衔接。已处置的 31 家高风险证券公司中 26 家顺利移送司法破产,5 家以其他方式顺利实现收口。五是将收购政策执行情况及风险处置后续工作安排专报国务院。六是组织召开证券公司风险处置总结会,全面总结了证券公司风险处置工作的经验体会,部署后续工作安排,会议取得圆满成功。七是做好案例编写和总结工作。

8－1　全国证券期货行业机构统计表

Sataistics of Securities & Futures Institutions

机构 Institutions	1994 年	1995 年	1996 年	1997 年	1998 年	1999 年	2000 年	2001 年	2002 年	2003 年	2004 年	2005 年	2006 年	2007 年	2008 年	2009 年	2010 年
证券交易所 Stock Exchange	2	2	2	2	2	2	2	2	2	2	2	2	2	2	2	2	2
证券结算公司 Securities Trading Center	2	2	2	2	2	2	2	1	1	1	1	1	1	1	1	1	1
证券公司 Securities Company	91	97	94	90	90	90	100	109	127	133	133	116	104	106	107	106	106
证券营业部 Securities House	2262	N	2420	2412	2412	2412	2680	2700	2936	3020	3075	3090	3105	3060	3170	3956	4644
基金管理公司 Funds Company					6	10	10	15	21	34	45	53	58	59	61	60	63
期货交易所 Futures Exchange	14	14	14	14	3	3	3	3	3	3	3	3	3	4	4	4	4
期货经纪公司 Futures Brokerage	N	N	329	294	278	213	178	200	179	186	188	183	183	177	171	167	163

数据来源：中国证监会
Source：CSRC

8－2　2010年证券经营机构A股交易金额前20名排名表

Top 20 of Securities Companies by A Share Turnover in 2010

金额：亿元

序号 No.	上海 Shanghai			深圳 Shenzhen		
	会员名称 Companies	交易金额 Turnover	比重(%) of Total(%)	会员名称 Companies	交易金额 Turnover	比重(%) of Total(%)
1	中国银河证券股份有限公司	31075.17	5.12	中国银河证券股份有限公司	24436.12	5.09
2	国泰君安证券股份有限公司	28605.97	4.72	国信证券股份有限公司	22884.32	4.76
3	国信证券股份有限公司	25945.68	4.28	国泰君安证券股份有限公司	22022.19	4.58
4	申银万国证券股份有限公司	25148.60	4.15	广发证券股份有限公司	21020.08	4.38
5	海通证券股份有限公司	24678.32	4.07	招商证券股份有限公司	20083.01	4.18
6	广发证券股份有限公司	24113.59	3.98	海通证券股份有限公司	19309.84	4.02
7	招商证券股份有限公司	22909.77	3.78	华泰证券股份有限公司	17735.68	3.69
8	华泰证券股份有限公司	22258.49	3.67	申银万国证券股份有限公司	16198.30	3.37
9	中信建投证券有限责任公司	20282.82	3.34	中信建投证券有限责任公司	15677.90	3.26
10	光大证券股份有限公司	18396.80	3.03	光大证券股份有限公司	15215.81	3.17
11	中信证券股份有限公司	16273.27	2.68	安信证券股份有限公司	12619.22	2.63
12	安信证券股份有限公司	15597.49	2.57	中国建银投资证券有限责任公司	12278.83	2.56
13	齐鲁证券有限公司	15129.23	2.49	齐鲁证券有限公司	12082.81	2.52
14	中国建银投资证券有限责任公司	14792.01	2.44	中信证券股份有限公司	11020.47	2.29
15	中信金通证券有限责任公司	12070.73	1.99	华泰联合证券有限责任公司	9852.28	2.05
16	华泰联合证券有限责任公司	11692.86	1.93	中信金通证券有限责任公司	9637.45	2.01
17	方正证券股份有限公司	10324.49	1.70	方正证券股份有限公司	8440.34	1.76
18	长江证券股份有限公司	9958.48	1.64	长江证券股份有限公司	8214.13	1.71
19	东方证券股份有限公司	9589.81	1.58	兴业证券股份有限公司	8131.36	1.69
20	兴业证券股份有限公司	9399.50	1.55	东方证券股份有限公司	6998.40	1.46
合计		368243.08	60.71		293858.55	61.16

注：表中交易金额为双边计算
数据来源：上海、深圳证券交易所
Source：Shanghai Shenzhen Stock Exchange

8－3　2010年证券经营机构B股交易金额排名表
Top 20 of Securities Companies by B Share Turnover in 2010

金额：亿元

序号 No.	上海 Shanghai 会员名称 Companies	交易金额 Turnover	比重(%) of Total(%)	深圳 Shenzhen 会员名称 Companies	交易金额 Turnover	比重(%) of Total(%)
1	申银万国证券股份有限公司	252.30	11.51	招商证券股份有限公司	185.62	8.66
2	国泰君安证券股份有限公司	166.84	7.61	广发证券股份有限公司	153.89	7.18
3	海通证券股份有限公司	144.87	6.61	国信证券股份有限公司	152.81	7.13
4	中国银河证券股份有限公司	143.93	6.57	国泰君安证券股份有限公司	127.57	5.95
5	华泰证券股份有限公司	100.19	4.57	申银万国证券股份有限公司	111.94	5.22
6	招商证券股份有限公司	95.71	4.37	中国银河证券股份有限公司	107.72	5.03
7	广发证券股份有限公司	82.49	3.76	中国国际金融有限公司	87.73	4.09
8	国信证券股份有限公司	67.45	3.08	安信证券股份有限公司	80.83	3.77
9	中信建投证券有限责任公司	62.70	2.86	海通证券股份有限公司	63.08	2.94
10	方正证券股份有限公司	57.46	2.62	平安证券有限责任公司	61.89	2.89
11	中信证券股份有限公司	57.28	2.61	中国建银投资证券有限责任公司	61.56	2.87
12	东方证券股份有限公司	49.41	2.25	光大证券股份有限公司	59.83	2.79
13	光大证券股份有限公司	46.35	2.11	华泰联合证券有限责任公司	57.97	2.71
14	中国建银投资证券有限责任公司	46.34	2.11	中银国际证券有限责任公司	37.11	1.73
15	中信金通证券有限责任公司	46.14	2.10	华泰证券股份有限公司	36.41	1.70
16	中国国际金融有限公司	39.82	1.82	方正证券股份有限公司	31.33	1.46
17	中银国际证券有限责任公司	39.70	1.81	中信建投证券有限责任公司	30.72	1.43
18	安信证券股份有限公司	37.84	1.73	广州证券有限责任公司	30.11	1.40
19	长江证券股份有限公司	34.82	1.59	中信证券股份有限公司	27.26	1.27
20	上海证券有限责任公司	29.00	1.32	东莞证券有限责任公司	25.57	1.19
合计		1600.64	73.01		1530.94	71.43

注：表中交易金额为双边计算
数据来源：上海、深圳证券交易所
Source：Shanghai Shenzhen Stock Exchange

8－4　2010年证券经营机构国债现货交易金额排名表
Top 20 of Securities Companies by Cash T-Bonds Turnover in 2010

金额：亿元

序号 No.	上海 Shanghai 会员名称 Companies	交易金额 Turnover	比重(%) of Total(%)	深圳 Shenzhen 会员名称 Companies	交易金额 Turnover	比重(%) of Total(%)
1	海通证券股份有限公司	348.18	10.70	海通证券股份有限公司	51.26	35.79
2	中国国际金融有限公司	288.00	8.85	招商证券股份有限公司	21.33	14.89
3	平安证券有限责任公司	274.74	8.44	中信证券股份有限公司	21.13	14.75
4	招商证券股份有限公司	265.18	8.15	申银万国证券股份有限公司	18.61	12.99
5	国信证券股份有限公司	197.12	6.06	国泰君安证券股份有限公司	5.61	3.92
6	国泰君安证券股份有限公司	174.38	5.36	东方证券股份有限公司	4.23	2.96
7	中信建投证券有限责任公司	168.79	5.19	中国国际金融有限公司	3.46	2.41
8	广发证券股份有限公司	157.37	4.84	民生证券有限责任公司	2.21	1.55

续表 Continued

序号 No.	上海 Shanghai			深圳 Shenzhen		
	会员名称 Companies	交易金额 Turnover	比重(%) of Total(%)	会员名称 Companies	交易金额 Turnover	比重(%) of Total(%)
9	中信证券股份有限公司	148.93	4.58	中银国际证券有限责任公司	1.84	1.28
10	长江证券股份有限公司	137.79	4.23	光大证券股份有限公司	1.70	1.19
11	光大证券股份有限公司	130.61	4.01	平安证券有限责任公司	1.02	0.71
12	华泰证券股份有限公司	124.06	3.81	齐鲁证券有限公司	0.84	0.59
13	申银万国证券股份有限公司	114.29	3.51	东北证券股份有限公司	0.62	0.43
14	中国银河证券股份有限公司	81.17	2.49	英大证券有限责任公司	0.61	0.43
15	中银国际证券有限责任公司	78.77	2.42	中信建投证券有限责任公司	0.39	0.27
16	东方证券股份有限公司	74.28	2.28	国信证券股份有限公司	0.22	0.15
17	财通证券有限责任公司	32.67	1.00	广发证券股份有限公司	0.19	0.13
18	北京高华证券有限责任公司	25.30	0.78	华泰证券股份有限公司	0.19	0.13
19	齐鲁证券有限公司	19.65	0.60	中国银河证券股份有限公司	0.17	0.12
20	瑞银证券有限责任公司	18.48	0.57	安信证券股份有限公司	0.17	0.12
合计		2859.76	87.87		135.81	94.82

注：表中交易金额为双边计算
数据来源：上海、深圳证券交易所
Source：Shanghai Shenzhen Stock Exchange

8－5 2010年证券经营机构国债回购交易金额排名表

Top 20 of Securities Companies by turnover of T-Bond Repurchase in 2010

金额：亿元

序号 No.	上海 Shanghai			深圳 Shenzhen		
	会员名称 Companies	交易金额 Turnover	比重(%) of Total(%)	会员名称 Companies	交易金额 Turnover	比重(%) of Total(%)
1	申银万国证券股份有限公司	14230.72	10.8			
2	中国国际金融有限公司	11493.69	8.72			
3	国泰君安证券股份有限公司	10341.64	7.85			
4	海通证券股份有限公司	7587.01	5.76			
5	中国银河证券股份有限公司	7028.76	5.33			
6	中信建投证券有限责任公司	4733.51	3.59			
7	平安证券有限责任公司	4051.66	3.08			
8	中信证券股份有限公司	4010.65	3.04			
9	国信证券股份有限公司	3844.42	2.92			
10	招商证券股份有限公司	3433.47	2.61			
11	长江证券股份有限公司	3112.09	2.36			
12	国元证券股份有限公司	2755.66	2.09			
13	光大证券股份有限公司	2665.79	2.02			
14	广发证券股份有限公司	2101.24	1.59			
15	国金证券股份有限公司	1805.07	1.37			
16	东方证券股份有限公司	1740.26	1.32			
17	华泰证券股份有限公司	1468.36	1.11			
18	兴业证券股份有限公司	1383.84	1.05			
19	华泰联合证券有限责任公司	1186.35	0.9			
20	中银国际证券有限责任公司	1178.62	0.89			
合计		90152.81	68.40			

注：表中交易金额为双边计算
数据来源：上海、深圳证券交易所，深圳交易所2010年没有国债回购交易。
Source：Shanghai Shenzhen Stock Exchange

8-6 2010年证券营业部A股交易金额排名表

Top 20 of Securities Sale Departments by Turnover of A share in 2010

金额：亿元

序号 No.	上海 Shanghai			深圳 Shenzhen		
	会员名称 Companies	交易金额 Turnover	比重(%) of Total(%)	会员名称 Companies	交易金额 Turnover	比重(%) of Total(%)
1	国信证券股份有限公司深圳泰然九路证券营业部	3323.28	0.55	国信证券股份有限公司深圳泰然九路证券营业部	3208.68	0.67
2	中国国际金融有限公司上海淮海中路证券营业部	2899.34	0.48	国信证券股份有限公司上海北京东路证券营业部	1846.83	0.38
3	国信证券股份有限公司上海北京东路证券营业部	2541.31	0.42	国信证券股份有限公司广州东风中路证券营业部	1812.83	0.38
4	中国国际金融有限公司北京建国门外大街证券营业部	2442.98	0.40	国信证券股份有限公司北京平安大街证券营业部	1406.44	0.29
5	国信证券股份有限公司广州东风中路证券营业部	2014.12	0.33	国信证券股份有限公司杭州体育场路证券营业部	1158.43	0.24
6	国信证券股份有限公司北京平安大街证券营业部	1811.85	0.30	招商证券股份有限公司深圳益田路免税商务大厦证券营业部	934.86	0.19
7	申银万国证券股份有限公司上海新昌路营业部	1657.45	0.27	国信证券股份有限公司深圳红岭中路证券营业部	915.42	0.19
8	华泰证券股份有限公司南京长江路证券营业部	1468.21	0.24	华泰证券股份有限公司江阴福泰路证券营业部	852.82	0.18
9	国信证券股份有限公司杭州体育场路证券营业部	1401.36	0.23	国信证券股份有限公司义乌稠州北路证券营业部	836.53	0.17
10	招商证券股份有限公司深圳益田路免税商务大厦证券营业部	1356.41	0.22	华西证券有限责任公司北京紫竹院路证券营业部	834.38	0.17
11	中银国际证券有限责任公司上海欧阳路证券营业部	1276.39	0.21	财通证券有限责任公司绍兴人民中路证券营业部	833.85	0.17
12	招商证券股份有限公司北京建国路证券营业部	1229.37	0.20	中信金通证券有限责任公司义乌化工路证券营业部	768.04	0.16
13	国泰君安证券股份有限公司北京知春路证券营业部	1195.71	0.20	华泰联合证券有限责任公司深圳深南大道证券营业部	762.82	0.16
14	国信证券股份有限公司深圳红岭中路证券营业部	1176.36	0.19	中国国际金融有限公司上海淮海中路证券营业部	704.90	0.15
15	中信金通证券有限责任公司义乌化工路证券营业部	1173.59	0.19	中信金通证券有限责任公司温岭东辉北路证券营业部	683.73	0.14
16	中信金通证券有限责任公司绍兴解放南路证券营业部	1166.01	0.19	国泰君安证券股份有限公司上海江苏路证券营业部	681.18	0.14
17	财通证券有限责任公司绍兴人民中路证券营业部	1148.01	0.19	招商证券股份有限公司深圳南山南油大道证券营业部	664.89	0.14
18	中国国际金融有限公司深圳福华一路证券营业部	1109.91	0.18	招商证券股份有限公司广州天河北路证券营业部	658.96	0.14
19	招商证券股份有限公司深圳南山南油大道证券营业部	1100.03	0.18	申银万国证券股份有限公司温州人民路证券营业部	651.61	0.14
20	华泰证券股份有限公司江阴福泰路证券营业部	1086.45	0.18	中国银河证券股份有限公司北京金融街证券营业部	638.63	0.13
合计		32578.14	5.35		20855.82	4.34

注：表中交易金额为双边计算
数据来源：上海、深圳证券交易所
Source: Shanghai Shenzhen Stock Exchange

8-7 2010年证券营业部国债现货交易金额排名表

Top 20 of Securities Sale departments by Turnover of Cash T-Bonds in 2010

金额：亿元

序号 No.	上海 Shanghai			深圳 Shenzhen		
	会员名称 Companies	交易金额 Turnover	比重(%) of Total(%)	会员名称 Companies	交易金额 Turnover	比重(%) of Total(%)
1	招商证券股份有限公司哈尔滨长江路证券营业部	209.53	6.44	中信证券股份有限公司北京复外大街证券营业部	1.55	1.08
2	广发证券股份有限公司广州环市东路证券营业部	130.48	4.01	中信证券股份有限公司武汉建设大道证券营业部	1.39	0.97
3	中银国际证券有限责任公司上海欧阳路证券营业部	61.61	1.89	中信证券股份有限公司上海漕溪北路证券营业部	0.83	0.58
4	中国国际金融有限公司上海淮海中路证券营业部	61.32	1.88	中信证券股份有限公司西安科技路证券营业部	0.58	0.40
5	平安证券有限责任公司深圳福华路证券营业部	48.33	1.48	中信证券股份有限公司唐山建设北路证券营业部	0.40	0.28
6	招商证券股份有限公司上海娄山关路证券营业部	34.89	1.07	中信证券股份有限公司上海恒丰路证券营业部	0.39	0.27
7	申银万国证券股份有限公司上海新昌路营业部	33.72	1.04	中信证券股份有限公司北京北三环中路证券营业部	0.26	0.18
8	财通证券有限责任公司永康九铃东路证券营业部	32.00	0.98	中信证券股份有限公司上海沪闵路证券营业部	0.20	0.14
9	中国国际金融有限公司北京建国门外大街证券营业部	27.50	0.84	齐鲁证券有限公司济南经十路证券营业部	0.14	0.10
10	中国国际金融有限公司深圳福华一路证券营业部	24.41	0.75	申银万国证券股份有限公司上海吴中路证券营业部	0.10	0.07
11	海通证券股份有限公司上海天山西路证券营业部	19.03	0.58	安信证券股份有限公司上海南丹路证券营业部	0.10	0.07
12	瑞银证券有限责任公司上海花园石桥路证券营业部	16.94	0.52	中信万通证券有限责任公司青岛东海西路证券营业部	0.09	0.06
13	国泰君安证券股份有限公司上海打浦路证券营业部	16.81	0.52	海通证券股份有限公司上海建国西路证券营业部	0.08	0.05
14	中银国际证券有限责任公司南昌会展路证券营业部	16.14	0.50	中信证券股份有限公司上海巨鹿路证券营业部	0.08	0.05
15	中国银河证券股份有限公司长春西民主大街证券营业部	15.57	0.48	申银万国证券股份有限公司哈尔滨中山路证券营业部	0.07	0.05
16	长江证券股份有限公司上海锦绣路证券营业部	15.21	0.47	中信建投证券有限责任公司济南市泺源大街证券营业部	0.06	0.04
17	广发证券股份有限公司珠海粤海中路证券营业部	14.25	0.44	中国建银投资证券有限责任公司绵阳临园路证券营业部	0.06	0.04
18	申银万国证券股份有限公司南通青年中路证券营业部	13.90	0.43	国信证券股份有限公司深圳泰然九路证券营业部	0.06	0.04
19	国泰君安证券股份有限公司上海杨树浦路证券营业部	13.82	0.42	东海证券有限责任公司上海愚园路证券营业部	0.06	0.04
20	中国银河证券股份有限公司福州中山路证券营业部	12.36	0.38	招商证券股份有限公司北京新街口外大街证券营业部	0.05	0.03
合计		817.82	25.12		6.53	4.56

注：表中交易金额为双边计算

数据来源：上海、深圳证券交易所

Source: Shanghai Shenzhen Stock Exchange

8－8 2010年证券营业部国债回购交易金额排名表

Top 20 of Securities Sale departments by Turnover of T-Bond Repurchase in 2010

金额：亿元

序号 No.	上海 Shanghai			深圳 Shenzhen		
	会员名称 Companies	交易金额 Turnover	比重(%) of Total(%)	会员名称 Companies	交易金额 Turnover	比重(%) of Total(%)
1	中国国际金融有限公司北京建国门外大街证券营业部	5820.46	4.42			
2	申银万国证券股份有限公司北京劲松九区证券营业部	4428.49	3.36			
3	中国国际金融有限公司上海淮海中路证券营业部	2804.60	2.13			
4	中国国际金融有限公司深圳福华一路证券营业部	2700.22	2.05			
5	申银万国证券股份有限公司上海南汇证券营业部	2583.87	1.96			
6	国元证券股份有限公司上海斜土路证券营业部	1722.44	1.31			
7	国金证券股份有限公司上海遵义路证券营业部	1712.93	1.30			
8	长江证券股份有限公司上海锦绣路证券营业部	1301.42	0.99			
9	申银万国证券股份有限公司上海斜土路证券营业部	1209.31	0.92			
10	申银万国证券股份有限公司上海昌化路营业部	1168.25	0.89			
11	国泰君安证券股份有限公司上海江苏路证券营业部	1162.66	0.88			
12	光大证券股份有限公司北京月坛北街证券营业部	1055.53	0.80			
13	财通证券有限责任公司永康九铃东路证券营业部	950.95	0.72			
14	中信建投证券有限责任公司上海世纪大道证券营业部	944.08	0.72			
15	中国银河证券股份有限公司福州中山路证券营业部	894.41	0.68			
16	招商证券股份有限公司哈尔滨长江路证券营业部	748.32	0.57			
17	光大证券股份有限公司南京中山北路证券营业部	709.22	0.54			
18	平安证券有限责任公司深圳福华路证券营业部	694.27	0.53			
19	申银万国证券股份有限公司上海余姚路证券营业部	676.18	0.51			
20	中国银河证券股份有限公司武汉武珞路证券营业部	668.12	0.51			
合计		33955.73	25.79			

注：表中交易金额为双边计算

数据来源：上海、深圳证券交易所，深圳交易所2010年没有国债回购交易。

Source：Shanghai Shenzhen Stock Exchange

8－9　2010年证券公司增资扩股情况统计表
Summary for Expanding Capital of Securities Companies in 2010

序号 No.	公司名称 Companies Name	增资后注册资本(亿元) Register Capital After Expanding (RMB 100m)
1	大通证券股份有限公司	22.00
2	广发证券股份有限公司	25.07
3	国开证券有限责任公司	23.70
4	航天证券有限责任公司	6.00
5	华宝证券有限责任公司	15.00
6	华创证券有限责任公司	5.00
7	华融证券股份有限公司	24.03
8	华泰证券股份有限公司	56.00
9	民生证券有限责任公司	21.77
10	山西证券股份有限公司	24.00
11	万联证券有限责任公司	11.50
12	西南证券股份有限公司	23.23
13	新时代证券有限责任公司	14.63
14	兴业证券股份有限公司	22.00
15	银泰证券有限责任公司	10.00
16	中天证券有限责任公司	10.38
17	中信证券股份有限公司	99.46

数据来源：中国证监会
Source：CSRC

8－10　2010年具有外资股业务资格的境外证券经营机构名单
List of Oversea Business Qualified Foreign Securities in 2010

序号 No.	公司名称 Companies	资格种类 Qualification
1	星展唯高达香港有限公司	经纪商、主承销商
2	ING霸菱证券(香港)有限公司	经纪商、主承销商
3	百德能证券有限公司	经纪商、主承销商
4	宝来证券(香港)有限公司	经纪商、主承销商
5	倍利证券(香港)有限公司	主承销商
6	大福证券有限公司	经纪商、主承销商
7	大和证券住银资本市场(香港)有限公司	经纪商、主承销商
8	德意志证券亚洲有限公司	经纪商、主承销商
9	帝杰亚洲有限公司	经纪商、主承销商
10	东方惠嘉证券有限公司	经纪商、主承销商
11	东亚证券有限公司	经纪商
12	东洋证券亚洲有限公司	经纪商
13	东洋证券株式会社	经纪商、主承销商
14	发展证券香港有限公司	经纪商
15	法国巴黎融资(亚太)有限公司	主承销商
16	法国巴黎证券(亚洲)有限公司	经纪商、主承销商
17	法国兴业证券(香港)有限公司	经纪商、主承销商
18	高盛(亚洲)有限责任公司	经纪商、主承销商
19	工商东亚证券有限公司	经纪商、主承销商
20	广利证券有限公司	经纪商

续表 Continued

序号 No.	公司名称 Companies	资格种类 Qualification
21	国际证券(香港)有限公司	经纪商
22	和升国际有限公司	经纪商、主承销商
23	荷银融资亚洲有限公司	主承销商
24	荷银证券亚洲有限公司	经纪商
25	亨泰证券有限公司	经纪商
26	恒生证券有限公司	经纪商
27	汇富证券有限公司	经纪商、主承销商
28	极讯亚太有限公司	经纪商
29	加拿大怡东融资有限公司	主承销商
30	加怡证券经纪有限公司	经纪商
31	嘉诚证券有限公司	经纪商、主承销商
32	嘉佳证券有限公司	经纪商
33	永丰金证券(亚洲)有限公司	经纪商、主承销商
34	京华山一国际(香港)有限公司	经纪商、主承销商
35	京华证券国际有限公司	经纪商、主承销商
36	凯基证券亚洲有限公司	经纪商、主承销商
37	乐金投资证券公司	经纪商、主承销商
38	里昂证券有限公司	经纪商、主承销商
39	摩根士丹利亚洲有限公司	经纪商
40	内藤证券株式会社	经纪商
41	培基证券有限公司	主承销商
42	群益证券(香港)有限公司	经纪商、主承销商
43	软库金汇投资服务有限公司	经纪商、主承销商
44	瑞士信贷(香港)有限公司	经纪商、主承销商
45	三星证券株式会社	经纪商、主承销商
46	顺隆证券行有限公司	经纪商
47	所罗门美邦香港有限公司	经纪商
48	万信证券有限公司	经纪商
49	联昌国际证券(香港)有限公司	经纪商
50	新鸿基投资服务有限公司	经纪商、主承销商
51	新加坡大华亚洲(香港)有限公司	主承销商
52	新加坡发展亚洲融资有限公司	主承销商
53	新日本证券国际(香港)有限公司	经纪商、主承销商
54	信诚证券有限公司	经纪商
55	野村国际(香港)有限公司	经纪商、主承销商
56	怡富证券有限公司	经纪商、主承销商
57	英明证券有限公司	经纪商
58	元富证券(香港)有限公司	经纪商、主承销商
59	中银国际证券有限公司	经纪商
60	周生生证券有限公司	经纪商
61	大华继显(香港)有限公司	经纪商
62	东海东京证券公司	经纪商
63	中国国际金融香港有限公司	经纪商
64	美林远东有限公司	经纪商
65	敦沛证券有限公司	经纪商
66	瑞银证券亚洲有限公司	经纪商
67	日本日联飞翼证券股份有限公司	经纪商
68	香港上海汇丰银行有限公司	经纪商
69	国泰君安证券(香港)有限公司	经纪商
70	致富证券有限公司	经纪商
71	申银万国证券(香港)有限公司	经纪商

数据来源：中国证监会
Source：CSRC

8-11 2010年具有投资咨询业务资格的机构名单

List of Securities Investment Consulting Qualified Companies in 2010

序号 No.	地区 Area	机构名称 Companies
1	北京	北京首证投资顾问有限公司
2	北京	北京中富金石咨询有限公司
3	北京	北京盛世华商投资咨询有限公司
4	北京	北京金昌投资咨询有限公司
5	北京	北京金美林投资顾问有限公司
6	北京	和讯信息科技有限公司
7	北京	北京京放投资管理顾问有限责任公司
8	北京	北京君之创证券投资咨询有限公司
9	北京	北京中方信富投资管理咨询有限公司
10	北京	北京中和应泰财务顾问有限公司
11	北京	北京新兰德证券投资咨询有限责任公司
12	北京	天相投资顾问有限公司
13	北京	北京中资北方投资顾问有限公司
14	北京	北京博星投资顾问有限公司
15	北京	北京海问咨询有限公司
16	北京	北京和众汇富咨询有限公司
17	北京	北京东方高圣投资顾问有限公司
18	天津	天津证券投资咨询有限公司
19	天津	天津市中融投资咨询有限公司
20	辽宁	沈阳盈捷投资顾问有限公司
21	江苏	江苏天鼎投资咨询有限公司
22	江苏	无锡金百灵投资咨询有限公司
23	四川	成都倍新投资咨询有限责任公司
24	四川	成都银华投资资讯有限公司
25	四川	成都汇阳投资顾问有限公司
26	河南	河南九鼎德盛投资顾问有限公司
27	大连	大连华讯投资咨询有限公司
28	大连	大连北部资产经营有限公司
29	黑龙江	黑龙江省容维投资顾问有限责任公司
30	安徽	安徽大时代投资咨询有限公司
31	安徽	安徽华安新兴证券投资咨询有限责任公司
32	福建	福建天信投资咨询顾问有限公司
33	厦门	厦门市鑫鼎盛证券投资咨询服务有限公司
34	厦门	厦门高能投资咨询有限公司
35	厦门	厦门世纪金龙投资咨询有限公司
36	厦门	厦门市新汇通投资咨询有限公司
37	云南	云南产业投资管理有限公司
38	海南	海南港澳资讯产业股份有限公司
39	山东	山东神光咨询服务有限责任公司
40	山东	山东英大投资顾问有限责任公司
41	浙江	浙江同花顺投资咨询有限公司
42	浙江	杭州海能证券投资顾问有限公司
43	浙江	杭州三元证券投资顾问有限公司
44	宁波	宁波海顺投资咨询有限公司
45	深圳	深圳市天生人和经济信息咨询有限公司
46	深圳	深圳市尊悦证券投资顾问有限公司
47	深圳	深圳市珞珈投资咨询有限公司

续表 Continued

序号 No.	地区 Area	机构名称 Companies
48	深圳	深圳市芙浪特证券投资顾问有限公司
49	深圳	深圳市怀新企业投资顾问有限公司
50	深圳	深圳市中证投资资讯有限公司
51	深圳	深圳市新兰德证券投资咨询有限公司
52	深圳	深圳市国诚投资咨询有限公司
53	深圳	深圳市智多盈投资顾问有限公司
54	陕西	陕西巨丰投资资讯有限责任公司
55	陕西	陕西融泰投资咨询有限公司
56	重庆	重庆东金管理顾问有限公司
57	上海	上海凯石证券投资咨询有限公司
58	上海	上海中广信息传播咨询有限公司
59	上海	上海益邦投资咨询有限公司
60	上海	上海新兰德证券投资咨询顾问有限公司
61	上海	上海森洋投资咨询有限公司
62	上海	上海亚商投资顾问有限公司
63	上海	上海世基投资顾问有限公司
64	上海	上海申银万国证券研究所有限公司
65	上海	上海东方财富证券研究所有限公司
66	上海	上海万盛投资咨询有限公司
67	上海	上海金汇信息系统有限公司
68	上海	上海荣正投资咨询有限公司
69	上海	上海新世纪资信评估投资服务有限公司
70	上海	上海证联投资咨询服务有限责任公司
71	上海	上海涌金理财顾问有限公司
72	上海	上海证券综合研究有限公司
73	上海	上海大智慧投资咨询有限公司
74	上海	上海新资源证券咨询有限公司
75	上海	上海益盟操盘手证券研究有限公司
76	上海	上海迈步投资管理有限公司
77	河北	河北源达证券投资咨询有限公司
78	青岛	青岛市大摩投资咨询有限公司
79	湖南	湖南金证投资咨询顾问有限公司
80	广东	珠海博众证券投资咨询有限公司
81	广东	广州博信投资咨询有限公司
82	广东	广州越声理财咨询有限公司
83	广东	广州市万隆证券咨询顾问有限公司
84	广东	广东科德投资顾问有限公司
85	广东	广州新升咨询顾问有限公司
86	广东	广州汇正财经顾问有限公司
87	北京	北京禧达丰证券投资顾问有限公司*
88	广东	广东百灵信投资管理有限公司*
89	江苏	江苏现代资产投资管理顾问有限公司*
90	黑龙江	哈尔滨新思路投资咨询有限公司*
91	黑龙江	哈尔滨大富证券投资顾问有限公司*

备注：带“*”的证券投资咨询机构已被立案稽查，暂停新增证券投资咨询业务，继续配合调查。

数据来源：中国证监会

Source：CSRC

8-12 2010年外资证券类机构驻华代表处名录

Office of Foreign Securities Companies in China (2010)

序号 No.	机构名称 Name	地区 Area
1	野村证券株式会社上海代表处	上海
2	法国巴黎资本(亚洲)有限公司上海代表处	上海
3	美林国际有限公司上海代表处	上海
4	里昂证券有限公司上海代表处	上海
5	新鸿基投资服务有限公司(证券业务)上海代表处	上海
6	摩根士丹利亚洲有限公司上海代表处	上海
7	高盛(中国)有限责任公司上海代表处	上海
8	巴克莱证券有限公司上海代表处	上海
9	苏皇证券亚洲有限公司上海代表处	上海
10	友利投资证券公司上海代表处	上海
11	瑞银证券亚洲有限公司上海代表处	上海
12	群益国际控股有限公司上海代表处	上海
13	元大证券(香港)有限公司上海代表处	上海
14	韩国现代证券公司上海代表处	上海
15	元富证券(香港)有限公司上海代表处	上海
16	日盛嘉富证券国际有限公司上海代表处	上海
17	永丰金证券(亚洲)有限公司上海代表处	上海
18	星展唯高达香港有限公司上海代表处	上海
19	金鼎综合证券(维京)股份有限公司上海代表处	上海
20	星展亚洲融资有限公司上海代表处	上海
21	兆丰资本(亚洲)有限公司上海代表处	上海
22	花旗环球金融亚洲有限公司上海代表处	上海
23	凯基证券亚洲有限公司上海代表处	上海
24	洛希尔中国控股有限公司上海代表处	上海
25	大福证券有限公司上海代表处	上海
26	统一证券(香港)有限公司上海代表处	上海
27	韩国三星证券公司上海代表处	上海
28	大华证券(香港)有限公司上海代表处	上海
29	香港上海汇丰银行有限公司(证券业务)上海代表处	上海
30	韩华证券股份有限公司上海代表处	上海
31	内藤证券公司上海代表处	上海
32	摩根大通证券(亚太)有限公司上海代表处	上海
33	卓亚(企业融资)有限公司上海代表处	上海
34	法国兴业证券(香港)有限公司上海代表处	上海
35	宝来证券股份有限公司上海代表处	上海
36	瑞士信贷(香港)有限公司上海代表处	上海
37	瑞穗证券股份有限公司上海代表处	上海
38	德意志银行股份有限公司(证券业务)上海代表处	上海
39	富邦综合证券股份有限公司上海代表处	上海
40	渣打证券(香港)有限公司上海代表处	上海
41	杰富瑞投资银行上海代表处	上海
42	派杰公司上海代表处	上海
43	冈三证券股份有限公司上海代表处	上海
44	威廉-博莱有限责任公司上海代表处	上海
45	美国罗仕证券有限责任公司上海代表处	上海
46	麦格理证券(澳大利亚)股份有限公司上海代表处	上海
47	致富证券有限公司上海代表处	上海

续表 1　Continued 1

序号 No.	机构名称 Name	地区 Area
48	东洋证券股份有限公司上海代表处	上海
49	大信证券股份有限公司上海代表处	上海
50	益华证券有限公司上海代表处	上海
51	新韩金融投资股份有限公司上海代表处	上海
52	蓝泽证券股份有限公司上海代表处	上海
53	韩国爱思开证券股份有限公司上海代表处	上海
54	联昌国际证券(香港)有限公司上海代表处	上海
55	盈透证券有限公司上海代表处	上海
56	华南永昌综合证券股份有限公司上海代表处	上海
57	韦仕投资银行集团有限合伙上海代表处	上海
58	明富环球新加坡私人有限公司(证券业务)上海代表处	上海
59	大宇证券股份有限公司上海代表处	上海
60	荷银投资管理(亚洲)有限公司上海代表处	上海
61	大和投资管理(香港)有限公司上海代表处	上海
62	三井住友资产管理股份有限公司上海代表处	上海
63	马丁可利投资管理有限公司上海代表处	上海
64	英国施罗德集团上海代表处	上海
65	英杰华投资集团全球服务有限公司上海代表处	上海
66	荷宝基金管理公司上海代表处	上海
67	未来资产迈普斯资产运用株式会社上海代表处	上海
68	新加坡东京海上国际资产管理有限公司上海代表处	上海
69	安本亚洲资产管理有限公司上海代表处	上海
70	科提比资产运用株式会社上海代表处	上海
71	大和住银投信投资顾问株式会社上海代表处	上海
72	道富环球投资管理亚洲有限公司上海代表处	上海
73	德盛安联资产管理香港有限公司上海代表处	上海
74	瑞意金融集团上海代表处	上海
75	利安全球投资者股份有限公司上海代表处	上海
76	富达基金(香港)有限公司上海代表处	上海
77	法国巴黎投资管理亚洲有限公司上海代表处	上海
78	韩国投资信托运用株式会社上海代表处	上海
79	韩国华宜资产运用株式会社上海代表处	上海
80	野村证券株式会社北京代表处	北京
81	大和证券资本市场株式会社北京代表处	北京
82	三菱日联证券股份有限公司北京代表处	北京
83	瑞士信贷(香港)有限公司北京代表处	北京
84	高盛(中国)有限责任公司北京代表处	北京
85	美林国际有限公司北京代表处	北京
86	花旗环球金融中国有限公司北京代表处	北京
87	摩根士丹利亚洲有限公司北京代表处	北京
88	瑞银证券亚洲有限公司北京代表处	北京
89	宝来证券股份有限公司北京代表处	北京
90	里昂证券有限公司北京代表处	北京
91	苏皇融资亚洲有限公司北京代表处	北京
92	法国巴黎资本(亚洲)有限公司北京代表处	北京
93	汇富金融服务有限公司北京代表处	北京
94	渣打证券(香港)有限公司北京代表处	北京
95	洛希尔中国控股有限公司北京代表处	北京
96	金鼎综合证券(香港)有限公司北京代表处	北京
97	京华山一国际(香港)有限公司北京代表处	北京
98	香港上海汇丰银行有限公司(证券业务)北京代表处	北京

续表 2　Continued 2

序号 No.	机构名称 Name	地区 Area
99	兆丰资本(亚洲)有限公司北京代表处	北京
100	香港国浩资本有限公司北京代表处	北京
101	新百利有限公司北京代表处	北京
102	摩根大通证券(亚太)有限公司北京代表处	北京
103	元大证券股份有限公司北京代表处	北京
104	德意志银行股份有限公司(证券业务)北京代表处	北京
105	瑞穗证券股份有限公司北京代表处	北京
106	星展亚洲融资有限公司北京代表处	北京
107	第一上海融资有限公司北京代表处	北京
108	中银国际控股有限公司北京代表处	北京
109	蒙特利尔银行利时证券公司北京代表处	北京
110	法国外贸银行(证券业务)北京代表处	北京
111	中央三井信托银行株式会社(证券业务)北京代表处	北京
112	韩国未来资产证券株式会社北京代表处	北京
113	加皇投资理财有限公司(证券业务)北京代表处	北京
114	交银国际控股有限公司(证券业务)北京代表处	北京
115	友利投资证券股份有限公司北京代表处	北京
116	城市信贷投资银行有限公司(证券业务)北京代表处	北京
117	大宇证券股份有限公司北京代表处	北京
118	现汽投资证券股份有限公司北京代表处	北京
119	布朗兄弟哈里曼(香港)有限公司北京代表处	北京
120	加拿大帝国商业银行世界市场公司(证券业务)北京代表处	北京
121	太平洋顶峰证券有限公司北京代表处	北京
122	摩乃科斯证券股份有限公司北京代表处	北京
123	富邦综合证券股份有限公司北京代表处	北京
124	施罗德集团北京代表处	北京
125	宏富投资管理有限公司北京代表处	北京
126	美国先锋投资管理公司北京代表处	北京
127	邓普顿国际股份有限公司北京代表处	北京
128	信安环球投资有限公司北京代表处	北京
129	标准人寿投资公司北京代表处	北京
130	法国巴黎资产管理有限公司北京代表处	北京
131	英国纽约银行梅隆资产管理国际有限公司北京代表处	北京
132	东方汇理基金管理公司北京代表处	北京
133	香港景顺投资管理有限公司北京代表处	北京
134	瑞银环球资产管理(香港)有限公司北京代表处	北京
135	香港摩根富林明资产管理有限公司北京代表处	北京
136	香港威灵顿环球投资管理有限公司北京代表处	北京
137	新加坡富敦资金管理公司北京代表处	北京
138	安智投资管理亚太(香港)有限公司北京代表处	北京
139	富达基金(香港)有限公司北京代表处	北京
140	香港贝莱德资产管理北亚有限公司北京代表处	北京
141	法盛全球资产管理公司法北京代表处	北京
142	新鸿基投资服务有限公司深圳代表处	深圳
143	苏皇融资亚洲有限公司深圳代表处	深圳
144	里昂证券有限公司深圳代表处	深圳
145	兆丰资本(亚洲)有限公司深圳代表处	深圳
146	凯基证券亚洲有限公司深圳代表处	深圳
147	元富证券(香港)有限公司深圳代表处	深圳
148	金鼎综合证券(香港)有限公司深圳代表处	深圳
149	致富证券有限公司深圳代表处	深圳

续表 3 Continued 3

序号 No.	机构名称 Name	地区 Area
150	富昌证券有限公司深圳代表处	深圳
151	宝来证券(香港)有限公司深圳代表处	深圳
152	恒生投资管理有限公司深圳代表处	深圳
153	宝来证券股份有限公司广州代表处	广东
154	新鸿基投资服务有限公司(证券业务)广州代表处	广东
155	统一综合证券股份有限公司厦门代表处	厦门
156	富邦综合证券股份有限公司厦门代表处	厦门
157	元富证券(香港)有限公司厦门代表处	厦门
158	新鸿基投资服务有限公司(证券业务)南京代表处	江苏
159	香港华富嘉洛证券有限责任公司沈阳代表处	辽宁
160	金鼎综合证券(香港)有限公司成都代表处	四川
161	结好证券有限公司宁波代表处	宁波

数据来源：中国证监会
Source：CSRC

8－13 2010 年证券公司名单

List of Securities Companies in 2010

序号 No.	公司名称 Companies	注册资金(亿元) Register Capital (RMB100m)	所在地 Location
1	爱建证券有限责任公司	11.00	上海
2	安信证券股份有限公司	23.90	深圳
3	北京高华证券有限责任公司	10.72	北京
4	渤海证券股份有限公司	22.27	天津
5	财富里昂证券有限责任公司	5.00	上海
6	财富证券有限责任公司	21.36	湖南
7	财通证券有限责任公司	11.27	浙江
8	长城证券有限责任公司	20.67	深圳
9	长江证券承销保荐有限公司	1.00	上海
10	长江证券股份有限公司	21.71	湖北
11	川财证券经纪有限公司	0.93	四川
12	大通证券股份有限公司	22.00	大连
13	大同证券经纪有限责任公司	1.00	山西
14	德邦证券有限责任公司	10.08	上海
15	第一创业证券有限责任公司	15.90	深圳
16	东北证券股份有限公司	6.39	吉林
17	东方证券股份有限公司	32.94	上海
18	东海证券有限责任公司	16.70	江苏
19	东莞证券有限责任公司	15.00	广东
20	东吴证券股份有限公司	15.00	江苏
21	东兴证券股份有限公司	15.04	北京
22	方正证券股份有限公司	46.00	湖南
23	高盛高华证券有限责任公司	8.00	北京
24	光大证券股份有限公司	34.18	上海
25	广发华福证券有限责任公司	5.50	福建
26	广发证券股份有限公司	25.07	广东
27	广州证券有限责任公司	14.34	广东
28	国都证券有限责任公司	26.23	北京

续表 1 Continued 1

序号 No.	公司名称 Companies	注册资金(亿元) Register Capital (RMB100m)	所在地 Location
29	国海证券有限责任公司	8.00	广西
30	国金证券股份有限公司	10.00	四川
31	国开证券有限责任公司	23.70	北京
32	国联证券股份有限公司	15.00	江苏
33	国盛证券有限责任公司	5.93	江西
34	国泰君安证券股份有限公司	47.00	上海
35	国信证券股份有限公司	70.00	深圳
36	国元证券股份有限公司	19.64	安徽
37	海际大和证券有限责任公司	5.00	上海
38	海通证券股份有限公司	82.28	上海
39	航天证券有限责任公司	6.00	上海
40	和兴证券经纪有限责任公司	3.31	四川
41	河北财达证券有限责任公司	14.17	河北
42	恒泰长财证券有限责任公司	0.56	吉林
43	恒泰证券股份有限公司	21.95	内蒙古
44	红塔证券股份有限公司	13.87	云南
45	宏源证券股份有限公司	14.61	新疆
46	华安证券有限责任公司	24.05	安徽
47	华宝证券有限责任公司	15.00	上海
48	华创证券有限责任公司	5.00	贵州
49	华林证券有限责任公司	8.07	深圳
50	华龙证券有限责任公司	15.76	甘肃
51	华融证券股份有限公司	24.03	北京
52	华泰联合证券有限责任公司	10.00	深圳
53	华泰证券股份有限公司	56.00	江苏
54	华西证券有限责任公司	10.13	四川
55	华鑫证券有限责任公司	16.00	深圳
56	江海证券有限公司	13.63	黑龙江
57	金元证券股份有限公司	9.00	海南
58	联讯证券有限责任公司	1.16	广东
59	民生证券有限责任公司	21.77	北京
60	南京证券有限责任公司	17.71	江苏
61	平安证券有限责任公司	30.00	深圳
62	齐鲁证券有限公司	52.12	山东
63	日信证券有限责任公司	6.00	内蒙古
64	瑞信方正证券有限责任公司	8.00	北京
65	瑞银证券有限责任公司	14.90	北京
66	山西证券股份有限公司	24.00	山西
67	陕西开源证券有限责任公司	5.00	陕西
68	上海证券有限责任公司	26.10	上海
69	申银万国证券股份有限公司	67.16	上海
70	沈阳诚浩证券经纪有限责任公司	2.01	辽宁
71	世纪证券有限责任公司	7.00	深圳
72	首创证券有限责任公司	6.50	北京
73	太平洋证券股份有限公司	15.03	云南
74	天风证券有限责任公司	3.15	湖北
75	天源证券经纪有限公司	1.84	青海
76	万和证券经纪有限公司	1.25	海南
77	万联证券有限责任公司	11.50	广东
78	五矿证券有限责任公司	5.00	深圳
79	西部证券股份有限公司	10.00	陕西

续表 2 Continued 2

序号 No.	公司名称 Companies	注册资金(亿元) Register Capital (RMB100m)	所在地 Location
80	西藏同信证券有限责任公司	2.00	西藏
81	西南证券股份有限公司	23.23	重庆
82	厦门证券有限公司	0.50	厦门
83	湘财证券有限责任公司	29.97	湖南
84	新时代证券有限责任公司	14.63	北京
85	信达证券股份有限公司	15.11	北京
86	兴业证券股份有限公司	22.00	福建
87	银泰证券有限责任公司	10.00	深圳
88	英大证券有限责任公司	12.00	深圳
89	招商证券股份有限公司	35.85	深圳
90	浙商证券有限责任公司	21.20	浙江
91	中德证券有限责任公司	10.00	北京
92	中航证券有限责任公司	13.26	江西
93	中国国际金融有限公司	10.37	北京
94	中国建银投资证券有限责任公司	25.00	深圳
95	中国民族证券有限责任公司	13.94	北京
96	中国银河证券股份有限公司	60.00	北京
97	中山证券有限责任公司	13.55	深圳
98	中天证券有限责任公司	10.38	辽宁
99	中信建投证券有限责任公司	27.00	北京
100	中信金通证券有限责任公司	8.85	浙江
101	中信万通证券有限责任公司	8.00	青岛
102	中信证券股份有限公司	99.46	深圳
103	中银国际证券有限责任公司	15.00	上海
104	中邮证券有限责任公司	5.60	陕西
105	中原证券股份有限公司	20.34	河南
106	众成证券经纪有限公司	0.63	深圳

数据来源：中国证监会
Source: CSRC

8-14 2010年证券公司资产负债表

Balance Sheet of Securities Companies in 2010

2010年12月31日 单位：亿元

资　产 Assets	期末余额 The Ending Balance	负债和所有者权益 Liabilities and Equity	期末余额 The Ending Balance
资产：		负债：	
货币资金	10948.10	短期借款	0.00
其中：客户资金存款	8943.22	其中：质押借款	0.00
客户信用资金存款	6.04	拆入资金	0.00
自有信用资金存款	10.53	交易性金融负债	0.69
结算备付金	3264.84	衍生金融负债	5.01
其中：客户备付金	3129.33	卖出回购金融资产款	780.31
信用备付金	5.83	代理买卖证券款	12270.45
拆出资金	0.00	信用交易代理买卖证券款	5.75
融出资金	127.09	代理承销证券款	60.06

续表 Continued

资 产 Assets	期末余额 The Ending Balance	负债和所有者权益 Liabilities and Equity	期末余额 The Ending Balance
融出证券	0.11	应付职工薪酬	308.77
交易性金融资产	2040.22	应交税费	170.50
其中：抵押证券	12.64	应付利息	5.22
衍生金融资产	12.13	预计负债	5.91
买入返售金融资产	400.73	长期借款	101.30
应收利息	25.77	应付债券	15.02
存出保证金	242.20	递延所得税负债	29.12
其中：交易保证金	192.77	其他负债	253.66
履约保证金	15.89	其中：应付款项	137.50
可供出售金融资产	1309.97	其他应付款项	14.21
持有至到期投资	54.27	代理兑付债券款	3.29
长期股权投资	664.00		
投资性房地产	14.34		
固定资产	275.48		
其中：在建工程	37.44	负债合计	14011.77
无形资产	60.28		
其中：交易席位费	10.15	所有者权益：	
商誉	6.56	实收资本(或股本)	1891.95
递延所得税资产	60.02	资本公积	1399.81
其他资产	180.01	减：库存股	0.00
其中：应收融资融券客户款	0.61	盈余公积	347.81
应收款项	108.24	一般风险准备	352.51
应收股利	0.03	交易风险准备	330.40
抵债资产	2.67	未分配利润	1351.88
代理兑付债券	0.08	外币报表折算差额	0.00
		所有者权益合计	5674.36
资产总计	19686.13	负债和所有者权益总计	19686.13

数据来源：中国证监会
Source：CSRC

8-15 2010年证券公司利润表

Income Sheet of Securities Companies in 2010

2009年度　　单位：亿元

项 目 Items	本期金额 Current Balance	上期金额 last Balance
一、营业收入	1926.53	2052.95
手续费及佣金净收入(净损失以"－"号填列)	1372.23	1601.94
其中：代理买卖证券业务净收入	1076.26	1425.24
其中：经纪业务席位净收入	73.64	68.93
代理销售金融产品净收入	7.93	9.63
证券承销业务净收入	230.65	122.13
保荐业务服务净收入	21.72	8.79

续表 Continued

项　目 Items	本期金额 Current Balance	上期金额 last Balance
财务顾问服务净收入	20.61	21.99
投资咨询服务净收入	2.22	2.19
受托客户资产管理业务净收入	22.03	14.77
其中：定向资产管理业务净收入	4.46	2.02
集合资产管理业务净收入	17.48	12.78
专项资产管理业务净收入	0.03	0.04
利息净收入(净损失以"－"号填列)	156.45	139.88
其中：存放金融同业利息净收入	178.97	161.40
资金拆借净收入	－7.98	－9.43
融资融券利息净收入	2.48	0.00
债券回购利息净收入	－11.11	－6.88
投资收益(净损失以"－"号填列)	378.27	257.08
其中：对联营企业和合营企业的投资收益	23.49	24.23
对子公司的投资收益	135.27	33.03
交易性金融工具的投资收益	85.94	126.18
可供出售金融资产的投资收益	115.69	71.01
持有至到期金融资产的投资收益	2.38	1.02
衍生金融工具的投资收益	7.16	0.57
公允价值变动收益(净损失以"－"号填列)	－5.80	34.06
其中：交易性金融工具公允价值变动收益	－15.46	33.87
衍生金融工具公允价值变动收益	9.26	－0.23
融出证券公允价值变动收益	0.00	0.00
汇兑净收益(净损失以"－"号填列)	－0.93	0.13
其他业务收入	4.27	5.10
二、营业支出	926.78	857.16
营业税金及附加	88.38	99.90
业务及管理费	836.82	763.17
其中：折旧及摊销	54.59	46.31
场地设备租赁费	44.72	38.89
职工薪酬	474.59	434.31
证券投资者保护基金	29.21	33.82
资产减值损失(冲回以"－"列示)	0.36	－8.10
其他业务成本	1.22	2.20
三、营业利润(亏损以"－"号填列)	999.75	1195.79
加：营业外收入	14.89	19.05
减：营业外支出	3.85	5.41
四、利润总额(亏损总额"－"号填列)	1010.79	1209.43
减：所得税费用	226.73	275.56
五、净利润(净亏损以"－"号填列)	784.06	933.87

数据来源：中国证监会
Source：CSRC

8－16　2010年证券公司主要财务指标一览表

Finacial Brief of Securities Companies in 2010

金额：亿元

项　目 Items	2010年	项　目 Items	2010年
总资产 Total Assets	19686	利润总额 Total Profit	1011
净资产 Net Assets	5674	净利润 Net Profit	784
营业收入 Revenue	1927		

数据来源：中国证监会
Source：CSRC

九、大 事 记

Events

2010年中国证券期货市场大事记

Events for China Securities Market in 2010

1月

5日　中国证监会首次在官方网站上公示证券机构行政许可申请受理及审核情况。

8日　中国证监会新闻发言人宣布,国务院已原则同意开展证券公司融资融券业务试点和推出股指期货品种。

11日　中国证券业协会发布《证券投资基金评价业务自律管理规则(试行)》。

12日　中国证监会批复同意中国金融期货交易所开展股指期货交易。

13日　全国证券期货监管工作会议召开。中国证监会主席尚福林作题为《开拓创新 不断推进资本市场稳定健康发展》的工作报告。

13日　海通证券股份有限公司通过全资子公司——海通(香港)完成对香港大福证券集团有限公司的收购工作,成为首家收购香港上市券商的内地证券公司。

14日　中国证监会下发《关于进一步加强证券公司为期货公司提供中间介绍业务管理的通知》,要求建立专职介绍业务人员体系,各证券公司、期货公司应加强介绍业务内部管理。

22日　中国证监会发布《关于开展证券公司融资融券业务试点工作的指导意见》。

26日　中国证监会与马耳他金融服务局签署《证券期货监管合作谅解备忘录》。

27日　中国证券业协会发布实施《证券公司融资融券业务试点实施方案专业评价工作规程》、《证券公司融资融券业务试点实施方案专业评价申请材料内容与格式》、《证券公司融资融券业务试点实施方案专业评价专家工作守则》等三项规则及专业评价专家小组名单。

27日　中国期货业协会发布实施《期货公司反洗钱客户风险等级划分标准指引》。

29日　新股发行体制改革研讨会召开,中国证监会主席助理朱从玖出席会议并讲话。

2月

5日　中国证监会发布《关于建立股指期货投资者适当性制度的规定(试行)》。

8日　中国金融期货交易所发布《股指期货投资者适当性制度实施办法(试行)》和《股指期货投资者适当性制度操作指引(试行)》,明确参与股指期货交易需要满足的条件:不论是自然人投资者还是法人投资者,前一交易日保证金账户可用资金余额不低于50万元;法人投资者,其净资产不低于100万元。

9日　中国期货业协会发布《股指期货交易特别风险揭示》、《期货公司执行股指期货投资者适当性制度管理规则》和《证券公司为期货公司提供中间介绍业务协议指引(修订)》三项自律规则。

12日　中国证监会作出《关于同意中国金融期货交易所沪深300股指期货合约和修改〈交易规则〉、〈违规违约处理办法〉的批复》,批准中国金融期货交易所沪深300股指期货合约。

23日　中国证监会发布公告,决定建立证券市场交易结算资金监控系统,授权中国证券投资者保护基金公司负责监控系统的建设、维护和日常管理工作。

3月

5日　第十一届全国人大第三次会议召开,国务院总理温家宝作政府工作报告。报告指出,要积极扩大直接融资。完善多层次资本市场体系,扩大股权和债券融资规模,更好地满足多样化投融资需求。加强风险管理,提高金融监管有效性。

15日　中国证监会发布《关于期货交易所、期货公司缴纳期货投资者保障基金有关事项的规定》,对缴纳期货投资者保障基金的期限、比例等作出规定。

18 日　中国证监会核准中信证券等 6 家证券公司首批融资融券业务资格。

19 日　中央宣传部、中国人民银行、财政部、文化部、广电总局新闻出版总署、银监会、证监会、保监会联合发布《关于金融支持文化产业振兴和发展繁荣的指导意见》，提出大力发展多层次资本市场，扩大文化企业的直接融资规模。

19 日中国证监会发布《关于进一步做好创业板推荐工作的指引》，要求保荐机构应重点推荐符合国家战略性新兴产业发展方向的企业。

19 日　原东北高速分立而成的两家公司——吉林高速、龙江交通上市交易。这是 A 股市场首例将完整的上市资产分立为两家独立个体后又双双上市的情况。

24 日　中国证监会批复同意中国金融期货交易所上市沪深 300 股票指数期货合约。

31 日　融资融券业务试点正式启动。

4 月

1 日　中国证监会发布《关于加强证券经纪业务管理的规定》，对证券公司建立健全证券经纪业务管理制度、客户管理与客服制度、证券营业部管理制度等作出规定。

8 日　股指期货启动仪式在上海举行，国务院副总理王岐山发来贺词，上海市委书记俞正声和中国证监会主席尚福林共同启动股指期货。

13 日　中国证监会发布《上市公司现场检查办法》。

16 日　股指期货上市仪式在上海举行，沪深 300 股指期货正式上市交易，首日市场运行平稳。

21 日　中国证监会发布《证券投资基金参与股指期货交易指引》及《证券公司参与股指期货交易指引》，对证券投资基金、证券公司参与股指期货交易的范围、要求等作出规定。

23 日　经中国证监会核准，东方证券成为首家专设资产管理子公司从事证券资产管理业务的证券公司。

27 日　中国证监会发布公告，决定聘任万勇等 25 人为第十二届主板发行审核委员会委员。5 月 4 日，第十二届主板发行审核委员会成立大会举行，中国证监会主席尚福林出席会议并讲话。

5 月

4 日　中国证监会修订发布《中国证券监督管理委员会行政复议办法》。

5 日　中国证监会与科威特股票交易所委员会签署《证券期货监管合作谅解备忘录》。

31 日　深圳证券交易所发布创业板指数。

6 月

10 日　中国证券登记结算公司开始通过跨市场监管平台向中国金融期货交易所传输数据，加强跨市场风险控制。

18 日　中国证监会贯彻全国人才工作会议精神视频会议召开，中国证监会主席助理吴利军出席会议并讲话。

21 日　中国人民银行、银监会、证监会、保监会联合发布《关于进一步做好中小企业金融服务工作的若干意见》，明确要支持中小企业发行上市，积极发展中小板和创业板市场。积极推进证券公司代办股份转让系统非上市股份有限公司股份报价转让试点。

7 月

6 日　中国证监会和德国金管局签署《合作函》，该函为 1998 年中德《证券监管合作谅解备忘录》的附函。

9 日　中国证监会下发《关于支持新疆经济社会发展有关工作的通知》，提出资本市场支持新疆经济社会发展的总体要求，支持新疆企业通过资本市场融资和并购重组，支持新疆证券期货经营机构发展，加强监管，维护新疆资本市场稳定。

14 日　中国证监会首次公开披露证券公司分类评价结果。

21 日　中国证监会 2008—2009 年度稽查立功颁奖典礼举行，中国证监会主席尚福林出席典礼并讲话。

22 日　中国人民银行、发展改革委、工业和信息化部、财政部、税务总局、证监会联合发布《关于促进黄金市场发展的若干意见》，明确要建立上海黄金交易所和上海期货交易所的合作协调机制，积极开发人民币报价的黄金衍生产品，丰富交易品种，完善黄金市场体系。

8 月

9 日　中国证监会发布公告，对创业板发审委进行换届，将第一届创业板发审委委员全部续聘为第二届委员。

25 日　期货市场监管工作座谈会召开，中国证监会主席尚福林出席会议并作讲话。

28 日　国务院发布《关于促进企业兼并重组的意见》，明确充分发挥资本市场推动企业重组的作用。

9 月

1 日　中国证监会发布《证券期货业反洗钱工作实施办法》。

1 日　中国证监会发布《证券公司借入次级债务规定》。

19 日　中国证监会发布公告，聘任万钧等 25 人为第三届上市公司并购重组审核委员会委员。10 月 11 日，第三届上市公司并购重组审核委员会成立大会召开，中国证监会主席尚福林出席会议并讲话。

21 日　中国人民银行、银监会、证监会、保监会联合发布《关于进一步做好汶川地震灾后重建金融支持与服务工作的指导意见》。

30 日　中国证监会、人民银行、银监会联合下发《关于上市商业银行在证券交易所参与债券交易试点有关问题的通知》，启动上市商业银行在证券交易所参与债券交易试点。

10 月

11 日　中国证监会发布《关于深化新股发行体制改革的指导意见》，明确进一步完善报价申购和配售约束机制；扩大询价对象范围，充实网下机构投资者；增强定价信息透明度；完善回拨机制和中止发行机制。

11 日　中国证监会发布《关于修改〈证券发行与承销管理办法〉的决定》。

12 日　中国证监会发布《证券投资顾问业务暂行规定》。

12 日　中国证监会作出《发布证券研究报告暂行规定》，明确证券公司、证券投资咨询机构发布证券研究报告应遵守的规范。

18 日　中国共产党第十七届中央委员会第五次全体会议通过《中共中央关于制定国民经济和社会发展第十二个五年规划的建议》，其中指出，构建逆周期的金融宏观审慎管理制度框架。加强金融监管协调，建立健全系统性金融风险防范预警体系和处置机制。参与国际金融准则新一轮修订，提升我国金融业稳健标准。加快多层次资本市场体系建设，显著提高直接融资比重。积极发展债券市场，稳步发展场外交易市场和期货市场。

20 日　中国证监会发布公告，决定设立创业板专家咨询委员会，并聘任马隆龙等 15 人为第一届创业板专家咨询委员会委员。

26 日　中国证监会发布《关于保本基金的指导意见》。

26 日　中国证监会发布《中国证券监督管理委员会派出机构行政处罚试点工作规定》，决定在上海证监局、广东证监局、深圳证监局等 3 家派出机构按照授权开展行政处罚工作，对授权范围内的证券、期货违法违规行为进行行政处罚。

11 月

10 日　财政部、税务总局、证监会联合发布《关于个人转让上市公司限售股所得征收个人所得税有关问题的补充通知》

16 日　国务院办公厅转发证监会等部门关于依法打击和防控资本市场内幕交易意见的通知

18 日　中国证监会发布《关于填报〈上市公司并购重组财务顾问专业意见附表〉的规定》

18 日　中国证监会发布《证券投资基金信息披露 XBRL 模板第 4 号〈基金合同生效公告及十一类临时公告(试行)〉》

26 日　中国证监会发布《并购重组共性问题审核意见关注要点(二)》

12 月

12 日　中国资本市场 20 周年成就展在北京展览馆隆重开幕。中共中央政治局委员、国务院副总理王岐山出席开幕式并参观展览。

17 日　中国证监会主席尚福林与巴基斯坦证券交易委员会委员塔哈·马赫穆德签署《证券期货监管合作谅解备忘录》

26 日　中国证监会发布《关于废止部分证券期货规章的决定(第十批)》

29 日　新闻出版总署、证监会联合发布《关于印发〈关于加强报刊传播证券期货信息管理工作的若干规定〉的通知》

附　　录

Appendix

世界交易所市值排名前30位

The Top 30 Biggest Stock Markets in the World by Domestic Market Capitalization

中文名称	Exchange	2010		2009		2008		2007		2006		2005		2004	
		市值 Market Capitalization	排名 Rank	市值 Market Capitalization	排名 Rank	市值 Market Capitalization	排名 Rank	市值 Market Capitalization	排名 Rank	市值 Market Capitalization	排名 Rank	市值 Market Capitalization	排名 Rank	市值 Market Capitalization	排名 Rank
纽约证券交易所	NYSE Group	13394081.80	1	11837793.30	1	9208934.10	1	15650832.50	1	15421167.90	1	13310591.60	1	12707578.30	1
纳斯达克证券交易所	Nasdaq	3889369.88	2	3239492.44	3	2396344.33	3	4013650.32	4	3865003.60	3	3603984.87	3	3532912.03	3
东京证券交易所	Tokyo SE	3827774.20	3	3306082.05	2	3115803.51	2	4330921.86	2	4614068.83	2	4572901.03	2	3557674.42	2
伦敦证券交易所	London SE	3613063.97	4	2796444.32	5	1868152.97	5	3851705.87	5	3794310.29	4	3058182.41	4	2865243.18	4
泛欧证券交易所	Euronext	2930072.44	5	2869393.11	4	2101745.85	4	4222679.82	3	3708150.05	5	2706803.49	5	2441261.38	5
上海证券交易所	Shanghai SE	2716470.22	6	2704778.46	6	1425354.02	6	3694347.97	6	917507.53	14	286190.31	20	314315.71	20
香港证券交易所	Hong Kong Exchanges	2711316.16	7	2305142.81	7	1328768.47	7	2654416.06	7	1714953.25	6	1054999.32	8	861462.94	9
多伦多证券交易所集团	TSX Group	2170432.73	8	1676814.19	8	1033448.53	9	2186550.15	8	1700708.09	7	1482184.56	6	1177517.65	7
孟买证券交易所	Bombay SE	1631829.54	9	1306520.25	11	647204.76	13	1819100.51	10	818878.58	16	553073.74	15	386321.10	16
印度国家证券交易所	National Stock Exchange India	1596625.26	10	1224806.44	14	600281.62	14	1660096.89	12	774115.60	17	515972.48	17	363276.02	18
巴西交易所	BM&FBOVESPA	1545565.66	11	1337247.68	10	591965.55	15	1369711.27	13	710247.45	19	474646.88	19	330346.57	19
澳大利亚证券交易所	Australian SE	1454490.57	12	1261909.34	13	683871.56	12	1298315.04	14	1095857.96	12	804014.82	11	776402.76	12
法兰克福证券交易所	Deutsche Börse	1429719.05	13	1292355.31	12	1110579.63	8	2105197.82	9	1637609.77	8	1221106.05	7	1194516.79	6
深圳证券交易所	Shenzhen SE	1311370.08	14	868374.00	16	353430.02	21	784518.56	20	227947.34	26	115661.94	31	133404.58	27
瑞士证券交易所	SIX Swiss Exchange	1229356.54	15	1064686.54	15	880334.43	11	1271047.73	15	1212308.36	10	935448.32	10	826040.81	10
西班牙马德里交易所	BME Spanish Exchanges	1171624.98	16	1434540.47	9	948352.29	10	1799833.98	11	1322915.30	9	959910.39	9	940672.88	8
韩国证券交易所	Korea Exchange	1091911.46	17	834596.86	17	470797.28	19	1122606.33	17	834404.28	15	718010.71	14	389473.36	15
OMX交易所	OMX Nordic Exchange	1042153.74	18	817222.78	18	563099.58	16	1242577.94	16	1122705.04	11	802561.36	12	—	—
莫斯科交易所	MICEX	949148.90	19	—	—	—	—	—	—	—	—	—	—	—	—
约翰内斯堡证券交易所(南非)	Johannesburg SE	925007.15	20	657609.50	20	356710.54	20	663716.04	21	594659.35	20	476017.96	18	441435.78	14
台湾证券交易所	Taiwan SE Corp.	818490.46	21	481246.70	22	264974.40	22	539176.63	22	384286.35	21	257340.62	21	217617.78	21
新加坡证券交易所	Singapore Exchange	647226.41	22	352045.44	23	234054.92	23	397724.64	23	348345.13	22	239127.95	22	171940.26	24
墨西哥证券交易所	Mexican Exchange	454345.22	23	289219.39	25	189239.21	24	325290.26	25	235580.90	25	180517.54	24	181623.79	23
吉隆坡证券交易所(马来西亚)	Bursa Malaysia	408689.12	24	214941.47	29	98760.60	32	211692.97	33	138886.36	36	81428.12	36	73250.64	34
印度尼西亚证券交易所	Indonesia SE	360388.10	25	318733.65	24	—	—	—	—	—	—	—	—	—	—
沙特证券交易所	Saudi Stock Market-Tadawul	353409.59	26	230732.39	27	131807.89	28	212910.23	31	710247.45	19	474646.88	19	116924.27	29
圣地亚哥证券交易所(智利)	Santiago SE	341798.88	27	233996.66	26	118328.67	29	286571.70	26	162398.87	31	161537.55	25	98298.85	32
伊斯坦布尔证券交易所(土耳其)	Istanbul SE	307051.98	28	227233.23	28	145906.34	25	353353.05	24	279910.40	24	190952.11	23	141624.15	26
奥斯陆证券交易所(挪威)	Oslo Bors	295288.30	29	188733.90	30	134802.39	26	235056.38	30	161731.74	32	122577.93	30	90157.87	33
泰国交易所	The StockExchange of Thailand	277731.70	30	—	—	—	—	—	—	—	—	—	—	—	—

注：表中各交易所市值均按美元计算。(单位：百万)

世界交易所日均成交额排名前20位

The Top 20 Biggest Stock Markets In the World by Daily Turnover

中文名称	Exchange	2010		2009		2008		2007		2006		2005		2004	
		日成交额 Daily Turnover	排名 Rank	日成交额 Daily Turnover	排名 Rank	日成交额 Daily Turnover	排名 Rank	日成交额 Daily Turnover	排名 Rank	日成交额 Daily Turnover	排名 Rank	日成交额 Daily Turnover	排名 Rank	日成交额 Daily Turnover	排名 Rank
纽约证券交易所	NYSE Group	70617.5	1	114886.30	1	144057.50	1	61036.39	2	47041.80	2	40026.75	2	34790.16	2
纳斯达克证券交易所	Nasdaq	50234.9	2	70573.75	2	132960.23	2	119163.32	1	86815.12	1	56052.56	1	46103.77	1
上海证券交易所	Shanghai SE	18539.2	3	20744.44	3	10601.15	7	16816.05	7	3055.42	15	985.62	18	1328.51	17
东京证券交易所	Tokyo SE	15480.5	4	16423.49	4	22801.33	4	26433.26	4	23479.12	4	18292.74	4	13081.76	4
深圳证券交易所	Shenzhen SE	14726.4	5	13403.57	5	25486.66	3	40683.80	3	30046.42	3	22530.64	3	20350.49	3
伦敦证券交易所	London SE	10782.5	6	11369.12	6	5047.75	15	8690.16	10	1753.69	18	637.40	23	800.24	20
泛欧证券交易所	Euronext	7838	7	8608.00	7	18600.34	5	17162.41	6	10818.95	6	7452.55	6	5996.59	6
韩国证券交易所	Korea Exchange	6392.6	8	7740.31	8	17400.06	6	22030.32	5	15111.06	5	11308.20	5	9544.91	5
法兰克福证券交易所	Deutsche Börse	6375.2	9	6162.21	9	5881.12	13	8255.12	12	5433.55	10	4862.10	9	1961.48	14
香港证券交易所	Hong Kong Exchanges	6008.9	10	6030.68	10	6650.04	10	8686.63	11	3370.04	14	1879.65	16	1764.91	16
多伦多证券交易所集团	TSX Group	5443.4	11	5948.99	11	9600.97	8	11691.02	8	7583.50	7	6141.60	7	4794.26	7
西班牙马德里交易所	BME Spanish Exchanges	5315.5	12	4940.02	12	6916.67	9	6487.58	15	5106.77	12	3587.62	12	2578.45	11
澳大利亚证券交易所	Australian SE	4197.6	13	3667.54	13	4955.78	16	5421.92	16	3411.01	13	2668.21	13	2053.60	13
台湾证券交易所	Taiwan SE Corp.	3584.3	14	3606.10	14	3364.56	17	4089.33	17	2969.63	16	2369.95	15	2875.22	10
巴西交易所	BM&FBOVESRA	3510.7	15	3486.52	15	6032.56	11	9176.72	9	6264.52	8	5053.45	8	3771.34	8
印度国家证券交易所	National Stock Exchange India	3156.7	16	3237.38	16	3011.79	18	3017.66	18	1694.25	19	1253.74	17	1025.23	18
瑞士证券交易所	Swiss Exchange	3110.8	17	3025.37	17	6015.54	12	7575.54	13	5563.88	9	3817.68	10	3115.64	9
OMX交易所	OMX Nordic Exchange	2939.2	18	2887.35	18	5331.67	14	7370.23	14	5245.55	11	3760.56	11	—	—
莫斯科交易所	MICEX	1643.5	19	2545.62	19	5978.19	11	—	—	—	—	—	—	—	—
伊斯坦布尔证券交易所（土耳其）	Istanbul SE	1642.4	20	1802.71	20	1994.49	21	—	—	—	—	—	—	—	—

上海证券交易所收费标准

The Standard Cost and Fee in Shanghai Stock Exchange

业务类别				收费项目	收费标准		最终收费对象
交易	A 股			经手费	成交金额的 0.011%(双向)		会员等交上证所
交易	A 股			证管费	成交金额的 0.004%(双向)		会员等交中国证监会(上证所代收)
交易	A 股			印花税	成交金额的 0.1%(单向)		投资者交税务机关(上证所代收)
交易	B 股			经手费	成交金额的 0.026%(双向)		会员等交上证所
交易	B 股			证管费	成交金额的 0.004%(双向)		会员等交中国证监会(上证所代收)
交易	证券投资基金(封闭式基金、ETF)			经手费*	成交金额的 0.0045%(双向)		会员等交上证所
交易	证券投资基金(封闭式基金、ETF)			证管费	成交金额的 0.004%(双向)		会员等交中国证监会(上证所代收)
交易	权证			经手费	成交金额的 0.0045%(双向)		会员等交上证所
交易	权证			证管费	成交金额的 0.004%(双向)		会员等交中国证监会(上证所代收)
交易	债券现券(国债、企业债、公司债、可转换公司债券、分离交易的可转换公司债券等)			经手费	成交金额的 0.0001%(双向)(固定收益平台现券交易,最高不超过 100 元/笔)		会员等交上证所
交易	债券现券(国债、企业债、公司债、可转换公司债券、分离交易的可转换公司债券等)			证管费	成交金额的 0.001%(双向)		会员等交中国证监会(上证所代收)
交易	质押式回购	1 天		经手费	成交金额的 0.00005%(双向)	暂免	会员等交上证所
交易	质押式回购	2 天		经手费	成交金额的 0.00010%(双向)	暂免	会员等交上证所
交易	质押式回购	3 天		经手费	成交金额的 0.00015%(双向)	暂免	会员等交上证所
交易	质押式回购	4 天		经手费	成交金额的 0.00020%(双向)	暂免	会员等交上证所
交易	质押式回购	7 天		经手费	成交金额的 0.00025%(双向)	暂免	会员等交上证所
交易	质押式回购	14 天		经手费	成交金额的 0.00050%(双向)	暂免	会员等交上证所
交易	质押式回购	28 天		经手费	成交金额的 0.00100%(双向)	暂免	会员等交上证所
交易	质押式回购	28 天以上		经手费	成交金额的 0.00150%(双向)	暂免	会员等交上证所
交易	国债买断式回购	7 天		经手费	成交金额的 0.000625%(双向)	(同上)	会员等交上证所
交易	国债买断式回购	28 天		经手费	成交金额的 0.0025%(双向)	(同上)	会员等交上证所
交易	国债买断式回购	91 天		经手费	成交金额的 0.00375%(双向)	(同上)	会员等交上证所
交易	大宗交易	A、B 股、证券投资基金		经手费	相对于竞价市场同品种费率下浮 30 %(大宗交易系统专场业务经手费按照竞价交易系统经手费标准的 10%收取,即成交金额的 0.0011%,优惠期至 2009 年 12 月 31 日结束)		会员等交上证所
交易	大宗交易	A、B 股、证券投资基金		证管费	同同品种竞价交易		会员等交中国证监会(上证所代收)
交易	大宗交易	债券现券(国债、企业债、公司债、可转换公司债券、分离交易的可转换公司债券等)		经手费	成交金额的百万分之一的 90%,最高不超过 100 元/笔(双向)		会员等交上证所
交易	大宗交易	债券现券(国债、企业债、公司债、可转换公司债券、分离交易的可转换公司债券等)		证管费	同同品种竞价交易		会员等交中国证监会(上证所代收)
交易	大宗交易	质押式回购、国债买断式回购		经手费	暂免		会员等交上证所
交易	ETF 申购、赎回			经手费	暂免		会员等交上证所
交易	专项资产管理计划转让			经手费	转让金额的 0.0009%		会员等交上证所

续表　Continued

<table>
<tr><th colspan="2">业务类别</th><th>收费项目</th><th>收费标准</th><th>最终收费对象</th></tr>
<tr><td rowspan="5">发行</td><td>新股认购</td><td>经手费</td><td>成交金额的 0.012%，暂免</td><td>会员等交上证所</td></tr>
<tr><td>可转换公司债券认购</td><td>经手费</td><td>成交金额的 0.01%，暂免</td><td>会员等交上证所</td></tr>
<tr><td>投资基金认购</td><td>经手费</td><td>成交金额的 0.0085%</td><td>会员等交上证所</td></tr>
<tr><td>配股、转配股、职工股配股、国家股配售、股票配可转换公司债</td><td>经手费</td><td>成交金额的 0.012%（双向），暂免</td><td>会员等交上证所</td></tr>
<tr><td>投资基金配售</td><td>经手费</td><td>成交金额的 0.0085%（双向）</td><td>会员等交上证所</td></tr>
<tr><td rowspan="12">上市</td><td rowspan="2">A 股</td><td>上市初费</td><td>总股本的 0.03%，不超过 3 万元</td><td>上市公司交上证所</td></tr>
<tr><td>上市年费</td><td>上市总面额的 0.012%，不超过 6000 元</td><td>上市公司交上证所</td></tr>
<tr><td rowspan="2">B 股</td><td>上市初费</td><td>发行总股本的 0.1%，折成美元最高不超过 5000 美元</td><td>上市公司交上证所</td></tr>
<tr><td>上市年费</td><td>600 美元/年</td><td>上市公司交上证所</td></tr>
<tr><td rowspan="2">证券投资基金</td><td>上市初费</td><td>基金总额的 0.01%，起点 1 万元，不超过 3 万元</td><td>基金管理人交上证所</td></tr>
<tr><td>上市年费</td><td>60000 元/年</td><td>基金管理人交上证所</td></tr>
<tr><td>权证</td><td>上市初费</td><td>20 万元</td><td>发行人交上证所</td></tr>
<tr><td rowspan="2">企业债券</td><td>上市初费</td><td>上市总额的 0.01%，起点 8000 元，不超过 4 万元（暂免）</td><td>发行人交上证所</td></tr>
<tr><td>上市年费</td><td>上市总额的 0.0096%，起点 4800 元，不超过 24000 元（暂免）</td><td>发行人交上证所</td></tr>
<tr><td rowspan="2">可转换公司债券</td><td>上市初费</td><td>上市总面额的 0.01%，起点 1 万元，不超过 3 万元（暂免）</td><td>发行人交上证所</td></tr>
<tr><td>上市年费</td><td>6000 元/年（暂免）</td><td>发行人交上证所</td></tr>
<tr><td rowspan="2">席位</td><td>非 B 股席位</td><td>初费</td><td>60 万元/个</td><td>会员等交上证所</td></tr>
<tr><td>B 股席位</td><td>初费</td><td>7.5 万美元/个</td><td>会员等交上证所</td></tr>
<tr><td colspan="2" rowspan="6">交易单元</td><td>交易单元使用费</td><td>会员等机构拥有的每个席位可抵免一个交易单元的使用费。对超出其席位数量的部分，本所收取每个交易单元每年 5 万元的交易单元使用费。（2010 年 12 月 1 日起，暂免收取债券现券及回购交易专用的交易单元使用费。）</td><td rowspan="6">会员等交上证所</td></tr>
<tr><td>流速费</td><td>会员等机构接入交易系统流速之和超出其免费流速额度时，超出部分每年按每个标准流速计收 1 万元的流速费。（2010 年 12 月 1 日起，暂免收取债券现券及回购交易专用的交易单元流速费。）</td></tr>
<tr><td rowspan="4">流量费</td><td>1. 计费期间为上年 12 月 1 日至当年 11 月 30 日。</td></tr>
<tr><td>2. 流量费＝（该机构所用交易单元的年交易类申报笔数总和－3 万笔/年×持有席位数）×0.10 元＋（该机构所用交易单元的年非交易类申报笔数总和－3 万笔/年×持有席位数）×0.01 元。</td></tr>
<tr><td>3. 详见《关于调整本所席位年费收费模式有关问题的通知》和《关于收取 2010 年交易单元年费的通知》。</td></tr>
<tr><td>4. 2010 年 12 月 1 日起，暂免收取各交易参与人参与债券现券及回购交易的流量费。</td></tr>
<tr><td colspan="2">其他业务</td><td colspan="3">费用项目、标准、收取方式按照相关业务规定执行</td></tr>
</table>

深圳证券交易所收费标准

The Standard Cost and Fee in Shenzhen Stock Exchange

收费对象	收费项目	收费标的	收 费 标 准	备 注
投资者	佣金	A股	不得高于成交金额的0.3%,也不得低于代收的证券交易监管费和证券交易经手费,起点5元(要约收购费用参照A股收费标准。)	投资者交证券公司
		B股	不得高于成交金额的0.3%,也不得低于代收的证券交易监管费和证券交易经手费,起点5港元	
		基金	不得高于成交金额的0.3%,也不得低于代收的证券交易监管费和证券交易经手费,起点5元	
		权证	不得高于成交金额的0.3%,也不得低于代收的证券交易监管费和证券交易经手费,起点5元	
		国债现货	不超过成交金额的0.02%	
		企业债/公司债现货	不超过成交金额的0.02%	
		国债回购	1天 不超过成交金额的0.001% 2天 不超过成交金额的0.002% 3天 不超过成交金额的0.003% 4天 不超过成交金额的0.004% 7天 不超过成交金额的0.005% 14天 不超过成交金额的0.01% 28天 不超过成交金额的0.02% 28天以上 不超过成交金额的0.03%	
		其他债券回购	1天 不超过成交金额的0.001% 2天 不超过成交金额的0.002% 3天 不超过成交金额的0.003% 7天 不超过成交金额的0.005%	
		可转债	不超过成交金额的0.1%	
		专项资产管理计划	不超过转让金额的0.02%	
		代办A股	按成交金额收取0.3%	
		代办B股	按成交金额收取0.4%	
	证券交易经手费	A股	按成交额双边收取0.1475‰	1. 由深交所收取(证券交易所风险基金由交易所自行计提,不另外收取) 2. 大宗交易收费:A股大宗交易按标准费率下浮30%收取;B股、基金大宗交易按标准费率下浮50%收取;债券、债券回购大宗交易费率标准维持不变 3. 此项费用包含在佣金之中
		B股	按成交额双边收取0.301‰	
		基金	按成交额双边收取0.0975‰	
		权证	按成交额双边收取0.045‰	
		国债现货	成交金额在100万元以下(含)每笔收0.1元	
			成交金额在100万元以上每笔收10元	
		企业债/公司债现货	成交金额在100万元以下(含)每笔收0.1元	
			成交金额在100万元以上每笔收10元	
		国债回购	成交金额在100万元以下(含)每笔收0.1元,反向交易不再收取	
			成交金额在100万元以上每笔收1元,反向交易不再收取	

续表 1 Continued 1

收费对象	收费项目	收费标的	收费标准	备注
投资者	证券交易经手费	其他债券	成交金额在 100 万元以下(含)每笔收 0.1 元,反向交易不再收取	1. 由深交所收取(证券交易所风险基金由交易所自行计提,不另外收取) 2. 大宗交易收费:A 股大宗交易按标准费率下浮 30% 收取;B 股、基金大宗交易按标准费率下浮 50% 收取;债券、债券回购大宗交易费率标准维持不变 3. 此项费用包含在佣金之中
		回购	成交金额在 100 万元以上每笔收 1 元,反向交易不再收取	
		可转债	按成交金额双边收取 0.04‰	
		专项资产管理计划	成交金额在 100 万元以下(含)每笔收 0.1 元	
			成交金额在 100 万元以上每笔收 10 元	
		代办 A 股	按成交金额双边收取 0.1‰	
		代办 B 股	按成交金额双边收取 0.13‰	
	证券交易监管费	A 股	按成交额双边收取 0.04‰	1. 代中国证监会收取 2. 此项费用包含在佣金之中
		B 股		
		基金		
		权证		
		企业债/公司债现货	按成交额双边收取 0.01‰	
		可转债		
		专项资产管理计划	按转让金额双边收取 0.01‰	
		国债现货	按成交额双边收取 0.01‰(从交易经手费中扣除,不另收)	
		代办 A 股	按成交金额双边收取 0.5‰	1. 代证券业协会收取 2. 此项费用包含在佣金之中
		代办 B 股	按成交金额双边收取 0.67‰	
	证券交易印花税	A 股	对出让方按成交金额的 1‰征收,对受让方不再征税	代国家税务局扣缴
		B 股		
		代办 A 股		
		代办 B 股		
发行人	上市初费	A 股	30000 元	深交所收取
		B 股	30000 元	
		国债	免收	
		企业债/公司债	暂免收取	
		基金	30000 元	
		权证	200000 元	
		专项资产管理计划	暂免收取	
	上市月费	A 股	5000 万股本以下 500 元;每增加 1000 万元股本增收 100 元,最高限额 2500 元	
		B 股		
		债券	暂免收取	
		基金	5000 元	
		专项资产管理计划	暂免收取	

续表 2 Continued 2

收费对象	收费项目	收费标的	收 费 标 准	备 注
会员	席位费	席位	60 万元/个	深交所收取
	交易单元费用	交易单元	1. 交易单元使用费 对会员使用超出交费席位(指已交席位初费的席位)数量以外的交易单元,每年收取 30000 元/个的交易单元使用费。	
			2. 流速费 对会员使用超出交费席位(指已交席位初费的席位)数量以外的流速,每年收取 9600 元/份的流速费。	
			3. 流量费 每笔交易类申报(指买入、卖出、撤单申报)收取 0.15 元,每笔非交易类申报(指除买入、卖出、撤单以外的申报)收取 0.01 元。此项费用以会员为单位收取,最低收费标准为每家会员每年 2 万元。详细计收方法见本所《关于调整席位管理年费收费模式的通知》(深证会[2004]191 号)。	

中国证监会派出机构通讯录
Contact List of CSRC Regional Offices

机构名称	机构地址	邮政编码	电话	网址
北京证监局	北京市西城区金融街33号通泰大厦B座10层	100033	010-88088060	www.csrc.gov.cn/pub/beijing/
天津证监局	天津市和平区大理道98号	300050	022-23132235	www.csrc.gov.cn/pub/tianjin/
河北证监局	河北省石家庄市友谊北大街71号	050081	0311-83632219	www.csrc.gov.cn/pub/hebei/
山西证监局	山西省太原市平阳路101号国瑞大厦12、13、14层	030006	0351-7218177	www.csrc.gov.cn/pub/shanxi/
内蒙古证监局	内蒙古呼和浩特市赛罕区东风路8号农发行大厦12层	010010	0471-4688865	www.csrc.gov.cn/pub/neimenggu/
辽宁证监局	辽宁省沈阳市和平区十一纬路12号	110003	024-22899877	www.csrc.gov.cn/pub/liaoning/
吉林证监局	吉林省长春市解放大路2518号交通大厦19楼	130021	0431-85097916	www.csrc.gov.cn/pub/jilin/
黑龙江证监局	黑龙江省哈尔滨市香坊区珠江路56号	150036	0451-82357000	www.csrc.gov.cn/pub/heilongjiang/
上海证监局	上海市浦东新区迎春路555号	200135	021-50121047	www.csrc.gov.cn/pub/shanghai/
江苏证监局	江苏省南京市中山东路90号华泰证券大厦19层	210002	025-84575558	www.csrc.gov.cn/pub/jiangsu/
浙江证监局	浙江省杭州市文三路90号东部软件园1号楼3楼	310012	0571-55473333	www.csrc.gov.cn/pub/zhejiang/
安徽证监局	合肥市高新技术产业开发区天波路6号	230088	0551-5367100	www.csrc.gov.cn/pub/anhui/
福建证监局	福建省福州市五四路119号嘉信大厦11层	350003	0591-87828160	www.csrc.gov.cn/pub/fujian/
江西证监局	江西省南昌市东湖区紫金城紫金大厦	330006	0791-7601271	www.csrc.gov.cn/pub/jiangxi/
山东证监局	山东省济南市黑虎泉西路139号胜利大厦6层	250011	0531-86106973	www.csrc.gov.cn/pub/shandong/
河南证监局	河南省郑州市纬四路东段19号广发大厦7层	450008	0371-65611887	www.csrc.gov.cn/pub/henan/
湖北证监局	湖北省武汉市洪山区珞瑜路540号	430079	027-87460061	www.csrc.gov.cn/pub/hubei/
湖南证监局	湖南省长沙市车站北路459号证券大厦	410001	0731-82180108	www.csrc.gov.cn/pub/hunan/
广东证监局	广东省广州市临江大道3号发展中心大厦15楼	510623	020-37853800	www.csrc.gov.cn/pub/guangdong/
广西证监局	广西南宁市金湖路52-1号东方曼哈顿大厦22层	530028	0771-5555736	www.csrc.gov.cn/pub/guangxi/
海南证监局	海南省海口市南宝路36号证券大厦9楼	570206	0898-66515232	www.csrc.gov.cn/pub/hainan/
重庆证监局	重庆市渝中区临江支路2号合景大厦27号	400010	023-89031960	www.csrc.gov.cn/pub/chongqing/
四川证监局	四川省成都市洗面桥街26号	610041	028-85541337	www.csrc.gov.cn/pub/sichuan/
贵州证监局	贵州省贵阳市中华北路18号银海大厦北楼五层	550001	0851-6904175	www.csrc.gov.cn/pub/guizhou/
云南证监局	云南省昆明市北京路577号	650051	0871-5135262	www.csrc.gov.cn/pub/yunnan/
西藏证监局	西藏自治区拉萨市中和国际城滨河广场东6号	850000	0891-6873078	www.csrc.gov.cn/pub/xizang/

续表 Continued

机构名称	机 构 地 址	邮政编码	电　　话	网　　址
陕西证监局	陕西省西安市高新区高新四路1号高科广场23—24楼	710075	029-88361799	www.csrc.gov.cn/pub/shanxidong/
甘肃证监局	甘肃省兰州市城关区张掖路87号中广大厦18层	730030	0931-8475698	www.csrc.gov.cn/pub/gansu/
青海证监局	青海省西宁市南大街75号	810000	0971-8251563	www.csrc.gov.cn/pub/qinghai/
宁夏证监局	宁夏银川市兴庆区北京东路379号金源大厦11、12楼	750004	0951-6736401	www.csrc.gov.cn/pub/ningxia/
新疆证监局	新疆乌鲁木齐市民主路40号附2号金新信托大厦5层	830001	0991-2826731	www.csrc.gov.cn/pub/xinjiang/
深圳证监局	深圳市福田区笋岗西路体育大厦东座	518028	0755-83268222	www.csrc.gov.cn/pub/shenzhen/
大连证监局	大连市中山区中路136号希望大厦15层	116001	0411-88008567	www.csrc.gov.cn/pub/dalian/
宁波证监局	宁波市药行街139号15层	315010	0574-87175008	www.csrc.gov.cn/pub/ningbo/
厦门证监局	厦门市湖滨南路388号国贸大厦6层	361004	0592-5165635	www.csrc.gov.cn/pub/xiamen/
青岛证监局	青岛市东海西路39号世纪大厦23层	266071	0532-85798505	www.csrc.gov.cn/pub/qingdao/

后　记
Postscript

在年鉴的编写过程中，我们得到了中国证监会领导的关心和指导，得到了会内外有关单位的大力支持和配合。他们是：中国证监会发行监管部、机构监管部、基金监管部、期货监管一部、期货监管二部、上市监管部、国际合作部、国家统计局国民经济核算司、中国人民银行调查统计司、上海证券交易所、深圳证券交易所、中国证券登记结算公司、上海期货交易所、郑州商品交易所、大连商品交易所、中国金融期货交易所。学林出版社在年鉴的编辑、出版及发行过程中给予了大力的支持。在此，我们对上述单位表示衷心的感谢！

参加年鉴编写的人员有：

谢　庚　霍　达　朱树山　卢大彪　王春玲　金　星　李福琴
杨胜平　邵求明　武　祎　黄丽萍　王　松　赵　然　卜方可
陆　澍　费永健　刘　峻　刘　兵　王子莹　申　兵　朱玉玺
齐　林　徐庆雯　张　超　史喜超　于　力　刘　琛　张若斌

中国证券监督管理委员会
2011 年 8 月